9783899052039
W0068900

Unserem

lieben Nachbarn

alles Liebe und Gute,

vor allem Gesundheit

zu Deinem

70. Geburtstag

[redacted]

Die berühmtesten

Sehens-
würdigkeiten
der Welt

Die berühmtesten Sehenswürdigkeiten der Welt

EIN
ADAC
BUCH

Chambord gilt als das schönste Schloss im Tal der Loire.

INHALT

EINLEITUNG *6*

EUROPA

NORWEGEN
Festung und Schloss Akershus *12*
Die Stabkirche von Borgund *14*

SCHWEDEN
Das Stadthaus von Stockholm *16*
Das Wasa-Museum *18*
Schloss Drottningholm *20*

IRLAND
Newgrange *22*
Trinity College *24*
Das Schloss von Dublin *26*
Rock of Cashel *28*

GROSSBRITANNIEN
Stirling Castle *30*
Edinburgh Castle *32*
Das Münster von York *34*
King's College *36*
Buckingham Palace *38*
Houses of Parliament *40*
Westminster Abbey *42*
St. Paul's Cathedral *44*
Tower of London *46*
Windsor Castle *48*
Hampton Court Palace *50*
Stonehenge *52*
Der Dom von Canterbury *54*

BELGIEN
Das Rubenshaus *56*
Die Sankt-Michaels-Kathedrale *58*
Das Brüsseler Rathaus *60*

NIEDERLANDE
Oude Kerk *62*
Anne-Frank-Haus *64*
Palais Het Loo *66*

FRANKREICH
Die Kathedrale von Amiens *68*
Mont-Saint-Michel *70*
Notre-Dame *72*
Der Louvre *74*
Der Eiffelturm *76*
Arc de Triomphe *78*
Das Schloss von Versailles *80*
Die Kathedrale von Chartres *82*
Schloss Chambord *84*
Schloss Chenonceau *86*
Die Abtei Fontenay *88*
Die Kathedrale Saint-Étienne *90*
Rocamadour *92*
Das römische Theater von Orange *94*
Der Papstpalast von Avignon *96*

Der Prager Veitsdom erhebt sich über der Karlsbrücke.

DEUTSCHLAND
Das Schweriner Schloss *98*
Das Bremer Rathaus *100*
Der Berliner Dom *102*
Schloss Sanssouci *104*
Der Hildesheimer Dom *106*
Der Naumburger Dom *108*
Der Zwinger *110*
Der Kölner Dom *112*
Die Wartburg *114*
Der Mainzer Dom *116*
Die Residenz in Würzburg *118*
Das Heidelberger Schloss *120*
Schloss Neuschwanstein *122*

SCHWEIZ
Die Klosterkirche von St. Gallen *124*

ÖSTERREICH
Der Stephansdom *126*
Die Hofburg *128*
Schloss Schönbrunn *130*
Stift Melk *132*
Festung Hohensalzburg *134*

POLEN
Die Marienkirche *136*
Die Marienburg *138*
Die Johanneskathedrale *140*
Das Warschauer Königsschloss *142*

TSCHECHISCHE REPUBLIK
Die Altneusynagoge *144*
Der Veitsdom *146*
Die Karlsbrücke *148*

UNGARN
Die Matthiaskirche *150*
Das Parlamentsgebäude *152*

RUSSLAND
Die Isaakskathedrale *154*
Der Winterpalast *156*
Der Große Katharinenpalast *158*
Die Mariä-Entschlafens-Kathedrale *160*
Das Bolschoi-Theater *162*
Die Basiliuskathedrale *164*
Das Dreifaltigkeits-Sergius-Kloster *166*

PORTUGAL
Das Kloster von Batalha *168*
Das Kloster von Alcobaça *170*
Der Pena-Palast *172*
Das Hieronymuskloster *174*
Der Turm von Belém *176*

SPANIEN
Die Kathedrale von Santiago de Compostela *178*
Das Guggenheim-Museum Bilbao *180*
Die Kathedrale von Burgos *182*
Die Sagrada Família *184*
Das Kloster Poblet *186*
Der Escorial *188*
Die Kathedrale von Toledo *190*
Die Mezquita *192*
Der Alcázar *194*
Die Alhambra *196*

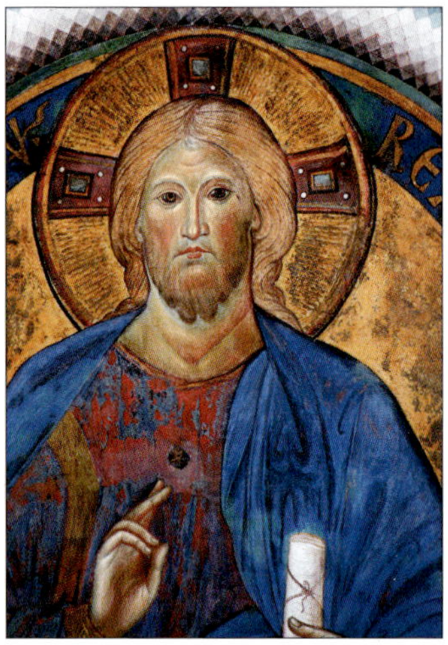

Fresko von Giotto in der Basilika des hl. Franziskus in Assisi

ITALIEN
San Zeno Maggiore *198*
Die Markuskirche *200*
Der Dogenpalast *202*
Der Domplatz in Pisa *204*
Der Dombezirk von Florenz *206*
Der Ponte Vecchio *208*
Der Herzogspalast von Urbino *210*
Der Dom von Siena *212*
Basilika des heiligen Franziskus *214*
Das Kolosseum *216*
Die Peterskirche *218*
Pompeji *220*
Der Dom von Monreale *222*

KROATIEN
Die Euphrasius-Basilika *224*
Der Diokletianpalast *226*

GRIECHENLAND
Meteora *228*
Die Akropolis *230*
Mykene *232*
Olympia *234*
Das Johannes-Kloster *236*

Der Großmeisterpalast 238
Der Palast von Knossos 240

TÜRKEI
Die Selimiye-Moschee 242
Der Topkapı-Palast 244
Die Hagia Sophia 246
Die Blaue Moschee 248
Freilichtmuseum Göreme 250
Ephesos 252
Aphrodisias 254

AFRIKA

MAROKKO
Die Bou-Inanija-Medrese 256
Volubilis 258
Das Mausoleum des Mulai Ismail 260
Die Moschee Hassan II. 262
Die Koutoubia-Moschee 264

TUNESIEN
Die Große Moschee von Kairouan 266
Die Ruinenstätte Sbeïtla 268

LIBYEN
Leptis Magna 270

ÄGYPTEN
Die Cheops-Pyramide 272
Das Katharinenkloster 274
Der Tempel der Hatschepsut 276
Der Amun-Tempel 278
Abu Simbel 280

MALI
Die Große Moschee von Djenné 282

ÄTHIOPIEN
Der Palastbezirk von Gondar 284

SÜDAFRIKA
Das Kastell der Guten Hoffnung 286

ASIEN

SYRIEN
Der Krak des Chevaliers 288

LIBANON
Die Ruinen von Baalbek 290

ISRAEL
Die Grabeskirche 292
Der Felsendom 294
Masada 296

JORDANIEN
Die Ruinen von Petra 298

IRAN
Die Königsmoschee 300

USBEKISTAN
Der Registanplatz 302

CHINA
Der Potala-Palast 304
Der Tempel des Universalen Friedens 306
Die Chinesische Mauer 308
Der Kaiserpalast in Peking 310
Der Himmelstempel 312

JAPAN
Der Tosho-gu-Schrein 314
Die Burg von Himeji 316
Der Todai-ji-Tempel 318

INDIEN
Kloster Alchi 320
Der Goldene Tempel 322
Der Qutb-Minar-Komplex 324
Taj Mahal 326
Der Palast von Fatehpur Sikri 328
Jantar Mantar 330
Die Festung Mehrangarh 332
Der Große Stupa 334
Der Kailasha-Höhlentempel 336
Der Palast von Padmanabhapuram 338

THAILAND
Prasat Phanom Rung 340
Wat Mahathat 342
Wat Phra Kaeo im Großen Palast 344
Wat Arun 346

KAMBODSCHA
Angkor Wat 348

INDONESIEN
Die Tempelanlage Borobudur 350
Pura Ulun Danu Batur 352
Der Besakih-Tempelkomplex 354

Die Große Moschee von Djenné wurde aus Lehmziegeln gebaut.

Eingang zum Potala-Palast im tibetischen Lhasa

AUSTRALIEN/ OZEANIEN

AUSTRALIEN
Das Opernhaus von Sydney 356
Port Arthur 358

NEUSEELAND
Der Bahnhof von Dunedin 360

AMERIKA

KANADA
Sainte-Anne-de-Beaupré 362
Die Festung Louisbourg 364
Der CN Tower 366

Hoch in den peruanischen Anden liegt die Ruinenstadt Machu Picchu.

USA
Old State House 368
Das Solomon-R.-Guggenheim-Museum 370
Das Empire State Building 372
Die Freiheitsstatue 374
Ellis Island 376
Das Weiße Haus 378
Das Kapitol 380
Golden Gate Bridge 382
Alcatraz 384
Mission Santa Barbara 386
Historischer Nationalpark Chaco 388
Das Kennedy Space Center 390

MEXIKO
Chichén Itzá 392
El Tajín 394
Der Palast des Quetzalpapálotl 396
Catedral Metropolitana 398
Monte Albán 400

KUBA
Der Gouverneurspalast von Havanna 402
Das Kastell San Pedro della Roca 404

PERU
Machu Picchu 406

BRASILIEN
Brasília 408

ARGENTINIEN
Estancia Santa Catalina 410

REGISTER 412
IMPRESSUM 415
BILDNACHWEIS 415

Schätze der Welt

Kommen Sie mit auf eine Reise zu den außergewöhnlichsten Bauwerken, die jemals von Menschenhand geschaffen wurden. Lernen Sie 200 der faszinierendsten Kulturdenkmäler der Welt kennen: das rätselhafte Stonehenge, die majestätische Kathedrale Notre-Dame, die imposante Akropolis, den prunkvollen Sankt Petersburger Winterpalast, die großartigen Tempel von Abu Simbel, die riesige Chinesische Mauer, das avantgardistische Opernhaus in Sydney oder die legendäre Inkastadt Machu Picchu.

Die Basiliuskathedrale in Moskau: das wohl meistfotografierte Bauwerk Russlands

So nah, als wären Sie wirklich da

Man muss nicht immer ins Flugzeug steigen, um auf eine Weltreise zu gehen! Manchmal reichen auch ein bequemes Sofa und das richtige Buch, um die beeindruckenden Zeugnisse der eigenen sowie fremder Kulturen zu erkunden.

Dieses Werk stellt Ihnen die 200 berühmtesten Sehenswürdigkeiten der Welt in Wort und Bild vor – Highlights der Menschheitsgeschichte aller fünf Kontinente, die in ihrer Art einmalig sind. Die Bauwerke zeugen sowohl von der schöpferischen Kraft ihrer Erbauer wie auch von den jeweiligen technischen Möglichkeiten zu verschiedenen Zeiten und in unterschiedlichen Kulturen.

Das Buch besticht durch seine Liebe zum Detail, seine optische Vielfalt und seine aufwendige Machart. Der Clou: Es erschließt Ihnen die Sehenswürdigkeiten auf eine ganz neue Art! Während herkömmliche Bildbände hauptsächlich mit Worten und in Form von Fotos berichten, bietet dieses Werk dreidimensionale Einsichten. Jedes einzelne Kulturdenkmal wird ausführlich auf einer ganzen Doppelseite vorgestellt – jeweils mit einer detailgetreuen 3-D-Grafik im Mittelpunkt, die Ihnen einen Blick aus der Vogelperspektive, d.h. von schräg oben, auf das Bauwerk und auch ins Innere gewährt. Aufbau und Anordnung der Bauten sind so genau zu erkennen. Noch näher kommen Sie nur, wenn Sie vor Ort sind!

Unternehmen Sie also einen virtuellen Rundgang und betrachten Sie beispielsweise den Komplex der Wartburg bei Eisenach, errichtet nach dem Schema von Wehrburgen. Oder entdecken Sie im Felsendom in Jerusalem, dem bedeutendsten islamischen Heiligtum nach Mekka und Medina, die reich verzierte Kuppel. Die Freiheitsstatue auf einer Insel vor New York kennen Sie sicherlich zumindest von einem Foto. Wissen Sie aber auch, wie das Innere der berühmten »Dame« konstruiert ist? Interessiert es Sie, wie der Diokletianpalast in Split ursprünglich einmal ausgesehen hat? Die Rekonstruktionszeichnung zeigt es Ihnen. Kommen Sie mit auf eine ungewöhnliche Entdeckungsreise!

Ein Muss bei einem Besuch Londons: der Buckingham Palace, Residenz der Königin

◁ **Das Taj Mahal in Agra, ein Traum aus weißem Marmor, ist eine der berühmtesten Grabanlagen der Welt.**

Alle Stile, alle Zeiten, alle Kontinente

Eine Auswahl zu treffen aus der großen Fülle von Bauwerken und Kulturschätzen unserer Welt ist natürlich keine leichte Aufgabe. Sicherlich hätten auch andere Sehenswürdigkeiten einen berechtigten Anspruch auf einen Platz in diesem Buch gehabt.

Ein Meisterwerk der Gotik: der Kölner Dom

Angesichts dieser Fülle war es uns vor allem wichtig, Ihnen das gesamte Spektrum verschiedenster Sehenswürdigkeiten zu zeigen. So finden Sie hier weltliche Bauten der unterschiedlichsten Art – Schlösser und Paläste, Burgen und Festungen – neben kirchlichen und religiösen wie Kirchen und Tempeln, Grabbauten und Heiligtümern. Historische Baudenkmäler, die uns auch nach Jahrhunderten oder sogar Jahrtausenden immer noch in Erstaunen versetzen, stehen neben den bedeutendsten Ausprägungen moderner Architektur. Und natürlich können Sie die wichtigen Baustile und großen Kulturen aller Kontinente miteinander vergleichen.

Die siebenstöckige Nischenpyramide ist das bedeutendste Bauwerk der präkolumbischen Stätte El Tajín in Mexiko.

Dabei liegt der Schwerpunkt ganz bewusst auf den Kulturschätzen Europas. Zum einen gibt Ihnen das die Gelegenheit, sich das eine oder andere selbst einmal anzuschauen. Zum anderen besitzt Europa im Verhältnis aber auch mehr berühmte Bauwerke als zum Beispiel Afrika oder Amerika, wo vor allem Natursehenswürdigkeiten und Naturwunder dominieren. Dennoch kommt kein Kontinent zu kurz. Vergleichen Sie die alte Totonaken-Stadt El Tajín im heutigen Mexiko mit dem modernen Städtebau in Brasília. Oder entdecken Sie die Prachtentfaltung der Tempel in Japan, Indonesien und Indien.

Natürlich werden Sie auch die wichtigsten Bauwerke aus der UNESCO-Liste des Weltkulturerbes finden – zugleich aber noch viel mehr. Denn bedeutende Architekturdenkmäler wie etwa das Schloss Neuschwanstein, der Buckingham Palace, das Opernhaus von Sydney oder das Weiße Haus in Washington stehen nicht auf der UNESCO-Liste, sind aber Teil dieses Buches.

Wenn Sie in diesem Werk blättern, setzt sich deshalb Seite für Seite und Sehenswürdigkeit für Sehenswürdigkeit ein faszinierendes Bild unserer Welt zusammen, das die berühmtesten Kulturdenkmäler aller Zeiten, Stile und Kontinente umfasst.

Entdecken leicht gemacht

Wenn Sie das Buch aufschlagen, fällt Ihnen auf jeder Doppelseite die 3-D-Grafik des Bauwerks als zentrales Element auf. Diese Zeichnungen machen die Einmaligkeit des Buches aus und eröffnen Ihnen einen Blick auf und auch in jedes Meisterwerk.

Pfeile weisen auf wichtige bauliche Details hin und schaffen die Verbindung zwischen der 3-D-Grafik und den brillanten Fotos. Rund sieben bis zehn Abbildungen pro

Die Alhambra von Granada gilt als Höhepunkt islamischer Baukunst. Der Brunnen gab dem Löwenhof seinen Namen.

Doppelseite zeigen Ihnen Gebäudeteile oder einzelne Räume, Exponate und kunstvolle Feinheiten. Zusammen mit den informativen Bildlegenden vertiefen sie den Gesamteindruck. Zum besseren Verständnis der Zusammenhänge tragen auch Lagepläne von Ausgrabungsstätten wie etwa El Tajín in Mexiko, Aphrodisias in der Türkei oder der Tempelanlage in Karnak (Ägypten) bei.

Auch die besonderen Attraktionen jeder Sehenswürdigkeit sind natürlich immer auf einem Foto abgebildet. Zusätzlich wurden sie mit einem Sternchen versehen und als so gekennzeichnete Highlights zum schnellen Überblick noch einmal in einem Kasten aufgelistet. Die farbig hinterlegte Storybox gibt Anekdoten oder Begebenheiten wieder und beschreibt Feste.

Anhand einer Orientierungskarte oben in der rechten Randspalte sehen Sie auf einen Blick, wo im jeweiligen Land sich die Sehenswürdigkeit befindet. Die Positionierung der Landeshauptstadt hilft dabei. Die Rubrik »Daten und Fakten« darunter listet alle wichtigen Vorgänge rund um das jeweilige Baudenkmal auf.

Fundiertes Hintergrundwissen über berühmte Architekten und Bauherren, über herausragende Künstler und Forscherpersönlichkeiten, über exotische Kulturen und wichtige Architekturstile, über interessante Ereignisse und viele andere Themen, die eine Sehenswürdigkeit aus anderen Blickwinkeln beleuchten, finden Sie ebenfalls in den Randspalten.

Die farbigen Griffmarken an den Rändern jeder Doppelseite zeigen, »auf welchem Erdteil« Sie sich befinden. Denn die architektonischen Kostbarkeiten der Welt sind geographisch gegliedert. Europa macht den Anfang. Innerhalb eines Kontinents wie auch eines Landes wird dann von Nord nach Süd und von West nach Ost geordnet.

Ramses II. am Amun-Tempel von Karnak

Die Reise beginnt

Gehen Sie nun auf eine Entdeckungsreise der ganz besonderen Art und »schlendern« Sie durch architektonische Meisterwerke auf allen fünf Kontinenten. Bestaunen Sie nahe gelegene Highlights wie den Zwinger in Dresden, Exotisches wie den Tempelkomplex von Angkor Wat oder uns weniger Bekanntes, aber dennoch Bedeutendes wie die Moschee von Djenné in Mali. Dieser Band bietet für jeden etwas: Den Reiselustigen entführt er in fremde Länder und zu unbekannten Kulturen. Dem Leser, der sich über geschichtliche Zusammenhänge informieren möchte, vermittelt er präzise Einblicke in die verschiedenen Kulturepochen. Die Freunde von außergewöhnlicher Architektur macht er mit den charakteristischen Stilmerkmalen bekannt. Und den Entdecker in uns allen fasziniert das Buch mit dreidimensionalen Darstellungen und einer Fülle brillanter Fotos.

Die Große Mauer in China, die größte Schutzanlage der Erde, wurde im Laufe der Jahrhunderte mehrfach verstärkt und verlängert sowie um Wachtürme ergänzt.

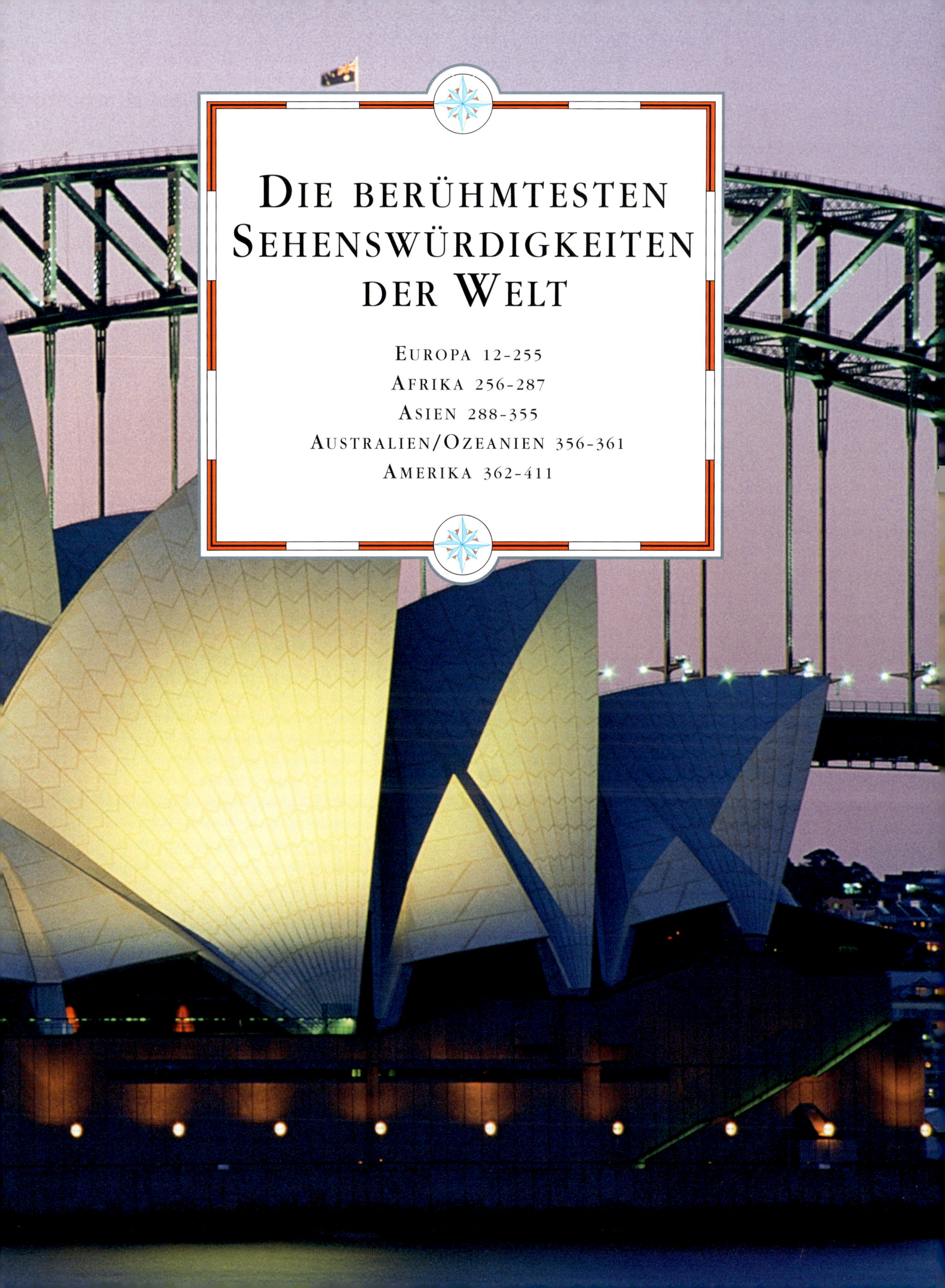

Die berühmtesten Sehenswürdigkeiten der Welt

Europa 12-255

Afrika 256-287

Asien 288-355

Australien/Ozeanien 356-361

Amerika 362-411

Modell des alten Christiania mit der Festung Akershus

HÅKON V. MAGNUSSON

Håkon V. Magnusson, von 1299 bis 1319 König von Norwegen, wollte die Einheit des Landes stärken, indem er den Einfluss von Adel und Kirche zurückdrängte. Während seine Vorgänger noch keinen festen Herrschaftssitz hatten, machte er Oslo zur Hauptstadt seines Reiches. Die Festung Akershus baute er zum Zentrum seiner Macht aus. Håkon V. hatte seinen Standort im Südosten Norwegens mit Sorgfalt gewählt. Die Kontrolle über diesen reichsten Teil des Landes bedeutete die Herrschaft über ganz Norwegen. Auch eine der wichtigsten Straßen des Königreichs führte in der Nähe Oslos vorbei. Strategisch bedeutsam war zudem das Meer. Aus dem Kampf um die Macht wurde ein Kampf um Akershus Slott, der sich nach dem Tod Håkons V. fortsetzte.

CHRISTIAN IV.

Als das vorwiegend aus Holzhäusern bestehende Oslo beim großen Feuer von 1624 bis auf die Grundmauern niederbrannte, baute Christian IV. – 1588–1648 König von Dänemark, ab 1591 auch von Norwegen – im Schutz der Festung Akershus eine neue Stadt auf. Bis heute bestimmt der schachbrettartige Grundriss das Zentrum. Zu Ehren des Königs wurde die Stadt Christiania genannt und erst 1925 wieder in Oslo umbenannt. Christian IV. verwandelte die Festung in einen Renaissance-Palast. Große Bankettsäle und verschwenderische Staatsräume wurden oberhalb der mittelalterlichen Kerker (➛ *Die Keller*) geschaffen.

Festung und Schloss Akershus

AKERSHUS wacht seit mehr als 700 Jahren über Oslo und ist damit das älteste Bauwerk der Stadt. Die ab 1299 von König Håkon V. Magnusson errichtete Festung ist eines der bedeutendsten Zeugnisse des mittelalterlichen Norwegen. Schon ihre Lage auf einem Hügel am Eingang des Oslofjords ist spektakulär. Im frühen 17. Jahrhundert ließ König Christian IV. die Burg in ein Renaissanceschloss umbauen. Die Anlage hielt mehreren Belagerungen stand. Im 19. Jahrhundert verlor sie ihre Wehrfunktion und wurde als Verwaltungszentrum der Streitkräfte genutzt. Heute bilden die feudalen Säle des Schlosses einen würdigen Rahmen für Festbankette und Staatsempfänge.

★ Olafshalle
Der Nordsaal wurde 1976 renoviert und nach König Olaf V. (♔ 1957–91) benannt.

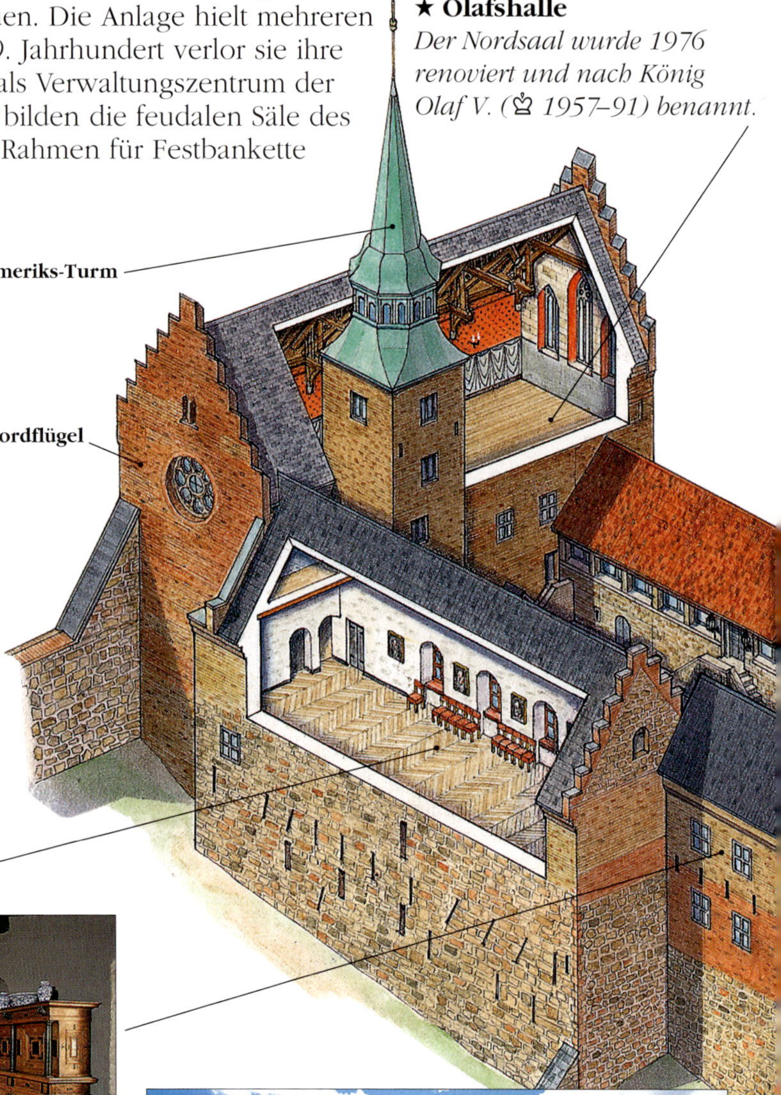

Romeriks-Saal
Diesen offenen Kamin (1634–42) mit dem Wappen des Generalgouverneurs Christopher Urne und seiner Frau fand man 1900 in einem anderen Gebäude.

Schreibstuben
Die Skrivestuene wurden nach einem Fachwerkgebäude (dem Schreibstubenhaus) benannt, das einst an dieser Stelle stand und von Hofverwaltern benutzt wurde.

HÖHEPUNKTE

- ★ Saal Christians IV.
- ★ Innenhof
- ★ Olafshalle

★ Innenhof
Im Mittelalter teilte ein hoher Turm, der 1527 abgebrannte Vågehalsen, den Innenhof (Borggården). Danach schuf man einen Renaissancehof und errichtete die beiden Türme, den Romeriks- und den Blauen Turm.

Festung Akershus im Jahr 1699
Ein Gemälde von Jacob Croning, der mit dem Hof des dänisch-norwegischen Königs Christian V. in Verbindung stand. Der König bat ihn, norwegische Landschaften zu malen.

Akershus im Sommer

Die Festung Akershus ist umgeben von einem parkartigen Gelände. Hier eröffnen sich spektakuläre Ausblicke auf Stadt und Hafen. In den hellen Sommernächten finden Konzerte, Tanzveranstaltungen, Ausstellungen und Freiluftaufführungen statt.

Reste des Vågehalsen, des mittelalterlichen Turms, der einst den Innenhof teilte.

Den Gobelin »Rideskolen« webte E. Leyniers um 1650 nach einem Entwurf von J. Jordaens.

★ Saal Christians IV.
Im 17. Jahrhundert gehörte dieser Saal zu den Privatgemächern des dänischen Königspaars. Im 19. Jahrhundert diente er als Militärarsenal. Heute finden hier Staatsempfänge statt.

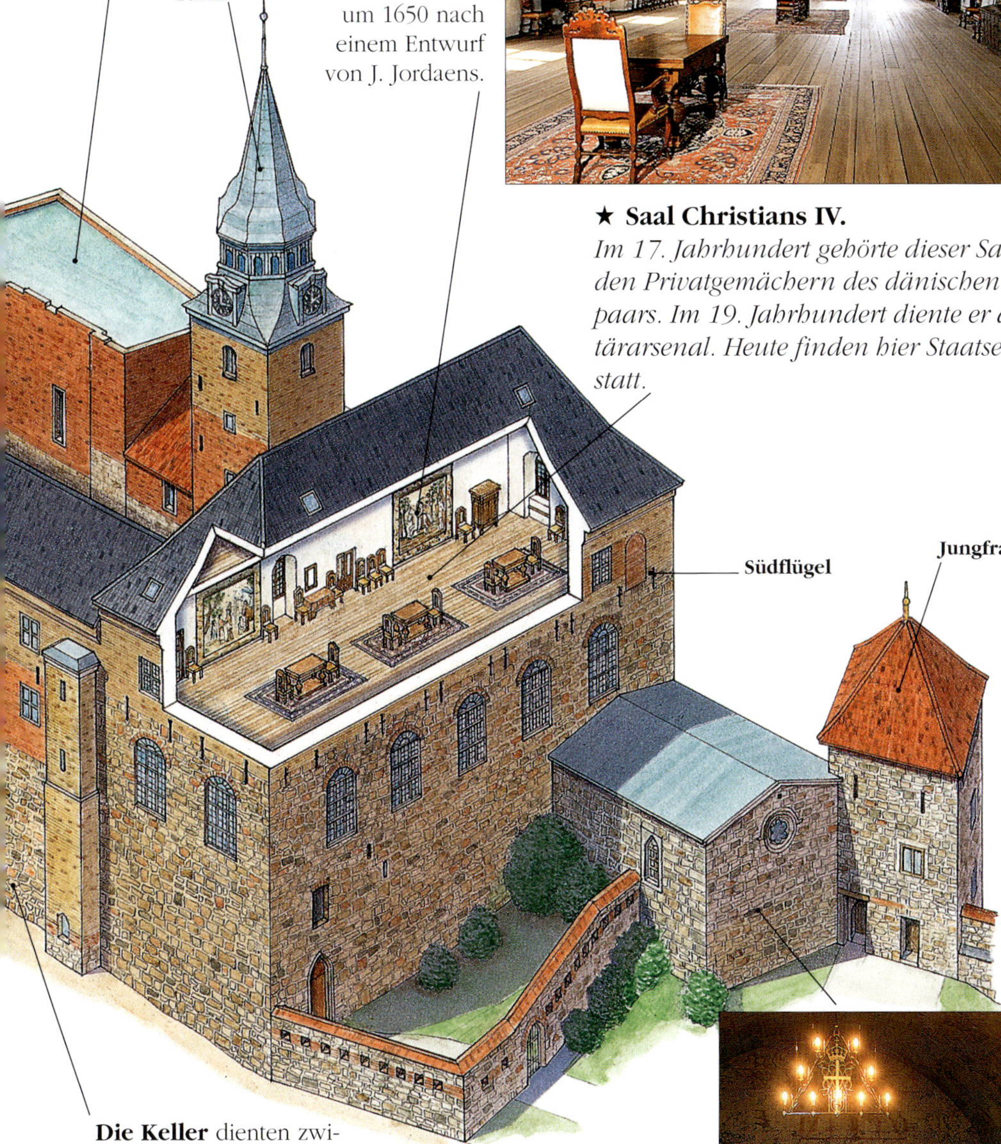

Die Keller dienten zwischen 1500 und 1700 als Kerker. Eines dieser Verliese war als »Hexenloch« bekannt. Später sperrte man die Gefangenen oben in der Festung ein.

Königliches Mausoleum
Hier ruhen die sterblichen Überreste von Sigurd Jorsalfar, Håkon VII. und seiner Frau Maud, Olaf V. und Märtha sowie von anderen Herrschern.

Daten und Fakten

1299 Baubeginn unter König Håkon V. Magnusson

1624 Nach schweren Brandschäden Umbau zum Renaissanceschloss unter König Christian IV.

1716 Erfolglose Belagerung durch die Schweden im zweiten Nordischen Krieg

1942 Beginn der Nutzung als Gefängnis durch die deutsche Besatzungsmacht

1991 Bestattung von König Olaf V. im Mausoleum der Kapelle

Das norwegische Widerstandsmuseum

Im Zweiten Weltkrieg benutzten die Nationalsozialisten Schloss Akershus als Gefängnis und nahmen dort auch Hinrichtungen vor. Im April 1940 waren deutsche Truppen in Norwegen eingedrungen. Im Juni kapitulierten die Norweger nach tapferer Gegenwehr. Fünf Jahre lang kämpfte die norwegische Widerstandsbewegung gegen die Besatzer. Diese Zeit wird im Norwegischen Widerstandsmuseum, dem Norges Hjemmefrontmuseet, dokumentiert. Filmclips, aufgezeichnete Ansprachen sowie schriftliche Dokumente, Plakate und andere Exponate erinnern an den zivilen und militärischen Widerstand. Das Museum wurde 1970 anlässlich des 25. Jahrestages der Befreiung eröffnet. Es befindet sich in einem 200 Meter langen Gewölbe am Rand der Festungsanlage. Dieses wurde im 17. Jahrhundert gebaut und besteht teilweise aus Holz.

Die Stabkirche von Borgund

DIE KIRCHE DER GEMEINDE BORGUND im Lærdal ist die einzige im Originalzustand erhaltene Stabkirche. Sie gehört zu den größten und am reichsten verzierten der knapp 30 noch in Norwegen vorhandenen Kirchen dieser Art. Das dem Apostel Andreas geweihte Gotteshaus aus dem 12. Jahrhundert besteht ganz aus Holz. Die Einrichtung ist schlicht: Es gibt weder Kirchenstühle noch Dekorationen. Fassade und Pfosten sind mit Schnitzereien verziert. Der separate Glockenturm steht südlich der Kirche.

Stabkirche von Urnes, errichtet etwa zwischen 1130 und 1150

Die Stabbautechnik

Die Blütezeit der Stabkirchen ist für das 12. und 13. Jahrhundert belegt. Sie entstanden aus einem Skelettgerüst aus vertikalen in den Boden getriebenen Pfosten. Pfosten im Inneren stützten das Dach. Versteift wurden sie durch Rahmenhölzer, Knaggen und Andreaskreuze. Massive Eckstützen stabilisierten die Außenwand. Da die Pfosten in der feuchten Erde verrotteten, wurden sie mit fortschreitender Technik auf Schwellen gesetzt, die auf einem Steinfundament ruhten. Dadurch wurde das Holzskelett vor der Feuchtigkeit des Bodens geschützt. Nur so konnten Stabkirchen aus dem 12. Jahrhundert bis heute überdauern. Zu ihnen gehört die von Borgund, die aus fast 2000 zusammengefügten Holzteilen besteht.

Holzschnitzereien

Bei der Einführung des Christentums im 11. Jahrhundert vermischten sich in Norwegen altnorwegische und kontinental-europäische Kultur. Die fremdartig wirkenden Stabkirchen beeindrucken nicht nur durch ihre Architektur, sondern auch durch das dekorative Schnitzwerk. Es schmückt Türen und Portale (➛ *Westportal*) von der Schwelle bis zum Säulenpaar. Tierornamente und Flechtwerke weisen auf den Einfluss der Wikinger hin, der bis ins 12. Jahrhundert erhalten blieb. Später kamen Pflanzen, Ranken und Blätter aus der europäischen Kultur hinzu.

Exponierte Stätten
Viele der erhaltenen Stabkirchen befinden sich an abgelegenen, erhöhten und gut einsehbaren Plätzen, die wohl gewählt wurden, um den Bauten eine dramatische Wirkung zu verleihen.

Kirchenschiff
Zwölf Pfosten (»Stäbe«) um den Mittelteil des Schiffs tragen das Dach. Sie verschwinden im Halbdunkel des Dachs und lassen den Raum so noch höher wirken.

Eine Turmspitze krönt das dreistufige Dach des Turms.

Die Dächer sind mit Kieferschindeln gedeckt.

Kreuze zieren die Giebel über den Portalen und dem Apsisturm.

★ Westportal
Das Äußere der Kirche ist reich geschmückt. Die Dekorationen am Westportal zeigen kletterpflanzenartige Ornamente und Drachen.

König Olaf der Heilige

Olaf II. Haraldsson wurde 1015 König von Norwegen und setzte die unter seinem Vorgänger begonnene Christianisierung des Landes fort: Überall wurden Götzenbilder zerstört und Stabkirchen errichtet. Ein Jahr nachdem er 1030 bei Stiklestad fiel, soll man seinen unverwesten Leichnam gefunden haben. Er wurde daraufhin heilig gesprochen.

Olaf der Heilige

Andere Stabkirchen

Die meisten Stabkirchen Norwegens findet man zwischen Oslo, Bergen und Trondheim. Die Kirche von Urnes (12. Jh.) mit ihrem reich geschnitzten Nordportal steht auf der Liste der UNESCO. Die aus Heddal (Mitte 13. Jh.) ist die größte. Die Kirche von Gol (um 1200) wurde in das Freilichtmuseum auf der Halbinsel Bygdøy versetzt.

Der Dachturm ist an der untersten seiner drei Dachstufen mit Drachenkopf-Giebeln geschmückt, die denen am Dach des Kirchenschiffs ähneln. Sie sollten die Luft reinigen, indem sie die bösen Geister der verbotenen heidnischen Kulte austrieben.

Die Fenster sind einfache, runde Öffnungen in den Wänden.

★ Dachkonstruktion

Der faszinierende Kirchenbau wurde aus geschnitztem Holz errichtet. Weder Eisenteile noch Eisennägel wurden verwendet. Von unten sieht man das Dach und die komplizierte Gebälkkonstruktion mit vielen Sparren und Querbalken.

Äußerer Laubengang

Andreaskreuze umgeben das Mittelschiff.

Höhepunkte

- ★ Westportal
- ★ Dachkonstruktion

Daten und Fakten

um 1150 Bau der Stabkirche Borgund

um 1660 Erneuerung des Glockenturms in alter Form

seit 1870 Keine regelmäßige Benutzung mehr als Kirche, nachdem in erreichbarer Nähe ein größeres Gotteshaus gebaut wurde

Die Ausstattung der Stabkirchen

Es gibt unterschiedliche Typen von Stabkirchen. Die einfachen und ziemlich kleinen Bauten besitzen lediglich ein Hauptschiff und einen schmalen Altarraum. Andere Stabkirchen weisen einen Dachturm auf, der durch einen Mast in der Mitte gehalten wird. Die größten und aufwendigsten wie die Kirche in Borgund mit ihrem in sechs Stufen ansteigenden Dach haben einen erhöhten Raum in der Mitte, der von frei stehenden Pfosten – in Borgund sind es 12 Stück – getragen wird. Sie trennen das Hauptschiff von den niedrigeren Seitenschiffen. Die Holzsäulen sind an ihren Enden mit geschnitzten Fratzen verziert. Typisch für größere Stabkirchen ist auch der halb offene, mit Säulchen verzierte äußere Laubengang, in dem früher die Gläubigen ihre Waffen ablegten. Das Kircheninnere ist dunkel. Licht dringt nur durch kleine, lukenartige ➛ *Fenster* unter dem Dach. Von der ursprünglichen Ausstattung der Stabkirche in Borgund sind nur noch die Kanzel aus dem 16. Jahrhundert und ein Altar (Anfang 17. Jh.) erhalten.

Der Goldene Saal

Dieser herrliche Saal ist mit über 18 Millionen wundervoll kolorierten Mosaiksteinen verziert. Dafür wurden Keramik, Glas und 24-karätiges Blattgold verarbeitet. Trotz seiner Größe (44 x 14 Meter) wirkt der für Bankette benutzte ➛ *Goldene Saal* warm und gemütlich. In ihm fanden ab 1930 die Nobelpreis-Feierlichkeiten statt, die seit 1974 im ➛ *Blauen Saal* abgehalten werden. Dominiert wird der Goldene Saal vom Mosaik der »Königin des Mälarsees« an der Nordwand. Es zeigt, wie Stockholm vom Osten und vom Westen bewundert wird.

Alfred Nobel, Stifter des Nobelpreises

Der Nobelpreis

Der Schwede Alfred Nobel (1833–96) war Chemiker und Industrieller. 1867 erfand er das Dynamit, was seinen Reichtum begründete. Aus seinem Testament ging hervor, dass sein Vermögen der finanziellen Auszeichnung solcher Einzelleistungen dienen sollte, dank derer die Menschheit Fortschritte macht. Preise für Literatur, Chemie, Physik, Physiologie bzw. Medizin sollten durch schwedische Institutionen vergeben werden, der Friedensnobelpreis durch Norwegen. Die erste Nobelpreis-Verleihung fand 1901 in der Alten Königlichen Akademie für Musik in Stockholm statt. Zu den ersten vier Preisträgern gehörten auch die Deutschen Wilhelm Conrad Röntgen (Physik) und Emil von Behring (Medizin).

Das Stadthaus von Stockholm

»Freiheitskämpfer Engelbrecht«

Das Stadthaus, unmittelbar am Mälarsee gelegen, war eines der größten Bauprojekte Schwedens im 20. Jahrhundert. Es wurde 1923 fertig gestellt und ist seitdem das Wahrzeichen Stockholms. Ragnar Östberg, einer der führenden schwedischen Architekten jener Zeit, schuf ein Gesamtkunstwerk. Mehrere bedeutende schwedische Künstler wirkten an der Innenausstattung mit, darunter der Möbeldesigner Carl Malmsten und die Textilkünstlerin Maja Sjöström. Die Feierlichkeiten anlässlich der Nobelpreise finden alljährlich am 10. Dezember im Blauen Saal statt.

★ Goldener Saal
Byzantinische Kunst inspirierte die Wandmosaiken von Einar Forseth (1892–1988).

★ Blauer Saal
Der überdachte Innenhof wird von Arkadengängen gerahmt. Er verfügt über eine der größten Orgeln Nordeuropas mit über 10 000 Pfeifen.

★ Prinzengalerie
Ein Fresko mit dem Titel »Die Stadt auf dem Wasser« wurde von Prinz Eugen geschaffen und der Stadt vermacht.

Drei Kronen
Schwedens Wappensymbol aus dem 14. Jahrhundert krönt die Spitze des 106 Meter hohen Turms.

Bürgerhof

Der Blaue Saal

Die Halle hätte nach den ursprünglichen Plänen blau ausgemalt werden sollen. Als Östberg jedoch die schönen roten Ziegel sah, entschied er sich dagegen. Der Name »Blauer Saal« blieb aber erhalten, weil er in den Bauplänen stand und bereits benutzt wurde.

Ratssaal
Hier treffen sich die Mitglieder der Stockholmer Stadtverordnetenversammlung. Die Möbel entwarf Carl Malmsten.

»Freiheitskämpfer Engelbrecht« von Christian Eriksson (1858–1935)

Der Tanz
An den Stufen hinab zum Riddarfjärden stehen zwei Figuren von Carl Eldh (1873 bis 1954). »Dansen« (Der Tanz) ist eine Frau, »Sången« (Der Gesang) ist männlich.

Höhepunkte

- ★ **Goldener Saal**
- ★ **Blauer Saal**
- ★ **Prinzengalerie**

Daten und Fakten

1911–23 Bau unter Leitung des Architekten Ragnar Östberg

1930 Erstmalige Nobelpreis-Verleihung im Stadthaus

2001 Feier zum 100-jährigen Jubiläum des Nobelpreises in der Blauen Halle

Die Entwürfe des Ragnar Östberg

Der schwedische Architekt Ragnar Östberg (1866–1945) studierte am Königlichen Institut für Technik und an der Königlichen Akademie der Künste. Von 1922 bis 1932 war er Professor an der Kunsthochschule in Stockholm. In der Hauptstadt erbaute Östberg das Patentamt (1921) und das Seehistorische Museum (1934–36). Als seine bedeutendste Leistung gilt jedoch Stockholms Stadthaus mit zwei Innenhöfen – der eine überdacht (➛ *Blauer Saal*), der andere offen (Bürgerhof). Das eindrucksvolle Backsteingebäude ist ein Hauptwerk der schwedischen Nationalromantik und spiegelt das zur Bauzeit herrschende Interesse am Klassizismus der Zeit um 1800 wider. Es beherbergt Büros, Bankettsäle und den ➛ *Ratssaal,* dessen Dach wie ein umgedrehtes Langschiff der Wikinger aussieht. Das Oval ist das Vorzimmer zum Blauen Saal und zum ➛ *Goldenen Saal.* Östberg errichtete am Ostende des Gebäudes auch einen Turm. Ihn schmücken die ➛ *Drei Kronen* des Reichswappens, die man von jeder Stelle Stockholms aus sehen kann.

Das Wasa-Museum, entworfen von Göran Månsson

Das Schiff

Die »Wasa« wurde unter Gustav II. Adolf (♔ 1611–32) gebaut, um allen Ländern zu zeigen, wer Herr der Ostsee war. Henrik Hybertsson, ein holländischer Schiffsbauer, stellte mit der »Wasa« eines der größten Kriegsschiffe der Welt fertig. Sie war 69 Meter lang, hatte eine Großmasthöhe von 52 Metern und 10 Segel mit einer Segelfläche von insgesamt 1275 Quadratmetern. Sie bot Platz für 64 Kanonen und 445 Mann Besatzung, davon 300 Soldaten und 145 Seemänner. Vom hohen ➛ *Heck* aus konnte man auf kleinere Schiffe hinunterschießen. Die »Wasa« war geeignet für Artilleriegefechte wie für den darauf folgenden Nahkampf mit feindlichen Schiffen.

Das Leben an Bord

Das Leben auf einem Kriegsschiff wie der »Wasa« war hart. Während die Offiziere in Kojen schliefen, hatte der Admiral seine eigene Kabine. Die der »Wasa« war dekoriert wie das Zimmer eines Schlosses. Die Matrosen und Soldaten sollten auf Deck leben, essen und schlafen. Der Platz zwischen zwei Kanonen (➛ *Kanonendeck*) war für den Aufenthalt von sieben Mann gedacht. Die Besatzung ernährte sich von Bohnen, Haferschleim, gesalzenem Fisch – und viel Bier. Ein Teil starb deshalb bereits oft vor dem ersten Feindkontakt an Skorbut und anderen Mangelerkrankungen. Tafelservice aus Zinn und Ton, Holzlöffel und -teller, Münzen und auch Backgammonspiele für die lange Zeit auf See bargen die Taucher rund um das Schiff.

Das Wasa-Museum

Das meistbesuchte Museum Schwedens ist einem einzigen Exponat gewidmet: dem königlichen Kriegsschiff »Wasa«, das am 10. August 1628, dem Tag der Jungfernfahrt, bei ruhiger See nach 1300 Metern Fahrt im Stockholmer Hafen sank. Der vermeintliche Stolz der Seemacht Schweden riss zwischen 30 und 50 der 150 Menschen an Bord in den Tod. Erst 1956 führte die hartnäckige Suche eines Wrackforschers zur Wiederentdeckung der »Wasa«. Auf die schwierige Bergung 1961 nach 333 Jahren unter Wasser folgten 17 Jahre Konservierungs- und Restaurierungsarbeiten. Das Museum befindet sich nur knapp eine Seemeile vom Schauplatz der Katastrophe entfernt.

Löwe an Kanonenluke
Unter den Holzschnitzereien an der »Wasa« gibt es zahlreiche Löwenfiguren.

★ Löwe als Galionsfigur
König Gustav II. Adolf, der das Schiff bauen ließ, war unter dem Namen »Löwe des Nordens« bekannt. So wurde ein springender Löwe als Galionsfigur gewählt. Er ist 4 Meter lang und wiegt 450 Kilo.

Die Takelage wurde im Zuge der Rekonstruktion bis ins Detail der eines Kriegsschiffs des 17. Jahrhunderts nachempfunden.

Kaiser Titus
20 Holzstatuen von römischen Kaisern zierten die »Wasa«.

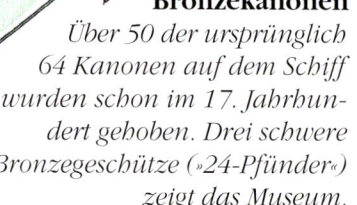

Bronzekanonen
Über 50 der ursprünglich 64 Kanonen auf dem Schiff wurden schon im 17. Jahrhundert gehoben. Drei schwere Bronzegeschütze (»24-Pfünder«) zeigt das Museum.

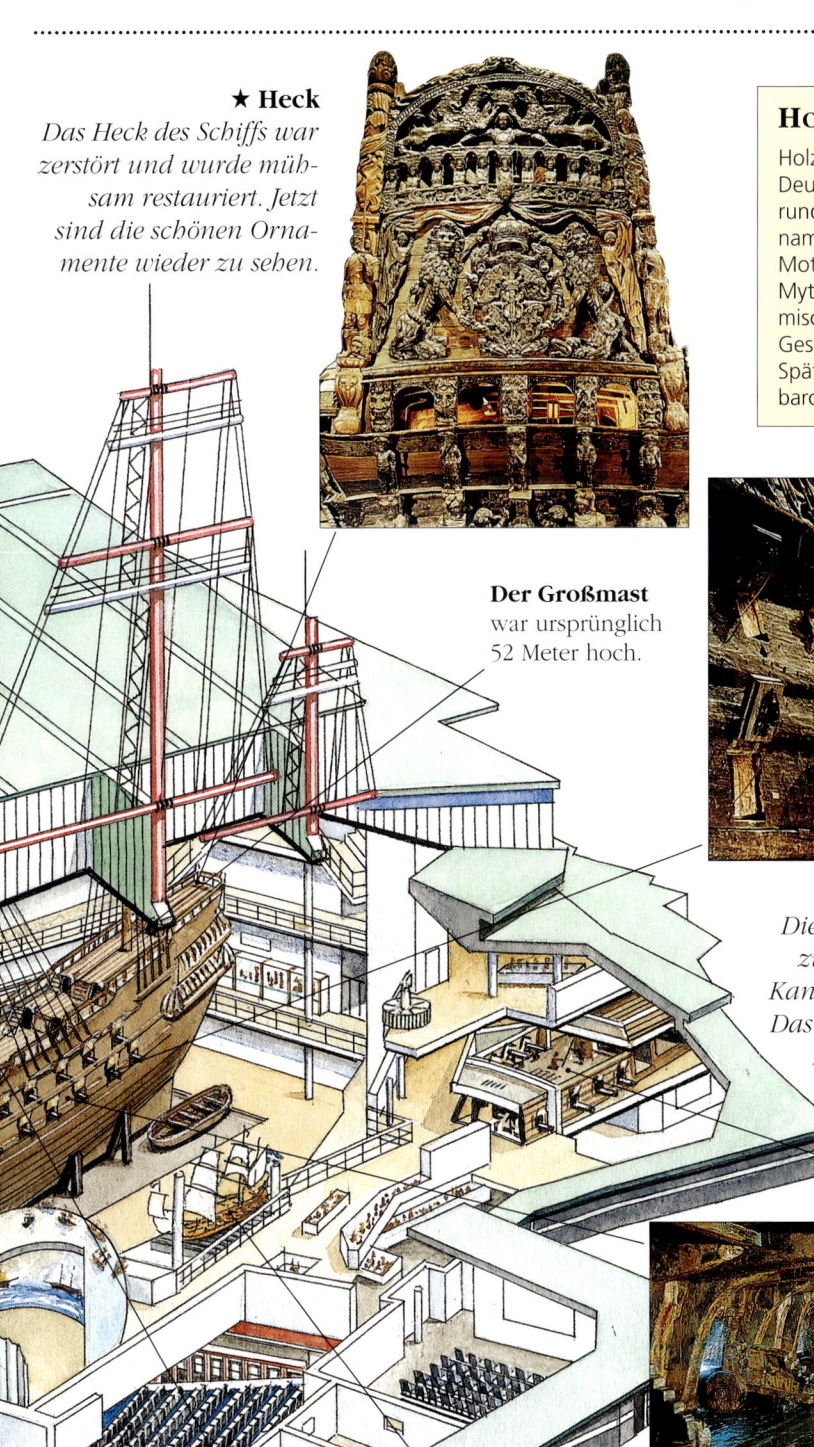

★ Heck
Das Heck des Schiffs war zerstört und wurde mühsam restauriert. Jetzt sind die schönen Ornamente wieder zu sehen.

Holzschnitzerei

Holzschnitzer aus Holland und Deutschland fertigten die rund 700 Skulpturen und Ornamente für das Schiff. Die Motive aus der griechischen Mythologie, der Bibel, der römischen und schwedischen Geschichte wurden im Stil der Spätrenaissance und des Frühbarock ausgeführt.

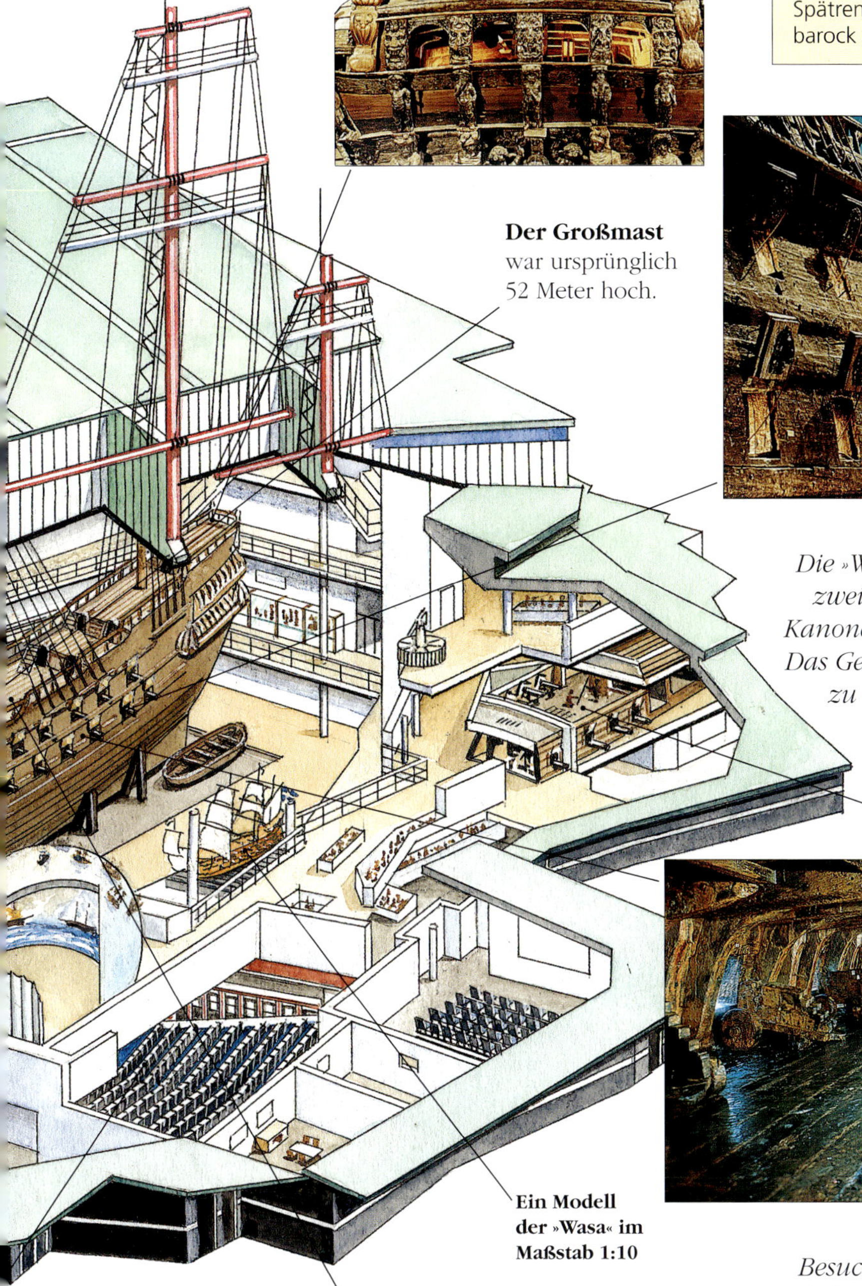

Der Großmast war ursprünglich 52 Meter hoch.

Kanonenluken
Die »Wasa« besaß auf ihren zwei Kanonendecks mehr Kanonen als frühere Schiffe. Das Gewicht trug wesentlich zu ihrem Untergang bei.

Rekonstruktion des oberen Kanonendecks

Ein Modell der »Wasa« im Maßstab 1:10

Kanonendeck
Besucher dürfen das Schiff nicht betreten, aber die Nachbildung des oberen Kanonendecks in Originalgröße mit Puppen von Seeleuten vermittelt eine Vorstellung von den Bedingungen an Bord.

ßer Kinosaal

Oberdeck
Der Zugang zu den Kabinen lag Richtung Heck. Dieser Teil nahm den meisten Raum ein und war den höheren Offizieren vorbehalten. Ein Teil des Hauptmasts ist rechts im Bild zu sehen.

Höhepunkte

★ Heck

★ Löwe als Galionsfigur

Daten und Fakten

1625 Auftrag von Gustav II. Adolf, neue Kriegsschiffe zu bauen, u.a. die »Wasa«

1628 Fertigstellung der »Wasa« für die Jungfernfahrt, Untergang im Stockholmer Hafen am 10. August

1956 Lokalisierung des Wracks durch den Wrackforscher Anders Franzén

1961 Hebung der »Wasa«

1962 Eröffnung der Wasa-Werft, dem zeitweiligen »Wasa«-Museum

1990 Eröffnung des Wasa-Museums

Die Bergung

Der Wrackforscher Anders Franzén hatte die »Wasa« viele Jahre lang gesucht. 1956 wurde seine Geduld belohnt, als er mit seinem Senkblei ein Stück geschwärzter Eiche von der 30 Meter unter der Wasseroberfläche liegenden »Wasa« hochholte. Schnell erhielt er Unterstützung für seine Idee, das Wrack zu bergen. Ab Herbst 1957 arbeiteten Taucher der schwedischen Marine zwei Jahre, um unter dem Rumpf Gänge für Hebetrossen zu legen. Die erste Hebung mit sechs Trossen war erfolgreich. Danach wurde die »Wasa« in 16 Phasen in flacheres Wasser gebracht. Tausende Dübel wurden dazu in die Löcher eingesetzt, in denen verrostete Eisenbolzen gesteckt hatten. Die letzte Hebung erfolgte im April 1961. Die »Wasa« wurde daraufhin untersucht, ins Trockendock geschleppt und bis Ende der 1970er-Jahre konserviert.

Die Palasträume

Verbunden durch einen Barockflur, wird der zentrale Teil des Palastes von einem ➛ *Treppenhaus* mit Deckengemälden von David Klöcker Ehrenstrahl dominiert. Der Grüne Salon ist der erste Galaraum. Es folgen die Galerie Karls X., der Ehrenstrahl-Salon, wo Königin Hedwig Eleonore Audienz hielt, die ➛ *Bibliothek der Luise Ulrike* sowie ➛ *Hedwig Eleonores Paradeschlafzimmer*. Von hier aus führt eine Treppe zum Chinesischen Salon. Den Oscar-Saal schmückt ein Gobelin (um 1630); er leitet ins Generalzimmer, in den Goldenen Salon und zum Zimmer der Königin, das Porträts europäischer Königinnen zeigt.

Der exotisch-verspielt wirkende Chinesische Pavillon

Die Aussenanlagen

Zu Schloss Drottningholm gehört auch das von Carl Frederik Adelcrantz entworfene Schlosstheater. Es wurde im 18. Jahrhundert gebaut, während der Regentschaft Gustavs III. stark genutzt, verfiel aber nach dessen Tod. 1921 entdeckte es der Theaterhistoriker Agne Beijer und ließ es restaurieren. Noch heute kommt bei Aufführungen die originale Holz-Maschinerie des 18. Jahrhunderts zum Einsatz. Der von Carl Frederik Adelcrantz gestaltete Chinesische Pavillon ist eine Mischung aus Rokoko und einem Stil, der als »chinesisch« galt und damals modern war. Die Ausstattung stammt von Jean Eric Rehn, die Malereien von Johan Pasch. Zur Außenanlage gehören auch ein ➛ *Barockgarten*, ein Wasserspiel mit Fontänen und ein Landschaftsgarten im englischen Stil.

Schloss Drottningholm

Das perfekt erhaltene Barockschloss auf der Insel Lovön, westlich von Stockholm, ist seit 1981 der Wohnsitz von Königin Silvia und König Karl XVI. Gustav. Es wurde für die Witwe Karls X. Gustav, Hedwig Eleonore (1636–1715), erbaut und später im Stil des Rokoko und des Klassizismus erweitert. Der Baumeister Nicodemus Tessin d. Ä. ließ sich von italienischen und französischen Architekten beeinflussen. Sein Sohn, Nicodemus Tessin d. J., stellte den Bau fertig. Mehrere bedeutende schwedische Künstler des 18. Jahrhunderts, darunter Carl Hårleman und Jean Eric Rehn, waren an der Innengestaltung beteiligt.

Barockgarten
Die Bronzestatue des Herkules von dem niederländischen Renaissancebildhauer Adriaen de Vries ziert den unteren Teil des Schlossgartens.

Der obere Wachraum
Das Vorzimmer zum Staatssaal zeigt Stuckarbeiten von Giovanni und Carlo Carove und Deckengemälde von Johan Sylvius.

Wohnräume der königlichen Familie

Höhepunkte

- ★ **Bibliothek der Luise Ulrike**
- ★ **Treppenhaus**
- ★ **Hedwig Eleonores Paradeschlafzimmer**

Schreibtisch von Georg Haupt
Im Zimmer der Königin steht dieses Meisterwerk von 1770, das Adolf Friedrich seiner Frau Luise Ulrike schenkte. Die Stofftapeten und die übrigen Möbel wurden nach 1970 restauriert.

★ Bibliothek der Luise Ulrike
Die Königin, Schwester Friedrichs des Großen, beauftragte Jean Eric Rehn, die Bibliothek zu gestalten. Der Bestand dokumentiert ihren Einfluss auf Kunst und Wissenschaft.

Festival im Theater

Jedes Jahr im Sommer findet im Schlosstheater aus dem 18. Jahrhundert ein exklusives Opernfestival mit Spitzenkünstlern aus aller Welt statt. Die 454 Plätze sind immer ausverkauft.

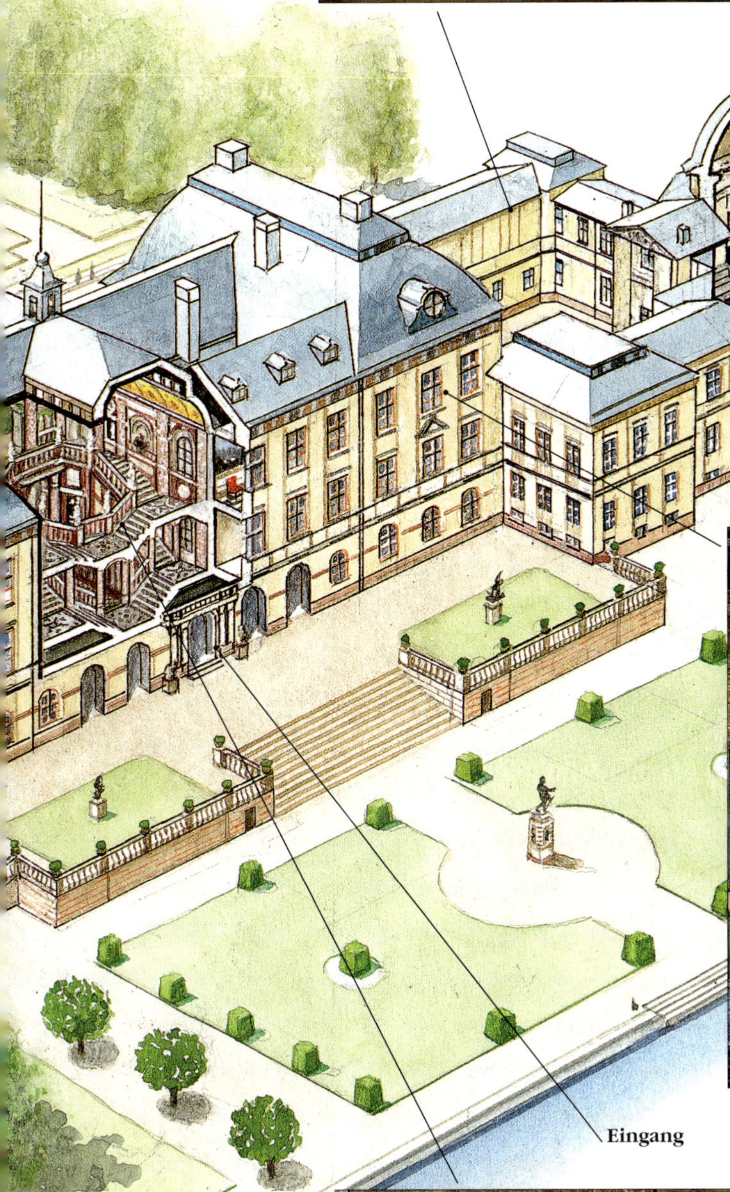

Die Schlosskirche in der nördlichen Kuppel wurde von Carl Hårleman nach 1720 fertig gestellt.

★ Hedwig Eleonores Paradeschlafzimmer
Morgendliche Empfänge, die so genannten levées, fanden in diesem üppigen Barockraum von Nicodemus Tessin d.Ä. statt. 15 Jahre lang arbeiteten die besten schwedischen Künstler und Handwerker am Dekor, das 1683 fertig gestellt wurde.

★ Treppenhaus
Johan Sylvius schuf Trompe-l'œil-Bilder für die Wände. Sie täuschen vor, dass sich das Treppenhaus noch weiter ausdehnt.

Daten und Fakten

1662 Baubeginn unter Hedwig Eleonore

um 1700 Fertigstellung des Barockbaus

1744 Schenkung an Prinzessin Luise Ulrike von Preußen anlässlich der Hochzeit mit Thronfolger Adolf Friedrich

um 1750 Bauliche Erweiterungen im Rokokostil

1763–69 Bau des Chinesischen Pavillons

1766 Einweihung des Schlosstheaters

1777 Umzug Gustavs III. nach Drottningholm, der klassizistische Ausbauten und die Parkanlage beauftragte

1906–13 Restaurierung

1991 Aufnahme in das Weltkulturerbe der UNESCO

Gustav III.

Gustav III. (♔1771–92) wurde 1746 als Sohn König Adolf Friedrichs geboren. Nachdem er die Herrschaft der Stände durch einen unblutigen Staatsstreich 1772 beendet hatte, leitete er als absoluter Monarch viele Reformen ein. Als Anhänger der Aufklärung und der französischen Kultur begeisterte er sich für Kunst, Literatur und Theater. Die schwedische Kultur erlebte unter ihm eine Blütezeit. Berühmte Akademien wurden gegründet, das Opernhaus und das Nationaltheater erbaut. Aber sein Kampf gegen die Privilegien des Adels, die aufwendige Hofhaltung und die kostspieligen Kriege gegen Dänemark und Russland schufen Feinde. 1792 wurde er bei einem Maskenball erschossen.

Die Könige von Tara

Tara war das politische und religiöse Zentrum des keltischen Irland. Hier trafen sich die Könige regelmäßig, um ihren Hochkönig zu wählen. Der Überlieferung nach gilt das Boyne Valley als Friedhof der Könige von Tara, die dort nach heidnischer Sitte begraben wurden. Auch wenn das Christentum erst im 5. Jahrhundert Einzug in Irland hielt, wollte einer Legende zufolge Cormac Mac Airt, ein berühmter Hochkönig von Tara aus dem 3. Jahrhundert, nicht in Newgrange, auf einem Friedhof der »Götzendiener«, begraben werden. Seine Angehörigen missachteten diese Bitte. Das Übersetzen über den Boyne zur Grabstätte nach Newgrange scheiterte jedoch und so wurde er in Ros na Ri in geweihter Erde begraben.

Wintersonnenwende in Newgrange

Der 21. Dezember ist der kürzeste Tag des Jahres, die Wintersonnenwende. Nur an diesem Tag dringen Lichtstrahlen der aufgehenden Sonne durch ein Oberlicht des Ganggrabs, erhellen den ➤ *Gang* und beleuchten die nördliche Ausbuchtung der kreuzförmigen ➤ *Grabkammer* für 17 Minuten. Einst trafen die Strahlen genau auf die mit Spiralen verzierte Steinplatte am Ende der Kammer. Für diese Konstruktion mussten die Erbauer des Grabes genaue astrologische Kenntnisse und entsprechende technische Fertigkeiten besitzen. Newgrange ist eines der wenigen Ganggräber mit diesem Merkmal und lässt auf eine hoch entwickelte Kultur schließen.

Oft schmücken Kreise und Rauten die Mauern von Newgrange.

Newgrange

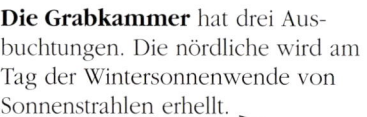

Spiralmuster am Stein in der Kammer

Der monumentale Grabhügel von Newgrange, die größte prähistorische Kult- und Begräbnisstätte Irlands, existiert seit 5000 Jahren und ist damit älter als Stonehenge und die ägyptischen Pyramiden. Über Herkunft, Leben und Religion der Erbauer von mindestens 25 teils noch nicht ausgegrabenen Hügelgräbern im Tal des Flusses Boyne ist kaum etwas bekannt. Gemäß keltischer Überlieferung wurden hier die Hochkönige von Tara beerdigt. Wikinger raubten die Grabbeigaben von Newgrange vermutlich im 9. oder 10. Jahrhundert. Bei der groß angelegten Rekonstruktion entdeckte man das Oberlicht, durch das am 21. Dezember Sonnenstrahlen in die Grabkammer fallen. Newgrange war also nicht nur eine Begräbnis-, sondern auch eine Kultstätte.

Steinbecken
Die behauenen Steine, die man in den Seitenkammern fand, waren wahrscheinlich für Reste der Brandbestattung und Knochen gedacht.

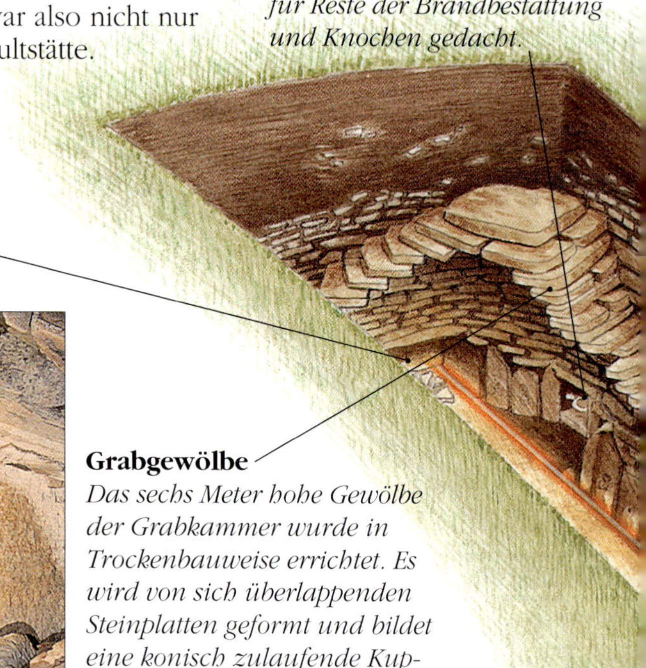

Die Grabkammer hat drei Ausbuchtungen. Die nördliche wird am Tag der Wintersonnenwende von Sonnenstrahlen erhellt.

Grabgewölbe
Das sechs Meter hohe Gewölbe der Grabkammer wurde in Trockenbauweise errichtet. Es wird von sich überlappenden Steinplatten geformt und bildet eine konisch zulaufende Kuppel, die von einem Schlussstein bekrönt wird.

Die Anlage von Newgrange

Das Grab von Newgrange wurde von Menschen errichtet, die über außergewöhnliche künstlerische und technische Fähigkeiten verfügten und zudem weder das Rad noch Metallwerkzeug kannten. Über 200 000 Tonnen Felsgestein wurden transportiert, um den Mauerwall zu errichten, der das Ganggrab umgibt. Große Findlinge dienten dazu, einen Steinkreis um den Grabhügel zu schließen (zwölf von mutmaßlich 35 Steinen sind noch erhalten). Viele der Steine und Säulen im Gang und der Grabkammer sind mit geometrischen Mustern dekoriert. Das Grabgewölbe besteht aus kleineren, nicht verzierten Steinplatten und hat sich nun seit 5000 Jahren als wasserdicht bewährt.

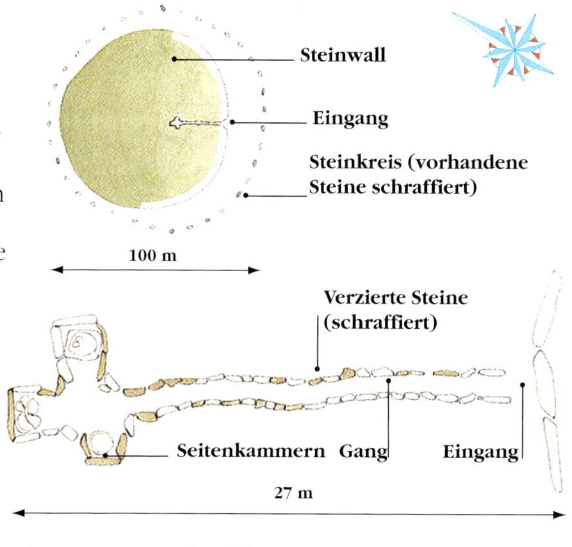

Plan von Gang und Grabkammer

Die Wiederherstellung von Newgrange
Der Grabhügel von Newgrange – elf Meter hoch und 80 Meter im Durchmesser –, der auf einer Anhöhe nördlich des Boyne liegt, wurde mit Ganggrab und Mauerwall so originalgetreu wie möglich wieder hergestellt.

Irische Mythologie

Aenghus Mac Og, der Gott der Liebe, eignete sich Newgrange mit einer List an. In seiner Abwesenheit waren die magischen Stätten Irlands aufgeteilt worden. Als er zurückkehrte, bat er darum, sich Newgrange für den Tag und die Nacht leihen zu dürfen. Die Rückgabe verweigerte er mit dem Hinweis, alle Zeit sei in Tag und Nacht einzuteilen. Newgrange wurde sein.

Die stehenden Steine des rund 1,5 Meter hohen Grabganges sind ebenfalls mit Mustern verziert.

Der Gang
Ein 19 Meter langer Gang führt zur Grabkammer. Über seinen vorderen Decksteinen fand man das Oberlicht, eine von Steinblöcken umrahmte Öffnung, durch die am 21. Dezember Lichtstrahlen fallen.

Die Mauer an der Vorderseite des Grabes wurde aus herumliegenden weißen Quarzsteinen, die man hier bei den Ausgrabungen fand, neu errichtet.

Oberlicht

Eingang
Quer vor dem Eingang liegt ein Granitblock, der mit Spiralen und Rauten bedeckt ist. Die Musterung hatte wahrscheinlich eine magische Funktion.

Daten und Fakten

um 3200 v. Chr. Bau von Newgrange

9./10. Jahrhundert Nahezu vollständige Plünderung der Grabkammern

ab 1140 Bis ins 14. Jahrhundert Nutzung als Weideland

1699 Wiederentdeckung des Grabes beim Straßenbau

1962–75 Ausgrabung und Rekonstruktion, dabei Entdeckung des Kuppelgewölbes

1967 Entdeckung des Lichteinfalls durch das Oberlicht am 21. Dezember

1993 Aufnahme der Ausgrabungsorte im Boyne-Tal ins Weltkulturerbe der UNESCO

Dowth und Knowth

Das Tal des Boyne gilt als »Wiege der irischen Zivilisation«. Es weist unweit von Newgrange weitere Grabhügel auf, von denen Knowth und Dowth neben Newgrange die größten prähistorischen Begräbnisstätten sind. 1962 begannen am Grabhügel von Knowth erste Ausgrabungen. Man stieß im Inneren auf zwei Ganggräber, eins 34 Meter und das andere 40 Meter lang – und auf mehr megalithische Kunst als irgendwo sonst in Europa. Archäologen stellten fest, dass die Anlage zwischen der neolithischen Epoche und der Zeit der Normannen als Kult- und Wohnstätte diente. Der Grabhügel von Dowth wurde ebenfalls vor über 5000 Jahren erbaut, ist 15 Meter hoch und hat einen Durchmesser von 85 Metern. Seine Ganggräber sind jedoch kleiner.

Book of Kells

Das »Buch von Kells« gehört mit seinen prachtvollen Illustrationen zu den Höhepunkten frühmittelalterlicher Buchmalerei. Gefertigt wurde es wohl von irischen Mönchen auf der vor Schottland gelegenen Insel Iona. Nach einem Wikingerüberfall im Jahr 806 flohen diese nach Kells unweit von Dublin. Das Buch gelangte im 17. Jahrhundert ins Trinity College (➛ *Schatzkammer*). Es enthält auf 680 Seiten den Text der vier Evangelien auf Latein. Die Mönche verzierten die Initialen mit Flechtwerk, die Ränder mit Menschen- und Tierfiguren. Besonders aufwendig gestaltet sind die Seiten, die die Evangelien einleiten, und die »CHI-RO-Seiten«, so genannt nach den Initialen Christi im griechischen Alphabet.

Marmorbüste von Jonathan Swift in der Alten Bibliothek

Berühmte Schüler

Trinity ist die berühmteste Lehranstalt Irlands. Aus ihr sind viele bedeutende Politiker und Künstler hervorgegangen. Zu den bekanntesten Absolventen gehören Dichter und Dramatiker wie Jonathan Swift, Oliver Goldsmith, Oscar Wilde, Bram Stoker, William Congreve und ➛ *Samuel Beckett*. Auch der Philosoph George Berkeley, der Staatsmann und Philosoph Edmund Burke, der Nobelpreisträger für Physik Ernest Walton, Irlands erster Präsident Douglas Hyde und Irlands erste Präsidentin Mary Robinson besuchten das College. Überall in der traditionsbewussten Universität finden sich Statuen der berühmten Absolventen.

Trinity College

Wappen des Trinity College

Irlands älteste Universität wurde auf dem Gelände eines ehemaligen Augustinerklosters 1592 von Königin Elisabeth I. gegründet. Das College im Herzen Dublins, das ursprünglich nur Protestanten aufnahm, bildet zugleich ein beeindruckendes architektonisches Ensemble aus annähernd drei Jahrhunderten. Namhafte Persönlichkeiten zählen zu seinen Absolventen. Hauptanziehungspunkt des Colleges ist die Alte Bibliothek mit ihren bibliophilen Kostbarkeiten. Ihr größter Schatz ist das berühmte »Book of Kells« aus dem 9. Jahrhundert.

★ Kampanile
Der 30 Meter hohe Glockenturm wurde 1853 von Sir Charles Lanyon erbaut, dem Architekten der Queen's University in Belfast.

Kapelle
Sie ist die einzige Kapelle der Republik, die von allen Konfessionen genutzt wird. Das Fenster über dem Altar ist von 1867.

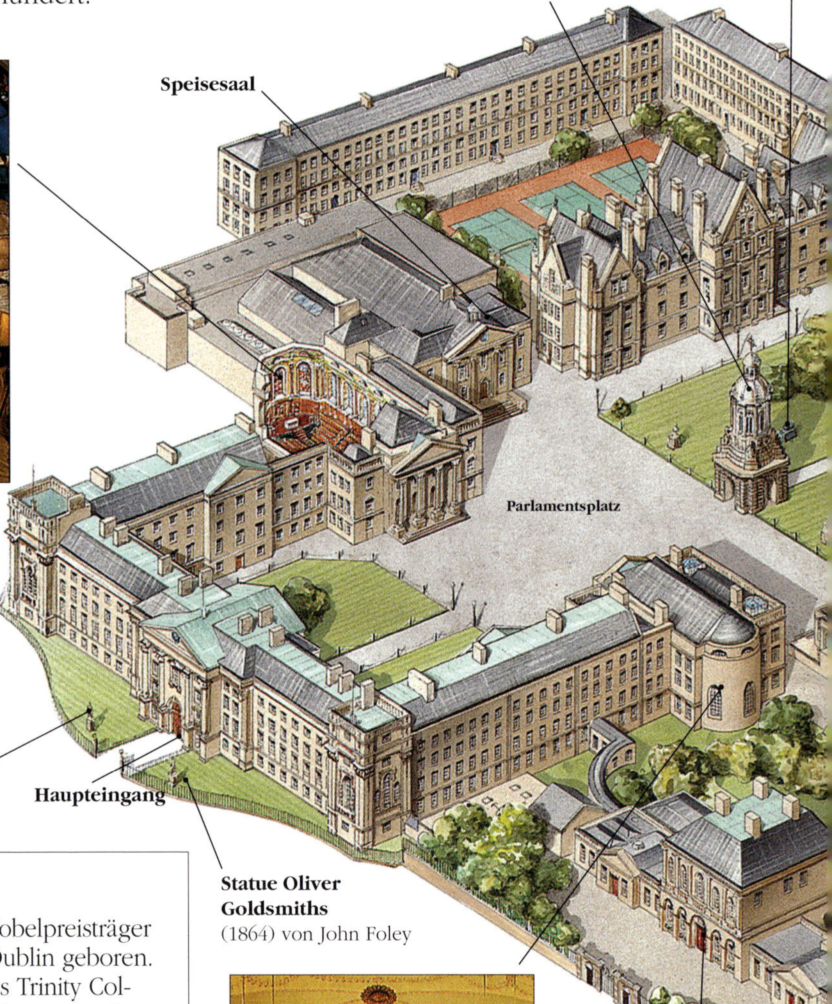

Samuel Beckett

Der Schriftsteller und Nobelpreisträger (1969) wurde 1906 in Dublin geboren. Ab 1923 besuchte er das Trinity College, das er mit Auszeichnung im Sprachenstudium abschloss. Von 1931 bis 1932 war Beckett dort Dozent für Französisch. Seit 1937 lebte der Schriftsteller überwiegend in Paris, wo er 1989 auch starb. Das Drama »Warten auf Godot« (1952) ist eines der wichtigsten Werke des absurden Theaters und machte Beckett berühmt.

Prüfungshalle
Besonders auffallend an dem Raum des eigentlich als Theater bezeichneten Gebäudes sind der vergoldete Eichenholzlüster und die Decken.

Die Douglas-Hyde-Galerie

Auf dem Gelände des Trinity College ist auch die zeitgenössische Kunst Irlands zu Hause: Filme, Gemälde, Installationen und Skulpturen stammen von aufstrebenden und bereits anerkannten Künstlern.

Backsteingebäude
Der rote Bau auf der Ostseite des Platzes wurde um 1700 gebaut und ist das älteste der Universitätsgebäude am Platz.

Das Museumsgebäude (1857) weist Einflüsse der byzantinischen, lombardischen und maurischen Architektur auf.

Eingang zur Alten Bibliothek

»Sphäre in Sphäre« (1982), eine Schenkung des Künstlers Arnaldo Pomodoro

Berkeley-Bibliothek, 1967 von Paul Koralek erbaut

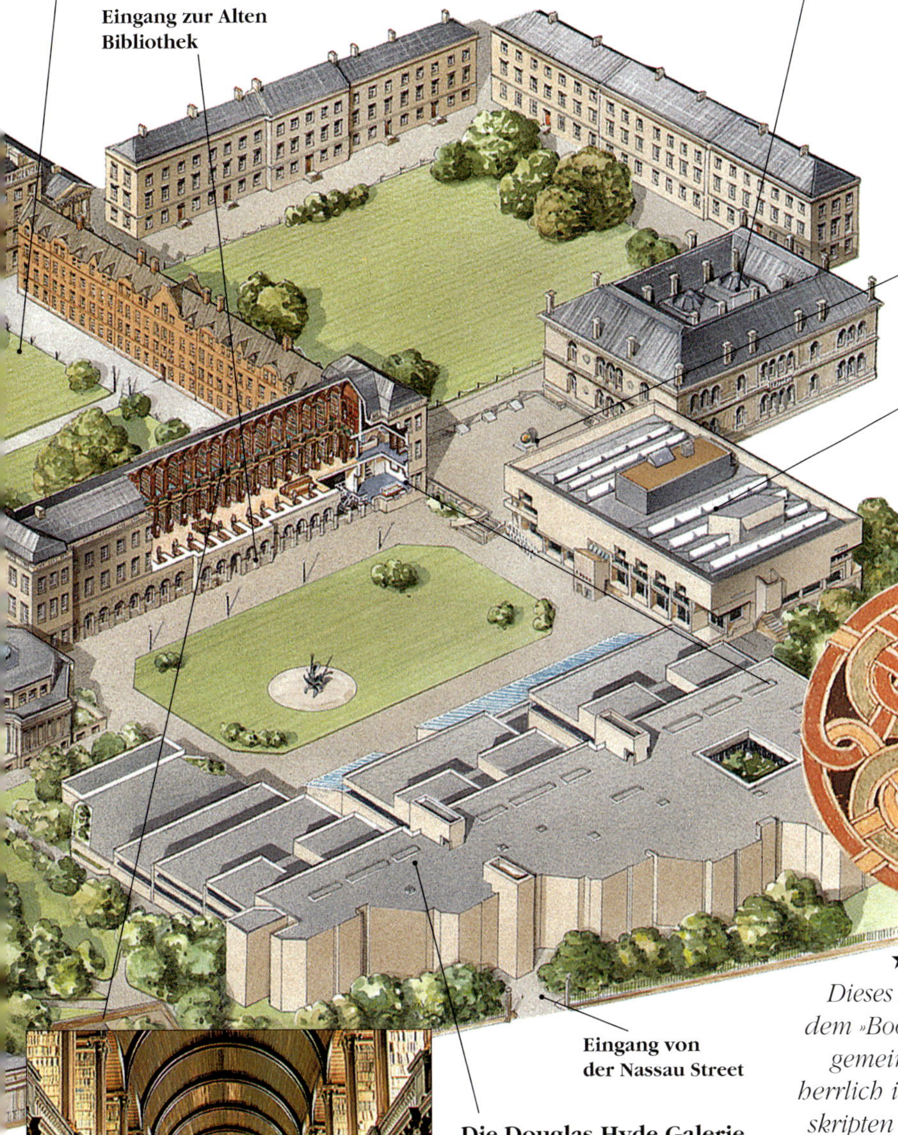

★ Schatzkammer
Dieses Detail stammt aus dem »Book of Durrow«, das gemeinsam mit weiteren herrlich illustrierten Manuskripten und dem »Book of Kells« in der Schatzkammer verwahrt wird.

Eingang von der Nassau Street

Die Douglas-Hyde-Galerie wurde in den 1970er-Jahren gebaut.

★ Alte Bibliothek
Die spektakuläre »Long Hall« ist fast 65 Meter lang. Sie beherbergt 200 000 alte Bücher, Marmorbüsten von Gelehrten und die älteste Harfe Irlands.

Höhepunkte

- ★ **Alte Bibliothek**
- ★ **Schatzkammer**
- ★ **Kampanile**

Daten und Fakten

1592 Gründung des Colleges für Protestanten

1660 Stiftung des »Book of Kells« durch den Bischof von Meath

1689 Zeitweilige Nutzung als Kaserne

1712–32 Bau der Alten Bibliothek

1755–59 Errichtung der klassizistischen Neubauten

1793 Zulassung von Katholiken zum Studium am College

1904 Zulassung von Frauen

1970 Aufhebung des Verbots der katholischen Kirche für Katholiken, am College studieren zu dürfen

1984 Brandschäden

1987 Abschluss der Restaurierung des Speisesaals

Parlamentsplatz

Das Trinity College befindet sich auf einem Gelände des ehemaligen Klosters All Hallows. Der Parlamentsplatz ist der größte Innenhof der Universität, der von einem Ensemble eindrucksvoller Gebäude größtenteils aus dem 18. und 19. Jahrhundert gesäumt wird. Prunkstück der Anlage ist der ➛ *Kampanile*. Die ➛ *Kapelle* wie auch die identisch gestaltete ➛ *Prüfungshalle* ihr gegenüber erbaute Sir William Chambers um 1800. Neben der Kapelle befindet sich der Speisesaal, der ursprünglich 1742 von Richard Castle errichtet wurde. Dieses Gebäude veränderte sich vor allem nach dem Feuerschaden im Jahr 1984 stark. Auch die ➛ *Alte Bibliothek* von Thomas Burgh wurde umgebaut.

Das Schloss von Dublin

Heiliger Patrick (Edward Smyth)

Anfang des 13. Jahrhunderts sah sich der englische König Johann I. durch die ständigen Angriffe der Iren veranlasst, in Dublin eine neue Verteidigungsanlage zu errichten. Sie wurde dort erbaut, wo ein Wikingerfort gestanden hatte. Im 18. Jahrhundert erhielt das Bauwerk ein völlig neues Aussehen. Außer dem umgestalteten Archivturm erinnert nichts mehr an die mittelalterliche Burg. Berühmt ist das Dubliner Schloss vor allem wegen seiner luxuriös ausgestatteten Gemächer, in denen früher die britischen Vizekönige von Irland residierten. Deshalb gilt das Schloss nach wie vor als Symbol der englischen Fremdherrschaft.

Vorzimmer
Den Raum schmücken Glas aus Waterford, Kerzenleuchter und erlesene Killybeg-Teppiche.

★ Thronsaal
Dieser 1740 gebaute Raum beherbergt einen Thron, den Wilhelm III. von Oranien nach seinem Sieg in der Schlacht an der Boyne gestiftet haben soll.

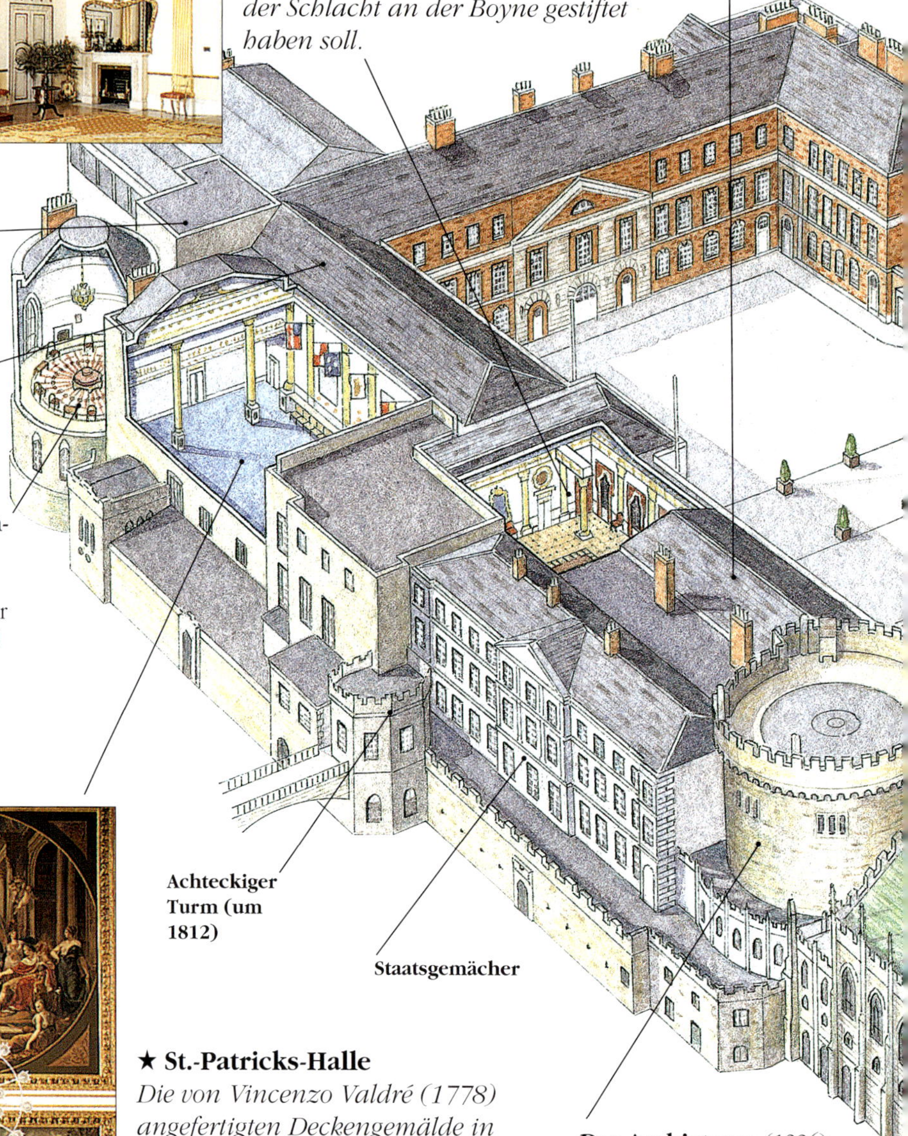

Wedgwood-Raum

Porträtgalerie

Der Bermingham-Turm datiert aus dem 13. Jahrhundert. 1740 wurde er in einen Speisesaal umgebaut.

Achteckiger Turm (um 1812)

Staatsgemächer

Der Archivturm (1226) ist der letzte Überrest der mittelalterlichen Burg. Heute ist darin das irische Polizeimuseum untergebracht.

★ St.-Patricks-Halle
Die von Vincenzo Valdré (1778) angefertigten Deckengemälde in dieser mit Bannern geschmückten Halle versinnbildlichen die Beziehung zwischen Großbritannien und Irland.

Der Wiederaufbau

Bei einem Brand fiel 1684 ein Großteil des Dubliner Schlosses in Schutt und Asche. Seinen Wiederaufbau ordnete wenig später König Jakob II. an. Sein Statthalter, Sir William Robinson, wurde mit der Planung beauftragt. 1688 war das Kastell mit den neuen Staatsgemächern fertig. In der Folge wurde weitergebaut. 1751 war der neue Eingang von Cork Hill aus vollendet. Zehn Jahre später wurde der ➛ *Bedford-Turm* errichtet. Nach dem Ende der britischen Herrschaft 1922 verfiel das Schloss. Umfangreiche Renovierungsarbeiten versetzten es in seinen jetzigen Zustand. Die Staatsgemächer dienen heute Staatsempfängen.

Der Stich zeigt den mittelalterlichen Archivturm.

Königliche Kapelle

Die von Francis Johnston im neugotischen Stil entworfene ➛ *Königliche Kapelle* wurde von 1807 bis 1814 gebaut. Ihr Äußeres schmücken über 100 Köpfe berühmter Iren, die Edward und John Smyth in Kalkstein gemeißelt haben. Das Innere ist aufwendig ornamentiert mit wunderschönen Gipsarbeiten von George Stapleton und überwältigenden Holzschnitzereien von Richard Stewart. Interessante Merkmale sind ferner die Eichenemporen und die Buntglasfenster. Die Fenster zeigen die Wappen der englischen Vizekönige und anderer Vertreter der englischen Krone im Ausland von 1172 bis 1922.

Bedford-Turm
Der Turm mit seiner segmentierten Kuppel wurde Mitte des 18. Jahrhunderts erbaut. Er steht an der Stelle, wo sich der erste normannische Torbau befand.

Justitia-Figur
Die Figur, die oberhalb des von Cork Hill aus in den Oberen Hof führenden Haupteingangs steht, kehrt der Stadt den Rücken zu und wurde deshalb von den Dublinern oft verspottet.

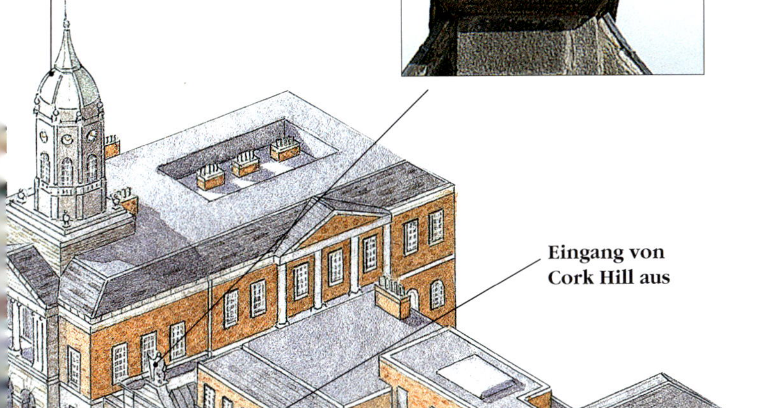

In der Königlichen Kapelle, von Francis Johnston 1814 vollendet, pflegten der britische Vizekönig und andere Bewohner des Schlosses ihr Gebet zu verrichten.

Der Patricksorden

Der illustre Patricksorden wurde 1783 von Georg III. gegründet, um die einflussreichsten Peers in Irland auszuzeichnen. Seine Insignien, die als »irische Kronjuwelen« bekannt sind, wurden 1903 aus der Bibliothek des Dubliner Schlosses gestohlen. Seit 1934 wird der Orden nicht mehr verliehen, seit 1974 ist er erloschen.

Robert Emmet

Robert Emmet (1778–1803), der Anführer des gescheiterten Aufstands von 1803, gilt bis heute als Held. Er wollte mit der Besetzung des Schlosses ein Fanal im Kampf gegen die britische Fremdherrschaft setzen. Emmet wurde gefangen und öffentlich gehenkt. Die trotzige Rede, die er von der Anklagebank hielt, inspirierte noch die nachfolgenden Generationen in ihrem Freiheitskampf.

Höhepunkte

★ **St.-Patricks-Halle**

★ **Thronsaal**

Daten und Fakten

Anfang 13. Jahrhundert Bau einer Stadtburg unter König Johann I.

1534 Zerstörungen nach Belagerung durch den anglonormannischen Adligen Silken Thomas

1684–88 Wiederaufbau des Oberen und Unteren Hofes nach verheerendem Brand

1746 Renovierung der Staatsgemächer

1922 Übergabe an Michael Collins, den Helden des irischen Unabhängigkeitskrieges, im Auftrag der neuen irischen Regierung

Die Chester-Beatty-Bibliothek

Einige der schönsten und wertvollsten orientalischen Artefakte der Welt, islamische Manuskripte und Papyri (einschließlich früher Bibeltexte) sind ausgestellt in der Chester-Beatty-Bibliothek und in der Sammlung orientalischer Kunst im Garten des Dubliner Schlosses. Die Sammlungen vermachte Sir Alfred Chester Beatty (1875–1968) dem irischen Staat. Zu den asiatischen Kunstschätzen gehören »Parabaiks« aus dem 18. und 19. Jahrhundert, Bücher mit Volkssagen. Jadebücher, Gemälde und Silberdrachen-Kleider sind unter den chinesischen Exponaten zu finden. Aus dem 16. bis 18. Jahrhundert stammen japanische Holzschnitte, Bücher und Rollen. Im Westeuropäischen Saal befindet sich u.a. das schöne »Coëtivy-Stundenbuch«, ein französisches Gebetbuch (15. Jh.).

Das Cashel-Museum

Die zweigeschossige ➛ *Hall of the Vicars' Choral* ist der Eingang zum Rock of Cashel. Heute sind hier Kopien von mittelalterlichen Möbeln und kunsthandwerklichen Gegenständen ausgestellt. Im unteren Stockwerk werden in einem kleinen Museum Steinskulpturen gezeigt, seltenes Tafelsilber und das ➛ *Sankt-Patrick-Kreuz* aus dem 12. Jahrhundert mit einer Darstellung der Kreuzigung auf der einen Seite und Tierfiguren auf der anderen. Das Kreuz steht auf einem Stein aus dem 4. Jahrhundert. Nach der Überlieferung wurden die Könige von Cashel, darunter auch Brian Ború, am Sockel des Kreuzes gekrönt.

Romanische Reliefs an den Gebäuden des Rock of Cashel

Cormac's Kapelle

Cormac MacCarthy, König und Bischof, schenkte die Kapelle 1134 der Kirche. Sie ist das bedeutendste Bauwerk der irischen Romanik und wurde aus Sandstein erbaut. Möglicherweise waren Mönche aus dem Kloster Regensburg an ihrer Planung beteiligt. ➛ *Cormac's Kapelle* hat ein Steindach und einen annähernd kreuzförmigen Grundriss, der durch den Anbau von zwei Türmen an das Hauptschiff zustande kam. Das Innere ist mit unterschiedlichen Motiven geschmückt, darunter Tiere und Menschenköpfe. Am westlichen Ende der Kapelle befindet sich ein mit schlangenförmigen Ornamenten verzierter Steinsarkophag. In ihm soll einst Cormac MacCarthy gelegen haben. Der Chor ist mit romanischen Fresken ausgestaltet.

Rock of Cashel

Die Ruine thront auf einem 30 Meter hohen Felsen über der Ebene von Tipperary im Süden Irlands und stellt eine der bedeutendsten historischen und archäologischen Stätten des Landes dar. Bereits im 4. Jahrhundert wurde der Rock of Cashel von den Königen von Munster befestigt, die hier bis ins 12. Jahrhundert wohnten. Danach wurde er zum Sitz von Bischöfen und Erzbischöfen. Das religiöse Zentrum bestand bis zur Belagerung durch die Armee Cromwells. Im 18. Jahrhundert wurde die Kathedrale ganz aufgegeben. Noch heute kann man die einstige mittelalterliche Anlage in ihren ganzen Ausmaßen erkennen. Besonders beeindruckend ist Cormac's Kapelle.

★ Sankt-Patrick-Kreuz
Die Abbildungen auf der Ostseite des Kreuzes sollen den heiligen Patrick darstellen. Das Kreuz ist eine Kopie, das Original befindet sich im Museum.

Hall of the Vicars' Choral
Die Halle wurde im 15. Jahrhundert für die bedeutenderen Chorherren von Cashel gebaut. Die nach Originalentwürfen rekonstruierte Decke zieren Gemälde. Auch dieser Engel ist zu sehen.

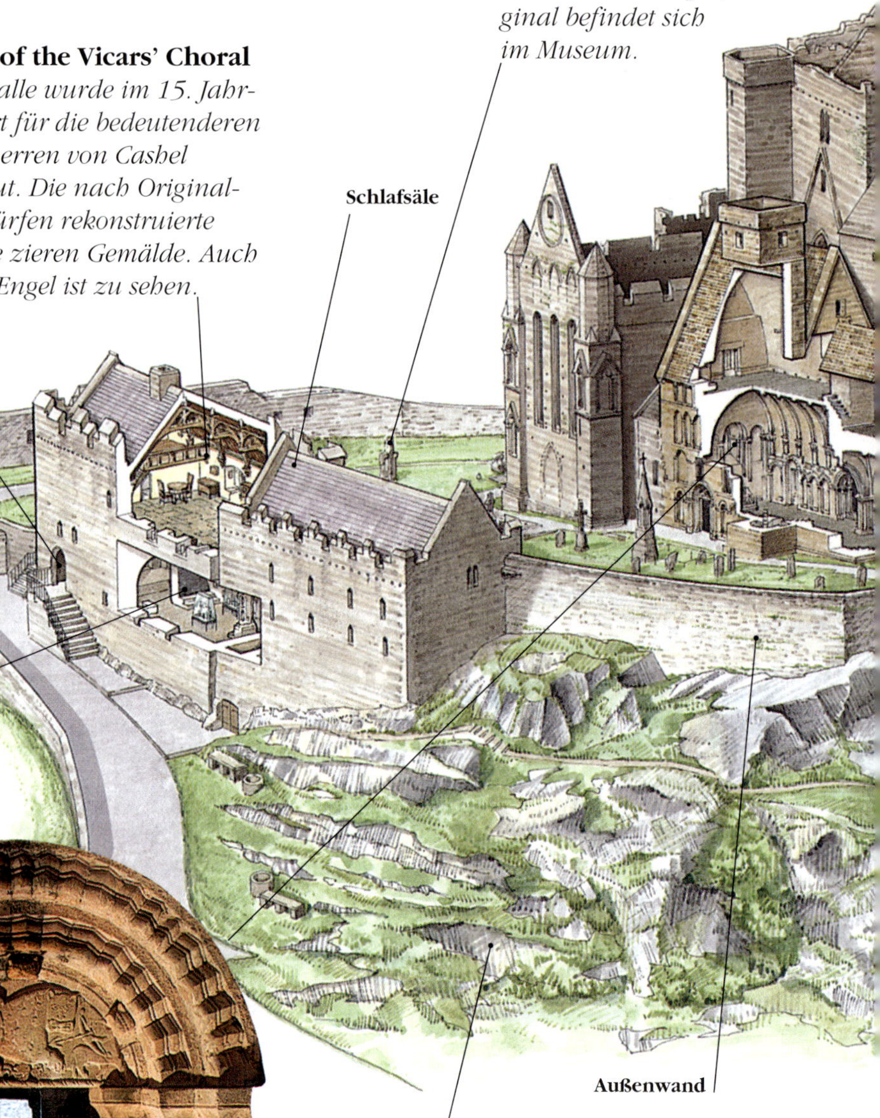

★ Cormac's Kapelle
Dieser romanische Türbogen schmückt einen der Eingänge in die Kapelle. Das Tympanon über dem Nordportal zeigt einen Kentauren, der seinen Bogen auf einen Löwen richtet.

Höhepunkte

- ★ Cormac's Kapelle
- ★ Sankt-Patrick-Kreuz
- ★ Kathedrale

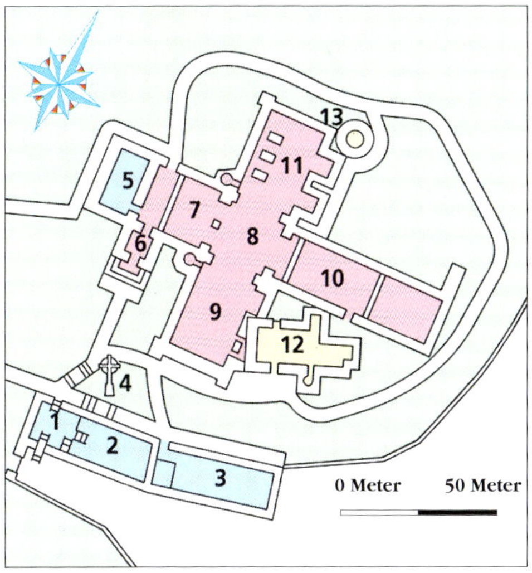

Legende

- 12. Jahrhundert
  - 4 Sankt-Patrick-Kreuz (Kopie)
  - 12 Cormac's Kapelle
  - 13 Rundturm
- 13. Jahrhundert
  - 6 Vorraum
  - 7 Mittelschiff
  - 8 Vierung
  - 9 Südschiff
  - 10 Chor
  - 11 Nordschiff
- 15. Jahrhundert
  - 1 Eingangshalle
  - 2 Hall of the Vicars' Choral (Museum)
  - 3 Schlafsaal
  - 5 Burg

Die Taufe des Königs Aenghus

Bei der Taufe des Königs stach der heilige Patrick ihn unabsichtlich mit einem Stab in den Fuß. Der König ertrug den Schmerz klaglos, da er meinte, das sei Bestandteil der Taufzeremonie.

Der Fels
Der weithin sichtbare Kalksteinfelsen bietet mit den Resten mittelalterlicher Gebäude einen imposanten Anblick.

Im Chor liegt das Grab von Miler MacGrath, der unter Königin Elisabeth I. Bischof sowohl der katholischen als auch der protestantischen Kirche war.

Das O'Scully-Monument, 1870 von einer Familie der Gegend als Gedenkstätte errichtet, wurde 1976 bei einem Unwetter zerstört.

★ Kathedrale
Das gotische Gotteshaus aus dem 13. Jahrhundert ist das größte Bauwerk auf dem Rock of Cashel. Der Chor besitzt schön gefasste Spitzbogenfenster.

Nördliches Querschiff
Die Grabplatten aus dem 16. Jahrhundert im nördlichen Querschiff haben bemerkenswerte Verzierungen. Diese hier an der Nordwand zeigt ein Weinblattmotiv und stark stilisierte Tierfiguren.

Daten und Fakten

um 450 Besuch des heiligen Patricks in Cashel, Bekehrung von König Aenghus

977 Krönung Brian Borús in Cashel zum König

1101 Schenkung von Cashel an die Kirche durch König Muirtcheartach O'Brien

1127–34 Bau von Cormac's Kapelle durch Cormac MacCarthy als Geschenk an die Kirche

1647 Einnahme Cashels durch Cromwells Armee

1847 Sturm bringt Gebäudeteile zum Einsturz

1869 Cashel wird zum Nationalmonument erklärt

1975 Restaurierung der Hall of the Vicars' Choral

Der heilige Patrick

Patrick wurde 385 in Britannien geboren. Mit 16 Jahren wurde er als Leibeigener nach Irland verkauft, wo er zum Christentum übertrat. Um 407 gelang ihm die Flucht nach Gallien. Nach Jahren als Mönch und Kleriker kam er 432 zur Missionierung nach Irland. Als Irlands erster Bischof Palladius verstarb, wurde Patrick sein Nachfolger. Er gründete über 300 Kirchen und taufte über 120 000 Menschen. Um 450 soll er nach Cashel gekommen sein und den regierenden König Aenghus getauft haben. Im Jahr 461 starb Patrick in Nordirland. Der heilige Patrick ist der Patron Irlands. Sein Fest wird am 17. März gefeiert. Ihm zu Ehren wurde auf dem Rock of Cashel das ➤ *Sankt-Patrick-Kreuz* errichtet.

Die Schlachten bei Bannockburn

Stirling Castle war strategisch wichtig für den schottischen Widerstand gegen England. Häufig wurde es belagert. Dennoch gelang es den Schotten wiederholt, die Feinde zu stoppen. Eine entscheidende Schlacht fand ganz in der Nähe des Schlosses statt. Am 23./24. Juni 1314 gewann Schottland unter Anführung von Robert I. Bruce in der Schlacht von Bannockburn durch den Sieg über König Eduard II. von England seine Unabhängigkeit zurück. Am 11. Juni 1488 wurde bei Bannockburn erneut schottische Geschichte geschrieben, als aufständische Feudalherren hier den schottischen König Jakob III. besiegten und töteten.

Szene aus der Schlacht von Bannockburn 1314 auf einem Stich

Die grosse Halle

Diese prächtige königliche Halle – die größte, die jemals in Schottland gebaut wurde – ließ der schottische König Jakob IV. zwischen 1500 und 1504 für Parlamentssitzungen und Bankette errichten. Als König Jakob VI. 1603 als Jakob I. auch König von England wurde und die Monarchie sich nach London orientierte, wurde die ➛ *große Halle* nicht länger für Staatsanlässe benutzt. Nach Umbauten im 18. Jahrhundert wurde das imposante Gebäude als Kaserne genutzt. Mehr als 30 Jahre Arbeit waren nötig, um die große Halle wieder annähernd in ihren Urzustand zurückzuversetzen. 1999 wurde das restaurierte Gebäude von Königin Elizabeth II. wieder eröffnet.

Stirling Castle

Die hoch gelegene mächtige Burg, die in der schottischen Geschichte eine wichtige Rolle spielte, ist eine der besterhaltenen Renaissanceburgen (➛ *S. 211*) des Landes. Die Legende besagt, dass König Artus die Burg von den Sachsen eroberte, obgleich sie erst 1124 zum ersten Mal erwähnt wird. Im 12. Jahrhundert wurde Stirling Castle zu einer bedeutenden Befestigungsanlage und war seitdem Sitz der schottischen Könige. Das heutige Schloss stammt aus dem 15. und 16. Jahrhundert. Den letzten Kampf erlebte es 1746 gegen die katholischen Jakobiten, die die Stuart-Dynastie wieder auf den Thron bringen wollten. Seit 1964 hat Stirling Castle keine militärische Funktion mehr.

Figurenschmuck an der Burgmauer

Robert I. Bruce
Diese moderne Statue zeigt den schottischen König (♔ 1306–29) mit Schwert nach der Schlacht von Bannockburn 1314.

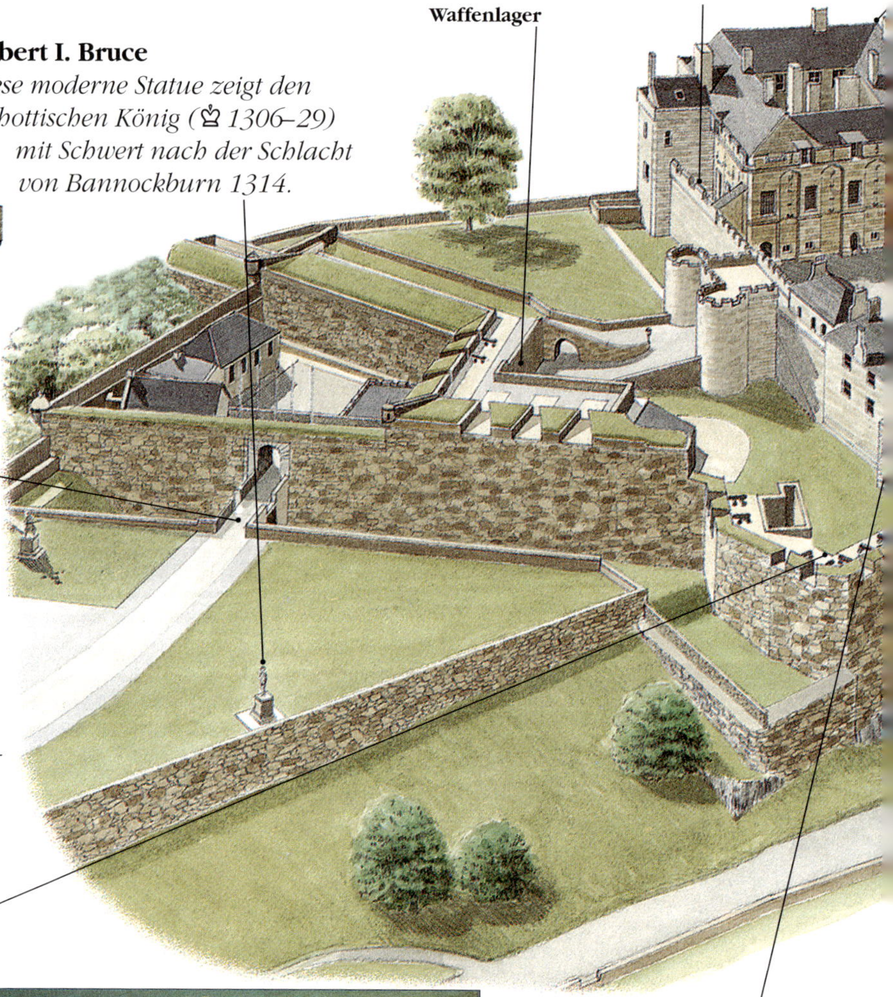

Der Prinzenturm wurde im 16. Jahrhundert errichtet.

Waffenlager

Burgtor

Geschützplatten wie diese wurden Mitte des 16. Jahrhunderts angebaut, um Platz für die neuartigen Kanonen zu schaffen und gleichzeitig Angriffe mit solchen Artilleriewaffen besser abzublocken.

Der Elphinstone Tower wurde 1689 zur Geschützplatte umfunktioniert. Zu diesem Zweck wurde die Höhe des Turms um die Hälfte verringert.

»Stirling Castle zur Zeit der Stuarts«, Gemälde von Johannes Vorsterman (1643–99)

★ Palas
Das eher nüchtern eingerichtete Innere wird von 38 ornamentierten Holzmedaillons der Renaissancezeit geschmückt, die Porträts der Könige von Schottland zeigen.

Im alten Königspalast ist ein Armeemuseum untergebracht.

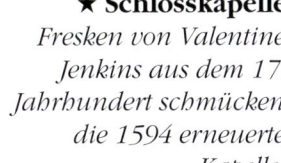

★ Schlosskapelle
Fresken von Valentine Jenkins aus dem 17. Jahrhundert schmücken die 1594 erneuerte Kapelle.

Magazin

Die große Halle wurde aufwendig restauriert und erstrahlt heute wieder in altem Glanz.

Grand Battery
Sieben Kanonen stehen auf dieser Brustwehr, die um 1710 angebaut wurde. Von hier fällt der Blick auf die Stadt Stirling.

Maria Stuart

Mit nur neun Monaten wurde Maria Stuart am 9. September 1543 in der Schlosskapelle von Stirling Castle zur schottischen Königin gekrönt. Bis 1548 lebte sie auf dem Schloss. 1566 wurde ihr Sohn, der spätere Jakob VI., hier getauft.

Höhepunkte

★ **Palas**

★ **Schlosskapelle**

Die Schlachten von Stirling

Sieben Schlachtfelder, die beim Kampf der Schotten um ihre Unabhängigkeit von England eine wichtige Rolle spielten, sind vom Schloss aus zu sehen. Das 67 Meter hohe Wallace Monument (1869) auf dem Abbey Craig erinnert an den Sieg von William Wallace über die Engländer 1297 in Stirling Bridge. Vom Turm überblickt man Stirling und die Berge der Highlands.

Das Wallace Monument

Daten und Fakten

1296 Einnahme von Stirling Castle durch den englischen König Eduard I.

1297 Rückeroberung durch die Schotten nach der Schlacht von Stirling Bridge

1496 Baubeginn des alten Königspalastes mit Schlosskapelle

1500 Baubeginn der großen Halle

1503 Baubeginn der Vorburg, der Verteidigungstürme und -mauern

1594 Erneuerung der Schlosskapelle durch König Jakob VI. von Schottland anlässlich der Taufe seines ersten Sohns

1855 Schwerer Feuerschaden am alten Königspalast

1964 Auszug der britischen Armee aus den Kasernen

Der alte Königspalast

Der für den schottischen König Jakob IV. ab 1496 erbaute ➛ *alte Königspalast* steht auf dem höchsten Punkt des Burgfelsens. Mehrfach verändert, fungierte der Palast gegen Mitte des 16. Jahrhunderts nicht mehr als Residenz des Monarchen. Zusätzliche Stockwerke und Wände wurden gegen Ende des 18. Jahrhunderts hinzugefügt, um eine Militärgarnison unterzubringen. Nach einem schweren Feuerschaden wurde der alte Königspalast Mitte des 19. Jahrhunderts ein weiteres Mal umgebaut. Der Bau beherbergt heute das Regimentsmuseum der Argyll and Sutherland Highlanders. Ausgestellt sind Orden, Uniformen und Waffen.

Stone of Scone

Der berühmte »Schicksalsstein« der schottischen Herrscher wird seit 1996 im Edinburgh Castle aufbewahrt. Seit Kenneth MacAlpin, geschichtlich als erster König der Schotten anerkannt, saßen die schottischen Könige bei der Krönung auf diesem Stein mit angeblich mystischer Vergangenheit. Er wurde in Scone in der Grafschaft Perthshire aufbewahrt, daher der Name. Der Stein wurde beim Einmarsch des englischen Königs Eduard I. in Schottland 1296 erbeutet und nach London in die Westminster Abbey gebracht. Hier passte man ihn in den englischen Krönungsstuhl ein. Bereits 1328 wurde im Vertrag von Northampton die Rückgabe versprochen, die jedoch erst mehr als 660 Jahre später erfolgte.

Das Edinburgh Castle von der Princes Street aus gesehen

Vulkanismus

Edinburgh und sein Schloss liegen im Midland Valley. Erhebungen aus Vulkanstein bestimmen die Silhouette der Stadt. Arthur's Seat, 250 Meter hoch, ist das Überbleibsel eines Vulkans, der teilweise durch Gletscher abgetragen wurde. Bei den 122 Meter hohen Salisbury Crags handelt es sich um vulkanisches Ergussgestein, das durch Aufwerfung und glaziale Erosion freigelegt wurde. Das Schloss ist auf einem 120 Meter hohen Felsen gelegen, der die Öffnung eines Vulkans verstopft. Der Felsen widerstand in der letzten Eiszeit der glazialen Erosion. Dahinter blieb ein Streifen Sedimentgestein erhalten, der den Verlauf der Hauptachse der Altstadt (Royal Mile) bestimmt.

Edinburgh Castle

Deckenbalken im Palas

Das allgegenwärtige Wahrzeichen der schottischen Metropole ist das mächtige Edinburgh Castle. Wie kein anderes Schloss auf den Britischen Inseln thront es auf einem steil abfallenden, früher strategisch bedeutsamen Basaltfelsen inmitten der Stadt. Man nimmt an, dass sich an dieser Stelle bereits in der Bronzezeit eine Befestigung befand. Edinburgh Castle war im Lauf seiner wechselvollen, über 1000-jährigen Geschichte Festung, königliche Residenz, Militärgarnison und Gefängnis. Maria Stuart brachte hier ihren einzigen Sohn, den späteren schottischen König Jakob VI., zur Welt. Seit 1707 werden Krone, Zepter und Reichsschwert Schottlands im Edinburgh Castle aufbewahrt. Auch der Stone of Scone, der für das schottische Nationalbewusstsein von hohem Symbolwert ist, ist im Schloss untergebracht.

Schottische Krone
Die Krone, der Jakob V. 1540 ihre heutige Form geben ließ, ist im Palast zu besichtigen.

Gouverneurshaus
Das 1742 für den Gouverneur errichtete Haus mit den typischen Treppengiebeln dient heute dem Schlossregiment als Offiziersmesse.

Verliese
Diese Einritzung von 1780 erinnert an die vielen Gefangenen, die während der Kriege gegen Frankreich im 18. und 19. Jahrhundert hier eingesperrt waren.

Die Kanone Mons Meg

Die mehr als sechs Tonnen schwere Belagerungskanone Mons Meg wurde in Belgien für den Herzog von Burgund gegossen. Er schenkte sie 1457 seinem Neffen Jakob II. von Schottland. Die Kanonenkugeln wogen 150 Kilogramm. König Jakob IV. richtete die Kanone 1497 gegen Norham Castle in England. 1681 zerbarst sie bei einem Salut zu Ehren des späteren Königs Jakob VII. Danach stand sie im Londoner Tower, bis sie 1829 nach Edinburgh zurückgebracht und in einem Verlies aufgestellt wurde.

Höhepunkte

- ★ **Palas**
- ★ **Königlicher Palast**

Argyle Battery
Von dem befestigten Wall bietet sich ein herrlicher Blick auf die Neustadt.

Die Reichsinsignien

Nachdem sich England und Schottland 1707 vereinigt hatten, wurden die Reichsinsignien in einer Truhe verschlossen – und vergessen. Der schottische Schriftsteller Sir Walter Scott (1771–1832) fand sie über ein Jahrhundert später im Schloss wieder.

★ Königlicher Palast
In dem Palast aus dem 15. Jahrhundert werden u. a. die schottischen Kronjuwelen aufbewahrt.

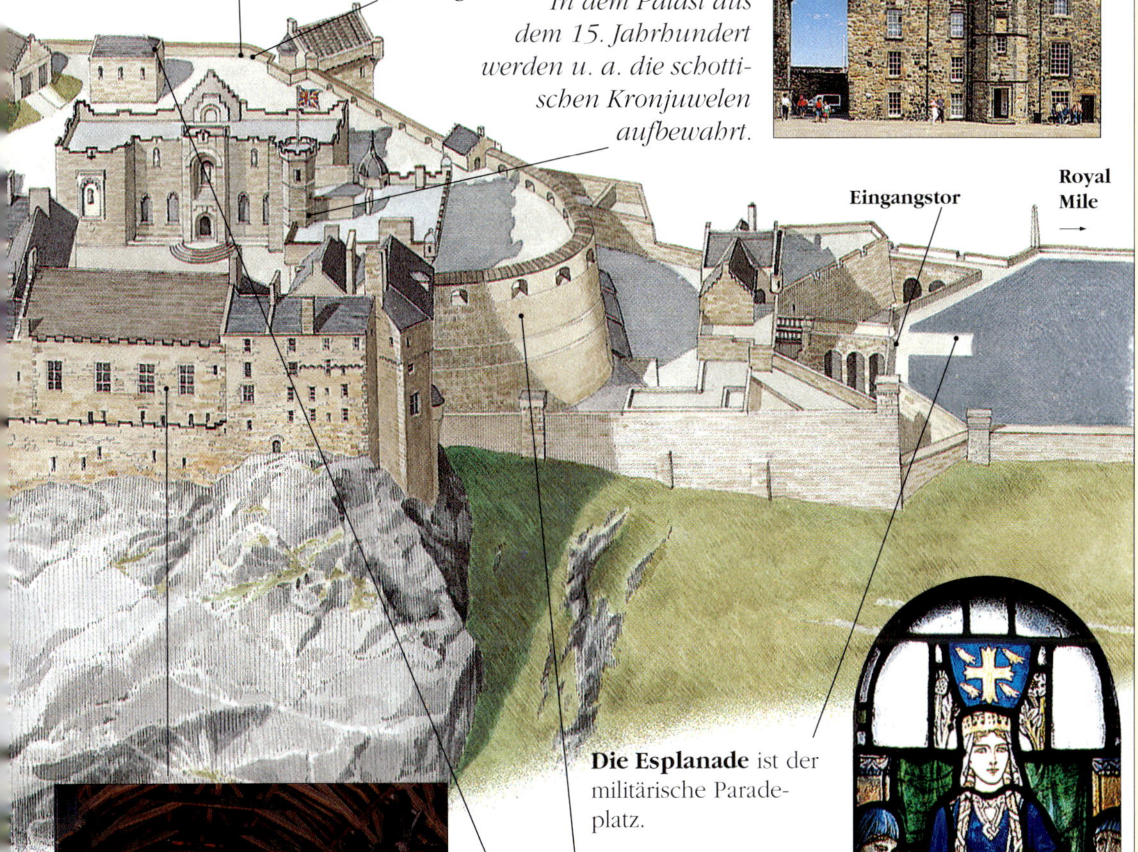

Die Esplanade ist der militärische Paradeplatz.

Die Half Moon Battery wurde zur Verteidigung des Ostflügels errichtet.

★ Palas
In dem Saal aus dem 15. Jahrhundert trat bis 1639 das schottische Parlament zusammen.

Margareten-Kapelle
Auf dem Buntglasfenster ist die heilig gesprochene Gattin von König Malcolm III. dargestellt, der die Kapelle geweiht ist. Die höchstwahrscheinlich von ihrem Sohn David I. erbaute Kapelle ist das älteste Gebäude der Burg.

Daten und Fakten

638 Eroberung der Region durch Angeln aus Northumbria und Bau eines Forts

Anfang 12. Jahrhundert Bau der Margareten-Kapelle

1296 Einnahme der Befestigung durch Eduard I. und Einrichtung einer Garnison

1314 Einnahme der Burg durch Sir Thomas Randolph, Neffe von König Robert Bruce

1566 Geburt von Maria Stuarts Sohn, dem späteren König Jakob VI., im Schloss

1573 Schäden bei Belagerung durch die Engländer, anschließend Neugestaltung des Schlosses und Bau der Half Moon Battery

1689 Übergabe des Schlosses an König Wilhelm III. von Oranien

1707 Aufbewahrung der schottischen Reichsinsignien im Schloss

1995 Aufnahme von Edinburgh in das Weltkulturerbe der UNESCO

Das Military Tattoo

Jeden Sommer im August findet in Edinburgh ein großes Kulturfest statt. In Theatern und auf den Straßen verschmelzen Film, Musik, Theater, Tanz, Kabarett und Literatur auf einmalige Weise. Die Hauptattraktion ist das »Edinburgh Military Tattoo« auf der ➛ *Esplanade.* Seit 1950 treten zu diesem großen Zapfenstreich Regimenter aus aller Welt zusammen mit Dudelsackpfeifern und Trommlern an. Vor der Kulisse des erleuchteten Edinburgh Castle bieten sie ein buntes Schauspiel.

Die Buntglasfenster

Das Münster von York verfügt über besonders schöne mittelalterliche Buntglasfenster. In das Glas wurde schon bei der Herstellung mit Metalloxiden die gewünschte Farbe eingebracht. Handwerker verarbeiteten das Glas an Ort und Stelle. Nach einem Entwurf wurden die Glasstücke geschnitten und erhielten dann den Feinschliff. Details wurden mit Farben auf Eisenoxid-Basis aufgebracht und in einem Ofen mit dem Glas verschmolzen. Die einzelnen Glasstücke wurden durch Bleiruten miteinander verbunden. Faszinierend an den Fenstern des Münsters sind ihre Größe und die Themenvielfalt. Das ➛ *Große Ostfenster* und andere wurden von Laien mit der Vorgabe gestiftet, ein bestimmtes Thema umzusetzen.

Decorated Style

Ein Beispiel für diese zweite Phase englischer Hochgotik von etwa 1250 bis 1350 ist das ➛ *Kapitelhaus*, das sich durch seine achteckige Form elegant vom Münster abhebt. Zierliche Bildhauerarbeiten, schöne Buntglasfenster, detailreiches, kurviges Maßwerk sowie Netz- und Sterngewölbe kennzeichnen den Decorated Style. Blattwerk, Tiere und menschliche Figuren sind über dem Chorgestühl zu finden. Auch das gesamte ➛ *Hauptschiff* weist feingliedriges Maßwerk auf.

Das achteckige Kapitelhaus des Münsters von York

Das Münster von York

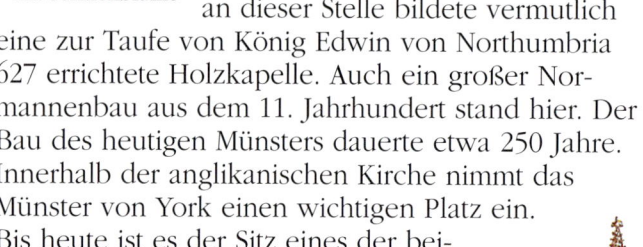

Fensterrosette mit Sonnenblume

Die grösste gotische Kirche (➛ *S. 72*) Großbritanniens ist 158 Meter lang und an den Querschiffen 76 Meter breit. Berühmt ist das Münster vor allem für die Größe und Schönheit seiner Fenster. In keiner anderen englischen Kirche gibt es mehr mittelalterliche Buntglasfenster zu sehen. Den ersten Kirchenbau an dieser Stelle bildete vermutlich eine zur Taufe von König Edwin von Northumbria 627 errichtete Holzkapelle. Auch ein großer Normannenbau aus dem 11. Jahrhundert stand hier. Der Bau des heutigen Münsters dauerte etwa 250 Jahre. Innerhalb der anglikanischen Kirche nimmt das Münster von York einen wichtigen Platz ein. Bis heute ist es der Sitz eines der beiden Erzbischöfe Englands.

Mittelturm
Nach einem Teileinsturz 1407 wurde er 1420–65 nach einem Entwurf von William Colchester mit einer zentralen Laterne wieder aufgebaut.

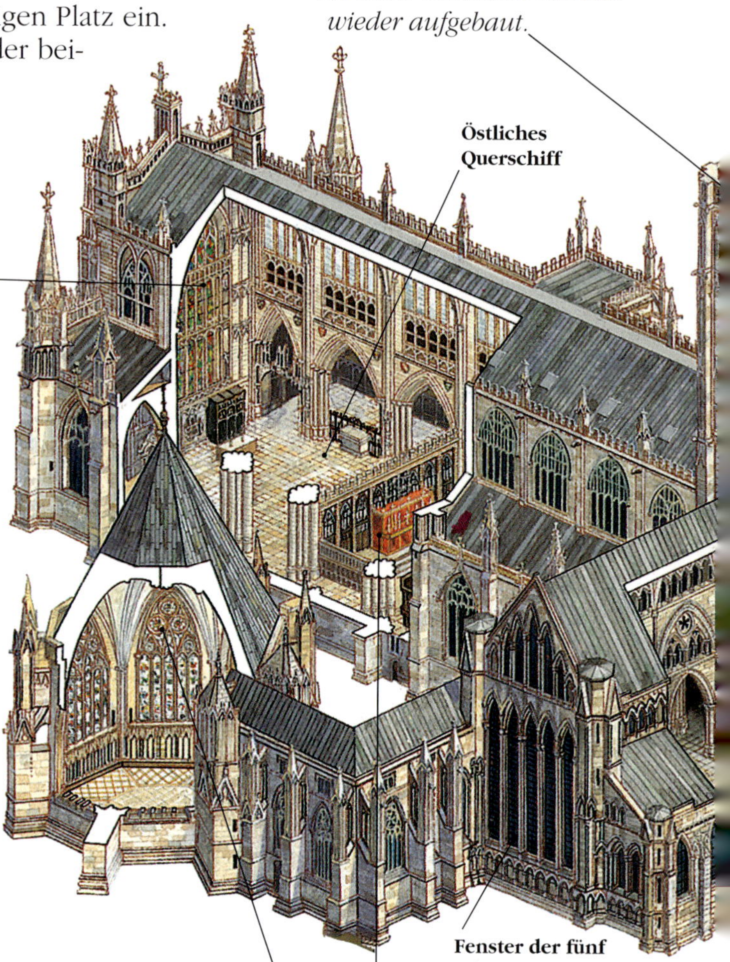

★ Großes Ostfenster
Es hat die Fläche eines Tennisplatzes und ist damit – neben einem in der Kathedrale von Gloucester – eines der beiden größten aus dem Mittelalter erhaltenen Buntglasfenster der Welt. Der Glaser John Thornton schuf die beeindruckende Darstellung der Schöpfungsgeschichte zwischen 1405 und 1408.

Der Chor hat einen gewölbten Eingang mit einem Bossenwerk (15. Jh.), das Mariä Himmelfahrt zeigt.

★ Kapitelhaus
Eine lateinische Inschrift am Eingang zum Kapitelhaus (1260–86) mit Holzgewölbe besagt: »Wie die Rose die Blume der Blumen, so ist dieses das Haus der Häuser.«

Hauptschiff
Nach einem schweren Feuerschaden musste das Hauptschiff kostspielig restauriert werden, konnte aber 1844 mit einem neuen Glockenspiel wieder eröffnet werden.

Die fünf Schwestern

Das nördliche Querschiff ist mit dem »Fenster der fünf Schwestern« aus dem 13. Jahrhundert verziert, dem größten Grisaille-Fenster Großbritanniens. Diese Technik umfasst feine Muster auf Klarglas, die mit schwarzem Email aufgetragen werden.

Die Westtürme
Der Haupteingang im Westen wird von massiven Türmen flankiert. Diese Art der Doppelturmfassade steht ganz in der Tradition normannischer Bauten.

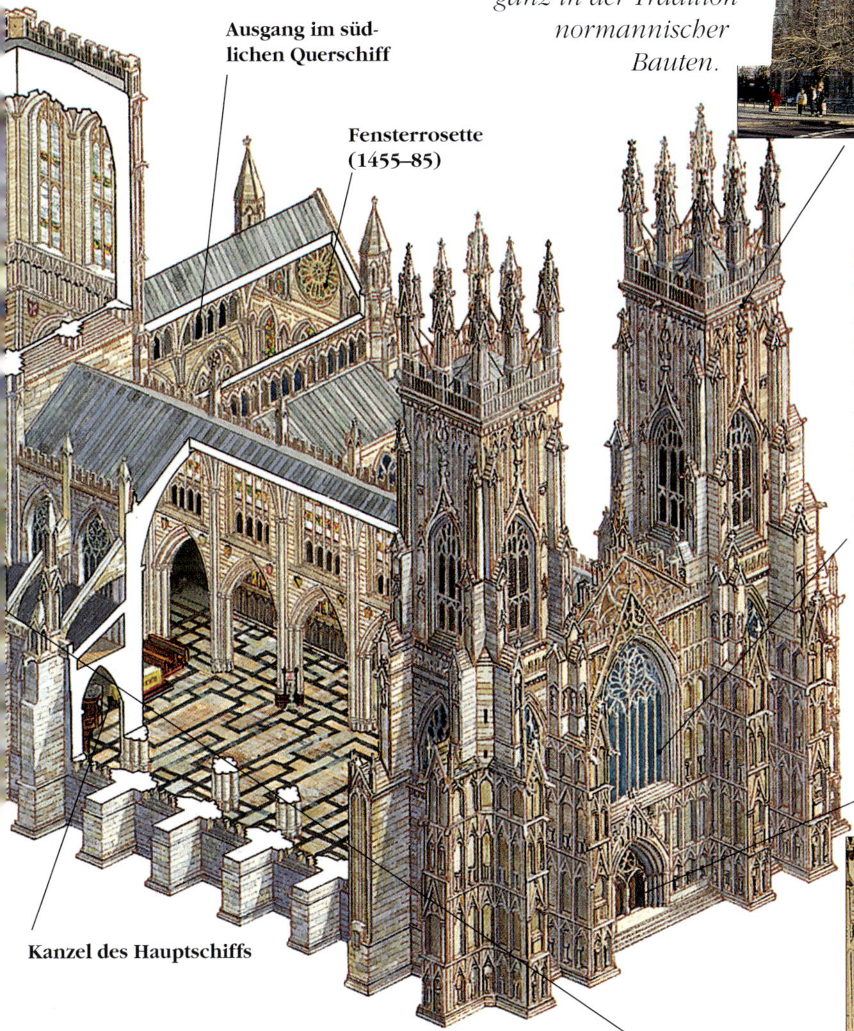

Ausgang im südlichen Querschiff

Fensterrosette (1455–85)

Das große Westfenster wurde 1338/39 von dem Steinmetz Ivo de Raghton und dem Glaser Robert Ketelbarn im Auftrag von Erzbischof Melton geschaffen. Die Herzform im Maßwerk symbolisiert das heilige Herz Jesu Christi.

Das große Westportal führt direkt ins Hauptschiff der Kathedrale.

Kanzel des Hauptschiffs

★ Lettner
Diese herrliche Bildhauerarbeit aus dem 15. Jahrhundert, die den Chor vom Hauptschiff abtrennt, zeigt englische Könige von Wilhelm I. bis Heinrich VI. Über ihnen schweben Engel.

Höhepunkte

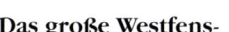

- ★ **Großes Ostfenster**
- ★ **Kapitelhaus**
- ★ **Lettner**

Daten und Fakten

1220 Baubeginn des heutigen Münsters

1220–50 Bau des südlichen Querschiffs

um 1290–1360 Bau des Hauptschiffs

1395 Baubeginn des neuen Chors

1472 Vollendung des Münsters

1730–36 Verlegung eines komplett neuen Fußbodens aus gemustertem Marmor

1840 Schaden am Hauptschiff durch Feuer

1985 Erneuerung des Daches für das südliche Querhaus nach einem Feuer im Jahr 1984

Das Museum in der Krypta

Als Mitte der 1960er-Jahre der Mittelturm einzustürzen drohte, sollte er ein neues Fundament bekommen. 1967 begannen Grabungen, bei denen die Bauarbeiter umfangreiche Unterbauten aus römischer Zeit entdeckten. Nachdem die Arbeiten am Fundament nach fünf Jahren beendet waren, wurde unter dem heutigen Münster ein Museum eingerichtet. Besucher können hier ein Stück römischer Vergangenheit hautnah erleben. Neben Architekturresten der Vorgängerbauten des Münsters, der ehemaligen Basilika aus römischer Zeit und der normannischen Kathedrale, sieht der Besucher auch Funde aus späteren Epochen, darunter in der Schatzkammer das Ulfus-Horn (um 1020) und liturgisches Gerät.

Der Bau der Kapelle

Das bedeutendste Gebäude der Universität ist ihre Kapelle. Sie ist ein herausragendes Beispiel der englischen Spätgotik (Perpendicular-Stil) in Großbritannien. Heinrich VI. (♔ 1422–61, 1470/71) wollte eine Kapelle von unvergleichlicher Größe und Schönheit errichten. So zwang er Grundstückseigentümer, Parzellen am Fluss zu verkaufen, und ließ Läden und eine Kirche schleifen. 1446 legte der König den Grundstein. Im Rosenkrieg (1455–85) wurden die Arbeiten unterbrochen, nachdem Heinrich 1461 gefangen genommen worden war. Erst Richard III. sorgte dafür, dass die Bauarbeiten voranschritten. Unter den Tudor-Königen Heinrich VII. und Heinrich VIII. wurde die Kapelle schließlich fertig gestellt. Das fast 90 Meter lange und 25 Meter hohe Gotteshaus mit seinen schönen ➛ *Buntglasfenstern* und dem ➛ *Fächergewölbe* gehört zu den schönsten Europas.

Die Steinmetzmeister

Die Kapelle des King's College wurde unter der Leitung von vier Steinmetzmeistern erbaut. 1444 beauftragte Heinrich VI. Reginald Ely mit der Arbeit. Im Rosenkrieg war Ely bis zum gänzlichen Baustopp 1461 zeitweise sogar ohne Lohn tätig. 1476 wurden die Bauarbeiten unter John Wolrich fortgesetzt, bis Steinmetzmeister Simon Clerk 1477 die Leitung übernahm. Der vielleicht brillanteste Steinmetzmeister war John Wastell. Unter seiner Leitung ab 1508 wurde das beeindruckende Fächergewölbe zwischen 1512 und 1515 fertig gestellt.

Statue des Tudor-Königs Heinrich VIII.

King's College

Wappen der King's-College-Kapelle

König Heinrich VI. gründete das renommierte College 1441. Es ist damit eines der ältesten in Cambridge. Neben den zahlreichen College-Gebäuden, die überwiegend im 18. und 19. Jahrhundert entstanden, ist vor allem die Kapelle aus dem 15./16. Jahrhundert die Hauptattraktion. Ihre Fertigstellung benötigte rund 100 Jahre. Sie ist eines der grandiosesten Beispiele spätgotischer Architektur in England. Hier tritt auch der berühmte Chor des King's College auf.

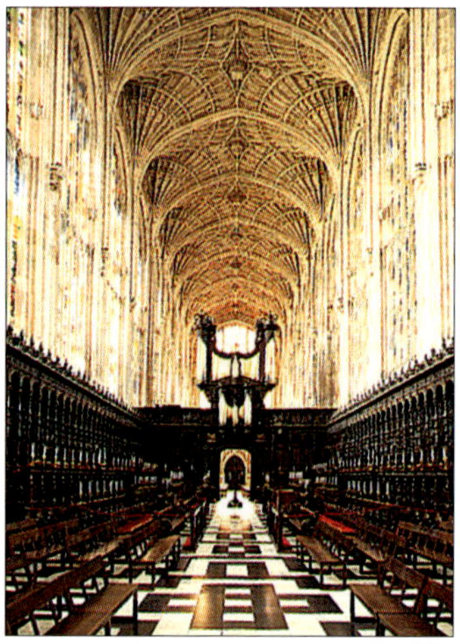

★ Fächergewölbe
Die atemberaubende, von 22 Strebepfeilern gestützte Decke vollendete der Steinmetz John Wastell im Jahr 1515.

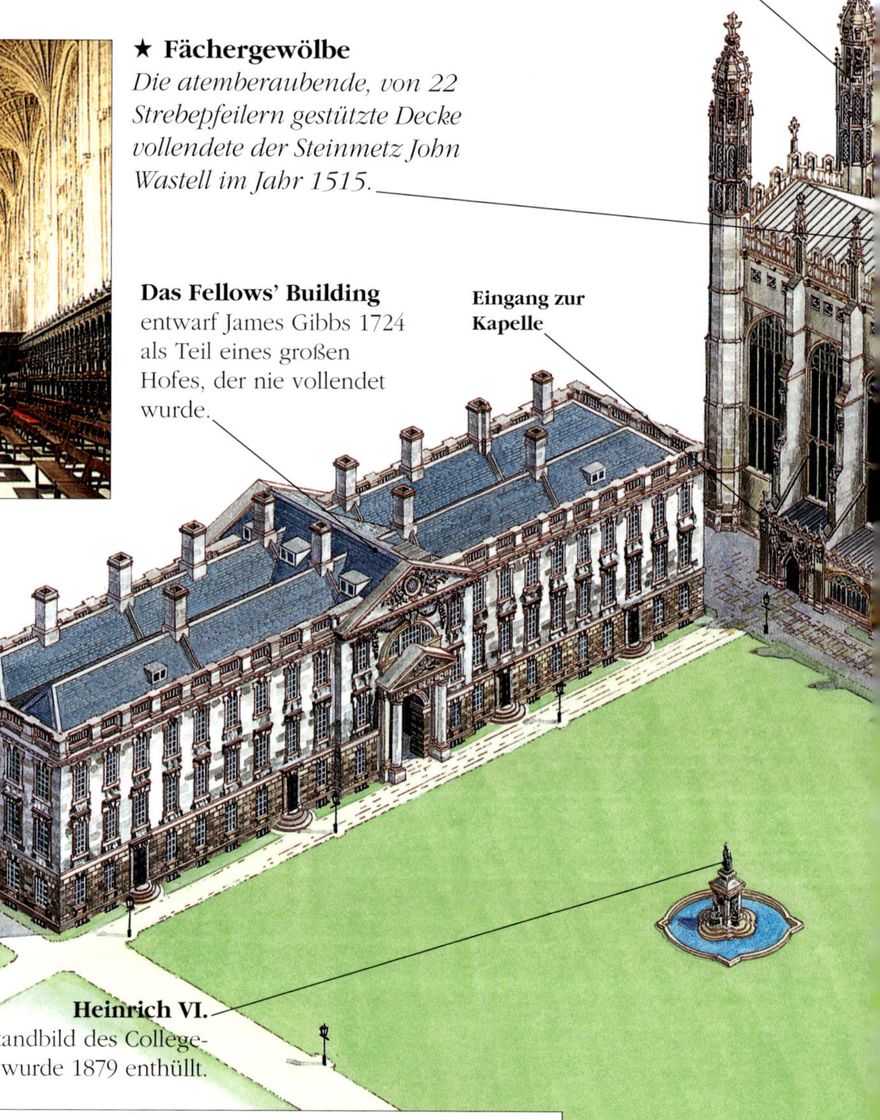

Oktogonaler Eckturm

Das Fellows' Building
entwarf James Gibbs 1724 als Teil eines großen Hofes, der nie vollendet wurde.

Eingang zur Kapelle

Heinrich VI.
Das Bronzestandbild des Collegegründers wurde 1879 enthüllt.

Neogotisches Torhaus

Der Chor des Colleges

Bei der Gründung der Kapelle bestimmte Heinrich VI., dass beim täglichen Gottesdienst ein Chor aus Chorsängern und Chorschülern, die im Kolleg unterrichtet werden, singen sollte. Während des Studienjahrs geschieht das bis heute, doch reist der Chor auch zu Konzerten in alle Welt. Das Weihnachtssingen wird von internationalen Fernsehsendern übertragen.

Der Chor der King's-College-Kapelle

Krone und Tudor-Rose
Dieser Teil des Tudor-Wappens am Westportal der Kapelle verdeutlicht den Herrschaftsanspruch Heinrichs VIII.

Buntglasfenster
Alle Fenster (16. Jh.) der Kapelle zeigen biblische Motive. Hier ist Christus bei der Taufe seiner Jünger zu sehen.

Cromwell und die Kapelle

Während des englischen Bürgerkriegs (1642–60) trug die Kapelle des King's College überraschenderweise keinen Schaden davon, obwohl das Heer des Parlaments unter Oliver Cromwell sie bei schlechtem Wetter zum Exerzieren benutzte. Cromwell selbst, der in Cambridge studiert hatte, soll befohlen haben, die Kapelle zu schonen.

Orgel
Zwei Engel mit Trompeten schmücken die Holzverkleidung der gewaltigen Orgel aus dem 17. Jahrhundert.

Der Lettner, ein Meisterwerk der Tudor-Schnitzkunst, teilt die Kapelle in Chor und Mittelschiff.

★ Altarbild
Rubens' »Anbetung der Könige«, 1634 für den Konvent der Weißen Nonnen in Belgien gemalt, stiftete ein Privatmann 1961.

Höhepunkte

★ **Fächergewölbe**

★ **Altarbild**

Daten und Fakten

1441 Grundsteinlegung für das College

1446 Baubeginn der Kapelle

1515 Abschluss der Steinarbeiten an der Kapelle, danach Fertigung der Holzarbeiten, Buntglasfenster und des Lettners für die Kapelle

1724 Baubeginn des Gebäudes durch James Gibbs

um 1830 Bau des Torhauses durch William Wilkins

Die Colleges

King's College ist eines der 31 Colleges, aus denen die Universität Cambridge besteht. Die Geschichte der Colleges und ihre einstige Verbindung zu religiösen Instituten haben ihren Bauplan und Charakter bestimmt. Die Gebäude gruppieren sich meist um Höfe. Ihre Architektur spiegelt die Baugeschichte von z. T. mehr als 600 Jahren wider. Das älteste College in Cambridge ist Peterhouse (1284). Der große Architekt Sir Christopher Wren (1632–1723) erbaute die Kapelle des drittältesten Colleges Pembroke (1347) und des Emmanuel Colleges. Aus dem Letzteren ging der Theologe John Harvard hervor. Er wanderte nach Amerika aus und hinterließ sein Geld der 1636 gegründeten Universität in Massachusetts, die seit 1639 seinen Namen trägt. Zu den Absolventen des Emmanuel Colleges gehören ferner Berühmtheiten wie der Dichter William Wordsworth, der Physiker Sir Isaac Newton und der Naturforscher Charles Darwin.

Die Wachablösung

Das bekannteste höfische Zeremoniell, die ➛ *Wachablösung,* findet im Sommer täglich und im Winter alle zwei Tage um 11.30 Uhr auf dem Vorhof des Buckingham Palace statt. Seit 1660 werden die englischen Herrscher und die königlichen Paläste von Soldaten bewacht. Seit 1837 stehen die Wachsoldaten vor dem Buckingham Palace. Die Fußsoldaten tragen rote Waffenröcke und Bärenfellmützen und werden bei der Wachablösung vom Spielmannszug der Garde begleitet. Der Wachwechsel dauert 45 Minuten. Weilt die Königin im Palast, zieht ihre Leibgarde (eine eigene Einheit) mit Trompetern auf, wenn die Ablösung der großen Leibgarde aus 17 Mann stattfindet. Ist sie abwesend, versieht eine kleine Garde aus 12 Leibgardisten dieses Zeremoniell.

Ein Gardist der Königin

Königliche Stallung

Der von John Nash entworfene und 1825 fertig gestellte Marstall, die »Royal Mews«, beherbergt rund 30 Pferde, etwa 70 Kutschen und rund 20 Luxusautomobile, die von der königlichen Familie bei offiziellen Anlässen benutzt werden. Hauptattraktion ist die von Giovanni Cipriani mit Malereien versehene und 1762 von König Georg III. zum ersten Mal benutzte goldene Staatskutsche. Seit 1821 fährt in ihr jeder Monarch zur Krönung in die Westminster Abbey. Zu den Ausstellungsstücken zählen ferner die irische Staatskutsche von 1851, die von Königin Viktoria für die alljährliche Eröffnung des Parlaments angeschafft wurde, sowie die Glaskutsche von 1881, die den königlichen Hochzeitspaaren vorbehalten ist.

Buckingham Palace

Als offizieller Amtssitz der britischen Monarchen fungiert der weiträumige Buckingham Palace im grünen Herzen Londons seit der Zeit von Königin Viktoria. Ausgestattet mit unschätzbaren Kunstwerken und antiken Möbeln, bildet der zu den weltweit bekanntesten Sehenswürdigkeiten zählende Palast nicht nur das ideale Ambiente für Staatsbankette, sondern stellt auch ein bedeutendes Kunstdenkmal dar. Teile der reichen königlichen Kunst- und Gemäldesammlung beherbergt die Galerie der Königin im Südflügel des Palastes. Zum Buckingham Palace gehören auch die königlichen Stallungen, in denen die Gefährte der englischen Herrscher untergebracht sind.

Musikzimmer
In diesem Raum erfolgt die Vorstellung hoher Gäste. Er ist aber auch Schauplatz königlicher Taufen.

Ballsaal
Der barocke Saal wird bei Staatsbanketten und anderen feierlichen Anlässen genutzt.

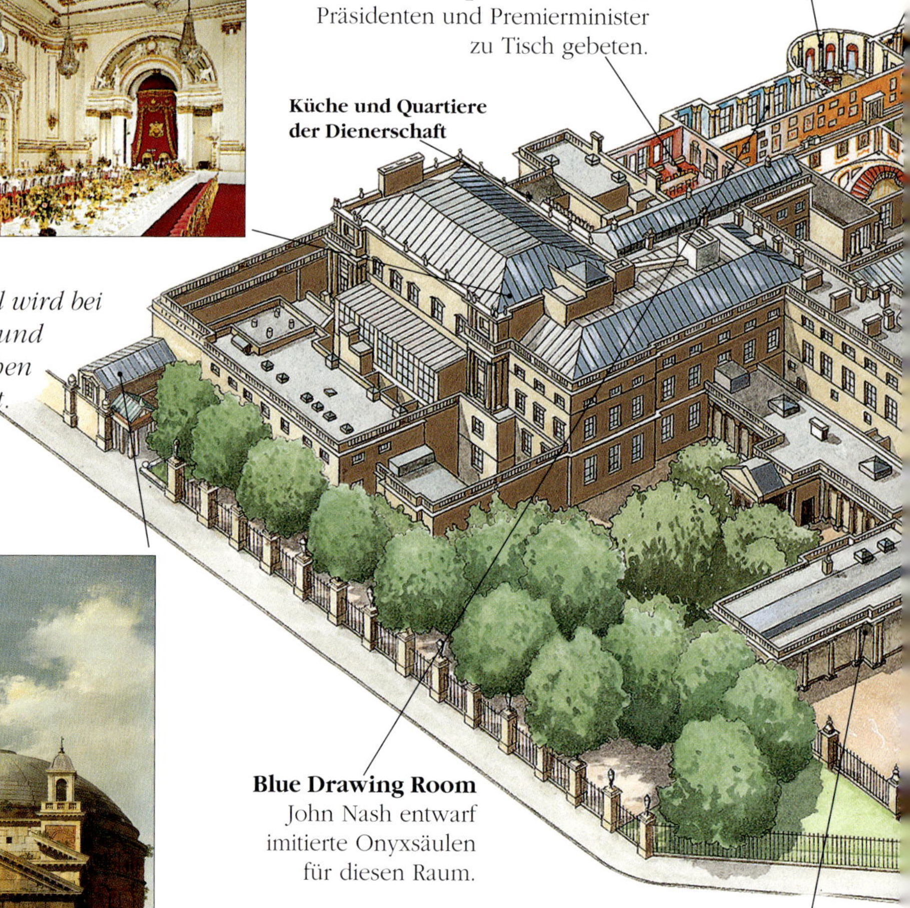

Im Speisesaal werden Präsidenten und Premierminister zu Tisch gebeten.

Küche und Quartiere der Dienerschaft

Blue Drawing Room
John Nash entwarf imitierte Onyxsäulen für diesen Raum.

Privatpostamt

Galerie der Königin
Hier sind Kunstwerke aus der Sammlung der Königin zu sehen, so Canalettos Darstellung des Pantheons in Rom.

Wachablösung
Die farbenprächtige Zeremonie der Wachablösung findet im Sommer täglich auf dem Vorhof des Palastes statt.

Im White Drawing Room versammelt sich die königliche Familie, bevor sie bei festlichen Anlässen den Speisesaal oder den Ballsaal betritt.

Der Park bietet vielen Tieren ein Zuhause. Die Staatsgemächer, die auf der Westseite des Palastes liegen, überblicken dieses grüne Paradies.

Besuch im Palast

Bis 1993 durfte nur derjenige das Gelände des Buckingham Palace betreten, der offizieller Gast der Königin war. Seitdem sind die 19 Staatsgemächer im August und September, während des jährlichen Besuchs der Queen in Schottland, für die Öffentlichkeit zur Besichtigung freigegeben.

Ein Schwimmbad gehört ebenso zum Palast wie ein Privatkino.

Der Thronsaal wird von sieben prachtvollen Lüstern erhellt.

Der Green Drawing Room erlaubt Gästen Zutritt zu den Staatsgemächern.

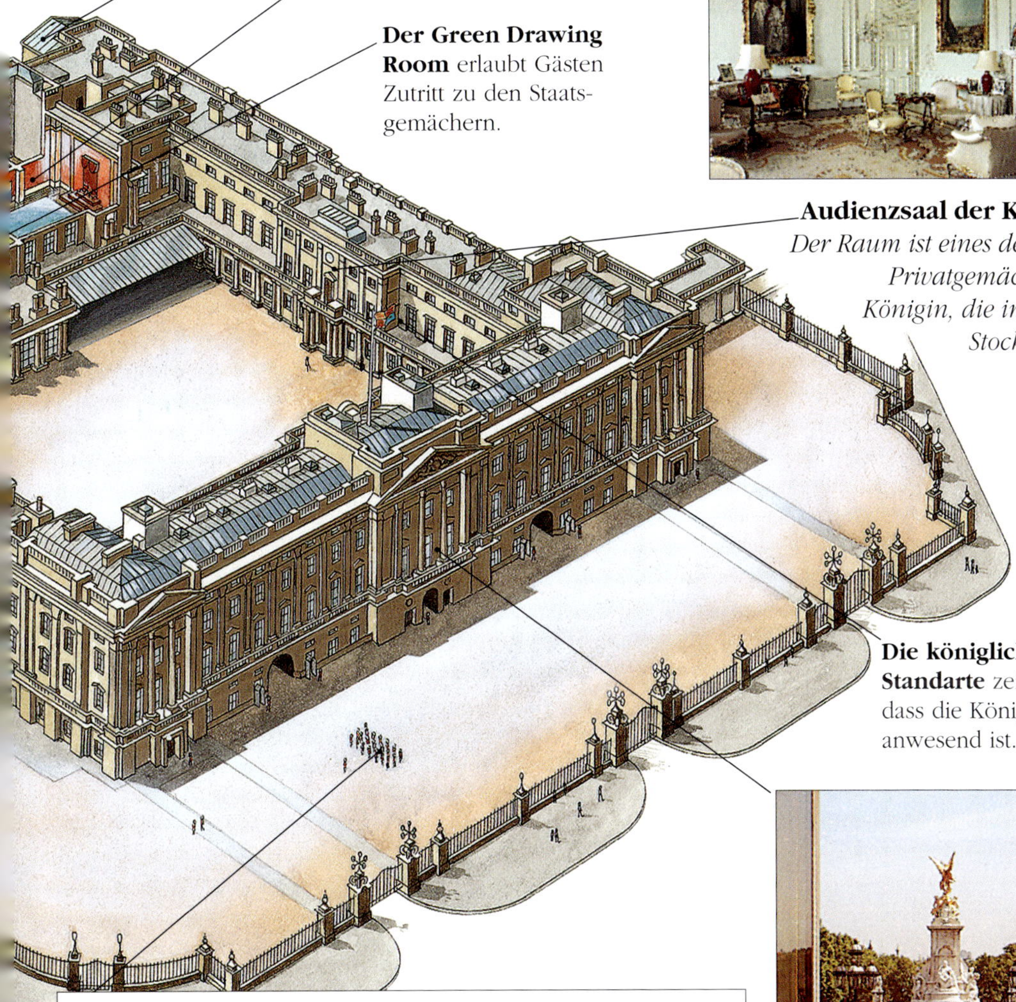

Audienzsaal der Königin
Der Raum ist eines der zwölf Privatgemächer der Königin, die im ersten Stock liegen.

Die königliche Standarte zeigt an, dass die Königin anwesend ist.

Wer wohnt im Buckingham Palace?

Der Palast ist die Stadtresidenz Königin Elizabeths II. und ihres Gemahls Prinz Philip, die darin eine Suite im Nordflügel bewohnen. Mehrere Angehörige der königlichen Familie verfügen über Büroräume im Palast. Auch die Mitarbeiter, die für die alltäglichen Abläufe und Geschäfte im Palast zuständig sind, wohnen hier.

The Mall
Auf dem Mittelbalkon der Ostfassade zeigt man sich dem Volk auf der Mall.

Buckingham Palace

Daten und Fakten

1703 Errichtung von Buckingham House durch den Herzog von Buckingham

1761 Ankauf durch König Georg III. für seine Frau, Königin Charlotte, Umbenennung in Queen's House (Haus der Königin)

1820 Umgestaltungsauftrag durch König Georg IV. an John Nash

1830 Weiterführung des Umbaus unter König Wilhelm IV. durch Edward Blore

1837 Einzug von Königin Viktoria in den Palast, Umbenennung in Buckingham Palace

1840–47 Bau des vierten Flügels durch Edward Blore

1911 Fertigstellung von Vorhof, Umzäunung und Toren

1913 Veränderung der Ostfassade entlang der Mall

Galerie der Königin

Die Königin besitzt Kunstwerke, die zu den schönsten und wertvollsten der Welt gehören, darunter Gemälde von Rembrandt, Rubens, Tizian, Vermeer und Leonardo da Vinci. 1962 öffnete sie die ➛ *Galerie der Königin* für die Öffentlichkeit. Nach Um- und Neubau durch John Simpson präsentiert sich die Galerie seit 2002 nun mit einem Tempelvorbau. In den Galerieräumen sind in einer ständigen Ausstellung Meisterwerke der königlichen Sammlung zu finden. Andere Räumlichkeiten dienen für Wechselausstellungen u.a. von Gemälden, Zeichnungen, Schmuck, Porzellan und Mobiliar.

Big Ben

Glockenturm

Der Name des Londoner Wahrzeichens und der gleichzeitig größten Uhr Großbritanniens – jedes der vier Zifferblätter hat einen Durchmesser von 7,5 Metern – rührt her von der mächtig tönenden Glocke, die seit 1858 die Stunden schlägt. Sie wurde wahrscheinlich nach Sir Benjamin Hall, dem obersten Baubeauftragten von 1855 bis 1858, benannt. Die fast 14 Tonnen schwere Glocke hängt im rund 96 Meter hohen Glockenturm, der sich über die Houses of Parliament erhebt. Eine Lampe über dem Zifferblatt leuchtet, solange die Parlamentssitzungen andauern.

Westminster Hall

Das älteste Parlamentsgebäude wurde unter Wilhelm Rufus, Sohn Wilhelms des Eroberers, zwischen 1097 und 1099 als Teil des königlichen Palastes von Westminster gebaut. Nach seiner Fertigstellung wurde ➛ *Westminster Hall* für Krönungsbankette und höfische Unterhaltung genutzt. Ab 1394 ließ König Richard II. die Halle umbauen. Der Steinmetzmeister Henry Yevele brach neue Fenster und fügte Simse mit Wappentieren hinzu. Hugh Herland konstruierte die 660 Tonnen schwere Stichbalkendecke, ein Meisterwerk englischer Gotik. 1512, nach einem Brand, wurde die Westminster Hall nicht länger als königliche Residenz genutzt. Sie beherbergte danach den Gerichtshof, in dem viele Staatsprozesse stattfanden, so auch 1535 das Verfahren gegen Sir Thomas More. Das Gebäude überstand auch den verheerenden Brand von 1834 und die Bomben im Zweiten Weltkrieg. Heute wird es für größere Feierlichkeiten genutzt.

Houses of Parliament

Der Palast von Westminster – besser bekannt als Houses of Parliament – ist der erste große Repräsentationsbau der Neugotik in London. Das lang gestreckte, streng gegliederte Gebäude mit unterschiedlichen Türmen in der Mitte und an seinen Endpunkten zieht sich an der Themse entlang. Errichtet wurde es von Charles Barry, der von der mittelalterlichen Kapelle Heinrichs VII. am Chor der Westminster Abbey inspiriert worden war und mit seinem Plan den Architektenwettbewerb gewann. Für die Konstruktion waren die besten Materialien gerade gut genug. Augustus Pugin war für die Innenarchitektur, die Ornamentierung und Ausstattung zuständig. Er entwarf Bleiglasfenster, Wandpaneele, vergoldete Schnitzarbeiten, Kacheln, Möbel, Tapeten und Messingarbeiten in neogotischer Üppigkeit. Der berühmteste der Türme ist der Uhrturm im Norden. Big Bens Läuten wurde als Pausenzeichen der BBC weit über die Grenzen Londons hinaus bekannt.

★ Unterhaus
Die Regierung sitzt rechts, die Opposition links, der »Speaker« thront auf einem Stuhl in der Mitte. Die Raumaufteilung basiert auf dem Grundriss der ehemaligen Stephanskapelle.

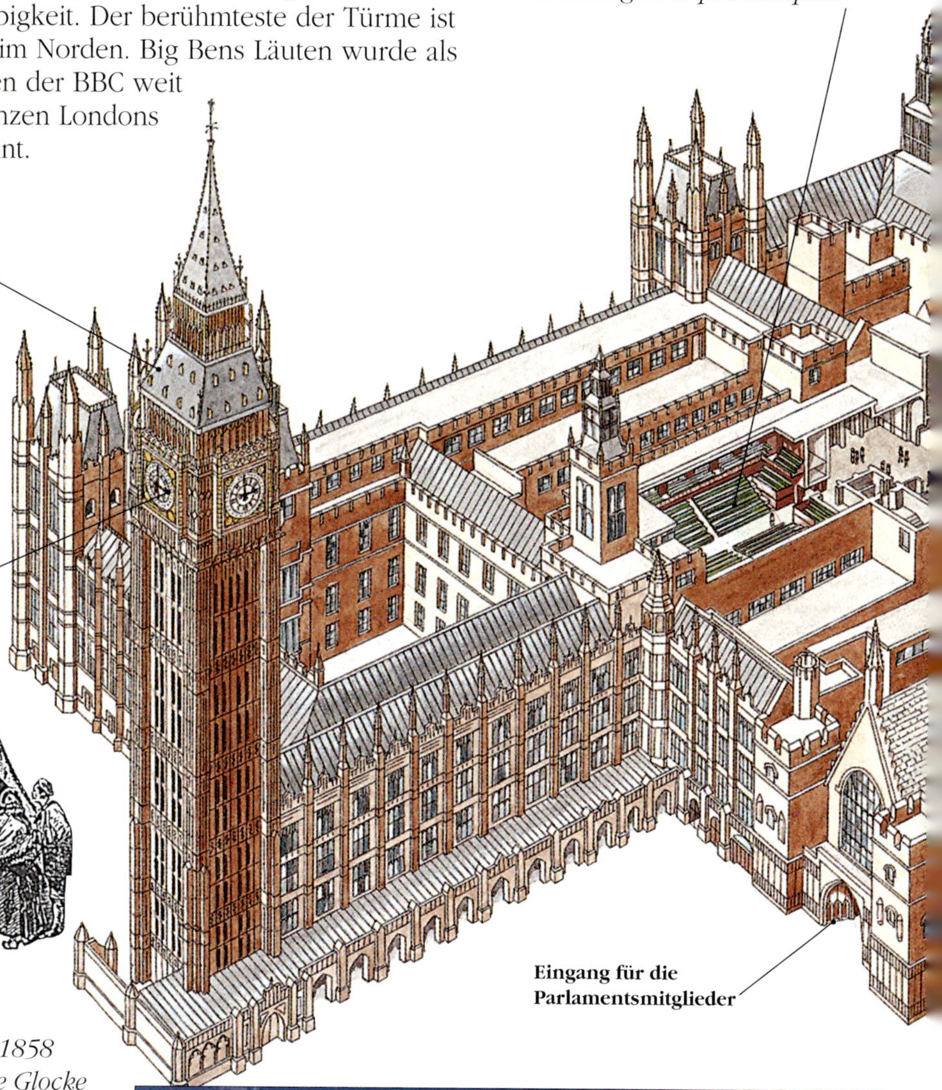

Der Glockenturm wurde ursprünglich zur Belüftung des Parlaments geplant.

Eingang für die Parlamentsmitglieder

Big Ben
Die riesige, 1858 aufgehängte Glocke ist die zweite, die für den Turm gegossen wurde. Die erste brach bei einem Testläuten im Hof des Palastes.

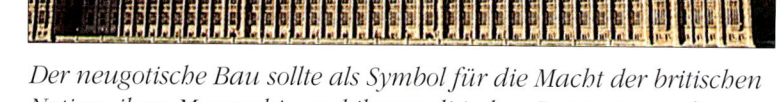

Der neugotische Bau sollte als Symbol für die Macht der britischen Nation, ihrer Monarchie und ihrer politischen Institutionen dienen.

Zentralhalle
Wer hier einen Abgeordneten erwartet, steht unter einer herrlichen Mosaikdecke.

Peers nennt man die weltlichen Mitglieder des Oberhauses. Dies ist ihre Lobby.

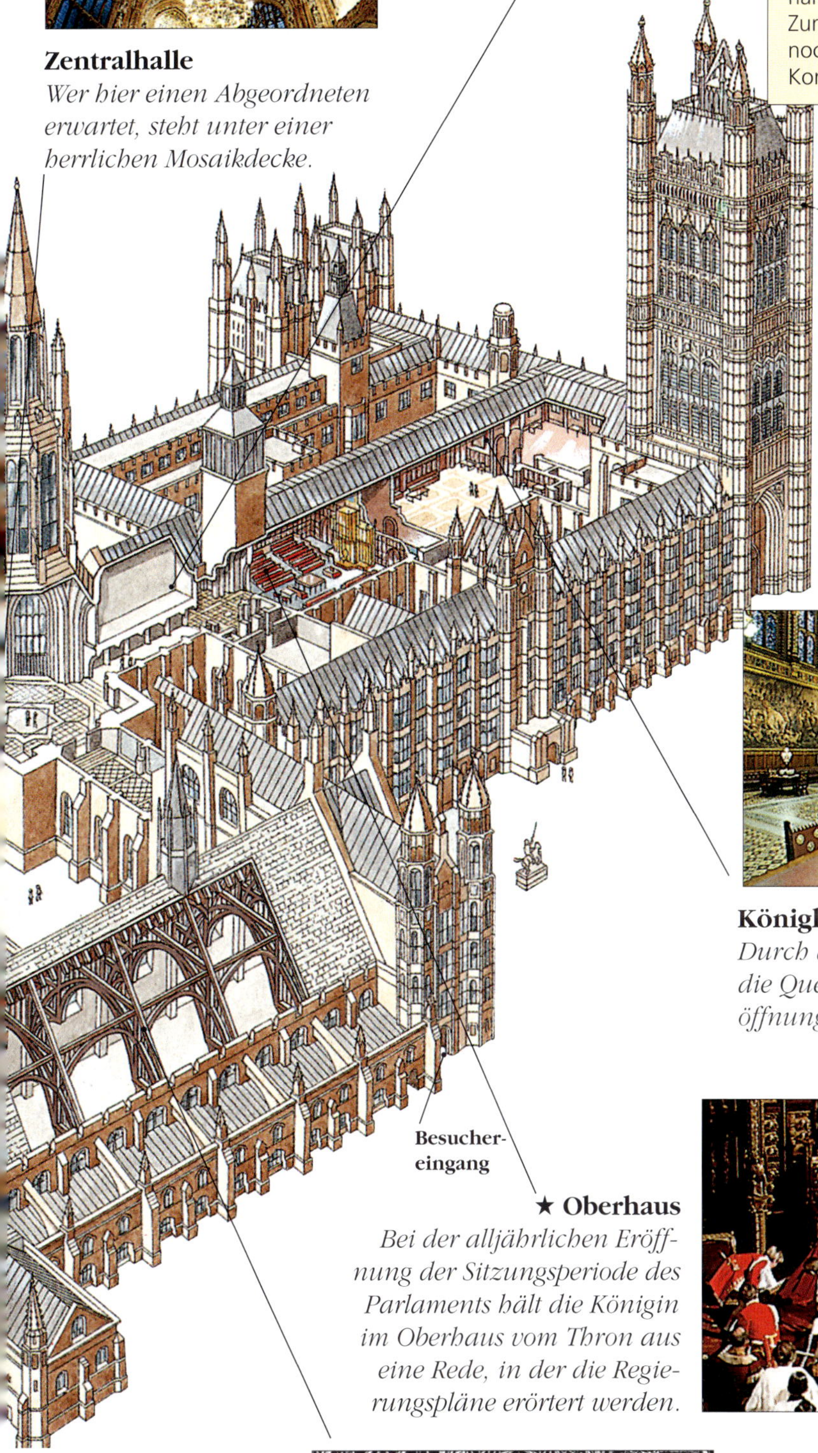

Im Victoria Tower werden alle Gesetzesentwürfe aufbewahrt, die das Parlament verabschiedet hat.

Königliche Galerie
Durch diese Galerie schreitet die Queen zur Parlamentseröffnung, dem »State Opening«.

Besuchereingang

★ Oberhaus
Bei der alljährlichen Eröffnung der Sitzungsperiode des Parlaments hält die Königin im Oberhaus vom Thron aus eine Rede, in der die Regierungspläne erörtert werden.

★ Westminster Hall
Die Halle wurde von Charles Barry in die Houses of Parliament integriert. Ihre reich verzierte Decke aus Stichbalken wird von Stützbalken getragen.

Das Komplott

Der Katholik Guy Fawkes wollte das Parlamentsgebäude am 5. November 1605 mit Schießpulver in die Luft jagen. Sein Plan wurde entdeckt, man hängte ihnen wegen Verrats. Zum Jahrestag erinnert heute noch ein Feuerwerk an das Komplott.

Höhepunkte

★ **Westminster Hall**

★ **Oberhaus**

★ **Unterhaus**

Daten und Fakten

1042 Baubeginn des Palastes von Westminster unter Eduard dem Bekenner

1097–99 Bau der Westminster Hall

1547 Stephanskapelle wird Versammlungsort des Unterhauses

1834 Fast völlige Zerstörung des Palastes durch Brand

1840–70 Neubau durch Sir Charles Barry

1941 Bombardierung des Unterhauses

1950 Fertigstellung des neuen Unterhauses

1987 Aufnahme in das Weltkulturerbe der UNESCO

Unterhaus und Oberhaus

Der Palast von Westminster ist Sitz des Ober- und Unterhauses. Im Unterhaus werden die Gesetze entworfen, denen auch das Oberhaus zustimmen muss. Ihm gehören 659 gewählte Parlamentsmitglieder verschiedener Parteien an. Die Partei mit den meisten Parlamentsmitgliedern bildet die Regierung und stellt den Premierminister. Die Mitglieder der anderen Parteien bilden die Opposition. Der als »Speaker« bezeichnete Parlamentsvorsitzende muss bei hitzigen Debatten unparteiisch schlichten. Das Oberhaus hat rund 700 Mitglieder. Zwölf von ihnen stellen das oberste Gericht Großbritanniens dar. Neben 92 Erbadeligen, die ihre Sitze heute nicht mehr vererben können, sitzen im Oberhaus verdiente Personen auf Lebenszeit.

Westminster Abbey

Das Schicksal des wohl berühmtesten Gotteshauses Englands ist mit der Geschichte des Landes eng verflochten. Die Krönungskirche der Royals seit dem Jahr 1066, gleichzeitig Schauplatz königlicher Hochzeiten, ist keinem Bischof, sondern direkt dem Königshaus unterstellt. Sie ist Grablege der englischen Herrscher bis hin zu Georg II. (gestorben 1760) und Denkmalstätte vieler Berühmtheiten. Die von den französischen Kathedralen inspirierte Londoner Kirche, begonnen von dem Baumeister Henry de Reyns, gilt als ein Meisterwerk der Gotik (➛ *S. 72*).

Nordeingang
Die mittelalterlich wirkenden Steinornamente stammen aus dem 19. Jahrhundert.

★ **Mittelschiff**
Mit 31 Meter Höhe ist das Mittelschiff das höchste Englands. Das Verhältnis Höhe zu Breite beträgt 3:1.

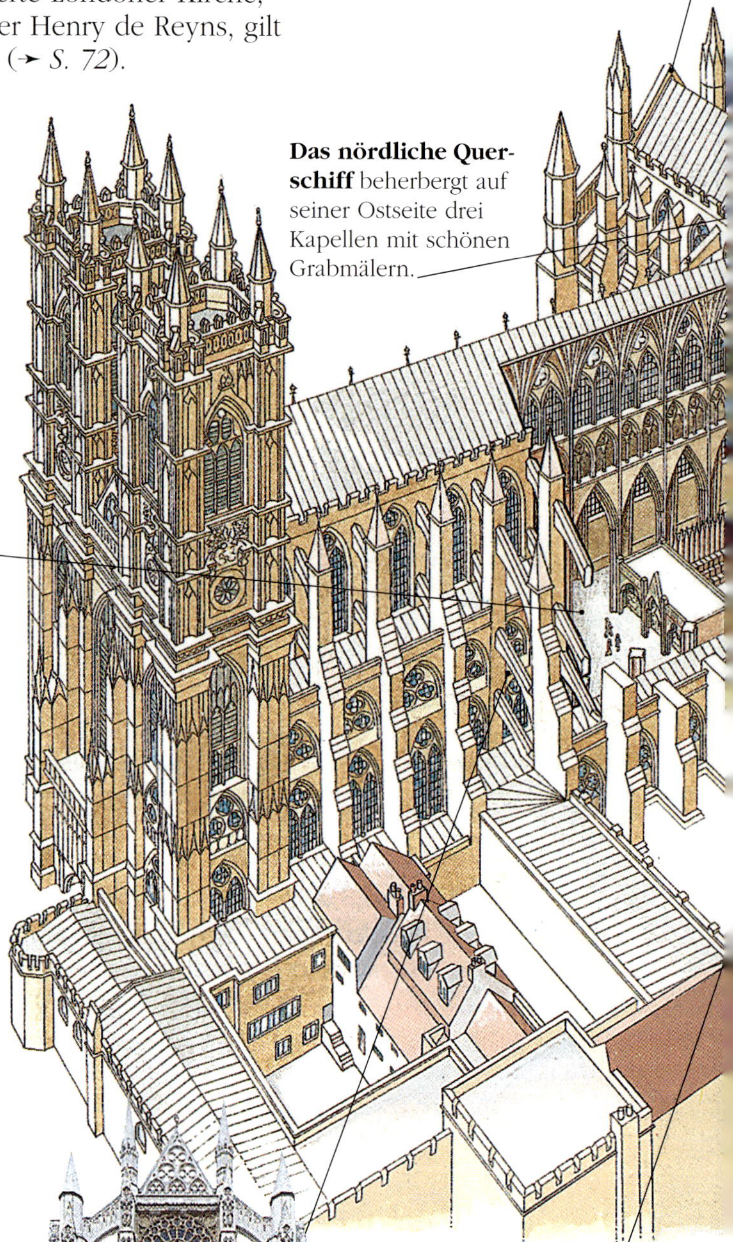

Das nördliche Querschiff beherbergt auf seiner Ostseite drei Kapellen mit schönen Grabmälern.

Kreuzgang

Strebepfeiler
Die riesigen Pfeiler dienen dazu, das Gewicht des hohen Dachs des Kirchenschiffs gleichmäßig zu verteilen.

Lady Elisabeth Nightingales Denkmal von Roubillac (1761)

Berühmte Gräber

Viele Herrscher mit ihren Gemahlinnen sind in der Westminster Abbey beerdigt. Neben dem Schrein Eduards des Bekenners in der ➛ *Eduard-Kapelle* sind die großteils mit kunstvollen Liegefiguren geschmückten Gräber Eduards I., Heinrichs III., Eduards III. und Richards II. zu sehen. Doch auch andere bedeutende Personen fanden in der Kirche ihre letzte Ruhestätte, u.a. die Wissenschaftler Isaac Newton und Charles Darwin, die Komponisten Georg Friedrich Händel und Henry Purcell, der Schauspieler Laurence Olivier, der Architekt Charles Barry, der Afrikaforscher David Livingstone sowie der Staatsmann William Pitt d.Ä. Im Grab des Unbekannten Soldaten wurde ein im Ersten Weltkrieg gefallener englischer Soldat bestattet.

Die Kapelle Heinrichs VII.

Die Kapelle wurde zwischen 1503 und 1519 von Robert Vertue auf Veranlassung Heinrichs VII. (♔ 1485–1509) errichtet. Heinrich VII. ruht hier zusammen mit seiner Gemahlin Elisabeth von York in einem Sarkophag aus schwarzem Marmor. Auch Elisabeth I. und die Schottenkönigin Maria Stuart wurden hier bestattet. Glanzstück der ➛ *Kapelle Heinrichs VII.* ist das prachtvolle Fächergewölbe. In dem Chorgestühl aus dem frühen 18. Jahrhundert sind die Wappen der Ritter des illustren Bath-Ordens eingearbeitet.

Die Krönung

Am 2. Juni 1953 bestieg die 26-jährige Elizabeth den Thron. Der Krönungszeremonie durch den Erzbischof von Canterbury wohnten mehr als 8000 Gäste bei. Es war auch die erste Krönung, die im Fernsehen weltweit übertragen wurde.

Höhepunkte

★ **Mittelschiff**

★ **Kapelle Heinrichs VII.**

★ **Kapitelsaal**

★ Kapelle Heinrichs VII.
Diese Kapelle besticht durch ihr spätgotisches Gewölbe im so genannten Perpendicular-Stil, das einer in Stein gemeißelten, zarten Spitzendecke gleicht.

Dichterecke
Im südlichen Querhaus liegen berühmte Literaten wie Geoffrey Chaucer, Charles Dickens oder Rudyard Kipling begraben.

Aufrecht beerdigt

Ben Jonson, Hofdichter und Zeitgenosse Shakespeares, wurde nach seinem Tod 1637 aufrecht im nördlichen Seitenschiff der Kirche beigesetzt. Er war zu arm, um liegend in der Dichterecke beigesetzt zu werden, und wollte Platz und damit Kosten für die Grabstelle sparen.

Im Sanktuarium, unter Heinrich III. erbaut, findet die Krönungszeremonie statt.

Das Museum birgt viele Schätze der Abtei, darunter Holz-, Gips- und Wachsporträts verschiedener Monarchen.

In der Pyx-Kammer wurden die Standardmaße der Gold- und Silbermünzen aufbewahrt.

★ Kapitelsaal
Den prächtigen achteckigen Raum mit einem schönen Kachelmosaikboden erhellen sechs Buntglasfenster mit Szenen aus der Geschichte der Abtei.

Eduard-Kapelle
Hier sind der Schrein von Eduard dem Bekenner sowie davor der Krönungsstuhl zu sehen.

Historische Pläne der Abtei

Die erste Abteikirche entstand im 11. Jahrhundert. Die heutige Bausubstanz ist jedoch größtenteils jünger, da Heinrich III. ab 1245 einen Neubau errichten ließ. Ihrem Status als Krönungskirche verdankt es die Abtei, dass sie die Angriffe, die Heinrich VIII. gegen britische Klosterbauten unternahm, unbeschadet überstand.

Legende

- Erbaut vor 1400
- Erbaut 1503–19
- Bis 1745 fertig gestellt
- Nach 1850 fertig gestellt

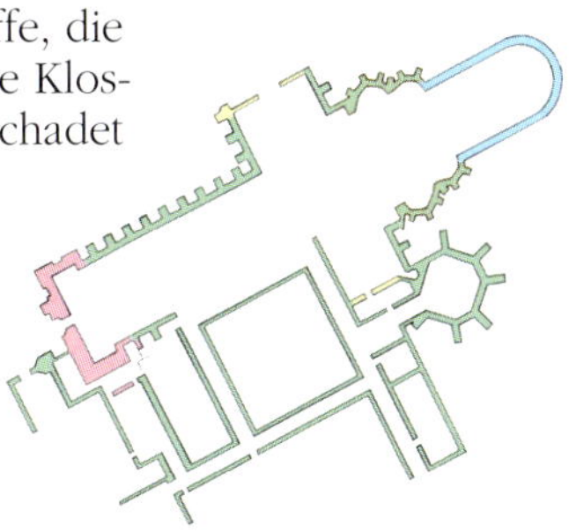

Daten und Fakten

1065 Einweihung einer von Eduard dem Bekenner in Auftrag gegebenen Klosterkirche

1066 Krönung Wilhelms des Eroberers in der Abtei

1245 Nach Abriss Baubeginn der Abtei in der heutigen Gestalt unter Heinrich III.

1399 Nach langem Baustopp Fertigstellung des Langhauses

1503 Baubeginn der Kapelle von Heinrich VII.

1734–75 Bau der Westtürme

1953 Krönung Königin Elizabeths II. in der Kirche

1987 Aufnahme in das Weltkulturerbe der UNESCO

Krönungszeremonie

Jeder Monarch seit Wilhelm dem Eroberer, außer Eduard V. und Eduard VIII., wurde in der Westminster Abbey gekrönt. Viele Elemente dieser Zeremonie gehen auf die Zeit von Eduard dem Bekenner (♔ 1042–66) zurück. Auch die überaus kostbaren königlichen Insignien (Krone, Zepter, Reichsapfel und Schwert) werden zur Krönung hierher gebracht. Das juwelenbesetzte Staatsschwert, eines der wertvollsten der Welt, wird vor dem Monarchen hergetragen. Die Salbung mit Öl soll Gottes Zustimmung zur Krönung symbolisieren. Höhepunkt der Feier ist das Aufsetzen der Eduardskrone. Danach erschallt der Ruf »God save the king/queen« (»Gott schütze den König/die Königin«). Trompeten ertönen und im Tower of London wird Salut gefeuert.

Nelsons Grab in der Krypta

Grabdenkmäler und Monumente

In der Krypta der Kathedrale fand der Erbauer Christopher Wren seine letzte Ruhe. Neben den Gräbern der beiden Kriegshelden Admiral Nelson und des Herzogs von Wellington (➛ *Große Feiern*) befinden sich hier auch die der Maler Joshua Reynolds und William Turner sowie das des Schriftstellers und Abenteurers T. E. Lawrence. Im nördlichen Seitenschiff wurden der Maler John Leighton und der Premierminister William Melbourne bestattet. Denkmäler und Monumente waren in der Kirche erst ab 1790 gestattet, darunter die Statue für den Schriftsteller Samuel Johnson. Die Skulptur des Dichters John Donne war das Einzige, was aus Old St. Paul's gerettet werden konnte.

Der Kuppelbau

St. Paul's Cathedral ist ein Meisterwerk des Barocks (➛ *S. 111*). Nach Wrens erstem Plan sollte die Kathedrale in Anlehnung an die Peterskirche in Rom ein Kuppelbau werden und die Form eines griechischen Kreuzes erhalten. Auf Wunsch der Kirchenoberen erhielt der Grundriss jedoch die Form eines lateinischen Kreuzes. Dominiert wird das Kircheninnere von der achteckigen Vierung. Darüber erhebt sich die aus drei ineinander gefügten Schalen bestehende ➛ *Kuppel*, die der Hofmaler Sir James Thornhill mit acht Szenen aus dem Leben des Apostels Paulus und Salviati mit Mosaiken schmückte. 259 Stufen führen hinauf zur ➛ *Flüstergalerie* in 30 Meter Höhe.

St. Paul's Cathedral

Mit der Kathedrale in Londons City gelang Christopher Wren, dem wichtigsten Baumeister Englands, eine ganz eigenständige, grandiose Interpretation der barocken Formensprache. St. Paul's ist die einzige englische Kirche, die von einer Kuppel bekrönt ist. Beeindruckend ist auch ihr goldschimmernder und von den besten Kunsthandwerkern der damaligen Zeit ausgestatteter Innenraum. Geweiht dem Schutzheiligen Londons, Paulus, wurde sie in über 30-jähriger Bauzeit errichtet.

★ Kuppel
Mit 111 Metern zählt die prachtvoll ausgestaltete Kuppel zu den höchsten der Welt.

★ Westfassade und Türme
Bei den Türmen ließ sich Wren von dem italienischen Barockarchitekten Francesco Borromini inspirieren.

Hauptschiff
Eine imposante Folge mächtiger Bogen öffnet sich zu der eindrucksvollen, lichten Vierung unter der Hauptkuppel.

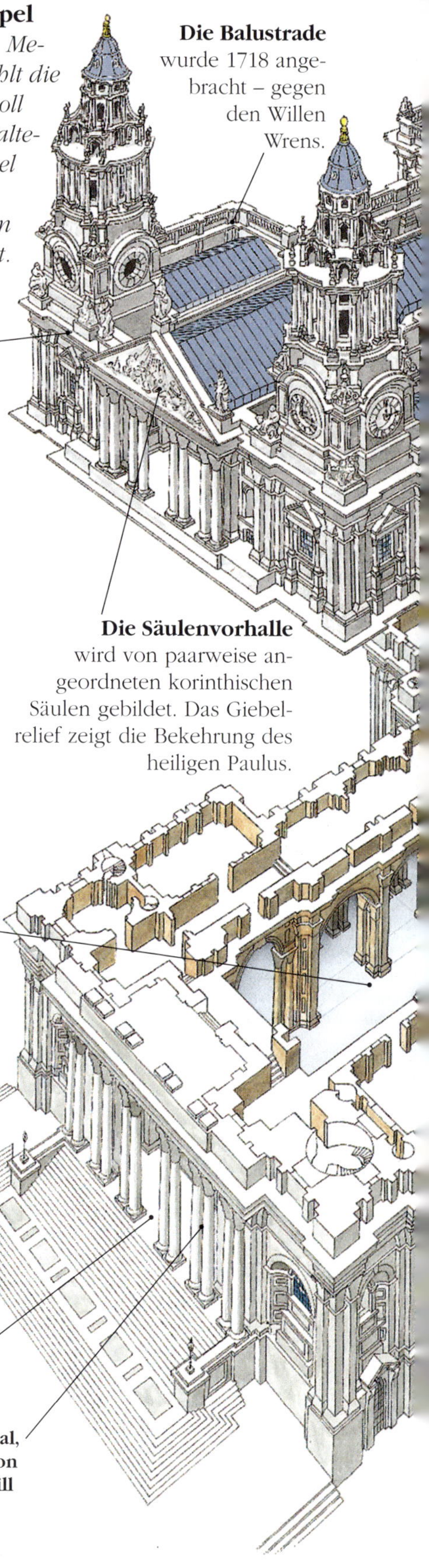

Die Balustrade wurde 1718 angebracht – gegen den Willen Wrens.

Die Säulenvorhalle wird von paarweise angeordneten korinthischen Säulen gebildet. Das Giebelrelief zeigt die Bekehrung des heiligen Paulus.

Säulenvorhalle

Hauptportal, Eingang von Ludgate Hill

Christopher Wren

Der als Wissenschaftler ausgebildete Sir Christopher Wren (1632–1723) begann mit 31 Jahren seine Arbeit als Baumeister und wurde rasch zu einem der führenden Architekten Londons. Nach dem Brand der Londoner City 1666 entwarf er über 50 neue Kirchen. Obwohl er nie Italien bereiste, war seine Arbeit doch stark von der Architektur der römischen Antike, des italienischen Barocks und der Renaissance beeinflusst.

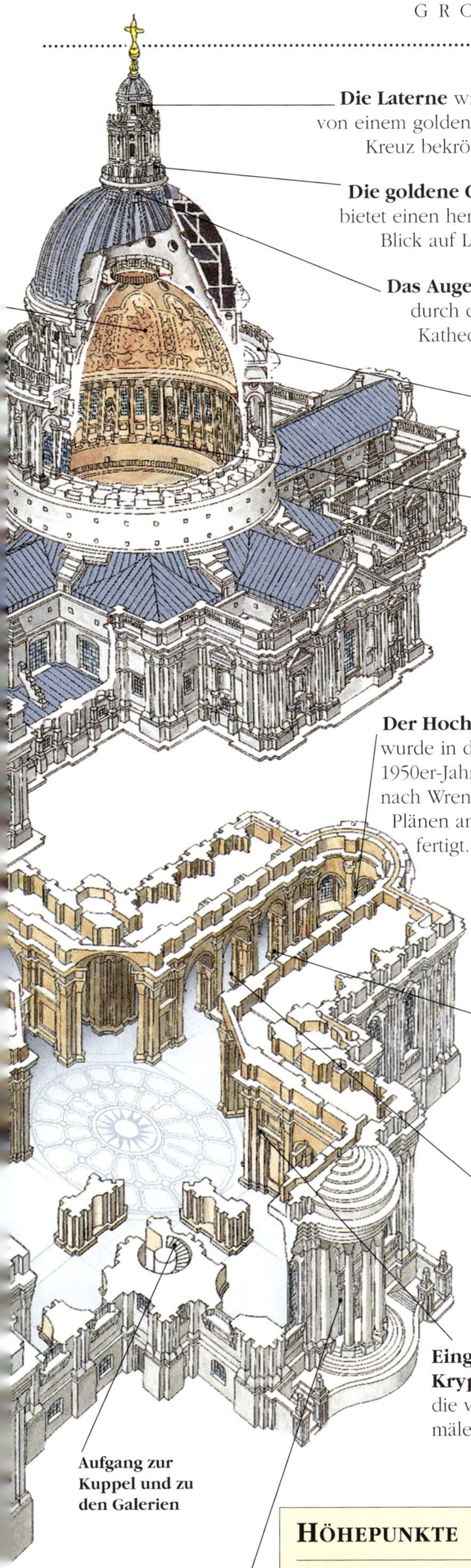

Die Laterne wird von einem goldenen Kreuz bekrönt.

Die goldene Galerie bietet einen herrlichen Blick auf London.

Das Auge ist eine Öffnung, durch die der Boden der Kathedrale zu sehen ist.

Stein-Galerie

Der Hochaltar wurde in den 1950er-Jahren nach Wrens Plänen angefertigt.

Eingang zur Krypta, die viele Grabmäler birgt

Aufgang zur Kuppel und zu den Galerien

Zum südlichen Vorbau soll Wren durch den Portikus der Kirche Santa Maria della Pace in Rom inspiriert worden sein, deren Abbildung er bei einem Freund entdeckte.

Portland-Stein

Wren erbaute die Kathedrale mit Portland-Stein aus Dorset, der gegen das Londoner Wetter resistent sein sollte. Die Jahrhunderte und die Luftverschmutzung forderten jedoch ihren Tribut. Moderne Konservierungsmethoden ermöglichen es, die Oberflächen zu säubern und die cremefarbene Anmutung so zu erhalten.

★ Flüstergalerie
Dank der Akustik der Kuppel sind geflüsterte Worte auf der anderen Seite deutlich zu verstehen.

Chor
Der Hugenotte Jean Tijou schuf das herrliche schmiedeeiserne Chorgitter.

Chorgestühl
Chorgestühl und Orgelverkleidung fertigte Grinling Gibbons aus Rotterdam im 17. Jahrhundert. Er und seine Mitarbeiter arbeiteten zwei Jahre an den wunderbaren Putten, Früchten und Girlanden.

Höhepunkte

- ★ **Westfassade und Türme**
- ★ **Kuppel**
- ★ **Flüstergalerie**

Daten und Fakten

1666 Zerstörung von Old St. Paul's beim großen Brand von London

1675–1710 Bau der Kathedrale nach dem dritten Plan Christopher Wrens

1695 Fertigstellung der noch heute benutzten Orgel

1697 Erste Messe in der noch unfertigen Kathedrale

1723 Erste Bestattung in der Krypta (der Baumeister Wren)

1810 Verlust vieler Kunstschätze durch Kirchenraub

1940 Leichte Bombenschäden durch Luftangriffe

1997 300. Geburtstag der St. Paul's Cathedral

Grosse Feiern

Der majestätische Innenraum der St. Paul's Cathedral war seit jeher die geeignete Kulisse für große Feierlichkeiten. Dazu gehörten die Begräbnisfeiern für Admiral Nelson (1806), der 1805 bei Trafalgar gesiegt hatte, für den Herzog von Wellington (1852), Sieger von Waterloo, und für Sir Winston Churchill (1965). Auch die Hochzeit von Prinz Charles und Lady Diana Spencer fand 1981 in der St. Paul's Cathedral statt. Das diamantene Thronjubiläum von Königin Viktoria (1897), das silberne Thronjubiläum von König Georg V. sowie das silberne (1977) und goldene Thronjubiläum von Königin Elizabeth II. (2002) wurden ebenfalls hier begangen. Auch der 100. Geburtstag der Königinmutter im Jahr 2000 wurde in der Kirche gefeiert.

Die Raben im Tower

Die beliebtesten Bewohner des Tower sind acht Raben. Man weiß nicht, wann sie sich hier niederließen, doch dürfte es bald nach dem Bau der Festung geschehen sein – wegen der reichlichen Abfälle, die den Vögeln dort Nahrung boten. Die Raben stehen unter Schutz aufgrund der Legende, das Königreich würde zerfallen, wenn sie den Tower verlassen. Deshalb sind ihre Flügel auf einer Seite auch gestutzt. Da dies aber den Balzflug verhindert, ist die Fortpflanzung der Raben relativ schwierig. Der Rabenmeister, einer der ➛ *»Beefeaters«*, sorgt für die Vögel. Ein Denkmal im Burggraben erinnert an einige der Raben, die seit 1950 starben.

Berühmte Häftlinge

Der Tower diente als Gefängnis für Könige und Verbrecher. Heinrich VI. starb hier 1471 auf ungeklärte Weise, nachdem er von Eduard IV. gestürzt worden war. Zwei Frauen Heinrichs VIII. (♕ 1509–47), Anne Boleyn und Katharina Howard, sowie dessen Lordkanzler Sir Thomas More wurden im Tower enthauptet. Dasselbe Schicksal ereilte 1554 Lady Jane Grey, die Neun-Tage-Königin. Elisabeth I. wurde zwei Monate hier festgehalten. Nach ihrem Tod 1603 wurde ihr Günstling, der Seefahrer Sir Walter Raleigh, im Tower eingesperrt und 1618 hingerichtet. Der letzte Gefangene war Hitlers Stellvertreter, Rudolf Heß, der 1941 im ➛ *Queen's House* saß.

Die Tower Bridge (1886–94) oberhalb des Tower

Tower of London

Der Tower zählt zu den größten mittelalterlichen Festungsanlagen Europas und beeindruckt durch den guten Erhaltungszustand des gesamten Ensembles. Zur Sicherung seiner Herrschaft über England ließ Wilhelm I., der Eroberer (♕ 1066–87), nach seinem Sieg bei Hastings an dieser Stelle ein Fort errichten. Es folgte der White Tower, zu dem im Laufe der Jahrhunderte die weiteren Bauten hinzukamen. Der Tower, auf einem Hügel an der Themse gelegen, diente nicht nur bis ins 16. Jahrhundert als Wohnsitz des Regenten, sondern auch als Gefängnis und Hinrichtungsstätte. Heute noch werden hier die Kroninsignien ausgestellt.

»Beefeaters«
Die Uniformen der königlichen Gardisten, die den Tower bewachen, gehen auf die Tudor-Zeit zurück.

Queen's House
Dieser Tudor-Bau war ursprünglich für Anne Boleyn gedacht.

Beauchamp Tower
In dem unter Eduard I. erbauten Turm wurden hochrangige Persönlichkeiten gefangen gehalten. Manche von ihnen ritzten ihren Namen in die Wand ein.

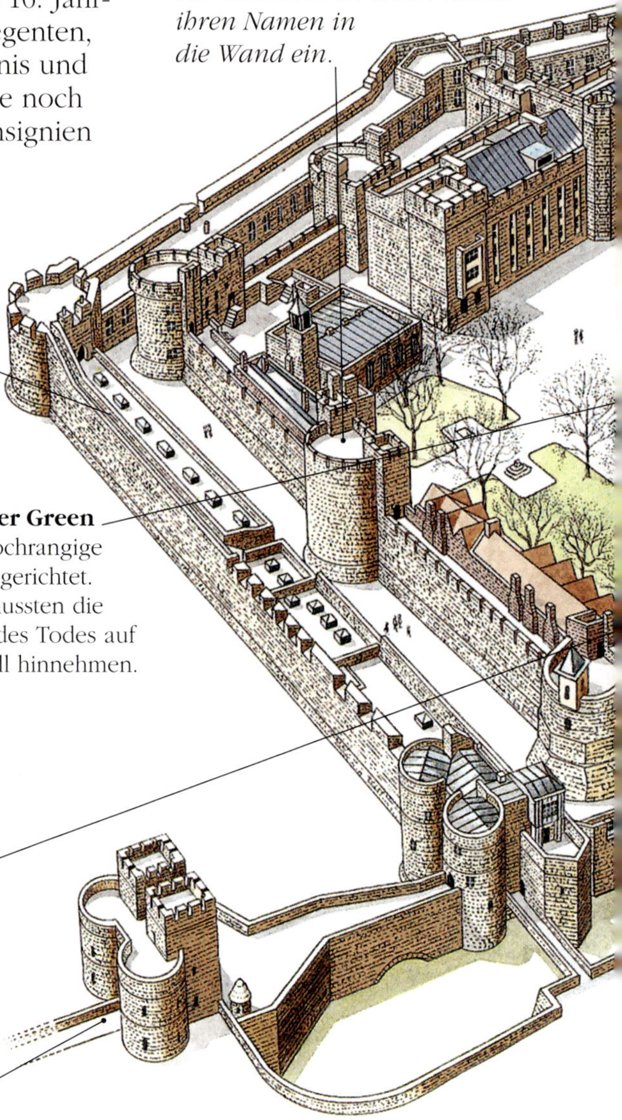

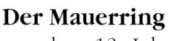

Der Mauerring aus dem 13. Jahrhundert schützt den Tower.

Auf dem Tower Green wurden nur hochrangige Gefangene hingerichtet. Alle übrigen mussten die Vollstreckung des Todes auf dem Tower Hill hinnehmen.

Haupteingang vom Tower Hill

Die Kronjuwelen

Im ➛ *Juwelen-Haus* des Tower werden die weltberühmten Reichsinsignien – Kronen, Zepter, Reichsäpfel und Schwerter – aufbewahrt, die nur bei Krönungen oder wichtigen Staatsereignissen getragen werden. Eine der Kostbarkeiten ist die für Königin Viktoria 1837 gefertigte Krone. Sie ist mit über 2800 Diamanten besetzt, darunter einer der größten Diamanten, der je gefunden wurde. Die Krone wird auch heute noch von Elizabeth II. zur jährlichen Parlamentseröffnung getragen. Der größte geschliffene Diamant der Welt wurde in das Zepter eingearbeitet. Der berühmte »Koh-i-noor«-Diamant ist an der Krone der Königinmutter Elizabeth zu bewundern.

Der Ring des Regenten (1831)

Der Reichsapfel (1661), eine mit Juwelen besetzte Goldkugel

★ Juwelen-Haus
Zu den Kronjuwelen gehört auch das Zepter (1660), das den größten lupenreinen Diamanten der Welt enthält.

★ White Tower
Bei seiner Fertigstellung war dieser 27 Meter hohe Turm das höchste Gebäude Londons.

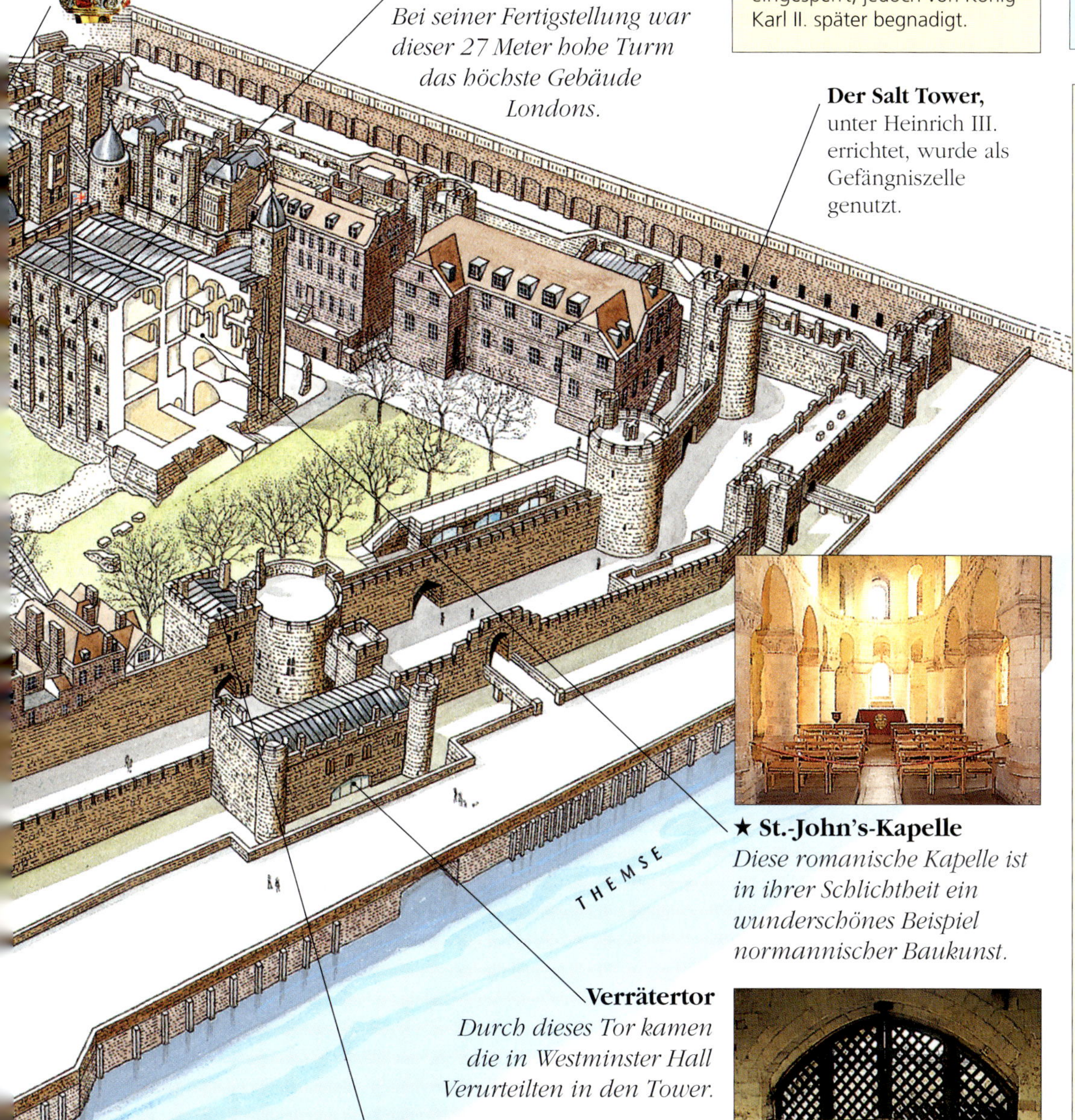

Der Salt Tower, unter Heinrich III. errichtet, wurde als Gefängniszelle genutzt.

★ St.-John's-Kapelle
Diese romanische Kapelle ist in ihrer Schlichtheit ein wunderschönes Beispiel normannischer Baukunst.

Verrätertor
Durch dieses Tor kamen die in Westminster Hall Verurteilten in den Tower.

Bloody Tower
Richard von Gloucester (der spätere Richard III.) ließ 1483 seine beiden Neffen, die Söhne des verstorbenen Eduard IV., in den Tower sperren. Die zwei Prinzen, hier dargestellt von John Millais (1829–96), wurden bald nicht mehr gesehen. Richard wurde noch im selben Jahr zum König gekrönt. 1674 entdeckte man in einer Truhe zwei Kinderskelette.

Raub der Juwelen

Im Jahr 1671 gelang es Thomas Blood (1618–80), die Kronjuwelen aus dem Tower zu stehlen. Er überredete den Wächter Talbot Edwards, seinen Freunden den Schatz zu zeigen. Dabei wurde Edwards überwältigt, konnte jedoch Alarm schlagen. Blood wurde eingesperrt, jedoch von König Karl II. später begnadigt.

Höhepunkte

★ Juwelen-Haus

★ White Tower

★ St.-John's-Kapelle

Daten und Fakten

nach 1066 Errichtung eines Holzforts

1078–97 Bau des White Tower

1216–71 Unter Heinrich III. Baubeginn des inneren Mauerrings

1272–1307 Unter Eduard I. u.a. Bau des äußeren Mauerrings, des Beauchamp Tower und des Verrätertors

1377–99 Unter Richard II. Fertigstellung der Kaianlagen zur Themse hin

1533 Heirat Heinrichs VIII. mit Anne Boleyn und letzte Erweiterungen des Tower

1601 Letzte Enthauptung auf dem Tower Green

1841 Zerstörung des großen Lagerhauses durch Feuer

1940 Teilweise Zerstörungen durch Bomben

Der White Tower

Der ➛ *White Tower* ist der Mittelpunkt der Festungsanlage und das älteste noch erhaltene Gebäude des Tower. Das vierstöckige normannische Bauwerk mit 3,5 Meter dicken Wänden wurde unter Wilhelm Rufus, dem Sohn Wilhelms I., des Eroberers, fertig gestellt. Der Eingang über eine bewegliche Leiterkonstruktion, die im Notfall eingeholt werden konnte, befindet sich im ersten Stockwerk. Der zweite und dritte Stock mit ➛ *St.-John's-Kapelle*, Bankettthalle, Versammlungsräumen und Gemächern war dem König vorbehalten. Die Ritter lebten im ersten Stock. Das Erdgeschoss wurde als Lager und Gefängnis genutzt.

Die Königliche Sammlung

Gemälde, Zeichnungen, Textilien, Juwelen, Möbelstücke u.a. umfasst die riesige ➛ *Königliche Sammlung.* Die Objekte wurden überwiegend nach 1660 angeschafft, als Karl II. den Thron nach dem Bürgerkrieg wieder bestieg. In den ➛ *Staatsgemächern* ist ein Teil der Kunstsammlung zu sehen, darunter Gemälde von Dürer, Holbein, Rembrandt, Rubens und van Dyck. Gobelins, Porzellan und erlesene Möbel vervollständigen die Ausstattung. Auch exzellente Handzeichnungen alter Meister aus der Königlichen Bibliothek, die seit der Zeit Wilhelms IV. (♕ 1830–37) im Windsor Castle untergebracht ist, sind zu sehen.

St.-George's-Kapelle

Eduard IV. begann den Bau der ➛ *St.-George's-Kapelle,* die Heinrich VIII. vollendete. Der große Bau ist ein Meisterwerk der englischen Spätgotik (Perpendicular-Stil) und wird durch schlanke Säulen und ein prächtiges Fächergewölbe geprägt. Sie ist dem Schutzpatron des ➛ *Hosenbandordens,* dem heiligen Georg, geweiht. Szenen aus seinem Leben sind in dem geschnitzten Chorgestühl aus dem 15. Jahrhundert dargestellt. Die Kapelle ist die zweitwichtigste königliche Begräbnisstätte nach Westminster Abbey *(➛ S. 42f.).* Im Chor ruhen Heinrich VIII. und seine Frau Jane Seymour sowie Karl I. Unter dem Chor wurde u.a. Georg V. bestattet.

Der imposante Round Tower bietet einen schönen Ausblick.

Windsor Castle

Heinrich II. (♕ 1154–89)

Das Schloss in Windsor, die älteste ständig bewohnte königliche Residenz in Großbritannien, wurde von Wilhelm I., dem Eroberer, errichtet. Er wählte den Standort, weil er nur eine Tagesreise vom Tower in London entfernt war und er so den westlichen Zugang zur Hauptstadt sichern konnte. Alle späteren Monarchen führten Änderungen am Schloss durch und prägten damit sein Aussehen, doch stammt die heutige monumentale Anlage im Wesentlichen von Eduard III. aus dem 14. Jahrhundert. Windsor Castle ist der bevorzugte Wohnsitz von Königin Elizabeth II.

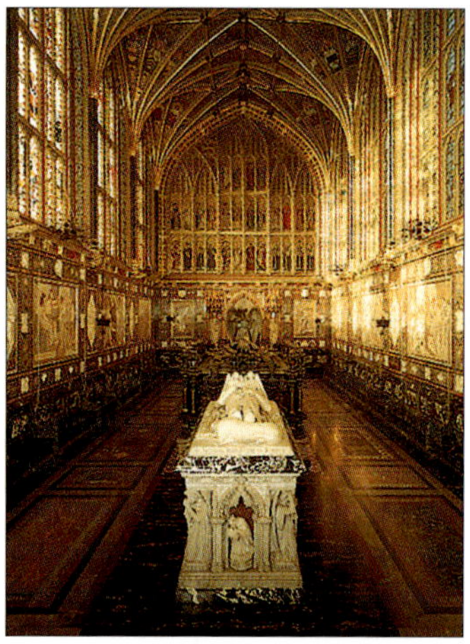

Albert-Gedächtniskapelle
Marmor, Mosaiken und Glasmalereien schmücken die 1863 zur Gedenkstätte für Prinz Albert erklärte Kapelle.

★ St.-George's-Kapelle
Das Glanzstück des Schlosses ist eines der herausragenden spätgotischen Bauwerke Englands. Mehrere Monarchen sind hier bestattet.

Der Round Tower wurde von Heinrich II. in Stein errichtet und gehört zum ältesten noch erhaltenen Teil des Schlosses.

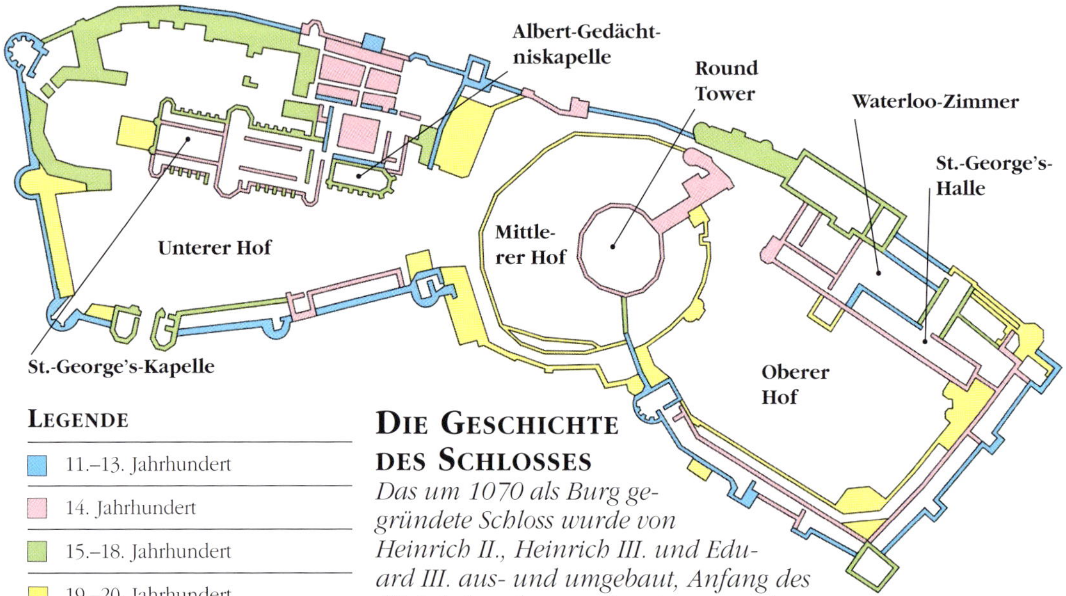

Die Geschichte des Schlosses
Das um 1070 als Burg gegründete Schloss wurde von Heinrich II., Heinrich III. und Eduard III. aus- und umgebaut, Anfang des 19. Jahrhunderts nochmals umgestaltet.

Königliche Samlung
Die Kreidezeichnung von Michelangelo gehört zur Werkreihe der »Auferstehung«. Wegen der Größe der Königlichen Sammlung wechselt die Ausstellung ständig und die Exponate werden oft verliehen.

Das Feuer von 1992

250 Feuerwehrleute waren 15 Stunden damit beschäftigt, das Feuer vom 20. November zu löschen. Die Restaurierung der 100 schwer beschädigten Räume wurde weitgehend von der Königin finanziert.

Waterloo-Zimmer
Die Wände des im 13. Jahrhundert erbauten Bankettsaals sind mit Porträts der Heerführer geschmückt, die 1815 Napoleon besiegten.

Im Audienzzimmer empfängt die Königin ihre Gäste.

Ballsaal der Königin

Das Puppenhaus von Königin Maria wurde von Sir Edward Lutyens im Maßstab 1:12 entworfen.

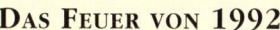

Brunswick Tower

Der östliche Terrassengarten wurde in den 1820er-Jahren von Sir Jeffry Wyatville für Georg IV. angelegt.

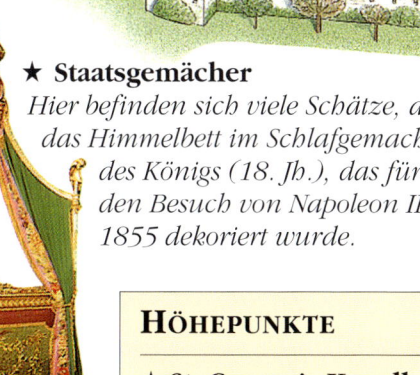

★ Staatsgemächer
Hier befinden sich viele Schätze, auch das Himmelbett im Schlafgemach des Königs (18. Jh.), das für den Besuch von Napoleon III. 1855 dekoriert wurde.

Das Feuer von 1992
Der Brand, durch Reparaturen in den Staatsgemächern entfacht, zerstörte auch die St.-George's-Halle.

Höhepunkte

- ★ St.-George's-Kapelle
- ★ Staatsgemächer

Daten und Fakten

um 1070 Errichtung einer Festung aus Holz

um 1165 Unter Heinrich II. erste Steinbauten, u. a. der Round Tower

1216–72 Unter Heinrich III. Um- und Ausbauten, Anfügen des westlichen Hofes

1327–77 Unter Eduard III. Ausbau zur königlichen Residenz

1475–1528 Bau der St.-George's-Kapelle

1660–85 Unter Karl II. Umbau der Schlossanlage

Anfang 19. Jh. Romanisierende Umgestaltung

1992–97 Restaurierung nach dem Brand von 1992

Hosenbandorden

Der höchste britische Ritterorden ist der von Eduard III. 1348 begründete Hosenbandorden. Der Name rührt vom Hosenband her, das den Ordensträgern verliehen und bei feierlichen Anlässen getragen wird. Wahlspruch des Ordens ist »Honi soit qui mal y pense« (»Verachtet sei, wer Arges dabei denkt«). Sein Schutzpatron ist der heilige Georg, die ➤ *St.-George's-Kapelle*, in der jeder Ritter sein Banner und Wappen hat, seine geistige Heimat. Der Orden sollte eine Gemeinschaft von Männern und Frauen mit ritterlichen Tugenden darstellen. Die Zahl der Ritter ist auf 25 begrenzt, dazu kommen der König und »Extra Knights«. Die Königin ernennt die Ritter, die sich um das Land in herausragender Weise verdient gemacht haben müssen.

Hampton Court Palace

Astronomische Uhr

Die astronomische Uhr im ➛ *Uhrenhof*, einem der zahlreichen Innenhöfe der Schlossanlage, wurde im Jahr 1540 von Nicholas Oursian für Heinrich VIII. gebaut. Sie zeigt nicht nur Stunde, Tag, Monat, die Anzahl der Tage seit Jahresbeginn und die Mondphasen an, sondern auch den Hochwasserstand an der London Bridge in der Hauptstadt. Dies war in Zeiten, als man noch per Schiff auf der Themse zwischen Hampton Court Palace und Tower of London hin- und herreiste, eine wichtige Information.

Geschnitzte Leuchter und Wappen schmücken die Kapelle.

Königliche Kapelle

Kardinal Wolsey ließ die Kapelle erbauen, während er in Hampton Court wohnte. Unter Heinrich VIII. wurde sie renoviert und 1535–36 das großartige Fächergewölbe eingebaut. Die Kapelle besteht aus zwei Bereichen, von denen einer dem König und seinem Gefolge vorbehalten war. Während der Herrschaft der Tudors wurde dieser Bereich in zwei Räume unterteilt, einen für den König und einen für die Königin. Die Kapelle war Schauplatz entscheidender Momente im Leben Heinrichs VIII.: Hier wurde 1537 sein Sohn, der spätere Eduard VI., getauft, hier erfuhr er 1541 von der Untreue seiner fünften Frau, Katharina Howard, hier heiratete er 1543 seine letzte Frau, Katharina Parr.

Hampton Court Palace

Deckenschmuck im Salon der Königin

Kardinal Wolsey, der 1514 Erzbischof von York wurde, gab den Bau rund 25 Kilometer südwestlich von London in Auftrag. Er entwickelte sich zu einem riesigen Palast mit 280 Gästezimmern und Raum für rund 500 Bedienstete. Nach der Übernahme durch das Königshaus wurde Hampton Court Palace umgebaut und erweitert – zunächst durch Heinrich VIII., dann durch Wilhelm III. und seine Gemahlin Maria II., die als Architekten Sir Christopher Wren (➛ *S. 44*) hinzuzogen. Die von Wren gestalteten Wohngemächer stehen in auffallendem Gegensatz zu den Türmchen, Giebeln und Kaminen im Tudorstil. Viele der Räume sind mit Möbeln und Bildern alter Meister aus der Königlichen Sammlung ausgestattet. Der weitläufige barocke Park geht weitgehend auf die Zeit von Wilhelm III. und Maria II. zurück.

★ Irrgarten
Der Garten aus ca. zwei Meter hohen Eiben- und Stechpalmenhecken wurde 1702 angelegt.

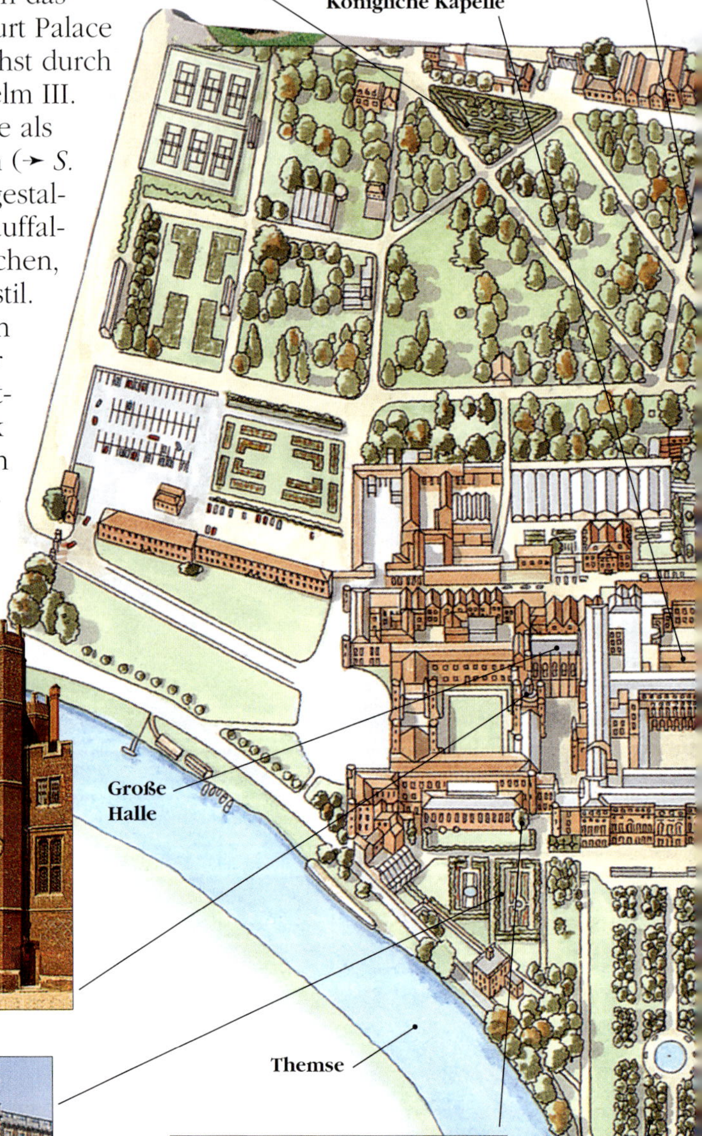

★ Uhrenhof
Der Hof wurde nach der berühmten astronomischen Uhr benannt. Sie tut noch heute ihren Dienst.

Wassergarten
Ursprünglich wurden hier in Teichen Süßwasserfische zum Verzehr gehalten.

★ Mantegna-Galerie
In dieser Galerie sind neun Gemälde von Andrea Mantegna untergebracht, die die »Triumphe Caesars« darstellen (1484–1505).

Die Küchenanlage

Während die Küche zu Kardinal Wolseys Zeiten rund 600 Menschen versorgen musste, waren es unter Heinrich VIII. doppelt so viele. Deshalb wurde die Küche auf rund 50 Räume erweitert. In den drei Räumen der großen Küche wachte der Chefkoch über seine zwölf Köche und zwölf Gehilfen. Pro Jahr wurden rund 300 Fässer Bier und ebenso viel Wein getrunken.

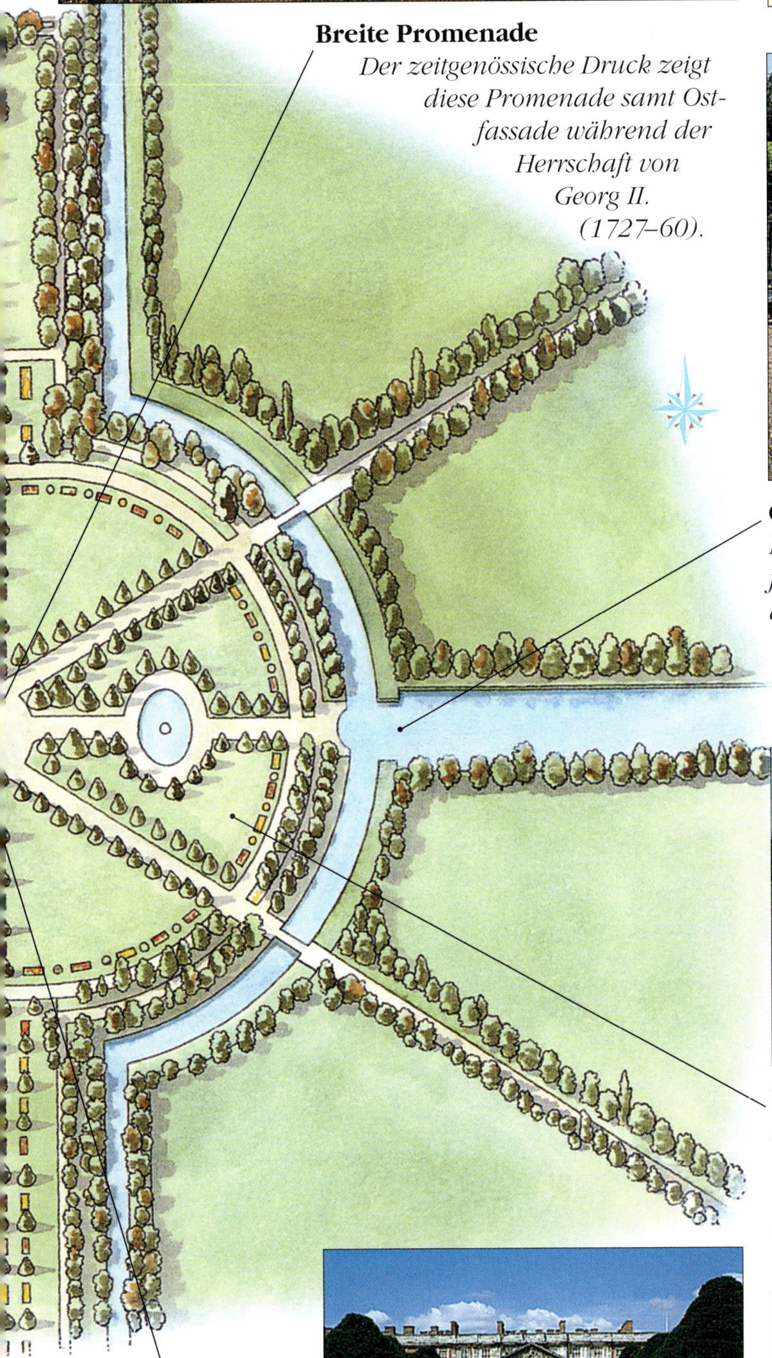

Breite Promenade
Der zeitgenössische Druck zeigt diese Promenade samt Ostfassade während der Herrschaft von Georg II. (1727–60).

Großer Kanal
Der Kanal wurde um 1660 für Karl II. im Hauspark angelegt.

Brunnengarten
Einige der gestutzten Eiben in diesem Garten wurden noch zur Zeit von Wilhelm III. und Maria II. gepflanzt.

Ostfassade
Der von Wren gestaltete Salon der Königin blickt auf die Mittelallee des Brunnengartens.

Höhepunkte

- ★ **Uhrenhof**
- ★ **Mantegna-Galerie**
- ★ **Irrgarten**

Daten und Fakten

1514 Kauf des ehemaligen Besitztums des Johanniterordens durch Kardinal Thomas Wolsey

1520 Fertigstellung der Privatresidenz Wolseys

1528 Übernahme durch das Königshaus

1540 Ende der Erweiterungs- und Umbauten unter Heinrich VIII.

1689 Auftrag von Wilhelm III. an Sir Christopher Wren zum Umbau des Süd- und Ostflügels im Renaissance-Stil

1773 Palast von Georg II. letztmalig bewohnt

1838 Öffnung des Palastes für das Publikum unter Königin Viktoria

Kardinal Wolsey

Thomas Wolsey (um 1475 bis 1530), englischer Kardinal und Politiker, galt in England als mächtigster Mann nach dem König. Während der Regentschaft Heinrichs VIII. ab 1509 war Wolsey zuständig für die englische Außenpolitik und fungierte als Berater des Königs. Seine bedeutende Position brachte ihm Wohlstand ein. Sein Niedergang setzte ein, als Heinrich VIII. Anna Boleyn heiraten wollte. Er verlangte dazu von der Kirche die Annullierung seiner Ehe mit Katharina von Aragonien. Wolsey gelang es nicht, die Nichtigkeitserklärung vom Papst zu erhalten. Er fiel in Ungnade und verlor 1529 alle Ämter. Auf dem Weg nach London, wo ihm wegen Hochverrats der Prozess gemacht werden sollte, starb er.

Die Glockenbecher-Kultur

Man nimmt an, dass die Glockenbecher-Menschen um 2200 v. Chr. in England auftauchten. Ihren Namen erhielten sie wegen der glockenförmigen Tonbecher, die in ihren Gräbern gefunden wurden. Ihnen wird der ➛ *Blaustein-Kreis* von Stonehenge zugeschrieben, da konzentrische Kreise typisch für ihre Kultur waren und für die Töpferwaren, die in der Umgebung gefunden wurden. Sie waren Sonnenanbeter – und sehr gut organisierte, geschickte Handwerker. Sie schufen die ➛ *Avenue,* die genau auf die Mittsommersonne zuläuft. Der Eingang des Steinkreises ist auf den Sonnenaufgang am Sommersonnenwendtag hin ausgerichtet.

Zweck der Stätte

Trotz des seit Jahrhunderten anhaltenden archäologischen, religiösen und mystischen Interesses weiß man wenig über den ursprünglichen Zweck von Stonehenge. Der megalithische Bau wurde Druiden, Griechen, Phöniziern und Bewohnern von Atlantis zugeschrieben. Man vermutet, dass er kultischen oder astronomischen Zwecken diente. Grabfunde könnten darauf hindeuten, dass hier Menschenopfer dargebracht wurden. Die meisten Experten nehmen an, dass Stonehenge aus religiösen Gründen errichtet wurde. Die Anordnung weist auf astronomische Zusammenhänge hin. Die Bedeutung der Anlage erkennt man daran, dass Steine von weit hergeschafft wurden, was unter den damaligen technischen Gegebenheiten enorme Opfer von den am Bau beteiligten Menschen verlangt haben muss. Zwei Kreise von im Boden gefundenen Löchern waren offenbar als Fundamente für zwei weitere Steinkreise gedacht, die aber nie aufgestellt wurden.

Stonehenge

Das in mehreren Etappen ab etwa 2800 v. Chr. erbaute Stonehenge ist Europas berühmtestes prähistorisches Monument. Sein Name leitet sich von »hanging stones« (»hängende Steine«) ab. Unklar ist, welche Rituale hier stattfanden. Vieles deutet aber darauf hin, dass der Steinkreis mit der Sonne und dem Wechsel der Jahreszeiten zusammenhängt und die Erbauer tief gehende Kenntnisse der Arithmetik und der Astronomie besaßen. Entgegen der verbreiteten Annahme stammt der Kreis nicht von Druiden, die erst über 1000 Jahre nach der Fertigstellung von Stonehenge lebten.

Sommersonnenwende
Der innere Halbkreis von Stonehenge öffnet sich an diesem Tag in Richtung der aufgehenden Sonne.

Der Fersenstein Die ersten Sonnenstrahlen am Tag der Sommersonnenwende, die über die Spitze des rund sechs Meter hohen Fersensteins fallen, treffen genau ins Zentrum des Kreises.

Die Avenue ist der feierliche Zugang zu der Stätte.

Der Opferstein wurde im 17. Jahrhundert so benannt in der Annahme, hier seien Menschenopfer dargebracht worden. Dies ist jedoch nicht belegt. Er bildete mit einem zweiten Stein ein Tor.

Der äußere Wall (etwa 2800 v. Chr.) ist der älteste Teil von Stonehenge.

Rekonstruktion von Stonehenge

Dieses Bild zeigt, wie Stonehenge wahrscheinlich um 1500 v. Chr. aussah.

Prähistorische Stätte
Die Deutungen der Stätte reichen von einem Ort für Geburts- und Sterberiten bis zu einem astronomischen Erklärungsansatz.

Der Bau von Stonehenge

Die Ausmaße von Stonehenge wirken umso beeindruckender, wenn man bedenkt, dass die Arbeiter nur Werkzeuge aus Stein, Holz und Knochen hatten. Für das Zuhauen der Steine, den Transport und die Errichtung mussten wohl enorm viel Kraft und Massen an Helfern aufgewendet werden.

Ein Steinblock *wurde auf Rollen bewegt und in eine Grube gehebelt.*

Per Hebelwirkung *wurde er langsam hochgestemmt.*

Stonehenge heute
Obwohl Verwitterung und vorsätzliche Zerstörung nur die Hälfte der ursprünglichen Zahl an Steinen übrig ließ, lässt die Ruine von Stonehenge seine einstige Größe erahnen.

Prähistorisches Wiltshire

Im weiten Umkreis um Stonehenge findet man Begräbnisstätten, in der die herrschende Schicht jener Zeit begraben wurde. Rituelle Bronzewaffen, Geschmeide und andere in der Gegend ausgegrabene Funde sind in den Museen von Salisbury und Devizes ausgestellt.

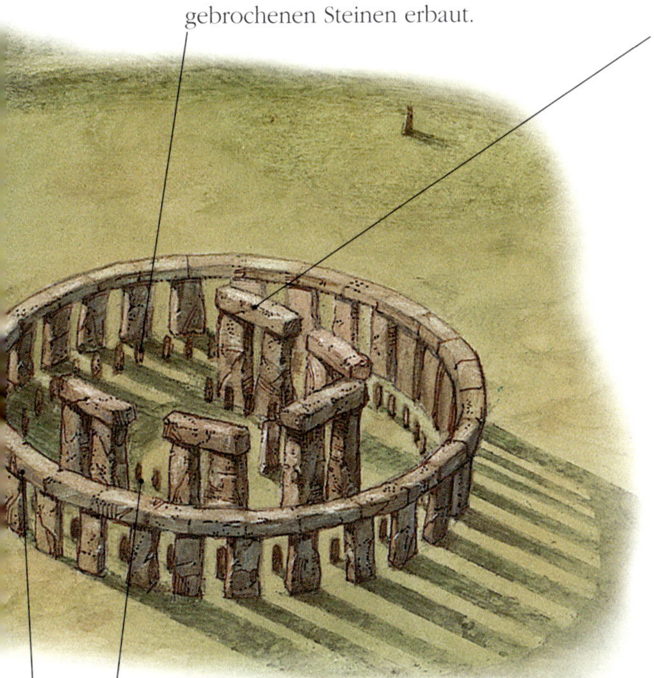

Der Blaustein-Kreis wurde um 2000 v. Chr. aus etwa 60 in Südwales gebrochenen Steinen erbaut.

Das Hufeisen aus Trilithen, entstanden in der Zeit wie der Sarsenkreis, wurde aus Sandstein von den Hügeln von Marlborough errichtet.

Der Blaustein-Halbkreis besteht aus Steinen, die vermutlich mithilfe von einer Art Schlitten und Flößen aus Wales hierher transportiert wurden.

Der Sarsenkreis (1. Hälfte des 2. Jt. v. Chr.) ist mit Decksteinen abgeschlossen, die durch Zapfen zusammengehalten wurden.

Fundstücke
Diese prähistorischen Artefakte wurden in einem Grabhügel nahe Stonehenge gefunden und sind im Museum von Devizes zu sehen.

Restaurierung
Systematisch ausgegraben und restauriert wurde die Anlage erst im 20. Jahrhundert.

Der Stein *wurde von etwa 200 Männern mit Seilen in die Senkrechte gebracht.*

Die Enden des Decksteins *wurden abwechselnd hochgehebelt.*

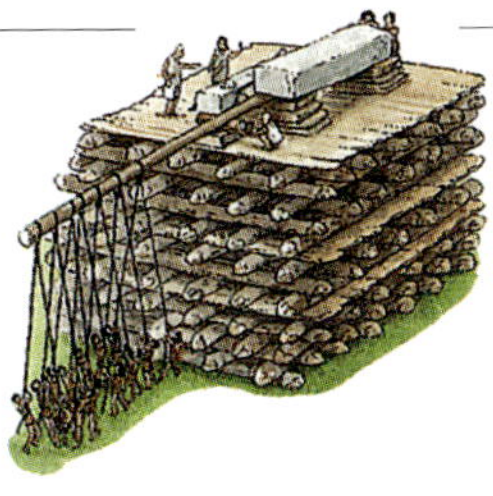

Eine Holzplattform *trug das Gewicht des Decksteins.*

Die Decke *wurde dann auf die Träger geschoben.*

Daten und Fakten

2800–1500 v. Chr. Errichtung in drei Phasen

um 1648 Erkenntnis, dass es sich um eine prähistorische religiöse Stätte handelt

1900 Sturz zweier Steine

1978 Staatliches Verbot für Besucher, den Steinkreis zu betreten

1986 Aufnahme in das Weltkulturerbe der UNESCO

Die Druiden

Archäologen behaupteten einst, Stonehenge sei von Druiden erbaut worden, Priestern einer vorchristlichen keltischen Gesellschaft. Man glaubte, dass sie hier rituelle Zeremonien vorgenommen und Menschenopfer dargebracht hätten. Obwohl die Stätte immer noch mit den Druiden in Verbindung gebracht wird, haben Untersuchungen nach der Radiokarbonmethode ergeben, dass Stonehenge mehr als 1000 Jahre vor der Zeit errichtet wurde, als Druiden sich in dieser Gegend aufhielten. Sie haben die vorhandene Anlage aber vielleicht für ihren Gottesdienst benutzt. Heute ist Stonehenge berühmt für esoterische Festivals. Die Denkmalpflegeorganisation English Heritage erlaubt jedes Jahr Zusammenkünfte von Esoterikern im inneren Ring während der Sonnenwenden und Tagundnachtgleichen. Viele dieser heutigen »Druiden« verbinden Stonehenge mit dem Magier Merlin aus der Artussage, der die Steine aus Irland geraubt und durch Zauberkraft hierher versetzt haben soll.

Christusfigur am Christ Church Gate, dem Tor zur Domfreiheit

Thomas Becket

König Heinrich II. beabsichtigte, durch die Ernennung seines Kanzlers Thomas Becket im Jahr 1162 zum Erzbischof von Canterbury und damit zum prominentesten Würdenträger der Kirche seines Reichs seinen Einfluss auf die Kirche zu verstärken. Becket trat jedoch für die kirchlichen Freiheiten sowie die Rechte des Papstes und der Geistlichkeit ein. Dadurch kam es zu Auseinandersetzungen mit Heinrich II. 1170 wurde Becket von königstreuen Rittern erschlagen. Drei Tage nach dem Mord fand eine Reihe von Wundern statt, die Becket zugeschrieben wurden. Nach seiner Heiligsprechung 1173 wurde Canterbury zu einem bedeutenden Wallfahrtsort.

Die Anglikanische Kirche

1533 brach Heinrich VIII. mit Rom, weil der Papst sich weigerte, seine Ehe mit Katharina von Aragonien aufzulösen. Der Erzbischof von Canterbury, Thomas Cranmer, erfüllte Heinrichs Wunsch. Damit war die Kirche von England geschaffen. Der König fungierte als Oberhaupt, der Erzbischof von Canterbury als oberster Geistlicher. Die Pfründen des Papstes wurden eingezogen, die Klöster aufgehoben. Das von Cranmer 1552 zusammengestellte Gebetbuch wurde zum Eckpfeiler dieser Kirche.

Dom von Canterbury

Ein atemberaubendes Zeugnis gotischer Baukunst (➛ *S. 72*), zugleich einer der frühesten Kirchenbauten dieses Stils in Großbritannien ist der Dom von Canterbury. Die auf dem Standort einer Vorgängerkirche ab 1070 errichtete neue Kathedrale wurde aufgrund eines Verbrechens zu einem der meistbesuchten Pilgerziele des Mittelalters: Erzbischof Thomas Becket wurde hier im Jahr 1170 ermordet. Seine Gebeine wurden in einem prachtvollen goldenen Schrein in der Dreifaltigkeitskapelle beigesetzt. König Heinrich VIII. ließ ihn jedoch im 16. Jahrhundert zerstören. Im Inneren der Kathedrale sind kostbare Glasfenster, das reizvolle Fächergewölbe im Bell Harry Tower und das Grabmal des legendären »Schwarzen Ritters« zu bewundern.

Hauptschiff
Seine Länge von 100 Metern macht den Dom von Canterbury zu einer der längsten mittelalterlichen Kirchen Europas.

★ Buntglasfenster
Diese Darstellung Methusalems ist ein Detail aus dem Südwestfenster des Querschiffs. Die vielfältigen Buntglasmotive des Doms geben Einblick in mittelalterliches Denken und Handeln.

Das Hauptschiff in seiner heutigen Form wurde von Henry Yevele 1377–1400 im spätgotischen Perpendicular-Stil erbaut.

Haupteingang

Die südliche Vorhalle (1426) wurde möglicherweise zur Erinnerung an den Sieg bei Agincourt gebaut. Die Statuen stammen aus dem 19. Jahrhundert.

Geoffrey Chaucer

Geoffrey Chaucer (um 1340 bis 1400), der als erster großer Dichter Englands gilt, wurde mit den »Canterbury-Erzählungen« berühmt. Diese deftig-geistreichen Geschichten legte er Pilgern in den Mund, die von London zum Schrein Thomas Beckets reisten. Die Personen stellen einen Querschnitt der damaligen Gesellschaft dar. Die Erzählungen gehören bis heute zu den unterhaltsamsten Werken frühenglischer Literatur.

Chaucers »Witwe von Bath«

Höhepunkte

- ★ **Buntglasfenster**
- ★ **Stelle des Schreins von Thomas Becket**
- ★ **Grab des Schwarzen Prinzen**

Bell Harry Tower
Der Vierungsturm, der das Stadtbild beherrscht, wurde für eine Glocke erbaut, die Prior Henry (Harry) von Eastry stiftete. Die heutige Glocke stammt von 1635. Das schöne Fächergewölbe zählt zur Spätgotik.

Der heilige Augustinus

596 schickte Papst Gregor I. Augustinus als Abt nach England, um es zu missionieren. 597 wurde er dort Bischof, 601 Erzbischof von Canterbury. Augustinus starb im Jahr 604.

★ Stelle des Schreins von Thomas Becket
Diese viktorianische Illustration (anonym) zeigt Beckets Heiligsprechung. Die Dreifaltigkeitskapelle errichtete man, um sein Grab aufzunehmen, das jedoch 1538 zerstört wurde. Heute steht an dieser Stelle eine brennende Kerze.

★ Grab des Schwarzen Prinzen
Das Kupferbildnis schmückt das Grab des Sohns von Eduard III.

In den Querschiffen finden sich moderne Buntglasfenster u.a. von Erwin Bossanyi (1957).

Der Chor ist einer der längsten Englands.

Daten und Fakten

597 Gründung einer Kirche durch Augustinus von Canterbury

1070–77 Bau einer Kathedrale über dem Vorgängerbau unter Erzbischof Lanfranc

1170 Mord vor dem Altar an Erzbischof Thomas Becket

1175–84 Erneuerung des Chors, Anbau von östlicher Krypta, Dreifaltigkeitskapelle und Corona

1377–1405 Wiederaufbau des Hauptschiffs

1498 Vollendung des Bell Harry Tower

1538 Zerstörung des Schreins von Becket durch Heinrich VIII.

1988 Aufnahme in das Weltkulturerbe der UNESCO

Der Schwarze Prinz

Eduard, der älteste Sohn des englischen Königs Eduard III. und Prinz von Wales (1330–76), wurde auch der »Schwarze Prinz« genannt. Seinen Beinamen erhielt Eduard aufgrund der schwarzen Rüstung, die er in den Schlachten trug. Berühmt wurde er, als er 1346 die Engländer in der Schlacht von Crécy zum Sieg führte. 1356 war er erfolgreich in der Schlacht von Poitiers, bei der er den französischen König Johann II., den Guten, gefangen nahm. Als Eduard starb, wurde er neben Thomas Becket in der Dreifaltigkeitskapelle bestattet. Das Kupferbildnis am ➛ *Grab des Schwarzen Prinzen* gehört zu den schönsten Kunstwerken der Kathedrale.

Peter Paul Rubens

Schon früh lernte der 1577 in Siegen geborene Rubens bei prominenten Antwerpener Künstlern. 1600 ging er nach Italien, um die Werke der italienischen Renaissancemaler zu studieren. Er erhielt Aufträge in Rom, Genua und Spanien. Als Rubens 1608 nach Antwerpen zurückkehrte, wurde er Hofmaler des spanischen Statthalters und gründete seine eigene Werkstatt, in der u.a. auch Anthonis van Dyck arbeitete. Er erhielt Aufträge für Kirchen und öffentliche Gebäude, sollte Altarbilder, Radierungen und Gravuren anfertigen sowie Wandteppiche gestalten. Ab 1623 war Rubens mehrfach als Diplomat im Dienst der Infantin Isabella, Philipps IV. von Spanien und Karls I. von England unterwegs. Dafür wurde er 1624 in den spanischen Adelsstand erhoben und 1629 von Karl I. zum Ritter geschlagen. Nach dem Tod seiner ersten Ehefrau heiratete er 1630 die 16-jährige Helene Fourment, die er auf vielen Gemälden darstellte. Er starb 1640 in Antwerpen.

Barocker Portikus im Innenhof des Rubenshauses

Rubens wurde der berühmteste Barockmaler Europas. Er schuf neben Altarbildern Szenen aus der antiken Mythologie, Allegorien, Landschaften und Porträts. Seine Werke zeichnen sich durch ihre Farbenpracht und ihre Sinnenfreude aus. Aufträge in Antwerpen waren u.a. »Die Anbetung der Könige« für das Rathaus oder »Die Kreuzabnahme« und »Mariä Himmelfahrt« für die Liebfrauenkathedrale. Sein wichtigster Auftrag war die Dekoration der Jesuitenkirche mit 39 Deckengemälden, von denen 1718 ein Großteil durch ein Feuer vernichtet wurde.

Das Rubenshaus

Neptun-Statue

Das umfassend restaurierte Haus des Barockmalers Peter Paul Rubens gibt einzigartige Einblicke in das bürgerliche Leben einer europäischen Großstadt des 17. Jahrhunderts. Der Künstler lebte hier mit seiner großen Familie und arbeitete hier mit den vielen Mitarbeitern seiner Werkstatt während der letzten 30 Jahre seines Lebens, von 1610 bis 1640. Als die Stadt Antwerpen kurz vor dem Zweiten Weltkrieg das Anwesen erwarb, war es nur noch eine Ruine. Heute sind die wieder hergestellten Wohnräume mit flämischen Barockmöbeln und zeitgenössischen Bildern ausgestattet. Auch zehn Gemälde von Rubens und andere Kunstgegenstände aus seinem Besitz sind zu sehen. Im Atelier, einem großzügigen Salon, malte Rubens und präsentierte seine Arbeiten.

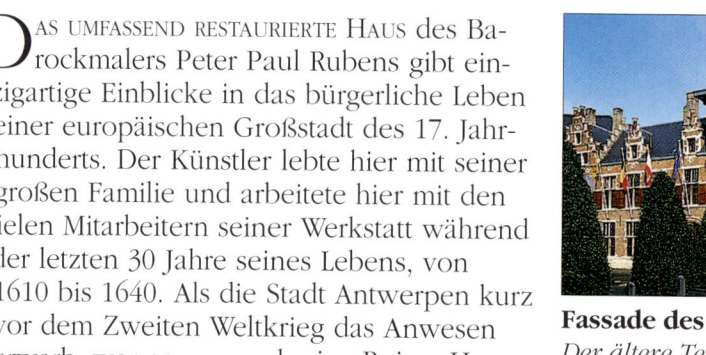

Fassade des Rubenshauses
Der ältere Teil des Hauses schließt links an das neuere Gebäude an, dessen Fassade der Maler selbst entwarf.

Ziergarten
Der kleine Garten ist streng gestaltet, der Pavillon stammt aus Rubens' Zeit. Von der Renaissance wieder entdeckte antike Architekten wie Vitruv beeinflussten Rubens bei der Planung der Anbauten an sein Haus.

★ Atelier
Man nimmt an, dass Rubens in diesem großzügigen, hohen Raum etwa 2500 Gemälde produzierte. Viele der Werke, die Rubens entwarf, wurden dann von anderen Mitarbeitern seiner Werkstatt ausgearbeitet.

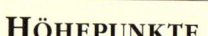

Höhepunkte

★ **Kunstkammer**

★ **Atelier**

Schlafzimmer
Die Familie Rubens lebte im älteren Teil des Hauses mit kleinen, engen Räumen. Das Porträt neben dem Bett soll Rubens' zweite Frau, Helene Fourment, darstellen.

Die Kunstsammlung

Rubens besaß eine große Kollektion an Gemälden, die er ständig erweiterte. Aber auch Zeichnungen, Grafiken, Globen und Skulpturen sammelte er.

Das Wohnzimmer wirkt gemütlich mit seinem schön gekachelten Boden.

Speisezimmer
Fein gearbeitete Lederpaneele bedecken die Wände. Ein berühmtes Bild von Frans Snyders schmückt den Raum.

★ Kunstkammer
In der Galerie hängt eine Reihe von Rubensskizzen. Hinten, unter der halbrunden Kuppel, die wie das Pantheon in Rom geformt ist, stehen Marmorbüsten.

Boden mit Mosaikkacheln

Barockportikus
Eines der wenigen erhaltenen Originalteile, der von Rubens entworfene Eingang, verbindet das ältere Haus mit dem barocken Anbau. Der Fries zeigt Szenen aus der griechischen Mythologie.

Daten und Fakten

1610 Kauf des Hauses an der Wapper

1614 Beginn der Vergrößerung des Ateliers

um 1620 Bau des Barockpavillons im Ziergarten des Hauses

1937 Kauf des Rubenshauses durch die Stadt Antwerpen und Beginn der Restaurierung

1946 Öffnung des Hauses für das Publikum

Das Haus des Malers

Rubens' Italienaufenthalt zwischen 1600 und 1608 beeinflusste seine Malerei ebenso wie seine Auffassung von Architektur. So dokumentiert das Rubenshaus, das einem repräsentativen, um einen Binnenhof angelegten italienischen Palazzo gleicht, die Liebe des Malers zu Formen der italienischen Renaissance. Das Atelier – ein Pavillon im römischen Stil mit Rundbogenfenstern – demonstriert Rubens' ungezügelte Kreativität, sich neue Einflüsse souverän anzueignen. Auch heute gelangt man in das Haus noch so, wie es der Künstler geplant hatte: durch den Haupteingang, der in den eleganten Innenhof führt. Dabei hinterlassen die Fassade des Hauses und der verzierte ➛ *Barockportikus* einen bleibenden Eindruck. Das opulente Eingangstor zwischen dem Innenhof und dem ➛ *Ziergarten* wurde von Rubens selbst entworfen. Die 1946 abgeschlossene Rekonstruktion erfolgte anhand der Originalzeichnungen des Malers.

Die Sankt-Michaels-Kathedrale

Detail eines Beichtstuhls

DAS SCHÖNSTE ERHALTENE BEISPIEL Brabanter Gotik ist die Kathedrale des heiligen Michael und der heiligen Gudula im historischen Zentrum von Brüssel. Obwohl sie erst 1962 den Status einer Kathedrale erhielt, ist sie bereits seit dem 15. Jahrhundert die Nationalkirche Belgiens. Heinrich I., Herzog von Brabant, veranlasste ab 1226 den Neubau des Gotteshauses. Die Bauarbeiten dauerten rund 300 Jahre an, denn die beiden 69 Meter hohen Türme der Westfassade wurden erst zu Beginn des 16. Jahrhunderts unter der Herrschaft Karls V. fertig gestellt. Die Kathedrale besteht aus Kalksandstein, der aus Steinbrüchen der Gegend stammt. Das Innere ist schlicht, beinahe kahl, denn protestantische Bilderstürmer raubten die Kirche Ende des 16. Jahrhunderts aus. 1793 plünderten französische Truppen den Rest.

Westfassade
Die Doppelturmfassade erinnert an französische Kathedralen.

Die Zwillingstürme wurden erst Anfang des 16. Jahrhunderts vollendet und überragen seitdem die Stadt.

★ Fenster des Jüngsten Gerichts
An der Westfassade der Kathedrale prunkt ein Buntglasfenster von 1528, das Christus in Erwartung der geretteten Seelen darstellt. Die leuchtenden Farben sind typisch für jene Zeit. Die Renaissance-Scheiben sind von späteren Blumengirlanden aus der Barockzeit umgeben.

Romanische Reste der ursprünglichen Kirche aus dem 11. Jahrhundert wurden bei Restaurierungsarbeiten entdeckt und sind in der Krypta zu besichtigen.

Heilige Gudula
Von ihrem Sterbeort Moorsel kamen die Reliquien der Heiligen 1047 in die Sankt-Michaels-Kirche. 1579 gingen sie im Zuge der Verwüstung der Kirche durch die Calvinisten verloren.

HÖHEPUNKTE

★ **Fenster des Jüngsten Gerichts**

★ **Barockkanzel**

DIE GLASMALEREIEN

Zu den auffälligsten Merkmalen der Kathedrale gehören die Buntglasfenster aus der Renaissance. Das dramatische ➛ *Fenster des Jüngsten Gerichts* befindet sich an der Westfassade des Baus oberhalb des Hauptportals. Fenster aus derselben Zeit erhellen das Querhaus. Sie wurden 1537 von dem Brüsseler Künstler Barent van Orley entworfen und von den Habsburgern gestiftet. Zu sehen sind u.a. der kniende Karl I. mit seiner Frau, Isabella von Portugal, unter einem Triumphbogen. Die Marienkapelle zeigt von Jean de la Bear und Theodoor van Thulden entworfene Fenster (17. Jh.) mit Szenen aus dem Leben der Jungfrau Maria.

HEINRICH I., HERZOG VON BRABANT

Im Mittelalter war Brabant eine unabhängige Grafschaft; ihr Zentrum war Löwen östlich von Brüssel. Das Herzogtum Brabant entstand, als die Grafen von Löwen um 1100 mit Nieder-Lothringen belehnt wurden. Heinrich I. war der vierte Herzog. Er regierte ab 1190. Stadtplanung und Architektur waren ihm ein Anliegen. Seine zweite Heirat, 1213 mit Prinzessin Maria, Tochter Philipps II. von Frankreich, verbesserte seine Stellung. So konnte er 1226 den Neubau der Kirche veranlassen. Er starb 1235.

Auf Heinrich I. geht der Bau der Kathedrale zurück.

Millenniumsorgel
Die moderne Orgel wurde im Jahr 2000 an der Nordseite des Hauptschiffs angebracht. Auf ihr finden oft Orgelkonzerte von Virtuosen aus aller Welt statt.

Die heilige Gudula

Gudula, die neben dem heiligen Michael Schutzheilige von Brüssel ist, wurde im 7. Jahrhundert in Brabant geboren. Sie wurde in einem Kloster erzogen. Als sie eines Nachts zu einer weit entfernten Kirche aufbrach, um dort zu beten, versuchte der Teufel, das Licht ihrer Laterne auszublasen. Es entzündete sich wunderbarerweise von selbst wieder. Die Versuche des Teufels schlugen mehrfach fehl. Gudula wird daher meist mit einer Laterne abgebildet.

Die Fenster im Querschiff zeigen die belgischen Herrscher des Jahres 1538. Jan Haeck entwarf sie nach Skizzen von Barent van Orley.

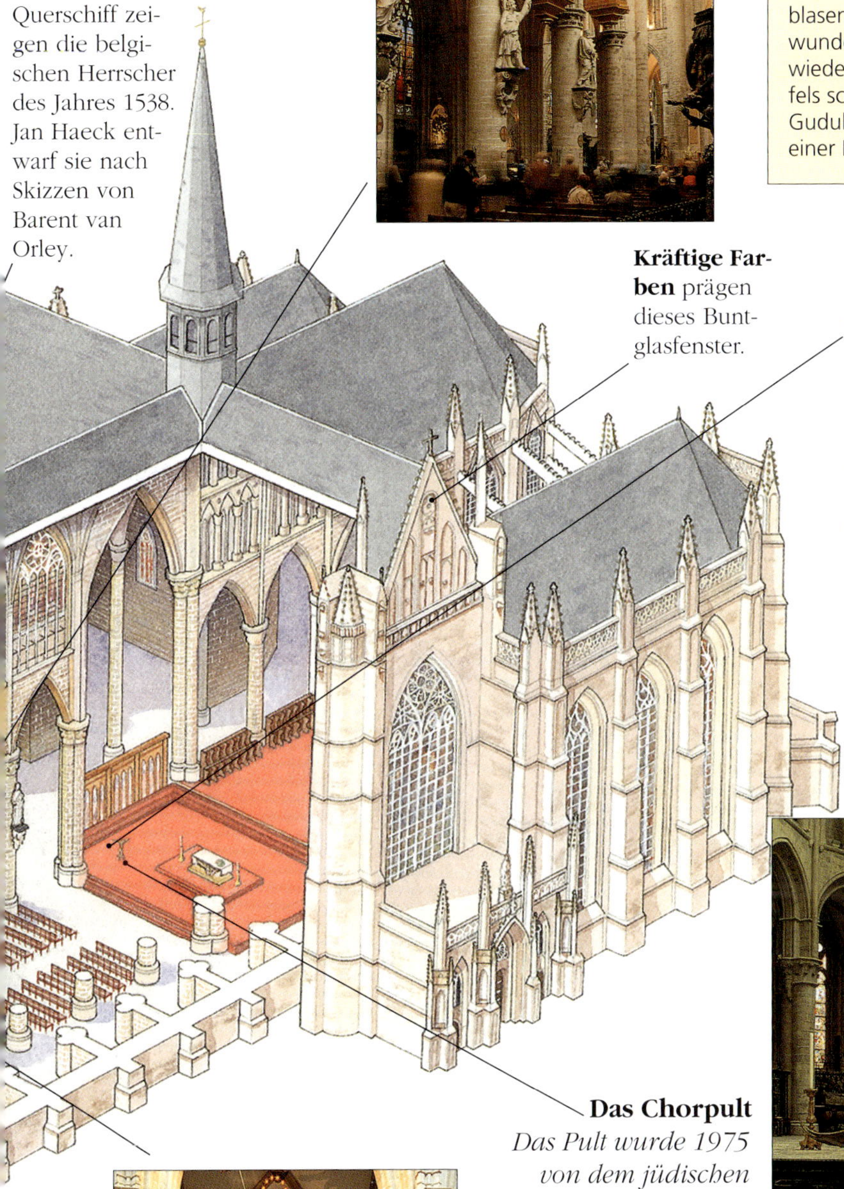

Kräftige Farben prägen dieses Buntglasfenster.

Die vergoldete Statue des heiligen Michael ist kunsthistorisch zwar nicht außergewöhnlich, verweist aber auf die lange Tradition der Verehrung des heiligen Michael als Schutzpatron der Stadt Brüssel und ihrer Hauptkirche.

Das Chorpult
Das Pult wurde 1975 von dem jüdischen Künstler Simon Lewi aus Polen geschaffen. Es hat die Form eines Adlers, der den Evangelisten Johannes symbolisiert.

★ Barockkanzel
Die Kanzel mit Schnitzereien im Flamboyantstil ist eine Arbeit des Antwerpener Bildhauers Henri-François Verbruggen. Sie wurde 1699 entworfen und 1776 hier aufgestellt, nachdem die Löwener Jesuiten sie der Sankt-Michaels-Kirche geschenkt hatten.

Daten und Fakten

1047 Umbettung der Reliquien der heiligen Gudula in die Sankt-Michaels-Kirche

1226 Grundsteinlegung für Neubau durch Heinrich I. von Brabant

1276 Vollendung des Chors

1450–90 Errichtung der Westfassade

1516 Krönung Karls V. zum König von Spanien

1962 Erhebung zur Kathedrale

1999 Abschluss der Renovierung anlässlich der Hochzeit des belgischen Kronprinzen Philippe mit Prinzessin Mathilde

Brabanter Gotik

Im 14. und 15. Jahrhundert führte der wirtschaftliche Aufschwung in den Niederlanden, insbesondere der Region Brabant, zur Herausbildung der Brabanter Gotik. Riesige Summen wurden für den Kirchenbau zur Verfügung gestellt. Charakteristisch für diesen Architekturstil, der das Bauschema französischer Kathedralen durchsetzte, sind: großräumige Bauten mit bis zu vier Seitenschiffen, Backstein mit kontrastierendem Sandstein, Doppelturmfassade, Chor mit Umgang und Kapellen, Säulen mit Skulpturen, belichtetes Triforium und große Obergadenfenster. Die Brabanter Gotik ist auch in der Sankt-Michaels-Kathedrale die vorherrschende Stilrichtung. Wegen ihrer langen Baugeschichte weist sie jedoch auch Elemente von der Romanik bis zur Spätgotik auf.

Der Grosse Markt

Den mit Kopfstein gepflasterten 110 x 70 Meter großen Platz zeichnet seine außerordentliche architektonische Geschlossenheit aus. 1695 durch Truppen des französischen Königs Ludwig XIV. zerstört, war der Wiederaufbau des Rathauses und der Zunfthäuser kaum 25 Jahre später abgeschlossen. Beim Bau der neuen Häuser, die zuvor in einer Mischung unterschiedlichster Stile erbaut worden waren, mussten nun strenge Vorschriften beachtet werden. Fast alle Zunfthäuser wurden im Stil des Barock (➝ *S. 111*) neu errichtet, zeigen jedoch auch gotische Stilelemente. Dennoch hebt sich jedes Haus durch seinen Fassadenschmuck vom anderen ab.

Der bunte Blumenmarkt auf dem Großen Markt

Die Nachbildungen

Die Fassade des Brüsseler Rathauses ist reich mit spätgotischem Maßwerk und Statuen der Herzöge und Herzoginnen von Brabant verziert, die jahrhundertelang in Brüssel ihre Residenz hatten. Das Gebäude mit seinem eleganten Turm war Vorbild für die neugotischen Rathäuser in München und Wien. So besitzt auch das an flandrische Gotik erinnernde Rathaus am Marienplatz in München (1867 bis 1908) in der Mitte seiner reich geschmückten Fassade einen Turm. Einen dominierenden Mittelturm weist auch das durch Arkaden, Loggien und Maßwerk gegliederte und mit einer gewaltigen Figurenfülle bevölkerte Rathaus (1872–83) in Wien auf.

Das Brüsseler Rathaus

Wasserspeier

Das Rathaus am Großen Markt gilt als einer der schönsten Profanbauten Belgiens und ist eines der größten des Landes. Bereits im 13. Jahrhundert wuchs der Wunsch nach einem Rathaus, das Brüssels wachsende Bedeutung innerhalb Europas repräsentieren sollte. Aber erst 1402 fand die Grundsteinlegung statt. Jacques van Thienen entwarf den linken Flügel und schmückte ihn mit Säulen, Skulpturen, Türmchen und Arkaden. Denn man wollte das bereits Ende des 14. Jahrhunderts gebaute Rathaus in Brügge an Pracht übertreffen. Namentlich unbekannt blieb der Architekt, der ab 1444 den Westflügel errichtete. Die Arbeiten für den Glockenturm begannen 1449 unter Jan van Ruysbroeck, der van Thienen als Rathausbaumeister nachfolgte. Mindestens so imposant wie das Äußere mit seiner spätgotischen Fassade sind die Wandteppiche im Rathaus.

Fassade
Beide Flügel des Rathauses sind reich mit Skulpturen dekoriert.

Ehrentreppe
Die 1893 errichtete Treppe ist mit Wandgemälden dekoriert, die Szenen aus der Geschichte der Stadt Brüssel zeigen.

Die Türmchen tragen wie der Hauptturm aufwendige steinerne Verzierungen.
Zahlreiche Statuen schmücken Wände und Fensterstreben.

Gotischer Saal
Der mit neugotischem Schnitzwerk und Wandteppichen (19. Jh.) aus Mecheln geschmückte Saal dient heute in erster Linie als Ort für Konzerte und offizielle Empfänge.

Höhepunkte

- ★ **Großer Ratssaal**
- ★ **Maximilianischer Saal**

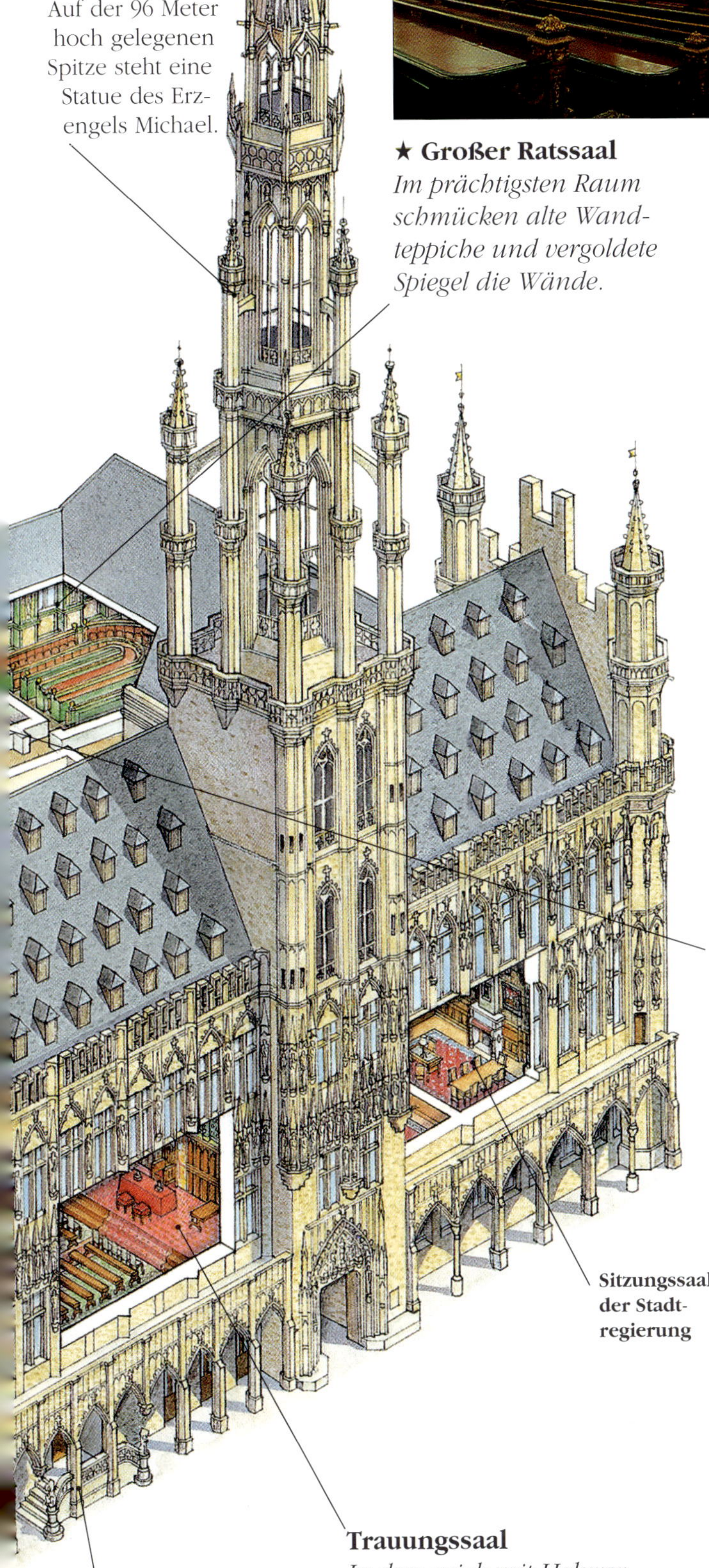

Der Glockenturm wurde von Jan van Ruysbroeck erbaut. Auf der 96 Meter hoch gelegenen Spitze steht eine Statue des Erzengels Michael.

★ **Großer Ratssaal**
Im prächtigsten Raum schmücken alte Wandteppiche und vergoldete Spiegel die Wände.

Sitzungssaal der Stadtregierung

Steinornamente am offenen Treppenhaus

Trauungssaal
In dem reich mit Holzvertäfelungen aus Ebenholz und Mahagoni verzierten neugotischen Raum lassen sich seit dem 19. Jahrhundert Paare trauen.

Der Ommegang

Dieses farbenfrohe historische Spektakel findet alljährlich im Juli auf dem Großen Markt statt und zieht Besucher aus aller Welt an. Die Geschichte des Ommegangs geht auf das Jahr 1549 zurück, als der Adel und die Stände zu Ehren Kaiser Karls V. und seines Hofstaates einen großartigen Empfang, den Ommegang, veranstalteten. Rund 2000 Teilnehmer treten bei dem Umzug in prachtvollen, jener Zeit nachempfundenen Gewändern als Narren, Höflinge, Edelleute und Soldaten auf. Sie werden begleitet von Fahnenwerfern und Stelzenläufern, Fanfarenbläsern und Feuerschluckern.

★ **Maximilianischer Saal**
Noch heute dient der nach einem Bildnis Maximilians I. von Österreich benannte Saal für Zusammenkünfte des Bürgermeisters mit seinen Referenten. Wandbehänge (18. Jh.) erzählen die Geschichte von König Chlodwig.

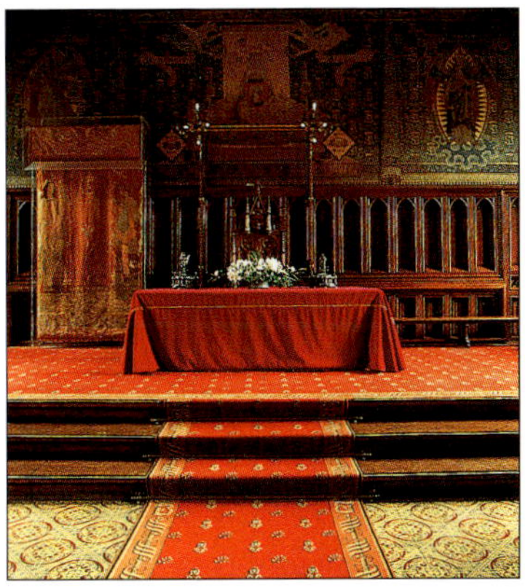

Daten und Fakten

1402–10 Bau des Rathauses

1444 Beginn der Erweiterung um einen Westflügel

1454 Fertigstellung des Turms

1695 Zerstörung des Großen Marktes durch Beschuss von französischen Truppen

1706–11 Wiederaufbau des Rathauses

1815 Letzte Inthronisation im Gotischen Saal (Wilhelm I. der Niederlande)

1998 Aufnahme des Großen Marktes mit dem Rathaus in das Weltkulturerbe der UNESCO

Die Wandteppiche im Rathaus

Belgische Wandteppiche wurden seit dem 12. Jahrhundert in Flandern hergestellt, vor allem in Tournai, Brüssel, Arras, Mechelen und Oudenaarde. Brüssel war außerdem – wie auch Brügge – für seine erlesene Spitze bekannt. Vom 15. bis zum 17. Jahrhundert waren Gobelins und Spitze Hauptexportartikel in alle europäischen Länder. Im Brüsseler Rathaus enthalten einige der Räume einschließlich des ➛ *Großen Ratssaals* und des ➛ *Maximilianischen Saals* Wandteppiche aus dem 15. bis 19. Jahrhundert, die in Brüssel gefertigt wurden. Dargestellt werden wichtige historische Ereignisse wie Szenen aus dem Leben des Königs Chlodwig I., der das Fränkische Reich begründete und ab 482 in Tournai residierte, aber auch die Taten der späteren Herzöge von Brabant.

Der Abfall

Im 16. Jahrhundert versuchten die habsburgischen Herrscher Spaniens, die Reformation aufzuhalten, die sich in Nordeuropa ausbreitete. Amsterdam stand anfangs auf der Seite Spaniens, wechselte 1578 aber die Seite. Dieses Ereignis ging als »Abfall der Niederlande« in die Geschichte ein. Die neue Stadtregierung Amsterdams setzte sich aus reformierten Kaufleuten zusammen, die den protestantischen Glauben zur offiziellen Religion erklärten. Katholische Gottesdienste durften von nun an nur in »Geheimkirchen« stattfinden. Religiöse Bilder, Altäre und Skulpturen wurden aus Kirchen und Klöstern, so auch aus der Oude Kerk, entfernt und zerstört. Noch heute sind in ihrem kargen Innenraum die Spuren der damaligen Übergriffe zu entdecken.

Kirchenerweiterung

Die Steinkirche vom Anfang des 14. Jahrhunderts hatte zunächst die Form einer Basilika mit Mittelschiff, zwei schmalen Seitenschiffen und einem rechtwinkligen Chor. Später wurde sie vergrößert. Um 1370 hatte man den Chor durch einen größeren ersetzt. Danach wurde die Kirche zu einer Hallenkirche umgebaut, wahrscheinlich die erste ihrer Art in den Niederlanden. Mittel- und Seitenschiffe waren nun gleich lang und breit. Durch Querschiffe (das nördliche erbaut ab 1380, das südliche um 1460 fertig gestellt) nahm die Kirche eine Kreuzform an. In der ersten Hälfte des 16. Jahrhunderts wurden Seitenkapellen angebaut, das Mittelschiff, Vierung und Chor in ihrer Höhe durch Lichtgaden aufgestockt.

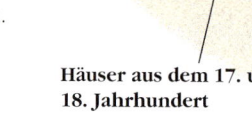

Buntglasfenster mit Wappenmotiven in der Liebfrauenkapelle

Oude Kerk

Geschnitzte Miserikordie aus dem 15. Jahrhundert

Die dreischiffige gotische Hallenkirche ist die älteste Kirche Amsterdams. Sie entstand durch mehrere Um- und Anbauten zwischen dem 14. und 16. Jahrhundert. Seinen heutigen Namen »Alte Kirche« erhielt das dem heiligen Nikolaus geweihte Gotteshaus im 15. Jahrhundert, als die »Neue Kirche« errichtet wurde. Die prächtige Innenausstattung wurde nach dem Sieg des Calvinismus 1578 entfernt. Die wieder hergestellten Renaissance-Glasfenster und die barocke Orgel gehören zu den Kostbarkeiten der Kirche.

Die Oude Kerk heute
Die alte Kirche ist trotz ihrer Lage im Herzen des Rotlichtviertels – dicht an dicht mit den Häusern, Geschäften und Cafés an der Oudekerksplein – ein Ort der Besinnung geblieben.

Die Turmspitze wurde 1565 von Joost Jansz Bilhamer gefertigt. 1658 wurde ein Glockenspiel aus 47 Glocken von François Hemony eingebaut.

Grabmal von Rembrandts erster Frau Saskia

Taufkapelle

Grab von Admiral Abraham van der Hulst (1619–66)

Steinplatten markieren die Grabstätten der Amsterdamer Elite, darunter viele bedeutende Seefahrer und Künstler. Insgesamt sind es über 2500.

Die Holzelemente sind im Originalzustand erhalten.

Häuser aus dem 17. und 18. Jahrhundert

★ Große Orgel
Die 1726 von dem Hamburger Christian Vater gebaute Orgel hat acht Blasebälge und 54 vergoldete Pfeifen. Das Gehäuse aus Eichenholz ist ein Werk Jurriaan Westermans.

★ Golddecke
Die Deckenmalereien (15. Jh.) hatten einen goldenen Untergrund, der 1755 jedoch blau übermalt wurde und erst 1955 wieder freigelegt wurde.

Der Lettner

1681 wurde der Chor um einen Messinglettner ergänzt. Als Verweis auf den Abfall der Niederlande 1578 steht darüber: »Den falschen Gebräuchen in Gottes Kirche wurde hier im Jahre Achtundsiebzig (XV) ein Ende gesetzt.«

★ Liebfrauenkapelle
»Der Tod der Jungfrau Maria« von Dirck Crabeth ist das Motiv eines der drei restaurierten Glasfenster (1555).

Zierpfeiler
In den Nischen zwischen den Zierpfeilern standen früher Statuen der Apostel, die jedoch 1578 zerstört wurden.

Die Rote Tür
Die Inschrift über der Tür zur ehemaligen Sakristei warnt die Eintretenden: »Schnell getraut, lange bereut«.

Höhepunkte

- ★ **Große Orgel**
- ★ **Golddecke**
- ★ **Liebfrauenkapelle**

Daten und Fakten

nach 1300 Bau einer dreischiffigen Kirche

1550–60 Errichtung der Liebfrauenkapelle an der Nordseite des Chores

1565 Turm erhält eine neue Spitze

1566 Zerstörung von Kunstwerken während des Bildersturms

1578 Sieg der Calvinisten und Entfernung des römisch-katholischen Zierrats aus der Kirche

1955–79 Restaurierung der Kirche

Die Backsteingotik

Der Bau mit Backsteinen bringt spezielle technische Möglichkeiten und Beschränkungen mit sich. In den Niederlanden und im gesamten norddeutschen Raum, wo sich der Backsteinbau nach Mitte des 12. Jahrhunderts verbreitete, führte die Nutzung dieses Baumaterials zur Herausbildung einer eigenständigen Spielart der gotischen Architektur. Wie sich an der Oude Kerk – einem der wenigen erhaltenen Beispiele in Amsterdam – zeigt, wirken die Bauten der so genannten Backsteingotik geschlossener als etwa die filigranen französischen Kathedralen. Die geringere Höhe ist auch durch den feuchten Boden bedingt, der nur Mauern von begrenztem Gewicht tragen konnte. Typische Schmuckelemente der Backsteingotik sind etwa farbig glasierte Ziegel und Formsteine sowie der Wechsel zwischen Backsteinen und Hausteinen.

ANNE FRANK

Anne Frank wurde 1929 in Frankfurt am Main geboren. Die Familie Frank floh 1933 in die Niederlande, als die Nationalsozialisten unter Hitler an die Macht kamen und antisemitische Erlasse ihr Leben zunehmend schwerer machten. Bis zu Annes elftem Lebensjahr verbrachten die Franks ihr Leben dort ziemlich friedlich. Doch 1940 marschierten deutsche Soldaten in den Niederlanden ein. Ab 1942 begannen die Deportationen der Juden in die »Arbeitslager«. Die Familie versteckte sich deshalb im Hinterhaus des Gebäudes, in dem sich die Firma des Vaters befand. Hier schrieb die 13-jährige Anne ihr berühmtes ➛ *Tagebuch*, das 1947 zuerst in Holland unter dem Titel »Het Achterhuis« (»Das Hinterhaus«) erschien. Es erzählt auf eindringliche Weise von der Zeit im Versteck. 1944 wurden die Untergetauchten schließlich entdeckt. Anne wurde in die Lager Westerbork und Auschwitz, dann nach Bergen-Belsen gebracht. Sie erkrankte dort an Typhus und starb im März 1945.

IM VERSTECK

Am 13. Juli 1942 zog auch die jüdische Familie van Pels ins Versteck ein, die die Familie Frank über Otto Franks Firma seit 1937 kannte. Im Buch werden sie van Daan genannt. Der Zahnarzt Fritz Pfeffer, im Tagebuch Albert Dussel, zog im November 1942 ein und teilte sich mit Anne und ihrer Schwester das Zimmer. Über zwei Jahre lebten diese acht Menschen im Hinterhaus. Während der Bürostunden mussten sie sich ruhig verhalten, um nicht entdeckt zu werden. Besucht wurden sie nur von den ➛ *Helfern*, die sie mit Lebensmitteln und Neuigkeiten versorgten. 1944 wurden die Untergetauchten verraten und in verschiedene Konzentrationslager deportiert, wo alle mit Ausnahme von Otto Frank starben.

Anne-Frank-Haus

Judenstern

DAS HISTORISCHE HAUS, in dem Anne Frank ihr weltberühmtes Tagebuch schrieb, ist eine der wichtigsten Gedenkstätten Europas mit mehr als einer halben Million Besucher jährlich. Um den Nationalsozialisten zu entkommen, versteckte sich die Familie Frank ab 1942 im Rückgebäude des Hauses Prinsengracht Nr. 263. Hier wohnte sie zusammen mit der Familie van Pels und Fritz Pfeffer. Nachdem sie verraten worden waren, wurden sie 1944 von der Gestapo verhaftet und in Vernichtungslager abtransportiert.

Bücherregal
Es kaschierte eine Tür. Dahinter liegen die Zimmer, in denen sich die Familie Frank versteckte.

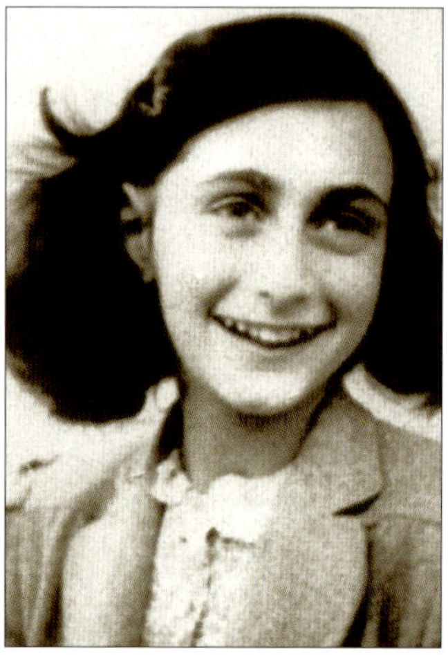

Anne im Jahr 1942
Dieses Foto stammt vom Mai 1942. Kurz darauf begann Anne mit ihrem Tagebuch, das sie zu ihrem 13. Geburtstag am 12. Juni 1942 bekommen hatte. Einen Monat später musste die Familie Frank untertauchen.

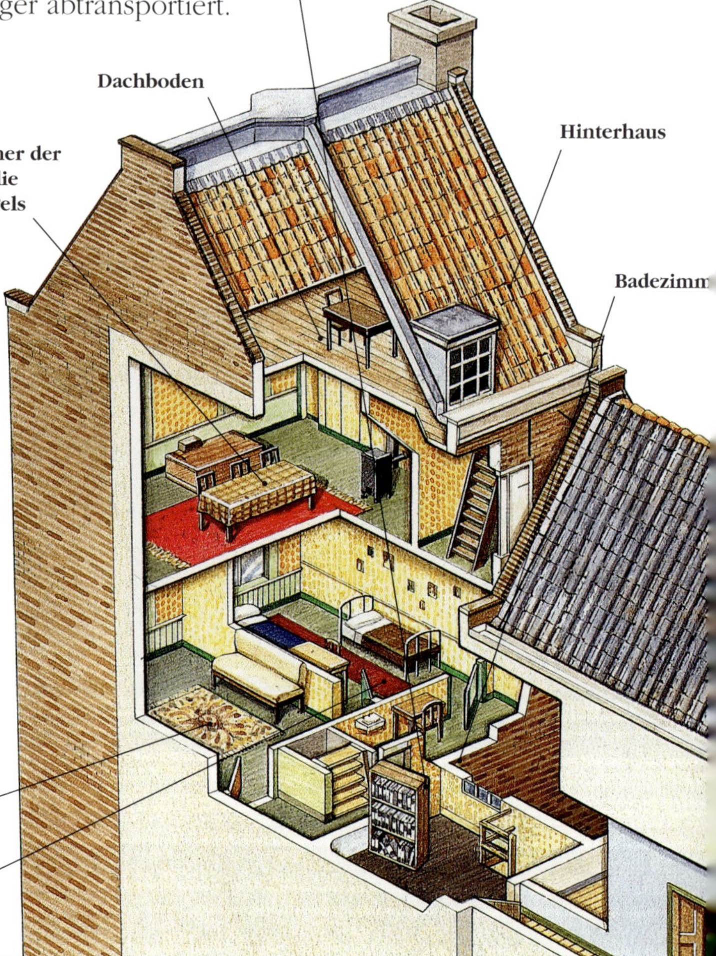

Annes Schlafzimmer teilte sie wegen der beengten Platzverhältnisse mit ihrer Schwester und Fritz Pfeffer.

Rückansicht
Das Hinterhaus liegt an der Rückseite des Büros von Otto Frank an der Prinsengracht. Das Erdgeschoss, in dem ein Büro und eine Küche waren, wurde zur Tarnung von den Angestellten wie gewöhnlich weiter benutzt.

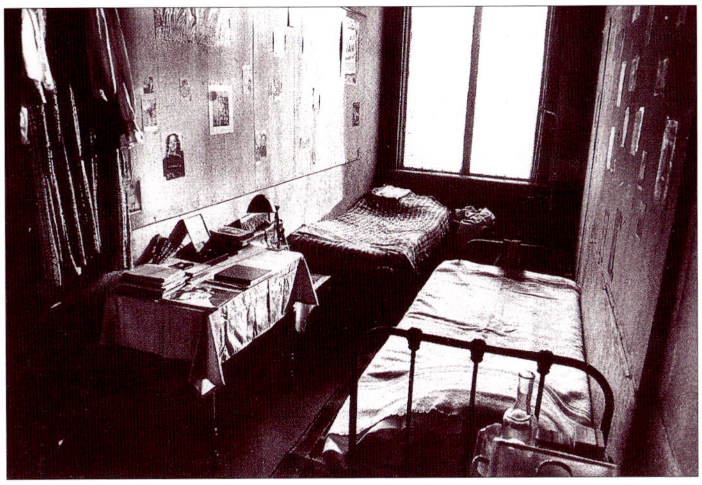

Historische Aufnahme
Im ersten Stock lag das Schlafzimmer von Anne und Margot. An der Wand hängen die Bilder von Filmstars, die Anne sammelte. An dem Tisch schrieb Anne den größten Teil ihres Tagebuchs. Die Möbel wurden nach der Deportation entfernt.

Kriegstagebücher

Im März 1944 hörte Anne eine Radiosendung, in der die Bürger aufgefordert wurden, ihre Tagebücher als Beleg für die Zeit nach dem Krieg aufzubewahren. Ihr kam die Idee, dass ihre Tagebuch-Hefte als Roman von Interesse sein könnten, und sie begann, sie zu überarbeiten.

Die Helfer
Die Untergetauchten im Rückgebäude waren zum Überleben auf ihre Helfer angewiesen. Sie alle waren enge Mitarbeiter von Annes Vater Otto Frank. Von links nach rechts: Miep Gies, Johannes Kleiman, Otto Frank, Victor Kugler und Bep Voskuijl.

Daten und Fakten

1940 Einzug von Otto Franks Firma in die Prinsengracht 263

1942 Ab 6. Juli Versteck im Hinterhaus, erste Tagebuch-Eintragungen

1944 Am 4. August Entdeckung des Verstecks, Deportation in Konzentrationslager

1945 Tod von Anne Frank

1947 Veröffentlichung der im Hinterhaus entdeckten Tagebücher

1960 Eröffnung des Anne-Frank-Hauses als Museum

Das Tagebuch der Anne Frank

Miep Gies, eine der Helferinnen, fand Annes Tagebuch-Hefte nach der Verhaftung der Untergetauchten im Hinterhaus und gab sie Otto Frank, als er 1945 aus dem Lager zurückkehrte. Er stellte aus dem ersten und dem umgeschriebenen Tagebuch ein Buch zusammen, das 1947 in einer Auflage von 1500 Exemplaren gedruckt wurde. Bis heute erreichte es eine Auflage von über 20 Millionen Exemplaren und wurde in mehr als 60 Sprachen übersetzt. Nachdem bewiesen war, dass die Tagebücher zwischen 1942 und 1944 wirklich von Anne Frank im Hinterhaus geschrieben worden waren, wurde 1991 eine fast vollständige Ausgabe des Tagebuchs zusammengestellt. Für viele Menschen wurden Anne und ihr ergreifendes Tagebuch zum Symbol für die Opfer des Holocaust.

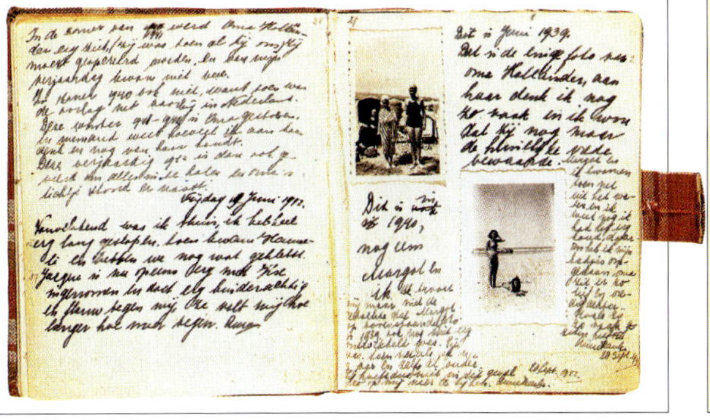

Das Museum

Wie so viele Amsterdamer Häuser an einer Gracht besteht das Anne-Frank-Haus aus einem Vorder- und einem Hinterhaus. Vorne befanden sich die Büro- und Lagerräume der Firma Otto Franks. Heute wird im Vorderhaus anhand von Originalgegenständen, Dokumenten, Zitaten aus den Tagebüchern und Fotos über das Leben im Versteck berichtet. Auch das Original des ersten Tagebuchs von Anne Frank wird hier ständig gezeigt. Filme stellen die persönliche Geschichte der Familie Frank in einen historischen Zusammenhang. Im Hinterhaus, das teilweise leer stand, richtete Otto Frank mit zwei Mitarbeitern vier Zimmer als Versteck her. Ein drehbares Bücherregal verdeckte den Zugang zum Hinterhaus. Es ist – ohne Möbel – so erhalten, wie es als Versteck aussah. Der Museumsneubau nebenan wird für wechselnde Ausstellungen genutzt.

Wilhelm III. von Oranien auf einem Stich

Das Haus Oranien-Nassau

Die Heirat von Heinrich III. von Nassau-Breda mit Claudia von Châlon-Oranien begründete 1515 das Haus Oranien-Nassau. Seit damals spielte die Familie eine zentrale Rolle in der Geschichte der niederländischen Monarchie. Das Haus Oranien erlangte auch für England Bedeutung. 1677 heiratete Wilhelm III. von Oranien seine Cousine, die schottische Prinzessin Maria. Die beiden regierten gemeinsam als König und Königin Englands, nachdem Marias Vater, Jakob II., 1689 nach Frankreich ins Exil gegangen war.

Das Innere des Palais Het Loo

Die Familie Oranien-Nassau benutzte das Palais bis 1975 als Sommerresidenz. Heute ist es ein Museum. Die sorgfältige Restaurierung hat wieder für einen Zustand wie im 17. Jahrhundert gesorgt. Die prächtigen Innenräume, etwa die königlichen Gemächer östlich und westlich des großen Saals, sind edel ausgestattet. In den Flügeln sind Hofgewänder, historische Dokumente, Gemälde, Silber und Porzellan des Hauses Oranien-Nassau aus drei Jahrhunderten zu besichtigen.

Palais Het Loo

Wilhelm III. von Oranien, als Wilhelm II. König von England, Schottland und Irland (♔ 1689 bis 1702), ließ das Palais nördlich von Apeldoorn ab 1684 erbauen. Architekt war Jacob Roman, die Innendekoration und die Gartengestaltung entwarf Daniel Marot. Die klassisch gehaltene Fassade verbirgt eine luxuriöse, üppige Innenausstattung. Das Schloss, das auch das »Versailles der Niederlande« genannt wurde, zeigt eindrucksvoll den Wohnstil der Mitglieder des Hauses Oranien-Nassau über einen Zeitraum von 300 Jahren.

Wappen (1690) von Wilhelm und Maria

★ **Schlafgemach** (1713)
Die Wände und Fenster des luxuriösen Raumes zieren orangefarbener Damast und blaue Seide.

Kabinett Wilhelms III.
Roter Damast überzieht die Wände von Wilhelms Arbeitszimmer (1690). Seine Lieblingsgemälde und Delfter Keramiken sind auch zu sehen.

Oldtimer
Dieser Bentley von 1925 gehörte Prinz Hendrik, dem Gatten von Königin Wilhelmina. In den Stallungen (1910) kann man noch weitere Autoklassiker aus dem Besitz der Königsfamilie bewundern.

Höhepunkte

- ★ Alter Speisesaal
- ★ Schlafgemach
- ★ Parkanlage

Königin Wilhelmina

Nach dem Tod von Wilhelm III., der von 1849 bis 1890 regierte, bestieg Wilhelmina als erste Frau den Thron. In ihrer Regierungszeit, die bis 1948 währte, benutzte sie Het Loo als Sommerresidenz.

★ **Alter Speisesaal** (1686)
Sechs Farbschichten wurden 1984 von den Wänden entfernt. Die Wandbehänge zeigen Szenen aus den Gedichten Ovids.

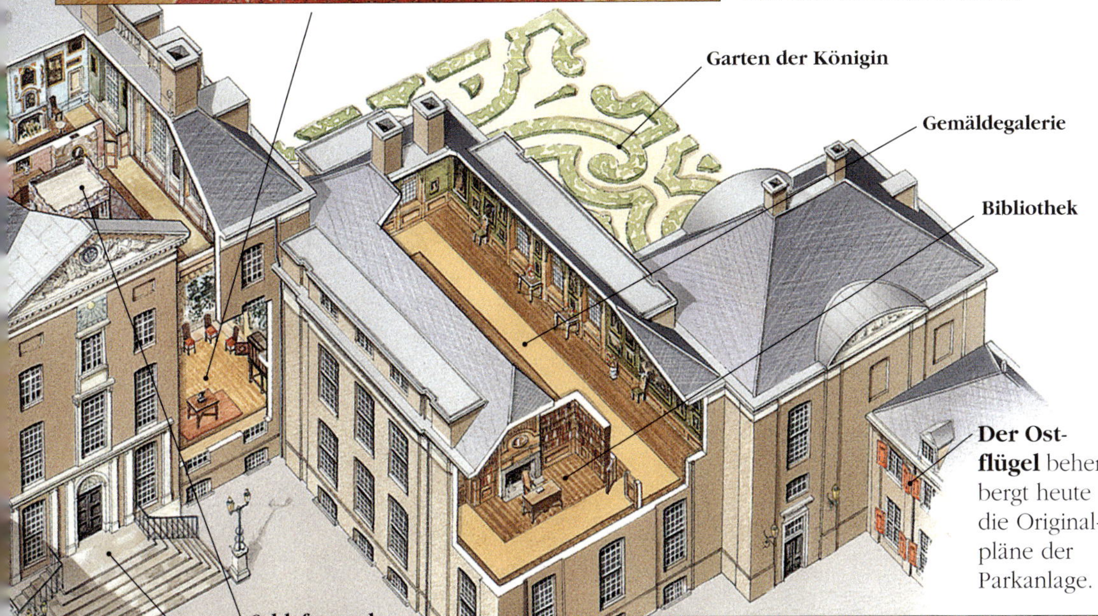

Der Ostflügel beherbergt heute die Originalpläne der Parkanlage.

★ **Parkanlage**
In dem klassisch angelegten Park gibt es Pflanzen, Statuen und Brunnen. Dieser Brunnen der Himmelssphäre steht im Unteren Garten.

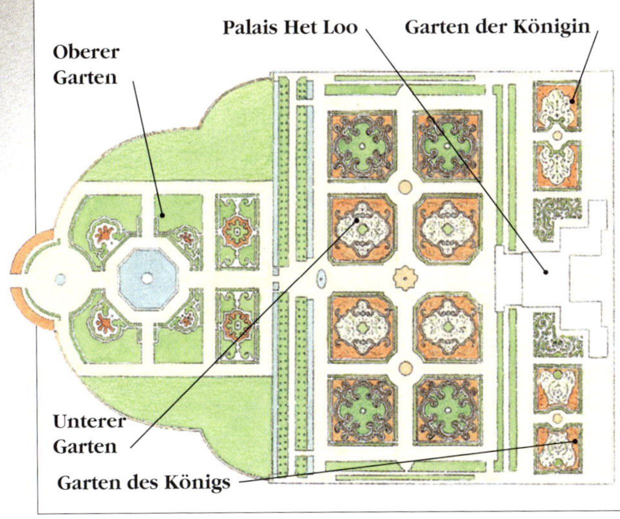

Grundriss der Parkanlage

Parkanlage

Alte Drucke, Zeichnungen und Pläne bildeten die Grundlage für die Neugestaltung der Anlage hinter dem Palast. Im 18. Jahrhundert hatte man den ursprünglich ummauerten Park mit Gras bepflanzt. Es wurde 1975 entfernt. Bis 1983 waren die Blumenmuster wieder hergestellt, Neupflanzungen angelegt, die klassischen Brunnen renoviert und die Wasserleitungen erneuert. Der Garten spiegelt in seiner Anlage den Geschmack des 17. Jahrhunderts wider und ist einzigartig in Europa.

Daten und Fakten

1684–86 Bau von Het Loo für Prinz Wilhelm III. von Oranien

1686–1975 Sommerresidenz der königlichen Familie

1814 Übergang des Palais in staatliches Eigentum

1984 Abschluss der Restaurierung des Gebäudes und der Gartenanlage; Wiedereröffnung, teilweise als Museum

Gärten und Brunnen

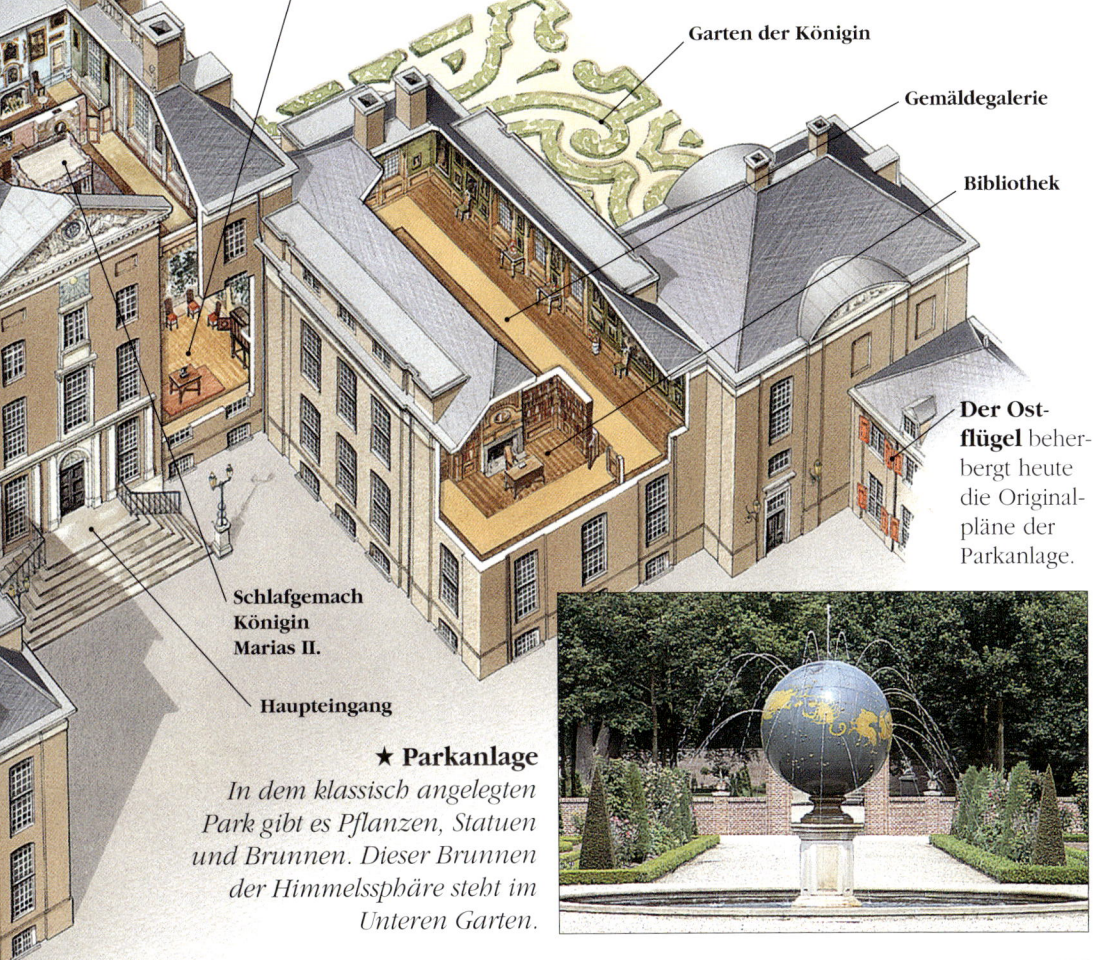

1686 wurde die ➛ *Parkanlage* um das Palais Het Loo geschaffen, die bald Berühmtheit erlangte. Als Architekt fungierte Daniel Marot, der sich auch um viele Details wie gusseiserne Geländer und Gartenvasen kümmerte. Die Gärten, zu denen auch der Garten der Königin und der des Königs gehören, waren streng geometrisch angelegt. Verziert wurden sie mit Blumenbeeten, Brunnen, Einfassungen, kunstvoll beschnittenen Sträuchern und Wasserfällen. Überall wurden große Statuen aufgestellt. Heute weist der Garten des Königs zurechtgestutzte Buchsbaumhecken und pyramidenförmige Wacholdersträuche auf. In der Mitte befindet sich ein Wasserbassin aus weißem Marmor mit einem speienden Triton und vergoldeten Meerdrachen. Im höher liegenden Oberen Garten stößt man auf den Königsbrunnen, der Tag und Nacht von einer natürlichen Quelle gespeist wird – ein klassischer Blickfang, wie er oft in königlichen Gärten zu finden ist.

Historische Ansicht der Kathedrale von Amiens

Gotischer Skulpturenschmuck

Der Großteil der über 3600 Skulpturen, von denen eine große Anzahl die ➛ *Westfassade* schmückt, wurde zwischen 1225 und 1235 angefertigt. Sie stellen meist alt- und neutestamentliche Szenen dar. Besonders schön ist der segnende Christus am mittleren Pfeiler des Mittelportals (um 1240). Der Skulpturenschmuck wurde nach einem Verfahren hergestellt, das die Produktion größerer Mengen gleicher Bauteile beschleunigte. Das erklärt den einheitlichen Charakter der Figuren: die rundlichen, kräftigen Köpfe, die gleiche würdevolle Haltung, die röhrenhafte Fältelung der Gewänder und die gleichmäßige Bewegung der Haare. Ihre Individualität tritt zugunsten der Architektur zurück.

Das Chorgestühl

Die aufwendigen Schreiner- und Schnitzerarbeiten des 1519 fertig gestellten ➛ *Chorgestühls* führten verschiedene Künstler aus. Obwohl einige der 110 Stühle mit der Zeit beschädigt wurden, ist das Chorgestühl in Eleganz, Zahl der Skulpturen und Feinheit der Arbeit meisterhaft. Während die äußere Gestalt noch ganz von der Gotik geprägt ist, erkennt man an einzelnen Reliefs schon den Einfluss der Renaissance.

Die Kathedrale von Amiens

Der Bau der grössten Kathedrale Frankreichs wurde um 1220 begonnen. Die 145 Meter lange, im Querschiff 70 Meter breite und an der Wölbung 43 Meter hohe Notre-Dame von Amiens gilt als Juwel gotischer Baukunst (➛ *S. 72*). Mit über 3600 Skulpturen gehört sie zugleich zu den figurenreichsten Bauwerken Frankreichs. Im 19. Jahrhundert wurde die Kathedrale von dem Architekten Viollet-le-Duc (➛ *S. 73*) restauriert und überstand unbeschadet zwei Weltkriege. Sie ist berühmt für ihre wertvollen Plastiken und Reliefs und diente auch als Vorbild für den Kölner Dom.

★ Westfassade
Die Königsgalerie mit 22 Statuen ist Teil der Westfassade. Die Figuren repräsentieren die Könige Frankreichs, verweisen aber zugleich auf die königlichen Vorfahren Christi.

Der weinende Engel
Die 1628 von Nicolas Blasset geschaffene Skulptur im Chorumgang war im Ersten Weltkrieg ein beliebtes Motiv.

Höhepunkte

- ★ Westfassade
- ★ Mittelschiff
- ★ Chorgestühl
- ★ Chorschranken

Das Portal des heiligen Firminus ist mit Figuren und Szenen aus dem Leben des Märtyrers geschmückt, der das Christentum in die Picardie brachte und erster Bischof von Amiens wurde.

Der Kalender zeigt Sternzeichen mit den entsprechenden Monaten und den dazugehörigen Arbeiten. Damit liefert er ein Bild des Alltags im 13. Jahrhundert.

Hauptportal
Szenen des Jüngsten Gerichts zieren das Tympanon mit dem »Beau Dieu«, einer Christusstatue, zwischen den Türen.

Türme
Zwei verschieden hohe Türme begrenzen die Westfassade. Der Südturm wurde 1366 fertig, der Nordturm 1402. Der Vierungsturm wurde 1627 und 1887 erneuert.

Der heilige Firminus

Der Schutzheilige von Amiens wurde im 3. oder 6. Jahrhundert im spanischen Pamplona geboren. Nach der Priesterweihe schickte man ihn zur Missionierung nach Nordfrankreich. In Amiens wurde er Bischof. Wegen seiner Predigten wurde er von den Römern gefoltert und zuletzt enthauptet.

Das Maßwerk der Fensterrosette stammt aus dem 15./16. Jahrhundert.

Eine doppelte Reihe von 22 eleganten Strebepfeilern stabilisiert das Bauwerk.

★ Mittelschiff
Das Mittelschiff weist eine beeindruckende Höhe von 43 Metern auf und wird von 126 schlanken Pfeilern gestützt.

★ Chorgestühl
Das 1508 in Auftrag gegebene Chorgestühl ist mit über 4000 biblischen, mythologischen und historischen Figuren geschmückt.

Der Fußboden wurde 1288 ausgelegt und im späten 19. Jahrhundert erneuert. Früher bewegten sich Gläubige auf den Knien darüber.

★ Chorschranken
Im Wandelgang zeigen Reliefs (15. und 16. Jh.) Szenen aus dem Leben des heiligen Firminus, Johannes des Täufers und anderer.

Daten und Fakten

1220 Baubeginn der Kathedrale

1236 Vollendung von Mittelschiff und Westfassade

1238–47 Bau des Chors und des Kapellenkranzes

1269 Vollendung des Chors und der Kathedrale

1279 Überführung der Reliquien des heiligen Firminus und der heiligen Ulphe

1849 Restaurierung unter der Leitung von Viollet-le-Duc

1981 Aufnahme in das Weltkulturerbe der UNESCO

Die drei Baumeister

Nachdem ein Großfeuer 1218 die 1137 erbaute romanische Kathedrale vernichtet hatte, veranlasste der Bischof von Amiens 1220 den Neubau der Kathedrale. Er berief Robert de Luzarches (um 1180 bis 1223/1240?) zum ersten Baumeister und beauftragte ihn mit der Planung und dem Bau der größten gotischen Kathedrale Frankreichs. Wie weit de Luzarches bei der Ausführung des Baus noch beteiligt war, ist nicht klar, doch sollen alle wesentlichen Neuerungen stilistischer und technischer Art (Eisenarmierungen im Maßwerk, ökonomische Rationalisierung durch planvoll und in Serie vorgefertigte Versatzstücke) auf ihn zurückgehen. Die beiden Baumeister Thomas de Cormont (gestorben 1228) und dessen Sohn Regnault (gestorben 1280) standen Luzarches von Beginn an zur Seite und übernahmen nach dessen Tod die Bauleitung.

Mont-Saint-Michel

Der Erzengel Michael

DER MONT-SAINT-MICHEL ist ein einzigartiges Denkmal mittelalterlicher Kloster- und Festungsarchitektur. Vor allem der kühne Bau der dreistöckigen Merveille auf dem steil abfallenden Terrain im Norden machte das Benediktinerkloster zu einem »Wunder des Abendlandes«. Die befestigte Abtei liegt auf der kleinen Insel Mont-Tombe in einer Bucht vor der Küste der Normandie und ist durch einen knapp zwei Kilometer langen Damm mit dem Festland verbunden. Aufgrund ihrer gewaltigen Ausmaße verdoppelt sie fast die Höhe des Hügels, auf dem sie errichtet wurde. Im 12. und 13. Jahrhundert besaß das Benediktinerkloster eine überragende Bedeutung als Zentrum der Lehre und der Wissenschaft. Noch immer zählt die Anlage zu den wichtigsten Pilgerstätten des Christentums.

★ Befestigungen
Die Angriffe der Engländer im Hundertjährigen Krieg (1337/39–1453) führten zum Bau der Befestigungsmauern und -türme.

Die Vision des Bischofs Aubert

Im Jahr 708 erschien dem Bischof Aubert von Avranches der Erzengel Michael und befahl ihm, zu seinen Ehren auf dem Mont-Tombe eine Kapelle zu erbauen. Um die Zweifel des Bischofs an dieser Vision zu überwinden, berührte der Erzengel das Haupt Auberts mit dem Finger. Der Bischof ließ daraufhin ein Gebetshaus errichten und Reliquien vom Michaels-Heiligtum Monte Gargano in Süditalien holen. Die Gläubigen kamen zum Hügel, um den Schutz des Erzengels zu erflehen. Bald wurde der Mont-Saint-Michel zu einem wichtigen Pilgerort. Heute erinnert nichts mehr an die Kapelle des Bischofs. Man nimmt an, dass sie dort stand, wo sich die ➤ *Kapelle Saint-Aubert* befindet.

Der Kreuzgang mit Doppelreihen zierlicher Säulen (frühes 13. Jh.)

Die Merveille

Der im frühen 13. Jahrhundert an der Nordseite angebaute, aus drei Stockwerken bestehende Komplex der Merveille (»Das Wunder«) ist ein Meisterwerk der gotischen Architektur (➤ *S. 72*). Ihre drei Ebenen spiegeln die klösterliche Hierarchie wider. Die Mönche lebten oben, in einer abgeschlossenen Welt. Sie speisten im langen, mit hohen Fenstern versehenen Refektorium. Daneben befindet sich der Kreuzgang, der einen Blick auf Küste und Meer gewährt. Auf der mittleren Ebene unterhalb des Refektoriums wurden Gäste untergebracht. Unterhalb des Kreuzgangs liegt der Rittersaal. Auf der untersten Ebene befinden sich Keller, Vorratsräume und ein Raum, in dem Almosen verteilt wurden.

Im Wandel der Zeiten

Abtei im 10. Jahrhundert
Die Benediktinerabtei wurde im Jahr 966 von Richard I., dem Herzog der Normandie, gegründet.

Abtei im 11. Jahrhundert
Die Abteikirche wurde zwischen 1023 und 1084 im Stil der Romanik erbaut.

Abtei Mitte des 18. Jahrhunderts
Als das Kloster Ende des 18. Jahrhunderts ein Gefängnis wurde, verließen die Mönche den Ort.

Tour Gabriel
Der Turm wurde 1524 von dem Festungsarchitekten Gabriel du Puy gebaut.

Kapelle Saint-Aubert
Die kleine Kapelle (15. Jh.) auf einem Felshügel ist Aubert, dem Gründer des Mont-Saint-Michel, geweiht.

Ebbe und Flut am Mont-Saint-Michel
Der extreme Gezeitenwechsel wirkte wie eine natürliche Verteidigung. Die Wasserströmung von Ebbe und Flut erreicht im Frühjahr Geschwindigkeiten von 10 Stundenkilometern.

Uneinnehmbar

Der Mont-Saint-Michel wurde zu einem Symbol des Widerstandes, da seine Schutzmauern den Angriffen der Engländer im Hundertjährigen Krieg standhielten. Während die Normandie in englische Hand fiel, wurde die befestigte Insel nie erobert.

★ Abtei
Geschützt durch hohe Wälle, nehmen Abtei und Kirche eine exponierte Position ein.

Gautiers Sprung
Von dieser Terrasse stürzte sich ein Gefangener namens Gautier zu Tode.

Im Arkadenturm waren die Wachen des Abtes untergebracht.

★ Grande Rue
Seit dem 12. Jahrhundert führt die einstige Pilgerstraße mit Häusern aus dem 15. und 16. Jahrhundert hinauf zur Abtei.

Höhepunkte

- ★ **Abtei**
- ★ **Befestigungen**
- ★ **Grande Rue**

Daten und Fakten

708 Bau einer dem Erzengel Michael geweihten Kapelle durch Bischof Aubert

966 Gründung der Benediktinerabtei durch Herzog Richard I.

1023 Baubeginn der romanischen Abteikirche

1228 Vollendung der Merveille, dem Nordflügel der Abtei

1523 Vollendung des spätgotischen Chores

1874 Erklärung der Abtei zum Nationaldenkmal

1877 Baubeginn des Verbindungsdamms zum Festland

1897 Fertigstellung von Glockenturm, Kirchturmspitze und St.-Michaels-Statue

1922 Wiederaufnahme der Gottesdienste in der Kirche

1979 Aufnahme in das Weltkulturerbe der UNESCO

Das Gefängnis

Das Kloster diente erstmals im 15. Jahrhundert unter der Regentschaft von Ludwig XI. als Gefängnis. Dessen politische Gegner saßen hier unter schrecklichen Bedingungen ein. Während der Französischen Revolution wurden die Mönche fortgejagt. Wieder fungierte das Kloster als Kerker – für Aristokraten, Priester und politische Gegenspieler. Bedeutende Persönlichkeiten wie die Schriftsteller François René Chateaubriand und Victor Hugo protestierten dagegen, aber Mont-Saint-Michel blieb bis 1863 ein Gefängnis. Erst Napoleon III. gab die Abtei an die Kirche zurück.

Die Apsis von Notre-Dame mit ihren gewaltigen Strebebögen

Die Gotik

Die Stilepoche der Gotik entwickelte sich ab 1140 in Nordfrankreich und währte bis etwa 1420. Kennzeichnend für die gotische Architektur von Notre-Dame ist ein ganz neues Raumgefühl: Der eine, große Innenraum (➛ *Blick ins Kircheninnere*) löst die Vielzahl kleiner Räume ab. Die Kathedrale bietet mit ihren durchlichteten Mauern einen filigranen Gesamteindruck. Ein entscheidendes statisches Element ist die Kreuzrippe: Auf ihr ruht das Gewölbe, sie leitet den Druck zu den Pfeilern. An die Stelle der Seitenmauern treten in der gotischen Kirche hohe Fenster zwischen den Strebepfeilern (➛ *Strebebögen*). Typisch für die gotische Architektur von Notre-Dame ist auch ihre beeindruckende ➛ *Westfassade:* Sie ist reich gegliedert und besitzt zwei mächtige Türme.
Die Gotik wird in drei Phasen unterteilt: die Frühgotik, die Hochgotik und die Spätgotik. Die Übergänge sind fließend. Typisch für die Kirchen der Früh- und der Hochgotik ist der nach Höhe und Tiefe gegliederte Innenraum, dessen Teile nacheinander auf den Betrachter wirken. An Notre-Dame finden sich früh- und hochgotische Elemente: In der Frühgotik entstanden Chor, Hochaltar und Langhaus, die Querhäuser wurden in der Hochgotik erweitert. Die Westfassade mit Königsgalerie und Rosettenfenster entstand im Übergang von der Früh- zur Hochgotik.

Notre-Dame

Die Kathedrale Notre-Dame in Paris gilt als ein Musterbeispiel gotischer Stilentwicklung und war beispielgebend für viele Kathedralbauten. Die fünfschiffige Basilika erhebt sich majestätisch auf der Ile de la Cité, der Keimzelle der Stadt, auf dem Grund eines vormaligen römischen Tempels. Der Bischof von Paris legte 1163 den Grundstein. Damit begann für Heerscharen von Architekten und Steinmetzen die 170-jährige Arbeit an dem repräsentativen Gotteshaus. Bei der Fertigstellung um 1330 war die Kathedrale 130 Meter lang, überragt von den 69 Meter hohen Türmen der Westfassade.

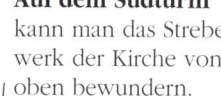

★ Westfassade
Drei Hauptportale mit herrlicher Bauplastik, einem Rosettenfenster und einer Galerie verdienen besondere Beachtung.

Auf dem Südturm kann man das Strebewerk der Kirche von oben bewundern.

★ Galerie des Chimères
Die Wasserspeier stellen Dämonen und sonderbare Vögel dar.

Fensterrosette
Das Fenster zeigt Maria, der die Kirche geweiht ist, in einem Medaillon.

Von der Königsgalerie blicken 28 französische Könige auf die Menschen hinab.

Marienportal
Die Jungfrau Maria steht inmitten von Heiligen und Königen (13. Jh.).

Höhepunkte

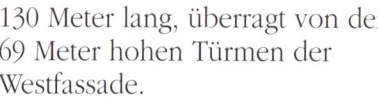

- ★ **Westfassade**
- ★ **Strebebögen**
- ★ **Südliche Fensterrosette**
- ★ **Galerie des Chimères**

★ **Strebebögen**
Jean de Ravys beeindruckende Strebebögen am Ostende der Kathedrale entstanden Anfang des 14. Jahrhunderts.

Der Dachreiter, ein Entwurf Viollet-le-Ducs, ragt 90 Meter empor.

Das Querschiff wurde zu Beginn der Regierungszeit von Philipp II. Augustus (♔1180–1223) errichtet.

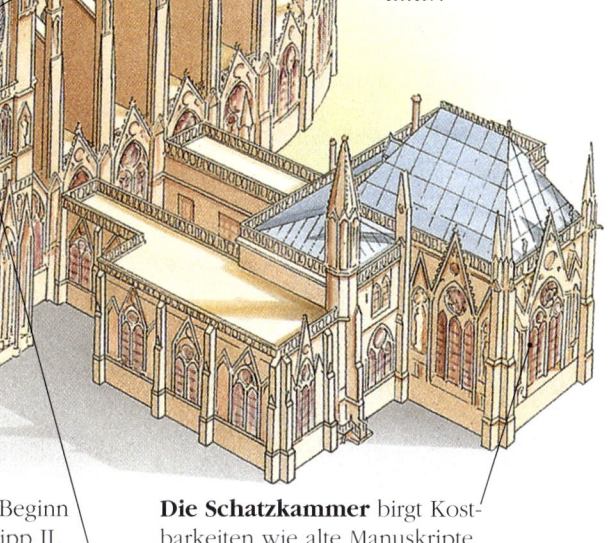

Die Schatzkammer birgt Kostbarkeiten wie alte Manuskripte und Reliquienschreine.

★ **Südliche Fensterrosette**
Dieses Fenster an der Südfassade mit einer Darstellung Christi in seiner Mitte hat einen Durchmesser von stattlichen 13 Metern.

Die »Maibilder«
Von 1630 bis 1707 stifteten die Zünfte jährlich im Mai der Jungfrau Maria ein Bild. Die bekanntesten stammen von Charles Le Brun und Eustache Le Sueur.

Der Bucklige

Die Kathedrale ist Schauplatz eines Werkes der Weltliteratur: »Der Glöckner von Notre-Dame«. Der Roman Victor Hugos (1802–85) von 1831 schildert das Paris des Jahres 1482: Der bucklige Quasimodo, tragischer Titelheld, verliebt sich in die schöne Esmeralda, kann sie jedoch nicht vor der Inquisition retten.

Blick ins Kircheninnere
Der Blick vom Haupteingang umfasst das hoch gewölbte Hauptschiff, Chor und Hochaltar.

Daten und Fakten

1163 Grundsteinlegung durch Bischof Maurice de Sully

1182 Weihe des Hochaltars

um 1245 Fertigstellung der Türme

1302 Erste Zusammenkunft der Generalstände in Notre-Dame

1330 Vollendung der Chorkapellen

1793 Revolutionäre zerstören Teile der Portale und der Königsgalerie

1795–1802 Schließung der Kathedrale

1804 Selbstkrönung Napoleons zum Kaiser

1845–64 Restaurierung unter Viollet-le-Duc

1970 Staatsbegräbnis Charles de Gaulles

1991 Aufnahme des Seine-Ufers mit Notre-Dame in das Weltkulturerbe der UNESCO

Der Restaurator

Der Architekt Eugène Emmanuel Viollet-le-Duc (1814–79) begann 1845 mit der Restaurierung von Notre-Dame. Dabei ließ er einen Großteil des Skulpturenschmucks erneuern und nahm auch bauliche Veränderungen vor: So wurde der ➛ *Dachreiter* nach seinem Entwurf geschaffen. 1847 restaurierte und veränderte er die ➛ *Fensterrosette* der Westfassade und 1866 die ➛ *Südliche Fensterrosette*. Auch die Wasserspeier (➛ *Galerie des Chimères*) wurden von ihm entworfen. Seine theoretischen Schriften förderten das Interesse an mittelalterlicher Baukunst.

Das Museum

Das Musée du Louvre mit seinen unermesslichen Schätzen wurde zur Jahrtausendwende zum größten Museum der Welt ausgebaut. Die Sammlungen gehen auf Franz I. zurück, der Kunstwerke unterschiedlicher Epochen erwarb. Stiftungen und Anschaffungen vergrößerten die Kollektion vor allem seit Ludwig XIV. ständig. Orientalische Altertümer, ägyptische Kunstwerke wie der Sitzende Schreiber, Exponate der griechischen Antike wie die Nike von Samothrake und die Venus von Milo sind neben römischen Altertümern zu sehen. Zwei der »Sklaven« Michelangelos für das Grab Papst Julius' II. werden hier ebenso ausgestellt wie die Kronjuwelen.

Der Louvre von der Seine aus gesehen

Gemäldesammlung

Von allen Museen der Welt besitzt der Louvre mit mehr als 10 000 Bildern die umfassendste Gemäldesammlung. Die französische Kunst, der umfangreichste Bereich, ist mit Werken von Fouquet, Poussin, Watteau, Rousseau, Corot, Delacroix oder Ingres vertreten. Die italienische Sammlung kann Namen wie Giotto, Leonardo da Vinci (mit seinem weltberühmten Gemälde »Mona Lisa«), Caravaggio und Tiepolo aufweisen. Die spanische Sammlung umfasst u. a. El Greco, Murillo, Goya und Velazquez. Zur flämischen, holländischen und deutschen Malerei gehören Jan van Eyck, Roger van der Weyden, Hieronymus Bosch, Frans Hals, Rembrandt, Vermeer, Dürer, Cranach und Holbein.

Der Louvre

Der weitläufige Louvre war lange Zeit der größte Königspalast Europas. Seine Veränderungen, beginnend als eine mittelalterliche Festung bis hin zur Neugestaltung des Napoleon-Hofes durch die Glaspyramide Ieoh Ming Peis, ist ein Spiegelbild der Herrschaftsgeschichte vieler Jahrhunderte. Die Weichenstellung für die heutige Gestalt des Louvre erfolgte unter König Franz I. (♔ 1515–47), der auch die Kunstsammlung begründete, aus der sich das Museum der Superlative entwickelte.

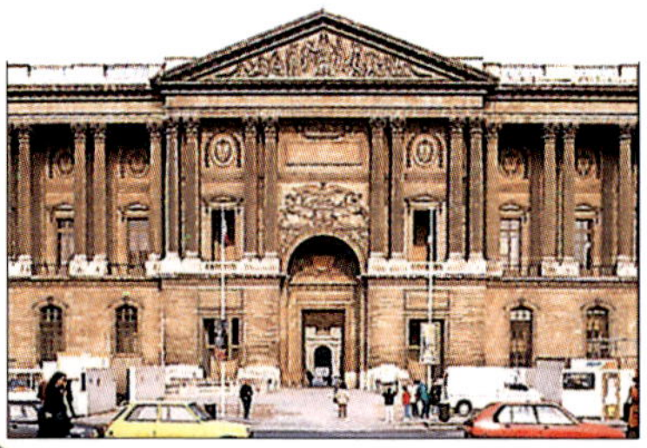

Die Kirche Saint-Germain-l'Auxerrois gegenüber der Perrault-Kolonnade

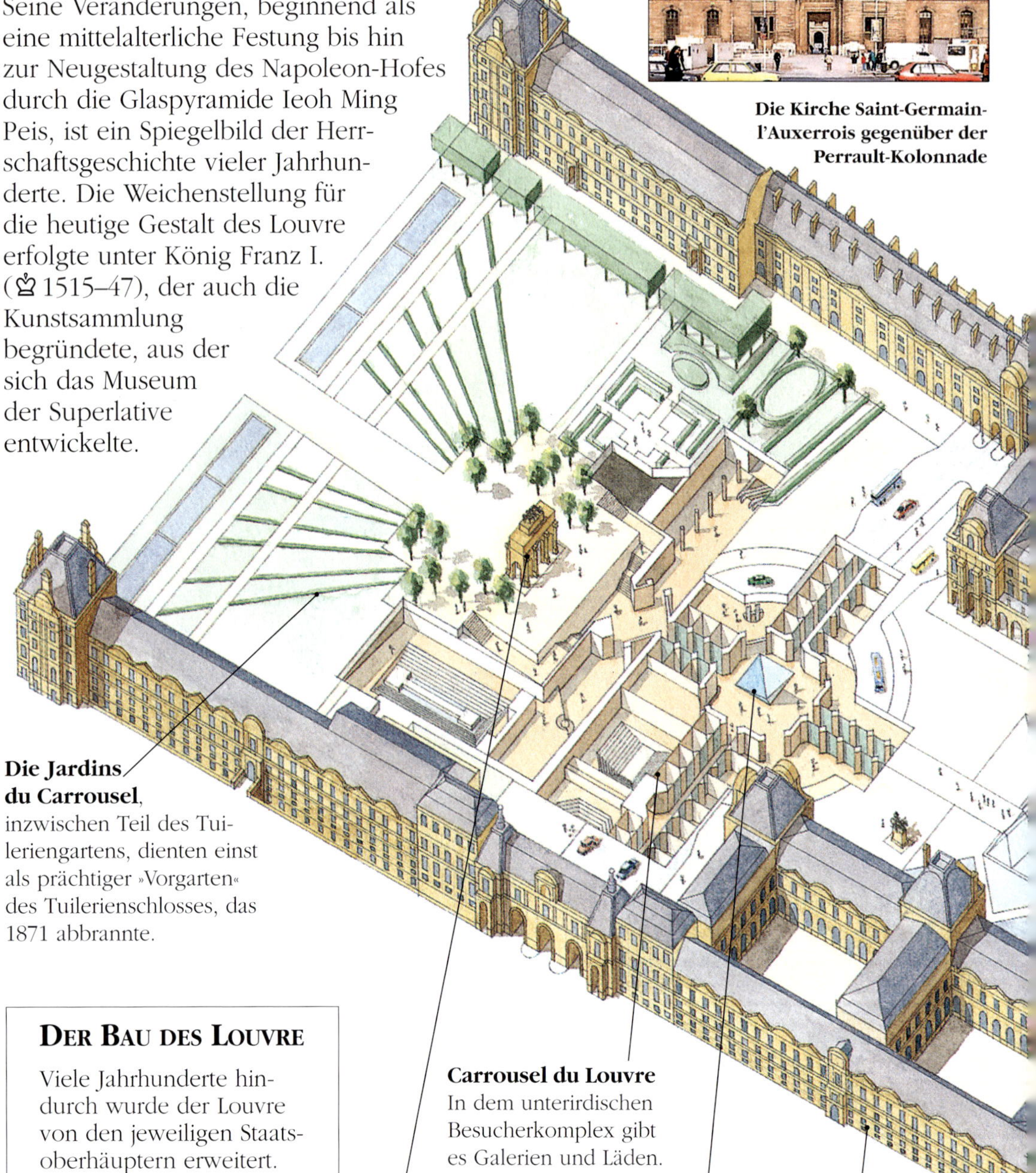

Die Jardins du Carrousel, inzwischen Teil des Tuileriengartens, dienten einst als prächtiger »Vorgarten« des Tuilerienschlosses, das 1871 abbrannte.

Carrousel du Louvre
In dem unterirdischen Besucherkomplex gibt es Galerien und Läden.

Große Galerie

Die umgedrehte Glaspyramide lässt Licht in den unterirdischen Bereich.

Der Bau des Louvre

Viele Jahrhunderte hindurch wurde der Louvre von den jeweiligen Staatsoberhäuptern erweitert.

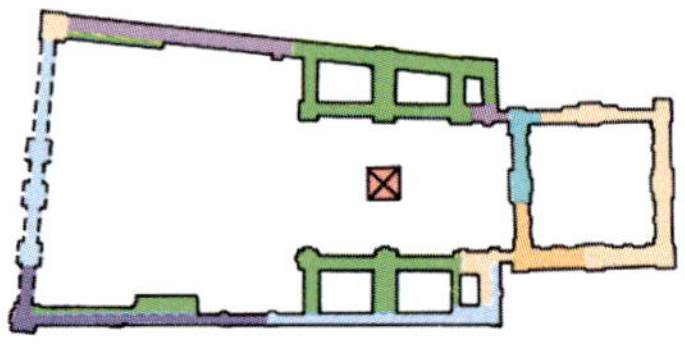

Wichtige Umbauphasen

- Franz I. (♔ 1515–47)
- Katharina von Medici (um 1560)
- Heinrich IV. (♔ 1589–1610)
- Ludwig XIII. (♔ 1610–43)
- Ludwig XIV. (♔ 1643–1715)
- Napoleon I. (♔ 1804–15)
- Napoleon III. (♔ 1852–70)
- François Mitterrand (1981–95)

★ Arc de Triomphe du Carrousel
Der Triumphbogen war früher das Prunktor zum Hof des Tuilerienschlosses.

Höhepunkte

- ★ Perrault-Kolonnade
- ★ Mittelalterliche Grundmauern
- ★ Glaspyramide
- ★ Arc de Triomphe du Carrousel

Pavillon Richelieu
Der eindrucksvolle Pavillon (19. Jh.) bildet einen Teil des Richelieu-Flügels, in dem einst das Finanzministerium seinen Sitz hatte. Heute birgt dieser Flügel sehenswerte Galerien.

Mona Lisa gestohlen

Das Gemälde von Leonardo da Vinci wurde am 21.8.1911 gestohlen. Viele glaubten, es sei ein Scherz, der die Sicherheitsmängel des Louvre aufzeigen sollte. 1913 wurde das Bild bei Vincenzo Peruggia entdeckt, der als Kunsthandwerker im Louvre Arbeiten ausgeführt hatte.

★ Glaspyramide
Das filigrane Bauwerk wurde von dem chinesisch-amerikanischen Stararchitekten Ieoh Ming Pei entworfen.

Cour Marly heißt der glasüberdachte Hof, der heute die Plastik »Der Rossebändiger« von Guillaume Coustou d. Ä. beherbergt.

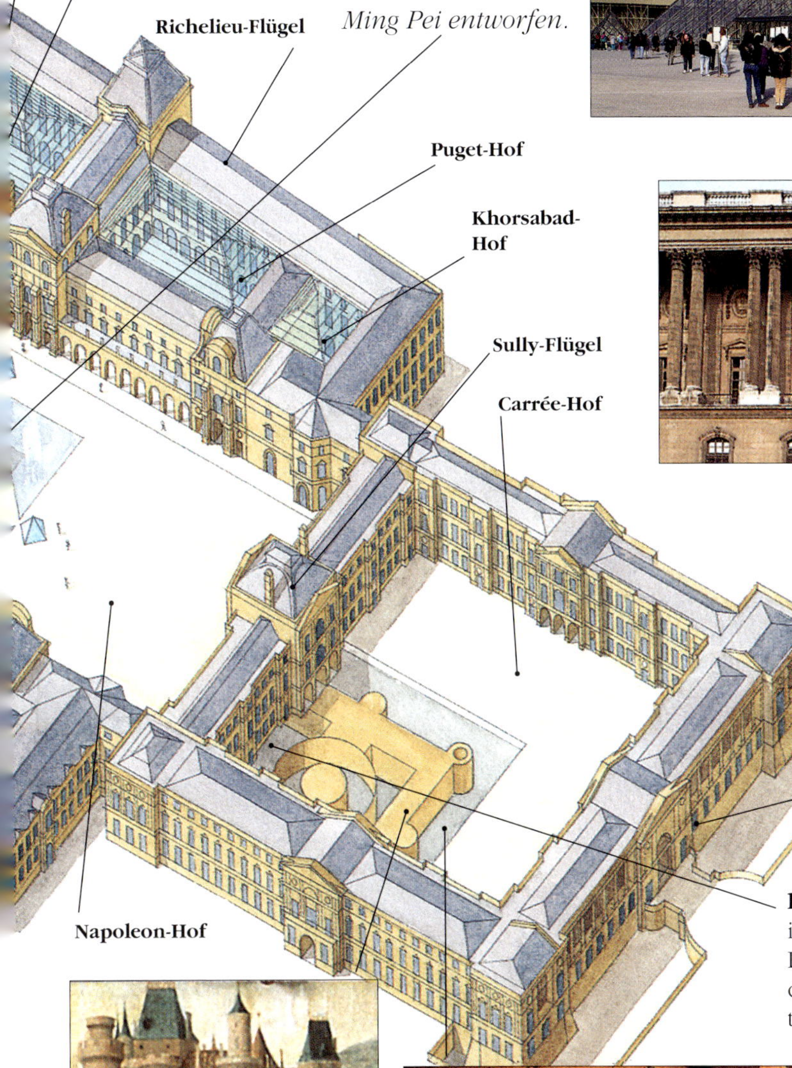

★ Perrault-Kolonnade
Baumeister der Ostfassade mit ihren majestätischen Säulenreihen war Claude Perrault. Zusammen mit Louis Le Vau schloss er den Carrée-Hof.

Die Lescot-Fassade ist nach dem Baumeister Pierre Lescot benannt. Dieser Gebäudeteil prägte stilistisch alle weiteren Bauten des Louvre.

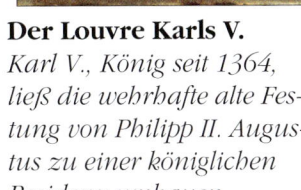

Der Louvre Karls V.
Karl V., König seit 1364, ließ die wehrhafte alte Festung von Philipp II. Augustus zu einer königlichen Residenz umbauen.

★ Mittelalterliche Grundmauern
Unter dem Carrée-Hof wurden Überreste der Stadtmauer Philipps II. August und Grundmauern seines Wohnturms freigelegt.

Daten und Fakten

um 1200 Bau eines Wohnturms unter König Philipp II. Augustus

1546 Baubeginn der Lescot-Fassade unter Franz I.

ab 1547 Baubeginn des Carrée-Hofs unter Heinrich II.

1589–1610 Unter Heinrich IV. Bau der Großen Galerie

1667–74 Bau der Perrault-Kolonnade

1793 Erstmalige Öffnung des Louvre für das Publikum

1806–08 Bau des Triumphbogens

1848 Übergang des Louvre in Staatseigentum

1871 Zerstörung des Tuilerienschlosses während des Kommune-Aufstands

1989 Eröffnung der Glaspyramide

1981–99 umfangreiche Restaurierung

Arc de Triomphe du Carrousel

Das durch Charles Percier und Pierre Léonard Fontaine errichtete Monument sollte an Napoleons Siege von 1805 erinnern. Vorbilder waren die Triumphbögen in Rom. Die Säulen sind reich mit Rosenmarmor verziert und mit Flachreliefs, die Napoleons Siege und seine Abkommen mit den Unterlegenen darstellen. Bekrönt wird der ➛ *Arc de Triomphe du Carrousel* von einem Vierergespann und antiken Göttinnen. Die einst in Venedig geraubten und hier aufgestellten Bronzerösser waren 1815 an die italienische Stadt zurückgegeben worden.

Der Turmbau

Gustave Eiffel hatte seit 1884 an den Plänen für den Eiffelturm gearbeitet. Für dessen Ausführung ab 1887 hatte er nur zwei Jahre Zeit. Zunächst wurden die über 18000 Gusseisenstücke, aus denen der Turm besteht, angefertigt. Zu Teilen von fünf Meter Umfang wurden sie dann in der Fabrik mit Bolzen zusammengefügt. Am Bau selbst wurden die Bolzen später durch Nieten ersetzt. Zur Errichtung des ersten Stockwerks wurden 30 und 40 Meter hohe Holzgerüste benötigt. Mithilfe hydraulischer Hebevorrichtungen konnten die Tragebalken mit einer Präzision von einem Millimeter platziert werden. Beim Aufbau der weiteren Plattformen wurden zum Hochziehen der Bauteile Dampfkräne eingesetzt, die in den Schächten der geplanten Aufzüge angebracht waren.

Die Turmkritiker

Künstler und Literaten wie Alexandre Dumas d.J., Charles Gounod, Guy de Maupassant und viele andere kritisierten den Bau des Eiffelturms. Ein Protestschreiben, 1887 in der Zeitung »Le Temps« veröffentlicht, verurteilte den Turm als »tragische Laterne«, »Kathedrale der Alteisenhändler« und »halb fertigen Fabrikschlot«. Die Kritiker verstummten jedoch, als über zwei Millionen Besucher während der Weltausstellung 1889 zum Eiffelturm strömten.

Auch abends ist der erleuchtete Eiffelturm unübersehbar.

Der Eiffelturm

Blick auf den Eiffelturm vom Trocadéro

Das Wahrzeichen von Paris ist das mit jährlich 6 Millionen Besuchern meistbestaunte Denkmal der Welt. Anlässlich der Weltausstellung 1889 erbaut, sollte der Eiffelturm (»Tour Eiffel«) das Bild der Stadt nur vorübergehend prägen. Doch nach Ende der Ausstellung ließ man ihn stehen. Bis 1930 war der nach seinem Erbauer benannte Turm das höchste Gebäude der Welt. Er wurde als Wetterstation genutzt, ab 1898 als Radiosender und im Ersten Weltkrieg als Funkstation. Bereits 1935 wurde hier ein Fernsehstudio eingerichtet.

Filigranes Eisen
Das komplizierte Gitterwerk der Eisenträger sollte das Bauwerk bei starken Winden stabilisieren. Die gefällige Symmetrie fand nach der Fertigstellung des Turms auch künstlerisches Lob.

Maschinenraum des Aufzugs
Bei den Aufzügen zog Eiffel die Sicherheit der Geschwindigkeit vor.

Höhepunkte

- ★ **Hydraulischer Aufzugsmechanismus**
- ★ **Aussichtsplattform**
- ★ **Cinémax**
- ★ **Eiffel-Büste**

★ Cinémax
Das kleine Museum lässt mit einem kurzen Film die Geschichte des Turms lebendig werden. Der Film zeigt u.a. berühmte Besucher des Eiffelturms, darunter etwa Charlie Chaplin und Josephine Baker.

Wagemutige und Wahnsinnige

Der Turm regte die Sensationslust an. Bergsteiger erklommen ihn, ein Journalist radelte von der Spitze hinab, Fallschirmspringer stürzten sich hinunter, Trapezkünstler nutzten ihn als Gerüst. 1912 versuchte der Pariser Schneider Reichelt, mit einem Flügel-Cape von der Brüstung abzuheben. Vor den Augen vieler Zuschauer stürzte er in den Tod. Der Autopsie zufolge setzte sein Herz aus, ehe er den Boden berührte.

»Vogelmensch« Reichelt

★ Hydraulischer Aufzugsmechanismus
Dieser Teil des ursprünglichen Aufzugs ist noch am Ost- und Westpfeiler im Einsatz.

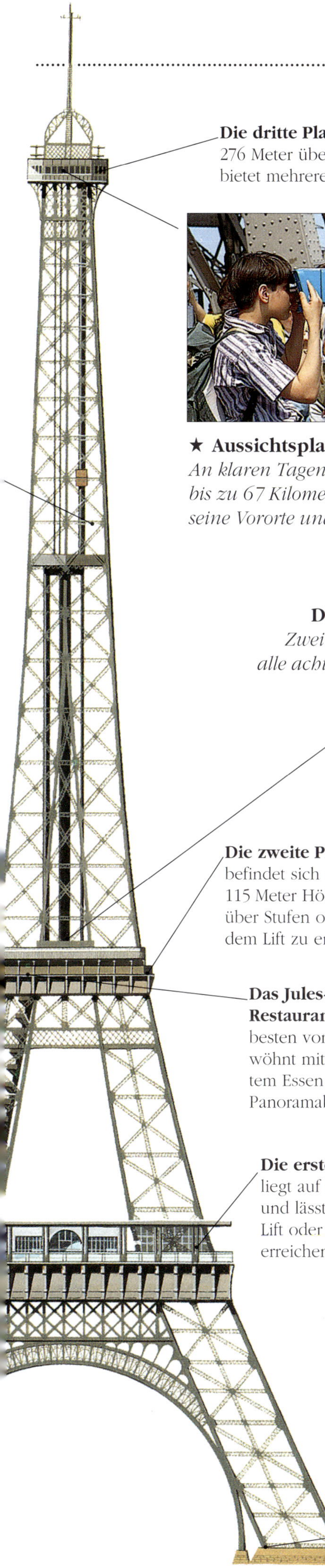

Die dritte Plattform befindet sich 276 Meter über dem Erdboden und bietet mehreren Hundert Personen Platz.

★ Aussichtsplattform
An klaren Tagen schweift der Blick bis zu 67 Kilometer weit über Paris, seine Vororte und die Ile-de-France.

Doppelstöckige Aufzüge
Zwei Aufzüge befördern etwa alle acht Minuten neue Besucher zur Turmspitze.

Die zweite Plattform befindet sich auf 115 Meter Höhe. Sie ist über Stufen oder mit dem Lift zu erreichen.

Das Jules-Verne-Restaurant, eines der besten von Paris, verwöhnt mit ausgezeichnetem Essen und herrlichem Panoramablick.

Die erste Plattform liegt auf 57 Meter Höhe und lässt sich mit dem Lift oder über Stufen erreichen.

Nächtlicher Glanz

1900 wurde eine elektrische Beleuchtungsanlage am Turm installiert. 1925–36 war der Firmenname des Autoherstellers Citroën als Leuchtreklame zu sehen. Weihnachten 1978 wurde der Turm in Form eines Weihnachtsbaums beleuchtet. Zur Jahrtausendwende sprühte er beim Silvesterfeuerwerk Funken.

Der Turm in Zahlen

- Höhe (mit Antenne) 324 Meter
- An heißen Tagen bis zu 18 Zentimeter Höhenzuwachs
- 1665 Stufen führen bis zur dritten Plattform.
- 2,5 Millionen Nieten halten den Turm zusammen.
- Schwingung maximal 7 Zentimeter
- 10000 Tonnen Gesamtgewicht
- Benötigt alle fünf Jahre 50 Tonnen Farbe

Arbeiter beim Bau des Turms

Daten und Fakten

1887–89 Errichtung des Eiffelturms

1900 Neugestaltung des zweiten Stockwerks

1957 Nach einem Brand Ausbau der Spitze mit zusätzlichen Stockwerken und Antennen oberhalb des dritten Stockwerks

1981–83 Einbau neuer Aufzüge und des Panoramarestaurants

1991 Aufnahme des Seine-Ufers mit dem Eiffelturm in das Weltkulturerbe der UNESCO

Gustave Eiffel

Der Ingenieur Gustave Eiffel (1832–1923) arbeitete in der ganzen Welt und spezialisierte sich auf den Bau von Viadukten und Fertigteilbrücken, die als Bausätze problemlos verfrachtet werden konnten. Seine Eisenkonstruktionen in Leichtbauweise sparten Zeit und Geld und brachten ihm den Ruf eines brillanten Ingenieurs ein. Eiffels erster größerer Auftrag war 1857–60 die Aufsicht beim Bau der Eisenbahnbrücke in Bordeaux. 1876 konstruierte er die Brücke über den Douro bei Porto in Portugal und 1880 die Brücke über die Truyère bei Garabit. Auch das schmiedeeiserne Gerippe der Freiheitsstatue von New York (➛ *S. 374f.*) ist Eiffels Werk (1881/82). Sein Meisterstück war jedoch der Eiffelturm. Ab 1903 wirkte er als Pionier auf dem Gebiet der Aerodynamik und konstruierte in Paris die ersten Windkanäle, von denen einer noch in Benutzung ist.

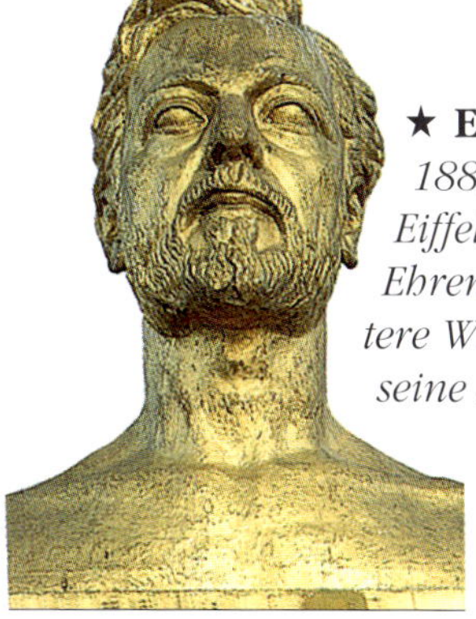

★ Eiffel-Büste
1889 erhielt Gustave Eiffel den Orden der Ehrenlegion. Eine weitere Würdigung ist seine Büste von Antoine Bourdelle, die 1929 am Fuß des Turms aufgestellt wurde.

Arc de Triomphe

Geschichten in Stein

Wie die Ostfassade (Abbildung) hat auch die Westfassade Reliefs. »Der französische Widerstand von 1814« ist rechts dargestellt: Ein Soldat, der seine Familie verteidigt, wird durch eine Allegorie der Zukunft ermutigt. »Der Frieden von 1815« links zeigt einen Mann, der sein Schwert in die Scheide zurückstößt. Die Reliefs schuf der Bildhauer Antoine Étex. Darüber befinden sich zwei Flachreliefs. Das rechte bildet Napoleons »Überquerung der Brücke von Arcola« (1796), das linke die »Einnahme von Alexandria« (1798) ab, bei der General Kléber seine Truppen vorwärts treibt. Die Südfassade zeigt die Schlacht bei Jemmapes (1792).

Die Schlacht bei Austerlitz

Napoleon gab den Triumphbogen zu Ehren seiner Armee in Auftrag, die in der Schlacht bei Austerlitz in Mähren 1805 gesiegt hatte. Sie wird auch »Dreikaiserschlacht« genannt, da Napoleon hier gegen die Russen unter Kaiser Alexander I. und die Österreicher unter Kaiser Franz II. kämpfte. Der zahlenmäßig stark unterlegene Napoleon konnte die Alliierten dazu verleiten, ungeschützte Positionen zu beziehen. Durch die folgenden schweren Gefechte zwang er die Alliierten, sich über den zugefrorenen Satschaner See zurückzuziehen. Die Armeen Russlands und Österreichs wurden aufgerieben. Die Franzosen hatten 9000 Tote zu beklagen, die Alliierten dreimal so viele.

Ansicht des Triumphbogens, die seine Proportionen verdeutlicht

Arc de Triomphe

Die Ostfassade des Arc de Triomphe

Napoleons gigantischer Triumphbogen ist der architektonische Höhepunkt der Champs-Elysées und für die Franzosen ein nationales Symbol. »Ihr werdet durch Triumphbogen heimkehren«, hatte der Kaiser seinen Soldaten 1805 nach seinem größten Sieg bei Austerlitz versprochen. Die Fertigstellung des 50 Meter hohen, 45 Meter breiten, mit riesenhaften Reliefs und Friesen geschmückten Monuments nach Plänen von Jean-François Chalgrin erlebte Napoleon jedoch nicht mehr.

Dreißig Schilde direkt unterhalb der Aussichtsplattform tragen die Namen der siegreichen Schlachten Napoleons.

Der Fries wurde von Rude, Brun, Jacquet, Laitié, Caillouette und Seurre d. Ä. ausgeführt. Die Ostfassade zeigt den Auszug der französischen Armee zu neuen Feldzügen, die Westseite ihre Rückkehr.

Ost-fassad

»Die Schlacht von Aboukir«, ein Relief von Seurre d. Ä., stellt eine Szene des napoleonischen Sieges 1799 über die türkische Armee dar.

Triumph Napoleons
Das Relief von Jean Pierre Cortot verherrlicht Napoleons Triumph von 1810. Es zeigt ihn umgeben von den allegorischen Figuren des Sieges, der Geschichte und des Ruhms.

★ Grabmal des Unbekannten Soldaten
Hier ruht ein unbekannter französischer Soldat des Ersten Weltkriegs.

Place Charles de Gaulle
Zwölf Avenuen gehen sternförmig vom Triumphbogen aus. Der Platz, den der Präfekt Haussmann im Zuge seiner Modernisierung unter Napoleon III. anlegte, hieß deshalb früher Place de l'Etoile (Sternplatz).

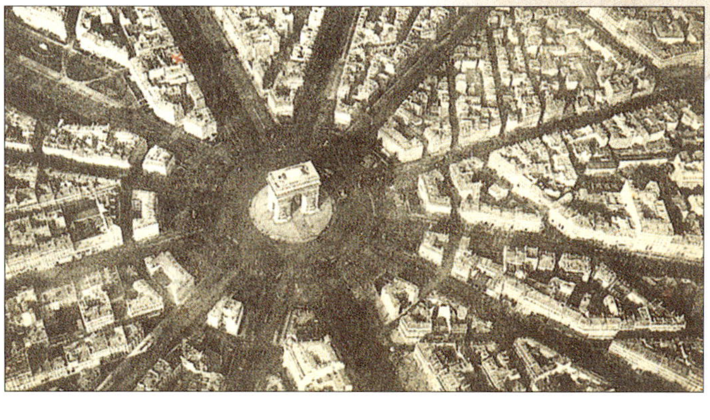

Napoleons Hochzeitszug

1809 ließ sich Napoleon von Joséphine scheiden, da die Ehe kinderlos war. 1810 wurde eine politische Heirat mit Marie Louise, der Tochter des österreichischen Kaisers, arrangiert. Um seine Braut zu beeindrucken, wollte Napoleon bei seinem Hochzeitszug unter dem Triumphbogen hindurchziehen. Da die Arbeiten nicht vollendet waren, errichtete Chalgrin eine Attrappe in Originalgröße, durch die das Paar schreiten konnte.

Erster Weltkrieg

1916 brach am Tag, als die Schlacht von Verdun begann, das Schwert der geflügelten Frauenfigur ab, die in dem Relief ➛ *Auszug der Freiwilligen* als Allegorie auf die Nationalhymne der Franzosen zu deuten ist. Das Relief wurde verhüllt, damit der Zwischenfall nicht als schlechtes Omen gedeutet werden konnte.

Von der Aussichtsplattform hat man einen herrlichen Blick auf Paris, über die Champs-Elysées auf der einen und bis La Défense auf der anderen Seite.

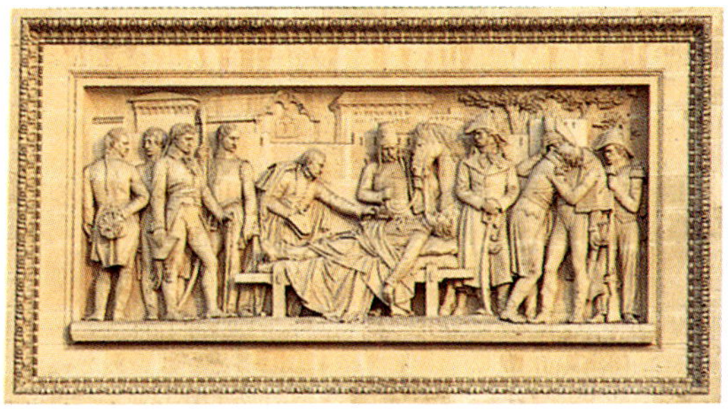

Das Begräbnis des General Marceau
Marceau besiegte die Österreicher 1795, unterlag ihnen jedoch im folgenden Jahr.

»Die Schlacht von Austerlitz«, ein Relief von Gechter, zeigt, wie die napoleonischen Truppen das Eis des Satschaner Sees aufbrechen, über das die fliehenden Alliierten marschierten.

Offiziere der kaiserlichen Armee sind an den Innenseiten der kleineren Bogen verewigt.

Eingang zum Museum

★ Auszug der Freiwilligen
Das Relief von François Rude, auch als »La Marseillaise« bekannt, zeigt den Auszug der Rheinarmee 1792.

Höhepunkte

★ Auszug der Freiwilligen

★ Grabmal des Unbekannten Soldaten

Daten und Fakten

1806 Auftragserteilung für den Triumphbogen an Jean-François Chalgrin

1814 Arbeitsunterbrechung wegen Abdankung Napoleons

1836 Fertigstellung

1885 Feierliche Aufbahrung des Dichters Victor Hugo unter dem Triumphbogen

1920 Grablegung eines unbekannten Soldaten aus dem Ersten Weltkrieg

Der Klassizismus

Diese Stilrichtung, die sich an Vorbildern und Formelementen der griechischen und römischen Antike sowie später auch der italienischen Renaissance orientierte, wurde vor allem zwischen 1750 und 1830 zum vorherrschenden Stil. So ließ Chalgrin sich beim Entwurf des Arc de Triomphe vom Titusbogen in Rom inspirieren. Der Klassizismus galt als ideale Form der Selbstdarstellung der mächtigen europäischen Staaten sowie der USA. Zahlreiche Monumentalbauten und Stadterweiterungen mit einer einheitlich gestalteten Bebauung entstanden während dieser Stilepoche. Kennzeichnend sind blockartige, streng gegliederte Gebäude mit von Säulen getragenen Vorbauten und antiken Giebeldächern. Die Fassaden sind eher nüchtern. Hauptvertreter des Klassizismus sind in Deutschland die Baumeister Karl Friedrich Schinkel, Carl Gotthard Langhans, Leo von Klenze und Gottfried Semper, in Frankreich Jacques-Germain Soufflot, in England Sir Robert Smirke.

Residenz der Könige

1682 erklärte Ludwig XIV. (♔ 1643–1715) Versailles zum offiziellen Sitz der Regierung und des Hofes. Mit seinem militärischen und politischen Erfolg war auch das prunkvolle Schloss stetig gewachsen. Unter Ludwig XV. (♔ 1715–74) nahm die Pracht dank seiner Mätresse Madame de Pompadour, die die Künste förderte, weiter zu. 1789 erzwang das Volk die Rückkehr von Ludwig XVI. (♔ 1774–92) und seiner Gemahlin Marie Antoinette nach Paris. Das Schloss wurde geplündert. Der Bürgerkönig Ludwig Philipp (♔ 1830–48) richtete im Schloss das Museum für französische Geschichte und die Schlachtengalerie ein.

Die berühmte Kunstmäzenin Madame de Pompadour

Die Parkanlagen

Der französische Landschaftsgestalter André Le Nôtre (1613–1700) schuf eine Reihe großartiger Schlossgärten, bevor er den Park von Versailles als repräsentative Erweiterung des Schlosses anlegte. Die Strenge der Schlossanlage aufnehmend, unterliegt hier alles der Symmetrie, einem Wesensmerkmal französischer Gartenkunst: Die Gärten weisen regelmäßige Muster von Blumenrabatten und gestutzten Hecken, geometrisch angelegten Wegen und Hainen, Zierteichen und Springbrunnen auf. Zwei künstliche Kanäle, auf denen Gondeln fuhren, bilden ein Wasserkreuz. Große Wasserbecken sind mit Statuen verziert, darunter Apoll, ein Sinnbild des »Sonnenkönigs«.

Das Schloss von Versailles

Goldwappen am Petit Trianon

Die grösste Schlossanlage Europas mit der fast 700 Meter langen Schaufront, seinen rund 1300 Räumen und dem über 700 Hektar großen Park ist das Lebenswerk des »Sonnenkönigs« Ludwig XIV. Während der Mitteltrakt um den Marmorhof die königlichen Privatgemächer beherbergte, war der Adel in den Räumen der Seitenflügel untergebracht. Der Architekt Louis Le Vau und dessen Nachfolger Jules Hardouin-Mansart, der Innenarchitekt Charles Le Brun und der Gartenbaumeister André Le Nôtre schufen mit dem Palast im Stil des klassizistischen Barock, seiner verschwenderischen Innenausstattung und seinem weitläufigen Park ein Vorbild für viele Schlossanlagen anderer europäischer Herrscher.

Südflügel
In den ehemaligen Wohnungen des Hochadels richtete Ludwig Philipp 1837 ein historisches Museum ein.

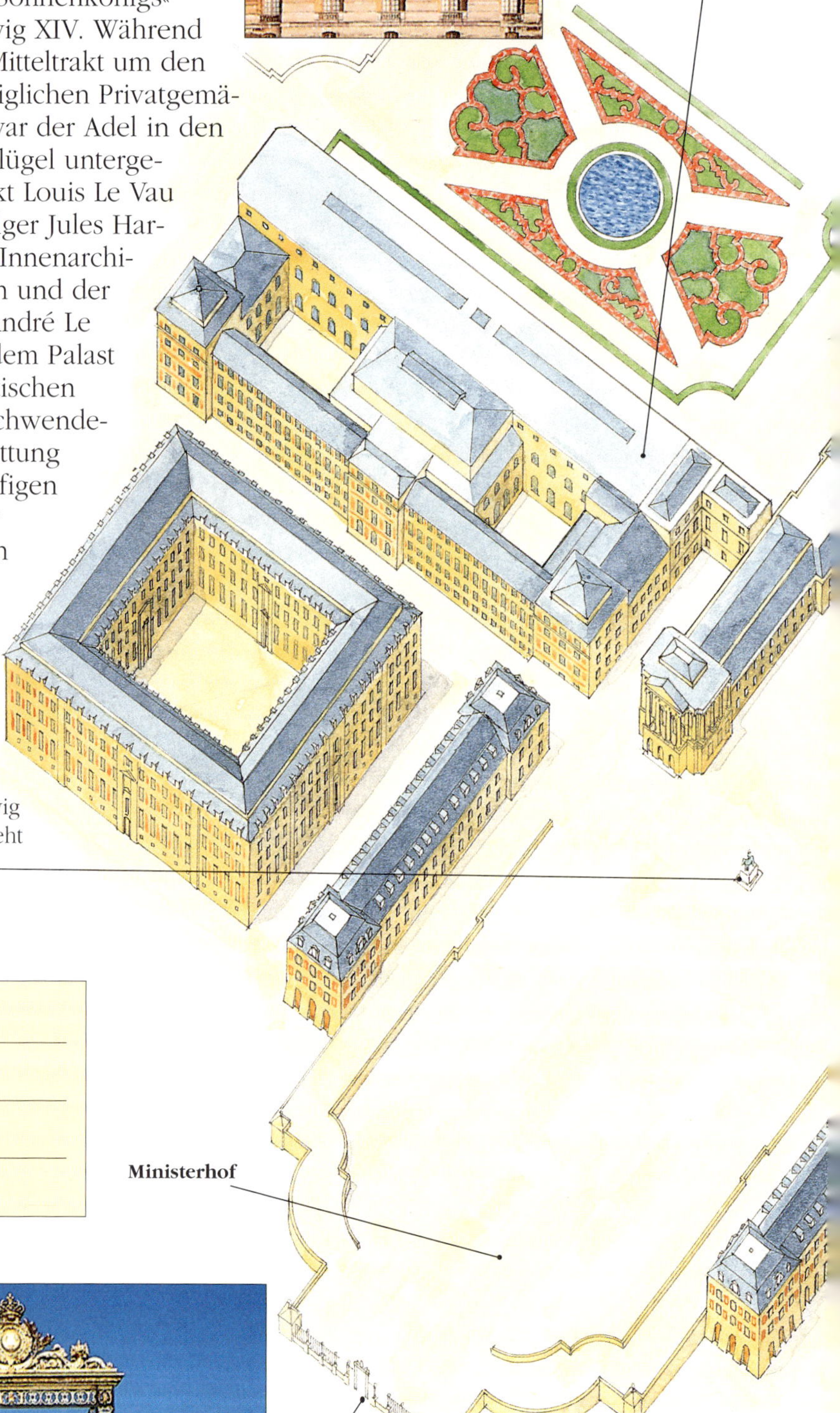

Das Reiterstandbild Ludwigs XIV. wurde 1837 unter Ludwig Philipp errichtet und steht im großen Ehrenhof.

Ministerhof

Höhepunkte
★ **Marmorhof**
★ **Oper**
★ **Schlosskapelle**

Haupttor
Jules Hardouin-Mansarts Tor zum Ministerhof wird vom königlichen Wappen gekrönt.

★ Marmorhof
Der Hof des Jagdschlosses von Ludwig XIII. wurde mit Marmor gepflastert.

Die Jagd auf Marie-Antoinette

Am 6. Oktober 1789 drangen Revolutionstruppen in Versailles ein und suchten die verhasste Marie Antoinette, deren frivoles Benehmen für heftige Kritik gesorgt hatte. Sie floh in die Räume ihres Gatten Ludwig XVI., doch wurden beide nach Paris geschafft und 1793 hingerichtet.

Die Uhr
Herkules und Mars flankieren die Uhr über dem Marmorhof.

Nordflügel
In diesem Trakt sind die Schlosskapelle, die Oper und die Gemäldegalerie untergebracht. Auch heute finden dort Gottesdienste, Konzerte und Opernaufführungen statt.

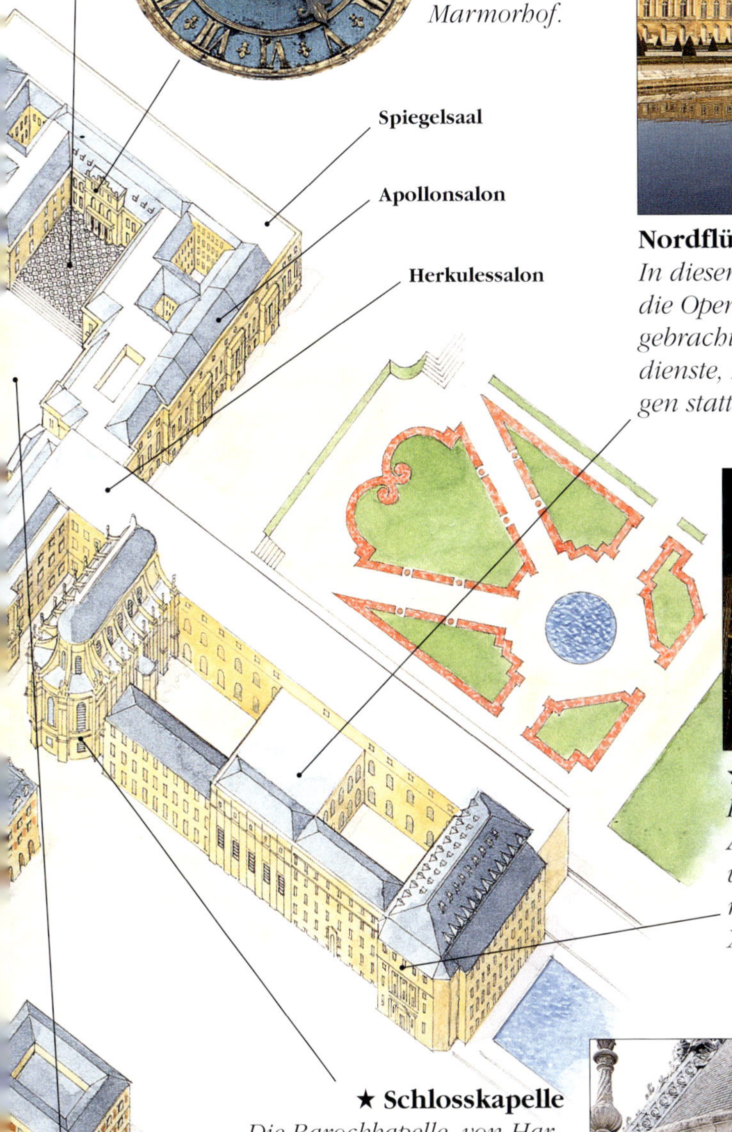

★ Oper
Das Opernhaus von Jacques-Ange Gabriel wurde 1770 vollendet, rechtzeitig zur Vermählung des späteren Ludwig XVI. mit Marie Antoinette.

★ Schlosskapelle
Die Barockkapelle, von Hardouin-Mansart begonnen, war die letzte Erweiterung von Versailles unter Ludwig XIV.

Der Königshof war unter Ludwig XIV. durch verziertes Gitterwerk vom Ministerhof abgetrennt. Nur königliche Kutschen hatten Zufahrt zu diesem Hof.

Daten und Fakten

1631 Unter Ludwig XIII. Ausbau eines Jagdsitzes zum Jagdschlösschen

1668 Beginn der Erweiterung des Schlosses durch Louis Le Vau

1678–84 Bau des Spiegelsaals

1710 Fertigstellung der Schlosskapelle

1769/70 Bau der Oper

1871 Krönung des deutschen Kaisers Wilhelm I. im Schloss

1919 Unterzeichnung des Vertrags von Versailles

1979 Aufnahme in das Weltkulturerbe der UNESCO

Die Prunkräume

Die prachtvolle Innenausstattung des Schlosses ist vor allem ein Werk des Hofmalers Charles Le Brun (1619 bis 1690), der zur Ausführung seiner Pläne die besten Künstler und Kunsthandwerker beauftragte. Die Räume wurden reich mit farbigem Marmor, Stein- und Holzskulpturen, mit Wandmalereien, Samt, versilbertem und vergoldetem Mobiliar geschmückt. Im Herkulessalon beeindruckt ein riesiges, den Gott Herkules darstellendes Deckengemälde. Der Apollonsalon, der dem Sonnengott gewidmet ist, war einst der Thronsaal Ludwigs XIV. Höhepunkt des Schlosses ist der 73 Meter lange Spiegelsaal für große offizielle Anlässe. Das Deckengemälde von Le Brun feiert die Großtaten des »Sonnenkönigs«. Andere Glanzstücke sind die elegante ➛ *Schlosskapelle* und die ➛ *Oper* mit ihrer hervorragenden Akustik.

Die Kathedrale von Chartres

Detail des Vendôme-Fensters

DIE KATHEDRALE NOTRE-DAME in Chartres, 1194 begonnen, ist der Inbegriff gotischer Architektur (➛ *S. 72*) und wurde zum Vorbild der meisten gotischen Kathedralen in und außerhalb Nordfrankreichs. Der Innenraum war dank des neuartigen Strebewerks aus Pfeilern und zweifachen Bögen so hoch wie in keinem Gotteshaus zuvor. Da die Wände nun keine stützende Funktion mehr hatten, konnten die riesigen Buntglasfenster eingesetzt werden. Wie diese erzählt auch der reiche Figuren- und Reliefschmuck an den Portalen die Heilsgeschichte wie eine »in Stein gehauene Bibel«.

Statuen
Lang gestreckte Statuen am Königsportal unterstreichen die aufwärts strebende Bauweise.

HÖHEPUNKTE

- ★ **Königsportal**
- ★ **Südportal**
- ★ **Buntglasfenster**

Gotisches Mittelschiff
Das Längsschiff erreicht eine Breite von über 16 Metern und eine Höhe von fast 37 Metern.

★ Königsportal
Das mittlere Tympanon des Königsportals zeigt Christus als Weltenrichter.

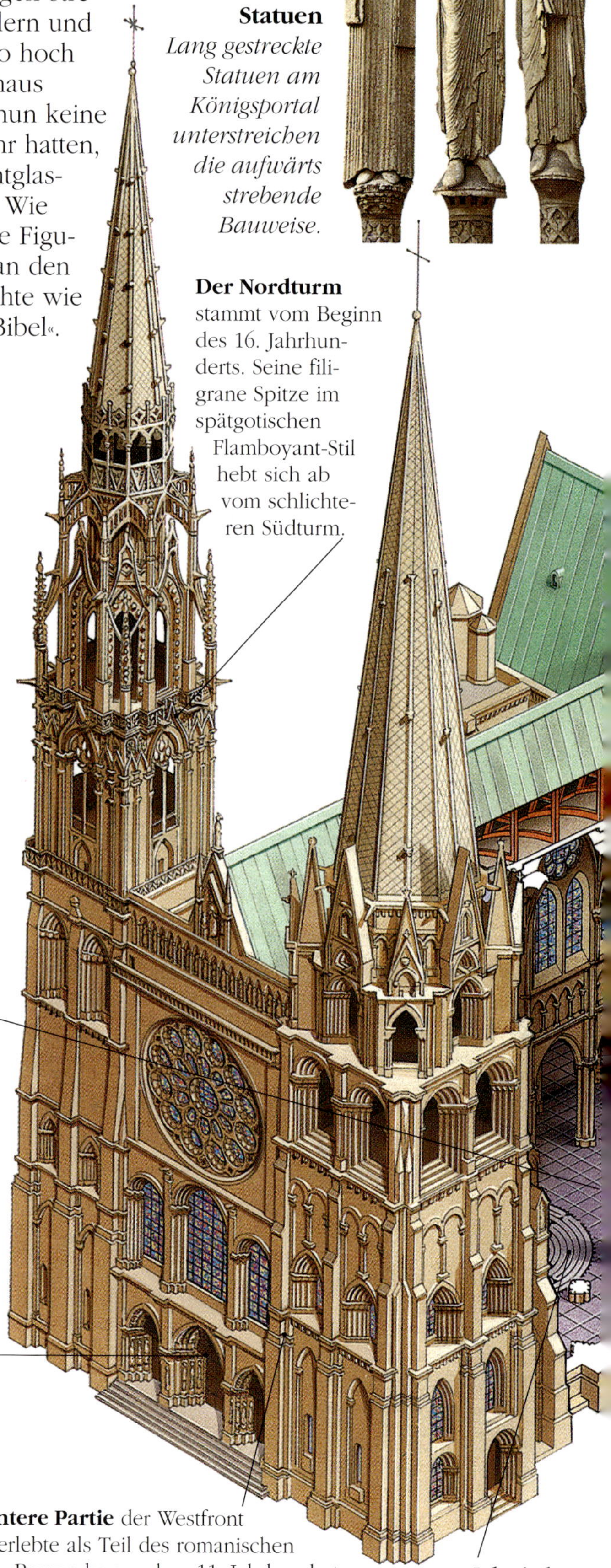

Der Nordturm stammt vom Beginn des 16. Jahrhunderts. Seine filigrane Spitze im spätgotischen Flamboyant-Stil hebt sich ab vom schlichteren Südturm.

Die untere Partie der Westfront überlebte als Teil des romanischen Bauwerks aus dem 11. Jahrhundert.

Labyrinth

DAS KÖNIGSPORTAL

Das wohl zwischen 1145 und 1155 entstandene ➛ *Königsportal* gehörte ursprünglich zur Westfassade der romanischen Kirche und überstand als einziger Teil den Brand von 1194. Es wurde in den gotischen Kirchenbau integriert, sodass einige der schönsten Skulpturen des frühen Mittelalters erhalten blieben. Lang und schlank scheinen die ➛ *Statuen* mit den Säulen in ihrem Rücken zu verschmelzen. Thema der dreiteiligen Portalanlage ist das Leben Christi. Das Bogenfeld über dem mittleren Eingang stellt ihn als Weltenrichter dar. Die Tympana der Nebenportale und die Kapitelle zeigen u.a. die Vorgeschichte, seine Geburt, Szenen aus seinem Leben und die Himmelfahrt.

Die meisten der Fenster erstrahlen in intensivem Azurblau.

DIE BUNTGLASFENSTER

Gestiftet von der Aristokratie, der Kaufmannschaft und dem Königshaus, entstanden zwischen 1210 und 1240 die meisten der weltberühmten ➛ *Buntglasfenster*. Die etwa 160 Fenster erzählen Geschichten aus der Bibel. Jedes Fenster zeigt eine Fülle von Szenen, die meist von unten nach oben und von links nach rechts zu betrachten sind. Auf den unteren Scheiben sind häufig Stifterfiguren zu sehen. Themen der Rosetten über den drei Portalanlagen sind das Jüngste Gericht, Maria und Christus. In den Weltkriegen wurden die Fenster zerlegt und in Sicherheit gebracht. Seit den 1970er-Jahren läuft ein Restaurierungsprogramm.

Das Labyrinth

In den Boden des Längsschiffs ist ein Labyrinth (13. Jh.) gearbeitet – ein seltenes Merkmal gotischer Kathedralen. Pilger pflegten die Windungen auf Knien abzurutschen. Die 262 Meter lange Wegstrecke entlang der elf unterbrochenen konzentrischen Kreise erforderte mindestens eine Stunde der Qual.

Marias Gewand

Weil diese Reliquie das Feuer von 1194 auf wunderbare Weise überstand, wurde Chartres zur Pilgerstätte und mit Stiftungen bedacht. Das Gewand soll Maria bei der Geburt Jesu getragen haben.

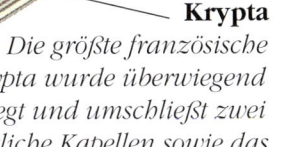

Daten und Fakten

1020 Baubeginn der romanischen Kathedrale unter Bischof Fulbert

1194 Teilweise Zerstörung durch Brand und Baubeginn der gotischen Kathedrale

1220 Vollendung des Langhauses

1260 Weihe der Kathedrale

1323 Baubeginn der Kapelle Saint-Piat

1507 Wiederaufbau des Nordturms nach einem Brand

1836 Brand des Holzdachs und Wiederaufbau

1979 Aufnahme in das Weltkulturerbe der UNESCO

Figuren der Bibel

Annähernd 4000 Statuen schmücken die Fassade der Kathedrale von Chartres. Sie blieben nahezu unangetastet, seit sie zwischen 1220 und 1240 in Stein gehauen wurden, und sind bemerkenswert gut erhalten. Neben den großartigen Statuen am ➛ *Königsportal* weisen auch die Portalanlagen des nördlichen und südlichen Querhauses umfangreiche Skulpturenzyklen auf. Das mittlere Portal des nördlichen Querhauses ist Maria gewidmet. Am rechten Portal werden Themen des Alten Testaments, am linken wird die Geburt Christi dargestellt. Das ➛ *Südportal* thematisiert in der Mitte das Jüngste Gericht, am rechten Portal sind Heilige, am linken Märtyrer zu sehen. Die majestätischen Eingänge hatten im Mittelalter eine Goldfassung und ihre vielen Hundert Figuren waren in den leuchtendsten Farben bemalt.

Deckengewölbe
Ein Netzwerk von Rippen trägt das gewölbte Dach.

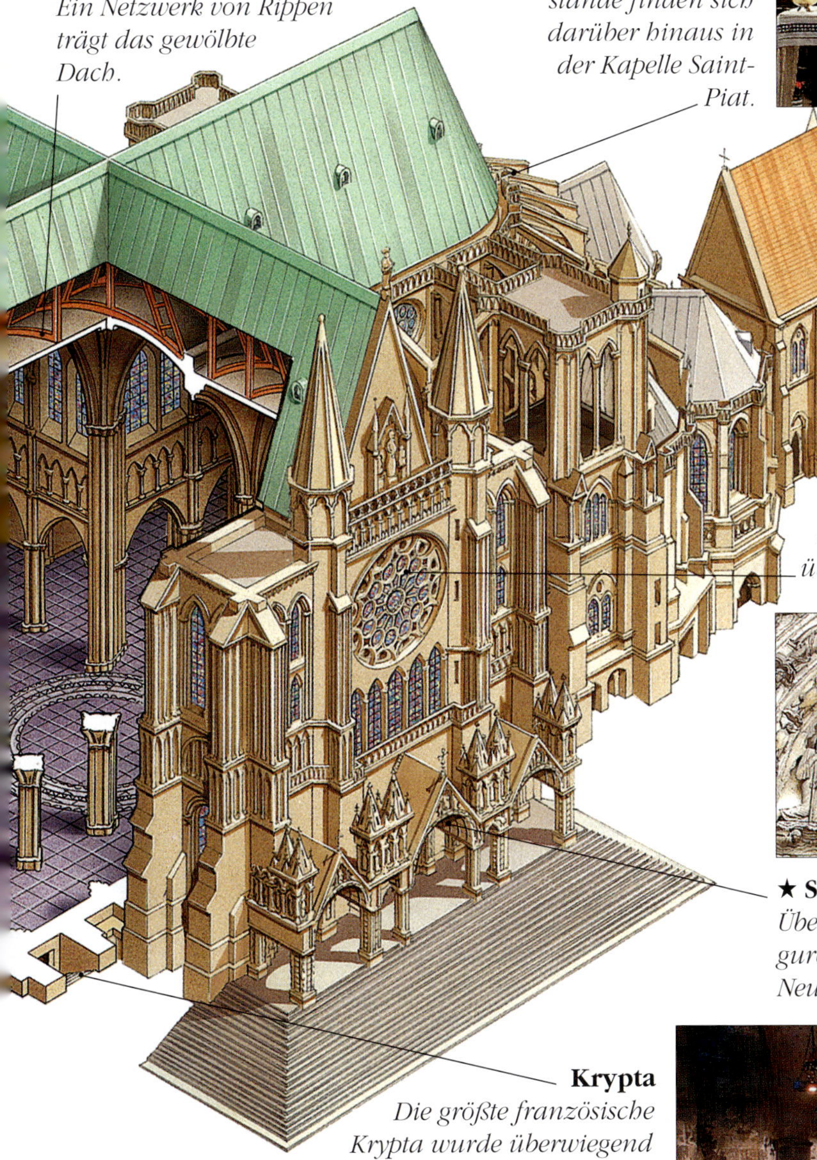

Apsiskapelle
Die Kapelle beherbergt den ältesten Schatz der Kathedrale, darunter das Gewand der Jungfrau Maria. Bedeutende Kunstgegenstände finden sich darüber hinaus in der Kapelle Saint-Piat.

★ Buntglasfenster
Die Buntglasfenster bedecken eine Fläche von über 2500 Quadratmetern.

★ Südportal
Über dem Portal zeigen Figuren Szenen aus dem Neuen Testament.

Krypta
Die größte französische Krypta wurde überwiegend im 11. Jahrhundert angelegt und umschließt zwei parallele Emporen, etliche Kapellen sowie das Saint-Lubin-Gewölbe aus dem 9. Jahrhundert.

Das Treppenhaus

Zu den beeindruckendsten architektonischen Elementen Chambords gehört die große ➛ *Wendeltreppe*. Sie geht möglicherweise auf einen Entwurf von Leonardo da Vinci zurück, der zu Baubeginn von Chambord am Hof Franz' I. in Amboise starb. Dort, wo sich große Flure rechtwinklig kreuzen, führt die doppelläufige, ineinander gedrehte Wendeltreppe nach oben. Die beiden getrennten Treppenfluchten werden von acht Pfeilern getragen. Die zweifache Wendelung machte es möglich, dass der König hinauf- und hinabgehen konnte, ohne seinen Dienern zu begegnen, und auch zwei Herrscher gleichzeitig hinauf- und hinabschreiten konnten, ohne dem anderen den Vortritt lassen zu müssen.

Königliche Jagden

Unter dem Einfluss Franz' I. war die Jagd im 16. Jahrhundert eine beliebte Freizeitbeschäftigung des Hofes. Bei Tagesanbruch ritt der König in die Wälder um Chambord und wartete auf das Rotwild, das seine Treiber aufgescheucht hatten. War die Beute in Sicht, machte er sich an ihre Verfolgung. Von den ➛ *Dachterrassen* aus konnten die Damen des Hofes die Hatz beobachten. Franz' Sohn, Heinrich II., und sein Enkel Karl IX. waren ebenfalls begeisterte Jäger. Ludwig XIV. bevorzugte die Hetzjagd mit Hunden, Ludwig XV. die Falkenjagd. Man sah die Jagd als Kunst. Entsprechend aufwendig waren Hörner, Waffen und Anzüge gearbeitet.

Dieser Stich zeigt die Nordwestfassade von Chambord.

Schloss Chambord

Statue der Diana im Dianasaal

Mit 440 Zimmern, 83 Treppen und 365 Kaminen ist Chambord das größte und schönste Schloss im Loiretal. Es gilt als das Paradebeispiel eines französischen Renaissanceschlosses (➛ *S. 211*) des 16. Jahrhunderts und ist an Prachtentfaltung vergleichbar mit dem Schloss von Versailles (➛ *S. 80f.*). König Franz I. ließ es sich nach seinen eigenen Vorstellungen ab 1519 in der waldreichen Gegend zwischen Tours und Orléans erbauen. Möglicherweise trug Leonardo da Vinci mit Ideen zur Verwirklichung des Bauwerks und seiner einzigartigen Wendeltreppe bei. Der Verzicht auf Verteidigungsanlagen unterscheidet Chambord grundlegend von den Schlossbauten früherer Jahrhunderte.

Das Schloss Chambord mit dem Cosson, einem Nebenfluss der Loire, im Vordergrund

★ Silhouette
Die pittoresken Türme und Kamine verleihen dem königlichen Schloss Chambord seinen unverwechselbaren Zauber.

Die Dachterrassen sind mit Türmen, Giebeln, Laternen und Kaminen geschmückt.

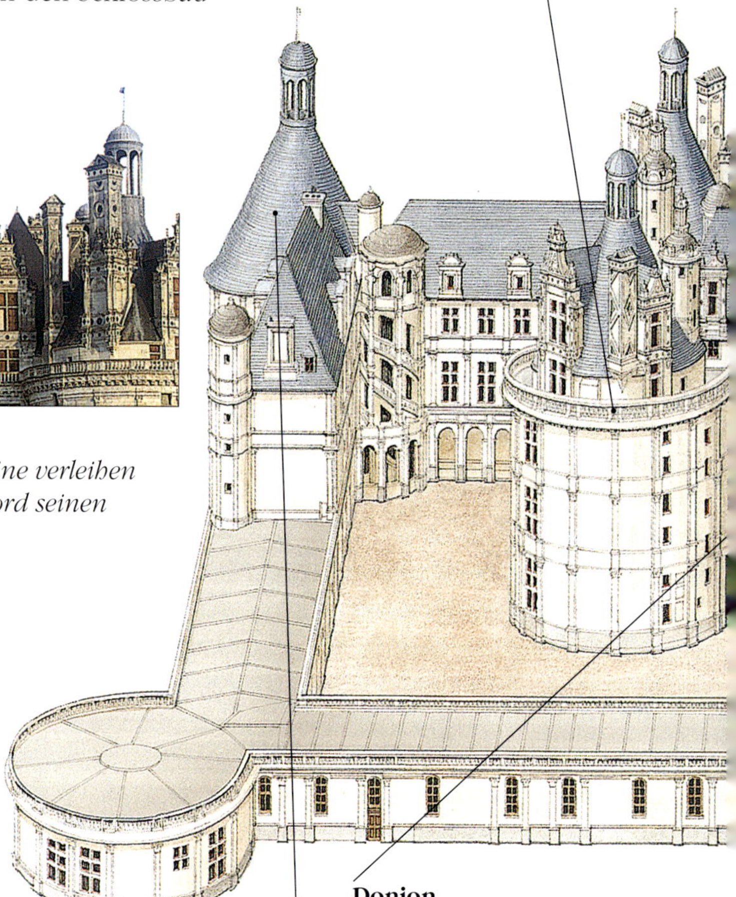

Donjon
Der Wohnbau mit vier Rundtürmen bildet den Kern der Anlage.

Salamander
Zu seinem Wappentier machte Franz I. den Feuersalamander. Das Emblem ist im Schloss über 700-mal zu entdecken.

Kapelle
Die Kapelle im Nordwestturm wurde unter Heinrich II. begonnen. Ihr heutiges Aussehen erhielt sie in der Barockzeit.

Höhepunkte

★ Silhouette

★ Wendeltreppe

Treppe Franz' I.
Die Außenwendeltreppe im Nordosthof wurde ab 1538 angebaut, also zur selben Zeit wie die Galerien.

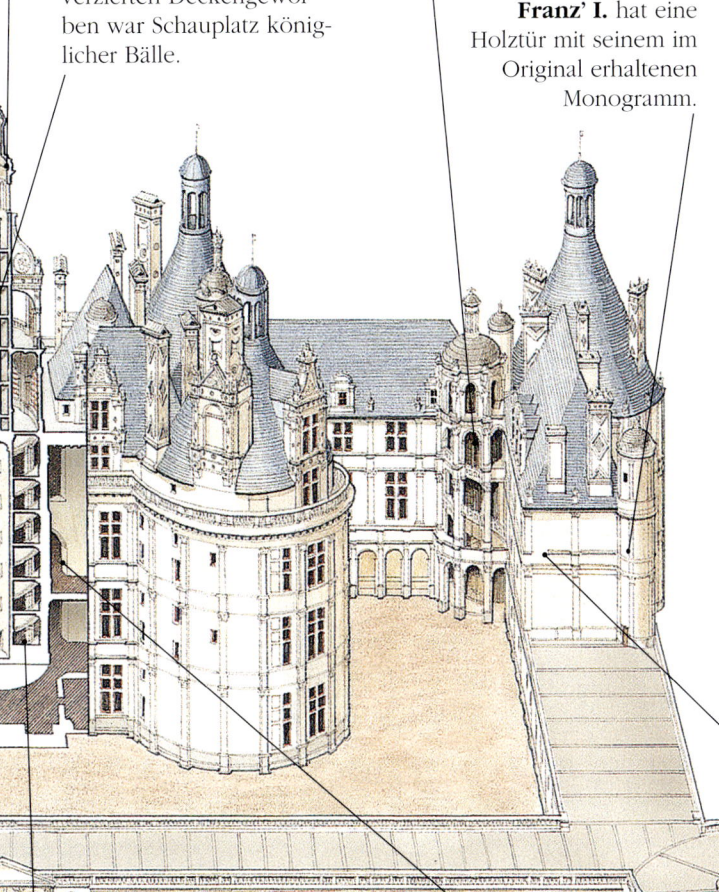

Eine Laterne bekrönt die berühmte Wendeltreppe von außen.

Der Gardensaal mit den verzierten Deckengewölben war Schauplatz königlicher Bälle.

Das Schlafzimmer Franz' I. hat eine Holztür mit seinem im Original erhaltenen Monogramm.

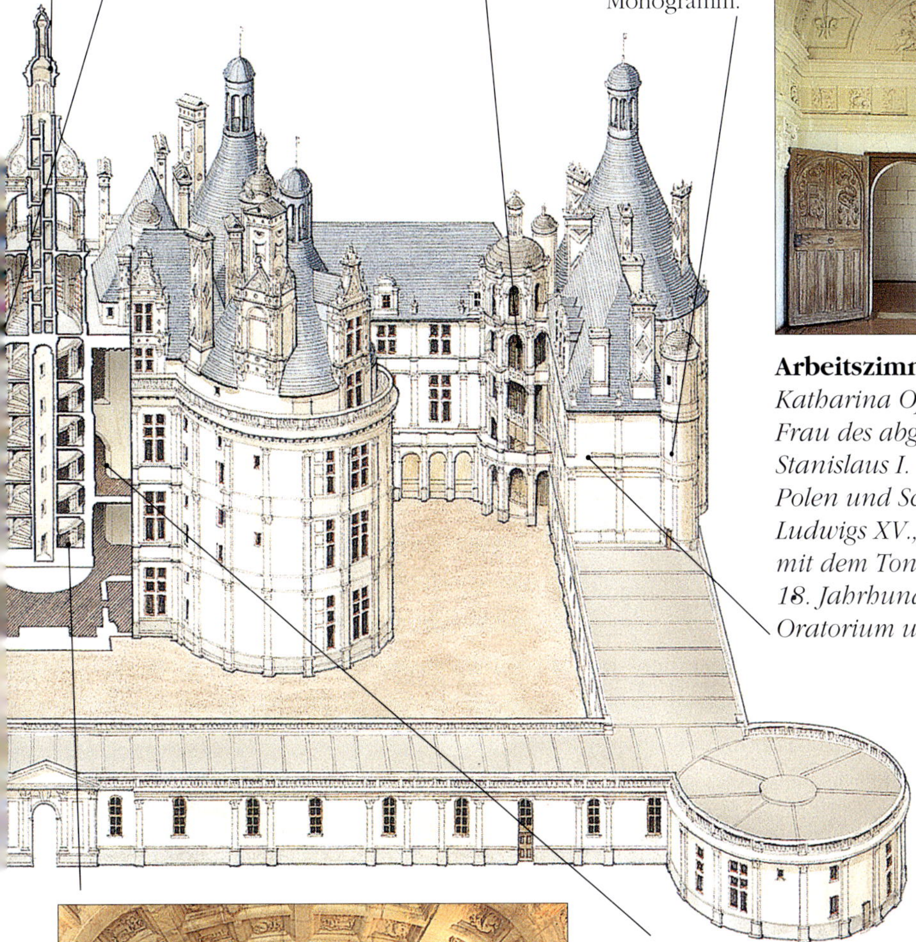

★ Wendeltreppe
Über diese doppelläufige Wendeltreppe – in der Spindel der äußeren Treppe befindet sich eine zweite – war es möglich, in die Gemächer zu gelangen, ohne gesehen zu werden.

Die Ländereien

Die Ländereien des Schlosses Chambord umfassen 5500 Hektar – das entspricht der Fläche von Paris und seinen Vororten. Die Mauer ringsherum ist mit fast 32 Kilometern die längste in Frankreich. 4500 Hektar der Gesamtfläche sind mit Wald bedeckt. Seit 1948 sind die Ländereien des Schlosses wieder ausgewiesenes Jagdgebiet.

Arbeitszimmer Franz' I.
Katharina Opalinska, die Frau des abgesetzten Königs Stanislaus I. Leszczynski von Polen und Schwiegermutter Ludwigs XV., ließ den Raum mit dem Tonnengewölbe im 18. Jahrhundert in ein Oratorium umwandeln.

Schlafgemach Ludwigs XIV.
Die rekonstruierten Gemächer des Königs sind die prächtigsten im ganzen Schloss.

Daten und Fakten

1519–47 Abriss des ursprünglichen Jagdschlosses; Bau des Schlosses unter Franz I.

1547–59 Ergänzung um Westflügel und zweites Stockwerk der Kapelle unter Heinrich II.

1685 Fertigstellung unter Ludwig XIV.

1932 Übernahme in den Staatsbesitz

1947 Beginn der 30 Jahre dauernden Restaurierung

1981 Aufnahme in das Weltkulturerbe der UNESCO

König Franz I.

Nach dem Einmarsch der Franzosen 1494 in Italien verbreiteten sich die Ideale und die Ästhetik der italienischen Renaissance in Frankreich. Höhepunkt dieser Entwicklung war die Regierungszeit des französischen Königs Franz I. (♔ 1515–47). Der 1494 geborene Sohn Karls von Orléans und der Luise von Savoyen war der Inbegriff des universell gebildeten Renaissancemenschen. Er war belesen und ein Förderer der Künste. So lud er italienische Künstler wie Leonardo da Vinci und Benvenuto Cellini an seinen Hof. Neben Schloss Chambord ließ er auch den Louvre (➔ S. 74f.) und Schloss Fontainebleau bei Paris errichten. Franz I. gilt als Wegbereiter des französischen Absolutismus. Er zentralisierte die Staatsverwaltung, schuf ein allein auf die Krone verpflichtetes Beamtentum und drängte die Macht des Adels zurück.

Der heutige Garten geht auf das 19. Jahrhundert zurück.

Der Schlossgarten

Diana von Poitiers ließ am Ufer des Cher einen großen Garten anlegen. Er war durch zwei sich kreuzende Alleen in vier Dreiecke geteilt. Gegen die Gefahr der Überflutung war er durch erhöhte Steinterrassen geschützt. Angepflanzt wurden Blumen, Gemüse und Obstbäume. Als Katharina von Medici Chenonceau übernahm, ließ sie auf der Gegenseite einen kleineren Garten anlegen. Nach ihren Plänen wurde ein Irrgarten aus Eiben nachgebildet. Rund 130 000 Blumen blühen im gesamten Park.

Das Schloss der Frauen

Sechs Frauen spielten in der Geschichte des Schlosses eine wichtige Rolle. Catherine Briçonnet, die Frau von Thomas Bohier, führte maßgeblich die Aufsicht über den Neubau von Chenonceau. Während seiner Regentschaft (♔ 1547–59) überließ Heinrich II. das Schloss seiner Mätresse Diana von Poitiers. Sie ließ eine Brücke über den Cher bauen und kümmerte sich um den ersten Schlossgarten. Als der König starb, plante seine Frau, Katharina von Medici, große Ausbauten. Ausgeführt wurde nur die ➛ *Große Galerie.* Luise von Lothringen, die das Schloss 1589 erbte, ließ aus Trauer um ihren Mann Wände und Möbel mit schwarzem Samt bespannen. Madame Dupin richtete ab 1733 das von ihrem Mann erworbene Schloss kostbar ein und lud Gelehrte ein. Madame Pelouze kaufte es 1864 und begann mit der Restaurierung.

Schloss Chenonceau

Das anmutige Schloss bei dem Dorf Chenonceaux liegt mitten im Fluss Cher und seine Brückenbögen spannen sich bis zum Ufer. Es ist eines der frühesten französischen Bauwerke, die im Stil der Renaissance (➛ *S. 211*) errichtet wurden. Der von vier Rundtürmen begrenzte quadratische Grundriss bildete im 16. Jahrhundert eine Neuerung in der Schlossarchitektur und machte insbesondere bei anderen Schlössern im Tal der Loire Schule. Während Katharina von Medici hier lebte, war Chenonceau Schauplatz rauschender Feste.

★ Grünes Kabinett
Katharina von Medicis Arbeitszimmer war ursprünglich mit grünem Samt ausgekleidet.

Kapelle
Über Stützpfeiler mit Reliefdekor im Blatt- und Muschelmuster wölbt sich eine Kuppeldecke. Die Buntglasfenster wurden 1954 ersetzt.

Das Zimmer von Luise von Lothringen wurde nach dem Tod ihres Gatten Heinrich III. ganz in schwarz eingerichtet und mit weißen Monogrammen, Tränen- und Knotenmotiven verziert.

Die Tour des Marques stammt noch vom Schloss der Familie Marques (15. Jh.).

Höhepunkte

- ★ **Große Galerie**
- ★ **Wandteppiche**
- ★ **Grünes Kabinett**

Die drei Grazien
Im Zimmer Franz' I. hängt ein Gemälde von Charles André van Loo (1705–65). Es zeigt drei Schwestern, Favoritinnen Ludwigs XV.

★ Wandteppiche
Wie im 16. Jahrhundert üblich, wurden die Wände mit flämischen Bildteppichen behangen, die zur Wärmedämmung und zur Dekoration dienen sollten.

★ Große Galerie
Katharina von Medici ließ die Galerie, 1577 eingeweiht, im florentinischen Stil anlegen. Die Brücke hatte Philibert Delorme bis 1559 für Diana von Poitiers gebaut.

Die vom Ponte Vecchio (➛ *S. 208f.*) in Florenz inspirierte Große Galerie spannt sich 60 Meter weit über den Cher.

Das Wachsfigurenmuseum

In einem lang gestreckten Gebäude im Park des Schlosses, zur Zeit Katharinas von Medici ein Bau für Bedienstete, informiert das Museum über die Schlossgeschichte und die Schlossherrinnen zwischen 1518 und 1918. Bedeutende Ereignisse werden hier nachgestellt und Kostüme gezeigt.

Grundriss

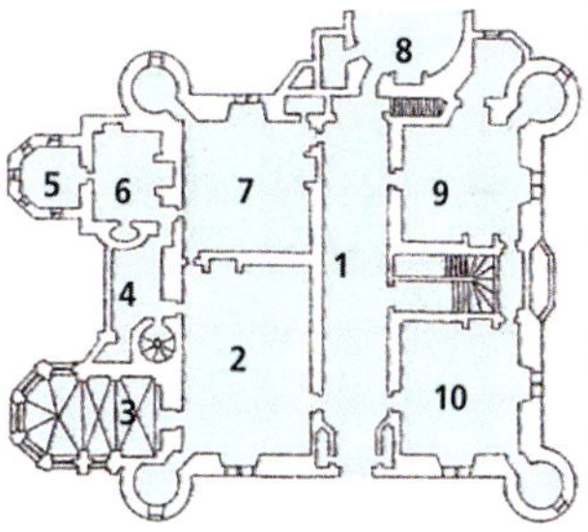

Erdgeschoss

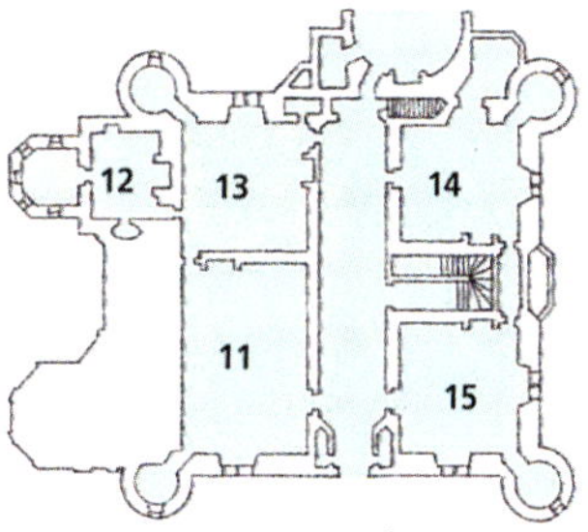

Erster Stock

1	Vestibül
2	Gardesaal
3	Kapelle
4	Terrasse
5	Bibliothek der Katharina von Medici
6	Grünes Kabinett
7	Schlafzimmer der Diana von Poitiers
8	Große Galerie
9	Schlafzimmer Franz' I.
10	Salon Ludwigs XIV.
11	Schlafzimmer der fünf Königinnen
12	Kupferstichkabinett
13	Schlafzimmer der Katharina von Medici
14	Schlafzimmer von César de Vendôme
15	Schlafzimmer der Gabrielle d'Estrées

Daten und Fakten

1513 Erwerb des alten Schlosses durch Thomas Bohier

1515–22 Bau des heutigen Schlosses nach Abriss des alten

1526 Übernahme durch Franz I. wegen Schulden der Familie Bohier bei Hofe

1547 Einzug von Diana von Poitiers, der Mätresse Heinrichs II.

1556 Baubeginn der Brücke über den Fluss Cher

1559 Nach dem Tod von Heinrich II. Übernahme des Schlosses durch seine Witwe, Katharina von Medici

1576 Beginn von Umbauten und Erweiterungen

1589 Nach Tod Heinrichs III. wird das Schloss unter seiner Witwe, Luise von Lothringen, zum Trauerhaus.

1867–78 Historisierende Restaurierung

1952 Beginn einer umfassenden Restaurierung unter dem heutigen Besitzer Menier

Das Erdgeschoss

Die doppelstöckige ➛ *Große Galerie* ist 60 Meter lang und 6 Meter breit. Der untere Saal mit einem Boden aus schwarzen und weißen Fliesen diente als Ballsaal. Der Schlafraum Diana von Poitiers ist mit flämischen ➛ *Wandteppichen* geschmückt. Ein Gemälde zeigt ihre Rivalin Katharina von Medici. Der prächtigste Kamin des Schlosses befindet sich im Schlafzimmer Franz' I. Ein Gemälde zeigt Diana von Poitiers als Jagdgöttin Diana.

Stimmungsvoller Kreuzgang der Abtei Fontenay

Die Abteikirche

Die Zisterzienser wollten Einfachheit sowohl in den religiösen Ritualen wie in ihrer Architektur (Zisterzienser-Stil, ➛ *S. 171*). So ist auch die Westfassade der ➛ *Abteikirche* mit ihrem Rundbogenportal schlicht gehalten. In der oberen Hälfte sind vier, darüber drei Fenster eingebaut. Die dreischiffige Kirche zeichnet sich durch ihre ausgewogenen Proportionen aus. Sie besitzt kaum schmückendes Beiwerk. Beim Betreten wird der Blick auf den Chor gelenkt. Hier ist ein Altaraufsatz mit Szenen aus dem Marienleben und der Passion Christi (Ende 13. Jh.) zu sehen. Im linken Querschiffarm steht eine steinerne Madonna (13. Jh.).

Die Schmiede

Neben einer Reihe von Gemeinschaftseinrichtungen gehörten auch zahlreiche Werkstätten zur Abtei Fontenay, die sie wirtschaftlich vollkommen autark machten. Die südlich des Klostertrakts gelegene ➛ *Schmiede* ist eine der ältesten bekannten Werkstätten für Metallbearbeitung in Europa. In dem 53 Meter langen Gebäude aus dem 12. Jahrhundert fertigten die Mönche Metallwerkzeuge. Das Eisenerz förderten sie aus einem nahen Berg und die Holzkohle für den heute noch vorhandenen Schmelzofen kam aus den nahe gelegenen Wäldern um Châtillon in Burgund. Zum Antrieb von Geräten wie Hämmern und Blasebälgen zur Eisenverarbeitung nutzten sie die Wasserkraft eines kanalisierten Flusses.

Die Abtei Fontenay

Fontenay ist die einzige Abtei aus den Anfängen des Zisterzienserordens, die noch weitgehend erhalten ist. Fast alle anderen Klöster Burgunds aus dem 12. Jahrhundert wurden zerstört. Die Abtei liegt in einer bewaldeten Landschaft, in jener Abgeschiedenheit, nach der die Zisterzienser suchten. Mit Unterstützung des örtlichen Adels blühte das Kloster auf – hier lebten zeitweise bis zu 300 Mönche – und bestand bis zur Französischen Revolution. Die turmlose Kirche und die Klosteranlage von Fontenay waren Vorbild für viele andere Abteien der Zisterzienser und zeigten deutlich die asketischen Bauprinzipien des Ordens.

Taubenturm
Der mächtige runde Taubenturm wurde im 12. oder 13. Jahrhundert als Nachbar des Zwingers errichtet, in dem die wertvollen Jagdhunde der Herzöge von Burgund von Wärtern gehütet wurden.

Die Abtsunterkünfte wurden im 18. Jahrhundert angelegt, als der König die Äbte ernannte.

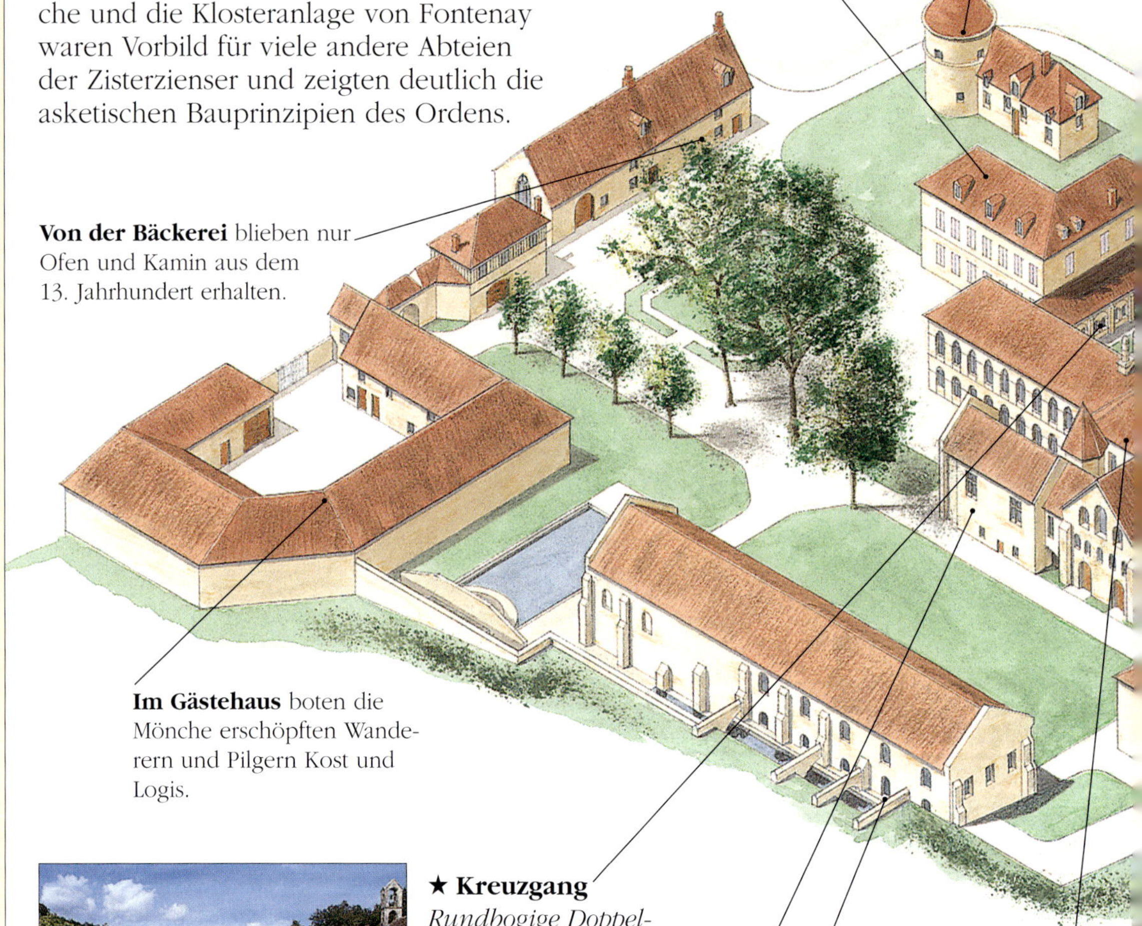

Von der Bäckerei blieben nur Ofen und Kamin aus dem 13. Jahrhundert erhalten.

Im Gästehaus boten die Mönche erschöpften Wanderern und Pilgern Kost und Logis.

Wärmeraum

In der Schmiede stellten die Mönche Werkzeuge und Eisenwaren her.

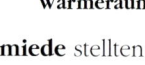

★ Kreuzgang
Rundbogige Doppelarkaden öffnen sich zum Kreuzgarten hin. Einige der kurzen Doppelsäulen sind mit Blattkapitellen geschmückt.

Haftraum
Bei dem Bau (heutiger Bau von 1845) kann es sich tatsächlich um eine Art Gefängnis gehandelt haben, da das Kloster zu dieser Zeit die Gerichtshoheit besaß.

Saal der Mönche
Der schlichte, zweischiffige Saal könnte als Schreibsaal gedient haben.

★ Abteikirche
Auf verschwenderischen Schmuck verzichtet die Kirche. Doch klare Formgebung, warme Tönung des Steins und diffuses Licht verleihen ihr eine besondere Würde.

Ausbreitung

Der Orden breitete sich in Frankreich, dem deutschsprachigen Raum, Spanien, Italien, England und Irland aus. Das berühmteste deutsche Zisterzienserkloster ist Maulbronn.

Dormitorium
In diesem unbeheizten Saal betteten die Mönche sich auf Strohmatten zur Ruhe. Der Dachstuhl stammt aus dem späten 15. Jahrhundert.

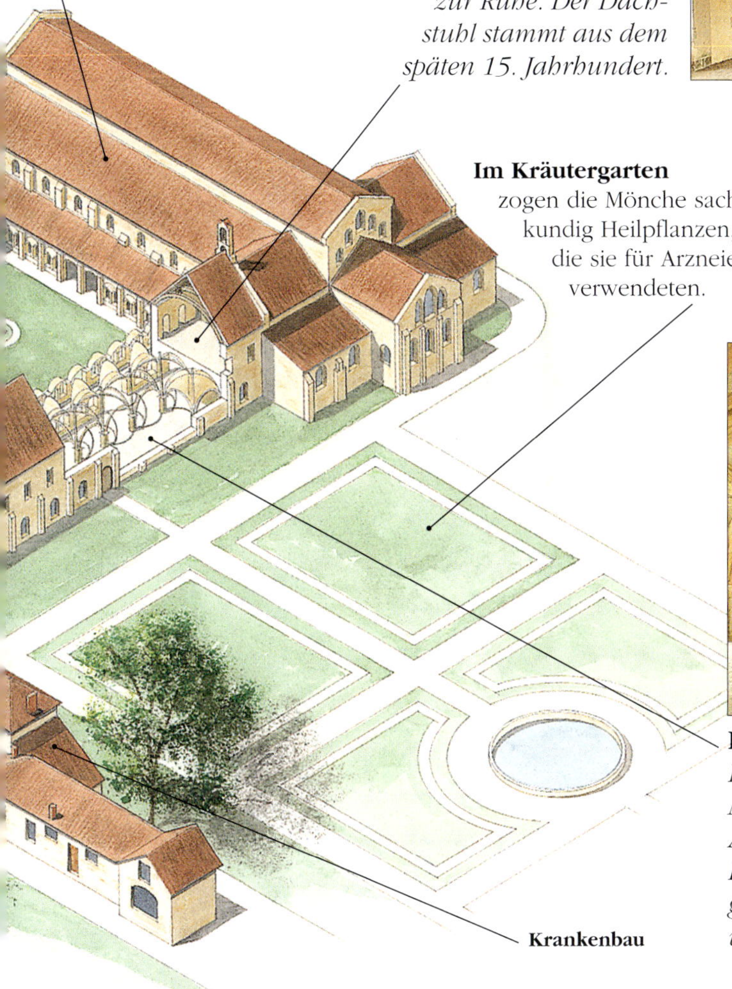

Im Kräutergarten zogen die Mönche sachkundig Heilpflanzen, die sie für Arzneien verwendeten.

Krankenbau

Höhepunkte

★ **Kreuzgang**

★ **Abteikirche**

Kapitelsaal
Hier versammelten sich täglich die Mönche zu Lesungen und zur Auslegung der Ordensregeln. Im Raum bestechen vor allem die eleganten Pfeiler und das Rippengewölbe aus dem 12. Jahrhundert.

Daten und Fakten

1118 Gründung durch Bernhard von Clairvaux

1139 Baubeginn des Klosters an seiner heutigen Stelle

1147 Weihe der Kirche

Ende 12. Jahrhundert Vollendung der Klosterbauten

1791 Verkauf des säkularisierten Klosters

1820–1906 Nutzung als Papiermühle

1906–11 Restaurierung durch die Familie Aynard

1981 Aufnahme in das Weltkulturerbe der UNESCO

Das Leben in einer Zisterzienserabtei

Die Regeln des Zisterzienserordens basieren auf den Prinzipien der Strenge und Einfachheit. In den Abteien lebten strikt voneinander getrennt zwei Gemeinschaften. Die Laienbrüder bestellten die Felder, kümmerten sich um das Vieh und versorgten die Mönche und die Gäste. Nur die Mönche, die weiße Kleidung trugen, durften den Kreuzgang im Herzen der Anlage betreten. Ohne Erlaubnis des Abts war es ihnen nicht gestattet, die Abtei zu verlassen. Der Tag eines Mönches, der um zwei Uhr morgens begann und um 19 Uhr endete, war durch Andachten, Gebete, die Beichte und Meditation gegliedert. Das strenge Schweigegebot wurde nur durch Bibellesungen oder die Auslegung der Ordensregeln unterbrochen. Viele Mönche konnten lesen und schreiben und kopierten handgeschriebene Bücher.

Der heilige Bernhard und die Zisterzienser

1112 trat Bernhard von Clairvaux (um 1090–1153), der dem burgundischen Adel entstammte, den Zisterziensern bei. Der Orden war 1098 von Mönchen gegründet worden, die sich gegen den immer aufwendigeren Lebensstil der Benediktiner wandten, dem Weltlichen entsagen und zur ursprünglichen mönchischen Bescheidenheit zurückfinden wollten. Unter Bernhard stiegen die Zisterzienser zu einem der größten und namhaftesten Orden ihrer Zeit auf. Dies war zu einem guten Teil der Persönlichkeit Bernhards zu verdanken, der sich als begnadeter Schriftsteller, Theologe und Politiker Einfluss verschaffte. 1174, nur 21 Jahre nach seinem Tod, wurde er heilig gesprochen.

»Die Jungfrau beschirmt den Zisterzienserorden« (J. Bellegambe)

Jean de France, Herzog von Berry

Das Marmorgrab von ➛ *Jean de France, Herzog von Berry* (♔ 1360–1416), befindet sich in der Krypta. Er war ein Sohn König Johanns II. und zeitweise Mitregent Karls VI. Als Apanage erhielt er die Provinz Berry. Unter seiner Regentschaft blühte die Hauptstadt dieser Provinz, Bourges, auf und entwickelte sich zu einem Zentrum der Künste. Jean war ein passionierter Mäzen und besaß als Sammler einen großen Bücherschatz. Berühmt wurde er durch das Stundenbuch »Les très riches heures«, für das er 1412 die Buchmaler Paul, Herman und Jean Limburg beauftragte. Diese statteten das Buch mit 172 Miniaturen und goldschimmerndem Rankenwerk aus. Jean stiftete auch die ➛ *Fensterrosette* der Westfassade.

Die Westportale

Die Westfassade wird durch die fünf mit reichem Skulpturenschmuck versehenen Portale geprägt, die den fünf Schiffen der Kirche entsprechen. Das mittlere ist ein Bravourstück mittelalterlicher Bildhauerkunst. Es zeigt das bis heute fast unbeschädigte ➛ *Jüngste Gericht*. Die Portale zur Linken wurden erneuert, nachdem sie beim Zusammenbruch des Nordturms zerstört worden waren. Das erste zeigt Szenen aus dem Leben der Muttergottes und weist noch Elemente aus dem 13. Jahrhundert auf. Das andere widmet sich dem Leben Wilhelms, zwischen 1200 und 1209 Erzbischof von Bourges. Die beiden rechten Portale aus der Mitte des 13. Jahrhunderts sind Stephan, dem Schutzheiligen der Kirche, und Ursinus, dem ersten Bischof von Bourges, gewidmet.

IOSEPH SOMNIAT

Eines der Buntglasfenster

Die Kathedrale Saint-Étienne

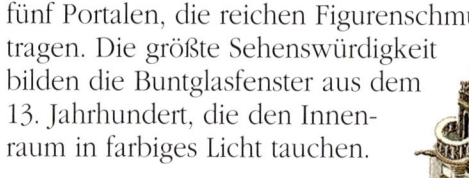

Detail eines Buntglasfensters

Als eine der schönsten gotischen Kathedralen (➛ *S. 72*), die zugleich die Macht der Erzbischöfe von Bourges demonstriert, gilt Saint-Étienne. Sie wurde im Wesentlichen zwischen 1195 und 1260 von einem unbekannten Baumeister errichtet. Den Chor erbaute man über dem Schiff einer älteren Kirche, das die Funktion einer Krypta übernahm. Die prachtvolle Westfassade wird von zwei mächtigen Türmen flankiert und öffnet sich in fünf Portalen, die reichen Figurenschmuck tragen. Die größte Sehenswürdigkeit bilden die Buntglasfenster aus dem 13. Jahrhundert, die den Innenraum in farbiges Licht tauchen.

Innenraum
Der Innenraum ist 118 Meter lang und 37 Meter hoch.

★ Astronomische Uhr
Der Domherr und Mathematiker Jean Fusoris entwarf das Meisterstück aus dem Jahr 1424.

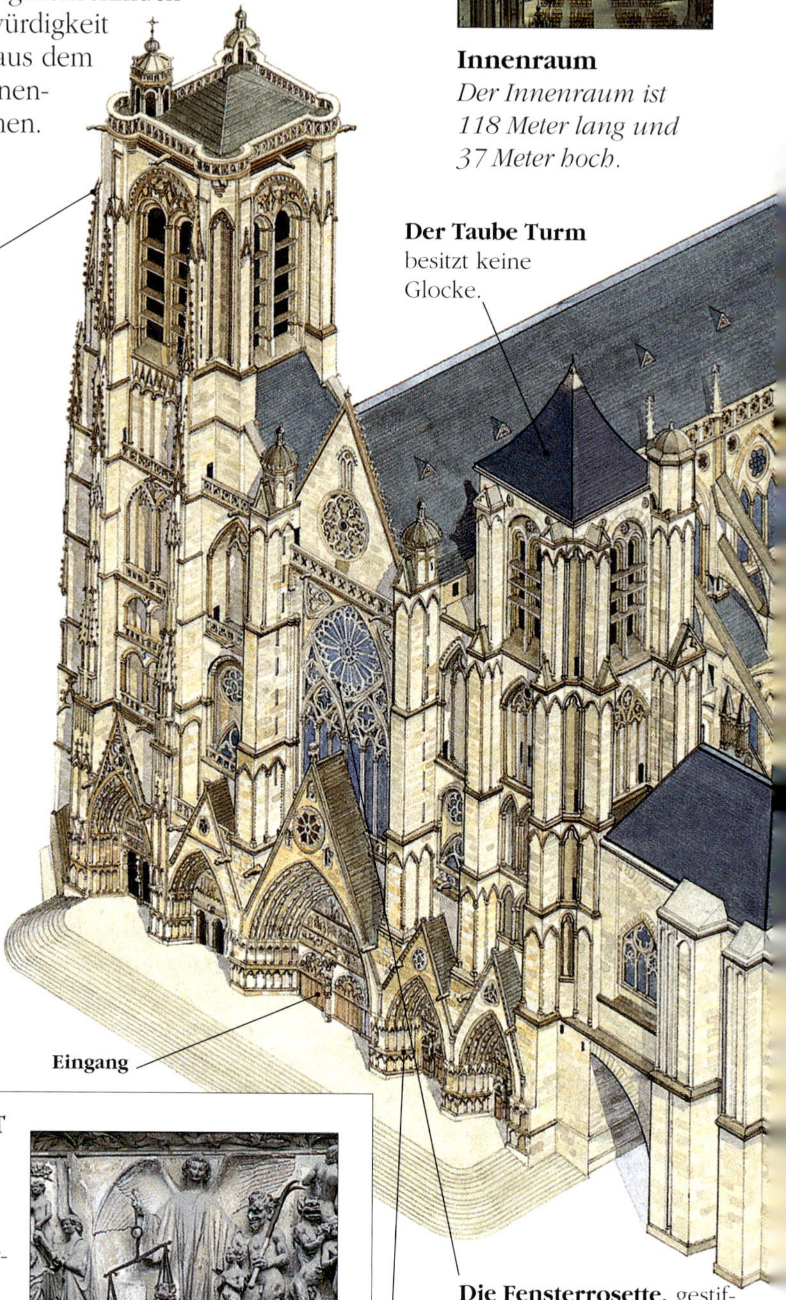
Nordturm
Der Taube Turm besitzt keine Glocke.
Eingang
Die Fensterrosette, gestiftet vom Herzog von Berry, wurde Ende des 14. Jahrhunderts eingefügt.
Die fünf Portale der Westfront, die sich in Größe und Form unterscheiden, sind umringt von in Stein gehauenen Reliefs.

Das Jüngste Gericht

Das Tympanon über dem Hauptportal zeigt den Erzengel Michael beim Wägen der Seelen. Die Verdammten werden von Teufeln in den Höllenschlund getrieben, während die Seligen in Abrahams Schoß aufgenommen werden. Auf dem Relief darunter erheben sich die Toten zum Gericht aus ihren Gräbern.

Ausschnitt aus dem »Jüngsten Gericht«, Westfassade (um 1240)

★ **Buntglasfenster**
Stifter der Buntglasfenster des Chors waren die örtlichen Zünfte, die sich mit Darstellungen ihres Gewerbes am Fuß der Fenster verewigt haben.

Die Kapelle Jacques-Cœur von 1448 mit dem Fenster der Marienverkündigung

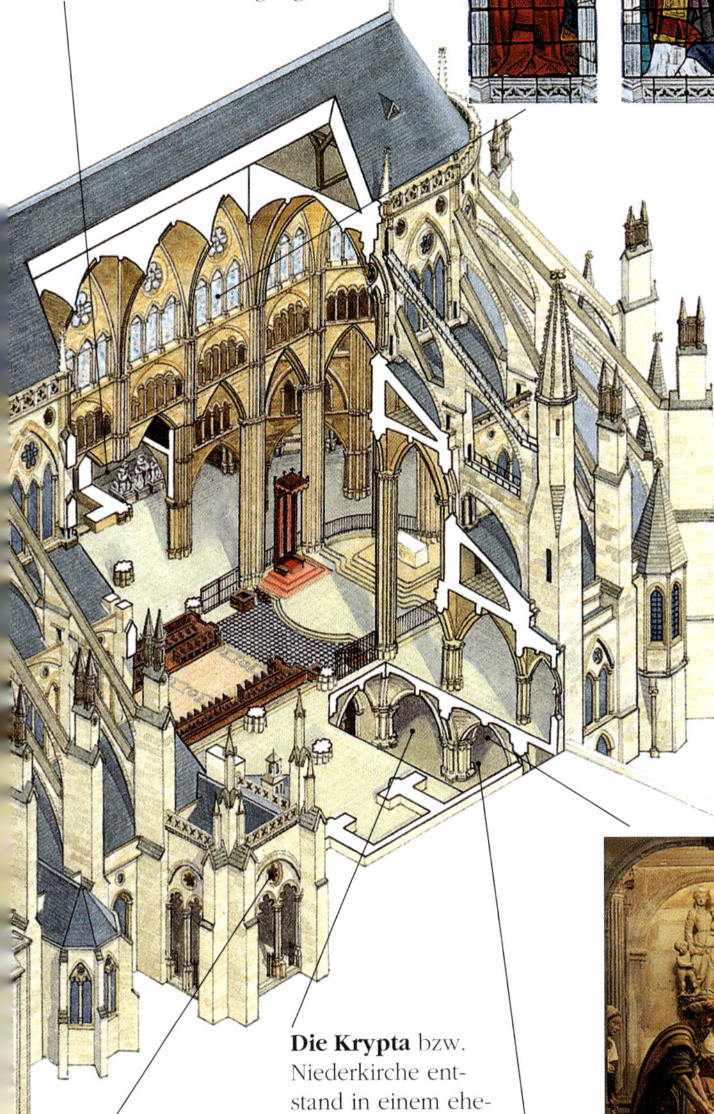

Die Krypta bzw. Niederkirche entstand in einem ehemaligen galloromischen Wehrgraben.

Das romanische Südportal, das vom Vorgängerbau (um 1160) erhalten blieb, zeigt eine Darstellung Christi als thronenden Himmelskönig mit den zwölf Aposteln.

Astronomische Uhr

Die eindrucksvolle Uhr im zweiten Seitenschiff rechts vom Eingang ist die älteste astronomische Uhr in Frankreich. Sie zeigt Stunde, Tag und Monat an und schlägt jede Viertelstunde. Der Originalmechanismus des Domherrn Fusoris aus dem 15. Jahrhundert ist noch gut erhalten.

Betendes Herzogspaar
Die betenden Figuren der Krypta stellen das Herzogspaar von Berry dar. In der Französischen Revolution wurden die Skulpturen geköpft. Man hat die Häupter durch Kopien ersetzt.

★ **Saint-Sépulcre**
Die szenische Skulpturengruppe »Grablegung Christi« wurde 1540 am hinteren Ende der Niederkirche aufgestellt.

Jean de France, Herzog von Berry
Die Marmorplastik des Herzogs von Berry mit dem Bären zu seinen Füßen bildete ursprünglich den Sarkophagdeckel.

Höhepunkte

★ **Buntglasfenster**

★ **Astronomische Uhr**

★ **Saint-Sépulcre**

Daten und Fakten

1195 Baubeginn

1214 Fertigstellung des Chores

1225–50 Bau des Hauptschiffs

1260 Bau am Nordturm wird eingestellt

1324 Einweihung der Kirche

15. Jahrhundert Bau mehrerer Seitenkapellen

1506 Einsturz des Nordturms nach Versuch, ihn zu vollenden

1542 Nordturm wieder aufgebaut

1562 Zerstörung der Statuen an der Westfassade durch Hugenotten in den Religionskriegen

1992 Aufnahme in das Weltkulturerbe der UNESCO

Der Innenraum

Das Innere von Saint-Étienne ist überwältigend. Schon die Außenansicht auf den pyramidalen Aufbau der Kathedrale lässt auf den ➛ *Innenraum* schließen: Er ist in ein Hauptschiff und je zwei unterschiedlich hohe Seitenschiffe gegliedert. Die Strebebögen im himmelwärts aufsteigenden, schlichten Hauptschiff vermitteln einen spektakulären Eindruck von Geräumigkeit. Da auf ein Querschiff verzichtet wurde, schaut man ohne eine optische Unterbrechung durch die Kathedrale bis zu den prachtvollen ➛ *Buntglasfenstern* aus dem 13. Jahrhundert in den drei Etagen des Choraufbaus. Die kühne Konstruktion begeisterte u.a. auch Stendhal, Honoré de Balzac und Victor Hugo.

Der heilige Amadour

Es gibt unterschiedliche Legenden über das Leben des heiligen Amadour. Einer zufolge war er Zachäus aus Jericho, der den Umgang mit Jesus pflegte. Seine Frau, die heilige Veronika, soll Jesus auf seinem Kreuzweg ihr Schweißtuch gereicht haben, in das Jesus sein Antlitz drückte. Nach Jesu Kreuzigung sollen Zachäus und seine Frau aus Palästina geflohen sein. In Frankreich trafen sie Bischof Martial, der das Evangelium predigte. Nach neueren Erkenntnissen lebte dieser jedoch erst im 3. Jahrhundert. Wahrscheinlicher ist, dass der Amadour genannte Eremit die Marienwallfahrt nach Rocamadour in dieser Region begründete.

Die Wunderkapelle

Diese Kapelle aus dem 12. Jahrhundert, die nahe jener Stelle liegt, an der man den Leichnam des heiligen Amadour fand, wurde im 15. Jahrhundert ausgebaut. In ihr steht die schwarze Madonna mit Kind, eine Skulptur aus dem 12. Jahrhundert, zu der die Pilger in Scharen strömten. Im Gewölbe der Gebetsstätte hängt eine Glocke aus dem 9. Jahrhundert. Sie soll der Überlieferung nach immer dann ganz selbsttätig ertönen, wenn ein Wunder geschieht. Viele Heilige und Könige besuchten die ➛ *Wunderkapelle*, so auch der heilige Bernhard von Clairvaux, der heilige Dominikus, die französischen Könige Ludwig IX., Philipp IV., Philipp VI. und Ludwig XI.

Rocamadour – Wallfahrtsort und Ziel vieler Touristen

Rocamadour

Muttergottes mit Kind

Das Bergdorf, an einem Felsen hoch über dem Fluss Alzou gelegen, ist seit dem Mittelalter ein berühmter Wallfahrtsort. Im Jahr 1166 hatte man in einer Felsspalte nahe einem einfachen Marienheiligtum einen unverwesten Leichnam entdeckt. Der Körper wurde bald als der eines frühchristlichen Eremiten, des heiligen Amadour, identifiziert. Die Entdeckung leitete eine Reihe von Wundern ein, die – so heißt es – von einer Glocke durch selbsttätiges Läuten kundgetan wurden. Basilika und Kapellen Rocamadours, das am Jakobsweg nach Santiago de Compostella liegt, wurden im 19. Jahrhundert aufwendig restauriert.

Überblick

Die eng zusammenstehenden mittelalterlichen Häuser Rocamadours scheinen aus dem Felsen zu wachsen. Im 19. Jahrhundert wurden die Wallfahrten hierhin wieder belebt.

Das Schloss steht an der Stelle, an der einst eine Festung die Basilika vor Angriffen schützte.

Die Kapelle Saint-Michel birgt gut erhaltene Fresken (12. Jh.).

Das Grab des heiligen Amadour barg einst den Leichnam des »roc amator« (Felsliebhaber) genannten Einsiedlers, nach dem der Ort benannt ist.

Museum für sakrale Kunst

Große Treppe

Die 216 Stufen rutschten einst die Pilger auf Knien hinauf, während sie Gebete sprachen. Sie führen zum Platz, um den sich die sieben Wallfahrtskapellen gruppieren.

Die Kapelle Saint-Jean-Baptiste steht gegenüber dem gotischen Portal der Basilika Saint-Sauveur.
Die Basilika Saint-Sauveur wurde im 12. Jahrhundert an den kahlen Felsen gebaut.
Die Kapelle Sainte-Anne stammt ursprünglich aus dem 13. Jahrhundert, der Altaraufsatz aus dem 17. Jahrhundert.
Stadtmauern
Heiliges Kreuz
Kapelle Saint-Blaise (13. Jh.)

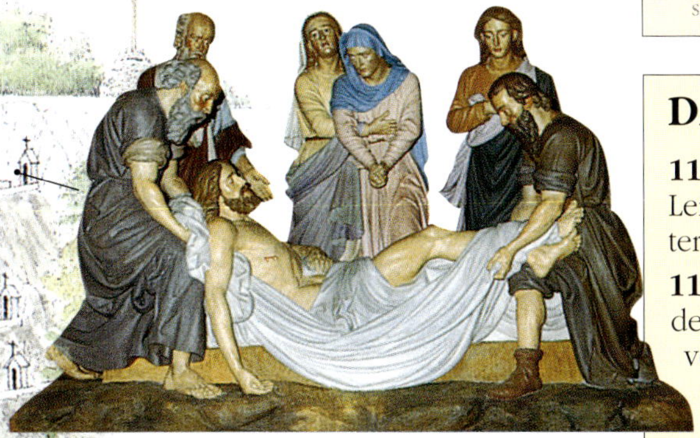

Stationen des Kreuzweges
Pilger passieren auf ihrem Weg zum Schloss das Heilige Kreuz und 14 Stationen, die den Kreuzweg Christi symbolisieren.

Der Ort Rocamadour
Die ehemaligen Pilgerherbergen entlang der Hauptstraße werden heute als Souvenirläden genutzt.

Wunderkapelle
Auf dem Altar der Kapelle steht eine schwarze Madonnenstatue aus Nussbaumholz.

Die Sportelle

Diese Medaille aus Blei, Zinn, Bronze, Silber oder Gold zeigt die Jungfrau Maria mit Kind. Sie wurde von Pilgern getragen, die Rocamadour besucht hatten. In Kriegszeiten galt sie als »Passierschein«.

GROSS-BRITANNIEN
PARIS
DEUTSCHLAND
FRANKREICH
SCHWEIZ
GOLF VON BISKAYA
ROCAMADOUR
ITALIEN
SPANIEN
MITTELMEER

Daten und Fakten

1166 Fund des unverwesten Leichnams von Zachäus, später heiliger Amadour genannt

1172 Erscheinen des »Buchs der Mirakel« mit Zeugnissen von Wundern, die Pilgern hier widerfuhren

1479 Umbau der Kapelle Notre-Dame nach Schäden durch Steinschlag

1562 Plünderung der Kapellen durch Protestanten

1858–72 Restaurierung von Rocamadour unter Leitung von Abt Baptiste Chevalt

Das Museum für sakrale Kunst

Das Museum befindet sich im ehemaligen Bischofspalast von Rocamadour. Das Gebäude hatten die Äbte von Tulle im 13. Jahrhundert errichtet. Das Museum wurde im Jahr 1968 eröffnet und 1996 restauriert. Es ist dem französischen Komponisten Francis Poulenc (1899–1963) gewidmet. Nach einem Besuch in Rocamadour hatte der Musiker unter dem Titel »Litaneien an die Schwarze Madonna« im Jahr 1936 ein Stück für Chor komponiert. Die im Museum ausgestellte Sammlung von Statuen, Gemälden, Goldschmiedearbeiten, Gewändern und sakralen Gegenständen stammt aus verschiedenen Orten in der Gegend von Rocamadour. Besonders interessant unter den rund 200 Exponaten sind u.a. eine Pieta aus Holz (16. Jh.), eine Holzstatue des Propheten Jonas (17. Jh.), ein Reliquienschrein (7. Jh.) und ein Kirchenfenster (13. Jh.).

Kaiser Augustus

Der Sohn einer wohlhabenden Familie trat nach der Ermordung Cäsars 44 v. Chr. als 19-Jähriger das Erbe seines Onkels an. Im bis 31 v. Chr. dauernden römischen Bürgerkrieg konnte er sich gegen seinen Rivalen Marcus Antonius durchsetzen. Nach seiner Rückkehr erhielt er 27 v. Chr. den Ehrentitel Augustus, der zum Titel der römischen Kaiser wurde. Unter seiner Herrschaft (bis 14 n. Chr.; Augusteisches Zeitalter) gelang die Umwandlung der innerlich zerrissenen römischen Republik in ein geeintes Kaiserreich. Dichtung, Kunst und Geschichtsschreibung blühten unter ihm. Er erwarb zahlreiche Kolonien, in denen eine Vielzahl römischer Bauten entstand.

Moderne Aufführung im antiken Theater von Orange

Das Festival von Orange

Die erste Aufführung im Theater nach seiner Renovierung in der ersten Hälfte des 19. Jahrhunderts fand 1869 statt. Das Publikum war hingerissen von der Atmosphäre und der unglaublichen Akustik. Seit 1902 findet alljährlich das Festival »Les Chorégies d'Orange« (➛ *Nachtaufführungen*) statt. Alle führenden Vertreter des klassischen Genres in Frankreich haben hier auf der Bühne gestanden. Bis 1969 konnte man beim Festival Schauspiel, Opern und konzertante Darbietungen erleben. Seither konzentriert man sich auf Opernaufführungen. Weltberühmte Sänger wie Placido Domingo und Montserrat Caballé haben hier in »Tosca«, »Carmen«, »Aida« oder »La Traviata« mitgewirkt.

Das römische Theater von Orange

Das antike Theater von Orange zählte zu den größten Theaterbauten im Römischen Reich und ist heute mit seiner imposanten aufrecht stehenden Bühnenwand eines der besterhaltenen römischen Bauwerke. Es wurde unter Kaiser Augustus im 1. Jahrhundert n. Chr. am Fuß eines Hügels errichtet. Der in drei Ränge unterteilte Zuschauerraum, in dem die Besucher entsprechend ihrem sozialen Status Platz nahmen, fasste bis zu 10 000 Personen. Die Portale in der Bühnenrückwand bildeten Hohlräume und damit Schallreflektoren für die Schauspieler. Heute macht sich die gute Akustik besonders bei Konzerten bezahlt.

Segelhalterung
An den Außenmauern sieht man die Kragsteine, die die Masten für das Zeltdach trugen.

Antikes Theater

Diese Rekonstruktion zeigt das Theater, wie es zur Zeit der Römer ausgesehen haben könnte. Seinen Ruhm verdankt es der außergewöhnlich gut erhaltenen Bühnenwand.

Ein Zeltdach, das so genannte »velum«, bot Schutz vor Sonne und Regen.

Der Bühnenvorhang wurde zu Beginn der Aufführung nicht nach oben, sondern nach unten gezogen. Er wurde mit einer in den Boden eingelassenen Winde bewegt.

Nachtaufführungen
Kulturelle Veranstaltungen im römischen Theater sind sehr begehrt. Neben Opernensembles treten heute auch Rockgruppen hier auf.

Bühnenwand
Diese massive Konstruktion aus rotem Kalkstein ist 103 Meter lang, 38 Meter hoch und über 1,80 Meter dick.

Kaiser Augustus
Die 3,55 Meter hohe Statue des Kaisers beherrscht die Bühnengalerie. Während die anderen Statuen zerstört wurden, konnte die des Augustus aus Bruchstücken rekonstruiert und 1950 wieder in ihrer Nische aufgestellt werden.

Sarah Bernhardt

Sarah Bernhardt, die bekannt war für ihre Interpretationen klassischer französischer Dramen, wurde 1903 im Theater von Orange für ihren Auftritt in Jean Racines Tragödie »Phädra« gefeiert.

Nebenräume dienten den Schauspielern zwischen ihren Auftritten als Aufenthaltsraum oder zur Aufbewahrung von Requisiten.

Innenseite
Die Innenseite der Bühnenwand weist fragmentarische Marmorverzierungen auf. Ein Zentaurenfries umrahmte das dem Kaiser vorbehaltene Portal.

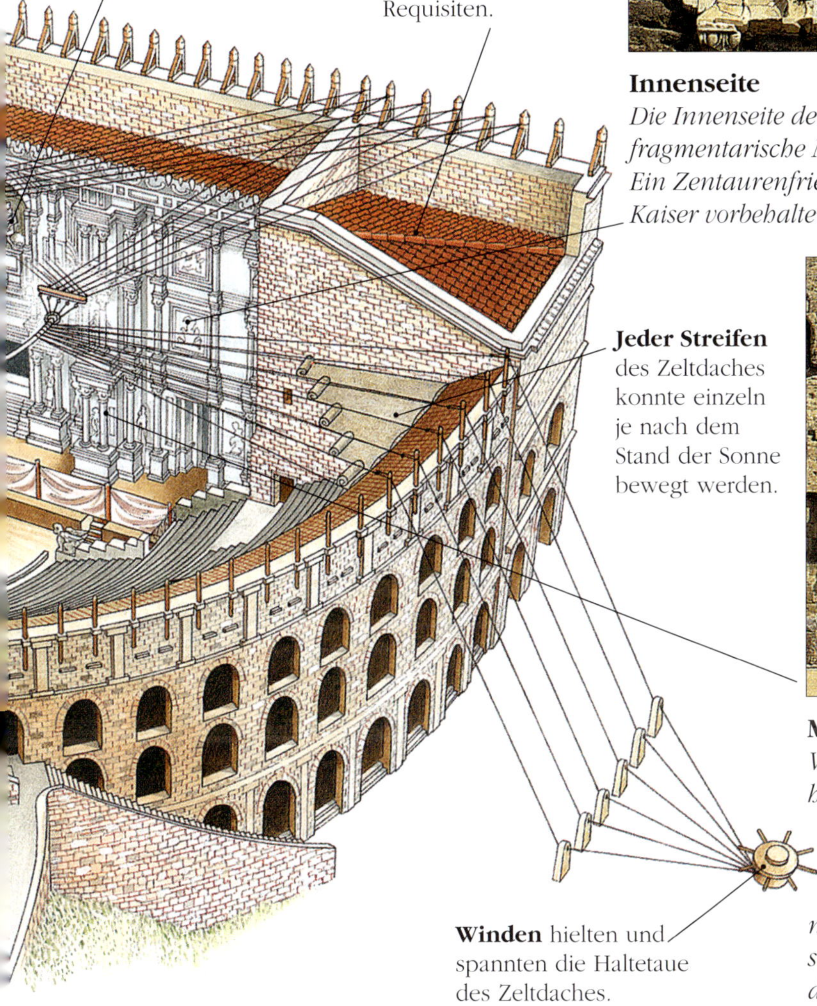

Jeder Streifen des Zeltdaches konnte einzeln je nach dem Stand der Sonne bewegt werden.

Marmorsäulen
Vor der Bühnenwand erhob sich eine dreigeschossige Kolonnadenreihe mit einer Vielzahl von Marmorsäulen, von denen nur zwei erhalten sind. An ihnen brach sich der Schall, was störende Echoeffekte verhinderte.

Winden hielten und spannten die Haltetaue des Zeltdaches.

Römischer Tempel
Nachdem zuvor 22 Häuser abgerissen worden waren, stieß man bei Ausgrabungen zwischen 1925 und 1937 westlich des Theaters auf Fragmente von Tempeln sowie ein halbkreisförmiges Areal. Zusammen mit dem Theater bildete diese Anlage ein so genanntes Augusteum, das der Verehrung der römischen Kaiser gewidmet war.

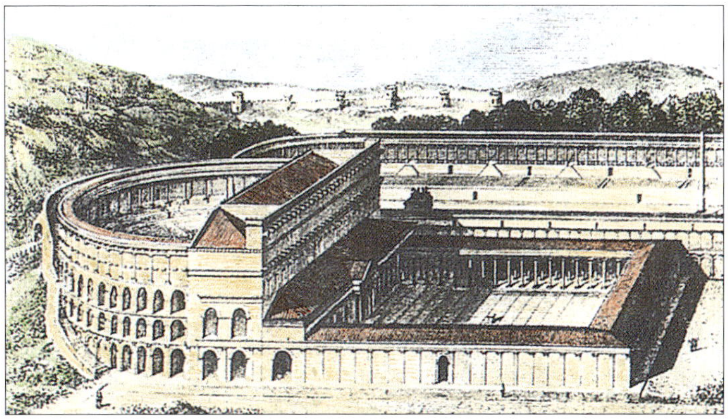

Das römische Theater von Orange

Daten und Fakten

1. Jahrhundert n. Chr. Bau des Theaters unter der Regierung des Kaisers Augustus

391 Schließung des Theaters durch kaiserliche Verordnung wegen christlichen Widerstands gegen heidnische Darbietungen

5. Jahrhundert Aufgabe des Theaters nach Niedergang des Römischen Reiches

1562–93 Benutzung des Theaters als Zufluchtsort und Wohnstätte während der Religionskriege

1825 Beginn der Restaurierungsarbeiten

1981 Aufnahme von Theater und Triumphbogen von Orange in das Weltkulturerbe der UNESCO

Römisches Theater

Im 3. Jahrhundert v. Chr. begannen die Römer, eine eigene Schauspielkunst zu entwickeln. Während die Griechen im Theater religiöse und kultisch-kulturelle Bezüge herausstellten, sollte es bei den Römern vor allem der Unterhaltung dienen und war dementsprechend spielorientiert und kulissenbewusst. Die beliebtesten Darbietungen waren Pantomimen, Märchenspiele und absurde Komödien. Aufgrund der typisch römischen Bauweise (halbiertes Rund der Orchestra und rückwärtige Begrenzung der Bühne durch hohe Mauer) hat das Theater von Orange eine einzigartige Akustik. Erstaunlicherweise erhalten ist die ➛ *Bühnenwand*, die schon Ludwig XIV. für die schönste Mauer in seinem Königreich hielt.

Der Papstpalast von Avignon

Papst Klemens VI. (♕ 1342–52)

Die Residenz von sieben französischen Päpsten entwickelte sich im Lauf des 14. Jahrhunderts auf einer Fläche von 15 000 Quadratmetern zur mächtigsten gotischen Festung Europas. Der von Papst Benedikt XII. in Auftrag gegebene Alte Palast und der Neue Palast von Klemens VI. bestimmen noch heute das Aussehen des Bauwerks. Vom viel beschriebenen Luxus der Päpste, die als Mäzene die Künste förderten, ist heute allerdings nur noch wenig zu spüren. Im Ehrenhof des Neuen Palastes findet jeden Sommer das renommierte Theaterfestival von Avignon statt.

Der Innenhof des Alten Palastes ist nach der Art eines Kreuzgangs konzipiert.
Küche
Ehrenhof
Eingang

Befestigungsarchitektur
Der Palast mit seinen zahlreichen zinnenbewehrten Türmen ähnelt von außen eher einer Trutzburg als einem Palast.

Der Engelsturm

Die Keimzelle des burgartigen Komplexes ist der Engelsturm, der Wohnturm des Papstes. Im Obergeschoss befindet sich das Schlafgemach Benedikts XII., in dem er manchmal auch private Audienzen abhielt. Es ist der besterhaltene Raum des Palastes. Die Wände sind bemalt und zeigen auf leuchtend blauem Hintergrund Ornamente aus Wein- und Eichenlaub, zwischen denen Vögel und Eichhörnchen zu sehen sind. Die Wandmalereien, wahrscheinlich 1336/37 ausgeführt, wurden 1934 aufwendig restauriert. 1963 wurde bei einer erneuten Restaurierung auch ein Fliesenboden mit figürlichen und geometrischen Motiven freigelegt.

Die Baumeister

Unterschiedliche Stile prägen die beiden Gebäudetrakte des Palastes. Papst Benedikt XII. beauftragte Pierre Poisson, den asketisch-klösterlichen Alten Palast zu entwerfen. Um einen zweistöckigen Kreuzgang gruppieren sich verschiedene Räume. Das ➛ *Konsistorium* und der darüber liegende ➛ *Speisesaal* sind besonders eindrucksvoll. Der prachtliebende Klemens VI. beauftragte den genialen Architekten Jean de Louvres, dessen aufwendig ausgeschmückter Neuer Palast eine reichere Formensprache zeigt. Auf ihn gehen etwa die ➛ *Große Kapelle*, die Sakristei, die Große Treppe und der ➛ *Große Audienzsaal* zurück.

Die Rhônebrücke Pont Saint-Bénézet mit dem Papstpalast

Die Päpste von Avignon

Sieben Päpste residierten während des »Babylonischen Exils« von 1309 bis 1376, dem erzwungenen Aufenthalt der Päpste in Avignon statt in Rom, in der Stadt. Klemens V. übersiedelte unter dem Einfluss König Philipps IV., des Schönen, von Frankreich als erster Papst hierher. Auch Johannes XXII., Benedikt XII., Klemens VI., Innozenz VI. und Urban V. residierten hier. Erst die Rückkehr des Papstes Gregor XI. nach Rom beendete diese Epoche, in der Avignon zum blühenden Kunstzentrum aufstieg.

Benedikt XII. (♕ 1334–42)

Konsistorium
Im ehemaligen Empfangssaal sind heute Simone Martinis Fresken aus der Vorhalle der Kathedrale von Avignon ausgestellt.

Päpstliche Macht
Die gewaltige Anlage, in der im 14. Jahrhundert die Stellvertreter Gottes residierten, demonstriert noch heute ihre einstige Macht.

Luxusleben

Papst Klemens V. starb nach der Einnahme pulverisierter Smaragde, die er gegen seine Verdauungsbeschwerden schluckte. Der prunkliebende Klemens VI. ließ zur Abendunterhaltung Käfige mit Nachtigallen aufstellen.

★ Speisesaal
Wandteppiche (17. und 19. Jh.) schmücken heute den großen Saal, in dem Bankette abgehalten wurden, wenn z.B. ein neuer Papst gewählt worden war.

★ Hirschzimmer
Hübsche Jagdmotive (Mitte 14. Jh.) und Kacheln zieren das ehemalige Arbeitszimmer Klemens' VI.

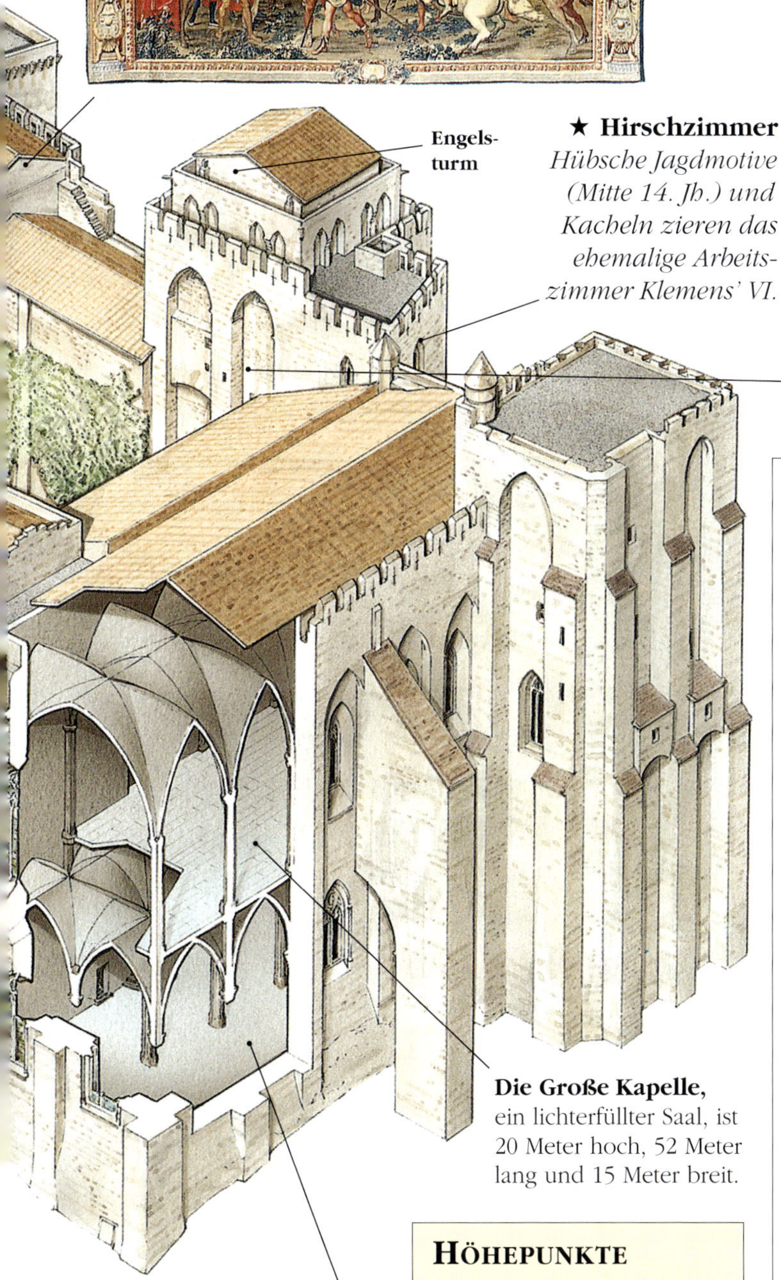

Die Große Kapelle, ein lichterfüllter Saal, ist 20 Meter hoch, 52 Meter lang und 15 Meter breit.

Der Große Audienzsaal wird durch fünf in einer Reihe stehende Säulen in zwei Schiffe geteilt.

Höhepunkte

★ Speisesaal

★ Hirschzimmer

Der Bau des Palastes

Der Palast umfasst den alten, nördlichen Bautrakt, ein Werk von Papst Benedikt XII., und den jüngeren, südlichen Teil, der unter Papst Klemens VI. errichtet wurde.

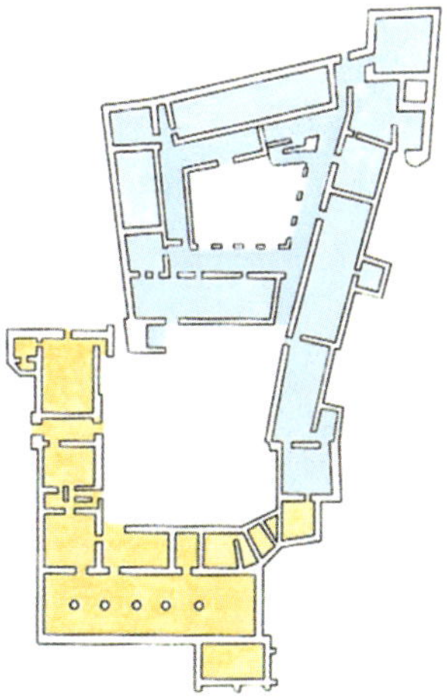

Legende

- von Benedikt XII. (♔ 1334–42)
- von Klemens VI. (♔ 1342–52)

Daten und Fakten

1335 Baubeginn des Alten Palasts unter Papst Benedikt XII.

1344 Beginn der Erweiterung um den Neuen Palast unter Klemens VI.

1352 Beginn der Ausmalung des Großen Audienzsaals durch Matteo Giovannetti

1413 Zerstörung von Kunstwerken durch Feuer im Konsistorium

1791 Plünderung durch die französische Nationalversammlung

bis 1906 Nutzung als Kaserne

seit 1947 Jährlich im Juli Theaterfestival im Ehrenhof

1995 Aufnahme in das Weltkulturerbe der UNESCO

Simone Martini

Die Räume im Papstpalast wurden vor allem durch Künstler und Handwerker aus Italien verziert. Papst Benedikt XII. beauftragte 1339 auch den Maler Simone Martini (1284–1344), einen Vertreter der Schule von Siena. Martini, beeinflusst von Giotto, zeichnete sich durch seine elegante Linienführung, die genaue Wiedergabe von Einzelheiten und seine heiteren Kompositionen der himmlischen und irdischen Welt in zarten Farben aus. Er malte vor allem Fresken. Auch im Papstpalast führte er Fresken aus sowie in der Kathedrale von Avignon, die heute im ➛ *Konsistorium* zu sehen sind. Sein Stil entfaltete sich in Südfrankreich zu einer Kunst, die die Entwicklung der Spätgotik prägte.

Der Hofbaurat

Georg Adolph Demmler (1804–86), der in Berlin bei dem bedeutenden Architekten Karl Friedrich Schinkel studiert hatte, wurde bereits in jungen Jahren zum Hofbaumeister des mecklenburgischen Herzogs ernannt. Zahlreiche repräsentative Gebäude in Schwerin gehen auf ihn zurück, so etwa die Fassade des Rathauses im Stil der englischen Tudorgotik, die er 1834 entwarf. Zu seinen weiteren Bauten zählen der Marstall (1837–42), das Kollegiengebäude I (1825–34; heute Staatskanzlei) und sein Wohnhaus in der Mecklenburgstraße 1 (1842). Das kastellartige Arsenal am Südufer des Pfaffenteichs wurde von Demmler 1840–44 als Waffenlager und Kaserne erbaut. Sein Hauptwerk ist jedoch das Schweriner Schloss, für das er mehrere Entwürfe vorlegte, bis der Bau in der heutigen Form genehmigt wurde. Aufgrund seines demokratischen Engagements nach 1848 wurde er 1851 entlassen und das Schloss von Stüler vollendet.

Das Vorbild des Schlosses

Das französische Schloss Chambord (➤ *S. 84f.*) wurde im Wesentlichen zwischen 1519 und 1547 erbaut, weitere Gebäudeteile bis 1559. Das mit seiner Unzahl von Türmchen, Kaminen, Erkern und Zinnen geschmückte Hauptwerk der Renaissance-Architektur an der Loire war Vorbild für die Residenz der mecklenburgischen Herzöge. Das Schweriner Schloss ist eine gelungene stilistische Anknüpfung an Schloss Chambord und damit ein Meisterstück des Historismus, einer Stiltendenz der zweiten Hälfte des 19. Jahrhunderts. Typisch für den Historismus ist die Verwendung und Abwandlung von Baustilen früherer, als vorbildhaft angesehener Epochen, darunter v.a. Gotik, Renaissance und Barock.

Das Schweriner Schloss

Gartenskulptur

Als schönstes Bauwerk des Historismus in Norddeutschland gilt das »Märchenschloss« mit seinen zahlreichen Türmen und Zinnen auf einer Insel im Schweriner See. Es wurde 1843–57 nach Plänen von Georg Adolph Demmler und Friedrich August Stüler errichtet. Vorbild war das Loire-Schloss Chambord bei Orléans. Die Schlossbauten aus dem 16. und 17. Jahrhundert wurden dabei integriert. Das Schloss ist heute Sitz des Landtages von Mecklenburg-Vorpommern. In seinem musealen Teil ist es jedoch zugänglich.

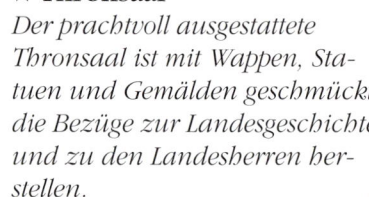

★ Thronsaal
Der prachtvoll ausgestattete Thronsaal ist mit Wappen, Statuen und Gemälden geschmückt, die Bezüge zur Landesgeschichte und zu den Landesherren herstellen.

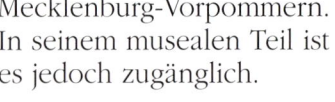

Springbrunnen
Die Brunnenanlage im Burggarten ist von einer halbkreisförmigen Kolonnade umgeben.

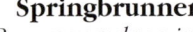

Burggarten
Der Garten mit seinen seltenen Bäumen und Pflanzen erstreckt sich auf drei Seiten des Schlosses.

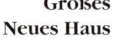

Großes Neues Haus

Felsengrotte
Die künstlich angelegte Grotte wurde aus unbehauenen Steinen erbaut. Darüber befindet sich eine Aussichtsterrasse.

★ Schlosskirche
Die Kirche im Nordflügel, erbaut von Johann Baptista Parr, stammt noch aus der Renaissancezeit. Beachtenswert sind Sterngewölbe und Kanzel.

★ Ahnengalerie
In der Ahnengalerie kann man die Darstellungen aller mecklenburgischen Herzöge des 14. bis 18. Jahrhunderts bewundern.

PETERMÄNNCHEN

In den Kellergewölben des Schlosses soll der Sage nach das Petermännchen zu Hause sein. Der gutmütige, aber finster blickende Gnom in Kleidung des 17. Jahrhunderts hält Eindringlinge fern.

Burgseeflügel
Diese Ansicht des Burgseeflügels, der 1913 mit dem Goldenen Saal völlig ausbrannte, erinnert an das französische Vorbild des Schlosses.

Tordurchfahrt
In der Nische über der Tordurchfahrt steht das Reiterdenkmal des legendären Obotritenherrschers Niklot, dem Begründer der mecklenburgischen Herzogsdynastie.

HÖHEPUNKTE

- ★ Ahnengalerie
- ★ Thronsaal
- ★ Schlosskirche

DATEN UND FAKTEN

um 970 Erstmalige Erwähnung einer Burg in den Reiseberichten des arabischen Weltreisenden Ibrahim ibn Jakub

1553–55 Unter Herzog Johann Albrecht I. Umbau im Renaissancestil, Anbringung der reichen Terrakotta-Dekoration im Innenhof

1748–56 Anlage des Schlossgartens im Barockstil durch den Baumeister Jean Laurent Legeay

1913 Vernichtung eines Drittels des Schlosses (Brand)

seit 1990 Sitz des Landtags von Mecklenburg-Vorpommern

VORGÄNGERBAUTEN

Slawische Obotritenfürsten hatten auf der Insel zwischen Schweriner See und Burgsee eine Burg errichtet. 1160 wurde die Burg vom letzten Obotritenfürsten Niklot (➛ *Tordurchfahrt*) zerstört, der sie nicht den heranrückenden Truppen Heinrichs des Löwen überlassen wollte. Heinrich ließ die Anlage aber unverzüglich wieder aufbauen. Unter Herzog Magnus II. (♔ 1477–1503) wurde das Große Neue Haus, das älteste erhaltene Gebäude, errichtet. Zwischen 1560 und 1563 folgte die ➛ *Schlosskirche*. Gegen Ende des 16. Jahrhunderts zerstörten schwere Brände große Teile des Gebäudes, die Schlosskirche blieb erhalten. Unter Adolph Friedrich I. (♔ 1606–58) wurden ab 1616 der Südost- und der Nordflügel errichtet, die man im 19. Jahrhundert stark veränderte.

Die Rolandstatue

Der Roland (rechts) auf dem Marktplatz

Seit 600 Jahren steht er auf dem Bremer Marktplatz: der riesige Roland, der mit Sockel und Baldachin fast 10 Meter hoch ist. Die Figur wurde 1404 von einem Künstler aus dem Kreis der Parler, einer berühmten Architekten- und Bildhauerfamilie, geschaffen und galt als Symbol reichsstädtischer Freiheit und unabhängiger Gerichtsbarkeit. Darauf deuten sowohl der doppelköpfige Reichsadler im Wappen als auch der umlaufende Wappenspruch hin, in dem Karl der Große gepriesen wird. In Deutschland gibt es unterschiedlichen Angaben zufolge mindestens 27, möglicherweise sogar über 35 Rolandstatuen. Der Bremer Roland aber ist der größte von allen.

Weserrenaissance

Das Bremer Rathaus verdankt seine heutige Anmutung der prächtigen ➛ *Fassade*, welche der Architekt Lüder von Bentheim zwischen 1595 und 1612 umgestalten ließ. Sie gilt als ein hervorragendes Beispiel der so genannten Weserrenaissance, einer Stilrichtung, die zwischen 1520 und 1630 im norddeutschen Wesergebiet vorherrschte. Adelige aus dieser Region hatten auf Studienreisen Bauten der italienischen Renaissance (➛ *S. 211*) gesehen, welche sie in ihrer Heimat nachahmen ließen. Typisch für diesen Stil sind der üppig geschmückte ➛ *Ziergiebel* sowie der aufwendige Fries am Laubengang des Rathauses. Ein weiteres Stilmerkmal stellen skulpturenreiche Erkervorbauten dar.

Das Bremer Rathaus

Das Rathaus, ein Backsteinbau vom Beginn des 15. Jahrhunderts, ist Zeichen des »Bremischen Selbstbewusstseins«. Die Fassade im Stil der Weserrenaissance macht es zu einem der nördlichsten Renaissance-Meisterwerke auf dem europäischen Festland. Das lang gestreckte Gebäude ist mit mannshohen mittelalterlichen Sandsteinfiguren Karls des Großen und der sieben Kurfürsten sowie von Philosophen und Weisen geschmückt. Auf dem Fries des Laubengangs sind allegorische Darstellungen der Menschheitsgeschichte zu sehen.

Fassade
An der Marktfront wurde dem Rathaus im 17. Jahrhundert ein Mittelrisalit mit Ziergiebel hinzugefügt.

Kaminsaal
Seinen Namen verdankt der an das Gobelinzimmer angrenzende Raum dem hohen Kamin aus französischem Marmor.

★ Obere Halle
Der größte Saal des Rathauses nimmt das gesamte erste Stockwerk ein. Malereien, prächtige Portale sowie alte Segelschiffsmodelle an der Decke bilden den Schmuck.

★ Ratskeller
Im gotischen Ratskeller verlocken Hunderte von Weinsorten zur Kostprobe und zum Kauf.

Gobelinzimmer
Die Zier dieses kleinen Zimmers bildet der große, fein geknüpfte Wandteppich aus dem 17. Jahrhundert, der in einer Pariser Werkstatt entstand.

Stadtmusikanten

Das Märchen der Gebrüder Grimm kennt jedes Kind: Eine Bronzestatue dieser wohl berühmtesten »Bremer« steht an der Nordseite des Rathauses. Sie wurde 1951 von Gerhard Marcks gegossen.

★ Ziergiebel
Der Baumeister Lüder von Bentheim verschönte die Rathausfassade mit einem fünfstöckigen flandrischen Treppengiebel.

Salomonisches Urteil
Das Wandgemälde (1532) in der Oberen Halle verweist auf ihre einstige Bestimmung als Sitzungssaal des Rates und des Gerichts.

Jugendstilraum
Der untere Raum der zweigeschossigen Güldenkammer wurde von Heinrich Vogeler im Jugendstil neu gestaltet. Die vergoldete Ledertapete wurde bereits Anfang des 17. Jahrhunderts angebracht.

Höhepunkte

★ **Obere Halle**

★ **Ratskeller**

★ **Ziergiebel**

Daten und Fakten

1251 Einweihung des ersten Ratsgebäudes der Stadt Bremen (»domus consulum«)

1405–10 Ersetzung des baufälligen Rathauses durch den gotischen Neubau

1491 Anbringung der Tafel mit »12 Mahnungen« für Ratsherren in der Oberen Halle

1545 Erste wohltätige »Schaffermahlzeit« im Rathaus

1620 Bau des Bacchus- und des heutigen Hauffsaals als Weinlager

1905 Ausgestaltung des Jugendstilraums

1909–13 Anbau des Neuen Rathauses an der Ostseite

1927 Erstellung der Wandbilder im Hauffsaal

Der Ratskeller

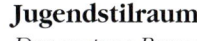

An der Westseite des Rathauses befindet sich der Eingang zum historischen ➛ *Ratskeller*, wo bereits seit 1405 Wein ausgeschenkt wird. Heute haben die Gäste über 650 verschiedene Weine zur Auswahl, die allesamt aus deutschen Anbaugebieten stammen und zum Teil in riesigen prunkvollen Weinfässern mit üppigen Schnitzereien gelagert werden. Die Atmosphäre des Ratskellers hat viele Künstler inspiriert. So schrieb Wilhelm Hauff 1827 seine »Phantasien im Bremer Ratskeller«, welche wiederum Ausgangspunkt für die Fresken waren, die heute die Wände des nach ihm benannten Hauffsaals zieren. Gemalt wurden die humorvollen Szenen von dem impressionistischen Maler Max Slevogt.

Vorgängerbauten

1465 erhob Papst Paul II. die Erasmus-Kapelle im neu erbauten kurfürstlichen Schloss von Cölln zum Domstift. Die Stadt Cölln an der Spree wurde 1709 mit Berlin vereint. 1536 verlegte Kurfürst Joachim II. das Domstift in die Kirche des aufgelösten Dominikanerklosters südlich des Schlosses. 1539 wurde der Dom zu einer lutherischen Kirche umgewidmet. Mit dem Übertritt von Kurfürst Johann Sigismund 1613 zum Calvinismus wurde der Dom zur reformierten Hof- und Pfarrkirche. Zwischen 1747 und 1750 ließ Friedrich der Große nördlich des Schlosses, am heutigen Standort des Doms, von Johann Boumann d.Ä. einen barocken Kirchenbau errichten und das alte baufällige Gotteshaus abreißen. 1817 initiierte König Friedrich Wilhelm III. die Kirchenunion zwischen Lutheranern und Reformierten in Preußen. Zu diesem Anlass ließ er den Dom bis 1822 von dem Architekten Karl Friedrich Schinkel im klassizistischen Stil innen und außen umbauen.

Die Sauerorgel

Als der von Raschdorff erbaute Dom 1905 eingeweiht wurde, erklang erstmals die gewaltige ➛ *Sauerorgel*, zeitweise die größte Orgel Deutschlands. Sie bildete den Höhepunkt im Schaffen des Orgelbauers Wilhelm Sauer, der auch für die Thomaskirche in Leipzig und den Dom in Bremen Orgeln gebaut hatte. Gleichzeitig war sie der Endpunkt der Tradition einer »Orchesterorgel«, die die Klangfülle und Dynamik eines Sinfonieorchesters nachzubilden versuchte. Kennzeichnend für die Sauerorgel ist ein voller, dunkel getönter Klang. Nach Ende des Zweiten Weltkriegs wurde die Orgel stark beschädigt, 1993 nach ihrer Restaurierung wieder eingeweiht.

Der Berliner Dom

Das Wappen Friedrichs III.

Mit seiner rund 75 Meter hohen kupfergedeckten Kuppel ist der Dom, der dem Petersdom in Rom nachempfunden ist, der größte protestantische Zentralbau Deutschlands. Julius Carl Raschdorff erbaute diese Kathedrale ab 1894 im Stil der italienischen Hochrenaissance auf Wunsch Kaiser Wilhelms II. an der Stelle des alten Doms. Der aus drei Teilen bestehende Kirchenbau (Tauf- und Trau-, Predigt- sowie Denkmalskirche) diente den Hohenzollern als Hofkirche und Mausoleum. Heute präsentiert sich der im Zweiten Weltkrieg stark beschädigte Dom nach seinem Wiederaufbau in etwas schlichterer Form als ursprünglich und ohne das einst an der Nordseite gelegene Mausoleum.

Philipp der Großmütige
Je vier Standbilder zeigen Reformatoren und der Reformation wohlgesinnte Fürsten. Diese Statue des hessischen Landgrafen Philipps des Großmütigen schuf Walter Schott.

★ Innenraum
Die prächtige bis in die Kuppel reichende künstlerische Dekoration zeigt, dass der Berliner Dom auch zu Repräsentationszwecken genutzt wurde.

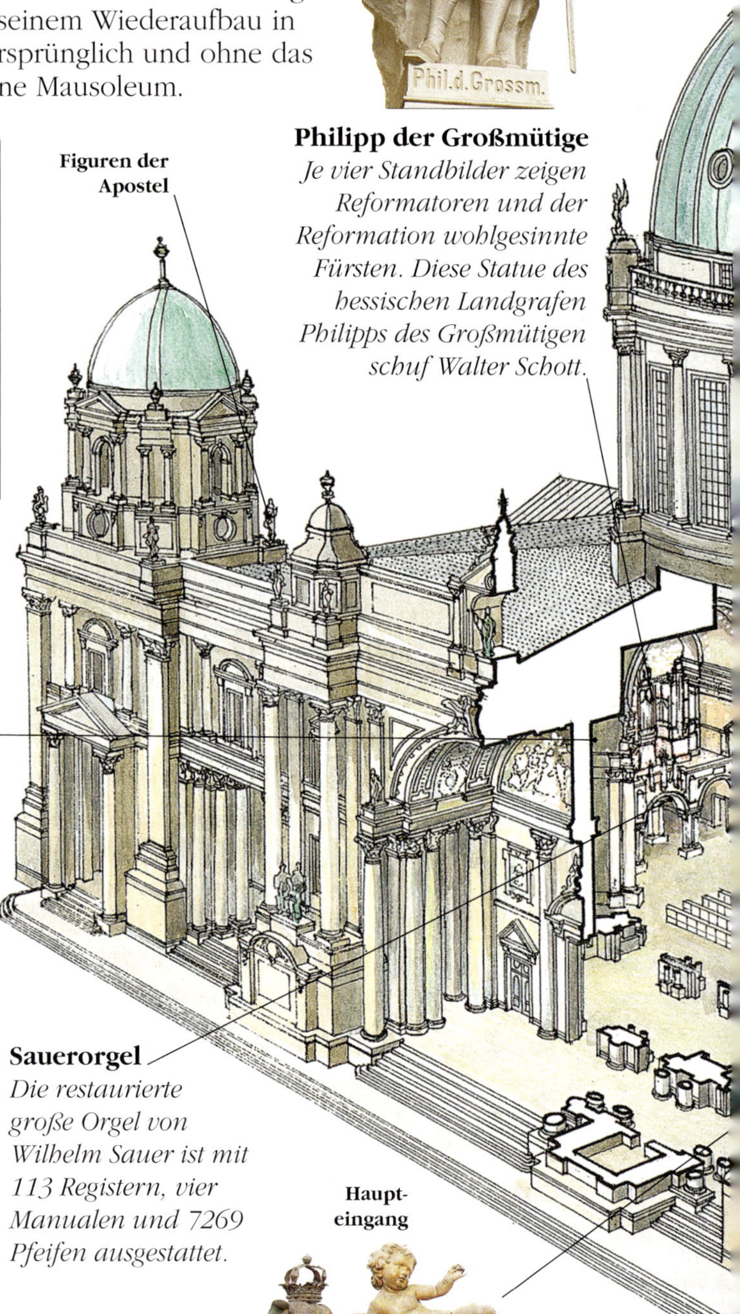

Sauerorgel
Die restaurierte große Orgel von Wilhelm Sauer ist mit 113 Registern, vier Manualen und 7269 Pfeifen ausgestattet.

★ Hohenzollerngruft
Von besonderem kulturhistorischem Wert ist die Hohenzollerngruft unterhalb der Predigtkirche; hier der Sarkophag des Prinzen Friedrich Ludwig (gestorben 1708).

Die vier Evangelisten
In den Apsidenkuppeln über den kleinen Emporen befinden sich die Mosaiken der vier Evangelisten nach Entwürfen von Woldemar Friedrich.

Kaiserdom

Die Bauakademie hatte Einwände gegen Raschdorffs Entwurf, aber Kaiser Wilhelm II. setzte sich über jede Kritik hinweg. Er erwirkte vom Landtag einen Zuschuss in Millionenhöhe und ließ den »Traumdom« erbauen.

Die Auferstehung
Eines der Glasfenster von Anton von Werner im Chor der Predigtkirche des Domes stellt die Auferstehung Jesu dar.

Der Altartisch, der schon im alten Dom stand, ist ein Werk von Friedrich August Stüler aus dem Jahr 1850.

Kanzel
Die prunkvolle Kanzel ist ein Schnitzwerk in Eichenholz nach Entwürfen Otto Raschdorffs, Sohn des Baumeisters.

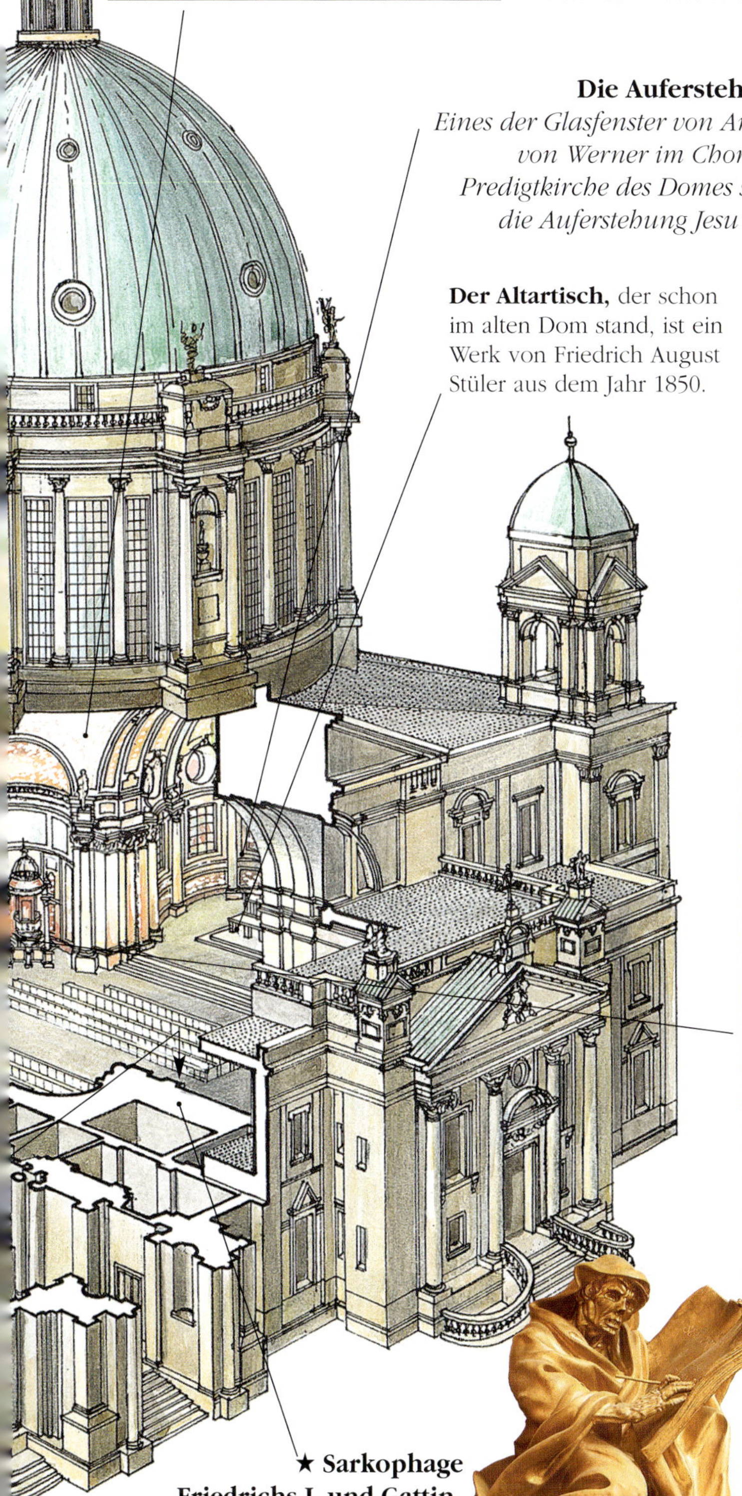

★ Sarkophage Friedrichs I. und Gattin
Beide Sarkophage wurden von Andreas Schlüter gestaltet. Auf dem Grabmal Sophie Charlottes erkennt man eine Allegorie des Todes.

Höhepunkte

- **★ Hohenzollerngruft**
- **★ Innenraum**
- **★ Sarkophage Friedrichs I. und Gattin**

Daten und Fakten

1894–1905 Bau des neuen Doms

1951 Nach Zerstörung während des Zweiten Weltkriegs Notbedachung der Domkuppel

1975–83 Wiederaufbau des Berliner Doms ohne Denkmalskirche

1984–93 Innenrenovierung des Doms mit Kaiserlichem Treppenhaus (1989) und Predigtkirche (1993)

2002 Fertigstellung des letzten rekonstruierten Kuppelmosaiks

Die Gruft der Hohenzollern

Die Grabstätte der Herrscherdynastie im Berliner Dom gilt als eine der bedeutendsten fürstlichen Grablegen Europas. Das Gotteshaus beherbergt in der ➛ *Hohenzollerngruft* 94 Sarkophage und Grabmäler vom Ende des 16. bis Anfang des 20. Jahrhunderts, die zum Teil aus der Familiengruft der Vorgängerbauten stammen. Darunter sind beispielsweise die Grabstätten Friedrich Wilhelms, des Großen Kurfürsten, sowie von König Friedrich I. und seiner Frau Sophie Charlotte (➛ *Sarkophage Friedrichs I. und Gattin*). Nach den Zerstörungen im Zweiten Weltkrieg konnte die restaurierte Gruftanlage mit den teils aufwendig gestalteten Grabmälern und Särgen aus Stein, Metall und Holz im Jahr 1999 der Öffentlichkeit feierlich übergeben werden.

Der Bauherr

Friedrich II., der Große

Der Preußenkönig Friedrich II. (♔ 1740–86), nach seinem Sieg im Zweiten Schlesischen Krieg (1744/45) mit dem Beinamen »der Große« geehrt, wurde 1712 geboren. Im Gegensatz zu seinem Vater, dem »Soldatenkönig«, setzte Friedrich II. auf einen aufgeklärten Absolutismus. Er holte Voltaire an den Berliner Hof, der 1750–53 auch in Sanssouci lebte, verbesserte den Volksschulunterricht und begann in Potsdam mit umfangreichen Bauvorhaben. Mit Sanssouci versuchte sich der musisch begabte König seinen Traum von einem Ort der Entspannung und des Kunstgenusses zu verwirklichen. Friedrich fühlte sich in Sanssouci so wohl, dass er dort begraben werden wollte.

Friderizianisches Rokoko

Schloss Sanssouci gilt als ein besonders schönes Beispiel des friderizianischen Rokoko. Diese Stilrichtung, die während der frühen Regierungszeit Friedrichs des Großen in Preußen vorherrschte, verknüpfte Elemente des Klassizismus (➛ *S. 79*) mit denen des Barock (➛ *S. 111*) und des Rokoko (➛ *S. 118*). Im Vergleich zum süddeutschen, französischen und italienischen Rokoko zeichnete sich das friderizianische Rokoko durch klar gegliederte Bauten und durch eine vergleichsweise wenig verspielte oder gar überladene Dekoration aus.

Schloss Sanssouci

Der französische Name »Sanssouci« bedeutet »ohne Sorge« und ist bezeichnend für die Extravaganz des Potsdamer Rokokoschlosses, das als »Versailles des Nordens« gilt. Die von Friedrich II., dem Großen selbst angefertigten Entwurfsskizzen setzte Georg Wenzeslaus von Knobelsdorff um. Die Entwürfe zu den prunkvollen Interieurs stammen von Knobelsdorff, die Dekorationen u.a. von Johann August Nahl. Erst 1991 wurden die sterblichen Überreste Friedrichs des Großen von der Burg Hohenzollern seinem Wunsch gemäß nach Schloss Sanssouci überführt. Er ruht nun neben seinen Hunden.

Bacchantin
Friedrich Christian Glume schuf die Figuren an der Gartenfassade, die zu den vorzüglichsten Bauskulpturen des norddeutschen Rokoko zählen.

Die Kolonnade eröffnet den Durchblick auf den Ruinenberg.

Die Flügelbauten wurden nachträglich an das Gebäude angefügt.

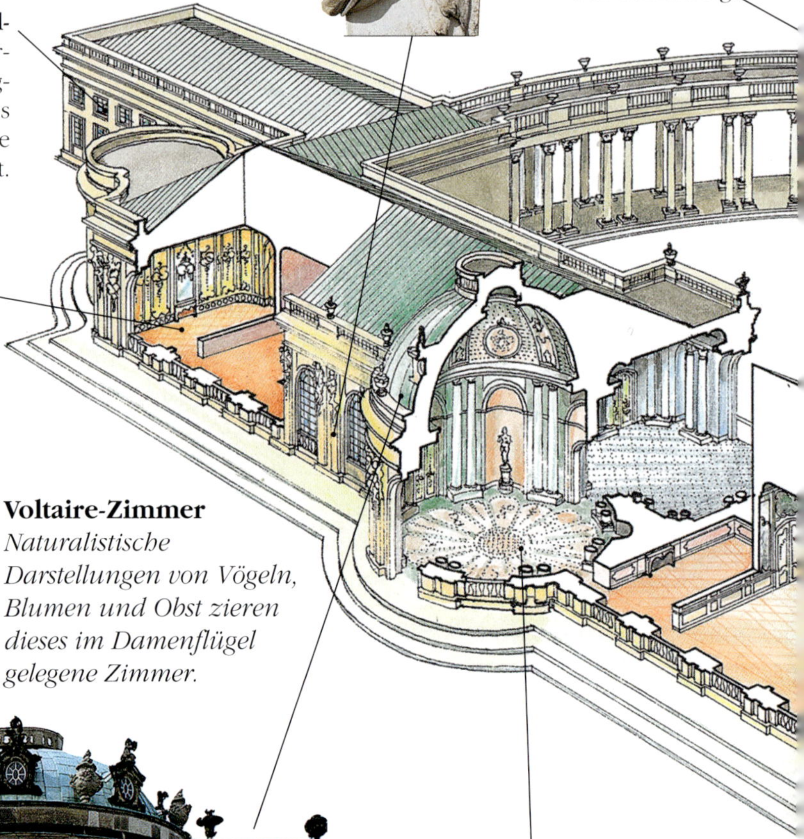

Voltaire-Zimmer
Naturalistische Darstellungen von Vögeln, Blumen und Obst zieren dieses im Damenflügel gelegene Zimmer.

Flachkuppel
Barockskulpturen umgeben das Kuppeldach des Marmorsaals.

★ Marmorsaal
Den imposanten Marmorsaal schmücken Säulenpaare aus Carraramarmor. Friedrich der Große wollte, dass dieser Saal an das Pantheon in Rom erinnert.

Höhepunkte

- ★ **Marmorsaal**
- ★ **Konzertzimmer**
- ★ **»Fêtes galantes«**

Laube
Mit Sonnenmotiven geschmückte malerische Lauben und Pergolen vervollständigen das Schloss.

Die Bildergalerie

Friedrich der Große ließ zwischen 1755 und 1764 ein Gebäude für seine Gemäldesammlung (u. a. mit Werken von Rubens und Caravaggio) errichten. Es ist das älteste deutsche Gemäldemuseum.

★ **»Fêtes galantes«** (um 1715)
Wahre Juwelen im Schloss sind die reizvollen Gemälde von Antoine Watteau, der zu den Lieblingskünstlern Friedrichs des Großen gehörte.

Weimar-Urne
Diese klassizistische Urne (1785) aus der Königlichen Porzellan-Manufaktur in Berlin ist eine Nachbildung der Urne, die der Herzogin von Weimar überreicht wurde.

★ **Konzertzimmer**
Der Maler Antoine Pesne verzierte die Wände des Salons mit Szenen aus der griechischen Mythologie.

Bibliothek
Etwa 2200 Bücher enthält die Bibliothek Friedrichs des Großen. Das Zedernpaneel schafft eine Atmosphäre der Behaglichkeit.

Daten und Fakten

1744 Anlage der Weinbergterrassen

1745–47 Bau von Schloss Sanssouci und den Neuen Kammern

1748 Anlage des Ruinenbergs mit künstlichen Ruinen

1754–64 Errichtung des Chinesischen Hauses durch Johann Gottfried Büring

1763–69 Bau des Neuen Palais u.a. durch Büring und Karl von Gontard

1770–72 Bau des Belvedere durch Georg Christian Unger

1771–75 Umgestaltung der Neuen Kammern zum Gästeschloss durch Unger

1841/42 Anbau der Flügelbauten am Schloss Sanssouci

1990 Aufnahme von Potsdam-Sanssouci in das Weltkulturerbe der UNESCO

Der Baumeister

Georg Wenzeslaus von Knobelsdorff (1699–1753) ist der Hauptvertreter des Friderizianischen Rokoko. Nach einer Offizierslaufbahn studierte er ab 1729 Malerei bei Antoine Pesne sowie Architektur. Friedrich II. befreundete sich mit Knobelsdorff. Nach seinem Regierungsantritt ernannte er ihn im Jahr 1740 zum Oberintendanten der königlichen Schlösser und Gärten sowie aller Bauten der königlichen Provinzen. Der Architekt erbaute u.a. die heutige Staatsoper Unter den Linden in Berlin (1741 bis 1743), das zerstörte Stadtschloss in Potsdam (1744–51) und entwarf den Park Sanssouci.

Der Hildesheimer Dom

Der majestätische Dom des 815 gegründeten Bistums besitzt eine einzigartige Fülle romanischer Kunstwerke, die den Bischöfen Bernward und Hezilo zu verdanken sind. Das Gotteshaus wurde im 11., 12. und 14. Jahrhundert um- und ausgebaut. Nach seiner weitgehenden Zerstörung im März 1945 wurde der Dom in seiner ursprünglichen dreischiffigen Form wieder aufgebaut. Das Dom-Museum birgt vor allem mittelalterliche Schatzkunst (11.–13. Jh.) wie Evangeliare, Reliquiare, Kreuze und liturgische Gewänder.

Neues Paradies
Das dem nördlichen Querschiff vorgelagerte Paradies mit sechsbahnigem Mittelfenster an der Stirnseite wird von Standbildern der Muttergottes und der Bischöfe Bernward sowie Godehard geschmückt.

★ Epiphaniusschrein
Der prachtvolle Schrein (um 1140) aus versilbertem und vergoldetem Kupferblech birgt Reliquien der Dompatrone.

★ Bernwardstür
Die romanische Bronzetür wurde 1015 von Bischof Bernward gestiftet. Die Felder der Türflügel zeigen Szenen aus dem Alten und dem Neuen Testament.

Heziloleuchter
Der kupferne Radleuchter (um 1060) von über 6 Meter Durchmesser versinnbildlicht das himmlische Jerusalem.

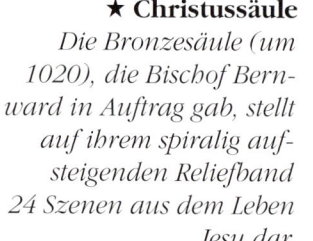

★ Christussäule
Die Bronzesäule (um 1020), die Bischof Bernward in Auftrag gab, stellt auf ihrem spiralig aufsteigenden Reliefband 24 Szenen aus dem Leben Jesu dar.

Grosse Bischöfe

Evangeliar des heiligen Bernward

Im 11. Jahrhundert erlebte die Stadt Hildesheim unter den Bischöfen Bernward (♔993 bis 1022), Godehard (♔1022–38) und Hezilo (♔1054–79) eine kulturelle Blütezeit. Insbesondere Bischof Bernward, der Gründer der »Hildesheimer Werkstätten«, war ein wichtiger Förderer der Künste. Auf seinen Auftrag gehen wertvolle Kunstwerke im Dom zurück (➛ *Christussäule*, ➛ *Bernwardstür*). Begraben liegt er in der Krypta der Michaeliskirche. Seinem Nachfolger Bischof Godehard, der wie Bernward heilig gesprochen wurde (Godehardschrein in der ➛ *Krypta*), ist die Godehardskirche (1133–72) in Hildesheim geweiht. Bischof Hezilo war maßgeblich für den Weiterbau des romanischen Doms verantwortlich.

Das Dom-Museum

Den Schwerpunkt des Hildesheimer Dom-Museums bilden die Kunstwerke, die zum Domschatz gehören. Das älteste Exponat, das Gründungsreliquiar, geht auf das 9. Jahrhundert zurück. Ausgestellt sind u.a. mittelalterliche Handschriften, kostbare Geräte und Gewänder für den liturgischen Gebrauch, darunter auch etliche, die auf Bischof Bernward zurückgehen, wie das Große Bernwardskreuz sowie das Silberne Bernwardskreuz mit den Silbernen Bernwardsleuchtern aus dem frühen 11. Jahrhundert.

Annenkapelle
Die 1321 begonnene kleine Kapelle inmitten des Kreuzgangs weist Elemente der Spätgotik auf.

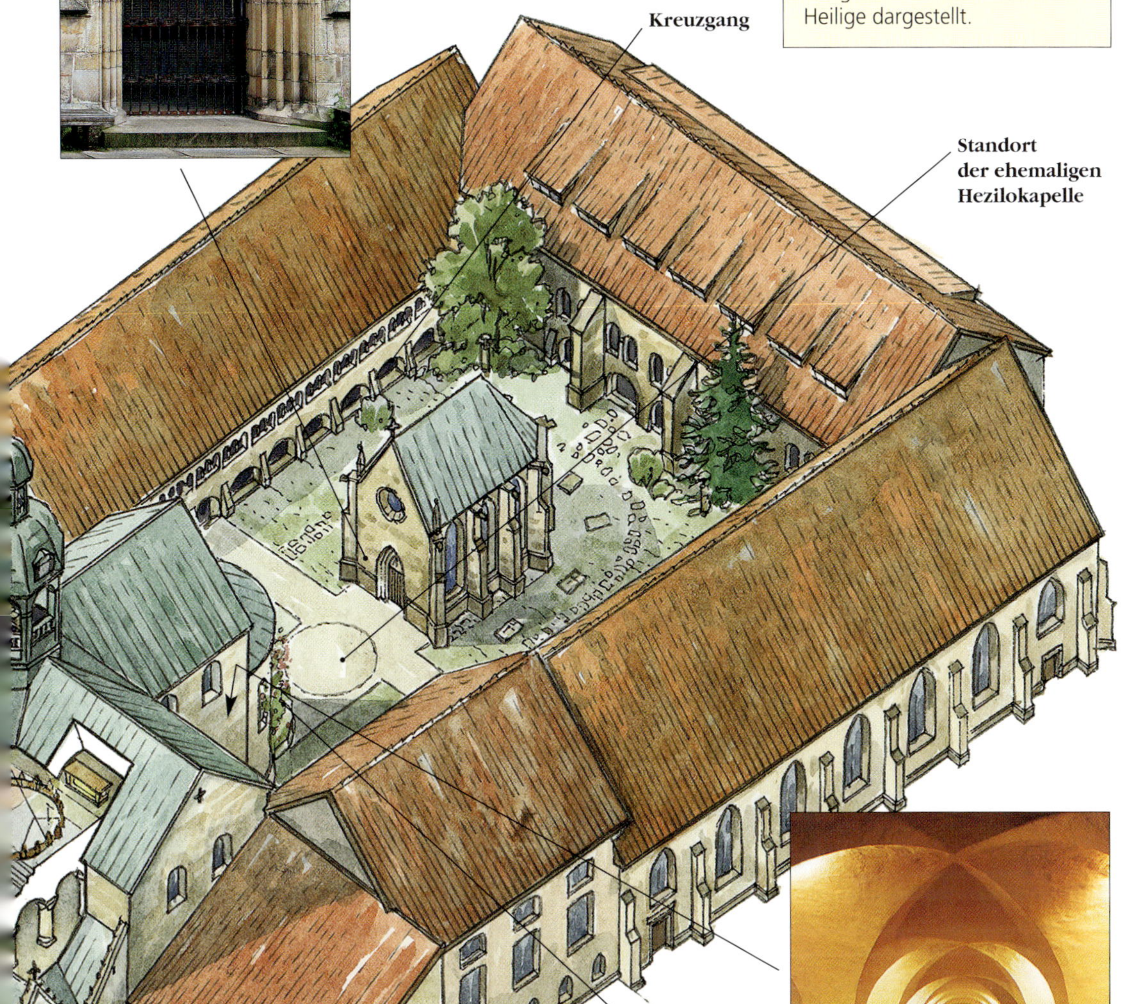

Epiphaniusschrein

Der ➛ *Epiphaniusschrein* zeigt auf seinen Langseiten die Gleichnisse von den klugen und den törichten Jungfrauen und die Talente, die es zu mehren gilt. An den Stirnseiten sind Heilige dargestellt.

Daten und Fakten

815 Bau einer Marienkapelle durch Ludwig den Frommen

872 Einweihung der ersten großen Bischofskirche südlich der Kapelle durch Bischof Altfried

1046 Nach Brand Beginn des Neubaus als dreischiffige Basilika unter Bischof Azelin

1061 Einweihung der Basilika durch Bischof Hezilo

1724–34 Spätbarocke Stuckatur und Ausmalung des Innenraums

1842–49 Neubau von Westwerk und Paradies

1950–60 Wiederaufbau nach Kriegszerstörungen

1985 Aufnahme in das Weltkulturerbe der UNESCO

Gründungslegende

Der Frankenherrscher, Kaiser Ludwig der Fromme (♔814 bis 840), soll der Überlieferung nach eines Tages an der Stelle des heutigen Domes Rast gemacht haben. Die mitgeführten Reliquien der Gottesmutter – angeblich aufbewahrt in dem heute im Dom-Museum ausgestellten Gründungsreliquiar – wurden beim Aufbruch dort vergessen. Als der Kaiser dies bemerkte, soll er seinen Kaplan zurückgeschickt haben, welcher das Reliquiar auch tatsächlich noch vorfand. Allerdings gelang es ihm nicht, es von den Zweigen jenes Baumes (➛ *Tausendjähriger Rosenstock*) zu lösen, an dem er es aufgehängt hatte. Der Kaiser habe dies als Zeichen Gottes gedeutet, an dieser Stelle eine Kapelle zu bauen.

Krypta
In der Krypta wird der Godehardschrein aufbewahrt, der nach der Heiligsprechung Bischof Godehards 1131 geschaffen wurde.

Tausendjähriger Rosenstock
Der sagenumwobene Rosenstock, der Ende Mai an der Apsis des Domes blüht, erlitt Anfang 1945 schwere Feuerschäden. Trotzdem blühte der Wurzelstock bereits im Mai desselben Jahres wieder.

Seitenkapellen
Die Kapellen an den Seitenschiffen des Langhauses wurden erst Anfang des 14. Jahrhunderts gebaut.

Höhepunkte

★ **Bernwardstür**

★ **Christussäule**

★ **Epiphaniusschrein**

Die Ekkehardinger

Gotischer Aufsatz am Hochaltar

Die Ekkehardinger, Markgrafen von Meißen, die durch ihre »Nuwenburg« Naumburg seinen Namen gaben, hatten einen wesentlichen Anteil an der Entwicklung des Doms. Die Markgrafen Hermann und Ekkehard II. (➛ *Stifterfiguren*) führten um 1028 die Verlegung des Bischofssitzes von Zeitz nach Naumburg durch und stifteten, da sie kinderlos blieben, ihren Besitz der Kirche. Bald darauf wurde mit dem Bau eines frühromanischen Doms begonnen, der Stiftskirche der Ekkehardinger. Im heutigen Dom sind noch wenige Überreste zu finden.

Die Stifterfiguren

Markgraf Ekkehard II. und seine Gemahlin Uta sind die bekanntesten der zwölf ➛ *Stifterfiguren*. Zusammen mit seinem Bruder Hermann und dessen Gattin Reglindis, die ebenfalls als Paar aufgestellt sind, bilden sie den Kern des Ensembles aus insgesamt vier Frauen- und acht Männerfiguren. Die anderen Standbilder zeigen die Grafen Dietmar, Syzzo, Wilhelm, Thimo, Konrad und Dietrich sowie die Gräfinnen Gerburg und Gepa. Weltliche Figuren im Chor darzustellen ist ungewöhnlich. Doch hatten sich diese Mitglieder des Hochadels finanziell um den ersten Dombau verdient gemacht. Die lebensnahen, doch erst 150 bis 200 Jahre nach ihrem Tod geschaffenen Charakterdarstellungen sind höchst individuell in Mimik und Gestik. Die Figuren in der Mode des 13. Jahrhunderts wurden lebensgroß in Kalkstein gehauen. Die Bemalung stammt aus dem 16. Jahrhundert.

Der Naumburger Dom

Der grossartige spätromanisch-frühgotische Dom St. Peter und Paul gehört zu den schönsten Kirchen Deutschlands. Weltberühmt ist er vor allem wegen seiner Innenausstattung und der Figuren, geschaffen vom unbekannten Naumburger Meister um 1250. Der großartige Westchor des Doms ist zugleich das früheste Zeugnis der Gotik in Sachsen und Thüringen. Der Dom ruht auf den Fundamenten einer frühromanischen Kirche. Die unteren Wände des westlichen Turmpaars und der Mittelteil der Krypta unter dem Ostchor stammen noch von ihr.

Bleiglasfenster im Chorraum
Die bleiverglasten Fenster zeigen heilige Männer und Frauen. Fast alle Fenster stammen aus dem 13. Jahrhundert, nur zwei wurden im 19. Jahrhundert neu eingesetzt.

★ Stifterfiguren
Die Figuren des Markgrafen Ekkehard II. und seiner Frau Uta sind Meisterwerke der Bildhauerkunst. Schönheit und Ausdruck der zwölf Figuren sind einzigartig.

★ Kreuzigungs-Figurenportal
Das gotische Doppelportal, Teil des Westlettners, zeigt die Kreuzigung Christi. Auch diese ausdrucksvolle Figurengruppe wurde von dem unbekannten Naumburger Meister geschaffen.

Höhepunkte

- ★ Stifterfiguren
- ★ Kreuzigungs-Figurenportal
- ★ Hauptportal

Kanzel
Der reich ornamentierte Kanzelstuhl von 1466 und die Treppe wurden vor kurzem originalgetreu restauriert.

Der Westlettner

Der Lettner ist die halbhohe Wand, die in mittelalterlichen Kirchen den Altarraum von der übrigen Kirche trennt. Der Westlettner des Doms ist von höchstem künstlerischem Rang (➛ *Kreuzigungs-Figurenportal*).

★ Hauptportal
Das spätromanische Portal (13. Jh.) ist an der linken Seite mit Adlern verziert. In der Mandorla über der Tür wird Christus inmitten von Engeln dargestellt.

Altar des Ostchors
Der gotische Altar stellt Maria mit Jesus dar und lädt zu Stilvergleichen mit dem Marienaltar ein. An den Seiten befinden sich acht Heilige.

Der Hochaltar wurde Mitte des 14. Jahrhunderts geschaffen. Der steinerne Altaraufsatz zeigt die Kreuzigung Christi und Heilige.

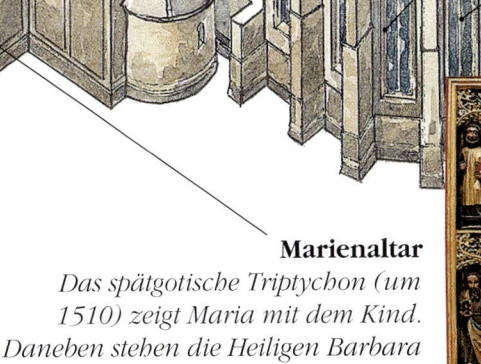

Marienaltar
Das spätgotische Triptychon (um 1510) zeigt Maria mit dem Kind. Daneben stehen die Heiligen Barbara und Katharina, außen die Apostel.

Daten und Fakten

1042 Weihe des ersten frühromanischen Baus

um 1170 Errichtung der noch erhaltenen Krypta unter dem Ostchor

um 1210 Baubeginn des heutigen Doms

1242 Weihe der neuen Domteile (Lang- und Querhaus, Ostchor, Osttürme)

ab 1250 Errichtung des Westchors, dessen Lettner das Kreuzigungs-Figurenportal trägt

um 1330 Verlängerung des Ostchors

um 1500 Erhöhung der romanischen Osttürme

1711–13 Krönung der Osttürme mit barocken Kupferhauben

Naumburger Meister

Seine Herkunft, sein Name und sein Werdegang sind nicht bekannt. Der Naumburger Meister ist einer der bedeutendsten Künstler des Mittelalters. Seine großartigsten Werke, die ➛ *Stifterfiguren* und der ➛ *Westlettner*, sind im Naumburger Dom erhalten geblieben. Nach dieser Wirkungsstätte wurde er behelfsmäßig benannt. Vermutlich gehörte er der Bauhütte der Kathedrale in Reims an. Vor 1239 schuf er den Westlettner des Mainzer Doms. Mitte des 13. Jahrhunderts wirkte er in Naumburg. Besonders beeindruckend ist die für jene Zeit neuartige Individualität und Ausdrucksfähigkeit seiner Statuen, die zu den Höhepunkten figürlicher Plastik in Europa zählen.

Alte Meister

Die ➛ *Gemäldegalerie Alte Meister* entstand in der ersten Hälfte des 18. Jahrhunderts unter August dem Starken sowie seinem Sohn, August III. Die beiden Herrscher erweiterten die 1560 begründete Kunstsammlung. In weniger als 60 Jahren trugen sie eine Gemäldesammlung zusammen, die bereits zu ihrer Entstehungszeit als eine der bedeutendsten Europas galt. Ihren unverwechselbaren Charakter verdankt die Sammlung ebendiesem überschaubaren Entstehungszeitraum:
In den stilistischen Schwerpunkten drückt sich der Zeitgeschmack des 18. Jahrhunderts aus. Der Schwerpunkt liegt auf der Malerei der italienischen Renaissance und des Barock, auf flämischen und holländischen Meistern des 17. Jahrhunderts sowie auf ausgewählten Werken der damals zeitgenössischen Kunst. Dabei gelangen den beiden Sammlern einige erstaunliche Erwerbungen. 1746 etwa erweiterte sich die Sammlung auf einen Schlag um 100 Werke, die aus dem Besitz des Herzogs von Modena angekauft worden waren. Der Baumeister Gottfried Semper schuf dafür später einen adäquaten architektonischen Rahmen mit seiner an den Zwinger angegliederten Galerie, die heute mehr als 760 Gemälde umfasst.

August der Starke

Friedrich August I., Kurfürst von Sachsen (♔ 1694 bis 1733) und König von Polen (♔ 1697–1706, 1709–33), war als größter Förderer des Dresdner Barock Auftraggeber bedeutender Bauwerke, allen voran der Zwinger und die Residenz in Warschau. Seine von der Schlossanlage in Versailles (➛ *S. 80f.*) inspirierten Repräsentationsbauten im von ihm geprägten »Elbflorenz« spiegeln sein Selbstverständnis als absolutistischer Fürst wider.

Der Zwinger

Der Zwinger in Dresden ist eine der prunkvollsten Barockanlagen Europas. Neben dem Architekten Matthäus Daniel Pöppelmann prägte vor allem der Bildhauer Balthasar Permoser das Erscheinungsbild der Bauwerke. Kernstück war eine Orangerie für seltene Pflanzen, die August der Starke 1709 in Auftrag gab. Im Laufe weiterer Baumaßnahmen wurden die Gebäude zu einem harmonischen Gesamtkomplex verbunden. Heute werden im Zwinger wertvolle Sammlungen ausgestellt.

Mathematisch-Physikalischer Salon
Die wertvolle Sammlung astronomischer und physikalischer Messinstrumente beinhaltet einen Himmelsglobus (13. Jh.), auf dem die Sternenkonstellationen abgebildet sind.

Kronentor
Das Tor verdankt seinen Namen der vergoldeten Krone, die auf den Eingang aufgesetzt wurde.

Haupteingang

Allegorische Figuren krönen die Balustraden.

★ Porzellansammlung
Neben den japanischen und chinesischen Exponaten gibt das Museum auch einen Überblick über Meissener Porzellan des 18. Jahrhunderts. Teile des »Schwanenservice« von Johann Joachim Kändler sind hier zu sehen.

Glockenspielpavillon
Das Glockenspiel erhielt dieser Pavillon, eine spiegelgleiche Wiederholung des Wallpavillons, erst 1933. Die Porzellanglocken aus Meißen lassen verschiedene Melodien erklingen.

Wallpavillon
Bekrönt wird dieses Meisterwerk barocker Architektur von einer Statue des Herkules, der die Weltkugel trägt. Die Figur ist eine Huldigung an August den Starken.

Namensgebung

Der Name »Zwinger« leitet sich nicht etwa von einem Tierkäfig ab. Ein Zwinger war ursprünglich der Raum zwischen zwei Festungsmauerringen. Der Dresdner Zwinger wurde in einem ehemaligen Zwinger-Garten angelegt und war als höfischer Festplatz gedacht.

Nymphenbad
Die barocke Brunnenanlage wurde mit Skulpturen von Nymphen geschmückt. Auch sie wurde von Pöppelmann entworfen.

★ Gemäldegalerie Alte Meister
Gottfried Semper entwarf den Seitenflügel für die Gemäldegalerie.

★ Rüstkammer
Hier werden Gewehre, Schwerter, Festgewänder und Waffenschmuck gezeigt. Der Prunkharnisch wurde von Eliseus Libaerts für den schwedischen König Erik XIV. geschmiedet.

Höhepunkte

- ★ **Porzellansammlung**
- ★ **Gemäldegalerie Alte Meister**
- ★ **Rüstkammer**

Daten und Fakten

1709 Bauauftrag Augusts des Starken an Matthäus Daniel Pöppelmann
1711 Baubeginn des Nymphenbads
1716–19 Bau des Wallpavillons
1719 Einweihung des Zwingers anlässlich der Hochzeit Kurprinz Friedrich Augusts
1728 Fertigstellung der Zwingerbauten
1746 Einrichtung des Mathematisch-Physikalischen Salons
1820–30 Anlage von Zwingerteich und Garten im Hof
1847–55 Abschluss der Elbseite durch das Galeriegebäude Gottfried Sempers
1945–63 Wiederaufbau nach Bombenschäden

Das Barock

Diese Stilrichtung bestimmte die Kunst des 17. bis ins beginnende 18. Jahrhundert. Das Hochbarock blühte in Italien etwa um 1630–80, während die Epoche in Deutschland ab 1700 mit dem Spätbarock ihren Abschluss fand. Kennzeichnend für das Barock sind die stark geschwungenen Grundrissformen und die gebrochenen Giebel, wie sich am ➛ *Wallpavillon* gut beobachten lässt, die Unterordnung aller Einzelelemente unter das Ganze zu einem Gesamtkunstwerk und die Fülle an Schmuck, wie sie das an Skulpturen reiche ➛ *Nymphenbad* zeigt. Ebenfalls typisch ist die prachtvolle malerische Gestaltung von Innenräumen.

Kölner Dom vom Rhein gesehen

Die Domglocken

Zu Ehren der Heiligen Drei Könige wurde 1418 eine auf den Ton »h« gestimmte, etwa 3,4 Tonnen schwere Glocke gegossen. Sie hing zunächst in einem Glockenstuhl neben dem Dom, ab 1437 im Südturm. 1448 kam die mit 10 Tonnen Gewicht größte Glocke Europas hinzu, die den Namen »Pretiosa« (die Kostbare) erhielt. Mit dem Ton »g« ergänzte sie die erste zu einem Geläute über einen G-Dur-Akkord. 1449 folgte die 4,3 Tonnen schwere »Speciosa« (die Schöne) mit dem Ton »a«. Dadurch entstand das erste Melodiegeläute.

Die Chorpfeiler

Um 1280, also gut 30 Jahre nach der Grundsteinlegung für den Dom, wurden an den Pfeilern des Chors frühgotische Standbilder der zwölf Apostel sowie von Christus und Maria aufgestellt. Die überlebensgroßen Figuren tragen prachtvolle Gewänder. Darüber schweben Engel mit Musikinstrumenten. Sie symbolisieren die paradiesische Musik bei der himmlischen Krönung Marias. Die Krönung als solche wird von den beiden Figuren Maria und Christus dargestellt. Die Chorpfeilerfiguren greifen ein Sinnbild auf, das erstmals 1248 in der Pariser Kirche Sainte-Chapelle architektonisch verwirklicht wurde: Die zwölf Säulen des Kirchenbaus symbolisieren die zwölf Apostel als wichtigste Stützen der christlichen Kirche.

Der Kölner Dom

Gero-Kreuz (10. Jh.)

Der Kölner Dom St. Peter und Maria, das Wahrzeichen der Stadt, ist ein Meisterwerk gotischer Architektur (➛ *S. 72*) und der berühmteste gotische Sakralbau Deutschlands. Er ist in jeder Beziehung grandios. Das gilt für seine Ausmaße als einst größtes Gebäude der Welt, seine Ausstattung, aber auch seine Bauarbeiten, die immense Summen verschlangen, und die Bauzeit. Erst nach über 600 Jahren konnte die größte deutsche Kathedrale fertig gestellt werden.

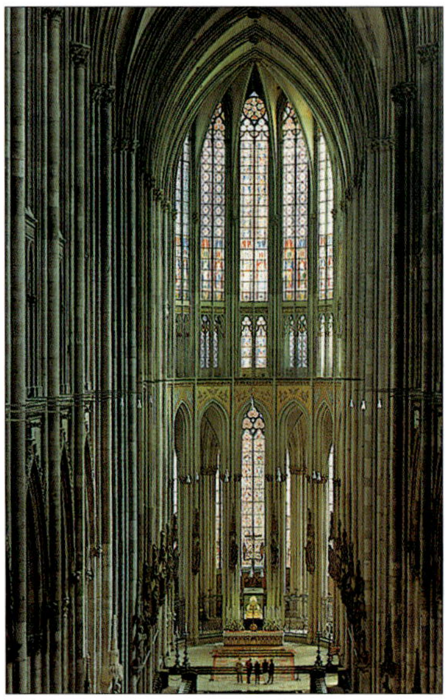

Kirchenschiff
Chor, Chorumgang und Kapellen besitzen großartige gotische Bleiglasfenster, die meisten aus dem frühen 14. Jahrhundert.

Schrein des heiligen Engelbert (um 1630)
Der Domschatz ist berühmt für seine große Sammlung von prachtvollen liturgischen Geräten und Gewändern, Elfenbeinarbeiten und Handschriften.

Kreuzblumen
Die Turmspitzen sind gekrönt von kunstvoll gefertigten Kreuzblumen.

Haupteingang

Durch das Petersportal betritt man den Südturm. Hier stehen Apostelfiguren, von denen fünf gotisch sind (um 1370).

Höhepunkte

- ★ **Chorgestühl**
- ★ **Dreikönigenschrein**
- ★ **Altar der Stadtpatrone**

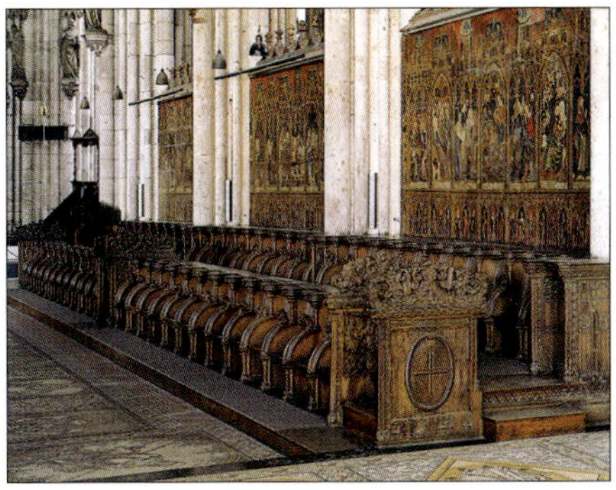

★ Chorgestühl
Das massive Chorgestühl aus Eiche (um 1320) ist das größte mittelalterliche Gestühl in Deutschland.

Halbrunde Bögen übertragen den Druck des Gewölbes auf die Pfeiler.

Strebepfeiler stützen den gewaltigen Dom.

Hochaltar
Der von allen Seiten mit Figuren geschmückte Hochaltar (um 1320) zeigt auf der Vorderseite die Krönung der Jungfrau Maria.

★ Dreikönigenschrein
Der figurenreiche Goldsarkophag wurde zwischen 1190 und 1220 von Nikolaus von Verdun und anderen Künstlern geschaffen. Der Legende nach ruhen hier die Gebeine der Heiligen Drei Könige.

★ Altar der Stadtpatrone
Der berühmte Altar (um 1445) von Stephan Lochner ist den Heiligen Drei Königen, den Schutzheiligen Kölns, gewidmet.

Mailänder Madonna
Die Mailänder Madonna mit Kind, eine frühgotische Schnitzarbeit von 1290, ist in der Sakramentskapelle zu besichtigen.

FRÜHE KIRCHEN

Seit spätrömischer Zeit trafen sich an der Stelle des Doms die Christen. Nach mehreren Kirchen wurde hier um 870 der erste Dom fertig gestellt. Ein Altar war Maria, der andere dem heiligen Petrus geweiht. Der Bau des gotischen Doms wurde wegen des Pilgeransturms auf den Dreikönigenschrein notwendig.

DATEN UND FAKTEN

1248 Grundsteinlegung für den gotischen Dom

1265 Fertigstellung des Chorumgangs mit Kapellen

1322 Chorweihe

um 1530 Einstellung der Arbeiten an der Kathedrale mit 58 Meter hohem Südturm

1794 Einzug französischer Revolutionstruppen, Dom dient u.a. als Lagerraum

1801 Erneute Domweihe

1842–80 Fertigstellung nach historischen Plänen

1996 Aufnahme in das Weltkulturerbe der UNESCO

DREIKÖNIGENSCHREIN

Hinter dem ➛ *Hochaltar*, also im Zentrum des Doms, erhebt sich der ➛ *Dreikönigenschrein*, der größte Reliquienschrein des Abendlandes. Der mit Edelsteinen und Halbedelsteinen besetzte Schrein ist der kostbarste Schatz des Doms und gilt als Meisterwerk mittelalterlicher Goldschmiedekunst. Seine Langseiten zeigen Propheten, Apostel und Könige. Die Stirnseite des Schreins stellt die Anbetung der Heiligen Drei Könige, die Taufe Christi und den thronenden Christus dar. Die Rückseite des Schreins ziert u.a. ein Porträt des Kölner Erzbischofs Rainald von Dassel. Als Kanzler Kaiser Barbarossas hatte er die Gebeine der Heiligen Drei Könige 1164 als Kriegsbeute aus Mailand nach Köln gebracht. Alljährlich am 6. Januar wird die Frontseite des Schreins geöffnet, sodass die drei Schädel sichtbar werden.

Das Wartburgfest

Am 18./19. Oktober 1817 veranstaltete die Jenaische Burschenschaft das Wartburgfest. Anlass waren das Gedenken an den Beginn der Reformation 1517 und die Völkerschlacht bei Leipzig 1813. Das Fest, bei dem man »reaktionäre« Bücher und Symbole verbrannte, war eine Demonstration der studentischen Bewegung, die die Einheit und Freiheit Deutschlands forderte.

Der Reformator

Martin Luther (1483–1546) veröffentlichte seine kirchenkritischen 95 Thesen 1517 in Wittenberg. (Dass er sie an die Tür der Schlosskirche genagelt hat, wird heute aber bezweifelt.) Dies führte im Dezember 1520 zum endgültigen Bruch mit dem Papsttum. 1521 bekräftigte er auf dem Reichstag in Worms seine Haltung, woraufhin die Reichsacht über ihn verhängt wurde. Um Luther zu schützen, wurde er von Kurfürst Friedrich dem Weisen heimlich auf die Wartburg gebracht. Hier lebte der Reformator unter dem Decknamen »Junker Jörg« von Mai 1521 bis März 1522. In nur etwa zehn Wochen übersetzte er das Neue Testament aus dem Griechischen ins Deutsche (➛ *Lutherstube*). Sein Werk erschien 1522 als »Septembertestament« im Druck und stellte einen wesentlichen Beitrag zur Entwicklung der einheitlichen neuhochdeutschen Schriftsprache dar.

Martin Luther (aus der Werkstatt von Lucas Cranach d.Ä., 1526)

Die Wartburg

Die mächtige Wartburg hoch über Eisenach, einst Schutz- und Wehrburg des Geschlechts der Ludowinger, ist ein Juwel romanischer Baukunst. Gleichzeitig spielte sie für die deutsche Geschichte eine wichtige Rolle. Im Mittelalter war sie ein Zentrum höfischer Kultur. Hier lebte von 1211 bis 1228 die ungarische Königstochter Elisabeth, die nach ihrem Tod heilig gesprochen wurde. Der Sängerwettstreit im 13. Jahrhundert, der Aufenthalt Martin Luthers als »Junker Jörg« 1521/22 und das Wartburgfest 1817 waren andere wichtige Ereignisse auf der Burg.

Sängersaal
In Richard Wagners Oper »Tannhäuser« wurde in diesem Saal der Wettstreit der Minnesänger ausgetragen. Das große Fresko vom Sängerkrieg malte Moritz von Schwind.

★ Elisabethkemenate
Die von August Oetken entworfenen Mosaiken wurden 1902–06 ausgeführt. Sie erzählen die mittelalterliche Legende der heiligen Elisabeth.

Der Palas mit Sängersaal, Landgrafenzimmer und Elisabethkemenate

Landgrafenzimmer
Hier verewigte der Historienmaler Moritz von Schwind die Sagen der Thüringer Herrscher. Die Basis der romanischen Säule zieren Löwen, die Wappentiere der Ludowinger.

Höhepunkte

- ★ Elisabethkemenate
- ★ Lutherstube

Bergfried
Der hohe Vierkantturm wurde im Zuge der Wiederherstellung der Burg im 19. Jahrhundert 1859 fertig gestellt. Das fast vier Meter hohe lateinische Kreuz, das den Bergfried bekrönt, ist eines der Wahrzeichen der Wartburg.

Gründungslegende

Als er den einladenden 400 Meter hohen Felsen zum ersten Mal sah, auf dem heute die Burg steht, soll Ludwig der Springer aus dem fränkischen Geschlecht der Ludowinger ausgerufen haben: »Wart', Berg, du sollst mir eine Burg werden!« Ludwig gilt dieser Sage nach als der Gründer der Wartburg (1067).

★ Lutherstube
Der karge Raum, in dem Luther das Neue Testament ins Deutsche übersetzte, erfuhr keine baulichen Veränderungen. Der Tisch soll aus Luthers Zeit stammen.

Vogtei
Während der Renovierung im Jahr 1872 wurde hier ein wertvoller Erker des 15. Jahrhunderts aus einem Nürnberger Haus eingebaut.

Der Burg- oder Kommandantengarten bildet die Westseite der Hauptburg.

Der Dirnitz wurde im 19. Jahrhundert im historisierenden Stil errichtet.

Burghof der Vorburg

Neue Kemenate
Erbaut in den 50er- und 60er-Jahren des 19. Jahrhunderts, beherbergen die Räume heute Exponate des Museums der Wartburg, das u.a. Meisterwerke von Lucas Cranach d.Ä. und seiner Werkstatt zeigt.

Eingangstor

Daten und Fakten

1080 Erste Erwähnung der Wartburg

1157–70 Bau des Palas

1190–1217 Großzügiger Ausbau der Burg unter dem Landgrafen Hermann I.

1317 Nach Brand Neubau des Südturms und Einbau der Kapelle in den Palas

1777 Fünfwöchiger Besuch Goethes auf der Wartburg

1838–90 Wiederherstellung der verfallenen Wartburg durch Hugo von Ritgen

1853–55 Fertigung der Fresken aus Sagen und Landesgeschichte durch Moritz von Schwind

1952–54 Umfangreiche Baumaßnahmen in der Burg

1999 Aufnahme in das Weltkulturerbe der UNESCO

Sängerwettstreit

Der historisch nicht nachweisbare Sängerkrieg 1206 auf der Wartburg wird in einer um 1260 in Thüringen entstandenen Gedichtsammlung beschrieben. Im »Fürstenlob« unterliegt Heinrich von Ofterdingen mit seiner Preisrede auf Herzog Leopold VII. von Österreich denen seiner Konkurrenten Walther von der Vogelweide, Biterolf, Reinmar von Zweter und Wolfram von Eschenbach auf Hermann I. von Thüringen. Im zweiten Teil, dem »Rätselspiel«, treten Klingsor und Wolfram von Eschenbach gegeneinander an. Der sagenhafte Wettstreit der Minnesänger regte Richard Wagner zu seiner 1845 erstmals aufgeführten Oper »Tannhäuser« an (➛ *Sängersaal*).

Martin von Tours

Martin von Tours (316/317 bis 397) wurde 371 Bischof von Tours. Er war bekannt für seine mönchische Lebensweise und für seine Wohltätigkeit. So soll er schon als junger Soldat seinen Mantel mit einem frierenden Bettler geteilt haben. Der fränkische König Chlodwig I. (♔ 482–511) erklärte Martin zum Nationalheiligen des Fränkischen Reiches, zu dessen Kerngebiet auch Mainz gehörte. Dort, wo sich heute der ➤ *Martinschor* befindet, soll bereits um das 4. Jahrhundert eine Bischofskirche gestanden haben. Martin könnte bereits Mitte des 6. Jahrhunderts Patron dieses Vorgängerbaus geworden sein. Urkundliche Belege für sein Patronat über den Mainzer Dom gibt es ab Mitte des 8. Jahrhunderts. Die Martinsskulpturen auf den Grabdenkmälern, die Darstellung Martins mit zwei Bettlern im Chorgestühl sowie das Relief auf dem Taufbecken zeugen von seiner Verehrung. Diese dokumentieren auch die vielen St.-Martins-Kirchen im Bistum Mainz.

Die Krönungskirche

Der Mainzer Erzbischof vereinigte im Mittelalter eine große Macht auf sich. Er war nicht nur geistlicher Würdenträger, sondern fungierte gleichzeitig auch als Kurfürst und Territorialherr. Er gehörte zudem zu den Fürsten, die den deutschen König wählten. Im Mainzer Dom manifestiert sich der kirchliche und weltliche Herrschaftsanspruch des Erzbischofs. Den Dom hatte Erzbischof Willigis nicht zuletzt deshalb errichten lassen, weil er das traditionell an Aachen und das Kölner Erzbistum gekoppelte Krönungsrecht für den Mainzer Stuhl sichern wollte. Im Dom fanden zwischen dem 11. und 13. Jahrhundert vier Krönungen deutscher Könige, außerdem die eines böhmischen Königs statt.

Der Mainzer Dom

Kruzifix in der St.-Gotthard-Kapelle

Der Dom St. Martin und St. Stephan gehört zu den frühesten monumentalen Gewölbebauten Deutschlands und zu unseren bedeutendsten romanischen Bauwerken. Wegen seiner langen Bauzeit – Erzbischof Willigis legte um 975 den Grundstein – ist die Entwicklung der Romanik vom schlichten Ostchor bis zur reich gegliederten Architektur des Westchors gut nachzuvollziehen. Im 13. und 14. Jahrhundert wurde der Dom durch Anbauten ergänzt und bis ins 19. Jahrhundert verändert, sodass er auch Stilelemente aus Gotik, Barock, Neoromanik und Neogotik aufweist. Im Mainzer Dom wurden mehrere deutsche Könige gekrönt.

Prachtportal der Memorie
Das mit Figuren reich verzierte spätgotische Portal (um 1425) von Madern Gerthener führt in die spätromanische Totengedächtniskapelle.

Kanzel
Die neogotische Kanzel wurde im Jahr 1834 von Joseph Scholl geschaffen.

Vier Flankentürme überragen zusammen mit den beiden Vierungstürmen den Bau.

Stephanschor
Der frühromanische Ostchor hebt sich durch seine Schlichtheit vom Rest des Interieurs ab.

Der runde Treppenturm stammt aus dem 11. Jahrhundert.

★ Denkmal des Heinrich Ferdinand von der Leyen
Das von Johann Mauritz Gröninger geschaffene Denkmal für den 1714 verstorbenen Dompropst ist über acht Meter hoch.

Grabmal von Jakob von Liebenstein
Das Grabmal des Erzbischofs (gestorben 1508) ist ein Werk von Hans Backoffen. Der Erzbischof steht unter einem Baldachin, der den Schutz Mariens versinnbildlicht.

Der Domschatz

Auch er spiegelt den einstigen Rang des Mainzer Erzbistums. Das Dom-Museum zeigt u. a. ottonische Handschriften, spätgotische Bildteppiche und Goldschmiedearbeiten.

Martinschor
Der Westchor wurde im frühen 13. Jahrhundert neu erbaut.

★ Chorgestühl
Das Rokokogestühl aus Eichenholz umschließt fast den gesamten Altarbereich. Es wurde zwischen 1760 und 1767 von Franz Anton Hermann angefertigt.

Höhepunkte

- ★ **Denkmal des Heinrich Ferdinand von der Leyen**
- ★ **Chorgestühl**

Daten und Fakten

um 975 Baubeginn

1009 Weitgehende Vernichtung durch Brand am Tag der Einweihung

1036 Einweihung des wieder aufgebauten Doms

1081, 1137, 1190 Erneute Brandschäden

um 1200 Vollendung des Langhauses

1239 Schlussweihe des Doms mit Westwerk

um 1300 Anbau von Kapellen an den Seitenschiffen

1769–74 Westtürme erhalten barocke Abschlüsse

1879 Fertigstellung der neoromanischen Osttürme

1924–28 Sicherung der morschen Fundamente

Grabmale im Dom

Im Inneren des Doms beeindrucken die Grabmäler der Mainzer Bischöfe aus dem 13. bis 19. Jahrhundert. Sie befinden sich an den Pfeilern des Langhauses, an den Wänden des Querschiffes, in den Seitenaltären und in der Krypta unter dem Westchor. Zu den schönsten Denkmälern gehören die der Erzbischöfe Berthold von Henneberg (gestorben 1504), Jakob von Liebenstein (➔ *Grabmal von Jakob von Liebenstein*) und Uriel von Gemmingen (gestorben 1514). Geschaffen wurden alle drei von dem Steinbildhauer Hans Backoffen im Übergangsstil von der Spätgotik zur Renaissance. Das Gemmingen-Grabmal zeigt den vor dem gekreuzigten Jesus knienden Erzbischof.

Das Rokoko

Rokokotypisches Stuckornament

Der charakteristische Dekorationsstil in der Würzburger Residenz ist das Rokoko, die letzte Stilphase des Barock zwischen 1720 und 1780. Sein Name leitet sich von dem Begriff »rocaille« ab, mit dem ein muschelartiges Ornament bezeichnet wird, das in der Innenraumgestaltung ebenso verwendet wurde wie an Fassaden. So findet man im üppig dekorierten ➛ *Kaisersaal* Säulen mit Rocaillekapitellen. Auch der Weiße Saal und der nach dem Zweiten Weltkrieg rekonstruierte Spiegelsaal sind Höhepunkte des Rokoko mit bis ins Bizarre verästelten Ornamenten. Bei der Ausgestaltung der Räume im Stil des Rokoko spielten der Stuckateur Giuseppe Antonio Bossi und der Bildhauer Johann Wolfgang van der Auwera eine wichtige Rolle.

Tiepolo

Der italienische Maler Giovanni Battista (Giambattista) Tiepolo wurde 1696 in Venedig geboren. Schon mit 30 Jahren war er ein gefeierter Künstler. Er schuf zahlreiche Altarbilder und Fresken für Kirchen, Schlösser, Paläste und Villen in Venedig und anderen Orten Oberitaliens. Auch in Deutschland wirkte er. Das 19 x 32 Meter große Deckenfresko im ➛ *Treppenhaus* der Residenz, eine allegorische Darstellung der vier damals bekannten Erdteile, gilt wie seine anderen Fresken im ➛ *Kaisersaal* als ein epochales Meisterwerk der Malerei. Mit seiner pastelltönigen Farbgebung beeinflusste Tiepolo die süddeutsche Rokokokunst entscheidend. Der Künstler starb im Jahr 1770 in Madrid.

Die Residenz in Würzburg

Skulptur im Residenzgarten

Meisterwerk des Barock (➛ *S. 111*) mit dem von Tiepolo geschaffenen größten Deckenfresko der Welt: Die von den Schönborns in Auftrag gegebene Würzburger Residenz zählte zu den glanzvollsten Fürstenhöfen Europas. Zugleich ist sie das Lebenswerk Balthasar Neumanns (1687 bis 1753), der die Bauleitung bis 1744 innehatte und der Schöpfer des stützenfrei überwölbten Treppenhauses ist. Auch Hildebrandt, Welsch und Dientzenhofer begleiteten die Bauarbeiten.

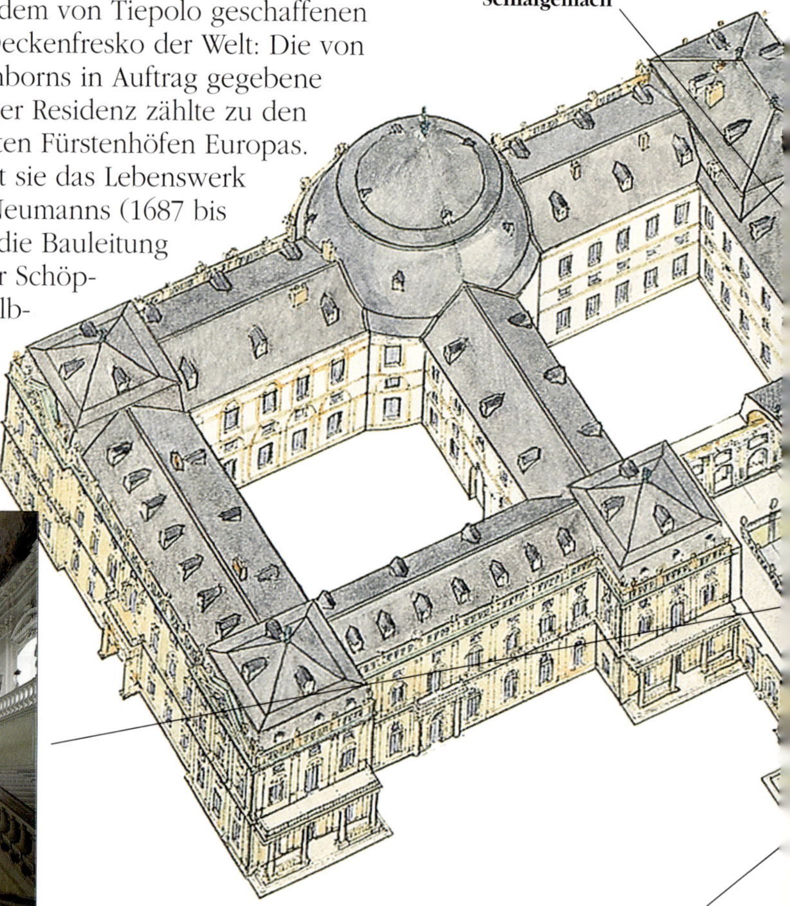

★ Treppenhaus
Das Gewölbe des Aufgangs, geschmückt von Tiepolos Deckenfresko, ist eine technische Meisterleistung.

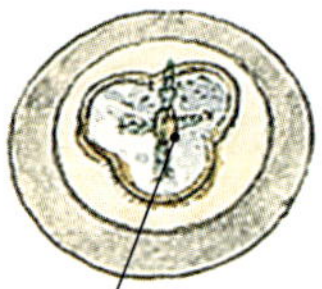

Ehrenhof
Der von Gabriel von Seidl entworfene Brunnen wurde 1896 auf dem Paradeplatz vor der Residenz aufgestellt. Er wurde aus Spenden der Würzburger Bevölkerung finanziert.

Das Wappen des Bauherrn
Auf der teilweise von Johann Wolfgang van der Auwera gestalteten Fassade prangt das Wappen des Friedrich Karl von Schönborn, dem wichtigsten Bauherrn der Residenz.

★ Kaisersaal
Das Herzstück des Palastes, der prächtige Kaisersaal, zeigt in den Deckenfresken Tiepolos Ereignisse des hohen Mittelalters.

Für immer verewigt

Tiepolo stellte auf seinem Treppenhausfresko beim Erdteil Europa sich mit rotem Malerhut sowie Neumann (in Militäruniform) und Bossi (in ockergelbem Umhang) dar.

Gartensaal
Die hohe, weitläufige Halle schmücken Stuckaturen von Antonio Bossi aus dem Jahr 1749. 1750 schuf Johann Zick das Deckengemälde, das die Jagdgöttin Diana und feiernde Gottheiten zeigt.

Venezianisches Zimmer
Der Raum ist nach einem Bildteppich benannt, der den Karneval von Venedig darstellt. Hier findet man auch Arbeiten von Johann Rudolf Byß.

★ Hofkirche
Die Kirche, einer der vollendetsten Kirchenräume des deutschen Barock, ist reich mit Gemälden, Skulpturen und Stuckarbeiten ausgestattet. Die seitlichen Altarbilder stammen von Giovanni Battista Tiepolo.

Höhepunkte

★ **Treppenhaus**

★ **Kaisersaal**

★ **Hofkirche**

Daten und Fakten

1720–44 Bau der Residenz

1743 Entstehung des Gewölbes über dem Treppenhaus

1751–53 Ausschmückung der Residenz mit Fresken von Tiepolo

1756–93 Anlage des zur Residenz gehörenden Hofgartens

1765/66 Stuckierung des Treppenhauses durch Lodovico Bossi

1945 Bombenschäden

1981 Aufnahme in das Weltkulturerbe der UNESCO

1987 Abschluss des Wiederaufbaus mit Rekonstruktion des Spiegelkabinetts

2003 Beginn der Restaurierung des Treppenhausfreskos

Die Schönborns

Die Bauherren der Residenz waren im Wesentlichen die Schönborns, die 1701 in den Reichsgrafenstand erhoben worden waren. Das einflussreiche Adelsgeschlecht stellte bedeutende Kirchenfürsten. Johann Philipp Franz von Schönborn, ab 1719 Bischof von Würzburg, fällte die Entscheidung für den Bau der Residenz. Sein Onkel Lothar Franz, Erzbischof von Mainz, griff mit seinem Hofbaumeister Maximilian von Welsch und dem Maler Johann Rudolf Byß in die Planung ein. Sein jüngerer Bruder Friedrich Karl, bis 1732 Reichsvizekanzler in Wien, zog Johann Lucas von Hildebrandt heran und vollendete den Bau. Trotz der unterschiedlichen Einflüsse verdankt die Residenz ihr Aussehen letztendlich Balthasar Neumann.

Das Heidelberger Schloss

Detail am Ruprechtsbau

DAS SCHLOSS oberhalb der Altstadt ist eine der malerischsten Ruinen Deutschlands und prägte den Ruf Heidelbergs als Stadt der Romantik. Gleichzeitig dokumentiert der zwischen dem 13. und 17. Jahrhundert ständig um- und ausgebaute Gebäudekomplex in einzigartiger Weise den Stilwandel von der Gotik zur Renaissance. Besonders baufreudig waren die pfälzischen Kurfürsten Ruprecht III. (♔ 1398–1410), Friedrich I. (♔ 1452–75) und Ludwig V. (♔ 1508–44). Die wichtigsten heute noch erhaltenen Prachtbauten stammen von Ottheinrich (♔ 1556–59) und Friedrich IV. (♔ 1583–1610).

★ Ottheinrichsbau
Der vormals prächtige Renaissancepalast beherbergt das Deutsche Apothekenmuseum, das die Entwicklung der Pharmaziegeschichte zeigt.

★ Friedrichsbau
Der um 1900 restaurierte Friedrichsbau ist einer der jüngsten Schlossbauten. Seine Fassade wird von 16 kunstvollen Fürstenstandbildern geschmückt.

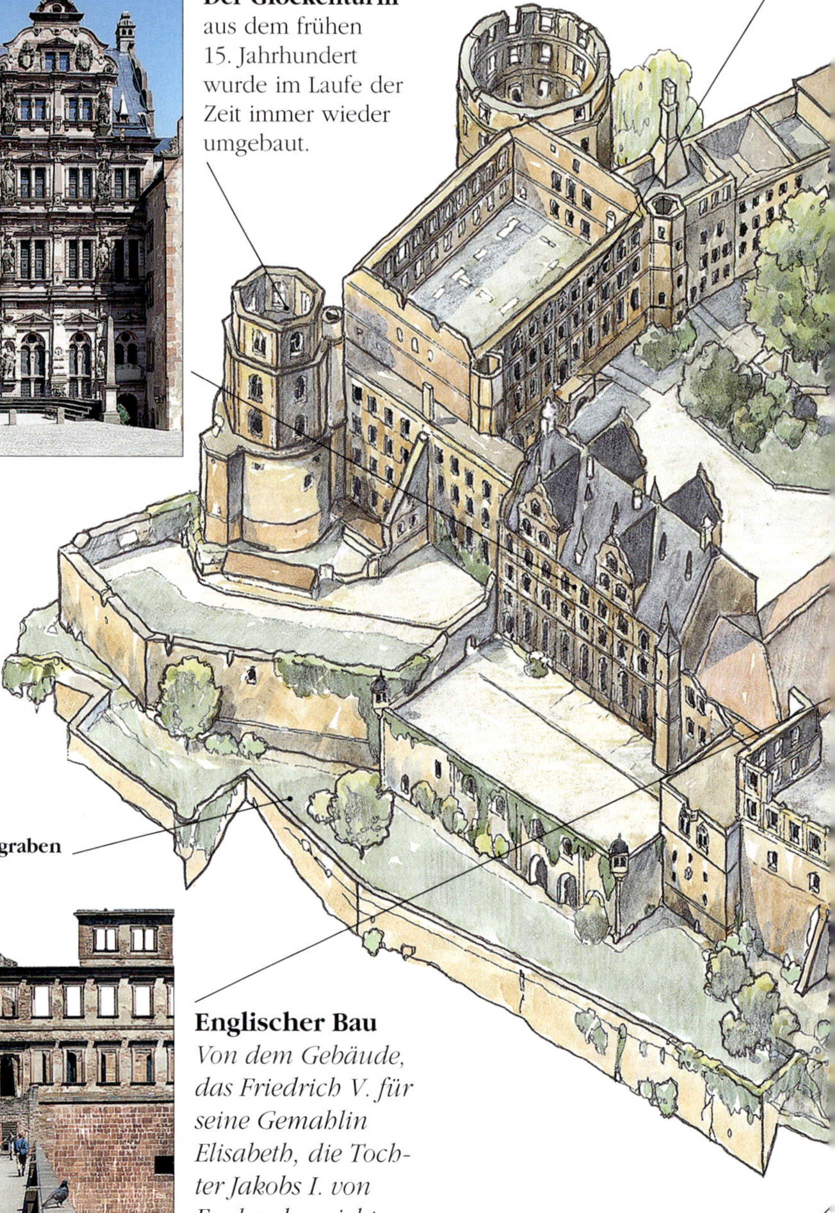

Der Glockenturm aus dem frühen 15. Jahrhundert wurde im Laufe der Zeit immer wieder umgebaut.

Burggraben

Englischer Bau
Von dem Gebäude, das Friedrich V. für seine Gemahlin Elisabeth, die Tochter Jakobs I. von England, errichten ließ, sind nur noch die Außenmauern erhalten.

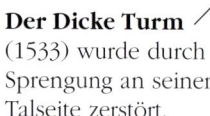

Der Dicke Turm (1533) wurde durch Sprengung an seiner Talseite zerstört.

DIE HEIDELBERGER ROMANTIK

Vor allem wegen seiner Schlossruine, die die romantische Fantasie von Malern und Literaten anregte, entwickelte sich Heidelberg zu Beginn des 19. Jahrhunderts zum Zentrum der deutschen Spätromantik. Dichter wie Achim von Arnim, Clemens Brentano, Joseph von Eichendorff und Johann Joseph von Görres gehörten zu diesem Kreis. Die Heidelberger Romantik zeichnete sich durch ein erwachendes Nationalbewusstsein und den Stolz auf das nationale Erbe aus. Ausdruck hierfür war das Interesse an altdeutschen Volksliedern und Märchen, zusammengetragen in der Liedsammlung »Des Knaben Wunderhorn« (1805–08) von Brentano und Arnim oder in der Sammlung von »Kinder- und Hausmärchen« (1812–15) der Brüder Grimm.

Kurfürst Ruprecht III. liegt in der Heiliggeistkirche begraben.

RUPRECHT III.

Kurfürst Ruprecht III. aus dem Geschlecht der Wittelsbacher ließ den ältesten Teil des Schlosses bauen, den ➛ *Ruprechtsbau*. Geboren 1352 in Amberg, war er ab 1398 Kurfürst der Pfalz. Ruprecht stand an der Spitze der Fürsten, die im Jahr 1400 König Wenzel absetzten. Im selben Jahr wurde er als Ruprecht I. zum deutschen König gewählt, fand aber nur in Teilen des Reiches Anerkennung. Er starb 1410 in Oppenheim.

Pulverturm
Er wurde auch Krautturm genannt und diente als Lager für Schießpulver. 1693 wurde er weitgehend zerstört.

Brunnenhalle
Das Gewölbe der gotischen Loggia wird von römischen Granitsäulen aus der Pfalz Karls des Großen in Ingelheim getragen.

Verbindungsgang zwischen dem Torturm und dem Pulverturm (früher Zugbrücke)

Torturm

Hauptеingang

★ Ruprechtsbau
Das älteste Gebäude des Schlosskomplexes wurde in seinen oberen Teilen wesentlich verändert.

Das grosse Fass

Im so genannten Fassbau (1589–92) lagert ein großes Fass aus dem Jahr 1750/51, das 7 Meter breit und 8,5 Meter lang ist. Es fasst rund 222 000 Liter und diente wahrscheinlich zum Einsammeln des Zehntweins in der Kurpfalz.

Panorama
Die gewaltige Ruine des Heidelberger Schlosses zählt zu den beliebtesten Sehenswürdigkeiten Deutschlands. Von der Großen Terrasse aus hat man einen schönen Blick auf die Altstadt Heidelbergs.

Höhepunkte

★ **Ottheinrichsbau**

★ **Friedrichsbau**

★ **Ruprechtsbau**

Das Heidelberger Schloss

Daten und Fakten

1225 Erste urkundliche Erwähnung der Burg

um 1400 Baubeginn am Ruprechtsbau

1508–44 Erneuerung der Wehranlagen und Wirtschaftsgebäude

1556–59 Errichtung des Ottheinrichsbaus

1601–04 Errichtung des Friedrichsbaus

1612–15 Errichtung des Englischen Baus

ab 1613 Anlage des Schlossgartens (Hortus Palatinus)

1689 und 1693 Zerstörung des Schlosses

1742–64 Wiederaufbau und Zerstörung durch Blitzschlag

um 1900 Restaurierungen, historisierende Ausbauten

Die Stilmischung

Durch die lange Bauzeit des Schlosses finden sich hier verschiedene Baustile. Der ➛ *Ruprechtsbau* und die Brunnenhalle stammen aus der Gotik (➛ *S. 72*), sind überwiegend schlicht und fast schmucklos. Der Gläserne Saalbau von 1449 mit Arkadengängen, Treppenturm und Volutengiebel dokumentiert den Übergang von der Gotik zur Renaissance (➛ *S. 211*). Der ➛ *Ottheinrichsbau*, der ein anspruchsvolles Fassadenprogramm aufweist, gilt als Meisterwerk der deutschen Frührenaissance. Der ➛ *Friedrichsbau* wurde im Stil der Spätrenaissance errichtet. Die klaren Formen des ➛ *Englischen Baus* haben den Renaissance-Baumeister Andrea Palladio zum Vorbild.

Ludwigs Schlösser

Der Tapetensaal in Linderhof

Ludwig II. ist auch für weitere extravagante Bauprojekte bekannt, vor allem die Schlösser Linderhof und Herrenchiemsee. Linderhof wurde ab 1869 im Stil einer Bürgervilla des 19. Jahrhunderts errichtet. Für die Architektur von Herrenchiemsee, das 1878 begonnen wurde, stand dagegen das Schloss von Versailles (➛ *S. 80f.*) des französischen Königs Ludwig XIV. Pate. Auch diese Schlösser sind von Ludwigs durch Oper und Schauspiel beeinflusste Traumwelten geprägt und mit prunkvollen Schlafzimmern und Spiegelsälen ausgestattet.

Modernes Schloss

Das Mittelalter war auf Neuschwanstein nur Illusion. Tatsächlich war das Schloss mit der modernsten Technik der damaligen Zeit ausgestattet. Die Räume im königlichen Wohnhaus wurden über eine Heißluftheizung erwärmt. Die Toiletten hatten eine automatische Spülung. In allen Stockwerken gab es fließendes Wasser, in der Küche kaltes und sogar heißes. Fertige Speisen mussten nicht ins Obergeschoss getragen werden: Dafür war ein Aufzug vorhanden. Im dritten und vierten Stock gab es bereits Telefonanschlüsse – zusätzlich zur elektrischen Rufanlage, mit der Ludwig II. seine Diener und Adjutanten herbeizitieren konnte.

Schloss Neuschwanstein

Als Märchenschloss König Ludwigs II. von Bayern (♔ 1864–86) ist Neuschwanstein weltberühmt und gehört zu den meistbesuchten Schlössern Europas. Der Bau stellt aufgrund seiner Lage auf den zerklüfteten Felsen hoch über dem Alpsee bei Schwangau nicht nur eine künstlerische, sondern auch eine bautechnische Meisterleistung seiner Zeit dar. Der König, der ein Schloss »im echten Stil der alten deutschen Ritterburgen« schaffen wollte, erlebte die Fertigstellung durch den Architekten Eduard Riedel und dessen Nachfolger Georg Dollmann und Julius Hofmann nicht mehr. Er starb unter mysteriösen Umständen.

★ Sängersaal
Eindeutiges Vorbild war der Sängersaal auf der Wartburg.

Unterer Vorplatz
Die Wände des Raums zwischen Thronsaal und Wohnräumen sind mit Szenen aus der nordischen Sigurd-Sage bemalt, die der Siegfried-Sage des Nibelungenliedes entspricht.

★ Thronsaal
Sein Stil erinnert an byzantinische Sakralbauten. In der Thronapsis erscheinen Christus mit Maria und Johannes, darunter sechs heilig gesprochene Könige.

Speisezimmer
Wie die anderen Räume ist auch das Speisezimmer prächtig dekoriert. Die Wandmalereien, die Schnitzereien und die kostbaren Möbel zeugen von der handwerklichen Kunst des 19. Jahrhunderts.

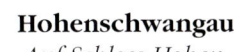

★ Schlossanlage
Schloss Neuschwanstein ist das romantische Märchenschloss par excellence. Von der Marienbrücke ist sein Anblick besonders großartig.

Der Schwan

Das Motiv des Schwans dominiert die Innenausstattung. Er galt Ludwig II. als Symbol der Reinheit – wie beim Schwanenritter Lohengrin, mit dem er sich früh identifizierte. Der Schwan war außerdem das Wappentier der Grafen von Schwangau, in deren Nachfolge er sich sah.

Oberer Schlosshof
Hier ist der Platz markiert, auf dem nach den Plänen des Königs der 90 Meter hohe Bergfried und eine Schlosskapelle als Herzstück der Anlage hätten entstehen sollen.

Zweistöckige Arkaden umgeben den Innenhof der »Raubritterburg« König Ludwigs II.

Der Viereckturm mit zylindrischem Aufsatz

Torhaus
Mit diesem Teil der weitläufigen Schlossanlage begannen im Jahr 1869 die Bauarbeiten.

Haupteingang

Hohenschwangau
Auf Schloss Hohenschwangau verbrachte Ludwig II. als Kind die Sommermonate. Die zahlreichen Fresken aus Sagen und Geschichten, mit denen das Schloss ausgemalt war, faszinierten Ludwig.

Höhepunkte

★ Schlossanlage

★ Sängersaal

★ Thronsaal

Daten und Fakten

1868 Erste Entwürfe für eine »Neue Burg Hohenschwangau«

1869 Grundsteinlegung

1873 Fertigstellung des Torbaus

1880 Richtfest für den fünfstöckigen Palas (Wohnbau) und Beginn seiner Innenausstattung

1884 Bezug des Palas

1886 Sieben Wochen nach Ludwigs Tod: Öffnung des Schlosses für Besucher

1891 Mit der Fertigstellung der »Kemenate« Abschluss des Schlossbaus

Die Bilderzyklen

Für die Innenausstattung seines Schlosses ließ sich der König von der Wartburg mit ihrem Sängersaal (➛ *S. 114f.*), die er 1867 besucht hatte, und von Opern Richard Wagners inspirieren. Er beauftragte den Theatermaler Christian Jank damit, die Innenräume zu gestalten. Die meisten Wandgemälde, auf denen Geschichten um Liebe, Schuld, Buße und Erlösung dargestellt werden, sind Zitate aus Sagen des Mittelalters, die auch Wagner als Quelle dienten. Eine zentrale Rolle spielen dabei der Dichter Tannhäuser, der Schwanenritter Lohengrin und der Gralskönig Parzival. So zieren Szenen aus der Lohengrin-Sage das Wohnzimmer. Im ➛ *Sängersaal* sieht man den Wettstreit der Minnesänger auf der Wartburg. Maler der Wandbilder waren u.a. Joseph Aigner, Wilhelm Hauschild und Ferdinand Piloty.

Die Klosterkirche von St. Gallen

Die imposante Doppelturmfassade der Kathedrale überragt die Benediktinerabtei St. Gallen, die vom 9. bis 11. Jahrhundert ein herausragendes geistiges Zentrum nördlich der Alpen war. Der spätbarocke Bau der Architekten Peter Thumb und Johann Michael Beer, errichtet auf den Fundamenten der zerstörten Klosterkirche, sowie die Stiftsbibliothek machen das Bauensemble zu einem kulturgeschichtlichen Denkmal von hohem Rang. Die Innenausstattung übernahmen führende Künstler aus der Schweiz, aus Italien und Süddeutschland.

★ Deckenfresken
Die Malereien schuf Joseph Wannenmacher zwischen 1757 und 1760.

Hochaltar
Francesco Romanellis monumentales Gemälde mit der Himmelfahrt der Jungfrau Maria (1645) schmückt den klassizistischen Hochaltar.

Priorsitz
Aus der Werkstatt Joseph Anton Feuchtmayers stammt auch der mit Reliefs geschmückte Sitz für den Prior, den Klostervorsteher.

Die Krypta

Der Vorgängerbau der Kathedrale von St. Gallen, die 816–837 errichtete romanische Stiftskirche, wurde mehrfach durch schwere Brände beschädigt. Lediglich die ➛ *Krypta* aus dem 9./10. Jahrhundert blieb erhalten und wurde in den Bau der heutigen Kathedrale integriert. Die Krypta war seit alters her Begräbnisstätte der St. Gallener Bischöfe – und bis in die Gegenwart wird an diesem Ritus festgehalten. Alle Bischöfe fanden dort ihre letzte Ruhestätte: vom Gründerabt des Klosters, der zehn Jahre nach seinem Tod 769 in der St.-Otmars-Krypta unter der heutigen Westempore beigesetzt wurde, bis zum 2003 verstorbenen Bischof Otmar Mäder.

Die Stiftsbibliothek

Die mit Deckengemälden, Stuck, Holzschnitzereien und -intarsien reich geschmückte Stiftsbibliothek wurde in der zweiten Hälfte des 18. Jahrhunderts nach Plänen von Peter Thumb erbaut. Besonders prächtig ist der zweigeschossige Lesesaal. Deckenhohe Bücherschränke aus Kirsch- und Nussbaumholz bieten etwa 130 000 in Leder gebundenen Folianten sowie etwa 2000 Handschriften Platz. Darunter finden sich bibliophile Kostbarkeiten wie der »Codex Abrogans« von 790, ein Synonymenlexikon, das als eines der ältesten Schriftdokumente in deutscher Sprache gilt, und eine Kopie des Nibelungenliedes. Unter den liturgischen Schriften ist vor allem das um 900 verfasste »Psalterium Aureum« hervorzuheben. Das berühmteste Werk in der Stiftsbibliothek ist der »St. Gallener Klosterplan«, der Anfang des 9. Jahrhunderts auf der Bodenseeinsel Reichenau als Kopie eines noch älteren Plans entstand. Er stellt den Grundriss einer idealtypischen Benediktinerabtei dar, an dem sich auch das Kloster St. Gallen orientiert.

Höhepunkte

★ Deckenfresken

★ Chorgestühl

Beichtstühle
Die reich verzierten barocken Beichtstühle im Kirchenschiff krönen Medaillons mit Reliefs aus der Werkstatt Joseph Anton Feuchtmayers.

Der heilige Gallus

Der Gallus-Vita (835) von Walahfrid Strabo zufolge wurde das Kloster von Otmar an der Stelle gegründet, an der 612 der später heilig gesprochene Mönch Gallus (um 560–650) eine Klause errichtet hatte.

Krypta
Unter der spätbarocken Kathedrale liegt die Krypta der romanischen Kirche.

Kanzel
Franz Anton Dirr schuf 1786 die mit Engels- und Evangelistenfiguren verzierte Kanzel.

★ **Chorgestühl**
Die Reliefs des Chorgestühls der ehemaligen Benediktinerabtei sind Benedikt von Nursia (um 480–ca. 547) gewidmet, dem Gründer des Benediktinerordens.

Daten und Fakten

um 720 Gründung des Klosters durch Priester Otmar
816–837 Bau einer Benediktinerabtei mit Basilika
937 Schwere Brandschäden
ab 1524 Einführung der Reformation in St. Gallen
1529 Vertreibung der Mönche durch die Bürgerschaft
1532 Rückkehr der Mönche
1755–66 Bau der barocken Stiftskirche
1758–67 Bau der Stiftsbibliothek
1805 Auflösung des Klosters
1824 Erhebung der Stiftskirche zur Kathedrale
1846 St. Gallen wird selbstständiges Bistum
1983 Aufnahme in das Weltkulturerbe der UNESCO

Das Chorgestühl

Im Inneren der St. Gallener Kathedrale ist besonders das aufwendig gearbeitete dreireihige ➛ *Chorgestühl* beachtenswert. Es wurde aus edlem Nussbaumholz geschaffen und gilt als besonders schönes Beispiel der Schnitz- und Handwerkskunst des Rokoko (➛ *S. 118*). Die Seiten und Rückenlehnen des Chorgestühls zieren fein gearbeitete und vergoldete Reliefs mit Szenen aus dem Leben des heiligen Benedikt. Der deutsche Bildhauer und Stuckateur Joseph Anton Feuchtmayer (1696–1770), der neben dem Chorgestühl (1761–68) auch ➛ *Beichtstühle* für die Kathedrale gestaltete, war vor allem im Bodenseeraum tätig.

Rudolf der Stifter

Im Jahr 1359 legte Rudolf IV., Herzog von Österreich, der später den Beinamen »der Stifter« erhielt, den Grundstein zur gotischen Erweiterung der Kirche. 1339 geboren und bereits 1358 zum Herzog ernannt, bemühte er sich um die Rangerhöhung der Stephanskirche und ihre Unabhängigkeit vom Passauer Bischof. Doch erst unter Friedrich III. wurde Wien 1469 zum Bistum. Nach dem Tod Rudolfs IV. 1365 wurde ihm im Hauptchor vor dem Hochaltar ein Grabmonument errichtet, das seit 1945 im Frauenchor steht. Das eigentliche Grab befindet sich neben dem seiner Gemahlin Katharina in der herzoglichen Gruft.

Die Katakomben

Die Katakomben

Um 1470 wurden unter dem Stephansdom weiträumige Katakomben angelegt, um den mangelhaften hygienischen Verhältnissen auf dem Wiener Friedhof ein Ende zu bereiten. Ab diesem Zeitpunkt wurden die Einwohner Wiens hier beigesetzt. Kaiser Joseph II. verbot 1783 die Bestattungen in den Katakomben, wo bis dahin mehr als 10000 Tote begraben lagen. Den Mittelpunkt der Katakomben bildet die herzogliche Gruft, die Rudolf IV. 1363 für das Geschlecht der Habsburger bauen ließ. Hier befinden sich 15 Sarkophage der frühen und 56 Urnen mit den Eingeweiden der späteren Habsburger, die ab 1633 in der Kaisergruft der Kapuzinerkirche bestattet wurden. Die Wiener Erzbischöfe werden in der 1953 fertig gestellten Bischofsgruft unter dem Apostelchor beigesetzt.

Der Stephansdom

Statue Rudolfs IV.

Der im historischen Stadtkern von Wien gelegene Stephansdom ist der wohl bedeutendste Kirchenbau der Hoch- und Spätgotik (➛ *S. 72*) ganz Österreichs. Die 107,20 Meter lange und 34,20 Meter breite Kirche, die dem heiligen Stephanus geweiht ist, repräsentiert eine über 800-jährige Baugeschichte. An seine Vorgängerbauten aus der Zeit der Romanik erinnert noch heute die Westfassade mit Riesentor und Heidentürmen. Überwältigend ist der Innenraum mit seinen Netzgewölben, den reich profilierten Pfeilern, kunstvollen Altären und Grabmälern, dem plastischen Schmuck sowie den weitläufigen Gruftanlagen.

Der Nordturm beherbergt die so genannte Pummerin, Österreichs größte und schwerste Glocke. Die »alte« Pummerin aus dem Jahr 1711 fiel 1945 beim Brand des Stephansdoms herunter. Aus den Überresten entstand die neue Glocke.

Höhepunkte

★ **Ziegeldach**

★ **Kanzel**

★ **Singertor**

Riesentor und Heidentürme
Tor und Türme bilden den spätromanischen Kern des Doms.

Eingang zu den Katakomben

Das Zeichen »05« der österreichischen Widerstandsbewegung wurde rechts des Hauptportals eingeritzt.

Hauptportal

★ Singertor
Dieses bedeutendste gotische Kunstdenkmal des Domes zeigt Szenen aus dem Leben des heiligen Paulus. Auch Herzog Rudolf IV. und Gemahlin sind abgebildet.

Untere Sakristei

»Steffl« oder Stephansturm
Der rund 137 Meter hohe Südturm gilt als Wahrzeichen Wiens. Von der Turmstube aus gelangt man über eine Treppe auf die Aussichtsplattform.

Zahnwehherrgott

Die Steinskulptur eines Schmerzensmannes strafte der Legende nach spottende Studenten mit Zahnweh. Erst als sie Abbitte leisteten, verschwanden die Schmerzen. Das Original steht an der Westwand der Nordturmhalle, eine Kopie an der Außenseite des Mittelchors.

★ Ziegeldach
Fast eine Viertelmillion glasierte Ziegel bedecken das mit einem Neigungswinkel von bis zu 80 Grad steile Dach, das nach dem Zweiten Weltkrieg restauriert wurde.

★ Kanzel
Zu der an einem Freipfeiler errichteten Kanzel Anton Pilgrams windet sich eine Treppe mit gotischen Maßwerkrädern hinauf.

Südost-Eingang
Weil hier zur ersten Messe, der »Prime«, geläutet wurde, wird dieses Tor als »Primglöckleintor« bezeichnet.

Johannes Capistrano

Die Kanzel in der Nordostecke des Chors wurde Mitte des 15. Jahrhunderts aus Eichenholz erbaut. Von hier aus soll der später heilig gesprochene italienische Franziskanermönch Johannes Capistrano (1386–1456) durch seine Gebete die türkische Invasion verhindert und 1451 die Wiener in seinen Predigten zum Kampf gegen die Türken im Geist der Kreuzzüge aufgerufen haben. Die heutige Kanzel ist eine steinerne Kopie der Originalkanzel. Die Mitte des 18. Jahrhunderts geschaffene barocke Statue über der Kanzel stellt den triumphierenden Heiligen dar, der mit Gottes Hilfe die Feinde besiegt hat.

Skulptur des heiligen Johannes Capistrano

Daten und Fakten

1137–47 Bau einer ersten romanischen Kirche

1263 Weihe des zweiten, spätromanischen Baus

1304 Baubeginn einer gotischen Chorhalle

1359 Grundsteinlegung zur gotischen Erweiterung

1433 Vollendung des Südturms

1450–1511 Unvollendeter Bau des Nordturms

1469 Erhebung zur Bischofskirche

1556–78 Krönung des Nordturms mit Welscher Haube

1722 Erhebung zur erzbischöflichen Kathedralkirche

1945–60 Wiederaufbau des stark beschädigten Doms

2001 Aufnahme des historischen Zentrums von Wien mit dem Dom in das Weltkulturerbe der UNESCO

Anton Pilgram

Der Dombaumeister aus Brünn (um 1460–1515) verewigte sich im Dom. Sein Bravourstück, die ➤ *Kanzel* aus Sandstein (1514/15) im Langhaus, gilt als Meisterleistung spätgotischer Bildhauerei. Sie trägt die Büsten der vier Kirchenväter. Sich selbst stellte Pilgram unter dem Kanzelkorb in der Pose eines »Fensterguckers« dar. Auch am Orgelfuß in der nordöstlichen Ecke des Langhauses bildete sich Pilgram ab. Der Architekt und Bildhauer blickt mit Zirkel und Winkelmaß aus einer Fensteröffnung in den Raum. Signiert hat er mit dem Monogramm M.A.P. und der Jahreszahl 1513.

Die Sängerknaben

1498 gilt als das Jahr der Gründung der Wiener Hofmusikkapelle unter Kaiser Maximilian I., aus der die Wiener Sängerknaben hervorgingen. Bis 1918 sang der Chor ausschließlich für den und im Auftrag des Wiener Hofes. Berühmte Chorknaben waren u.a. Joseph Haydn und Franz Schubert. Musiker wie Christoph Willibald Gluck, Wolfgang Amadeus Mozart, Antonio Salieri und Anton Bruckner musizierten mit den Hofsängerknaben. Nach dem Zusammenbruch der Monarchie 1918 baute der Rektor der Burgkapelle ab 1922 den Knabenchor aus eigenen Mitteln wieder auf. 1926 fanden mit großem Erfolg erste Konzerte außerhalb der Burgkapelle statt. Heute gibt es rund 100 Wiener Sängerknaben.

Hofreitschule

Die Spanische Hofreitschule blickt auf eine über 425 Jahre lange Tradition zurück, die klassische Reitkunst in der Renaissancetradition der hohen Schule zu pflegen. 1562 brachte Kaiser Maximilian II. spanische Reitpferde nach Österreich. 1572 wurde eine Reithalle aus Holz errichtet, die 1729–35 unter Kaiser Karl VI. durch die ➛ *Winterreitschule* des Baumeisters Joseph Emanuel Fischer von Erlach ersetzt wurde. Bis 1918 züchtete man die Pferde in Lipizza bei Triest, seitdem im Bundesgestüt in Köflach in der Steiermark.

Pferd und Reiter der Hofreitschule

Die Hofburg

Die gewaltige Anlage im Herzen Wiens ist eine Stadt in der Stadt. Seit dem 13. Jahrhundert war die Burg ein Zentrum imperialer Macht. Jeder der zahlreichen Herrscher drückte ihr durch Zu- oder Umbauten seinen persönlichen Stempel auf. So findet sich auf dem rund 240 000 Quadratmeter großen Areal heute Baukunst aus sieben Jahrhunderten. Der bestehende Komplex aus 18 Trakten mit 2600 Räumen und 19 Höfen spiegelt Baustile von der Gotik bis zur Gründerzeit wider.

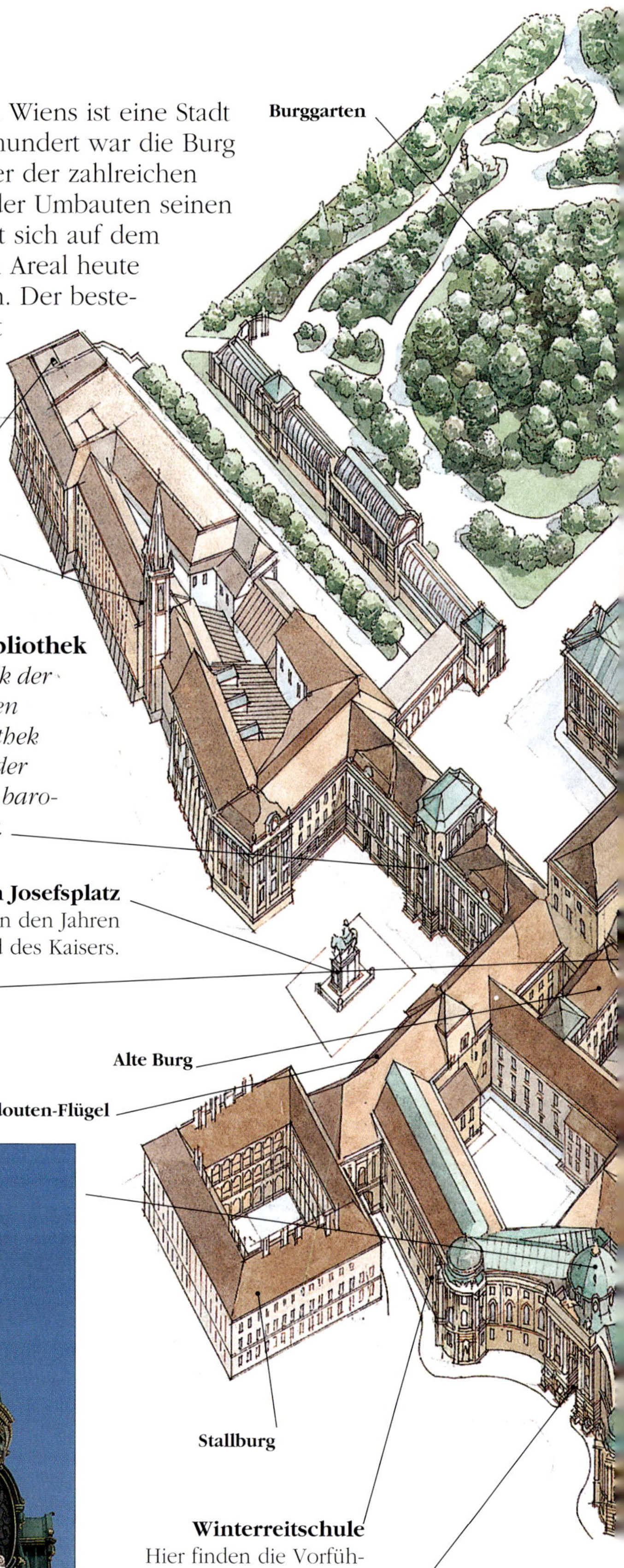

Burggarten

Albertina

Augustinerkirche

★ Nationalbibliothek
Das Glanzstück der Österreichischen Nationalbibliothek (1723–35) ist der Prunksaal mit barockem Interieur.

Statue von Joseph II. am Josefsplatz
Franz Anton Zauner schuf in den Jahren 1795–1807 das Reiterstandbild des Kaisers.

Burgkapelle
In der Kapelle singen auch heute bei den Sonntagsmessen die Wiener Sängerknaben.

Alte Burg

Redouten-Flügel

★ Michaelertrakt *(1889–93)*
Eine imposante 50 Meter hohe Kuppel überragt die geschwungene Schaufassade des Michaelertrakts, der sich an der Stelle des alten Burgtheaters erhebt.

Stallburg

Winterreitschule
Hier finden die Vorführungen der Spanischen Hofreitschule statt.

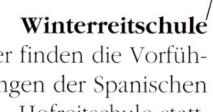

Burgtor am Michaeler Platz
Antikisierende Statuen von Herkules und anderen Heroen umrahmen das Tor.

Reichskanzleitrakt
Bis 1806 war hier die Kanzlei des Heiligen Römischen Reiches untergebracht.

Mozart-Denkmal *(1896)*
Viktor Tilgners Statue des Komponisten steht im Burggarten.

Das Burgtor wurde 1824 nach Plänen von Peter von Nobile vollendet.

★ Prinz-Eugen-Statue
Anton Dominik Fernkorn schuf das Reiterstandbild Prinz Eugens (1865). Der Sockel stammt von Eduard van der Nüll.

★ Schweizertor
Das Renaissancetor führt in den Schweizerhof, den ältesten Teil der Hofburg. Von hier aus gelangt man in die Schatzkammern.

Amalienburg
Die Amalienburg mit Renaissancefassade und hübschem Uhrturm im Barockstil verdankt ihren Namen Kaiserin Wilhelmine Amalie, der Gemahlin Josephs I.

Auf den Spuren Sisis

Das Appartement der Kaiserin Elisabeth (♔ 1854–98), auch Sisi genannt, liegt in der Amalienburg. Im Toilette- und Turnzimmer absolvierte sie täglich an einer Sprossenwand ihr Sportprogramm.

Höhepunkte

- ★ Nationalbibliothek
- ★ Prinz-Eugen-Statue
- ★ Schweizertor
- ★ Michaelertrakt

Daten und Fakten

1275 Bau einer ersten Burg durch Ottokar II., König von Böhmen

1279 Übernahme der Burg in habsburgischen Besitz

1447–49 Umgestaltung der Burgkapelle unter Kaiser Friedrich III.

1551–58 Bauliche Erweiterung des Schweizertrakts (Schweizertor 1552) unter Kaiser Ferdinand I.

1558–68 Bau der Stallburg unter Kaiser Maximilian II.

ab 1575 Bau der Amalienburg unter Kaiser Rudolf II.

1668–80 Bau des Leopoldinischen Trakts unter Kaiser Leopold I.

1730 Vollendung des Reichskanzleitrakts unter Karl VI.

1881–1913 Bau der Neuen Hofburg unter Franz Joseph I.

2001 Aufnahme des historischen Zentrums von Wien mit der Hofburg in das Weltkulturerbe der UNESCO

Die Schatzkammern

Die Weltliche Schatzkammer (➛ *Schweizertor*) enthält Kostbarkeiten wie die Insignien und Kleinodien des Heiligen Römischen Reiches, u. a. die 1000-jährige Reichskrone und der Krönungsmantel (1134). Auch die Hauskrone Kaiser Rudolfs II. und der Burgunderschatz, der den Schatz des Ordens vom Goldenen Vlies einschließt, werden hier aufbewahrt. Die Geistliche Schatzkammer zeigt liturgische Geräte, Elfenbeinarbeiten, Reliquiare und Ornate vom 12. bis 19. Jahrhundert.

Schloss Schönbrunn

DAS SCHLOSS Schönbrunn im Randbereich Wiens, einst die Sommerresidenz der Habsburger, ist mit seinem Park ein Meisterwerk barocker Schloss- und Gartenarchitektur. Während der Regierungszeit Maria Theresias ab 1740 wurde Schönbrunn zum Mittelpunkt des höfischen und politischen Lebens. Dazu wurde es zu einem prunkvollen Residenzschloss im Stil des Rokoko umgebaut, auf 1441 Räume erweitert und kostbarst ausgestattet.

Chinesisches Rundkabinett
Maria Theresia nutzte diesen Raum für Geheimkonferenzen mit Staatskanzler Fürst Kaunitz. Die Wände des weißgoldenen Zimmers sind mit Lacktafeln geschmückt.

★ Große Galerie
Den Schauplatz kaiserlicher Bankette schmückt ein Deckenfresko von Gregorio Guglielmi.

Blauer Salon
In diesem Rokoko-Raum mit chinesischen Tapeten dankte 1918 der letzte österreichische Kaiser, Karl I., ab.

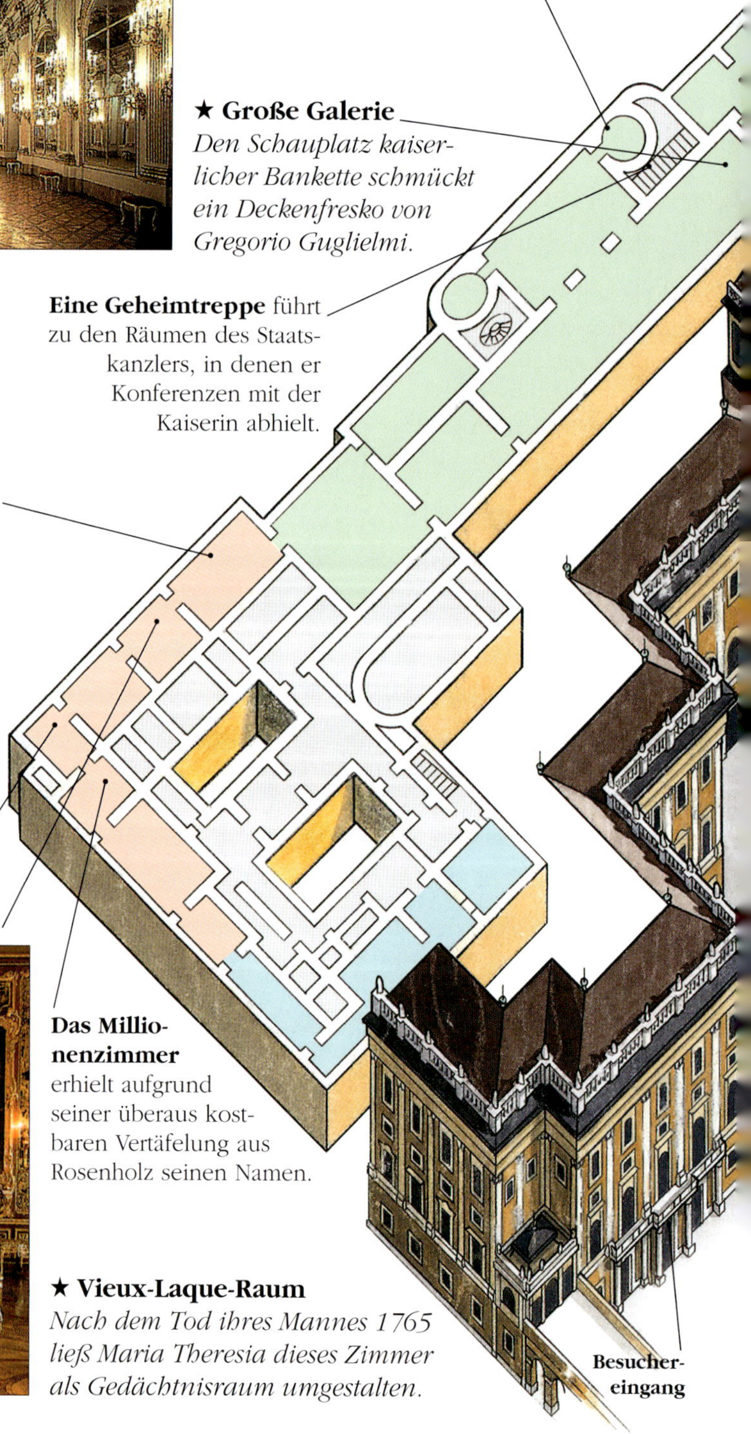

Eine Geheimtreppe führt zu den Räumen des Staatskanzlers, in denen er Konferenzen mit der Kaiserin abhielt.

Napoleonzimmer

Das Millionenzimmer erhielt aufgrund seiner überaus kostbaren Vertäfelung aus Rosenholz seinen Namen.

Besuchereingang

★ Vieux-Laque-Raum
Nach dem Tod ihres Mannes 1765 ließ Maria Theresia dieses Zimmer als Gedächtnisraum umgestalten.

Kaiserin Maria Theresia

MARIA THERESIA

Maria Theresia (1717–80), Tochter Kaiser Karls VI., wurde nach dessen Tod 1740 Königin von Böhmen und Ungarn. Ihr Mann, Herzog Franz Stephan von Lothringen, wurde 1745 Kaiser. Innenpolitisch führte Maria Theresia, Mutter von 16 Kindern, viele Reformen im Sinne der katholisch geprägten Aufklärung durch. Sie erließ 1774 die »Allgemeine Schulordnung«, schuf ein neues Strafgesetzbuch und nahm dem Adel und dem Klerus seine Steuerfreiheit. Die Bildung von Zentralbehörden in Wien war für die Vereinheitlichung und Zentralisierung der habsburgischen Erbländer entscheidend.

VORGÄNGERBAUTEN

Seit Beginn des 14. Jahrhunderts gab es ein als Katterburg bezeichnetes Anwesen, das dem Stift Klosterneuburg gehörte. 1569 kaufte Kaiser Maximilian II. das Anwesen, zu dem u.a. ein Haus, eine Mühle und ein Stall gehörten, um darauf einen Lust- und Tiergarten anzulegen. Kaiser Matthias II., der es als Jagdrevier nutzte, entdeckte einer Legende nach 1619 den Schönen Brunnen, der namengebend wurde. Die Witwe Kaiser Ferdinands II. ließ hier ein Lustschloss mit dem Namen Schönbrunn erbauen, 1642 erstmals urkundlich erwähnt. Während der Türkenbelagerung Wiens 1683 wurde das Schloss verwüstet. Seit 1686 gehörte es Kaiser Leopold I., der 1696 den Neubau in Auftrag gab.

Frühstückskabinett
Die Stickereien in den Medaillons im Frühstückszimmer dürften von Maria Theresia und ihren Töchtern angefertigt worden sein.

Ohne Prunk

Kaiser Franz Joseph I. schlief in Schloss Schönbrunn in einem schlichten Eisenbett, Zeugnis seiner militärischen Lebenshaltung. Hier starb er auch am 21. November 1916 nach einer Amtszeit von fast 68 Jahren.

Rosa-Zimmer
Dies ist einer von drei Räumen mit Schweizer und italienischen Landschaftsbildern von Joseph Rosa, nach dem sie benannt sind.

Kaiserliche Wohnräume
Die Räumlichkeiten im ersten Stock, rechts von der Blauen Stiege, bewohnten Franz Joseph I. und Elisabeth. In den Zimmern im Ostflügel lebten Maria Theresia und Großherzog Karl. Im Erdgeschoss befinden sich die so genannten Bergl-Zimmer, die mit Landschaftsmalereien verziert sind.

Die Blaue Stiege
(benannt nach der von blauer Farbe dominierten Deckenbemalung) führt in die Staatsgemächer.

Legende

- Räume von Franz Joseph I.
- Räume von Kaiserin Elisabeth
- Repräsentationsräume
- Räume Maria Theresias
- Räume des Großherzogs Karl
- Funktionsräume

Höhepunkte

★ **Große Galerie**

★ **Vieux-Laque-Raum**

Die Wagenburg

Der Fuhrpark mit den Prunk- und Gebrauchtwagen der habsburgischen Herrscher, der einst 500 Fahrzeuge umfasste, ist in der ehemaligen Winterreitschule von Schloss Schönbrunn untergebracht. Hier werden Kutschen, Schlitten und Tragsessel von 1690 bis 1914 sowie Reituniformen, Pferdegeschirr, Sattelzeug, Livreen, Gemälde und Zeichnungen von Pferden und Kutschen gezeigt. Das Prunkstück der Sammlung ist die barocke Kutsche, in der Franz I. Stephan (♔ 1745–65) zur Kaiserkrönung fuhr.

»Imperialwagen« Franz I. Stephans

Daten und Fakten

1696 Baubeginn eines Jagdschlosses für Kaiser Joseph I. nach Entwürfen Johann Bernhard Fischer von Erlachs und Anlage des Gartens durch Jean Trehet (seit 1695)

1728 Kauf Schönbrunns durch Kaiser Karl VI., der die Anlage später seiner Tochter Maria Theresia schenkt

1743–63 Ausbau im Rokokostil durch Nikolaus Pacassi

1773–80 Umgestaltung des Gartens durch Johann Ferdinand Hetzendorf von Hohenberg

1880–82 Bau des großen Palmenhauses

1904 Bau des Sonnenuhrhauses

1996 Aufnahme in das Weltkulturerbe der UNESCO

Die Staatsgemächer

Maria Theresias Hofarchitekt Nikolaus Pacassi leitete den Aus- und Umbau Schönbrunns und schuf zusammen mit Rokoko-Künstlern wie Albert Bolla, Gregorio Guglielmi, Isidor Canevale oder Thaddäus Adam Karner auch die Raumdekorationen der Repräsentations- und Wohnräume. Gemächer wie das ➛ *Rosa Zimmer* oder das ➛ *Millionenzimmer* erhielten auf Maria Theresias Auftrag hin ihre Fresken- und Stuckausstattung im Stil des Rokoko (➛ *S. 118*). Astartig gezogene und geschlungene Ornamente in Gold auf Weiß, elegante Spiegelgalerien und chinois-exotische Dekorationen sind kennzeichnend für die elegante Ausstattung des Schlosses.

Frontansicht der Kirche

Berthold Dietmayr

Im Jahr 1700 wurde Berthold Dietmayr (1670–1739), eigentlich Karl Josef Dietmayr, zum Abt des Benediktinerstifts Melk ernannt. Er bestimmte fast 40 Jahre lang die Geschicke des Klosters. Als Verordneter des Prälatenstandes von Niederösterreich und als Ratgeber der Kaiser Leopold I., Joseph I. und Karl VI. hatte er eine herausragende Position inne. Sein Ziel war es, die religiöse, wissenschaftliche und politische Bedeutung des Benediktinerklosters durch einen entsprechenden Neubau zum Ausdruck zu bringen. Mit dessen Errichtung beauftragte er den Baumeister Jakob Prandtauer. Dessen Nachfolger wurde sein Neffe Joseph Munggenast.

Jakob Prandtauer

Der 1660 als Sohn eines Bergbauern in Tirol geborene Baumeister war der bevorzugte Architekt des Prälatenstandes. Er war in Nieder- und Oberösterreich am Bau von Kapellen und Kirchen beteiligt. Sein Haupt- und Lebenswerk wurde jedoch die Errichtung des Stifts Melk, an der er bis zu seinem Tod 1726 arbeitete. Prandtauer entwickelte ein überzeugendes Konzept, um das lang gestreckte Grundstück auf einem hohen Felsen über der Donau optimal zu nutzen. Geschickt reihte er Hof an Hof und verband die einzelnen Gebäudetrakte harmonisch miteinander. Dominierend ist die ➛ *Stiftskirche St. Peter und Paul* mit ihrer Zweiturmfassade und der gewaltigen Vierungskuppel.

Stift Melk

Das Stift Melk ist eine der bedeutendsten Schöpfungen des Barock (➛ *S. 111*) in Europa. Dort, wo die Donau in das Tal der Wachau eintritt, erhebt sich der sonnengelbe Klosterpalast auf einem Felsrücken über der Stadt Melk. Neben den Baumeistern Jakob Prandtauer und Joseph Munggenast wirkten einige der namhaftesten Künstler des 18. Jahrhunderts im Auftrag des Abts Berthold Dietmayrs mit, darunter Paul Troger und Johann Michael Rottmayr. Höhepunkt der gesamten Anlage ist die Stiftskirche St. Peter und Paul. Einzigartig ist ihr Innenraum, in dem Farbigkeit, Licht, Skulpturen und Malereien ein Gesamtkunstwerk ergeben.

Wendeltreppe
Eine Treppe mit dekorativem Geländer verbindet die Bibliothek mit der Stiftskirche.

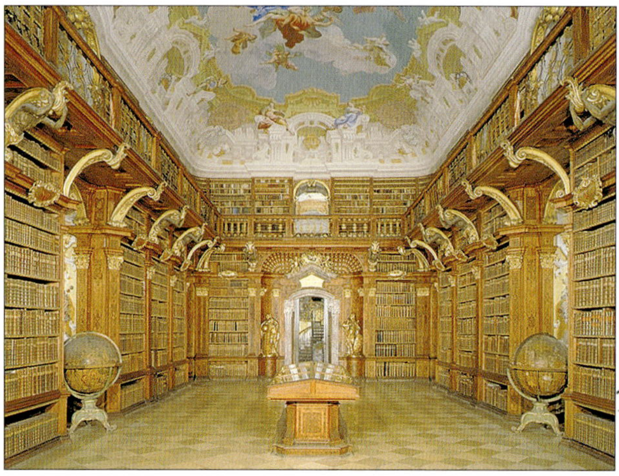

★ Bibliothek
Die künstlerisch wertvolle Ausstattung zeugt von der Wertschätzung der Mönche für ihre Bibliothek. Das Deckenfresko von Paul Troger zeigt eine Allegorie des Glaubens.

Die Krönung mit der Dornenkrone
Diese Bildtafel eines Flügelaltars von Jörg Breu (1502) ist im Stiftsmuseum ausgestellt.

Marmorsaal
Der Saal mit einem Deckengemälde von Paul Troger wurde früher für Empfänge und Zeremonien genutzt.

★ Stiftskirche St. Peter und Paul
Die Stiftskirche ist mit einem Deckenfresko von Johann Michael Rottmayr geschmückt. Am Hauptaltar sieht man die Kirchenpatrone Petrus und Paulus.

ORA ET LABORA ET LEGE

»Bete und arbeite und lese« – nach dieser Regel des heiligen Benedikt aus dem 6. Jahrhundert leben ohne Unterbrechung schon seit über 900 Jahren die Benediktiner in Stift Melk.

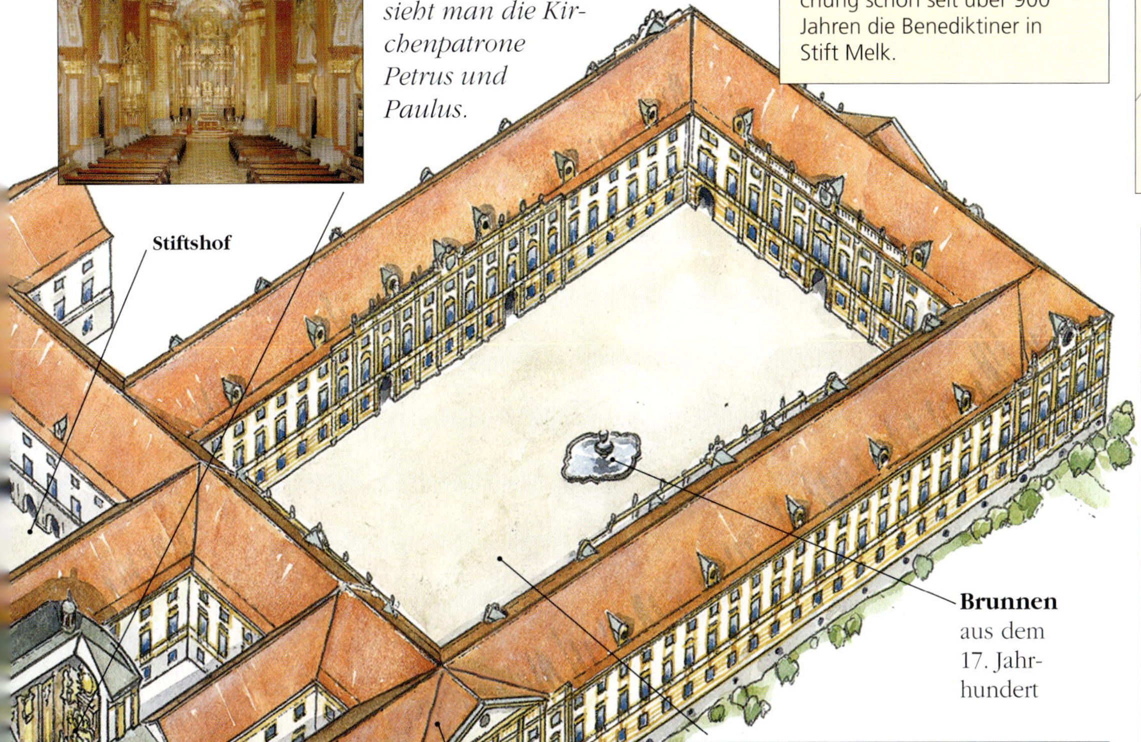

Stiftshof

Brunnen aus dem 17. Jahrhundert

Die Kaiserstiege, mit Putten und Skulpturen geschmückt, führt in den Kaisergang.

Prälatenhof
Der an allen Seiten mit Gebäudetrakten abgeschlossene Hof wird von der Kuppel der Stiftskirche beherrscht.

★ Kruzifix
Das Stift besitzt ein wertvolles romanisches Kruzifix (um 1200, rechts) und das Melker Kreuz aus dem 14. Jahrhundert mit Juwelen und einer Kreuzreliquie.

Gesamtansicht
Die Großartigkeit der Gesamtanlage des Stifts Melk, hoch über der Donau gelegen, spricht für seine Bedeutung während der Barockzeit.

HÖHEPUNKTE

- ★ **Stiftskirche St. Peter und Paul**
- ★ **Bibliothek**
- ★ **Kruzifix**

DATEN UND FAKTEN

976 Erhebung der Burg Melk zur Residenz des neuen Markgrafen Leopold I.

1089 Übergabe der Burg an den Benediktinerorden durch Leopold II.

1140 Gründung des Stiftsgymnasiums

1297 Verheerender Brand

ab 1418 Nach Konzil von Konstanz: Von Melk ausgehende Klosterreform in Österreich/Süddeutschland

1429 Einweihung der neuen Klosterkirche in Melk

1702–36 Barocker Ausbau des Klosters

1738 Brand des Daches

1978–2000 Renovierung

2000 Aufnahme der Wachau mit dem Stift in das Weltkulturerbe der UNESCO

DIE STIFTSBIBLIOTHEK

Die Ursprünge der Melker Stiftsbibliothek sind untrennbar mit dem Kloster verbunden. Durch den Brand im Jahr 1297 gingen viele frühe Handschriften verloren, jedoch bewahrt die ➤ *Bibliothek* noch immer etwa 1800 Handschriften auf, von denen die älteste aus dem frühen 9. Jahrhundert stammt. Melk war auch ein Zentrum mittelhochdeutscher Literatur. Die Bibliothek besitzt das Fragment einer Abschrift des Nibelungenliedes (um 1300). Zum Bestand gehören auch 750 Inkunabeln (Frühdrucke bis 1500), 1700 Werke aus dem 16. Jahrhundert, 4500 aus dem 17. und 18000 aus dem 18. Jahrhundert, zusammen mit neueren Büchern etwa 100000 Bände.

Die Belagerung

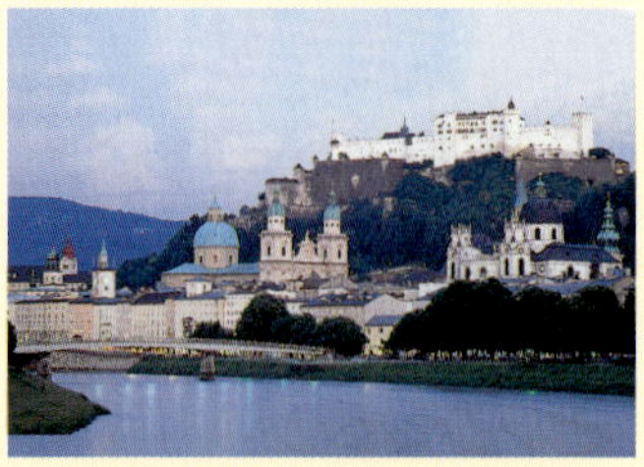

Festung Hohensalzburg

Um das Jahr 1525 verbreiteten sich auch in Salzburg und im Salzburger Land die Lehren Martin Luthers und anderes reformatorisches Gedankengut. Auch als Folge der deutschen Bauernkriege belagerten aufständische Bauern und Bergknappen 1525 für 14 Wochen die Festung Hohensalzburg, damals Sitz des Erzbischofs. Es war die einzige Belagerung in der über 900-jährigen Geschichte der Burg. Doch die Hohensalzburg erwies sich als uneinnehmbar und die Bauern gaben schließlich auf.

Salzburger Stier

Im Krautturm neben dem Palas der Festung befindet sich der berühmte »Salzburger Stier«, die älteste noch erhaltene Freiorgel Österreichs. Ihren Namen hat sie von dem einleitenden durchdringenden Akkord f-a-c, der die Salzburger zum Vergleich mit dem Schrei eines Stiers veranlasste. Die Orgel stammt aus dem Jahr 1502 und umfasst 200 Pfeifen. Von Palmsonntag bis zum 31. Oktober ist sie dreimal täglich, um 7, 11 und 18 Uhr, im Anschluss an das Glockenspiel des Residenz-Neugebäudes zu hören. Ursprünglich ertönte der »Salzburger Stier« zweimal täglich: einmal morgens um vier Uhr als Weckruf und abends nach dem Ave-Läuten. Mitte des 16. Jahrhunderts wurde eine zusätzliche Walzenorgel angeschlossen, die anfangs nur einen Choral spielte, heute aber auch andere Musikstücke, darunter Melodien von Leopold und Wolfgang Amadeus Mozart, die in Salzburg wirkten.

Festung Hohensalzburg

Die Hohensalzburg, die größte Burganlage Österreichs und eine der am besten erhaltenen und schönsten Burgen Europas, thront auf dem felsigen Festungsberg 119 Meter hoch über der Stadt Salzburg. Erbaut während des Investiturstreits im 11. Jahrhundert, des Machtkampfes zwischen Kaiser und Papst, diente sie den Erzbischöfen über Jahrhunderte als uneinnehmbarer Aufenthaltsort. Dass die Festung zur Selbstversorgung ausgestattet war, bezeugen heute u.a. noch Ställe, Speisehaus und Küchenturm.

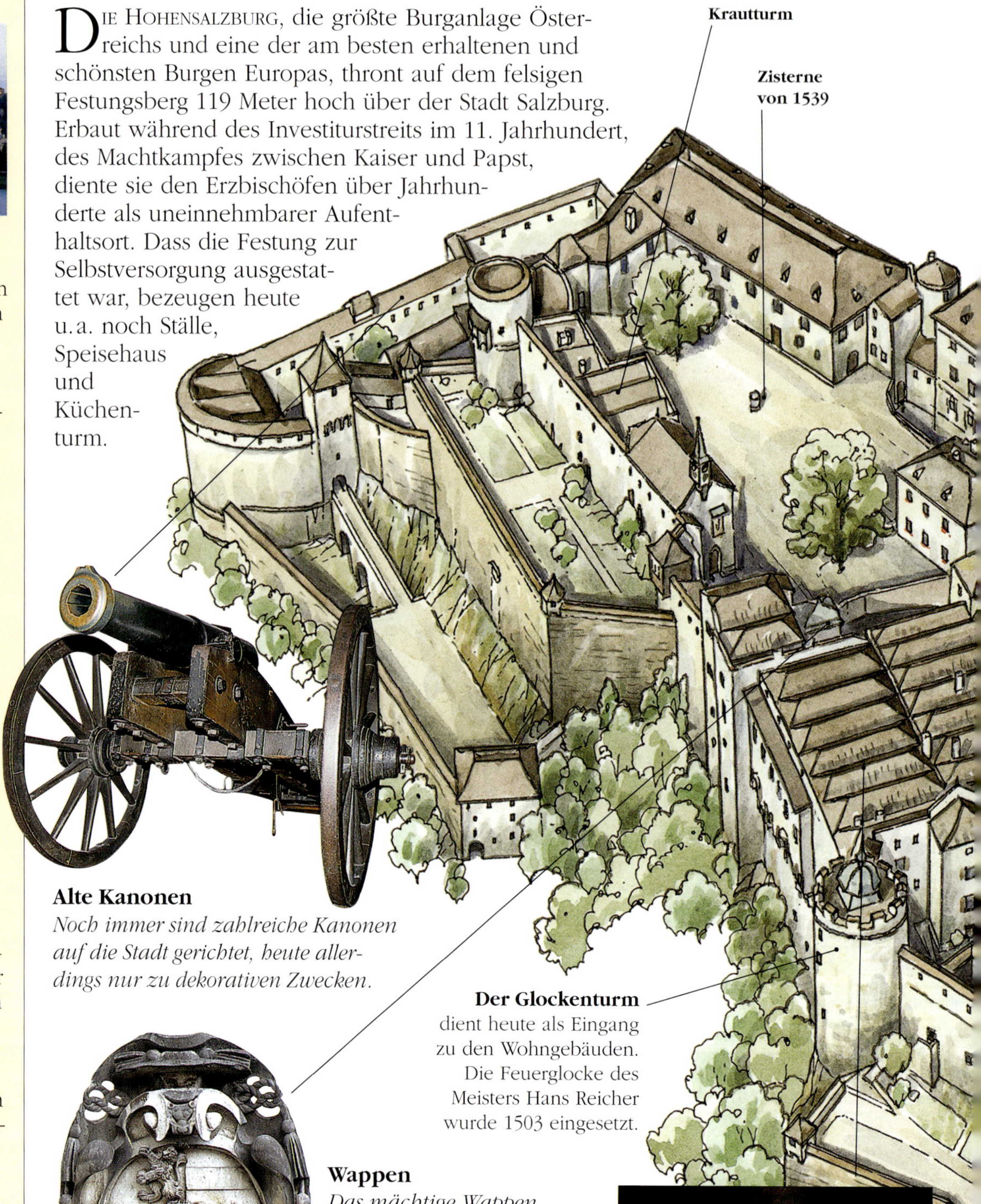

Alte Kanonen
Noch immer sind zahlreiche Kanonen auf die Stadt gerichtet, heute allerdings nur zu dekorativen Zwecken.

Der Glockenturm dient heute als Eingang zu den Wohngebäuden. Die Feuerglocke des Meisters Hans Reicher wurde 1503 eingesetzt.

Wappen
Das mächtige Wappen von Paris Lodron prangt über dem Tor, das – nach einem zweiten Burggraben – das innere Schloss vom Burghof abgrenzt.

Höhepunkte

- ★ Goldene Stube
- ★ Folterkammer

Kunstschätze
Dieses Porträt von Erzbischof Johann Jakob von Khuen-Belasy (♕ 1560–86) hängt heute im alten Salzspeicher.

Schulhaus und Küchenturm
Neben der leiblichen Versorgung der Menschen auf der Festung wurde auch an ihr geistiges Wohl gedacht.

Die »Stierwascher«

Um Verpflegungsreserven vorzutäuschen, bemalten die 1525 auf der Festung Belagerten ihren letzten Stier täglich mit einer anderen Farbe und führten ihn demonstrativ um die Burg, um die Belagerer zu entmutigen.

★ Goldene Stube
Der Majolikaofen in diesem Prunkzimmer ist mit Figuren, Pflanzen und exotischen Früchten verziert.

Kleiner Hof
An die Ringmauern wurden im Dreißigjährigen Krieg Stallungen und das Salzmagazin angebaut. Hasenturm und Schwefelturm sind älteren Datums.

★ Folterkammer
Der Reckturm (um 1500) wurde um 1640 als Verlies ausgebaut. Hier fanden früher Verhöre und Folterungen statt.

Daten und Fakten

1077 Baubeginn unter Erzbischof Gebhard

1461–66 Bau von vier Rundtürmen unter Erzbischof Burkhard von Weisspriach

1495–1519 Ausbau zur Residenz unter Erzbischof Leonhard von Keutschach

1525 Belagerung der Festung durch Bauern

1619–35 Umbau in barocke Anlage und Bau der Vorwerke im Westen und Norden unter Erzbischof Paris Lodron

1681 Vollendung der Kuenburg-Bastei als Abschluss der Ausbauten

ab 1816 Nutzung als Kaserne und Kerker

1861 Aufhebung der Festung

um 1890 Bau der Seilbahn

1996 Aufnahme der Altstadt Salzburgs mit der Festung in das Weltkulturerbe der UNESCO

Die Fürstenzimmer

Im dritten Stock des alten Palas liegen die spätgotischen Fürstenzimmer mit reich bemalter Täfelung. In der ➛ *Goldenen Stube*, deren Wände und Decke mit gotischem Rankenwerk bedeckt sind, befindet sich ein herrlich geschmückter Majolikaofen von 1501. Die Türen der Goldenen Stube sind mit schmiedeeisernen Ranken beschlagen. Der Goldene Saal prunkt mit einer blauen, mit Goldknöpfen verzierten Holzdecke sowie blau und rot bemalter Vertäfelung. Ein Juwel sind die vier Säulen aus rotem Marmor. In den beiden Fürstenzimmern finden oft Konzerte statt.

Die Schätze der Kapellen

Die »Schöne Madonna«

Insgesamt verfügt die Marienkirche über 31 Kapellen. Jede enthält kostbare Beispiele gotischer und barocker Kunst. Zu den wertvollsten Stücken zählt die »Schöne Madonna« (um 1410) in der Annenkapelle. In der Reinholdskapelle hängt eine Kopie des berühmten Altarbildes von Hans Memling. Das Original dieses »Jüngsten Gerichts« (1467–72) befindet sich heute im Danziger Nationalmuseum. Es wurde vom Filialleiter des Florentiner Bankhauses Medici in Brügge in Auftrag gegeben. Auf dem Seeweg nach Italien wurde das Gemälde im Zuge des Krieges zwischen England und der Hanse erbeutet und kam nach Danzig.

Astronomische Uhr

Zu den kostbaren Ausstattungsstücken der Kirche gehört die ➛ *Astronomische Uhr*, die Hans Düringer zwischen 1464 und 1470 konstruierte. Sie zeigt neben der Uhrzeit auch Tage, Monate, die Namenstage aller Heiligen des Kalenders und die Stellung von Sonne und Mond im Verhältnis zu den Tierkreiszeichen an. Berühmt ist sie wegen ihres Schlages: Zur vollen Stunde wird die Glocke von den Figuren Adams und Evas betätigt. Um 12 Uhr mittags erscheint ein Figurenzug mit Adam und Eva, den Aposteln, den Heiligen Drei Königen und dem Tod. Sie gemahnen an die Zeit, die unaufhörlich verrinnt. Im Zweiten Weltkrieg wurde die Uhr ausgelagert, später wieder in der Kirche aufgestellt. Der Legende nach befahl der Bürgermeister, den Uhrmacher zu blenden, damit er nie eine schönere Uhr herstellen könnte.

Die Marienkirche

Die Marienkirche, die die engen Gassen Danzigs überragt, ist eine der größten mittelalterlichen Backsteinkirchen Europas. Der Bau begann 1343. In mehreren Bauphasen, die sich über mehr als 150 Jahre hinzogen, entstand die dreischiffige Hallenkirche mit ihren 31 Kapellen, die zwischen den ins Innere des Gotteshauses eingezogenen Strebepfeilern liegen. Den Turm stockte man auf eine Höhe von 77,6 Metern auf. In der letzten Bauphase bis 1502 wurde die gesamte Kirche unter der Leitung von Heinrich Hetzel mit einem Gewölbe überdacht. Auch heute versetzt die monumentale Marienkirche mit ihrer Länge von 105 Metern, einer Breite von 66 Metern und Platz für 25 000 Gläubige jeden Betrachter in Begeisterung. Seit 1987 hat die Kirche die Funktion einer Konkathedrale übernommen.

So sah die zerstörte Kirche 1945 nach dem Ende des Krieges aus.

★ Glockenturm
Der Turm beherrscht die Silhouette der Kirche. Er ist 77,6 Meter hoch und bietet eine wunderbare Aussicht auf Danzig.

★ Der heilige Georg kämpft mit dem Drachen
Dieses Werk (15. Jh.) verbindet Wandmalerei und plastisches Bildwerk. Eine neuere Version befindet sich im unteren Bereich der Wand.

Eingang zum Turm

Astronomische Uhr
Zu den Glanzstücken der Kirche zählt diese Uhr von Hans Düringer. Sie war zur Zeit ihrer Entstehung die größte Uhr der Welt.

Tafel der Zehn Gebote
Dieses Relief aus den 80er-Jahren des 15. Jahrhunderts stellt Gesetzestreue und -übertretung einander gegenüber.

Modernes Kirchenfenster
Dieses wunderschöne farbenprächtige Kirchenfenster befindet sich in der Apsis.

Turm im Kreuzpunkt der Schiffe

Legende um die »Schöne Madonna«

Der Legende nach schuf ein heimischer Künstler, der wegen Mordes angeklagt war, die Figur um 1410 in einer einzigen Nacht. Der Magistrat war von ihrer Schönheit so angetan, dass er den Mann begnadigte.

★ **Netzgewölbe**
Die Gewölbe der Seitenschiffe gehören zu den herausragenden architektonischen Neuerungen der Spätgotik.

Südschiff
Ein Stich von Johann Carl Schultz zeigt das alte Südschiff.

Ratsportal
Das spätgotische Doppelportal aus Stein ist mit Stabwerk geschmückt. Es unterstreicht die Form der Schulterbögen über den Eingängen.

Höhepunkte

★ **Glockenturm**

★ **Netzgewölbe**

★ **Der heilige Georg kämpft mit dem Drachen**

Daten und Fakten

1343 Grundsteinlegung

1470 Vollendung der Astronomischen Uhr

1472 Übergabe des »Jüngsten Gerichts« von Hans Memling an die Marienkirche

1502 Fertigstellung der Marienkirche

1945 Zerstörung im Zweiten Weltkrieg

1956 Abschluss des Wiederaufbaus; Ausstattung des Kircheninneren dauert an

Der Innenraum

Bis 1945 war die Marienkirche berühmt für ihre prachtvolle Ausschmückung. Einige Stücke überstanden den Zweiten Weltkrieg, da sie vor Kriegsbeginn ausgelagert wurden. Viele der Kunstschätze befinden sich heute in den Nationalmuseen von Danzig und Warschau. Seit ihrer Wiederherstellung stellt sich das Innere der Kirche entsprechend schmuckloser dar. Den Hauptaltar ziert ein Triptychon (1510–17) von Michael Schwarz aus Augsburg, einem Schüler des großen Renaissancekünstlers Albrecht Dürer. Das Relief der mittleren Tafel stellt die Krönung der Jungfrau dar. Auch die Heiligkreuzkapelle ziert ein Flügelaltar. Er entstand um 1510 in Antwerpen. Eine Kreuzigungsgruppe (1517) von Meister Paul steht im Triumphbogen. Eine »Pietà« schuf derselbe Künstler, der die »Schöne Madonna« anfertigte. Die Orgel mit dem Prospekt aus der Johanniskirche wurde bis 1985 rekonstruiert.

Der Deutsche Orden

Der Deutsche Orden wurde während des dritten Kreuzzugs 1190 in Akkon im Heiligen Land als Krankenpflegeorden gegründet, 1198 in einen geistlichen Ritterorden umgewandelt. 1226 waren die Ordensritter am Krieg gegen die heidnischen Prußen beteiligt und erhielten dafür einen Teil des heutigen Nordpolen. Sie legten deutsche Dörfer und Städte an und schufen bis 1402 einen Staat, der von Pommern bis zum Finnischen Meerbusen reichte. Hauptsitz des Ordens war ab 1309 die Marienburg. 1410 unterlag der Orden bei Tannenberg einem polnisch-litauischen Heer. 1466 musste er wichtige Gebiete an den polnischen König abtreten. 1525 wurde der Ordensstaat in das protestantische Herzogtum Preußen umgewandelt. 1809 löste Napoleon den Orden auf. 1834 stellte Kaiser Franz I. von Österreich den Orden in seinem Land wieder her.

Das Hochschloss

Dieses älteste Gebäude der Anlage hat einen rechteckigen Grundriss mit Innenhof, um den ein doppelgeschossiger ➛ *Kreuzgang* läuft. Im Erdgeschoss waren die Wirtschaftsräume untergebracht. Die Beratungen der Ritter fanden im Kapitelsaal in der ersten Etage des Nordflügels statt, während die Gemächer und die Schatzkammer den Westflügel einnahmen. Durch die ➛ *Goldene Pforte* gelangt man zur ➛ *Marienkirche* (um 1344), die über zwei Stockwerke führt. Darunter befindet sich die ➛ *Annenkapelle*.

Das wuchtige Hochschloss, der älteste Teil der Marienburg

Die Marienburg

Der Brunnen im Hof des Hochschlosses

Der ehemalige Hauptsitz des Deutschen Ordens gilt als der größte Backsteinbau Europas und gleichzeitig als einer der größten europäischen Burgkomplexe. Die Burg wurde Ende des 13. Jahrhunderts an einer strategisch wichtigen Stelle am Ufer der Nogat angelegt und in ihrer über 700-jährigen Geschichte ständig umgebaut und vergrößert, aber auch mehrfach zerstört und geplündert. Heute ist in ihr ein Museum untergebracht, das über die Geschichte des Deutschen Ordens sowie über den mittelalterlichen Handel und das Geldwesen informiert.

Sommerrefektorium
Es besitzt spätgotische Spitzbogenfenster und ein Sterngewölbe, das von einer Säule gestützt wird. Das Winterrefektorium grenzt an die Ostseite.

★ Hochmeisterpalast
Die Pracht des mehrgeschossigen Palastes für den obersten Leiter des Deutschen Ordens war im mittelalterlichen Europa nahezu einzigartig.

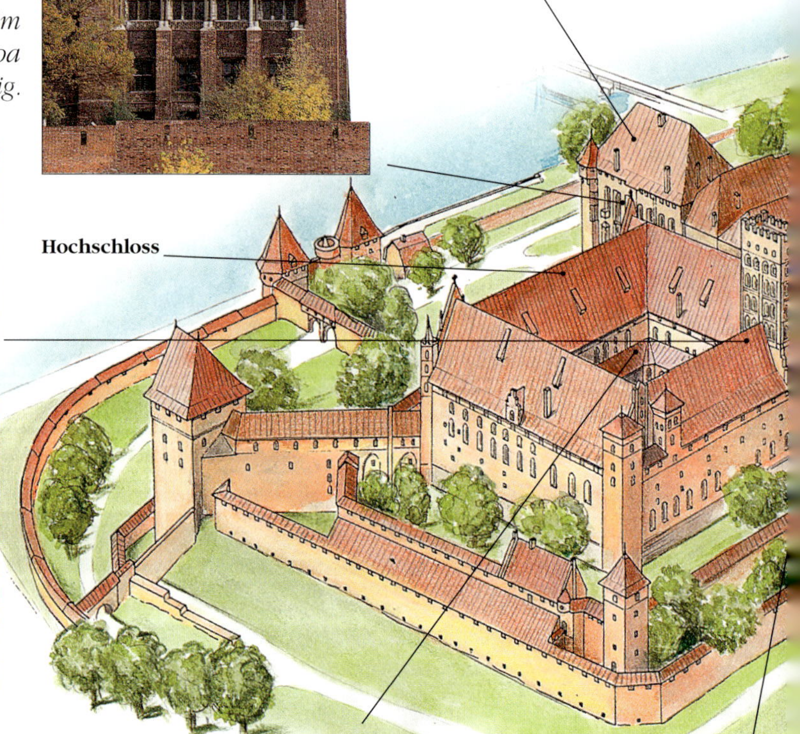

Hochschloss

★ Goldene Pforte
Das Portal wurde im späten 13. Jahrhundert errichtet. In den Schlussstein des Spitzbogens ist eine Christusfigur gemeißelt.

Die Marienkirche beherbergt eine Ausstellung dekorativer Elemente aus ihrer Baugeschichte und andere mittelalterliche Exponate.

Kreuzgang
Der Innenhof des Hochschlosses ist von schlanken gotischen Bögen mit Kreuzgratgewölben umgeben.

Höhepunkte

★ Hochmeisterpalast

★ Goldene Pforte

Vorburg
Diese teilweise rekonstruierten Wirtschaftsgebäude, die an die ehemalige Laurentiuskapelle angrenzen, wurden in ein Hotel umgewandelt.

Die Vorburg

Umgeben von einem Burggraben und einer Ringmauer mit vielen Türmen, sorgte die Vorburg für Sicherheit gegen Angreifer. Hier befanden sich ein Waffenarsenal sowie die Kornkammer, Pferdeställe und die Brauerei. Die angrenzende Laurentiuskapelle war für den Gottesdienst der Bediensteten vorgesehen.

Zinnen
Einen schönen Blick auf die Türme und Mauern rund um die Burg genießt man von der Ostseite aus.

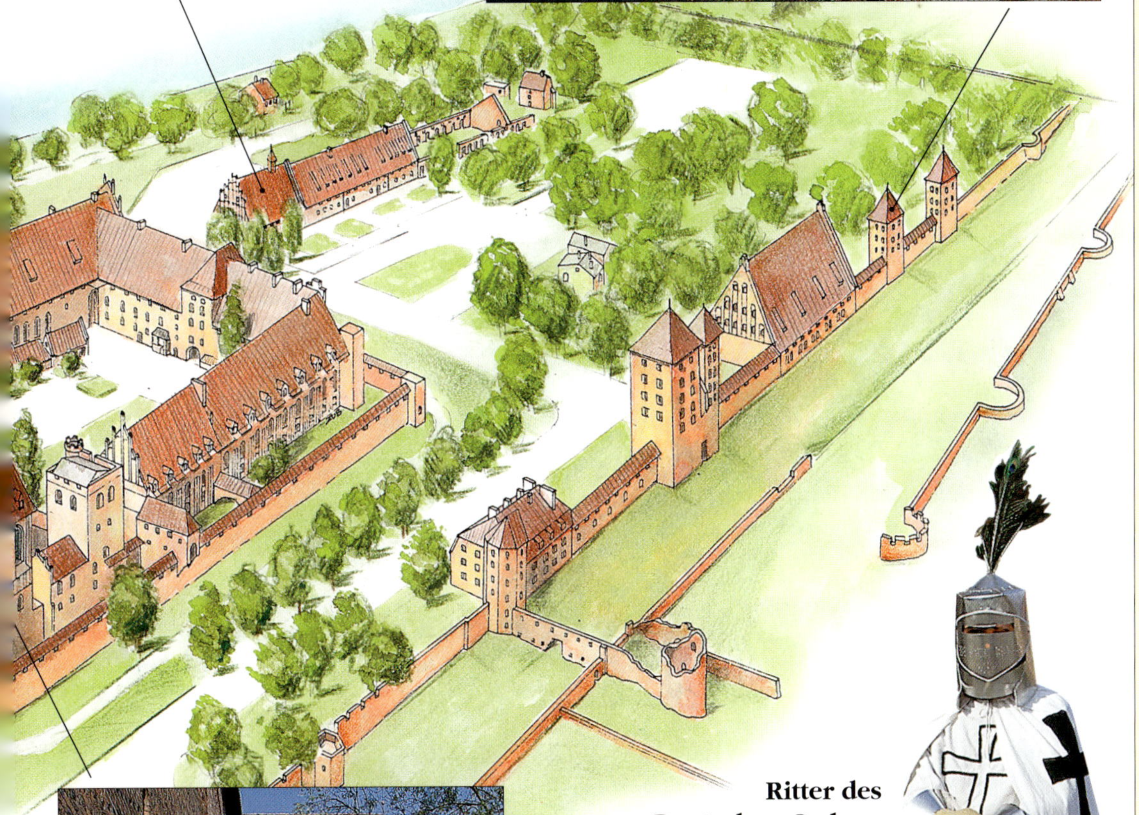

Ritter des Deutschen Ordens
Die Ritter des Deutschen Ordens lebten nach einem strengen Mönchskodex. Im Kampf waren sie an den schwarzen Kreuzen auf ihren weißen Mänteln zu erkennen.

Annenkapelle
In der unter dem Chor der Marienkirche erbauten Kapelle befinden sich die Gräber von elf Hochmeistern.

Daten und Fakten

um 1274 Baubeginn des Hochschlosses (Erweiterungen im 14. Jahrhundert)

ab 1280 Konventssitz des Deutschen Ordens

ab 1309 Sitz des Hochmeisters des Ordens

um 1330 Fertigstellung des Mittelschlosses

Ende des 14. Jahrhunderts Bau des Hochmeisterpalastes

1457 Übernahme durch die Polen

1772 Nach Teilung Polens Umwandlung in eine Kaserne und teilweise Zerstörung

1945 Zerstörung zu 50 Prozent

1961 Beginn des Wiederaufbaus

1997 Aufnahme in das Weltkulturerbe der UNESCO

Hochmeisterpalast

Während der Blüte des Ordens begann nach 1380 die Errichtung des eindrucksvollen ➛ *Hochmeisterpalastes*, der einen Teil des Mittelschlosses auf der Westseite bildet. Die äußeren Merkmale scheinen auf den Verteidigungscharakter dieses Gebäudes hinzuweisen. Die Wachtürme, Zinnen und Mauertürmchen sind allerdings eher dekorativer Natur. Das ➛ *Sommerrefektorium* im Inneren (auch als »Sommerremter« bezeichnet) diente während der warmen Jahreszeit als Empfangssaal für offizielle Würdenträger und für Bankette. Die Spitzbogenfenster waren ursprünglich mit eigens dafür angefertigtem Buntglas geschmückt.

Die Johanneskathedrale

Die Johanneskathedrale ist die älteste Kirche in Warschau. Ursprünglich eine Pfarrkirche, erhielt sie 1406 Kollegiatsstatus. Doch erst im Jahr 1798 wurde sie zu einer Kathedrale. Zu den bedeutenden Ereignissen in der Kirche gehörten die Krönung von Stanislaus II. August Poniatowski 1764 und die Vereidigung der Abgeordneten des Sejm (Abgeordnetenversammlung) gemäß der Verfassung von 1791. Nach dem Zweiten Weltkrieg erhielt das Gotteshaus sein neugotisches Erscheinungsbild von 1840 zurück. Innen kann man die reich verzierten Gräber der Warschauer Erzbischöfe, von Politikern und Schriftstellern sowie Kirchenkunst besichtigen.

Grabmale prominenter Bürger in der Krypta der Kathedrale

In der Kathedrale

Als ein Panzer mit Sprengstoff während des Warschauer Aufstandes 1944 den Südabschnitt zerstörte, setzte sich das Vernichtungswerk an der Johanneskathedrale fort, das 1939 beim deutschen Angriff auf Polen begonnen hatte. Beim Aufbau nach dem Krieg wurde ihr Aussehen wie im 19. Jahrhundert wieder hergestellt. Die Verzierungen aus den Jahren nach 1830 wurden nicht rekonstruiert. Darum ist die Kathedrale innen recht karg. Die einfarbig weißen Wände und die Ziegelgewölbe bilden einen Kontrast zur Decke, die mit einem Sternrippengewölbe verziert ist, sowie zu den erlesenen Buntglasfenstern. Der ➛ *Chor* ist eine Kopie des Originals aus dem 17. Jahrhundert.

Letzte Ruhestätte

Die Kathedrale ist die letzte Ruhestätte vieler berühmter Polen. Kardinäle, masowische Fürsten und Staatsmänner sind in der Krypta begraben. Verschiedene Gräber und Gedenkstätten überstanden den Krieg in mehr oder minder gutem Zustand. Unter anderem fand hier der letzte König Polens, Stanislaus II. August Poniatowski (➛ *S. 143*) seine letzte Ruhestätte. Henryk Sienkiewicz (1846–1916), der Autor des historischen Romans »Quo Vadis«, liegt ebenso in der Krypta wie der Präsident Gabriel Narutowicz (1865 bis 1922), der Pianist und Präsident Ignacy Paderewski (1860–1941) sowie der ➛ *Primas Stefan Wyszyński.*

GABRJEL
NARUTOWICZ

★ Krypta von Gabriel Narutowicz
Polens erster Präsident wurde zwei Tage nach seiner Vereidigung ermordet. Wie der 1905 mit dem Nobelpreis ausgezeichnete Literat Henryk Sienkiewicz ist er hier beigesetzt.

Grab der masowischen Fürsten
Das Marmorgrab gedenkt der letzten beiden masowischen Fürsten, nach deren Tod das Fürstentum der polnischen Krone zugesprochen wurde.

Die rote Backsteinfassade wurde nach dem Zweiten Weltkrieg im Stil der Neugotik wieder errichtet.
Kapelle zum Heiligen Sakrament
Glockenturm
Haupteingang

Primas Stefan Wyszyński

Ab Oktober 1948 Primas von Polen, wurde Wyszyński (1901–81) 1953 auch Kardinal. Als geistliches Oberhaupt der polnischen Katholiken bekam er immer wieder Schwierigkeiten mit dem kommunistischen Regime. Im Kampf um die enge Bindung zwischen Katholizismus und polnischer Nation war er 1953–56 in Haft. 1980/81 vermittelte er zwischen Solidarność und Regierung.

★ Baryczka-Kruzifix
Das Kruzifix in der Baryczka-Kapelle wurde in Nürnberg geschnitzt und 1539 nach Warschau gebracht.

Chor
Das Gestühl ist eine Kopie des Originals, das König Johann III. Sobieski als Dank für seinen Sieg über die Türken 1683 stiftete.

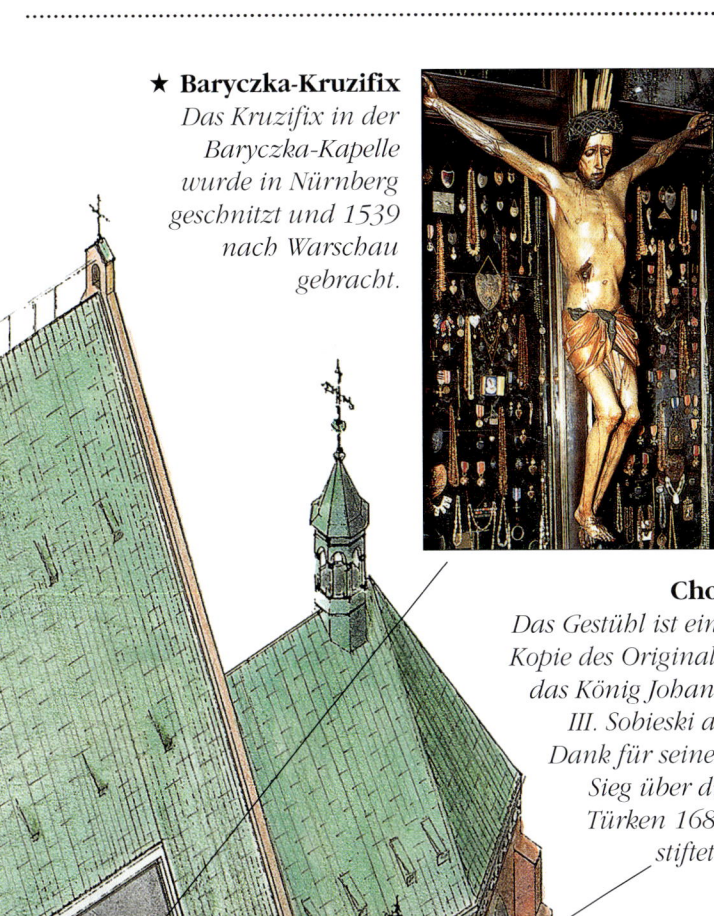

Das Orgel-Festival

Jedes Jahr erfüllt das Festival »Orgeln der Kathedrale« die Kirche von Juli bis September mit Musik. Virtuosen aus der ganzen Welt werden eingeladen, die historischen Orgeln der Kathedrale zu spielen – auch die gefeierte moderne deutsche Eule-Orgel (1987).

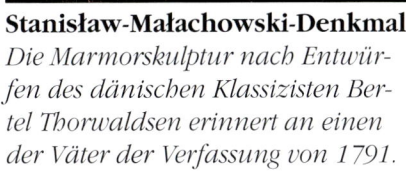

Stanisław-Małachowski-Denkmal
Die Marmorskulptur nach Entwürfen des dänischen Klassizisten Bertel Thorwaldsen erinnert an einen der Väter der Verfassung von 1791.

Raupenkette
Diese Kette eines ferngesteuerten deutschen Panzers, der 1944 während des Warschauer Aufstands einen Teil der Kathedrale zerstörte, ist in die Mauer eingelassen.

Höhepunkte

- ★ **Krypta von Gabriel Narutowicz**
- ★ **Baryczka-Kruzifix**

Daten und Fakten

Anfang 15. Jahrhundert Bau einer Steinkirche anstelle des Holzbaus

Anfang 16. Jahrhundert Schwere Beschädigung durch ein Feuer

1602 Einsturz der Kirche

1836–40 Umgestaltung der Kathedrale im Stil der Neugotik durch den Architekten Adam Idżkowski

1944 Fast völlige Zerstörung während des Warschauer Aufstands

1947–56 Wiederaufbau der Kathedrale

1980 Aufnahme der Altstadt von Warschau mit der Kathedrale in das Weltkulturerbe der UNESCO

Grosse Ereignisse

Die Johanneskathedrale war Schauplatz verschiedener bedeutender Feierlichkeiten. Zu den Königen, die hier gekrönt wurden, gehören Wladislaw IV. Wasa (♔ 1632–48) und Stanislaus I. Leszczyński (♔ 1704–09, 1733–36). Die Krönung des letzten polnischen Königs, Stanislaus II. August Poniatowski (➛ *S. 143*), fand am 25. November 1764 in der Kathedrale statt. Während seiner Regierungszeit trat am 3. Mai 1791 die polnische Verfassung in Kraft – die erste Europas. Die Menschen versammelten sich vor der Kirche, um mitzuerleben, wie der König den Eid auf die Verfassung schwor und der Sejm (Abgeordnetenversammlung) vereidigt wurde. Seit dem 16. Jahrhundert ist die Kirche auch ein musikalisches Zentrum.

Das Warschauer Königsschloss

Tischplatte von 1777

KEIN BAUDENKMAL ist enger mit der wechselvollen Geschichte Polens verbunden als das Königsschloss. Es war einst Sitz der Monarchen und des Sejm (Abgeordnetenversammlung). Im prächtigen Senatorensaal wurde am 3. Mai 1791 unter Stanislaus II. August Poniatowski die Verfassung verabschiedet. Das Schloss erhielt seine Gestalt als Fünfflügelanlage ab Ende des 16. Jahrhunderts, als Sigismund III. Wasa die königliche Residenz von Krakau nach Warschau verlegte. Nachdem das Schloss im Zweiten Weltkrieg komplett zerstört wurde, erstrahlt es heute erneut in einer Mischung aus Frühbarock (➛ *S. 111*) und Renaissance (➛ *S. 211*).

★ Ballsaal
Der mit goldenen Säulen geschmückte Ballsaal gehört zu den kunstvollsten Räumen des Schlosses.

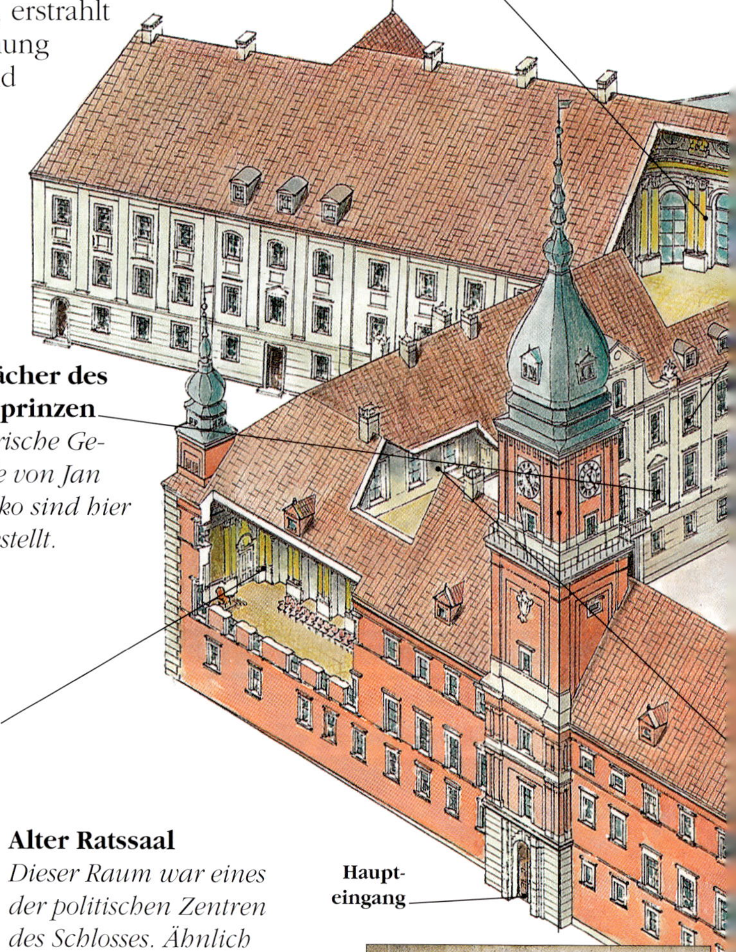

Gemächer des Kronprinzen
Historische Gemälde von Jan Matejko sind hier ausgestellt.

Alter Ratssaal
Dieser Raum war eines der politischen Zentren des Schlosses. Ähnlich opulent ausgestattet wie dieser Saal ist der Senatorensaal, in dem die Verfassung des 3. Mai im Jahr 1791 formell anerkannt wurde.

Haupteingang

Uhrturm
Der 60 Meter hohe, von einer Spitzkuppel gekrönte Turm wurde 1619 gebaut. 1622 installierte man diese Uhr mit einer Sonne auf dem Zifferblatt.

HÖHEPUNKTE

★ **Ballsaal**

★ **Marmorkabinett**

★ **Canaletto-Saal**

DAS SCHLOSSINNERE

Die faszinierende Innenausstattung spiegelt die zweifache Funktion des Schlosses als königliche Residenz und als Sitz des Parlaments wider. Bei einem Rundgang kann man sowohl die königlichen Wohnräume als auch den Senatorensaal und den ➛ *Alten Ratssaal* besichtigen. Das ganze Schloss wurde im Stil des 18. Jahrhunderts rekonstruiert. Viele Möbel und Kunstobjekte sind Originale. Dazu gehören nicht nur Statuen und Gemälde, sondern auch Teile der Holzarbeiten und des Stucks, etwa im Alten Audienzsaal, die während des Zweiten Weltkriegs ausgelagert worden waren. Den ➛ *Canaletto-Saal* neben der Privatkapelle des Königs zieren Ansichten vom Warschau des 18. Jahrhunderts. Sie dienten als Vorlage für den Wiederaufbau von Altstadt und Schloss.

DIE AUSSTELLUNGEN

Unter den Dauerausstellungen im Schloss sind zwei besonders interessant. Die 1998 eröffnete Galerie der dekorativen Künste präsentiert Keramik, Glas, Möbel, Textilien, Bronze- und Silberzeug aus dem 17. und 18. Jahrhundert. Rund 200 Exponate sind zu besichtigen. Dazu gehört als Besonderheit auch eine etruskische Vase, die bereits im ursprünglichen Schloss stand. In der ➛ *Lanckoronski-Galerie* befinden sich Gemälde von Rembrandt, David Teniers d.J. und Anton von Maron aus der einstigen Galerie des Königs Stanislaus II. August Poniatowski.

Der Thronsaal weist in Teilen die originalen Stuckarbeiten auf.

★ Marmorkabinett
Das Interieur stammt aus der Zeit von Wladislaw IV. (♔ 1632–48). Die herrlichen Porträts polnischer Regenten von Marcello Bacciarelli wurden später hinzugefügt.

Galerie der dekorativen Künste

Die Lanckoronski-Galerie im zweiten Stock zeigt zwei Bilder von Rembrandt: »Porträt einer jungen Frau« und »Gelehrter am Schreibtisch«.

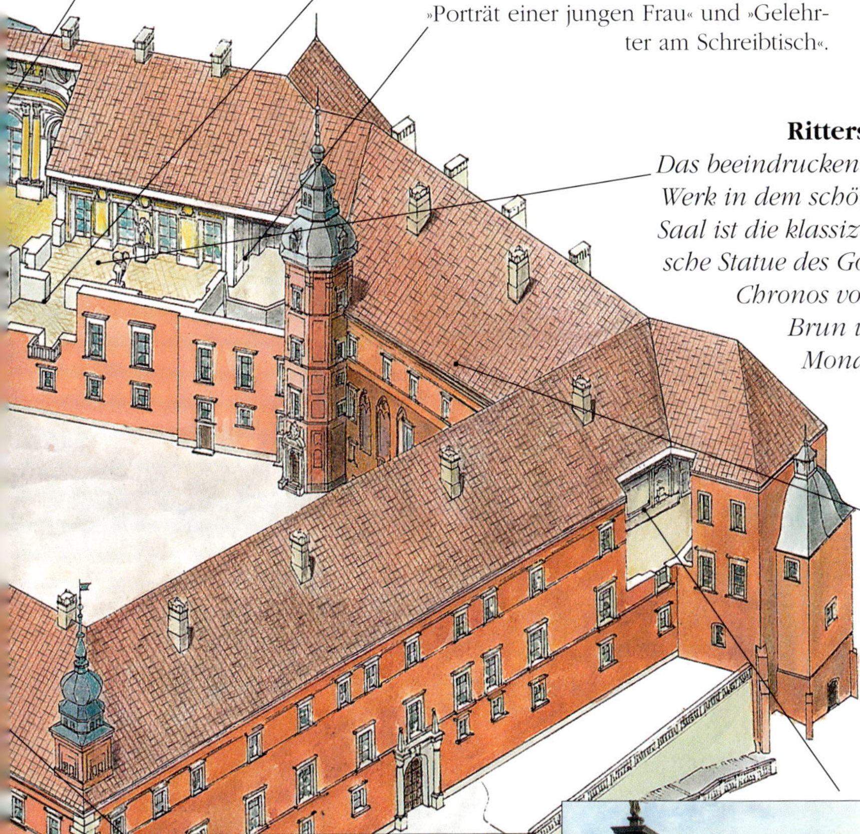

Alter Audienzsaal

Rittersaal
Das beeindruckendste Werk in dem schönen Saal ist die klassizistische Statue des Gottes Chronos von le Brun und Monaldi.

Appartement des Kronprinzen
Die Rokokotäfelung, die wohl der französische Kunsttischler Juste-Aurèle Meissonier herstellte, stammt aus dem früheren Kazimierz-Palais.

★ Canaletto-Saal
Die Wände des Saals zieren Warschauer Szenen von Canaletto d. J. (eigentlich Bernardo Bellotto). Der Venezianer war einer der kommerziell erfolgreichsten Künstler seiner Zeit.

Der Musenhof

Der letzte Polenkönig Stanislaus II. August Poniatowski schuf sich einen privaten Musenhof mit bedeutenden Baumeistern und Malern, vor allem Marcello Bacciarelli und Bernardo Bellotto.

Daten und Fakten

Anfang 15. Jahrhundert Bau des Großen Hofs als Wohnstätte der Herzöge

1569–72 Umbau zur Renaissanceresidenz

1598–1619 Ausbau zur Fünfflügelanlage

1767–86 Weitere Umgestaltung unter König Stanislaus II. August Poniatowski

1939 Zerstörung nach Bombenangriff

1944 Sprengung

1971 Beginn des Neuaufbaus

1980 Aufnahme der Altstadt von Warschau mit dem Königsschloss in das Weltkulturerbe der UNESCO

1988 Öffnung des restaurierten Schlosses für Publikum

Polens letzter König

König Stanislaus II. August Poniatowski (♔ 1764–95), 1732 geboren, wurde in Sankt Petersburg Liebhaber der zukünftigen Zarin Katharina der Großen. Auf den Druck Katharinas hin wurde Stanislaus zum König von Polen gewählt. Die Reformversuche des Monarchen führten zum vierjährigen Bürgerkrieg mit Intervention Russlands, das 1772 die 1. Teilung Polens zwischen Russland, Preußen und Österreich durchsetzte. Die Einführung einer konstitutionellen Verfassung 1791 beantworteten die Teilungsmächte 1793 mit der 2. Teilung. Durch die 3. Teilung wurde Polen unter Preußen, Österreich und Russland ganz aufgeteilt. Stanislaus dankte als letzter polnischer König 1795 ab und starb 1798.

Das Innere

Das frühe gotische Bauwerk mit seinem spätgotischen Giebel dient bereits seit über 700 Jahren als Gebetshaus. Der zweischiffige Hauptraum hat ein Rippengewölbe. Um die Assoziation des christlichen Kreuzes zu vermeiden, wurde eine fünfte Rippe hinzugefügt (➛ *Fünfrippengewölbe*). Verziert ist sie mit Weinblättern – Symbol der Fruchtbarkeit – und Efeu. Die Zahl Zwölf taucht in der Synagoge überall auf. Es handelt sich dabei wohl um eine Anspielung auf die zwölf Stämme Israels.

Die Altneusynagoge und das Jüdische Rathaus

Das jüdische Getto

Die Altneusynagoge steht in Josefov, dem einstigen jüdischen Getto, benannt nach Kaiser Joseph II. Er suchte die Diskriminierung der Juden im 18. Jahrhundert zu unterbinden. Über die Jahrhunderte hatten die Prager Juden immer wieder unter repressiven Gesetzen zu leiden. Im 13. Jahrhundert mussten sie zu ihrer Schande einen gelben Kreis tragen. Gegen Ende des 19. Jahrhunderts wurde das Getto geschleift. Nur wenige Gebäude blieben stehen, so das Jüdische Rathaus und einige Synagogen. 1938 besetzten die Deutschen die Tschechoslowakei. Sie deportierten die meisten der Prager Juden – Quellen sprechen von bis zu 90 Prozent – nach Theresienstadt und Auschwitz.

Die Altneusynagoge

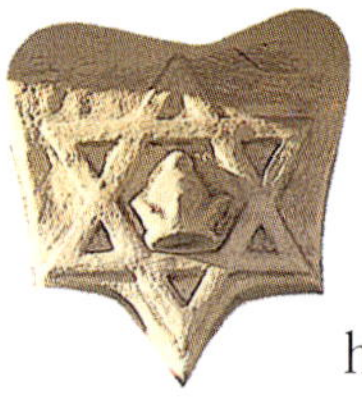

Davidstern in der Červená-Straße

Um 1270 errichtet, ist dies Europas älteste erhaltene Synagoge und einer der frühesten gotischen Bauten (➛ *S. 72*) Prags. Die Andachtsstätte hat Feuern, der Stadtsanierung des 19. Jahrhunderts und etlichen Judenpogromen getrotzt. Oft bot sie den Bewohnern des jüdischen Viertels Schutz. Heute noch ist die Synagoge das religiöse Zentrum der Prager Juden. Ursprünglich hieß das Gebäude Neue Synagoge, bis ihr nahebei eine weitere Synagoge, die heute nicht mehr existiert, diesen Namen streitig machte.

Ostfassade der Synagoge

★ Jüdische Fahne

Das historische Banner der Prager Juden schmückt ein Davidstern. Den hohen Hut in seiner Mitte mussten die Juden im 14. Jahrhundert tragen.

Gestufter Ziegelgiebel (15. Jh.)
Diese Fenster wurden im Zuge von Ausbauten im 17. Jahrhundert angelegt, damit Frauen dem Gottesdienst zuschauen konnten.
Halter für Kerzenleuchter

Rabbi Löw und der Golem

Löw leitete im 16. Jahrhundert die Talmudschule, die sich dem Thorastudium widmete. Man schrieb diesem Gelehrten und Philosophen magische Kräfte zu. Die Legende bezeichnet ihn als Schöpfer des Golems, den er aus Lehm formte und mittels Zauberei zum Leben erweckte. Die Kreatur, die durch Löws Zauberei außer Rand und Band geriet, soll der Rabbi zwischen den Dachsparren der Altneusynagoge versteckt haben.

★ Fünfrippengewölbe

Zwei achteckige Säulen stützen in der Haupthalle das fünfrippige Gewölbe.

Rechtes Schiff
Bronzene Lüster spenden den Gläubigen Licht, die auf Sitzen entlang den Wänden Platz nehmen.

Jüdischer Friedhof

Nahe der Altneusynagoge befindet sich der Alte Jüdische Friedhof. Er wurde mehr als 300 Jahre lang benutzt. Nach Schätzungen sind hier mehr als 100 000 Menschen begraben. Der älteste Grabstein stammt von 1439, die letzte Beerdigung fand 1787 statt.

Auf dem Tympanon über dem Schrein erkennt man geschnitzte Blätter (13. Jh.).

★ Stuhl des Rabbi Löw
Wo sich einst der große Gelehrte des 16. Jahrhunderts niederließ, steht heute noch der Stuhl des Oberrabbiners.

Plattform und Rednerpult des Vorbeters sind durch ein schmiedeeisernes Gitter (15. Jh.) abgeschirmt.

Eingang zur Synagoge

Schrein
Der Schrein, weihevollster Ort der Synagoge, hütet die geheiligten Thorarollen.

Eingangsportal
Auf dem Tympanon über dem Tor des Südvestibüls umranken Traubenbüschel und Weinblätter gewundene Zweige.

Höhepunkte

★ Stuhl des Rabbi Löw

★ Fünfrippengewölbe

★ Jüdische Fahne

Daten und Fakten

um 1270 Bau der Synagoge

15. Jahrhundert Anfügung von Satteldach und Backsteingiebeln

17. Jahrhundert Bau der Frauenempore auf der West- und Nordseite

1883 Restaurierungsbeginn unter Leitung des Architekten Joseph Mocker

1992 Aufnahme des historischen Zentrums von Prag mit der Altneusynagoge in das Weltkulturerbe der UNESCO

Gottesdienst in der Synagoge

Die Altneusynagoge ist heute noch in Benutzung. Auf dem ➛ *Eingangsportal* steht geschrieben: »Ehre Gott und befolge seine Gebote! Das gilt für die gesamte Menschheit!« Den religiösen Ritualen im Inneren wohnen Frauen und Männer getrennt bei. Der Gottesdienst findet in der Haupthalle statt und ist Männern vorbehalten. Diese müssen Kopfbedeckungen tragen. Die Frauen verfolgen die Rituale von der angrenzenden Galerie aus. Von dort schauen sie stehend durch kleine ➛ *Fenster* dem Gottesdienst zu. Anders als in den meisten anderen Synagogen befindet sich die Galerie hier nicht im ersten Stock, sondern ist ebenerdig. Inmitten des Hauptraums steht der Almemor (➛ *Plattform und Rednerpult*), der von einem Ziergitter umgeben ist. Von hier wird aus der Thora vorgelesen. Darüber hängt eine ➛ *Jüdische Fahne*, die Kopie eines Originals von 1716.

Peter Parler

Der Baumeister Peter Parler (1330 oder 1333–1399) entstammte einer bekannten schwäbischen Architekten- und Bildhauerfamilie. Er setzte die Errichtung des Veitsdoms fort, nachdem der nordfranzösische Baumeister Matthias von Arras verstorben war. Parler übernahm den Grundriss seines Vorgängers, vollzog jedoch den Wandel hin zur Spätgotik, besonders in der Gestaltung der Südseite, die Parler zur Hauptfassade bestimmte. Zunächst stellte er die restlichen Chorkapellen fertig. Danach errichtete er die Alte Sakristei, den Hochchor mit seinem herrlichen Netzgewölbe, die Südfront mit der ➛ *Goldenen Pforte* und die ➛ *Wenzelskapelle.*

Das Habsburger-Mausoleum im Chor des Veitsdoms

Das Habsburger-Mausoleum

In dem monumentalen Grabmal aus weißem Marmor vor dem Hochaltar liegen Kaiser Ferdinand I. (♔ 1558–64), seine Gemahlin Anna Jagiello und ihr Sohn, Kaiser Maximilian II. (♔ 1564–76), begraben. Ihre Bildnisse sind auf dem Deckel zu sehen. Die Arbeiten nach einem Entwurf des Niederländers Alexander Collin wurden zwischen 1566 und 1589 ausgeführt. An den Seiten sind u.a. Porträts von Kaiser Karl IV., Kaiser Rudolf II. und König Wenzel IV. zu sehen, die in der Königsgruft im Dom beigesetzt sind.

Der Veitsdom

Der Bau der Krönungskirche und Grablege der böhmischen Könige ist vor allem mit dem Namen Peter Parlers aus Schwäbisch Gmünd verbunden. Er führte ab Mitte des 14. Jahrhunderts den durch Matthias von Arras begonnenen Bau des Prager Doms nicht nur weiter, sondern schuf damit ein epochales Bauwerk der beginnenden Spätgotik (➛ *S. 72*). Parler gestaltete die zur Stadt hin gewandte südliche Schauseite und errichtete die kostbarst ausgestattete Wenzelskapelle. Erst im 19. und 20. Jahrhundert wurde der Dom mit seiner westlichen Doppelturmfassade vollendet.

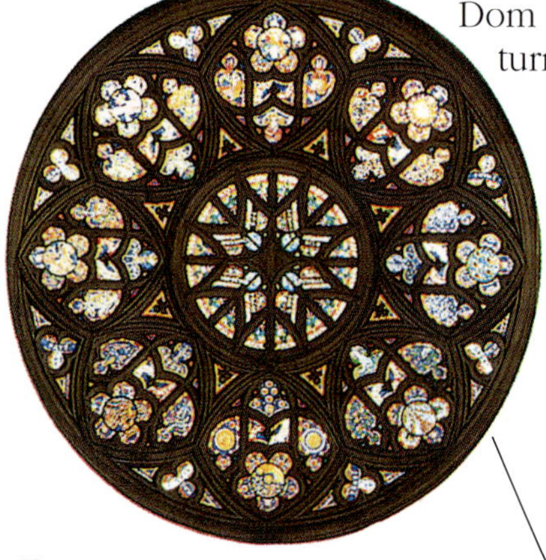

Fensterrose
Über dem Portal hält dieses von František Kysela entworfene Fenster (1925–27) Szenen aus der biblischen Schöpfungsgeschichte fest.

Der Laufgang, das so genannte Triforium, wurde von Peter Parler gebaut und mit Porträtbüsten versehen. Sie stellen Zeitgenossen Kaiser Karls IV. (♔ 1355–78) dar.

Westliche Zwillingstürme

Die Buntglasfenster des Doms sind herausragende Werke der tschechischen Glaskunst des 20. Jahrhunderts.

Hauptschiff

Die Bronzetüren des Haupteingangs zeigen Szenen aus der Geschichte des Doms.

Wasserspeier
An der reich verzierten Westfassade leiten kunstvoll gestaltete Wasserspeier das Regenwasser ab. Zugleich sollten sie den Kampf zwischen Gut und Böse symbolisieren.

Dom St. Veit, St. Wenzel und Adalbert
Die Ansicht zeigt den Dom, der offiziell drei Heiligen gewidmet ist, vor 1872.

★ Strebebögen
Das Schiff und den Chor umgeben außen schlanke Strebebögen. Sie stützen das Innengewölbe und sind, wie die gesamte Kathedrale, aufwendig verziert.

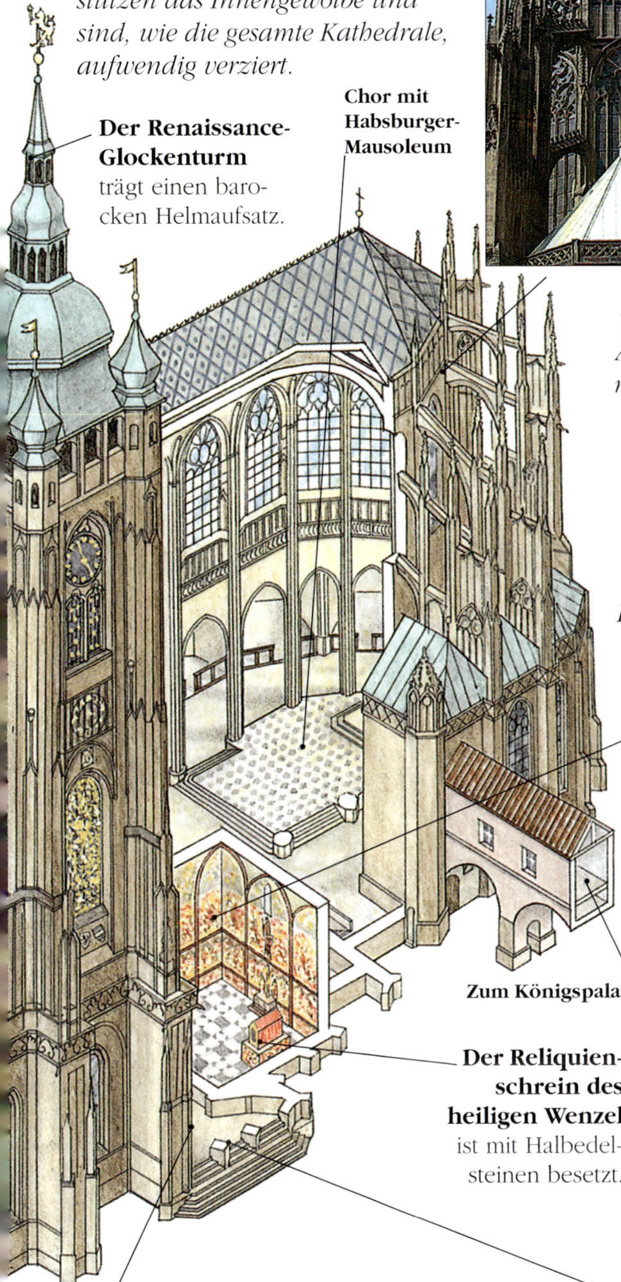

Der Renaissance-Glockenturm trägt einen barocken Helmaufsatz.

Chor mit Habsburger-Mausoleum

Zum Königspalast

Der Reliquienschrein des heiligen Wenzel ist mit Halbedelsteinen besetzt.

Der heilige Wenzel

Als der christliche Herzog Wenzel (♔ 921–929 oder 935) die Macht übernahm, versuchte er, den heidnischen Adel Böhmens zu bekehren. Dass er König Heinrich I. Treue schwor, passte vielen Untertanen nicht, auch nicht seinem Bruder Boleslaw I. Er erschlug Wenzel in Altbunzlau.

★ Wenzelskapelle
An diesen Bronzering am Nordportal der Kapelle soll sich einer Legende nach Wenzel geklammert haben, als er dem Attentat seines Bruders zum Opfer fiel.

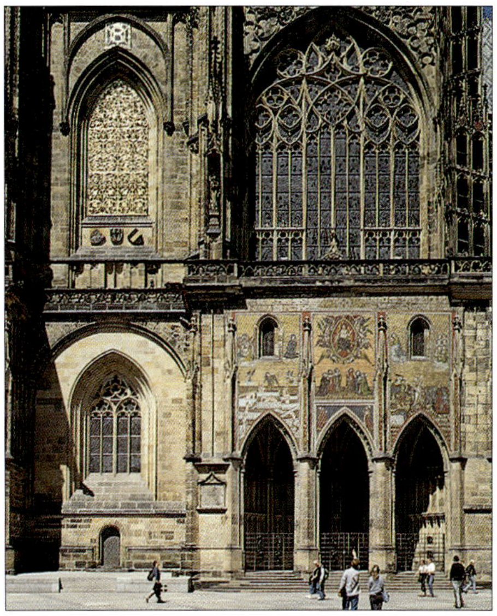

★ Goldene Pforte
Durch das Portal schritten die Könige bei Krönungsfeierlichkeiten. Darüber mahnt »Das Jüngste Gericht«, ein venezianisch-byzantinisch beeinflusstes Mosaik (14. Jh.).

Gotisches Gewölbe
Den höchsten Beweis seines Könnens lieferte Peter Parler mit diesen anmutig gefächerten Rippen, die die drei gotischen Bögen der Goldenen Pforte stützen.

Höhepunkte

★ **Wenzelskapelle**

★ **Goldene Pforte**

★ **Strebebögen**

Daten und Fakten

um 925 Bau der Veits-Rotunde unter Herzog Wenzel
1060/61–96 Bau der dreischiffigen Basilika
1344 Grundsteinlegung für den spätgotischen Dom
1353/56–99 Fortsetzung des Baus durch Peter Parler
1419/20–33/34 Hussitenkriege
1842 Beginn der Vorarbeiten zur Fertigstellung des Doms
1929 Weihe des Veitsdoms
1992 Aufnahme des historischen Zentrums von Prag mit dem Veitsdom in das Weltkulturerbe der UNESCO

Die vier Bauphasen

Der Veitsdom machte vier wichtige Bauphasen durch. Reste der Veits-Rotunde wurden bei Ausgrabungen unterhalb des heutigen Domlanghauses freigelegt. Von der romanischen Basilika fand man unter dem heutigen, in seiner Achse abweichenden Langhaus die Apsis der Ostkrypta und Reste des nördlichen Seitenschiffs. Die Arbeit am spätgotischen Dom kam während der Hussitenkriege zum Stillstand. Nach den Bauabschnitten, die bis dahin unter Peter Parler und dessen Söhnen entstanden waren, wurden nur das zweite und dritte Geschoss des Südturms noch im Stil der Spätgotik errichtet. Zu den Arbeiten, die den Dom ab 1842 im neugotischen Stil vollendeten, gehörten die Errichtung der westlichen Zwillingstürme und des Eingangs auf der Westseite sowie die riesige ➛ *Fensterrose.*

Die Karlsbrücke

PRAGS BERÜHMTESTES WAHRZEICHEN, eine der ältesten Steinbrücken Europas, verbindet die Altstadt mit der Kleinseite. Bis 1741 war die 520 Meter lange und 10 Meter breite Sandsteinbrücke mit ihren 16 Bögen der einzige Übergang über die Moldau in Prag. Peter Parler (➛ *S. 146*), der Baumeister des Veitsdoms, errichtete sie ab 1357. Künstlerisch wertvoll ist der reiche Skulpturenschmuck auf der Brücke, heute überwiegend in Kopie.

★ Blick vom Kleinseitner Brückenturm
Vom Turm hat man eine wunderbare Aussicht auf Prag, die »Stadt der 100 Türme«.

Kleinseite

Der heilige Adalbert (1709)
Der Bischof von Prag (um 956 bis 997) gründete 992 das Kloster Brevnov. Bei den Tschechen heißt der Heilige Vojtěch.

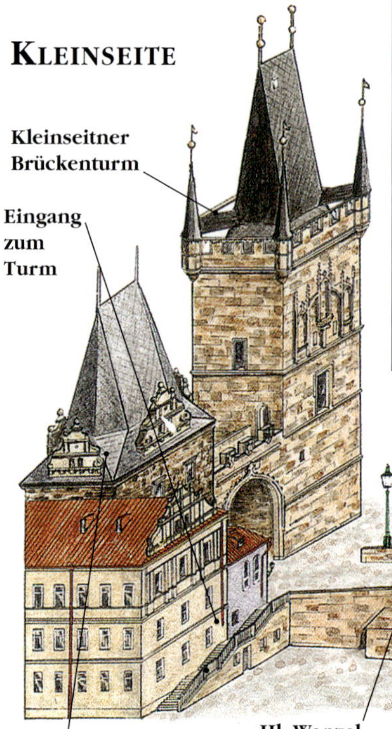
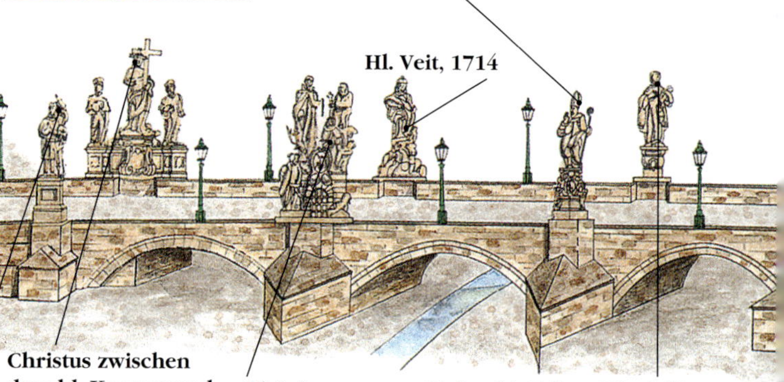

Altstädter Seite

Der Dreißigjährige Krieg
1648 besetzen schwedische Truppen den Hradschin und die Kleinseite. Der Westfälische Friede im gleichen Jahr beendet den Dreißigjährigen Krieg.

Braun und Brokoff

Die böhmischen Bildhauer Matthias Bernhard Braun (1684–1738) und Ferdinand Maximilian Brokoff (1688 bis 1731) gelten als die bedeutendsten Vertreter der Barockplastik in Böhmen. Braun schuf mit nur 26 Jahren für die Karlsbrücke die Statue der ➛ *heiligen Luitgard*, die von geradezu theatralischer Ausdruckskraft ist, sowie die des heiligen Ivo (1711). Brokoffs Plastiken wirken ruhiger und erdverbundener. Von ihm stammen u.a. der heilige Kajetan von Tiene (1709), der heilige Franz Xaver (1711) und die Trinitarier-Gruppe.

Die Statuen

Bis Ende des 17. Jahrhunderts fehlte jeder plastische Schmuck auf der Karlsbrücke. Nachdem als erste Figur die des ➛ *heiligen Johannes Nepomuk* hier Aufstellung fand, wurden es bis 1938 insgesamt 30 Skulpturen oder Skulpturengruppen. Sie sind alle aus böhmischem Sandstein gearbeitet und wurden von Klöstern, Ratsherren und Fakultäten gestiftet. Überwiegend sind Heilige dargestellt, u.a. der heilige Veit, Schutzpatron der Karlsbrücke (Brokoff). Die Trinitarier-Gruppe zeigt Johannes von Matha und Felix von Valois, die Gründer des Trinitarierordens zum Loskauf christlicher Gefangener, die einen Galeerensklaven aufrichten.

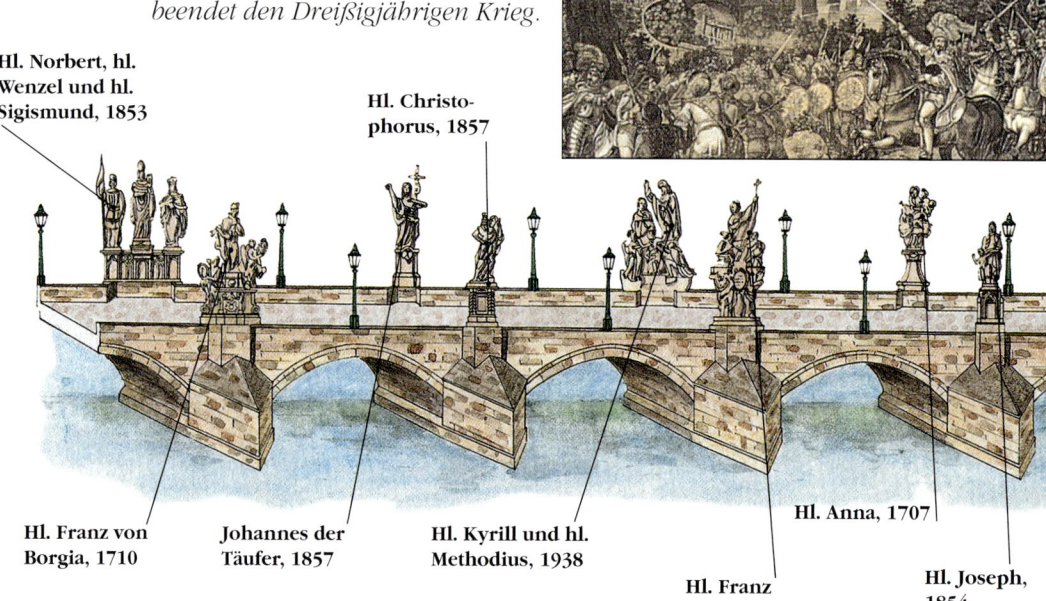

Detail der Trinitarier-Gruppe von Ferdinand Maximilian Brokoff

★ Die heilige Luitgard (1710)
Diese wohl künstlerisch wertvollste Statue von Matthias Braun stellt die Vision der blinden Zisterziensernonne dar, in der sie die Wunden Christi küsste.

★ Der heilige Johannes Nepomuk (1683)
Dieses Relief stellt den Brückensturz des Heiligen dar. Vom vielen Berühren, das Glück bringen soll, glänzt das Gesicht des Heiligen.

Höhepunkte

- ★ Der heilige Johannes Nepomuk
- ★ Die heilige Luitgard
- ★ Kruzifix
- ★ Blick vom Kleinseitner Brückenturm

★ Kruzifix
Über 300 Jahre lang war ein Holzkreuz der einzige Schmuck der Brücke. Der vergoldete Christus des heutigen Kruzifixes datiert von 1629.

Brückenturmskulpturen
Zu Peter Parlers Arbeiten gehören der heilige Veit, Patron der Brücke, Karl IV. (links) und Wenzel IV.

Daten und Fakten

1357 Baubeginn der Brücke als Ersatz der eingestürzten Judith-Brücke im Auftrag Karls IV. durch Peter Parler

1391 Baubeginn des Altstädter Brückenturms

nach 1400 Vollendung des seit 1370 Karlsbrücke genannten Bauwerks

1464 Baubeginn des höheren Kleinseitner Brückenturms

1683 Aufstellung des heiligen Johannes Nepomuk als erste der Statuen

1890 Erneuerung zweier Brückenbögen

1938 Aufstellung der letzten Statuengruppe

1992 Aufnahme des historischen Zentrums von Prag mit der Karlsbrücke in das Weltkulturerbe der UNESCO

Johannes Nepomuk

Johannes aus Pomuk (um 1350–93) war ab 1389 Generalvikar des Erzbischofs von Prag. Sein mutiges Eintreten für die Rechte der Kirche gegenüber König Wenzel IV. und seine Predigten machten ihn beim Volk berühmt. Wegen seiner Weigerung, das Beichtgeheimnis zu brechen, soll er gefoltert und in der Moldau ertränkt worden sein. Er wurde im Veitsdom (➤ *S. 146f.*) bestattet und schon bald als Märtyrer verehrt. An ihn erinnern die Statue des ➤ *heiligen Johannes Nepomuk* und ein Bronzerelief, das den Brückensturz darstellt. Johannes Nepomuk ist Schutzpatron der Brücken und Symbolgestalt des Widerstandes gegen die Unterdrückung der Religion.

Krönungen in der Matthiaskirche

Die ungarischen Könige mussten in einer Kirche gekrönt werden, bevor sie von ihren Untertanen offiziell anerkannt wurden. Zu den Ersten, die in der Matthiaskirche gekrönt wurden, gehörte 1308 Karl I. Robert, der 34 Jahre lang über Ungarn herrschte. Der Nächste war 1387 König Sigismund. Matthias I. Corvinus wurde hier 1464 die so genannte Stephanskrone (➛ *S. 152*) aufgesetzt. 1867 fand in der Kirche die prunkvolle Krönung des Königs Franz Joseph I. und seiner Frau Elisabeth statt. Für diese Gelegenheit schuf der ungarische Komponist Franz Liszt die »Krönungsmesse«. Das letzte Königspaar Ungarns, Karl IV. und Zita, wurde 1916 in der Matthiaskirche gekrönt.

Restaurierung durch Frigyes Schulek

Während ihrer Nutzung als Moschee wurde die Einrichtung der Matthiaskirche weitgehend entfernt, die aufwendigen Wandfriese übertüncht. Nach der Vertreibung der Türken wurde das Gebäude wieder zur Kirche und mehrfach restauriert. Aber erst 1896 erstrahlte die Kirche dank des großen Umbaus durch den Architekten Frigyes Schulek im neuen Glanz. Er legte architektonische Details aus dem 13. Jahrhundert frei, ließ Kopien anfertigen und knüpfte mit Neuerungen an die frühgotischen Elemente an. Den ➛ *Hochaltar* und die ➛ *Buntglasfenster* entwarf er im neugotischen Stil. Auch das ➛ *Dach* mit den glasierten Ziegeln kam hinzu.

Turm im neugotischen Stil

Die Matthiaskirche

Die Liebfrauenkirche im Stadtteil Buda ist eine der ältesten Krönungskirchen Ungarns. Sie wird allgemein Matthiaskirche genannt, da König Matthias I. Corvinus sie nicht nur mit seinem Wappen, dem Raben (daher Matthias' Beiname Corvinus), verzieren, sondern auch vergrößern und verschönern ließ. Viele originale Details gingen verloren, als die Türken das Gotteshaus 1541 in eine Moschee umwandelten. Nach ihrem Rückzug um das Jahr 1686 wurde die Kirche zunächst barock restauriert. Ende des 19. Jahrhunderts erhielt sie durch den Baumeister Frigyes Schulek ihr heutiges neugotisches Erscheinungsbild (➛ *S. 72*).

Fensterrosette
Frigyes Schulek kopierte getreu das mittelalterliche Buntglasfenster, das in der Frühgotik diese Stelle einnahm.

Béla-Turm
Der Turm ist nach dem Gründer der Kirche, König Béla IV. (♔ 1235 bis 1270), benannt. Einige originale gotische Elemente blieben erhalten.

★ Barocke Madonna
Die Legende besagt, dass die Statue während der türkischen Besatzung in eine Kirchenwand eingemauert war. Als das Gotteshaus 1686 fast zerstört wurde, tauchte die Madonna wieder auf. Die Türken deuteten dies als Vorzeichen ihrer Niederlage.

Hauptportal
Über dem gewölbten Westeingang prangt ein Flachrelief der Madonna mit Kind (19. Jh.) zwischen zwei Engeln. Es stammt von Lajos Lantai.

Höhepunkte

- ★ Barocke Madonna
- ★ Marienportal
- ★ Grab von König Béla III. und Anna von Châtillon

★ Grab von König Béla III. und Anna von Châtillon
Die sterblichen Überreste des Königspaares wurden 1860 aus der Kathedrale von Székesfehérvár in die Matthiaskirche überführt. Sie ruhen unter einem Steinbaldachin in der Dreifaltigkeitskapelle.

Das Kirchenmuseum

In der Krypta sowie im Königlichen Oratorium und seinen Nebenräumen sind Nachbildungen der ungarischen Königskrone ausgestellt. Zu besichtigen sind ferner Kelche, Reliquiare, Ornate, sakrale Kunstwerke sowie Reste mittelalterlichen Mauerwerks.

Kanzel
Die reich dekorierte Kanzel im Südteil der Kirche zieren Steinfiguren der vier Kirchenväter und der vier Evangelisten.

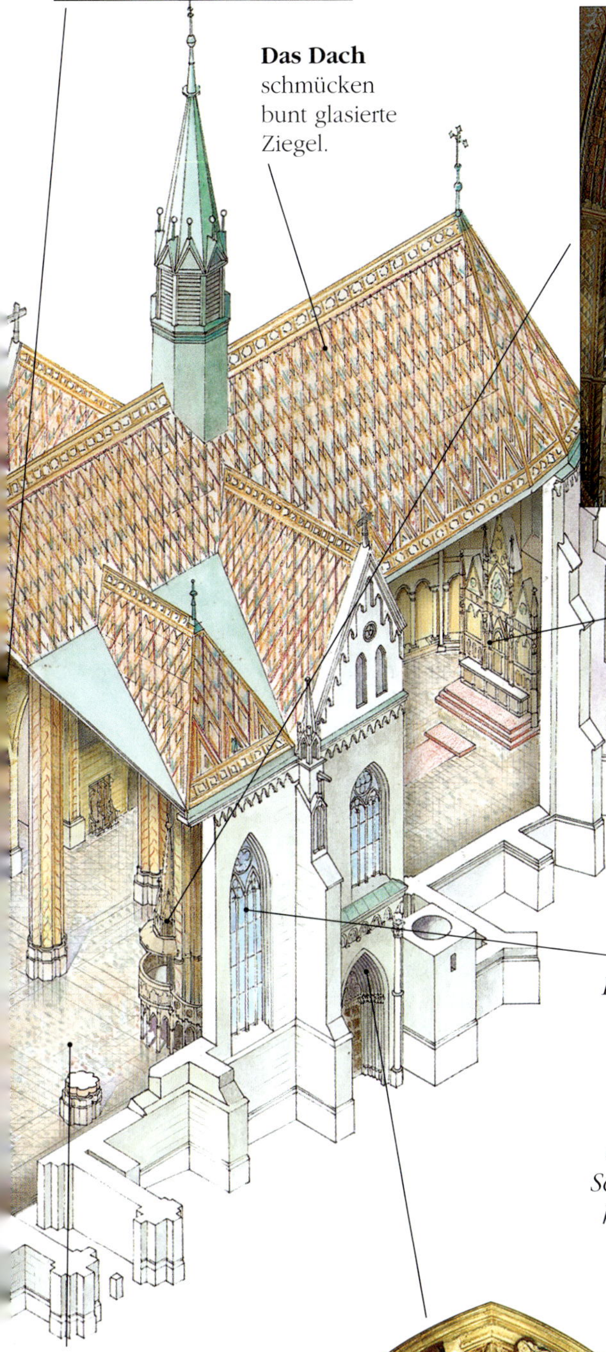

Das Dach schmücken bunt glasierte Ziegel.

Den Hochaltar schuf Frigyes Schulek nach dem Vorbild gotischer Triptychen.

Buntglasfenster
Die drei Bogenfenster auf der Südseite schmückt herrliches Buntglas aus dem 19. Jahrhundert. Sie stammen von Frigyes Schulek, Bertalan Székely und Károly Lotz.

Der Innenraum wurde im 19. Jahrhundert von Károly Lotz und Bertalan Székely mit geometrischen Mustern ausgemalt und mit Fresken verziert.

★ Marienportal
Die Himmelfahrt der Jungfrau Maria ist das großartigste Beispiel gotischer Bildhauerkunst in Ungarn. Frigyes Schulek rekonstruierte das Portal aus Fragmenten. Zum Glück überdauerte es den Zweiten Weltkrieg.

Daten und Fakten

um 1255 Gründung der Kirche durch König Béla IV.

um 1370 Umgestaltung zu gotischer Hallenkirche

1874–96 Umbau zu heutigem Aussehen

1945 Schwere Kriegsschäden

1987 Aufnahme des Burgviertels Buda (mit Matthiaskirche) und der Uferzone der Donau in das Weltkulturerbe der UNESCO

Matthias I. Corvinus

Der in Böhmen aufgewachsene Matthias Hunyadi (1443 bis 1490) wurde 1458 vom Kleinadel zum ungarischen König erhoben. Sein Rivale um die Königskrone, der deutsche Kaiser Friedrich III., erkannte Matthias I. Corvinus 1463 als König Ungarns an. 1469 machte er sich zum König von Böhmen. Die Angriffe der Türken konnte er 1476 stoppen. Bis 1485 eroberte Matthias Niederösterreich, die Steiermark, Kärnten und Wien und machte Ungarn zur politischen Großmacht. Seine Reformen hoben das soziale, ökonomische und kulturelle Niveau des Landes. Die Steuerlasten der Armen wurden verringert. Eine zentralisierte Gerichtsbarkeit gewährte allen Bürgern gleiche Rechte. Der König war ein Förderer der Kirche und Mäzen der Künste und Wissenschaften. Ungarn wurde unter Matthias zu einem Zentrum der Frührenaissance. Seine Bibliotheca Corviniana war eine der größten Sammlungen wissenschaftlicher und philosophischer Schriften der Welt.

Imre von Steindl

Der ungarische Architekt Imre von Steindl (1839 bis 1902), der das Steinmetzhandwerk erlernt hatte, gewann den Wettbewerb um den Entwurf des Parlamentsgebäudes. Mit seinem Rückgriff auf den Stil der Gotik (➛ *S. 72*) wollte er das nationale Streben Ungarns demonstrieren. Anregungen bezog er von seinem Wiener Lehrer Friedrich Schmidt und von dem neugotischen Parlamentsgebäude in London (➛ *S. 40f.*). Für das Innere, z.B. den ➛ *Kuppelsaal*, griff er Elemente aus dem Barock und der Renaissance auf.

Außen schmücken Ziertürmchen das Parlamentsgebäude.

Die Stephanskrone

Im Jahr 1000 wurde der christliche Großfürst Stephan I., der Heilige (♔997–1038), im Einvernehmen mit Papst Silvester II. zum ersten König Ungarns gekrönt. Seine Krone wurde ein Symbol der ungarischen Nation. Schlachten und Kriege wurden um ihren Besitz ausgetragen. Die heutige Krone ist allerdings nicht mehr das Original. Sie stammt aus der Zeit vor 1440. Auffallend ist das schiefe Kreuz, das auf zwei kreuzförmig auf einem Goldreif angebrachten Bändern aufgesetzt ist. Am Ende des Zweiten Weltkriegs geriet die Krone in die Hände amerikanischer Truppen. 1978 gaben die USA sie an den Staat Ungarn zurück. Seit Januar 2000 befindet sie sich im Parlamentsgebäude.

Das Parlamentsgebäude

Zwei Löwen bewachen den Haupteingang.

Das Parlamentsgebäude, eines der schönsten Europas, ist das Wahrzeichen Budapests. Imre von Steindls neugotischer Bau ist 268 Meter lang, 118 Meter breit, in der Kuppel 96 Meter hoch und hat 691 Räume. Zum Zeitpunkt seiner Erbauung bestand das ungarische Parlament noch aus Ober- und Unterhaus, was sich in der symmetrischen Aufteilung des Bauwerks niederschlug.

Luftbild
Die herrliche Kuppel ragt über die Mitte des Parlamentsgebäudes hinaus. Die kunstvolle Fassade ist im neugotischen Stil gehalten, doch der Grundriss folgt barocken Vorgaben.

★ Kuppelsaal
Die massiven Pfeiler, die die zentrale Kuppel des Parlamentsgebäudes stützen, zieren Figuren ungarischer Herrscher.

★ Sitzungssaal
Hier tritt die Nationalversammlung zusammen, die seit 1944 die einzige Kammer des Parlaments bildet. Zwei Gemälde von Zsigmond Vajda hängen zu beiden Seiten des Rednerpults.

Giebel
Nahezu sämtliche Winkel des Parlamentsgebäudes schmücken Giebel mit Türmchen.

Vorhallen
Die Vorhallen sind durch Korridore mit Buntglasfenstern miteinander verbunden.

Kuppel
Die Decke der 96 Meter hohen Kuppel schmücken neugotische Vergoldungen kombiniert mit Wappendekorationen.

Parlamentsvase

Die ungarische Porzellanmanufaktur Herend schuf 1954 die erste Parlamentsvase. Sie stand zehn Jahre im Kuppelsaal und kam dann ins Herend-Museum. Im Jahr 2000 wurde eine Vase zum 1000-jährigen Bestehen Ungarns gefertigt.

Gobelinsaal
Dieser Bildteppich zeigt Árpád mit sieben verbündeten Magyarenfürsten. Unter ihnen erfolgte um 896 die Landnahme im Donaubecken.

Kongresssaal
Der riesige Saal ist nahezu ein Spiegelbild des Sitzungssaals. Das hufeisenförmige Innere der beiden Hallen umgeben Galerien.

★ Haupttreppe
Die besten zeitgenössischen Künstler wirkten bei der Gestaltung der Innenräume mit. Die prachtvolle Haupttreppe schmücken ein Freskenhimmel von Károly Lotz sowie diverse Skulpturen.

Höhepunkte

- ★ **Sitzungssaal**
- ★ **Kuppelsaal**
- ★ **Haupttreppe**

Daten und Fakten

1882 Architektenwettbewerb für Parlamentsbau mit Imre von Steindl als Sieger

1885 Grundsteinlegung für das Parlamentsgebäude und Baubeginn

1902 Vollendung des Bauwerks

1987 Aufnahme des Burgviertels Buda und der Uferzone der Donau (mit Parlament) ins Weltkulturerbe der UNESCO

seit 2000 Aufbewahrung der »Heiligen Krone« Stephans I.

Die Statuen an der Aussenfassade

Am Parlamentsgebäude befinden sich 88 Statuen, die u.a. bedeutende ungarische Könige, Politiker und Künstler darstellen. Eine Statue des siebenbürgischen Fürsten Franz II. Rákóczi (♔1704 bis 1711), der für die Unabhängigkeit Ungarns gegen die Habsburger kämpfte, steht am Südflügel. Nicht weit davon entfernt stößt man auf eine Statue des Dichters Attila József (1905–37), dessen Gedichte die moderne ungarische Literatur beeinflussten. Den Nordflügel ziert die Statue des für die Unabhängigkeit kämpfenden Nationalhelden Lajos Kossuth (1802 bis 1894), der 1849 vier Monate lang Ungarn regierte, bevor er ins Exil ging. Daneben befindet sich die Statue des Politikers Mihály Graf Károlyi von Nagykárolyi (1875–1955). Er regierte Ungarn 1918/19 knapp fünf Monate lang, bis er von der Ungarischen Räterepublik abgesetzt wurde.

Auguste Ricard de Montferrand

Der junge französische Architekt (1786–1858) hatte bei Charles Percier Architektur studiert und kam 1816 nach Russland. Aus dem Ideenwettbewerb für den Neubau der dem heiligen Isaak geweihten Kathedrale ging Montferrand, der 24 Entwürfe einreichte, als Sieger hervor. Der unerfahrene Architekt wurde bei den technischen und künstlerischen Problemen des Baus von einem Komitee erstrangiger Architekten beraten. Montferrand entwarf auch die Alexander-Säule (1830–32) auf dem Schlossplatz, die an den russischen Sieg über Napoleon erinnert. Er restaurierte unter Zar Nikolaus I. Teile des Winterpalasts (➛ *S. 156f.*), für den er den Feldmarschallsaal entwarf.

Baumaterialien für die Kathedrale

Die Verwendung von über 40 verschiedenen Mineralien, Granit- und Marmorsorten im Innenraum der Isaakskathedrale brachte ihr den Spitznamen »Museum der russischen Geologie« ein. Der Boden, die Wände, Bögen und mächtigen Säulen der Kathedrale wurden mit 14 verschiedenen Marmorarten dekoriert. Die Baustoffe stammten u.a. aus Sibirien, Finnland und Italien. Außerdem wurden mehr als 400 Kilogramm Gold, rund 1000 Tonnen Bronze, 16 Tonnen Malachit und fast ebenso viele Tonnen Lapislazuli verarbeitet.

Die vergoldete Kuppel der Kathedrale bestimmt das Stadtbild.

Die Isaakskathedrale

Die Isaakskathedrale ist die vierte dieses Namens seit der Gründung von Sankt Petersburg. Mit 111 Meter Länge, 97 Meter Breite und 101 Meter Höhe ist sie die viertgrößte Kathedrale der Welt. Die Konstruktion des Gebäudes war eine Meisterleistung. Der Architekt Montferrand ließ rund 24000 Baumstämme ins sumpfige Newa-Ufer treiben, die die 300000 Tonnen schwere Kathedrale tragen. Das Gotteshaus ist außen von der italienischen Renaissance geprägt (➛ *S. 211*) und zeigt innen Elemente aus Renaissance, Barock und Klassizismus.

Kuppel
Die Kuppel bietet einen Panoramablick auf die Stadt mit Admiralität (Bildmitte) und Eremitage (➛ S. 156). Die Goldkuppel zieren Engel des Bildhauers Josef Hermann.

Engel mit Fackel
Iwan Witali schuf viele der Skulpturen für die Kathedrale, so auch die Engelspaare an den vier Ecken, die Gasfackeln tragen.

Die Mosaikikonen der Ikonostase stammen von Brüllow und Neff.

Diese Kapelle ehrt Alexander Newskij, der 1240 die Schweden besiegte.

Das Giebeldreieck auf der Nordseite ziert ein von François Lemaire geschaffenes Bronzerelief (1842–44) der Auferstehung.

Ausgang

Säulen aus Malachit und Lapislazuli rahmen die Ikonostase ein.

Die Katharinenkapelle hat eine Marmor-Ikonostase, gekrönt von einer Auferstehungsskulptur (1850–54) von Nikolai Pimenow.

★ Ikonostase
Durch die Königstür der Ikonostase ist ein Buntglasfenster von Leo von Klenze zu sehen. Über der Tür befindet sich ein vergoldeter Christus von Pjotr Klodt.

Die Silbertaube in der Kuppel ist ein Symbol des Heiligen Geistes.

★ Deckengemälde
Die »Himmlische Jungfrau« von Karl Brüllow bedeckt eine Fläche von rund 800 Quadratmetern. Vergoldeter Deckenstuck und weißer Marmor rahmen sie ein.

Porträts der Apostel und Evangelisten

Statue des heiligen Matthäus

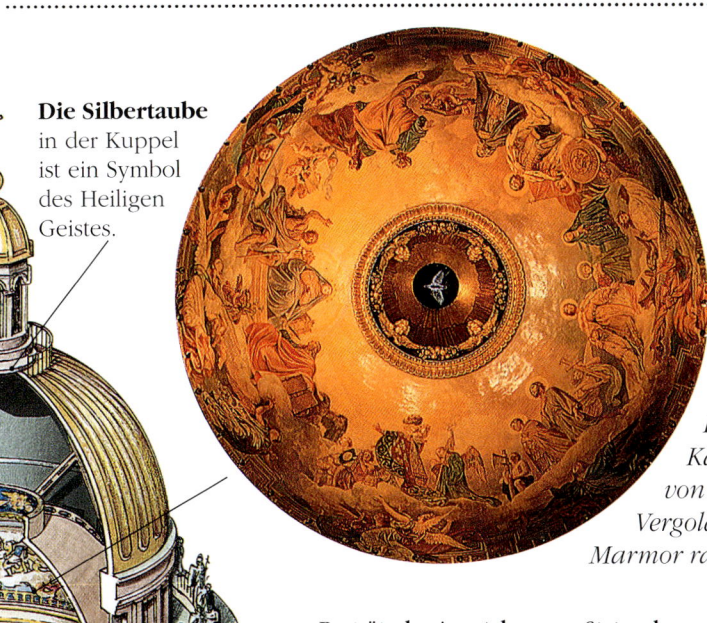

Sein letzter Wille

Nach seinem Tod wollte Montferrand in der Kathedrale beerdigt werden. Zar Alexander II. kam diesem letzten Willen nicht nach, da der Architekt nur ein »kleiner« Angestellter des Staates war.

Südportale
Drei große Türen aus Eiche und Bronze, die je 20 Tonnen wiegen, sind mit Reliefs von Iwan Witali geschmückt – Szenen aus dem Leben Christi und der Heiligen, darunter auch Alexander Newskij.

Das Relief des heiligen Isaak, der Kaiser Theodosius und dessen Frau segnet, stammt von Iwan Witali. Ganz links sieht man Montferrand, der ein Modell der Kathedrale umklammert.

Die Wände sind mit verschiedenen Marmorarten sowie Halbedelsteinen und Mineralien geschmückt.

Der Innenraum umfasst 4000 Quadratmeter.

Rote Granitsäulen, die je 114 Tonnen wiegen, wurden aus Finnland hierher gebracht.

Höhepunkte

★ **Ikonostase**

★ **Deckengemälde**

Daten und Fakten

um 1710 Errichtung einer hölzernen Isaakskirche

1717–27 Bau einer Steinkirche (durch Feuer zerstört)

1768 Baubeginn einer Kathedrale in Marmor unter Katharina II.; nach deren Tod (1796) Fertigstellung in Ziegelsteinausführung für Paul I.

1818–58 Bau der heutigen Kathedrale für Alexander I.

1928 Schließung

1931 Wiedereröffnung als Museum

1939–45 Schwere Zerstörung des Innenraums, der nach Kriegsende restauriert wurde

1990 Aufnahme der historischen Altstadt mit der Isaakskathedrale in das Weltkulturerbe der UNESCO

Der Innenraum

Die wunderschöne Kathedrale, in der stehend über 14000 Gläubige Platz finden, ist mit Mosaiken, Skulpturen, Flachreliefs und Gemälden ausgestattet. Diese Werke wurden von mehr als 200 Künstlern geschaffen, darunter Iwan P. Witali, Karl P. Brüllow, Peter V. Basin und Josef Hermann. Eindrucksvollster Bestandteil der Isaakskathedrale ist die dreistöckige ➛ *Ikonostase* mit Säulen aus Lapislazuli und Malachit. Die beiden unteren Reihen zeigen Heiligenbilder aus Mosaik, die obere zeigt gemalte Ikonen. Durch die mittlere Tür der Ikonostase sieht man in den Altarraum und auf ein Buntglasfenster von Leo von Klenze, das die Auferstehung Christi darstellt.

Die Eremitage

Die über drei Millionen Kunstwerke eines der größten Museen der Welt verteilen sich auf den Winterpalast und drei weitere Gebäude. Schon Zar Peter I., der Große (♔ 1682–1725), sammelte Gemälde und Skulpturen. Seine Tochter Elisabeth erweiterte die Sammlung. 1764 erwarb Katharina die Große 225 für Friedrich den Großen bestimmte Gemälde zumeist flämischer und holländischer Meister, für die sie die Kleine Eremitage erbauen ließ. Beraten von hervorragenden Kunstkennern kaufte die Zarin ganze Sammlungen, die später in der Großen Eremitage untergebracht wurden. Für die Neuerwerbungen ihrer Nachfolger wurde die Neue Eremitage erbaut. Der Museumskomplex zeigt Exponate von der Steinzeit bis ins 20. Jahrhundert. Glanzstücke sind Werke von Rembrandt, Tizian, van Gogh, Picasso und die große Matisse-Sammlung.

Rastrelli

Der russische Baumeister italienischer Herkunft Bartolomeo Rastrelli (1700–71) assistierte seinem Vater, der als Architekt Peters des Großen arbeitete, ab 1716. 1722 übernahm Rastrelli eigene Aufträge in Moskau und Sankt Petersburg, die ihm den Ruf eines brillanten Barockbaumeisters einbrachten. Unter Zarin Elisabeth wurde er Hofarchitekt. Zu seinen Werken gehört neben dem Winterpalast auch der Große Katharinenpalast (➛ *S. 158f.*). Als Katharina die Große 1762 den Thron bestieg, nahm Rastrelli seinen Abschied, da die Zarin einen streng klassizistischen Stil bevorzugte.

Rastrelli, Architekt am Zarenhof

Der Winterpalast

Der Winterpalast, die ehemalige Zarenresidenz in Sankt Petersburg, gilt als die Krönung im Schaffen Bartolomeo Rastrellis. Die Residenz für Zarin Elisabeth (♔ 1741–62) ist ein hervorragendes Beispiel für den russischen Spätbarock, einer Variante des italienischen Barock (➛ *S. 111*). Als Katharina die Große das Schloss 1762 bezog, hatte es mehr als 1000 Räume, die von bedeutenden in Petersburg wirkenden Künstlern aufs Prächtigste ausgestattet wurden. Da Katharina sich in der Zimmerflut verloren fühlte, ließ sie die Kleine und Große Eremitage im frühklassizistischen Stil errichten, die heute zum Eremitage-Museum gehören.

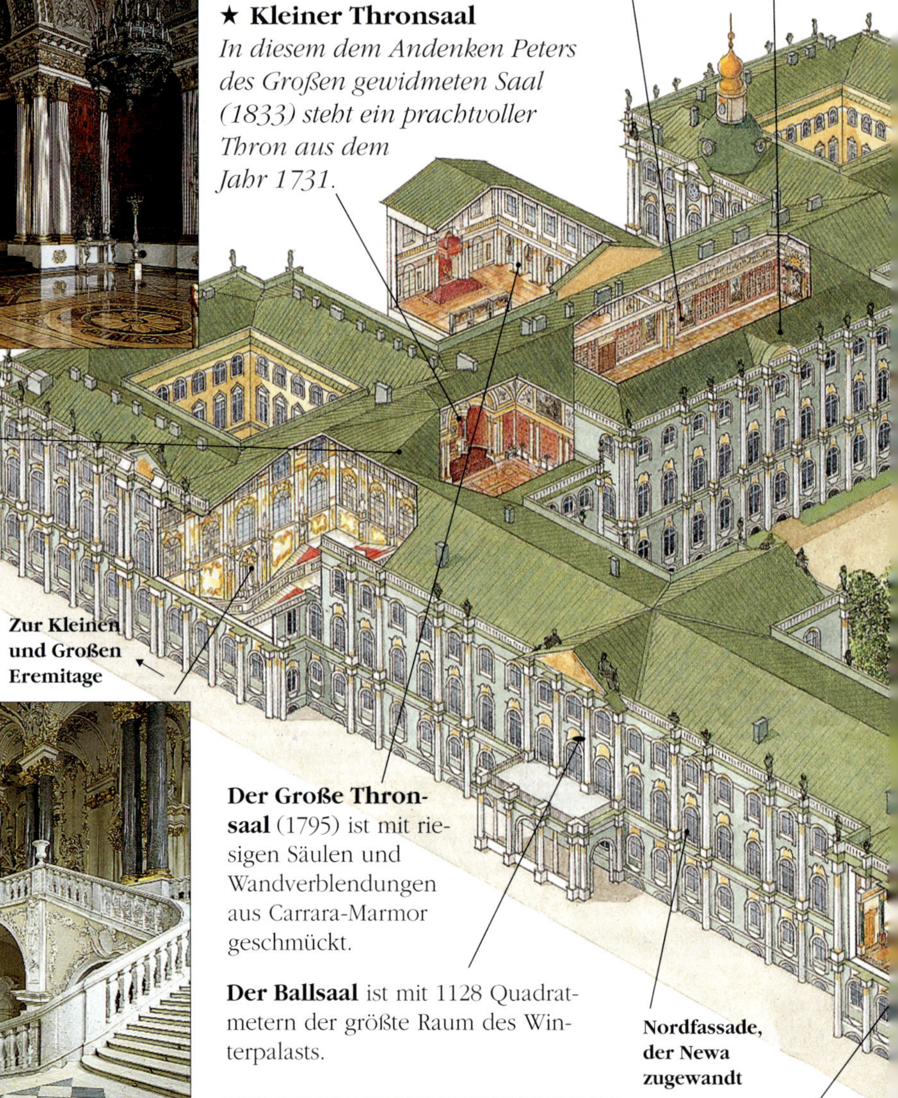

Die Militärgalerie (1826) zeigt Porträts russischer Generäle, die am Krieg gegen Napoleon teilnahmen.

Der Wappensaal (1839) mit den riesigen vergoldeten Säulen beherbergt die europäische Silbersammlung und stellt eine restaurierte Zarenkutsche aus.

★ Kleiner Thronsaal
In diesem dem Andenken Peters des Großen gewidmeten Saal (1833) steht ein prachtvoller Thron aus dem Jahr 1731.

Der Feldmarschallsaal (1833) war die Empfangshalle, in der 1837 ein verheerender Brand ausbrach.

Zur Kleinen und Großen Eremitage

Der Große Thronsaal (1795) ist mit riesigen Säulen und Wandverblendungen aus Carrara-Marmor geschmückt.

Der Ballsaal ist mit 1128 Quadratmetern der größte Raum des Winterpalasts.

Nordfassade, der Newa zugewandt

★ Jordan-Treppe
Das Meisterwerk Rastrellis wurde nach dem Brand von 1837 restauriert. Sie stieg der Zar hinab, um am 6. Januar an der Taufzeremonie in der Newa teilzunehmen, mit der Christi Taufe im Jordan gefeiert wurde.

★ Malachitzimmer
Für diesen luxuriösen Saal (1839), ausgestattet mit Malachitsäulen und -vasen, vergoldeten Türen, vergoldeter Decke und Parkettboden, verwendete man über zwei Tonnen Schmuckstein.

Alexandersaal
Der Architekt Alexander Brüllow gestaltete diesen Saal nach dem Brand von 1837 und gab ihm ein gotisches Gewölbe und klassizistische Stuck-Flachreliefs mit militärischen Themen.

Hospital im Palast

Während des Ersten Weltkriegs wurde der Winterpalast zwischen 1915 und 1917 als Hospital genutzt. Im Alexandersaal stellte man Krankenbetten auf. Der Wappensaal wurde zum Operationssaal umfunktioniert. In der Militärgalerie lagerte medizinisches Material.

Der Saal für die französische Kunst des 18. Jahrhunderts wurde von Brüllow nach 1837 entworfen.

Der Weiße Saal wurde für die Hochzeit des zukünftigen Zaren Alexander II. 1841 hergerichtet.

Südfassade am Schlossplatz

Dunkler Korridor
Zu den französischen Wandteppichen gehört »Die Hochzeit Kaiser Konstantins«, nach einem Entwurf von Rubens (17. Jh.).

Die Rotunde (1830) verband die Privaträume im Westflügel mit den Repräsentationsräumen auf der Nordseite.

Westflügel

Die Bibliothek Nikolaus' II. und andere Räume auf der Nordwestseite des Palastes wurden dem bürgerlichen Lebensstil des Zaren Nikolaus II. (♔ 1894–1917) angepasst.

Goldener Salon
Der Salon wurde in der zweiten Hälfte des 19. Jahrhunderts mit vergoldeten Wänden und vergoldeter Decke ausgestattet.

Höhepunkte

- ★ **Kleiner Thronsaal**
- ★ **Jordan-Treppe**
- ★ **Malachitzimmer**

Daten und Fakten

1754–62 Bau des Winterpalastes durch Bartolomeo Rastrelli für Zarin Elisabeth

1764–75 Errichtung der Kleinen Eremitage durch Jurij Veldten

1771–87 Bau der Großen Eremitage, ebenfalls durch Veldten

1783–89 Bau des Eremitage-Theaters

1837 Bei Brand des Winterpalasts Rettung der meisten Kunstschätze

1852 Eröffnung der Neuen Eremitage

1917 Umwidmung von Winterpalast und Eremitage zu Staatsmuseen

1990 Aufnahme der historischen Altstadt mit dem Winterpalast in das Weltkulturerbe der UNESCO

Katharina II.

Die deutsche Prinzessin Sophie Friederike Auguste von Anhalt-Zerbst (1729–96) wurde 1745 mit dem russischen Thronfolger verheiratet, der 1762 als Peter III. Zar wurde. Katharina II., die Große, war belesen und korrespondierte mit aufklärerischen französischen Intellektuellen wie Voltaire und Diderot. Sechs Monate nach Peters Thronbesteigung wurde der Zar mit Billigung Katharinas gestürzt und getötet, Katharina zur Zarin ausgerufen. Sie leitete viele Reformen ein und vergrößerte das russische Reich. Das Bildungswesen und die Künste erlebten eine Blütezeit. Der Petersburger Hof wurde zu einem kulturellen Mittelpunkt in Europa.

Der Große Katharinenpalast

DER FEUDALE ZARENPALAST in Zarskoje Selo, 25 Kilometer südlich von Sankt Petersburg, ist vor allem ein Werk des Architekten Bartolomeo Rastrelli (➛ *S. 156*). Er erweiterte den bestehenden Bau für Zarin Elisabeth (♕ 1741–62) und machte ihn zusammen mit anderen großen Künstlern und Handwerkern zu einem der schönsten Barockpaläste Europas (➛ *S. 111*). Zu Ehren ihrer Mutter, Katharina I., nannte Elisabeth ihn den Katharinenpalast. Auch Zarin Katharina II., die Große (➛ *S. 157*), gab dem Palast ihre persönliche Note. Sie ließ ihn im frühklassizistischen Stil umgestalten. Weltberühmt ist das rekonstruierte Bernsteinzimmer.

★ Großer Saal
Viel Licht strömt in Rastrellis Saal und erhellt Spiegel, vergoldete Schnitzereien und das riesige Deckengemälde »Der Triumph Russlands« (1752–54) von Giuseppe Valeriani.

Atlanten
Die herrliche 300 Meter lange Barockfassade ist mit einer Vielzahl von Atlanten, Säulen, Pfeilern und dekorativen Fensterrahmen geschmückt.

Das Weiße Vestibül mit der Paradetreppe (1860–61) von Ippolito Monighetti führt in den ersten Stock.

Der Achatpavillon, Teil der herrschaftlichen Bäder, ist mit Halbedelsteinen aus dem Ural geschmückt.

Cameron-Galerie

Parade-Speisezimmer
Der Tisch in dem von Rastrelli gestalteten gold-weißen Zimmer ist für die Kammerherren von Zarin Elisabeth gedeckt.

ACHAT-PAVILLON UND CAMERON-GALERIE

Der Schotte Charles Cameron (1743–1812), der sich in Rom mit antiken Thermen beschäftigt hatte, wurde von Katharina der Großen beauftragt, einen Terrassengarten mit einem Bad darunter zu bauen. Der Name des ➛*Achat-Pavillons* rührt von dem im Inneren verwendeten Achat und anderen Halbedelsteinen wie Jaspis und Malachit her. Die Aufenthalts- und Repräsentationsräume befanden sich im Obergeschoss, im Untergeschoss die Badeeinrichtungen. Die nach dem Baumeister benannte Cameron-Galerie schmücken ionische Säulen. Bronzebüsten antiker Herrscher und Philosophen sind im Inneren aufgestellt. Von 1792 bis 1794 errichtete Cameron eine Rampe, um der alternden Zarin die Gärten zugänglich zu machen.

DIE GÄRTEN

Vor der Gartenfassade des Palasts erstreckt sich der symmetrisch gestaltete ➛*französische Garten* mit beschnittenen Hecken, geometrischen Beeten, Alleen und Pavillons. Der natürlich wirkende englische Landschaftspark, Katharinenpark genannt, wurde ab 1768 von dem Engländer John Bush geschaffen. Hier finden sich Hügel, Wiesen, Kanäle, Wasserfälle und Teiche, auf denen sich Katharina die Große in vergoldeten Gondeln treiben ließ. Auch ein türkisches Bad, eine Turmruine und Grotten findet man hier.

Der französische Garten östlich des Katharinenpalasts

Die Palastkapelle mit fünf vergoldeten Kuppeln wurde zwischen 1745 und 1748 von Rastrelli gebaut.

★ Bernsteinzimmer
Die originale Wandtäfelung aus baltischem Bernstein war von dem Berliner Hofbaumeister Andreas Schlüter entworfen worden. Sie wurde mit den geschnitzten Reliefs und Florentiner Mosaikbildern rekonstruiert.

Den Blauen Salon prägen blaue, auf Seide gemalte Blumenmotive. Nach dem Zweiten Weltkrieg wurde er nach den Originalplänen Camerons restauriert.

Die Gemäldegalerie zeigt Werke italienischer, französischer, holländischer und flämischer Meister (17./18. Jh.).

Der französische Garten wurde in der ersten Hälfte des 18. Jahrhunderts angelegt. Seine Symmetrie kontrastiert mit dem natürlich wirkenden Landschaftsgarten.

★ Grünes Speisezimmer
Camerons maßvoller klassizistischer Stil unterscheidet sich sehr von der barocken Üppigkeit Rastrellis. Die herrlichen Stuckbasreliefs von Iwan Martos basieren auf Freskenmotiven antiker Villen.

Kleine Zimmerflucht
Möbel und Kunstobjekte sind in diesen nicht restaurierten Räumen zu sehen. Chinesische Lackmöbel und orientalische Teppiche gehören zu den Schätzen, mit denen der Palast im 19. Jahrhundert ausgestattet war.

Namensänderungen

1918 wurde das »Zarendorf« wegen der vielen Waisenhäuser »Detskoje Selo« (Kinderdorf) genannt. 1937 benannte man es zum 100. Todestag des Dichters in »Puschkin« um. Heute heißt die Stadt wieder »Zarskoje Selo«.

Daten und Fakten

1710 Übertragung des Gutes Saari Mois von Peter I., dem Großen, an seine spätere Frau Katharina I.

1724 Abschluss der Umbauarbeiten zu einem kleinen Schloss

ab 1742 Ausbau für Zarin Elisabeth

1752–56 Umgestaltung durch Bartolomeo Rastrelli

1780–86 Bau u.a. des Achatpavillons und der Cameron-Galerie für Katharina II., die Große, durch Hofarchitekt Charles Cameron

1918 Palast wird als Museum eröffnet

2003 Eröffnung des rekonstruierten Bernsteinzimmers

Das Bernsteinzimmer

Preußenkönig Friedrich I. gab 1701 für Schloss Charlottenburg das ➛ *Bernsteinzimmer* in Auftrag. 1713 wurden die Arbeiten gestoppt. König Friedrich Wilhelm I. schenkte es 1716 Peter I. Erst 1741 ließ Zarin Elisabeth I., die Tochter Peters I., die Wandtäfelung im Winterpalast (➛ *S. 156 f.*) einbauen. 1755 wurde das Bernsteinzimmer in den neuen Palast von Zarskoje Selo integriert. Katharina die Große veränderte es 1763. Während der deutschen Besetzung im Zweiten Weltkrieg wurde das Bernsteinzimmer ausgebaut und nach Königsberg gebracht. Seit 1945 gilt es als verschollen. Die Rekonstruktion nach alten Vorlagen begann 1979 und war 2003 vollendet. Integriert wurden 1997 in Deutschland aufgetauchte Originalteile.

Höhepunkte

★ **Bernsteinzimmer**

★ **Großer Saal**

★ **Grünes Speisezimmer**

Zweiköpfiger Adler, von Iwan III. aus Byzanz übernommen

Iwan III., der Grosse

Der Großfürst von Moskau (♔ 1462–1505) sicherte sich ein Herrschaftsgebiet, das sich vom Nordpolarmeer bis zum Ural erstreckte. Um die Position Moskaus zu stärken, plante Iwan III. Bauprogramme, die auch die Erweiterung des Kremls vorsahen. Als erster russischer Herrscher holte er ausländische Architekten ins Land, insbesondere Italiener, die dem Kreml sein heutiges Gesicht gaben. Um den Moskauer Anspruch, letzte Bastion der orthodoxen Ostkirche zu sein, abzusichern, heiratete Iwan III. die Nichte des letzten Kaisers von Byzanz und nannte sich erstmals Zar. 1480 wurde er zum absoluten Herrscher, als er Moskowien von den Mongolen befreite und so die 240 Jahre dauernde tatarische Oberherrschaft beendete.

Die Fresken

Die Kathedrale ist vollständig mit ➛ *Fresken* und Ikonen geschmückt. Die ursprünglich von dem Ikonenmaler Dionissij (bezeugt 1477–1502) geschaffenen Fresken wurden später mehrfach übermalt. Dennoch ist die Wirkung immer noch großartig. Nach der Tradition der russisch-orthodoxen Kirche wird an der Westwand das Jüngste Gericht dargestellt. Die Sünder fahren in die Hölle, während Christus oben thront. Nord- und Südwand zeigen Szenen aus dem Leben der Jungfrau Maria, die Lobpreisung der Gottesmutter und die ökumenischen Konzile. Die bemalten Pfeiler bilden Heilige und Märtyrer ab.

Die Mariä-Entschlafens-Kathedrale

Als Krönungskirche der Zaren und Grablege der Patriarchen ist die Mariä-Entschlafens-Kathedrale in Moskau, auch Mariä-Himmelfahrts-Kathedrale genannt, die größte, prachtvollste und geschichtsträchtigste der Kreml-Kirchen. Mit dem Bau beauftragte Iwan III. 1475 den italienischen Architekten Aristotele Fioravanti, der damit ein Vorbild für alle Kathedralbauten Russlands bis ins 17. Jahrhundert hinein schuf. Dem Baumeister gelang eine Verschmelzung traditioneller russischer Formen mit Elementen der italienischen Renaissance.

Szenen aus dem Leben des Metropoliten Pjotr
Diese Ikone an der Südwand der Kathedrale wird dem großen Künstler Dionissij zugeschrieben. Dargestellt sind Szenen aus dem Leben des religiösen und politischen Würdenträgers.

★ Fresken
Die Fresken schuf eine Künstlergruppe unter Sidor Pospejew sowie Iwan und Boris Paisein 1642–44. Ursprünglich waren die Wände golden und erinnerten an illuminierte Buchseiten.

Die goldenen Kuppeln tragen Türme mit Fenstern, durch die Licht ins Innere dringen kann.

Orthodoxes Kreuz

Metropoliten und Patriarchen sind an der Süd- und Nordwand im Inneren der Kathedrale begraben. Fast alle Kirchenoberhäupter Russlands wurden hier bestattet.

Der Zarinnenthron (17.–19. Jh.) ist vergoldet und trägt den Doppeladler.

Westportal und Haupteingang

Im Tabernakel liegen Reliquien und die Überreste von Patriarch Germogen, der 1612 während der Poleninvasion in Gefangenschaft verhungerte.

Höhepunkte

- ★ Fresken
- ★ Ikonostase

★ Ikonostase
Das angeblich durch ein Wunder entstandene, in dunklen Farben gemalte Christusbild »Der Erlöser mit dem zornigen Blick« (Mitte des 14. Jh.) an der Ikonostase ist besonders kostbar.

Fresken in der Hauptkuppel

Die Pfeiler der Kathedrale zieren Darstellungen heilig gesprochener Märtyrer und Krieger.

Königstor

Thron des Monomach

Der Patriarchenstuhl (16. Jh.) für das Oberhaupt der orthodoxen Kirche wurde aus weißem Stein gemeißelt.

Der Kerzenleuchter enthält Silber, das den Franzosen nach der Belagerung Moskaus 1812 wieder abgenommen wurde.

Stalins Geheimnis

Im Winter 1941, als die deutsche Wehrmacht vor Moskau stand, soll Stalin heimlich angeordnet haben, hier eine Messe zu lesen, in der für die Befreiung von den Eindringlingen gebetet wurde.

Südportal
Das herrliche Bogenportal mit Fresken aus dem 16. Jahrhundert wurde bei feierlichen Prozessionen benutzt. Das Tor aus Susdal (1410 nach Moskau gebracht) trägt an der Innentür Szenen aus der Bibel.

Der Thron des Monomach

Den Thron Iwans IV., des Schrecklichen, zieren Darstellungen aus dem Leben des Großfürsten Wladimir Monomach (♔ 1113–25). Gezeigt werden seine militärischen Feldzüge und auch die Übergabe der Krone des byzantinischen Kaisers Konstantin Monomach an Wladimir. Diese Legende sollte den Anspruch Russlands als Nachfolgereich von Byzanz untermauern.

Inschrift: Legende von Wladimir

Darstellung von Szenen seines Lebens

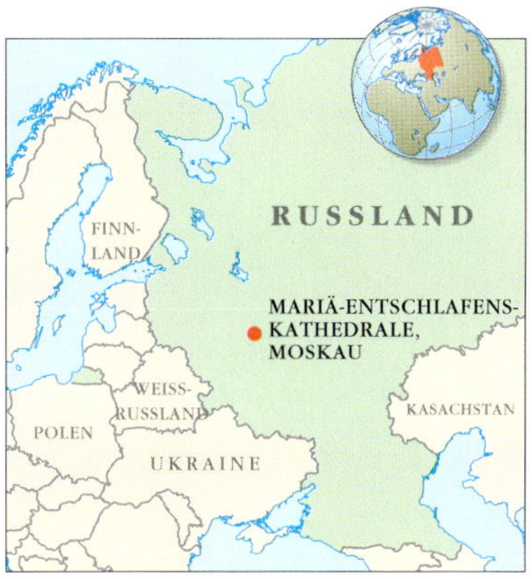

Daten und Fakten

1326 Baubeginn der ersten Moskauer Steinkirche
1474 Einsturz der zweiten, 1472 errichteten Kirche
1475–79 Bau der Mariä-Entschlafens-Kathedrale unter Iwan III. an dieser Stelle
1547 Nach Brand kleine Veränderungen an der Fassade
1611–12 Besetzung von Kreml und Kathedrale durch die Polen
1918 Verbot von Messen in Kreml-Kathedralen durch die Kommunisten
1990 Rückgabe der Kathedrale an die Kirche; Aufnahme von Rotem Platz und Kreml mit der Mariä-Entschlafens-Kathedrale in das Weltkulturerbe der UNESCO

Die Ikonostase

Zur Abtrennung des Altarraums vom Gemeinderaum in orthodoxen Kirchen dient die ➛ *Ikonostase*, eine mit Ikonen geschmückte Wand. Die etwa 16 Meter hohe fünfrangige Ikonostase der Mariä-Entschlafens-Kathedrale stammt aus dem 17. Jahrhundert, einige der Ikonen sind jedoch aus dem 12. bis 14. Jahrhundert. Der unterste Rang der Ikonostase zeigt Heilige mit starker Bindung an diese Kirche. Darüber findet sich die Deesis: Heilige, Apostel und Erzengel umgeben den zwischen Maria und Johannes dem Täufer thronenden Christus. Der dritte Rang stellt Feste der orthodoxen Kirche dar, der vierte bildet Propheten ab. Der fünfte Rang zeigt Bilder der biblischen Vorfahren.

Die Front des Bolschoi-Theaters am Theaterplatz

Die Rekonstruktion des Theaters

Anordnung und Größe des Baus von Ossip Bowe und Andrei Michailow im Stil des Klassizismus (➛ *S. 79*) bewahrte Albert Kawos bei der Rekonstruktion 1856. Die Proportionen und das architektonische Dekor veränderte er jedoch. Er fügte seitlich gusseiserne Gänge mit Lampen an und gestaltete den ➛ *Zuschauerraum* um. Der Brand 1853 hatte auch den Apoll auf dem Gebäude zerstört. Der Bildhauer Pjotr Klodt (1805–67) schuf als Ersatz das großartige Kunstwerk ➛ *Apoll im Sonnenwagen*. Es ist 6,5 Meter hoch, 1,5 Meter höher als das Original. Abgesehen von kleinen Veränderungen sieht das Bolschoi-Theater heute so aus wie vor rund 150 Jahren.

Berühmte Tänzer

Galina Ulanowa (1910–98) war der Inbegriff einer Primaballerina. Ihre Arbeit inspirierte viele Künstler – so auch Prokofjew, der beim Komponieren von »Romeo und Julia« die Ulanowa als Julia vor Augen hatte. Maja Plissezkaja (geboren 1925), eine der Legenden des Bolschoi-Balletts, wurde 1943 Solistin und galt bald als eine der besten Primaballerinen der Welt. Unter dem Choreographen Jurij Grigorowitsch machte auch Maris Liepa (1936–89) am Bolschoi Karriere. Er wurde 1976 »verdienter Künstler des Volkes«, ein Titel, mit dem auch seine Tochter Ilze Liepa 2002 geehrt wurde. Auch Wladimir Malakhov und Nina Ananiaschwili vom Bolschoi-Ballett wurden zu Weltstars.

Das Bolschoi-Theater

Das noble Bolschoi-Theater, das 1776 unter Fürst Urusow gegründet wurde, ist eines der berühmtesten Opern- und Balletthäuser der Welt. Das erste Theatergebäude in Moskau wurde 1780 eröffnet. Das Ensemble, zunächst Leibeigene des Fürsten, führte hier Maskeraden, Komödien und komische Opern auf. In seiner heutigen Gestalt geht das Theater auf Albert Kawos zurück, der es nach einem Brand bis 1856 im alten Glanz wieder herstellte. Die Front wird von acht massiven Säulen und einem flachen Giebel bestimmt, den eine Bronzequadriga bekrönt. Das Innere des Theaters ist in den Farben Rot, Weiß und Gold reich dekoriert.

★ Kaiserliche Loge
Die Kaiserliche Loge in der Mitte der Galerie, die prächtigste der über 120 Logen, ist mit rotem Samt ausgekleidet. Die Zarenkrone war unter den Sowjets entfernt worden.

Klassizistisches Pediment
Das Relief des klassizistischen Giebelfelds wurde beim Wiederaufbau von Albert Kawos hinzugefügt. Es stellt zwei Engel mit der Lyra des Apoll dar, des griechischen Gottes des Gesangs und der Sonne.

★ Apoll im Sonnenwagen
Die Quadriga vom Originalbau (1825) wurde von Pjotr Klodt für den Wiederaufbau unter Albert Kawos nachgebildet. Sie stellt Apoll im Sonnenwagen dar, mit dem er die Sonne über den Himmel zieht.

Eingang

Vestibül
Betritt man das Bolschoi-Theater, findet man sich in einer großartigen Vorhalle mit schwarzen und weißen Kacheln wieder. Über zwei herrliche Treppen mit weißem Marmor gelangt man ins Hauptfoyer.

Portikus mit acht Säulen

Beethovensaal
Der reich geschmückte Saal, früher Kaiserliches Foyer genannt, wird heute gelegentlich für Kammerkonzerte und Lesungen benutzt. Die eindrucksvolle Stuckverzierung an der Decke umfasst insgesamt etwa 3000 Rosetten. Die Wände sind mit fein besticktem rotem Samt verkleidet.

Bolschoi-UNESCO-Partnerschaft

Die Partnerschaft startete 1993, um dieses Zentrum der darstellenden Künste zu erhalten. Unter anderem wurden Sponsorensuche und Beratung anderer Theater vereinbart.

Apoll und die Musen
Die zehn Paneele an der Decke des Zuschauerraums stammen vom Künstler Pjotr Titow und stellen Apoll beim Tanz mit den neun Musen dar, den Göttinnen der Künste und Wissenschaften.

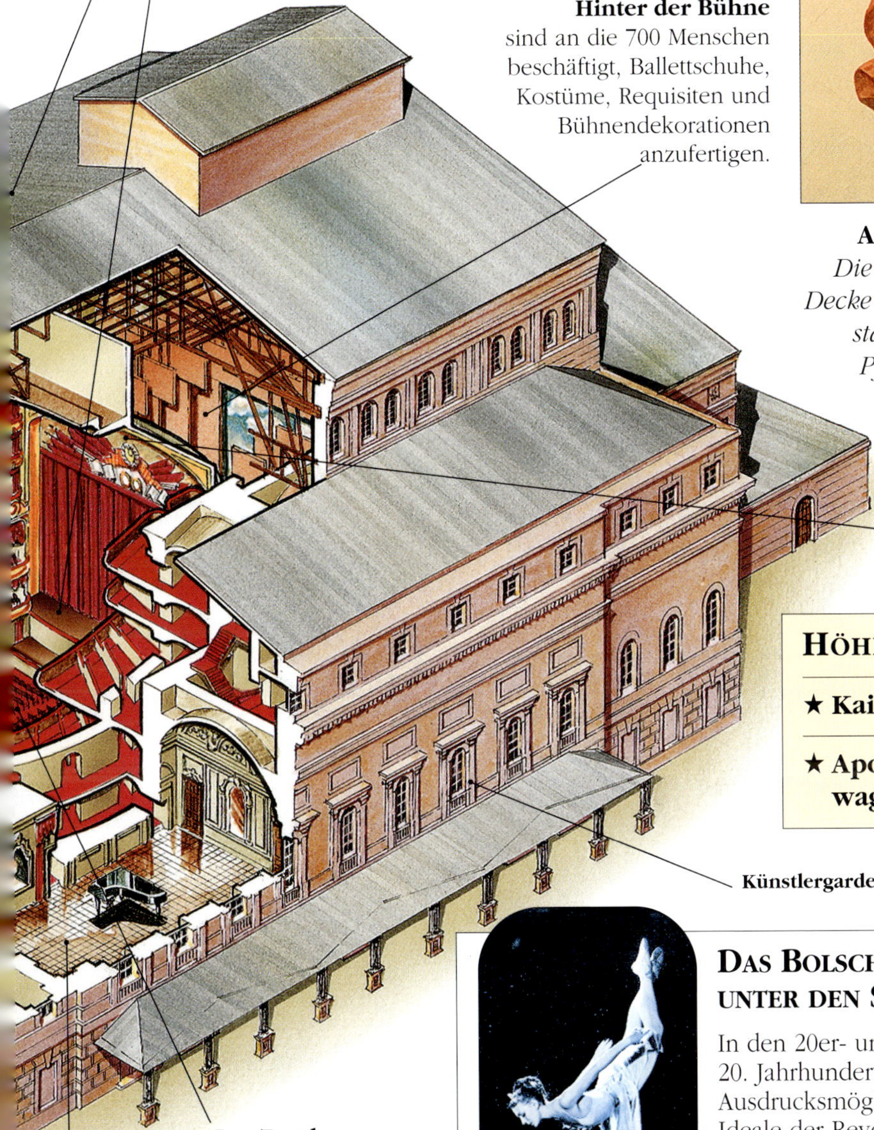

Hauptbühne

Hinter der Bühne sind an die 700 Menschen beschäftigt, Ballettschuhe, Kostüme, Requisiten und Bühnendekorationen anzufertigen.

Künstlergarderobe

Der Zuschauerraum hat sechs Ränge und fasst 2500 Menschen. Kawos modifizierte seine Form zur Verbesserung der Akustik.

Das Hauptfoyer im ersten Stock erstreckt sich über die gesamte Frontbreite des Gebäudes. Das Deckengewölbe ist mit Gemälden und aufwendigem Stuck verziert.

Höhepunkte

★ **Kaiserliche Loge**

★ **Apoll im Sonnenwagen**

Das Bolschoi-Ballett unter den Sowjets

In den 20er- und 30er-Jahren des 20. Jahrhunderts suchte das Ballett Ausdrucksmöglichkeiten für die Ideale der Revolution. Die größten Erfolge feierte das Ensemble in den 50er- und 60er-Jahren. Damals erregte es auch im Ausland mit Stücken wie »Spartakus« erstmals großes Aufsehen. Bei den Tourneen flüchteten immer wieder Künstler aus Protest gegen die Sowjetführung und die Zensur der Kunst.

Szene aus »Spartakus« (1954) mit Musik von Aram Chatschaturjan

Daten und Fakten

1780 Eröffnung des ersten Theatergebäudes unter dem Namen Petrowskij-Theater

1805 Brand des Theaters

1825 Eröffnung des Neubaus von Ossip Bowe und Andrei Michailow unter dem Namen Bolschoi-Petrowskij-Theater

1853 Zerstörung der Inneneinrichtung durch einen Brand

1856 Rekonstruktion durch Albert Kawos

1920 Eröffnung der Beethoven-Halle zum 150. Geburtstag des Komponisten

Grosse Komponisten

Das Bolschoi-Theater war für kürzere oder längere Zeit Heimat bedeutender Musiker und Komponisten. Dazu gehörte der Russe Michail Glinka, der mit »Ein Leben für den Zaren« (1842) die erste russische klassische Oper komponierte. Die Werke von Modest Mussorgskij, Komponist der Oper »Boris Godunow« (1868/69), wurde hier ebenso aufgeführt wie die Oper »Eugen Onegin« (1879) von Peter Tschaikowsky, dessen Ballett »Schwanensee« bereits 1877 im Theater seine Uraufführung hatte und weltweit zum Standardrepertoire der meisten Ballettensembles gehört. Auch Aleksandr Borodin (Oper »Fürst Igor«, 1889) und Sergej Prokofjew (Ballett »Romeo und Julia«, 1936) arbeiteten am Bolschoi-Theater. Sergej Rachmaninow wirkte dort zwischen 1904 und 1906 als Dirigent. Richard Wagner konnte man bei Konzertgastspielen 1863 am Bolschoi-Theater erleben.

Basilius, der »Gottesnarr«

1468 wurde Basilius als Sohn eines Kleinbauern in einem Dorf bei Moskau geboren. Bei einem Schuster ging er in die Lehre. Er hatte die Gabe, in die Zukunft zu sehen. Mit 16 Jahren ging Basilius nach Moskau. Barfuß zog er durch die Straßen, predigte Barmherzigkeit und kritisierte Iwan den Schrecklichen. Oft wurde er verhöhnt und geschlagen. Sein Schicksal wendete sich, als er den Brand von Moskau im Jahr 1547 vorhergesagt und dadurch die Zerstörung der Stadt verhindert haben soll. 1552 starb Basilius. Iwan IV. soll ihn selbst zu Grabe getragen haben. 1588 wurde Basilius heilig gesprochen (➛ *Basiliuskapelle*).

Einer der bunten Zwiebeltürme der Basiliuskathedrale

Die Zahl Acht

Die Zahl Acht liegt dem architektonischen Prinzip der Basiliuskathedrale zugrunde. Um das Oktogon der zentralen ➛ *Mariä-Schutz-Kapelle* sind vier große achteckige Kapellen gruppiert, die das Ende eines Kreuzes bilden. Zwischen diese wurden vier kleine Kapellen eingefügt, sodass sich ein sternförmiger Grundriss mit acht Strahlen ergibt. Jede der Kapellen ist unterschiedlich groß und anders verziert. Bis auf die zentrale Kapelle mit ihrem achteckigen Zeltdach trägt jede eine bunte ➛ *Kuppel*. Keine gleicht der anderen. Die Acht symbolisiert die acht Belagerungstage, die die russischen Truppen benötigten, um Kasan einzunehmen.

Die Basiliuskathedrale

Detail der Kapelle des Einzugs Christi nach Jerusalem

Dieses Gotteshaus am Roten Platz gilt als eine der schönsten russisch-orthodoxen Kirchen und steht weltweit als Wahrzeichen für Moskau und ganz Russland. Die Kathedrale wurde unter Zar Iwan IV., dem Schrecklichen (♔ 1547–84), zur Erinnerung an den Sieg über die Mongolen im Jahr 1552 in Kasan westlich von Moskau errichtet. Offiziell erhielt sie den Namen Mariä-Schutz-Kathedrale, da die letzte Belagerung Kasans am Feiertag Mariä-Schutz, am 1. Oktober, endete. Ihr jetziger Name leitet sich von dem hier begrabenen »Gottesnarren« Basilius her, für den eine Kapelle angebaut und in den Kirchenkomplex mit einbezogen wurde. Die unvergleichliche Dachlandschaft mit Giebeln und Zwiebeltürmen zeigt Einflüsse der traditionellen Holzarchitektur Russlands und orientalische Elemente.

Minin und Poscharski

Die Bronzestatue von Iwan Martos stellt die beiden Helden aus der Zeit der Besatzung Moskaus durch Polen (1610–12) dar: den Fleischer Kusma Minin und Fürst Dmitri Poscharski. Sie stellten ein Freiwilligenheer auf und führten es 1612 zum Sieg, als sie die Invasoren aus dem Kreml vertrieben. Die Statue wurde 1818 in der Euphorie nach den napoleonischen Kriegen ursprünglich in der Mitte des Roten Platzes zum Kreml hin errichtet und erst unter den Sowjets vor die Basiliuskathedrale versetzt.

Denkmal für Minin und Poscharski

Glockenturm

Dreifaltigkeitskapelle

★ Kuppeln
Die ursprünglichen Helmdächer wurden Ende des 16. Jahrhunderts durch Türme in Tropfen- und Zwiebelform ersetzt, deren verschiedenartige Musterung wiederum erst 1670 durch Farben hervorgehoben wurde.

Cyprianuskapelle
Eine der Kapellen, die an den Kampf Iwans des Schrecklichen gegen die Mongolen in Kasan erinnern, heißt so, weil die letzte Attacke am Tag vor dem Fest des heiligen Cyprianus (2. Oktober) stattfand.

Kapelle der drei Patriarchen

Die Basiliuskapelle wurde 1588 hinzugefügt und beherbergt die Gebeine von Basilius, dem »Gottesnarren«.

Am Eingang zeigt eine Ausstellung die Geschichte der Kathedrale mit Waffen und Rüstungen aus der Zeit Iwans des Schrecklichen.

Mariä-Schutz-Kapelle
Durch die vielen Fenster des rund 60 Meter hohen Zeltdachs der Hauptkapelle fällt Licht ins Innere.

★ Hauptikonostase
Die barocke Ikonostase in der zentralen Kapelle, der Mariä-Schutz-Kapelle, stammt aus dem 19. Jahrhundert. Einige Ikonen darin sind aber weitaus älter.

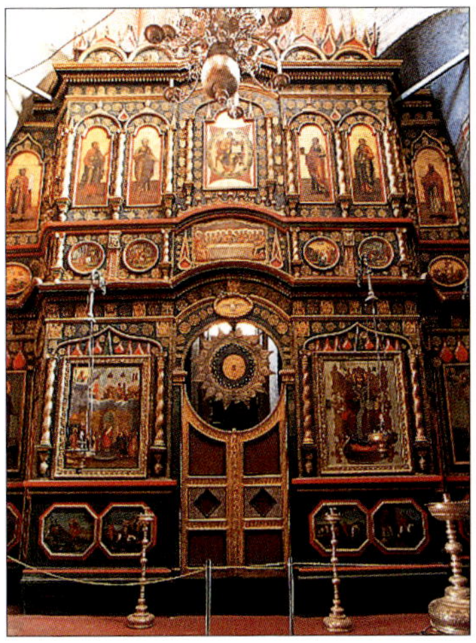

Durch die Kapelle des Einzugs Christi nach Jerusalem zog der Patriarch jedes Jahr am Palmsonntag feierlich in die Basiliuskathedrale ein.

★ Galerie
Die Galerie rund um die Hauptkapelle verbindet diese mit den anderen acht Kapellen. Ende des 17. Jahrhunderts wurde sie überdacht. Die floralen Kacheln an Wänden und Decken stammen vom Ende des 18. Jahrhunderts.

Der Rote Platz

Die Basiliuskathedrale erhebt sich auf dem so genannten Roten Platz (Krasnaja Ploschtschad). Das Wort »krasnij« hat im modernen Russisch zwei Bedeutungen: Es steht für »rot« und für »schön«.

Höhepunkte

★ **Kuppeln**

★ **Hauptikonostase**

★ **Galerie**

Daten und Fakten

1555–61 Bau des Gotteshauses als Mariä-Schutz-Kathedrale

1588 Bau der Basiliuskapelle

Ende 16. Jahrhundert Ersatz der ersten Kuppeln durch Zwiebeltürme

1812 Nutzung der Kathedrale als Pferdestall durch Napoleons Truppen während des Russlandfeldzugs

1918 Schließung der Kathedrale durch die Kommunisten

1923 Eröffnung als Museum

1990 Aufnahme von Rotem Platz mit der Basiliuskathedrale in das Weltkulturerbe der UNESCO

Die Ikonenmalerei in Russland

In der russisch-orthodoxen Kirche dienen Ikonen zur Verehrung wie zur Lehre (➛ *Hauptikonostase*). Ihre Anfertigung unterliegt strengen Regeln. Strich und Farbe stehen für Lehrmeinungen der Kirche. Ikonen soll die Kraft des dargestellten Heiligen innewohnen. Die ersten Ikonen kamen von Byzanz nach Russland. Kiew, heute Hauptstadt der Ukraine, war bis zur Besetzung durch die Mongolen 1240 das Zentrum der Ikonenmalerei. Die Moskauer Schule nahm im späten 15. Jahrhundert ihren Anfang, als Iwan der Schreckliche den Kreml zur Wohnstatt der Künstler bestimmte. Auch die Maler Dionissij (bezeugt 1477–1502) und Andrej Rubljow (1360 oder 1370–1427 oder 1430) waren Mitglieder dieser angesehenen Schule.

Wunderschöne Ikonostase in der Mariä-Entschlafens-Kathedrale

Die Kirchen

Die Kirchen nahe der ➛ *Dreifaltigkeitskathedrale* zählen zu den schönsten Russlands. Die ➛ *Mariä-Entschlafens-Kathedrale* hat eine goldene Zentralkuppel, die von vier blauen, mit Sternen besetzten kleineren Türmen umgeben ist. Unter dem Fresko »Das Jüngste Gericht« befinden sich innen die Namen der Künstler, die 1684 nur 100 Tage zur Ausgestaltung des Innenraums benötigten. In der zierlichen Heilig-Geist-Kirche wurde 1476 zum ersten Mal die Einheit von Sakralbau und Glockenturm verwirklicht. Die Sossima-und-Sawwati-Kirche (1635–38) ist die einzige Zeltdachkirche des Klosters.

Boris Godunow

Als Zar Iwan IV., der Schreckliche, 1584 starb, kam sein geistig zurückgebliebener Sohn Fjodor an die Macht. Boris Godunow (um 1552 bis 1605), der Vertraute Iwans, wurde de facto zum Regenten des Reiches. Fjodors Heirat mit Godunows Schwester sicherte Godunows Regentschaft weiter ab. Als Fjodor 1598 starb und die Dynastie damit erlosch, wurde Godunow von einer Reichsversammlung zum Zaren gewählt. Durch die Erhebung Moskaus zum Patriarchat machte er die russische Kirche von Konstantinopel unabhängig. Er erweiterte das Reich um Teile Sibiriens und den Finnischen Meerbusen. ➛ *Godunows Grab* liegt im Klosterbereich.

Das Dreifaltigkeits-Sergius-Kloster

Das im 14. Jahrhundert von Sergij von Radonesch gegründete Kloster in Sergijew Possad (früher Sagorsk) ist eines der vier Klöster Russlands, die von größter Bedeutung für das geistige und religiöse Leben des Landes sind und den Ehrentitel »Lawra« tragen. Es ist auch ein viel besuchter Wallfahrtsort. Die Anlage erinnert mit ihrer 10 bis 15 Meter hohen Wehrmauer, die Schießscharten, Wehrgänge und Wehrtürme besitzt, an die zahlreichen Belagerungen, die sie überstehen musste. Die acht Kirchen und die Profanbauten des Klosters, das im 17. Jahrhundert die größte Macht besaß, sind faszinierende Beispiele russischer Baustile des 14. bis 18. Jahrhunderts.

Die Kirche der Gottesmutter von Smolensk wurde 1745 für die gleichnamige Ikone erbaut.

Der Glockenturm wurde 1740 begonnen und 30 Jahre später fertig. Die Galerie bietet eine fantastische Aussicht.

Brunnenkapelle
Die Kapelle (spätes 17. Jh.) mit reichen Schnitzereien wurde über einer heiligen Quelle erbaut.

★ Dreifaltigkeitskathedrale
Die über dem Grab des heiligen Sergius erbaute Kirche beherbergt eine Ikonostase mehrerer Künstler unter Leitung von Andrej Rubljow.

Metropolitenpalast
Der Ende des 17. Jahrhunderts errichtete große Palast wurde in der zweiten Hälfte des 18. Jahrhunderts stark verändert.

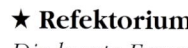

★ Refektorium
Die bunte Fassade des Refektoriums (1686–92) schmücken mit Weinlaub umrankte Säulen und Rautenmuster. Die Prunkräume des Hauptgeschosses umläuft eine Galerie.

Zarenkartause
Die Kartause wurde im späten 17. Jahrhundert erbaut. Hier war Zar Peter I., der Große, häufig zu Gast. Der Fassadenschmuck erinnert an den des Refektoriums.

Reich beschenkt

Seit seiner Gründung wurde das Kloster von Zaren und Adligen beschenkt. Ikonenabdeckungen, Kreuze, Evangelien in vergoldeter Hülle, Wandteppiche und eine umfangreiche Sammlung an Plattstickereien sind in der ehemaligen Sakristei ausgestellt.

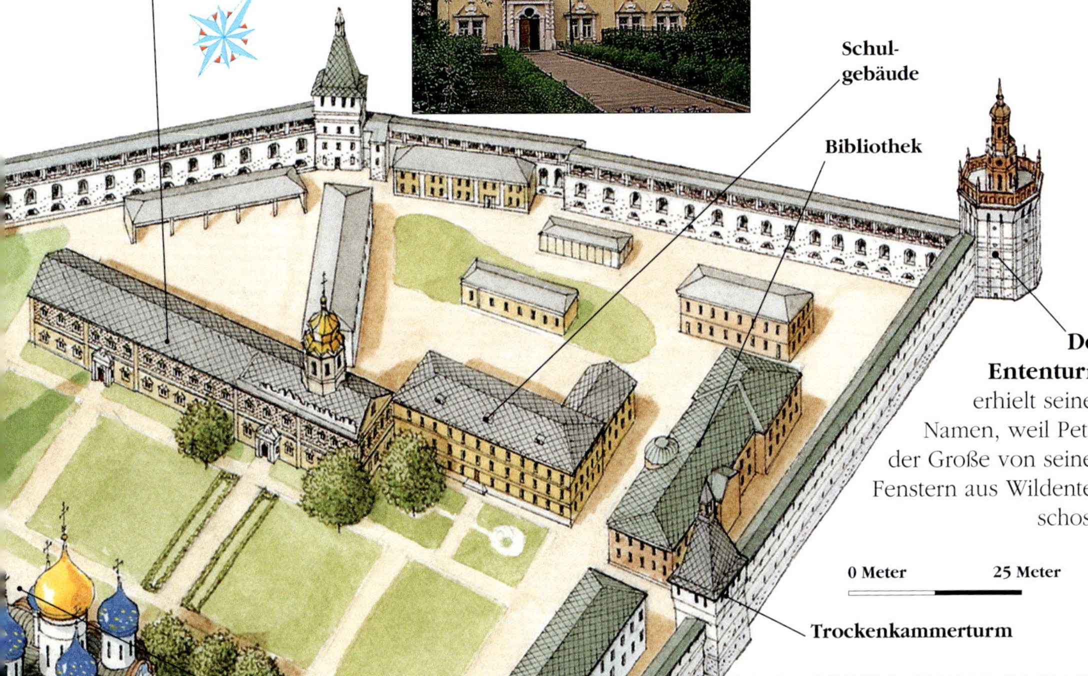
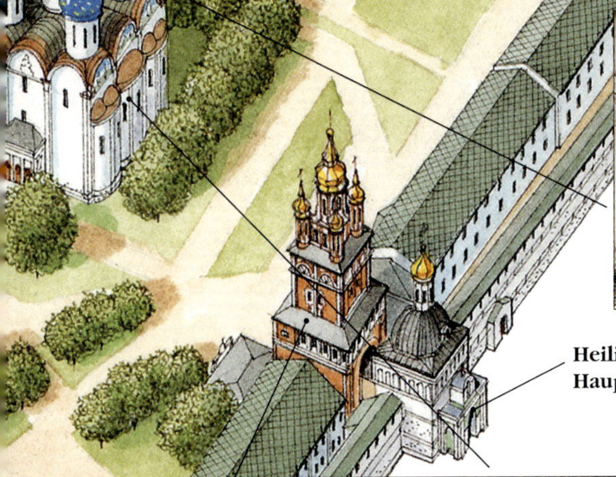
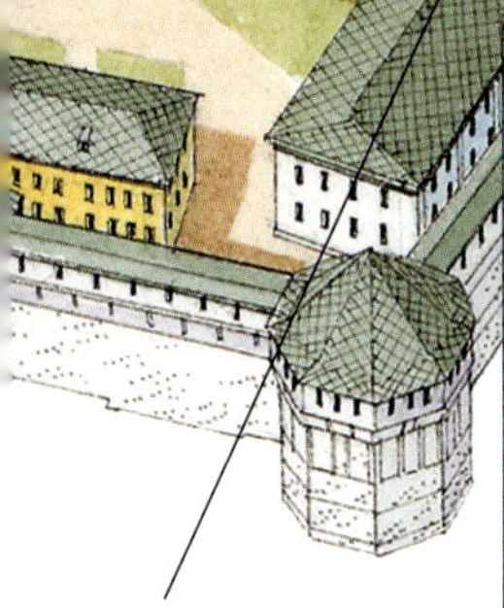

Der Ententurm erhielt seinen Namen, weil Peter der Große von seinen Fenstern aus Wildenten schoss.

Godunows Grab

Zar Boris Godunow wurde 1606 mit seiner Frau und seinen beiden Söhnen in einem Grabbau beigesetzt, der sich ursprünglich in der Kathedrale befand. Im 18. Jahrhundert wurde die Gruft aber nach außen verlegt.

Die Torkirche Johannes des Täufers überragt den Haupteingang. Sie wurde 1692–99 von der reichen Familie Stroganow erbaut.

★ Mariä-Entschlafens-Kathedrale
Die Hauptkathedrale des Klosters gab Iwan der Schreckliche 1559 anlässlich seiner Eroberung von Kasan in Auftrag. Die prächtige Innenausstattung schufen Künstler aus Jaroslawl ein Jahrhundert später.

Höhepunkte

- ★ **Mariä-Entschlafens-Kathedrale**
- ★ **Dreifaltigkeitskathedrale**
- ★ **Refektorium**

Daten und Fakten

um 1345 Klostergründung durch Sergij von Radonesch

1408 Zerstörung des Klosters durch Mongolen, danach Wiederaufbau

1422–23 Errichtung der Dreifaltigkeitskathedrale über den Gebeinen des heiligen Sergius

1559 Baubeginn der Mariä-Entschlafens-Kathedrale unter Iwan dem Schrecklichen

1608–10 Belagerung des Klosters durch polnische Truppen

1920 Schließung des Klosters

1945 Erlaubnis für Patriarchen und Metropoliten, ins Kloster zurückzukehren

1993 Aufnahme in das Weltkulturerbe der UNESCO

Der heilige Sergius

Sergius (Sergij von Radonesch, 1314–92) stammte aus einem Adelsgeschlecht. Mit seinem Bruder gründete er im Wald von Radonesch eine Einsiedelei und baute dort eine Holzkirche. Andere Eremiten schlossen sich ihm an, und es entstand eine Klostergemeinschaft, die die Keimzelle des heute noch existierenden Klosters bildete. 1337 erhielt Sergius die Mönchsweihe, 1344 wurde er zum Priester und Abt geweiht. Sergius hatte erheblichen Anteil am Zusammenschluss der russischen Großfürsten gegen die Mongolen. 1380 segnete er den russischen Heerführer Dmitrij Donskoj vor der Schlacht gegen die Mongolen auf dem Schnepfenfeld. Der Sieg wurde auch als Sergius' Verdienst angesehen. 1422 wurde er heilig gesprochen.

König Johann I.

Johann, 1357 als der illegitime Sohn Peters I. von Portugal in Lissabon geboren, war ein Halbbruder König Ferdinands I. Nach dessen Tod musste Johann, Großmeister des Ritterordens von Aviz, seine Thronansprüche gegenüber Johann I. von Kastilien, dem Schwiegersohn Ferdinands I., durchsetzen. Es kam zur ➛ *Schlacht von Aljubarrota*, woraufhin Johann der erste König der neuen Dynastie Aviz wurde. Unter seiner Herrschaft begann man mit der Errichtung des Klosters in Batalha. Er nahm außerdem in der Verwaltung Reformen vor. Dank der Initiative seines Sohnes, Heinrich des Seefahrers, begann unter Johann I. für Portugal das Zeitalter der Entdeckungen. Der König starb im Jahr 1433.

Der »Seefahrer«

Obwohl Heinrich der Seefahrer (1394–1460), Sohn König Johanns I., nicht selbst an den Entdeckungsfahrten per Schiff teilnahm, machte er sich wie später Johann II. und Emanuel I. um die Seemacht Portugal verdient. Als Hochmeister des Christusordens und Gouverneur der Algarve veranlasste er ab 1418 Expeditionen entlang der Küste Afrikas. Dazu entwickelte er die Karavelle, das erste europäische Segelschiff, das gegen den Wind kreuzen konnte. Heinrich gründete in Sagres an der Algarve eine Seefahrerschule, wo es Bibliotheken, ein Observatorium und eine Werft gab. Heinrich liegt wie seine Eltern in der ➛ *Gründerkapelle* begraben.

Karavelle portugiesischer Entdecker mit Lateinersegeln

Das Kloster von Batalha

Wappen von Johann I. am Portal

Das Dominikanerkloster Santa Maria da Vitória in Batalha ist eine der größten mittelalterlichen Klosteranlagen Portugals und eine Meisterleistung der Hochgotik, berühmt für seine dekorativen emanuelinischen Stilelemente. Es ist das Werk mehrerer Baumeister von Rang und Namen, die im Auftrag von sechs Königen rund 200 Jahre an der Vollendung arbeiteten. Aufgrund eines Gelübdes Johanns I. 1388 begonnen, war zunächst der Baumeister Afonso Domingues federführend, 1402 folgte ihm David Huguet. Die »Unvollendeten Kapellen«, die König Eduard (♕ 1433–38) als Grablege hinter dem Chor in Auftrag gab, und der Königliche Kreuzgang sind Glanzlichter emanuelinischer Kunst.

★ Kapitelsaal
Ein quadratisches Gewölbe von 28 Meter Seitenlänge überspannt ohne Stützpfeiler das Grab der Unbekannten Soldaten.

★ Königlicher Kreuzgang
Das gitterartige Maßwerk an den gotischen Bögen meißelte der Baumeister Emanuels I., Diogo Boytac, im Emanuelstil.

Das Brunnenhaus mit seinen hohen durch manuelinisches Maßwerk geschmückten Spitzbögen birgt einen dreischaligen Brunnen.

Refektorium

Haupteingang

Hauptportal
Die sechs Bogennischen des Eingangs sind mit Skulpturen von Aposteln, Propheten, Königen und Engeln versehen.

Höhepunkte

- ★ **Kapitelsaal**
- ★ **Königlicher Kreuzgang**
- ★ **»Unvollendete Kapellen«**

★ »Unvollendete Kapellen«
Der Bau der achteckigen königlichen Grablege wurde unter König Eduard begonnen. Um einen rechteckigen Mittelraum gruppieren sich sieben Kapellen.

Der Kapitelsaal

Das meisterhafte Deckengewölbe von Huguet hat eine freitragende Konstruktion. Aus Angst, es würde zusammenbrechen, setzte man beim Bau nur zum Tode verurteilte Häftlinge ein.

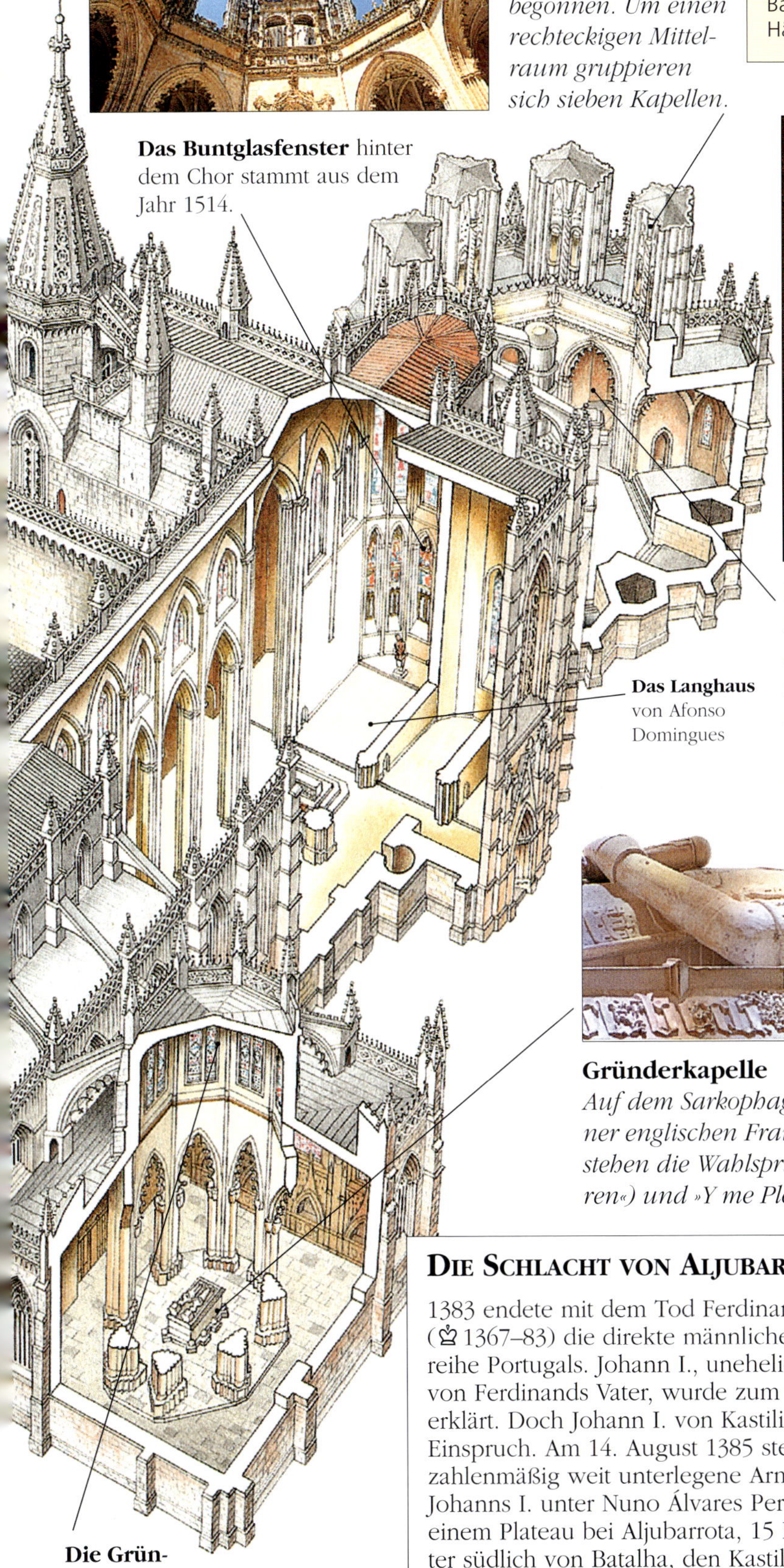

Das Buntglasfenster hinter dem Chor stammt aus dem Jahr 1514.

Das Langhaus von Afonso Domingues

Die Gründerkapelle krönt eine achteckige Laterne.

Portal
In die »Unvollendeten Kapellen« führt ein mit Ranken, Blumen und Krabben verziertes Portal, das Mateus Fernandes d. Ä. schuf.

Gründerkapelle
Auf dem Sarkophag von Johann I. und seiner englischen Frau Philippa von Lancaster stehen die Wahlsprüche »Por bem« (»In Ehren«) und »Y me Plet« (»Zu meiner Freude«).

Die Schlacht von Aljubarrota

1383 endete mit dem Tod Ferdinands I. (♕ 1367–83) die direkte männliche Ahnenreihe Portugals. Johann I., unehelicher Sohn von Ferdinands Vater, wurde zum König erklärt. Doch Johann I. von Kastilien erhob Einspruch. Am 14. August 1385 stellte sich die zahlenmäßig weit unterlegene Armee Johanns I. unter Nuno Álvares Pereira auf einem Plateau bei Aljubarrota, 15 Kilometer südlich von Batalha, den Kastiliern. Johanns Sieg sicherte 200 Jahre Unabhängigkeit von Spanien. Das Kloster versinnbildlicht die portugiesische Souveränität und die Macht des Hauses Avis.

Befehlshaber Nuno Álvares Pereira

Daten und Fakten

1385 Gelübde Johanns I., nach dem Sieg bei Aljubarrota über die Spanier der Jungfrau Maria ein Kloster zu stiften

1388 Baubeginn

1402 Nach Tod des Baumeisters Domingues Fortsetzung des Baus durch Huguet

1426–34 Bau der Gründerkapelle

1521–57 Unter Johann III. letzte Baumaßnahmen

1834 Aufhebung des Klosters

1955 Restaurierungsbeginn

1983 Aufnahme in das Weltkulturerbe der UNESCO

Der Emanuelstil

Dieser Baustil blühte unter der Regentschaft von Emanuel I. (➛ *S. 174*) und ist die portugiesische Spielart der Spätgotik (➛ *S. 72*). Er wird geprägt durch maritime und nautische Motive aus Portugals Epoche der Entdeckungen. Auch Fauna und Flora des Orients werden einbezogen, die in Form verflochtener Blüten-, Ranken- und Tiermotive in den Verzierungen des ➛ *Königlichen Kreuzgangs* wie auch am ➛ *Portal* zu den »Unvollendeten Kapellen« zu finden sind. Zu den auffälligen Ornamenten gehören die Armillarsphäre – ein Navigationsinstrument und Emblem Emanuels I. –, das Kreuz des Christusordens sowie ineinander verschlungene Taue und Anker. Hauptvertreter des Emanuelstils waren Diogo Boytac, Mateus Fernandes d. Ä., Diogo und Francisco de Arruda (➛ *S. 177*).

Eingang zum Kapitelsaal im Kloster von Alcobaça

König Alfons I.

Alfons I., der Eroberer, wurde 1107 oder 1111 geboren und folgte 1112 seinem Vater als Graf von Portugal. Seine Mutter hatte als Vormund zunächst die Macht inne. Seit 1128 regierte Alfons, der auch unter dem Namen Alfons Heinrich bekannt ist, selbstständig. Nach einem Sieg über die Mauren 1139 oder 1140 nahm er den Titel eines Königs von Portugal an. Er setzte 1143 die Unabhängigkeit der Grafschaft Portugal, die damals noch zu Kastilien-León gehörte, durch. 1147 eroberte er auch Lissabon sowie die strategisch wichtige Stadt Santarém von den Mauren. Zum Dank dafür stiftete er um 1152/53 das Kloster Alcobaça. Alfons I. starb 1185.

Der »Kreuzgang des Schweigens«

Maßwerk prägt die Steinarbeiten des 1311 vollendeten zweistöckigen ➛ *Kreuzgangs*. Er wurde im Auftrag König Dinis' (♔ 1279–1325) von Diogo und Domingo Domingues im Stil der Gotik (➛ *S. 72*) errichtet. Das Obergeschoss des Kreuzgangs dagegen besitzt gewundene, mit Dekor im Emanuelstil (➛ *S. 169*) überzogene Säulen und weit geöffneten Bögen. Es wurde im frühen 16. Jahrhundert von Diogo und João de Castilho ausgeführt. Der Kreuzgang war Vorbild für den des Hieronymusklosters in Lissabon (➛ *S. 174f.*). An der Nordseite steht ein gotisches Brunnenhaus.

Das Kloster von Alcobaça

Die frühgotische Kirche des Klosters Santa Maria de Alcobaça ist die größte aller europäischen Zisterzienserkirchen. Der zugleich größte Kirchenraum Portugals zeigt auch heute noch beispielhaft den asketischen Ernst der zisterziensischen Architektur. Die Klosteranlage hat eine Front von 221 Metern im Quadrat. Im Südflügel befanden sich die Wohnräume der Mönche. Die Gründung der Abtei verdankt sich einem Gelübde von Alfons I., das er um 1152/53 einlöste, nachdem er mehrfach gegen die Mauren gesiegt hatte. Das Kloster genoss seit dem Ende des 12. Jahrhunderts bei König und Papst eine privilegierte Stellung.

Portal zur Sakristei
Exotisches Blattwerk und filigrane Zinnen zieren das João de Castilho zugeschriebene emanuelinische Portal.

Sarkophag von Inês de Castro

Schlafsaal

Im Kapitelsaal wählten die Mönche ihren Abt und erörterten klosterinterne Themen.

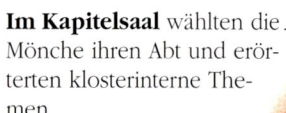

Kamin der Küche

Im achteckigen Brunnen wuschen sich die Mönche die Hände.

Speisesaal und Küche
Stufen führen zur Kanzel, von der ein Mönch während des Essens aus der Bibel vorlas. In der 18 Meter hohen Küche wurden täglich die Mahlzeiten für mehr als 1000 Menschen zubereitet.

★ Kreuzgang
Diesen »Kreuzgang des Schweigens« gab König Dinis 1308 in Auftrag. Die strengen Galerien im Erdgeschoss tragen dem Zisterziensergebot der Einfachheit Rechnung.

Höhepunkte

- ★ Kreuzgang
- ★ Sarkophag von Peter I.

»Tod des heiligen Bernhard«, Terrakottaskulpturen (17. oder 18. Jh.)

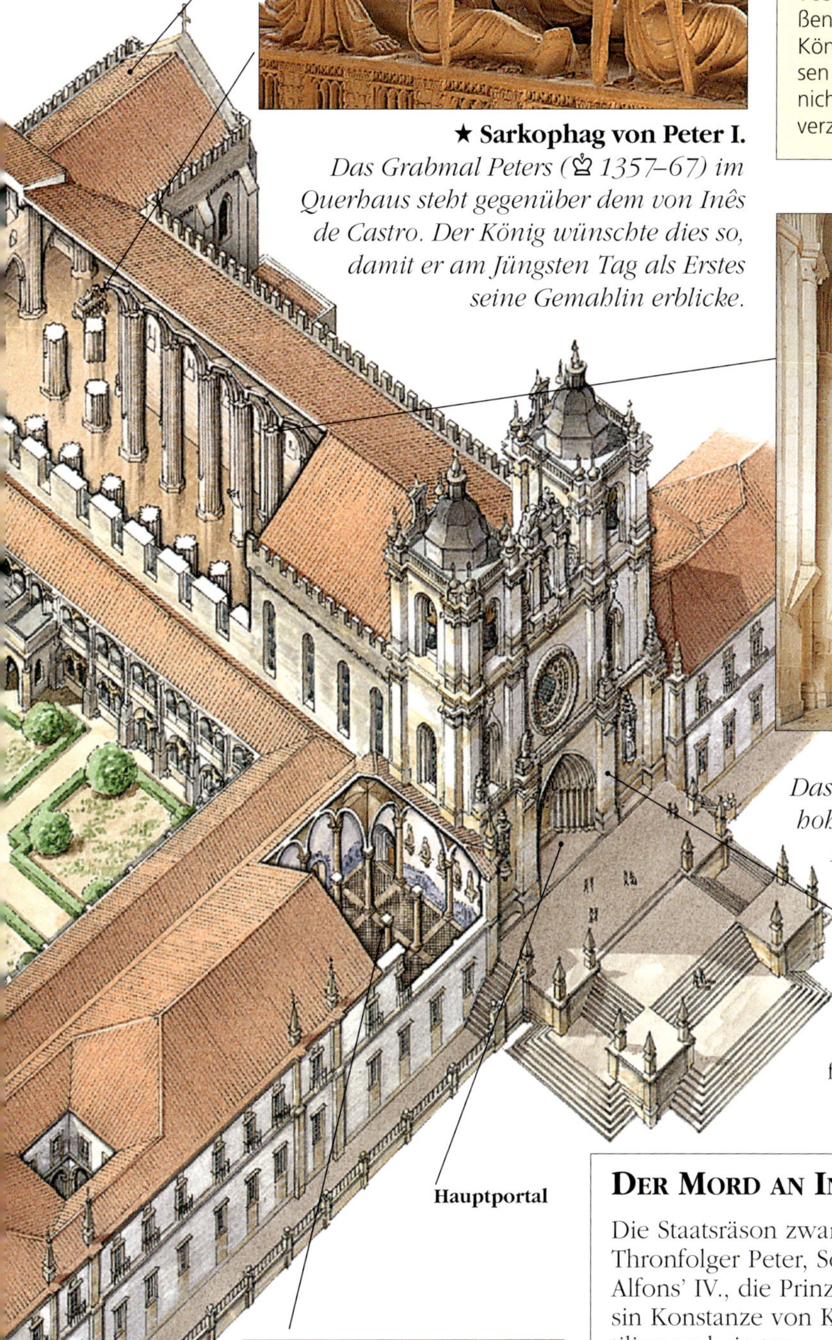

★ Sarkophag von Peter I.
Das Grabmal Peters (♔ 1357–67) im Querhaus steht gegenüber dem von Inês de Castro. Der König wünschte dies so, damit er am Jüngsten Tag als Erstes seine Gemahlin erblicke.

Kriegsbeute

1385 kämpfte Portugal in der Schlacht von Aljubarrota (➛ S. 169) gegen Kastilien. Den großen Bronzekessel mitten im Königssaal sollen die Portugiesen mitgeschleppt haben, um nicht auf ihre tägliche Suppe verzichten zu müssen.

Langhaus
Das Deckengewölbe und die hohen Pfeiler erwecken den Eindruck von Harmonie und schlichter Strenge.

Die zweitürmige Fassade entstand erst im 18. Jahrhundert. Marmorstatuen von Heiligen flankieren das Hauptportal.

Hauptportal

Königssaal
Kacheln (18. Jh.) zeigen die Gründung des Klosters. Statuen portugiesischer Könige zieren die Wände.

Der Mord an Inês de Castro

Die Staatsräson zwang den Thronfolger Peter, Sohn Alfons' IV., die Prinzessin Konstanze von Kastilien zu heiraten. Seine Liebe galt jedoch Inês de Castro, einer ihrer Hofdamen. Nach Konstanzes Tod heiratete Peter Inês und lebte mit ihr in Coimbra. In der Überzeugung, ihr Einfluss sei eine Gefahr, ließ Alfons IV. Inês ermorden. Nach Alfons' Tod bestieg Peter 1357 den Thron und rächte sich an den Mördern, indem er sie auf grausame Art töten ließ. Er erklärte, mit Inês vermählt gewesen zu sein, ließ sie exhumieren und krönen. Zuletzt zwang er seinen Hof, vor Inês niederzuknien und ihre verweste Hand zu küssen.

Daten und Fakten

um 1152/53 Gründung eines Zisterzienserklosters

um 1178 Baubeginn einer Klosterkirche

um 1222 Vollendung des Klosterkomplexes

1370 Errichtung der Sarkophage von Peter I. und Inês de Castro

1725 Vollendung der neuen Kirchenfassade im Barockstil

1755 Zerstörung großer Teile durch Erdbeben

1834 Zweckentfremdung nach Säkularisation

1989 Aufnahme in das Weltkulturerbe der UNESCO

Die Baukunst der Zisterzienser

Der Mönchsorden der Zisterzienser, der sich seit Mitte des 12. Jahrhunderts über ganz Europa ausbreitete, hatte eine strengere, der Benediktinerregel angemessenere Lebenshaltung zum Ziel. Auch die Bauwerke der Zisterzienser zeichnen sich vor allem im 12., teils noch im 13. Jahrhundert durch Strenge und Reinheit aus. Man verzichtete auf Prunk, kostbares Material und Gemälde. Der gewaltige Innenraum der Klosterkirche von Alcobaça, die ursprünglich – für Zisterzienserkirchen typisch – turmlos war, beeindruckt mit der Klarheit seiner Linienführung und seiner Schmucklosigkeit. Das ➛ *Langhaus* ist durch 24 wuchtige Bündelpfeiler, die das gotische Gewölbe stützen, in drei gleich hohe Schiffe geteilt. Fenster erhellen die äußerst schmalen Seitenschiffe.

Der Baron von Eschwege

Ferdinand von Sachsen-Coburg-Gotha ließ ab 1840 über einem ehemaligen Hieronymuskloster von einem deutschen Architekten, dem Baron Wilhelm Freiherr von Eschwege (1777–1855), einen Palast erbauen. Von Eschwege, der nur für einen Teil des Baus verantwortlich war, verwirklichte die extravaganten Vorstellungen Ferdinands, indem er unter Einbeziehung der restaurierten Klosterruinen ein Märchenschloss errichtete. Auf einem Felsen in der Nähe steht eine riesige Ritterstatue, die das Schloss bewacht. Auf ihrem Sockel ist das Wappen des Barons eingemeißelt.

Das Stil-Potpourri

Ferdinands Passion für die Künste führte beim Bau seines Burgpalastes zu einer kuriosen Vermischung historisierender Baustile. Man findet hier gotische Türen, arabische Minarette und emanuelinische Fenster, romanische und Renaissance-Kuppeln, bayerische Erker und byzantinische Decken. Das in Rosa-, Blau- und Gelbtönen bemalte Äußere des Gebäudes ist behauen oder mit gemusterten Kacheln bedeckt. Zu den Höhepunkten im Inneren gehört der ➛ *Renaissance-Altar* des Bildhauers Nicolau Chanterène. Das exotische Mobiliar spiegelt den überfeinerten Geschmack des Schlossherrn wider.

Der Park von Pena unterhalb des Palastes

Der Pena-Palast

Tritontor

Der hoch oben in der Serra de Sintra gelegene Pena-Palast ist das wohl extremste und fantasievollste Beispiel der historisierenden Architektur des 19. Jahrhunderts. Das »portugiesische Neuschwanstein« wurde für Ferdinand von Sachsen-Coburg-Gotha erbaut, den Gatten der jungen portugiesischen Königin Maria II. (♕ 1826/34–53). Der Palast bezog die Ruinen eines Hieronymusklosters mit ein, das dort Anfang des 16. Jahrhunderts an der Stelle der Kapelle Nossa Senhora da Pena – daher der Name Pena-Palast – gegründet wurde. Ferdinand engagierte für den Bau seiner Sommerresidenz, die voller Kuriositäten aus aller Welt ist, den deutschen Architekten Baron von Eschwege.

Eingangstor

Ein mit Zinnen überladener Bogengang heißt den Besucher am Eingang willkommen. Die Palastgebäude sind in Narzissengelb und Erdbeerrot gestrichen.

Schlafgemach Emanuels II.

Das ovale Zimmer ist mit einer Stuckdecke dekoriert. Über dem Kamin zeigt ein Porträt Emanuel II. (♕ 1908–10), den letzten König von Portugal.

In der Küche hängen Kupferkessel über dem Eisenherd. Das Service ist mit Ferdinands Wappen geschmückt.

★ Ballsaal

Der geräumige Ballsaal ist prachtvoll mit deutschem Buntglas, wertvollem Porzellan und einem Kronleuchter aus vergoldeter Bronze ausstaffiert.

★ Arabisches Zimmer
Wände und Decke des hübschesten Zimmers im Palast sind mit wunderbaren Trompe-l'œil-Fresken bemalt, die den Einfluss des Orients auf die Romantik belegen.

Schloss als Bühne

Das ganze Jahr über finden im Schloss Veranstaltungen statt. Dazu gehören Konzerte mit klassischer Musik, Ausstellungen, Ballettaufführungen und Historienspiele mit internationalen Künstlern.

Der Tordurchgang im Haupthof wird von einem Seeungeheuer bewacht.

★ Renaissance-Altar
Das dreiteilige, aus Alabaster und Marmor gefertigte Retabel in der 1532 gestifteten Klosterkapelle ist von Nicolau Chanterène.

Der Kreuzgang mit den farbenprächtigen Kacheln ist Teil des ursprünglichen Klosters.

Eingang

Höhepunkte

- ★ **Arabisches Zimmer**
- ★ **Ballsaal**
- ★ **Renaissance-Altar**

Der Prinzgemahl Ferdinand

In Portugal wurde Ferdinand bzw. Dom Fernando II. (geboren 1816) der »Künstlerkönig« genannt. Er liebte, wie so viele andere Herrscher des 19. Jahrhunderts, Kunst, Natur und die Neuerungen seiner Zeit und malte selbst Aquarelle. Ferdinand war begeistert von seiner Wahlheimat und widmete sich dort der Förderung der Künste. 16 Jahre nach dem Tod seiner Gemahlin, Königin Maria II., heiratete er 1869 die Opernsängerin Gräfin Edla. Der extravagante Palast fiel nach seinem Tod 1885 an seine Frau, 1889 an den Staat.

Daten und Fakten

Anfang 16. Jahrhundert Gründung eines Hieronymusklosters

1834 Mönche verlassen das Kloster

1839 Erwerb der Klosterruinen durch Ferdinand von Sachsen-Coburg-Gotha und Beginn des Wiederaufbaus des Klosters

1840–50 Umbau zu einem Palast durch von Eschwege; Erhalt von Kreuzgang und Kapelle des Klosters

1910 Eröffnung des Palasts als Museum

1995 Aufnahme der Kulturlandschaft Sintra mit dem Pena-Palast in das Weltkulturerbe der UNESCO

Wallfahrtsstätte der Romantiker

Sintra gilt seit langem als Ort von außerordentlicher Schönheit, den Könige und Künstler aus aller Welt rühmten. 1809 beschrieb der englische Dichter Lord Byron Sintra als den »erfreulichsten Ort Europas«. Für den deutschen Komponisten Richard Strauss war der Tag, an dem er Pena sah, der glücklichste seines Lebens. Das Nebeneinander aller in Portugal und Deutschland vorkommenden Baustile machte den Pena-Palast zu einem Prototypen der europäischen Romantik. Trutzige Tore, Türme und zinnenbekrönte Mauern schufen eine Atmosphäre wie in einem Märchenschloss. Die teilweise im indischen und chinesischen Stil gefertigte Ausstattung verleiht dem Palast einen Hauch von Exotik.

Vasco da Gama

Der portugiesische Seefahrer Vasco da Gama (um 1469 bis 1524) wurde von König Emanuel I. beauftragt, den Seeweg nach Indien zu finden. Im Juli 1497 machte er sich mit vier Schiffen auf, segelte um das Kap der Guten Hoffnung und entlang der Ostküste Afrikas. Mithilfe des Sultans von Malindi erreichte er 1498 die Westküste Vorderindiens. Im Juli 1499 kehrte der Portugiese mit einer Ladung kostbarer Gewürze nach Lissabon zurück. Von 1502 bis 1503 war da Gama mit einer Kriegsflotte in Indien und sicherte Portugal so die Kontrolle über die Städte an der Westküste des Landes und das Monopol im europäischen Gewürzhandel. 1524 wurde er als Vizekönig erneut nach Indien geschickt, wo er starb. Der Seefahrer liegt im Chor des Klosters begraben (➛ *Grabmal des Vasco da Gama*).

König Emanuel I.

Die Regierungszeit Emanuels I. (♔ 1495–1521), auch der Glückliche oder der Große genannt, markierte Portugals »Goldenes Zeitalter« (➛ *S. 176*). Der König unterstützte die Entdeckungsfahrten Vasco da Gamas und Pedro Álvares Cabrals. Die Reichtümer aus den überseeischen Kolonien rückten Portugal an die Spitze der europäischen Handelsnationen. Die geschickte Außenpolitik Emanuels I. bewahrte Portugal vor Kriegen. Er gehörte zu den baufreudigsten Herrschern Europas und veranlasste neben dem Bau des Hieronymusklosters auch den des Turms von Belém (➛ *S.176f.*).

Der Kreuzhof ist von Kreuzgangarkaden im Emanuelstil umgeben.

Das Hieronymuskloster

Armillarsphäre im Kreuzgang

Das Kloster im Lissaboner Vorort Belém gilt als Höhepunkt der emanuelinischen Architektur (➛ *S. 169*). Den Zauber dieses Baustils kann man im »prachtvollsten Kreuzgang der Welt« entdecken. Zugleich demonstriert die Klosteranlage Portugals Macht und Reichtum zu Beginn des 16. Jahrhunderts. König Emanuel I. gab sie nach der Rückkehr Vasco da Gamas 1499 von dessen Seereise nach Indien in Auftrag. Verschiedene Baumeister arbeiteten an dem Komplex, von denen Diogo Boitac und João de Castilho die bekanntesten sind.

Grabmal des Vasco da Gama
Das Grabmal (19. Jh.) des Entdeckers ist mit Seefahrersymbolen geschmückt.

Refektorium
Der Speisesaal ist mit dekorativen Kacheln aus dem 17. Jahrhundert gefliest und stellt u.a. die Speisung der Fünftausend dar.

Löwenbrunnen mit dem Wappentier des heiligen Hieronymus

Schlafsaal der Mönche, im 19. Jahrhundert im neuemanuelinischen Stil restauriert

Das Westportal, ein Meisterwerk des Bildhauers Nicolau Chanterène

Eingang zu Kirche und Kreuzgang

Galerie

Blick auf das Kloster
Die Szene aus dem 17. Jahrhundert von Felipe Lobo zeigt Frauen an einem Brunnen vor dem Kloster.

Höhepunkte

★ **Kreuzgang**

★ **Südportal**

★ Kreuzgang
Die obere Galerie des doppelstöckigen Kreuzgangs ist ein Werk João de Castilhos. Typisch emanuelinische Ornamente schmücken Bogen und Balustraden.

Das »Pfeffergeld«

Den Bau des Klosters finanzierte Emanuel I. durch den immensen Gewinn, den der Verkauf der kostbaren indischen Gewürze Pfeffer, Gewürznelken und Zimt brachte.

Hauptschiff
Das Gewölbe der Kirche Santa Maria wird von schlanken, achteckigen Säulen getragen, die wie Palmen emporstreben und ein Gefühl von Weite und Harmonie vermitteln.

Der Kapitelsaal birgt das Grabmal des Historikers und ersten Bürgermeisters Beléms, Alexandre Herculano (1810–77).

Den Altarraum ließ Katharina, die Gemahlin Johanns III., erbauen.

Die Sarkophage von Emanuel I., seiner Gemahlin Maria, Johann III. und Katharina tragen Elefanten.

★ Südportal
João de Castilho stellte auf den Reliefs über den Türen des Portals Szenen aus dem Leben des heiligen Hieronymus dar. 24 fast lebensgroße Figuren in Nischen und unter Baldachinen zeigen Heilige, Propheten und Bischöfe.

Grabmal König Sebastians
Das Grab Sebastians ist leer. Der junge König blieb seit einer Schlacht in Marokko im Jahr 1578 vermisst.

Daten und Fakten

1500 Grundsteinlegung durch Emanuel I. und Baubeginn unter Diogo Boitac

ab 1516 Vollendung von Langhaus und Kreuzgang sowie Errichtung von Querhaus und Südportal durch João de Castilho

1517 Bau des Westportals durch Nicolau Chanterène

ab 1550 Baubeginn des Chors durch Diogo de Torralva

1571 Vollendung des Chors durch Jerónimo de Ruão

1834 Auflösung des Klosters

1880 Umbettung von Vasco da Gama in ein Grab des unteren Chors

1983 Aufnahme in das Weltkulturerbe der UNESCO

Das Archäologische Nationalmuseum

Der ehemalige ➛ *Schlafsaal* der Mönche beherbergt seit 1893 Portugals bedeutendstes archäologisches Museum und Forschungszentrum. Zu den Exponaten aus dem ganzen Land gehören ein goldener Armreif der Eisenzeit aus dem Alentejo, westgotischer Schmuck aus Beja, römisches Geschmeide und maurische Artefakte aus dem frühen 8. Jahrhundert. Die ägyptische und griechisch-römische Abteilung enthält viel Grabschmuck, darunter Figurinen, Grabsteine, Masken, Amulette aus Terrakotta und Grabstelen mit Hieroglyphen. Die Schatzkammer bewahrt Münzen, Halsketten, Armreife und anderen Schmuck aus der Zeit von 1800 bis 500 v. Chr. auf.

Dekorationselemente

Der Turm von Belém ist mit seinen maritimen und nautischen Motiven sowie Blumen- und Tierdekorationen (Widder, Löwe, Delphin an Turmkonsolen) ein meisterhaftes Beispiel für den üppigen Emanuelstil jener Zeit. Bollwerk und ➛ *Turm* sind von Steintauwerk umschlungen. Die ➛ *Zinnen* werden von Kreuzen der Christusritter geschmückt. An islamische Bauten, etwa an die Minarettkuppel der Koutoubia-Moschee (➛ *S. 264f.*) in Marrakesch, erinnern die zierlichen Faltkuppeln (➛ *Kuppeln*), die sich an den Ecken des Bollwerks befinden.

Portugals »Goldenes Zeitalter«

Die günstige Lage an der Mündung des Tejo machte Lissabons Vorort Belém zu einem wichtigen Ort für die Seefahrt. In der Nähe stachen die Karavellen in See, die durch ihre Eroberungen und Entdeckungen Portugal sein »Goldenes Zeitalter« bescherten. Portugals glorreiche Zeit als Seemacht begann 1415 mit der Einnahme der nordafrikanischen Stadt Ceuta. Entdeckungsfahrten auf dem Atlantik und entlang der westafrikanischen Küste folgten. Diego Cãos erster Versuch, Indien auf dem Seeweg zu finden, schlug jedoch 1482 fehl. Große Vermögen wurden mit Gold und Sklaven von Guineas Küste gemacht. Auch König Emanuel I. (➛ *S. 174*) unterstützte die Entdeckungsreisen. Der Durchbruch des portugiesischen Kolonialismus gelang 1498, als Vasco da Gama (➛ *S. 174*) auf dem Seeweg Indien erreichte. Als man schließlich Brasilien »entdeckte«, wurde Portugal eine Handelsgroßmacht, mit der nur Spanien konkurrieren konnte.

Ein portugiesisches Steinkreuz

Der Turm von Belém

Wappen von Emanuel I.

Der zu Beginn des 16. Jahrhunderts im Fluss Tejo errichtete Wach- und Leuchtturm ist eine der am reichsten ausgeschmückten Befestigungsanlagen der Welt. Das Juwel des Emanuelstils (➛ *S. 169*) wurde zum Symbol für Portugals Geschichte als Seemacht im Zeitalter der großen Entdeckungen. Vom nahe gelegenen Hafen Restello brachen einst die Seefahrer auf, um neue Handelsrouten zu erkunden. Die Schönheit des 35 Meter hohen Baus, für den König Emanuel I. Francisco de Arruda den Auftrag gab, liegt in der Ausschmückung mit Schnurreliefs, durchbrochenen Balkonen, maurischen Ausgucken und schildförmigen Zinnen.

Wendeltreppe
Sie führt zur Turmspitze, von wo sich eine großartige Aussicht bietet.

Jungfrau mit Kind
Die Statue »Unserer Lieben Frau der sicheren Heimkehr«, Schutzsymbol für die Seeleute auf Entdeckungsfahrt, blickt aufs Meer.

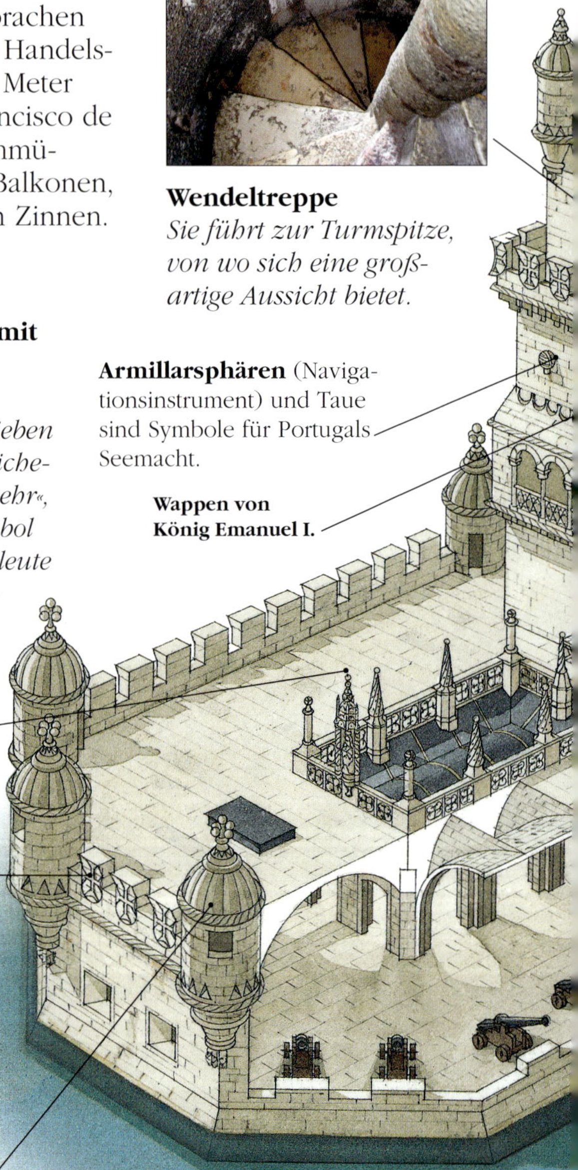

Armillarsphären (Navigationsinstrument) und Taue sind Symbole für Portugals Seemacht.

Wappen von König Emanuel I.

Zinnen
Sie sind in der Form von Schilden angelegt und mit dem Kreuz des Christusordens verziert.

Wachtürme

Höhepunkte

- ★ **Innenraum**
- ★ **Eingang**
- ★ **Renaissance-Loggia**

Der Turm von Belém im Jahr 1811
Das Gemälde eines britischen Schiffs auf dem Tejo von J. T. Serres zeigt den Turm viel weiter vom Ufer entfernt als heute. Im 19. Jahrhundert wurde der Fluss durch Aufschüttung am Nordufer schmaler.

Turm
Als Baumaterial wurde portugiesischer Kalkstein aus Lioz in Rot, Gelb und Grau verwendet.

Das Nashorn

Die Faltkuppel an der nordwestlichen Ecke der Bastion wird von dem überlebensgroßen Kopf eines Nashorns getragen. Der deutsche Künstler Albrecht Dürer verewigte den heute stark verwitterten Tierkopf 1515 in einem Holzschnitt. Das Tier war ein Geschenk für König Emanuel I. aus Indien.

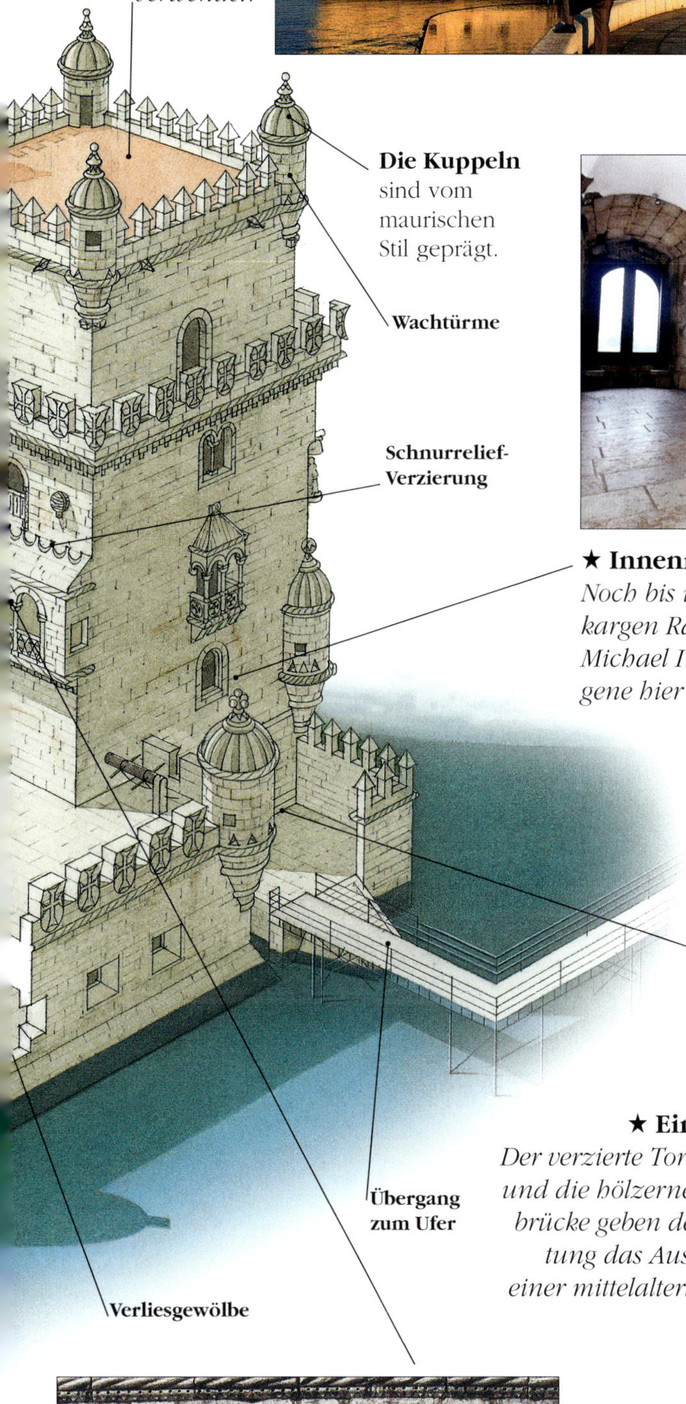

Die Kuppeln sind vom maurischen Stil geprägt.

★ Innenraum
Noch bis ins 19. Jahrhundert wurden in den kargen Räumen Häftlinge festgehalten. König Michael I. (♔ 1828–34) ließ politische Gefangene hier einsperren.

★ Eingang
Der verzierte Torbogen und die hölzerne Zugbrücke geben der Festung das Aussehen einer mittelalterlichen Burg.

★ Renaissance-Loggia
Die feine, bogengeschmückte Loggia im italienischen Stil verleiht dem wehrhaften Turm Leichtigkeit.

Daten und Fakten

1515–21 Bau des Turms von Belém

1580 Einnahme des Turms durch spanische Truppen

1807 Abriss der beiden oberen Etagen durch Franzosen

1845 Wiederherstellung des Turms

1983 Aufnahme in das Weltkulturerbe der UNESCO

Francisco de Arruda

Den Turm von Belém, Teil einer geplanten gigantischen Befestigungsanlage, errichtete der portugiesische Baumeister Francisco de Arruda (gestorben 1547), einer der prominentesten Vertreter des Emanuelstils. Der Architekt hatte sich durch den Bau von Festungen in den entdeckten und eroberten Überseegebieten einen Namen gemacht. Bei der Errichtung des Turms von Belém sorgte er für dessen Form und die geschmackvollen Proportionen und war auch für das Einbringen der von ihm erlebten islamischen und indisch-hinduistischen Elemente verantwortlich, etwa die Faltkuppeln oder die Wachttürme, deren Form an Pfefferstreuer erinnert. Mit den in Stein gehauenen Balustraden, Terrassen, Außenbalkonen und Statuen des Turms schuf Francisco de Arruda ein Bauwerk, das zugleich exotisch und doch entschieden portugiesisch ist. Dadurch eignete sich der Turm ideal dafür, das Nationalmonument einer Kolonialmacht zu werden.

Jakobus der Ältere

Nach einer Legende (7. Jh.) wirkte Jakobus, Bruder des Johannes und einer der Apostel, in Spanien, bevor er ins Heilige Land zurückkehrte. Im Jahr 44 wurde er unter Herodes Agrippa I. enthauptet. Eine Überlieferung erzählt, dass seine Gebeine im 8. Jahrhundert vom Katharinenkloster (➛ *S. 274f.*) nach Spanien gebracht wurden, um sie vor den Sarazenen zu retten. 813 wurden die Gebeine auf wundersame Weise wieder gefunden, 816 in einer eigens errichteten Kirche beigesetzt. Um die Kirche entstand die Stadt Santiago (spanisch für Jakobus) de Compostela. 844 soll Jakobus als Ritter die Christen zum Sieg gegen die Mauren geführt haben (➛ *Krypta*).

Die Jakobswege

Im Mittelalter pilgerten jährlich eine halbe Million Menschen durch Frankreich und Spanien nach Santiago de Compostela. Legenden hatten die Wundertätigkeit des heiligen Jakobus weit verbreitet. Vier Hauptwege bildeten sich heraus: Von Tours, Vézelay und Le Puy führten drei über den Pass von Roncevalles durch die Pyrenäen, von Saint-Gilles-Du-Gard bei Arles einer über den Somport-Pass. Die Wege trafen sich bei Pamplona, von wo es über Burgos und León nach Santiago ging. Kirchen, Hospitäler und Rasthäuser entstanden an den Strecken. Um ein Zertifikat zu erlangen, müssen Pilger heute einen an Etappen des Weges abgestempelten und datierten Pilgerpass vorweisen und die letzten 100 Kilometer zu Fuß bzw. die letzten 200 Kilometer auf dem Fahrrad oder zu Pferd zurückgelegt haben.

Pilgerzertifikat

Die Kathedrale von Santiago de Compostela

Der riesige Botafumeiro

Die grossartige Kathedrale in Santiago de Compostela, dem nach Jerusalem und Rom drittwichtigsten Wallfahrtsziel der Christenheit, ist dem heiligen Jakobus geweiht. Das romanische Gotteshaus entstand zwischen dem 11. und 13. Jahrhundert. Seine prachtvolle Westfassade mit den Zwillingstürmen wurde im 18. Jahrhundert im spanischen Barockstil umgestaltet.

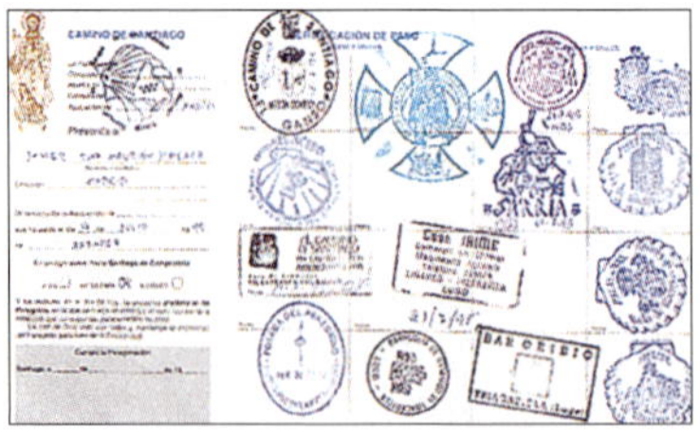

Stempel im Pass für die Pilgerreise

★ Westfassade
Die reich verzierte barocke Fassade zur Praza do Obradoiro wurde der ursprünglich romanischen Fassade vorgeblendet.

★ Tor der Herrlichkeit
Das Tor ist ein Höhepunkt der romanischen Plastik in Spanien.

Die barocken Zwillingstürme überragen die anderen Türme.

Statue des heiligen Jakobus

Der Santo dos Croques wird als Magister Mateo, der das Tor der Herrlichkeit schuf, identifiziert.

Höhepunkte

- ★ Westfassade
- ★ Tor der Herrlichkeit
- ★ Tor der Silberschmiede

Gobelinmuseum
Das Museum über dem Kreuzgang zeigt Wandteppiche ab dem 16. Jahrhundert. Einige entstanden nach Vorlagen von Goya und Rubens.

Der Botafumeiro, ein riesiges Weihrauchgefäß über dem Altar, wird an hohen Feiertagen von acht Männern geschwungen.

Kreuzgang

Kapitelsaal

Die Jakobsmuschel

Pilger trugen im Mittelalter die »Jakobsmuschel«, um zu zeigen, dass sie zu Jakobus' Grabmal gereist waren. Die Muscheln hingen auch an den Häusern, in denen Pilger auf ihrer Reise Aufnahme fanden.

Hochaltar
Besucher können hinter dem großartigen Hochaltar das Bildnis des Jakobus küssen.

★ Tor der Silberschmiede
Das älteste Portal (12. Jh.) schmücken Reliefs biblischer Szenen.

Krypta
Die Reliquien des Jakobus und zweier Jünger sollen in diesem silbernen Schrein aus dem 19. Jahrhundert ruhen.

Daten und Fakten

813 Auffindung des angeblichen Jakobusgrabes

um 1075–1211 Bau der heutigen Kathedrale über Vorgängerbauten

um 1750 Vollendung der Westfassade

1879 Entdeckung der Reliquien Jakobus' bei Ausgrabungen

1985 Aufnahme der Altstadt von Santiago mit der Kathedrale in das Weltkulturerbe der UNESCO

Das Tor der Herrlichkeit

Durch das barocke Portal der ➛ *Westfassade* gelangt man in die romanische Vorhalle und steht vor dem ➛ *Tor der Herrlichkeit*. Der Sturz des Zentralbogens trägt den Namenszug Meister Mateos und die Jahreszahl 1188. Die drei Bögen sind mit zahlreichen biblischen Gestalten geschmückt. Christus als Erlöser der Welt thront in der Mitte, an seiner Seite die Evangelisten und Engel. Darüber ist Jakobus dargestellt. Die 24 Ältesten der Apokalypse sind in der Archivolte zu sehen. Auf der Mittelsäule des Portals ist die Wurzel Jesse dargestellt. Auffallend sind die Vertiefungen, die durch die millionenfachen Berührungen von Pilgern entstanden. Sie ergriffen die Säule zum Dank für ihre sichere Reise. Hinter der Stütze unter dem Bogenfeld findet man die Statue des ➛ *Santo dos Croques*, wohl die Abbildung Mateos, an dessen Kopf die Pilger ihren rieben, um dessen Genialität zu erlangen.

Das Guggenheim-Museum Bilbao

DAS GUGGENHEIM-MUSEUM im Zentrum von Bilbao ist einer der spektakulärsten und aufsehenerregendsten Museumsbauten der Welt. Direkt am Ufer des Flusses Nervión erhebt sich seit 1997 der mit Titanplatten überzogene Bau auf 32 500 Quadratmetern als neues Wahrzeichen über seine Umgebung. Die Konstruktion mit ihren silbern schimmernden konkaven und konvexen Formen ist ein Entwurf des amerikanischen Architekten Frank O. Gehry und erinnert an ein Schiff ebenso wie an eine gigantische Blüte. Die Sammlung umfasst ein breites Spektrum moderner und zeitgenössischer Kunst, darunter Arbeiten von Willem de Kooning, Richard Serra, Mark Rothko und Anselm Kiefer.

FRANK OWEN GEHRY

Frank O. Gehry

Der 1929 in Kanada geborene Architekt und Designer, der das ungewöhnliche Guggenheim-Museum in Bilbao entwarf, studierte Architektur an der Universität in Los Angeles und danach Stadtplanung in Harvard. 1962 machte er sich selbstständig. Gehrys frühe Werke zeichnen sich durch die Verwendung ungewöhnlicher Materialien wie Drahtgitter und Wellblech aus. Typisch für ihn sind aufgelockerte, verschachtelte Gebäude. Die neueren Arbeiten setzten oft Trends. Im Laufe seiner Karriere bekam Gehry private und öffentliche Großaufträge in Amerika, Japan und Europa. Gehry entwirft auch Möbel und komplette Inneneinrichtungen.

DER MUSEUMSBAU

Das Gebäude ist eine atemberaubende Kombination aus gewundenen Segmenten, die mit Titan (➛ *Titan-Fassade*) beschichtet sind, Kalksteinblöcken und Glaswänden, durch die das Licht ungehindert eindringt. Vor dem Hintergrund der Stadt nimmt sich der Museumsbau wie eine moderne Skulptur aus. Das zentrale ➛ *Atrium*, eine architektonische Pionierleistung, endet oben in einer Metallkuppel. Die Ausstellungsräume umgeben das Atrium auf drei Stockwerken und sind durch sich windende Gänge und Glasaufzüge miteinander verbunden. Zehn der 19 Galerien mit einer Gesamtfläche von 11 000 Quadratmetern sind rechteckig gebaut und von außen an den Steinwänden zu erkennen. Die anderen Räume sind unregelmäßig geformt und haben eine Außenhaut aus Titan, die an Fischschuppen erinnert.

Dachkonstruktion
Die Konstruktion aus Metall lässt an die Form eines Schiffes denken.

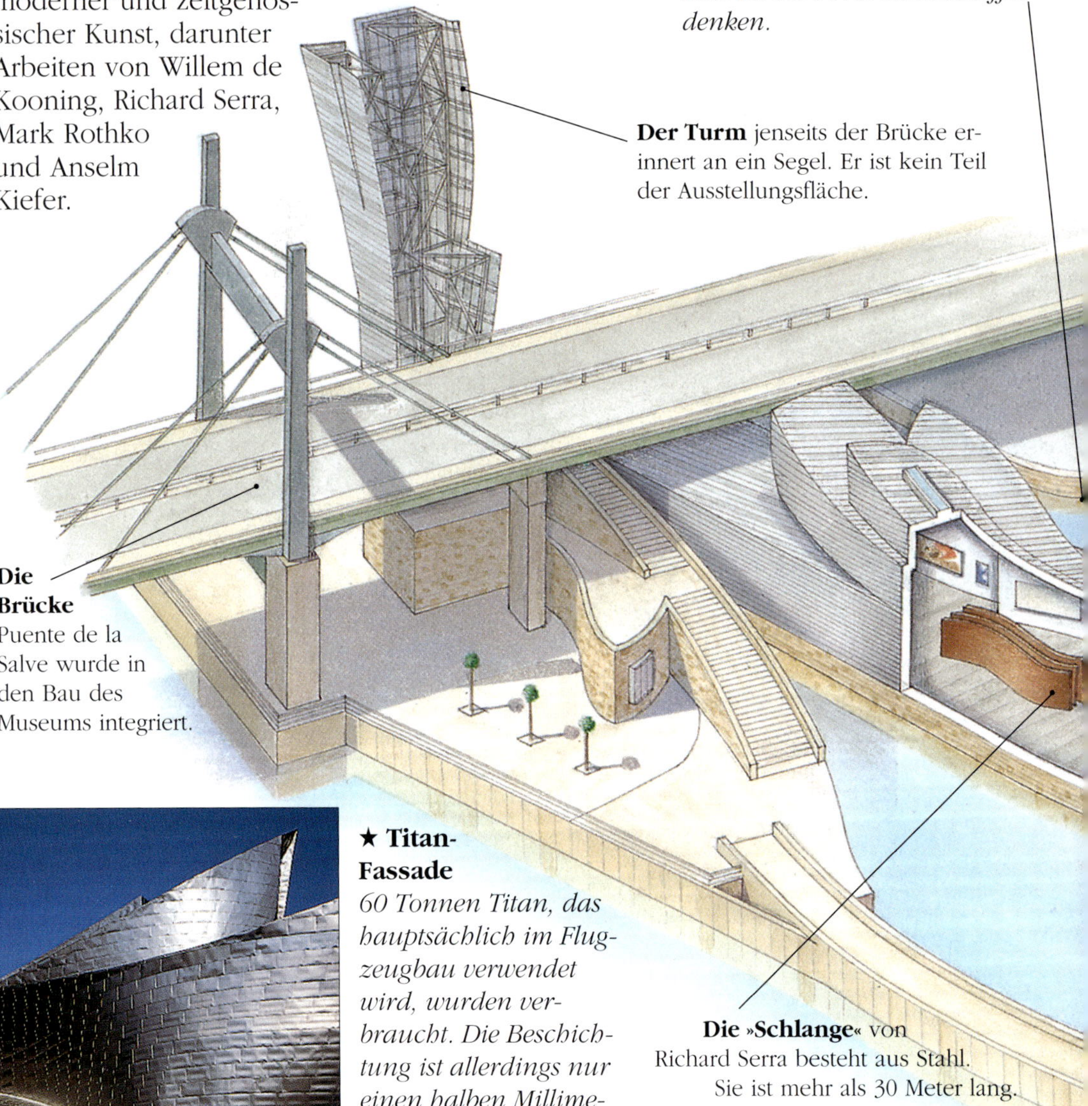

Der Turm jenseits der Brücke erinnert an ein Segel. Er ist kein Teil der Ausstellungsfläche.

Die Brücke
Puente de la Salve wurde in den Bau des Museums integriert.

Die »Schlange« von Richard Serra besteht aus Stahl. Sie ist mehr als 30 Meter lang.

★ Titan-Fassade
60 Tonnen Titan, das hauptsächlich im Flugzeugbau verwendet wird, wurden verbraucht. Die Beschichtung ist allerdings nur einen halben Millimeter dick.

Fisch-Galerie
Das Fischmotiv kehrt bei Gehry immer wieder. Diese größte Galerie des Museums wird von Richard Serras »Schlange« dominiert. Er zeigte dort auch »Torqued Ellipses« (Bild).

★ Atrium
Das über 50 Meter hohe Atrium ist der erste Raum, den Besucher nach Eintritt in das Museum bestaunen können. Die enorme Höhe ermöglicht die Ausstellung sehr großer Kunstwerke.

Guggenheim-Museen

In Rio de Janeiro wird derzeit ein neues Guggenheim-Museum gebaut, das 2007 eröffnet werden soll. Andere Standorte sind neben New York (➛ *S. 370f.*) und Venedig auch Berlin und Las Vegas.

»Puppy«, eine vom amerikanischen Künstler Jeff Koons geschaffene Skulptur, ist bei den Einheimischen so beliebt, dass sie in die permanente Ausstellung übernommen wurde.

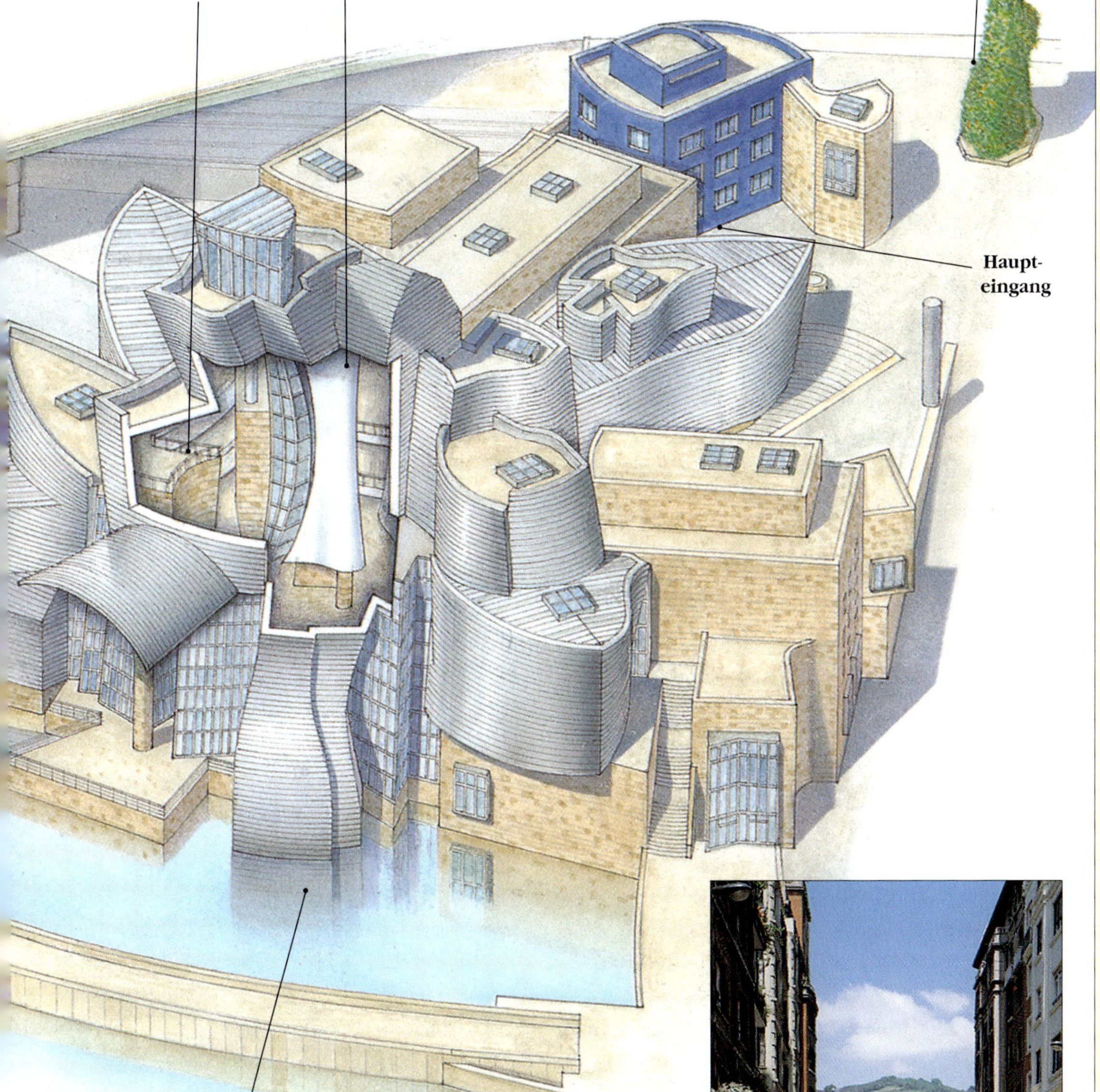

Daten und Fakten

1991 Entscheidung für den Bau des Museums

1993 Präsentation eines Modells durch Frank O. Gehry

1994 Baubeginn

1997 Eröffnung des Museums für die Öffentlichkeit

Die Kollektion

Die Dauerausstellung mit bedeutenden Werken des späten 20. Jahrhunderts reicht von den Avantgardebewegungen bis zu heutigen Strömungen. Eine Arbeit von Mark Rothko aus dem Jahr 1952 markiert den zeitlichen Beginn der Sammlung. Zu den prominenten Künstlern, deren Werke zu sehen sind, gehören Eduardo Chillida, Yves Klein, Robert Motherwell, Clyfford Still, Antoni Tàpies und Andy Warhol. Einige junge baskische und spanische Künstler sind ebenfalls vertreten. Die ständige Sammlung des Guggenheim-Museums in Bilbao, die ihren Bestand inzwischen eigenständig erweitert, wird ergänzt durch Kunstwerke der umfangreichen Kollektion des Solomon-R.-Guggenheim-Museums in New York und der Sammlung Peggy Guggenheim in Venedig. Zu diesen gehören wesentliche Werke der Avantgarde, der Pop-Art, des Minimalismus, der Arte povera, der Konzeptkunst, des abstrakten Expressionismus, des Surrealismus und Dadaismus. Repräsentativ hierfür sind Werke von Künstlern wie Salvador Dalí, Max Ernst, Marcel Duchamp, Man Ray, Jackson Pollock oder Joseph Beuys.

Höhepunkte

★ Titan-Fassade

★ Atrium

Blick von der Stadt
In der Calle de Iparraguirre ist das »Guggen«, wie die Einheimischen das Museum nennen, zwischen den traditionellen Häusern gut sichtbar.

Der Platereskenstil

Das Innere der Kathedrale ist mit reichem Schmuck im Platereskenstil (spanisch »plateresco« für »silberschmiedeartig«) versehen. Dieser Dekorationsstil, der vom Ende des 15. bis Mitte des 16. Jahrhunderts in Spanien vorherrschte, verschmolz spätgotische und maurische Elemente mit denen der italienischen Renaissance. Der Bauschmuck, der u.a. Wappenschilde, skulptierte Medaillons, Girlanden, fratzenhafte Masken und Putti zeigt, lässt die Gebäude dieses Stils sehr filigran wirken. Meisterwerke in der Kathedrale sind das ➛ *Kuppelgewölbe* von Juan de Vallejo, die ➛ *Feldherrnkapelle* von Simon von Köln und die ➛ *Goldene Treppe* von Diego de Siloé.

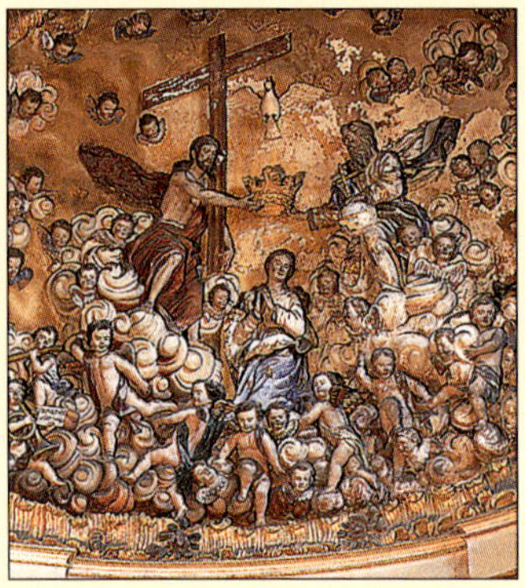

Biblische Szenen an der Decke der Sakristei

Feldherrnkapelle

Die Kathedrale von Burgos weist 14 Kapellen auf. Die berühmteste ist die vieleckige ➛ *Feldherrnkapelle*, ein Prunkstück spanischer Spätgotik. Die Begräbniskapelle baute Simon von Köln für die Gräfin Doña Mencía de Mendoza und deren Gatten Pedro Fernández de Velasco, den Befehlshaber der königlichen Armee von Kastilien. Mit dem Bau begann man 1482. Die Sarkophagskulpturen (1534) der beiden Stifter schuf Philippe Vigarny aus Carrara-Marmor. An der Ausstattung mit einem reich verzierten Altarretabel, mit großformatigen Wappenreliefs und Ordenszeichen war u.a. Diego de Siloé beteiligt.

Die Kathedrale von Burgos

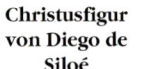

Ein »Werk von Engeln« nannte König Philipp II. die Kathedrale Santa María in der altkastilischen Krönungsstadt Burgos nach ihrer Vollendung im 16. Jahrhundert bewundernd. Spaniens drittgrößtes Gotteshaus verkörpert den gotischen Stil (➛ *S. 72*) so rein wie nur wenige Kathedralen seiner Größe. Es wurde von Bischof Mauricio begründet und auf dem Grundriss eines lateinischen Kreuzes errichtet. Im Laufe dreier Jahrhunderte nahm die Kirche durch bedeutende europäische Baumeister und Bildhauer langsam Gestalt an. Das Innere der Kathedrale überwältigt mit seinen plastischen Kunstwerken im Platereskenstil.

Christusfigur von Diego de Siloé

Westfassade
Sie ist mit Skulpturen von biblischen Gestalten, Engeln und Königen geschmückt.

★ Goldene Treppe
Die prachtvolle Doppeltreppe (1523) von Diego de Siloé führt vom Langhaus zu einer Tür, die auf die Straße hinausgeht.

Höhepunkte

- ★ Goldene Treppe
- ★ Feldherrnkapelle
- ★ Kuppelgewölbe

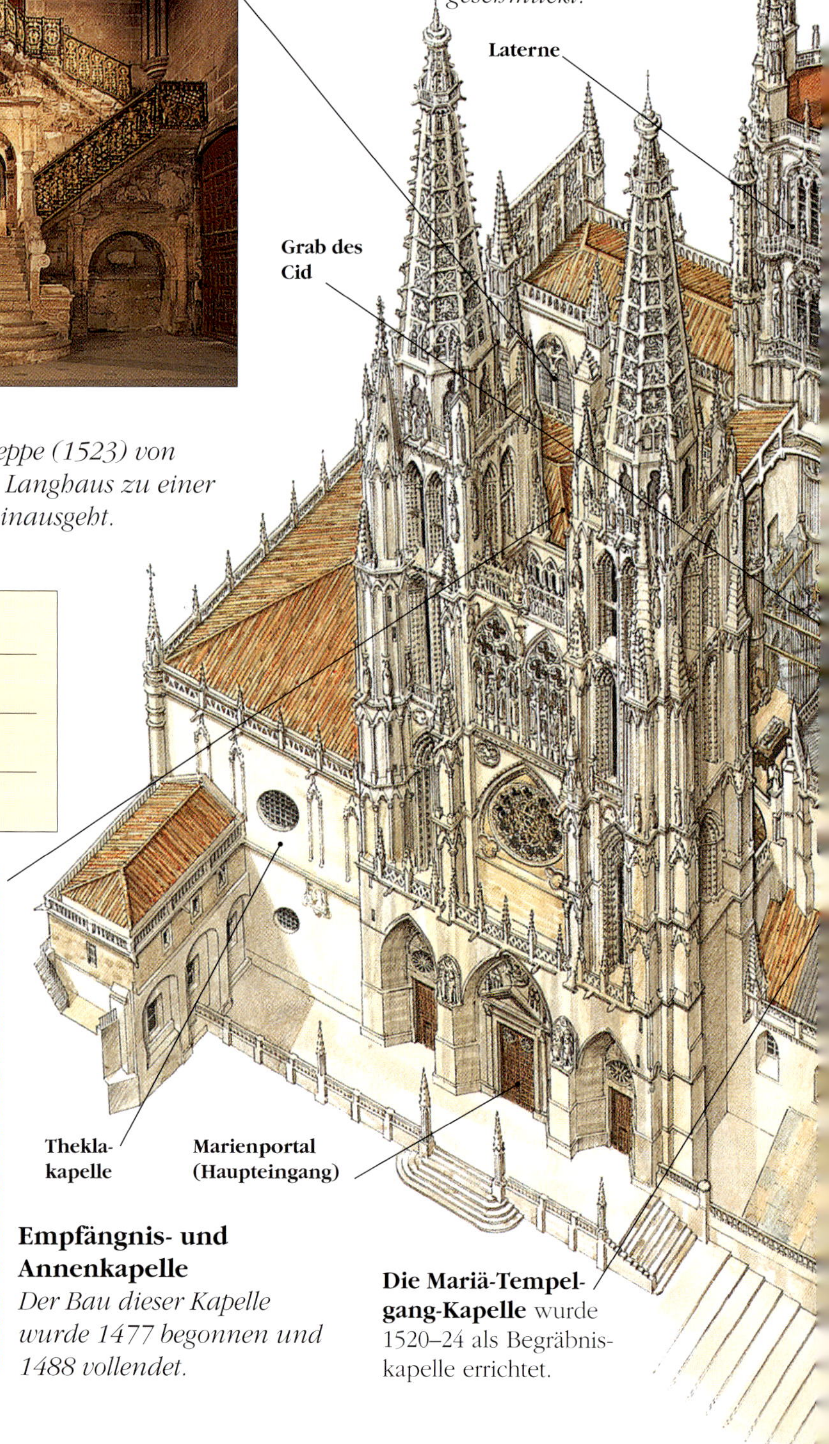

Empfängnis- und Annenkapelle
Der Bau dieser Kapelle wurde 1477 begonnen und 1488 vollendet.

Die Mariä-Tempelgang-Kapelle wurde 1520–24 als Begräbniskapelle errichtet.

Altarraum
Viele der Reliefs im Altarraum stammen aus der Werkstatt von Philippe Vigarny. Diese ausdrucksstarke Szene (1498–1503) zeigt den Weg nach Golgatha.

KÖLNER IN BURGOS

1444 wird Johannes von Köln (um 1410–81) als Kathedralbaumeister erwähnt. Sein Sohn Simon aus der Ehe mit einer Spanierin wurde sein offizieller Nachfolger.

★ Feldherrnkapelle
Das Grab des obersten Heerführers von Kastilien und seiner Frau liegt in der Kapelle hinter dem Chorumgang.

Kapelle Johannes' des Täufers

Mariä-Heimsuchungs-Kapelle

Kapelle der heiligen Eucharistie

Sakristei
Die Sakristei wurde 1761–65 mit barocker Stuckdecke und Rokokoaltären neu ausgestattet.

Sarmental-Portal
Das Giebelfeld dieses Portals (um 1230–50) zeigt Christus zwischen den Evangelisten; unten sitzen die Apostel.

★ Kuppelgewölbe
Das herrliche Kuppelgewölbe (1539 begonnen) auf vier Säulen wurde von Juan de Vallejo aufwendig dekoriert. Darunter befinden sich die Gräber des Cid und seiner Frau.

DATEN UND FAKTEN

1221 Grundsteinlegung durch König Ferdinand III.

1260 Weihe des Baus nach Vollendung von Querhäusern und Vierung

1458 Vollendung der Zwillingstürme

1539–68 Wiederaufbau des Vierungsturms nach Einsturz 1537

1984 Aufnahme in das Weltkulturerbe der UNESCO

EL CID

Rodrigo Díaz de Vivar, Spross einer kastilischen Adelsfamilie, wurde um 1043 in Vivar in der Nähe von Burgos geboren. Er diente König Sancho II. Nach einigen erfolgreichen Schlachten erhielt er den Beinamen »El Campeador«, der Schlachtensieger. Nach Sanchos Ermordung 1072 wurde er Gefolgsmann von dessen Bruder, König Alfons VI. Wegen seines zu groß werdenden Einflusses 1081 von Alfons VI. verbannt, schlug er sich auf die Seite der Mauren, wechselte dann aber wieder die Seite und nahm 1094 Valencia für die Christen ein. Hier herrschte er bis zu seinem Tod 1099. Seine Heldentaten brachten ihm den Namen »El Cid« ein, der sich vom arabischen »sayyid« (»Herr«) ableitet. Als romantischer Held der Rückeroberung Spaniens wurde er mehrfach literarisch verewigt. Am bekanntesten ist das Epos »Cantar de mío Cid« aus dem 12. oder frühen 13. Jahrhundert. Das Grab des Cid und das seiner Frau Jimena befinden sich unter dem ➛ *Kuppelgewölbe.*

Der Modernisme

Gegen Ende des 19. Jahrhunderts wurde in Barcelona diese Variante des Jugendstils geboren. Der Modernisme wurde zu einem Ausdrucksmittel des katalanischen Selbstbewusstseins. Er sollte die heimische Identität wieder beleben, nachdem diese unter der Herrschaft des kastilischen Madrid geschwunden war. Charakteristisch sind die gewundenen Linien, der üppige Einsatz von farbigen Kacheln und Mosaiken. Hauptvertreter des Modernisme waren Lluís Domènech i Montaner (1849 bis 1923), Josep Puig i Cadafalch (1867–1956) und vor allem Antoni Gaudí.

Antoni Gaudí

Der aus einer Handwerkerfamilie stammende Antoni Gaudí y Cornet (1852–1926) war der führende Vertreter des Modernisme. Er begann eine Lehre als Schmied und studierte dann in Barcelona Architektur. Seine nationalistische Sehnsucht nach mittelalterlicher Romantik regte ihn zu originellen Werken an. Die Inspiration für die von ihm entworfenen Objekte suchte er in der Vielgestaltigkeit der Natur. Gaudí benutzte bei seinen Bauten alle möglichen Materialien. Er übernahm auch die Innenausstattung vieler Häuser und kombinierte dabei Holzeinlegearbeiten mit skurrilen Möbeln, bunten Glastüren, Keramik- und Eisenverzierungen. Neben der Sagrada Família entwarf er in Barcelona u.a. den Park Güell, den Palais Güell und die Casa Milá.

Buntglasfenster in der Sagrada Família

Die Sagrada Família

Wellhornschnecke

Europas ungewöhnlichste Kirche, der Temple Expiatori de la Sagrada Família, ist »eine Predigt in Stein«. Antoni Gaudís spektakuläres Lebenswerk im Stil des Modernisme steckt voller Symbolik. 1883 beauftragte man ihn, die ein Jahr zuvor begonnene und allein durch Spenden finanzierte Kathedrale weiterzuführen. Gaudí änderte alle Pläne und improvisierte fortwährend. Die letzten zwölf Jahre seines Lebens widmete er ausschließlich diesem Projekt und lebte wie ein Einsiedler auf der Baustelle. Bei seinem Tod 1926 war nur die Weihnachtsfassade fertig. Andere Teile wurden jedoch nach seinen Plänen später vollendet. Heute gehen die Arbeiten an der auf eine Bauzeit von 200 Jahren veranschlagten Kathedrale langsam voran.

Die vollendete Kirche

Gaudí reduzierte seine Pläne im Lauf der Zeit, aber der Entwurf des Gesamtwerks bleibt beeindruckend. Den Mittelturm (Jesus Christus) sollen fünf Seitentürme umgeben, die die vier Evangelisten und die Jungfrau Maria darstellen. Vier Türme an der südlichen Glorienfassade entsprechen den vorhandenen vier an der Passions- und Weihnachtsfassade (Westen bzw. Osten). Außen soll ein Wandelgang wie ein externer Kreuzgang das Bauwerk umgeben.

★ Passionsfassade
Der Bildhauer Josep Maria Subirachs begann 1986 mit der Gestaltung des Figurenzyklus der düsteren Passionsfassade, die sehr umstritten ist.

Glockentürme
Acht von zwölf Spitzen, eine pro Apostel, sind fertig. Jede trägt ein venezianisches Mosaik.

Turm mit Aufzug

Die Apsis stellte Gaudí zuerst fertig. Von ihr führen Stufen hinab zur Krypta.

Gaudís Baldachin wartet noch auf den Altar.

Wendeltreppen
Von oben gesehen erinnern die Treppenhäuser, die zu den oberen Galerien und in die Türme führen, an Schnecken oder Muscheln.

★ Weihnachtsfassade
Die Tore der 1894 begonnenen Ostfassade stellen Glaube, Hoffnung und Liebe dar. Szenen von Christi Geburt und Kindheit sind voller Symbole, z.B. weiße Tauben als Sinnbild der Gemeinde.

★ Krypta
Die Krypta der Kirche unter der Apsis weist sieben Kapellen auf. In einer von ihnen befindet sich Gaudís Grab, das man auch vom unterirdischen Museum aus betrachten kann.

Hauptschiff
Im noch nicht fertig gestellten Hauptschiff werden einst verzierte Säulen die Galerien über dem Seitenschiff stützen.

Das Museum

Das Museum zur »Baustelle ohne Ende« zeigt u.a. Skizzen von Gaudí und seinem Vorgänger Francisco del Villar, Modelle und Studien zu den von Gaudí geschaffenen Skulpturen. Fotos dokumentieren den Fortgang der Arbeiten.

Höhepunkte

★ **Passionsfassade**

★ **Weihnachtsfassade**

★ **Krypta**

Daten und Fakten

1882 Grundsteinlegung der Sagrada Família

1883 Übernahme der Bauleitung durch Antoni Gaudí

1894 Vollendung der Apsis und Baubeginn der Weihnachtsfassade

1929 Fertigstellung der Glockentürme

1936 Zerstörung von Krypta und Werkstatt Gaudís durch Feuer

1954 Wiederaufnahme der Arbeiten nach dem spanischen Bürgerkrieg (1936–39)

1976 Bekrönung der Glockentürme der Passionsfassade

Religiöse Symbolik

Gaudí verband Natur und Religion in seiner Vision von der Kirche, die drei monumentale Fassaden haben soll. Die Ostfront (➛ *Weihnachtsfassade*) ist der Geburt Christi gewidmet. Flora und Fauna, Frühlings- und Sommersymbole zieren diese Fassade. Die Westfront (➛ *Passionsfassade*) stellt Christi Leiden und Tod dar. Ihre Pfeiler erinnern auf schaurige Weise an Knochen. Die düstere Schmucklosigkeit macht den Verlust deutlich, den der Tod hinterlässt. Die Glorienfassade nach Süden wurde noch nicht begonnen. Sie wird einmal die christlichen Tugenden darstellen und zeigen, dass nur Gebete und Sakramente zur Erlösung führen können. Nach Gaudís Vorstellung sollte das Innere (➛ *Hauptschiff*) den Eindruck eines Waldes hervorrufen. Säulen sind symbolisch wie Baumstämme »gepflanzt«.

Das Zisterzienserkloster Santes Creus nahe Poblet

Das Kloster-Dreieck

Drei Klöster bilden das so genannte Zisterzienser-Dreieck in Katalonien: Poblet, Vallbona de les Monges und Santes Creus. Traditionell wurden Zisterzienserklöster an abgelegenen Stellen in der Nähe von fließendem Wasser gebaut. Das Kloster Santa Maria de Poblet ist das größte der einstigen Königsklöster. Das 1153 gegründete Vallbona de les Monges ist das wichtigste Kloster der Zisterzienserinnen von Katalonien. Seinen Eingang schmückt eines der ersten Tympanon-Reliefs der Muttergottes in Katalonien. Santes Creus wurde 1157 gegründet. Seinen gotischen Kreuzgang zieren Skulpturen. Das karge Innere der Kirche wird überstrahlt durch eine schöne Fensterrose.

Ramón Berenguer IV.

Die Geschichte von Poblet geht zurück auf das Jahr 1151, als Ramón Berenguer IV., Graf von Barcelona (1131–62), das Land der Abtei von Fontfroide (nahe Barbonne in Frankreich) übereignete, sodass eine Zisterzienserabtei gegründet werden konnte. Berenguer war eine mächtige Persönlichkeit in Spanien – auch dank seiner Heirat 1137 mit der zweijährigen Petronila, der Tochter des Grafen von Aragonien. Dadurch wurden Katalonien und das benachbarte Aragonien vereint. Sein neuer Status erlaubte es Berenguer, sein Herrschaftsgebiet auszuweiten. In den folgenden drei Jahrhunderten erlebte Aragonien-Katalonien eine Blütezeit.

Das Kloster Poblet

Das Kloster Santa Maria de Poblet, abgeschieden in einem Bergtal gelegen, entwickelte sich dank Ramón Berenguer IV. im 12. Jahrhundert zu einer der bedeutendsten Zisterzienserabteien Spaniens. Durch die Gunst der Könige von Aragonien gedieh es zu einem weitläufigen, repräsentativen Komplex – zu einer noch heute bestehenden Klosterstadt. Die schlichte Abteikirche beherbergt die Grabstätten mehrerer aragonischer Könige. Das Kloster ist heute noch ein Symbol der spanischen Monarchie.

Blick auf Poblet
Das Gebäude der Abtei umgeben seit dem Mittelalter fast unveränderte Mauern. Es liegt in einem abgeschiedenen Tal nahe der Quelle des Riu Francolí.

Zum Schlafsaal führt eine Treppe von der Kirche aus. Die rund 80 Meter lange Galerie stammt aus dem 13. Jahrhundert. Eine Hälfte nutzen die Mönche noch.

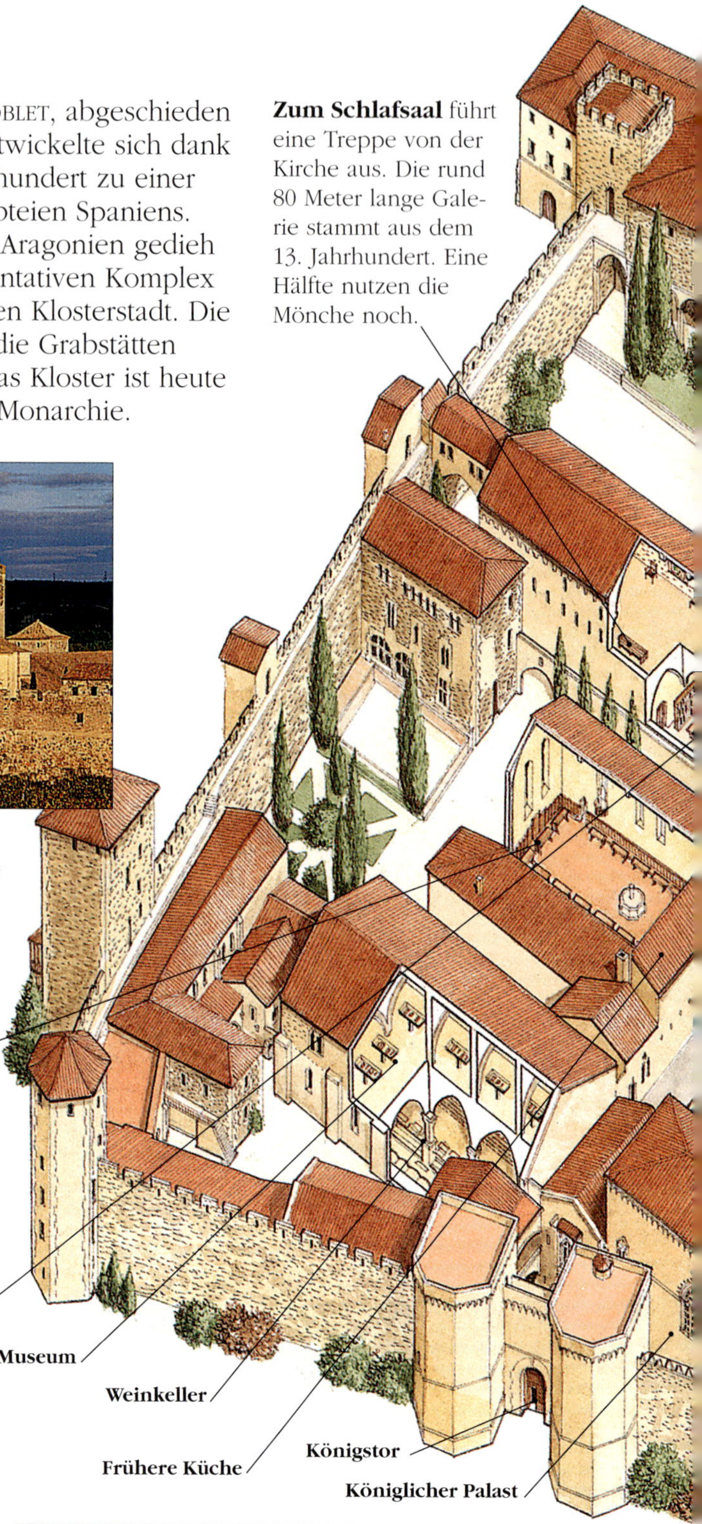

Das Refektorium (12. Jh.) ist ein Gewölbesaal mit einem achteckigen Brunnen und einer Kanzel.

Bibliothek
Das gotische Skriptorium wurde im 17. Jahrhundert zur Bibliothek, als der Herzog von Cardona seine Büchersammlung stiftete.

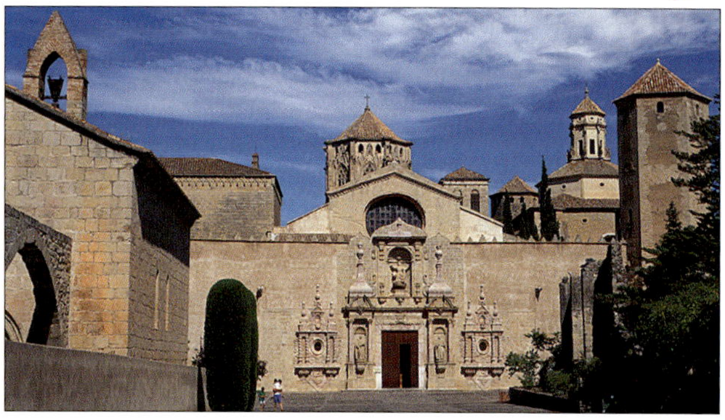

Kirchenfassade
Den Eingang zur Abteikirche umgeben Skulpturen der heiligen Maria (oben Mitte) sowie der Heiligen Bernhard und Benedikt (auf beiden Seiten).

Kapitelsaal
Der quadratische Raum mit schlanken Säulen hat Bankreihen für die Mönche. Den Boden pflastern Grabsteine der elf zwischen 1393 und 1693 verstorbenen Äbte.

Kreuzgang des Sprechraums

Stephans-Kreuzgang

Neue Sakristei

Die Abteikirche, groß und schmucklos mit drei Schiffen, ist ein typisches Zisterziensergebäude.

★ **Kreuzgänge**
Mehrere gewölbte Kreuzgänge aus dem 12. und 13. Jahrhundert bildeten das Zentrum des Klosterlebens. Die Kapitelle sind mit schön gearbeiteten Voluten geschmückt.

Die Klosterstadt

Das Kloster Poblet entwickelte sich zu einem weitläufigen, ummauerten Komplex mit vielen Gebäuden, Plätzen, Toren und Türmen. Es besaß im 14. Jahrhundert 60 Dörfer und übte die Gerichtsbarkeit über sieben Herrschaftsgebiete aus.

★ **Hochaltar-Aufsatz**
Hinter dem steinernen Altar füllt ein imposantes, von romanischen Säulen getragenes Altarbild aus Alabaster die Apsis. Damián Forment fertigte es um 1530.

★ **Königliche Gräber**
Um 1350 entstand in der Abteikirche die königliche Grablege, die der Bildhauer Frederic Marès ab 1950 rekonstruierte.

Höhepunkte

★ **Hochaltar-Aufsatz**

★ **Königliche Gräber**

★ **Kreuzgänge**

Daten und Fakten

1151 Gründung durch Ramón Berenguer IV.

1835 Plünderung des Klosters und Aufgabe durch die Mönche

1921 Erklärung von Poblet zum Nationaldenkmal

1930 Restaurierungsbeginn

1940 Rückkehr der Zisterzienser

1991 Aufnahme in das Weltkulturerbe der UNESCO

Die Abteikirche

Auf dem Hauptplatz in der Klosteranlage steht die hübsche ➛ *Abteikirche*. Erbaut in der Zeit vom 12. bis 14. Jahrhundert, ist die Kirche der heiligen Maria mit ihren reinen, eleganten Linien und harmonischen Proportionen ein hervorragendes Beispiel der Zisterzienserarchitektur (➛ *S. 171*). Sie wurde nach dem Plan einer dreischiffigen Basilika mit Querschiff sowie mit einem für die Zisterzienserbauten eher untypischen Chorumgang mit Kapellenkranz errichtet. Das Hauptschiff weist ein spitzbogiges Tonnengewölbe auf. Ein großer, auffallend verzierter ➛ *Hochaltar-Aufsatz* beherrscht die Apsis. Zu beiden Seiten des Altars sind die wunderschönen ➛ *Königlichen Gräber* der Monarchen von Katalonien und Aragonien und ihrer Gemahlinnen zu finden, darunter das von Jakob I., Alfons II., Johann I. sowie Johann II., dem letzten König von Aragonien. Die Liegefiguren wurden im 20. Jahrhundert restauriert.

Die Bibliothek

Gegründet wurde diese erste öffentliche ➛ *Bibliothek* Spaniens von Philipp II. (♔1556 bis 1598), einem großen Förderer der Künste und Wissenschaften. Er ordnete an, dass ein Exemplar jeder neuen Publikation aus seinem Reich hergeschickt werde. Die Bibliothek umfasst etwa 130 000 Bände, viele aus dem 15. und 16. Jahrhundert. Der über 50 Meter lange Saal hat einen marmornen Fußboden und eine gewölbte Decke. Die Deckenfresken von Pellegrino Tibaldi (1527–96) stellen Philosophie, Grammatik, Rhetorik, Dialektik, Musik, Geometrie, Astrologie und Theologie dar. Die Holzregale entwarf Juan de Herrera (1530–97). An den vier Hauptpfeilern befinden sich Porträts der Habsburger.

Marmorsarkophage im achteckigen Pantheon der Könige

Die Grabstätten

Im barocken ➛ *Pantheon der Könige* in der ➛ *Basilika* ruhen fast alle spanischen Monarchen seit Karl V. Die Königsgruft mit ihrer Dekoration aus schwarzem Marmor, rotem Jaspis und vergoldeter Bronze, die Giovanni Battista Crescenzi (1577–1660) schuf, wurde 1654 fertig gestellt. Die Könige liegen auf der linken, die Königinnen auf der rechten Seite des Raums. Hier ruht seit 2000 auch die Mutter von Juan Carlos I. Die bemerkenswerteste der acht anderen Grabkammern ist die des Halbbruders von Philipp II., Don Juan d'Austria, der 1571 in der Seeschlacht bei Lepanto über die Türken siegte. Sehenswert ist auch die vieleckige La Tarta (»Torte«), in der Kinder der Königsfamilie ruhen.

Der Escorial

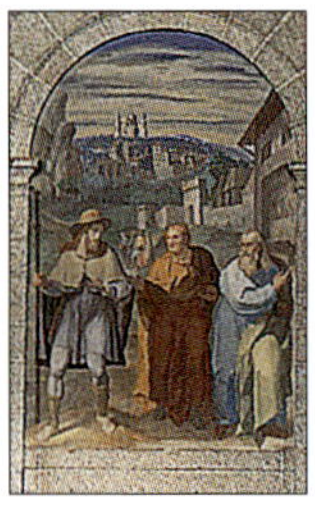

Fresko von Luca Giordano

Der imposante Monumentalbau, unter Philipp II. Regierungszentrum eines Weltreichs, erhebt sich rund 50 Kilometer nordwestlich von Madrid vor den Ausläufern der Sierra de Guadarrama. Der Klosterpalast wurde im 16. Jahrhundert zu Ehren des heiligen Laurentius errichtet und präsentiert sich in einer in Spanien bis dahin ungekannten architektonischen Strenge, die sich im Inneren – mehr königliche Grablege und Ort der Selbstentäußerung denn prunkvolle Residenz – fortsetzt. Die Gemächer des Königs sind schmucklos. Der künstlerische Reichtum konzentriert sich folglich auf Basilika, Pantheon der Könige, Bibliothek, Museen und Kapitelsäle.

★ Pantheon der Könige
In der Königsgruft unter dem Chor ruhen zahlreiche spanische Könige.

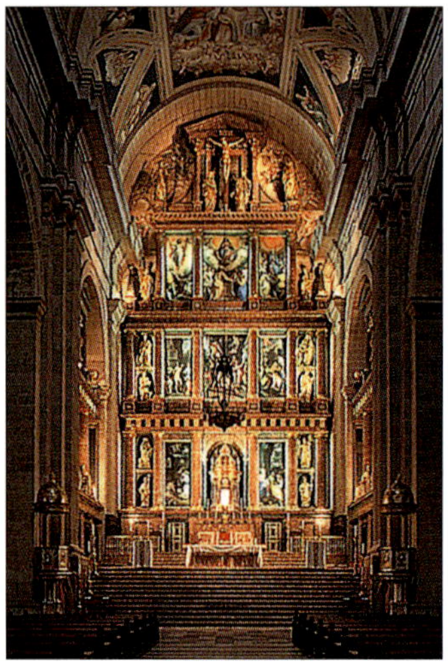

Basilika
Blickfang der riesigen, üppig geschmückten Kirche ist der prächtige, 30 Meter hohe Altaraufsatz.

Das Kolleg Alfons' XII., ein Internat, wurde 1876 von Mönchen gegründet.

★ Bibliothek
Unter den mehr als 130 000 Bänden befindet sich auch die Privatsammlung Philipps II. Ausgestellt sind darüber hinaus kostbare Handschriften, u.a. ein Gedicht von Alfons X. (♔1252–84).

Höhepunkte

- ★ Pantheon der Könige
- ★ Bibliothek
- ★ Pinakothek

Die königlichen Gemächer im Obergeschoss des Palastes verdeutlichen, in welch büßerisch-schlichter Strenge Philipp II. lebte. Sein Schlafzimmer bietet direkten Sichtkontakt zum Hauptaltar der Basilika.

★ Pinakothek
Die Gemäldegalerie im ersten Stock beherbergt flämische, italienische und spanische Arbeiten. Eines der wertvollsten Stücke ist diese Kreuzigungsszene von dem flämischen Meister Rogier van der Weyden (15. Jh.).

Heiliger Laurentius

Am 10. August, dem Laurentiustag, schlug Philipp II. im Jahr 1557 die Franzosen. Er gelobte den Bau eines Klosters zu Ehren des Heiligen. Der rechteckige Grundriss des Escorial soll an einen Eisenrost erinnern, auf dem Laurentius 258 zu Tode gemartert wurde.

Kapitelsäle
Engel und Regenten bevölkern die Deckenfresken.

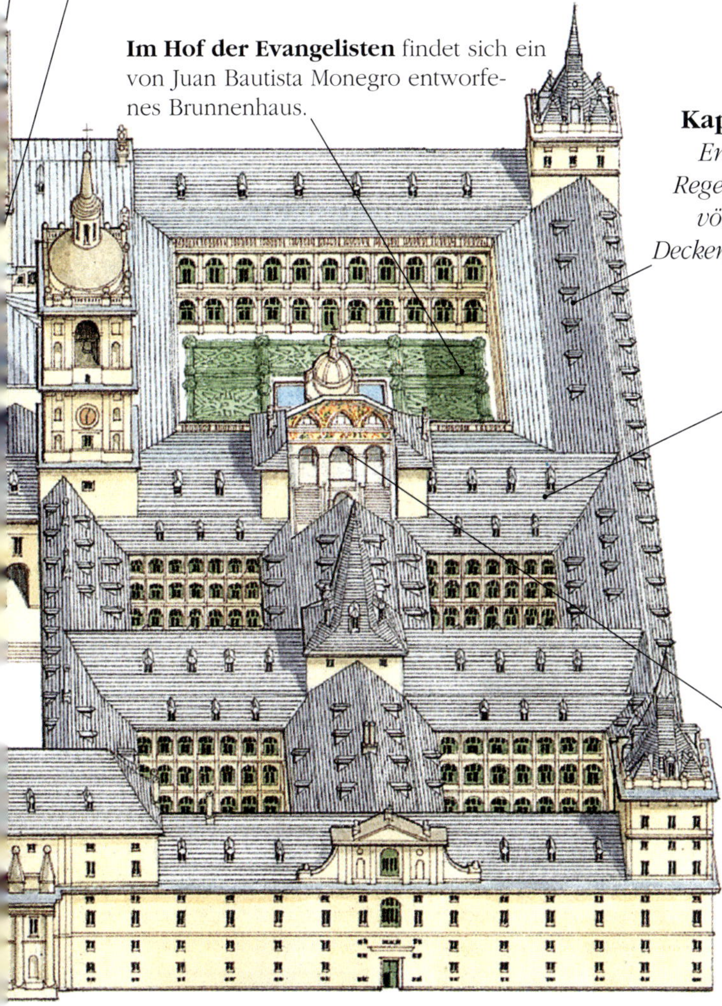

Im Hof der Evangelisten findet sich ein von Juan Bautista Monegro entworfenes Brunnenhaus.

Das Kloster befindet sich seit 1885 in der Hand von Augustinermönchen.

»Die Glorie der spanischen Monarchie«
Dieses herrliche Fresko von Luca Giordano über der Haupttreppe zeigt Karl V. und Philipp II.

Der Bau des Escorial
Nach dem Tod des ersten Bauleiters Juan Bautista de Toledo 1567 übernahm Juan de Herrera die Arbeiten. Der nüchterne Stil der klösterlichen Residenz wird »Desornamentado« (schmuckloser Stil) genannt.

Daten und Fakten

1563 Grundsteinlegung
1581 Vollendung der Basilika
1584 Fertigstellung des Komplexes
1654 Vollendung des Pantheons der Könige
1984 Aufnahme in das Weltkulturerbe der UNESCO

Die Basilika

Die ➛ *Basilika*, die sich im Zentrum der Gesamtanlage erhebt, wird von zwei 72 Meter hohen Türmen flankiert. An ihrer Fassade sind Granitstandbilder von sechs alttestamentarischen Königen angebracht, die dem davor liegenden Hof seinen Namen gaben. Zu den Höhepunkten der mit 45 Altären ausgestatteten Kirche gehört die erlesene Statue des gekreuzigten Christus (1562) in Carrara-Marmor von Benvenuto Cellini. Beiderseits des Hochaltars und oberhalb der Türen, die zu den ➛ *königlichen Gemächern* führen, sind vergoldete Bronze-Scheingräber angebracht. Sie zeigen die bedeutendsten Herrscher Spaniens, Karl V. und Philipp II., die im Kreis ihrer Familien beten. Der Altar wurde von Juan de Herrera entworfen. Er ist verziert mit farbigem Marmor, Jaspis, Goldbronze-Skulpturen und Gemälden. An dem Tabernakel arbeitete der italienische Silberschmied Jacopo da Trezzo (1515–89) sieben Jahre. Die Gemälde stammen von Federico Zuccari (um 1540–1609) und Pellegrino Tibaldi, der auch das Fresko darüber fertigte.

Ferdinand III.

1217 wurde König Heinrich I. von Kastilien ermordet. Seine Schwester, die Mutter von Ferdinand III., verzichtete zugunsten ihres Sohnes auf die Krone. 1230 erbte Ferdinand III. (1201–52) von seinem Vater, Alfons IX. von León, dessen Königreich und vereinigte Kastilien und León. Er kämpfte gegen die Mauren und eroberte den Großteil Andalusiens zurück. Córdoba nahm er 1236 ein, Murcia 1243, Jaén 1245 und Sevilla 1248. Nur Granada blieb unter maurischer Herrschaft. Neben seinen militärischen Erfolgen, die wesentlich zur Rechristianisierung der Iberischen Halbinsel beitrugen, fallen in seine Regierungszeit auch wichtige kulturelle Neuerungen. So baute er die von seinem Vater gegründete Universität von Salamanca weiter aus, die als erste Universität Spaniens die damals bedeutsame päpstliche Anerkennung erhielt, und erließ ein Zivilgesetzbuch. Nach seinem Tod 1252 hinterließ er seinem Sohn Alfons X. die Aufgabe, die Rückeroberung Andalusiens zu vollenden. Ferdinand, auch der Heilige genannt, wurde 1671 heilig gesprochen. Er wurde im Ordensgewand der Franziskaner in der Kathedrale von Sevilla begraben.

Die Sakristei

In der ➛ *Sakristei*, die heute eine kleine Gemäldegalerie ist, befindet sich El Grecos in kraftvollen Farben gemaltes Bild »Entkleidung Christi« (1577–79). Christus sticht in seinem blutroten Gewand besonders hervor. An den Seitenwänden der Sakristei hängt ein Zyklus von Aposteldarstellungen (1605–10) El Grecos. Daneben finden sich hier aber auch wertvolle Gemälde von Francisco Goya, etwa die großformatige »Gefangennahme Christi« (1798), von Rubens (»Die heilige Katharina«), Velázquez, Caravaggio, Bellini, Tizian und van Dyck.

Die Kathedrale von Toledo

Glanz und Pracht dieser monumentalen Kathedrale, die von Ferdinand III. im 13. Jahrhundert gegründet wurde, spiegeln ihre Bedeutung als geistliches Zentrum und Sitz des Primas der katholischen Kirche Spaniens wider. Die lange Bauzeit der Kathedrale, die in ihren Ausmaßen nur von der in Sevilla übertroffen wird, erklärt die Stilmischung. Das Äußere wurde in französischer Gotik (➛ *S. 72*) ausgeführt, das Innere besticht durch spanische Dekorationen im Mudéjar- (➛ *S. 194*) und im Platereskenstil (➛ *S. 182*). Noch heute wird in der Kirche die mozarabische Messe gelesen, deren Ursprung auf das 7. Jahrhundert zurückgeht.

★ Sakristei
Das Bild »Entkleidung Christi« über dem Marmoraltar war eine Auftragsarbeit El Grecos für die Kathedrale von Toledo.

Blick auf die Kathedrale
Der 1380 begonnene, 90 Meter hohe Nordturm dominiert das Stadtbild und bietet eine gute Aussicht auf die nähere Umgebung.

Der Kreuzgang auf zwei Etagen entstand im 14. Jahrhundert an der Stelle des jüdischen Marktes.

Im Glockenturm hängt die schwere Glocke La Gorda (»die Fette«).

Das Milchbrottor an der Westfassade ist heute der Eingang zur Kathedrale. Vor diesem Portal wurde früher Milchbrot an die Armen verteilt.

Schatzkammer
Die Kammer unter dem Nordturm birgt die über drei Meter hohe gotische Monstranz (16. Jh.), die bei der Fronleichnamsprozession durch die Straßen getragen wird.

Höhepunkte

- ★ Sakristei
- ★ Transparente
- ★ Hochaltar
- ★ Chorgestühl

★ Transparente
Das hochbarocke Altarbild aus Marmor, Jaspis und Bronze von Narciso Tomé wird von einer durchbrochenen Lichtkuppel erhellt.

Liturgie-Tests

Der Legende nach dachte sich Alfons VI. (♔ 1065–1109) Testverfahren aus, um herauszufinden, welche Liturgie die bessere sei – die römische oder die mozarabische. Angesichts der uneindeutigen Resultate entschied er sich unter dem Einfluss des Papstes für den römischen Ritus.

Kapitelsaal
Über den Wandfresken von Juan de Borgoña (16. Jh.) spannt sich diese mehrfarbige Mudéjar-Decke.

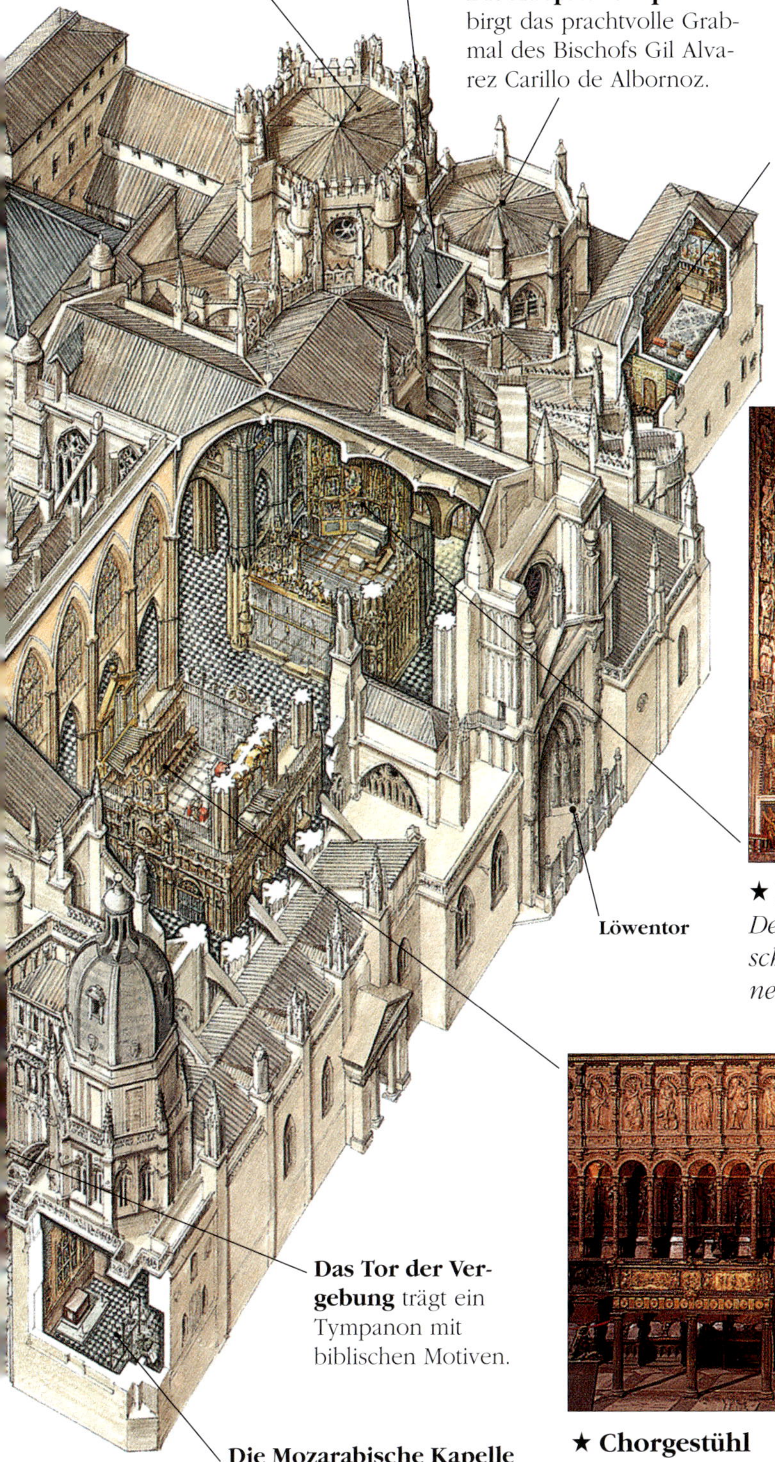

Jakobskapelle

Die Ildephonskapelle birgt das prachtvolle Grabmal des Bischofs Gil Alvarez Carillo de Albornoz.

Löwentor

Das Tor der Vergebung trägt ein Tympanon mit biblischen Motiven.

Die Mozarabische Kapelle befindet sich im Südturm der Kathedrale.

★ Hochaltar
Der Altar (1500–04), einer der schönsten Spaniens, zeigt Szenen aus dem Leben Jesu.

★ Chorgestühl
Die Rücklehnen der unteren Sitze stellen die Eroberung Granadas dar, die der oberen Sitzreihe Gestalten aus dem Alten Testament.

Daten und Fakten

1226 Grundsteinlegung
1418 Arbeitsbeginn an der Westfassade
1493 Fertigstellung des Baus
1498–1504 Errichtung des Hochaltars
1986 Aufnahme der Altstadt von Toledo mit der Kathedrale in das Weltkulturerbe der UNESCO

Die mozarabische Liturgie

Die Mozaraber waren Christen, die nach der arabischen Eroberung Spaniens 711 ihren Glauben auch unter islamischer Herrschaft praktizierten. In der 1504 von Enrique de Egas erbauten ➤ *Mozarabischen Kapelle* wird heute noch eine Morgenmesse nach ihrer Liturgie gelesen. Sie weicht von der römischen ab und entwickelte sich im 7. Jahrhundert unter dem Einfluss der spanischen Bischöfe. Mehrfach wurde versucht, sie zugunsten der römischen Liturgie abzuschaffen. Sie ist heute nur noch in Toledo und Salamanca erhalten. Francisco Jiménez de Cisneros, ab 1495 Erzbischof von Toledo, setzte sich dafür ein, die mozarabische Liturgie vor ihrer Auslöschung zu bewahren. Er stellte hervorragende Kenner der liturgischen Tradition an, um zwei Ausgaben des Sprechgesangs anzufertigen. Sie wurden 1500–02 veröffentlicht und stellten so das Fortleben der mozarabischen Tradition sicher. Die mozarabische Messe in dieser Kapelle geht darauf zurück.

Die Omaijaden

Die erste arabisch-islamische Kalifen-Dynastie wurde 661 in Damaskus von Moawija I. begründet. Sie endete 750 mit dem Mord an fast der gesamten Familie. Nur Abd ar-Rahman I. überlebte. Er floh nach Spanien und gründete eine neue Omaijaden-Dynastie in Córdoba, die von 756 bis 1031 Bestand hatte. Die Omaijaden führten einen glanzvollen Hof, der Poeten, Künstler und Intellektuelle anzog. Während der allmählichen Rückeroberung Andalusiens durch die Spanier zogen sich die Mauren zurück. Erst 1236 fiel Córdoba an Ferdinand III. (➤ *S. 190*).

Im Inneren der Moschee

Unter dem Großwesir Almansor erreichte die Moschee, den Vorhof mit eingerechnet, die gewaltigen Ausmaße von 22400 Quadratmetern. Gründe für ihre viermalige Erweiterung waren die ständig wachsende Bevölkerungszahl, sicher aber auch das zunehmende Repräsentationsbedürfnis der Omaijadenherrscher. Die Moschee war einst von Licht durchflutet, das durch die zum Hof geöffneten Arkaden einströmte. Der ➤ *»Säulenwald« aus* über 850 Säulen symbolisiert für gläubige Muslime die Unendlichkeit und Allgegenwart Allahs. Die Säulen, die von verschiedenen Stätten des Altertums stammen, wurden in den Boden eingelassen, kürzere auf ein Podest gestellt, um so eine gleichmäßige Höhe zu erreichen.

Die Mezquita vom Fluss Guadalquivir aus gesehen

Die Mezquita

Die grösste Moschee der heute nichtarabischen Welt verkörperte einst die Macht des Islam auf der Iberischen Halbinsel. Sie wurde im späten 8. Jahrhundert unter dem Omaijadenherrscher Abd ar-Rahman I. begonnen. Im 16. Jahrhundert entstand im Herzen der Moschee eine Kathedrale, was zu einer einzigartigen Mischung religiöser Bauformen führte. Ein überwältigender Anblick im Inneren ist der Betsaal mit dem »Säulenwald«, einer geschickten Anordnung von über 850 Säulen mit unterschiedlich gestalteten Kapitellen und hufeisenförmigen Doppelbögen.

Orangenhof
Orangenbäume wachsen heute in dem Hof, in dem sich Gläubige vor dem Gebet wuschen.

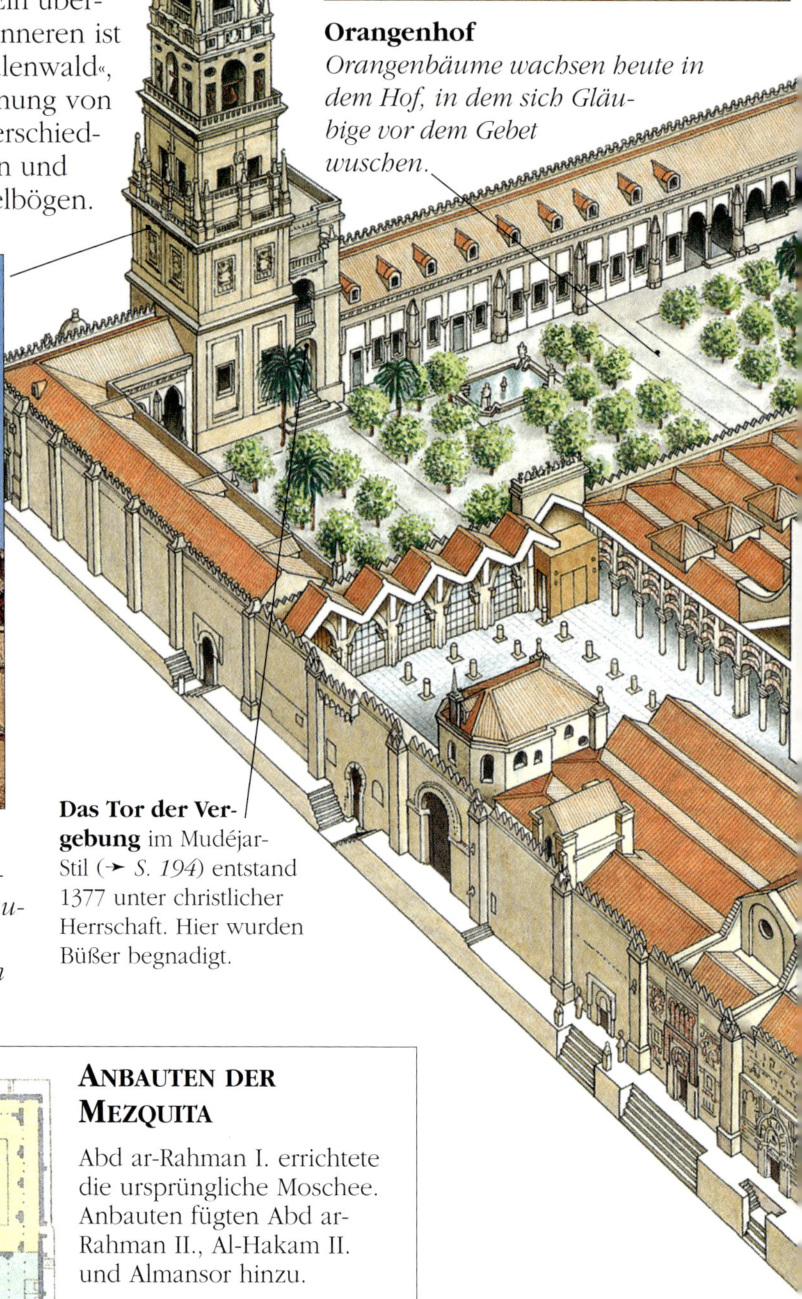

Torre del Alminar
Der 93 Meter hohe Glockenturm entstand durch Umbauung des Minaretts. Stufen führen zur Spitze, die einen schönen Ausblick bietet.

Das Tor der Vergebung im Mudéjar-Stil (➤ *S. 194*) entstand 1377 unter christlicher Herrschaft. Hier wurden Büßer begnadigt.

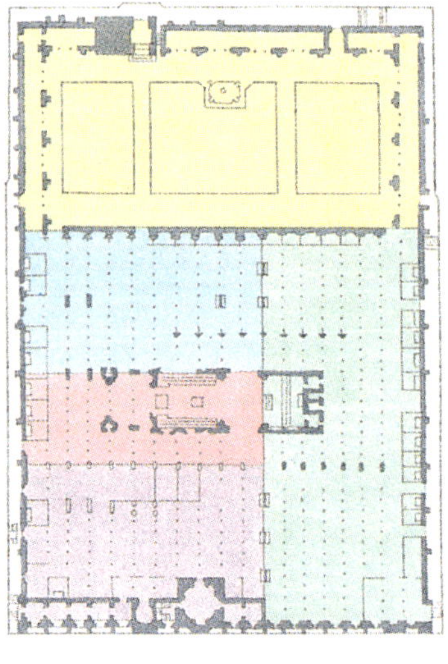

Anbauten der Mezquita

Abd ar-Rahman I. errichtete die ursprüngliche Moschee. Anbauten fügten Abd ar-Rahman II., Al-Hakam II. und Almansor hinzu.

Legende

- Moschee von Abd ar-Rahman I.
- Anbauten von Abd ar-Rahman II.
- Anbauten von Al-Hakam II.
- Anbauten von Almansor
- Orangenhof

Höhepunkte

★ **»Säulenwald«**

★ **Mihrab**

★ **Capilla de Villaviciosa**

Kathedrale
Die größtenteils von Hernán Ruiz und Angehörigen seiner Familie gestaltete Kathedrale hat eine aufwendig verzierte Kuppel, die sich an italienische Vorbilder anlehnt.

KONKURRENZOBJEKT

Die Mezquita wurde gebaut, um mit so großartigen Monumenten zu konkurrieren wie dem Felsendom in Jerusalem (➛ *S. 294f.*) und der Moschee von Damaskus. Die Bauwerke waren in Händen der Abbasiden, einer mit den Omaijaden verfeindeten Dynastie.

★ »Säulenwald«
Die Säulen sind miteinander durch eine doppelte Reihe von Hufeisenbögen verbunden, die sich aus roten Ziegel- und weißen Kalksteinen zusammensetzen.

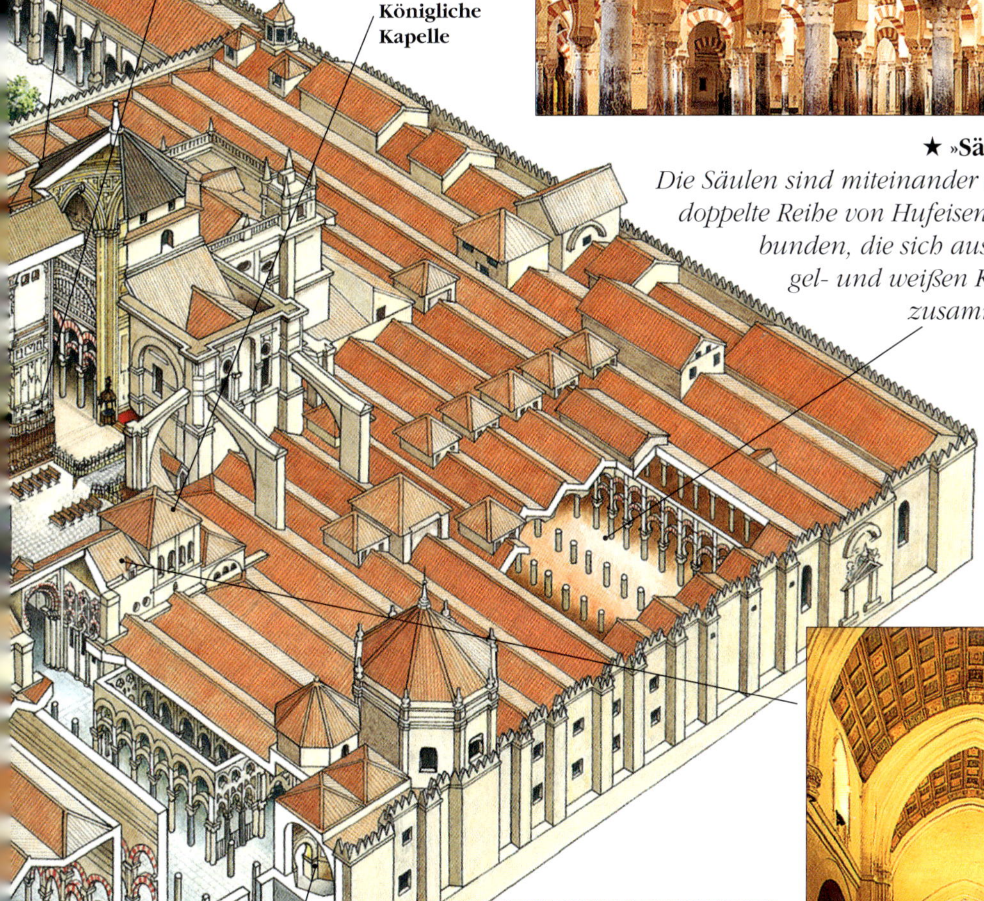

Glanzstück der Kathedrale ist das barocke Chorgestühl.

Königliche Kapelle

★ Capilla de Villaviciosa
Die Kapelle (1371) ist mit einer schönen Kuppeldecke verziert, deren Rippen Vierecke und Dreiecke bilden.

★ Mihrab
Ein kunstvoll verzierter Hufeisenbogen bildet den Eingang zum Mihrab, der Gebetsnische der Moschee. Das Innere wird von einer muschelförmigen Kuppel überwölbt.

DATEN UND FAKTEN

785 Baubeginn der Mezquita unter Abd ar-Rahman I.

821–52 Verlängerung des Betsaals unter Abd ar-Rahman II.

961–76 Erneute Verlängerung des Betsaals unter Al-Hakam II.

976–1002 Verbreiterung um acht Schiffe unter Almansor

1523–99 Bau der Kathedrale in der Mezquita

1984 Aufnahme in das Weltkulturerbe der UNESCO

DIE KATHEDRALE

Lange bevor maurische Handwerker 1371 in der Mezquita eine christliche Kapelle, die ➛ *Capilla de Villaviciosa*, erbaut hatten, war hier die Königliche Kapelle (Capilla Real), errichtet worden (1258 begonnen). Im Jahr 1523 beschloss das Domkapitel den größten Eingriff in die Moschee. Auf Veranlassung Kaiser Karls V. sollte im Inneren der Moschee eine ➛ *Kathedrale* errichtet werden. 63 Säulen wurden entfernt und die durch den ➛ *»Säulenwald«* erzeugte Perspektive dadurch zerstört. Als Kaiser Karl V. die Umbauten später begutachtete, bedauerte er den Neubau, der etwas Einmaliges zerstört hatte. Das barocke Chorgestühl aus Mahagoniholz schnitzte der Bildhauer Pedro Duque Cornejo 1760 mithilfe seiner 40 besten Schüler. Die Mahagonikanzeln schuf Miguel Verdiguier 1766. Ein Werk des Künstlers Enrique de Arfe ist die Silbermonstranz (1517) in der Schatzkammer.

Die Almohaden

1147 wurden die Almoraviden, die auch im arabischen Spanien herrschten, von den Almohaden, einem Berberstamm aus Nordafrika, verdrängt. Sevilla wurde zur Hauptstadt ihres expandierenden Reiches. Die Almohaden regierten Andalusien vom Alcázar aus, einer Zitadelle im Zentrum der städtischen Befestigungsanlagen. Ihre Niederlage 1212 gegen die Christen in Las Navas de Tolosa nahe Jaén leitete ihre Verdrängung ein. 1269 wurden sie von den Meriniden vernichtet. Die Almohaden schufen die ältesten Bestandteile des Alcázar-Komplexes (➛ *Gipshof*).

Der Mudéjar-Stil

Die Mudejaren – Mauren, die trotz der Rückeroberung Spaniens durch die Christen im Land blieben – schufen zwischen Ende des 12. und 15. Jahrhunderts einen eigenen Baustil. Er resultierte aus einer Verbindung von maurischen Stilelementen wie Hufeisenbögen, Sternrippengewölben, glasierten Ziegeln sowie reichem Keramik-, Holz- und Stuckschmuck mit romanischen, gotischen und Renaissance-Formelementen, die in den anderen Gebieten Europas die Architektur bestimmten. Unter den sakralen und profanen Bauten in diesem Stil gilt der Palast Peters I. mit seinem harmonischen Ensemble von Höfen und Sälen als das vollendetste Beispiel der Mudéjar-Architektur.

Mudéjar-Kacheln im Mädchenhof

Der Alcázar

Mudéjar-Stuck

Das bedeutendste Bauwerk Spaniens im Mudéjar-Stil ist der Alcázar von Sevilla. Die Erweiterung auf der Basis älterer Bauten wurde unter Peter I., dem Grausamen (♔ 1350–69), vorangetrieben. Sein Palast, eine einmalige Synthese aus maurischer und abendländischer Architektur, bildet den Mittelpunkt des Alcázar. Zu dem Komplex gehört auch der Renaissance-Palast Kaiser Karls V., der als König Karl I. von Spanien zwischen 1516 und 1556 von hier aus herrschte. Trotz baulicher Veränderungen blieb die Grundform eines andalusischen Almohaden-Palasts bis heute erhalten.

Gärten des Alcázar
Der mit Wasserspielen, Teichen, Brunnen, Blumenrabatten und Pavillons angelegte Park bietet Ruhe und Beschaulichkeit.

Troja-Garten

★ Wohnräume von Karl V.
Gobelins und kunstvolle Fliesen (16. Jh.) zieren die gewölbten Hallen der Wohnräume und der Kapelle von König Karl V.

Der Kreuzgarten liegt über den alten Bädern.

Grundriss des Alcázar

Der Komplex diente Spaniens Königen fast 700 Jahre lang als Wohnsitz. Im Obergeschoss befinden sich die Räume der Königsfamilie.

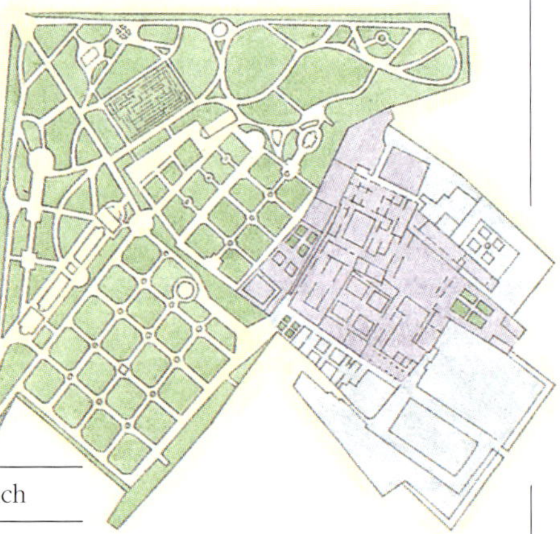

Legende

- Abgebildeter Bereich
- Park

★ Hof der Mädchen
Der Hof ist mit Stuckarbeiten und farbenprächtigen Kacheln geschmückt.

★ Saal der Gesandten
Die Stalaktitenkuppel (um 1420) besteht aus geschnitztem und vergoldetem Holz.

Das Löwentor

Fliesen, die ein Kreuz und einen gekrönten Löwen darstellen, schmücken das Rechteck über dem Löwentor. Dieses symbolisiert den Sieg der Christen über die Mauren. Angeblich hielten hier auch angekettete Löwen Wache.

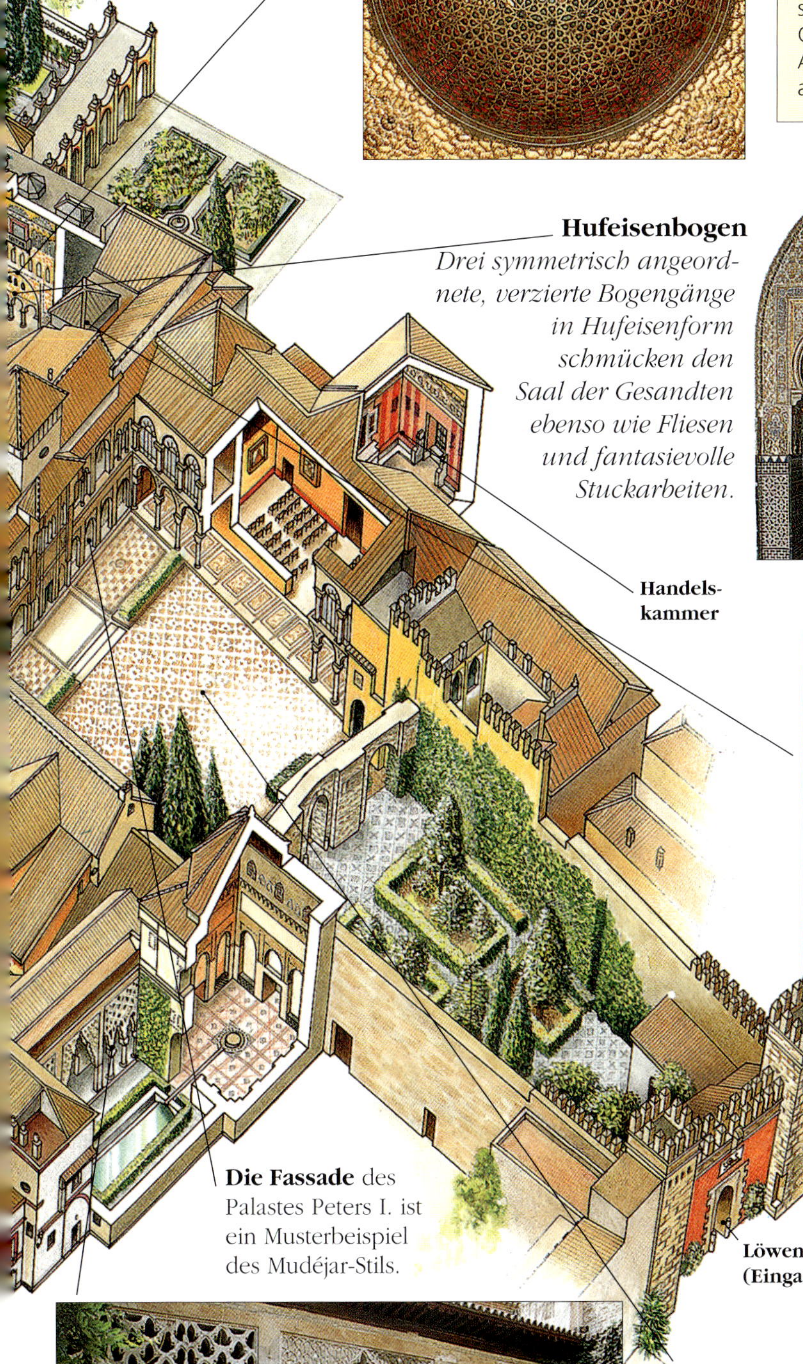

Hufeisenbogen
Drei symmetrisch angeordnete, verzierte Bogengänge in Hufeisenform schmücken den Saal der Gesandten ebenso wie Fliesen und fantasievolle Stuckarbeiten.

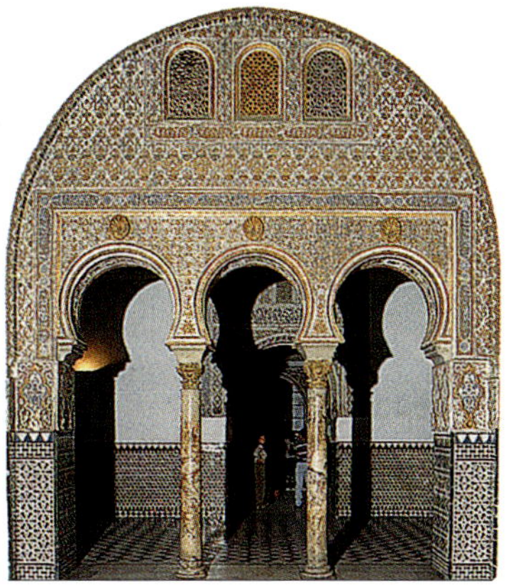

Handelskammer

Hof der Puppen
Um diesen Hof gruppieren sich die Privatgemächer der einstigen Herrscher. Seinen Namen bekam der Hof von zwei winzigen Gesichtern in einem der Torbögen.

Die Fassade des Palastes Peters I. ist ein Musterbeispiel des Mudéjar-Stils.

Löwentor (Eingang)

Im Hof der Leibeigenen traf sich der Adel vor Jagdausflügen.

Gipshof
Der kleine Hof mit einem lang gestreckten Teich und filigranen Arkadenbögen blieb noch aus der Zeit der Almohaden erhalten.

Höhepunkte

- ★ **Wohnräume von Karl V.**
- ★ **Hof der Mädchen**
- ★ **Saal der Gesandten**

Daten und Fakten

712 Baubeginn der ersten maurischen Festung

1364–66 Ausbau des Palastes an der Stelle der einstigen Maurenfestung unter Peter I.

1503 Gründung der Handelskammer durch Isabella I. von Kastilien

1526 Heirat Karls V. mit Isabella von Portugal im Saal der Gesandten

1987 Aufnahme in das Weltkulturerbe der UNESCO

Die Gärten

Die Kunstwerke der Palastanlage finden ihre großartige Ergänzung in den ➛ *Gärten des Alcázar*, die man von den Räumen Karls V. aus erreicht. Sie sind eine Mischung aus maurischen Ziergärten und der rationalen Gartenkunst der Renaissance. Mit ihren verborgenen Statuen, plätschernden Wasserspielen, Tropfsteingrotten, Pavillons und steinernen Bogengängen sollten sie eine Ahnung vom Paradies vermitteln. Hier erfreuen exotische Gewächse wie Palmen, Zypressen, Zedern, Myrtensträucher, Magnolien, Maulbeer-, Orangen- und Zitronenbäume das Auge. Dekorative Kacheln und das Spiel mit Wasser in Form von Brunnen und Teichen sind typisch für die Gartenanlagen der Mauren. Es gibt auch einen »englischen« Garten nach Vorbildern aus dem 18. Jahrhundert. Der ➛ *Kreuzgarten* innerhalb des Palastes diente einst als Privatgarten. Das Bad hier war Maria de Padilla zugedacht, der Geliebten von König Peter I.

Der Generalife mit Wassergraben

Der Generalife

Westlich der Alhambra liegt der Generalife, die Sommervilla der Nasriden. Hier konnten sich die Herrscher und ihre Frauen der ruhigen Abgeschiedenheit hoch oberhalb der Stadt erfreuen. Der Palast wurde ab dem frühen 14. Jahrhundert errichtet und ist in Teilen älter als die Alhambra. Der Name Generalife wird als »Garten des Architekten« gedeutet. Seine arabischen Gärten und die Wasserspiele machen den besonderen Reiz der Anlage aus.

Die Nasriden

Die Rückeroberung der seit 711 von den Mauren unterworfenen Iberischen Halbinsel begann im Norden Spaniens. Sie erreichte Andalusien 1212 mit dem Sieg der Christen bei Las Navas de Tolosa über die Dynastie der Almohaden (➛ *S. 194*). Während die Christen danach Córdoba, Jaén, Sevilla und Cádiz eroberten, nahm das 1232 begründete Geschlecht der Nasriden 1237 unter Sultan Mohammed I. Granada ein. Das sorgte für eine lange Zeit des Friedens und des Wohlstands. Unter ihrer Herrschaft blühte der maurische Stil. Mohammed I. ließ die Alhambra als Residenz der Nasriden errichten. Erst 1492 fiel Granada an die Katholischen Könige Isabella von Kastilien und Ferdinand II. von Aragonien. Boabdil, als Mohammed XII. König von Granada, soll geweint haben, als er vertrieben wurde. Mit ihm endete die Herrschaft der Mauren in Spanien.

Die Alhambra

Der maurische Palast markiert den glanzvollen Höhepunkt islamischer Baukunst. Majestätisch erstrecken sich die im 13. Jahrhundert begonnene Residenz der Nasriden und die traumhafte Gartenanlage des Generalife vor dem Hintergrund der Sierra Nevada auf dem Asabika-Hügel über Granada. Ihr Name »Kala al hambra«, »Rote Burg«, geht auf die rötliche Farbe der Mauern zurück. Eine zauberhafte Harmonie von Raumwirkung, Licht, kunstvoller Wasser-Architektur und filigraner Ausgestaltung der Räume mit Stuckarabesken, Holz und Keramik charakterisiert den Komplex.

★ Saal der Botschafter
Die Wände der Halle, auch Thronsaal genannt, sind mit floralen und geometrischen Arabesken übersät.

★ Myrtenhof
Der Comares-Turm spiegelt sich in dem lang gestreckten Wasserbecken, das von immergrünen Myrtenhecken gesäumt wird.

Goldener Hof
In diesem Sitzungssaal nahm der jeweilige Nasridenherrscher die Bitten seiner Untertanen entgegen und hielt Versammlungen mit seinen Ministern ab.

Plan der Alhambra

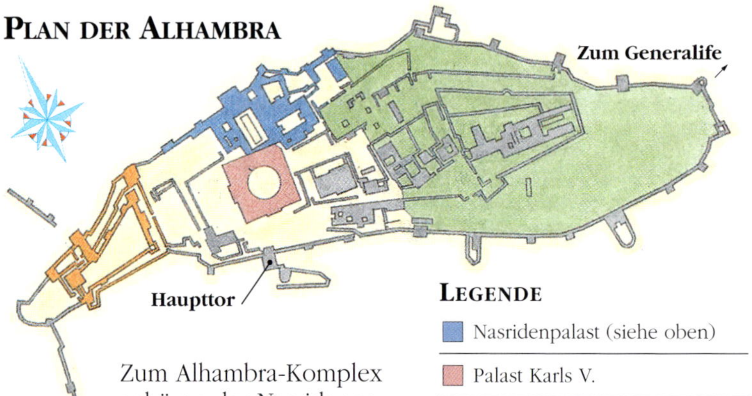

Zum Alhambra-Komplex gehören der Nasridenpalast, die Alcazaba (13. Jh.), der Palast Karls V. (16. Jh.) und der Generalife, außerhalb der Karte liegend.

Legende

- Nasridenpalast (siehe oben)
- Palast Karls V.
- Alcazaba
- Gärten der Alhambra
- Andere Gebäude

Palast der Damen
Der fünfbogige Arkadenvorbau mit Turm gehört zum ältesten Teil der Alhambra und stammt von Mohammed III. (♔ 1302–09).

WASHINGTON IRVING

Der amerikanische Schriftsteller (1783–1859) lebte zeitweise in Spanien und sammelte Sagen, die sich um die Alhambra ranken. Mit seinem Buch »Erzählungen von der Alhambra« (1832) rückte er den Palast ins Blickfeld einer internationalen Öffentlichkeit.

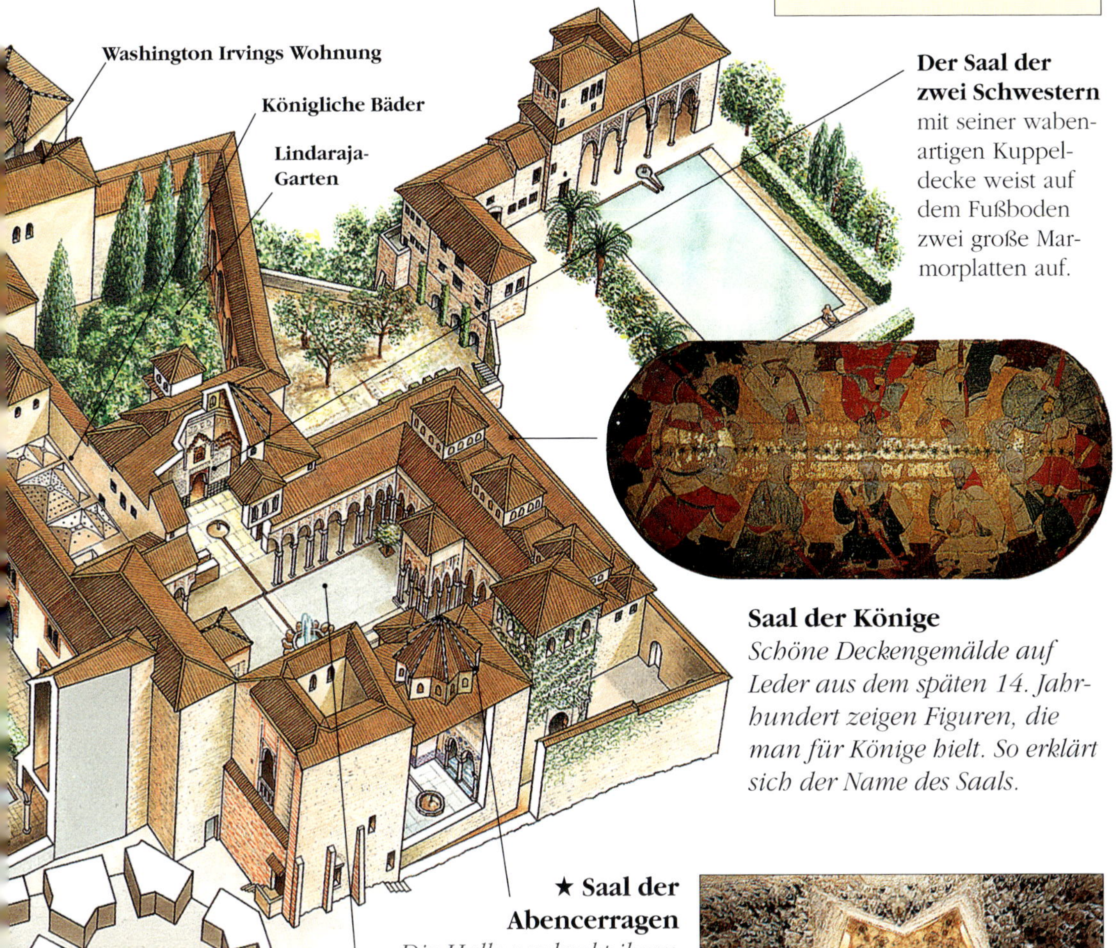

Washington Irvings Wohnung

Königliche Bäder

Lindaraja-Garten

Der Saal der zwei Schwestern mit seiner wabenartigen Kuppeldecke weist auf dem Fußboden zwei große Marmorplatten auf.

Saal der Könige
Schöne Deckengemälde auf Leder aus dem späten 14. Jahrhundert zeigen Figuren, die man für Könige hielt. So erklärt sich der Name des Saals.

★ Saal der Abencerragen
Die Halle verdankt ihren Namen einem Fürstengeschlecht, das hier einer Legende nach während eines Banketts ermordet wurde. Einzigartig ist die Stalaktitenkuppel, die einen achteckigen Stern bildet.

Der Palast Karls V. nach Plänen von Pedro Machuca birgt das Alhambra-Museum und ein Kunstmuseum.

★ Löwenhof
Den von Mohammed V. (♔ 1354–91) erbauten Innenhof säumen Arkaden, die 124 Säulen stützen. In der Mitte ruht der namengebende Brunnen auf zwölf Wasser speienden Löwen.

HÖHEPUNKTE

- ★ **Saal der Botschafter**
- ★ **Myrtenhof**
- ★ **Saal der Abencerragen**
- ★ **Löwenhof**

DATEN UND FAKTEN

um 1238 Baubeginn des Alhambra-Komplexes unter Mohammed I.

1319 Baubeginn des Generalife

1333–54 Bau des Comares-Turms und der Königlichen Bäder unter Jusuf I.

1354–91 Bau des Löwenhofs unter Mohammed V.

1492 Vertreibung der Nasriden durch die Katholischen Könige

1526 Baubeginn des Palasts Karls V.

1984 Aufnahme in das Weltkulturerbe der UNESCO

MAURISCHE BAUKUNST

Die maurischen Paläste strahlen Lebensfreude und Eleganz aus. Raum, Licht, Wasser und Wandschmuck vereinen sich harmonisch. Hervorragende Handwerker versahen die Alhambra mit den Merkmalen maurischer Architektur: Torbögen, Stuckarbeiten und Kalligraphie. Typisch sind die wabenartigen Stalaktitenkuppeln wie etwa im ➛ *Saal der Abencerragen*. Bänder mit arabischen Buchstaben, Blatt- und Rankenmotive sowie Friese mit geometrischen Figuren überziehen die Wände wie ein Netzwerk. Auch auf den farbigen Schmuckziegeln, die die Palastmauern zieren, finden sich geometrische Muster. Wasser wurde ebenfalls als Dekorationsmittel eingesetzt. Spiegelglatte Teiche, enge Kanäle und aufwendige Wasserbecken wie etwa im ➛ *Löwenhof* schmücken den Palastkomplex.

Der heilige Zeno

Der Nordafrikaner Zeno wurde um 362 zum Bischof von Verona gewählt. Er war ein großer Gelehrter und guter Prediger. Bis zu seinem Tod im Jahr 371 oder 372 setzte er sich für die Armen und Kranken ein und wandte sich unerschrocken gegen das noch präsente Heidentum. Schon zu Lebzeiten wurde Zeno wie ein Heiliger verehrt. Als er starb, errichtete man über seinem Grab eine Kapelle, die mehrmals zerstört und wieder aufgebaut wurde. Das Grab des heiligen Zeno, Stadtpatron Veronas, befindet sich in der ➛ *Krypta*, deren mit Fabeltieren und Ungeheuern verzierte Säulen 1225 geschaffen wurden.

Die Säulen der Portalanlage werden von Löwen getragen.

Das Altarbild

Der italienische Maler Andrea Mantegna (1431–1506) schuf zwischen 1456 und 1459 das bedeutendste Ausstattungsstück San Zenos. Das ➛ *Marien-Triptychon* ist eines der eindrucksvollsten Werke der Frührenaissance. Obwohl die Gestalten auf drei Tafeln verteilt sind, erscheinen sie räumlich als eine Einheit. Den Mittelpunkt bildet die auf einem Thron sitzende Madonna mit dem stehenden Jesuskind. Sie ist von Engeln umgeben. Zu beiden Seiten sind Heilige, darunter auch Zeno, dargestellt. Meisterhaft versteht es Mantegna, den Personen Plastizität zu geben und die Illusion des Dreidimensionalen zu vermitteln.

San Zeno Maggiore

Fassadendetail

San Zeno gilt als die schönste Basilika der Hochromanik in Oberitalien. Der zu Ehren des heiligen Zeno im 12. Jahrhundert in Verona errichtete Sakralbau war Teil eines Benediktinerklosters, von dem nur der Kreuzgang und der Abteiturm erhalten blieben. Die Westfassade schmücken eine herrliche Fensterrose und ein meisterhaftes Portal mit Reliefs. Ein Juwel sind die Bronzereliefs, mit denen die Türflügel beschlagen sind.

Kielgewölbe
Das Mittelschiff überspannt ein prachtvolles Kielgewölbe, so genannt, weil es einem umgekehrten Bootskörper ähnelt. Es wurde beim Umbau Ende des 14. Jahrhunderts ergänzt.

Marien-Triptychon
Der Heiligenschein der Muttergottes in dem dreiteiligen Altarbild spiegelt die Form der Fensterrose am gegenüberliegenden Ende des Kirchenschiffs wider.

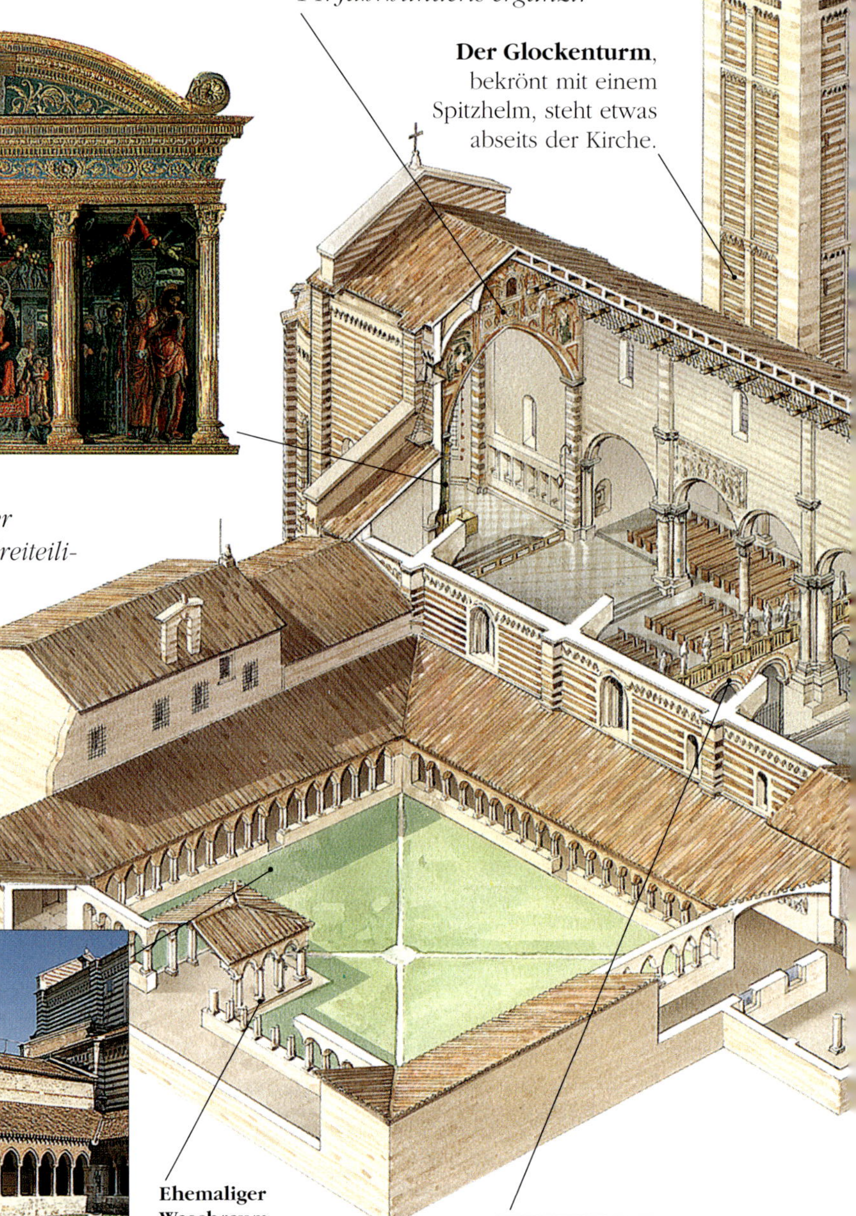

Der Glockenturm, bekrönt mit einem Spitzhelm, steht etwas abseits der Kirche.

Ehemaliger Waschraum

★ Kreuzgang
Der Kreuzgang des romanischen Klosters wurde von 1293 bis 1313 umgebaut.

Krypta
In der Krypta befindet sich das Grab des heiligen Zeno. Die Kapitelle der Säulen und die Rundbögen sind reich dekoriert.

Hauptschiff und Hochaltar *Imponierend ist der Blick von den erhöhten Stufen des Hauptportals über den mächtigen, dreischiffigen Raum der Basilika. Im Mittelschiff wechseln Pfeiler mit Säulen ab.*

Der lachende Zeno

In der linken Seitenapsis der Kirche steht die Marmorstatue des heiligen Zeno im Bischofsornat (Ende 13. Jh.). Man nennt sie den lachenden San Zeno. Sie ist zu einer Symbolfigur Veronas geworden.

San Zeno Maggiore

Die Bronzereliefs des Westportals

Die 48 Bronzereliefs auf den Holztüren des Westportals sind in ihrer Darstellung alt- und neutestamentarischer Szenen und Episoden aus dem Leben des heiligen Zeno schlicht, aber ausdrucksstark. Die älteren Reliefs entstanden um 1100 und wurden großteils am linken Türflügel angebracht. Bei ihnen haben die Figuren noch keine ausgearbeitete Standfläche, die Köpfe treten jedoch plastisch aus dem Hintergrund hervor. Die jüngeren Reliefs stammen aus dem späten 12. Jahrhundert. Sie sind bereits perspektivisch konstruiert und erzeugen Raumtiefe. Die drei Künstler der Reliefs sind namentlich nicht bekannt.

Christus in der Vorhölle — **Himmelfahrt Christi** — **Menschlicher Kopf**

Gestreiftes Mauerwerk ist ein typisches Merkmal romanischer Bauten in Verona. Dunkler Veroneser Backstein wechselt sich ab mit hellem Tuff.

Die Fensterrose (um 1200) ist als Glücksrad gestaltet: Die Randskulpturen zeigen die Wechselfälle im Glück des Menschen.

Die romanische Portalanlage zählt zu den schönsten ihrer Art in ganz Norditalien. Auf dem Tympanonrelief ist der heilige Zeno zu sehen.

Kunstvolle Reliefs an den Seiten des Portals illustrieren links das Leben Jesu, rechts Szenen aus der Schöpfungsgeschichte.

★ Westportal
Die 48 Bronzetafeln der zweiflügeligen Holztür sind so zusammengefügt, dass der Eindruck einer massiven Bronzetür entsteht. Jeder Türflügel besitzt drei Reihen von acht übereinander gestellten quadratischen Platten.

Höhepunkte

★ Westportal

★ Kreuzgang

Daten und Fakten

1117 Zerstörung einer im 9. und 10. Jahrhundert vergrößerten Kirche über dem Grab des heiligen Zeno

1118–35 Bau von San Zeno Maggiore in heutiger Form

1135–38 Arbeit an der Portalanlage

1178 Vollendung des Glockenturms

um 1200 Verkleidung der Fassade

1386–98 Umbau der Hauptkapelle

2000 Aufnahme der Altstadt von Verona in das Weltkulturerbe der UNESCO

Die Romanik

Dieser Kunststil setzte um 950 ein und dauerte bis etwa 1250. Man unterteilt ihn grob in Frühromanik (bis etwa 1050), Hochromanik (1050 bis 1150) und Spätromanik (1150–1250). Grundform des Kirchenbaus ist die Basilika. Kennzeichnend für den monumentalen Baustil sind der Rundbogen, dicke, festungsartige Mauern mit kleinen Fenstern und wuchtige Innenräume. In Deutschland werden Chor und Querhaus häufig verdoppelt. Neben Kreuzgrat- und Kreuzrippengewölben findet man in Frankreich Tonnengewölbe und auch die Kuppel. Bestimmend sind Doppelturmfassaden, Vierungstürme oder Türme am Ostabschluss. In der Spätromanik werden die Mauern durch Sockel, Halbsäulen, Gesimse und Zwerggalerien aufgelockert. Portale und Kapitelle werden zunehmend verziert.

Detail des kostbaren Altaraufsatzes mit Juwelenschmuck

Die Pala d'Oro

Der wertvollste Schatz der Markuskirche ist die Pala d'Oro (goldene Tafel). Dieser Altaraufsatz befindet sich hinter dem Hochaltar und besteht aus 250 Emailplatten bzw. Emailmedaillons (10. bis 12. Jh.), die in einen vergoldeten Silberrahmen (Mitte 14. Jh.) eingesetzt sind. Das von byzantinischen und venezianischen Goldschmieden angefertigte Werk wurde im Laufe der Zeit vergrößert und ausgeschmückt. Die Emailbilder zeigen Szenen aus dem Leben Marias, Christi und des heiligen Markus sowie Evangelisten, Propheten, Apostel und Engel. Der Altaraufsatz ist mit Perlen, Edel- und Halbedelsteinen wie Rubinen, Saphiren und Amethysten übersät.

Die Mosaiken

Der Mosaikzyklus der Markuskirche ist der umfangreichste des Abendlandes. Mosaiken vor goldenem Hintergrund bedecken die Fassade (➛ *Fassadenmosaike*) an Portalbögen und Narthex. Dem Innenraum verleihen sie einen unvergleichlichen Glanz. Die ältesten stammen vom Ende des 12. Jahrhunderts, doch wurden seit dem 15. Jahrhundert Teile restauriert oder erneuert. Das Bildprogramm umfasst auf 4000 Quadratmetern Szenen aus dem Alten und Neuen Testament, Ereignisse aus dem Leben Christi, Marias, des Markus und anderer Heiliger sowie allegorische Figuren. Zu den schönsten Mosaiken zählen die der ➛ *Himmelfahrtskuppel* und die der ➛ *Pfingstkuppel*.

Die Markuskirche

Die beeindruckende Basilika ist eines der ungewöhnlichsten Gotteshäuser Italiens und demonstriert das Selbstbewusstsein der einst großen Seemacht. Sie entstand im 11. Jahrhundert nach byzantinischem Vorbild (➛ *S. 247*) als Zentralbau mit fünf Kuppeln auf dem Grundriss eines griechischen Kreuzes. Romanische und byzantinische Elemente sowie spätgotische Bögen bestimmen ihr Äußeres. Die Kirche ist dem Evangelisten Markus geweiht und die dritte Kirche an dieser Stelle. Ihre Ausstattung mit goldglänzenden Mosaiken und Kunstschätzen, die 1204 beim vierten Kreuzzug in Konstantinopel (heute Istanbul) erbeutet wurden, ist atemberaubend.

Die Pfingstkuppel zeigt, wie der Heilige Geist in Form einer Taube herniederkommt. Sie war wohl die erste Kuppel, die mit Mosaiken verziert wurde.

Heiliger Markus
Die Statue über dem Mittelbogen wurde Anfang des 15. Jahrhunderts ergänzt.

★ Bronzene Pferde
Die vier Pferde sind Kopien der vergoldeten Bronzeoriginale, die heute im Markusmuseum stehen.

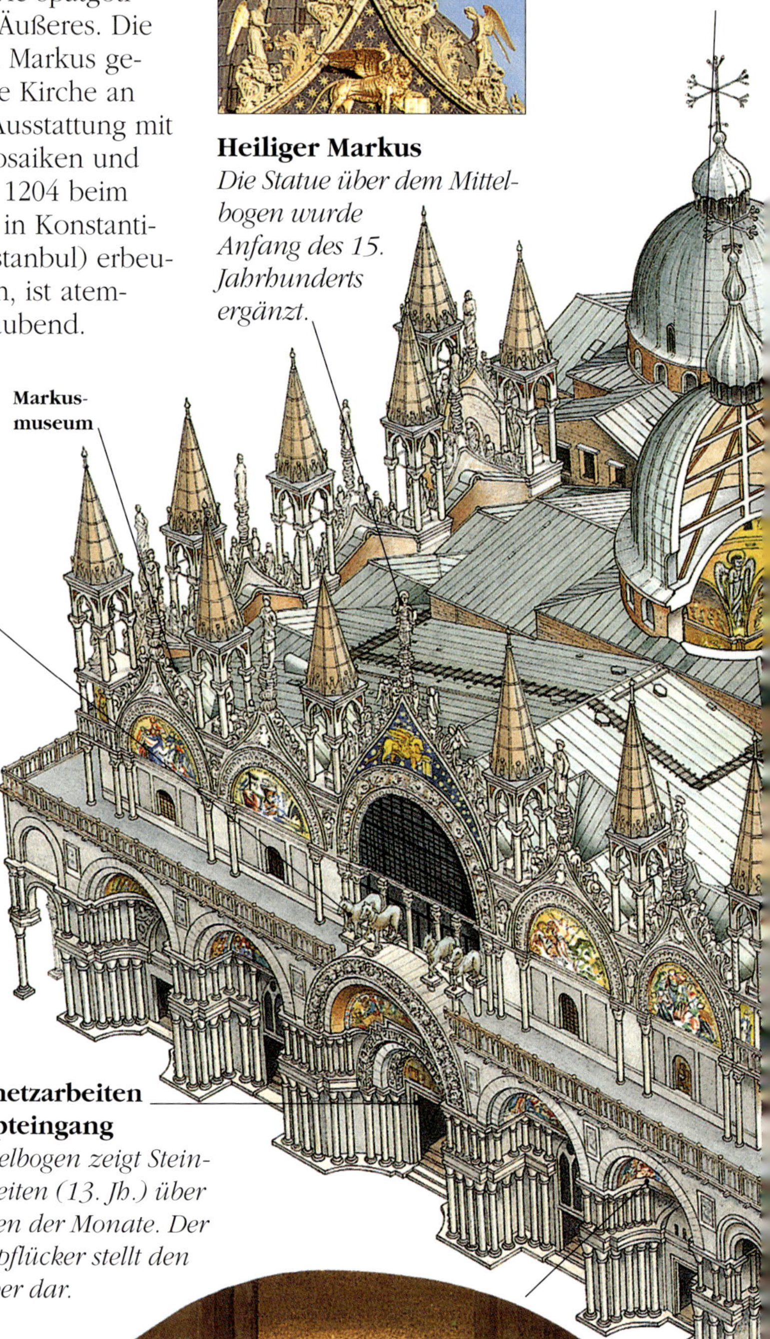

Markusmuseum

★ Steinmetzarbeiten am Haupteingang
Der Mittelbogen zeigt Steinmetzarbeiten (13. Jh.) über die Mühen der Monate. Der Traubenpflücker stellt den September dar.

★ Fassadenmosaike
Eines der Mosaike an der Hauptfassade zeigt den Raub der Gebeine des heiligen Markus (17. Jh.).

Ciborium
Die Alabastersäulen des Altarbaldachins sind mit Szenen aus dem Neuen Testament verziert.

Die Himmelfahrtskuppel ist mit einem herrlichen Mosaik vom Anfang des 13. Jahrhunderts ausgekleidet: Christus umgeben von Engeln, den zwölf Aposteln und der Jungfrau Maria.

Die Gebeine des heiligen Markus, die man durch das Feuer von 976 verloren glaubte, sollen 1094 bei der Einweihung der neuen Kirche hier wieder aufgetaucht sein.

Allegorische Mosaike

Schatzkammer

Die so genannten Säulen von Acra sind Beutestücke aus einer Kirche in Konstantinopel (6. Jh.).

Baptisterium
Die Mosaiken in den zwei Kuppeln der Taufkapelle thematisieren das Leben Johannes des Täufers.

★ Tetrarchen
Diese wunderschöne Skulpturengruppe aus Porphyr (ägyptisch, 4. Jh.) stellt vermutlich Kaiser Diokletian, Maximian, Valerius und Constantius dar. Sie waren die Tetrarchen, die zwischen 285 und 305 gemeinsam das Römische Reich regierten.

Die Schatzkammer

Der Schatz der Kirche umfasst 283 Stücke aus Gold, Silber, Glas und anderen Materialien. Sein Grundstock sind die Kunstwerke, die die Venezianer 1204 aus Konstantinopel mitbrachten. Beim Einmarsch Napoleons 1797 ging vieles verloren. Aufbewahrt werden Becher, Kelche, Reliquiare, Ikonen und spätantike Vasen.

Höhepunkte

- ★ **Fassadenmosaike**
- ★ **Steinmetzarbeiten am Haupteingang**
- ★ **Bronzene Pferde**
- ★ **Tetrarchen**

Daten und Fakten

829 Ankunft der aus Alexandria entführten Gebeine des Evangelisten Markus

1063–94 Bau der dritten, heute weitgehend noch erhaltenen Kirche

1343–54 Bau des Baptisteriums

14./15. Jahrhundert Gotisierung der Fassade

1987 Aufnahme von Venedig und seiner Lagune in das Weltkulturerbe der UNESCO

Das Markusmuseum

Eine Treppe führt vom Atrium der Basilika zum Markusmuseum über dem Narthex. Hier befand sich einst die Werkstätte der Mosaikkünstler. Ausgestellt sind im Museum illustrierte Manuskripte aus dem Mittelalter, Fragmente alter Mosaike, Wandteppiche aus Persien und liturgische Gewänder. Berühmt sind die originalen ➛ *Bronzenen Pferde*, eine antike Skulpturengruppe, die einst Teil des Fassadenschmucks der Kirche war und heute durch eine Kopie ersetzt ist. Sie zierte ursprünglich einen Triumphbogen in Rom, gelangte dann nach Konstantinopel und dort 1204 in die Hände der Venezianer. 1797 ließ Napoleon sie nach Paris bringen, 1815 wurde sie an Venedig zurückgegeben. Im Museum wird auch die einstige Verkleidung der Pala d'Oro aufbewahrt, die Paolo Veneziano zusammen mit seinen Söhnen im 14. Jahrhundert schuf. Sie ist mit Geschichten aus dem Leben des Evangelisten Markus bemalt.

Grosse Künstler

An der Ausstattung des Dogenpalastes, seiner Prunksäle und Amtsräume waren die größten Künstler der Republik beteiligt, darunter Giovanni Bellini, Vittore Carpaccio und Tizian. Nach einem verheerenden Brand 1577 ersetzten Tintoretto und Paolo Veronese die Malereien dieser Künstler im ➛ *Saal des Großen Rates*. Veronese schuf hier das Deckengemälde im Mittelfeld, das Venezia auf einem Thron sitzend zeigt. Im Saal des Antikollegiums behandeln vier Bilder Tintorettos mythologische Themen. Den Saal des Kollegiums zieren Deckengemälde von Veronese. Sie stellen Ideale dar, die die Grundlage des Staates Venedig bildeten.

Die Seufzerbrücke

Die Seufzerbrücke wurde 1603 fertig gestellt, um den Dogenpalast mit den neuen Gefängnissen zu verbinden. Ihren Namen hat sie von den Klagen der Gefangenen, die über die Brücke vor den Richter geführt wurden. Unter dem verbleiten Dach des Gefängnisses befanden sich die Bleikammern. Sie waren etwas komfortabler als die Verliese im Erdgeschoss. Zu den berühmten Häftlingen gehörte der venezianische Freigeist Giacomo Casanova, der hier 1755 wegen Atheismus eingesperrt wurde. Ihm gelang 1756 die Flucht durch ein Loch im Dach aus den Bleikammern.

Die Seufzerbrücke mit der Strohbrücke im Hintergrund

Der Dogenpalast

»Mars« von Sansovino

Das anmutige Gebäude, früher Residenz des Dogen und Amtssitz der venezianischen Regierung, strahlt noch immer den Reichtum des ehemaligen Stadtstaates aus. Die beiden filigranen Arkadengeschosse verleihen dem gotisch-byzantinisch geprägten Palast aus dem 14. und 15. Jahrhundert seine Leichtigkeit. Das Skulpturenprogramm der beiden Hauptfassaden thematisiert den Gerechtigkeitssinn der Stadt. Die großen Gemälde an den Wänden und Decken im Inneren feiern die Macht Venedigs.

★ Treppe der Giganten
Iacopo Sansovinos Kolossalstatuen Mars und Neptun (16. Jh.) symbolisieren Venedigs Macht zu Lande und Wasser.

★ Tor des Papiers
Das Tor (15. Jh.) ist ein Meisterwerk der venezianischen Gotik. Über der Tür kniet der Doge Francesco Foscari vor dem Markuslöwen.

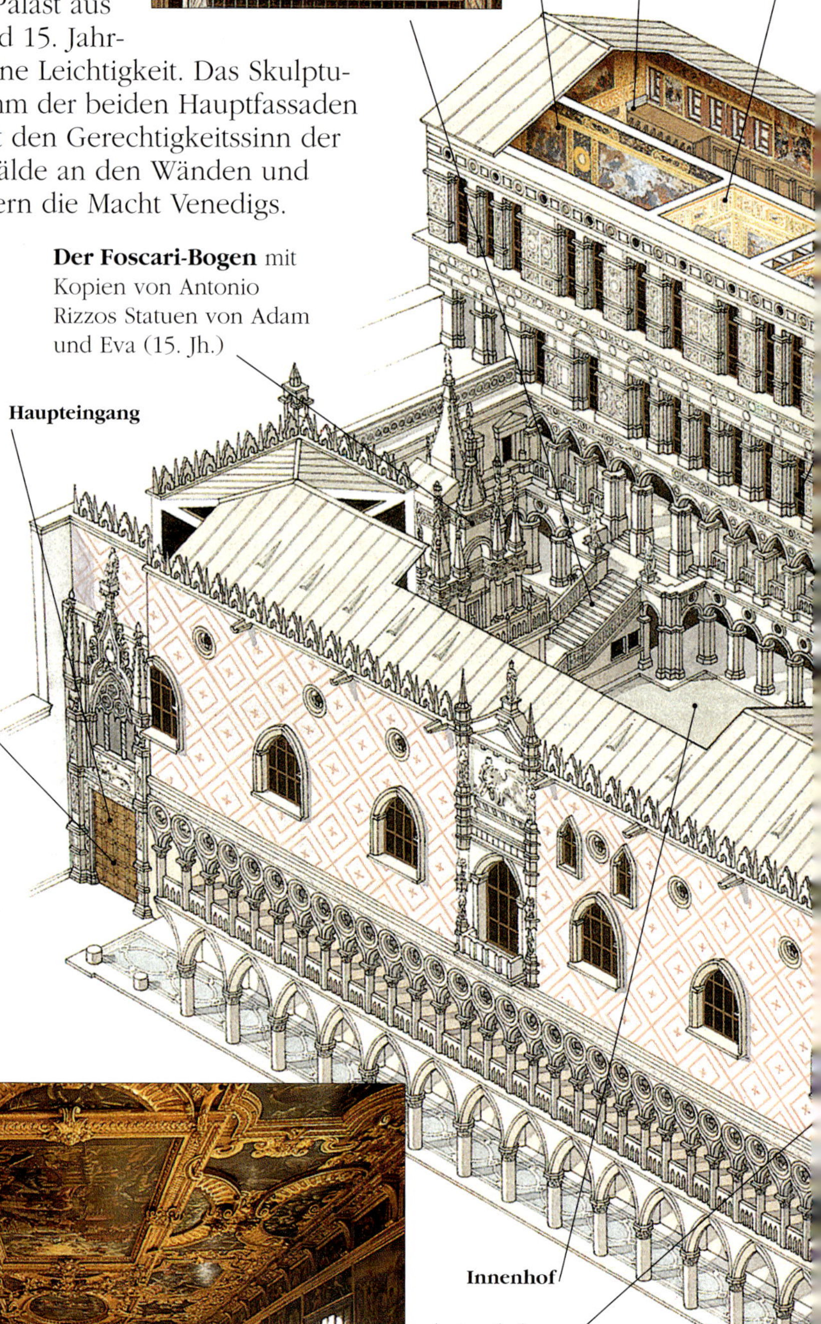

Der Foscari-Bogen mit Kopien von Antonio Rizzos Statuen von Adam und Eva (15. Jh.)

★ Saal des Großen Rates
In diesem Saal tagte der Große Rat der Republik Venedig. Tintorettos riesiges »Paradies« (1590) nimmt die gesamte Ostwand ein.

Saal des Wappenschilds
Die Wände dieses Raums, der zu den Privatgemächern des Dogen gehörte, sind mit Landkarten bedeckt. Im Zentrum stehen zwei große Globen (18. Jh.).

Folterkammer
Verhöre fanden in der Folterkammer statt, in der man Häftlinge an den Handgelenken aufhängte, um ein Geständnis zu erpressen.

»Der trunkene Noah«
Die Skulptur (15. Jh.) steht als Symbol menschlicher Schwächen an der Ecke des Palastes.

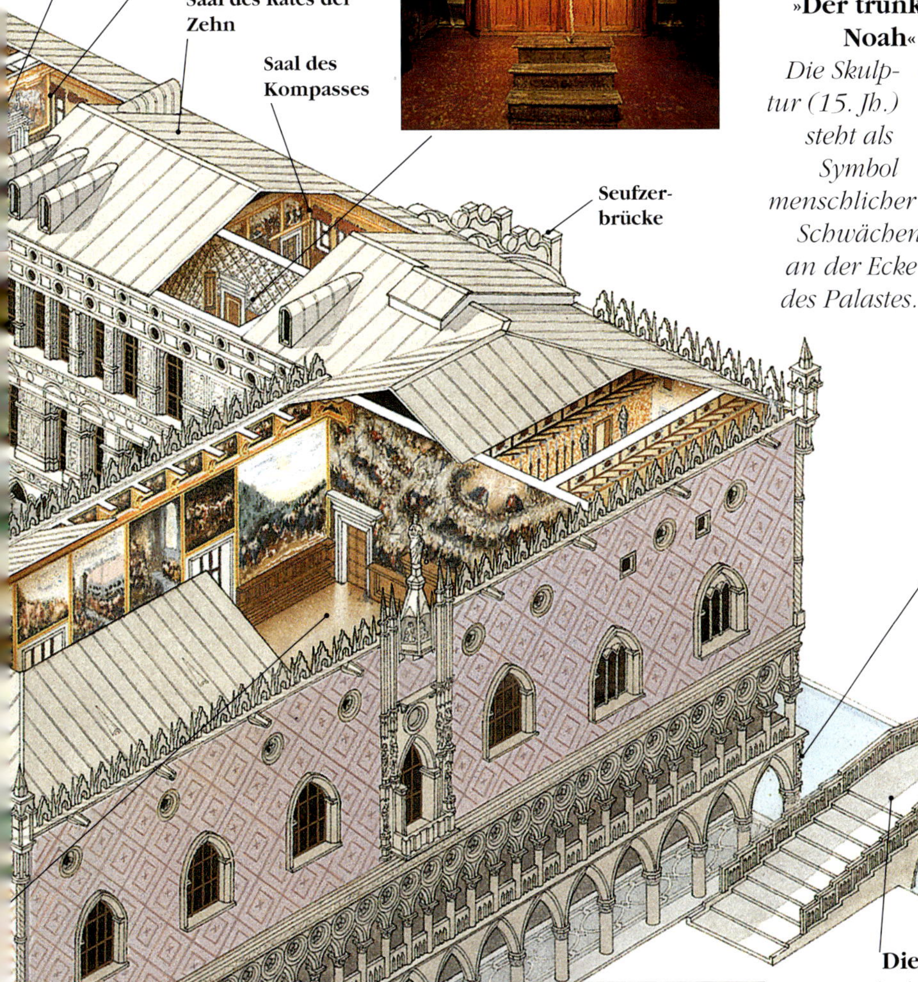

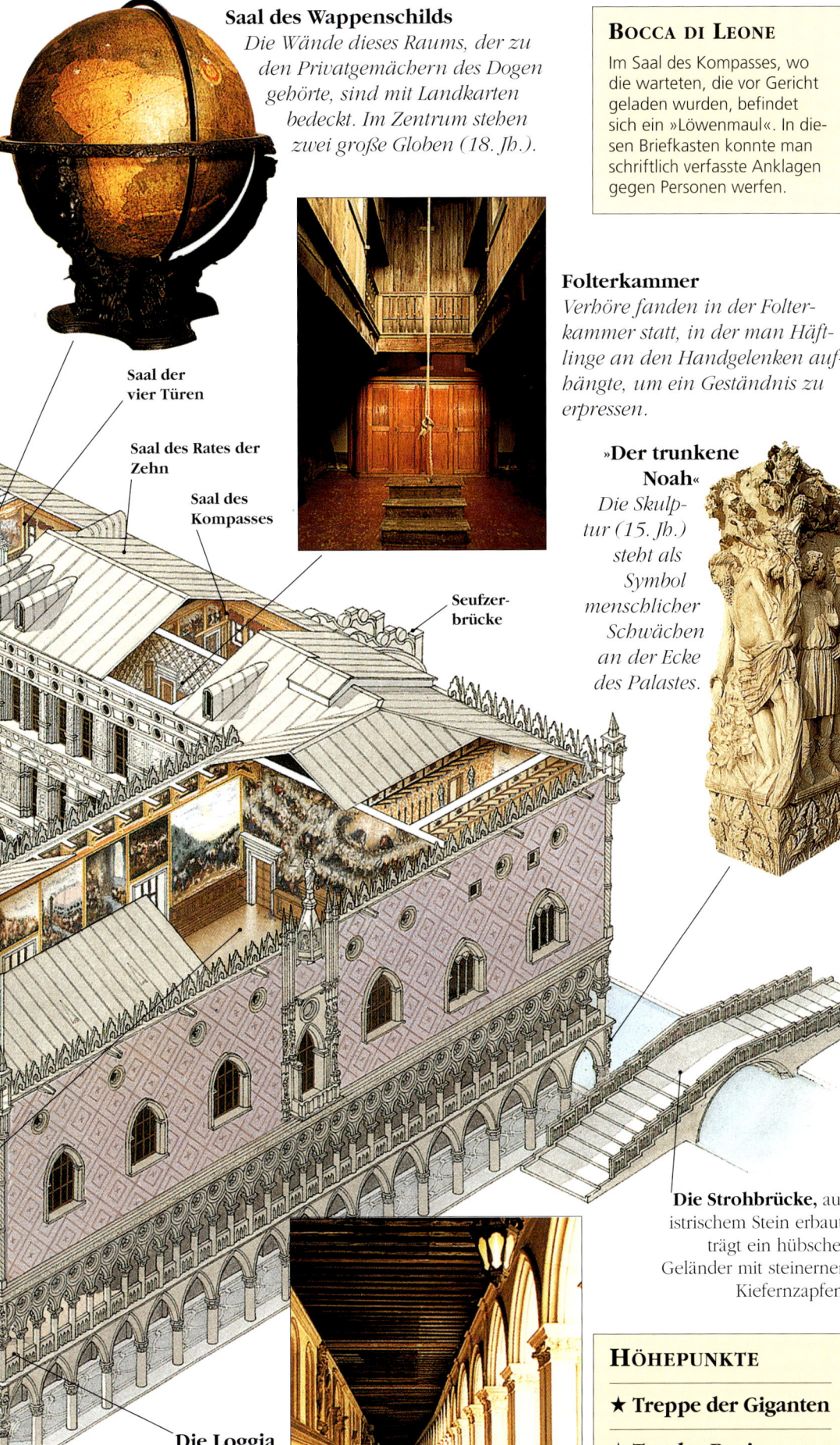

Die Strohbrücke, aus istrischem Stein erbaut, trägt ein hübsches Geländer mit steinernen Kiefernzapfen.

Die Loggia
Der untere Teil des Palastes ist in zwei gleich hohe Loggiengeschosse unterteilt.

Bocca di Leone

Im Saal des Kompasses, wo die warteten, die vor Gericht geladen wurden, befindet sich ein »Löwenmaul«. In diesen Briefkasten konnte man schriftlich verfasste Anklagen gegen Personen werfen.

Höhepunkte

★ **Treppe der Giganten**

★ **Tor des Papiers**

★ **Saal des Großen Rates**

Daten und Fakten

Anfang 9. Jahrhundert Bau einer Burg aus Holz

1172–78 Bau eines Steinpalastes unter dem Dogen Sebastiano Ziani

1340–1423 Bau des Südflügels am Molo mit dem Saal des Großen Rates

1424–38 Neubau des Westflügels am kleinen Platz mit dem Tor des Papiers

ab 1483 Neubau des abgebrannten Ostflügels

ab 1574 bzw. 1577 Nach Bränden Neugestaltung der Innenausstattung

1614 Vollendung der neuen Staatsgefängnisse

1987 Aufnahme von Venedig und seiner Lagune in das Weltkulturerbe der UNESCO

Die Zeit der Dogen

Im 10. Jahrhundert entwickelte sich Venedig zum Handelsimperium mit der größten Flotte im Mittelmeer. Im Stadtstaat hatte ein Rat von rund 1300 aristokratischen Mitgliedern das Sagen. Das Staatsoberhaupt wurde Doge genannt. Ein kompliziertes Wahlverfahren und Gesetze verhinderten, dass sich in dem vom Rat gewählten Dogen zu viel Macht konzentrierte. Der Wohnsitz des Dogen war im Dogenpalast, der im Laufe des 14. und 15. Jahrhunderts in erster Linie als Regierungsgebäude errichtet wurde. Hier tagten der Große Rat und der Senat, hier arbeitete das Kollegium, die eigentliche Regierung. Der berühmt-berüchtigte Rat der Zehn sorgte effektiv für die Staatssicherheit.

Die Künstler Nicola und Giovanni Pisano

Nicola Pisano (um 1225 bis nach 1278) ist einer der bedeutendsten Bildhauer des Mittelalters. Die ➛ *Kanzel der Taufkirche* zu Pisa gehörte zu seinen ersten Werken. Ihr folgten ab 1265 der Statuenschmuck für die Taufkirche. Für die Kanzel im Dom von Siena (➛ *S. 212f.*) erhielt Nicola ebenfalls den Auftrag. Er stattete sie reicher aus als die in Pisa. Sein Sohn Giovanni (zwischen 1245 und 1250–nach 1314) arbeitete daran mit. Die Marmorfassade des Doms von Siena entstand zwischen 1284 und 1297 unter Giovannis Leitung als Dombaumeister. In gleicher Funktion ging er nach Pisa zurück. Hier führte Giovanni die ➛ *Kanzel der Kathedrale* aus.

Detail der Domkanzel von Giovanni Pisano

Carrara-Marmor

Der weiße Marmor aus den Steinbrüchen von Carrara ist weltberühmt. Schon die Römer nutzten ihn. Er wurde vor allem im Spätmittelalter und in der Renaissance höchst beliebt. Zunächst arbeiteten die Bildhauer und Baumeister aus der Toskana, später aus ganz Mittel- und Westeuropa damit. Michelangelo (➛ *S. 218*) schuf Werke wie den »David« aus Carrara-Marmor. Auch die Kanzeln Nicola Pisanos und die Bauten am Domplatz von Pisa sind daraus. Während Michelangelo den Marmor noch in Handarbeit brechen ließ, werden heute jährlich eine Million Tonnen des Materials mit elektrischen Sägen aus dem Berg herausgeschnitten.

Der Domplatz in Pisa

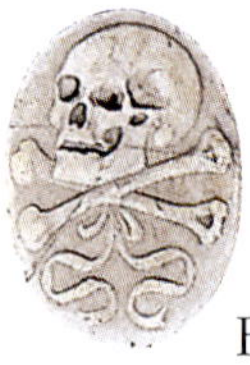

Friedhofsdenkmal

Der weltberühmte Schiefe Turm ist nur einer von vier eindrucksvollen Bauwerken, die sich am Domplatz in Pisa, auch »Platz der Wunder« genannt, erheben. Obwohl zwischen dem Baubeginn des Doms im 11. und dem des Friedhofs im 13. Jahrhundert mehr als 200 Jahre liegen, wirkt die Baugruppe homogen. Dies ist dem einheitlichen Baumaterial, dem weißen Carrara-Marmor, wie auch der einheitlichen Erdgeschossgliederung durch Rundarkaden zu verdanken.

Friedhof
Die Begräbnisstätte für den Adel Pisas steht auf Erde aus dem Heiligen Land.

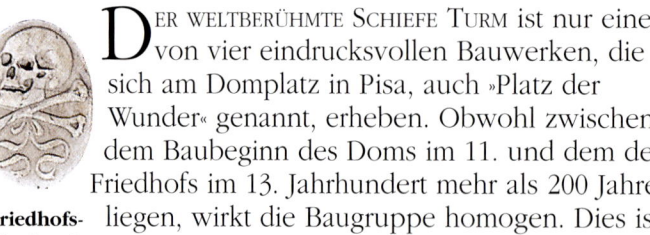

Triumph des Todes
Diese Fresken (spätes 14. Jh.) thematisieren die Macht des Todes. In dieser Szene versuchen ein Ritter und seine Dame sich gegen den Gestank zu schützen, der einem offenen Grab entsteigt.

Die Kapelle ließ Erzbischof Dal Pozzo 1604 errichten.

★ Kanzel der Taufkirche
Die Brüstung der Marmorkanzel von Nicola Pisano (1260 vollendet) zieren Szenen aus dem Leben Christi.

Obere Galerie

★ Bronzetür des Doms
Bonanno Pisanos Bronzereliefs für die Türflügel des südlichen Querhauses zeigen Szenen aus dem Leben Christi und Marias. Palmen und maurische Gebäude lassen den arabischen Einfluss erkennen.

Galileos Experiment

Galileo Galilei, Mathematiklehrer an der Universität in Pisa, soll am Schiefen Turm Fallversuche zur Bestätigung der von ihm aufgestellten Gesetze zum freien Fall gemacht haben. Als Naturforscher versuchte er, die Erscheinungen der Welt aus Naturgesetzen zu erklären.

Der Schiefe Turm hat sechs Geschosse und eine Glockenstube mit sieben Glocken.

Fragmente des Marmorbodens aus dem 11. Jahrhundert sind in der Vierung erhalten geblieben.

Ein Fries zeigt, dass die Arbeiten 1173 begannen.

Kanzel der Kathedrale
Die Figuren, die Giovanni Pisanos Kanzel (1302–12) tragen, symbolisieren die Künste und die Tugenden.

Carrara-Marmor in strahlendem Weiß ziert die Wände.

Die Grabschrift erinnert an Buscheto, den Architekten des Doms.

★ Domfassade
Farbiger Sandstein, Glas und Majolika bilden die Dekoration der prächtigen Fassade (12. Jh.). Herrlich sind auch die Marmorintarsien mit floralen Mustern und Tiermotiven.

Höhepunkte

★ **Bronzetür des Doms**

★ **Kanzel der Taufkirche**

★ **Domfassade**

Daten und Fakten

1063–1118 Bau des Doms, Erweiterungen bis 1380

1152–Ende 14. Jahrhundert Errichtung der Taufkirche

1173–1360 Bau des Glockenturms, später Schiefer Turm genannt

1278–1350 Errichtung des Friedhofs

1987 Aufnahme des Domplatzes in das Weltkulturerbe der UNESCO

Der Schiefe Turm

Der Glockenturm ist nicht das einzige schiefe Gebäude am Domplatz. Das Nachgeben des Bodens auf jungem Schwemmland ließ auch den Dom im Osten leicht einsinken. Doch kein Bau neigt sich so stark wie der berühmte ➛ *Schiefe Turm*. Er begann bereits zu kippen, als das dritte Stockwerk vollendet war. Erst 100 Jahre später, 1275, führte man die Arbeiten weiter. Die nächsten Stockwerke wurden entgegen der Neigung gemauert, um der Schieflage entgegenzuwirken. Während die Mauern des knapp 56 Meter hohen Turms unten vier Meter dick sind, weisen sie oben nur eine Dicke von 2,5 Metern auf. 1991 wurde der an der geneigten Seite um etwa zwei Meter abgesackte Turm geschlossen. Stahlgerüste sollten ihn stabilisieren, Bleigewichte den Untergrund komprimieren. Ab 1996 richteten Stahlseile den Turm langsam wieder auf und die Neigung wurde um 44 Zentimeter reduziert. Seit Ende 2001 ist er wieder zugänglich.

Das Dommuseum

Im Museum am Domplatz sind zahlreiche Ausstattungsstücke von Dom, Glockenturm und Taufkirche untergebracht. Hier stehen Statuen der 1587 abgerissenen Domfassade aus der Werkstatt Arnolfo di Cambios (um 1300) und die vor 1550 begonnene »Pietà« von Michelangelo. Aus dem Dom sind auch die Sängerkanzeln von Luca della Robbia (1431–38) und Donatello (1433–39). Ein Meisterwerk der Goldschmiedekunst ist der Silberaltar (1366–1480) der Taufkirche. Der Höhepunkt sind die Bronzereliefs der Paradiestür von Ghiberti.

Die Paradiestür

Mächtige Bronzetüren zieren drei Fassaden der ➤ *Taufkirche*. Das Südportal (1330–36) von Andrea Pisano erzählt die Geschichte Johannes des Täufers. Lorenzo Ghiberti (1378–1455), einer der größten Bildhauer des 15. Jahrhunderts, arbeitete 1403–24 am Nordportal, das dem Leben Jesu gewidmet ist. Im Anschluss schuf er bis 1452 mit dem Ostportal, der so genannten Paradiestür, sein künstlerisches Hauptwerk. Die Originale sind heute im Dommuseum zu sehen. Auf zehn fast quadratischen, vergoldeten Platten werden alttestamentarische Ereignisse dargestellt. Jede vereint mehrere Szenen und eine Vielzahl von Figuren. Je nach Bedeutung sind die vorderen Figuren fast vollplastisch ausgestaltet, die hinteren sind Flachreliefs. Auch die Rahmen der Türen versah Ghiberti mit Figuren.

Paradiestür der Taufkirche: Moses erhält die Gesetzestafeln

Der Dombezirk von Florenz

»Sir John Hawkwood« von Paolo Uccello im Dom

Im Herzen von Florenz gelegen, überragt die viertgrößte Kirche Europas, der Dom Santa Maria del Fiore, die Stadt. Im Bestreben, in jeder Hinsicht führend zu sein, setzte man mit der Kuppelkonstruktion des ab 1296 errichteten Doms in der Architektur neue Maßstäbe. Der Glockenturm, 1334 von Giotto di Bondone begonnen, gilt als einer der schönsten Italiens. Die Taufkirche mit den einzigartigen Bronzeportalen ist einer der ältesten Bauten der Stadt. An ihrer Errichtung waren die berühmtesten Künstler der Zeit beteiligt.

Glockenturm
Mit 84 Metern ist der Glockenturm 30 Meter niedriger als die Kuppel. Er ist mit weißem, grünem und rotem Marmor verkleidet.

★ Taufkirche
Prächtige Mosaiken (13. Jh.) schmücken die Kuppel der achteckigen Taufkirche gänzlich aus. Über der Chorkapelle thront Christus als Weltenrichter. Flankiert wird er von Maria und Johannes dem Täufer sowie Aposteln und Engeln. Hier wurde u.a. der Dichter Dante Alighieri getauft.

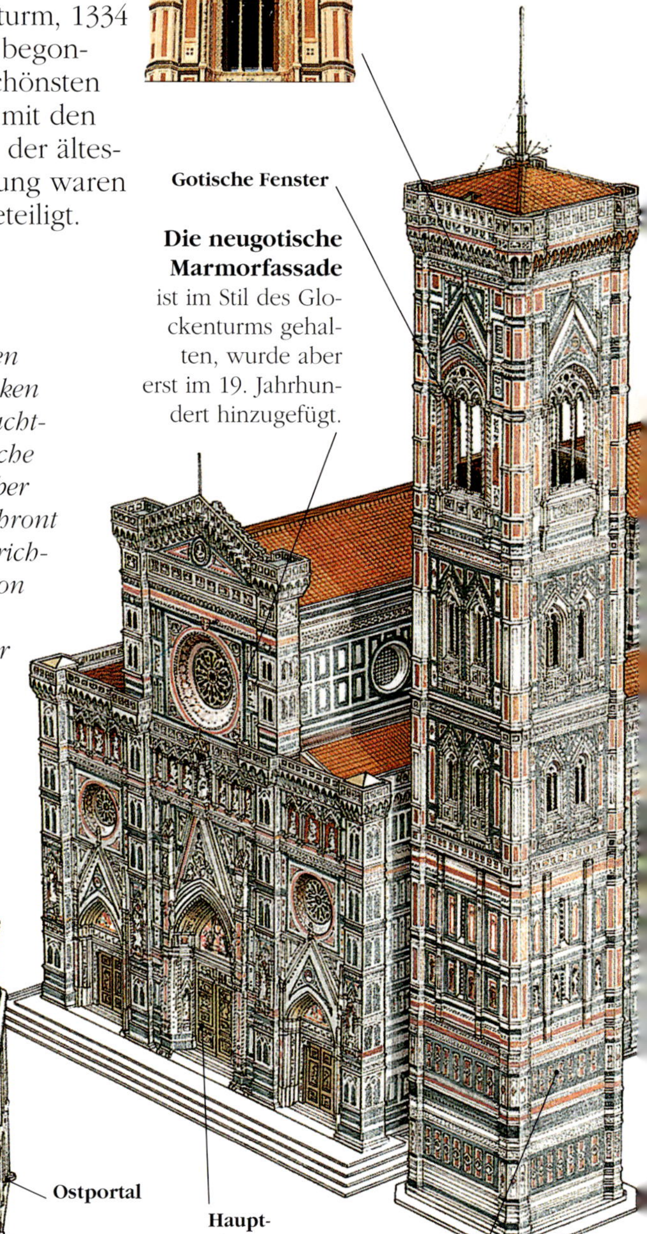

Die neugotische Marmorfassade ist im Stil des Glockenturms gehalten, wurde aber erst im 19. Jahrhundert hinzugefügt.

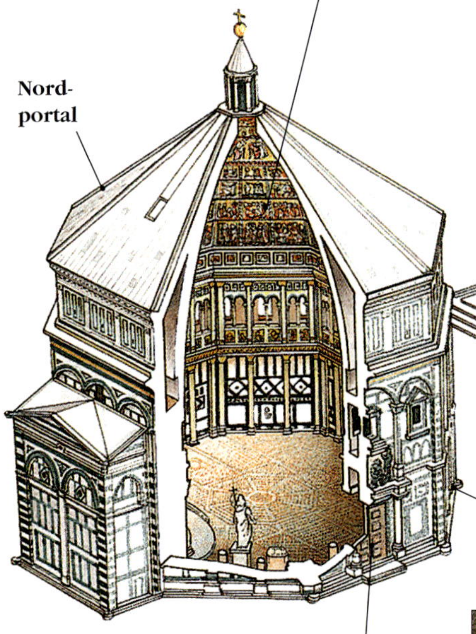

Reliefs des Glockenturms
Kopien von Andrea Pisanos Reliefs an der unteren Zone des Turms zeigen die Erschaffung des Menschen, die Künste und das Handwerk. Die Originale befinden sich heute im Dommuseum.

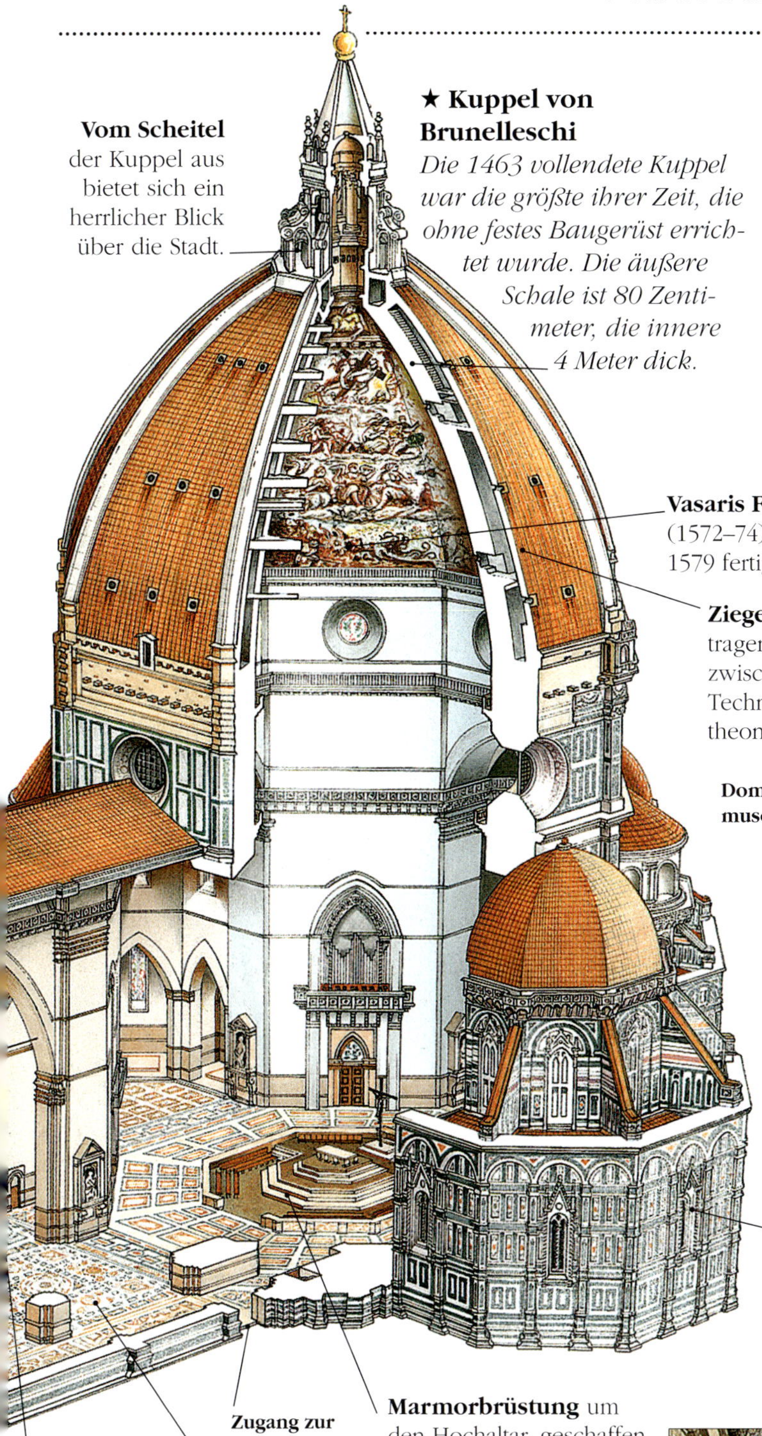

Vom Scheitel der Kuppel aus bietet sich ein herrlicher Blick über die Stadt.

★ Kuppel von Brunelleschi
Die 1463 vollendete Kuppel war die größte ihrer Zeit, die ohne festes Baugerüst errichtet wurde. Die äußere Schale ist 80 Zentimeter, die innere 4 Meter dick.

Vasaris Fresken des »Jüngsten Gerichts« (1572–74) stellte Federico Zuccari bis 1579 fertig.

Ziegel wurden in einer sich selbst tragenden Fischgrätenkonstruktion zwischen Marmorrippen gesetzt – eine Technik, die Brunelleschi vom Pantheon in Rom übernahm.

Dommuseum →

Kapellen im Osten
Jede der drei Apsiden hat fünf Kapellen und ist von einer kleineren Kuppel gekrönt. Die Glasfenster (15. Jh.) sind u.a. von Ghiberti und Donatello.

Zugang zur Kuppel

Marmorbrüstung um den Hochaltar, geschaffen von Baccio Bandinelli und d'Agnolo (1555)

Marmorboden
Der farbenprächtige, kunstvoll verlegte Marmorboden (16. Jh.) wurde teilweise von Baccio d'Agnolo und Francesco da Sangallo entworfen.

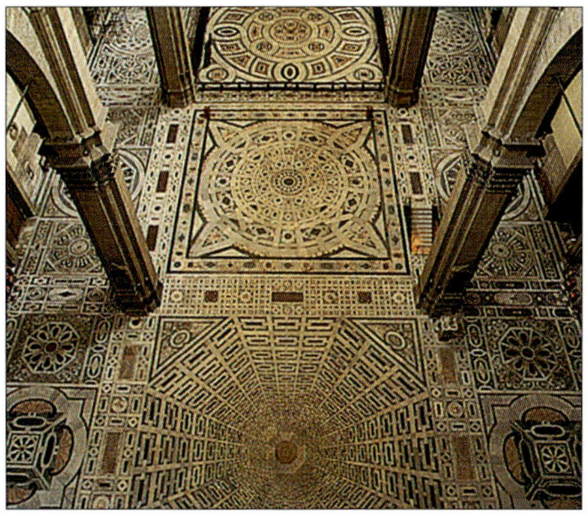

Dante erläutert die »Göttliche Komödie«
Das Gemälde von Domenico di Michelino (1465) zeigt den Dichter mit seinem Werk.

Die Dombaumeister

Im ersten Joch des Langhauses sind an den Wänden die Büsten der Dombaumeister aufgestellt. Die Brunelleschis wurde 1447 von seinem Adoptivsohn gefertigt, die Giottos 1490 von Benedetto da Maiano. Aus dem 19. Jahrhundert stammen die Büsten Arnolfo di Cambios und Emilio de Fabris'.

Daten und Fakten

um 1059–1150 Bau der Taufkirche

1202 Anbau der Chorkapelle

1296–1302 Baubeginn des Doms durch Arnolfo di Cambio

1334–59 Bau des Glockenturms durch Giotto, Andrea Pisano und Francesco Talenti

nach 1350 Weiterbau des Doms durch Francesco Talenti und Giovanni di Lapo Ghini

1420–36 Errichtung der Kuppel (Laterne 1461)

1587 Abriss der Domfassade

1875–87 Errichtung der neugotischen Fassade durch Emilio de Fabris

1982 Aufnahme des historischen Zentrums von Florenz mit dem Dombezirk in das Weltkulturerbe der UNESCO

Die Domkuppel

Künstlerisch und technisch betrat der Architekt und Bildhauer Filippo Brunelleschi (1376–1446) Neuland mit seinem Entwurf für die ➤ *Kuppel* des Doms, mit dem er den Architektenwettbewerb gewann. Es galt, die gewaltige Spannweite der Kuppel mit einem Durchmesser von 43 Metern zu überbrücken. Brunelleschi verband die beiden Kuppelschalen durch waagerechte und senkrechte Streben. Acht von ihnen sind als Marmorrippen am äußeren Bau sichtbar und gliedern den Baukörper. Zur Durchführung der Arbeiten in großer Höhe benutzte er ein Klettergerüst, das von der allmählich wachsenden Kuppel selbst getragen wurde.

Höhepunkte

★ Taufkirche

★ Kuppel von Brunelleschi

Büste des Großherzogs Cosimo I. de' Medici

Die Medici

Die florentinische Familie, die durch Handel und Bankgeschäfte reich geworden war, herrschte mit nur geringen Unterbrechungen von 1434 bis 1743 über Florenz. Das begann mit Cosimo dem Alten, der ein großer Mäzen der Stadt wurde. Unter ihm wie auch unter seinem Enkel Lorenzo dem Prächtigen, der ab 1469 herrschte, entstanden die meisten der bedeutenden Kunstwerke von Florenz. 1531 wurden die Medici Herzöge von Florenz, 1569 Großherzöge der Toskana. Daraufhin weiteten sie die Förderung von Kunst, Kultur und Wissenschaft auf die ganze Toskana aus. Zum Herrscherhaus gehörten auch die Päpste Leo X. und Klemens VII. sowie Katharina und Maria von Medici.

Benvenuto Cellini

Bevor der italienische Goldschmied, Bildhauer und Erzgießer (1500–71) in den Dienst Cosimos I. de' Medici trat, arbeitete er 1540–45 für Franz I. in Frankreich. Er schuf für diesen großformatige Skulpturen. Für den Medici-Herzog fertigte der Meister der Spätrenaissance die berühmte Bronzestatue des Perseus (1554) auf der Piazza della Signoria in Florenz an. Fast gleichzeitig arbeitete er an der Kolossalbüste Cosimos I. Cellini wird auf der Brücke mit der ➛ *Benvenuto-Cellini-Büste* geehrt.

Der Ponte Vecchio

Der Ponte Vecchio (»alte Brücke«), die älteste Brücke von Florenz, wurde 1345 erbaut und als einzige Brücke der Stadt nicht im Zweiten Weltkrieg gesprengt. 1565 stellte Giorgio Vasari den ausschließlich von den Medici zu nutzenden Korridor fertig. Die Läden und Werkstätten auf dem Ponte Vecchio wurden ursprünglich von Fleischern, Gerbern und Schmieden genutzt. Großherzog Ferdinand I. vertrieb sie 1593 wegen des Lärms und Gestanks. Die Häuser wurden umgebaut und an die angesehenen Goldschmiede und Juweliere vermietet. Noch heute gibt es hier zahlreiche kleine Schmuckgeschäfte.

Vasaris Korridor
In dem Gang, den Vasari baute, hängen Selbstporträts berühmter Maler des 16. bis 20. Jahrhunderts wie Rubens.

Mittelalterliche Werkstätten
Einige der ältesten Häuser ragen so weit in den Fluss hinein, dass sie durch Holzbalken, die so genannten »sporti«, abgestützt werden müssen.

Die dreibogige mittelalterliche Brücke ruht auf zwei massiven Pfeilern, die das Wasser bootsförmig teilen.

Benvenuto-Cellini-Büste
1900 stellte man in der Mitte der Brücke eine Büste des berühmten Florentiner Goldschmieds und Bildhauers Cellini auf.

Vasaris Korridor

Der Korridor an der Ostseite der Brücke ist nach dem Architekten Giorgio Vasari benannt. Er verband den Amtssitz der Medici in den Uffizien mit ihrer Privatresidenz im Palazzo Pitti. Der Gang ermöglichte es der Familie Medici, zwischen beiden Gebäuden hin- und herzugehen, ohne sich unter das Volk mischen zu müssen. Gleichzeitig konnten sie die Gemälde bewundern, die die Wände des Korridors zum Teil noch heute schmücken.

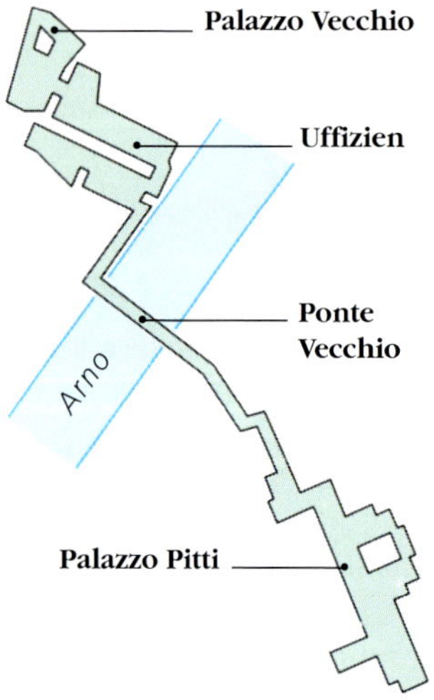

Sonnenuntergang
Besonders eindrucksvoll ist der Ponte Vecchio, wenn man ihn vom Ponte Santa Trinità oder vom Flussufer aus gegen das Licht der untergehenden Sonne betrachtet.

Goldarbeiten

Im 15. Jahrhundert war Florenz für seine erstklassigen Goldarbeiten berühmt. Viele Künstler, darunter auch Lorenzo Ghiberti, absolvierten eine Lehre in den Werkstätten von Florentiner Goldschmieden.

Juwelierläden
Die Läden bieten alles von modernen Ohrringen bis hin zu antiken Ringen.

Torre Manelli
Die Familie Manelli weigerte sich, ihren mittelalterlichen Geschlechterturm zugunsten des Korridors abreißen zu lassen. So wurde er um den Turm herumgeführt.

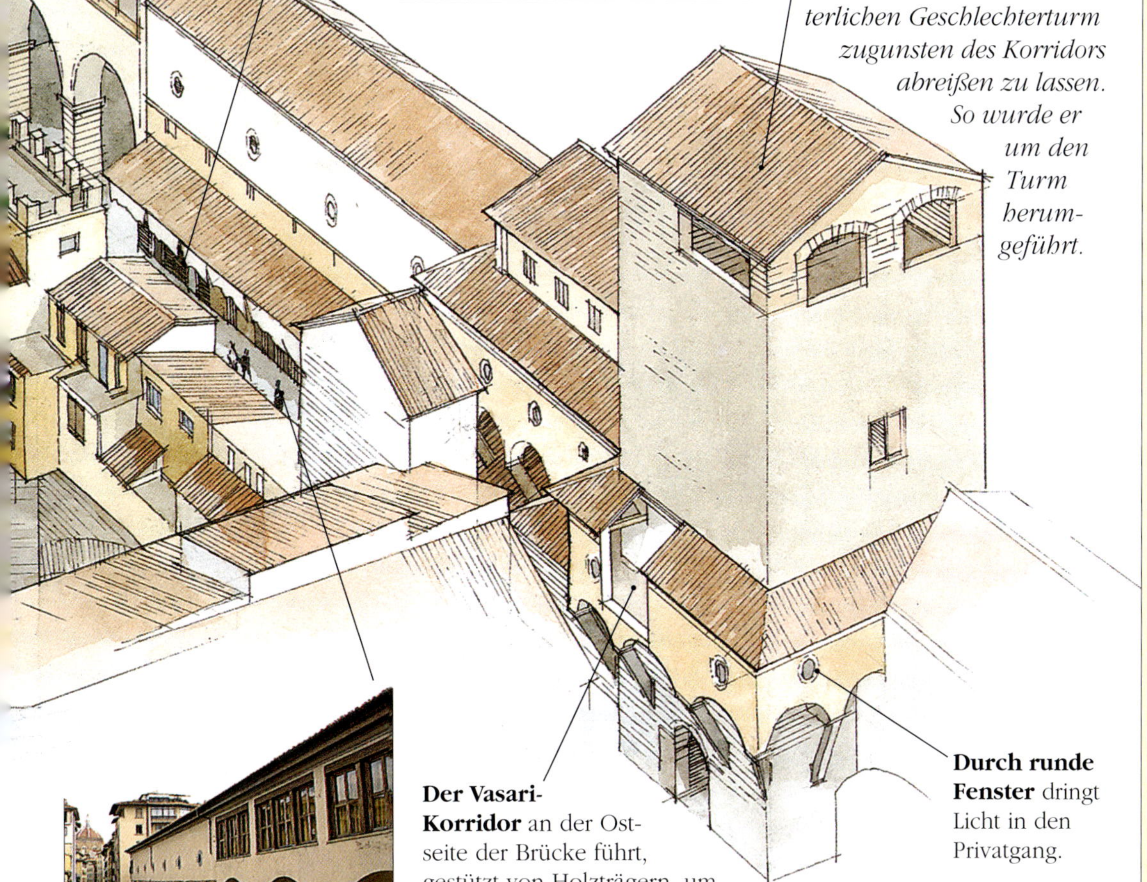

Der Vasari-Korridor an der Ostseite der Brücke führt, gestützt von Holzträgern, um den Manelli-Turm herum.

Durch runde Fenster dringt Licht in den Privatgang.

Aussichtspunkt
Es gibt keinen schöneren Ort, um über den Fluss zu blicken. Straßenmusikanten, Maler und Händler tragen zum bunten Treiben auf der Brücke bei.

Daten und Fakten

1080 Brücke aus Stein ersetzt die hölzerne

seit 13. Jahrhundert Läden auf der Brücke bezeugt

1345 Bau des Ponte Vecchio

1565 Fertigstellung des Korridors von Vasari

ab 1593 Ausschließliche Duldung von Goldschmieden und Juwelieren in den Läden der Brücke

1966 Verwüstung von Florenz durch Hochwasser, schwerer Schaden am Ponte Vecchio

1982 Aufnahme des historischen Zentrums von Florenz mit der Brücke in das Weltkulturerbe der UNESCO

Giorgio Vasari

Der italienische Maler, Baumeister und Kunstschriftsteller (1511–74) war vielseitig begabt. In Rom bildete er sich als Architekt unter dem Eindruck der Werke Michelangelos (➛ *S. 218*) fort. In Florenz wurde Vasari Hofarchitekt der Medici. Hier war er für den Umbau des Palazzo Vecchio, den er teilweise selbst ausstattete, die Errichtung des Verwaltungsbaus der Uffizien (heute Gemäldegalerie), ➛ *Vasaris Korridor* am Ponte Vecchio und die Ausmalung der Kuppel des Doms (➛ *S. 206f.*) verantwortlich. Berühmt wurde er auch durch sein Buch über Künstler der Renaissance (1550), das zu den wichtigsten Quellen der Kunstgeschichte zählt. Auch als Maler war Vasari beliebt, da jedoch nicht so talentiert wie als Architekt.

Federico da Montefeltro

Federico da Montefeltro (1422–82) wurde humanistisch erzogen. Nachdem er durch seine militärische Karriere als Söldnerführer enormen Reichtum erworben hatte, wurde er 1474 zum Herzog von Urbino erhoben. Der Hof des gebildeten und machtvollen ➛ *Herzog Federico* wurde zu einem der kultiviertesten ganz Europas. Während seiner Regentschaft gab er zahlreichen Architekten und Künstlern wie Piero della Francesca Aufträge. Berühmt ist sein Porträt von Francesca in den Uffizien von Florenz. Federicos Palast in Urbino vertritt das neuartige Konzept eines bürgernahen Herrschersitzes, der den Einwohnern Urbinos weitgehend offen stand.

Fries von Domenico Rosselli auf dem Kamin im Saal der Engel

Die Nationalgalerie der Marken

Die Nationalgalerie im Herzogspalast zählt zu den größten Kunstsammlungen Italiens und umfasst Werke regionaler Künstler und zahlreiche durch die Herzöge von Urbino in Auftrag gegebene Gemälde. Glanzstücke sind Piero della Francescas ➛ *»Geißelung Christi«* und die »Madonna von Senigallia« sowie die berühmte ➛ *»Stumme«* von Raffael. Weitere Werke stammen von Luca Signorelli, Andrea del Verrocchio, Paolo Uccello und Tizian (»Das letzte Abendmahl«). Außerdem sind hier der Alkoven von Federico da Montefeltro, eine Keramiksammlung regionaler Manufakturen und flämische Wandteppiche nach Entwürfen von Raffaello zu sehen.

Der Herzogspalast von Urbino

Italiens schönster Renaissancepalast wurde im 15. Jahrhundert im Auftrag von Federico da Montefeltro errichtet, dem späteren Herzog von Urbino. Sein prachtvoller Palast ist von architektonischer Klarheit und Großzügigkeit und zeugt von höfischem Lebensstil sowie den Idealen der Renaissance. Hier ist heute die Nationalgalerie der Region Marken untergebracht.

★ »Geißelung Christi«
Die auf diesem Tafelbild (15. Jh.) von Piero della Francesca dargestellte Szene wirkt durch die Perspektive besonders dramatisch.

Der Palast dominiert das Stadtbild von Urbino.

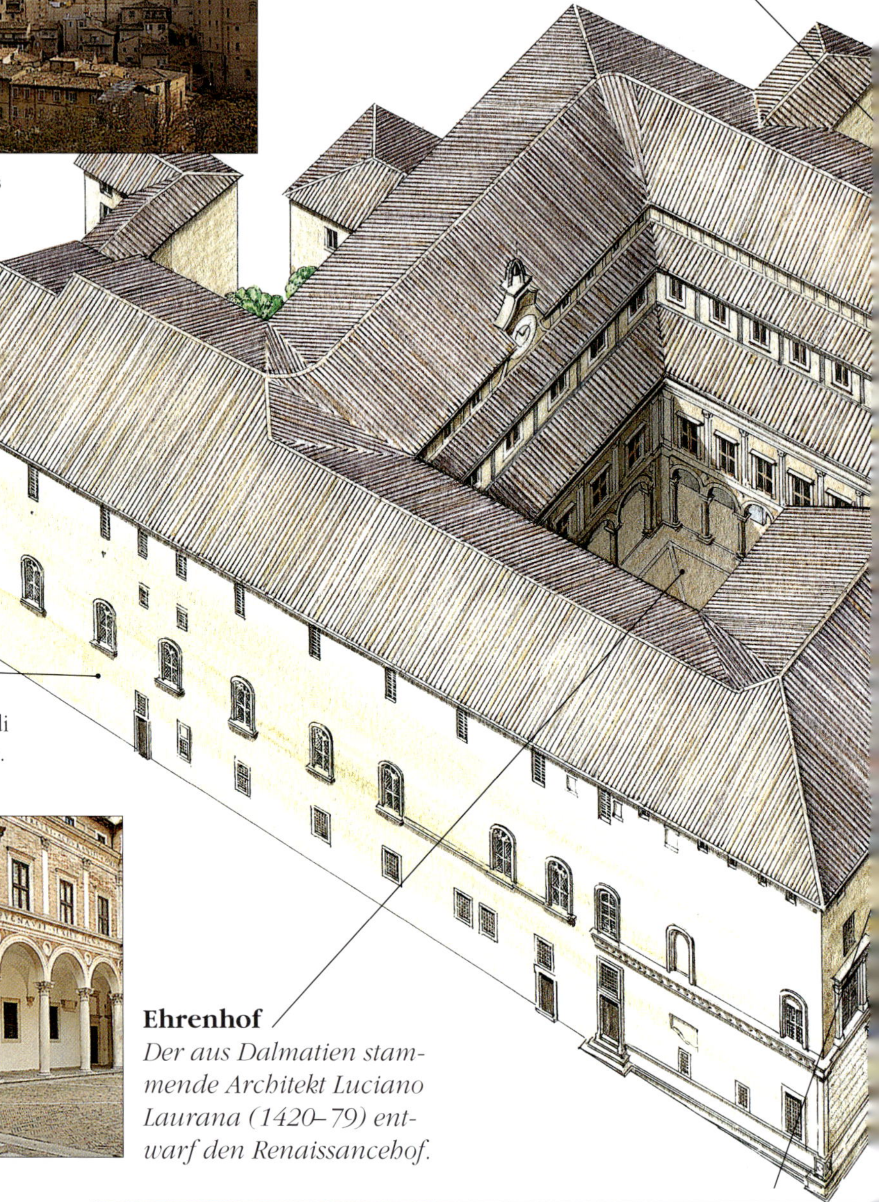

Der schlichte Ostflügel wurde vor 1460 wohl von Maso di Bartolomeo entworfen.

Ehrenhof
Der aus Dalmatien stammende Architekt Luciano Laurana (1420–79) entwarf den Renaissancehof.

Idealstadt
Die Renaissancestadt auf dem Luciano Laurana zugeschriebenen Gemälde (15. Jh.) zeichnet sich durch harmonische Proportionen aus.

★ **Studierzimmer**
Die Holzeinlegearbeiten im ehemaligen Studierzimmer Federico da Montefeltros stammen zum Teil von Botticelli. Die Paneele zeigen Federicos Rüstung, seine Bücher sowie wissenschaftliche und Musikinstrumente.

Die Fürstenhöfe

Die italienischen Fürstenhöfe spielten für die Entwicklung der Renaissancekultur eine große Rolle. Neben den Zentren Florenz, Rom und Venedig entwickelten sich kleinere Höfe wie Urbino, Ferrara und Mantua dank ihres Wohlstandes zu Heimstätten der Kunst. Federicos Hof zog Intellektuelle und Künstler an.

Die Gemächer der Herzogin waren in diesem Flügel untergebracht.

Die Bibliothek zählte zum Zeitpunkt ihrer Gründung zu den größten Europas.

Herzog Federico
Der Herzog – hier mit seinem Sohn – wurde wegen einer Gesichtsverletzung immer von links im Profil porträtiert, so auch auf diesem Gemälde (15. Jh.) von Pedro Berruguete.

★ **»Die Stumme«**
Raffaels Gemälde könnte die Florentiner Adlige Maddalena Doni darstellen. Raffael wurde 1483, im Jahr nach Herzog Federicos Tod, in Urbino geboren.

Höhepunkte

★ **»Geißelung Christi«**

★ **Studierzimmer**

★ **»Die Stumme«**

Daten und Fakten

um 1455 Baubeginn des Palastes

1468–72 Bauleitung durch Luciano Laurana

1504–08 Erhöhung des Ostflügels

um 1536 Fertigstellung

1998 Aufnahme des historischen Zentrums von Urbino mit dem Palast in das Weltkulturerbe der UNESCO

Die Renaissance

Die Stilepoche löste in Italien um 1420 als Frührenaissance die Gotik ab (um 1500 Hochrenaissance, ab 1520 Spätrenaissance). Im übrigen Europa ist mit Renaissance (»Wiedergeburt«) die Zeit von 1500 bis etwa 1600 gemeint. Die Rückbesinnung auf die Antike führte zur Verwendung von Säulen, Arkaden, Rundbögen und Tonnengewölben, zur Betonung der Horizontalen und zur Gestaltung von Grundrissen und Fassaden mit Rücksicht auf Symmetrie und Regelmäßigkeit. Die Architekten ließen sich von geometrischen Grundformen wie Quadrat, Würfel und Kreis inspirieren. Kirchen wurden als kuppelbekrönte Zentralbauten errichtet, Häuser um einen Innenhof (➤ *Ehrenhof*) herum gebaut. In der Hoch- und Spätrenaissance wurde die Fassade reicher mit Pilastern sowie Halb- und Vollsäulen gegliedert. Offene Loggien, Brüstungen und Giebelverdachungen kamen hinzu. In England entstand der Tudorstil aus der Verbindung von gotischen und Renaissance-Elementen.

Die aufwendige gotische Fassade des Doms von Siena

Die Taufkapelle des heiligen Johannes

Unterhalb des Apsis des Doms befindet sich die Taufkapelle, die bis 1325 fertig gestellt wurde. Glanzstück des in leuchtenden Farben freskierten Raums ist ein monumentales, sechseckiges Taufbecken (1417–30) mit sechs Relieftafeln, die Szenen aus dem Leben Johannes des Täufers zeigen. Sie wurden von den Bildhauern Jacopo della Quercia (Verkündung der Geburt Johannes'), Donatello (Enthauptung des Täufers und Fest des Herodes), Ghiberti (u.a. Taufe Christi) und Giovanni Turino (u.a. Geburt des Täufers) ausgeführt.

Die Piccolomini-Bibliothek

Die ➛ *Piccolomini-Bibliothek* im linken Seitenschiff wurde um 1495 errichtet. Kardinal Francesco Todeschini Piccolomini, der spätere Papst Pius III., ließ sie zu Ehren seines humanistisch gebildeten Onkels Enea Silvio Piccolomini, Papst Pius II., erbauen. Die Bibliothek weist herrliche Fresken (1502 bis 1509) von Pinturicchio auf. Sie zeigen zehn wichtige Begebenheiten aus dem Leben von Pius II. Pinturicchio malte auch das Fresko über dem Eingang, das die Krönung von Papst Pius II. darstellt. In den Schaukästen sind Choralbücher mit Miniaturen u.a. aus dem 15. Jahrhundert ausgestellt.

Der Dom von Siena

Der Dom Santa Maria Assunta in Siena gehört zu den eindrucksvollsten Kirchen Italiens und zugleich zu den am reichsten mit Bildwerken ausgestatteten Gotteshäusern der Christenheit. Der im 12. Jahrhundert begonnene Bau erhielt Ende des 13. Jahrhunderts seinen bildhauerischen Fassadenschmuck im Sinn der französischen Gotik (➛ *S. 72*). Im 14. Jahrhundert beschloss man, auf der Südseite einen größeren Dom zu errichten. Der Plan wurde jedoch wegen der enormen Kosten aufgegeben. Heute beherbergt das rechte Seitenschiff des unvollendeten Baus das Dommuseum.

★ Relieftafeln der Kanzel
Die 1266–68 von Nicola Pisano (➛ S. 204) geschaffenen Reliefs für die achteckige Kanzel erzählen das Leben Christi.

★ Marmorintarsien
Die Intarsien im Fußboden zeigen u.a. Darstellungen des bethlehemitischen Kindermordes. Sie sind jedes Jahr im September zu besichtigen.

Kirchenschiff
Die Kuppel wird von gestreiften Marmorpfeilern getragen.

Taufkapelle des heiligen Johannes

★ Piccolomini-Bibliothek
Pinturicchios Fresken stellen das Leben von Papst Pius II. (♔ 1458–64) dar. Hier führt er Kaiser Friedrich III. und Eleonore von Portugal einander zu.

Höhepunkte

- ★ Relieftafeln der Kanzel
- ★ Piccolomini-Bibliothek
- ★ Marmorintarsien

Unvollendetes Kirchenschiff
Bei Vollendung wäre es 50 Meter lang und 30 Meter breit gewesen.

Das rechte Seitenschiff des unvollendeten neuen Doms wurde überdacht und als Dommuseum eingerichtet.

Säulenbasis im unvollendeten Teil

Die Fassade weist eine Vielfalt von Säulchen, Ornamentbändern, Giebeln und Vorsprüngen auf.

Fassadenskulpturen
Viele der Figuren wurden durch Kopien ersetzt. Die Originale sind im Dommuseum zu sehen.

Sonnensymbol
In der Hoffnung, das Blutvergießen zu beenden, versuchte der heilige Bernhardin von Siena (1380–1444), die sich befehdenden Sieneser von der Loyalität zu ihren 17 Stadtteilen (Contraden) abzubringen und sie unter diesem Symbol des auferstandenen Christus zu einen.

Eingang zum Dom

FRESKENFUND

2001 entdeckten Arbeiter, die Schutt aus einem Oratorium unterhalb des Doms entfernten, einen schönen Freskenzyklus aus dem Jahr 1270. Die Fresken sollen von verschiedenen Künstlern stammen.

DATEN UND FAKTEN

Mitte 12. Jahrhundert Beginn der Bauarbeiten

1256–60 Wölbung des Mittelschiffs, Bau der Kuppel

1267 Vollendung der Apsis

1316 Erweiterung des Chores

1339 Baubeginn eines neuen Doms und Baustopp des alten

1355–82 Fertigstellung des alten Doms

1995 Aufnahme der Altstadt von Siena mit dem Dom in das Weltkulturerbe der UNESCO

DAS DOMMUSEUM

Der 1339 begonnene neue, jedoch unvollendet gebliebene Dom, in den der alte als Querschiff einbezogen werden sollte, dient seit 1870 als Dommuseum. Hier sind Originale der ➛ *Fassadenskulpturen* ausgestellt, die Giovanni Pisano (➛ *S. 204*) 1285 bis 1297 schuf. Ein Madonnenrelief (um 1430) von Donatello stammt vom Seitenportal des Doms. Herausragend ist die »Maestà« (1308 bis 1311) von Duccio di Buoninsegna. Das ehemalige Hauptaltarbild gehört zu den schönsten Werken des sienesischen Meisters. Es zeigt auf der Vorderseite die Madonna und das Kind, umgeben von Engeln und Heiligen. Die ursprünglich als Rückseite gedachten 26 Tafeln sind der Passion Christi gewidmet. Auch Werke von Pietro Lorenzetti (Mariengeburt, 1342) und Jacopo della Quercia (Holzskulpturen-Gruppe Madonna und Heilige, 1420 bis 1424) sowie der Domschatz befinden sich hier.

Stich der Basilika des heiligen Franziskus

Franz von Assisi

Franz wurde 1181/82 als Sohn einer reichen Familie in Assisi geboren. 1206 entsagte er allem Reichtum und wandte sich einem Leben in Armut, Keuschheit und Gebet zu. Er kümmerte sich um Arme, Kranke und um Tiere. Seine Demut zog bald viele Anhänger an. Mit seinen Gefährten gründete er 1209 den Orden der »Minderen Brüder« zum Dienst an Menschheit und Kirche in Armut und Buße. Der rasch wachsende Orden wurde 1210 von Papst Innozenz III. mündlich anerkannt und 1223 von Papst Honorius III. offiziell bestätigt. Ein franziskanischer Nonnenorden, die Klarissinnen, wurde 1212 gegründet. Franz' Schriften zeugen von seiner tiefen Frömmigkeit. Er starb 1226 in Assisi. Zwei Jahre später wurde er heilig gesprochen und 1939 zum Schutzheiligen von Italien (➛ *Der heilige Franziskus*). Weitere Ordensgemeinschaften entstanden.

Das Erdbeben 1997

Im September und Oktober 1997 bebte in Umbrien die Erde. Die Basilika in Assisi wurde stark in Mitleidenschaft gezogen. In der ➛ *Oberkirche* stürzten Teile des Vierungsgewölbes ein. Dabei wurden Fresken von Cimabue zerschmettert sowie solche, die Giotto zugeschrieben werden. Der Franziskus-Zyklus (➛ *Fresken von Giotto*) und die Buntglasfenster überstanden das Beben ohne Schaden. Dank sorgfältiger Restaurierung konnte die Kirche im November 1999 wieder geöffnet werden.

Basilika des heiligen Franziskus

Die Basilika mit dem Grab des Franz von Assisi ist eine der aufwendigsten Heiligenkirchen Italiens. Sie wurde 1228, zwei Jahre nach dem Tod des Heiligen, begonnen. Führende Künstler jener Zeit wurden mit der Ausstattung des aus Ober- und Unterkirche bestehenden Gotteshauses beauftragt, darunter Cimabue, Simone Martini, Pietro Lorenzetti und Giotto. Giottos Freskenzyklus »Das Leben des heiligen Franz« ist einer der berühmtesten ganz Italiens.

Der heilige Franziskus
Cimabue hat in seinem Bildnis (um 1280) die Bescheidenheit des in Armut lebenden Heiligen eingefangen.

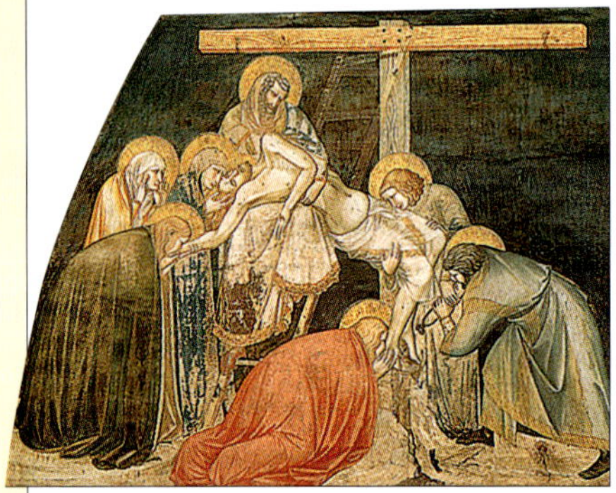

★ Fresken von Lorenzetti
Die kühne Komposition von Pietro Lorenzettis »Kreuzabnahme« (1323) zeigt nur einen Ausschnitt des Kreuzes und rückt so den Schmerzensmann Christus in den Mittelpunkt.

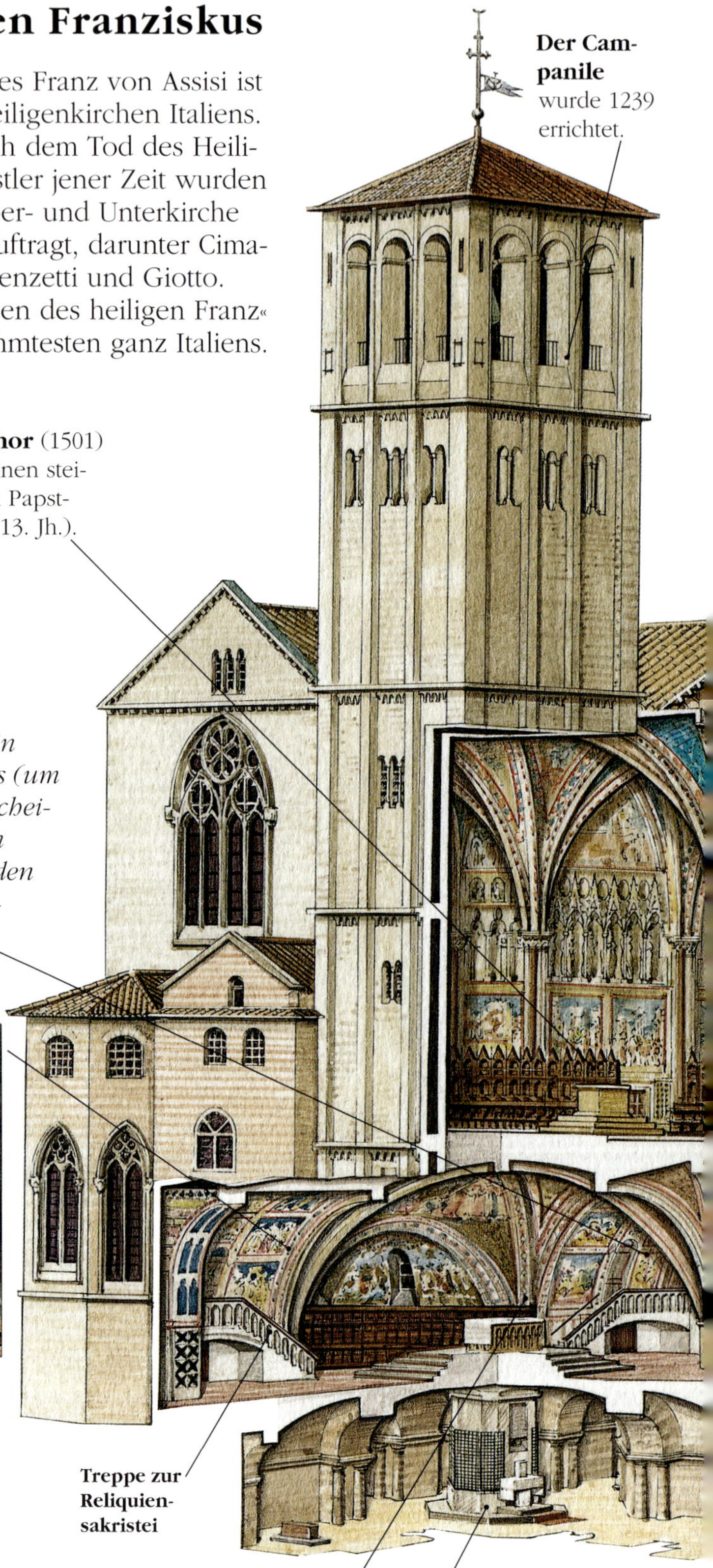

Der Campanile wurde 1239 errichtet.

Der Chor (1501) birgt einen steinernen Papstthron (13. Jh.).

Treppe zur Reliquiensakristei

Die Krypta birgt das Grabmal des heiligen Franziskus.

Höhepunkte

- ★ **Fresken von Lorenzetti**
- ★ **Fresken von Giotto**
- ★ **Martinskapelle**

Unterkirche
Die Seitenkapellen der romanischen Unterkirche (➛ S. 199) wurden im 14. Jahrhundert angefügt.

Oberkirche
Das hohe, luftige Innere der Oberkirche (13. Jh.) ist eines der ersten Zeugnisse italienischer Gotik (➛ S. 72). Viele spätere Franziskanerkirchen wurden von ihr beeinflusst.

Die Dichtungen des Franz von Assisi

Um von vielen verstanden zu werden, predigte und schrieb Franz nicht auf Latein, sondern in seiner Muttersprache. Er schrieb einfache, lyrische Hymnen für jedermann. Im »Sonnengesang« (1224), einem Meilenstein der italienischen Dichtung, pries er die gesamte Schöpfung Gottes.

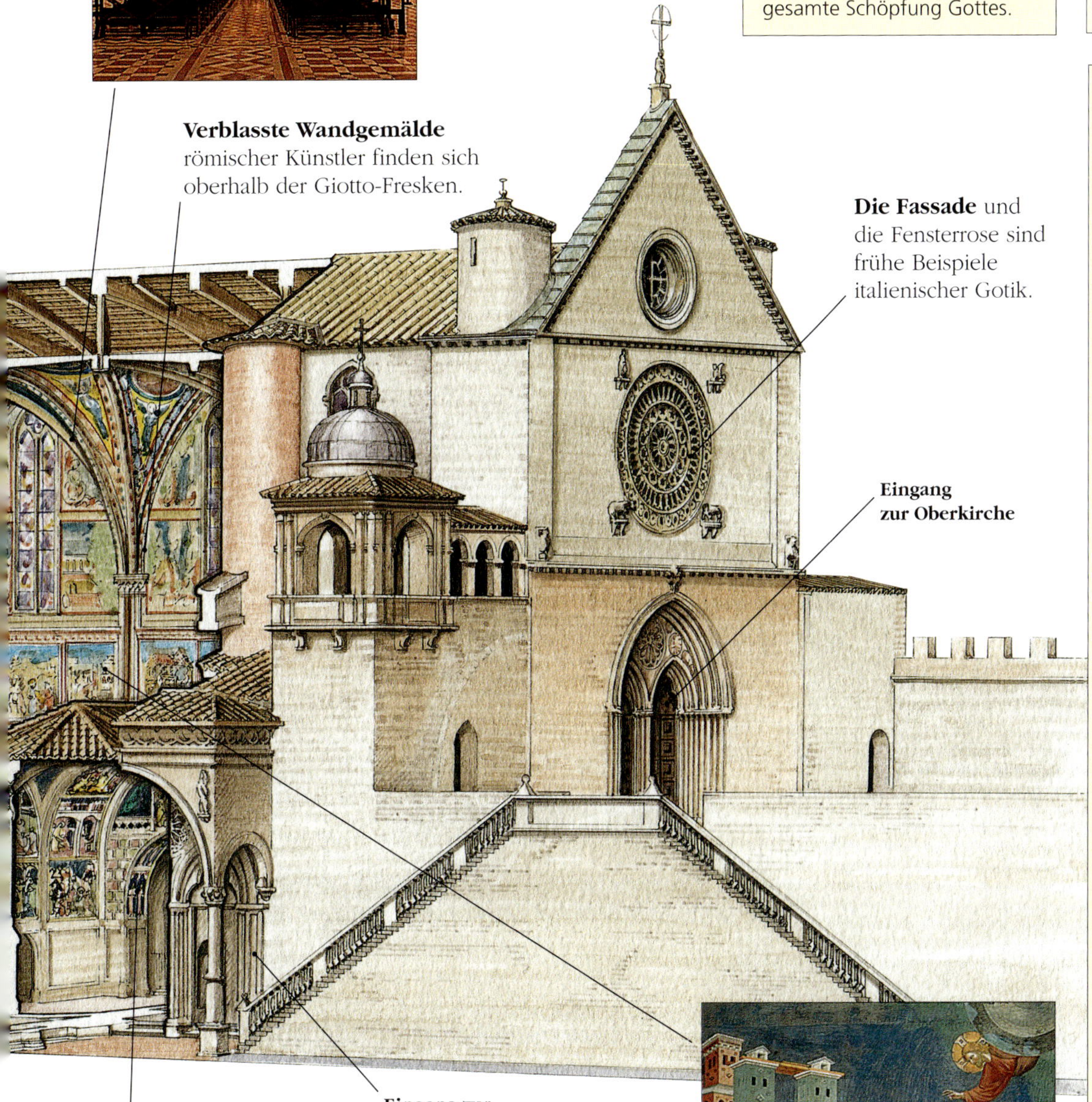

Verblasste Wandgemälde römischer Künstler finden sich oberhalb der Giotto-Fresken.

Die Fassade und die Fensterrose sind frühe Beispiele italienischer Gotik.

Eingang zur Oberkirche

Eingang zur Unterkirche

Daten und Fakten

1228 Grundsteinlegung für die Unterkirche durch Papst Gregor IX.

1230 Überführung der Gebeine des heiligen Franziskus in die unvollendete Kirche

1253 Weihe von Unter- und Oberkirche

14. Jahrhundert Anfügung von Kapellen an Unterkirche

1818 Wiederentdeckung des Franziskusgrabes

1925–32 Umbau der Krypta

1997–99 Nach Erdbebenschäden Restaurierung

2000 Aufnahme in das Weltkulturerbe der UNESCO

Giottos Fresken

Der große toskanische Baumeister und Maler Giotto di Bondone (um 1266–1337) gilt als Neuerer der italienischen Malerei. Er entfernte sich vom dekorativen, Goldgrund verwendenden, formelhaften byzantinischen Stil. Seine Figuren demonstrieren Natürlichkeit und Gefühl durch dramatische Gebärden. Die dargestellte Handlung stellte der Künstler in einen Bezug zur gemalten Architektur. Die ➛ *Fresken von Giotto* wurden »al fresco« gemalt. Dabei trug er die Farben auf eine feuchte Grundschicht aus Kalk und Sand auf, die von einer dünnen Kalkdeckschicht überzogen war. Die wasserlöslichen Farbpigmente verbanden sich beim Trocknen dauerhaft mit der Wand. Das Ergebnis waren kräftige, satte Farben. Die Kalkdeckschicht wurde immer nur für ein Tagwerk aufgestrichen.

★ Martinskapelle
Die Fresken in dieser Kapelle zeigen Szenen aus dem Leben des heiligen Martin (um 1315) von Simone Martini. Dieses Bild zeigt den Tod des Heiligen. Auch die schönen Buntglasfenster sind ein Werk Martinis.

★ Fresken von Giotto
Die »Ekstase des heiligen Franz« (um 1290–vor 1300) ist eines von 28 Bildern, in denen Giotto das Leben des Heiligen darstellte.

Kämpfe in der Arena

Die römischen Kaiser veranstalteten Spiele, bei denen zu Beginn häufig Tierdressuren vorgeführt wurden. Es folgten die Gladiatoren, meist Sklaven, Kriegsgefangene oder Verbrecher. Sie kämpften bis zum Tod eines der Kontrahenten miteinander. Bei Spielen, die über mehrere Tage gingen, wurden Tausende von Kämpfern getötet. Die Toten wurden von Bediensteten weggeschafft, die als Charon (der mythologische Fährmann des Todes) verkleidet waren. Ein verwundeter Gladiator konnte sein Schicksal in die Hände des Publikums geben. Ging der Daumen der Zuschauer hoch und der Kaiser schloss sich dem Urteil an, blieb er am Leben. Ging er nach unten, starb er. Sieger wurden zu Helden – und gelegentlich freigelassen.

Kaiser Vespasian

Titus Flavius Vespasianus (9–79 n. Chr.), ➛ *der Bauherr des Kolosseums*, ging nach dem Selbstmord Kaiser Neros im Jahr 68 als Sieger aus den Machtkämpfen um dessen Nachfolge hervor und war ab 69 für zehn Jahre römischer Kaiser. Vespasian sorgte für Stabilität und relative Ruhe im Reich. Er sanierte die Staatsfinanzen und initiierte eine Reihe von Bauprojekten, neben dem Kolosseum auch einen Friedenstempel. Er ließ Straßen bauen und den Tiber regulieren. Erst unter seinem Sohn und Nachfolger Titus wurde das Kolosseum eingeweiht.

Blick über das Forum Romanum zum Kolosseum

Das Kolosseum

Das grandiose Rund des Kolosseums war ab 80 n. Chr. Schauplatz blutrünstiger Gladiatorenkämpfe, grausamer Tierhetzen, Aufsehen erregender Wagenrennen und inszenierter Seeschlachten. Hierfür konnte der Boden unter Wasser gesetzt werden. Kaiser Vespasian ließ dort, wo Nero seinen Goldenen Palast mit Privatsee angelegt hatte, das größte Theater der römischen Welt errichten. Mit einer Höhe von 57 Metern und bei einer Längsachse von 186 Metern fasste es schätzungsweise 50 000 Zuschauer. Im Mittelalter diente das Kolosseum lange als Steinbruch und büßte dabei seine ursprüngliche Marmorverkleidung ein. Die Zeichnung zeigt, wie es bei seiner Eröffnung 80 n. Chr. aussah.

Außenmauer des Kolosseums
Nach 1321 plünderte man die Fassade des Bauwerks, um Paläste, Brücken und Teile der Peterskirche (➛ S. 218f.) zu bauen.

Der Bauherr des Kolosseums
Vespasian stieg vom Berufssoldaten 69 n. Chr. zum Kaiser auf und begründete die Dynastie der Flavier.

Die Außenmauern bestehen aus Travertin.

Die Poller dienten der Befestigung des Velariums.

Das Velarium war ein riesiges Sonnensegel, das Schatten spendete. Es wurde von Pfosten über dem obersten Stockwerk getragen und mit Seilen festgezurrt, die an Pollern außerhalb des Stadions verankert waren.

Pflanzen im Kolosseum

Anfang des 19. Jahrhunderts war das Kolosseum von Gras überwuchert. In seinen Ruinen hatte sich eine große Vielfalt von Kräutern, Gräsern und Wildblumen entwickelt. Botaniker wurden auf die Pflanzen aufmerksam, katalogisierten sie und veröffentlichten zwei Bücher, die 420 Arten nennen.

Borretsch, ein Küchenkraut

Innengänge
Diese waren so angelegt, dass die riesige Zuschauermenge die drei Ränge aus Stein und den aus Holz schnell erreichen konnte.

Die Gladiatoren

Gladiatoren waren trainierte Männer, die sich in Gladiatorenschulen professionell für ihre Kämpfe vorbereiteten. Für jeden Kampfstil gab es spezielle Trainer. Gekämpft wurde vor allem mit verschiedenen Arten von Schwertern, aber auch mit Lanzen, langen Dolchen, Wurfnetzen und dem Dreizack.

Das Vomitorium diente den nummerierten Abteilungen jeweils als Ausgang.

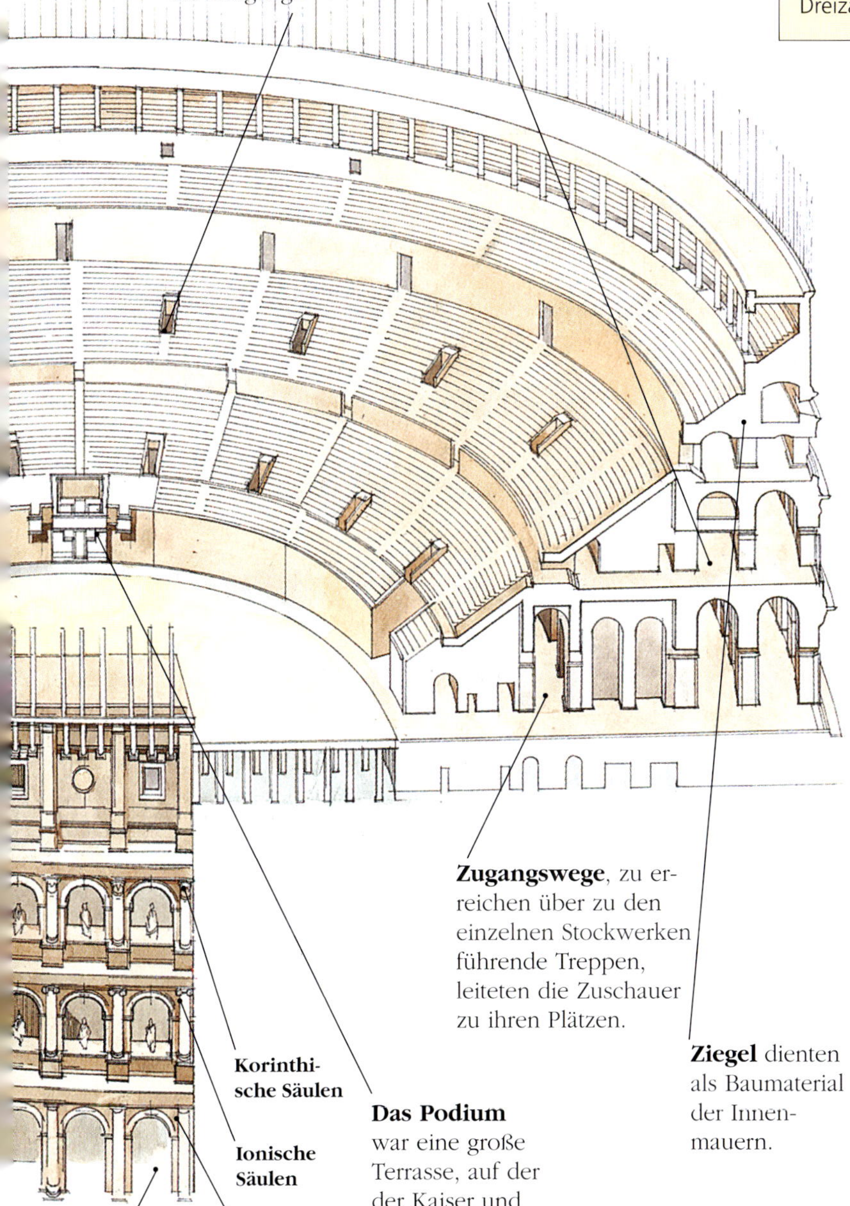

Zugangswege, zu erreichen über zu den einzelnen Stockwerken führende Treppen, leiteten die Zuschauer zu ihren Plätzen.

Ziegel dienten als Baumaterial der Innenmauern.

Korinthische Säulen

Ionische Säulen

Dorische Säulen

Das Podium war eine große Terrasse, auf der der Kaiser und die Oberschicht ihre Zuschauerplätze hatten.

Nummerierte Bogeneingänge, 80 an der Zahl, nahmen die zu den Kämpfen herbeiströmenden Massen auf. Auf jeder Eintrittsmünze (»tessera«) stand die Eingangsnummer.

Koloss des Nero
In der Nähe erhob sich einst eine 35 Meter hohe Bronzestatue des Nero, die dem Kolosseum vielleicht den Namen gab.

Unter der Arena
Ausgrabungen Ende des 19. Jahrhunderts brachten unterirdische Käfiganlagen ans Licht.

Daten und Fakten

72 n. Chr. Baubeginn unter Kaiser Vespasian

80 Einweihung durch Kaiser Titus

403 Letzte Gladiatorenkämpfe

523 Letzte Tierhetzen

12. Jahrhundert Umbau zur Burg

1321 Übergabe des Kolosseums durch Kaiser Heinrich VII. an das Volk von Rom; Verfall des Baus

1749 Weihe zur Märtyrerstätte im Gedenken an die Christenverfolgung

ab 1805 Restaurierung

1980 Aufnahme des historischen Zentrums von Rom in das Weltkulturerbe der UNESCO

Im Kolosseum

Das Stadion ist in Form einer Ellipse gebaut. Geschossweise angeordnet steigen die Sitzreihen um die riesige Arena herum nach oben an. Die verschiedenen sozialen Klassen waren voneinander getrennt. Eine Reihe von Räumen, Durchgängen und Aufzügen befindet sich ➛ *unter der Arena*. Sie dienten den Gladiatoren und Tieren. Tierkäfige fand man am tiefsten Punkt unterhalb des einst hölzernen Arenabodens. Wenn Tiere gebraucht wurden, zog man sie mit Winden auf die Ebene der Arena hoch, die sie über ein System von Rampen und Falltüren betreten konnten. Für die Veranstaltungen im Kolosseum wurden Tiere wie Löwen, Elefanten oder Nilpferde aus Nordafrika und dem Nahen Osten nach Rom gebracht.

Das Innere der Peterskirche mit Berninis Bronzebaldachin

Michelangelo

Der Bildhauer, Architekt und Maler Michelangelo Buonarroti (1475–1564) gilt als Hauptmeister der Hochrenaissance (➛ *S. 211*). Er absolvierte seine Lehrzeit als Maler bei Domenico Ghirlandaio. Eins seiner Frühwerke, die ➛ *»Pietà«*, eine technisch vollendete, ausdrucksvolle Plastik, steht in der Peterskirche. Zwischen 1508 und 1512 malte Michelangelo im Auftrag von Papst Julius II. die Decke der Sixtinischen Kapelle im Vatikan aus. 1546 übernahm er die Leitung beim Bau der Peterskirche. Die von Rippen gegliederte ➛ *Kuppel* über dem Grab des Petrus, die höchste und größte Roms, ist seine architektonische Meisterleistung. Sie besteht aus einer inneren und äußeren Schale, ruht auf vier gewaltigen Pfeilern und schließt mit einer Laterne ab.

Die Schatzkammer

In der Sakristei der Kirche ist die Schatzkammer untergebracht. Hier befinden sich die heilige Säule, an die sich Christus im Tempel in Jerusalem angelehnt haben soll, und der Sarkophag des Junius Bassus aus dem 4. Jahrhundert. Der Höhepunkt ist jedoch das Grabmal für Papst Sixtus IV. von Antonio Pollaiuolo (1493). Die auf dem Sarkophag ruhende Papstfigur ist sehr wirklichkeitsnah gestaltet. Personifikationen der Tugenden und der Künste umgeben sie.

Die Peterskirche

Als Hauptkirche der katholischen Christenheit zieht die marmorverkleidete Grabkirche des Apostels Petrus Besucher aus aller Welt an. Sie birgt Hunderte von wertvollen Kunstwerken, darunter die »Pietà« von Michelangelo und zahlreiche Grabmäler. Blickpunkt im Inneren sind der von Gian Lorenzo Bernini errichtete Bronzebaldachin über dem Papstaltar sowie die Cathedra Petri an der Apsiswand, die Fragmente des Sessels enthalten soll, von dem aus Petrus seine erste Predigt hielt. Die von Michelangelo entworfene gewaltige Rippenkuppel ist eines der Wahrzeichen Roms.

★ Kuppel
Michelangelo erlebte die Fertigstellung der von ihm entworfenen 136,5 Meter hohen Kuppel nicht mehr.

★ Bronzebaldachin
Der von Papst Urban VIII. in Auftrag gegebene Baldachin (1624–33) Berninis ist ein Meisterwerk des Barock.

Zur Kuppel fährt ein Lift hinauf, enge Stiegen führen bis in die Laterne.

Die Länge der Kirche beträgt im Innenraum 186 Meter.

Eingang zu Sakristei und Schatzkammer

Der Papstaltar steht über dem mutmaßlichen Petrusgrab.

Historischer Plan der Peterskirche

Petrus wurde 64 n.Chr. in der Totenstadt beim Circus des Nero, dem Ort seiner Kreuzigung, begraben. Um 324 ließ Konstantin I. eine Basilika über dessen Grab errichten. Die baufällige alte Kirche wurde im 15. Jahrhundert abgebrochen, im 16. und 17. Jahrhundert erfolgte der Neubau.

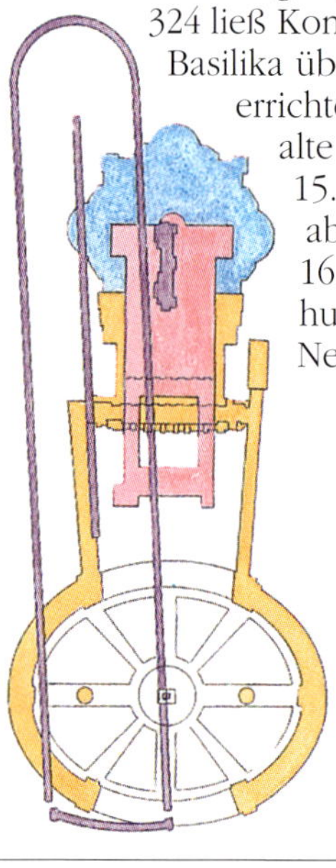

Legende
- Circus des Nero
- Konstantinisch
- Renaissance
- Barock

Grabmal Alexanders VII.
Berninis letzte Arbeit im Dom wurde 1678 fertig. Sie zeigt den Papst umringt von Allegorien der Gerechtigkeit, Klugheit, Liebe und Wahrheit.

Die Vatikanischen Grotten
Ein Fragment des Giotto-Mosaiks (13. Jh.), das aus der alten Basilika geborgen wurde, befindet sich in den Grotten mit den Grabstätten zahlreicher Päpste.

★ **»Pietà«**
Das seit einem Anschlag 1972 hinter Panzerglas stehende Andachtsbild schuf Michelangelo 1498–1500.

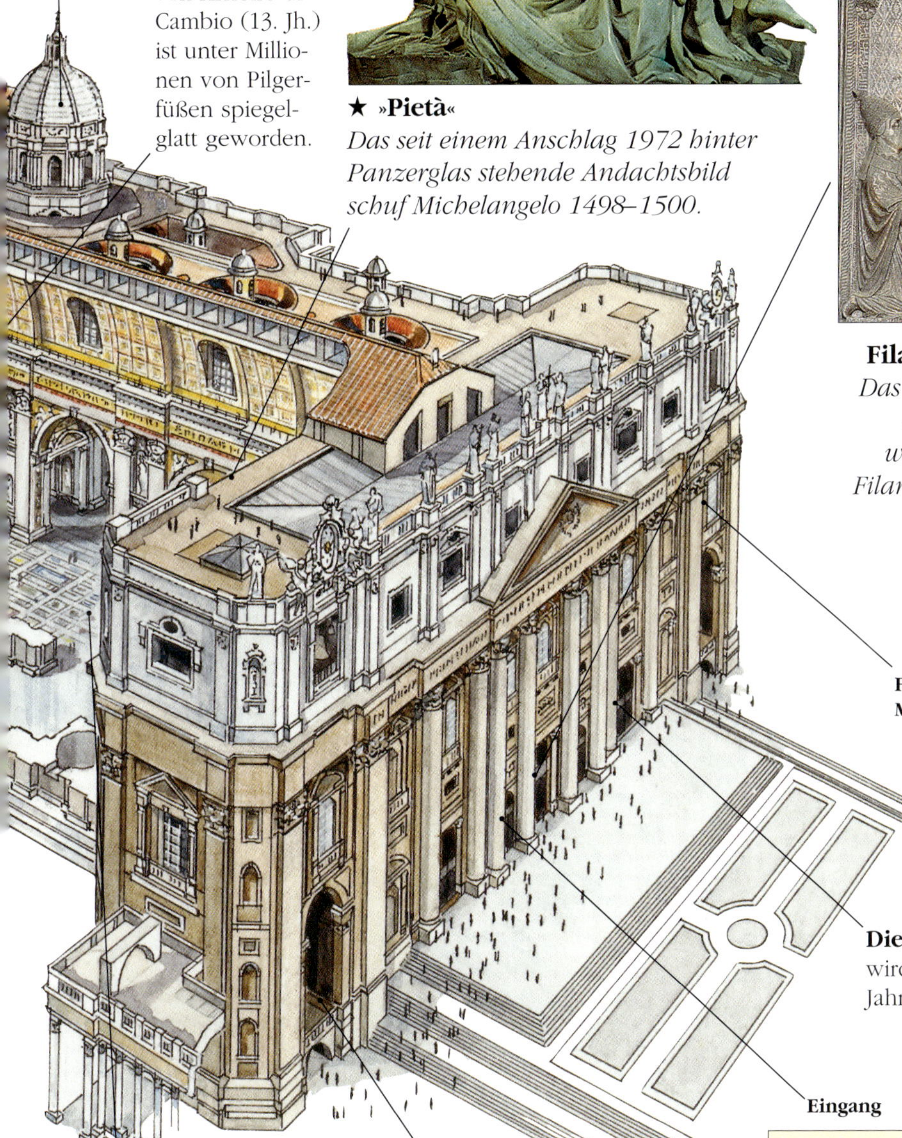

Eine der zwei kleineren Kuppeln von Jacopo Barozzi Vignola (1507–73)

Der Fußboden von Arnolfo di Cambio (13. Jh.) ist unter Millionen von Pilgerfüßen spiegelglatt geworden.

Fassade von Carlo Maderno

Die Heilige Pforte wird nur in Heiligen Jahren geöffnet.

Eingang

Atrium von Carlo Maderno

Markierungen im Fußboden des Mittelschiffs geben zum Vergleich die Länge anderer Kirchen an.

Der heilige Petrus

Petrus gilt als der erste Bischof von Rom und als Stellvertreter Christi auf Erden. In den Vatikanischen Nekropolen unter der Peterskirche fand man die Inschrift »Petrus rogat« (Petrus fragt/bittet), die man auf den Heiligen bezieht, sowie einen Altar (2. Jh.). Es scheint so, als sei Petrus tatsächlich hier begraben worden.

Filaretes Bronzetür
Das Portal (1433–45) der alten Basilika wurde von Antonio Filarete mit biblischen Szenen verziert.

Daten und Fakten

um 324 Bau einer Basilika über dem Grab des Petrus unter Kaiser Konstantin I.

1452–55 Baubeginn eines neuen Querhauses und des Chores

1506 Grundsteinlegung für die neue Basilika durch Papst Julius II.

1546–64 Michelangelo ist Bauleiter

1588–90 Vollendung der Kuppel

1614 Vollendung der Fassade

1626 Weihe der Kirche

1980 Aufnahme des historischen Zentrums Roms und der Vatikanstadt in das Weltkulturerbe der UNESCO

Gian Lorenzo Bernini

Der italienische Bildhauer, Baumeister und Maler (1598 bis 1680) war prägend für die barocke Architektur in Rom und gilt als bedeutendster europäischer Bildhauer nach Michelangelo. 1629 wurde er Dombaumeister von Sankt Peter. Er setzte der Kirche zwei seitliche Glockentürme auf, von denen einer einstürzte, und konzipierte die Kolonnaden (1656 bis 1667) des Petersplatzes. Ein Gutteil der aufwendigen Ausgestaltung von Sankt Peter ist von Bernini. Über dem Papstaltar errichtete er auf vier gewundenen Säulen einen ➛ *Bronzebaldachin*. Neben dem ➛ *Grabmal Alexanders VII.* schuf er das für Papst Urban VIII. (Apsis) mit einer Bronzestatue des Papstes sowie den Bronzeaufsatz für die Reliquie der Cathedra Petri (1656–65).

Höhepunkte

★ **Kuppel**

★ **Bronzebaldachin**

★ **»Pietà«**

Die Mysterienvilla

Diese große Villa an der Via dei Sepolcri außerhalb der Stadtmauer geht auf das 2. Jahrhundert v. Chr. zurück und wurde mehrfach umgebaut. Sie gehörte wahrscheinlich einer wohlhabenden Familie und könnte als Landhaus gedient haben. Berühmt ist die Villa für ihre Innendekoration mit gut erhaltenen Freskenzyklen. Der bekannteste befindet sich im Speisezimmer. Er zieht sich um alle Wände herum und zeigt 29 bewegte, lebensgroße Figuren in hellen Farben auf leuchtend pompejanischrotem Hintergrund. Ihre Deutung ist umstritten, doch könnte es die Einführung einer jungen Frau in einen Mysterienkult (daher der Name der Villa), möglicherweise den des Dionysos, sein.

Szene aus dem Freskenzyklus in der Mysterienvilla

Wichtige Strassen

Die einst belebteste Straße in Pompeji, die ➛ *Via dell'Abbondanza*, nimmt ihren Ausgang am Forum und verband die Altstadt mit später urbanisierten Stadtvierteln. An ihr standen Privathäuser und Geschäfte. Filz und gegerbte Häute wurden im Laden von Verecundus verkauft. Unweit davon stößt man auf eine gut erhaltene Wäscherei. Eine der bekanntesten Tavernen gehörte Asellina, deren Kellnerinnen die Malereien an der Wand des Gebäudes zeigen. Die Via Stabiana war eine große Durchfahrtsstraße, die von Fuhrwerken auf dem Weg zum Hafen und zur Küstenregion benutzt wurde. An ihr liegen die Stabianer Thermen (2. Jh. v. Chr.), nur eines von weiteren großen öffentlichen Bädern.

Pompeji

Die 79 n. Chr. untergegangene und unter einer sieben Meter hohen Asche- und Bimssteinschicht konservierte wohlhabende römische Stadt Pompeji ist eine der erschütterndsten und zugleich faszinierendsten archäologischen Stätten der Menschheit. Als die Überreste der Stadt ab 1748 ausgegraben wurden, entdeckte man Patrizierhäuser, Tempel, Skulpturen, Geschäfte, Theater, Thermen, Werkzeuge und Spuren der Opfer.

★ Haus der Vettier
Das Mitte des 1. Jahrhunderts n. Chr. umgestaltete Haus besitzt üppige Wandbemalungen. Mythologische Szenen sind im Speisezimmer dargestellt, im Wohnzimmer Eroten bei der Arbeit.

★ Haus des Fauns
Die größte Villa (um 180/170 v. Chr.) der Stadt wurde nach dieser Bronzestatuette benannt. Von hier stammt das Alexandermosaik, das heute im Archäologischen Nationalmuseum in Neapel zu sehen ist.

In der Bäckerei des Modestus wurden verkohlte Brote gefunden.

Heiligtum der Laren
Neben dem Tempel des Vespasian sind die Statuen der Schutzgottheiten der Stadt Pompeji, der so genannten »lares publici«, zu sehen.

Höhepunkte

- ★ Haus der Vettier
- ★ Haus des Fauns

Macellum
In der Markthalle (2. Jh. v. Chr.) wurden Fleisch und Fisch verkauft.

Pompeji

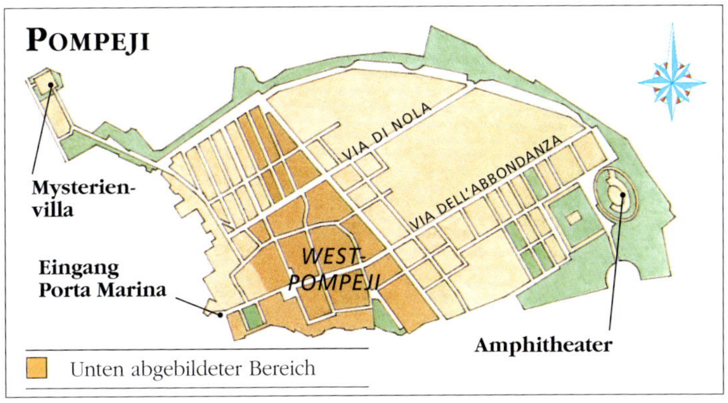

Grabungsfunde

Das Antiquarium beim Eingang in Pompeji zeigt neben anderen Funden auch die Gipsmenschen. In der verfestigten Aschenschicht entstanden Hohlräume, als die Körper der Verschütteten verwesten. Archäologen ließen sie mit Gips ausgießen und machten so die Opfer im Augenblick ihres Todes sichtbar.

Der Westteil

Im hier gezeigten Westteil von Pompeji stehen die eindrucksvollsten und am besten erhaltenen Ruinen. Es gibt auch im Ostteil große Patriziervillen, von denen manche bemerkenswert gut erhalten sind. Im Ostteil sind die Grabungen bis heute nicht abgeschlossen.

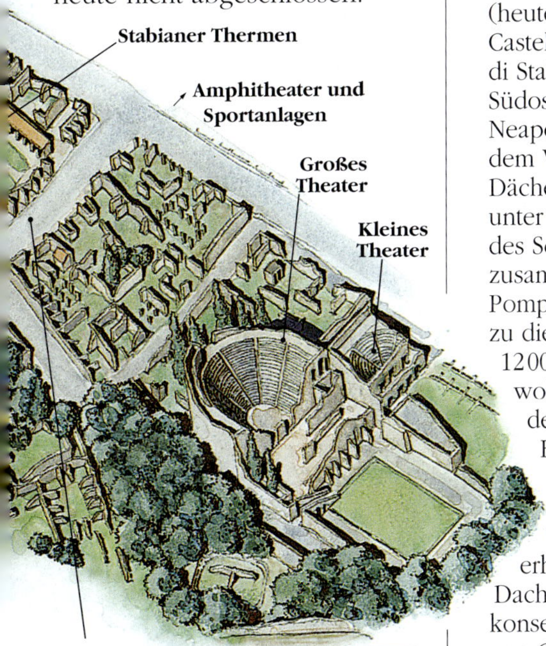

Via dell'Abbondanza
Die Straße war die Hauptachse im antiken Pompeji und wurde von Geschäften und Gasthäusern gesäumt.

Der Ausbruch des Vesuv

Fast 2000 Jahre nach dem Ausbruch des Vesuv ist man noch immer dabei, die Städte in seinem Schatten aus ihrer Umhüllung zu befreien. Asche und Bimsstein bedeckten Pompeji und Stabiae (heute Castellamare di Stabia) im Südosten von Neapel und dem Vulkan. Die Dächer brachen unter der Last des Schuttes zusammen. Pompeji hatte zu dieser Zeit etwa 12000 bis 15000 Einwohner. Im Westen des Vesuv versank Herculaneum in einer Schlammflut. Viele Gebäude blieben erhalten, sogar mit Dach. Der Schlamm konservierte eine Fülle von Gegenständen.

Im Jahr 79 n. Chr. war Plinius der Ältere – römischer Offizier, Schriftsteller und Naturforscher – Kommandant einer Flotte bei Misenum (heute Miseno) und beobachtete zusammen mit seinem Neffen, dem Schriftsteller Plinius dem Jüngeren, den drohenden Ausbruch von ferne. Begierig, diese Naturkatastrophe aus der Nähe zu sehen, begab sich Plinius der Ältere nach Stabiae, starb dort aber an den Dämpfen. Ausgehend von weiteren Augenzeugenberichten schilderte Plinius der Jüngere die ersten Stunden des Ausbruchs und den Tod seines Onkels in zwei Briefen an den römischen Historiker Tacitus.

Unser Wissen über den Alltag der antiken Römer stammt zum Großteil von den Ausgrabungen in Pompeji und Herculaneum. Die meisten Gegenstände, die in diesen Städten sowie in Stabiae ausgegraben werden konnten, befinden sich heute in Neapel im Archäologischen Nationalmuseum und bilden eine der faszinierendsten archäologischen Sammlungen der Welt.

Vase im Archäologischen Nationalmuseum in Neapel

Abguss einer sterbenden Mutter mit Kind im Museum in Neapel

Daten und Fakten

um 8. Jahrhundert v. Chr. Besiedelung des Gebiets

4. Jahrhundert v. Chr. Anlage der Stadt in der Form wie 79 n. Chr. und allmähliche Ausdehnung

80 v. Chr. Pompeji wird römische Kolonie

62 n. Chr. Schwere Beschädigungen durch Erdbeben

24. August 79 Ausbruch des Vesuv, bei dem Pompeji, Herculaneum und Stabiae verschüttet werden

1594 Entdeckung erster Spuren von Pompeji

1748 Erste Ausgrabungen

1860 Beginn systematischer Ausgrabungen

1997 Aufnahme in das Weltkulturerbe der UNESCO

1980 Erhebliche Schäden durch ein Erdbeben

Die Theater

Bis zum Jahr 79 entwickelte sich Pompeji zu einer aufstrebenden römischen Stadt mit Tempeln, luxuriösen Villen, Bädern und auch Theatern. Das große Theater stammt aus dem 2. Jahrhundert v. Chr. und fasste 5000 Zuschauer. Wahrscheinlich war es mit Marmor verkleidet und mit Statuen dekoriert. Während hier wohl Komödien gespielt wurden, diente das kleine Theater, das überdacht war, musikalischen Darbietungen und Dichterlesungen. Das Amphitheater (um 70 v. Chr.) für 20000 Personen wurde für Gladiatorenkämpfe genutzt und ist in drei Zonen unterteilt. Es ist der älteste erhaltene Bau dieser Art.

Die Stilmischung

Sizilien blickt auf eine wechselvolle Geschichte zurück. Die Insel war zunächst griechische Kolonie, dann Teil des Römischen Reiches. Ab 535 wurde sie byzantinische Provinz. 827 begann ihre arabische Eroberung. Ab 1091 war sie unter der Herrschaft der Normannen, die eine tolerante Mischkultur verwirklichten. Der Dom von Monreale ist ein Beispiel für die Mischung verschiedener Stile und Motive. Während die Doppelturmfassade der Westseite typisch für die Normannenarchitektur ist, ist das Spitzbogenportal ganz im arabisch-normannischen Stil gehalten. Im Inneren findet man antike Kapitelle neben arabischen Friesen und byzantinischen Mosaiken.

Die Mosaiken

Im Inneren von Monreale schufen erfahrene byzantinische und sizilianische Mosaikkünstler auf einer Wandfläche von 6340 Quadratmetern den größten ➛ *Mosaikzyklus* des Abendlandes. Auf strahlend goldenem Grund erzählen leuchtende Mosaikbilder aus der Bibel. Schon am Eingang wird der Blick auf die Apsis mit ➛ *Christus Pantokrator* gelenkt. Darunter sind Maria mit dem Kind zwischen Erzengeln und Aposteln, wiederum darunter Heilige dargestellt. Im Hauptschiff sind Szenen aus dem Alten Testament, beginnend mit der Schöpfungsgeschichte, zu sehen. Das Querschiff ist dem Leben und der Passion Christi gewidmet, von der Verkündigung Marias bis zur Himmelfahrt Christi.

Die vom Bildnis des Christus Pantokrator dominierte Apsis

Der Dom von Monreale

Kapitell im Kreuzgang

Die Kathedrale gilt als der großartigste Bau normannischer Kunst in Sizilien. In ihr verschmolzen normannische, arabische und byzantinische Stilelemente zu einer Einheit. Im Inneren glitzert eine überwältigende Fülle goldgrundiger Mosaike. Zu dem gewaltigen Baukomplex, den König Wilhelm II. im 12. Jahrhundert in Konkurrenz zur Residenz des Erzbischofs von Palermo anlegen ließ, gehörten ein Kloster mit Kreuzgang, ein Erzbischofs- und ein Königspalast. Nur der Dom und der Kreuzgang blieben erhalten.

★ Christus Pantokrator
Der kreuzförmige Grundriss des Doms lenkt den Blick auf das Mosaik des segnenden Weltenherrschers Christus.

Apsidenanlage
Wie ein orientalischer Teppich überziehen Verzierungen mit zweifarbigen Einlegearbeiten aus Tuff und Lavastein den imposanten Chorbau.

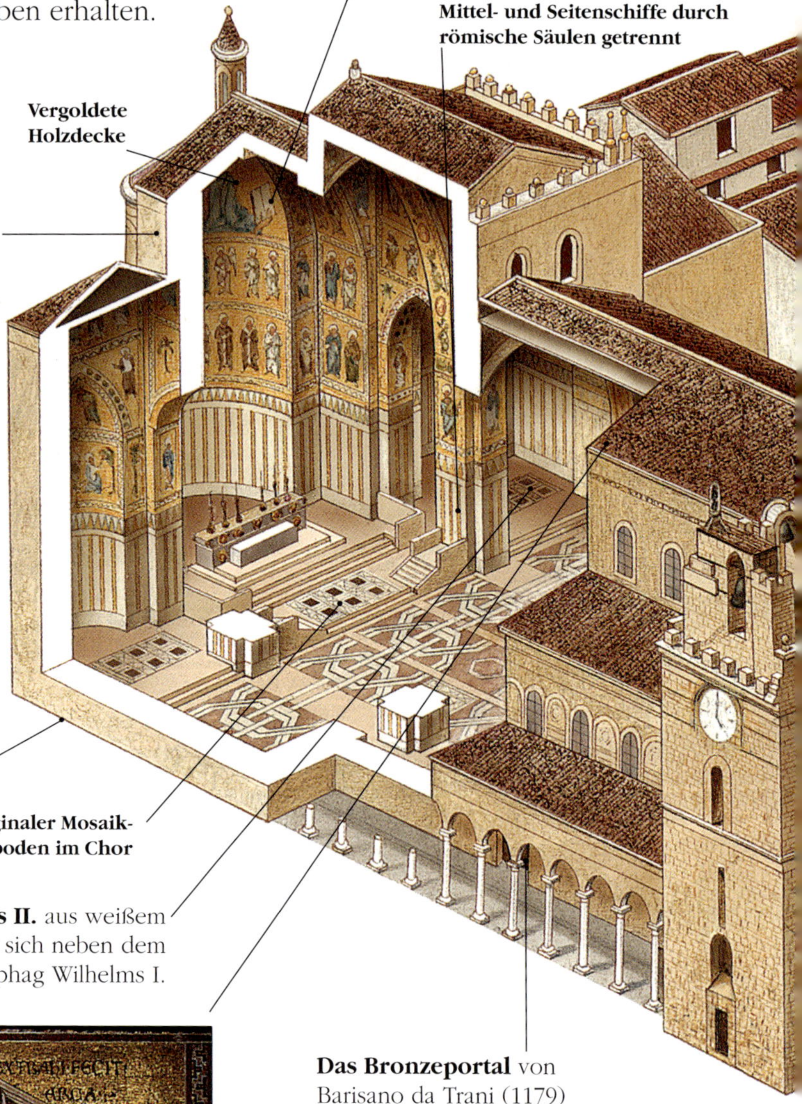

Mittel- und Seitenschiffe durch römische Säulen getrennt

Vergoldete Holzdecke

Eingang zur Kapelle des Kruzifixes und zum Domschatz

Originaler Mosaikfußboden im Chor

Das Grab Wilhelms II. aus weißem Marmor befindet sich neben dem Porphyrsarkophag Wilhelms I.

Das Bronzeportal von Barisano da Trani (1179) liegt hinter einem Portikus, der 1547–69 von Gian Domenico und Fazio Gagini gestaltet wurde.

★ Mosaikzyklus
Die reichen, 1182 vollendeten Mosaiken zeigen Szenen aus dem Alten und Neuen Testament, die Apostel Petrus und Paulus (Seitenapsiden), aber auch König Wilhem II. (Altar-Vorraum).

★ Kreuzgang
Der Gang mit prachtvoll geschmückten Spitzbogenarkaden misst 47x47 Meter. Jede der 228 marmornen Doppelsäulen ist individuell gestaltet. Die Schäfte sind gemustert, die Kapitelle mit Bildmotiven versehen.

Das Ende der Normannen

Sizilien wurde nur gut ein Jahrhundert von normannischen Königen regiert. Mit Wilhelm II. starb der letzte Normannenkönig. Sizilien fiel an Wilhelms Tante Konstanze, Tochter des Normannenkönigs Roger II., und damit an ihren Gemahl, den Staufer Heinrich VI., den späteren deutschen Kaiser.

Die Südwand und der Kreuzgang sind Reste des Benediktinerklosters.

Kleiner Brunnen im orientalischen Stil

Der Portikus (18. Jh.) wird von zwei wuchtigen Türmen flankiert.

Nordturm

Säulendetail
Handwerker aus ganz Italien arbeiteten an den Kreuzgangsäulen. Hier sind Adam und Eva zu sehen.

Bronzeportal
Die schöne Bronzetür (1186, von Bonanno Pisano) des Hauptportals zeigt 42 Bibelszenen. Der Löwe und der Greif sind Symbole des normannischen Königreichs.

Höhepunkte

- ★ Christus Pantokrator
- ★ Mosaikzyklus
- ★ Kreuzgang

Daten und Fakten

1174 Baubeginn des Doms (vollendet 1182) und des Benediktinerklosters mit Kreuzgang unter Normannenkönig Wilhelm II.

1182 Monreale wird Erzbistum

um 1185–90/91 Ausführung der Mosaiken

1186 Vollendung der Bronzetür des Hauptportals

17. Jahrhundert Bau der barocken Kapelle des Kruzifixes

1811 Brand des Doms, Erneuerung der Decke des Mittelschiffs

König Wilhelm II.

Während der Regentschaft des Normannenkönigs Wilhelm II. wurde Monreale zunehmend zum Zentrum kirchlicher Macht auf Sizilien. Das Kloster entwickelte sich zu einer wohlhabenden und einflussreichen Einrichtung. Wilhelm war erst 13 Jahre alt, als Wilhelm I. 1166 starb. Der junge König machte die Kathedrale nicht nur zu einem Denkmal seiner Herrschaft, sondern auch zum Mittelpunkt für die Ausbreitung christlicher Kultur in Westsizilien. Sein Großvater, Roger II., war vom Papst zum apostolischen Legaten ernannt worden, und so hatten die sizilianischen Normannenkönige als örtliche Stellvertreter des Papstes viele Freiheiten in kirchlichen Angelegenheiten. Wilhelm, der 1189 mit 36 Jahren starb, wurde in der Kathedrale beigesetzt. Das ➤ *Grab Wilhelms II.* befindet sich im rechten Chornebenraum.

Die Euphrasius-Basilika

Mosaik in der Apsis

Die Basilika in Poreč aus dem 6. Jahrhundert gehört zu einem der wenigen fast vollständig erhaltenen Kirchenensembles aus der Frühzeit des Christentums. Der im byzantinischen Stil komponierte Innenraum weist prachtvolle goldgrundige Mosaiken und Intarsien mit bunten Edelsteinen, Marmor und Perlmutt auf. In der nach dem Bauherrn, Bischof Euphrasius, benannten Basilika finden sich noch Reste des Vorgängerbaus, dem Gebetshaus des heiligen Maurus aus dem späten 3. Jahrhundert.

★ Altarüberbau

Den Chor dominiert ein schöner, von vier Marmorsäulen getragener Überbau aus dem 13. Jahrhundert. Er ist mit Mosaiken geschmückt.

★ Mosaiken

Das Mosaik (6. Jh.) über dem Triumphbogen zeigt Christus als Weltenrichter. Er wird zu beiden Seiten von Aposteln eingerahmt. Mosaiken in der Apsis stellen u.a. die Jungfrau mit Kind (unten links) sowie den heiligen Maurus und Bischof Euphrasius mit einem Modell der Basilika dar.

Garten Hier fand man die Reste eines Mosaikbodens aus dem Oratorium des heiligen Maurus (Ende 3. Jh.).

Sakristei und Gedächtniskapelle

Hinter der Sakristei steht eine Kapelle mit drei Apsiden und Mosaikboden aus dem 6. Jahrhundert sowie den sterblichen Überresten der Heiligen Maurus und Eleutherius.

Heiliger Maurus und Bischof Euphrasius

Man weiß wenig über die ersten Lebensjahrzehnte des heiligen Maurus, dem ersten Bischof von Poreč, und von Bischof Euphrasius. Im späten 3. Jahrhundert baute Maurus einen Andachtsraum, der von den ersten Christen für heimliche Gottesdienste benutzt wurde. Der Legende nach erlitt er den Märtyrertod während der Christenverfolgung unter Kaiser Diokletian. Nach vielen Stationen wurden seine Gebeine 1934 in die ➛ *Gedächtniskapelle* überführt. Bischof Euphrasius stellte die besten Handwerker für den Bau der Basilika an und schuf einen der großartigsten Baukomplexe des 6. Jahrhunderts.

Die byzantinischen Mosaike

Die Mosaikkunst erreichte, besonders in den Kirchen, erneut in der byzantinischen Kunst (➛ *S. 247*) einen Höhepunkt. Farbige Glasstückchen wurden anstelle von Malereien zur Verzierung der Wände benutzt, bei Fußböden farbige Steinchen. Im 6. Jahrhundert kam Gold- und Silberglas in Mode, da es das Licht maximal reflektierte. Die Mosaike – meist an Apsis, Triumphbogen, Langhauswänden und Gewölbe der Zentralbauten – stellen biblische Szenen, Heilige und Engel dar. Euphrasius gab für die Basilika herrliche ➛ *Mosaiken* auf Goldgrund in Auftrag. Am eindrucksvollsten sind die Mosaiken in der Apsis und über dem Triumphbogen.

Mosaik in der Apsis: Jungfrau mit Kind

Höhepunkte

- ★ Mosaiken
- ★ Altarüberbau

Innenraum
Der Eingang führt in eine große dreischiffige Basilika. Die Kapitelle der 18 Marmorsäulen zieren byzantinische und romanische Tierdarstellungen. Jede Säule trägt das Monogramm des Bischofs Euphrasius.

Museum von Poreč

Nahe der Euphrasius-Basilika befindet sich das Regionalmuseum, das 1884 eröffnet wurde. Zu den über 2000 Exponaten gehören Mosaiken ab dem 3. Jahrhundert, Kreuze, Altäre und Chorgestühl.

Taufkapelle
In dem achteckigen Bau der Taufkapelle (6. Jh.) finden sich Fragmente von Mosaiken und das Taufbecken. Daneben steht ein Glockenturm (16. Jh.).

Atrium
Das quadratische Atrium wird auf jeder Seite von zwei Säulen mit byzantinischen Kapitellen begrenzt. Hier sind Grabsteine und archäologische Funde aus dem Mittelalter zu besichtigen.

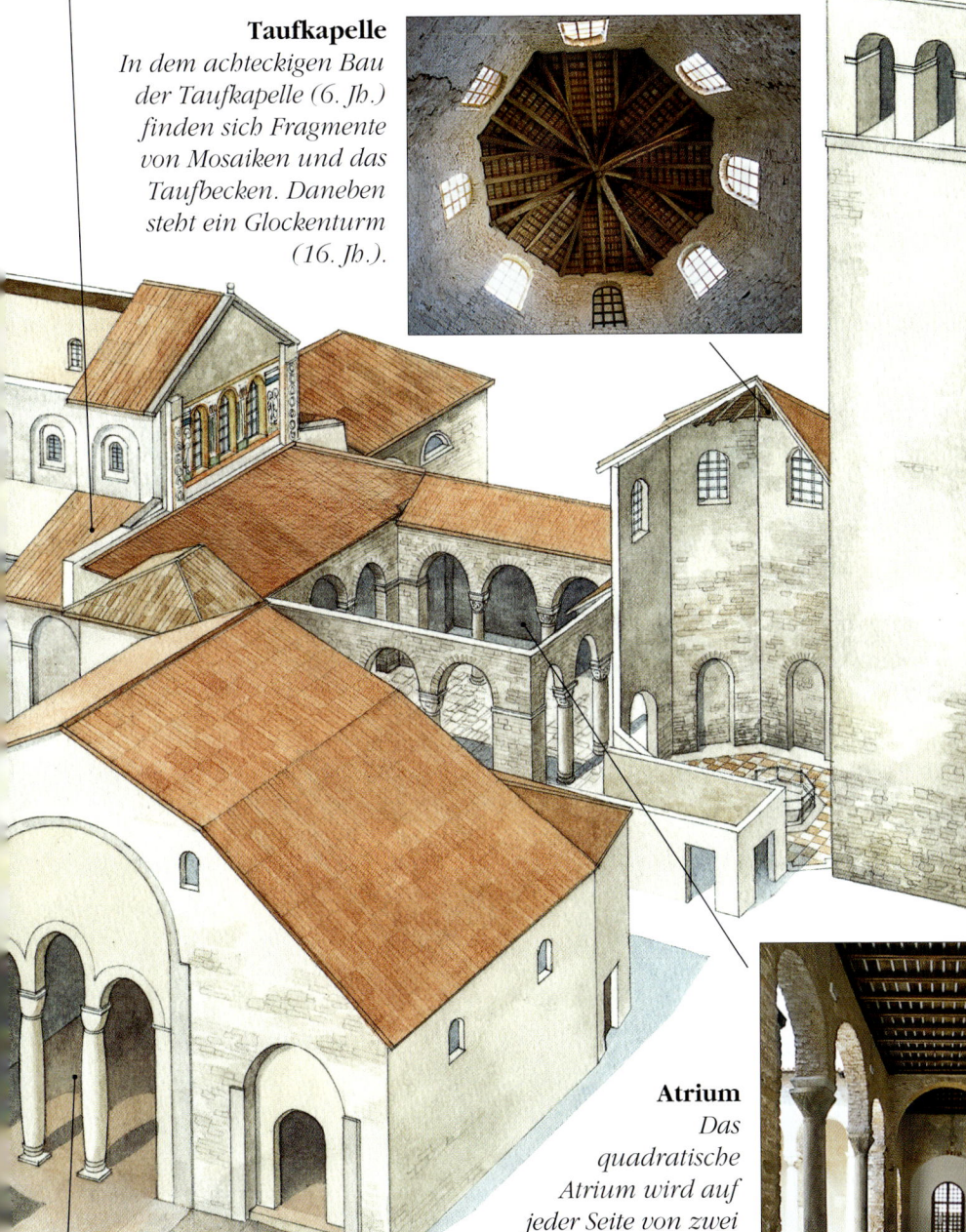

Die dreischiffige Bischofsresidenz aus dem 6. Jahrhundert beherbergt heute einige Gemälde von Antonio da Bassano, einen Flügelaltar von Antonio Vivarini und ein Gemälde von Jacopo Palma d.J.

Daten und Fakten

539 Baubeginn der Basilika

1277 Errichtung des Altarüberbaus

1440 Umbau nach Erdbeben und Erweiterung durch Sakristei und Glockenturm

1897 Umfassende Restaurierung

1997 Aufnahme in das Weltkulturerbe der UNESCO

Das Innere

In die Basilika gelangt man durch das ➛ *Atrium*, das noch kleinere Reste von byzantinischen Mosaiken enthält, die im 19. Jahrhundert restauriert wurden. Daneben befindet sich die ➛ *Taufkapelle*, die im 6. Jahrhundert mit Holzdach gebaut wurde. Bis zum 15. Jahrhundert wurden im zentralen Taufbecken Erwachsene getauft. In der Basilika sind heute noch wunderschöne ➛ *Mosaiken* zu sehen – insbesondere in der Apsis, am Triumphbogen und am steinernen ➛ *Altarüberbau* – sowie Intarsien aus Halbedelsteinen und Perlmutt. Feuer und Erdbeben machten im Verlauf der Jahrhunderte Umbauten an der Kirche notwendig. Die Südwand des Hauptschiffs wurde im 15. Jahrhundert zerstört und später mit gotischen Fenstern neu gebaut. Auf der Westseite der Basilika befindet sich die Heilig-Kreuz-Kapelle mit einem Flügelaltar. Ihn schuf im 15. Jahrhundert Antonio Vivarini. Das Ölgemälde (»Das letzte Abendmahl«) stammt von dem venezianischen Maler Jacopo Palma dem Jüngeren (1544–1628).

Die Kathedrale des heiligen Domnius

Ursprünglich war die Kathedrale als ➛ *Mausoleum des Diokletian* errichtet worden. Bei ihrer Einweihung als christliche Kirche im 7. Jahrhundert wurde Diokletians Leichnam entfernt und durch die Gebeine des heiligen Domnius, Stadtpatron von Split, ersetzt. Im 13. Jahrhundert zum Dom ausgebaut, wurde sie mehrmals verändert. Der romanische Glockenturm (13.–14. Jh., im 16. Jh. vollendet) und das Chorgestühl (13. Jh.) kamen hinzu. In Inneren des 25 Meter hohen überkuppelten Zentralraums befinden sich zwei Reihen korinthischer Säulen, die meisten davon sind römische Originale. Das Relieffries mit Jagdszenen darüber trägt auch zwei Medaillons mit den Porträts von Diokletian und seiner Frau. Der Seitenaltar mit der Liegefigur des heiligen Domnius (1427) ist ein Werk von Bonino di Milano.

Der Papalić-Palast

Das alte Zentrum von Split entwickelte sich einst im und um den Palast des Diokletian. Nach zwei Jahrhunderten byzantinischer Herrschaft und der Bildung eines kroatischen Gemeinwesens wurde Split 1420 venezianisch. Unter den Venezianern wurden neue Mauern und eine Burg errichtet. Die Künste blühten. Der vornehme Papalić-Palast inmitten eines verwaisten Teils der Palastanlage wurde im 15. Jahrhundert im Stil der Spätgotik erneuert. Heute befindet sich darin das ➛ *Museum von Split.* In ihm sind Kunstwerke und Gemälde u.a. aus dem 16. Jahrhundert sowie Bücher und Urkunden zur Stadtgeschichte vom 12. bis 18. Jahrhundert ausgestellt.

Detail des Papalić-Palastes in Split

Der Diokletianpalast

Der Altersruhesitz des römischen Kaisers Diokletian ist das größte antike Baudenkmal an der östlichen Adria. Nach seinem Thronverzicht im Jahr 305 zog sich der Gottkaiser in seinen 30 000 Quadratmeter umfassenden Palast zurück, den er ab 295 in der Bucht des heutigen Split hatte erbauen lassen. Während seine Gemächer im südlichen Bereich lagen, hatten Verwaltung und Wache ihren Sitz im Nordtrakt. Im Lauf vieler Jahrhunderte hat sich die Anlage stark verändert. Von den römischen Originalbauten ist nur noch wenig zu erkennen, weil für spätere Bauvorhaben Steinblöcke und Säulen aus ihnen herausgebrochen wurden. Die Privatgemächer Diokletians sind nicht mehr erhalten. Doch sein Mausoleum, heute die Kathedrale des heiligen Domnius, und der Jupitertempel, seit dem frühen Mittelalter eine Taufkapelle, erinnern noch an die einstige Pracht.

Porta ferrea und Uhrturm
Beim »Eisentor« steht die Kirche Unsere Liebe Frau vom Glockenturm mit dem Campanile aus dem 11. Jahrhundert.

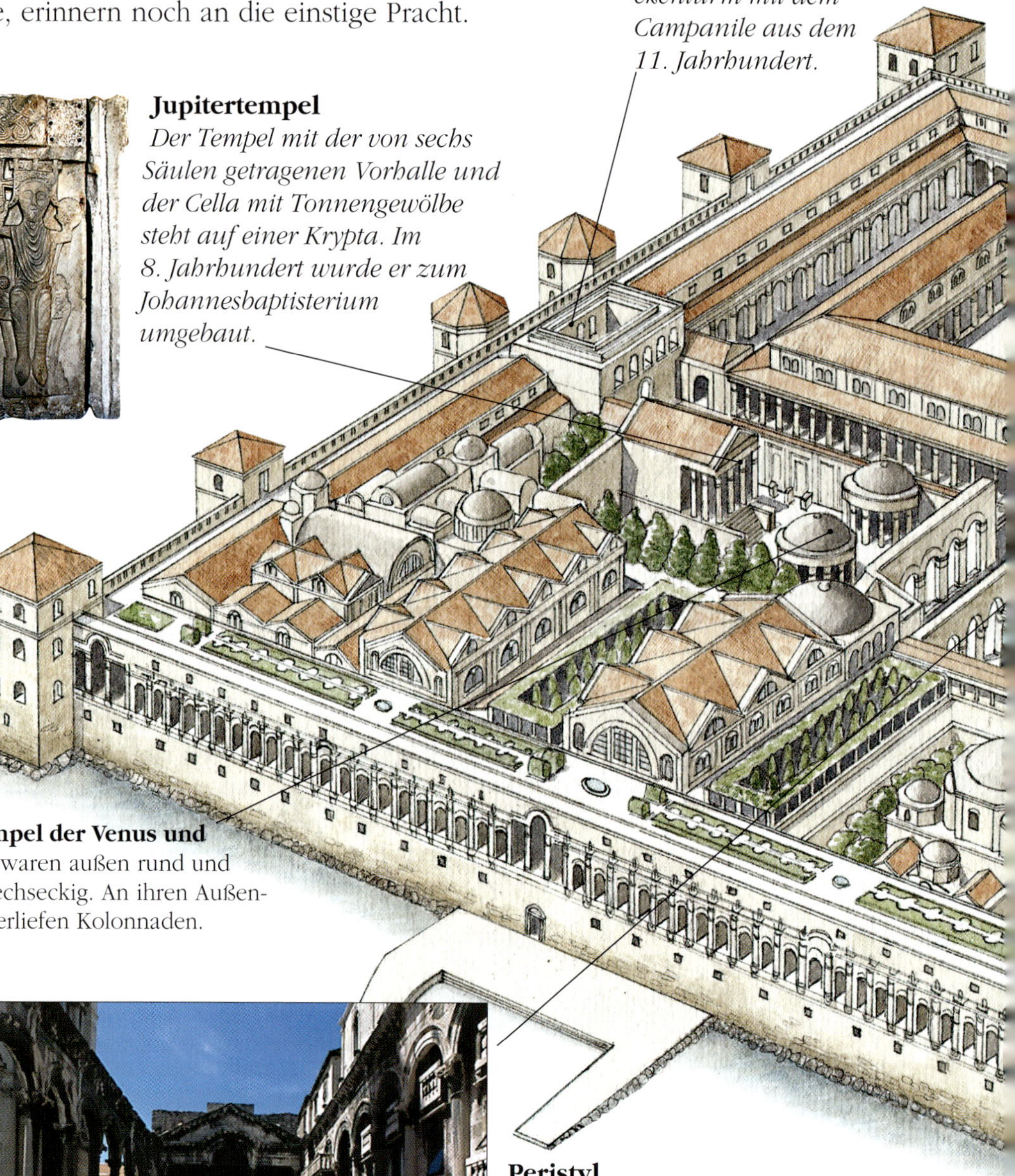

Jupitertempel
Der Tempel mit der von sechs Säulen getragenen Vorhalle und der Cella mit Tonnengewölbe steht auf einer Krypta. Im 8. Jahrhundert wurde er zum Johannesbaptisterium umgebaut.

Die Tempel der Venus und Kybele waren außen rund und innen sechseckig. An ihren Außenseiten verliefen Kolonnaden.

Peristyl
Der offene Säulenhof an der Kreuzung der Hauptstraßen bildete den Mittelpunkt des ehemaligen Palastes. Zu seinen Lebzeiten zeigte sich Diokletian hier seinen Untertanen. Heute ist das Peristyl stimmungsvoller Schauplatz für Konzerte und Theateraufführungen.

Porta aurea
Das »Goldene Tor« blickt Richtung Norden. Das imposante, reich geschmückte Haupttor des Palastes bewachten zwei Türme.

Die Verfolgung der Christen

Während der Christenverfolgung zwischen 303 und 311 wurden Kirchen zerstört, der Kult verboten, Gemeindevermögen beschlagnahmt, Bibeln verbrannt und viele Christen hingerichtet. Das Christentum überlebte jedoch und Kaiser Konstantin sicherte ihm 313 Religionsfreiheit zu.

Porträt des Diokletian
Nach der Neuorganisation des Imperiums strebte Diokletian eine durch den Kaiser personifizierte Staatsreligion an. Tempel mit dem Abbild des Herrschers wurden errichtet und die Christen grausam verfolgt.

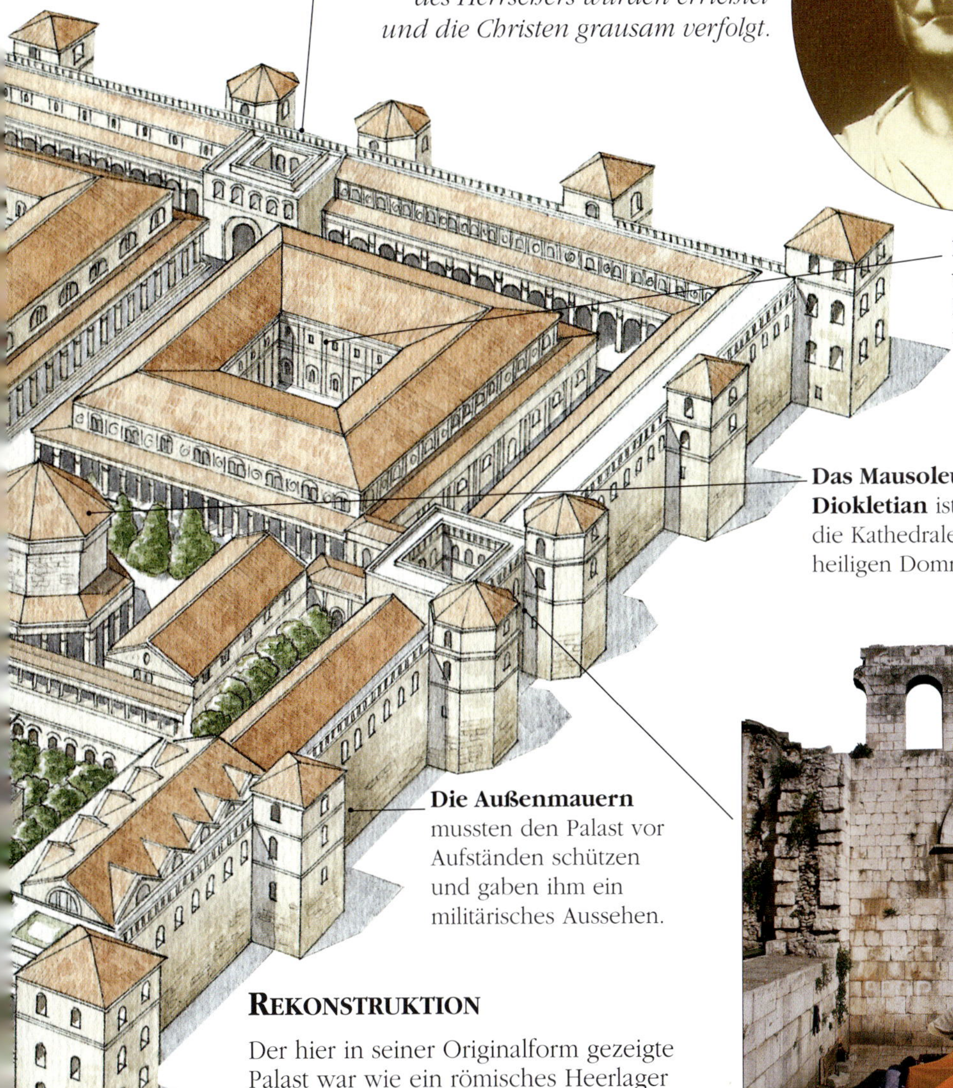

Das Museum von Split ist im Papalić-Palast untergebracht.

Das Mausoleum des Diokletian ist heute die Kathedrale des heiligen Domnius.

Die Außenmauern mussten den Palast vor Aufständen schützen und gaben ihm ein militärisches Aussehen.

Rekonstruktion

Der hier in seiner Originalform gezeigte Palast war wie ein römisches Heerlager über einem rund 215 Meter langen und 180 Meter breiten Grundriss angelegt. Ihn umgab eine zwei Meter dicke, knapp 20 Meter hohe Mauer. Die Festung verstärkten Türme an der Nord-, Ost- und Westseite. Die Tore waren durch die Hauptstraßen Cardo und Decumanus miteinander verbunden. Die kaiserlichen Schiffe konnten an der Palastmauer anlegen.

Porta argentea
Das »Silbertor« an der Ostseite des Palastes wurde im 19. Jahrhundert ausgegraben und ragt wieder so hoch auf wie einst.

Daten und Fakten

295–305 Bau des Diokletianpalastes für Kaiser Diokletian

614/615 Zerstörung des nahen Salonas und Flucht der Einwohner in den Palast

7. Jahrhundert Nutzung des Mausoleums Diokletians als Kirche

11. Jahrhundert Einfügung von Kirchen in die Porta aurea und Porta ferrea

13. Jahrhundert Ausbau der Kirche (ehemals Mausoleum) zum Dom

1979 Aufnahme der Altstadt Splits mit Palast in das Weltkulturerbe der UNESCO

Kaiser Diokletian

Gaius Aurelius Valerius Diocletianus wurde um 245 im antiken Salona nahe dem heutigen Split geboren. Vom Soldat stieg er zum Kommandanten der kaiserlichen Leibwache auf. 284 wurde er zum römischen Kaiser ernannt. Seit 285 Herrscher über das ganze Reich, erhob er Mitregenten, behielt jedoch in dieser Tetrarchie (Viererherrschaft) die Leitung. Nach den Wirren der Soldatenkaiserzeit konsolidierte er das Römische Reich durch umfassende Verwaltungs- und Militärreformen. Eine Steuerreform verschaffte ihm u.a. die Mittel für seine Hofhaltung und die umfangreichen Bautätigkeiten. Um die religiöse Einheit des Reiches wieder herzustellen, befahl er 303 eine allgemeine Christenverfolgung. Diokletian trat 305 schwer erkrankt zurück. Bis zu seinem Tod im Jahr 313 (?) lebte er in seinem Palast.

Meteora

Christusikone, Varlaam

In der grandiosen Bergwelt Thessaliens thronen Klosterburgen in Schwindel erregender Höhe auf bizarren Felskuppen. Die Klöster von Meteora bilden den größten und bedeutendsten Klosterverbund Griechenlands. Sie entstanden im 14. und 15. Jahrhundert und vermitteln faszinierende Einblicke in die nachbyzantinische Sakralkunst. Zu ihrer Blütezeit im 16. Jahrhundert gab es insgesamt 24 Klöster. Seit dem 19. Jahrhundert verfielen die meisten. Erst nach 1922 wurden Stufen in die Felsen gehauen, um einen besseren Zugang zu ermöglichen, in den 1960er-Jahren dann Zufahrten gebaut.

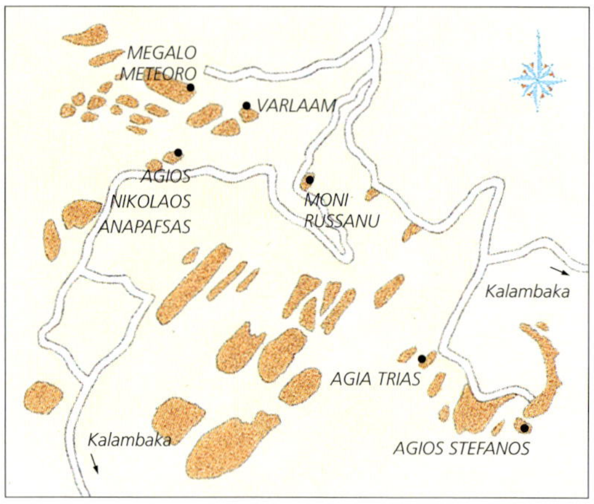

Lage der Meteora-Klöster

Die Felsformationen

Der Name Meteora bedeutet »in der Luft schwebend«. Es gibt viele Theorien darüber, wie sich die Felsformationen von Meteora gebildet haben – bewiesen ist bislang keine. Die nach wie vor einleuchtendste wurde bereits Ende des 19. Jahrhunderts aufgrund von Untersuchungen der Felsformationen in Thessalien und Epiros formuliert. Der Theorie zufolge entstanden die Felsen im Delta eines großen Flusses. Dieser floss vor 60 Millionen Jahren in das thessalische Meer, das das heutige Thessalien bedeckte. Der Fluss brachte Geröll mit, das sich ablagerte und im Lauf der Erdgeschichte zu Felsen verfestigte. Wind und Regen gaben den Felsen ihre heutige bizarre Gestalt.

Die wunderschönen Wandfresken im Kloster Russanu

Schutz der Mönche

Die bizarre Felslandschaft war der ideale Rückzugsort für Eremiten, die sich fernab der Welt in das Wort Gottes versenken wollten. Die ersten ließen sich zunächst in Höhlen und Felsspalten am Fuß der Felsen nieder. Sie fanden sich anfangs nur an Sonntagen und zu hohen Feiertagen zusammen, um gemeinsam den Gottesdienst zu begehen. Vermutlich hatte sich bis zum 11. Jahrhundert schon eine Mönchsgemeinschaft herausgebildet. 1340 eroberte der serbische Fürst Symeon Urosch Thessalien und ließ sich zum König der Serben und Griechen krönen. Um sich den politischen Wirren zu entziehen und vor feindlichen Heeren und Plünderungen sicher zu sein, zogen sich die Mönche auf die Meteora-Gipfel zurück.

Kloster Russanu
Abenteuerlich an der Spitze einer Felsnadel erbaut, ist das Kloster Moni Russanu wohl das eindrucksvollste. 1545 wurde die Klosterkirche gebaut. Das Gotteshaus ist der Verklärung Christi geweiht und mit schönen Fresken von 1560 ausgemalt.

Varlaam

Das Kloster Varlaam ist nach einem Einsiedler benannt, der um 1350 auf diesem Felsen lebte. In der Allerheiligen-Kirche sind einige Fresken des Frangos Katelanos von 1548 zu sehen.

Großes Meteoron
Das Metamorphosis-Kloster oder Megalo Meteoro war das erste und das am höchsten (534 m) gelegene. Am Eingang befindet sich die Höhle, in der Athanasios lebte. Er liegt in der Vorhalle der Kapelle begraben.

Allerheiligen-Kirche
Die prächtige Kuppelkirche des Klosters Varlaam ist mit Fresken verziert. Eines davon zeigt die Klostergründer Theofanis (rechts) und Nektarios.

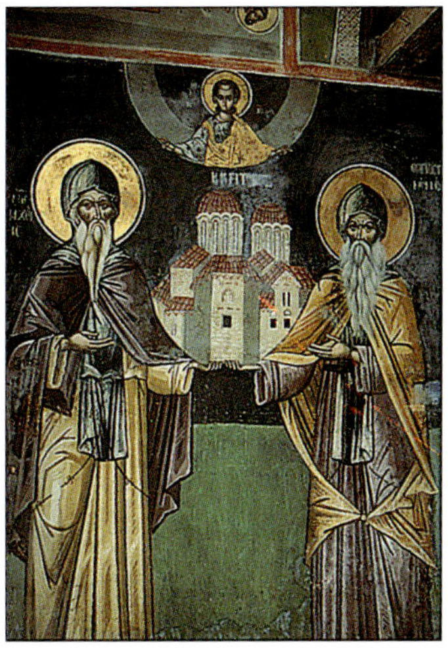

Der Speisesaal beherbergt ein Museum mit Ikonen.

Aufstiegsturm
Waren und Menschen wurden mit einer Seilwinde hochgezogen.

Vom Turm herabgelassenes Netz

Eingang

Drehort

Einige Szenen aus dem James-Bond-Film »In tödlicher Mission« von 1981 wurden bei Meteora gedreht. Der Filmheld schwebte mit einem Drachenflieger am Kloster Agia Trias hinunter. Das Innere des Klosters mit den Wandmalereien aus dem 17. Jahrhundert wird nicht gezeigt.

Daten und Fakten

9. Jahrhundert Erste Eremiten am Fuß der Felsen

11. Jahrhundert Erste Kirchen in Dupiani und Stagi

1356–72 Gründung des Metamorphosis-Klosters durch Athanasios, ab 1490 Hauptkloster

1517 Gründung des Klosters Varlaam

1922 Übernahme der Klöster durch den griechischen Staat nach dem griechisch-türkischen Krieg (1919–22)

1988 Aufnahme in das Weltkulturerbe der UNESCO

Der Bau der Klöster

Es ist zwar unbekannt, wie die ersten Einsiedler die Spitze dieser Felswände erreichten, doch vermutlich schlugen sie Pflöcke in die schmalen Felsspalten, um so Baumaterial nach oben zu ziehen. Andere vermuten, dass sie Drachen über die Gipfel steigen ließen. Daran sollen sie dicke Seile befestigt haben, aus denen die ersten Strickleitern konstruiert wurden.

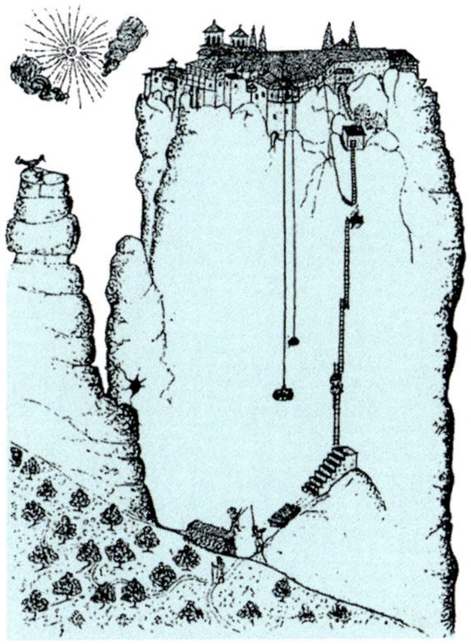

Die Klöster von Meteora

In der Hochphase von Meteora standen 24 Klöster auf den Felsspitzen. Nur vier dieser Klöster sind heute noch in Funktion. Dazu gehört neben dem auf der Zeichnung dargestellten ➛ *Kloster Varlaam* das ➛ *Große Meteoron*, dessen Kirche eine vergoldete Ikonostase und beeindruckende Fresken aus dem 16. Jahrhundert besitzt. 1961 wurde das Kloster des heiligen Stefanos in ein Nonnenkloster umgewandelt. Dessen von Antoninos Katakuzenos errichtete Hauptkirche wurde 1798 fertig gestellt. Hier wird das wundertätige Haupt des Charalambos aufbewahrt. Der Speisesaal enthält ein Museum mit religiösen Artefakten. Das Dreifaltigkeitskloster Agia Trias wurde 1438 gegründet, die Klosteranlage 1458–76 vom Mönch Domitios errichtet. Es verfügt über wunderschöne, wenngleich beschädigte Fresken.

Akropolis-Museum

Das ➛ *Akropolis-Museum* in der Südostecke enthält ausschließlich Funde von der Akropolis. Die chronologisch unterteilte Sammlung beginnt mit archaischen Werken aus dem 6. Jahrhundert v. Chr. Darunter befinden sich Fragmente bemalter Statuen wie die des Kalbträgers, eines jungen Mannes mit einem Kalb auf den Schultern (um 570 v. Chr.). Das Museum beherbergt eine einmalige Sammlung von Koren aus der Zeit um 500 v. Chr. Diese Weihestatuen von Jungfrauen wurden der Göttin Athene geopfert. Sie spiegeln die Entwicklung antiker griechischer Kunst wider – von der sehr stilisierten Peplos-Kore bis zur lebendigeren mandeläugigen Kore. Aus frühklassischer Zeit ist u. a. der so genannte Kritios-Knabe. Gut erhaltene Teile des 160 Meter langen Frieses des ➛ *Parthenon* zeigen den Festzug bei den Großen Panathenäen. Auch die fünf Original-Karyatiden der ➛ *Korenhalle* sind ausgestellt.

Der Parthenon

Zum Ruhm des alten Athen bauten Kallikrates und Iktinos den ➛ *Parthenon*. Er sollte die zwölf Meter hohe, von Phidias gefertigte Statue der Athene Parthenos (Jungfräuliche) aufnehmen. Nach neun Jahren Bauzeit konnte der Tempel 438 v. Chr. der Göttin geweiht werden. Das von einer Säulenreihe umgebene Bauwerk war 70 Meter lang und 31 Meter breit und damit der größte dorische Bau Griechenlands. Das Gesims war rot, blau und golden. Jedes Element wies ein Verhältnis von 9:4 auf. Die Baumeister hoben durch bewusste Krümmung die Gesetze der Perspektive auf, um das Gebäude symmetrisch erscheinen zu lassen.

»Der Kalbträger«, Akropolis-Museum

Die Akropolis

Im 5. Jahrhundert v. Chr. gewann der Staatsmann Perikles die Athener für ein großes Bauprogramm und hinterließ damit eines der herausragendsten architektonischen Ensembles der Kulturgeschichte. Die Akropolis (»Oberstadt«) veränderte ihr Gesicht mit dem Bau dreier Tempel und einer gigantischen Aufgangsrampe grundlegend. Mit seinen ausgewogenen Proportionen wurde der monumentale Parthenon zum Inbegriff klassischer Schönheit und Harmonie.

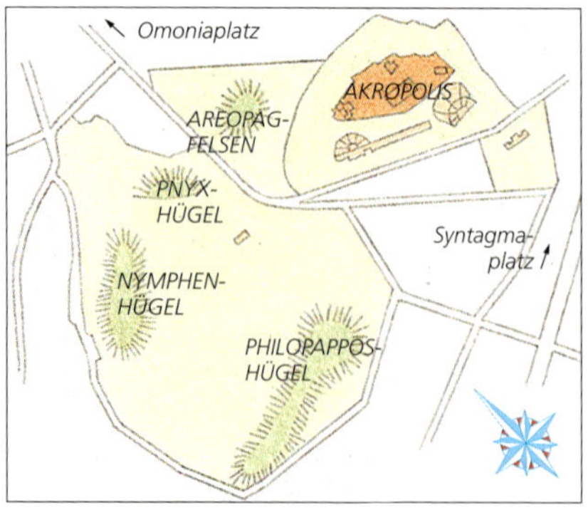

Lageplan

Unten abgebildeter Bereich

★ Korenhalle
Frauenstatuen stützen anstelle von Säulen die Südhalle des Erechtheion. Die Originale der Gebälkträgerinnen in ihren fließenden Gewändern wurden durch Gipsnachbildungen ersetzt.

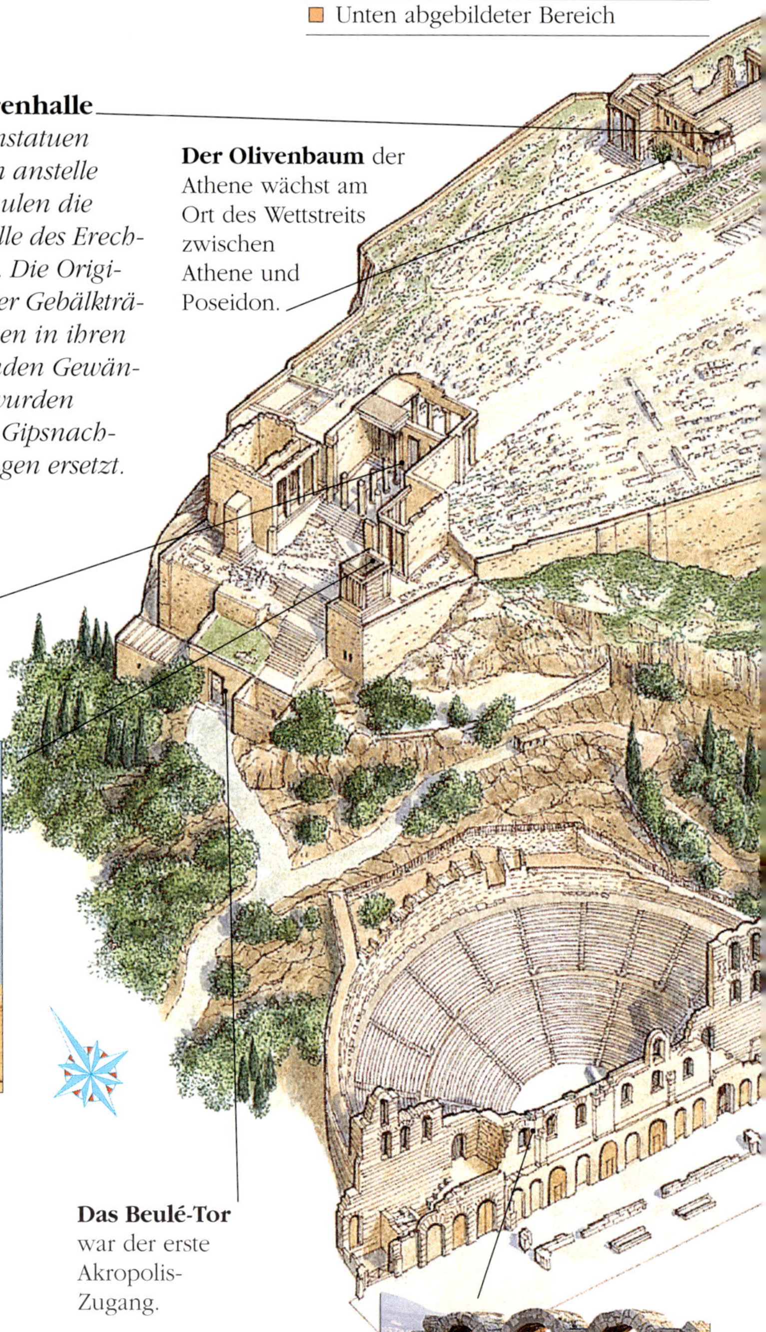

Der Olivenbaum der Athene wächst am Ort des Wettstreits zwischen Athene und Poseidon.

Die Propyläen wurden 437–432 v. Chr. als neuer Akropolis-Zugang errichtet.

★ Tempel der Athene Nike
Der Tempel der Athene als Siegesgöttin (425–421 v. Chr.) war reich mit Skulptur und Ornamentik verziert.

Das Beulé-Tor war der erste Akropolis-Zugang.

Höhepunkte

- ★ **Parthenon**
- ★ **Korenhalle**
- ★ **Tempel der Athene Nike**

Theater des Herodes Atticus
Das Theater, auch Odeion des Herodes Atticus genannt, entstand 161 n. Chr., wurde 1955 restauriert und dient heute als Open-Air-Konzertforum und als Theater.

★ Parthenon
Bewundern kann man heute nur noch einige Skulpturen des berühmten Athene-Tempels, dazu gehört diese vom Ostgiebel.

Der Elgin-Fries

Lord Elgin eignete sich zwischen 1801 und 1803 den Großteil des berühmten Parthenon-Frieses an und verkaufte ihn 1816 an die Briten. Er befindet sich im Britischen Museum von London. Athen wartet auf die Rückgabe.

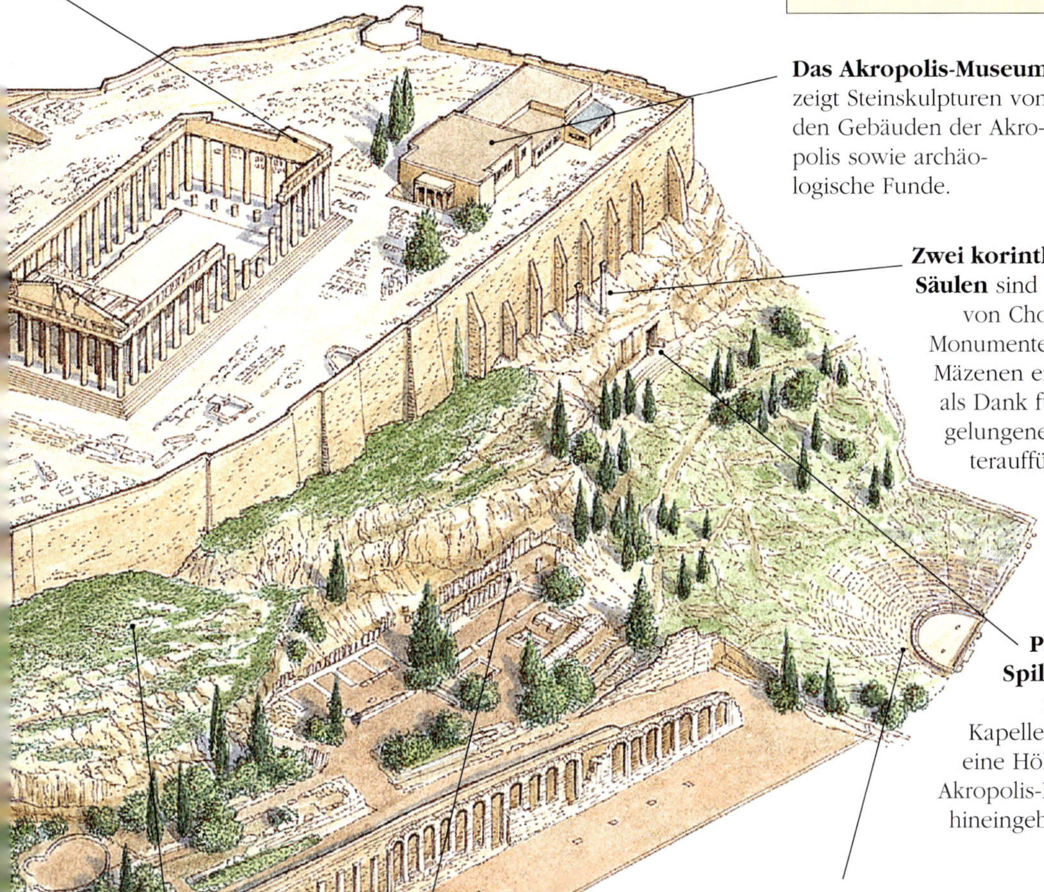

Das Akropolis-Museum zeigt Steinskulpturen von den Gebäuden der Akropolis sowie archäologische Funde.

Zwei korinthische Säulen sind Relikte von Choregen-Monumenten, von Mäzenen errichtet als Dank für eine gelungene Theateraufführung.

Panagia Spiliotissa ist eine Kapelle, die in eine Höhle des Akropolis-Felsens hineingebaut ist.

Bezirk des Asklepios

Stoa des Eumenes

Der Akropolis-Felsen war gut zu verteidigen. Er ist seit fast 5000 Jahren besiedelt.

Dionysos-Theater
Lykurgos gab um 330 v. Chr. dem Theater seine heutige Gestalt. Diese Figur des Satyrs Silenus ist noch zu sehen.

Die Akropolis heute
Majestätisch hebt sich die Akropolis vom Stadtbild des modernen Athen ab. Griechenlands meistbesuchte Sehenswürdigkeit hat 2500 Jahre lang Erdbeben, Bränden und Kriegen getrotzt. Heute macht ihr die Luftverschmutzung zu schaffen, die den Marmor ihrer Gebäude bröckeln lässt.

Daten und Fakten

um 1300 v. Chr. Befestigung des seit der Jungsteinzeit besiedelten Burgbergs

Ende 7. Jahrhundert v. Chr. Errichtung eines Altars für den Athene-Kult

480/479 v. Chr. Zerstörung der Akropolis durch die Perser

Mitte 5. Jahrhundert v. Chr. Beginn eines aufwendigen Bauprogramms unter Perikles

1204–1458 Palas in den Propyläen als Sitz der fränkischen Herzöge

ab 1458 Nutzung der Akropolis durch die Türken

1645 Zerstörung der Propyläen durch Explosion

1687 Zerstörung des Parthenon durch Explosion

1833 Endgültige Räumung der Akropolis durch die Türken

seit 1834 Archäologische Arbeiten

1987 Aufnahme in das Weltkulturerbe der UNESCO

Perikles

Perikles (nach 500 bis 429 v. Chr.) war einer der bedeutendsten Staatsmänner der Antike. Der Sohn des Xanthippos und der Agariste entstammte einer alten athenischen Adelsfamilie. Seine Herkunft führte Perikles zu den radikalen Demokraten unter Ephialtes. Nach dessen Ermordung 461 v. Chr. war er der alleinige Führer der Demokraten. Ab 443 v. Chr. leitete er als Vertrauensmann des Volkes die Geschicke der athenischen Demokratie. Das Perikleische Zeitalter war eine Glanzzeit Athens und ein Höhepunkt der klassisch-griechischen Kultur.

Der Eingang zum Schatzhaus des Atreus

Die Kuppelgräber

Die Kuppelgräber außerhalb des Palastareals von Mykene haben mehr als 3000 Jahre überdauert. Das Schatzhaus des Atreus, das imposante Kuppelgrab des mythischen Königs, ist ein Meisterwerk. Die Kuppel ist ein Pseudogewölbe von fast 15 Meter Durchmesser und einer Höhe von 13,5 Metern. Dabei kragen die gleich großen Steine in gleichmäßigen, mörtellosen Ringen nach oben immer etwas mehr vor, bis die Kuppel geschlossen ist. Der Zugang (Dromos) wurde mit Seitenwänden, der Eingang mit einem monumentalen Torbau versehen.

Heinrich Schliemann

Der Kaufmann Heinrich Schliemann (1822–90) studierte ab 1866 Archäologie. Mit 47 Jahren konnte er eigene Ausgrabungen finanzieren und versuchte, die in Homers Sagen genannten Stätten zu finden. Neben seinen Grabungen in Troja (1870–82, 1890) legte er ab 1874 in Mykene das ➛ *Gräberrund A* frei. Seine Funde – goldene Totenmasken, Becher, Waffen und Schmuck – sind in Athen zu bewundern. Grabungen in Orchomenos (1880, 1886) und Tiryns (1884/85) folgten. Gemeinsam mit Wilhelm Dörpfeld entwickelte er die stratigraphische Methode, also die Klärung der Kulturschichtenfolge bis zum gewachsenen Boden.

Mykene

Mykene

Das befestigte Palastareal von Mykene, von Heinrich Schliemann ausgegraben, ist einer der ältesten hoch entwickelten Festungsbauten und gab einer ganzen in Griechenland verbreiteten Kultur ihren Namen. Der Ausdruck »mykenisch« bezeichnet die jüngere Bronzezeit zwischen 1550 und 1100 v. Chr. Nur die Oberschicht lebte in dem Palast auf dem Hügel, die Handwerker und Kaufleute wohnten außerhalb der Stadtmauer. Der Niedergang der Stadt setzte um 1100 v. Chr. ein.

Gang
Ein Gang führt durch die Mauer und dann, durch Platten verdeckt, Stufen hinab zu der Stelle, an die das Quellwasser in Tonröhren geleitet wurde.

Löwentor
Das Löwentor – den Namen bekam es wegen des Reliefs zweier Löwen über dem Sturz – entstand um 1250 v. Chr., als man eine neue Mauer baute, um das Gräberrund A einzubeziehen.

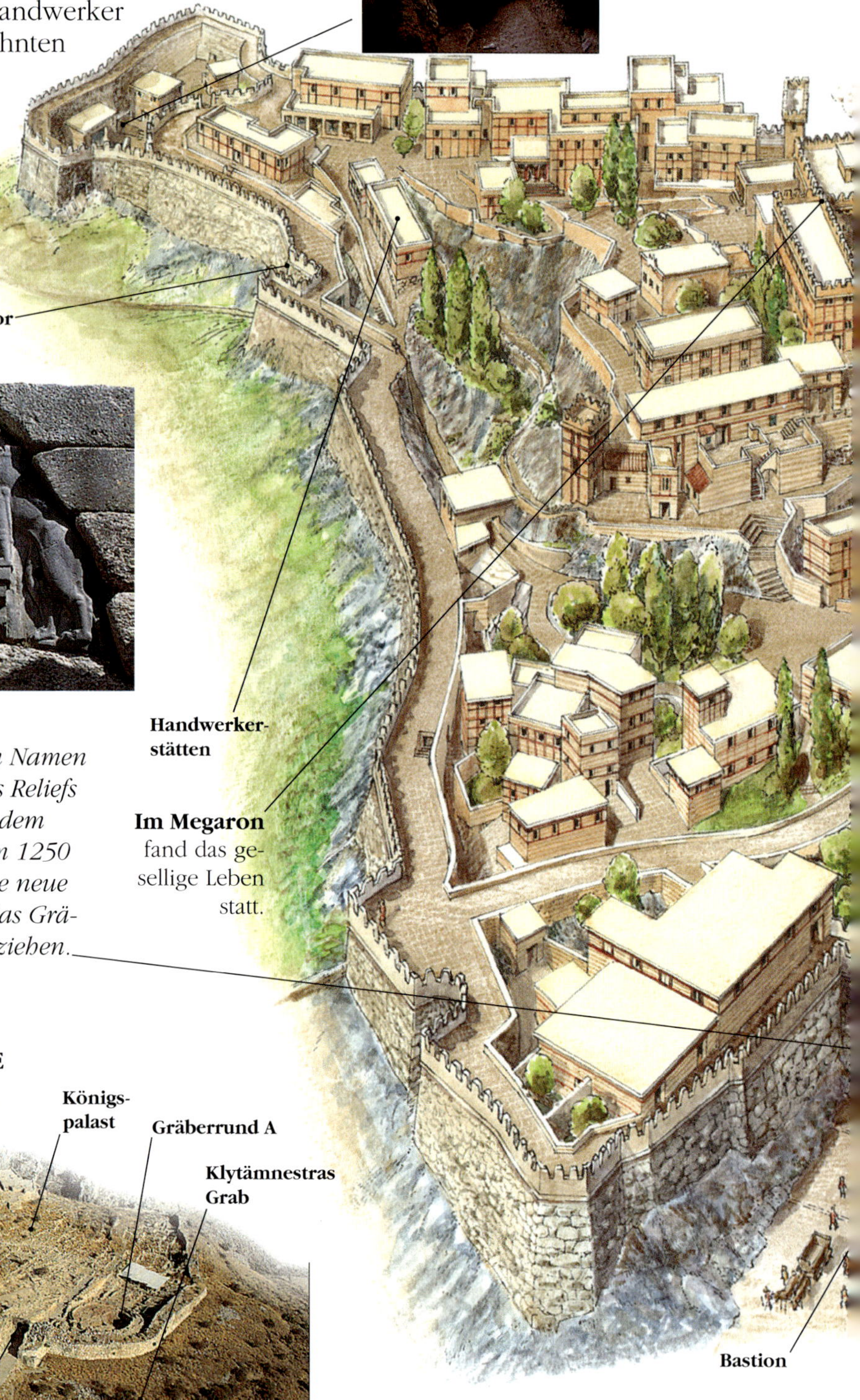

Im Megaron fand das gesellige Leben statt.

Rekonstruktion von Mykene

Die Abbildung zeigt Mykene zur Zeit der Atriden und des Trojanischen Krieges 1250 v. Chr. Die meisten Gräber liegen außerhalb der Mauern.

Mykene heute

Königspalast *Von diesem Bau an der höchsten Stelle des Burgbergs sind nur die Fußböden erhalten, die ursprünglich farbig verziert waren.*

Die »kyklopischen« Mauern waren drei bis acht Meter stark und nicht zu brechen. Man erzählte sich später, sie seien von Riesen gebaut worden.

Die Häuser von Mykene gaben mehrere Tafeln mit archaischen Schriftzeichen frei. Die als Linear B bezeichnete Schrift wurde 1952 von Michail Ventris entziffert.

Das Tsountas-Haus, nach seinem Entdecker benannt, war ein zweitrangiger Palast.

Große Rampe

Gräberrund A *Hier befanden sich in sechs königlichen Schachtgräbern 19 Skelette. 14 Kilo goldener Grabbeigaben sind heute in Athen zu besichtigen.*

Die Totenmaske

Heinrich Schliemann fand in Mykene im Gräberrund A eine Totenmaske, die noch Hautreste eines Schädels enthielt. Er hielt sie für ein Bildnis Agamemnons, da er sie in die Zeit des Trojanischen Krieges um 1250 v. Chr. datierte. Die Archäologen halten die Maske jedoch für 300 Jahre älter als Schliemanns Annahme.

Klytämnestra nach dem Mord an ihrem Gatten Agamemnon

Der Fluch der Atriden

König Atreus tötete die Kinder seines Bruders Thyestes und setzte sie ihm als Mahl vor. Dafür belegten die Götter ihn und seine Nachkommen mit einem Fluch. Thyestes zeugte mit seiner überlebenden Tochter Pelopeia einen Sohn, Ägisth, der seinerseits Atreus tötete und Thyestes wieder als König von Mykene einsetzte. Aber auch Atreus hatte einen Sohn, Agamemnon. Agamemnon stellte eine Flotte auf, um den Trojaner Paris zu bestrafen, der Helena, die Gattin seines Bruders, geraubt hatte. Damit der Wind ihm günstig sei, war er bereit, seine Tochter Iphigenie zu opfern. Nach seiner Rückkehr wurde er von seiner Gattin Klytämnestra und ihrem Liebhaber Ägisth ermordet. Beide wurden später von Agamemnons Kindern Orest und Elektra getötet.

Daten und Fakten

1600–1480 v. Chr. Entstehung des Gräberrunds A

um 1250 v. Chr. Bau des heute sichtbaren Teils des Mauerrings mit Löwentor

um 1200 v. Chr. Bau des neuen Königspalasts

um 1100 v. Chr. Zerstörung des Königspalasts

7. Jahrhundert v. Chr. Bau eines Athenetempels

468 v. Chr. Eroberung Mykenes durch Argos

1874 Beginn der Ausgrabungen durch Schliemann

1999 Aufnahme der archäologischen Stätte in das Weltkulturerbe der UNESCO

Schätze im Museum

Die mykenischen Fundobjekte aus dem 2. Jahrtausend v. Chr. befinden sich heute im Archäologischen Nationalmuseum in Athen. Berühmt sind die Goldbecher mit Reliefbildern und die goldenen Totenmasken, die in den Schachtgräbern von ➛ *Gräberrund A* gefunden wurden. Grabstelen zeigen Reliefdarstellungen von Männern auf Wagen. Im Gräberrund B wurden Bronzeschwerter, Schmuck, Bergkristallgefäße und ein Siegelstein mit einem Männerprofil gefunden. Andere Exponate der Sammlung sind Fresken, Elfenbeinfigürchen und Siegelringe aus wertvollen Steinen. Zwei Weinkrüge sind ebenfalls ausgestellt. Der silberne hat die Form eines Stierkopfes mit Hörnern aus Gold. Der andere besteht aus Gold und hat die Form eines Löwenkopfes.

Der Gott Zeus

Zeus und Ganymed (5. Jh.)

Oberster und mächtigster der griechischen Götter war Zeus. Er war der Sohn des Kronos und der Rhea und der Gemahl der Hera. Zeus lebte auf dem Berg Olympos im Kreis der anderen Unsterblichen und war zuständig für das Schicksal der Menschen. Der Blitz war seine Waffe. Die Sagen erzählen von seinen amourösen Eskapaden und vielen Kindern, u.a. Athene, Aphrodite, Apoll und Dionysos. Neben Dodona war der ➛ *Zeus-Tempel* in Olympia die wichtigste griechische Kultstätte des Gottes.

Das Archäologische Museum

Die Sammlungen im 1982 eröffneten Museumsneubau sind neben denen in Athen die wichtigsten Griechenlands. Der Hauptsaal ist den beiden Giebelfriesen (Ostgiebel: Start zum Wagenrennen des Pelops, Westgiebel: Überfall der halb tierischen Kentauren auf die Lapithen) und den Skulpturen des ➛ *Zeus-Tempels* gewidmet. Von großer Schönheit ist die Skulptur der Nike (Ende des 5. Jh. v.Chr.) des Paionios. Die Siegesgöttin stand vor dem Zeus-Tempel. Ein Bronzepferd (9. Jh. v.Chr.), ein bronzener Dreifuß und männliche Figuren, die einen Kessel tragen, können in der prähistorischen, der geometrischen und der archaischen Abteilung betrachtet werden. Zu den Funden aus der Zeit zwischen 475 und 350 v.Chr. gehören Helme und Waffen, die als Opfergaben für Zeus gefertigt wurden. In der römischen Abteilung stehen Statuen von römischen Kaisern und Generälen sowie ein Marmorstier, der von Regilla gestiftet wurde, der Frau des Herodes Atticus.

Olympia

Olympia, am Zusammenfluss von Kladeos und Alphios gelegen, ist als Wiege der Olympischen Spiele weltweit bekannt. In der Antike war Olympia ein dem Gott Zeus geweihtes Heiligtum. Zeus' Heimstatt auf dem Berg Olympos gab ihm den Namen. Spätestens seit 776 v.Chr. wurden hier zu Ehren des Gottes alle vier Jahre kultische Spiele abgehalten. Seine Blütezeit erlebte der Ort im 5. Jahrhundert v.Chr. Bis etwa 300 v.Chr. wurden hier Tempel und Profanbauten errichtet. Gegen Ende der Regierungszeit des römischen Kaisers Hadrian (♔ 117 bis 138) verlor Olympia an Bedeutung.

Luftaufnahme des heutigen Olympia

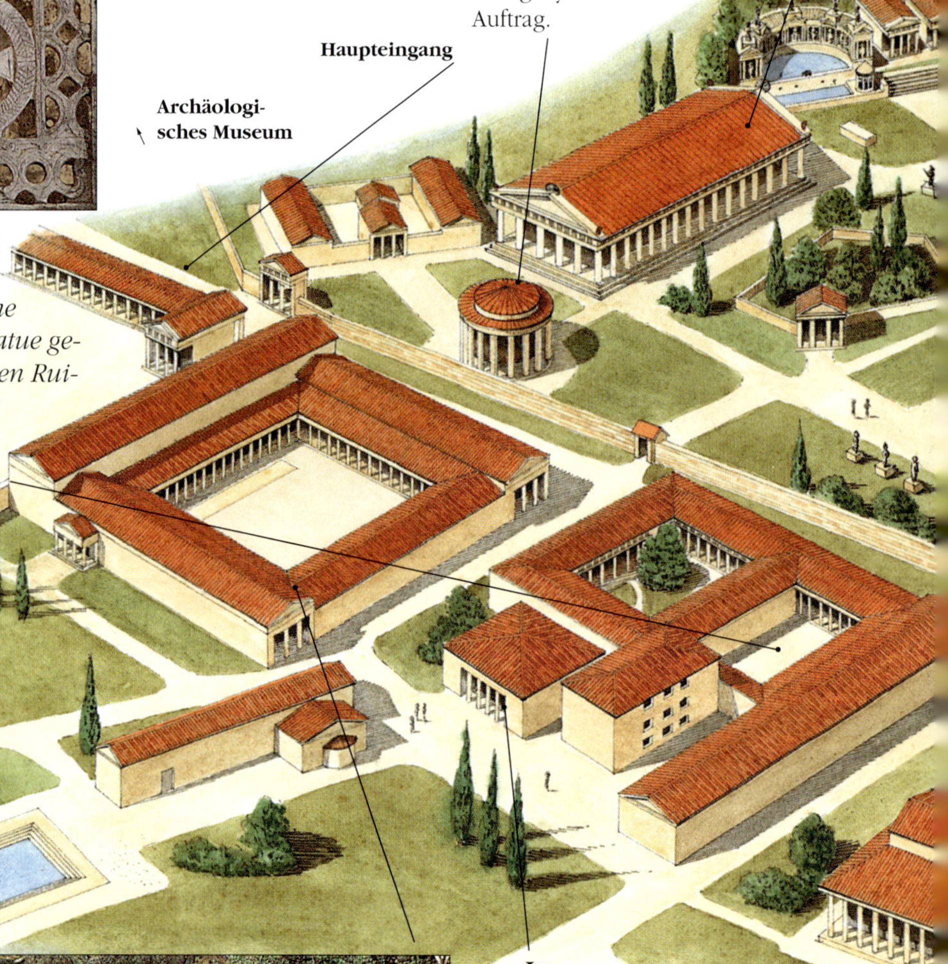

Der Hera-Tempel (um 600 v.Chr.) ist der älteste Tempel in Olympia.
Das Philippeion gab Philipp II. zu Ehren der makedonischen Königsdynastie in Auftrag.
Haupteingang
Archäologisches Museum
Werkstatt des Phidias
Hier wurde eine riesige Zeus-Statue gefertigt. Unter den Ruinen sind auch Reste einer Basilika (5. Jh. n.Chr.).
Im Heroon
befand sich der Altar eines unbekannten Helden.
0 Meter
50 Meter

Palästra

Hier lag einst ein Trainingszentrum für Ringer, Boxer und Weitspringer. Die Kolonnade um den zentralen Hof ist weitgehend rekonstruiert.

Eingang zum Stadion
Das heute noch vorhandene Stadion war das dritte in Olympia. Der schmale Durchgang zum Stadion ist teilweise noch überwölbt.

Der Fünfkampf

Sprint, Ringen, Speer- und Diskuswurf sowie Weitsprung (mit Schwunggewichten) bildeten den historischen Fünfkampf, den Pentathlon. Ab dem 6. Jh. v. Chr. traten die männlichen Athleten außer bei Wagenrennen und Waffenlauf unbekleidet an. Frauen durften beim Pentathlon nicht zuschauen.

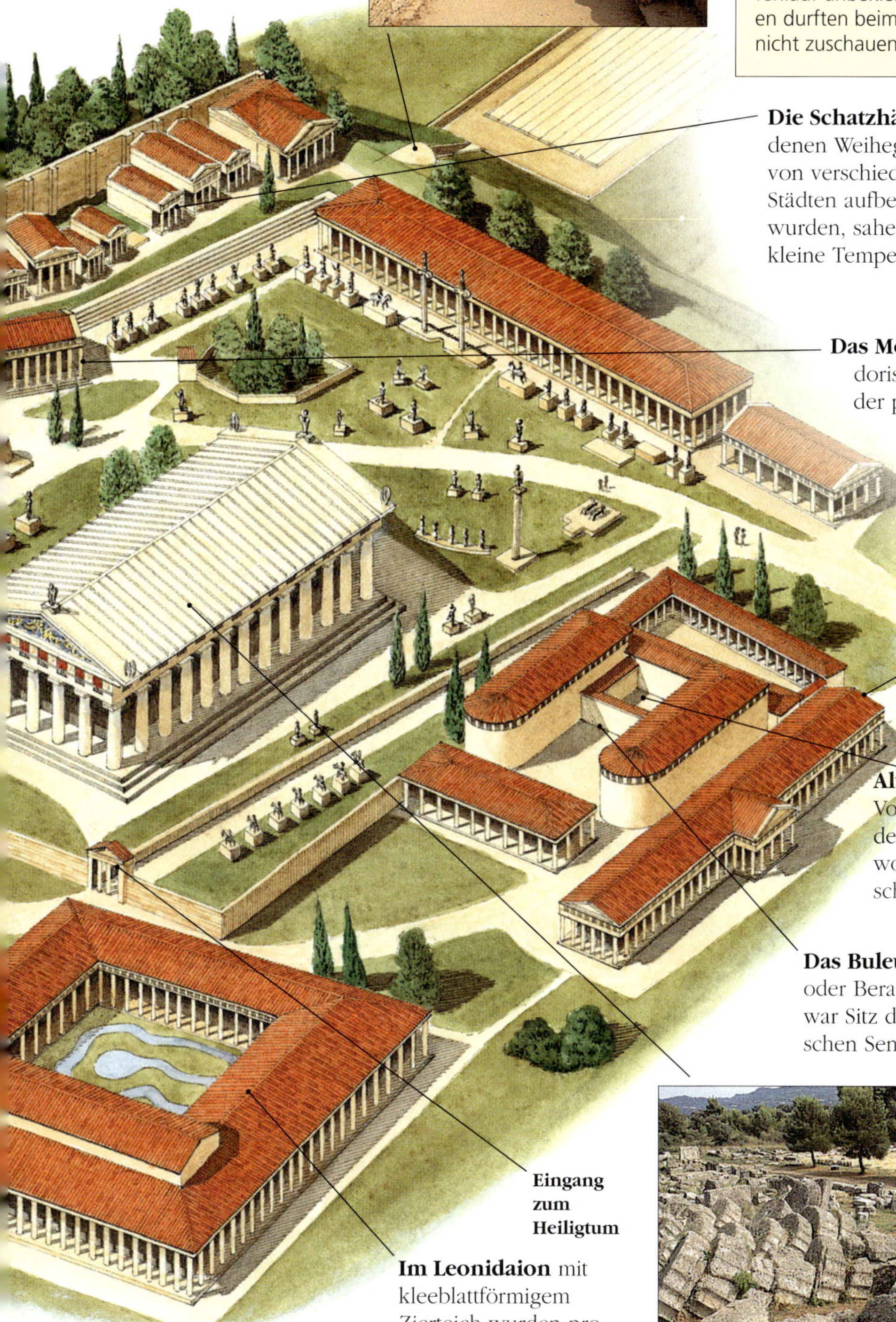

Die Schatzhäuser, in denen Weihegeschenke von verschiedenen Städten aufbewahrt wurden, sahen wie kleine Tempel aus.

Das Metroon war ein dorisches Heiligtum der präolympischen Göttin Rhea.

Südliche Halle

Altar
Vor einer Statue des Zeus wurde wohl der olympische Eid abgelegt.

Das Buleuterion oder Beratungshaus war Sitz des olympischen Senats.

Eingang zum Heiligtum

Im Leonidaion mit kleeblattförmigem Zierteich wurden prominente Gäste untergebracht.

Rekonstruktion von Olympia

So sah Olympia zur Römerzeit um 100 n. Chr. aus. Damals war der Zeus-Kult noch lebendig. Die Spiele waren Zeus geweiht. Sein Tempel (mit einer riesigen Statue des Gottes) bildete den Mittelpunkt des olympischen Bereichs.

Zeus-Tempel
Nur Säulenbasen und -bruchstücke dieses dorischen Tempels (5. Jh. v. Chr.) sind erhalten und doch wird seine Erhabenheit deutlich.

Daten und Fakten

3. Jahrtausend v. Chr. Erste Besiedlung von Olympia

um 600 v. Chr. Entstehung des Hera-Tempels

472/71–457 v. Chr. Bau des Zeus-Tempels

551 n. Chr. Zerstörung eines Großteils von Olympia durch Erdbeben

ab 600 Allmähliches Verschwinden des Geländes unter dem Schwemmsand des Flusses Alphios

1829 Erste Ausgrabungen

1875–81 Ausgrabung durch deutsche Archäologen

1989 Aufnahme in das Weltkulturerbe der UNESCO

Der Ursprung der Olympischen Spiele

Die Austragung von Wettkämpfen in Olympia ist durch Siegerlisten ab dem Jahr 776 v. Chr. belegt. Der einzige Wettbewerb war damals der Stadionlauf der Männer. Die Wettkämpfer kamen aus dem Umkreis von Olympia. Der erste bekannte Sieger war Koroivos, ein Koch aus dem nahen Elis. Im 8. und 7. Jahrhundert v. Chr. kamen Ringen, Boxen, Fünfkampf, Wagen- und Pferderennen hinzu. Die Besten aus vielen Städten traten jetzt bei den Spielen an. Bis die Römer 146 v. Chr. die Macht übernahmen, durften nur Griechen teilnehmen. Kaiser Thedosius I. verbot die Wettkämpfe 393 n. Chr., da sie Teil eines heidnischen Festes waren und das Christentum Staatsreligion geworden war. Die ersten Spiele der Neuzeit fanden 1896 statt.

Die Grotte, in der Johannes seine »Offenbarung« empfing

Die Johannes-Grotte

Im Apokalypse-Kloster nahe dem Johannes-Kloster befindet sich die Grotte der Offenbarung. Hier soll Johannes die Stimme Gottes aus einer heute noch sichtbaren Felsspalte vernommen und seine Visionen vom Weltende erlebt haben. Das Buch der »Offenbarung« diktierte er seinem Schüler Prochoros. In der Höhle sieht man das Felspult, an dem es geschrieben wurde, und eine Einbuchtung, in die Johannes sein müdes Haupt gelegt haben soll. Malereien aus dem 12. Jahrhundert schmücken die Wände. Die Ikonen von Johannes und Christodoulos malte Thomas Vathas aus Kreta 1596.

Christodoulos

Der Mönch Christodoulos (»Sklave Christi«) wurde Anfang des 11. Jahrhunderts in Nicäa in Nordwestanatolien geboren. Er baute Klöster auf mehreren griechischen Inseln. Der byzantinische Kaiser Alexios I. Komnenos (♔1081–1118) erlaubte ihm, zu Ehren des Johannes auf Patmos ein Kloster zu gründen. 1088 legte Christodoulos den Grundstein. Dessen Vollendung erlebte er nicht mehr, da er im Jahr 1093 starb. Gedächtnisfeiern für ihn finden am 16. März und 21. Oktober auf Patmos statt.

Das Johannes-Kloster

Das Kloster oberhalb von Chora auf Patmos, des 1983 zur »Heiligen Insel« erklärten griechischen Eilands, zählt zu den bedeutendsten Kultstätten der Christenheit. Der später heilig gesprochene Mönch Christodoulos gründete es 1088 zu Ehren des Johannes, der hier seine »Offenbarung« verfasst haben soll. Das Kloster stieg zu einem der reichsten und mächtigsten in Griechenland auf. Seine Türme und Zinnen lassen es wie eine Märchenburg erscheinen, hatten aber den Zweck, die heute noch erhaltenen sakralen Schätze zu hüten.

Das Johannes-Kloster über dem Ort Chora

Abrahams Gastfreundschaft
Nach einem Erdbeben im Jahr 1956 legte man in der Panagia-Kapelle übermalte Fresken des 12. Jahrhunderts frei, darunter dieses besonders kunstvolle Motiv.

Kapelle Johannes des Täufers

Küchen

Innenhof

Im Speisesaal der Mönche stehen zwei Marmortische aus dem Artemis-Tempel, der vorher auf dem Gelände stand.

Die Christodoulos-Kapelle birgt das Grab und den silbernen Reliquienschrein des heiligen Christodoulos.

★ Johannes-Ikone
Diese Ikone (12. Jh.) genießt von allen im Kloster die höchste Verehrung. Sie wird in der Hauptkirche (Katholikon) des Klosters aufbewahrt.

Höhepunkte

★ **Haupthof**

★ **Johannes-Ikone**

Heilig-Kreuz-Kapelle
Das Kloster besitzt mehrere Kapellen, um die Vorschrift zu befolgen, dass Andachten nur einmal täglich in derselben Kapelle stattfinden durften.

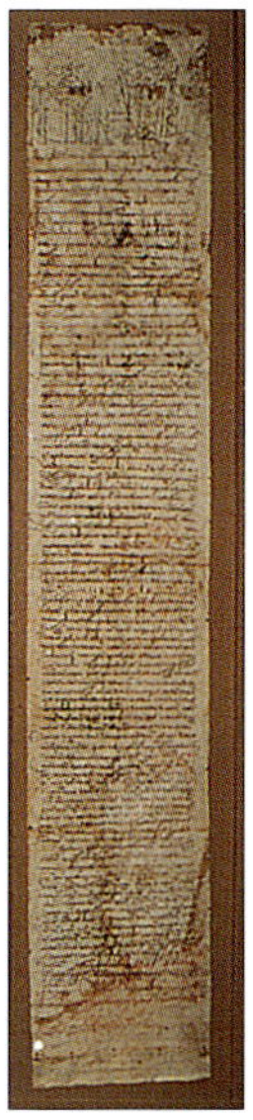

Schiff aus Stein

Nahe Patmos gibt es einen Felsen, der an ein gekentertes Schiff erinnert. Der Sage nach sah Christodoulos, dass sich ein Piratenschiff näherte. Er ergriff eine Ikone des Johannes und richtete sie auf das Schiff, das zu Stein wurde.

Goldbulle
Die Schatzkammer bewahrt die Gründungsurkunde aus dem Jahr 1088, eine mit dem Goldsiegel des byzantinischen Kaisers Alexios I. Komnenos versehene Schriftrolle.

Die Schatzkammer enthält mehr als 200 Ikonen, 300 Silberarbeiten und kostbaren sakralen Schmuck.

★ Haupthof
Das Leben des Johannes illustrierende Fresken (18. Jh.) schmücken die Vorhalle der Hauptkirche, deren Arkaden Teil des Hofes sind.

Die Apostelkapelle liegt vor dem Klostertor.

Durch das Tor (17. Jh.) gelangt man zum gepflasterten Haupthof. Hier sind Schlitze eingelassen, durch die man Angreifer mit heißem Öl übergießen konnte.

Die Niptir-Zeremonie

Die orthodoxen Osterzeremonien von Patmos zählen zu den feierlichsten im Lande. Bei der Niptir-Zeremonie am Gründonnerstag wäscht der Abt des Johannes-Klosters in Chora vor Hunderten von Zuschauern zwölf Mönchen die Füße. Das Ritual erinnert daran, dass Jesus vor dem letzten Abendmahl seinen Jüngern die Füße wusch. Byzantinische Kaiser vollzogen die Fußwaschung als Symbol demütiger Dienstbereitschaft.

Stickerei, die die Fußwaschung Jesu zeigt

Daten und Fakten

1088 Gründung des Klosters
1999 Aufnahme der Altstadt von Chora mit dem Kloster und der Grotte in das Weltkulturerbe der UNESCO

Die Schatzkammer

Die ➛ *Schatzkammer*, zu der auch die Bibliothek gehört, enthält eine große Sammlung theologischer und byzantinischer Werke. Den Hauptsaal zieren Steinsäulen, deren Bögen mit Stuckarbeiten versehen sind. Wertvolle Ikonen und sakrale Gegenstände wie Bischofsgewänder, von denen einige aus Goldfäden gewoben sind, Kelche und kostbare Kreuze sind ausgestellt. In die Wand eingebaute Bücherregale enthalten religiöse Manuskripte und biografische Materialien, von denen viele auf Pergament geschrieben sind, dazu alte Buchausgaben und Abschriften verschiedener Dokumente. Von besonderer Bedeutung sind das »Buch Hiob« (8./9. Jh.), die Predigten des Gregor von Nazianz (941), der Codex Purpureus (6. Jh.) und ein Werk aus dem 14. Jahrhundert, das schöne Abbildungen der Evangelisten enthält und den Titel »Evangelium der Vier« trägt. Die Bibliothek verfügt auch über Mosaiken aus der Zeit des 15. bis 18. Jahrhunderts sowie wunderschönes Mobiliar aus dem 17. Jahrhundert. Siegel byzantinischer Kaiser und Prinzen sind ebenso vorhanden wie das Gründungsdokument (➛ *Goldbulle*) von Kaiser Alexios I. Komnenos.

Kostbares aus Kos

Während der Restaurierung des Großmeisterpalastes durch den Italiener Vittorio Mesturino wurden schöne hellenistische, römische und frühchristliche Mosaiken von der nahe gelegenen Insel Kos benutzt, um Fußböden für den gesamten Palast zu fertigen. Auch der ➛ *Arkadensaal* und der ➛ *Medusa-Saal* sind damit ausgestattet. Die großartigen Statuen im ➛ *Haupthof* stammen ebenfalls aus Kos. Sie datieren aus hellenistischer und römischer Zeit.

Die Johanniter

Die Bruderschaft des Hospitals des heiligen Johannes von Jerusalem wurde Mitte des 11. Jahrhunderts von Kaufleuten aus Amalfi gegründet. Die Johanniter bewachten das Heilige Grab und schützten Pilger. Nach dem ersten Kreuzzug (1096 bis 1099) wurden sie ein militärischer Orden. Als Jerusalem 1291 an die Mamelucken fiel, zogen sie sich nach Zypern zurück. 1309 unterwarfen sie die Bewohner von Rhodos. Die Ritter waren nach Sprachgruppen in acht »Zungen« zusammengefasst, in die französischen Frankreich, Provence und Aquitanien, die spanischen Aragon und Kastilien, zudem Deutschland, Italien und England. Jede Nationalität sicherte einen Abschnitt der Stadtmauer. Nach ihrer Niederlage gegen die Osmanen 1522/23 verlegten sie ihren Sitz 1524 nach Malta, wo sie sich Malteser nannten.

Die Ritterstraße, ein Ensemble mittelalterlicher Architektur

Der Großmeisterpalast

Vergoldeter Engel als Kerzenständer

Diese Festung am höchsten Punkt von Rhodos-Stadt bezeugt eindrucksvoll die Blütezeit der Insel unter den Johannitern. Sie ist eine der schönsten im Mittelmeerraum und war über eine Dauer von 200 Jahren die Residenz von 19 Großmeistern des Johanniterordens. Zugleich war sie das Zentrum der Ritterstadt und diente in Zeiten der Gefahr als Fluchtburg für die Einwohner. Die Italiener bauten den Palast aus dem 14. Jahrhundert Mitte des 20. Jahrhunderts nach alten Plänen wieder auf, legten bei der Gestaltung des Inneren jedoch keinen Wert auf historische Treue.

Arkadensaal
Zwei Säulenreihen stützen die Decke. Der Boden ist mit einem geometrischen Mosaik (5. Jh.) ausgelegt.

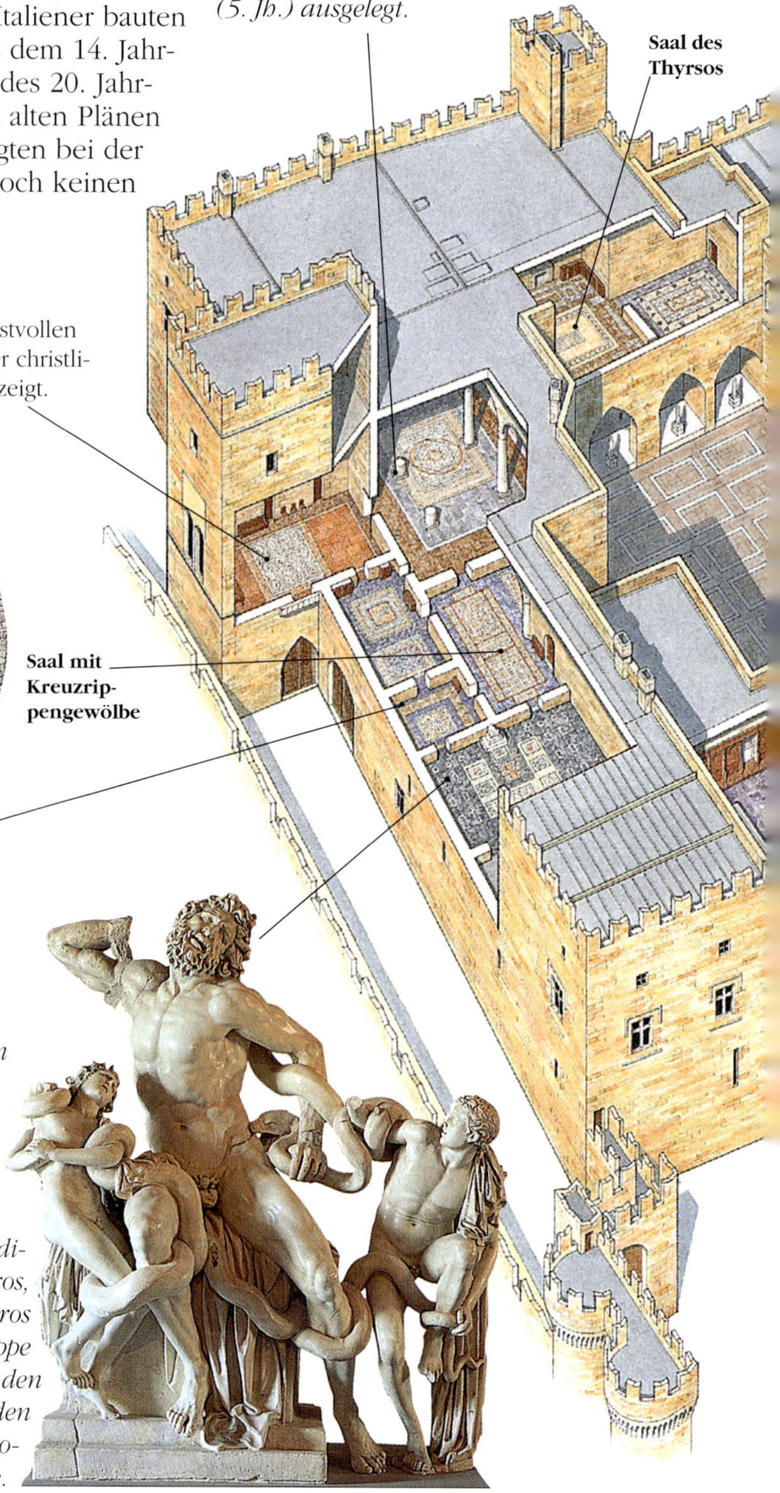

Auch die Kanzlei hat einen kunstvollen Mosaikboden (5. Jh.) aus Kos, der christliche Symbole, etwa einen Kelch, zeigt.

★ Medusa-Saal
Mittelpunkt dieses späthellenistischen Mosaiks ist die schlangenhaarige Medusa, eine der drei Gorgonen der griechischen Mythologie. Chinesische und islamische Vasen bestücken das Interieur.

Laokoon-Saal
Eine Kopie der im Vatikan ausgestellten, von den rhodischen Bildhauern Athanadoros, Hagesander und Polydoros geschaffenen Laokoongruppe (1. Jh. n. Chr.) beherrscht den Saal. Die Skulptur zeigt den Todeskampf des Trojaners Laokoon und seiner Söhne.

Ecktürme mit Zinnen und andere Befestigungen schützten den Palast, der im Fall der Erstürmung der Stadtmauer als Zuflucht dienen sollte.

★ **Haupthof**
Hellenistische Statuen vom Odeion in Kos umrahmen den Hof. Seine Nordseite ist mit geometrischen Marmorplatten gepflastert.

Eingang zur Ausstellung über das antike Rhodos

Den Saal der neun Musen ziert ein Mosaik mit den Musen der griechischen Mythologie.

Eingang

Diesen Saal schmücken ein späthellenistisches Mosaik und Chorgestühl aus dem 16. Jahrhundert.

Großer Treppenaufgang

Eingang zur Ausstellung über das mittelalterliche Rhodos

Auch diesen Saal schmücken ein späthellenistisches Mosaik und geschnitztes Chorgestühl.

Die Ordensleute

Söhne vornehmer römisch-katholischer Familien aus ganz Europa gehörten dem Johanniterorden an. Wer in den Orden eintrat, legte das Gelübde der Keuschheit, des Gehorsams und der Armut ab. Die Großmeister wurden ab 1305 auf Lebenszeit gewählt. Heute zählt der Orden weltweit circa 11 000 Mitglieder.

★ **Haupttor**
Zinnenbekrönte Zwillingstürme bewachen den beeindruckenden Eingang, an dem das Wappen des 1319–46 amtierenden Großmeisters de Villeneuve zu sehen ist.

Der erste Grossmeister

Erster Großmeister (Magnus Magister) der Johanniter auf Rhodos war von 1309 bis 1319 der französische Ritter Foulques de Villaret. Er kaufte die Insel 1306 dem Machthaber Admiral Vignolo de Vignoli ab. Übernehmen konnte er Rhodos jedoch erst 1309, nachdem der Widerstand der Bevölkerung gebrochen war. Die Johanniter behaupteten sich auf Rhodos bis zu ihrer Vertreibung 1522. Der Name Villaret lebt fort im Villare, einem Weißwein der Insel.

Foulques de Villaret

Höhepunkte

- ★ **Haupthof**
- ★ **Medusa-Saal**
- ★ **Haupttor**

Daten und Fakten

14. Jahrhundert Ausbau einer bestehenden Burg

1481 Renovierung nach einem Erdbeben

1856 Zerstörung des Palastes durch die Explosion des Pulvermagazins in der Johanneskirche

1937–40 Restaurierung durch den italienischen Architekten Mesturino

1988 Aufnahme des mittelalterlichen Rhodos mit dem Großmeisterpalast in das Weltkulturerbe der UNESCO

Rhodos in früheren Zeiten

Der Nordflügel des Palasts beherbergt eine Ausstellung über das antike Rhodos. Sie spiegelt 45 Jahre archäologischer Bemühungen auf der Insel wider. Zu den Exponaten gehören Vasen und Figurinen aus prähistorischer Zeit bis ins Jahr 408/07 v. Chr., die an der minoischen Ausgrabungsstätte bei dem Ort Trianda gefunden wurden. Grabstelen, Schmuck und Tonwaren aus Gräbern von Kamiros, Lindos und Ialysos stammen aus dem 8. und 9. Jahrhundert v. Chr. Im Süd- und Westflügel befindet sich eine weitere interessante Ausstellung. Byzantinische Ikonen, italienische und spanische Keramik, Rüstungen und militärisches Gerät vom 4. Jahrhundert bis zur türkischen Eroberung 1522/23 vermitteln einen Eindruck vom Alltag in byzantinischer Zeit und im Mittelalter.

Die Rekonstruktion

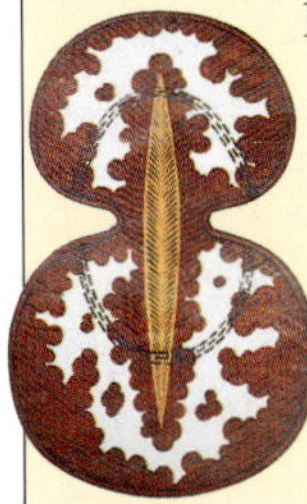

Schildmotiv, Knossos

Der sagenhafte Palast von Knossos wurde Anfang des 20. Jahrhunderts von dem englischen Archäologen Sir Arthur Evans (1851 bis 1941) auf eigene Kosten ausgegraben und mit viel Fantasie restauriert und rekonstruiert. Seine oft belächelten Maßnahmen halten neueren Erkenntnissen aber im Wesentlichen stand. Sie vermitteln einen großartigen Eindruck vom Leben im minoischen Kreta. Bemerkenswert sind u.a. der prächtig gestaltete ➛ *Südpropylon*, der ➛ *Thronsaal*, wo vermutlich rituelle Handlungen stattfanden, und die ➛ *Königlichen Gemächer*, die mit Blumen- und Tiermotiven dekoriert sind.

Die minoische Doppelaxt

Die minoische Doppelaxt diente Zimmerleuten, Steinmetzen und Schiffsbauern als gewöhnliches Werkzeug. Zugleich war sie neben Stierhörnern ein mächtiges geheiligtes Symbol, das dem Kult der Muttergöttin gedient haben soll. Die Bedeutung dieser Axt zeigt sich an den zahlreichen so genannten »larnakes« (Tonsarkophagen), Siegeln, Fresken, Pfeilern und auch Wänden des Palasts, die mit der eingravierten oder gemalten zeremoniellen Doppelaxt versehen sind. Diese Axt wird oft zwischen Weihehörnern oder in der Hand eines Priesters abgebildet. Votiväxte waren reich verziert und wurden aus Gold, Silber, Kupfer oder Bronze gefertigt. Das Labyrinth von Knossos, das Dädalus als Behausung für den Minotaurus erbaute, hielt man für die »Heimstatt der Doppelaxt«. Das schon vorgriechische Wort »labrys«, auf das »Labyrinth« zurückzuführen ist, war nämlich die Bezeichnung für dieses Werkzeug.

Der Palast von Knossos

Die Ausgrabung der größten und berühmtesten minoischen Palastanlage auf Kreta war ein Epoche machendes Ereignis. Die Ruinen stammen fast ausschließlich vom zweiten Palast, der nach 1700 v.Chr. auf einer Grundfläche von etwa 20000 Quadratmetern errichtet wurde. Die Originalfresken und andere Funde sind im Archäologischen Nationalmuseum in Heraklion zu bewundern.

Blick über den Zentralhof nach Nordosten

Weihehörner
Die restaurierten Hörner an der Südfassade sind ein Symbol des heiligen Stiers, der in der minoischen Kultur eine große Rolle spielte. Sie zierten einst das Dach des Palastes.

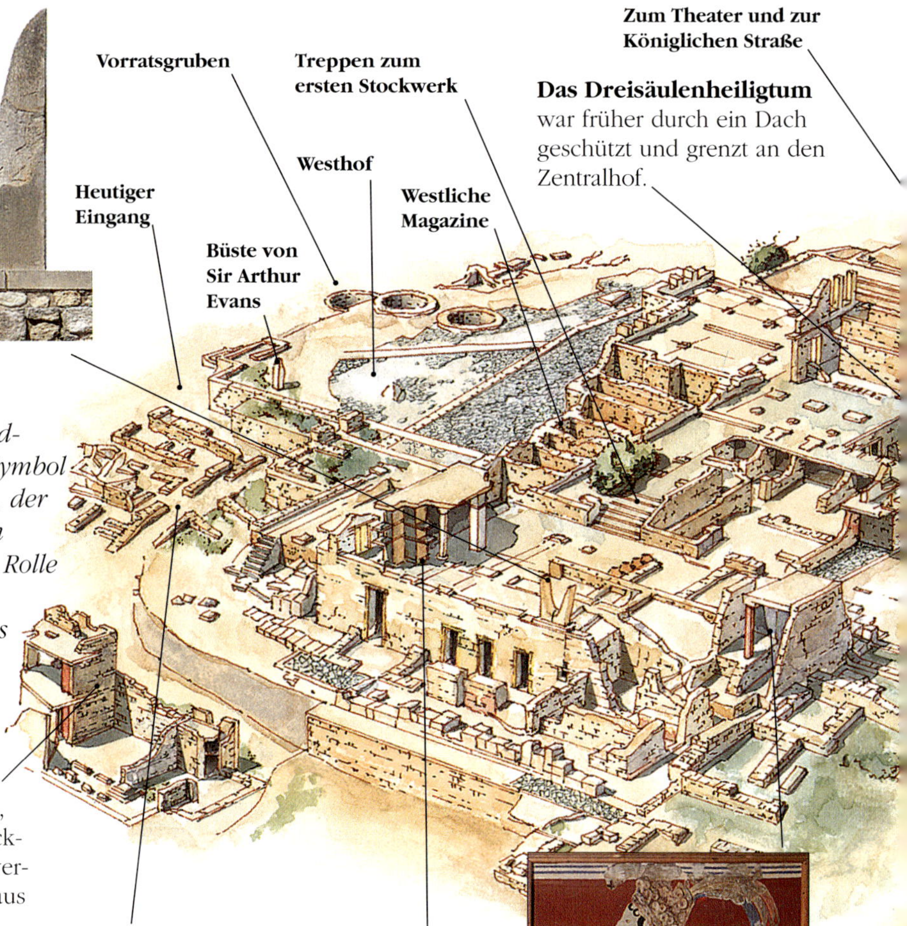

Das Dreisäulenheiligtum war früher durch ein Dach geschützt und grenzt an den Zentralhof.

Das Südgebäude, teilweise restauriert, hatte einst drei Stockwerke und diente vermutlich als Wohnhaus eines Priesters.

Südpropylon
Den Palast betrat man durch diesen monumental gestalteten Südeingang, der mit einer Kopie des »Opfergefäßträgers« (ein Detail des Prozessionsfrieses) verziert ist.

★ »Lilienprinz«
Das Priesterkönig-Fresko, bekannt als »Lilienprinz«, ist ein Detail aus dem Prozessionsfries und zeigt eine Figur mit einer Krone aus Lilien und Federn.

★ Thronsaal
Der Thronsaal mit Vorraum und Lustralbad war vermutlich ein Heiligtum. Der originale Alabasterthron des sagenhaften Königs Minos ist von Greifenfresken umgeben, einem heiligen Symbol der minoischen Kultur.

Der Minotaurus

Der Sage nach war im Labyrinth von Knossos der Minotaurus versteckt. Dieses Ungeheuer, ein Mensch mit Stierkopf, war von Pasiphae, der Frau des Königs Minos, geboren worden. Es wurde von Theseus erschlagen.

★ Riesen-Píthoi
Über 100 Riesen-Píthoi (Vorratsgefäße) wurden in Knossos entdeckt. Sie enthielten Wein, Öl, Honig und Getreide.

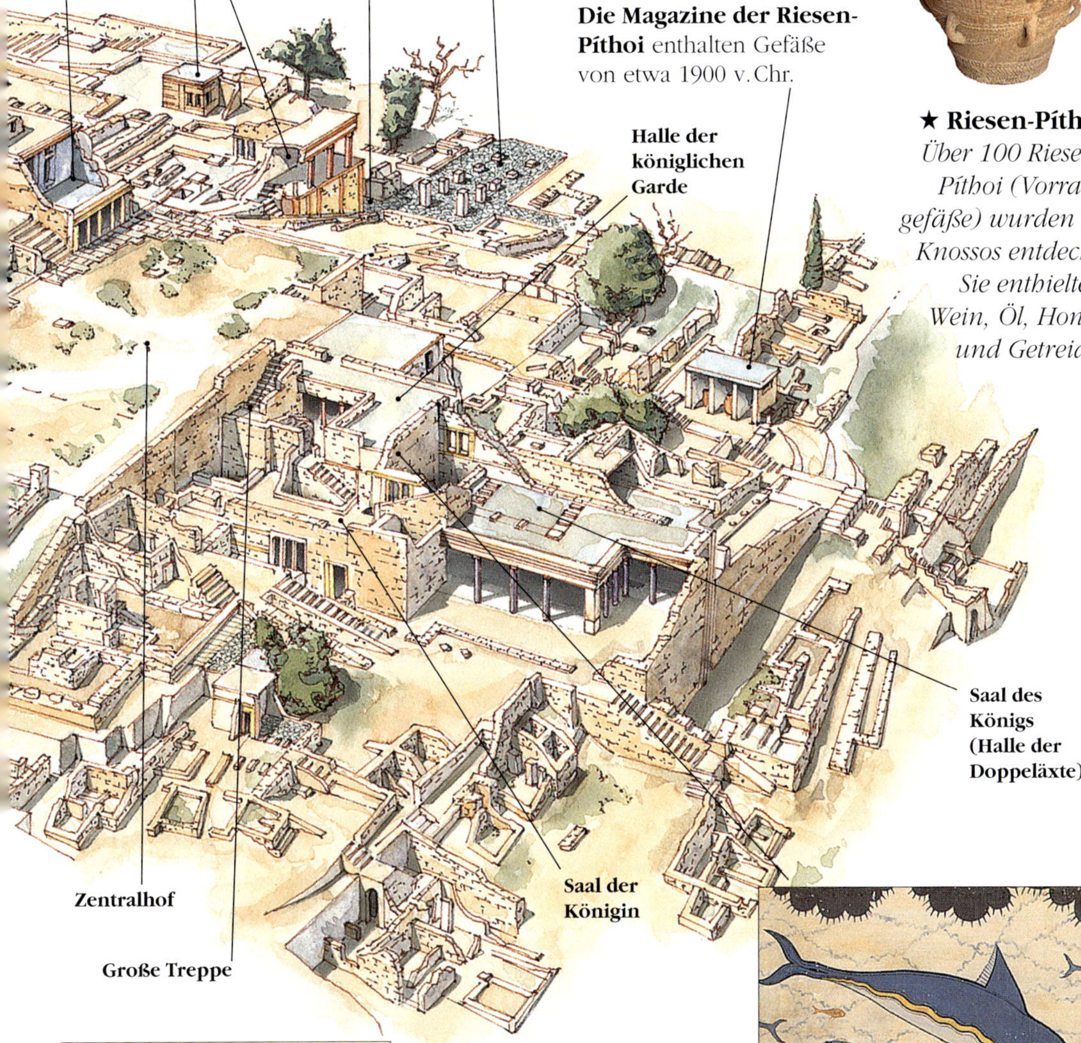

Die Magazine der Riesen-Píthoi enthalten Gefäße von etwa 1900 v. Chr.

Höhepunkte

- ★ »Lilienprinz«
- ★ Thronsaal
- ★ Riesen-Píthoi
- ★ Königliche Gemächer

★ Königliche Gemächer
Diese Räume umfassen den Saal des Königs (auch Halle der Doppeläxte), den Saal der Königin mit einer Kopie des berühmten Delphin-Freskos (im Bild) und einem Badezimmer sowie die Große Treppe.

Daten und Fakten

um 1930 v. Chr. Bau des ersten Palastes

um 1700 v. Chr. Zerstörung durch Erdbeben und Bau eines zweiten Palastes

um 1450 v. Chr. Zerstörung durch Erdbeben und erneuter Aufbau

um 1375 v. Chr. Zerstörung durch Feuer

um 1200 v. Chr. Endgültige Zerstörung

1878 Entdeckung des Palastes durch einen Griechen

ab 1900 Ausgrabung und Teilrekonstruktion des Palastes durch Sir Arthur Evans

Archäologisches Nationalmuseum

Das Museum in Heraklion besitzt die weltweit umfassendste Sammlung minoischer Artefakte. Es vermittelt einzigartige Einblicke in die hoch entwickelte Kultur Kretas vor mehr als 3000 Jahren. Zu den Exponaten aus Knossos gehören Fresken, Gefäße, Figurinen und Keramiken. Ein Stierkopf-Rhyton, ein Gefäß aus schwarzem Speckstein (16. Jh. v. Chr.), wurde für flüssige Spenden verwendet. Von zwei barbusigen Figurinen nimmt man an, es handele sich um Darstellungen der Schlangengöttin oder einer Priesterin, die religiöse Rituale vollführt. Hier sind auch Wandbilder vom Palast in Knossos im Original zu sehen, etwa Teile des Prozessionsfrieses, der ➛ *»Lilienprinz«*, ein galoppierender Stier, die »Blauen Damen«, Delphine und das legendäre Stierspiel.

Die Selimiye-Moschee

Osmanische Kunst

Das Museum für türkisch-islamische Kunst befindet sich in der Medrese, der theologischen Lehranstalt der Selimiye-Moschee. Ein Saal widmet sich der lokalen Variante des Ringkampfs. Hier sind vergrößerte Miniaturen aus 600 Jahren ausgestellt, die Ringer, auf deren Haut Olivenöl aufgetragen ist, in ihren Lederhosen zeigen. Zu den weiteren Exponaten gehören die Originaltore der Beyazit-Moschee, die von 1484 bis 1488 am Nordufer des Flusses Tunca außerhalb des Stadtzentrums von Edirne errichtet wurde. Neben Koranausgaben und Kalligraphien sind auch Militaria ausgestellt, darunter osmanische Schilde und ein kaiserliches Zelt, das bei Feldzügen benutzt wurde. Auch Kacheln und Keramiken gehören zu den Exponaten.

Baumeister Sinan

Während der jährlichen Erfassung junger Christen für die Armee des Sultans kam auch Joseph aus Anatolien (1489 oder 1491–1587 oder 1588) nach Istanbul. Er trat zum Islam über und hieß fortan Sinan. Er nahm als Militäringenieur unter Süleiman I., dem Prächtigen, an verschiedenen Feldzügen teil und gewann dessen Gunst. 1538 wurde Sinan Baumeister für das gesamte Osmanische Reich. Unter dem Namen Mimar Koca Sinan (»Großer Architekt Sinan«) schuf er Meisterwerke für seinen Gönner, so auch die Süleymaniye (1550–57) in Istanbul. Insgesamt baute er 131 Moscheen und 200 andere Gebäude wie Paläste, Schulen, Bäder, Krankenhäuser und Grabmäler. Die Selimiye-Moschee, sein Alterswerk, kann sich mit der Hagia Sophia (➛ *S. 246f.*) messen.

Mimar Koca Sinan

Die Selimiye-Moschee

Der grösste osmanische Moscheenkomplex ist zugleich die Krönung in der Entwicklung der osmanischen Kuppelmoschee. Das späte Meisterwerk des Baumeisters Sinan erhebt sich auf einem Hügel über Edirne. Sultan Selim II. gab den Auftrag für den 1574 fertig gestellten Bau. Das Gewicht der Kuppel mit ihrer Höhe von 43 Metern und einem Durchmesser von 31 Metern verteilte Sinan auf ein symmetrisches Netz von Mauern und Säulen, die in einem achteckigen Grundriss angeordnet wurden. Dank der zahlreichen Fenster wirkt die Moschee leicht und lichterfüllt. Sie lassen den gewaltigen Innenraum noch größer erscheinen. Die hohen, schlanken Minarette verstärken den Eindruck der Schwerelosigkeit. Zum Komplex gehören ein Spital – heute Museum für türkisch-islamische Kunst –, eine Koranschule und der überdachte Kavaflar-Arasta-Basar.

Höhepunkte

★ **Minarette**

★ **Kuppel**

★ **Minbar**

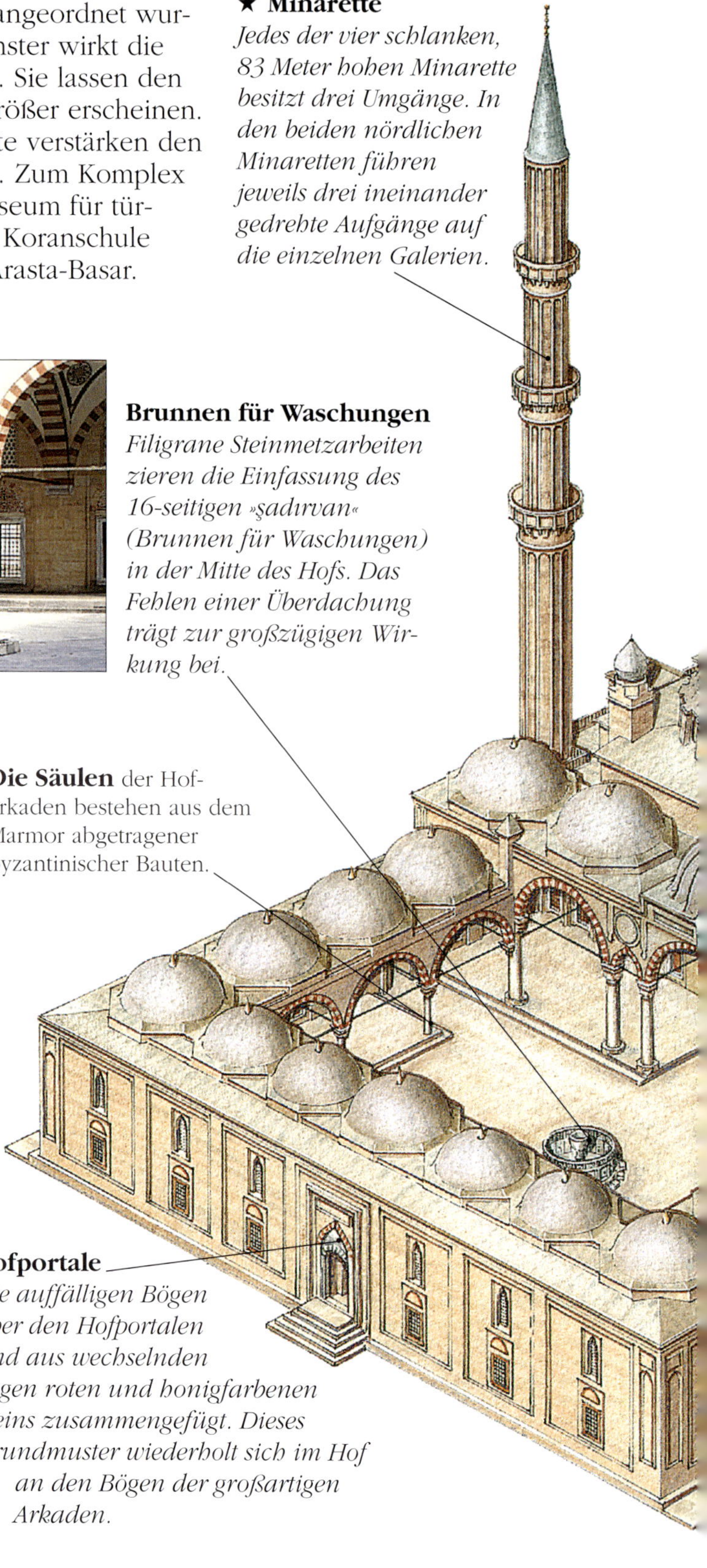

★ Minarette
Jedes der vier schlanken, 83 Meter hohen Minarette besitzt drei Umgänge. In den beiden nördlichen Minaretten führen jeweils drei ineinander gedrehte Aufgänge auf die einzelnen Galerien.

Brunnen für Waschungen
Filigrane Steinmetzarbeiten zieren die Einfassung des 16-seitigen »şadırvan« (Brunnen für Waschungen) in der Mitte des Hofs. Das Fehlen einer Überdachung trägt zur großzügigen Wirkung bei.

Die Säulen der Hofarkaden bestehen aus dem Marmor abgetragener byzantinischer Bauten.

Hofportale
Die auffälligen Bögen über den Hofportalen sind aus wechselnden Lagen roten und honigfarbenen Steins zusammengefügt. Dieses Grundmuster wiederholt sich im Hof an den Bögen der großartigen Arkaden.

★ Minbar
Für viele Experten ist der Minbar der Selimiye-Moschee mit seinem gekachelten Kegeldach und seinen an Spitzenstickerei erinnernden Seitenverkleidungen der schönste in der Türkei.

★ Kuppel
Sie beherrscht das Innere der Moschee. Reich bemalt (der ursprüngliche Schmuck aus dem 16. Jahrhundert wurde im 19. Jahrhundert erneuert), scheint sie über dem Innenraum zu schweben.

Mihrab-Nische aus Marmara-Marmor

Innenraum
Die Moschee ist ein Triumph islamischer Baukunst. Die Kuppel wird von acht relativ schlanken Stützpfeilern getragen. Dies ermöglichte den Einbau von mehr Fenstern und bewirkt die außergewöhnliche Helligkeit des Innenraums.

Der Müezzin mahfili weist an seiner Unterseite noch die aufwendige Bemalung aus dem 16. Jahrhundert auf. Darunter steht ein kleiner Brunnen.

Eingang vom Kavaflar-Arasta-Basar

Sultansloge
Die Sultansloge wird von grünen Marmorsäulen gestützt. Die Spitzbogen, die sie verbinden, schmücken florale İznik-Kacheln (➛ S. 248). Der reich verzierte Mihrab der Loge besitzt das seltene Exemplar eines Fensters mit Holzladen, das ehemals den Blick auf die Landschaft freigab.

Haupteingang

Ruf zum Gebet

Nur Sultans-Moscheen wie die Selimiye haben mehr als ein Minarett. Früher rief der Muezzin, der Gebetsrufer, von der Galerie des Minaretts aus zum Gebet. Heute erschallt der Ruf über Lautsprecher.

Daten und Fakten

1538 Ernennung Sinans zum Hofarchitekten Süleimans I., des Prächtigen

1567 Auftrag an Sinan zur Errichtung der Selimiye-Moschee von Selim II., dem Nachfolger von Süleiman I.

1574 Selim II. stirbt nur wenige Monate nach Fertigstellung der Moschee

In einer Moschee

Große Moscheenkomplexe waren sowohl Gebetshäuser als auch karitative Einrichtungen. Dazu gehörten eine Armenküche, ein Hospital, Lehrsäle, Bäder und gelegentlich eine Karawanserei für Reisende. Im Innenhof trifft man auf einen ➛ *Brunnen für Waschungen* oder auf Wasserhähne für die Reinigung von Kopf, Händen und Füßen vor dem Gottesdienst. Im häufig schön verzierten Gebetsraum (➛ *Innenraum*) beten Männer und Frauen getrennt; meist haben die Frauen einen abgeschirmten Bereich für sich. Eine erhöhte Tribüne in großen Moscheen, ➛ *der Müezzin mahfili*, ist der Platz des Muezzin (Gebetsrufer), von dem aus er den Anrufungen des Imam (Vorbeter) singend antwortet. Der Imam steht während der Freitagspredigt auf dem ➛ *Minbar*, einer erhöhten Kanzel. Daneben befindet sich der Mihrab, eine Gebetsnische in der Wand, die nach Mekka ausgerichtet ist. Die ➛ *Sultansloge* ist ein abgeschirmter Balkon, der Sicherheit bietet. Der Kürsü ist ein Thron, von dem der Imam Korantexte vorliest.

Leben im Harem

Das Wort »Harem« kommt aus dem Arabischen und heißt »das Verbotene«. Im ➛ *Harem* residierten die Frauen des Sultans, seine Mutter – die einflussreichste Frau –, Konkubinen und Kinder. Sie wurden von schwarzen Eunuchen bewacht. Der Sultan und seine Söhne durften als einzige Männer den Harem betreten. Die Konkubinen waren Sklavinnen aus allen Teilen des Osmanischen Reiches. Ihr Ziel war es, Favoritin des Sultans zu werden und ihm einen Sohn zu gebären. Die Konkurrenz war groß – bei oft mehr als 1000 Frauen. Der Topkapı-Harem wurde von Murad III. im 16. Jahrhundert geplant. Die letzten Frauen verließen den Harem 1909.

Der Thronsaal des Harems, der auch geselligen Anlässen diente

Mehmed II.

Eine der größten Taten von Mehmed II. war, dass er 1453 die mächtigen Stadtmauern durchbrach und das strategisch wichtige Konstantinopel den Byzantinern abnahm. Es wurde die dritte und endgültige Hauptstadt des Osmanischen Reiches. Mehmed (♕ 1444–46 und ♕ 1451 bis 1481) war der Sohn von Murad II. und einer Sklavin. Er wurde als »der Eroberer« bekannt, wegen der vielen erfolgreichen Feldzüge, die sein Reich vergrößerten. In den gut 30 Jahren seines Sultanats realisierte er viele Bauvorhaben, erneuerte das Regierungs- und Gesetzessystem und gründete Universitäten, in denen besonders Mathematik und Astronomie gefördert wurden.

Der Topkapı-Palast

Monogramm Süleimans I. über dem Hauptportal

Der »Palast der Glückseligkeit«, in der zweiten Hälfte des 15. Jahrhunderts unter Mehmed II. erbaut, wurde mit Süleiman I., dem Prächtigen (♕ 1520 bis 1566), für rund drei Jahrhunderte die Residenz der osmanischen Sultane. Anfangs diente der Palast lediglich als Verwaltungssitz und hatte eine Schule zur Ausbildung von Beamten und Soldaten. Sultan Abd ül-Medjid I. gab den Topkapı-Komplex 1853 zugunsten des Dolmabahçe-Palasts auf. Der Topkapı-Palast besteht aus einer Reihe von Pavillons um vier riesige Innenhöfe – eine steinerne Version der Zeltlager der osmanischen Nomaden. 1924 wurde er in ein Museum umgewandelt. Seine kostbaren Sammlungen erinnern an ein Märchen aus Tausendundeiner Nacht.

★ Harem
In diesem Labyrinth prächtiger Räume lebten zeitweise bis zu 1600 Menschen.

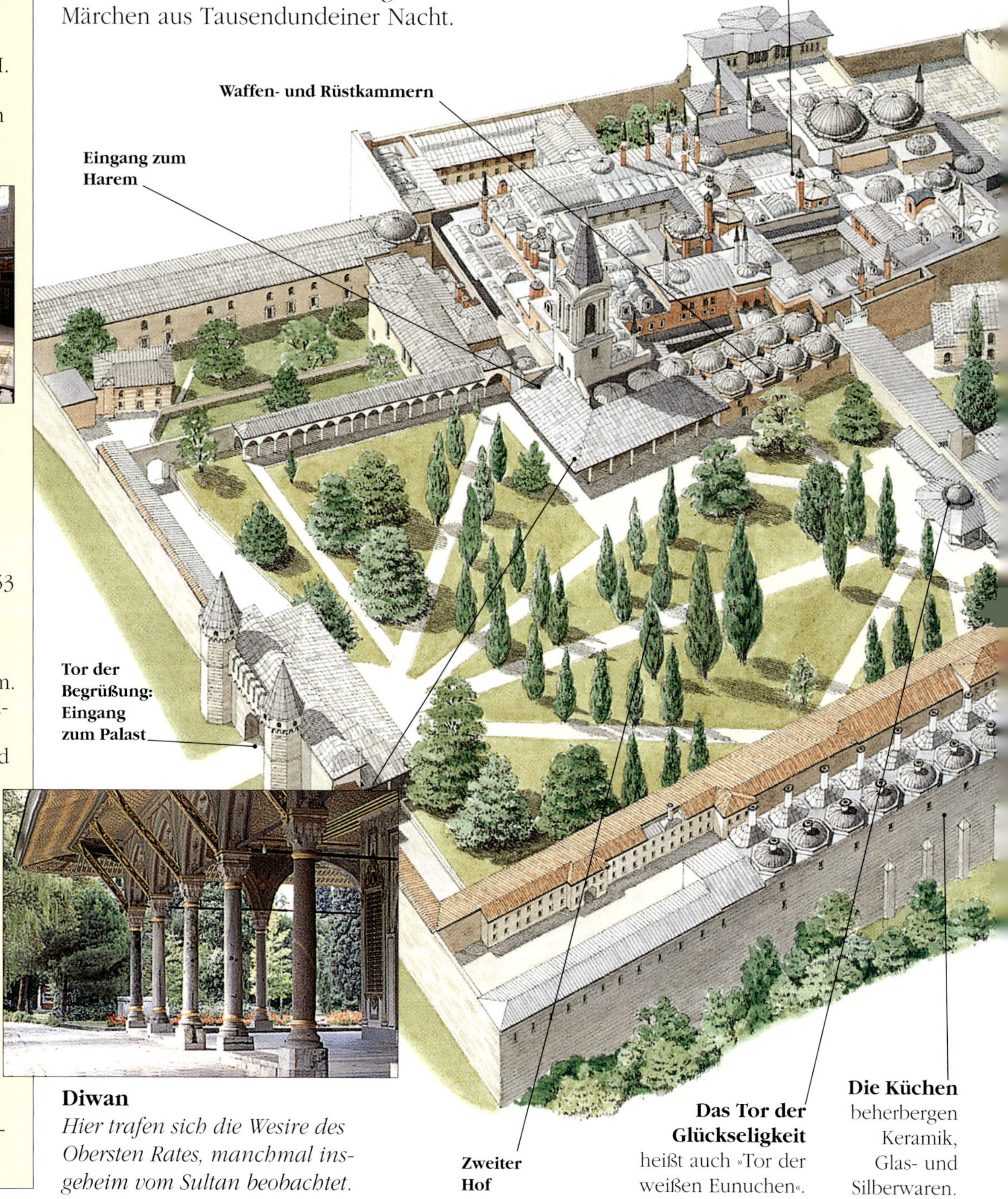

Diwan
Hier trafen sich die Wesire des Obersten Rates, manchmal insgeheim vom Sultan beobachtet.

İftariye-Pavillon
Der hier auf einem historischen Bild gezeigte Pavillon zwischen Bagdad- und Beschneidungspavillon bietet einen herrlichen Blick auf das Goldene Horn.

»Goldener Käfig«

Ein neuer Sultan ließ häufig seine Brüder exekutieren, um Thronstreitigkeiten zu vermeiden. Ab dem 17. Jahrhundert wurden die Brüder verschont und in den »Käfig«, eine Zimmerflucht im Harem, gesteckt.

Bagdad-Pavillon
Murad IV. erbaute den Pavillon mit den blau-weißen Fayencen 1639 zum Gedenken an die Eroberung Bagdads.

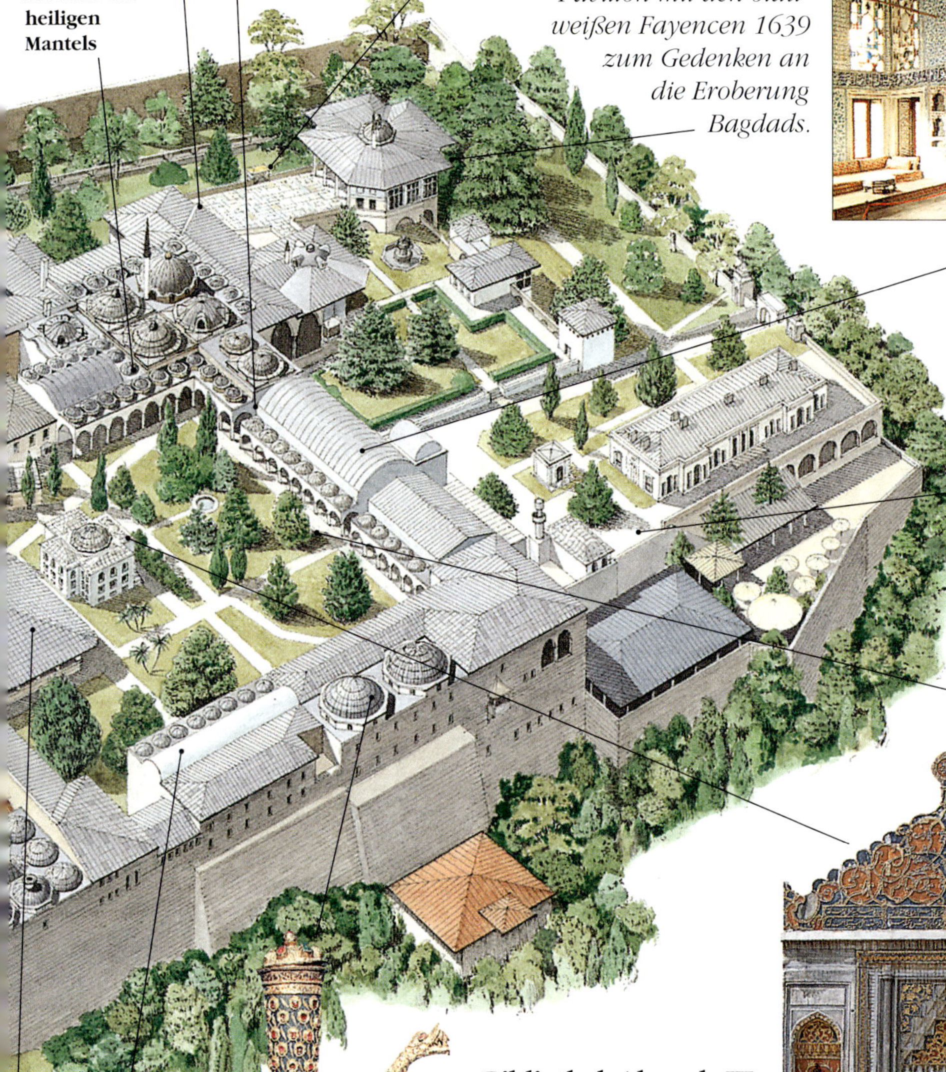

Der vierte Hof ist ein Garten, in dem Pavillons stehen.

Bibliothek Ahmeds III.
Der elegante Marmorbau entstand 1719. In die Wand unterhalb des Haupteingangs ist dieser Brunnen eingebaut.

★ Schatzkammer
Diese juwelenbesetzte Kanne (17. Jh.) ist eines der kostbaren Exponate in der ehemaligen Schatzkammer.

Höhepunkte

★ Harem

★ Schatzkammer

Daten und Fakten

1472 Fertigstellung des Palasts

1574 Nach Großbrand Wiederaufbau vor allem des Harems durch Murad III.

um 1640 Erweiterung des Beschneidungspavillons und Neueinrichtung

1665 Teilweise Zerstörung des Harems und des Diwans durch Feuer

1985 Aufnahme der historischen Bereiche von Istanbul mit dem Topkapı-Palast in das Weltkulturerbe der UNESCO

Palast-Sammlungen

Bei der im Topkapı-Palast ausgestellten Kollektion von Schätzen der osmanischen Sultane handelt es sich um Staatsgeschenke, um Gegenstände, die von Handwerkern des Palasts hergestellt wurden, und um Beutestücke von Feldzügen. In den ➛ *Küchen* findet sich chinesisches Porzellan, das über die Seidenstraße an den Hof gelangt war. Die ➛ *Schatzkammer* enthält Tausende von Edel- und Halbedelsteinen. Zu den schönsten Stücken gehören der juwelenbesetzte Topkapı-Dolch (1741) und der 86-karätige Löffelmacher-Diamant. Der kostbare Seidenkaftan Mehmeds II. gehört zu den Prachtgewändern, die in der Halle der Pagen ausgestellt sind. Der Pavillon des heiligen Mantels enthält einige der heiligsten Reliquien des Islams, so auch den Mantel des Propheten Mohammed. Koranmanuskripte sind überall im Palast ausgestellt.

Kalligraphische Rundschilde (17. Jh., im 19. Jh. restauriert)

Die Ausstattung

Die Hagia Sophia bietet ein faszinierendes Nebeneinander der Kunst zweier Weltreligionen. Zu den Höhepunkten gehören die byzantinischen ➛ *Mosaiken,* die bis ins 9. Jahrhundert zurückgehen. Die Apsis wird dominiert von einem großen Mosaik, das die Jungfrau mit dem Kind zeigt. Zwei 867 entstandene Mosaiken zeigen die Erzengel Gabriel sowie Michael (Fragmente). Porträts des Patriarchen Ignatius von Konstantinopel sowie der Heiligen Johannes Chrysostomos und Ignatius Theophoros schmücken die Gewölbe der Nordwand. Zeichen für die Nutzung als Moschee sind die kalligraphischen Rundschilde sowie die Ausstattung mit Mihrab, Minbar, Sultansloge und Kürsü (➛ *S. 243*), an dem der Imam aus dem Koran liest.

Justinian I.

Der byzantinische Kaiser (♔ 527–565) besiegte durch seine Feldherren die Wandalen, West- und Ostgoten und konnte so den größten Teil des Weströmischen Reiches zurückerobern. Er zentralisierte die Verwaltung unter Einbeziehung der Kirche und ließ das römische Recht im Corpus Iuris Civilis aufzeichnen. Justinian stattete seine Residenzstadt Konstantinopel prunkvoll aus und ließ die zerstörte Hagia Sophia neu errichten.

Die Hagia Sophia

Die »Kirche der heiligen Weisheit« oder Hagia Sophia gehört zu den größten Monumenten der Weltarchitektur und galt einst als achtes Weltwunder. Mehr als 900 Jahre symbolisierte sie das Christentum und über fast 500 Jahre hinweg die islamische Welt. Das im 6. Jahrhundert unter Kaiser Justinian I. errichtete Bauwerk wurde im 15. Jahrhundert von den Osmanen in eine Moschee umgewandelt. Aus dieser Zeit stammen die Minarette, Grabmale und Brunnen. Um das gewaltige Bauwerk zu stützen, verstärkte man die Fassade mit immer mehr Pfeilern, was das ursprüngliche Erscheinungsbild stark veränderte.

Die Hagia Sophia Mitte des 19. Jahrhunderts

Byzantinischer Fries
Von dem 415 eingeweihten Kirchenbau sind Reste des monumentalen Portals erhalten, darunter dieser Fries mit Lämmern.

Seraphim zieren die Hängezwickel, die die eckige Basis mit der runden Kuppel verbinden.

Auf den Emporen wohnten Frauen dem Gottesdienst bei.

Historischer Plan der Hagia Sophia

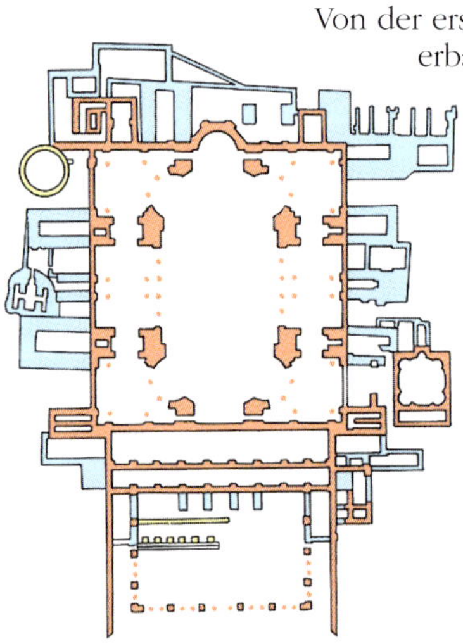

Von der ersten, im 4. Jahrhundert erbauten Kirche ist nichts mehr zu sehen. Spuren erkennt man von ihrer Nachfolgerin aus dem 5. Jahrhundert, die 532 abbrannte. Erdbeben setzten der dritten, oftmals verstärkten und erweiterten Kirche zu.

Legende

- Kirche 5. Jahrhundert
- Kirche 6. Jahrhundert
- Osmanische Anbauten

Höhepunkte

- ★ **Hauptschiff**
- ★ **Mosaiken**
- ★ **Waschungsbrunnen**

★ Hauptschiff
Die Würde dieses Raums, dessen mächtige Kuppel bis auf eine Höhe von 56 Metern hinaufreicht, nimmt jeden Besucher gefangen.

Schwitzende Säule

Die Besucher versammeln sich oft um die marmorverkleidete Säule in der Nordwestecke. Sie fühlt sich feucht an. Der Legende nach verlieh Gregor der Wundertäter ihr Heilkräfte u. a. gegen Augenleiden.

★ Mosaiken
Am Ende der Südempore findet man dieses herrliche byzantinische Mosaik, das Christus zwischen Kaiser Konstantin IX. und seiner Gemahlin Zoe zeigt.

Auf dem Krönungsplatz wurden die Kaiser gekrönt.

Türbe Mehmeds III.

Bibliothek von Sultan Mahmud I.

Im Türbe Murads III. wurde der Sultan 1599 bestattet.

Ausgang

Türbe Selims II.
Das älteste der drei Türbe, islamischen Grabbauten, wurde 1577 nach Plänen von Sinan (➛ S. 242) errichtet. Diese Schmuckkacheln finden sich an der Außenseite des Eingangs.

Das Baptisterium, Teil der Kirche des 6. Jahrhunderts, ist heute das Türbe zweier Sultane.

★ Waschungsbrunnen
Dieser um 1740 errichtete Brunnen ist ein herausragendes Beispiel des türkischen Rokoko. Bunte florale Reliefs zieren sein Dach.

Daten und Fakten

360 Einweihung der ersten Kirche an dieser Stelle

415 Vollendung eines Neubaus

532–537 Bau der Hagia Sophia durch die Architekten Anthemios von Tralles und Isidor von Milet

557–563 Restaurierung der Kuppel nach Einsturz

1453 Umwandlung der Kirche in eine Moschee durch die Osmanen

1934 Eröffnung als Museum

1985 Aufnahme der historischen Bereiche von Istanbul mit der Hagia Sophia in das Weltkulturerbe der UNESCO

Byzantinische Kunst

Der Kunststil im Einflussbereich des Byzantinischen Reiches entwickelte sich aus der spätantiken Kunst. Er wird unterteilt in die frühbyzantinische (6./7. Jh.), mittelbyzantinische (9.–12. Jh.) und spätbyzantinische (14. Jh.) Kunst. Die Hauptleistung in der Baukunst war der Übergang von der Basilika zum Zentralbau mit Kuppel (wie die Hagia Sophia). Neben der Kuppelbasilika entwickelte sich die Kreuzkuppelkirche mit kreuzförmigem Grundriss und Kuppelwölbung, für die die Markuskirche (➛ *S. 200f.*) ein Beispiel ist. Die Innenräume der Kirchenbauten wurden mit ➛ *Mosaiken* und Wandmalereien ausgeschmückt. Von hohem Niveau waren Buchmalerei, Elfenbeinschnitzerei und Silberarbeiten. Herausragend war auch die Miniatur- und Ikonenmalerei.

Keramik aus İznik

Zierkeramik ist ein wichtiges Schmuckelement in der islamischen Kunst. Ihre Ursprünge gehen bis ins 8. Jahrhundert zurück. Starke Impulse verdankt sie den persischen Seldschuken, die sie auch nach Anatolien brachten. Ab dem Ende des 15. Jahrhunderts waren die Manufakturen der Stadt İznik führend. Sie stellten Gefäße, Teller und Fliesen her – in leuchtendem Blau und Weiß, mit Blumen- und Tiermotiven. Zu den Mustern hatte importiertes Porzellan aus China angeregt. Im 16. Jahrhundert wurde das charakteristische »Tomatenrot« entwickelt. Erstmals findet man diese Farbe in der Süleymaniye-Moschee in Istanbul. Der letzte große Auftrag waren 1609 die rund 21 000 ➛ *İznik-Kacheln* für die Blaue Moschee in zahlreichen verschiedenen Mustern.

Wandfliese aus İznik in Kobaltblau

Das Teppichmuseum

Das Vakıflar-Teppichmuseum wurde im ehemaligen ➛ *Herrscherpavillon* der Moschee eingerichtet. Sultan Ahmed I. nutzte den für ihn gebauten Pavillon ebenso wie seine Nachfolger als Rückzugsraum. Gedämpftes Licht schützt die Teppiche und Kelims vor schädlicher Sonneneinstrahlung. Die meisten wurden zwischen dem 16. und 19. Jahrhundert gefertigt. Sie stammen überwiegend aus Moscheen der anatolischen Regionen Uşak, Bergama und Gördes und geben eine guten Überblick über die Tradition dieses Kunsthandwerks. Darüber hinaus sind weitere exquisite Beispiele türkischer Teppiche aus dem 13. bis 20. Jahrhundert zu sehen.

Die Blaue Moschee

Den vorwiegend blauen İznik-Fayencen im Innenraum verdankt die Blaue Moschee, der berühmteste osmanische Bau Istanbuls und zugleich das größte Gebetshaus der Metropole, ihren Namen. Der Hofarchitekt Mehmed Ağa errichtete sie im 16. Jahrhundert als Prestigebau für Sultan Ahmed I. gegenüber der Hagia Sophia (➛ *S. 246f.*). Sie ist die einzige Moschee der Türkei mit sechs Minaretten, was sie als einst ranghöchstes Gebetshaus des Osmanischen Reiches auszeichnet. Von manchen wurde dies als Anmaßung gegenüber Mekka empfunden, weil selbst bei Sultans-Moscheen außerhalb Mekkas nur vier Minarette üblich waren.

Blick vom Hippodrom auf die Blaue Moschee (Stich aus dem 19. Jahrhundert)

Mächtige Pfeiler stützen das Gewicht der Kuppel.
Mihrab
In der Loge nahmen der Sultan und sein Gefolge zu den Gebetszeiten Platz.
Der Herrscherpavillon beherbergt heute das Vakıflar-Teppichmuseum.
Minbar
Der fein gemeißelte Minbar aus weißem Marmor stammt aus dem 17. Jahrhundert. Hier hält der Imam die Freitagspredigt.
Gebetssaal
Muezzinplattform
Eingang zum Vorhof

★ İznik-Kacheln

Bei der Innenausstattung wurde nicht gespart. Die Kacheln entstanden zur Blütezeit der Manufakturen von İznik.

Höhepunkte

- ★ Inneres der Kuppeln
- ★ İznik-Kacheln
- ★ Ansicht der Kuppeln

★ Inneres der Kuppeln
Die Innenseiten der Kuppeln und Halbkuppeln sind mit Mustern aus fließenden Arabesken bemalt. Die Fenster in den Kuppeln besitzen nicht mehr das originale Buntglas aus dem 17. Jahrhundert.

Sultan Ahmed I.

Bei der Einweihung der Blauen Moschee 1617 trug Ahmed (♔ 1603–17) zum Zeichen seiner Demut einen Turban in der Form des Prophetenfußes. Der Sultan starb jedoch noch im selben Jahr an Typhus.

★ Ansicht der Kuppeln
Die anmutig gestaffelten Kuppeln und Halbkuppeln wirken vom Vorhof aus betrachtet besonders eindrucksvoll.

Waschungsbrunnen
Der sechseckige Brunnen dient nur mehr der Zierde. Die Gläubigen vollziehen heute die rituelle Reinigung an anderer Stelle.

Rund 260 Fenster lassen Licht in die Moschee fallen.

Eingang

Jedes Minarett besitzt zwei oder drei Balkone.

Der Vorhof steht in einem harmonischen Größenverhältnis zum Gebetssaal.

Fußwaschung
Zu den muslimischen Reinigungsriten gehört die Fußwaschung vor dem Moscheebesuch. Gläubige benutzen dafür Wasserhähne vor der Moschee.

Daten und Fakten

1609 Baubeginn unter Sultan Ahmed I.

1617 Fertigstellung der Blauen Moschee im Todesjahr Ahmeds I.

1985 Aufnahme der historischen Bereiche von Istanbul mit der Blauen Moschee in das Weltkulturerbe der UNESCO

Mehmed Ağa

Der Architekt der Blauen Moschee, Mehmed Ağa (1553–1625), kam mit zehn Jahren nach Istanbul. Fünf Jahre später erhielt er ein Stipendium für die Architekturakademie der Stadt. Mehmed Ağa studierte bei drei Baumeistern, darunter auch Sinan (➛ *S. 242*), dem Hofarchitekten Süleimans I., des Prächtigen. Um 1574 schickte der neue Sultan Murad III. Mehmed auf eine ausgedehnte Reise nach Arabien, Ägypten und Europa. Er besuchte u.a. Italien, Spanien, Malta und Deutschland. Mehmed Ağa schrieb dem Sultan detaillierte Berichte über alles, was er dort sah. Unter Mohammed III. wurde Mehmed Ağa 1598 Minister. Sultan Ahmed I. ernannte ihn 1606 zum Hofarchitekten. 1612 restaurierte er die Kaaba in Mekka. Bereits 1609 machte Ahmed I. den ersten Spatenstich für die Blaue Moschee mit einer goldenen Schaufel. Sie ist im Topkapı-Palast (➛ *S. 244f.*) ausgestellt. Mehmed Ağa leitete den Bau der Blauen Moschee selbst. Sein Name ist auf einem Brunnen im Vorhof eingraviert.

In die Felsen gehauene Kircheneingänge in Göreme

Kirchen von Göreme

Etwa 360 Höhlenkirchen, Kapellen und Klöster soll es im 10. Jahrhundert im Tal von Göreme gegeben haben. Die byzantinischen Wandmalereien in der ➛ *Tokalı-Kirche* gehören zu den besten des 10. Jahrhunderts. Die Malereien laufen wie Friese an den Wänden entlang und stellen u.a. Ereignisse aus dem Leben des Erzbischofs Basilius von Caesarea dar. Die Çarıklı-Kirche verdankt ihren Namen »Kirche der Sandalen« den Fußabdrücken unter einer Darstellung von Christi Himmelfahrt. Die ➛ *Barbarakirche* ist u.a. mit einer Figur der Barbara und geometrischen Mustern in roter Farbe geschmückt. Die ➛ *Yılanlı-Kirche* zeigt neben verschiedenen Heiligen auch Kaiser Konstantin und seine Mutter Helena.

Der heilige Georg

Georg, dessen Existenz umstritten ist, soll im 3. Jahrhundert in Kappadokien gelebt haben und als Märtyrer gestorben sein. Die wohl bekannteste Georgslegende beschreibt ihn als Ritter, der eine Königstochter vor einem Drachen rettete, indem er ihn erschlug. Georg wurde in der alten und byzantinischen Kirche sehr verehrt, was der Grund für sein Abbild in zahlreichen Höhlenkirchen des Göreme-Tals sein mag. Der Georgskult kam durch die Kreuzfahrer nach Europa.

Freilichtmuseum Göreme

Der Nationalpark Göreme kann sich der größten Konzentration von Höhlenkirchen und -klöstern in Kappadokien rühmen. Als Zuflucht vor den Verfolgungen durch Römer, Perser und Araber grub man wohl schon ab dem 4. Jahrhundert erste Felsenklöster in den weichen Tuff der bizarren Vulkanlandschaft. Unterirdische Städte entstanden, die ein raffiniertes System von Luftschächten sowie Brunnen und Vorratsräume besaßen. Kunstvolle Höhlenkirchen wurden gebaut, deren Freskenschmuck aus dem 9. bis 13. Jahrhundert stammt. Sie stellen heute ein großartiges Museum christlicher Kunst dar.

Tokalı-Kirche
In der Kirche sind einige der schönsten Fresken des Göreme-Tals zu bewundern. In den Fresken des neueren Erweiterungsbaus dominiert der indigoblaue Hintergrund.

Tufftürme (auch »Feenkamine« genannt) sind Felsformationen, die durch Abtragung von Vulkangestein entstanden.

★ Kızlar-Kloster
In diesem Felsen lebten Mönche und Nonnen. Der mehr als fünfstöckige Bau enthielt Zellen, eine Kapelle, Lager, Küche und Speisesaal.

Kamelausflüge
Teile des Göreme-Tals kann man – mit einem Führer – auf dem Rücken eines Kamels erkunden.

Höhepunkte

- ★ **»Dunkle Kirche«**
- ★ **Elmalı-Kirche**
- ★ **Kızlar-Kloster**

★ **»Dunkle Kirche«**
Die Karanlık-Kirche wird wegen des Mangels an Licht »Dunkle Kirche« genannt. Auf den Fresken in der schönen Kreuzkuppelkirche ist u.a. die Himmelfahrt Christi zu sehen.

DERINKUYU

Derinkuyu (9./10. Jh.?) bei Göreme ist eine von rund 200 Städten, die unterirdisch angelegt wurden. Derinkuyu ist 55 Meter tief, besitzt 18 Stockwerke und bot Platz für bis zu 10000 Menschen.

Yılanlı-Kirche
Hier sind der heilige Georg und der heilige Theodor zu Pferd dargestellt.

Eingang zu den Zellen
Am südlichen Ende des Tals liegen die kleinen Zellen, in denen einst Mönche und Nonnen lebten.

★ **Elmalı-Kirche**
Die Kirche aus dem 11. Jahrhundert ist mit kunstvollen Fresken verziert.

Barbarakirche
Der vergleichsweise grobe Malstil in dieser Kirche deutet darauf hin, dass die Bilder kurz nach Ende des byzantinischen Bilderstreits 843 entstanden. Im Jahr 754 war die Verehrung von Heiligenbildern zur Ketzerei erklärt worden.

DATEN UND FAKTEN

4. Jahrhundert Vermutlich erste christliche Einsiedeleien und Kirchenbauten
um 1100 Bau der Yılanlı- und der Barbarakirche
um 1200 Bau der Çarıklı-Kirche
1923/24 Aufgabe der Siedlungen von Göreme
1980 Abschluss der Restaurierung der Tokalı-Kirche
1985 Aufnahme des Nationalparks Göreme in das Weltkulturerbe der UNESCO

VULKANLANDSCHAFT

Die ungewöhnliche kappadokische Landschaft entstand seit dem Jungtertiär, das vor 25 Millionen Jahren begann. Erloschene Vulkane brachen wieder aus und bedeckten die Region mit Asche. Die Asche erstarrte zu erosionsanfälligem Tuffstein verschiedener Härtegrade. Die faszinierende Topographie der Region resultiert zum Teil aus der Erosion durch Wasser, Wind und Temperaturveränderungen. Regen und Flüsse trugen den Tuff ab, auch der Wind schaffte loses Material fort. Extreme Temperaturschwankungen verursachten die Ausdehnung, das Zusammenziehen und so mit der Zeit das Abbröckeln der Felsen. Dadurch entstanden die bizarren ➛ *Tufftürme* in Form von Kaminen, Pyramiden und Säulen. Schon in frühgeschichtlicher Zeit bearbeiteten Menschen das weiche Gestein, höhlten es aus und legten unterirdische Kirchen, Wohnungen, sogar Städte an.

Die Marienkirche

Für die Entwicklung des Christentums spielt die Marienkirche von Ephesos eine große Rolle. Sie soll die erste Kirche sein, die der gebenedeiten Jungfrau geweiht worden ist. Hier erklärte im Jahr 431 das Konzil von Ephesos Maria, die Mutter Jesu, des Gottessohns, zur Gottesmutter. Der über 260 Meter lange Bau, in den die Marienkirche und die angegliederte Bischofsresidenz eingebaut sind, war die Südhalle des Kultbezirkes, in dem Kaiser Hadrian verehrt wurde. Im 5. Jahrhundert wurde im Zusammenhang mit dem Konzil das Mittelschiff verbreitert und ein Halbrund mit Altar angefügt, das später mit einer Apsis abgeschlossen wurde. Im 6. Jahrhundert erfolgte, wahrscheinlich nach einem Erdbeben, ein Umbau, bei dem die Kanzel eingefügt wurde. Als die Gemeinde nach einem Araberüberfall 654/655 nach Selçuk zog, wurde die Kirche auf das Mittelschiff reduziert.

Das Antikenmuseum

Das 1929 errichtete Museum in Selçuk ergänzt das an der Ausgrabungsstätte Erhaltene. Es beherbergt viele Artefakte, die in Ephesos entdeckt wurden. Ein ganzer Saal ist Artemis gewidmet, der besonders in Ephesos verehrten griechischen Göttin der Fruchtbarkeit, der Jagd und des Mondes. Zu den bedeutendsten Exponaten gehören zwei große Skulpturen der Artemis, eine Bronze des auf einem Delphin reitenden Eros, die Skulpturen des Odysseus und seiner Genossen sowie Teilstücke des Partherfrieses (nach 169), der wahrscheinlich zu einem Monumentalaltar gehörte.

Eine Statue der Göttin Artemis im Museum

Ephesos

Artemis-Statue

Ephesos gehört zu den größten Ruinenstädten der westlichen Welt. Die seit dem 10. Jahrhundert v. Chr. von Griechen aus Athen besiedelte Stadt wurde als Kultzentrum der Göttin Artemis berühmt und entwickelte sich zu einer der wichtigsten Metropolen der antiken Zeit. Da Ephesos im Laufe seiner Geschichte viermal neu gegründet wurde, sind die Ruinen auf einer Fläche von etwa acht Quadratkilometern verstreut. Die Stadt, die heute zu sehen ist, gründete Lysimachos um 300 v. Chr. Unter den Römern war Ephesos ein bedeutender Ägäishafen und die meisten erhaltenen Bauwerke stammen aus dieser Zeit. Seit der Apostel Paulus hier wirkte, spielte die Stadt eine wichtige Rolle bei der Verbreitung des Christentums.

Restauriertes Wandgemälde
Malereien in den Hanghäusern gegenüber dem Hadrian-Tempel belegen, dass hier reiche Leute wohnten.

Die Handelsagora wurde im 3. Jahrhundert neu gestaltet.

Die Hanghäuser waren mit Marmorböden und Mosaiken verziert.

Domitian-Tempel

0 Meter **200 Meter**

★ Celsus-Bibliothek
Der Sohn des Tiberius Julius Celsus erbaute die Bibliothek Anfang des 2. Jahrhunderts als Denkmal für seinen Vater. Die rekonstruierte Prunkfassade stellt die personifizierten Tugenden des Celsus dar: Weisheit, Tugend, gute Gesinnung und Bildung.

Haus der Maria

Wie in der Bibel geschrieben steht, bat Jesus am Kreuz den Evangelisten Johannes, sich um seine Mutter zu kümmern. Johannes soll Maria mit nach Ephesos genommen haben, wo sie in einem Steinhaus in Meryemana, wenige Kilometer entfernt, ihre letzten Jahre verbracht haben soll. Das Haus, sowohl von Christen als auch von Muslimen verehrt, wurde zu einer kleinen Kirche umgewandelt. Pilger beider Religionen besuchen den Wallfahrtsort, besonders alljährlich am 15. August.

Das Haus der Gottesmutter Maria

Höhepunkte

- ★ Celsus-Bibliothek
- ★ Hadrian-Tempel
- ★ Theater

★ Theater
Das im 1. Jahrhundert begonnene Theater fasste 24 000 Zuschauer. Die Fassade des dreigeschossigen Bühnenhauses war als Prunkwand gestaltet.

Gründungslegende

Androklos fragte das Orakel von Delphi, wo er seine Stadt erbauen solle. Antwort: »Ein Fisch und ein Eber zeigen dir's an.« Nach Überquerung der Ägäis briet er an Land einen Fisch, ein Busch fing Feuer und ein Eber sprang hervor. Hier wurde Ephesos gegründet.

★ Hadrian-Tempel
Der Tempel war dem römischen Kaiser Hadrian (♔ 117–138) geweiht. Der Schlussstein des Architravs zeigt die Göttin Fortuna.

Die Marmorstraße war eine Säulenarkadenstraße.

Herkules-Tor
Das Tor am Eingang der Kuretenstraße ist nach zwei Reliefs benannt, die den mit einem Löwenfell bekleideten Herkules zeigen. Die Säulen aus dem 2. Jahrhundert wurden erst im 6. Jahrhundert zum Bau eines Torhauses an diese Stelle gebracht. Das schmale Tor war eine frühe Maßnahme der Verkehrsberuhigung, die Fuhrwerken die Zufahrt zur Innenstadt versperrte.

Das Odeion (2. Jh.) diente als Rathaus und als Theater.

Kolonnadenstraße
Die von Säulen gesäumte Straße führt vom Varius-Bad zum Domitian-Tempel.

Daten und Fakten

um 560 v. Chr. Eroberung des ersten Ephesos durch den lydischen König Krösus; Umsiedelung der Bewohner

um 300 v. Chr. Verlegung der Stadt unter Lysimachos

133 v. Chr. Eingliederung in die römische Provinz Asia

ab 29 v. Chr. Hauptstadt der Provinz Asia

54 n. Chr. Gründung einer der ersten großen Christengemeinden durch Paulus

263 Zerstörung durch Goten

5./6. Jahrhundert Umsiedelung an den Ayasoluk-Hügel

668 und 716 Plünderung durch Araber

ab 1866 Erste Ausgrabungen

König Lysimachos

Nach dem Tod von Alexander dem Großen 323 v. Chr. wurde das makedonische Reich unter seinen Feldherren aufgeteilt. Lysimachos (361–281 v. Chr.) erhielt Thrakien. Seit 306/305 v. Chr. König von Thrakien, erwarb er auch Kleinasien und damit Ephesos. Die Stadt und ihren von der Versandung bedrohten Hafen verlegte er, befestigte sie mit riesigen Mauern und gab ihr den Namen Arsinoeia nach seiner Frau Arsinoe. Arsinoe wollte sicherstellen, dass ihr Sohn Nachfolger von Lysimachos wird. Sie überredete ihren Mann, Agathokles, den Sohn seiner ersten Frau, zu töten, weil er den Mord an seinem Vater plane. Daraufhin griff König Seleukos I., unterstützt von Agathokles' Anhängern, Kleinasien an. Lysimachos fiel im Kampf.

Die Bildhauerschule

Die Bildhauerschule von Aphrodisias hatte vom 1. Jahrhundert v. Chr. bis zum 5. Jahrhundert n. Chr. Weltgeltung. Im gesamten Römischen Reich, also etwa auch in Leptis Magna (➛ *S. 270f.*) oder Olympia (➛ *S. 234f.*), wurden ➛ *Skulpturen* und Meisternamen der Bildhauer entdeckt, die ihre Werke zusätzlich mit dem Namen der Heimatstadt signierten. Kennzeichnend für den Stil von Aphrodisias sind üppig blühendes Rankenwerk und Blumengirlanden mit allegorischen Figuren. Dekorativ und repräsentativ sollte die Wirkung dieser Kunst sein. Hilfsmittel der Bildhauer war der Steinbohrer, der es ermöglichte, eine Art Spitzenmuster in Stein herzustellen, erzeugt durch schmale Stege und tiefe Schatten. Auch Kopien bekannter Werke von Polyklet oder Praxiteles wurden von den Bildhauern von Aphrodisias angefertigt.

Der Aphrodite-Kult

Das Heiligtum von Aphrodisias war in der Antike berühmt für seinen unverwechselbaren Aphrodite-Kult. Die Göttin ist semitischen Ursprungs und wurde von den Griechen wahrscheinlich in mykenischer Zeit über Zypern und die Kykladen übernommen. Aphrodite galt bei den Griechen als Tochter des Zeus und als Göttin der Liebe und Schönheit. Stätten, die ihr geweiht waren, sind rund um das Mittelmeer zu finden. Ab Mitte des 7. Jahrhunderts v. Chr. gab es Darstellungen von ihr auf Vasen und Reliefs sowie als Statuen. Die ➛ *Kultstatue* von Aphrodisias hat unverkennbare Merkmale. Ihr schweres Übergewand ist in Zonen geteilt, auf denen Attribute ihrer mythischen Kräfte zu bewundern sind.

Statue der Aphrodite, Göttin der Liebe

Aphrodisias

Marmorfries im Museum

Die Ausgrabung der Ruinen von Aphrodisias beim Dorf Geyre waren eine echte Sensation. Im Lauf von 40 Jahren kamen ab 1961 viele herausragende Werke der im Altertum berühmten Bildhauerschule von Aphrodisias ans Licht. Zahlreiche gut erhaltene Architekturteile ermöglichten den teilweisen Wiederaufbau der antiken Bauwerke, die seit dem 1. Jahrhundert v. Chr. entstanden waren. Bereits 4360 v. Chr. existierte hier eine Kultstätte für die Muttergöttin. Im 2. Jahrhundert v. Chr. nannte man den Ort, der bereits vorher der Liebesgöttin Aphrodite geweiht worden war, Aphrodisias. In byzantinischer Zeit wurde der Aphrodite-Tempel zur christlichen Basilika umgebaut.

★ Stadion
Das Stadion gehört zu den besterhaltenen Anlagen seiner Art aus antiker Zeit.

★ Aphrodite-Tempel
14 Säulen des Tempels wurden wieder aufgerichtet. Die hier gezeigten Kolonnaden stützten einstmals das Hauptschiff der christlichen Basilika.

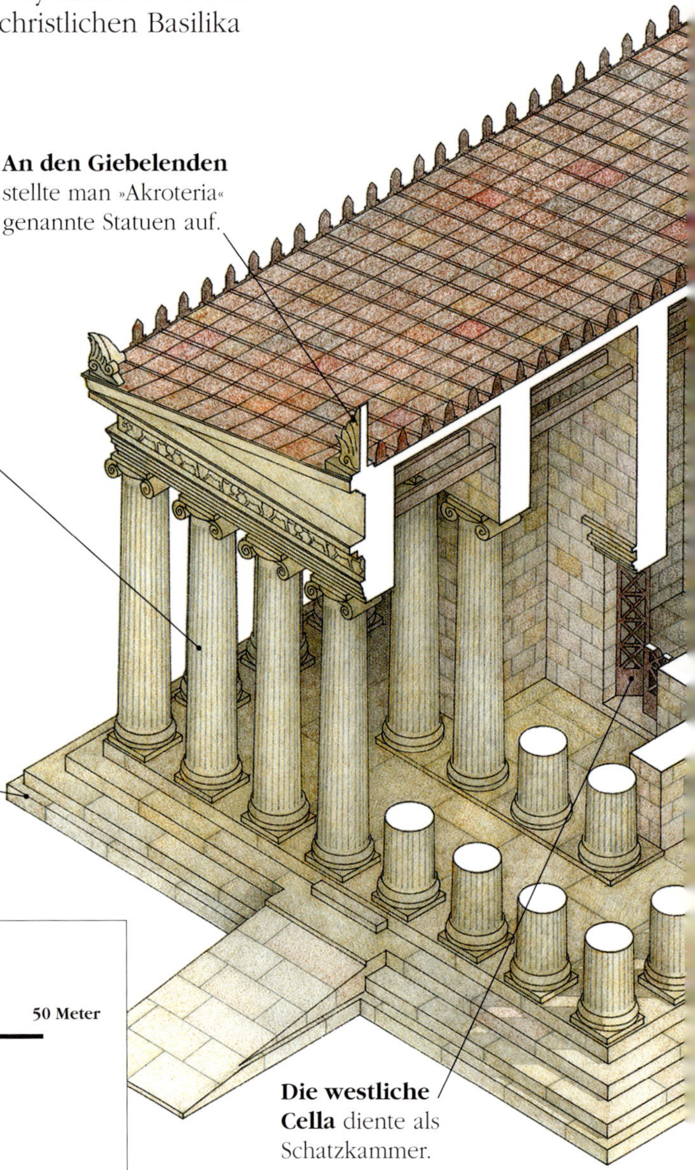

Plan von Aphrodisias

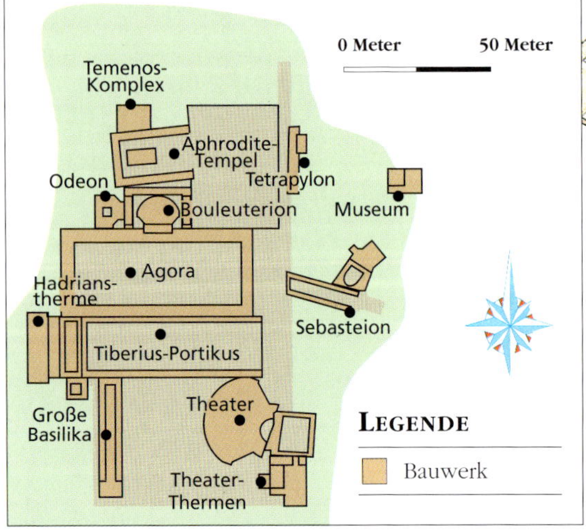

Höhepunkte

- ★ Aphrodite-Tempel
- ★ Stadion
- ★ Tetrapylon

★ Tetrapylon
Der einzigartige Torbau aus dem 2. Jahrhundert besaß ursprünglich 16 spiralig kannelierte Säulen.

Die Umwandlung des Tempels

Beim Umbau des ➤ *Aphrodite-Tempels* in eine Kirche entfernte man den Kernbau (Cella), versetzte die Säulen von Vor- und Rückhalle an die Langseiten und errichtete eine Außenmauer. Im Umgang der Apsis sind Reste byzantinischer Fresken zu erkennen.

Skulpturen
Im Museum und seinem Garten sind viele Plastiken und typische Sarkophage der einst berühmten lokalen Bildhauerschule ausgestellt.

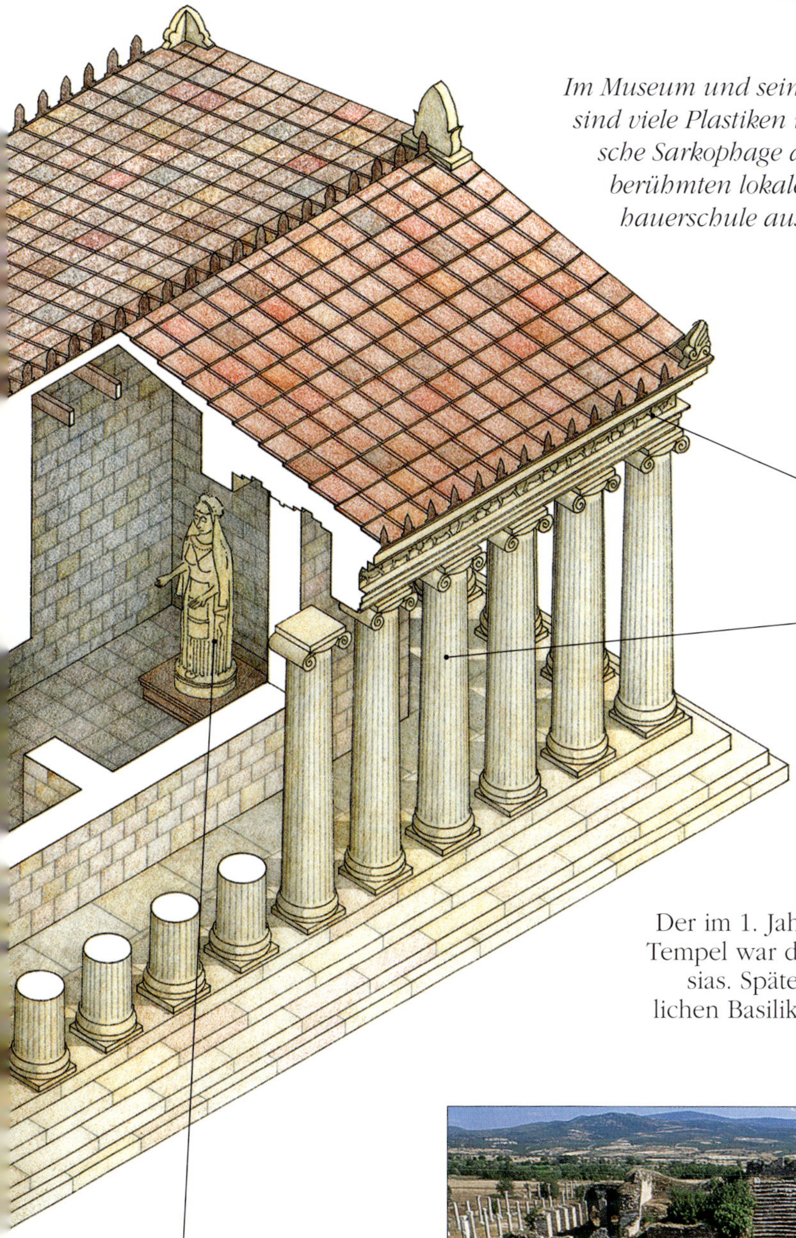

Verzierte Friese

Kannelierte Säulen wurden aus Marmorzylindern zusammengesetzt.

Die Kultstatue der Aphrodite, der Opfergaben dargebracht wurden, stand in der Cella.

Rekonstruktion des Aphrodite-Tempels

Der im 1. Jahrhundert n. Chr. vollendete Tempel war das Herzstück von Aphrodisias. Später baute man ihn zur christlichen Basilika mit einem Grundriss von 60 x 28 Metern um.

Theater
Vor 27 v. Chr. errichtet, wurde es wohl unter Marc Aurel (♔ 161–180 n. Chr.) für Gladiatorenkämpfe umgebaut.

Daten und Fakten

1. Jahrhundert v. Chr. Entwicklung zur Stadt

1. Jahrhundert v. Chr. bis 1. Jahrhundert n. Chr. Bau des Aphrodite-Tempels

2. Jahrhundert Ergänzung des Tempels um Portiken und Ädikula

um 500 Umwandlung des Tempels in eine christliche Basilika

7. Jahrhundert Beschädigung der Stadt durch Erdbeben

14. Jahrhundert Abgleiten der Stadt in die Bedeutungslosigkeit

1904–05 Erste Ausgrabungen

1961 Ausgrabungsbeginn durch Archäologen der Universität New York

Stadion und Theater

Beide Einrichtungen zur Unterhaltung der Menschen sind sehr gut erhalten. Das aus Marmor gebaute ➤ *Stadion* (1. Jh. v. Chr.) – mit 262 x 59 Metern das längste Westkleinasiens – war Schauplatz sportlicher Wettkämpfe, von Musik- und Theateraufführungen sowie Gladiatorenkämpfen. Bis zu 30 000 Zuschauer fanden auf den 25 Sitzreihen Platz. Die Namen von Stammbesuchern sind noch auf den einst für sie reservierten Sitzen zu sehen. Im ➤ *Theater* für rund 5000 Personen, das an einen Hang gebaut wurde, veranstaltete man unter den Römern ebenfalls Gladiatorenkämpfe. Statuen von Apollo, Demos und den Musen zierten das Bühnenhaus, das auf sechs überwölbten Räumen stand.

Das Innere

Sultan Abu Inan ließ ein Gebäude errichten, das sich mit der berühmten Kairaouine-Moschee in Fès von 857 messen konnte. Daher wurden für die üppige Verzierung der Medrese keine Kosten gescheut. Der Haupteingang führt durch eine Halle, die ein Kuppeldach mit Stalaktitenwerk aufweist. Eine schön geschnitzte Trennwand aus Zedernholz umgibt Innenhof und Waschungsbrunnen. Von hier aus gelangt man zu zwei Vorlesungssälen und zum ➛ *Gebetssaal*. Stuckornamente, ➛ *Zellij-Kacheln*, Kalligraphie, ➛ *Buntglasfenster* und grüne Dachziegel sorgen für die Dekoration. Grün ist die Farbe des Propheten Mohammed und wird häufig bei Sakralbauten verwendet.

Kalligraphischer Fries der Bou-Inanija-Medrese in Kursivschrift

Kalligraphie

Die Darstellung alles Natürlichen, d.h. von Mensch, Tier und Natur, war auf Grundlage eines Prophetenspruchs seit dem 8. Jahrhundert im Islam untersagt. Dies beflügelte die Kalligraphie, die Schönschreibkunst. Die schön gestaltete Abschrift der Offenbarung Allahs wurde nicht nur auf Papier angewendet, sondern auch zur Ausschmückung von Gebäuden und im Kunsthandwerk. Suren aus dem Koran und die 99 Namen von Allah kalligraphisch zu schreiben gilt als fromme Tat. Die Bedeutung dieser Kunst in der islamischen Kultur zeigen die geschnitzten, bemalten und gekachelten Friese auf den Mauern von Moscheen und Medresen (➛ *Zellij-Kacheln*), die sich zum Teil mit anderen Ornamenten verbinden.

Die Bou-Inanija-Medrese

Glasierte Dachziegel der Medrese

Unter den schönen und hoch angesehenen Medresen, welche die Merinidenherrscher in Marokko bauen ließen, ist die Bou-Inanija-Medrese die größte und schönste. Als einzige Koranschule Marokkos, Mitte des 14. Jahrhunderts unter Sultan Abu Inan errichtet, dient sie auch als Moschee. Ihre vielen Funktionen erklären die Komplexität der Architektur. Das eingeschossige Gebäude ist um einen Innenhof angelegt, der an drei Seiten von einem Säulengang umgeben ist. Die mit Zellij-Kacheln und kalligraphischen Friesen verzierte Medrese ist einer der wenigen islamischen Sakralbauten, der teilweise für Nichtmuslime zugänglich ist.

Buntglasfenster
Die bunten Fenster im Andachtsraum sind von überwältigender Pracht.

Kapitelle
Die geschnitzten Motive an den Kapitellen der Medrese zeugen von maurischem Einfluss.

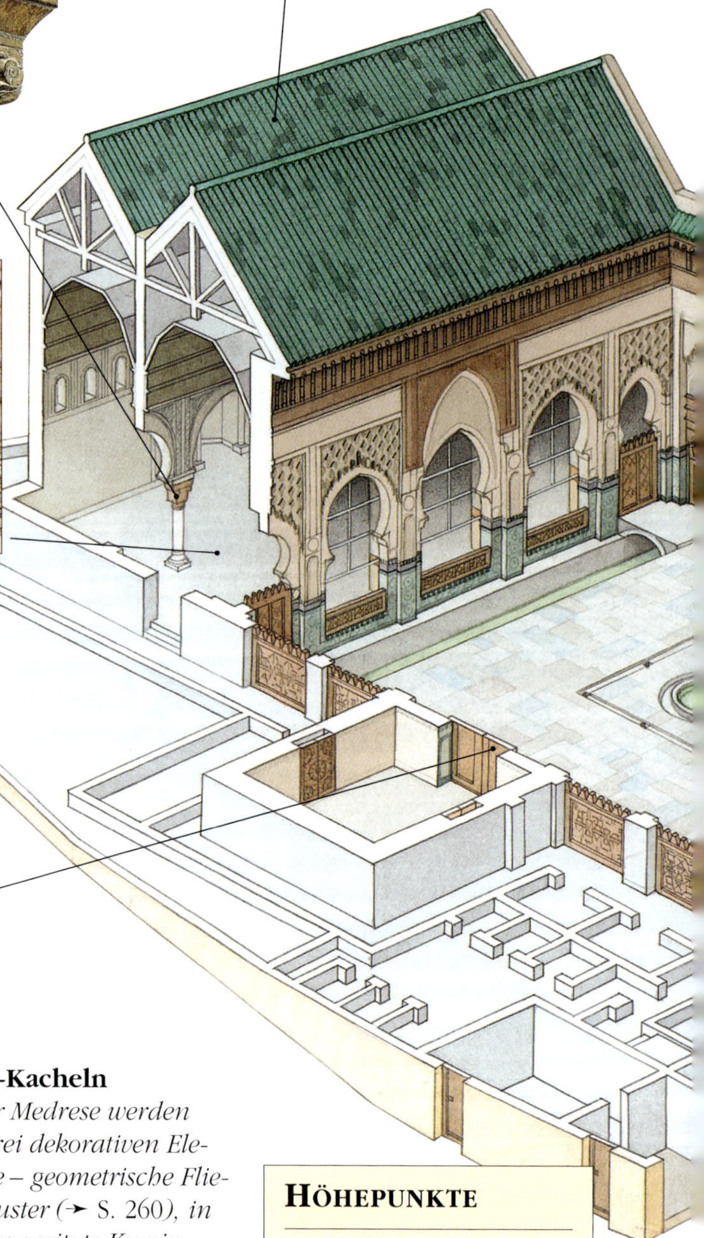

Grünes Doppeldach über der Moschee

★ Gebetssaal
Der abgebildete Mihrab, jene Nische, die die Richtung nach Mekka anzeigt, ist von Buntglasfenstern gekrönt.

Zellij-Kacheln
In der Medrese werden die drei dekorativen Elemente – geometrische Fliesenmuster (➛ S. 260), in Fliesen geritzte Kursivschrift und Stuckarbeit – immer in der gleichen Anordnung verwendet.

Höhepunkte

★ Fassade

★ Gebetssaal

Student in der Medrese

DIE MAROKKANISCHE MEDRESE

Eine Medrese war eine kulturelle und zugleich eine religiöse Einrichtung. Primär diente sie den Schülern aus der Stadt und denen aus der näheren und ferneren Umgebung, grundsätzlich aber jedem Lernwilligen als Internatsschule. Sie war somit eine Erweiterung der auch als Universität fungierenden Moschee. Hier wurden die Religion und die Gesetze, aber auch andere Wissenschaften und sogar Kunst gelehrt. Nicht zuletzt war sie natürlich ein Ort der Andacht und der Meditation. Aus den hoch geschätzten Medresen von Fès kamen die berühmtesten Gelehrten Marokkos.

DIE WASSERUHR

Außerhalb des Eingangs von Bou Inanija befindet sich eine Wasseruhr (1357) mit Glockenspiel, die einst die Gebetsstunden anzeigte. Ihr Mechanismus wird restauriert.

DATEN UND FAKTEN

1350 Baubeginn der Medrese unter Sultan Abu Inan

1357 Fertigstellung

1981 Aufnahme der Altstadt (Medina) von Fès mit der Bou-Inanija-Medrese in das Weltkulturerbe der UNESCO

1990er-Jahre Grundlegende Restaurierung des Innenhofs

SULTAN ABU INAN

Der Sultan entstammte der Dynastie der Meriniden (ab 1269), die als große Förderer der Künste in die Geschichte Marokkos eingingen. Wie sich an der Bou-Inanija-Medrese ablesen lässt, kam es unter ihrer Herrschaft zu einer letzten Blüte des maurischen Baustils. Abu Inan selbst regierte von 1348 bis 1358. Wie seine Vorgänger war er ein einfallsreicher Bauherr. Das 1248 eingenommene Fès war die Hauptstadt der Meriniden. In der Nähe ließen sie das befestigte Fès el-Djedid (Neu-Fès, heute Teil der Medina) errichten. Dort befanden sich Kasernen, die Verwaltung und der Sultanspalast Dar el-Makhzen. Fès war ein geistiges Zentrum des Landes mit Universität, Moscheen und Medresen. Auch der angesehene Geschichtsschreiber und Soziologe Ibn Chaldun wirkte am Hof. 1358 wurde Abu Inan von einem Wesir erwürgt. Feldzüge nach Spanien und Tunesien sowie Kämpfe mit den Portugiesen schwächten die Herrschaft der Meriniden, die 1420 den Wattasiden erlagen. Der letzte Schattenherrscher der Meriniden starb 1465.

Fenster
Die Fenster der Schülerzimmer im Obergeschoss sind mit Stuckornamenten geschmückt.

★ Fassade
Mit Zellij-Kacheln, Stuck und Schnitzereien präsentiert diese Fassade alles, was maurische Dekorationskunst zu bieten hat.

Das Minarett, eines der schönsten in Fès, ist bis zur Turmspitze mit einem durchbrochenen Gittermuster, Mauerzacken und einer schönen Laterne verziert.

Läden

Haupteingang

Bettlerpforte

Zimmer der Schüler

Hof, mit Marmor und Onyx gefliest

Holztor
Das großartig geschnitzte Tor, durch das man in den Innenhof tritt, ist mit Sternmotiven dekoriert und wird von zwei stabilen Säulen flankiert.

Volubilis

Der Decumanus Maximus führt zum Triumphbogen.

Die Grabungen

In der ersten Hälfte des 18. Jahrhunderts hatte ein Brite die Römerstadt beschrieben. Nach ihrer Wiederentdeckung 1874 begannen französische Archäologen 1887 mit ersten Grabungen, ab 1915 folgten umfangreichere. Da das schwere Erdbeben von 1755 viele der noch vorhandenen Strukturen zerstört hatte, musste man alle Gebäude oberhalb des Fundamentniveaus rekonstruieren. Vor allem das Gebiet um das Forum und den Decumanus Maximus sind gut wieder hergestellt. Heute werden Grabungen unter marokkanischer Leitung durchgeführt. Etwa 40 Hektar wurden freigelegt.

Haus des Orpheus

Unter den zahlreichen Villen rings um den Stadtkern ist das Haus des Orpheus wegen seiner Größe und seiner Räume bemerkenswert. Im Empfangs- und Wohnraum mit Blick auf einen von Säulen umgebenen Innenhof ist das Orpheus-Mosaik zu sehen, das dem Haus seinen Namen gab. Es ist das größte runde Mosaik, das in Volubilis entdeckt wurde, und zeigt den Sänger mit Lyra umgeben von einem Löwen, einem Elefanten und anderen Tieren zwischen acht Ölbäumen. In einem Nebenraum befindet sich ein Mosaik, das Fische, Seepferdchen und andere Meerestiere darstellt. Ein weiteres zeigt spielende Delphine. Das Haus besitzt außerdem eine Olivenölpresse mit Reinigungtanks und weitere Räume, die mit Mosaiken in geometrischen Mustern ausgelegt sind.

Volubilis

Die römische Ruinenstätte ist die am besten erhaltene Marokkos. Die einst wichtige Handelsstadt der römischen Provinz Mauretania Tingitana, die bereits im 3. Jahrhundert v. Chr. besiedelt war, hatte ihre Blütezeit im 2./3. Jahrhundert n. Chr. Nachdem sie von den Römern aufgegeben worden war, wurde sie Ende des 8. Jahrhunderts unter islamischer Herrschaft für kurze Zeit neu belebt. Danach war Volubilis fast 1000 Jahre unbewohnt. Die ab Ende des 19. Jahrhunderts ausgegrabenen Überreste stammen zum größten Teil aus römischer Zeit. Von der Blütezeit der einstigen Provinzhauptstadt zeugen die Ruinen des Forums mit dem Kapitolstempel, der Basilika, des Triumphbogens und herrliche Mosaike.

Mosaik aus dem Haus des Dionysos und der vier Jahreszeiten

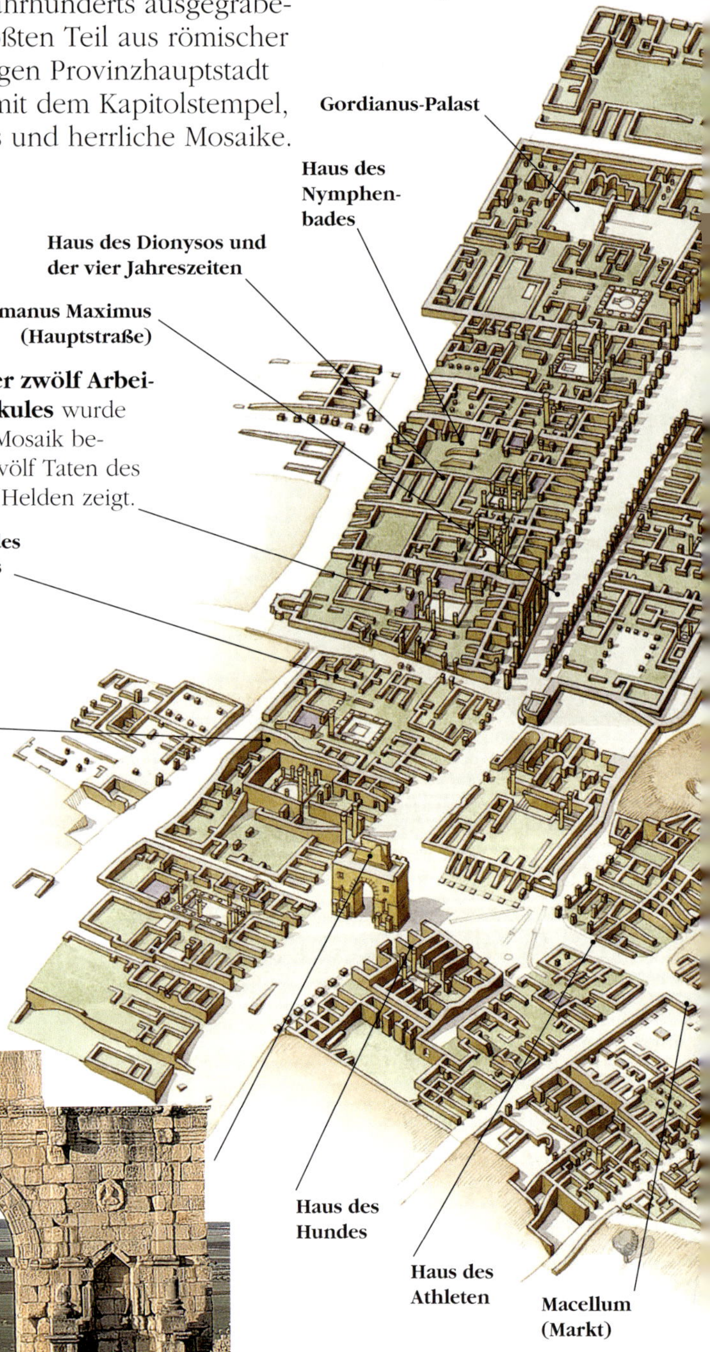

Das Haus der zwölf Arbeiten des Herkules wurde nach einem Mosaik benannt, das zwölf Taten des griechischen Helden zeigt.

Haus der Säulen
Dieses Haus wurde um einen großen Innenhof mit Säulen und einem kreisförmigen Becken angeordnet. Die Säulen mit Kannelierung und Komposit-Kapitellen stehen vor dem großen Empfangsraum.

★ Triumphbogen
Der Triumphbogen steht auf dem Decumanus Maximus und gibt den Blick auf Getreidefelder und Olivenhaine frei. Die fruchtbare Ebene westlich von Volubilis versorgt die Region seit der Antike mit Korn und Öl.

Höhepunkte

- ★ Basilika
- ★ Diana und die badenden Nymphen
- ★ Triumphbogen

Volubilis

Forum, Basilika und Kapitol wurden im 2. und 3. Jahrhundert unter der Herrschaft der Severer erbaut. Es gab viele reich ausgestattete Villen mit Mosaikfußböden.

Triumphbogen

Der ➛ *Triumphbogen* wurde vom Statthalter Marcus Aurelius Sebastianus zu Ehren von Kaiser Caracalla und dessen Mutter Iulia Domna errichtet. Den Bogen krönte ursprünglich ein Sechsspänner.

★ Diana und die badenden Nymphen
Auf diesem Mosaik im Haus der Venus bewundern die Nymphen Diana, die Wasser vom geflügelten Pferd Pegasus entgegennimmt. Eine ähnliche Szene ist im Haus des Nymphenbades zu sehen.

★ Basilika
Die Basilika war neben dem Triumphbogen zu Beginn der Ausgrabungen das einzige Gebäude, das einen Eindruck früherer Größe zuließ. Sie hatte drei Schiffe und zwei Apsiden.

Kapitolstempel
Vom ursprünglichen Gebäude blieben nur die Grundmauern erhalten. Auf dem Altar in der Mitte des Tempelvorhofs, der von Säulen umschlossen wurde, opferte man Tiere.

Daten und Fakten

1. Jahrhundert v. Chr. Unter König Juba II. von Mauretanien wichtige Residenzstadt

42–285 Prokuratssitz der römischen Provinz Mauretania Tingitana

217 Bau des Triumphbogens

789 Erhebung zur Hauptstadt durch Idris I.

809 Beginnender Bedeutungsverlust wegen Verlegung der Hauptstadt nach Fès unter Idris II.

1755 Letzte Zerstörungen durch Erdbeben

1874 Wiederentdeckung durch den Franzosen Tissot

1997 Aufnahme in das Weltkulturerbe der UNESCO

Wichtige Bauten

Wie andere öffentliche Gebäude im Stadtkern datiert auch das Forum aus dem 2./3. Jahrhundert. Es war der politische, wirtschaftliche und religiöse Mittelpunkt. Die sich anschließenden Forum-Thermen und die nahe gelegenen Gallienus-Thermen waren öffentliche Bäder und beliebte Treffpunkte. Nördlich vom Forum befindet sich das Macellum, ein ursprünglich überdachter Markt. Im Osten liegt die ➛ *Basilika*. Hier tagte die Kurie (der Rat der Stadt), hatten Geschäftswelt und Gerichtswesen ihren Sitz. Auf dem ➛ *Kapitolstempel* (Anfang 3. Jh.), dem erhöht liegenden Haupttempel der römischen Stadt südlich der Basilika, ehrte man mit öffentlichen Riten die Schutzgötter der Provinz, Jupiter, Juno und Minerva.

Die Kunst des Zellij

Meisterwerke der marokkanischen Architektur sind die Mosaiken aus glasierten Tonsteinen (➛ *Zellij-Kacheln*). Besonders in den Residenzen Meknès, Fès und Marrakesch wurden Wände und Böden von Palästen, Moscheen und Grabstätten – wie etwa in der des Mulai Ismail – in lebhaften Farbtönen und mit geometrischen Mustern verziert. Da der Islam die Abbildung von Lebewesen verbietet, entwickelten marokkanische Kunsthandwerker eine unverwechselbare Mosaikkunst. Dabei wurden zunächst kleine bunte Keramikstücke aus großen einfarbigen Platten herausgeschnitten und später nebeneinander gesetzt, was Figuren und andere dekorative Motive ergab. Diese Kunst erreichte ihren Höhepunkt im 14. Jahrhundert und lebt heute noch fort.

Mulai Ismail

Durch Brudermord an die Macht gekommen, regierte Mulai Ismail Marokko von 1672 bis 1727. Der Angehörige der Hasaniden-Dynastie, die heute noch das Land regiert, gilt als grausamster Herrscher Marokkos. Die Ordnung wurde von seinem 150 000 Mann starken Heer aufrechterhalten. Er vertrieb 1684 die Engländer aus Tanger, die Spanier 1689 aus Larache, 1720 die letzten Portugiesen aus Ceuta. Mit dem französischen König Ludwig XIV. schloss der marokkanische »Sonnenkönig« Handelsverträge.

Der despotische Hasaniden-Sultan Mulai Ismail

Das Mausoleum des Mulai Ismail

Das Grabmal des Sultans aus dem 18. Jahrhundert ist eines der schönsten Gebäude der ehemaligen Residenzstadt Meknès. Mulai Ismail hatte sie durch ehrgeizige Großprojekte von einer Kleinstadt in ein prachtvolles »Versailles« Marokkos verwandelt. In der reich mit Stuckornamenten und Mosaiken verzierten Grabkammer wurden neben Mulai Ismail auch einige Familienmitglieder bestattet. Das Mausoleum, das im 20. Jahrhundert grundlegend renoviert wurde, ist für viele Marokkaner eine Art nationaler Gedenkstätte.

Blick auf Meknès und das Mausoleum

Gebetssaal

Der Boden des Gebetssaals ist mit Matten ausgelegt. Hier sollen Gläubige zum Gebet niederknien und sich sammeln können, bevor sie die Grabkammer betreten.

Dachspitze

Auf ihr sind fünf Messingkugeln übereinander angebracht. Damit ist das Gebäude als Heiligtum oder Grab gekennzeichnet.

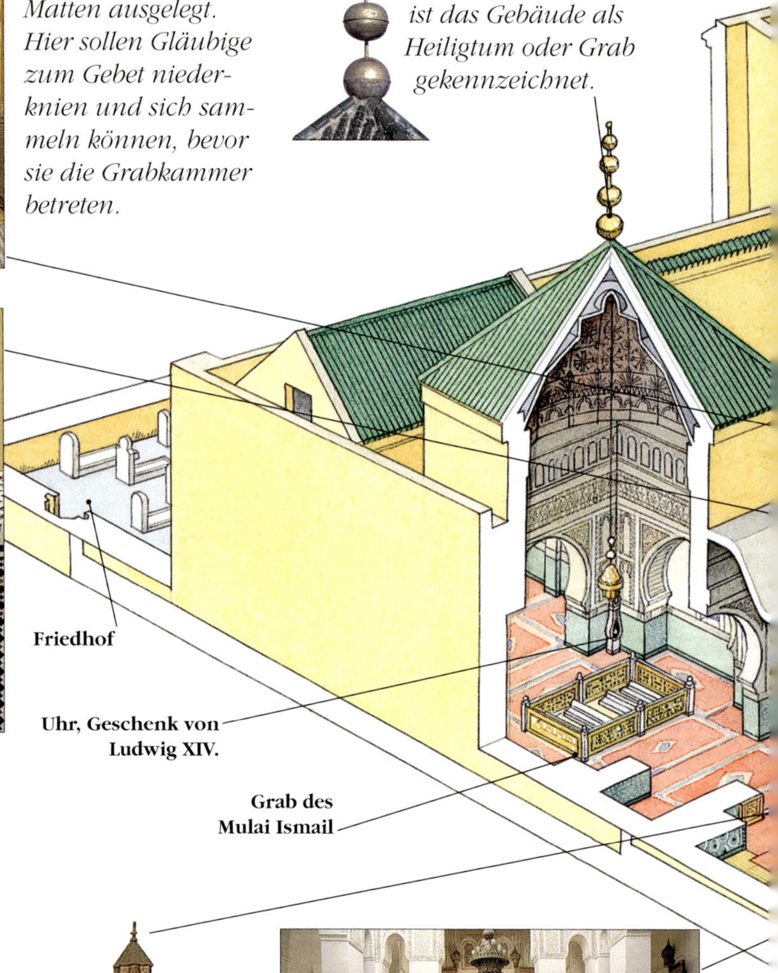

Mihrab

Der Mihrab des Mausoleums, die Nische, die die Richtung nach Mekka angibt, befindet sich im Vorraum zur Grabkammer. Er ist als Patio gestaltet.

Verzierte Tür

Die geschnitzte und bemalte Holztür zwischen dem Waschraum und dem zweiten Raum der Begräbniskammer ähnelt den Türen in den Palästen von Meknès.

★ Grabkammer

Sie besteht aus drei zusammenhängenden Räumen: dem Waschraum mit Brunnen (oben), dem Raum mit dem Grab Mulai Ismails und dem mit den Gräbern seiner Frau und seiner Söhne.

Eingang zum Mausoleum
Das imposante, mit Reliefs versehene Portal entspricht mit seinen zwei Dächern der Bedeutung des königlichen Gebäudes.

Des Sultans Wunsch

Ludwig XIV. wies Mulai Ismails Bitte um die Hand seiner Tochter Anne-Marie de Bourbon ab. Man sagt Ismail vier Ehefrauen, 500 Konkubinen und 1000 Kinder nach.

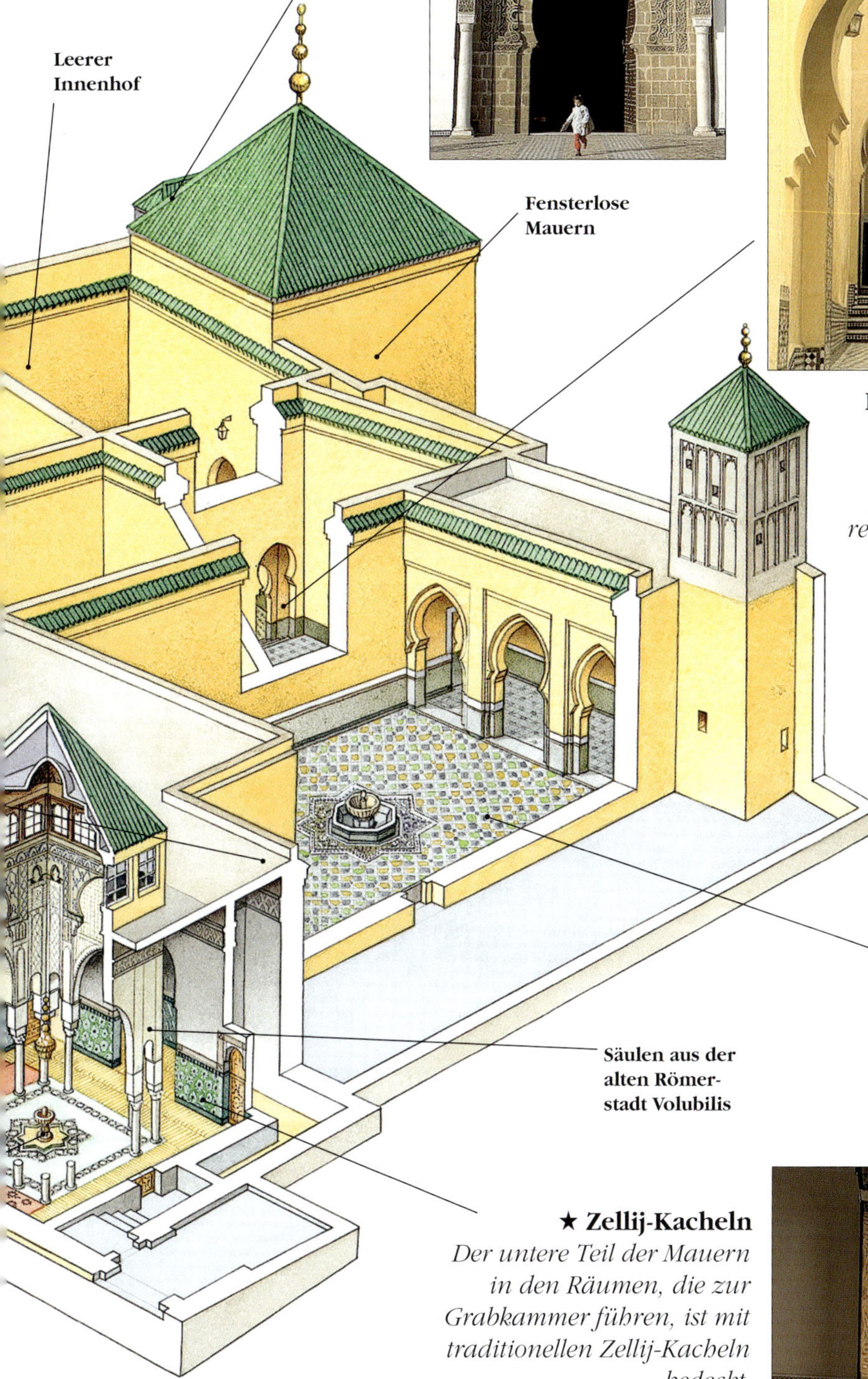

Kleine Innenhöfe
Auf dem Weg zur Begräbniskammer passiert man mehrere nüchtern gehaltene Innenhöfe. Dadurch soll der Besucher mehr Abstand zu dem Lärm und der Geschäftigkeit der Stadt gewinnen.

★ Zellij-Kacheln
Der untere Teil der Mauern in den Räumen, die zur Grabkammer führen, ist mit traditionellen Zellij-Kacheln bedeckt.

Höhepunkte

★ Grabkammer

★ Zellij-Kacheln

Daten und Fakten

18. Jahrhundert Bau der Grabstätte unter Mulai Ismail

1755 Schäden an Bauten Mulai Ismails durch Erdbeben von Lissabon

1957–61 Unter König Mohammed V. Restaurierung des Mausoleums

1996 Aufnahme der Altstadt von Meknès mit dem Mausoleum in das Weltkulturerbe der UNESCO

Das architektonische Erbe

Als Mulai Ismail 1672 die marokkanische Hauptstadt von Fès nach Meknès verlegte, erlebte der Handelsort eine kurze und in seiner Geschichte einmalige Blütezeit. Der mächtige Herrscher ließ die alten Viertel von Meknès abreißen und an deren Stelle eine neue Königsstadt errichten. Die Anlage war von einer 40 Kilometer langen Palastmauer umgeben und bestand aus riesigen Palästen, weitläufigen Gärten, Moscheen, Festungen, zahlreichen Getreidespeichern und Ställen. Da die Bauarbeiten zügig vorangehen mussten, dienten Ruinen und abgerissene Gebäude als Baumaterial. Mit der Errichtung der monumentalen Residenz waren 30000 Sklaven, darunter 3000 christliche Gefangene, beschäftigt. Der Sultan überwachte den Fortgang des Baus persönlich. Heute sind von den riesigen Anlagen nur noch Ruinen erhalten, die jedoch einen guten Eindruck von den imposanten Ausmaßen des ehemaligen Palastbezirks geben.

Hassan II.

Moulay Hassan (1929–99), ältester Sohn Mohammeds V., wurde 1961 König von Marokko. Er war zugleich weltliches und geistliches Oberhaupt des Landes. Hassan führte die erste Verfassung des Landes (1962) und Parlamentswahlen (1963) ein. Grenzstreitigkeiten führten 1963 zum Krieg mit Algerien. Zwei Putschversuche 1971 und 1972 überlebte Hassan. Als sich Spanien 1975 aus seiner rohstoffreichen Kolonie Westsahara zurückzog, propagierte Hassan den »grünen Marsch«: Marokko annektierte einen Teil des Gebiets und 250000 Zivilisten überquerten die Grenze. Doch die mit algerischer Unterstützung agierende »Polisario«, die Befreiungsorganisation der Sahauris, entfesselte einen Guerillakrieg. 1991 wurde der Waffenstillstand vereinbart. Mitte der 90er-Jahre leitete Hassan in Marokko einen behutsamen Demokratisierungsprozess ein. Sein Sohn Mohammed VI. wurde sein Nachfolger.

Die Ausstattung

Die Moschee Hassan II. ist prächtig ausgestattet. Der Fußboden aus massivem Marmor im ➛ *Gebetssaal* glitzert im Schein venezianischer Kristalllüster. In die Halle soll sogar der Petersdom hineinpassen. Aus Zedernholz gearbeitet sind ➛ *Portale*, Abschirmungen und die Vertäfelungen der 70 Kuppelgewölbe. In der Hauptkuppel wurde auch Buche verwendet. Sogar das riesige Schiebedach ist bemalt und vergoldet. Unter der Gebetshalle befindet sich ein Hammam (Badehaus).

Die Moschee vom Meer aus

Die Moschee Hassan II.

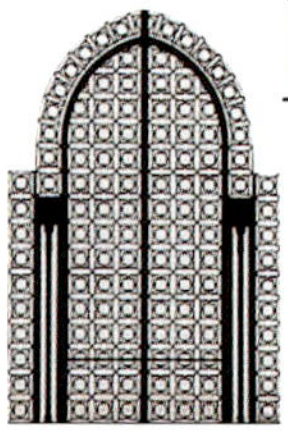

Moscheetür von innen

Mit einem Gebetsraum für über 25000 Gläubige ist die bis 1993 direkt am Meer errichtete Moschee der zweitgrößte Sakralbau der Welt. Übertroffen wird sie nur von der Moschee in Mekka. Der Gesamtkomplex hat eine Fläche von 90000 Quadratmetern. Das Minarett, der »Leuchtturm des Islam«, ist 200 Meter hoch. Zwei Laserstrahlen, deren Licht 30 Kilometer weit reicht, weisen Richtung Mekka. Das Bauwerk wurde von dem Franzosen Michel Pinseau entworfen und hauptsächlich durch Gelder aus dem Volk finanziert. Während die meisten Moscheen keinen ornamentalen Schmuck besitzen, ist das pompöse Monument Hassans II. kostbar dekoriert.

★ Minarett
Auf einer quadratischen Grundfläche von 25 mal 25 Meter erhebt sich dieser atemberaubende Turm.

Brunnen
Die 124 Brunnen sind mit Zellij-Kacheln, Marmorsäulen und Bögen geschmückt.

Marmor
An den Säulen im Gebetsraum, den Eingängen, Brunnen und Treppenaufgängen – überall findet man Marmor. Zum Teil wird er mit Granit und Onyx kombiniert.

Minbar
Die Kanzel, von der die Freitagspredigt gehalten wird, befindet sich rechts von der Gebetsnische und ist besonders prächtig mit Versen aus dem Koran verziert.

Höhepunkte

★ Minarett

★ Gebetssaal

Frauengalerie
Die Galerie liegt, abgeschirmt von männlichen Blicken, in einem Zwischengeschoss. Sie bietet Platz für 5000 Frauen.

Kuppel
Die Kuppel ist mit Zedern- und Buchenholz verkleidet sowie mit Schnitzereien und Bemalungen verziert.

Der Moscheebesuch

Die Moschee Hassan II. ist teilweise auch für Nichtmuslime geöffnet. Schuhe müssen ausgezogen werden, Schultern und Knie sind zu bedecken. Männer nehmen den Hut ab, Frauen bedecken ihr Haar.

Königspforte
Die traditionellen Motive sind in Messing und Titan eingraviert.

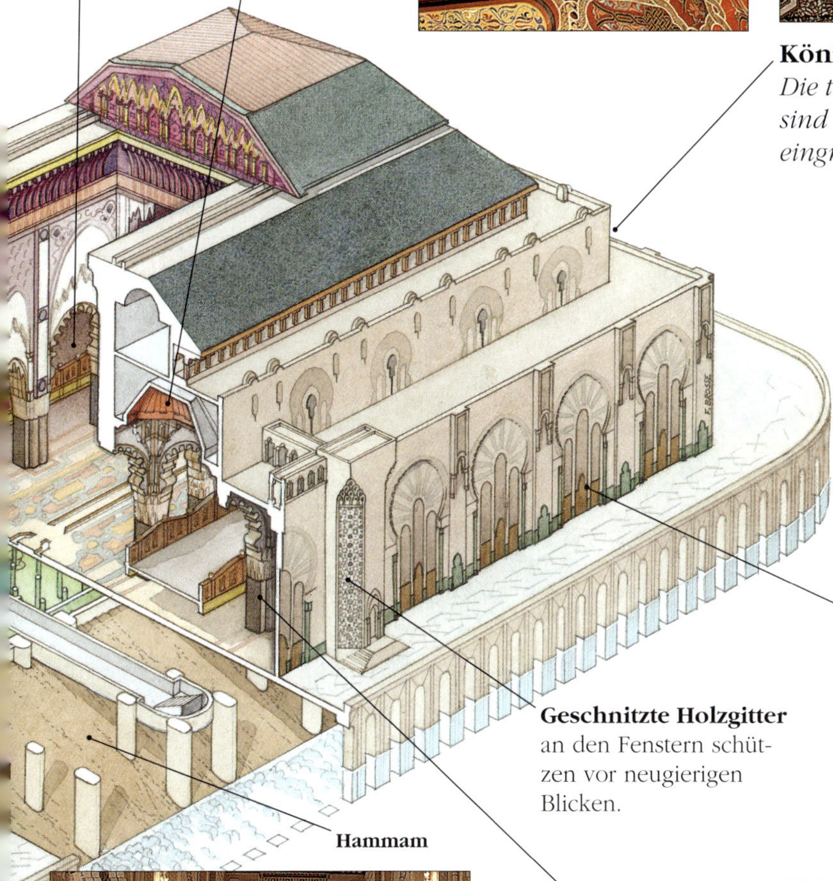

Portale
Die zweiflügligen Türen werden von Säulen flankiert und haben die Form von Spitzbogen. Viele sind mit Bronze verkleidet.

Geschnitzte Holzgitter
an den Fenstern schützen vor neugierigen Blicken.

★ Gebetssaal
Mit seinen Ausmaßen von 100 mal 200 Metern ist dies der größte Gebetsraum der Welt. Das Dach im Mittelteil kann geöffnet werden.

Treppenaufgang zur Frauengalerie
Die Marmor-, Granit- und Onyxsäulen, die Schnitzarbeiten und die vielgestaltigen Bogen ergänzen sich im Treppenaufgang zu einem harmonischen Ganzen.

Daten und Fakten

1986 Baubeginn der Moschee Hassan II.

1993 Vollendung des Baus

Islamische Riten

Die Muslime glauben an Allah. Ihr heiliges Buch ist der Koran. Viele Geschichten und Propheten stimmen mit denen der christlichen Bibel überein. Während Christen jedoch glauben, dass Jesus der Sohn Gottes ist, gilt er bei den Muslimen als einer der Propheten. Deren letzter war Mohammed, der den Menschen die göttliche Offenbarung übermittelte. Die Muslime glauben, dass Allah die heiligen Texte über den Erzengel Gabriel an Mohammed weitergab. Muslime beten fünfmal täglich – egal, wo sie sich befinden. Der Gebetsruf erschallt von der Moschee. Vor dem Betreten einer Moschee ziehen die Gläubigen ihre Schuhe aus und reinigen Füße, Kopf und Hände. Dann erst treten sie in den Gebetssaal ein. Wenn es die Größe der Moschee zulässt, beten Frauen und Männer in getrennten Bereichen. Beim Beten schauen die Muslime gen Mekka. Die Stadt in Saudi-Arabien ist der Geburtsort Mohammeds. Hier steht die Kaaba, das Hauptheiligtum des Islam, ein der Überlieferung nach von Abraham gefertigter Schrein. Im Gebetssaal wird diese Richtung durch den Mihrab, eine Wandnische, angezeigt. Das Knien und das Berühren des Bodens mit der Stirn drücken Demut und Respekt gegenüber Allah aus.

Die Koutoubia-Moschee

Um das Jahr 1147 begann der Almohaden-Sultan Abd al-Mumin mit dem Bau einer der größten Moscheen der westlichen islamischen Welt, um seinen Sieg über die Almoraviden zu feiern. Das Minarett, fertig gestellt unter der Herrschaft seines Enkels Jakub al-Mansur, ist ein Juwel islamischer Architektur und wurde zum Vorbild für andere Minarette. Im Inneren führt eine spiralförmige Rampe nach oben. So konnte der Muezzin von einem Esel bis nach oben getragen werden. Die »Moschee der Buchhändler« erhielt ihren Namen von den Buchhändlern (»kutubiyin«), die sich im 16. Jahrhundert in der Umgebung der Moschee niedergelassen hatten.

Über die Koutoubia-Moschee ragt das herrliche Minarett hinaus.

Das almohadische Minarett

Von Koutoubia angeregt, gab Sultan Jakub al-Mansur einen ähnlichen Turm in Auftrag, die 95 Meter hohe Giralda (1184–96) in Sevilla. Einst Minarett der Hauptmoschee, ist sie heute der Glockenturm der Kathedrale. In Rabat ließ er den Hassan-Turm (um 1195) errichten, der seine Moschee krönen sollte. Der Turm sollte mit über 85 Metern Koutoubia übertreffen. Mit 44 Metern blieb er jedoch wie auch die Moschee unvollendet. Seine dekorativen Bögen ähneln denen der Giralda. Alle drei Moscheetürme bestimmen bis heute die Form marokkanischer Minarette, so auch das der Moschee Hassan II. in Casablanca (➛ *S. 262f.*).

Die Verzierung des Minaretts

Der quadratische Turm besitzt auf allen vier Seiten unterschiedlich gestaltete Bogenfenster. Sie sind umrahmt von Hufeisen- und Vielpassbögen. Den Abschluss des Turmschafts bildet ein umlaufendes türkisfarbenes Band aus Mosaikkacheln. Im oberen Teil des ➛ *Minaretts* entstehen durch sich überschneidende Bögen oberhalb der Fenster unendliche Rautenmuster.

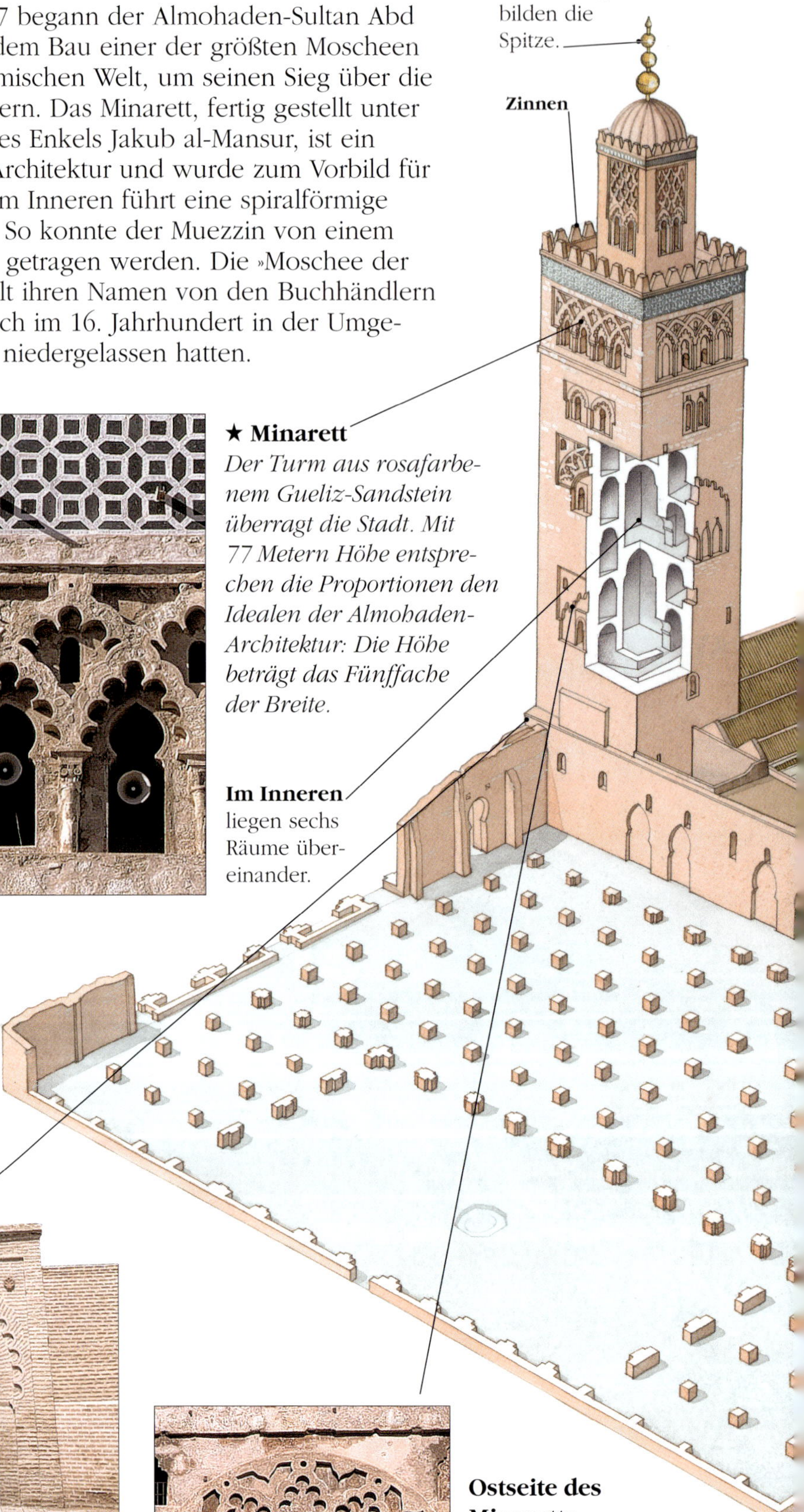

Vier vergoldete Bronzekugeln bilden die Spitze.
Zinnen

★ Minarett
Der Turm aus rosafarbenem Gueliz-Sandstein überragt die Stadt. Mit 77 Metern Höhe entsprechen die Proportionen den Idealen der Almohaden-Architektur: Die Höhe beträgt das Fünffache der Breite.

Im Inneren liegen sechs Räume übereinander.

Eingang zum Innenhof
Der eher bescheidene Eingang folgt dem Schema der meisten Tore an marokkanischen Gebäuden: Ein Hufeisenbogen ist mit einem Blendnischenfries verziert.

Ostseite des Minaretts
Jede Seite des Turms wurde verschieden ausgeschmückt. Alle weisen jedoch Pflanzenmotive, Schriftfriese und – wie auf dem Foto – Bogenfenster mit girlandenartigem Fries auf.

Westseite des Minaretts
Das Minarett ist das höchste Gebäude der Stadt und auch aus großer Entfernung auszumachen. Den unvergesslichen Blick von der Spitze des Turms dürfen nur Muslime genießen.

Die Minarettkugeln

Weil sie das Fastengebot im Ramadan gebrochen hatte, soll die Frau des Sultans Jakub al-Mansur ihren Goldschmuck für die Vergoldung der Kugeln auf dem Minarett hergegeben haben.

Osteingang zum Gebetssaal
Der Haupteingang für die Gläubigen ist für marokkanische Verhältnisse relativ schlicht gehalten.

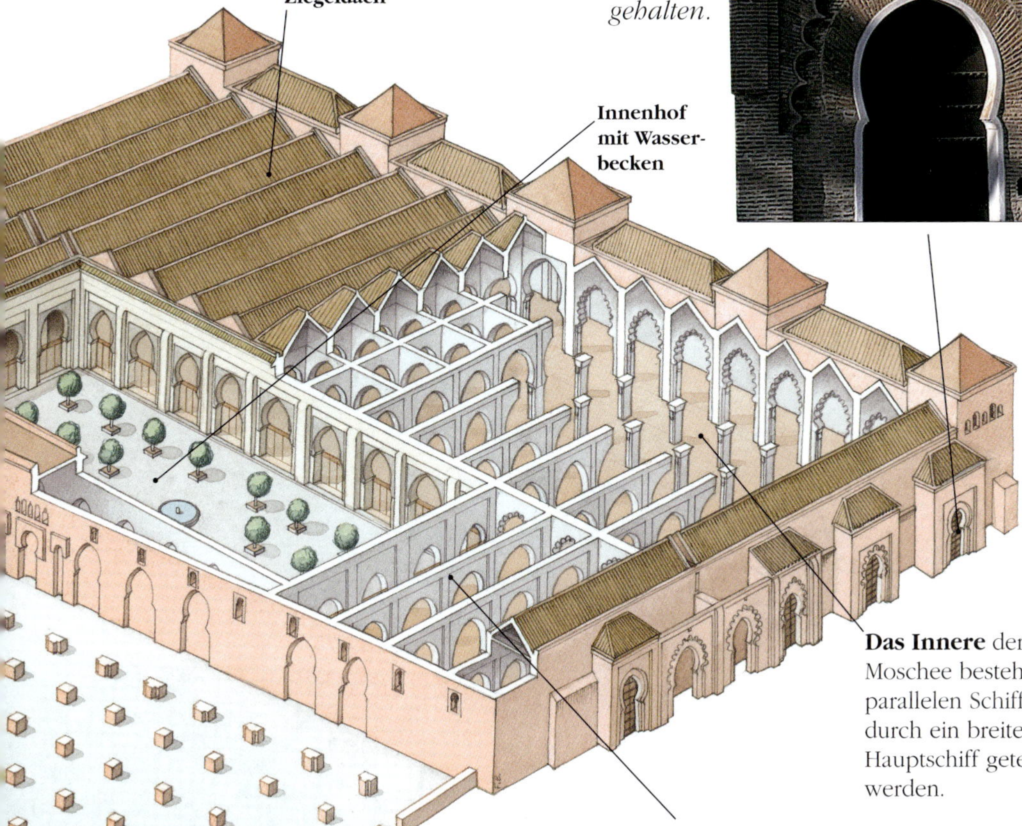

Das Innere der Moschee besteht aus parallelen Schiffen, die durch ein breiteres Hauptschiff geteilt werden.

Die ursprüngliche Moschee wurde abgerissen. Der Grund dafür war, dass die Qibla-Mauer, die die Richtung nach Mekka angibt, zunächst nicht exakt ausgerichtet war.

★ Gebetssaal
Etwa 25 000 Gläubige finden hier Platz. Die weißen Säulen mit den Hufeisenbögen und das Muster am Boden schaffen eine beeindruckende Perspektive.

Höhepunkte

★ Minarett

★ Gebetssaal

Daten und Fakten

1157 Vollendung einer Moschee unter dem Almohaden-Sultan Abd al-Mumin und Abriss wegen falscher Ausrichtung der Qibla-Wand

1158 Fertigstellung der neuen Moschee

1184–99 Fertigstellung des Minaretts unter al-Mumins Enkel Jakub al-Mansur

1985 Aufnahme der Altstadt von Marrakesch mit der Koutoubia-Moschee in das Weltkulturerbe der UNESCO

Abd al-Mumin

Marokko blühte unter der Almohaden-Dynastie (➛ *S. 194*). Sultan Abd al-Mumin, der von 1133 bis 1163 regierte, hatte sie begründet. Unter seiner Führung eroberten die Almohaden das Reich der rivalisierenden Berber-Dynastie, der einst mächtigen Almoraviden (1061 bis 1147). Die Almohaden sicherten sich die Kontrolle über Marrakesch, Fès sowie Sevilla, Granada und Córdoba. Als Herrscher über ein Reich, das sich von Nordwest-Afrika bis zur Iberischen Halbinsel erstreckte, strukturierte Abd al-Mumin Armee, Verwaltung und Wirtschaft um. Er erhob Steuern, schuf eine Flotte und gründete Universitäten. 1162 erklärte er sich zum Kalifen (Nachfolger des Propheten). Seine Leidenschaft für Architektur teilte sein Enkel und Nachfolger Jakub al-Mansur (♔ 1184–99). Unter ihm entstanden Monumente, die noch heute von der großen Fertigkeit maurisch-andalusischer Künstler zeugen.

Okba Ibn Nafi und Kairouan

Bereits 647 fielen die Araber von Ägypten aus in Tunesien ein, das zu jener Zeit unter byzantinischer Herrschaft stand. Ab 670 eroberte Okba Ibn Nafi, Heerführer des Omaijaden-Herrschers Moawija I. (♔ 661–680; ➛ *S. 192*), rasch den größten Teil der byzantinischen Provinz. Entlang seines Weges durch die Wüste errichtete er Militärposten. An der Stelle des heutigen Kairouan kampierte er (»Qayrawan« bedeutet im Arabischen »Feldlager«). Der Legende nach entsprang an der Stelle eine Quelle, an der der Heerführer seinen Speer in den Boden gestoßen hatte. Ihr wurde eine unterirdische Verbindung mit dem heiligen Brunnen Sem Sem in Mekka nachgesagt. Okba gründete hier, mitten in der Zentraltunesischen Steppe, eine Stadt. Die Region erinnerte die Araber an ihre Wüstenheimat. Außerdem war die Ebene nach allen Seiten hin gut zu überwachen. Nach seiner Eroberung Marokkos kehrte Okba Ibn Nafi 683 heim, erlitt durch die Berber eine Niederlage und fand den Tod.

Die viertheiligste Stadt des Islam

Kairouan erlebte seine Blütezeit im 9. und 10. Jahrhundert, als es die Residenz der Aghlabiden, Fatimiden und Sanhajiden war. Erst 1057, als die arabischen Stämme der Beni Hilal Kairouan zerstörten, verlor es seine Funktion als Hauptstadt. Den Status als religiös-geistiges Zentrum des östlichen Maghreb musste Kairouan jedoch nie abgeben. Seine Geltung als viertheiligste Stadt des Islam nach Mekka, Medina und Jerusalem verdankt Kairouan vor allem der Großen Moschee, die seit Mitte des 9. Jahrhunderts zahlreiche muslimische Pilger anzieht. Heute ist Kairouan zugleich die heiligste Stadt des Islam in Nordafrika.

Die Große Moschee von Kairouan

Reich verziertes Kapitell

Die Moschee ist die älteste Nordafrikas und wurde zum Vorbild für die spätere maurische Sakralarchitektur. Okba Ibn Nafi ließ hier 672 die erste Gebetsstätte errichten. Ihre heutige Form geht im Wesentlichen auf das 9. Jahrhundert zurück. Es folgten zahlreiche Erweiterungen und Umbauten. Von außen betrachtet, wirkt der schlichte, monumentale Bau ungemein eindrucksvoll – doch die ganze harmonische Schönheit erschließt sich einem erst im marmorgepflasterten Innenhof.

Säulen
Die meisten der Säulen und Kolonnadenbögen wurden aus römischen und byzantinischen Bauten übernommen, einige aber auch von Einheimischen geschaffen.

★ Minarett
Das im 8. Jahrhundert begonnene Minarett mit quadratischem Grundriss ist einer der ältesten noch erhaltenen Türme dieser Art und auch der älteste Teil der Moschee. Für die unteren Stockwerke wurden römische Steine wieder verwendet. 129 Treppenstufen führen zur Turmspitze, die von einer Kuppel gekrönt ist.

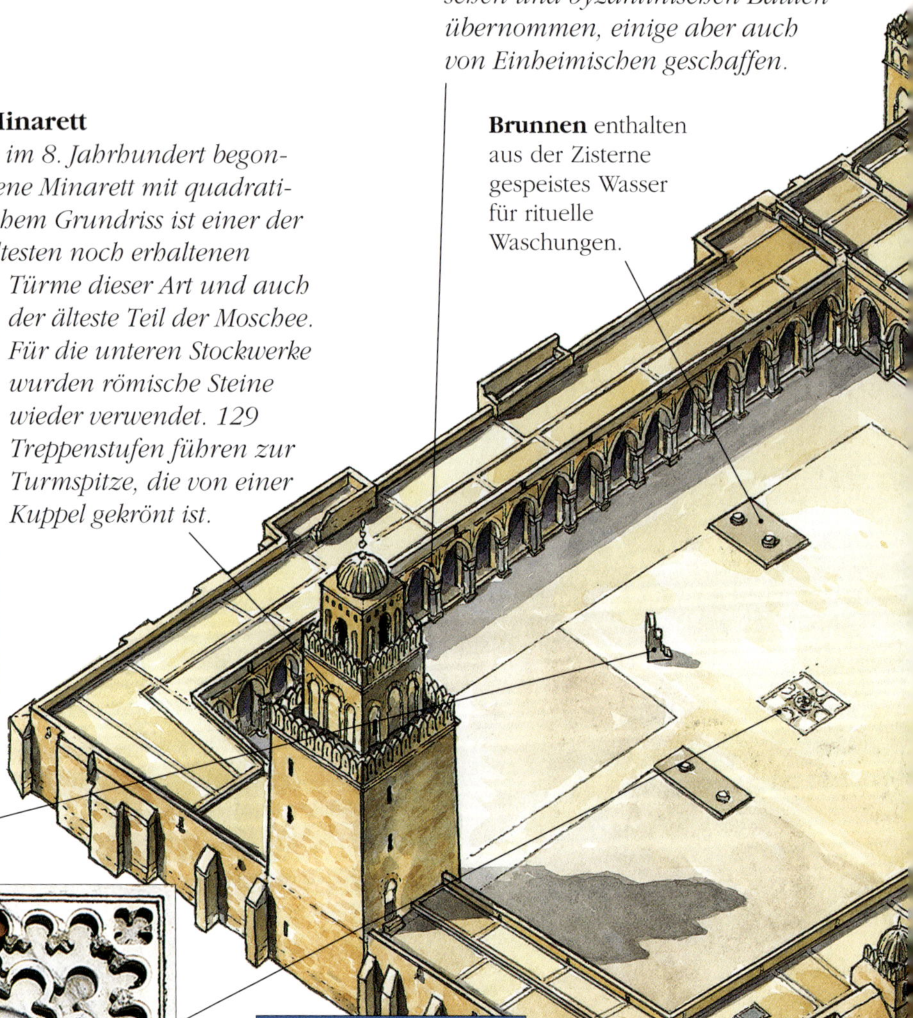

Brunnen enthalten aus der Zisterne gespeistes Wasser für rituelle Waschungen.

Die Sonnenuhr im Hof zeigt die Gebetszeiten an.

Zisterne
Der Innenhof hat ein leichtes Gefälle zur Mitte hin, wo sich unter einem Gitter eine Zisterne befindet. Das Gitter hat nicht nur eine dekorative Funktion, vielmehr schützt es auch die Zisterne vor Verschmutzung.

Eingang zum Hof
Sechs Tore in der Mauer führen in den Innenhof. Der Haupteingang zeichnet sich durch die Kuppel auf dem Torbau aus.

Säulengänge
Säulengänge umgeben den Innenhof auf drei Seiten und spenden Schatten.

Kuppel
Die Position des Mihrab ist außen an der Kuppel zu sehen, die reicher dekoriert ist als die anderen Kuppeln der Moschee.

Die Gebetsrichtung

Die durch den Mihrab vorgegebene Gebetsrichtung weicht um etwa 30 Grad vom geographischen Osten ab. Wegen der Ehrwürdigkeit der Moschee wurde dieser Fehler jedoch nicht korrigiert.

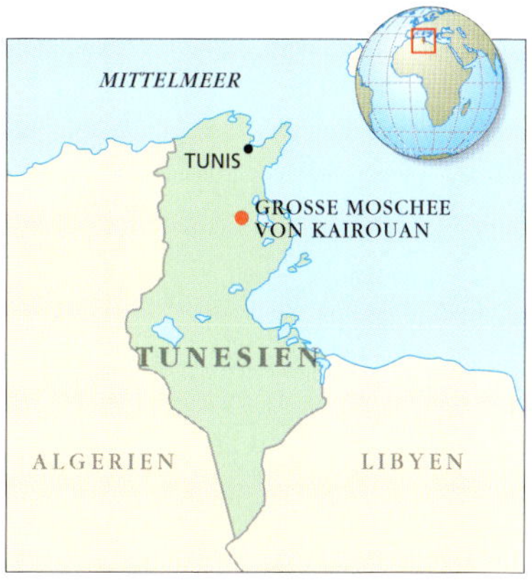

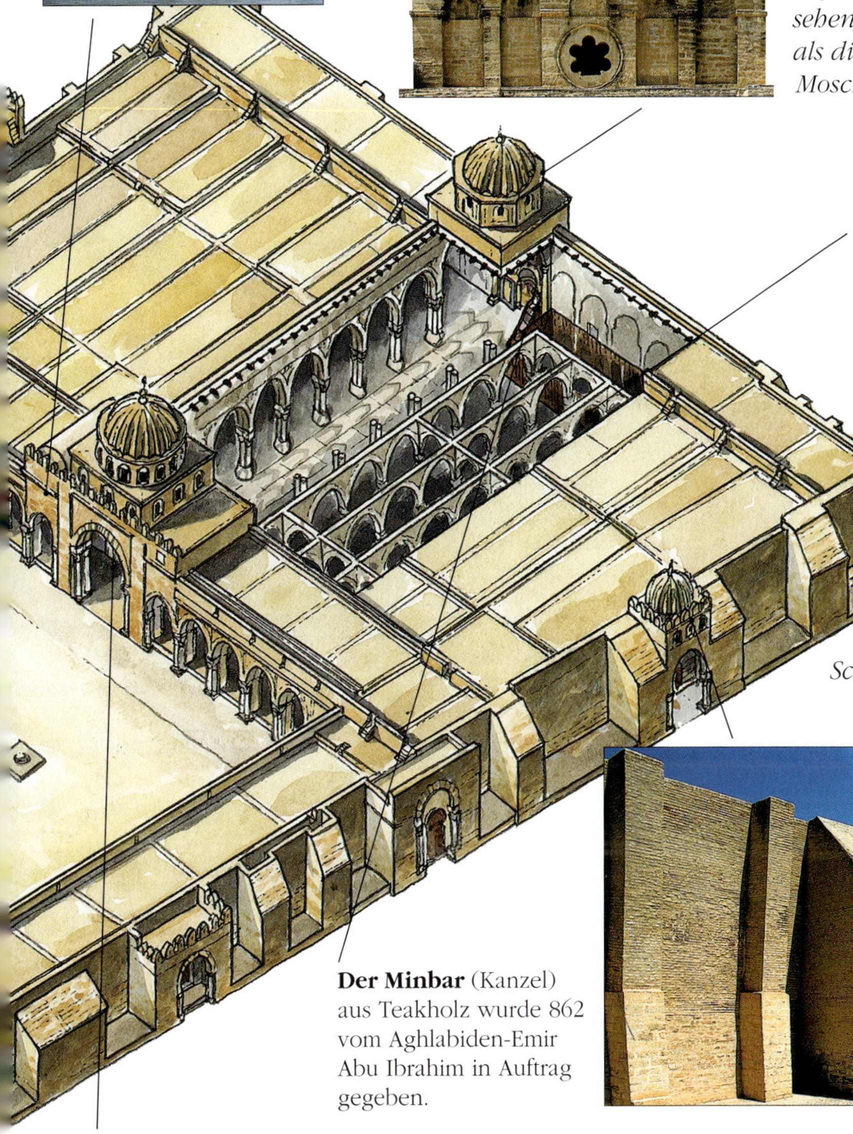

★ Gebetssaal
Der Saal wird durch Arkaden in 17 lange Schiffe unterteilt. Zwei breitere Schiffe bilden eine T-Form.

Der Minbar (Kanzel) aus Teakholz wurde 862 vom Aghlabiden-Emir Abu Ibrahim in Auftrag gegeben.

Eingang zur Moschee
Zwei Eingänge führen von der Straße in den Gebetssaal. Nichtmuslime dürfen ihn nicht betreten, aber durch die geöffneten Türen ins Innere blicken.

Dekoration
Die reich verzierte Moschee enthält einige seltene Beispiele von Zierkeramik. Häufig tauchen darin Pflanzenmotive und geometrische Formen auf.

Höhepunkte

★ Minarett

★ Gebetssaal

Daten und Fakten

672 Bau einer kleinen Moschee durch Okba Ibn Nafi

724 Baubeginn des Minaretts

um 836 Nach Umbauten und Erweiterungen unter den Aghlabiden Fertigstellung in ihrer heutigen Form

1988 Aufnahme der Altstadt von Kairouan mit der Großen Moschee in das Weltkulturerbe der UNESCO

Im Gebetssaal

Durch einige prachtvolle, fein geschnitzte Holztore aus dem 19. Jahrhundert gelangt man am südlichen Ende des Innenhofs in den ➛ *Gebetssaal*. Der rechteckige, überkuppelte Saal ist durch Säulen in 17 Schiffe gegliedert. Die meisten der mehr als 400 Marmor- und Granitsäulen, die das Dach tragen, stammen von römischen oder byzantinischen Stätten, viele aus Karthago und Sousse. Der Imam leitet die Gebete vom ➛ *Minbar* aus, einer geschnitzten Kanzel, deren Holz aus Bagdad stammt und die eine der ältesten der arabischen Welt sein soll. Hinter dem Mihrab, der gen Mekka zeigenden Gebetsnische am Ende des Mittelschiffs, umgeben Fliesen aus dem 9. Jahrhundert Marmorplatten, die mit Ornamenten und Inschriften versehen sind. Die älteste Maksura, der Betraum für den Herrscher rechts vom Minbar, wurde 1042 fertig gestellt und weist reich geschnitzte Gitter auf.

Die Ruinenstätte Sbeïtla

Diokletiansbogen am Eingang

Die Ruinen des römischen Sufetula am Stadtrand von Sbeïtla spiegeln eine Stadtanlage der Römer in Reinkultur wider und gehören zu den besonders gut erhaltenen antiken Stätten Nordafrikas. Die Tempel entstanden im 2. Jahrhundert, ab dem 3. Jahrhundert kamen durch die wachsende Zahl von Christen mehrere Basiliken hinzu. Unter byzantinischer Herrschaft war Sbeïtla ein wichtiger Stützpunkt im Kampf gegen die arabische Expansion in Nordafrika.

Kleine Bäder finden sich mehrmals in Sbeïtla.

★ Vitaliskirche

Die fünfschiffige Basilika ist 50 Meter lang und 25 Meter breit. Sie wurde im späten 5. Jahrhundert an der Stelle einer großen Villa errichtet. Ihr ovales Taufbecken ist mit bunten Mosaiken geschmückt.

Höhepunkte

- ★ Kapitol
- ★ Forum
- ★ Vitaliskirche

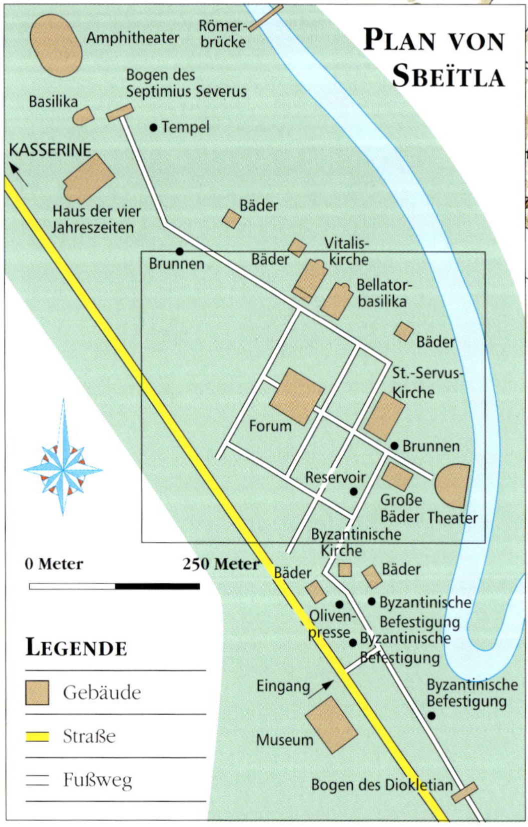

★ Kapitol

Das Kapitol im Nordwestteil des Forums enthält die drei wichtigsten Tempel. Vor dem Jupitertempel wurde in der Regel bei öffentlichen Anlässen die Rednertribüne aufgebaut.

Die Stadtanlage

Sbeïtla ist nach einem Rechteckschema angelegt, wie es typisch für eine antike römische Stadt ist. Dem entspricht auch das klare, rechtwinklige Straßenraster. Es hat ein gepflastertes, um das 2. Jahrhundert errichtetes und noch gut erhaltenes ➛ *Forum* und einen ➛ *Markt* im Zentrum. Spuren von ➛ *kleinen Bädern* und Theatern sind immer noch zu entdecken. Der majestätische Antoninus-Pius-Bogen am Eingang des Forums trägt eine Inschrift mit dem Namen des Kaisers, was ihn auf das Jahr 139 datiert. Die Hauptsehenswürdigkeit an der Stirnseite des quadratischen Platzes sind die drei Tempel des ➛ *Kapitols*. Sie waren Jupiter, Minerva und Juno geweiht und wurden teils wieder aufgebaut. Brückenbogen verbinden die beiden äußeren Bauten mit dem Jupitertempel im Zentrum. Das größte Gebäude ist die ➛ *Vitaliskirche*. Die fünf Schiffe der jüngsten Kirche des römischen Sbeïtla sind mit Mosaiken geschmückt. Aus byzantinischer Zeit stammen u.a. einige kleine Häuser (7. Jh.).

Gregorius, der Rebell

Dramatisch ging es gegen Mitte des 7. Jahrhunderts in Sbeïtla zu. Die Byzantiner aus Konstantinopel hatten 533 Nordafrika erobert. Karthago wurde zum Exarchat Ostroms. 641 nahm jedoch die Gefahr einer arabischen Invasion zu. Ende des Jahres 646 erklärte der Exarch Gregorius, der Statthalter von Karthago, seine Unabhängigkeit vom byzantinischen Kaiser und machte sich sogar zum Gegenkaiser. Er verlegte seine Residenz nach Sbeïtla. 647 drangen die Araber in die Stadt ein. Gregorius und viele seiner Männer wurden getötet. Im 8. Jahrhundert kontrollierten die Araber das ganze byzantinische Nordafrika – Libyen, Tunesien, Algerien und Marokko.

Bellatorbasilika
Das dreischiffige Gotteshaus wurde vermutlich Anfang des 4. Jahrhunderts erbaut und war die erste Bischofskirche in Sbeïtla.

Römisches Leben

Sbeïtla war einst eine blühende Stadt im römischen Nordafrika. Das fruchtbare Land und die Olivenhaine erlaubten die Erzeugung von Getreide und Olivenöl. Beides wurde nach Rom exportiert. Hohe Staatseinkünfte erlaubten es der Stadt, großartige öffentliche Gebäude zu errichten.

★ Forum
Man betrat das Forum von Sbeïtla durch den Ehrenbogen des Antoninus Pius. In byzantinischer Zeit umgab eine vier Meter hohe Mauer das Forum.

Sankt-Servus-Kirche
Die im 5. Jahrhundert an der Stelle eines heidnischen Tempels erbaute Kirche könnte den Donatisten oder einer anderen nichtkatholischen Sekte gehört haben. Die im 4. und 5. Jahrhundert in Afrika sehr aktiven Donatisten setzten sich mit fanatischem Eifer gegen ein Nachlassen der Märtyrerverehrung ein.

Markt
Sbeïtla wurde von einem Netz sich rechtwinklig kreuzender Straßen in rechteckige Häuserblocks gegliedert. Die Steinplatten des Straßenbelags sind heute noch sehr gut erhalten, der Markt beim Forum leider nicht. Der wichtigste dort gehandelte Artikel war Olivenöl.

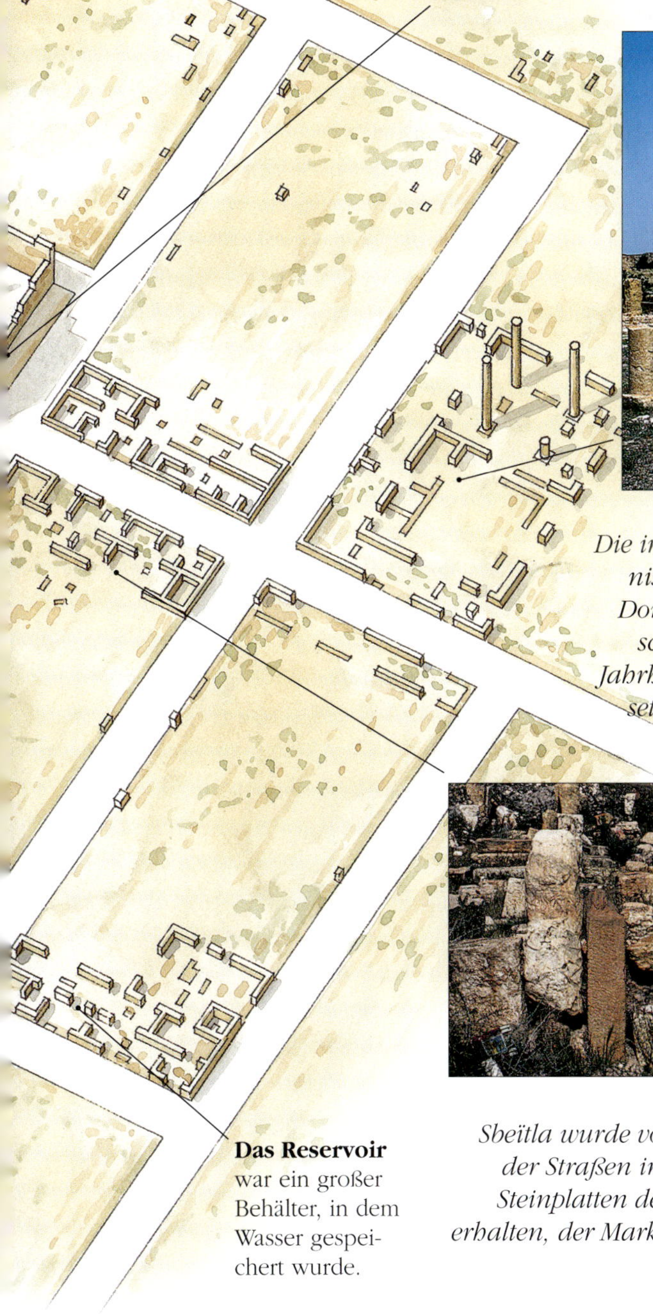

Das Reservoir war ein großer Behälter, in dem Wasser gespeichert wurde.

Daten und Fakten

1. Jahrhundert Gründung einer Siedlung als römischer Vorposten

2. Jahrhundert Aufstieg von Sbeïtla zu einer blühenden Stadt unter den Römern

3. Jahrhundert Ausbreitung des Christentums; Sbeïtla wird Bischofssitz

533 Rückeroberung Sbeïtlas durch den byzantinischen Kaiser Justinian I. von den Vandalen, die es 439 erobert hatten

646 Unabhängigkeitserklärung der Provinz durch Statthalter Gregorius

647 Plünderung Sbeïtlas durch die Araber

698 Nach Eroberung Karthagos durch Araber auch Sbeïtla unter arabischer Herrschaft; allmählicher Verfall

1902–22 Erste Ausgrabungen

Römische Spuren

Von den Stätten in Tunesien, die noch an die römische Herrschaft erinnern, ist das antike Karthago die berühmteste. Bei El Djem gibt es ein großes, gut erhaltenes Amphitheater. Thuburbo Majus war eine Stadt für Veteranen der vielen Kriege Roms. Das größte römische Ruinenfeld befindet sich bei Dougga, die südlichste aller römischen Stätten in Tunesien ist Sbeïtla. Ausgrabungen bei Sbeïtla haben unterschiedliche Objekte ans Tageslicht befördert, u. a. Münzen, Altäre und Mosaiken. Ein kleines Museum enthält eine interessante Sammlung hier ausgegrabener archäologischer Fundstücke.

Der Hafen

Eine Landzunge schützte den Hafen an der Mündung des Wadi Lebda bei Leptis Magna. Hier siedelten sich um 1000 v. Chr. die Phönizier an, kultivierten das fruchtbare Hinterland und trieben Handel. Unter Kaiser Septimius Severus wurde der Hafen Anfang des 3. Jahrhunderts n. Chr. umgebaut und vergrößert. Um die drohende Verlandung der Hafenanlage zu verhindern, die durch das Geröll mitführende Wadi Lebda drohte, ließ der Kaiser das Wadi umleiten. Dazu wurden u. a. Dammbauten errichtet. Gleichzeitig wurde am neuen Forum vorbei eine Kolonnadenstraße bis zum Hafenbecken erbaut. Diese Prunkstraße war mit den beiden flankierenden Säulenhallen und der Fahrbahn gut 20 Meter breit.

Septimius Severus

Lucius Septimius Severus Pertinax wurde 146 in Leptis Magna geboren. Er war ein hervorragender Soldat und seit 191 Statthalter von Pannonien (zwischen Donau, Save und Ostalpen). 193 wurde Severus als erster Afrikaner zum römischen Kaiser ausgerufen. Bis 197 setzte er sich gegen seine beiden Gegenkaiser durch. Severus stabilisierte die Lage im Reich und ersetzte die machtbewusste Prätorianergarde durch eine ihm ergebene germanische Truppe. Das Heer wurde zu einem entscheidenden Machtfaktor. Im Krieg gegen die Parther 197–199 eroberte er Babylon und die parthische Hauptstadt Ktesiphon. Seinen Sieg feiert der Septimius-Severus-Bogen (203) in Rom. Sein letzter Feldzug führte ihn 208 nach Britannien, wo er die Grenze nach Kaledonien sicherte. Severus starb 211 in York.

Büste des Kaisers Septimius Severus

Leptis Magna

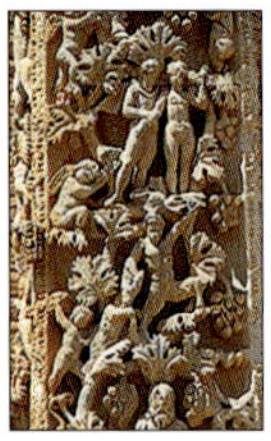

Säulendetail, Severus-Basilika

Mit imposanten, reich verzierten Bauwerken verlieh Kaiser Septimius Severus um die Wende vom 2. zum 3. Jahrhundert n. Chr. seiner Geburtsstadt Leptis Magna das Profil einer Metropole. In seiner Regierungszeit wuchs die Bevölkerung auf etwa 100 000 an. Wiederholte Überfälle und Zerstörungen führten im 7. Jahrhundert zur Aufgabe der Stadt, die vom Saharasand begraben wurde. Kurz vor dem Zweiten Weltkrieg standen Archäologen staunend vor den gut erhaltenen Überresten einer der größten Ruinenstädte der Welt.

Markt

Der prächtige Platz, einst von Arkaden gesäumt und auf zwei schöne Verkaufsstände ausgerichtet, wurde 9/8 v. Chr. vom reichen Bürger Annobal Tapapius Rufus gestiftet.

★ Theater

Wie der Markt wurde auch dieser riesige Bau der Stadt von Annobal Tapapius Rufus gestiftet und um die Zeitenwende erbaut. Der Blick von oben auf die Ruinenstadt ist überwältigend.

★ Severus-Basilika
Der Bau wurde unter Septimius für Audienzen und öffentliche Ereignisse genutzt, vom byzantinischen Kaiser Justinian I. (♔ 527–565) in eine christliche Kirche umgewandelt. Davon zeugen noch die Kanzel und das Taufbecken.

Der Septimius-Severus-Bogen

An der Kreuzung der beiden Hauptstraßen steht der Triumphbogen, der von den Bürgern anlässlich des Besuchs von Septimius Severus in seiner Geburtsstadt gestiftet wurde.

Severus-Forum
Eine Reihe riesiger Medaillons mit Medusenhäuptern schmückte einst die Wandelhalle des Forums.

Die Rekonstruktion von Leptis Magna

Sie zeigt die vielen großartigen Bauten, die unter mehreren aufeinander folgenden Kaisern bis einschließlich Septimius Severus errichtet wurden.

Höhepunkte

★ **Theater**

★ **Severus-Basilika**

Hadriansthermen
Zu ihnen gehören ein Sportplatz (»palaestra«), heiße und warme Bäder (»caldarium«, »tepidarium«) – einst von unterirdischen Feuern geheizt – und ein riesiges Kaltbad (»frigidarium«) mit zwei Tauchbecken, von denen eines noch Wasser enthält.

Daten und Fakten

um 1000 v. Chr. Gründung eines phönizischen Handelshafens

109 n. Chr. Erhebung Leptis Magnas zur römischen Kolonie durch Trajan

120 Bau eines Aquädukts

193 Beginn reger Bautätigkeit unter Septimius Severus

455 Eroberung durch die Vandalen

534 Eroberung durch Byzanz

642 Arabische Invasion; in der Folge Aufgabe der Stadt

1920 Beginn der Ausgrabungen durch Italiener

1982 Aufnahme in das Weltkulturerbe der UNESCO

Das neue Forum

Als Septimius Severus 193 Kaiser wurde, beschloss er für Leptis Magna ein ehrgeiziges Bauprogramm. Das Erscheinungsbild der Sandsteingebäude wurde mit Marmor aus Kleinasien, Griechenland und Italien sowie Granit aus Ägypten prachtvoll umgestaltet. Um das Jahr 200 ließ Severus das neue ➛ *Severus-Forum* bauen, einen großen Freiplatz für Handelsgeschäfte. Es war zu allen Seiten von einer säulengestützten, zweigeschossigen Wandelhalle umgeben. Seitlich davon ließ der Kaiser die dreischiffige ➛ *Severus-Basilika* errichten. In die marmornen Pfeiler waren Szenen aus dem Leben von Herakles und Dionysos eingemeißelt. Auf der anderen Seite des Forums stand ein Tempel für den Kult des vergöttlichten Septimius Severus und seines Herrschergeschlechts.

Leptis Magna

Die Cheops-Pyramide

Bis zur Errichtung des Eiffelturms war die große Pyramide des Cheops (3. Jt. v. Chr.) mit ursprünglich 147 Metern (heute 137 Metern) das höchste Bauwerk der Welt. Man schätzt, dass über zwei Millionen Steinblöcke von durchschnittlich 2,5 Tonnen Gewicht (manche wogen auch 15 Tonnen) bewegt wurden. Die exakte Ausrichtung und der präzise Anstiegswinkel der Pyramide sind ebenfalls erstaunlich: Auf einer Grundfläche von ehemals 53 000 Quadratmetern weichen die Fundamente nur maximal 16 Millimeter von der Horizontalen ab – eine ungeheure architektonische Leistung der Erbauer.

Sphinx und Chephren-Pyramide vom Plateau aus gesehen

Die Sphinx

Die 4500, vielleicht aber auch 9000 Jahre alte Sphinx ist die älteste bekannte ägyptische Skulptur. Die über 73 Meter lange und 20 Meter hohe Figur ist eine Löwengestalt mit dem Haupt eines Pharaos. Sie wurde aus einer Felsnase gehauen, die bei verschiedenen Renovierungsarbeiten an der Basis um bearbeitete Steinblöcke vergrößert wurde. Man glaubte zeitweilig, dass die Nase der Sphinx von Soldaten der Armee Napoleons abgeschossen wurde. Tatsächlich ging sie aber bereits vor dem 15. Jahrhundert verloren.

Das Giseh-Plateau

Während der vierten Dynastie (2590–2470 v. Chr.) wurde Giseh zur königlichen Grablege von Memphis, der Hauptstadt Ägyptens. In weniger als 100 Jahren bauten die Ägypter drei Pyramiden, die als Gräber ihrer toten Könige dienten: die Cheops-, die Chephren- und die Mykerinos-Pyramide. Die engste Familie des Königs und Angehörige seines Hofes wurden unweit davon in kleineren Pyramiden und in ➛ *Mastabas* beerdigt. Während der sechsten Dynastie (2320–2160 v. Chr.) entstand das reliefverzierte Grab des Qar, eines Beamten, der die Instandhaltung der Pyramiden leitete.

Elfenbeinfigur
Die einzige erhaltene Statue des Cheops ist nur 7,5 cm groß. Sie ist im Ägyptischen Museum in Kairo ausgestellt.

Pyramiden der Königinnen
Die kleinen Pyramiden wurden für Mitglieder der königlichen Familie erbaut. Wer genau darin begraben wurde, ist bis heute unbekannt.

Die Kammer der Königin enthielt vermutlich eine Figur, die die Lebenskraft des Pharaos darstellte.

Der »Luftschacht« könnte als Aufstiegsweg für die Seele des Pharaos gedient haben.

Felsboden

★ Königskammer
Die Kammer mit dem leeren Sarg wurde wohl 600 Jahre nach ihrer Errichtung von Grabräubern geplündert, aber auch später drangen immer wieder Schatzsucher ein.

Unvollendete unterirdische Grabkammer

★ Große Grabgalerie
Die fast neun Meter hohe Galerie dürfte als Gleitweg für die großen Steinabschlüsse der Einstiegsschächte gedient haben.

Höhepunkte

★ Königskammer

★ Große Grabgalerie

Königskammer (Rekonstruktion)

Die Vorräume der Königskammer waren für den Ausbau der Grabkammer nötig. Hier wurde auch der einzige schriftliche Hinweis auf Cheops (Khufu) gefunden. Einer der Bauarbeiter ritzte die Worte in die Wand: »Wie mächtig ist die weiße Krone des Cheops.«

Inschrift der Bauarbeiter

Stützkammern wurden aus bis zu 80 Tonnen schweren Granitblöcken errichtet.

Königskammer

Quer liegende Granitblöcke wurden als Verschlusssteine der Kammer herabgelassen.

Die Luftschächte wurden durch Außenmauern verschlossen.

Schiffsmuseum

Nahe der Cheops-Pyramide befindet sich ein kleines Museum. Hier ist eine Nilbarke ausgestellt, die 1954 gefunden und in 14 Jahren aus rund 1200 Einzelteilen zusammengesetzt wurde. Die Barke wurde wohl zum Transport des Toten benutzt.

Der vertikale Schacht diente als Ein- und Ausstieg der Arbeiter.

Eingang
Der originale Einstieg ist verschlossen. Besucher benutzen einen Grabräubereingang.

Entwicklungsgeschichte der Pyramiden

Ägyptische Baumeister entwickelten in nur 450 Jahren die revolutionäre Methode des steinernen Pyramidenbaus. Davor wurden die Mastabas aus Lehmziegeln erbaut. Der innovative Schritt von der Stufenpyramide zur »glatten« Pyramidenform wurde in nur 50 Jahren vollzogen. Jede Pyramide war eine neue Herausforderung für ihre Erbauer.

Die Rote oder Nördliche Pyramide in Dahschur entstand um 2570 v. Chr.

Mastaba
Etwa ab 3000 v. Chr. wurden die Würdenträger des alten Ägypten in kastenförmigen Ziegelgräbern beigesetzt, vorher in Erdgräbern.

Stufenpyramide (um 2600 v. Chr.)
Durch die Aufschichtung von sechs Mastabas entstanden noch beeindruckendere Grabstätten.

Erste »glatte« Pyramide (um 2550 v. Chr.)
Durch das Auffüllen der Abstufungen an den Stufenpyramiden entstanden glatte Flächen. Diese Bauweise setzte sich durch.

Daten und Fakten

2551–2528 v. Chr. Bau der Cheops-Pyramide unter Cheops

2520–2494 v. Chr. Bau der Chephren-Pyramide

1979 Aufnahme von Memphis mit den Pyramiden von Giseh in das Weltkulturerbe der UNESCO

Cheops

Fast 24 Jahre, von 2551–2528 v. Chr., regierte dieser Pharao der vierten Dynastie, der auch als Khufu oder Suphis (aus dem Griechischen) bekannt ist. Khufu ist die Abkürzung seines vollen Namens Khnum-Khufwy, der »Gott Khnum beschütze mich« bedeutet. Cheops baute das berühmteste Grabmal der antiken Welt, die Große Pyramide, die zu den sieben Weltwundern der Antike gehörte. Sein Grab wurde bereits lange vor seiner Entdeckung durch die Archäologen ausgeraubt. Alles, was übrig blieb, ist eine kleine ➛ *Elfenbeinfigur*. Man nimmt an, dass er ein wohlhabender Herrscher war, der eine durchorganisierte Gesellschaft regierte. Er führte und koordinierte die Menschen beim Bau der Großen Pyramide, die nicht, wie vielfach angenommen, von Sklaven errichtet wurde, sondern von eigens dafür angestellten Bauleuten. Cheops soll auch mehrere Tempel gegründet haben. Zeugnisse seiner Herrschaft reichen vom Libanon bis nach Nubien. Historischen Quellen zufolge soll er unbarmherzig und grausam gewesen sein.

Das Katharinenkloster

Das Kloster am Fuss des Mosesberges gilt als das älteste christliche Kloster der Welt. Es wurde Mitte des 6. Jahrhunderts von Kaiser Justinian I. (➛ *S. 246*) gegründet und liegt an der Stelle, an der Gott aus dem brennenden Dornbusch zu Moses gesprochen haben soll. Das Kloster wurde im 10. oder 11. Jahrhundert nach der heiligen Katharina benannt, die hier begraben liegt. Bis heute gehört es der griechisch-orthodoxen Kirche.

Das Innere der Kapelle des Brennenden Dornbusches

Klosterbibliothek

Die über 3000 Manuskripte umfassende Handschriftensammlung der ➛ *Bibliothek* wird an Bedeutung nur von der des Vatikans übertroffen. Darüber hinaus finden sich hier etwa 5000 frühe Drucke und 2000 Schriftrollen. Dank der trockenen Bergluft sind sie gut erhalten. Einige der schönsten Stücke sind in der »Heiligen Sakristei« zu sehen, einem kleinen Museum innerhalb des Klosters. Einer der wichtigsten Funde war der »Codex Sinaiticus«, ein ägyptisches, 346 Blätter umfassendes Bibel-Manuskript aus dem 4. Jahrhundert. Der Kodex enthält große Teile des Alten und ein vollständiges Neues Testament (heute Britisches Museum, London).

Der Mosesberg

Der 2285 Meter hohe Mosesberg (Djebel Musa) soll mit dem im 5. Buch Mose erwähnten Berg Horeb identisch sein. Dort erschien Moses in einem ➛ *brennenden Dornbusch* Gott, der ihm befahl, das Volk Israel aus der ägpytischen Gefangenschaft ins Gelobte Land zu führen. Als die Israeliten aus Ägypten ausgezogen waren, kehrte Moses auf den Berg zurück. Nachdem er 40 Tage und Nächte auf dem Berg verbracht hatte, gab Gott ihm die Zehn Gebote. Das so genannte Becken des Elias, eine Sandebene am Fuß des Sinaigebirges, gilt als der Ort, wo die Israeliten lagerten, während Moses auf den Berg stieg. An dieser Stelle soll Moses später auch die erste Bundeslade gebaut haben.

Bibliothek
Die Sammlung frühchristlicher Schriften ist eine der wichtigsten der Welt.

★ Ikonensammlung
Das Kloster besitzt über 2000 Heiligenbilder, zum Teil aus dem 5. und 6. Jahrhundert.

Die Mauern aus der Zeit des Justinian (6. Jh.) sind die ältesten Monumente der Klosteranlage.

Der Brennende Dornbusch
Der immergrüne Busch soll ein Ableger des »Brennenden Busches« sein, aus dem Gott zu Moses sprach.

Die Kapelle des Brennenden Dornbusches wurde von der byzantinischen Kaiserin Helena hier errichtet.

★ Kirche der Verklärung
Die Basilika verdankt ihren Namen einem Apsis-Mosaik aus dem 6. Jahrhundert, das die Verklärung Christi zeigt. Eine bemalte, teilweise vergoldete Ikonostase trennt die Schiffe vom Chor ab.

Höhepunkte

- **★ Kirche der Verklärung**
- **★ Ikonensammlung**

Glockenturm
Die neun Glocken, die vom russischen Zaren Alexander II. für den 1871 gebauten Turm gestiftet wurden, läuten nur an hohen religiösen Festtagen.

Die Moschee entstand im 11. Jahrhundert aus einer Kapelle des heiligen Basilius. Damit sollte der Ruhm des Islam auch hier verkündet werden.

Das Beinhaus

In der Krypta der Triphonius-Kapelle außerhalb der Klostermauer befindet sich das Beinhaus, in dem die Gebeine der hier über die Jahrhunderte verstorbenen Mönche liegen. Dort ruht das in ein Gewand gekleidete Skelett des Einsiedlermönchs Stephanos, der im 6. Jahrhundert den Aufgang zum Mosesberg bewachte.

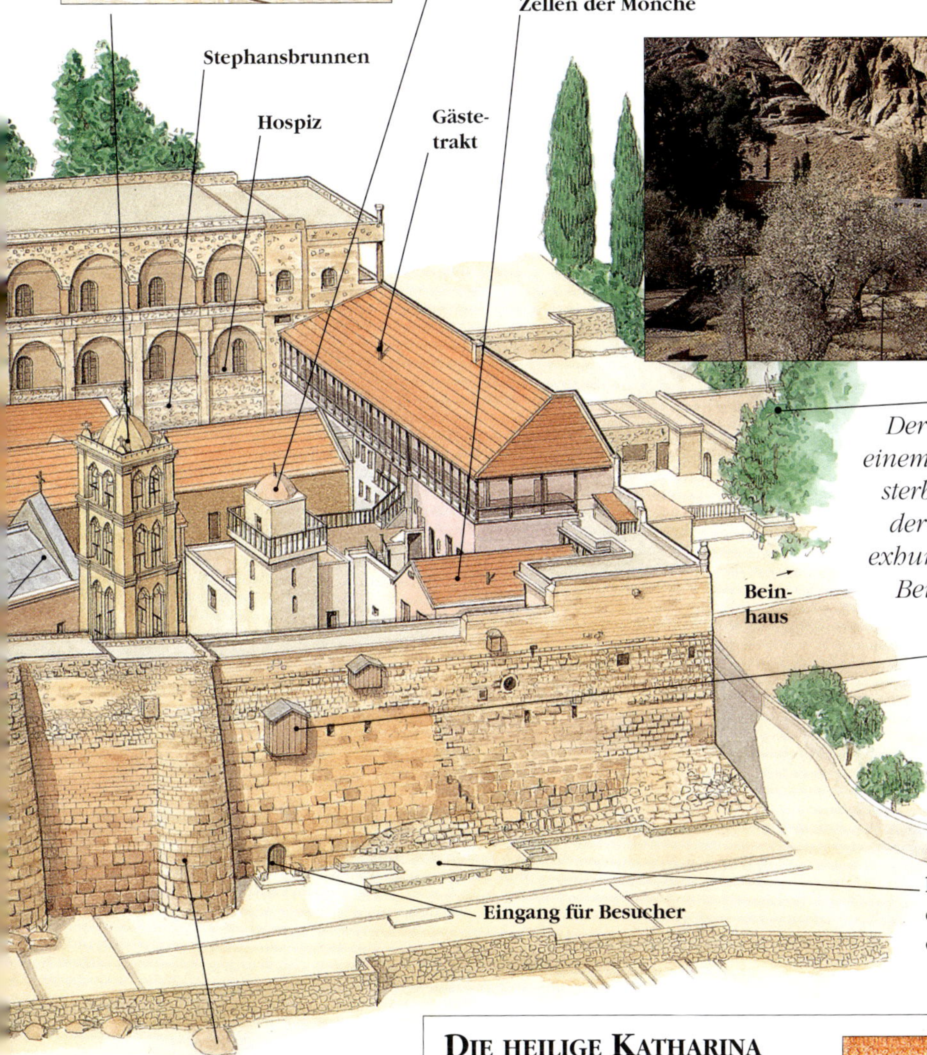

Klostergärten
Der Friedhof liegt in einem Obstgarten. Die sterblichen Überreste der Mönche werden exhumiert und in das Beinhaus gebracht.

Der hoch gelegene Zugang, mit einem Flaschenzug erreichbar, war früher der einzige Eingang.

Die Zisterne speicherte das Wasser der Klosterquellen.

Mosesbrunnen
An der wichtigsten Versorgungsquelle des Klosters soll Moses seine spätere Frau Zipporah, die Tochter des Jethro, getroffen haben.

Die heilige Katharina von Alexandria

Katharina war die Tochter eines zyprischen Königs. Als sie sich in Alexandria Kaiser Maxentius' Forderung nach einem heidnischen Opfer widersetzte, ließ er sie töten. Ihr zerstückelter Körper soll von Engeln auf den Gipfel des Sinai getragen und ihr unverletzter Körper 600 Jahre später von Mönchen auf dem Katharinenberg gefunden worden sein. Der Sarkophag in der Kirche der Verklärung enthält zwei silberne Kästchen mit Reliquien der Heiligen.

Die heilige Katharina auf einem Priestergewand

Daten und Fakten

um 324 Bau der Kapelle des Brennenden Dornbusches

548–565 Erbauung der Kirche der Verklärung

2002 Aufnahme in das Weltkulturerbe der UNESCO

Die Kirche der Verklärung

Der Mittelpunkt der Klosteranlage ist die ➛ *Kirche der Verklärung*. Durch schwere Holztüren aus dem 11. Jahrhundert gelangt man in den Vorraum (Narthex). Das Portal zum Mittelschiff mit seinen Reliefs, die Blumen, Vögel und andere Tiere darstellen, soll noch aus der Erbauungszeit der Kirche im 6. Jahrhundert stammen. Granitsäulen mit verzierten Kapitellen teilen die Kirche in drei Schiffe. Den beiden Seitenschiffen sind Kapellen zu Ehren von Heiligen der griechisch-orthodoxen Kirche angeschlossen. Der Marmorfußboden und die hölzerne Kassettendecke stammen aus dem 18. Jahrhundert. Das herrliche Mosaik der Verklärung Christi, das die Decke der Apsis schmückt, zeigt Jesus mit Moses und Elias auf dem heiligen Berg Tabor, darunter die Jünger Johannes, Petrus und Jakobus. Über dem Altar im Mittelgang hängt die Figur von Christus am Kreuz. Rechts vom Altar befindet sich der marmorne Sarkophag mit den sterblichen Resten der ➛ *heiligen Katharina*. Hinter dem Altar liegt das Allerheiligste des Klosterkomplexes, die ➛ *Kapelle des Brennenden Dornbusches*.

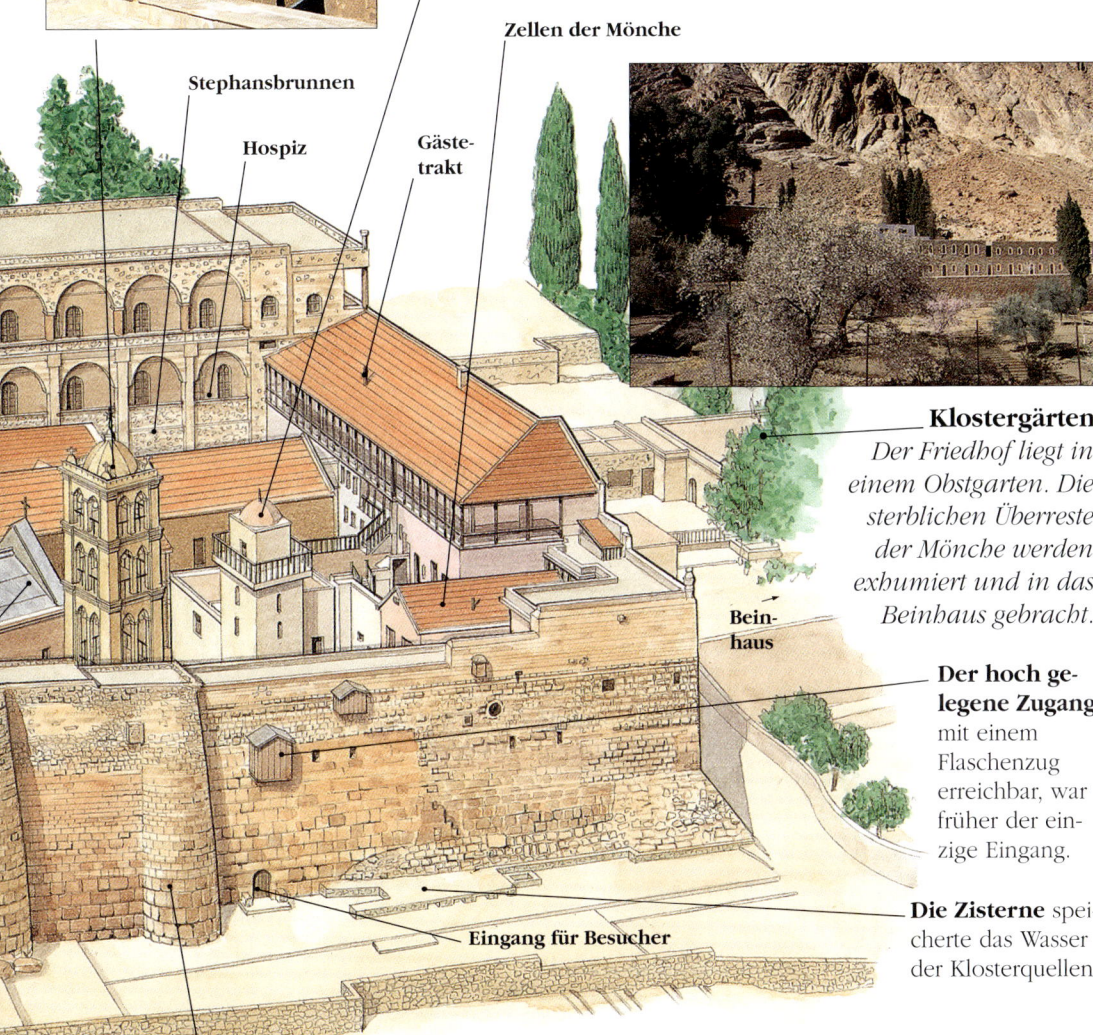

Der Tempel der Hatschepsut

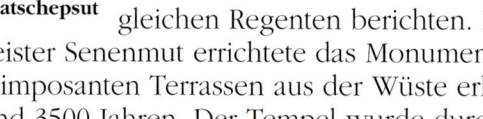

Kopf der Hatschepsut

Der zum Teil in den Felsen gehauene Totentempel der berühmten Königin Hatschepsut ist das eindrucksvollste Bauwerk von Theben-West. Hier ließen Altägyptens Herrscher ihre Grabstätten erbauen, in denen die zum Teil noch erhaltenen Wandfresken von den gottgleichen Regenten berichten. Der Baumeister Senenmut errichtete das Monument, das sich in imposanten Terrassen aus der Wüste erhebt, vor rund 3500 Jahren. Der Tempel wurde durch Ramses II. und seine Nachfolger zerstört. Die noch andauernden Ausgrabungen der Stätte legen immer neue Schätze frei. Neben dem Haupttempel liegen die Ruinen des deutlich älteren Tempels des Montuhotep II. aus der 11. sowie Überreste des Tempels von Thutmosis III. aus der 18. Dynastie.

Die Bauherren

Montuhotep II., Pharao der 11. Dynastie (♔ 2010–1998 v. Chr.), baute den ersten Tempel im Talkessel in Theben-West. Er erbte von seinem Vater ein stabiles Staatswesen und führte dessen kultisch inspiriertes Bauprogramm fort. Hatschepsut wurde nach dem Tod ihres Gemahls und Stiefbruders Thutmosis II. 1490 v. Chr. als Vormund ihres Stiefsohns Thutmosis III. Regentin, 1488 v. Chr. auch nominell Königin. Sie ging u. a. als Erbauerin des Terrassentempels in die Geschichte ein. Thutmosis III. wurde nach ihrem Tod 1468 v. Chr. Alleinherrscher. Er tilgte in einem großen Bildersturm den Namen Hatschepsuts an allen Bauwerken aus und schuf neben dem Tempel der Königin seinen eigenen. Das Reich weitete er bis nach Kleinasien aus.

Ein Leben in Bildern

Zahlreiche heute blasse Fresken, die vor rund 3500 Jahren in brillanten Farben leuchteten, zieren den Tempel. Die ➤ *Pfeiler der Geburtshalle* und die Bilder der Götterkapellen thematisieren die Mythologie. Die bunt bemalten ➤ *Reliefs der Punt-Expedition* erzählen detailliert von der gefahrvollen Reise, von der die für den Tempeldienst unverzichtbaren Duftstoffe Weihrauch und Myrrhe mitgebracht wurden.

Hatschepsut im vollen Ornat aus der Sicht eines Künstlers

Tempel von Montuhotep II. *Der heute in Ruinen liegende Bau war einst Vorbild für den Hatschepsut-Tempel.*

Der imposante Tempel der Hatschepsut am Fuß einer gewaltigen Felswand des Wüstengebirges

Die Tempelanlagen (Rekonstruktion)

Diese Nachbildung veranschaulicht, wie die Tempel von Montuhotep II., Hatschepsut und Thutmosis III. nach Vollendung der Gesamtanlage ausgesehen haben. Die drei Tempel wurden teils in den Fels gehauen, teils stehen sie frei. Die bizarren Felswände im Hintergrund verleihen der Anlage zusätzliche Erhabenheit.

Höhepunkte

- ★ **Reliefs der Punt-Expedition**
- ★ **Hathor-Kapelle**
- ★ **Hatschepsut-Statuen**

★ Hathor-Kapelle *Sehenswert sind die Pfeiler mit Hathor-Kapitellen und die farbigen Wandbilder. Dieses Säulenrelief stellt Symbole des Lebens und der Stabilität dar.*

★ Hatschepsut-Statuen
Die Portikuspfeiler um die obere Terrasse waren geschmückt mit Statuen der Hatschepsut – zum Teil mit Bart als Symbol der Königswürde. Viele Figuren wurden von späteren Pharaonen zerstört. Mittlerweile konnte man aber einige aus Trümmerfragmenten wieder zusammensetzen.

Architektenlohn

Hatschepsut belohnte ihren Architekten und Liebhaber Senenmut großzügig. Er konnte sich in der Nähe einen Tempel kaufen, in dem er mit seiner Familie, einem Musikanten, seinen Pferden und Hausaffen begraben wurde.

Das Heiligtum Amuns wurde hinter dem Tempel in den Felsen gehauen.

Heiligtum der Sonne

Anubis-Kapelle
Die Darstellungen sind in den Farben vorzüglich erhalten. Sie zeigen u. a. Thutmosis III., der dem Sonnengott Ra-Harakhty opfert.

Myrrhenbäume produzierten ein Räuchermittel für die Opferriten.

Die Allee der Sphingen führte in Richtung der Tempelanlage von Karnak.

★ Reliefs der Punt-Expedition
Wandbilder schildern eine Reise Hatschepsuts in das Land Punt (heute Somalia). Gezeigt wird der König von Punt mit seiner Gemahlin Ati (links).

Pfeiler der Geburtshalle
Abbildungen an der Kolonnade thematisieren Hatschepsuts göttliche Geburt, die den Anspruch auf den Thron begründete. Rechts sieht man die junge Königin auf dem Arm ihrer Mutter, der Göttin Neith.

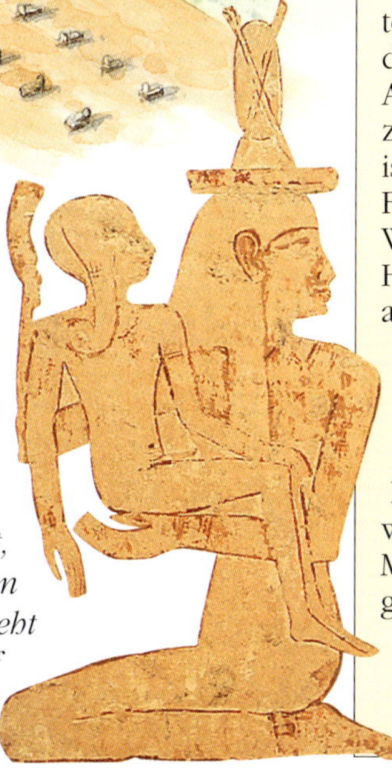

Daten und Fakten

1998 v. Chr. Tod des Montuhotep II. und Bestattung in seinem Tempel in Theben-West

1490–68 v. Chr. Bau ihres Tempels während Hatschepsuts Regierungszeit

1468–36 v. Chr. Bau seines Tempels während der Alleinherrschaft von Thutmosis III.

1894–96 Freilegung des Tempels der Hatschepsut

1979 Aufnahme von Theben und seiner Totenstadt mit dem Tempel der Hatschepsut in das Weltkulturerbe der UNESCO

Die Götter

Der Hatschepsut-Tempel enthält die Schreine der drei für die Königin wichtigsten Götter: Amun-Re (➛ *Heiligtum Amuns*), Hathor (➛ *Hathor-Kapelle*) und Anubis (➛ *Anubis-Kapelle*). Seit der 11. Dynastie (2040–1991 v. Chr.) wurde Amun in Theben verehrt. Er galt als Schöpfer Ägyptens und Vater des Königs, durch den er herrschte. Als Amun-Re wurde er zusätzlich zum Sonnengott. Abgebildet ist er meist als Mensch mit Federkrone, seltener als Widder. Hathor war die Himmelsgöttin, wurde aber auch als Liebes- und in Theben als Totengöttin verehrt. Sie ist meist als Frau mit Kuhhörnern und Sonnenscheibe dargestellt. Der schakalköpfige Anubis war als Totengott für die Mumifizierung zuständig und galt als Schutzherr der Grabstätten. Beim Totengericht leitete er die Wägung des Herzens.

Ramses II.

Ramses II., auch Ramses der Große genannt, regierte von 1290 bis 1224 v. Chr. Er war als Nachfolger seines Vaters Sethos I. der dritte König der 19. Dynastie. In seiner langen Regierungszeit führte er mehrere Kriege gegen die Hethiter und ließ eine Vielzahl monumentaler Gebäude errichten. In jeder größeren Stadt Ägyptens zu jener Zeit, so auch in Abu Simbel (➛ *S. 280f.*), waren majestätische Tempel, große Denkmäler und kolossale Statuen von ihm zu sehen (➛ *Kolossalstatue von Ramses II.*). Er vollendete die ➛ *Hypostylenhalle* von Karnak, die Ramses I. (♔ 1306–04 v. Chr.) begonnen hatte. Ramses II. hatte neben seiner Gattin Nefertari mehrere Nebenfrauen und soll mehr als 100 Kinder gezeugt haben.

Der Tempel

Für die alten Ägypter war das Universum durch Gegensatzpaare bestimmt: fruchtbar und unfruchtbar, Leben und Tod, Ordnung und Chaos. Sie wurden durch Maat, die Göttin der Weltordnung und Gerechtigkeit, im Gleichgewicht gehalten. Zum Dank bauten die Ägypter ihr und anderen Göttern Tempel. Im Zentrum jeder Siedlung gab es den Kulttempel, der einem oder mehreren Göttern geweiht war. Er war Sitz der göttlichen Kräfte. Die Priesterschaft diente den Göttern stellvertretend für alle Menschen. Zugleich war der Tempel ökonomischer und politischer Mittelpunkt und diente als Rathaus, medizinische Praxis und Schule.

Statue der Löwengöttin Sekhmet im Heiligtum der Mut

Der Amun-Tempel

Figur eines Skarabäus

Herzstück von Karnak, dem riesigen Tempelkomplex des alten Theben-Ost, ist der Amun-Tempel, der dem König der Götter geweiht war. Überwältigend sind die zahllosen Höfe, Hallen und Kolossalmonumente sowie der große Heilige See. Die Anfänge liegen in der 12. Dynastie (1991–1785 v. Chr.). Über einen Zeitraum von vier Jahrhunderten veränderten die Pharaonen die Tempelanlage. Dabei scheuten sie weder Mühe noch Kosten. Die Könige der 19. Dynastie, darunter Ramses II., beschäftigten rund 80 000 Männer in der Tempelanlage. Vor seiner Ausgrabung Mitte des 19. Jahrhunderts lag der Tempel rund 1000 Jahre lang unter Sand begraben.

★ Hypostylenhalle
Der glanzvolle Höhepunkt von Karnak: Diese Halle wurde von 134 riesigen Säulen getragen.

★ Kolossalstatue von Ramses II.
Die imposante Granitstatue von Ramses II. mit seiner Tochter steht vor dem Eingang zur Hypostylenhalle.

Grab von Sethos II., der Triade geweiht

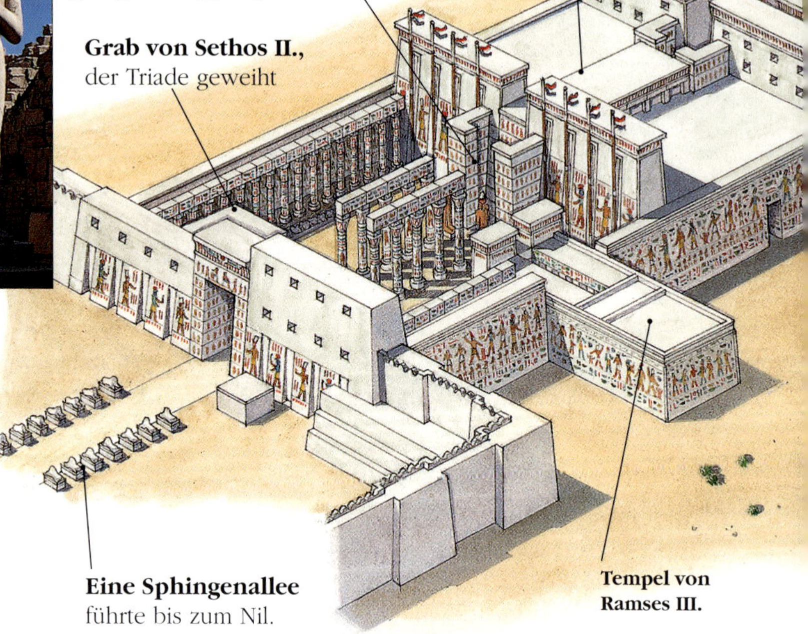

Amun-Tempel (Rekonstruktion)

Die vielfarbigen Außenwände der Anlage sind in dieser Rekonstruktion gut sichtbar und vermitteln einen Eindruck, wie der Tempel 1000 v. Chr. ausgesehen haben mag.

Eine Sphingenallee führte bis zum Nil.

Tempel von Ramses III.

Karte der Karnak-Tempelanlage

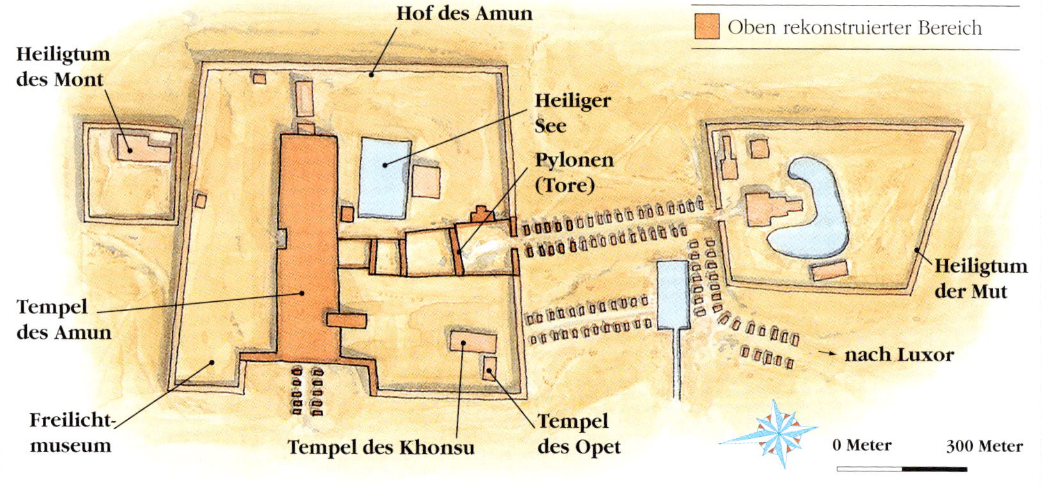

Botanische Gärten
Der ummauerte Garten hinter dem Großen Festtempel ist ein Teil des von Thutmosis III. erbauten Tempels. Die Mauern sind mit Reliefs von exotischen Pflanzen und Tieren geschmückt, die der Pharao von seinem Syrien-Feldzug mitbrachte.

Die Triade

Amun war der Hauptgott von Theben. Mit seiner Gefährtin Mut und dem Sohn Khonsu bildete er die Triade. Jährlich feierte man das Opet-Fest, die Wiedergeburt des Königs als Sohn Amuns. Begleitet von Priestern und Feiernden, wurden dabei Bildnisse der Triade von Karnak auf geschmückten Barken über den Nil gefahren.

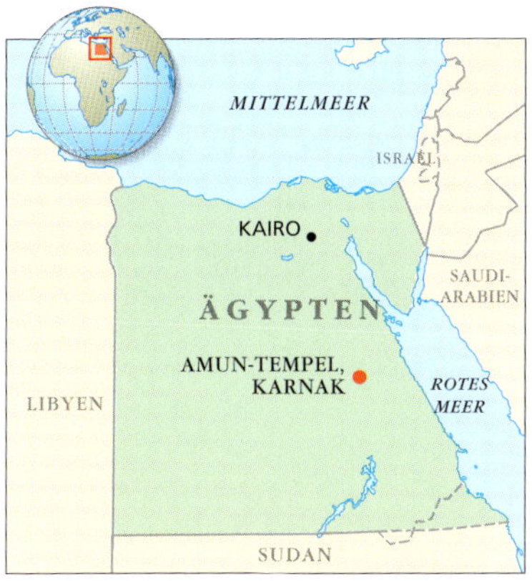

★ Großer Festtempel
Die Haupthalle des Tempels von Thutmosis III. war vermutlich eine steinerne Nachbildung des Zelts, in dem der Pharao auf seinen Feldzügen lebte.

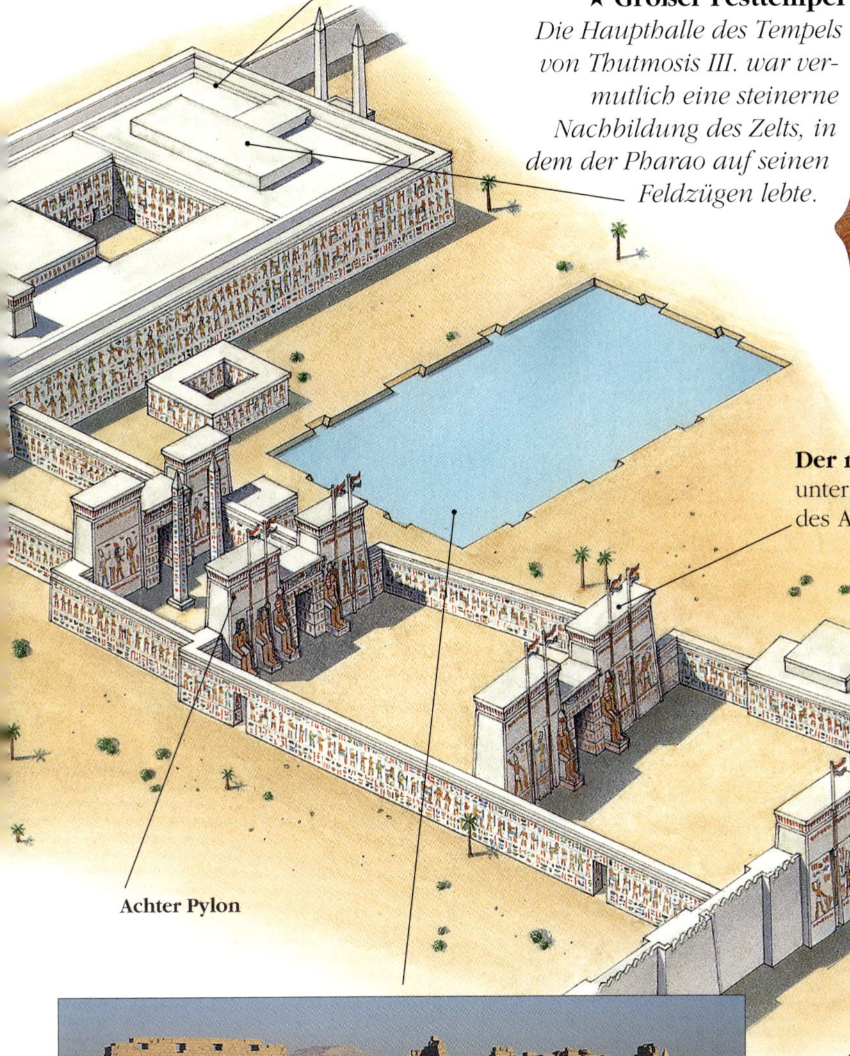

Der neunte Pylon wurde unter Horemheb aus Steinen des Aton-Tempels erbaut.

Der Heilige See
Das heilige Wasser des Sees diente den Priestern zur rituellen Waschung. Nördlich davon liegt ein großer Steinskarabäus, den Amenhotep III. in Auftrag gab.

Höhepunkte

- ★ **Hypostylenhalle**
- ★ **Kolossalstatue von Ramses II.**
- ★ **Großer Festtempel**

Daten und Fakten

1552–1306 v. Chr. Bau des Amun-Tempels während der 18. Dynastie

1306–1186 v. Chr. Erweiterung um die Hypostylenhalle während der 19. Dynastie

1186–1070 v. Chr. Bau des Tempels von Ramses III.

663 v. Chr. Plünderung von Theben durch die Assyrer

30 v. Chr. Zerstörung von Theben durch die Römer

1979 Aufnahme des alten Theben mit dem Amun-Tempel von Karnak in das Weltkulturerbe der UNESCO

Die Hypostylenhalle

134 Säulen, angeordnet in 16 Reihen, füllen die 5400 Quadratmeter große ➛ *Hypostylenhalle* zwischen dem zweiten und dritten Pylon, großen Eingangstoren. Die Säulen des erhöhten Mittelgangs sind 24 Meter hoch. Wände und Säulen tragen Inschriften und Abbildungen opfernder Könige. Vollendet wurde die Halle, die als großartige Meisterleistung ägyptischer Architektur gilt, unter Sethos I. (♔ 1304 bis 1290 v. Chr.) und dessen Sohn, Ramses II. Beide Könige sind auf den Schäften der 122 Säulen der Seitenschiffe dargestellt. An den seitlichen Außenwänden der Hypostylenhalle werden ihre kriegerischen Taten gefeiert. So wird Ramses II. in der Schlacht von Kadesch gegen die Hethiter gezeigt, dazu der Text des Friedensvertrags. Sethos I. erscheint als Sieger über Libyer, Syrer und Fürsten der palästinensischen Stadtstaaten.

Abu Simbel

Die Rettungsaktion

Da der alte Assuan-Staudamm zu klein wurde, errichtete man ab 1960 einen größeren. Anfang der 60er-Jahre war der Wasserstand im Nasser-Stausee so angestiegen, dass er Abu Simbel zu überschwemmen drohte. Ab 1963 begann die von der UNESCO veranlasste internationale Rettungsaktion. In fünfjähriger Arbeit wurden zunächst die Tempel von Abu Simbel samt der Artefakte in Blöcke von maximal 30 Tonnen Gewicht zersägt und an anderer Stelle neu aufgebaut (➛ *Versetzte Tempel*). Dabei wurde die ➛ *innere Kultkammer* wieder nach der Sonne ausgerichtet. Später wurden u.a. auch die Isis-Heiligtümer auf der Insel Philae, der Kiosk von Kertassi und der Kalabscha-Tempel umgesetzt.

Der 1902 vollendete erste Assuan-Staudamm

Die Kolossalstatuen

Drei der vier 20 Meter hohen ➛ *Kolossalstatuen von Ramses II.*, die den Eingang zum Großen Tempel flankieren, schauen nach Süden, um die Feinde des Pharaos abzuschrecken. Teile des Kopfes der vierten Figur liegen zu ihren Füßen. Die Größe der Statuen sollte womöglich auf Ramses' göttliche Stellung hinweisen. Er ist mit Doppelkrone, Kopftuch und Götterbart dargestellt. Die Uräus-Schlange an seiner Stirn symbolisiert den Sonnengott. In seinen Händen hält er Geißel und Krummstab als Zeichen königlicher Macht. Zwischen und neben seinen Beinen sind kleinere Figuren zu sehen, darunter die der Mutter des Pharaos, seiner Frau Nefertari und seiner Kinder.

Abu Simbel

Steinpavian in Abu Simbel

Im 13. Jahrhundert v. Chr. wurden der gigantische Große Tempel von Abu Simbel und der kleinere, nördliche Tempel der Hathor direkt aus dem Fels gemeißelt. Obwohl die Tempel den Schutzgottheiten der großen ägyptischen Städte – Amun (Theben), Ptah (Memphis) und Re-Harachte (Heliopolis) – geweiht waren, manifestierten sie in erster Linie den Ruhm von Pharao Ramses II. (➛ *S. 278*), dem göttlichen Herrscher. Die beeindruckende Fassade mit den 20 Meter hohen Sitzstatuen von Ramses II. ist eines der bekanntesten Wahrzeichen Ägyptens.

Versetzte Tempel
Um die beiden Tempel vor dem Versinken im gestauten Nassersee zu retten, ließ die UNESCO sie aus dem Felsen schneiden und auf eine künstliche Klippe versetzen, die 64 Meter höher und 180 Meter versetzt zum ursprünglichen Ort lag.

★ Tempelfassade
Der lange im Sand verschüttete Tempel wurde 1813 von dem Schweizer Johann Ludwig Burckhardt entdeckt.

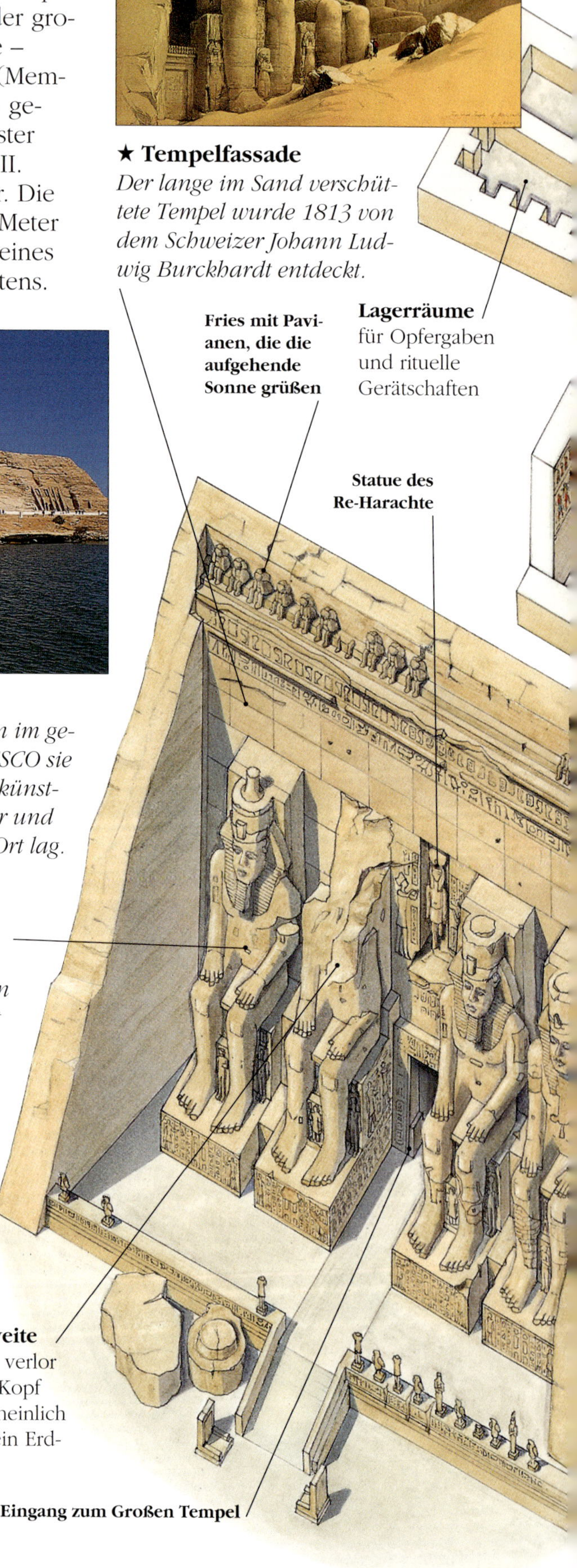

Fries mit Pavianen, die die aufgehende Sonne grüßen

Lagerräume für Opfergaben und rituelle Gerätschaften

Statue des Re-Harachte

Kolossalstatuen von Ramses II.
Die riesigen Statuen an der Vorderfront zeigen den Herrscher des vereinten Ägypten. Hieroglyphen geben seinen Namen an.

Der zweite Koloss verlor seinen Kopf wahrscheinlich durch ein Erdbeben.

Eingang zum Großen Tempel

Höhepunkte

- ★ Tempelfassade
- ★ Mittlere Säulenhalle
- ★ Innere Kultkammer

Die innere Säulenhalle ist mit Abbildungen von Ramses II. und Nefertari geschmückt. Beide opfern Amun und Re-Harachte.

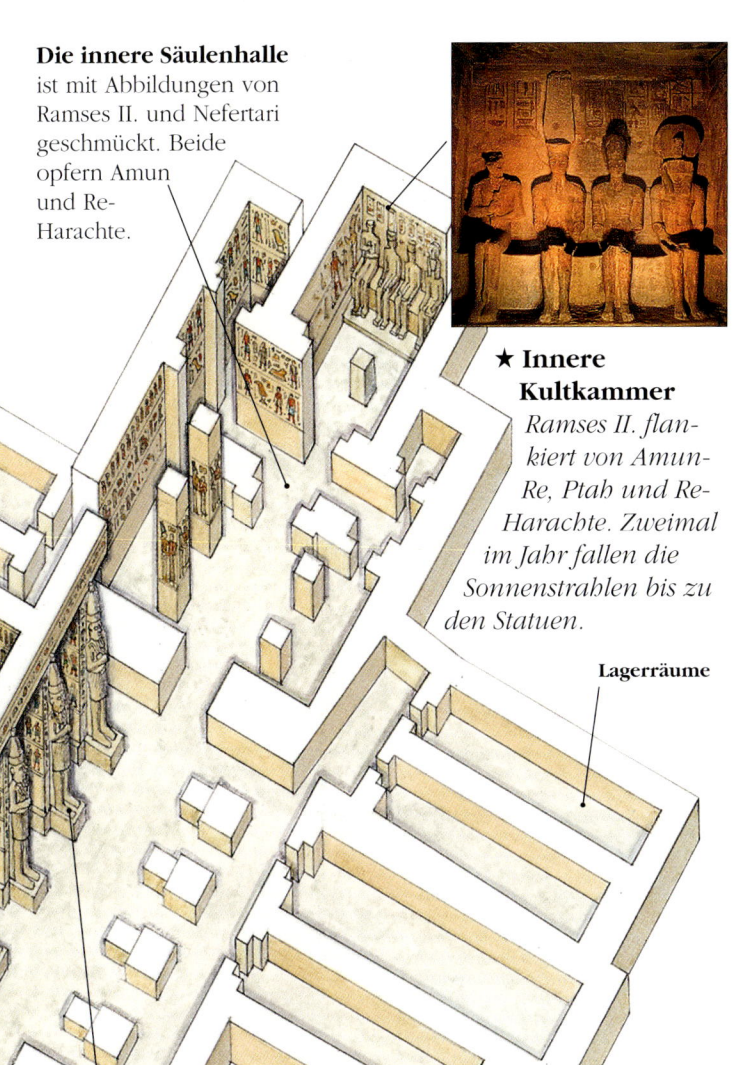

★ Innere Kultkammer
Ramses II. flankiert von Amun-Re, Ptah und Re-Harachte. Zweimal im Jahr fallen die Sonnenstrahlen bis zu den Statuen.

Tage des Lichts

Die Sonne galt als Quell allen Lebens. Der Tempel war darum so ausgerichtet, dass zweimal im Jahr ein Lichtstrahl in die Kultkammer drang: am Geburtstag von Ramses II. im Februar und an seinem Krönungstag im Oktober. Einzig nicht erleuchtet wurde dabei Ptah, der Gott der Finsternis.

Schlacht von Kadesch
Die Reliefs in der mittleren Säulenhalle zeigen Ramses II. als Sieger in der Schlacht über die Hethiter bei Kadesch um 1275 v. Chr.

Daten und Fakten

1264 v. Chr. Baubeginn von Großem Tempel und Hathor-Tempel unter Ramses II.

1817 Systematische Freilegung der Tempel durch den Italiener Giovanni Battista Belzoni

1822 Entzifferung der Hieroglyphen durch Jean François Champollion

1968 Versetzung von Abu Simbel abgeschlossen

1979 Aufnahme in das Weltkulturerbe der UNESCO

Schrift an der Wand

Wandmalereien und Reliefs im Großen Tempel von Abu Simbel und dem ➛ *Tempel der Hathor* verherrlichen Ramses II. als göttlichen Pharao. Die Darstellungen berichten von seinen Kämpfen gegen Feinde und von seinen Siegen. Im Tempel der Hathor ist die Weihe der Nefertari zur göttlichen Königin illustriert. Gemälde und Reliefs sind umgeben von Hieroglyphen (»heilige Zeichen«). Diese auf Bildzeichen beruhende Schrift soll sich um 3000 v. Chr. entwickelt haben. Mit einem komplizierten System aus rund 6000 Zeichen schrieben die alten Ägypter ihre Namen, mit ihm verfassten sie auch Texte religiösen und alltäglichen Inhalts. Die Lebensgeschichte des Ramses und der Nefertari wurde auf diese Weise in die Wand gehauen. Der Gebrauch der Hieroglyphen, den nur hoch qualifizierte Schreiber beherrschten, wurde im 4. Jahrhundert v. Chr. eingestellt. 1822 entzifferte Jean François Champollion diese Schrift.

★ Mittlere Säulenhalle
Hier stehen Statuen des Totengottes Osiris mit Geißel und Krummstab, den Symbolen der göttlichen Macht. Die Figuren der südlichen Säulen tragen die Doppelkrone beider Ägypten, die der Nordreihe nur die Krone Oberägyptens. Wandreliefs zeigen Ramses II.

Tempel der Hathor

Der Tempel der Göttin der Liebe und des Tanzes wurde von Ramses II. für seine Lieblingsfrau Nefertari erbaut. Die Kapitelle der Säulen in der großen Halle sind mit dem Gesicht der Hathor geschmückt. Reliefs zeigen, wie Ramses Feinde tötet. In einer Vorhalle stellen Reliefs eine Opferung dar. Im innersten Kultraum steht eine Statue der Hathor als Kuh (Fruchtbarkeitssymbol).

An der Fassade des Nefertari-Tempels wechseln Statuen der Nefertari (als Hathor) und Ramses' II. ab.

Die imposante Lehmziegelfassade der Großen Moschee

Das Wahrzeichen des Islam

Dem Sultan Koumboro verdankte Djenné das erste Gebetshaus, das um 1300 entstand. Dieser 26. König von Djenné ließ seinen Palast abreißen und an dessen Stelle eine Moschee errichten. Der Sultan wollte damit sein Bekenntnis zum islamischen Glauben bekräftigen, den er kurz zuvor angenommen hatte. Diese Moschee verfiel unter den Paschas, die sich nicht für die Verbreitung des Islam einsetzten. Anfang des 19. Jahrhunderts ließ König Seku Amadou an anderer Stelle eine neue Moschee erbauen. Unter französischer Herrschaft wurde die heutige Moschee Anfang des 20. Jahrhunderts nach dem Vorbild des Baus von Sultan Koumboro an der alten Stelle wieder errichtet.

Der Lehmbaustil

Die Moschee wurde in der traditionellen Lehmbautechnik errichtet. Da es in der Region keine Natursteine gibt, wird eine Mischung aus Lehm, Stroh und Kuhmist zu Ziegeln gebrannt. Die Ziegel werden mit feuchtem Lehm, der vor Hitze und Kälte schützt, miteinander verbunden. Die Moschee wird vom Hauptturm beherrscht, den zwei niedrige Türme flankieren (➛ *Drei Minarette*). Aus der glatten, fast fensterlosen Fassade ragen ➛ *Palmholzbalken* heraus, die als Dauergerüst dienen, dem Bau aber auch je nach Lichteinfall ein immer anderes Ornament geben. Der Regen verleiht der wuchtig wirkenden Moschee ihre weichen Formen.

Die Große Moschee von Djenné

Die einzigartige Verbindung von islamischem Glauben und traditioneller afrikanischer Architektur macht dieses Gotteshaus in Djenné zu einem der faszinierendsten Gebäude der Welt und sicher zum schönsten Lehmbau der Sahelzone. Die 150 Meter lange Moschee vom Beginn des 20. Jahrhunderts, Westafrikas bekanntestes islamisches Wahrzeichen, besitzt eine Höhe von 20 Metern. Schmale Pfeiler gliedern die Fassade. Auf den sich verjüngenden Minaretten sitzen Spitzen, die mit Straußeneiern verziert sind. Die aus den Mauern ragenden Balken dienen als Gerüst für die Arbeiter und als Dekoration.

Das Innere
Über dem Sandboden des weiträumigen Gebetssaals spannt sich das Holzdach, das von rund 100 Lehmsäulen getragen wird.

Der Markt
Jeden Montag herrscht auf dem Platz vor der Großen Moschee reges Treiben. Zum Markt, auf dem man nicht nur Waren des täglichen Bedarfs findet, kommen Händler und Kunden aus der Umgebung.

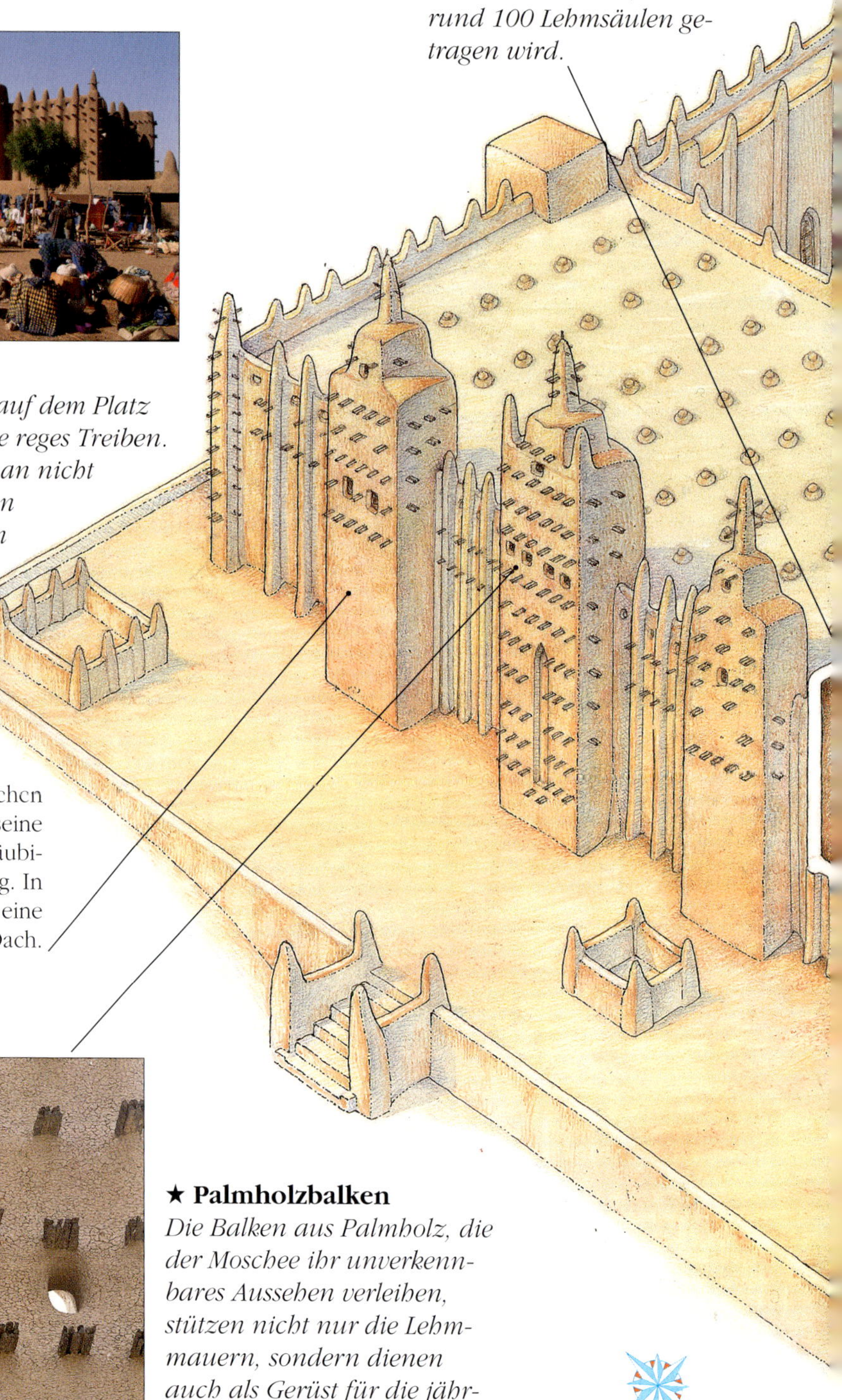

Drei Minarette stehen dem Muezzin für seine Gebetsrufe an die Gläubigen zur Verfügung. In jedem Minarett führt eine Treppe direkt aufs Dach.

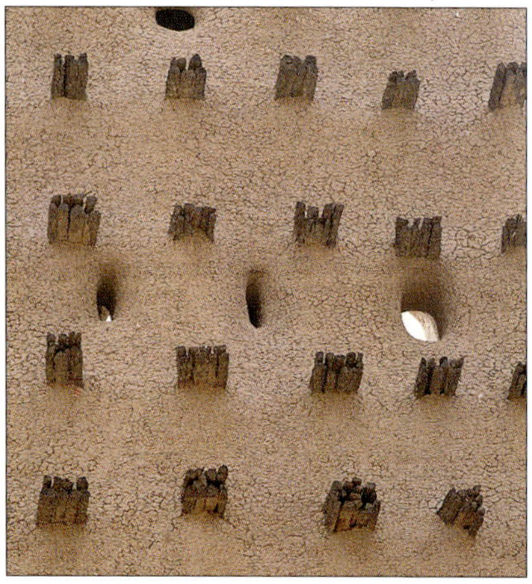

★ Palmholzbalken
Die Balken aus Palmholz, die der Moschee ihr unverkennbares Aussehen verleihen, stützen nicht nur die Lehmmauern, sondern dienen auch als Gerüst für die jährlichen Ausbesserungsarbeiten. Zudem lockern sie die strenge Fassade optisch auf.

Frühjahrsrenovierung
Die jährliche Ausbesserung der Moschee ist eine Gemeindeaufgabe, bei der bis zu 4000 Einwohner Djennés mithelfen. Überwacht wird sie von den Angehörigen der Baumeisterzunft.

Wetterschäden

Die Moschee ist wetterempfindlich. Regen wäscht den Lehm von den Wänden, Feuchtigkeit schwächt die Statik. Auch extreme Temperaturen beanspruchen das Gebäude. Es bleibt jedoch in gutem Zustand, da es jährlich neu verputzt wird.

★ Sockel
Der Sockel, auf dem die Moschee errichtet ist, erhebt sie etwa drei Meter über den Marktplatz und trennt sie so auch symbolisch von den profanen Alltagsgeschäften der Einwohner Djennés.

★ Dachkonstruktion
Das von Säulen getragene Dach ist von kleinen Öffnungen durchbrochen, die Licht und Luft durchlassen. In der Regenzeit werden sie mit Keramikdeckeln verschlossen.

Höhepunkte

- ★ **Palmholzbalken**
- ★ **Dachkonstruktion**
- ★ **Sockel**

Daten und Fakten

3. Jahrhundert v. Chr. Erste Stadtgründung

um 1250 Gründung des heutigen Djenné

um 1300 Bau der ersten Moschee

1468 Besetzung Djennés, das zum Reich von Mali gehörte, durch das Reich Songhai

1591 Übernahme Djennés durch Marokkaner

1819 Aufgabe der alten Moschee und Neubau an anderer Stelle durch König Seku Amadou

1907 Bau der heutigen dritten Moschee auf Fundamenten der ersten

1988 Aufnahme Djennés in das Weltkulturerbe der UNESCO

Das alte Djenné

Djenné ist eine der ältesten Handelsstädte der Region. Ihre günstige Lage am Niger und an der alten Handelsroute, die das Afrika südlich der Sahara mit dem Norden verband, zog Kaufleute aus Nord-, Ost-, West- und Zentralafrika an. Schon bald wurden in dem aufblühenden Handelszentrum Waren wie Textilien, Messing, Keramik, Kupferprodukte, Gold aus dem Sahel, Elfenbein und das kostbare Saharasalz umgeschlagen. Ende des 13. Jahrhunderts hatte mit den muslimischen Kaufleuten aus Nordafrika auch der Islam Djenné erreicht. Im 14. Jahrhundert war Djenné eine der reichsten Städte südlich der Sahara und ein Zentrum islamischer Kultur.

Zentrum des Palastbezirks ist das Schloss Fasiladas'.

Die Blüte Gondars

Nach den Zeiten der Krisen und Kriege setzte unter Kaiser Fasiladas (♔ 1632–67) eine Stabilisierung des Landes ein. Die Gründung von Gondar als fester Hauptstadt führte zu einem Aufschwung in Herstellung von und Handel mit Luxusgütern. Die neuen gesellschaftlichen Bedingungen schlugen sich auch in der Architektur nieder. Der imposante Palastkomplex aus der Zeit der drei Kaiser Fasiladas, Tsadik Yohannes (♔ 1667–82) und Yasu I. (♔ 1682–1701), errichtet im Gondar-Stil, ist ein charakteristisches Merkmal für die Blüte dieser Zeit. 1771 wurde Gondar von Aufständischen eingenommen. Als Kaiser Takla Giyorgis 1784 abdankte, endete das Kaisertum von Gondar. Die Stadt verlor ihre politische und kulturelle Bedeutung.

Fasiladas' Schloss

Der älteste und eindrucksvollste Teil des Komplexes, das ➛ *Schloss Fasiladas'*, wurde erst unter Kaiser Yasu I. vollendet. Der Bau aus mächtigen, grob behauenen Basaltsteinen besitzt ein flaches Dach mit einer zinnenbesetzten Brüstung und vier kleinen Kuppeltürmen. Die ungewöhnliche Mischung aus indischen, portugiesischen, maurischen und einheimischen aksumitischen Stilelementen ist möglicherweise das Werk eines indischen Architekten.

Der Palastbezirk von Gondar

Als Gondar im 17. Jahrhundert die erste feste Hauptstadt der äthiopischen Herrscher wurde, begann unter Kaiser Fasiladas die Errichtung eines märchenhaften Palastbezirks. Sein Schloss war einer der ersten Steinbauten Äthiopiens und gilt als Wahrzeichen von Gondar. In der ersten Hälfte des 18. Jahrhunderts erreichte der Komplex seine maximale Größe und bestand aus prunkvollen, im Gondar-Stil errichteten Gebäuden, aus Parks, Obstgärten, Plantagen und einem großen Markt – was ihm die Bezeichnung »afrikanisches Camelot« einbrachte. Während seiner Blütezeit wuchs Gondar zu einer der größten Städte Ostafrikas heran. Die Ruinen zeugen noch heute von seiner bedeutenden Vergangenheit.

★ Empfangshalle und Stallungen
Kaiser Bakaffa (♔ 1721–30) ließ die riesige Empfangshalle erbauen, in der spektakuläre Festlichkeiten stattfanden. Gleich daneben lagen die Stallungen für seine zahllosen Pferde.

Blick vom Schloss des Fasiladas
Der Blick über den Palastbezirk zeigt im Mittelgrund die von Fasiladas' Sohn Tsadik Yohannes erbaute, mit gelbem Stuck verputzte Bibliothek. Stufen führen zum zinnenbekrönten zweiten Stock.

Kanzlei
Dieser mit einem Turm bewehrte Bau diente einst als Gerichtsgebäude.

Höhepunkte

- ★ **Schloss Fasiladas'**
- ★ **Empfangshalle und Stallungen**
- ★ **Palast Yasus I.**

Atatami-Mikael-Kirche
Schwimmbad
Bibliothek

Palast der Mentuab
Die Gattin des Kaisers Bakaffa ließ dieses elegante zweistöckige Schloss erbauen.

★ Palast Yasus I.
Fasiladas' Enkel, Yasu I., gilt als größter Kaiser von Gondar. Sein Palast soll mit Blattgold, Elfenbein und Malereien auf das Prächtigste verziert gewesen sein.

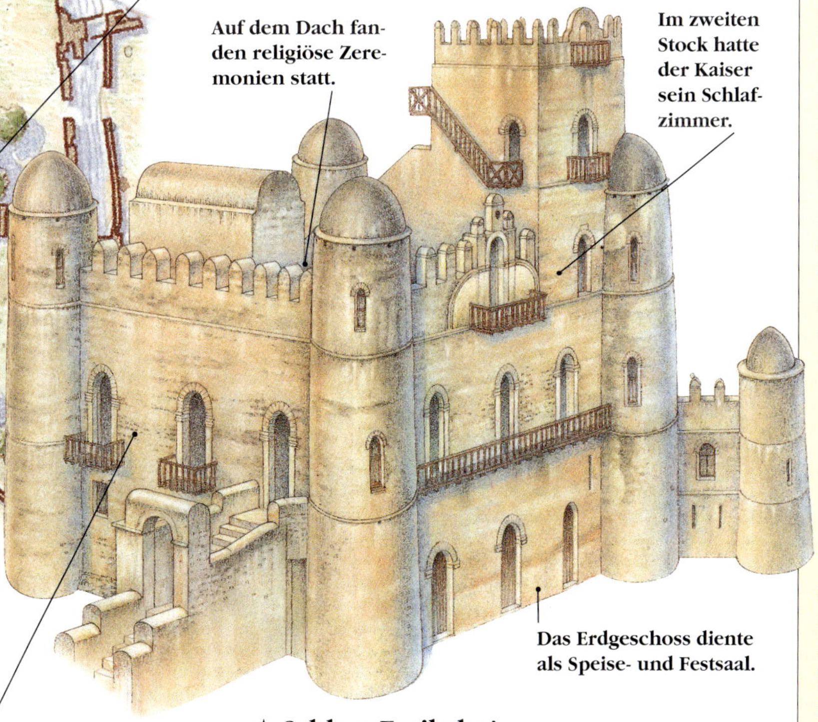
Auf dem Dach fanden religiöse Zeremonien statt.
Im zweiten Stock hatte der Kaiser sein Schlafzimmer.
Das Erdgeschoss diente als Speise- und Festsaal.
Im ersten Stock befand sich Fasiladas' Gebetsraum.

★ Schloss Fasiladas'
Dieses architektonische Juwel aus der großen Zeit der Kaiser von Gondar verbindet unterschiedlichste Einflüsse in perfekter Harmonie.

Die Debre Berhan Selassie

Die Dreieinigkeitskirche außerhalb des Palastbezirks ist von außen schlicht. Die Wandmalereien, die zu den schönsten Äthiopiens gehören, zeigen von der Decke herabblickende Engelsgesichter im Gondar-Stil.

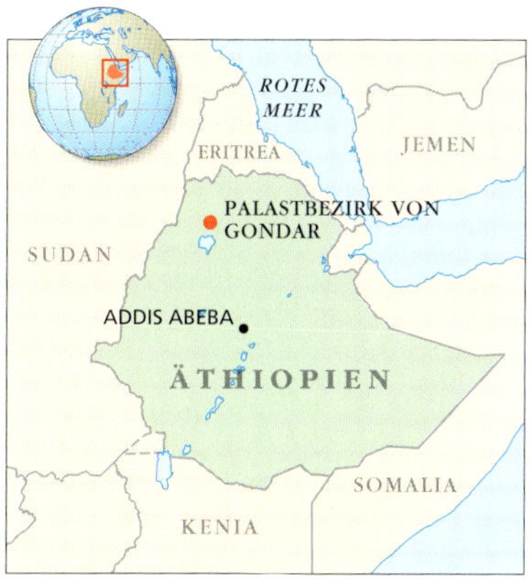
ROTES MEER
ERITREA
JEMEN
PALASTBEZIRK VON GONDAR
SUDAN
ADDIS ABEBA
ÄTHIOPIEN
SOMALIA
KENIA

Daten und Fakten

1632 Gründung Gondars durch Kaiser Fasiladas

1636 Baubeginn des Schlosses

1667–82 Bau der Bibliothek unter Kaiser Tsadik Yohannes

1682–1701 Errichtung des Palastes von Kaiser Yasu I.

1716–21 Bau der Sängerhalle unter Kaiser David III.

1721–30 Bau von Empfangshalle und Stallungen für Kaiser Bakaffa sowie des Palastes der Kaiserin Mentuab

um 1755 Schwindende Bedeutung Gondars aufgrund innerer Machtkämpfe

1979 Aufnahme des Palastbezirks in das Weltkulturerbe der UNESCO

Der Gondar-Stil

Der Palastbezirk gilt als typisch für den so genannten Gondar-Stil. Die frühen Bauten aus der Zeit Fasiladas' waren schlicht, gegliedert durch Gurtbänder und Zinnen. Die späteren Bauten (➛ *Palast der Mentuab*) weisen ornamentale und figürliche Verzierungen in rotem Stein auf. Gemeinsam ist den Gebäuden ihr Erscheinungsbild, das an mittelalterliche Burgen erinnert und auf einen portugiesischen Einfluss schließen lässt. Bei den aus Zementmörtel gefertigten Kuppelabschlüssen, die ebenfalls typisch für den Gondar-Stil sind, macht sich ein indischer Einfluss bemerkbar. Als Meisterwerk des Gondar-Stils gilt die ➛ *Debre Berhan Selassie* mit ihren weltberühmten Wand- und Deckenmalereien.

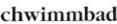

Die Sammlung

Das Kastell der Guten Hoffnung beherbergt die ➛ *Sammlung William Fehr* mit historischen Gemälden und Möbeln. Fehr (1892–1968) war ein Geschäftsmann aus Kapstadt, der Bilder und Objekte der Kolonialzeit zu sammeln begann, als das noch unüblich war. Seine Kollektion beleuchtet viele Aspekte des sozialen und politischen Lebens am Kap – von den frühen Tagen der Niederländisch-Ostindischen Kompanie bis zum Ende des 19. Jahrhunderts. Landschaftsbilder der englischen Künstler Thomas Baines und William Huggins sind ebenso ausgestellt wie japanisches Porzellan aus dem 17. Jahrhundert und indonesisches Mobiliar des 18. Jahrhunderts.

Jan van Riebeeck

Im April 1652 kam der Holländer Jan van Riebeeck (1619–77) am Kap an, um dort einen Stützpunkt der Niederländisch-Ostindischen Kompanie zu gründen. Dieser sollte die holländischen Schiffe, die zwischen Europa und Ostindien unterwegs waren, versorgen. Die Station, in der sich Niederländer, Deutsche und Hugenotten (die späteren Buren) ansiedelten, blühte auf und lieferte den Schiffen u.a. Gemüse und Fleisch. Der Streit mit den einheimischen Khoisan-Stämmen über Weide- und Wasserrechte führte bald zu Auseinandersetzungen.

Kommandeur Jan van Riebeeck, Gründer von Kapstadt

Das Kastell der Guten Hoffnung

Zeichen der Ostindischen Kompanie

Diese Festung in Kapstadt ist das älteste Steingebäude Südafrikas. Sie ersetzte im 17. Jahrhundert das erste Fort aus Holz, das unter Jan van Riebeeck die Keimzelle der Stadt bildete. Der Festungsbau dient mittlerweile als Museum, Festsaal und Hauptquartier der am Kap stationierten Armee-Regimenter.

Delphin-Becken
Beschreibungen und Skizzen von Lady Anne Barnard aus der Zeit um 1800 ermöglichten rund 200 Jahre später die Rekonstruktion des Beckens.

Festungsgraben
Die Restaurierung des Grabens wurde 1999 abgeschlossen.

Bogengang
Für den Fußboden des Kastells wurde im 17. Jahrhundert Schiefer aus dem Steinbruch einer küstennahen Insel verwendet.

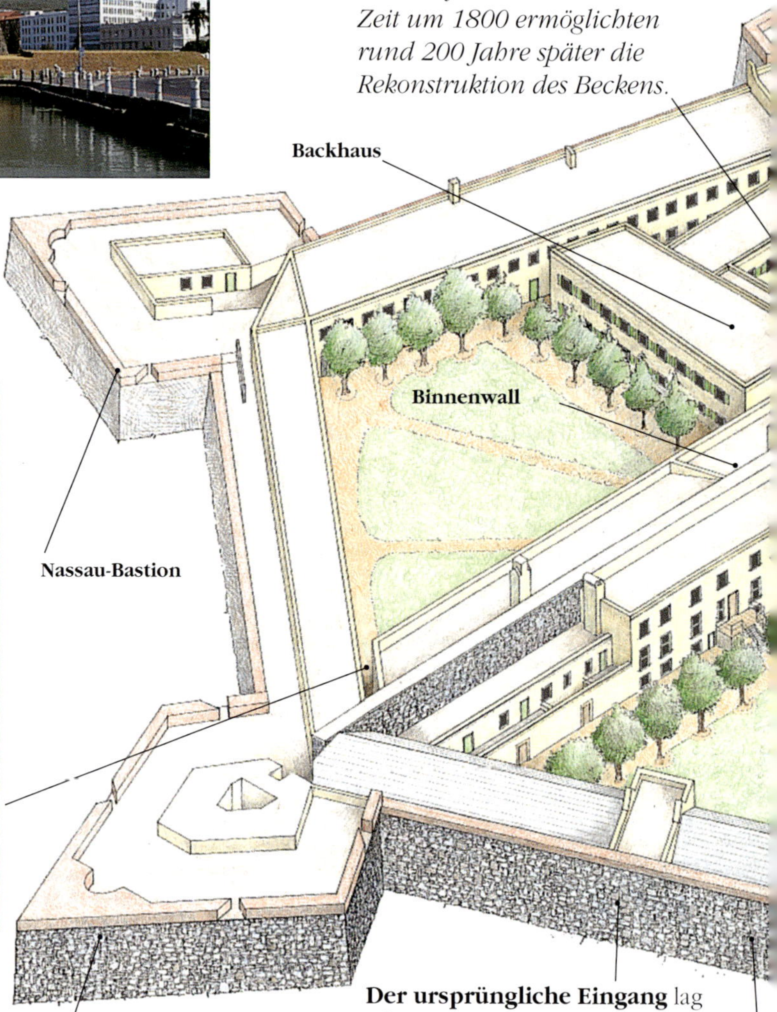

Der ursprüngliche Eingang lag 1679–82 hier auf der Meerseite, wurde aber später zugemauert.

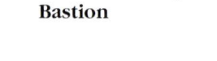

Höhepunkte

★ **Sammlung William Fehr**

★ **De-Kat-Balkon**

★ **Militärmuseum**

★ **Militärmuseum**
Die Ausstellung zeigt Waffen und Uniformen aus der Zeit der holländischen und britischen Kolonialherrschaft am Kap der Guten Hoffnung.

★ Sammlung William Fehr

Hier finden sich neben Gemälden auch Stilmöbel, Glas, Keramik und Metallwaren.

DER INDIENHANDEL

1602 wurde die Niederländisch-Ostindische Kompanie hauptsächlich für den Gewürzhandel mit Asien gegründet, 1621 die Westindische Kompanie. Die erfolgreiche und starke Flotte verfügte 1669 über 150 Handels- und 40 Kriegsschiffe.

Eingangsgiebel

Die Teakholz-Nachbildung des kapholländischen Giebels zeigt Militärsymbole: Banner, Trommeln und Kanonenkugeln.

Leerdam-Bastion

Leerdam, Oranje, Nassau, Katzenellenbogen und Buren waren Besitzungen Wilhelms von Oranien.

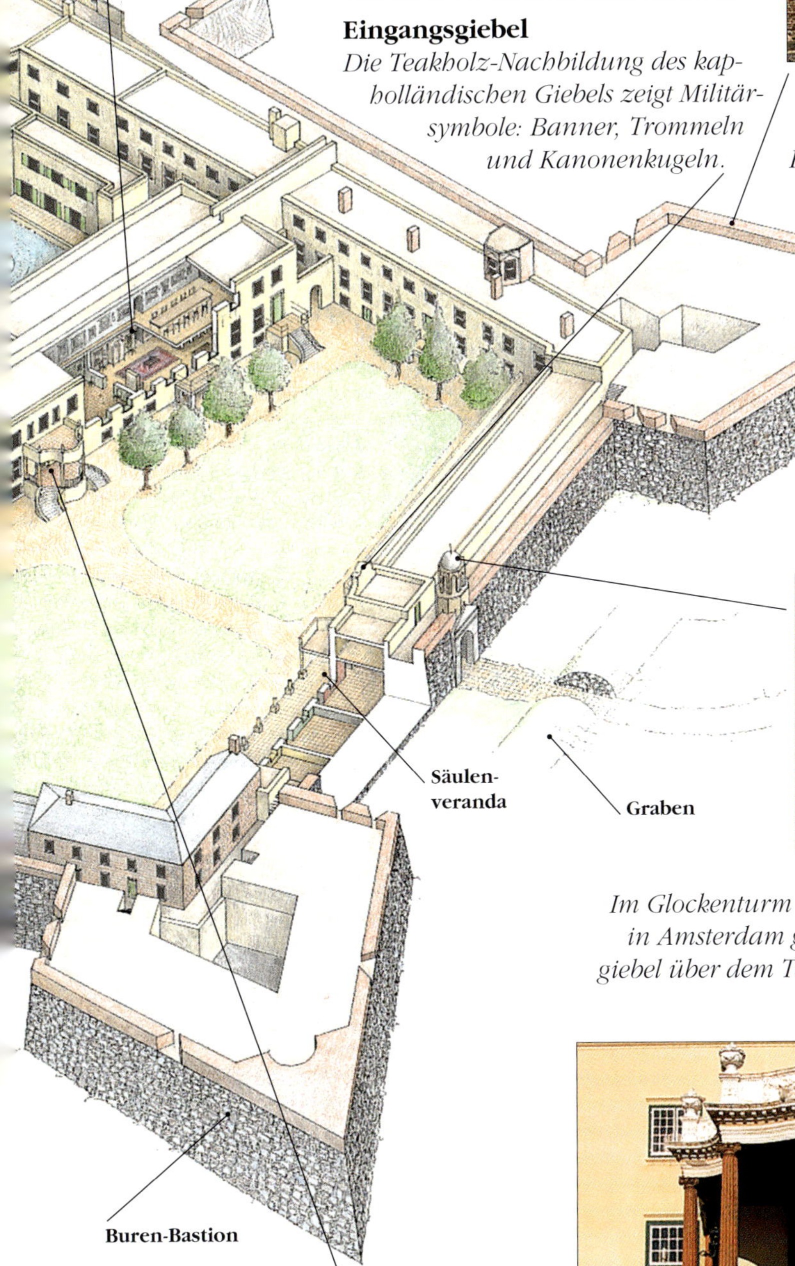

Festungstor

Im Glockenturm (1684) hängt noch die 1697 in Amsterdam gegossene Glocke. Den Frontgiebel über dem Tor schmückt das Wappen der Vereinigten Niederlande.

★ De-Kat-Balkon

Ursprünglich diente der Bau der Verteidigung. Den prachtvollen Treppenaufgang mit Balkon schuf Anton Anreith (1754 bis 1822), ein in Freiburg geborener Architekt.

DATEN UND FAKTEN

1652 Bau der ersten Festung unter Jan van Riebeeck

1666–79 Bau eines Steinkastells als Ersatz für das frühere Holzfort

1795 Ende der Herrschaft der Niederländisch-Ostindischen Kompanie, Eroberung des Kaps durch die Briten

1936 Erklärung des Kastells zum Nationaldenkmal

1952 Umzug der Sammlung William Fehr ins Kastell

DAS KASTELL

Der Entwurf des Kastells von Pieter Dombaer wurde von der Arbeit des französischen Militäringenieurs Sébastien le Prestre de Vauban (1633 bis 1707) beeinflusst. Das Kastell hat die Form eines fünfzackigen Sterns mit fünf Verteidigungsbastionen. So konnte jeder Meter der äußeren Mauer eingesehen und durch Kreuzfeuer gesichert werden. 1691 entstand aus einer Verteidigungsmauer, die den Innenhof querte, das »De Kat« genannte Gebäude (➛ *De-Kat-Balkon*). Es diente als Residenz des Gouverneurs. Heute befindet sich in diesem Bereich der Anlage die Ausstellung der ➛ *Sammlung William Fehr*. In der Vergangenheit beherbergte das Kastell der Guten Hoffnung Gemeinschaftseinrichtungen wie Unterkünfte, eine Kirche, eine Bäckerei, Büros, aber auch ein Gefängnis mit Folterkammer. In den 30er-Jahren des 19. Jahrhunderts wurden in einem Obergeschoss mehrere Räume zu einem großen Bankettsaal zusammengelegt.

Der Krak des Chevaliers liegt auf einem 700 Meter hohen Hügel.

Die Burganlage

Der Krak des Chevaliers (»Burg der Ritter«) auf einem Hügel an der Pforte von Homs wachte über den Weg von Antiochia nach Beirut. Die Johanniter weiteten die Anlage Mitte des 12. Jahrhunderts aus. Sie fügten einen 30 Meter dicken Außenwall hinzu, sieben Wachtürme und Ställe für 500 Pferde. Ein Wasserreservoir im Inneren wurde von einem ➛ *Aquädukt* gespeist. Lagerräume bargen die Nahrungsmittel, die von Bauern der Umgebung erzeugt wurden. Die Burg verfügte über eine Olivenpresse und eine Bäckerei. Die späteren muslimischen Besetzer wandelten die ➛ *Kapelle* in eine Moschee um. Sie legten außerdem Bäder und Teiche an.

Eroberung der Burg

Während der Kreuzzüge (Ende des 11.–Ende des 13. Jh.) war der Krak des Chevaliers eine sichere Burg für die Kreuzfahrer. 1163 wehrten die Ritter die Armee von Nuradin, dem Sultan von Damaskus, im Tal unterhalb der Burg ab. 1188 belagerte sie der muslimische Feldherr Saladin. Sie erwies sich als uneinnehmbar und Saladin zog seine Truppen ab. 1271 soll der Mameluckensultan Baibars I. schließlich eine List entwickelt haben. In einem gefälschten Schreiben, das angeblich der Graf von Tripolis verfasst hatte, soll Baibars die Armee des Krak zur Aufgabe angewiesen haben. Tatsache ist, dass Baibars' Truppen die Burg der Kreuzfahrer ohne Kampfhandlungen einnehmen konnten.

Der Krak des Chevaliers

Anfang des 12. Jahrhunderts entstand unter Tankred eine der imposantesten Burgen der Kreuzfahrerzeit. Nach der Eroberung Jerusalems und des Heiligen Landes brauchten die Kreuzritter starke Bastionen, um die neuen Territorien zu verteidigen. Der Krak des Chevaliers war die größte einer Kette solcher Burgen. Auf einem an drei Seiten schwer zugänglichen Hügel, geschützt von zwei Mauerringen mit Türmen, widerstand sie zunächst Angriffen und Belagerungen. Doch nach der Niederlage der Kreuzritter 1271 fiel sie in die Hände der Araber.

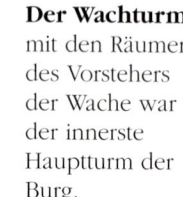

Gesamtansicht des Krak des Chevaliers

Rekonstruktion des Krak des Chevaliers

Sie zeigt, wie die Burg vor rund 700 Jahren ausgesehen haben könnte. In ihrer Blütezeit beherbergte sie eine Garnison von 2000 Mann.

Das Glacis ist eine riesige Schrägmauer, die Angreifer hindern soll, die innere Mauer zu unterminieren.
Der Wachturm mit den Räumen des Vorstehers der Wache war der innerste Hauptturm der Burg.
Innere Mauer
Ein Aquädukt versorgte die Burgreservoire mit Regenwasser von den Bergen.

Eine Burg in der Burg

Die Burg besteht aus zwei durch einen Graben getrennten Teilen: einer Außenmauer mit 13 Türmen und einer Innenmauer mit Glacis um eine Felsenplattform. Angreifer hatten so zwei Burgen zu stürmen.

Legende

- Außenmauern
- Graben
- Innenmauern
- Bäder

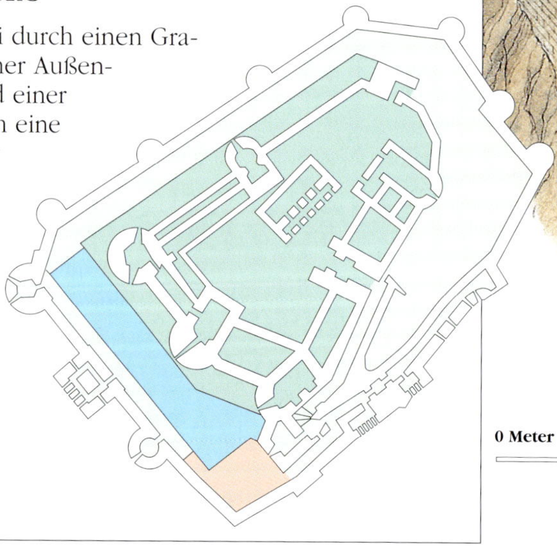

100 Meter

★ Turm der Königstochter
Seine Nordfassade besitzt eine vorspringende Galerie, von der im Fall einer Erstürmung der Außenmauer Steine geworfen werden konnten. Im Erdgeschoss ist der Turm mit drei Blendbögen geschmückt.

DIE PERFEKTE BURG

Der Autor T. E. Lawrence (»Lawrence von Arabien«) beschrieb den Krak des Chevaliers als »die bewundernswerteste Burg der Welt«. Dem späteren englischen König Eduard I., der an ihr 1272 als Kreuzritter vorbeizog, diente sie als Anregung. Nach seiner Heimkehr baute er eigene Burgen in England und Wales.

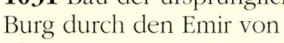

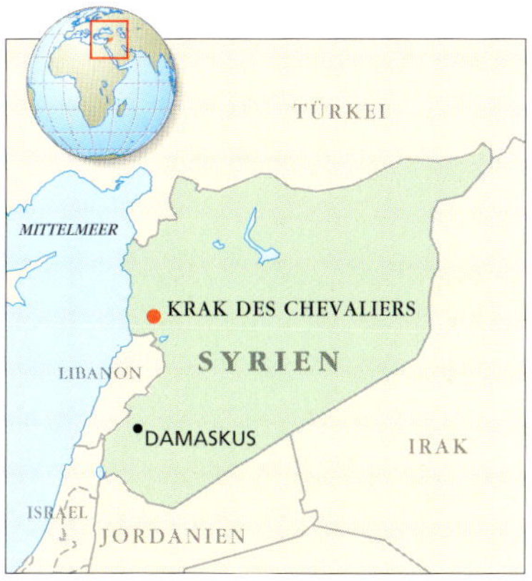

Außenmauer

★ Hauptzugang
Ein langer Stufengang führt von der Stelle der früheren Zugbrücke in die obere Burg. Durch kleine Deckenöffnungen fällt Licht in den Gang. Durch sie konnte man aber auch kochendes Öl auf Eindringlinge gießen. Die Gänge waren so hoch und breit, dass Reiter hindurchpassten.

Die Kapelle wurde von den Kreuzrittern gebaut und nach der Eroberung durch die Muslime in eine Moschee umgewandelt. Die islamische Kanzel ist noch zu sehen.

Der Zugangskorridor machte einen scharfen Knick, um Eindringlinge zu verwirren, die bis hierher gelangt waren.

Innere Burg

★ Loggia
Diese anmutige gotische Arkade mit Kreuzgewölben läuft an einer Seite des inneren Burghofs entlang. Sie ist mit aus Stein gehauenen Blumen und Tieren geschmückt. Hinter der Loggia liegt die Große Halle, die als Speisesaal diente.

HÖHEPUNKTE

- ★ Turm der Königstochter
- ★ Hauptzugang
- ★ Loggia

DATEN UND FAKTEN

1031 Bau der ursprünglichen Burg durch den Emir von Aleppo

1109 Einnahme durch die Kreuzfahrer unter Tankred; Verstärkung und Erweiterung der Burganlage

1142 Besetzung durch die Johanniter; Baubeginn des äußeren Walls

1170 Nach Erdbeben Renovierung und Ausbau

1271 Einnahme durch Mameluckensultan Baibars I.; Ausbau zur endgültigen Form

1285 Erneuerung des äußeren Mauerrings im Süden

1934 Beginn der Restaurierung

TANKRED, FÜRST VON ANTIOCHIA

1096 machte sich der normannische Adlige Tankred von Hauteville (um 1076 bis 1112) mit seinem Onkel Bohemund und anderen zum ersten Kreuzzug ins Heilige Land auf. Die Seldschuken, eine türkische, das Byzantinische Reich bedrohende Dynastie, sollte aufgehalten und Jerusalem für die Christenheit zurückerobert werden. Tankred rang den Türken Tarsus ab, spielte bei der Belagerung von Antiochia eine größere Rolle, führte den Marsch nach Jerusalem (1099) und die Einnahme der Stadt an. Ein Jahr später – die Türken hatten Bohemund gefangen genommen – wurde Tankred Fürst von Antiochia. Er griff Türken wie Byzantiner an. 1109 nahm er die Burg ein, die zum Krak des Chevaliers ausgebaut wurde.

Der Baalkult

Das phönizische Wort »Baal« soll »Gott« bedeuten, »Baalbek« ist dann der »Gott der Beka-Ebene«. Der Legende nach war Baalbek der Geburtsort des phönizischen Sonnengottes Baal-Hadad, der hier in vorrömischen Zeiten angebetet wurde. Im Alten Testament wird Baal als heidnischer Gott der Natur und Fruchtbarkeit beschrieben. Der Baalkult wurde verachtet wegen seiner Kinderopfer, seiner Lüsternheit und wegen der Praxis der Gläubigen, sich niederzuwerfen und das Bildnis von Baal zu küssen. Nach dem Ersten Buch der Könige 18, 19–40 unterlagen die Baalpriester durch ein Gottesurteil in Form eines Wettkampfs mit dem Propheten Elias am Berg Karmel.

Der Venustempel

Getrennt vom Hauptkomplex liegen die Ruinen des runden Venustempels mit halbkreisförmiger Cella (2. Jh.). Der Tempel ist kleiner und intimer als die anderen und mit erlesenem Bauschmuck versehen. Muscheln, Tauben und andere Attribute der Liebesgöttin zieren das Innere. Die Reste eines Bogengewölbes am Ende einer Säulenreihe haben Erdbeben und die Nutzung als Steinbruch durch spätere Bauherrn überstanden. Nach dem Übertritt der Region zum Christentum machten die Byzantiner den Tempel zu einer Kirche, die der heiligen Barbara geweiht wurde. Sie ist heute noch die Schutzpatronin der Stadt Baalbek.

Die Ruinen von Baalbek wurden um 1900 ausgegraben, u.a. von deutschen Archäologen.

Die Ruinen von Baalbek

Wasserspeier am Jupitertempel

Die Tempelanlage von Baalbek, im 1. Jahrhundert n. Chr. begonnen, zählt zu den größten und prachtvollsten Heiligtümern des Römischen Reiches und bildet einen der am besten erhaltenen antiken Baukomplexe des Nahen Ostens. Besonders gut hat der Bacchustempel die Zeiten überdauert. Beeindruckend sind sein monumentales Portal und das reich verzierte Innere. Die sechs Säulen des Jupitertempels geben noch heute einen guten Eindruck von den imposanten Ausmaßen der einstigen Tempelanlage. Mehrere Jahrhunderte verschüttet, begannen nach einem Besuch Kaiser Wilhelms II. 1898 die Ausgrabungen, die bis heute andauern.

Unter den Römern war Baalbek mit seinen Monumentalbauten ein Zentrum der antiken Welt.

★ Jupitertempel
Die sechs erhaltenen Säulen geben noch eine Ahnung von der gigantischen Größe des Bauwerks. Jede ist 2,20 Meter dick und mehr als 20 Meter hoch.

Das Innere schmückten kannelierte Säulen, die zwei Nischenreihen für Statuen trugen.

Das Monumentalportal *umgeben Reliefs, die Trauben, Reben und andere Bacchusattribute zeigen.*

Die korinthischen Säulen des Peristyls tragen noch immer die gewaltigen Gesimssteine und das riesige dreieckige Giebelfeld.

Höhepunkte

★ Jupitertempel

★ Sechseckiger Hof

★ Bacchustempel

★ Großer Hof

★ Sechseckiger Hof
Der zum Jupitertempel gehörende Vorhof war von einer umlaufenden Halle umgeben, die von 30 Säulen getragen wurde.

★ **Bacchustempel**
Der Bauschmuck zeigt mythologische Figuren, darunter auffallend oft den Gott Bacchus. Nach ihm wurde der Tempel benannt, obwohl er der Göttin Venus geweiht war.

Baalbek-Festival

Im Juli und August jeden Jahres bildet Baalbek die Kulisse für ein Theater- und Musikfestival mit internationaler Beteiligung. Vor den imposanten Tempelruinen gab es bereits Auftritte der Berliner Philharmoniker, des Bolschoi-Balletts und des Ensembles der Mailänder Scala.

Im Allerheiligsten am Westende des Tempels, über eine Treppe erreichbar, muss die Statue der Gottheit gestanden haben.

★ **Großer Hof**
Der Hof hatte die beachtlichen Ausmaße von 134 x 112 Metern. Gedeckte Wandelhallen umgaben ihn auf drei Seiten. Auf dem Hof befanden sich Altäre und Wasserbassins für Kulthandlungen.

Rekonstruktion des Bacchustempels

Sie zeigt den Tempel, wie er nach seiner Vollendung in der Mitte des 2. Jahrhunderts n. Chr. ausgesehen haben könnte. Er ist der am besten erhaltene Bau Baalbeks. Obgleich er selbst sehr groß war, hieß er der »kleine Tempel«, weil ihn der Jupitertempel daneben weit in den Schatten stellte.

Plan von Baalbek

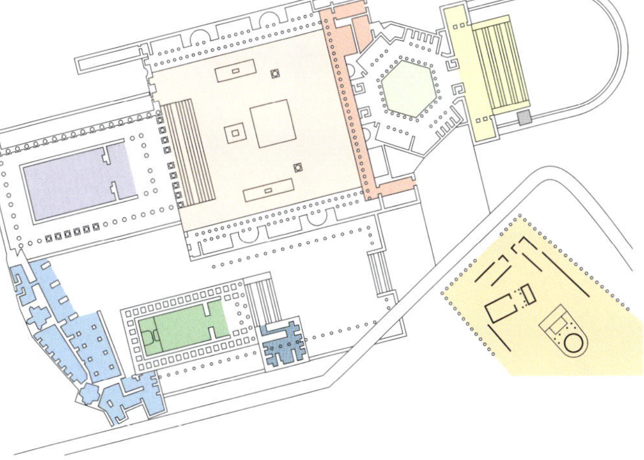

Legende

- Jupitertempel
- Großer Hof
- Sechseckiger Hof
- Vorhof und Propyläen
- Eingang zum Tempelbereich
- Museum
- Venustempel
- Arabischer Turm und Museum
- Bacchustempel
- Arabische Festung und Moschee

Daten und Fakten

seit 1000 v. Chr. Verehrung eines Götter-Dreigestirns an dieser Stelle

64 v. Chr. Eroberung der Region durch die Römer

um 14 n. Chr.–60 n. Chr. Bau des Jupitertempels

um 125 Baubeginn des Bacchustempels

um 150 Baubeginn des Venustempels

um 244–249 Bau des sechseckigen Hofs unter Kaiser Philippus Arabs

391 Christentum wird Staatsreligion, Verbot der Verehrung fremder Götter

634 Eroberung durch die Araber, Umwandlung des Tempelbezirks in eine Zitadelle

1516 Eroberung durch die Osmanen, Verwertung des Baumaterials der Heiligtümer für andere Gebäude

1759 Zerstörung durch schweres Erdbeben

ab 1900 Ausgrabungen

1984 Aufnahme in das Weltkulturerbe der UNESCO

Die »Sonnenstadt«

Nachdem Alexander der Große (♔ 336–323 v. Chr.) auch diese Region erobert hatte, setzte er dem phönizischen Gott des Himmels Baal, der hier verehrt wurde, den griechischen Sonnengott Helios gleich. Nach dem Tod Alexanders fiel die Region an die hellenistischen Ptolemäer in Ägypten, die Baalbek in Heliopolis umbenannten. Zu den ersten Bauwerken der Römer gehörte der ➤ *Jupitertempel,* der ihrem Gott des Lichts geweiht war.

Golgatha

In der Grabeskirche führen zwei Treppen zum fünf Meter hohen Felsen von ➛ *Golgatha* (hebräisch für »Schädelstätte«) mit den letzten Stationen der Via Dolorosa, des Kreuzwegs. Dieser Ort, an dem Jesus am Kreuz hingerichtet wurde, ist nach dem ➛ *Grab Christi* die heiligste Stätte der Kirche. Der Kreuzannagelungsaltar rechts zeigt Jesus am Kreuz sowie die leidende Maria. Unter dem Golgathafelsen liegt die griechisch-orthodoxe Adamskapelle, in welcher angeblich der Schädel Adams gefunden wurde. In der Apsis der Kapelle ist unter einer Glasscheibe der Felsspalt zu sehen, durch den das Blut Jesu vom Kreuz auf den Schädel Adams floss, um ihn von der Paradiessünde zu reinigen.

Die Grabeskirche vom Dach der Helenakapelle aus gesehen

Der Status quo

In Jerusalem sind zahlreiche Religionsgemeinschaften vertreten – eine Folge der vielen Kirchenspaltungen. Heftige, sich über Jahrhunderte hinziehende Dispute zwischen den christlichen Konfessionen über den Besitz der Grabeskirche wurden 1852 durch eine osmanische Verordnung weitgehend beendet. Dieser »Status quo« teilt die Obhut für diese Kirche unter Armenier, Griechen, Kopten, Katholiken, Äthiopier und Syrer auf. Einige Bereiche werden gemeinsam verwaltet. Täglich wird die Kirche von einem Muslim aufgeschlossen, der als »neutraler« Vermittler fungiert. Seit Generationen nimmt diese Aufgabe ein Mitglied derselben Familie wahr.

Die Grabeskirche

Die wohl wichtigste Kirche der Christenheit steht dort, wo Christi Kreuzigung, Grablegung und Auferstehung stattgefunden haben sollen. Die erste Basilika an diesem Ort ließ der römische Kaiser Konstantin im 4. Jahrhundert auf Wunsch seiner Mutter Helena erbauen. Die Grabeskirche überwölbt sowohl den Kreuzigungsfelsen von Golgatha als auch das Grab Christi. Ihr heutiges Erscheinungsbild gleicht einem Labyrinth von über- und aneinander gebauten Kirchen und Kapellen. Sechs Religionsgemeinschaften teilen sich den Besitz der Grabeskirche.

Mosaik von Dächern und Kuppeln der Grabeskirche

Die Rotunde, ältester Teil der konstantinischen Anlage, wurde nach 1808 neu errichtet.

★ Grab Christi
Für Christen ist dies die heiligste religiöse Stätte überhaupt. In dem 1810 wieder errichteten Bau bedeckt ein Marmorstein den Felsen, auf den man Christi Leichnam bahrte.

Der Kreuzfahrer-Glockenturm erhielt 1719 ein neues Dach.

Franken-kapelle

Der Haupteingang stammt aus dem 12. Jahrhundert. Der rechte Türflügel wurde später zugemauert.

Stein der Salbung
Hier wird seit dem Mittelalter der Salbung und Verhüllung von Jesu Leichnam gedacht. Der Stein stammt von 1810.

Hof
Kapellen flankieren den Hof vor dem Haupteingang. Die Stufen gegenüber dem Glockenturm führten einst zur Frankenkapelle, dem zeremoniellen Aufgang der Kreuzfahrer nach Golgatha.

Das Osterlicht

Am Samstag des orthodoxen Osterfestes werden die Lampen der Kirche ausgeschaltet. Die Gläubigen stehen im Dunkeln, was für Christi Tod steht. Am Sonntag wird am Grab Christi das erste Licht entzündet, dann weitere, bis Basilika und Hof mit Licht erfüllt sind, was die Auferstehung symbolisiert. Der Legende nach kommt das Licht aus dem Himmel.

Die Osterzeremonie des heiligen Lichts

Die ersten Kirchen

Bis 200 n. Chr. gab es keine christlichen Kirchen im Heiligen Land. Argwohn der Römer gegenüber Andersgläubigen zwang diese in den Untergrund. Im 4. Jahrhundert wurde das Christentum vorherrschende Religion.

Daten und Fakten

326–335 Bau einer Basilika durch Kaiser Konstantin

614 Zerstörung durch Perser

629 Wiederaufbau

1009 Zerstörung durch Kalif al-Hakim

1048 Bau einer neuen Grabrotunde unter Kaiser Konstantin Monomachus

1149 Vollendung eines größeren Neubaus durch Kreuzritter

1808 Vernichtung der Grabrotunde durch Brand; danach veränderter Wiederaufbau

1958 Beginn der Restaurierungsarbeiten

1981 Aufnahme der Altstadt von Jerusalem mit der Grabeskirche in das Weltkulturerbe der UNESCO

Das Grab Christi

Um das im 4. Jahrhundert freigelegte vermutete ➛ *Grab Christi* wurde die erste Kirche errichtet. Eine Reihe von Schreinen folgte später dem Originalschrein aus dieser Zeit. 1555 wurde ein Schrein vom Franziskanermönch Bonifacio da Ragusa in Auftrag gegeben. Der heutige Schrein wurde 1809–10 nach dem schweren Brand von 1808 erbaut und umfasst zwei Kapellen. In der Engelskapelle liegt ein Stück des Steines, den Engel vom Eingang des Grabes Christi weggerollt haben sollen. Er dient als griechisch-orthodoxer Altar. Eine niedrige Tür führt zu der winzigen Innenkapelle. Sie umschließt die Stelle, an der der Leichnam Christi gelegen haben soll.

Katholikon-Kuppel
Die Kuppel überspannt das Hauptschiff der einstigen Kreuzfahrerkirche. Hier finden heute griechisch-orthodoxe Gottesdienste statt.

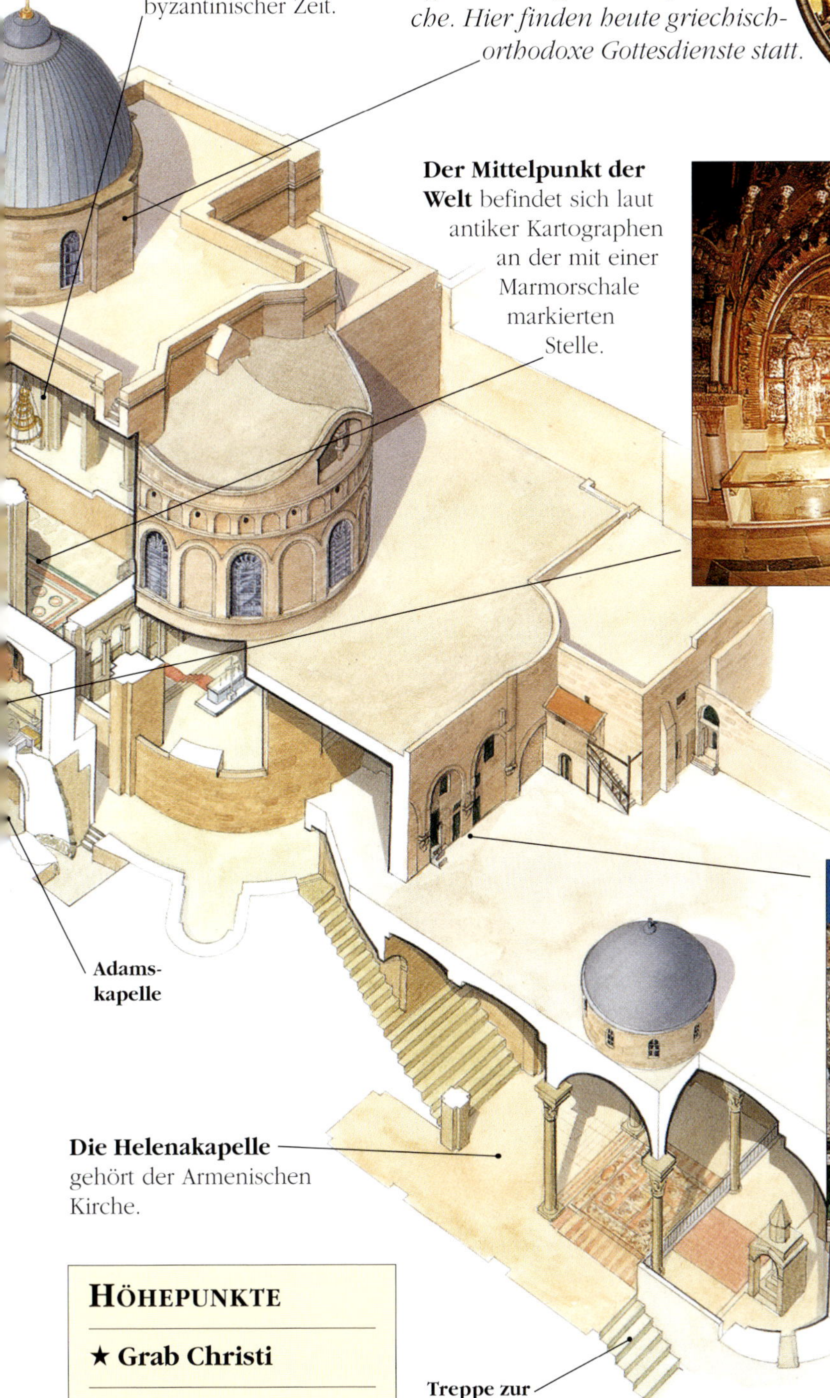

Die sieben Bögen der heiligen Jungfrau stammen zum Teil noch aus byzantinischer Zeit.

Der Mittelpunkt der Welt befindet sich laut antiker Kartographen an der mit einer Marmorschale markierten Stelle.

Adamskapelle

Die Helenakapelle gehört der Armenischen Kirche.

Treppe zur Kreuzauffindungskapelle

★ Golgatha
Die Golgathakapelle ragt über den Felsen von Golgatha hinaus. Hier gedenken die Gläubigen der Kreuzigung Jesu.

Äthiopisches Kloster
In den Häuschen auf dem Dach der Helenakapelle lebt eine Gemeinschaft äthiopischer Mönche.

Höhepunkte

★ Grab Christi

★ Golgatha

Mohammeds Nachtreise

Die Muslime sehen den Tempelberg als »entferntesten Berg der Anbetung« (arabisch »Masjid al-aqsa«) an. Von hier aus soll der Religionsstifter Mohammed (um 570–632) auf seinem Pferd el-Buraq mit dem Erzengel Gabriel auf seiner nächtlichen Reise in den Himmel geritten sein (➛ *Tambour*). Dort vertraute Gott ihm die Gebote des Islam an.

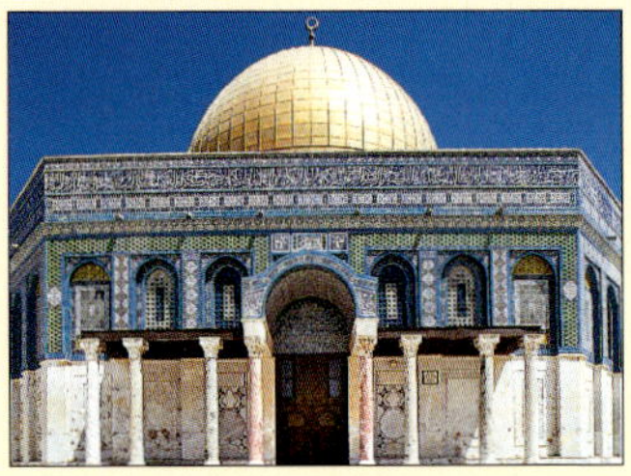

Die vergoldete Kuppel und das mit Kacheln verzierte Oktogon

Die Vorgängerbauten

Der Berg Moriah, auf dem der Felsendom steht, ist Juden, Muslimen und Christen heilig. Vor rund 3000 Jahren soll König Salomon hier den ersten jüdischen Tempel errichtet haben. Das Allerheiligste war ein quadratischer dunkler Raum über dem Felsenaltar, auf dem Abraham Isaak hatte opfern wollen. Hier wurde die Bundeslade aufbewahrt, die König David nach Jerusalem gebracht hatte. Der Tempel wurde im Jahr 587 v. Chr. zerstört. Nach der Rückkehr der Juden aus der Babylonischen Gefangenschaft 538 v. Chr. erbauten sie an der Stelle des ersten den zweiten Tempel. König Herodes I. (♔ 37–4 v. Chr.) erweiterte ihn zu einem gigantischen Bau, der in seinen Ausmaßen der Größe des heutigen Tempelbergs entsprach. Einziger Überrest ist die Westmauer, heute die legendäre Klagemauer. 70 n. Chr. zerstörten die Römer den Tempel. Kalif Abd al-Malik legte im 7. Jahrhundert den Grundstein für den islamischen Felsendom, der allen Gläubigen offen steht.

Der Felsendom

Kachel über dem Südeingang

Der Felsendom gilt mit seiner vergoldeten Kuppel als das Wahrzeichen Jerusalems und ist das älteste noch erhaltene islamische Bauwerk der Welt. 691 unter dem Omaijadenkalif Abd al-Malik vollendet, sollte der Felsendom Jerusalem aufwerten und als Pilgerstätte in der gesamten islamischen Welt bekannt machen. Der 54 Meter hohe Zentralbau steht auf einem achteckigen Unterbau. Seine Ausgewogenheit hängt mit den sorgfältig gewählten Abmessungen des Grundrisses und der Kuppel zusammen.

Blick auf den Felsendom, im Hintergrund das arabische Viertel Jerusalems

★ Kachelkunst
Die bunten Kacheln, die das Äußere schmücken, sind meist originalgetreue Kopien persischer Kacheln, durch die Süleiman I., der Prächtige, im 16. Jahrhundert die zerstörten Originalmosaiken ersetzte.

Der Tambour ist mit Kacheln und Koranversen verziert, die von Mohammeds Nachtreise berichten.

Koranverse

Die Arkaden im Inneren sind mit goldgrundigen Mosaiken geschmückt, die als Hauptmotive Krone und Blattwerk haben.

Marmorplatten

Innerer Wandelgang
Der Raum zwischen innerer und äußerer Arkade bildet einen Wandelgang um den Felsen. Die beiden Wandelgänge des Doms symbolisieren den rituellen Rundgang der Pilger um die Kaaba in Mekka.

Höhepunkte

★ Kuppelinneres

★ Kachelkunst

Kuppel
Ursprünglich bestand die Kuppel aus Bleiplatten. König Hussein von Jordanien (♔ 1935–99) finanzierte die vergoldete Kupferkuppel.

Kalif Abd al-Malik

Der Erbauer des Felsendoms stammte aus der Dynastie der Omaijaden (➔ *S. 192*). Er regierte von 685 bis 705 und residierte in Damaskus. Als Herrscher über die muslimische Gemeinschaft stand er in der direkten Nachfolge des Propheten Mohammed.

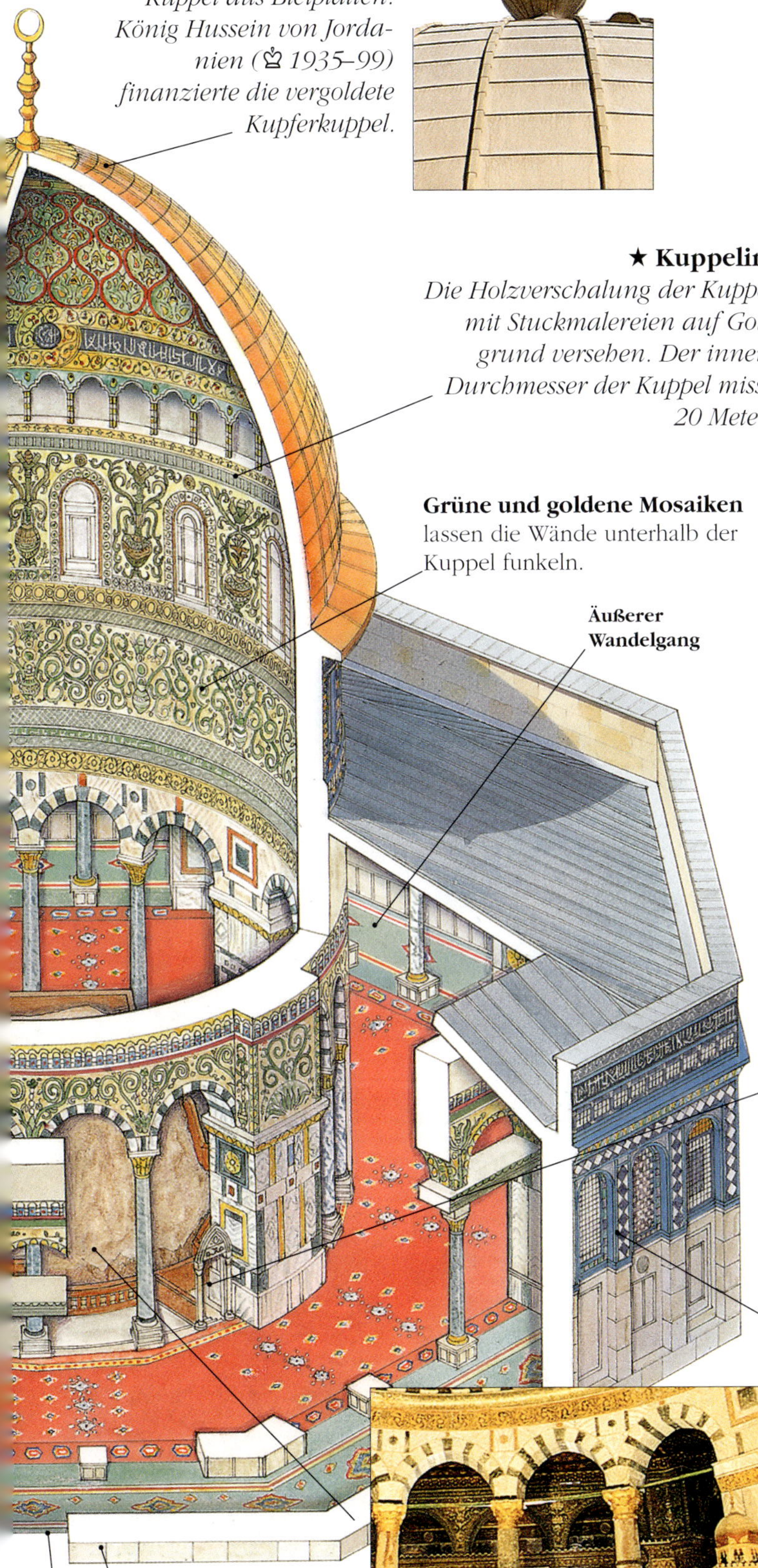

★ Kuppelinneres
Die Holzverschalung der Kuppel ist mit Stuckmalereien auf Goldgrund versehen. Der innere Durchmesser der Kuppel misst 20 Meter.

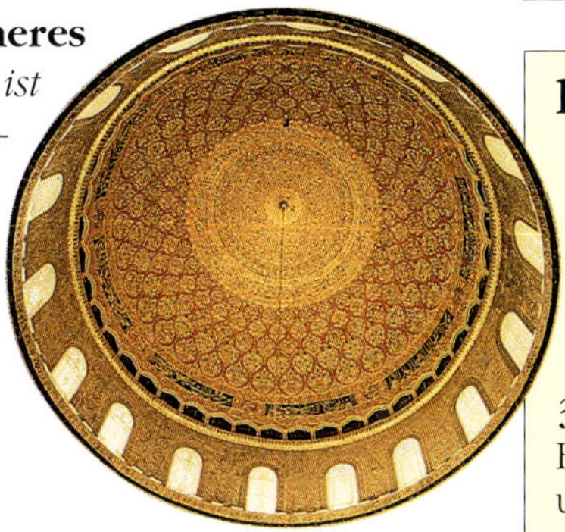

Grüne und goldene Mosaiken lassen die Wände unterhalb der Kuppel funkeln.

Äußerer Wandelgang

Schacht der Seelen
Diese Treppe führt in den Schacht der Seelen unter dem Felsen. Hier sollen sich die Toten zweimal im Monat zum Gebet treffen.

Buntes Glasfenster

Heiliger Felsen
An den Heiligen Felsen knüpfen sich viele Traditionen: Hier sollte Abraham seinen Sohn Isaak opfern, Mohammed begann hier seine Nachtreise. Hier befand sich auch das Allerheiligste des Herodes-Tempels.

Jede Seitenlänge des Oktogons misst außen 20,5 Meter, innen 19,2 Meter. Der Durchmesser beträgt 54,8 Meter.

Südeingang

Daten und Fakten

587 v. Chr. Zerstörung des ersten jüdischen Tempels von König Salomon
516 v. Chr. Errichtung des zweiten Tempels
37–4 v. Chr. Umbau und Erweiterung des Tempels unter König Herodes
70 n. Chr. Zerstörung durch die Römer
691 Fertigstellung des heutigen Felsendoms unter Kalif Abd al-Malik
1022 Wiederaufbau der 1016 eingestürzten Kuppel
1033 Beseitigung von Erdbebenschäden
1520–66 Unter Süleiman I., dem Prächtigen, Fayence-Verkleidung des Oktogons
1981 Aufnahme der Altstadt von Jerusalem mit dem Felsendom in das Weltkulturerbe der UNESCO

Die vier Portale

Vier nach den Himmelsrichtungen ausgerichtete Portale führen ins Innere des Doms: das Westtor (Bab el-Gharb), im Norden das Paradiestor (Bab ed-Djenneh), im Osten das Kettentor (Bab es-Silsileh) und im Süden das Tor des Gebetes (Bab el-Kibleh). Eine Inschrift am Südeingang, der zum Mihrab führt, fordert die Gläubigen auf, in Richtung Mekka zu beten. Dem Portal ist ein achtsäuliger Portikus vorgesetzt, auf dem eine arabische Sonnenuhr aus osmanischer Zeit angebracht ist. Rechts vom Eingang sind zwei Vögel zu sehen, die in Stein verwandelt wurden, weil sie König Salomon nicht gehorchten.

Herodes' Paläste

Die herodianischen Bauten sind von einer 1300 Meter langen Kasemattenmauer umgeben. Sie umschließt Paläste, Kasernen und Lagerhäuser. Herodes' eigener Zufluchtsort war der großartige ➛ *Hängende Palast*. Er erstreckte sich über drei Terrassen, die durch Treppen miteinander verbunden waren. Die Räume waren mit prächtigen Mosaiken ausgelegt. Mauern und Decken waren so bemalt, als handele es sich um Stein und Marmor. Elegante Säulen umgaben Balkone und Höfe. Der ➛ *Westliche Palast* hatte eine Fläche von 4000 Quadratmetern und diente Herodes als Amtsresidenz. Er beherbergte neben einer prachtvollen Empfangshalle Wirtschafts- und Verwaltungsräume, Unterkünfte der Bediensteten sowie Wohn- und Repräsentationsräume des Königs.

Die Zeloten

Um die Zeit, als Herodes starb, begannen die Bewohner von Galiläa, sich gegen Rom zu erheben. Der Aufstand wurde angeführt von Judas dem Galiläer, der zusammen mit dem Pharisäer Zadok um 6 n. Chr. bei der Errichtung der römischen Provinz Judäa die radikale jüdische Religionspartei der Zeloten gründete. Diese agierten als »Wahrer des Gottesrechts« gegen die Römer wegen deren heidnischem Glauben und gegen andersgläubige Juden. Im Kampf gegen die römische Unterdrückung (66–70 n. Chr.) gehörten die Zeloten zu den treibenden Kräften.

Die Wüstenfestung von Masada, letzte Zuflucht der Zeloten

Masada

Die abgeschiedene Bergfeste auf einem wuchtigen Felsplateau erhebt sich rund 440 Meter über dem Westufer des Toten Meeres. Herodes I., der Große, ließ im 1. Jahrhundert v. Chr. diese fast uneinnehmbare Festungsanlage errichten, die rund 100 Jahre später eine wichtige Rolle im Jüdischen Krieg gegen die Römer spielen sollte: Sie diente den Zeloten im ersten jüdischen Aufstand als letzter Zufluchtsort. Die erhaltenen Ruinen zeugen von der hohen Baukunst zur Zeit des Herodes und sind noch heute ein beliebtes Pilgerziel. Masada gilt als Symbol der Freiheit Israels.

Drahtseilbahn
Die Drahtseilbahn erspart den vielen Pilgern, die jedes Jahr die Zitadelle besuchen, den beschwerlichen Aufstieg.

★ Hängender Palast
Dieser Palast, Herodes' Privatresidenz, war Teil der großen nördlichen Palastanlage. Er bestand aus drei Ebenen. Auf der mittleren Terrasse befand sich eine Rundhalle für Veranstaltungen, auf der unteren ein Badehaus.

Das Wassertor liegt am oberen Ende eines Weges zu tiefer gelegenen Reservoirs.

Thermen
Masadas heiße Bäder (Caldarium) gehören zu den besterhaltenen Teilen der Festung. Der Fußboden wurde auf Steinsäulchen verlegt, sodass heiße Luft darunter zirkulieren und den Raum beheizen konnte.

Synagoge
Wahrscheinlich von Herodes errichtet, gilt diese Synagoge als die älteste der Welt. Die Steinsitze wurden von den Zeloten eingebaut.

Höhepunkte

★ Hängender Palast

★ Westlicher Palast

Zisterne
Am Fuß des Berges ließ Herodes Dämme und Kanäle bauen, die Regenwasser auffingen und Zisternen an der Nordostseite der Festung füllten. Esel trugen das Wasser zu den Zisternen auf dem Berggipfel wie dieser am Südende des Plateaus.

Die Überlebenden

Die Geschichte von der Belagerung Masadas und dem Massenselbstmord der jüdischen Bewohner wurde von zwei Frauen überliefert. Sie waren dem Freitod entkommen und dem Feuer, das der letzte Mann entzündet hatte, weil sie sich mit ihren Kindern in einer Höhle versteckten.

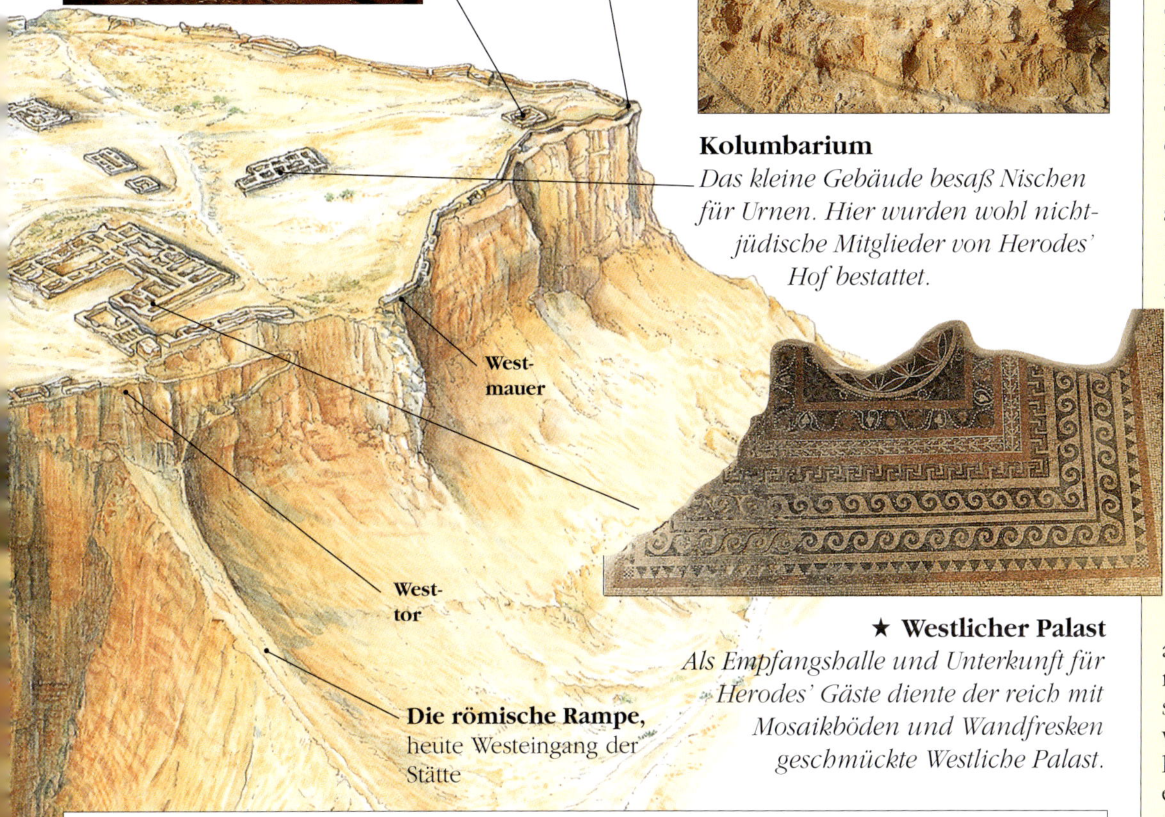

Kolumbarium
Das kleine Gebäude besaß Nischen für Urnen. Hier wurden wohl nichtjüdische Mitglieder von Herodes' Hof bestattet.

★ Westlicher Palast
Als Empfangshalle und Unterkunft für Herodes' Gäste diente der reich mit Mosaikböden und Wandfresken geschmückte Westliche Palast.

Die römische Rampe, heute Westeingang der Stätte

Daten und Fakten

37–31 v. Chr. Bau der Bergfeste unter König Herodes I.

70 n. Chr. Masada wird Zufluchtsburg der Zeloten im Kampf gegen die Römer

73 Einnahme der Festung durch die Römer

1842 Entdeckung der verschütteten Bergfeste

1963–65 Ausgrabungen

2001 Aufnahme in das Weltkulturerbe der UNESCO

Herodes I., der Grosse

Herodes wurde um 73 v. Chr. als Sohn des Antipater geboren. Die Familie war Ende des 2. Jahrhunderts v. Chr. judaisiert worden und wird daher häufig als jüdisch bezeichnet. Herodes kam 43 v. Chr. in römische Dienste und wurde 40 v. Chr. zum König ernannt. Durch seine Hochzeit mit einer Angehörigen der Dynastie des Hohepriesters Hyrkanos II. festigte er seine nicht unumstrittene Herrschaft. Zunächst mit dem römischen Feldherrn Marcus Antonius verbündet, wechselte Herodes 31 v. Chr. auf die Seite des späteren Kaisers Octavian und erreichte dadurch die Vergrößerung seines Reiches. Herodes regierte mit brutaler Härte und ließ Rivalen und Verschwörer hinrichten. Andererseits initiierte er den Wiederaufbau des Tempels in Jerusalem, ließ zahlreiche Städte, Paläste und Festungen wie Masada errichten. Als er 4 v. Chr. starb, wurde das Reich unter seinen Söhnen aufgeteilt.

Die römische Belagerung von Masada (70–73)

Römische Wurfgeschosse

Nach einem Bericht des Historikers Flavius Josephus aus dem 1. Jahrhundert n. Chr. waren die römischen Legionen, die Masada belagerten, rund 10 000 Mann stark. Um die jüdischen Rebellen am Ausbrechen zu hindern, bauten die Römer einen Ring aus acht durch eine Mauer verbundenen Lagern um den Berg. Die Anlage ist heute noch zu sehen. Für ihren Angriff errichteten die Römer eine riesige Erdrampe. Als diese vollendet war, bauten sie einen Turm gegen die Mauer, in dessen Schutz sie einen Rammbock ansetzten. Eilig errichteten die Verteidiger eine innere Mauer, die allerdings wenig Widerstand bot. So musste Masada fallen. Statt sich den Römern zu ergeben, begingen die Juden Massenselbstmord. Josephus beschreibt, dass jeder Mann für die Tötung seiner Familie verantwortlich war. »Masada darf nicht noch einmal fallen«, lautet der Eidspruch der heutigen israelischen Armee.

Blick von der Festung auf Überreste eines römischen Basislagers

Die Ruinen von Petra

DIE EHEMALIGE HAUPTSTADT der Nabatäer mit ihren teils erbauten, teils in den Fels gemeißelten Monumenten birgt viele Geheimnisse. Imposante Steinfassaden von Grabstätten, Tempeln und Klöstern geben in der schwer zugänglichen Schlucht des Wadi Musa Zeugnis vom einstigen Reichtum der Karawanenkönige Arabiens, die vor allem seit dem 2. Jahrhundert v. Chr. aus Petra ein blühendes Zentrum ihres Handelsimperiums machten. 1812 hörte der Schweizer Johann Ludwig Burckhardt von der jahrhundertelang verschütteten, geheimnisumwitterten Ruinenstadt und entdeckte sie wieder.

Der Sik

Die über einen Kilometer lange und teilweise nur zwei Meter breite Schlucht, deren Wände 70 Meter in die Höhe ragen, bildete zu nabatäischer Zeit den wichtigsten Zugang zur antiken Stadt Petra. Bis ins 19. Jahrhundert hinein wurde der Eingang zur Schlucht durch einen Bogen überspannt. Von den Kalksteinen, mit denen der Sik gepflastert war, blieben ebenso Reste erhalten wie von Wasserleitungen, der abgeriebenen Darstellung einer Gottheit auf zwei Löwen sowie den rund drei Dutzend Votivnischen, in denen vermutlich Felsgötter dargestellt wurden. An der tiefsten und dunkelsten Stelle öffnet sich der Blick auf das ➛ *Schatzhaus*. Von hier führt ein Pfad in den ➛ *Äußeren Sik*.

Das Palastgrab ist das größte aller Königsgräber.

Die Königsgräber

Die von Säulen und Eckpfeilern gegliederte Fassade des imposanten Urnengrabes, einem der in den Fels gehauenen so genannten Königsgräber, wird von einem Architrav mit Giebel und Urne bekrönt. Die Fassade des Seidengrabes leuchtet in den Farben des Sandsteins. Das Korinthische Grab ist zweistöckig und erinnert an die Fassade des ➛ *Schatzhauses*. Das Palastgrab ist eines der eindrucksvollsten Denkmäler in Petra. Man vermutet, dass vor seiner Kulisse Staatsbegräbnisse abgehalten wurden. Es gilt als bewiesen, dass in diesen Anlagen Würdenträger und Mitglieder des Königshauses begraben wurden.

Äußerer Sik
Zwischen Schatzhaus und Theatergräbern sind verschiedene Mischstile zu sehen. Ein frei stehendes Grab verbindet klassische Elemente mit Zinnenfriesen.

Schatz-Tholos
Die Mitte des oberen Stockwerks am Schatzhaus bildet ein Rundbau, dessen Dach von einem Schmuckelement in Urnenform gekrönt ist.

»Attische« Grabkammern schützten die Toten vor Tieren und Grabräubern.

Übereinander liegende Tritte dienten den Bildhauern als Stütze.

Der Zinnenfries war ein Stilelement der Nabatäer und ergänzte den einfachen Fries.

Zeichnung

Die Zeichnung fasst einige der größten Bauten auf der linken Seite des Äußeren Sik, vom Schatzhaus aus gesehen, komprimiert zusammen. In Wirklichkeit windet sich der Weg. Es gibt viele weitere Gräber und interessante Baudenkmäler.

Schatzhaus
Ein riesiges Tor beherrscht den äußeren Hof (links). Es führt zu einer zwölf Quadratmeter großen Kammer. Hinter ihr befindet sich ein Heiligtum mit einem Becken für rituelle Waschungen. Das Schatzhaus war womöglich ein Tempel oder ein Grabmal.

Petras Architektur

Die experimentierfreudigen Baumeister der Nabatäer ließen sich von anderen Kulturen inspirieren, schufen aber stets Eigenes. Die Zinnenfriese können als Stilelement der ersten Siedler angesehen werden, während die komplexen klassischen Bauten der Nabatäer das spätere Petra repräsentieren. Die Fassaden lassen sich schwer datieren, da sich die Stile dort auch mischen.

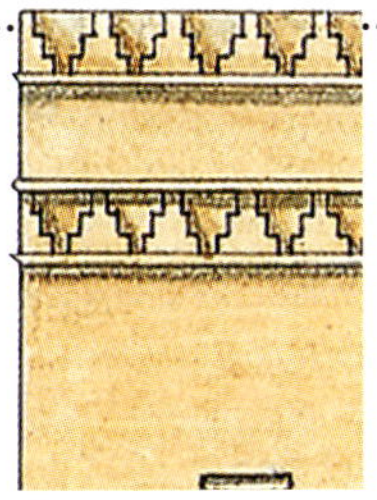

Der frühe Stil dieses Hauses hat wahrscheinlich assyrische Vorbilder.

So genannte Halbzinnen sorgten für Höhe.

Dieser Stilmix ersetzt den Zinnenfries durch zwei große Treppenzinnen. Dazu kommen klassische Friese, Säulen und Tore in hellenistischem Stil. Üblich war diese Architektur bis zum 1. Jahrhundert n. Chr.

Von den Nabatäern bevorzugte Schichtoptik

Nabatäische Bauten wie das Barocktriklinium (oben) sind Kompositionen aus antiken und einheimischen Stilen.

Der Entdecker

Johann Ludwig Burckhardt hatte in Syrien Arabisch gelernt, den Islam studiert und war auf einer Reise zu den Quellen des Niger, als er 1812 von der Felsenstadt hörte und seine Führer zu einem Abstecher dorthin bewegen konnte.

Die Fassaden der Gräber wurden entfernt, als die hintere Wand des Theaters entstand.

Die Bühnenwand trennte den Saal vom Äußeren Sik.

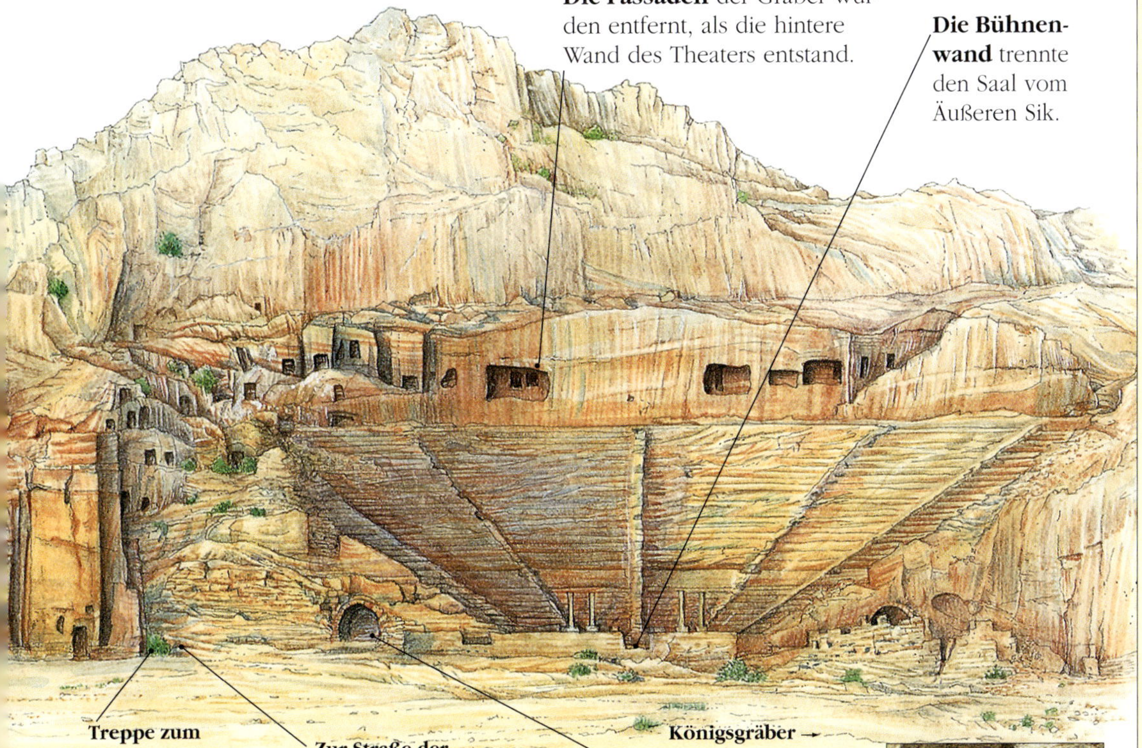

Treppe zum Großen Opferplatz

Zur Straße der Fassaden

Königsgräber →

Theatergewölbe

Neben der Bühne befanden sich Tunnelzugänge (rechts), die mit Gips oder Marmor ausgekleidet waren.

Straße der Fassaden

Zu diesen vierstöckig übereinander gebauten Gräbern gehören die ältesten Fassaden von Petra. Die meisten werden von Zinnenfriesen gekrönt.

Daten und Fakten

4. Jahrhundert v. Chr. Besiedlung von Petra durch Nabatäer

2. Jahrhundert v. Chr. bis 1. Jahrhundert n. Chr. Hauptbauphase unter den Nabatäern

106 Eroberung Petras durch die Römer

7. Jahrhundert Verfall nach Eroberung durch Araber

1812 Wiederentdeckung Petras durch den Schweizer Johann Ludwig Burckhardt

1929 Beginn der Ausgrabungen

1985 Aufnahme in das Weltkulturerbe der UNESCO

Die Nabatäer

Über die Nabatäer weiß man wenig. Sie waren in der Antike ein mächtiger nordwestarabischer Volksstamm. Ursprünglich Nomaden und Karawanenführer, wurden sie um 500 v. Chr. im Gebiet um Petra sesshaft. Als erfolgreiche Kaufleute nutzten sie die Möglichkeiten, die Petras Lage an der Route des Weihrauch- und Gewürzhandels bot. Durch die Kontrolle der Handelswege von Südarabien bis hin zum Mittelmeergebiet wurden sie allmählich auch politisch bedeutsam. Mitte des 1. Jahrhunderts v. Chr. dehnten sie ihre Macht nach Syrien aus und eroberten Damaskus. Bis zur Einnahme durch die Römer im Jahr 106 war Petra sowohl kulturell als auch politisch die Hauptstadt des Königreichs Nabatäa. Im 3. Jahrhundert n. Chr. erlosch die nabatäische Zivilisation.

Wasseranlagen

Für die Wüstensiedlung Isfahan war die Wasserversorgung immer ein zentrales Thema. Schah Abbas I. ließ Kanäle vom Fluss Zayandehrud ableiten, die seine Palastgärten bewässerten. Wasser war auch ein wichtiges Element der persischen Architektur. In der Königsmoschee etwa wird der zentrale Hof von einem großen rechteckigen Becken für rituelle Waschungen dominiert, wie sie die Muslime vor dem Gebet abhalten müssen. Es symbolisiert zugleich die Quelle des Lebens, die der Koran den Gläubigen im Jenseits verheißt. Die Spiegelung auf der Wasseroberfläche lässt sich als Bild für das Durchgangstor zwischen der irdischen Sphäre und der Welt der Auferstehung begreifen. In den Höfen der beiden Medresen befinden sich je drei kleinere Wasserbecken, die durch Kanäle miteinander verbunden sind.

Persische Kacheln

Zauberhafte blaugrundige Kacheln zieren den ➛ *Gebetssaal mit Kuppel*. Auch die Minarette, das ➛ *Hauptportal* und die Rückfront sind so dekoriert. Kleinstteilige Mosaike wechseln sich dabei mit bemalten Kacheln ab. Die Farben Türkis und Blau symbolisieren den Himmel, die Blumenmotive den Paradiesgarten. Weiße Schriftbänder mit Koranversen machen die Moschee zu einem Stein gewordenen heiligen Buch. Die in Vorderasien vom 10. bis 13. Jahrhundert perfektionierte Kunst der Keramik kam aus China.

Aufwendige persische Zierkacheln an der Königsmoschee

Die Königsmoschee

Die Königsmoschee ist das Prachtstück unter den Bauten, die Schah Abbas I., der Große, in Isfahan errichten ließ. Anfang des 17. Jahrhunderts machte er aus der Wüstenstadt ein Abbild der Paradiesstädte des Koran. Damit der Haupteingang nach Süden auf den Hauptplatz der Stadt, den Königsplatz (Meidan-e Schah), zeigen kann, während die Moschee selbst Richtung Mekka ausgerichtet sein muss, wurde die Achse gebrochen. Nach dem Durchschreiten des 26 Meter hohen prachtvollen Hauptportals knickt der Gang um 45 Grad ab. Den Innenhof dominiert die farbenprächtige Kuppel des Gebetssaals mit ihren zu komplizierten Ornamenten ineinander gefügten Kacheln und Schriftbändern.

★ Hauptportal
Die Nische des großen Eingangstors zieren stalaktitenartige Ornamente, so genannte Muqarnas.

Fassade zum Königsplatz
Das Gebetshaus schließt den Platz nach Süden hin ab und dominiert ihn durch das gewaltige Portal mit seinem überwölbten, offenen Monumentalraum und den beiden Minaretten.

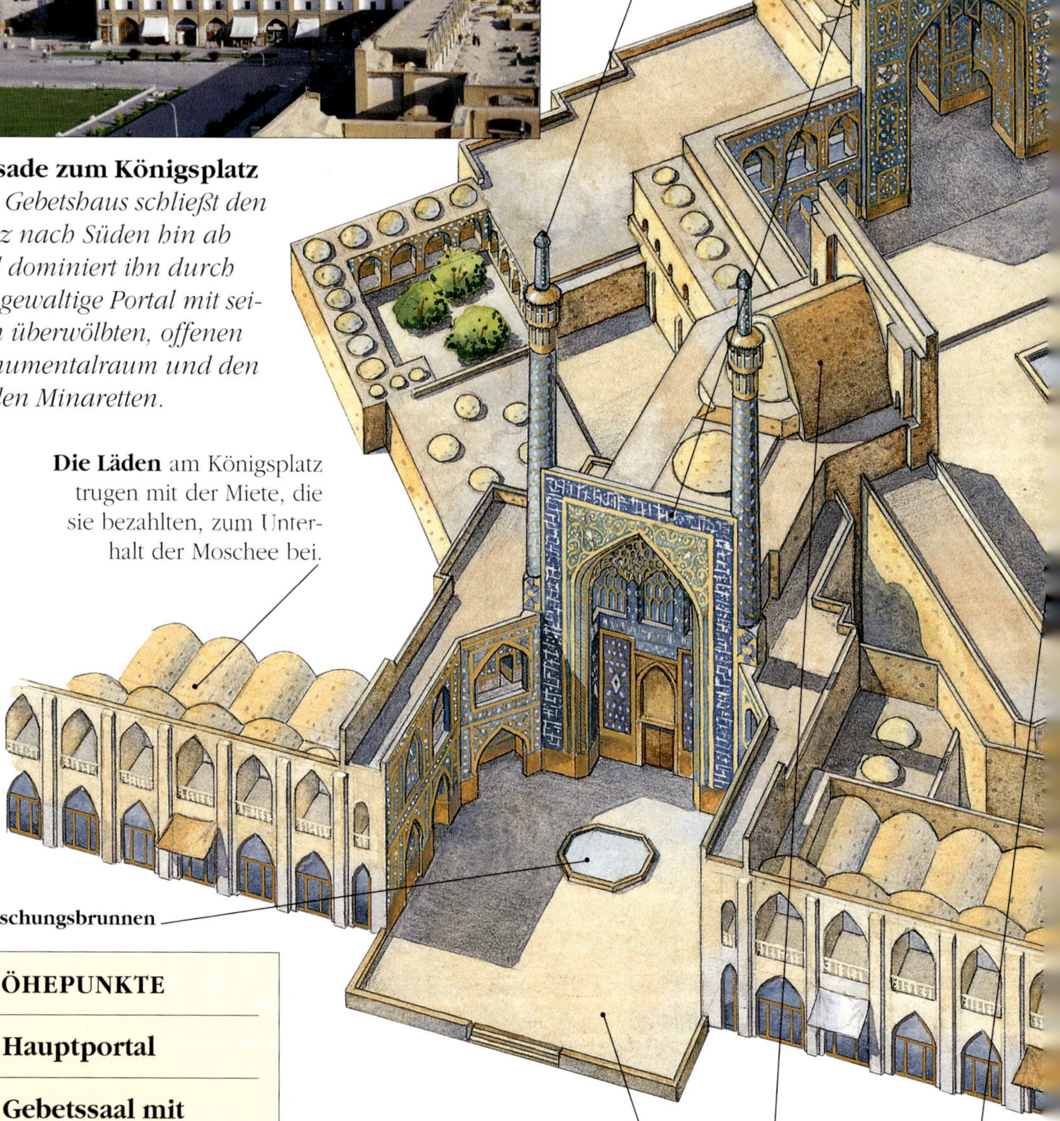
Minarett
Die Läden am Königsplatz trugen mit der Miete, die sie bezahlten, zum Unterhalt der Moschee bei.
Waschungsbrunnen
Das Portal und der überkuppelte Gebetssaal der Moschee stehen um 45 Grad gegeneinander versetzt.
Torgewölbe
Becken für Waschungen

Höhepunkte

★ **Hauptportal**

★ **Gebetssaal mit Kuppel**

★ **Gewölbe**

Gebetshof
Die Gläubigen wenden beim Beten ihr Gesicht gen Mekka. Die Lage der Gebetsnische (»Mihrab«) im Gebetssaal gibt die richtige Richtung an.

Die Doppelhülle der Kuppel reduziert die Höhe des Innenraums.

Nebenhallen mit Kuppeldächern verbinden den zentralen Hof mit den zwei Medresen.

Der Echoeffekt

Unter der Kuppel des Gebetssaals sind mehrere schwarze Bodenplatten angebracht. Wenn man einmal mit dem Fuß auf eine Platte stampft, entsteht ein Echo, das genau siebenmal im Saal nachhallt.

★ **Gebetssaal mit Kuppel**
Die mit fantastischen blauen, goldenen und weißen Fliesenmustern geschmückte Kuppel des Gebetssaals ruht auf einem hohen, zylinderförmigen Unterbau.

★ **Gewölbe**
Die Säulenhallen zu beiden Seiten des Gebetssaals sind mit niedrigen Kuppelgewölben überdacht, die auf breiten persischen Bögen und achteckigen Säulen ruhen.

Daten und Fakten

1612 Baubeginn der Moschee unter Schah Abbas I.

1616 Fertigstellung des Hauptportals

1630 Fertigstellung der Moschee

1638 Abschluss der Verzierung mit Kacheln

1930–60 Restaurierung unter André Godard

1979 Aufnahme des Königsplatzes mit der Königsmoschee in das Weltkulturerbe der UNESCO

Abbas I. und Isfahan

Erstmals unter den Achämeniden (um 500–330 v. Chr.) besiedelt, verdankt Isfahan seinen Ruhm jedoch Abbas I., dem Großen (♔ 1588–1629). Der Safawidenherrscher zählt zu den bedeutendsten Regenten des Perserreichs, das er zur politischen und kulturellen Hochblüte führte. Abbas I. modernisierte die Infrastruktur seines Reiches und machte Isfahan 1598 anstelle von Kaswin zur Hauptstadt. Für die umfangreichen Bauvorhaben, die Isfahan zum kulturellen und künstlerischen Zentrum des Landes machten, engagierte er Architekten und Handwerker aus Europa, dem Nahen Osten, Indien und China. Der weiträumige Königsplatz spiegelt den Glanz seines Hofes wider. Er wird von doppelstöckigen Arkaden, königlichen Pavillons und Moscheen umrahmt. Die Königsmoschee war als Krönung seines Projekts gedacht, deren Fertigstellung er aber nicht mehr erlebte. Nach seinem Tod 1629 zerfiel das Reich.

Das überwältigende Innere der Tillja-Kari-Medrese

Die Zwillingsbauten

Von den drei Medresen scheinen sich die ➛ *Ulug-Beg-Medrese* und die 200 Jahre später errichtete ➛ *Schir-Dor-Medrese* wie ein Spiegelbild zu gleichen. Doch fallen bei genauerem Hinsehen Unterschiede auf. So wurde bei der jüngeren Medrese wegen ihrer Ausrichtung in eine andere Himmelsrichtung auf eine Moschee an der Rückseite des Hofes verzichtet. Stattdessen weisen die beiden Kuppeln an den Ecken der Frontseite auf die darin befindlichen Beträume hin. Am größten ist der Unterschied jedoch beim Dekor. Für die islamische Kunst ungewöhnlich, wird im Tympanon des Portalbogens der Schir-Dor-Medrese eine von zwei Tigern gejagte Hirschkuh dargestellt. Die Ausführung der Ornamentierungen ist zudem nicht mehr so fein, die Farben sind kräftiger als bei der Ulug-Beg-Medrese.

Ulug-Beg-Medrese

Die ➛ *Ulug-Beg-Medrese* war eine Universität mit Platz für über 100 Studenten und Lehrer, die in 52 Zellen auf zwei Etagen um den quadratischen ➛ *Hof* wohnten. Anders als in der traditionellen Medrese, die sich nur mit Koranstudien befasste, wurden die Studenten hier auch in der Mathematik und den Naturwissenschaften unterrichtet. Dies spiegelte die Leidenschaft von Ulug Beg wider. Er stiftete Samarkand 1425 ein Observatorium, das mit seinem gemauerten Sextanten (Radius 40,21 m) von hoher Messgenauigkeit war.

Der Registanplatz

Die drei Gebäude am Registanplatz in Samarkand, einem der schönsten und größten Plätze seiner Art, sind Meisterwerke islamischer Architektur. Im 15. Jahrhundert ließ Ulug Beg, ein Enkel des turkmongolischen Herrschers Timur, rund um den sandigen Marktplatz der Stadt Moscheen und Karawansereien sowie eine Koranschule (Medrese) erbauen. Bis auf die Ulug-Beg-Medrese wurden diese Bauten im 17. Jahrhundert abgerissen und durch zwei prachtvolle neue Medresen ersetzt.

★ Tillja-Kari-Medrese
Üppiger Blattgoldschmuck bedeckt die nach Mekka ausgerichtete Nische (»Mihrab«) in dem Raum unter der Kuppel.

★ Ulug-Beg-Medrese
Der Vorbau (»Pishtaq«) mit dem Tor wird von zwei Minaretten flankiert. Die Kachelmuster in Sternform passen zu Ulug Begs Begeisterung für die Astronomie.

Höhepunkte

- ★ Ulug-Beg-Medrese
- ★ Schir-Dor-Medrese
- ★ Tillja-Kari-Medrese

Ziergärten haben den Platz der einstöckigen Bauten eingenommen, die früher hier standen.
Gebetssaal
Den Hof umgeben zwei Säulengänge, von denen Studenten- und Professorenzellen abgehen.

Torbögen
Die großen Torbögen (»Iwan«) im Hof der Schir-Dor-Medrese sind mit atemberaubenden Ornamenten verziert.

Mathematiker

Ulug Beg stellte für den Bau seiner Medrese Ghiyath ad-Din Jamshid al-Kashi als mathematischen Berater an. Dessen Abhandlung über Mathematik und Astronomie ist heute noch erhalten.

Minarette enden in Plattformen, von denen der Muezzin zum Gebet ruft.

★ **Schir-Dor-Medrese**
Die Kacheln auf dem Toreingang zeigen zwei Tiger, die eine Hirschkuh jagen. Dahinter ist eine Sonne mit menschlichem Gesicht abgebildet.

Kacheln
Die glänzend glasierten Kacheln mit Weinreben und Blumen in Lapislazuli und Blattgold sind typisch für den timuridischen Dekorationsstil.

Der Registanplatz
Der Name dieser großen Freifläche, des berühmtesten Platzes in der Stadt Samarkand, bedeutet wörtlich übersetzt »sandige Stelle«.

Daten und Fakten

1411–49 Anlage des Registanplatzes unter Ulug Beg

1417–20 Bau der Ulug-Beg-Medrese

1619–36 Bau der Schir-Dor-Medrese

1646–60 Bau der Tillja-Kari-Medrese

1967–87 Umfangreiche Restaurierung der Ulug-Beg-Medrese

2001 Aufnahme von Samarkand mit dem Registanplatz in das Weltkulturerbe der UNESCO

Der Aufstieg Samarkands

Samarkand, Gebietshauptstadt in Usbekistan, gehört zu den ältesten Kulturzentren der Welt. 1220 wurde die Stadt, die seit über 2500 Jahren besteht, von Dschingis Khan erobert und zerstört. Ihren legendären Ruf verdankt sie Timur, der bis 1369/70 ganz Transoxanien mit Samarkand eroberte und sich zum rechtmäßigen Nachfolger Dschingis Khans erklärte. Der brutale und despotische Timur, in dessen Kriegen Hunderttausende starben, machte Samarkand zu seiner Hauptstadt und ließ sie durch die besten islamischen Künstler zu einer der schönsten und bedeutendsten Städte seiner Zeit ausbauen. Unter Ulug Beg (1394–1449) entwickelte sich Samarkand zu einem wichtigen Kultur- und Wirtschaftszentrum. Er gründete die ➛ *Ulug-Beg-Medrese* sowie ein Observatorium und berief viele Gelehrte an seinen Hof.

Der Weisse Palast

Der festungsartig angelegte ➛ *Weiße Palast*, der noch unter dem 5. Dalai-Lama (♔ 1617–82) vollendet wurde, ist sieben Stockwerke hoch und wurde vor allem für weltliche Zwecke genutzt. Die obersten drei Stockwerke sind um einen großen Luftschacht herumgebaut. Sie enthielten Unterkünfte und Büros für die älteren Mönche und Beamte, außerdem Küchen und Lagerräume. Der Dalai-Lama verfügte über zwei Räume im obersten Stockwerk, das westliche und das östliche Sonnenscheinzimmer. Unterhalb dieser drei Stockwerke befindet sich die Große Osthalle für politische Zeremonien mit einer Grundfläche von 700 Quadratmetern. Die unteren Stockwerke tragen die Baulast und werden als Lagerräume genutzt. Die Wandgemälde im Korridor hinter dem Eingang zeigen den Bau des Potala-Palastes.

Der Rote Palast

Der Palast, 1694 fertig gestellt, bildet die optische wie auch geistliche Mitte der Anlage. Seine ➛ *goldenen Dächer* wurden später hinzugefügt. Er diente mit seinen zahlreichen Beträumen religiösen Zwecken und enthält in großartigen Reliquien-Pagoden die Gebeine von acht Dalai-Lamas. Wie das ➛ *Heiligtum des 13. Dalai-Lama* beherbergt auch das Heiligtum des 5. Dalai-Lama einen riesigen, über zwölf Meter hohen Grabstupa. Er besteht aus Sandelholz und ist angeblich mit über 130 Kilogramm Gold überzogen. Die anderen Stupen sind einfacher gehalten und auf allen Stockwerken in kleineren Hallen zu finden. Die Wandgemälde in den vier Räumen, die die ➛ *Große Westhalle* umgeben, sind wie eine Geschichte des tibetischen Buddhismus zu lesen. Zu den Schätzen des Palastes gehören außerdem seltene handgeschriebene buddhistische Sutren und viele Statuen.

Der Potala-Palast

Am höchsten Punkt der Stadt Lhasa erhebt sich das monumentale Wahrzeichen Tibets mit seinen 13 Stockwerken und über 1000 Zimmern auf einer Fläche von 130000 Quadratmetern. Als Winterresidenz des Dalai-Lama bildete der Potala-Palast das religiöse und politische Zentrum Tibets. In prachtvollen Stupas ruhen hier die Reliquien der verstorbenen Dalai-Lamas. Die heutige Palastburg mit ihrer 360 Meter langen Fassade erhielt ihre Form im 17. Jahrhundert und umfasst den Weißen und den Roten Palast. 1959 musste der 14. Dalai-Lama ins Exil nach Indien fliehen. Seitdem gilt das Bauwerk auf dem »Dach der Welt« als Sinnbild des Unabhängigkeitsstrebens des tibetischen Volkes.

★ Goldene Dächer
Die mit vergoldeten Bronzeblechen gedeckten Dächer krönen den Roten Palast und verleihen ihm einen Ausdruck göttlicher Sphäre.

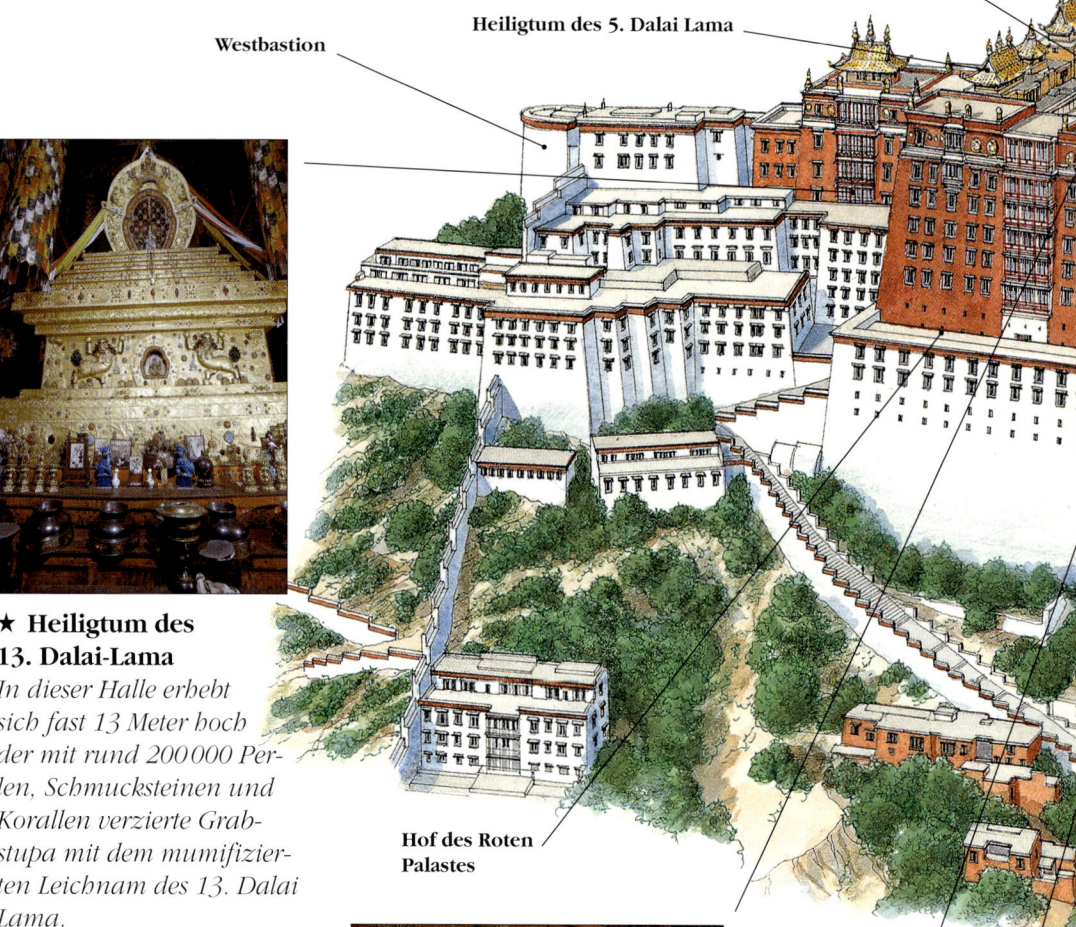

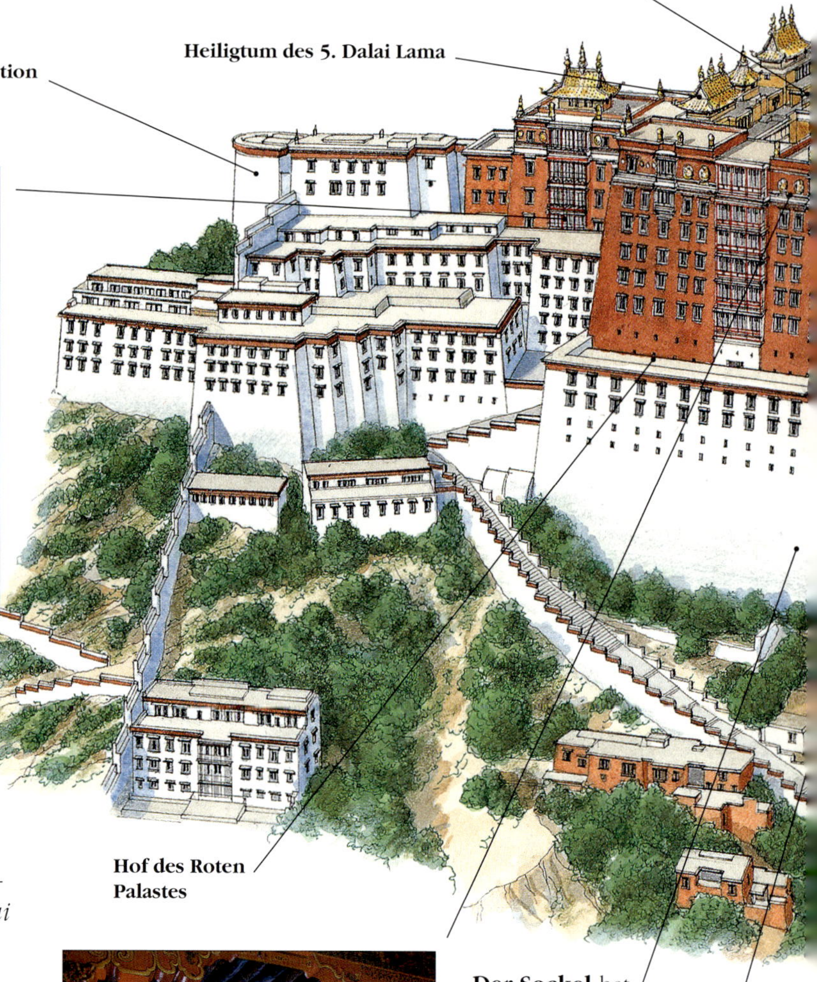

★ Heiligtum des 13. Dalai-Lama
In dieser Halle erhebt sich fast 13 Meter hoch der mit rund 200000 Perlen, Schmucksteinen und Korallen verzierte Grabstupa mit dem mumifizierten Leichnam des 13. Dalai Lama.

★ Plastisches Mandala
Dieses Abbild eines Palastes aus vergoldetem Kupfer und Juwelen symbolisiert Aspekte des Pfades zur Erleuchtung.

Höhepunkte

- ★ Goldene Dächer
- ★ Heiligtum des 13. Dalai-Lama
- ★ Plastisches Mandala

Große Westhalle
Die größte Halle des Roten Palastes befindet sich im ersten Stock und war der Inthronisationssaal. Die Wandflächen sind übersät mit religiösen Botschaften.

»Sieben Jahre in Tibet«
Heinrich Harrer, 1944–51 in Tibet und Lhasa, beschreibt in seinem Buch das Leben des jungen, heute im Exil lebenden 14. Dalai-Lamas als einsam. Der Palast wirkte auf ihn wie ein Grabmal.

Östliches Sonnenscheinzimmer

Weißer Palast
Eine dreigeteilte Treppe führt zum Eingang des Hauptgebäudes. Der Mittelteil ist dem Dalai-Lama vorbehalten.

Der Osthof, eine riesige offene Fläche, war der Ort wichtiger religiöser Zeremonien.

Schule für religiöse Beamte

Die Ostbastion zeigt, dass der Palast auch der Verteidigung diente.

Blick vom Dach
Der Blick von den Dächern des Roten Palastes auf Tal und Berge an klaren Tagen ist unvergleichlich.

Wandbild der Himmelskönige
Am Osttor sind Bilder der vier Himmelskönige aus der buddhistischen Mythologie zu sehen.

Daten und Fakten

641 Bau des ersten Potala-Palastes unter Songtsen Gampo

9. Jahrhundert Zusammenbruch des Tubo-Königreichs; fast völlige Zerstörung des Potala-Palastes während des Machtkampfes

1645 Beginn des Wiederaufbaus des Potala-Palastes unter dem 5. Dalai-Lama nach der Vereinigung Tibets

1922 Renovierung des Weißen Palastes und Aufstockung des Roten Palastes um zwei Geschosse durch den 13. Dalai-Lama

1950 Einmarsch chinesischer Truppen in Tibet

1959 Flucht des 14. Dalai-Lama nach Indien

1994 Aufnahme in das Weltkulturerbe der UNESCO

Der Dalai-Lama

Der Dalai-Lama ist das geistliche und weltliche Oberhaupt des tibetischen Lamaismus und residierte bis 1959 in Lhasa. Die Institution des Dalai-Lama, der die göttlichen Weisheiten verkörpert und als Inkarnation eines Bodhisattvas (➛ *S. 321*) gilt, geht auf Tsongkhapa (1357 bis 1419) zurück. Dieser reformierte die buddhistische Lehre und gründete die »Kirche der Gelbmützen«. Einer der Nachfolger Tsongkhapas erhielt vom Mongolen-Khan den Titel Dalai-Lama (»Ozean des Wissens«) verliehen. Jedoch erst der 5. Dalai-Lama gewann neben der geistlichen auch die politische Macht über Tibet und ließ den Potala-Palast erbauen.

Kaiser Kangxi

Kangxi (♔ 1661–1722) war der zweite Kaiser der Qing-Dynastie. Er war 61 Jahre an der Macht – so lange wie kein anderer in der chinesischen Geschichte. Unter ihm erlebte das Chinesische Reich eine wirtschaftliche und kulturelle Blüte. Er öffnete vier Häfen für ausländische Schiffe, schrieb die Religionsfreiheit fest und pflegte Kontakt mit Jesuiten, die aufgrund ihrer wissenschaftlichen Fähigkeiten nach Peking gerufen worden waren. 1703 begann er den Bau seiner Sommerresidenz mit Gärten und Tempeln in Chengde, wo er den drückenden Sommern von Peking entgehen konnte. Sein Enkel Qianlong, der von 1735 bis 1796 regierte, verehrte ihn so sehr, dass er nach 60 Jahren freiwillig abtrat, um die Herrschaftszeit seines Großvaters nicht zu übertreffen.

Kein Kaiser regierte China so lange wie Kangxi.

Die Göttin Guanyin

Als bildnerisches Glanzlicht des Tempels des Universalen Friedens und überhaupt ganz Chengdes entstand dort in der mächtigen, rund 37 Meter hohen ➛ *Mahayana-Halle* Dacheng Ge die größte Holzfigur der Welt. Sie ist 22 Meter hoch und 15 Meter breit und stellt eine Sonderform des Bodhisattva Avalokiteshvara dar, der im chinesischen Buddhismus bei Gefahren angefleht wird. Als ➛ *Guanyin* nahm die Figur im 9. Jahrhundert weibliche Gestalt an und wurde zur populärsten buddhistischen Gottheit Chinas.

Der Tempel des Universalen Friedens

Weihrauchfass

Zur Erinnerung an einen Sieg über die Mongolen ließ Kaiser Qianlong 1755 den Tempel des Universalen Friedens erbauen. Er ist einer der prächtigen Acht Äußeren Tempel der Sommerresidenz, die Kaiser Kangxi in Chengde Anfang des 18. Jahrhunderts errichten ließ. Der Tempel des Universalen Friedens vereinigt auf harmonische Weise chinesische und tibetische Bauformen. In der großen Mayahana-Halle steht die Statue der vielarmigen Guanyin – mit 22 Meter Höhe die größte Holzstatue der Welt.

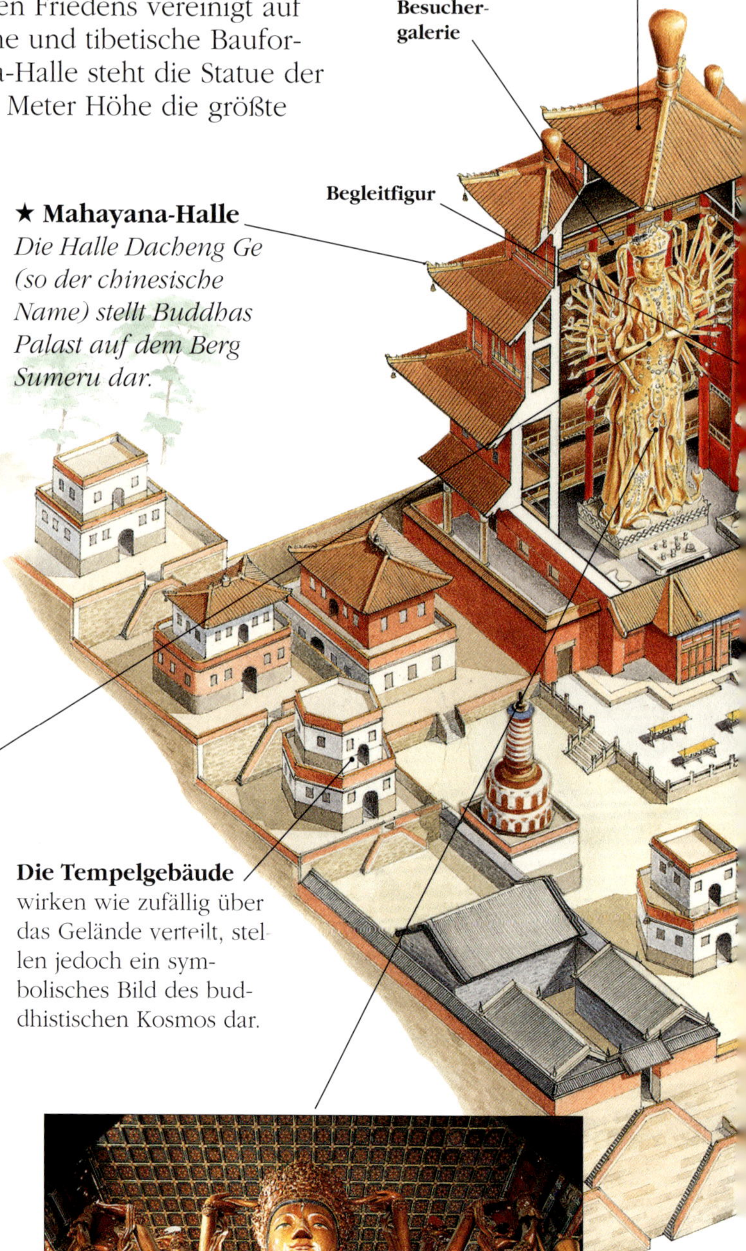

Die fünf Dächer der Mahayana-Halle sind dem Haupttempel des Klosters von Samye in Tibet nachempfunden.

★ Mahayana-Halle
Die Halle Dacheng Ge (so der chinesische Name) stellt Buddhas Palast auf dem Berg Sumeru dar.

Die Tempelgebäude wirken wie zufällig über das Gelände verteilt, stellen jedoch ein symbolisches Bild des buddhistischen Kosmos dar.

Buddhistische Symbole
Guanyin hält eine Reihe symbolischer Instrumente in den Händen. Der reine Klang der Glocke etwa soll böse Geister vertreiben.

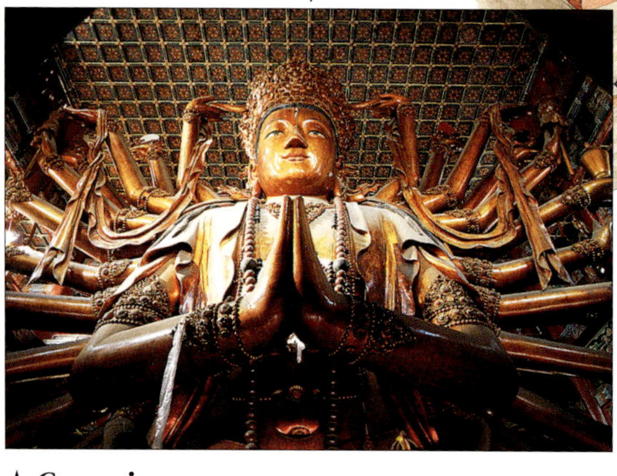

★ Guanyin
Die riesige Statue der vielarmigen Guanyin besteht aus fünf Holzsorten und wiegt 110 Tonnen. Auf ihrem Kopf sitzt eine Statue ihres Lehrers Amitabha.

Höhepunkte

- ★ Mahayana-Halle
- ★ Guanyin

Gebetsmühlen
Im tibetanischen Buddhismus werden Schriftrollen mit heiligen Mantras und Gebetstexten in verzierte Zylinder eingelegt und durch Drehen von Rädern aktiviert.

Goldbuddhas

In den Nischen um die Göttin ➛ *Guanyin* kann man mehr als 10 000 vergoldete Buddha-Statuen bewundern. Sie verdeutlichen die Möglichkeit des Erscheinens von unendlich vielen Buddhas in Vergangenheit, Gegenwart und Zukunft.

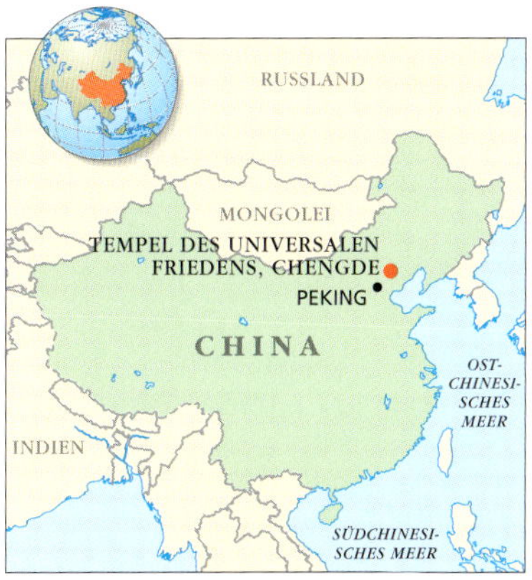

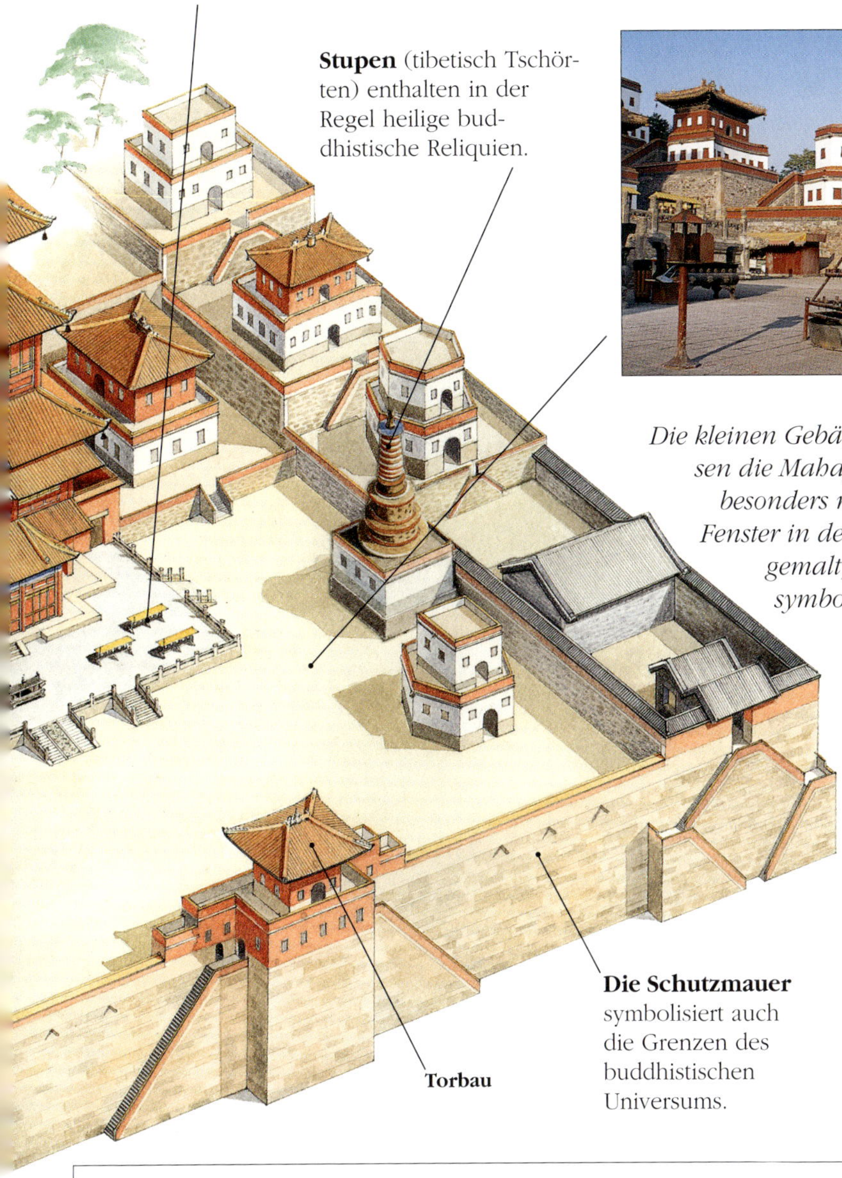

Stupen (tibetisch Tschörten) enthalten in der Regel heilige buddhistische Reliquien.

Terrasse
Die kleinen Gebäude auf der Terrasse lassen die Mahayana-Halle im Vergleich besonders monumental wirken. Die Fenster in den Mauern sind nur aufgemalt, da die Bauten lediglich symbolische Funktion erfüllen.

Die Schutzmauer symbolisiert auch die Grenzen des buddhistischen Universums.

Torbau

Zeichnung

Das Bild zeigt den Teil des Tempels im tibetischen Stil. Typisch sind die Terrassen, die Höhen- und Größenunterschiede nutzen. Der traditionell chinesische Teil des Tempels besteht aus symmetrisch an einer Achse angeordneten Bauten.

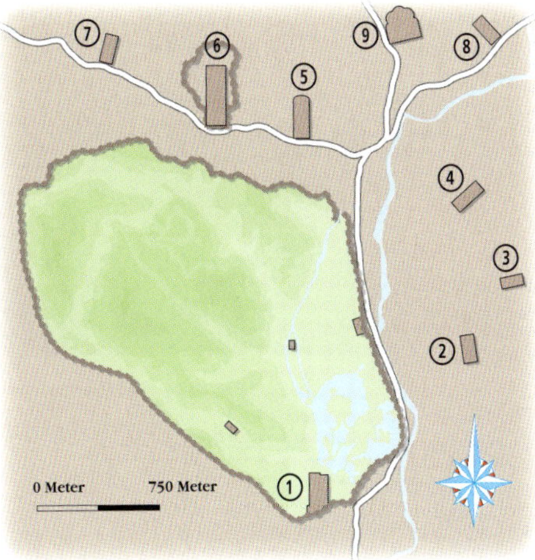

Die kaiserliche Sommerresidenz

Die von einer Mauer umgebene Sommerresidenz umfasst mehr als 100 Hallen und Pavillons. Folgende Tempel liegen außerhalb:

① Zentraler Palastkomplex
② Tempel der Umfassenden Menschenliebe
③ Tempel der Universalen Freude
④ Tempel der Befriedung der Fernen Gebiete
⑤ Tempel der Glückseligkeit und des Langen Lebens des Sumeru-Berges
⑥ Kleiner Potala-Tempel
⑦ Tempel der Manjushri-Statue
⑧ Tempel der Universalen Hilfe
⑨ Tempel des Universalen Friedens

Daten und Fakten

1703 Baubeginn der Sommerresidenz unter Kaiser Kangxi

1755 Bau des Tempels des Universalen Friedens unter Kaiser Qianlong

1790 Vollendung der Sommerresidenz mit ihren Acht Äußeren Tempeln

1994 Aufnahme der Sommerresidenz mit den Tempeln in das Weltkulturerbe der UNESCO

1995 Intensive Renovierung des Tempels des Universalen Friedens

Die Acht Äusseren Tempel

Der Tempel des Universalen Friedens ist einer der Acht Äußeren Tempel, die zwischen 1713 und 1780 um die Kaiserliche Sommerresidenz erbaut wurden. Jeder repräsentiert eine Region des Chinesischen Reiches. Die meisten entstanden unter Kaiser Qianlong (♔ 1735–96), der das Reich um Tibet und Xinjiang erweitert hatte. Für die neuen Verbündeten ließ er 1780 etwa den Tempel der Glückseligkeit und des Langen Lebens des Sumeru-Berges mit tibetischen Merkmalen als Abbild des Stammsitzes des Panchen-Lama erbauen. Vorbild des 1767 begonnenen Kleinen Potala-Tempels war der Potala-Palast (➛ *S. 304f.*) im tibetischen Lhasa. Der ethnischen Gruppe der Han wurde 1766 der Tempel der Universalen Freude als Kopie des Altars der Ernteopfer im Himmelstempel (➛ *S. 312f.*) in Peking errichtet.

Die Chinesische Mauer

DURCH WÜSTEN, EBENEN UND ÜBER BERGE zieht sich auf mehr als 6000 Kilometer Länge Chinas riesiger Schutzwall – Denkmal eines der größten Bauprojekte der Menschheitsgeschichte. Bereits im 3. Jahrhundert v.Chr. wurde erstmals ein zusammenhängender Wehrbau errichtet. Die heutige Mauer stammt aus dem 15./16. Jahrhundert, wurde im 17. Jahrhundert jedoch von den Mandschuren durchbrochen. Einige wenige leicht zu erreichende Abschnitte der Mauer, die als nationales Symbol Chinas gilt, wurden rekonstruiert und sind begehbar.

DER SCHUTZWALL

Bereits im 7. Jahrhundert v.Chr. wurden von den rivalisierenden Fürstentümern und Königreichen, aus denen China bestand, Schutzwälle aus Erde errichtet. Sie sollten die Gebiete sowohl gegeneinander als auch nach Norden hin abgrenzen. Auch die Mauer unter Kaiser Qin Shi Huangdi (♔ 221–210 v.Chr.), unter dem China erstmals geeint wurde, sollte das Reich nach Norden hin vor den immer wieder einfallenden Barbarenstämmen schützen. Diese erste Chinesische Mauer bestand im Wesentlichen aus hartem Stampflehm sowie Stroh, Reisig und Holz zur Stabilisierung. Unter den Herrschern der Nördlichen Qi- und der Sui-Dynastie wurden im 6. Jahrhundert große Teile der Mauer mit geändertem Verlauf neu errichtet. Nachdem die Mauer unter der kosmopolitischen Tang-Dynastie (618–907) vernachlässigt wurde, erhielt sie ihre heutige Gestalt im 15./16. Jahrhundert unter der Ming-Dynastie (1368–1644), welche zuvor die Mongolen aus China vertrieben hatte. Die über 6000 Kilometer lange, überaus stabil ausgebaute Mauer sollte die zunehmende Bedrohung von Norden, vor allem durch die Mongolen, abwehren und dem Einsatz von Feuerwaffen standhalten. Nach dem Durchbruch der Mandschuren im 17. Jahrhundert verlor sie zunehmend ihre Funktion als Schutzwall.

Kaiser Qin Shi Huangdi ließ die erste befestigte Mauer errichten.

Verfallene Ruine
Die Mauer, über weite Strecken zerstört oder verfallen, ist nördlich von Peking für Touristen begehbar.

★ Panoramablick
Wie ein Drache schlängelt sich die Chinesische Mauer über die Berge. Von den einstigen Wachtürmen genießt man eine wunderbare Aussicht auf die Landschaft.

★ Wachtürme
Sie kamen in der Ming-Zeit dazu und dienten als Signalposten, Wohnraum der Grenzsoldaten sowie Lager für Waffen und Nahrung.

REKONSTRUKTION DER CHINESISCHEN MAUER

In dieser Technik ließen die Kaiser der Ming-Dynastie die Mauer erbauen. Der Abschnitt bei Badaling, um 1505 gebaut und nach 1950 und 1980 renoviert, sieht ähnlich aus.

HÖHEPUNKTE

★ **Wachtürme**

★ **Panoramablick**

Kanonen
Die Kanonen aus der Ming-Zeit dienten zur Abwehr und für Warnschüsse.

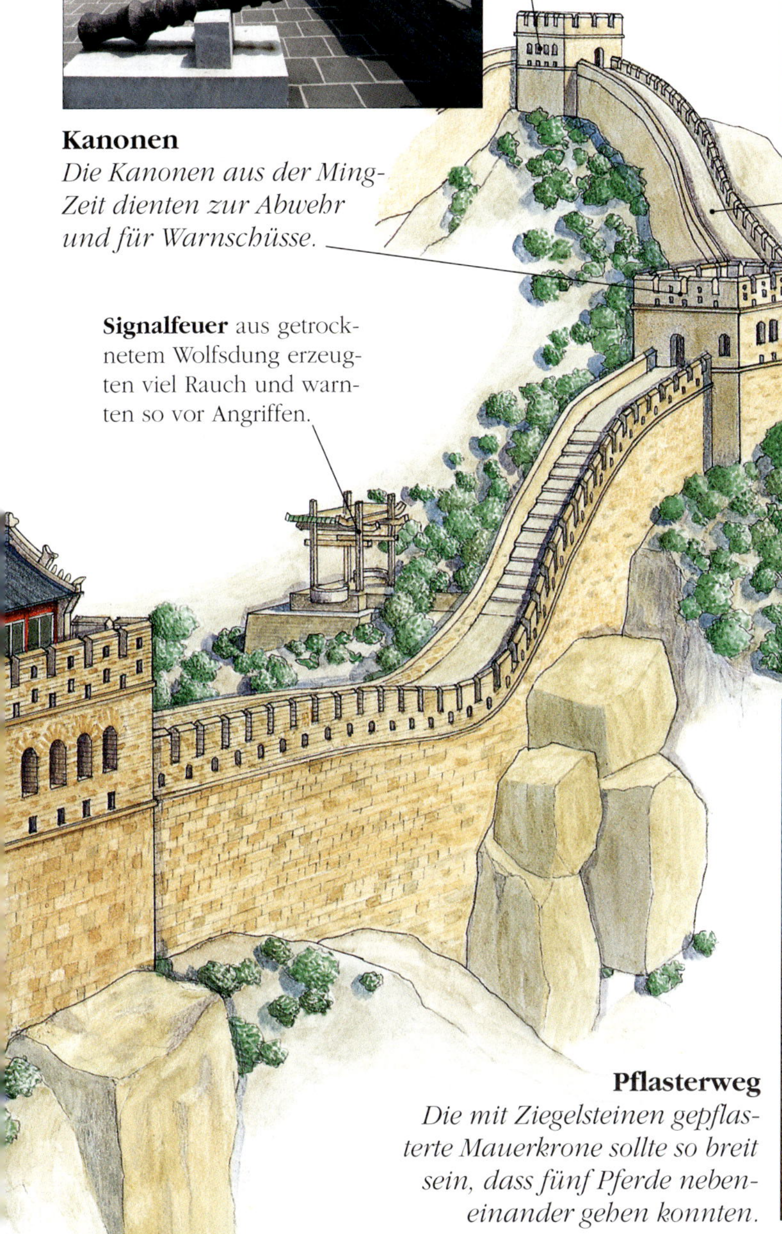

Türme im Abstand von 50 bis 500 Meter sorgten für lückenlosen Schutz.

Signalfeuer aus getrocknetem Wolfsdung erzeugten viel Rauch und warnten so vor Angriffen.

Die Mauerkrone in einer Höhe von 8 Metern war 5 Meter breit.

Pflasterweg
Die mit Ziegelsteinen gepflasterte Mauerkrone sollte so breit sein, dass fünf Pferde nebeneinander gehen konnten.

Symbolische Mauer

Die Chinesische Mauer war mehr als ein Schutzwall. Kaiser Qin Shi Huangdi demonstrierte mit ihr auch seine Macht. Außerdem symbolisierte sie die Grenze zwischen Sicherheit und Chaos, Zivilisation und Barbarei.

Daten und Fakten

221–210 v. Chr. Beginn des systematischen Mauerbaus unter Kaiser Qin Shi Huangdi

6. Jahrhundert n. Chr. Zweiter Mauerbau mit geändertem Verlauf

15./16. Jahrhundert Bau der Mauer in ihrer heutigen Form durch Ming-Dynastie

1644 Eindringen der Mandschuren über die Mauer im Nordosten und Gründung der Qing-Dynastie

1987 Aufnahme in das Weltkulturerbe der UNESCO

Arbeitsbedingungen

»Weshalb ist die Mauer so hoch? Weil sich in ihr die Gebeine der Soldaten häufen.« Dieses Dichterwort aus der Song-Zeit sagt viel über die grausamen Arbeitsbedingungen beim Bau der Mauer aus. Neben Soldaten mussten unzählige Strafgefangene und Bauern ihre Arbeitskraft zur Verfügung stellen – manche Quellen sprechen von bis zu zwei Millionen Arbeitern. Die harte Arbeit in Hitze und Kälte am Rand der Steppe machte ihnen zu schaffen. Dies war einer der Gründe dafür, warum so viele starben. Außerdem war die Versorgungslage in den abgelegenen Gebieten schlecht. An Ort und Stelle gab es nur wenig Getreide. Um große Mengen davon befördern zu können, grub man einen Transportkanal bis in die Nähe von Peking. Die aus großer Entfernung herbeigeschaffte Verpflegung reichte bei weitem nicht aus oder wurde auf dem Weg ungenießbar.

Die Chinesische Mauer (Ming-Dynastie)

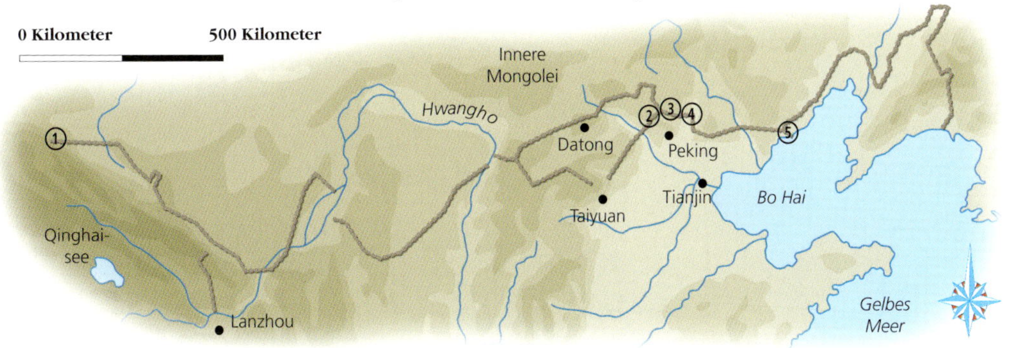

Nur eine Legende

Es stimmt nicht, dass die Chinesische Mauer das einzige Bauwerk ist, das man vom Mond ohne Fernglas sieht – dafür ist sie zu schmal.

Zugängliche Abschnitte der Mauer

① Jiayuguan
② Juyongguan and Badaling
③ Huanghua
④ Simatai
⑤ Shanhaiguan

Die Chinesische Mauer

Die Bauprinzipien

Das Harmonieprinzip von Yin und Yang ist ein Herzstück der chinesischen Architektur. Der Palast ist symmetrisch an einer Nord-Süd-Achse angeordnet und verkörpert das Prinzip der Mitte. Die Eingänge der Säle gehen nach Süden, um die unheilvollen Yin-Effekte zu vermeiden: Aus dem Norden kommen kalter Wind, böse Geister und Barbaren. Ungerade Zahlen repräsentieren das maskuline Element Yang und tauchen oft in architektonischen Details auf, v.a. die Neun. Die »Verbotene Stadt« soll 9999 Zimmer haben. Da auch 9x9 als besonders glückhaft galt, weisen kaiserliche Türen gewöhnlich 81 goldene Ziernägel auf.

Neun mal neun Nägel zieren die Tore im Kaiserpalast.

Eunuchen und Konkubinen

Wegen der Doppelrolle der für das gemeine Volk »Verbotenen Stadt« – als Wohnsitz der kaiserlichen Familie und als Verwaltungszentrum – waren die Eunuchen, die als einzige männliche Diener Zugang zum Palast hatten, in einer einmaligen Position. Da sie sich der kaiserlichen Familie nähern durften, errangen einige große Macht. Die meisten wurden jedoch wie Sklaven gehalten. Weiter oben auf der sozialen Leiter standen die Konkubinen des Kaisers. Sie waren in einer Reihe von Palästen neben dem Inneren Hof untergebracht. Abends entschied der Kaiser, welche Konkubine bei ihm schlief. Je öfter eine Konkubine das Lager mit dem Kaiser teilte, desto höher war ihre soziale Stellung. Eine Schwangerschaft bedeutete Aufstieg in der Hofhierarchie.

Der Kaiserpalast in Peking

Dekorativ glasiertes Wandrelief

Der Kaiserpalast in Peking, 1420 fertig gestellt, zeigt alle Facetten der imperialen Architektur, mit der sich die chinesischen Kaiser im Lauf von 500 Jahren ein bleibendes Denkmal setzten. Bis zur Abdankung des letzten Kaisers 1912 galt die »Verbotene Stadt« mit ihrer Fläche von 720000 Quadratmetern den Chinesen als Mittelpunkt ihres Reiches sowie der irdischen Welt. Zutritt hatten ausschließlich Hofangehörige und Würdenträger. Das Palastmuseum mit seinen Kunstschätzen ist heute eine der meistbesuchten Sehenswürdigkeiten des Landes.

Chinesische Löwen

Löwen waren Symbole der kaiserlichen Macht. Männliche Löwen wurden mit einem Ball unter der Pranke dargestellt, Löwinnen mit einem Jungen.

Goldwasserfluss

Die fünf Marmorbrücken über den von Westen nach Osten fließenden Goldwasserfluss symbolisieren die fünf Generaltugenden des Konfuzianismus. Sein Verlauf ähnelt dem Jadegürtel der Beamten.

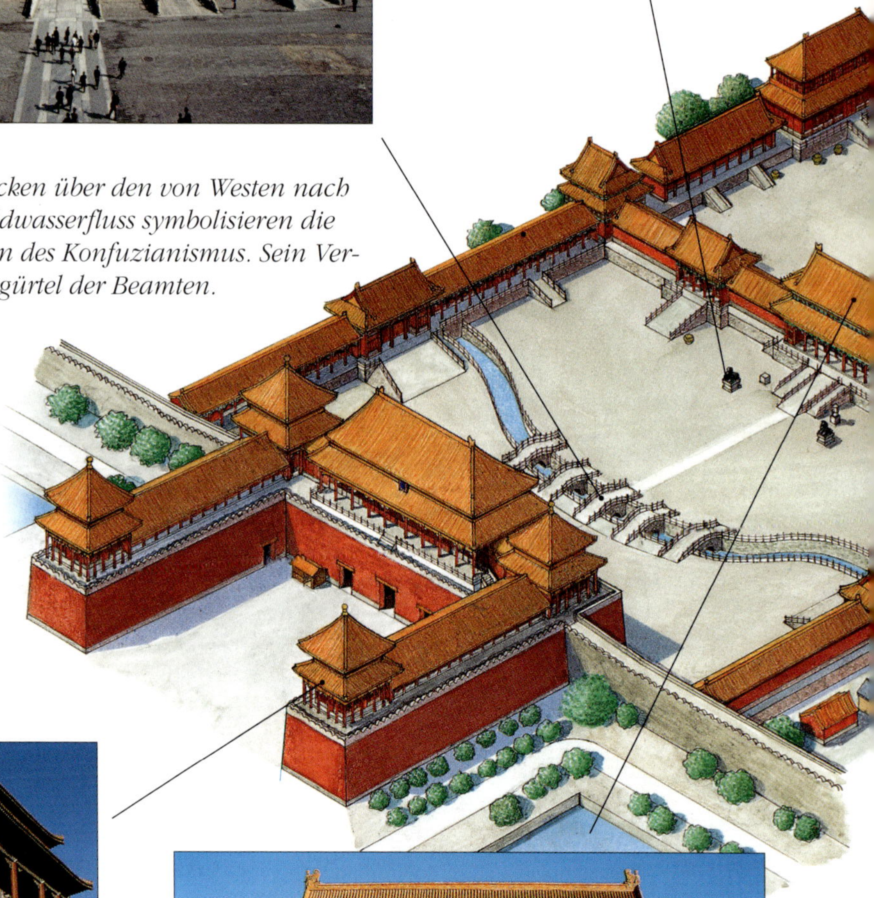

Äusserer Hof

Trotz seines Namens ist dies der Kern der Anlage. Die umliegenden Gebäude, die früher der Versorgung des Hofes dienten, beherbergen interessante Exponate.

★ Mittagstor

Von dem Balkon, der den Hof überblickt, inspizierte der Kaiser seine Armee und vollzog die Riten, die den Beginn des neuen Kalenderjahres einleiteten.

Tor der Höchsten Harmonie

Das 58 Meter breite Tor mit dem doppelten Walmdach ist das größte der Palastanlage. Die Kaiser nahmen hier Berichte entgegen und erließen Edikte.

★ **Aufgangsrampe**
Über die Rampe, auf der steinerne Drachen inmitten von Wolken Perlen nachjagen, wurde die Sänfte des Kaisers getragen.

Böses Omen

Als 1421 die Drei Großen Hallen abbrannten, wurde dies als Strafe des Himmels gedeutet. Der Bau war durch die Jahresarbeitserträge von Abertausenden armer Untertanen finanziert worden.

Die Halle der Erhaltung der Harmonie war der Ort der Beamtenprüfungen.

Das Tor der Himmlischen Reinheit zum Inneren Hof war der Kaiserfamilie vorbehalten.

Bronzekessel voll Wasser dienten zur Brandvorbeugung.

→ **Innerer Hof**

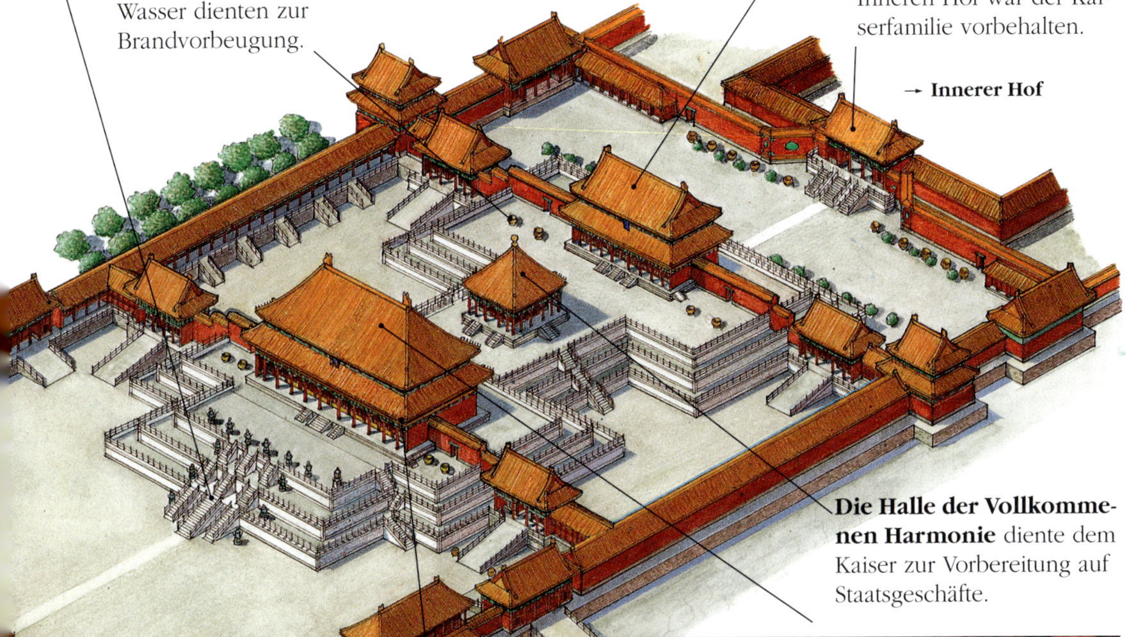

Die Halle der Vollkommenen Harmonie diente dem Kaiser zur Vorbereitung auf Staatsgeschäfte.

★ **Halle der Höchsten Harmonie**
Die größte Halle der Palastanlage (27 Meter hoch) wurde für hohe Anlässe wie Kaiserkrönungen genutzt. Unter ihrer farbenprächtigen Decke erhebt sich dieser reich geschmückte Thron.

Dachreiter
Jeweils elf Figuren, die wohl Schutzfunktion hatten, verzieren die Grate des Daches.

Höhepunkte

- ★ Halle der Höchsten Harmonie
- ★ Mittagstor
- ★ Aufgangsrampe

Der letzte Kaiser

Puyi bestieg 1908 als Dreijähriger den Thron. Nach Ausbruch der Chinesischen Revolution dankte er am 12. Februar 1912 ab. Bis 1924 wurde Puyi im Palast praktisch gefangen gehalten und stellte sich dann unter japanischen Schutz. 1934 wurde er Kaiser des japanischen Satellitenstaates Mandschukuo. 1950–59 saß er in der Volksrepublik China im Gefängnis. Bevor er 1967 starb, arbeitete er im Botanischen Garten von Peking als Gärtner.

Henry Puyi, der kindliche Kaiser

Daten und Fakten

1407–20 Bau des Kaiserpalastes unter Kaiser Yongle

1421 Zerstörung der Drei Großen Hallen durch Brand; Wiederaufbau bis 1441

17./18. Jahrhundert Gestaltung des heutigen Erscheinungsbildes unter der Qin-Dynastie

1924 Vertreibung des letzten Kaisers Puyi

1987 Aufnahme in das Weltkulturerbe der UNESCO

Der Innere Hof

Die Anlage des Inneren Hofes spiegelt die des Äußeren in verkleinerter Form wider. Der Innere Hof verfügt über drei Hauptpaläste. Die Halle der Himmlischen Reinheit mit gestuftem Dach wurde ursprünglich als kaiserlicher Schlafbereich genutzt, später für den Empfang von kaiserlichen Beamten. Dahinter stößt man auf die Halle der Berührung von Himmel und Erde, die als Thronsaal der Kaiserin diente. Außerdem wurden hier die kaiserlichen Siegel für offizielle Dokumente aufbewahrt. Es folgt der Palast der Irdischen Ruhe. In ihm lebten die Ming-Kaiserinnen. Während der Qing-Dynastie wurde die Halle für mandschurische Schamanenriten einschließlich der Opferung von Tieren benutzt. Im Namen der drei Hallen spiegelt sich die chinesische Weltanschauung wider. Der Kaiser repräsentierte den Himmel, die Kaiserin die Erde. Durch ihre Verbundenheit verschmolzen Himmel und Erde zu einer Einheit.

Der Bauplan des Himmelstempels

Die Architektur des Himmelstempels ist voller kosmologischer Symbolik. Alle größeren Elemente befinden sich auf der bevorzugten Nord-Süd-Achse. Der alte chinesische Spruch vom runden Himmel und der viereckigen Erde stellt sich hier als Zusammenspiel von Vierecken und Kreisen dar. Der Himmel wird durch das runde, konische Dach und die blauen Fliesen in der ➛ *Halle der Ernteopfer* sowie in der ➛ *Halle des Himmelsgewölbes* angedeutet. Rund ist der ➛ *Himmelsaltar*, der von einer quadratischen Mauer umgeben ist. Nach der Überlieferung bringen die ungeraden Zahlen Glück – daher das dreistufige Dach der Halle der Ernteopfer und der dreistufige Himmelsaltar. Die Neun ist die wichtigste einstellige Zahl bei den Chinesen. Darum hat die oberste Stufe des Altars neun Ringe aus Steinen. Die Zahlensymbolik prägt die gesamte Anlage, so auch die Anzahl der ➛ *Säulen*.

Die Opferriten

Der Kaiser vollzog Zeremonien in der ➛ *Halle der Ernteopfer*, um für Regen und gute Ernten zu bitten sowie bei Naturkatastrophen den Himmel zu besänftigen. Das wichtigste Ritual war das Opfer des Kaisers an den Himmel zur Wintersonnenwende. Nach zweitägigem Fasten zog er vom Kaiserpalast (➛ *S. 310f.*) in den Palast des Fastens innerhalb der Anlage des Himmelstempels und verbrachte dort die Nacht. Vor Anbruch der Morgendämmerung wurde er zeremoniell angekleidet und schritt zu Musik und Tanz von Nord nach Süd. Dann bestieg er den ➛ *Himmelsaltar*, um einen frisch geschlachteten Ochsen und einen Packen Seide vor Ahnentäfelchen zu verbrennen, mittels derer seine Vorfahren an der Feier »teilnahmen«.

Der Himmelstempel

Tor zum Himmelsaltar

EINE DER GRÖSSTEN Tempelanlagen Chinas ist der Himmelstempel (»Tiantan«) in Peking. Wie kaum ein anderer verkörpert der unter Kaiser Yongle ab 1420 angelegte Komplex die Ideale von Harmonie und Symbolik in der chinesischen Architektur. Hier kommunizierte der Kaiser als Sohn des Himmels mit den Göttern, um eine gute Ernte zu sichern. Er tat dies durch festgelegte Rituale in der Halle der Ernteopfer, die den Himmel symbolisiert und in ihren Ausmaßen eine unglaubliche Perfektion ausstrahlt. Erst nach dem Sturz der Monarchie Anfang des 20. Jahrhunderts wurde der Himmelstempel der Öffentlichkeit zugänglich gemacht.

In der Halle der Ernteopfer betete der Kaiser für sein Volk um gute Ernte.

Der Himmelstempel

Die wichtigsten Gebäude dieser Tempelanlage reihen sich entlang einer zentralen Nord-Süd-Achse. Der Himmelsaltar im Süden ist mit der Halle der Ernteopfer im Norden durch einen Brückenweg, einen erhöhten zeremoniellen Pfad, verbunden. Die Tore an jeder Seite dienten dem Kaiser (Osten), den Göttern (Mitte) und den Beamten (Westen).

1. Halle der Ernteopfer
2. Brückenweg
3. Echomauer
4. Halle des Himmelsgewölbes
5. Himmelsaltar

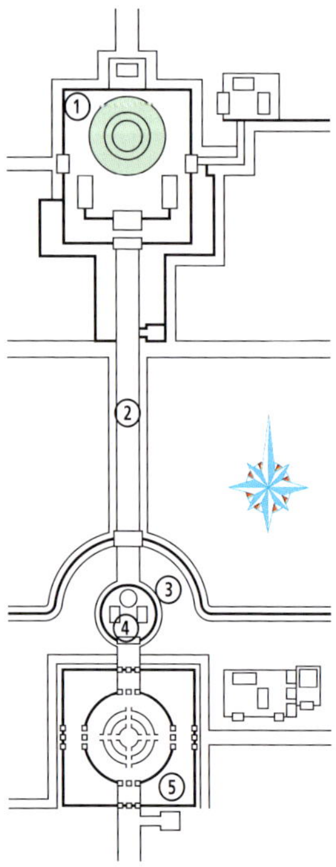
1
2
3
4
5

LEGENDE

Dargestellter Bereich

Die drei Tore zur Halle des Himmelsgewölbes

Halle des Himmelsgewölbes mit Geistertäfelchen der Götter

Im Zentrum des Himmelsaltars zeigt der Stein die Himmelsmitte.

Namenstafeln geben oft Kaisernamen in Kalligraphie wieder.
Das runde Dach symbolisiert den Himmel.
Rot ist die Farbe des Glücks.
Drachen- und Phönixmotive außen und innen stellen Kaiser und Kaiserin dar.

Höhepunkte

★ Kassettendecke

★ Säulen

Die Echomauer

Diese runde Mauer umschließt die Halle des Himmelsgewölbes. Flüstert man etwas gegen die Echomauer, so werden die Worte zur gegenüberliegenden Seite der Mauer geleitet.

★ Kassettendecke

Die Halle wurde ohne einen einzigen Nagel aus Holz gebaut. Die wunderbare runde Kassettendecke zieren in der Mitte ein Drache und ein Phönix in Gold.

★ Säulen

Die Dächer der Halle ruhen auf 28 reich verzierten Säulen. Die vier kolossalen Säulen in der Mitte symbolisieren die vier Jahreszeiten. Die zwölf Säulen außen stehen für die zwölf Monate und die zwölf Säulen ganz innen entsprechen den zwölf je zweistündigen Abschnitten, in die die Chinesen den Tag einteilten.

Halle der Ernteopfer

Die Halle der Ernteopfer (»Qinian Dian«) ist der berühmteste Teil des Himmelstempels, aber nicht, wie viele glauben, schon der ganze Tempel. Der Name »Tiantan« bezieht sich auf die ganze Anlage.

Himmelsaltar

Die oberste Terrasse des dreistufigen Himmelsaltars symbolisiert den Himmel, die mittlere die Erde und die untere die Menschheit. Hier brachte der Kaiser dem Himmel seine Opfer.

Daten und Fakten

1420 Baubeginn des Himmelstempels mit der Halle der Ernteopfer unter Kaiser Yongle

1530 Bau des Himmelsaltars und der Halle des Himmelsgewölbes unter Kaiser Jiajing

1751 Renovierung und Erweiterung u.a. der Halle der Ernteopfer und des Himmelsaltars unter Kaiser Qianlong

1889 Zerstörung der Halle der Ernteopfer durch Feuer; sofortiger Wiederaufbau

1912 Öffnung des Himmelstempels für das Publikum

1998 Aufnahme in das Weltkulturerbe der UNESCO

Letzte Zeremonie

Chinas Kaiser hielten seit der Zhou-Dynastie (um 1050–249 v.Chr.) die Riten zur Wintersonnenwende ein. Zuletzt führte der erste Präsident der Republik China, der ehemalige Qing-General Yuan Shikai, die Zeremonie im Himmelstempel aus. Als Oberkommandierender der chinesischen Armee hatte er sich den Präsidentenposten gesichert und versuchte nun, sich als Kaiser einer neuen kaiserlichen Dynastie einsetzen zu lassen. Um seinen Anspruch geltend zu machen, führte er 1914 im Himmelstempel den Ritus zur Wintersonnenwende aus. Obwohl er angemessene Gewänder trug, konnte er die majestätische Tradition des Anlasses nicht wieder beleben – er war in einem gepanzerten Fahrzeug vorgefahren. Yuan Shikai wurde nicht Kaiser. Er starb 1916.

Der Schintoismus

Viele Japaner gehören mehreren Religionen an. Die meisten Anhänger hat der Schintoismus – etwa 110 Millionen. Der Schintoismus, die alte eigenständige religiöse Tradition der Japaner, war bis zum Ende des Zweiten Weltkriegs Staatsreligion. Man sagt, dass sie »800 Myriaden Kami« (Gottheiten) kennt. Es gibt weder einen Begründer noch offizielle heilige Schriften: Der Schintoismus ist also keine festgeschriebene Lehre im westlichen Sinn. Im Mittelpunkt der Verehrung stehen zahllose Natur- und Ahnengötter wie die Sonnengöttin Amaterasu, die als Urmutter des Kaiserhauses angesehen wird.

Prächtiges Schnitzwerk am Yomei-mon-Tor

Ein Schinto-Schrein

Religiöse Handlungen des Schintoismus sind das Darreichen von Kirschbaumzweigen, ferner Speiseopfer und das Sprechen von Gebeten. Dies geschieht im Kreis der Familie oder in der Öffentlichkeit: in den Miya (»erlauchtes Haus«) genannten Schreinen. Die Ausstattung des Tosho-gu-Schreins, einer der schönsten Asiens, passt so gar nicht zur Strenge und Einfachheit, die der Schintoismus in den Mittelpunkt stellt. Hier zeigen sich die Wandlungen, die der Schintoismus durch die lange Auseinandersetzung mit dem Buddhismus (➛ *S. 319*) vollzogen hat, seit diese Religion im 6. Jahrhundert begann, sich in Japan auszubreiten. Gute Beispiele für die Vermischung schintoistischer und buddhistischer Elemente in Tosho-gu sind die ➛ *Pagode* und das ➛ *Haupttor*.

Der Tosho-gu-Schrein

Der Schrein mit dem Mausoleum des Tokugawa Ieyasu in Nikko gehört zu den schönsten des Landes. Zwei Jahre lang waren rund 15 000 Handwerker aus ganz Japan mit Bauen, Schnitzen, Vergolden, Malen und Lackieren beschäftigt, um diesen Komplex im Stil der vorangegangenen Momoyama-Periode (1573–1603) zu schaffen. Obwohl er in der Meiji-Zeit (1868–1912) zum Schinto-Schrein erklärt wurde, enthält er viele buddhistische Elemente, wie die Pagode und das Haupttor. Die berühmte Japanzedern-Allee zum Schrein wurde im 17. Jahrhundert angelegt.

Schlafende Katze
Über einem Eingang im Ostkorridor thront diese edle Schnitzarbeit, die von Hidari Jingoro stammt.

Glockenturm

Honden (Hauptschrein)

Haiden (Gebetshalle)

Das Kara-mon ist das kleinste Tor von Tosho-gu.

Der Honji-do ist an der Decke mit dem »weinenden Drachen« bemalt, der laut tönt, wenn man unter ihm in die Hände klatscht.

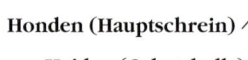

Trommelturm

Der Rinzo enthält eine kreiselartig angelegte Bibliothek mit buddhistischen Schriften.

★ Tor des Sonnenlichts
Bei dem mit Tieren und Blumen geschmückten Tor ist eine der zwölf Säulen verkehrt herum geschnitzt – ein gewollter Fehler, um neidische Geister nicht zu provozieren. In den Nischen stehen Statuen kaiserlicher Minister.

Höhepunkte

- ★ Tor des Sonnenlichts
- ★ Pagode
- ★ Heiliger Stall

Heiliger Brunnen
Das Granitbecken (1618) für rituelle Waschungen überspannt ein Dach im chinesischen Stil.

Tokugawa Ieyasu

Ieyasu (1543–1616) war ein gewiefter Stratege, brillanter Politiker und Gründer der Dynastie, die Japan 250 Jahre beherrschen sollte. Sohn eines niederen Adligen, verbrachte er sein Leben damit, Macht anzuhäufen, bis er 1603 im Alter von 60 Jahren Shogun wurde. Zur Hauptstadt machte er das Dorf Edo (heute Tokio) und mit ihm begann die Blütezeit der Edo-Kultur. Er bestimmte, dass er als Gott und »gongen« (Wiedergeburt von Buddha) begraben werde. Sein posthumer Name war Tosho-Daigongen (große Wiedergeburt, die den Osten erleuchtet).

Fest am Schrein

Jährlich am 17. Mai findet ein Fest statt, bei dem mehr als 1200 Teilnehmer in Trachten der frühen Edo-Zeit die Prozession nachstellen, die stattfand, als man die sterblichen Überreste des Tokugawa Ieyasu nach Nikko brachte.

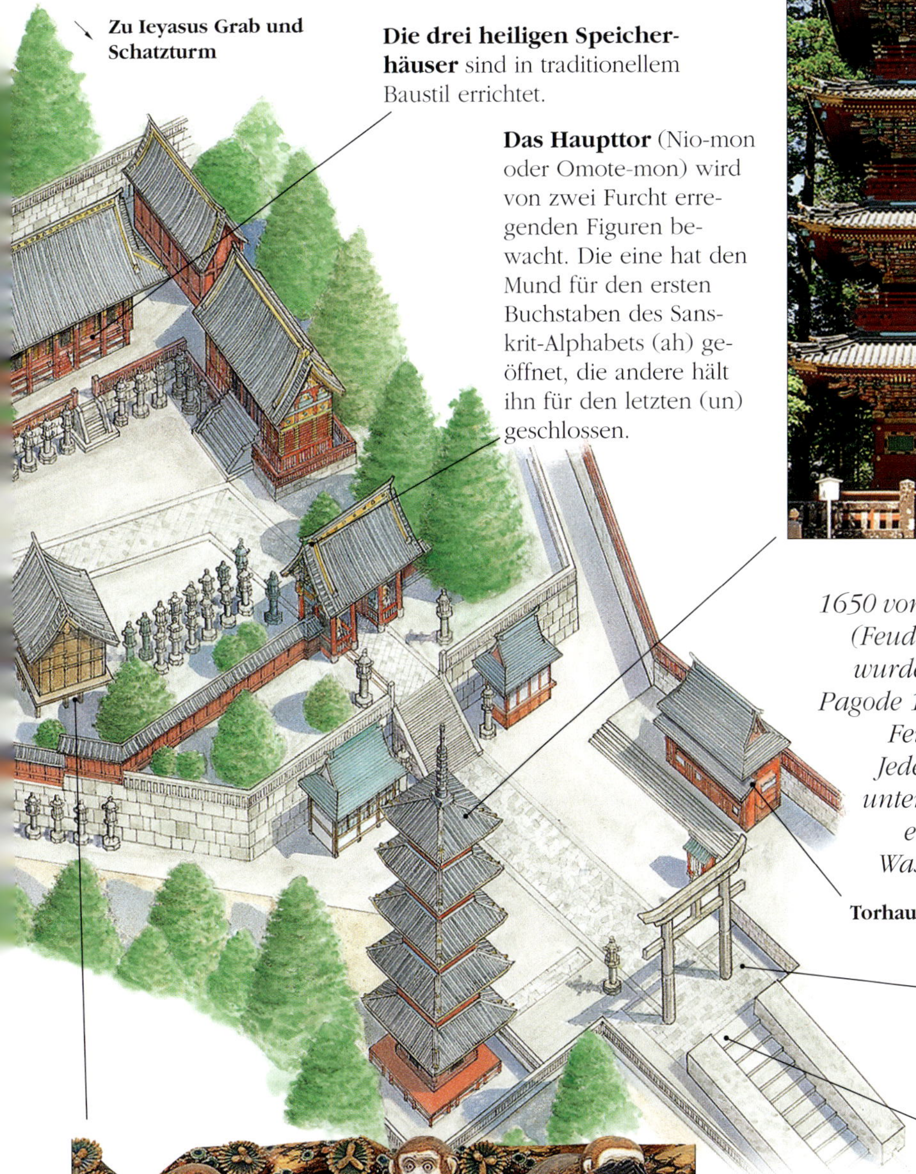

Zu Ieyasus Grab und Schatzturm

Die drei heiligen Speicherhäuser sind in traditionellem Baustil errichtet.

Das Haupttor (Nio-mon oder Omote-mon) wird von zwei Furcht erregenden Figuren bewacht. Die eine hat den Mund für den ersten Buchstaben des Sanskrit-Alphabets (ah) geöffnet, die andere hält ihn für den letzten (un) geschlossen.

★ Pagode
1650 von einem »daimyo« (Feudalherrn) gestiftet, wurde die fünfstöckige Pagode 1818 nach einem Feuer neu errichtet. Jede Etage steht (von unten nach oben) für ein Element: Erde, Wasser, Feuer, Wind und Himmel.

Torhaus

Granit-Torii (Tor), ein typisch schintoistisches Element.

Eingang

★ Heiliger Stall
Die Schnitzerei der drei weisen Affen ziert das unbemalte Gebäude für die heiligen Pferde.

Daten und Fakten

1616 Tod des Tokugawa Ieyasu

1617 Errichtung des Tosho-gu-Schreins als Mausoleum für Tokugawa Ieyasu

1634–36 Prächtige Neugestaltung des Schreins durch Tokugawa Iemitsu, Tokugawa Ieyasus Enkel

1999 Aufnahme der Schreine und Tempel von Nikko mit dem Tosho-gu-Schrein in das Weltkulturerbe der UNESCO

Die drei Affen

Die Namen der drei weisen Affen mit ihren berühmten Gesten, die am ➛ *Heiligen Stall* zu sehen sind, lauten: *Mizaru* (Augen bedeckt), *Mikazaru* (Ohren bedeckt), *Mazaru* (Mund bedeckt). Der Überlieferung nach berichten sie beim Koshin-Fest den Göttern über die Menschen. In Europa werden die drei Affen so gedeutet: »Nichts hören – nichts sehen – nichts sagen«. Das entspricht aber nicht der Auslegung durch den Buddhismus, der in den drei Affen die Aufforderung sieht, nicht auf das Böse zu hören, es nicht nachzuahmen und es auch nicht zu verbreiten. Das Wort »Affe« bedeutet im Japanischen so viel wie »Verneinung«. Die sprichwörtliche Zusammenfassung dieser drei buddhistischen Grundwahrheiten im Bild der drei Affen wurde in Japan im 8. Jahrhundert durch einen Mönch aus China populär gemacht. Da Affen im Volksglauben auch die Gesundheit von Pferden schützen, bewachen sie in diesem Schrein den Heiligen Stall.

Die Burg von Himeji

Auf einer Steilklippe thront die großartigste der noch erhaltenen Feudalburgen Japans über der Stadt Himeji. Die Japaner nennen sie Shirasagi-jo, die »Burg des weißen Reihers«, weil sie mit ihren weißen Mauern aussieht wie ein Vogel, der sich in die Lüfte schwingt. Das Militärbauwerk, das seine heutige Gestalt Anfang des 17. Jahrhunderts unter Ikeda Terumasa erhielt, verkörpert den Aufbruch in die neue Ära der Tokugawa-Zeit (1603–1868). Der Hauptturm mit seinen ornamentverzierten Giebeln und geschwungenen Traufen gilt als architektonisches Glanzstück. Die berühmteste Bewohnerin, Prinzessin Senhime, hatte ihre Gemächer im prachtvollen Schminkturm.

Japanische Krieger im Kampfanzug und mit Waffen

Die Burganlage

Die ➛ *Fächermauern,* ➛ *Tore und Durchgänge* zeugen von der ursprünglich wehrhaften Funktion der Burg. Ihre Dimensionen blieben jedoch nicht erhalten. Als Ende des 19. Jahrhunderts die Burg ihre Funktion verloren hatte, wurden der äußere der drei Burggräben zugeschüttet und die dazugehörigen Wälle abgetragen. Das Gleiche geschah mit dem größten Teil des mittleren Befestigungsringes und den Wohnbauten außerhalb des inneren Walls. Während die meisten japanischen Burgen Opfer von Bränden oder Belagerungen wurden, überstand diese sogar den Zweiten Weltkrieg unbeschadet.

Der Hauptturm

Der 46 Meter hohe ➛ *Hauptturm* ist der zweitgrößte Holzbau Japans. Die Verzierungen und die schöne Architektur mit den geschwungenen Traufen verleihen dem Bau sein würdevolles, typisch japanisches Aussehen. Auch die drei mit dem Hauptturm verbundenen dreistöckigen Nebentürme sind von beachtlicher Größe und weisen reichen Bauschmuck auf. Im Inneren deuten Waffenständer, Geheimkammern und Falltüren auf die Verteidigungsfunktionen hin. Im Hauptturm befindet sich das historische Waffenmuseum mit Rüstungen und Waffen.

Blick vom unteren Stock des Turms auf das moderne Himeji

Schminkturm
Die Gemächer der Prinzessin Senhime (1597–1667) wurden nachts verschlossen und bewacht.

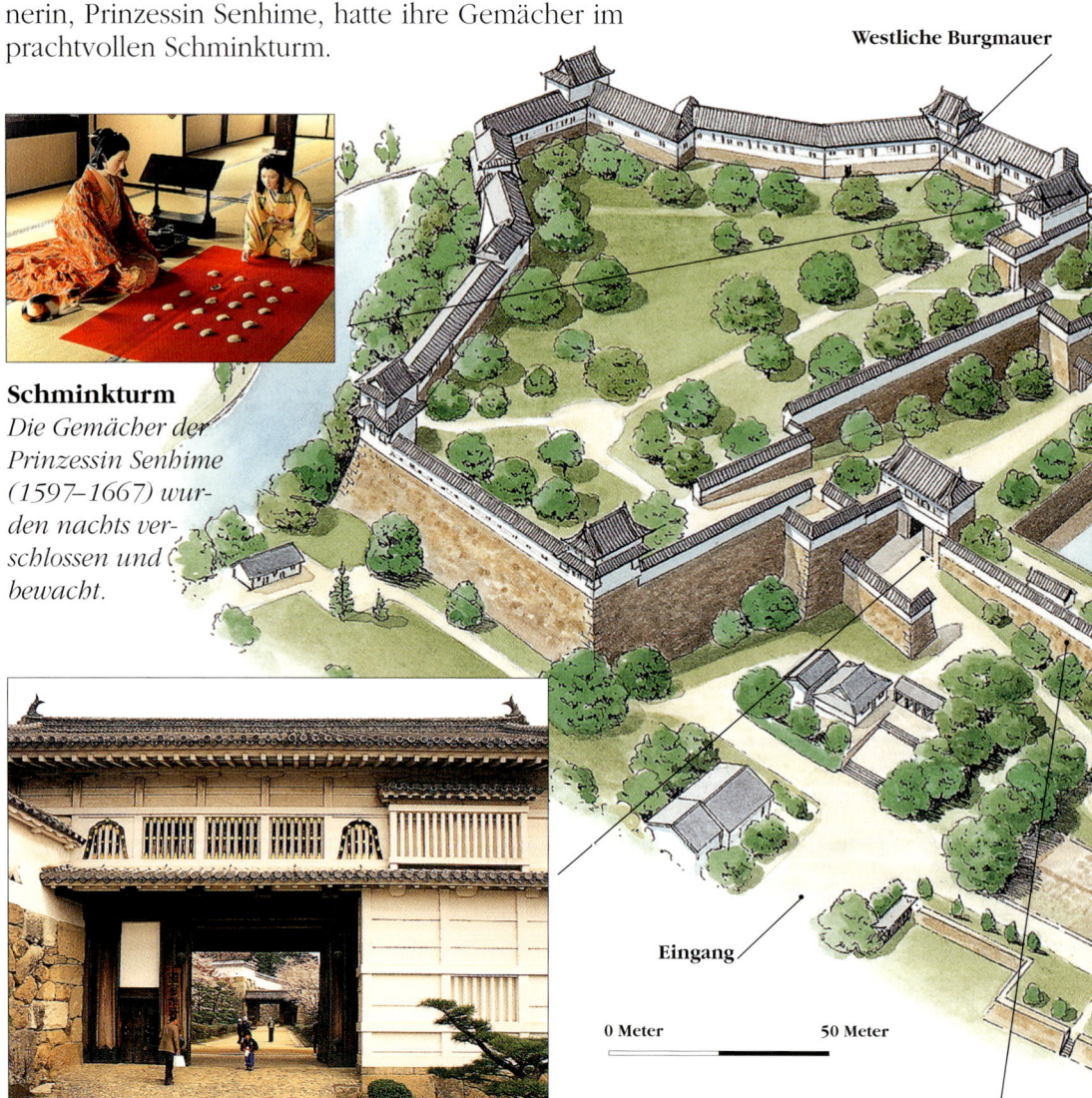

Tore und Durchgänge
Das Labyrinth aus Gängen und Toren sollte Feinde verwirren. Feindliche Angriffe und Belagerungen blieben der Burg jedoch erspart.

★ Fächermauern
Die elegant geschwungenen Mauern wären für Feinde schwer zu überwinden gewesen.

Höhepunkte

- ★ **Hauptturm**
- ★ **Fächermauern**

★ **Hauptturm**
Der fünfstöckige Turm wurde 1608 von Ikeda Terumasa errichtet, der damit aus einem einfachen Militärposten ein Symbol für die neue Macht des Tokugawa-Shogunats machte.

Die Gartenanlage

Die Gärten der Burg von Himeji sind vor allem im April hübsch, wenn die Kirschbäume blühen. Der 1992 angelegte Garten besteht aus neun Einzelgärten im Edo-Stil (17./18. Jh.). Traditionelle Anpflanzungen, überdeckte Gehwege aus Zypressen und Wasserspiele vermitteln eine zauberhafte Atmosphäre.

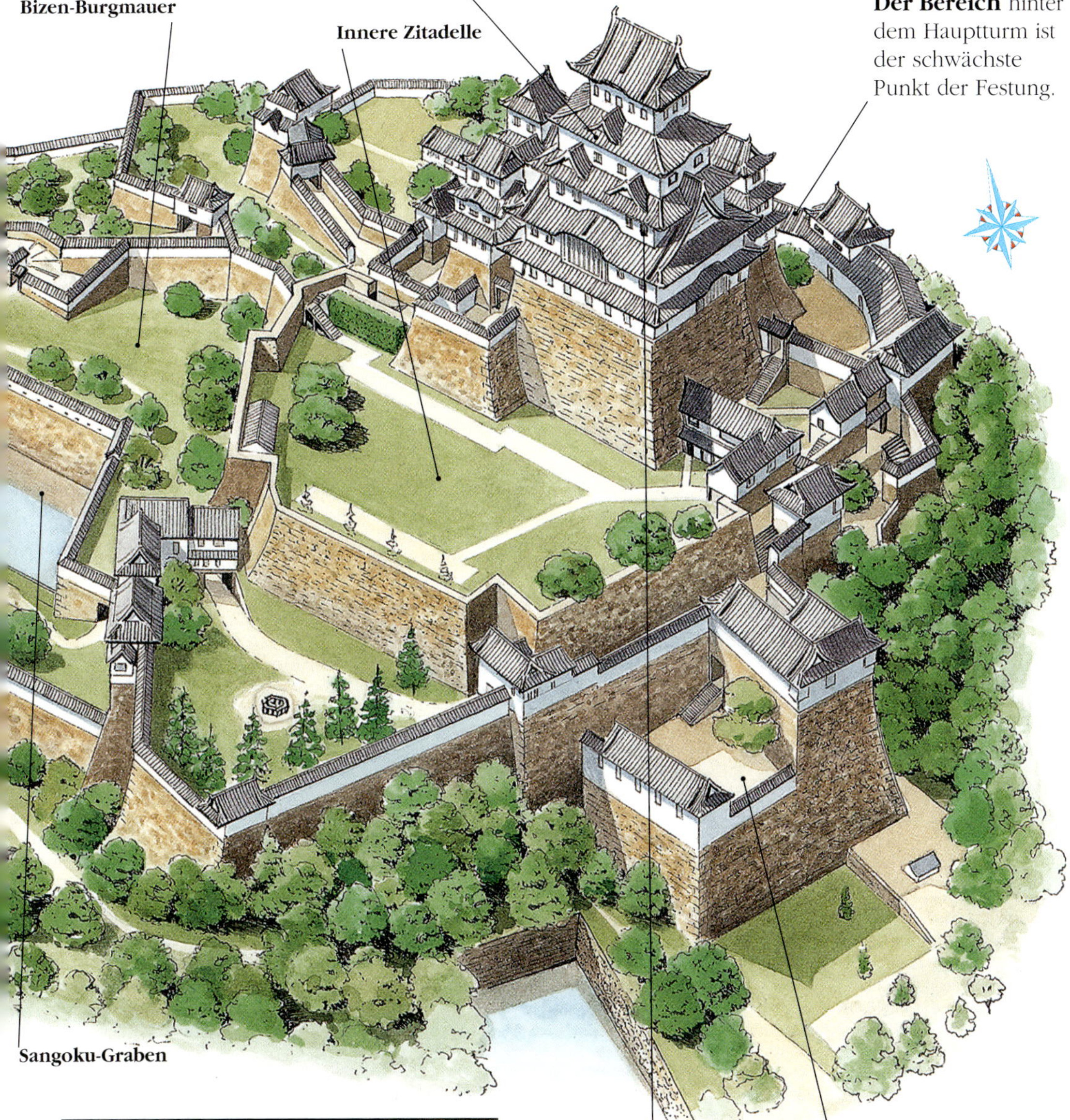

Bizen-Burgmauer

Innere Zitadelle

Der Bereich hinter dem Hauptturm ist der schwächste Punkt der Festung.

Sangoku-Graben

Das Innere
Der vierte Stock des Hauptturms war ursprünglich ein Waffenlager. Heute enthält der schmucklose Raum Exponate über das Leben in der Burg.

Der Selbstmordraum war beim Bau wohl für rituellen Selbstmord gedacht. Wahrscheinlich aber wurde er nur als Wasserspeicher genutzt.

Daten und Fakten

1333 Bau eines ersten Forts durch Norimura Akamatsu

1581 Erweiterung um einen dreigeschossigen Turm unter Toyotomi Hideyoshi

1601–09 Hauptbauzeit unter Ikeda Terumasa

1615–22 Umbau und Erweiterung unter Tadamasa Honda

1956–63 Restaurierung

1993 Aufnahme in das Weltkulturerbe der UNESCO

Der Turm Senhimes

Zu den interessantesten Bereichen zählt der ➤ *Schminkturm* in der westlichen Vorburg, die einstigen Gemächer der Prinzessin Senhime (oder Sen). Die Enkelin des Shoguns Tokugawa Ieyasu (➤ *S. 315*) wurde bereits mit sieben Jahren mit Toyotomi Hideyori verheiratet. Als sie 19 Jahre alt war, wurde ihr Ehemann nach der Niederlage in einer Schlacht zur Selbsttötung gezwungen. Sen heiratete Tadatoki Honda und zog in die Burg. Der zweistöckige Schminkturm wurde durch ihre Mitgift finanziert. Er diente ihr als Ort der Ruhe auf dem Weg zu einem Schrein, der sich heute noch in der Außenanlage der Burg befindet. Die Gemächer des Turms sind prächtig ausgeschmückt. Die Decken wurden aus Zedernholz gefertigt. Von ihnen hängen zarte Papierbahnen in schwarz lackierten Rahmen herab. Der Turm gehört zu den wenigen noch vorhandenen Gebäuden aus dem 17. Jahrhundert.

Kaiser Shomyo

Der kaiserliche Hof von Nara nahm den Buddhismus während der Regentschaft von Kaiser Shomyo (♔724–749) an. Shomyo (oder Shomu) baute in jeder Provinz Tempel, was auch das Netz der Verwaltung und seine Kontrolle über das Reich verstärkte. Besondere Bekanntheit erlangte er durch den 743 befohlenen Bau des Todai-ji-Tempels mitsamt dem ➛ *Großen Buddha Vairocana*. Das außerordentliche Unternehmen nahm Jahre in Anspruch und war so teuer, dass es die Wirtschaft Japans fast ausblutete und die Edelmetallreserven zusammenschmelzen ließ. Bei der Eröffnung des Tempels 752 malte der indische Mönch Bodhisena die Augen der Statue aus und beseelte sie damit. Shomyo, der seit 749 nicht mehr herrschte, erklärte sich zu Buddhas Diener. Er starb im Jahr 756.

Der Kofuku-ji – einer der vielen Tempel Kaiser Shomyos in Nara

Die Konstruktion des Tempels

Holz war lange das bevorzugte Material japanischer Architektur. Dadurch waren die Bauten natürlich auch feuergefährdet. Die ➛ *Große Buddha-Halle* des Todai-ji, das größte Holzgebäude der Welt, ist im traditionellen Fachwerkstil errichtet. Der rechteckige Grundriss der Halle wird durch 18 Säulen markiert, die 19 Meter hoch sind. Die strenge geometrische Form bildet die Grenze zwischen der dinglichen und der göttlichen Welt. 62 Pfeiler tragen das geneigte Dach. Die einzigartige Dachkonstruktion (➛ *Hölzerne Halle*) ist in der Lage, kleineren Erdbeben standzuhalten, was im gefährdeten Japan wichtig ist.

Der Todai-ji-Tempel

Steinlaterne am Todai-ji-Tempel

Trotz mehrerer Umbauten und Feuerschäden, die die gesamte Tempelanlage im Lauf der Jahrhunderte auf zwei Drittel der ursprünglichen Größe verkleinerten, ist die Große Buddha-Halle noch immer das größte hölzerne Gebäude der Welt. Der Bau des Todai-ji-Tempels, 752 vollendet, wurde von Kaiser Shomyo befohlen. Er sollte die große Buddha-Statue von Nara aufnehmen sowie die Stellung der Stadt als Hauptstadt und mächtiges Zentrum des Buddhismus stärken. Die Figur ist das größte bronzene Bildnis eines Buddha in Japan.

Das 19 Meter hohe Große Südtor (Nandai-mon, 1199) des Todai-ji

Kokuzo-bosatsu
Dieser Gott der Weisheit und des Glücks wurde um 1709 vollendet.

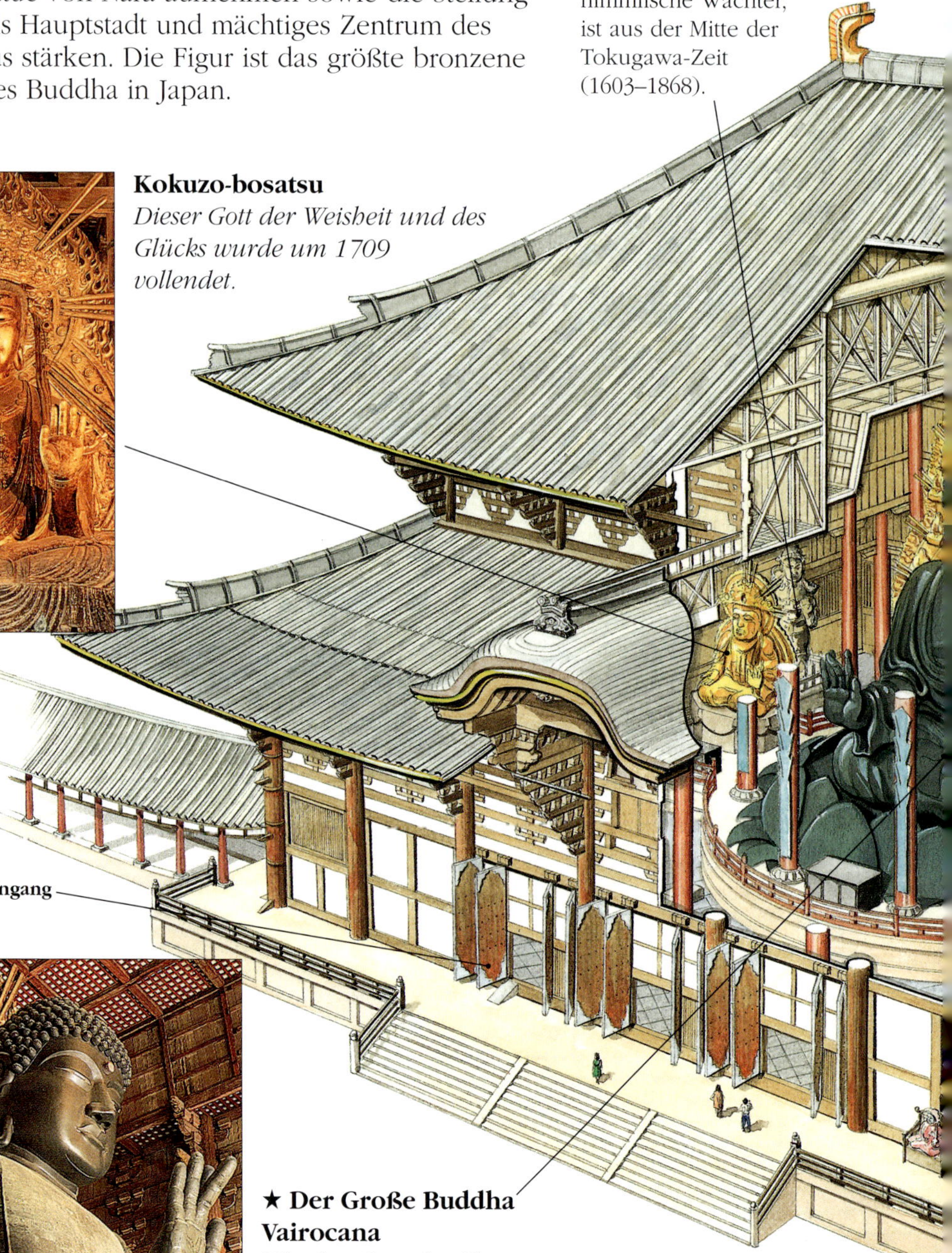

Koumokuten, der himmlische Wächter, ist aus der Mitte der Tokugawa-Zeit (1603–1868).

Eingang

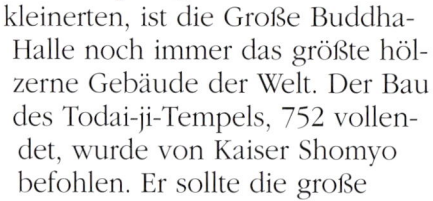

★ Der Große Buddha Vairocana
Für den Guss der über 16 Meter hohen Statue waren Hunderte Tonnen Bronze und 130 Kilo Gold nötig. Brände und Erdbeben zerstörten den Kopf mehrmals. Der derzeitige Kopf stammt von 1692.

Grosse Buddha-Halle

Der Todai-ji-Tempel erstreckt sich auf einem riesigen Areal. Das Zentrum ist diese Halle, die u.a nach Bränden mehrfach erneuert werden musste. Auch die Buddha-Statue ist nur noch in Fragmenten original.

Todai-ji-Tempel
Der Tempel steht oberhalb der alten Stadt Nara, einst die Hauptstadt Japans, auf einem von riesigen Bäumen bestandenen Areal.

Das Omizu-tori-Fest

Das Fest Omizu-tori (»Heiliges Wasser schöpfen«) wird schon seit dem 8. Jahrhundert am Todai-ji-Tempel gefeiert. Es soll die Ankunft des Frühlings signalisieren. Bei diesem Fest vom 1. bis zum 14. März wird Wasser aus einer heiligen Quelle zu Musikklängen geschöpft und Reinigungsriten werden mit Fackeln vollzogen.

RUSSLAND
NORDKOREA
SÜDKOREA
JAPANISCHES MEER
JAPAN
TOKIO
TODAI-JI-TEMPEL, NARA
PAZIFIK

Talismane, die vor Feuer schützen sollen
Nyoirin-Kannon gilt als Erfüller aller Wünsche.
Tamonten, ein weiterer Himmelswächter, stammt aus der gleichen Zeit wie Koumokuten auf der anderen Seite der Halle.
Hinter dem Buddha ist ein dicker Holzpfosten mit einem Loch. Der Volksglaube sagt, wenn man durch das Loch passt, gelangt man ins Nirwana.
Überdachte Wege auf dem Gelände

★ **Hölzerne Halle**
Die ungewöhnliche Holzrahmen-Konstruktion der Halle (um 1709) stammt möglicherweise von Handwerkern aus Südchina.

Dachkante
Die Dachkante mit ihren Hörnern und dem geschwungenen Sturz wurde als Verzierung angebaut (18. Jh.).

Höhepunkte

★ **Der Große Buddha Vairocana**

★ **Hölzerne Halle**

Daten und Fakten

752 Fertigstellung von Statue und Großer Buddha-Halle
1180 Zerstörung der Großen Buddha-Halle; anschließender Wiederaufbau
1567 Brand der Großen Buddha-Halle
1692 Wiederherstellung der Statue
1709 Wiederaufbau der Großen Buddha-Halle
1998 Aufnahme der Baudenkmäler von Nara mit dem Todai-ji-Tempel in das Weltkulturerbe der UNESCO

Buddhismus in Japan

Der aus Indien stammende Buddhismus (Buddha ➛ *S. 334*) kam im 6. Jahrhundert über China und Korea nach Japan. Prinz Shotoku (♔ 574 bis 622) war ein früher Förderer des Buddhismus. Obwohl er einheimische Glaubensinhalte einbezog, gestaltete sich das Verhältnis zur ältesten Religion Japans, dem Schintoismus (➛ *S. 314*), anfangs schwierig. Von 710 bis 794, als Nara Hauptstadt war, erlebte der japanische Buddhismus einen gewaltigen Aufschwung, was sich auch in der Baukunst niederschlug. Zu dieser Zeit entstanden zahlreiche Tempel in Nara. Der Buddha im Todai-ji-Tempel gilt als Höhepunkt dieser Epoche. Nachdem der Schintoismus 1868 zur Nationalreligion erklärt worden war, blühte der Buddhismus erst nach dem Zweiten Weltkrieg wieder auf. Heute gibt es in Japan etwa 90 Millionen Buddhisten. Die meisten gehören gleichzeitig dem Schintoismus an.

Einer der zahlreichen Gebetsräume im Kloster Alchi

Dukhang und Sumtsek

Das als Zentrum buddhistischer Kunst berühmte Alchi wurde als Denkmal für die Wiederbelebung des Buddhismus in Tibet im 11. Jahrhundert erbaut. Der älteste der fünf Tempel, der ➛ *Dukhang* oder Versammlungsraum, birgt einige von Alchis größten Schätzen. Ein schönes Bildnis von Vairocana, einem der fünf Meditations-Buddhas, ist umgeben von üppigen Holzschnitzereien. Sie stellen Tänzer und Fabeltiere dar. Flankiert wird es von denen der vier weiteren Meditations-Buddhas. Noch eindrucksvoller sind die sechs auf die Wände gemalten Mandalas. Der zweitälteste Tempel ist der dreistöckige ➛ *Sumtsek* mit riesigen Bildnissen von ➛ *Tschenresig* und Maitreya (Buddha des zukünftigen Weltzeitalters) in Wandnischen. Von unten ist ihr Rumpf sichtbar, die Köpfe ragen ins obere Stockwerk hinein.

Rinchen Zangpo

Der legendäre tibetische Gelehrte ➛ *Rinchen Zangpo* (958–1055) wird im tibetischen Buddhismus hoch verehrt. Er übersetzte viele buddhistische Texte ins Tibetische – eine Mammutaufgabe. Damit regte er die Wiedergeburt des Buddhismus in Tibet an und gründete zahlreiche Klöster in den heute indischen Regionen Siti sowie Ladakh.

Kloster Alchi

Tanzende Gottheit im Sumtsek

Das im 11. Jahrhundert gegründete Kloster Alchi ist das älteste buddhistische Kloster Ladakhs, des höchstgelegenen und erst seit 1974 für Touristen geöffneten Siedlungsgebiets Indiens. Aus unbekannten Gründen wurde es ab dem 16. Jahrhundert nicht mehr als Gebetsstätte genutzt. Die gut erhaltenen Malereien an Wänden und Decken sind wichtige Zeugnisse der sonst kaum belegten tibetisch-kaschmirischen Kunst des Buddhismus. Die schönsten Gemälde finden sich im Dukhang und im dreistöckigen Sumtsek, den beiden ältesten der insgesamt fünf Tempel.

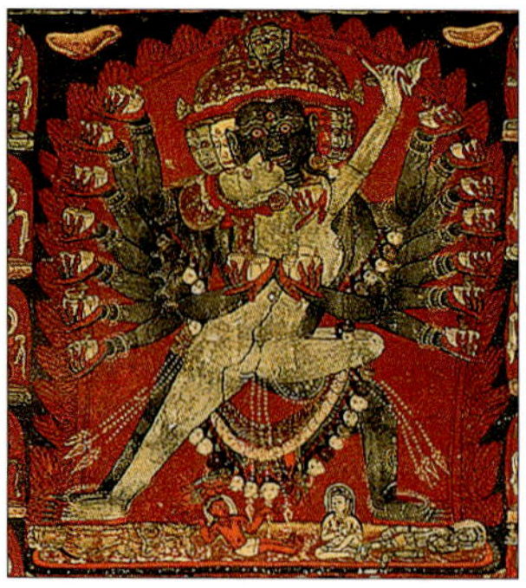

Lhakhang Soma
Dieses Bild eines Schutzgottes und seines weiblichen Gegenübers symbolisiert die Einheit der Gegensätze.

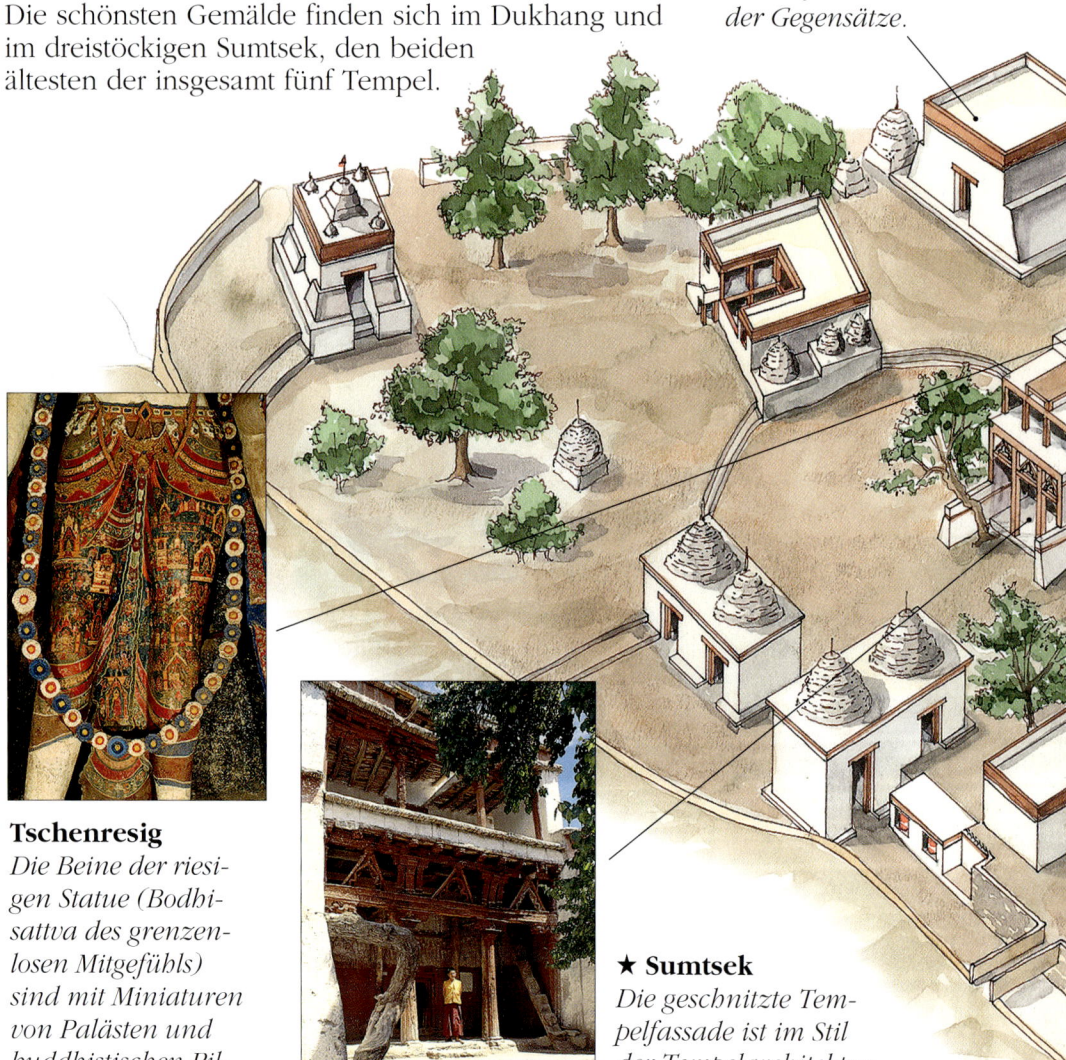

Tschenresig
Die Beine der riesigen Statue (Bodhisattva des grenzenlosen Mitgefühls) sind mit Miniaturen von Palästen und buddhistischen Pilgerstätten bemalt.

★ Sumtsek
Die geschnitzte Tempelfassade ist im Stil der Tempelarchitektur von Kaschmir gehalten.

Tara oder Prajnaparamita

Tara

Diese Gottheit – auch als »eine, die rettet« oder »alles vollendende Weisheit« bezeichnet – muss im Kultus von Alchi einen besonderen Platz eingenommen haben, da sie in anderen Klöstern nicht so oft abgebildet wird. Im ➛ *Sumtsek* finden sich mehrere exzellente Darstellungen, fünf davon sieht man links der riesigen Statue des ➛ *Tschenresig*, gegenüber von dessen Bein.

Höhepunkte

- ★ **Sumtsek**
- ★ **Dukhang**

Blick auf Alchi
Alchi liegt idyllisch in einer Flussbiegung des Indus. Die schlichten weiß getünchten Bauten mit den roten Streifen heben sich von der beeindruckenden kargen Berglandschaft ab.

Die Bodhisattvas

Diese geistlichen Lehrer auf dem Weg zur Buddhaschaft sind bereit, auf das Nirwana zu verzichten, damit andere Menschen Befreiung erlangen. Zu ihnen gehören ➛ *Tschenresig* sowie Manjushri (➛ *Manjushri Lhakhang*).

KLOSTER ALCHI
CHINA
PAKISTAN
NEU-DELHI
NEPAL
BANGLADESCH
INDIEN
GOLF VON BENGALEN
ARABISCHES MEER
INDISCHER OZEAN
SRI LANKA

★ Dukhang
Das Bildnis des in sich ruhenden Buddha Vairocana ist von kunstvollem Schnitzwerk, Zierfriesen und großartigen Mandalas umgeben.

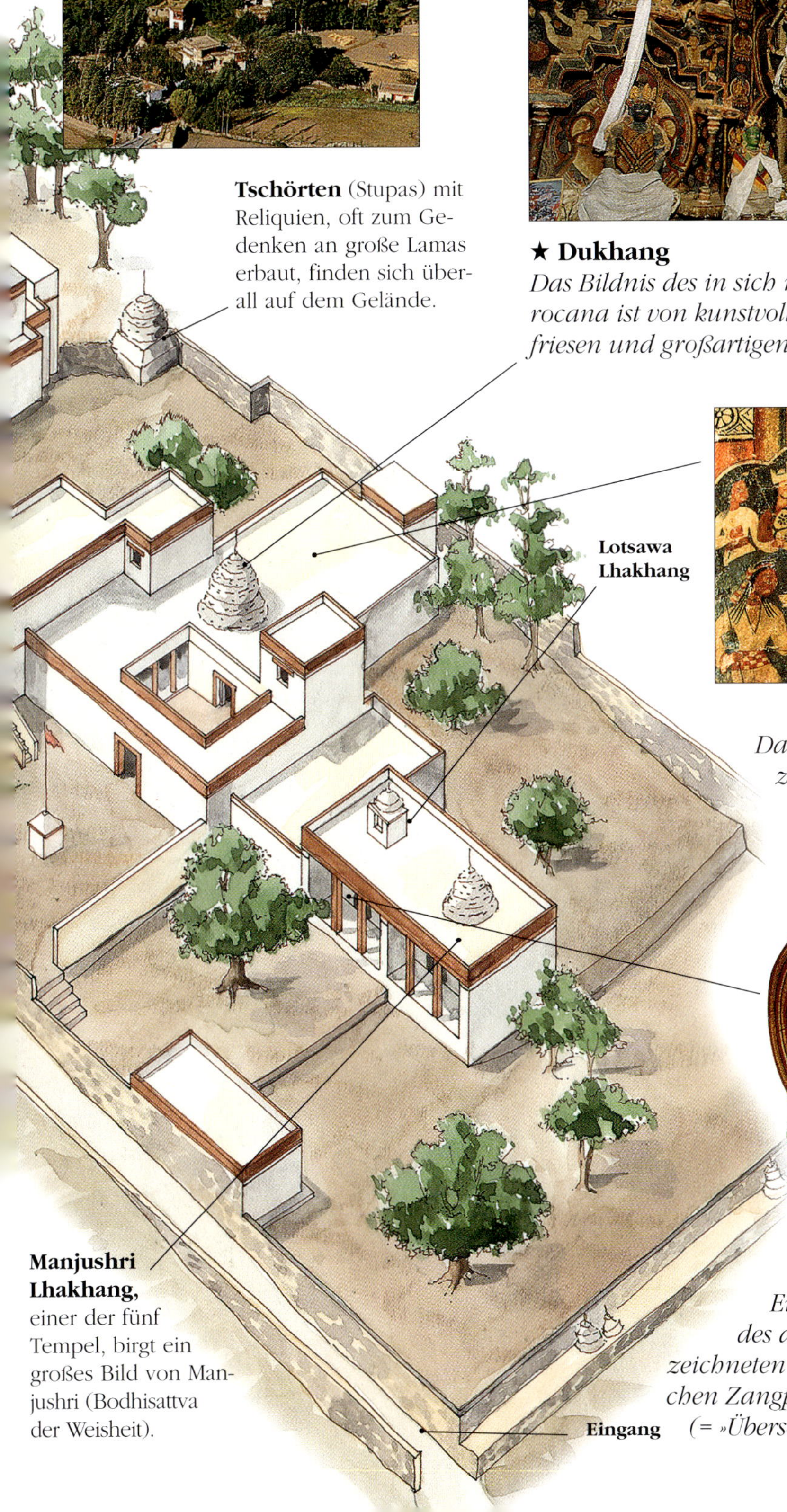
Tschörten (Stupas) mit Reliquien, oft zum Gedenken an große Lamas erbaut, finden sich überall auf dem Gelände.
Lotsawa Lhakhang
Manjushri Lhakhang, einer der fünf Tempel, birgt ein großes Bild von Manjushri (Bodhisattva der Weisheit).
Eingang

König und Königin
Das Wandbild im Dukhang zeigt Kleidung und Frisur der Herrscher im Detail.

Rinchen Zangpo
Eines der wenigen Porträts des als »großer Übersetzer« bezeichneten tibetischen Heiligen Rinchen Zangpo findet sich im Lotsawa (= »Übersetzer«) Lhakang (12. Jh.).

Daten und Fakten

11. Jahrhundert Klostergründung

Ende 12.–Anfang 13. Jahrhundert Bau der Tempel Manjushri Lhakhang, Lotsawa Lhakhang, Lhakhang Soma

16. Jahrhundert Aufgabe von Alchi als Zentrum der Anbetung

Mitte 16. Jahrhundert Kleinere Restaurierung von Gemälden des Sumtsek während der Regentschaft von König Tashi Namgyal

Die Meditations-Buddhas

Der buddhistische Tantrismus misst den fünf Buddhas der Meditation große Bedeutung bei. Jeder dieser Buddhas wird mit einer Richtung, einer Farbe und einem Symbol verknüpft. Vairocana (der Diamant-Buddha, ➛ *Dukhang*) ist verbunden mit dem Zentrum der Welt, der Farbe Weiß und dem Rad der Lehre, Amitabha (der Buddha des grenzenlosen Lichts) mit dem Westen, der Farbe Rot und der Lotosblume. Akshobhya (der Unerschütterliche) wird dem Osten, der Farbe Blau und dem Diamantzepter »Vajra« – das selbstlose Wirken symbolisierend – zugesellt, Amoghasiddhi (der Verwirklicher aller Ziele) dem Norden, der Farbe Grün und dem Doppel-Vajra. Ratnasambhava (geborenes Juwel) verbindet sich mit dem Süden, der Farbe Gelb und dem wunscherfüllenden Juwel. Diese transzendenten Buddhas repräsentieren die fünf Qualitäten verwirklichter Buddha-Natur.

Religiöses Zentrum

Das höchste Heiligtum der Sikhs, der Goldene Tempel, ist Mittelpunkt einer Stadt in der Stadt – zergliedert durch ein Straßengewirr und gesichert durch 18 befestigte Tore. Im Nordtor, durch das man zum Tempel gelangt, befindet sich das Sikh-Museum mit seiner Sammlung von Gemälden, Manuskripten und Waffen. Von hier führen Stufen nach unten zum Parikrama (Marmorweg), der den mit dem »Nektar der Unsterblichkeit« gefüllten ➛ *Amrit Sarovar* (daher der Name Amritsar) und den ➛ *Hari Mandir* (»Tempel Gottes«) umschließt. Am Parikrama liegt auch der Dukh Bhanjani Ber, ein Baum-Heiligtum, das heilende Kräfte haben soll. Der Parikrama führt weiter zum ➛ *Akal Takht*, 1601 fertig gestellt. Zur Anlage gehört auch der Guru ka Langar, in dem es kostenlose Speisen für jedermann gibt – zur Lehre der Sikhs gehört das kastenübergreifende Gleichheitsprinzip.

Ranjit Singh

Einer der bedeutendsten Herrscher Nordindiens war Maharadscha Ranjit Singh, der von 1801 bis 1839 regierte und das erste Sikh-Königreich des Pandschab begründete. Dank geschickter Strategie hielt er die britischen Streitkräfte und Eindringlinge aus Afghanistan in Schach – Handel und Industrie blühten auf. Obwohl er ein frommer Sikh war, pflegte der einäugige Herrscher zu sagen: »Gott wollte, dass ich mit einem Auge auf alle Religionen schaue.«

Der Goldene Tempel mit dem Haupteingang des Komplexes

Der Goldene Tempel

Mosaikdetail

Das Hauptheiligtum der Sikh-Religion in Amritsar besticht durch seine unvergleichliche Synthese aus islamischer und hinduistischer Architektur. Inmitten eines heiligen Sees liegt der Goldene Tempel aus dem 18. Jahrhundert, in dem die heilige Schrift der Sikhs, der Adigrantha, kultisch verehrt wird. Ranjit Singh ließ die Innenräume verschönern und die Kuppel mit Gold beschlagen. Schon im 18. Jahrhundert mehrfach zerstört, erlitt das Heiligtum bei den Tempelunruhen von 1984 Schäden, das Original der Adigrantha verbrannte.

Erstes Obergeschoss
Die Marmorwände zieren Einlegemosaiken sowie mit Blattgold überzogene Gipsornamente, die Tier- und Blumenmotive zeigen.

Hari Mandir
Der mit Einlegemosaiken verzierte dreistöckige Tempel ist die heiligste Stätte der Sikhs. Tagsüber wird hier aus der heiligen Schrift Adigrantha rezitiert.

★ Shish Mahal
Der Spiegelsaal im obersten Stockwerk hat ein geschwungenes Dach. Der Boden wird mit einem Besen aus Pfauenfedern gekehrt.

Die Kuppel in Form einer umgedrehten Lotusblüte ist mit 100 Kilogramm Gold verkleidet, die der Pandschab-Herrscher Ranjit Singh stiftete.

Der Unterteil der Mauer besteht aus weißem Marmor.

★ Adigrantha
Die heilige Schrift liegt unter einer juwelenbesetzten Kuppel im Durbar Sahib (»Hof des Herrn«).

Höhepunkte

★ Shish Mahal

★ Adigrantha

Darshani Deorhi
Der Torbogen mit seinen zwei silbernen Türen bietet den ersten Blick ins Allerheiligste. Die Wände sind mit heiligen Versen bedeckt.

Guru Parab

Das Fest Guru Parab feiert Guru Nanaks Geburtstag in einer Vollmondnacht Ende Oktober/Anfang November. Das Fest ist besonders spektakulär am Goldenen Tempel, der von vielen Tausend Lampen erhellt wird.

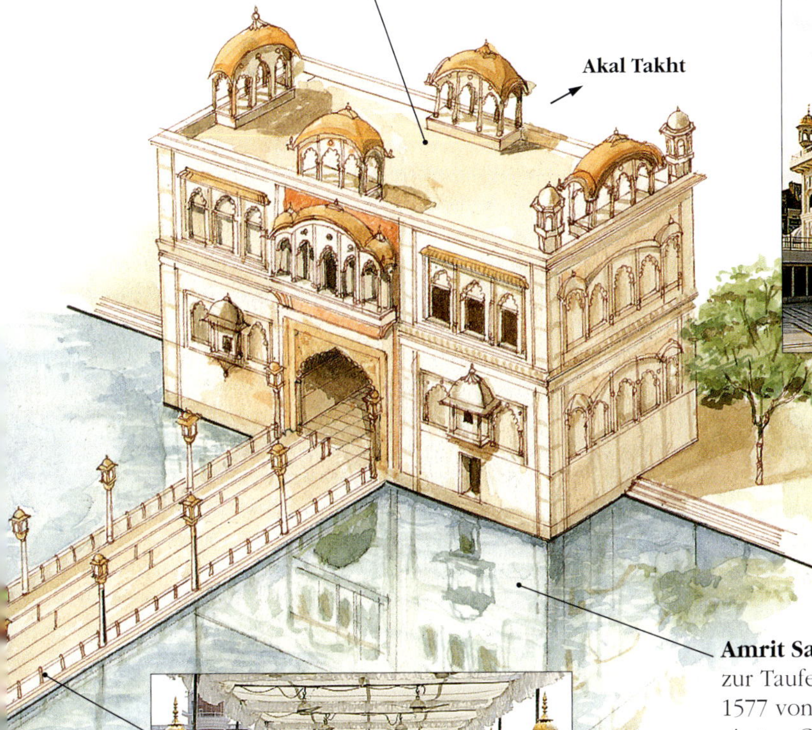

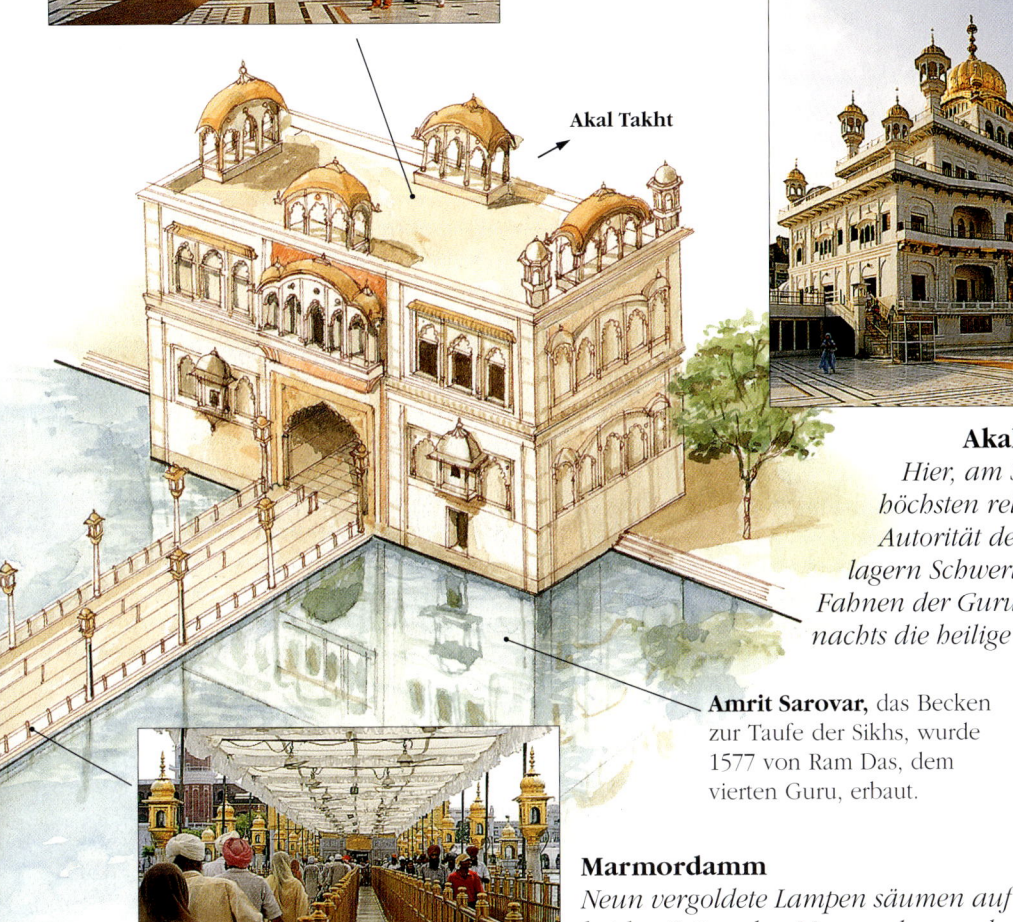

Akal Takht
Hier, am Sitz der höchsten religiösen Autorität der Sikhs, lagern Schwerter und Fahnen der Gurus sowie nachts die heilige Schrift.

Amrit Sarovar, das Becken zur Taufe der Sikhs, wurde 1577 von Ram Das, dem vierten Guru, erbaut.

Marmordamm
Neun vergoldete Lampen säumen auf beiden Seiten den Marmordamm, der über den Amrit Sarovar in den Goldenen Tempel führt.

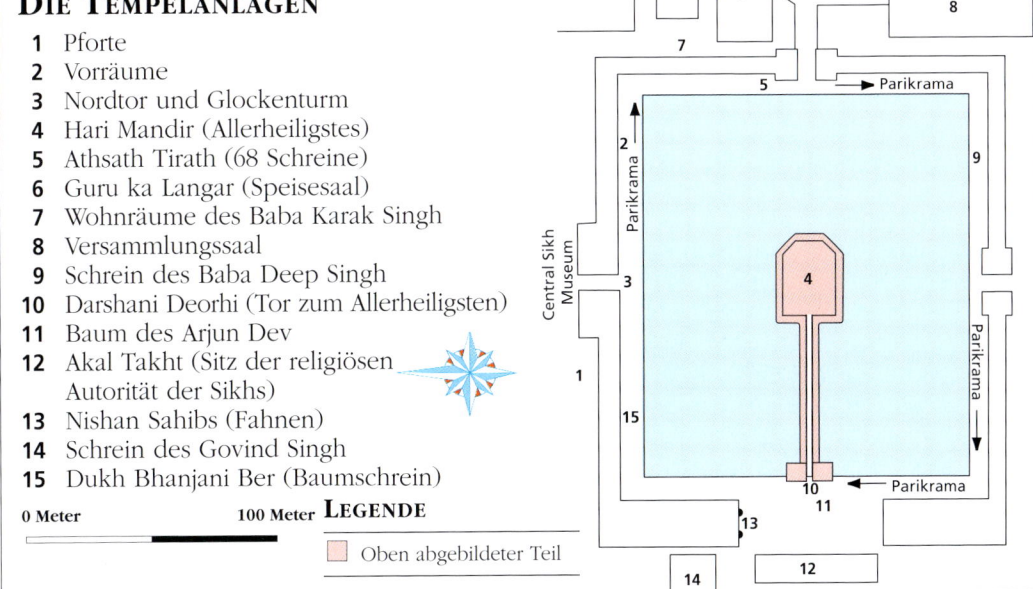

Die Tempelanlagen

1 Pforte
2 Vorräume
3 Nordtor und Glockenturm
4 Hari Mandir (Allerheiligstes)
5 Athsath Tirath (68 Schreine)
6 Guru ka Langar (Speisesaal)
7 Wohnräume des Baba Karak Singh
8 Versammlungssaal
9 Schrein des Baba Deep Singh
10 Darshani Deorhi (Tor zum Allerheiligsten)
11 Baum des Arjun Dev
12 Akal Takht (Sitz der religiösen Autorität der Sikhs)
13 Nishan Sahibs (Fahnen)
14 Schrein des Govind Singh
15 Dukh Bhanjani Ber (Baumschrein)

0 Meter — 100 Meter

Legende

Oben abgebildeter Teil

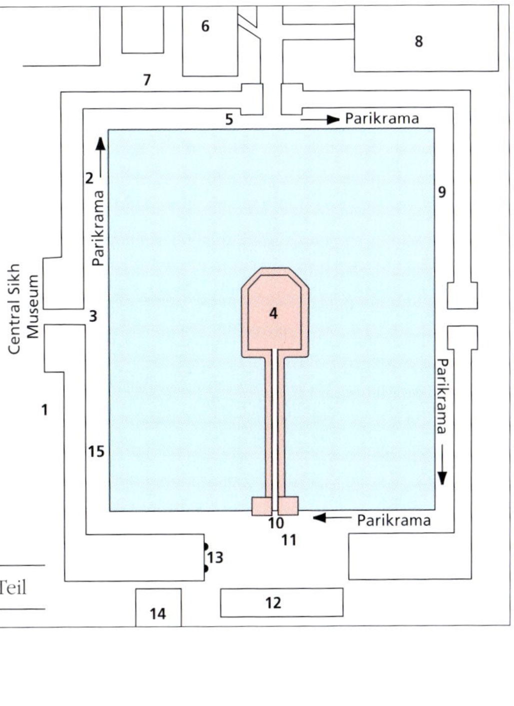

Daten und Fakten

1589–1601 Bau des ersten Tempels im See

1761 Zerstörung des Tempels durch Afghanen

1764 Neuerrichtung des Tempels

1830 Verzierung der Kuppel mit Gold durch Maharadscha Ranjit Singh

1984 Schaden am Tempel bei der Armee-Operation »Blauer Stern«, die sich gegen Extremisten richtete

2003 Umfassende Verschönerung der Anlagen dank Finanzierung durch die Pandschab-Staatsregierung

Der Sikhismus

Mit ihrem typischen Turban und Vollbart sind Sikhs leicht zu erkennen. Der Ende des 15. Jahrhunderts von Nanak (1469–1539) begründete Sikhismus verbindet Elemente des Hinduismus und des Islam. Sikhs glauben an ein gestaltloses höchstes Wesen. Die Religion wird auch Gurmat oder »Lehre des Gurus« genannt. Nanak war der erste von zehn Gurus. Der zehnte und letzte Guru, Guru Govind Singh (1675 bis 1708), organisierte die Sikh-Gemeinschaft neu: als militärischen Orden. Dieser sollte die religiös bedingte Verfolgung durch die Mogulherrscher bekämpfen. Der Guru gab den Sikhs ihre Identität und die fünf Symbole, die von allen Sikhs getragen werden müssen: Kesh (langes Haar), Katchera (Unterwäsche), Kirpan (Schwert), Kangha (Kamm) und Kara (Armreif).

Relikte hinduistischer Bautechnik

Bei der künstlerischen Gestaltung der muslimischen Sakralbauten des Qutb-Minar-Komplexes wurden hinduistische Bautechniken und die vorhandenen Materialien verwendet. Die hinduistischen Handwerker erwiesen sich bei der plastischen Gestaltung der Innenwände mit Blattrankenornamenten und Lotosmustern als Meister ihres Fachs. Da ihnen jedoch selbsttragende Gewölbe (➛ *Alai Darwaza*), Kuppeln und Bögen nicht bekannt waren, bedienten sie sich der gewohnten Kragtechnik. Sie schichteten Steine aufeinander, deren Ringschichten nach oben immer enger wurden. Die Stufen der vorkragenden Steine wurden mit Mörtel geglättet.

Die Quwwat-ul-Islam-Moschee

Die bald nach der Eroberung Delhis unter Qutb-ud-Din Aibak gebaute ➛ *Quwwat-ul-Islam-Moschee* (»Macht des Islam«) war die erste Gemeindemoschee der Stadt. Der große, rechteckige Hof und die Stützhallen wurden mit behauenen Säulen und Decken von 27 Hindu- und Jaintempeln errichtet, die dazu abgerissen worden waren. Später fügte man eine frei stehende Sandsteinwand hinzu, deren Größe durch fünf riesige Bögen noch betont wird. Die Fassade ist mit typisch islamischen Verzierungen versehen, mit Kalligraphien und fließenden Arabesken. Die Moschee wurde unter Iltutmish und Ala-ud-Din Khilji vergrößert. Auf dem Hof steht die rund sieben Meter hohe ➛ *Eiserne Säule*, die einen Vishnu-Tempel geschmückt haben soll.

Der Qutb Minar verkörpert die Macht des Islam.

Der Qutb-Minar-Komplex

Steinblume, Qutb Minar

Der höchste Steinturm Indiens, der Qutb Minar, wurde zum Vorbild für die Minarette indischer Moscheen und Grabmäler. Er ist Teil der ältesten Moschee Neu-Delhis, dem ersten bedeutsamen islamischen Bauwerk auf indischem Boden. Der Heerführer Qutb-ud-Din Aibak ließ sie Ende des 12. Jahrhunderts auf dem Areal einer alten Hindu-Festung als Siegesmoschee erbauen. Hierzu ordnete er die Vernichtung von 27 Tempeln, deren Trümmer zum Bau verwendet wurden, durch Kriegselefanten an. Die Moschee und die anderen Gebäude des Komplexes sind reich geschmückt. Nach den Vorschriften des Koran mussten die hinduistischen Steinmetze auf figürliche Darstellungen verzichten.

Alai Darwaza
Das Torhaus des Komplexes, 1311 unter Ala-ud-Din Khilji erbaut, ist – erstmals in Indien – in selbsttragender Bauweise ausgeführt.

Grab des Ala-ud-Din Khilji

Höhepunkte

- ★ **Qutb Minar**
- ★ **Quwwat-ul-Islam-Moschee**
- ★ **Eiserne Säule**

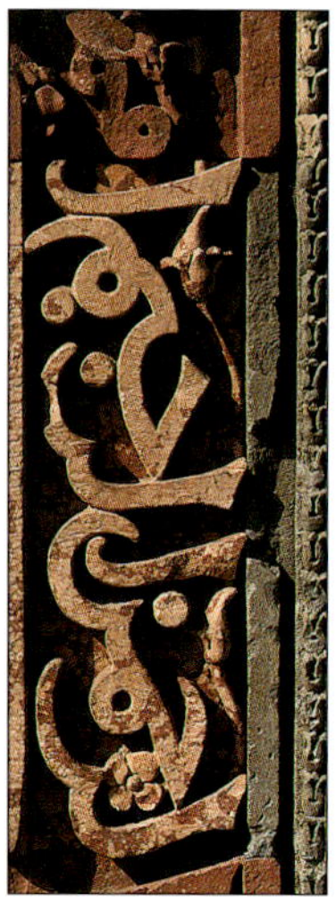

Geschnitzte Paneele
Der Eingang zum Qutb-Minar-Komplex ist mit geschnitzten Inschriften von Koranversen verziert.

Grab des Imam Zamin
Im frühen 16. Jahrhundert wurde in diesem kleinen überkuppelten Sandsteinbau mit seinen filigran durchbrochenen Wänden ein Heiliger aus Turkestan bestattet.

Grab des Iltutmish
Das von Iltutmish 1235 selbst erbaute Grabmal ist innen mit Ornamenten und Schriftbändern geschmückt.

Zeitzeugenbericht

»Der Sultan schmückte die große Moschee mit dem Gold und den Steinen der Tempel, die er durch Elefanten hatte zerstören lassen, und bedeckte die Wände mit Toghra-Inschriften der göttlichen Gebote.« So wurde die Quwwat-ul-Islam-Moschee beschrieben.

★ Eiserne Säule
Die Säule (4. Jh.) wurde zu Ehren Vishnus gefertigt und ist zu 98 Prozent aus reinem Eisen.

★ Quwwat-ul-Islam-Moschee
Auf den Säulen der Moschee sind hinduistische Glückszeichen wie der überquellende Krug erkennbar.

★ Qutb Minar
Bemerkenswert an dem 72,5 Meter hohen, unter Qutb-ud-Din Aibak begonnenen »Siegesturm« sind die monumentalen Kufi-Inschriften.

Daten und Fakten

1193–97 Bau der Quwwat-ul-Islam-Moschee

nach 1210 Vollendung des Qutb Minar unter Iltutmish

1230 Vergrößerung der Moschee

1311 Baubeginn eines zweiten Siegesturms unter Ala-ud-Din Khilji (unvollendet)

1368 Ergänzung des Qutb Minar durch zwei Stockwerke und eine Kuppel unter Firuz Shah Tughluq

1803 Zerstörung der Kuppel des Qutb Minar nach einem Erdbeben; Erneuerung 1829; 1840 wieder abgenommen

1993 Aufnahme in das Weltkulturerbe der UNESCO

Qutb-ud-Din Aibak

Sultan Qutb-ud-Din Aibak (♔ 1206–10) legte den Grundstein für die Islamisierung Nordindiens. Der ehrgeizige Türke hatte sich als Sklave des afghanischen Herrschers Muhammed-bin-Sam von Ghur bis zum Heerführer hochgedient. Als es Muhammed-bin-Sam von Ghur 1192 gelang, sich in Nordindien festzusetzen, ließ er Qutb-ud-Din Aibak als Statthalter der indischen Besitzungen zurück. Dieser eroberte 1193 Delhi. 1206 starb der Herrscher und Qutb-ud-Din Aibak fühlte sich nicht mehr an seinen Treueeid gebunden. Er gründete die erste islamische Dynastie auf indischem Boden. Mit dem Bau der ➛ *Quwwat-ul-Islam-Moschee* wollte er den hinduistischen Untertanen täglich den Sieg des »rechten Glaubens« verdeutlichen.

Mogularchitektur

Die Mogularchitektur ist, wie die Mogulkultur (16. bis Mitte 18. Jh.) überhaupt, stark vom Persischen geprägt. Dies lässt sich an Grabanlagen, Moscheen, Palästen sowie geometrisch angelegten Gärten (➛ *Charbagh*) als Bestandteil von Grabanlagen und Festungen ablesen. Dabei verbanden sich persischer und hinduistischer Stil zu einer neuen Harmonie. Unter dem Mogulkaiser Shah Jahan entstanden einige der schönsten Bauwerke. Dekorative Elemente wie durchbrochene Jalis (Abtrennungen), ➛ *Einlegemosaiken* und vielfach gefächerte Bögen verliehen den Mogulbauten ihre Leichtigkeit und Eleganz. Zu erwähnen sind ferner die Chattris (Pavillons mit Kuppeldächern), aus der Rajput-Architektur übernommen, und die ➛ *Minarette*.

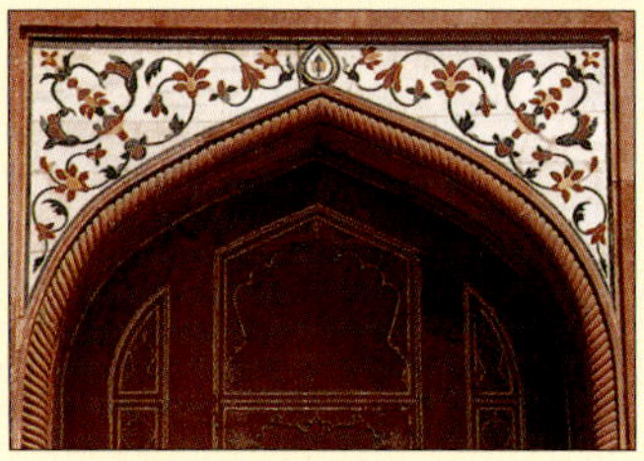

Einlegemosaiken über dem Eingang der Grabmoschee

Der Paradiesgarten

Das Kennzeichen für die Landschaftsgestaltung der Moguln schlechthin ist der Paradiesgarten. Er wurde eingeführt von Babur (♔ 1494 bis 1530), dem ersten Großmogul. Dieser sehnte sich nach Ferghana, seiner Heimat in Zentralasien. Der ➛ *Charbagh*, dessen Gestaltung geometrischen und metaphysischen Konzepten des Islam folgte, war ein durch erhabene Gehwege, durch Kanäle und Haine viergeteilter abgeschlossener Garten. Die vier Teile symbolisierten die vier Lebensabschnitte. Wasser, Quelle allen Daseins in den Wüsten Zentralasiens, war das wesentliche Element. Die vier Kanäle trafen sich am Pavillon des Herrschers.

Taj Mahal

Schnitzerei an den äußeren Nischen

Das Grabmal in Agra, das der Mogulkaiser Shah Jahan für seine 1631 verstorbene Lieblingsfrau Mumtaz Mahal errichten ließ, ist eines der bekanntesten Gebäude der Welt. Aufgrund seiner Eleganz und des kunstvollen Bauschmucks gilt es als Höhepunkt der Mogul-Architektur. Etwa 20 000 Arbeiter waren rund 16 Jahre lang damit beschäftigt, den »zu Stein gewordenen Seufzer« zu errichten. Angeschlossen ist ein vierteiliger Garten, der ein Abbild des islamischen Paradiesgartens ist.

Doppelkuppel
Sie ist 44 Meter hoch und trägt eine Kreuzblume.

★ Marmortrennwand
Das durchbrochene Marmorgitter umschließt die beiden Kenotaphen des Herrscherpaares.

Vier Minarette, mehr als 40 Meter hoch und von einem offenen achteckigen Pavillon (Chattri) gekrönt, umrahmen das Mausoleum.

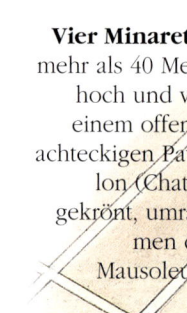

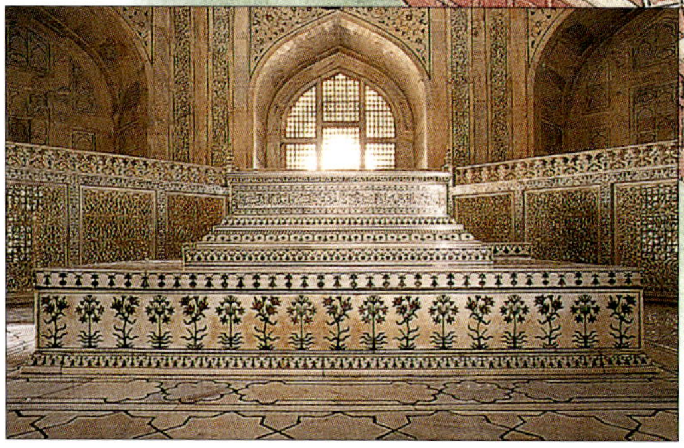

★ Grabkammer
Mumtaz Mahals Grabmonument steht neben dem von Shah Jahan auf einem Sockel. Begraben sind sie in einer darunter liegenden Gruft.

Höhepunkte

- ★ Marmortrennwand
- ★ Grabkammer
- ★ Einlegemosaiken

Der Charbagh wurde mit Wasser aus dem Fluss Yamuna bewässert.

Haupt-eingang

Shah Jahans Plan

Der Legende nach plante der unglückliche Mogulkaiser nach Abschluss des Grabmals für sich selbst als Zwillingsbau eine Grablege aus schwarzem Marmor am gegenüberliegenden Ufer des Flusses Yamuna.

Das Lotosbecken
In diesem nach seinen wie Lotosblüten geformten Wasserspeiern benannten Becken spiegelt sich das Grabmal.

Pishtaq
Die zurückgesetzten Torbögen erzeugen Tiefenwirkung, während die Einlegearbeiten das Sonnenlicht reflektieren.

★ Einlegemosaiken
Feine Blumenmuster (Anspielung auf den Paradiesgarten) aus Halbedelsteinen verleihen der strengen weißen Fassade das Aussehen einer juwelenbesetzten Schmuckschatulle.

Wandkalligraphien
Die Schriftgröße der Koranverse nimmt mit der Höhe des Bogens zu, sodass sich dem Auge ein gleichmäßig großes Schriftband zeigt.

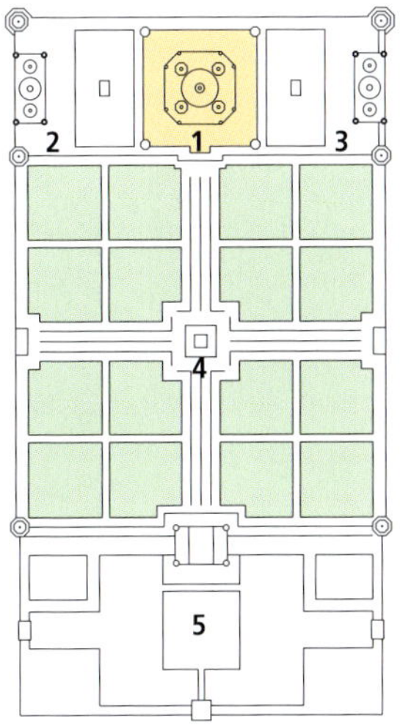

Taj Mahal

1 Grabkammer
2 Grabmoschee
3 Gästehaus
4 Charbagh (symmetrischer Garten)
5 Toranlage

Legende

- Abgebildeter Bereich
- Charbagh

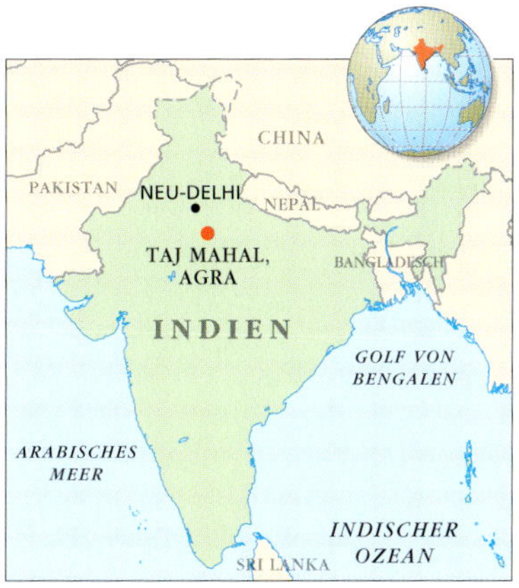

Daten und Fakten

1631 Tod von Mumtaz Mahal, der Lieblingsfrau des Mogulkaisers Shah Jahans

1632 Baubeginn der Grabanlage für Mumtaz Mahal

um 1648 Fertigstellung

1664 Vollendung der Grabmoschee

1983 Aufnahme in das Weltkulturerbe der UNESCO

2001 Beginn der Restaurierung und Verbesserung der Besuchereinrichtungen

Dekorative Elemente

Die makellose Marmorverblendung des Taj Mahal mit ihrer bemerkenswerten Verzierung macht die raffinierte Ästhetik augenfällig, die ihren Zenit während der Regentschaft Shah Jahans (♔ 1627 bis 1658) erreichte. Das Grabmal manifestiert den Reichtum der Mogulkunst, die sich auch in der Gartengestaltung, Malerei, Kalligraphie, im Schmuck und in den Textilien niederschlug. Zu den dekorativen Elementen gehören ➛ *Wandkalligraphien* sowie in den Marmor oder Sandstein geschnitzte florale Motive und die ➛ *Einlegemosaiken*. Diese Pietra Dura genannte Technik soll unter dem Mogulkaiser Jahangir (♔ 1605–27) aus Florenz eingeführt worden sein. Dabei werden Halbedelsteine wie Jaspis, Achat, Karneol und Lapislazuli zu floralen Motiven zusammengesetzt und in den weißen Marmor eingearbeitet. Noch heute benutzen Künstler in Agra die Musterbücher mit den Motiven aus dem 17. Jahrhundert.

Die Grosse Moschee

Oberhalb von Fatehpur Sikri ragt die Große Moschee Jami Masjid empor. Die Gebetshalle, die bis zu 10 000 Gläubige fasst, ist aus rotem Sandstein errichtet und mit eingelegten, geometrischen Marmormustern verziert. Der Platz für die Zusammenkünfte der Gemeinde weist monumentale Tore zum Osten und Süden hin auf. Das 54 Meter hohe Triumphtor sollte an Akbars Eroberung von Gujarat 1573 erinnern. Religiöser Mittelpunkt der Anlage ist das weiße, in Marmor ausgekleidete Mausoleum des sufistischen Mystikers Salim Chisti. Dieser sagte Akbar 1568 das Ende seiner Kinderlosigkeit richtig voraus. Seitdem ist Chistis Grab ein Wallfahrtsort kinderloser Frauen, die auf ein Wunder hoffen.

Das prächtige Mausoleum von Salim Chisti aus weißem Marmor

Mogulkaiser Akbar

Der indische Mogulkaiser (1542–1605) und eigentliche Begründer des Mogulreichs war ein aufgeklärter Herrscher. 1556, mit 13 Jahren, bestieg er den Thron. Während seiner Regentschaft dehnte er sein Reich über Nordindien, Kaschmir, Bihar, Bengalen, Orissa und einen großen Teil des Dekhan aus. 1581 eroberte er Kabul. Sehr bemerkenswert war seine Politik der religiösen Toleranz. Akbar war fasziniert vom vergleichenden Studium der Religionen. Er organisierte Treffen mit Priestern aller Glaubensgemeinschaften in Fatehpur. Das Resultat war Din Ilahi, die »göttliche Religion«, die hinduistische, islamische, persische und christliche Elemente vereinen sollte.

Der Palast von Fatehpur Sikri

Jali-Gitterwerk

Mogulkaiser Akbar ließ die »Stadt der Siege«, so die Bedeutung von Fatehpur Sikri, zu Ehren des sufistischen Heiligen Salim Chisti Mitte des 16. Jahrhunderts erbauen. Nur rund 15 Jahre lang war Fatehpur Sikri die Hauptstadt seines Reiches. Mit ihrer feingliedrigen Silhouette aus Kuppeln, Pavillons und Arkaden ist die restaurierte Anlage eines der besten Beispiele einer Residenzstadt im Mogulstil (➛ *S. 326*). Die Verbindung islamischer, buddhistischer und hinduistischer Elemente lässt sich auf Akbars religiöse Toleranz zurückführen. Der Grund für die Aufgabe der Stadt blieb bis heute ungeklärt.

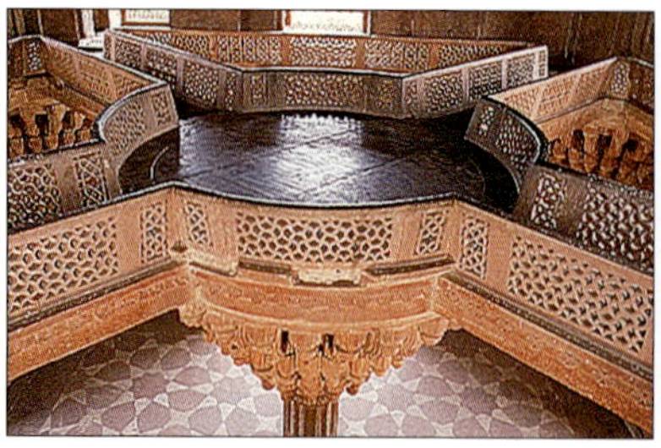

Säule im Diwan-i-Khas
Im Kapitell einer hohen Säule in Form eines steinernen Baums wurde der Kaiserthron geschaffen.

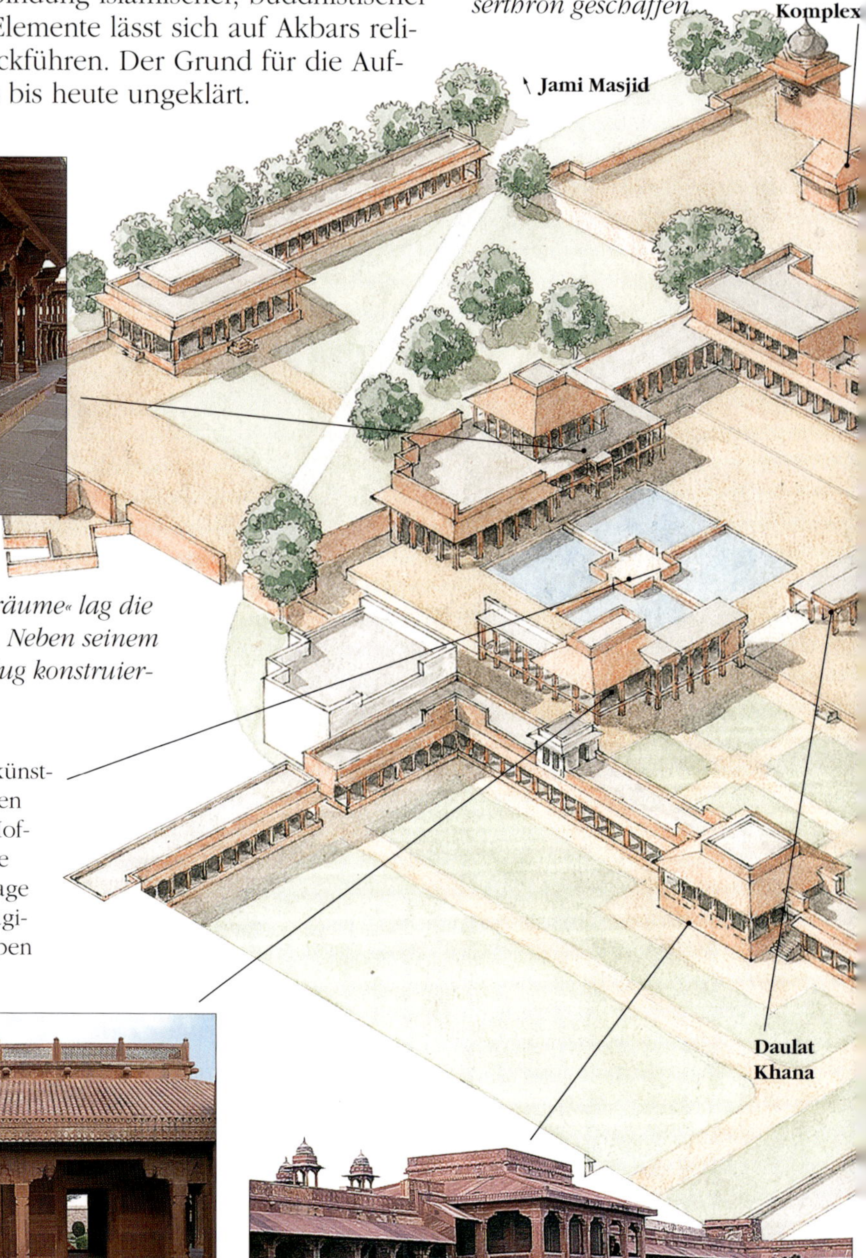

Khwabgah
In diesem reich dekorierten »Zimmer der Träume« lag die Schlafstatt des Kaisers. Neben seinem Bett befand sich ein klug konstruierter Lüftungsschacht.

Anup Talao ist ein künstlicher Teich, an dessen Ufer der berühmte Hofmusiker Tansen seine Konzerte gab. Der Sage nach konnte sein magischer Gesang Öllampen entzünden.

★ Haus der türkischen Sultanin
Der Sandstein des für Akbars erste, aus der Türkei stammende Frau gebauten Pavillons wirkt durch die Zierreliefs wie Holz. Das ungewöhnliche Steindach sieht aus, als sei es mit Tonziegeln gedeckt.

Diwan-i-Aam
Ursprünglich waren dieser große Hof und sein aufwendiger Pavillon mit Wandteppichen dekoriert. Sie dienten für öffentliche Audienzen.

★ Panch Mahal
Das imposanteste Gebäude des Pachisi-Hofes ist der fünfstöckige offene Sandsteinpavillon. Er verjüngt sich nach oben in der Art eines buddhistischen Tempels. Die Steinmetzarbeiten zeugen von der Kunstfertigkeit der damaligen Handwerker.

Tansen

Der legendäre Musiker Tansen, ein Genie, war Akbars Musikmeister und einer der »neun Juwele« an seinem Hof. Er entwickelte neue aufregende Ragas, d.h. indische Melodiemodelle.

★ Diwan-i-Khas
Diese private Audienzhalle durften nur ausgewählte Personen betreten, um dem Kaiser ihr Anliegen vorzutragen.

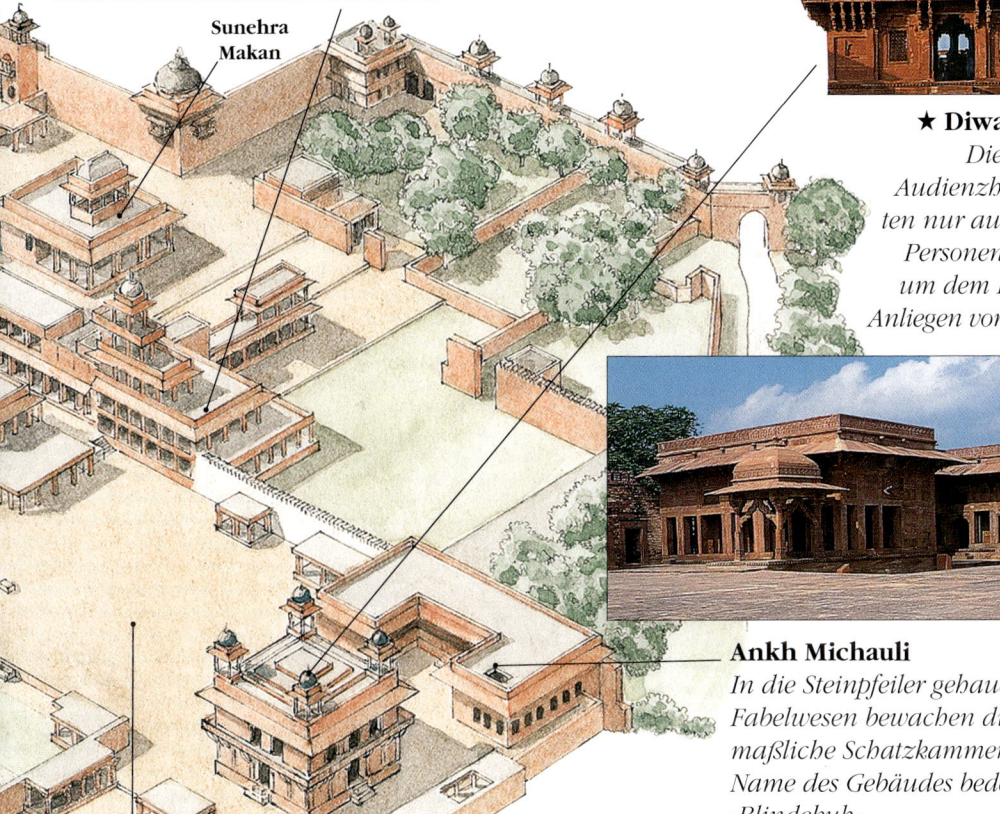

Der Pachisi-Hof ist nach einem Brettspiel benannt, das hier gespielt wurde.

Ankh Michauli
In die Steinpfeiler gehauene Fabelwesen bewachen die mutmaßliche Schatzkammer. Der Name des Gebäudes bedeutet »Blindekuh«.

Plan von Fatehpur Sikri

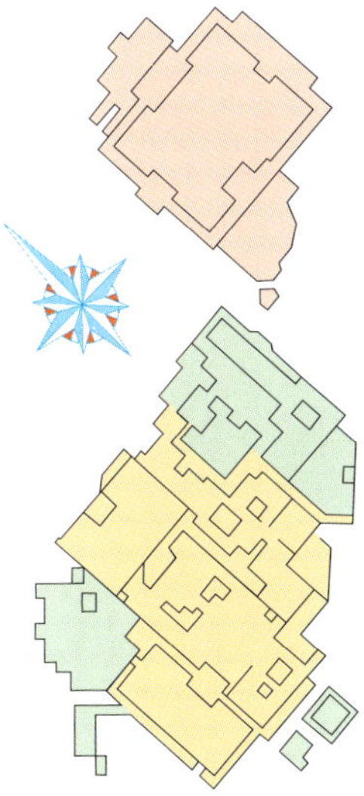

Der kaiserliche Komplex von Fatehpur Sikri umfasst die öffentlichen und privaten Räume von Akbars Hofstaat, darunter den Harem und die Schatzkammer. Das dem Kaiser vorbehaltene Herrschertor trennt sie vom heiligen Komplex, wo sich Triumphtor, die Große Moschee Jami Masjid und das Grab von Salim Chisti befinden.

Legende

- Abgebildeter Bereich
- Andere Gebäude
- Heiliger Komplex (Jami Masjid)

Höhepunkte

- ★ **Haus der türkischen Sultanin**
- ★ **Panch Mahal**
- ★ **Diwan-i-Khas**

Daten und Fakten

1569 Gründung von Fatehpur Sikri durch Mogulkaiser Akbar

1573 Stadtanlage größtenteils fertig gestellt

um 1585 Aufgabe von Fatehpur Sikri

1619 Dreimonatiger Aufenthalt von Akbars Sohn Jahangir in Fatehpur Sikri

1882 Beginn der archäologischen Arbeiten

1986 Aufnahme der Mogulstadt mit dem Palast in das Weltkulturerbe der UNESCO

Lord Curzon

Zu den extravagantesten Vizekönigen von Britisch Indien gehörte Lord Curzon (1859–1925). Während seiner Amtszeit von 1899 bis 1905 fühlte er sich bemüßigt, das »rückständige« Indien nach britischem Vorbild zu »zivilisieren«, und veränderte das Erziehungswesen drastisch. In seiner Funktion als Konservator indischer Monumente war Curzon für die Restaurierung vieler hinduistischer, islamischer und Mogul-Bauwerke zuständig – neben den Gebäuden in Fatehpur Sikri das Tor zu Akbars Grabmal in Sikandra, das Fort von Agra, das Taj Mahal (➛ *S. 326f.*) und die Tempel der jainistischen Religion am Berg Abu. Wegen Differenzen mit dem obersten britischen Militärbefehlshaber Lord Kitchener kehrte Curzon nach England zurück. In Indien hinterließ er Denkmalschutzgesetze für historische Bauten und eine Organisation zu deren Erhaltung.

Die Astronomie

Die Sterndeutung ist so alt wie die Menschheit, doch in Indien entwickelte sich vor rund 4000 Jahren eine systematische Astrologie auf der Basis der Astronomie. Anhand der Sternbilder schloss man auf Vergangenheit und Zukunft eines Menschen. Die Astrologie war die treibende Kraft für die Entwicklung der Astronomie zur Wissenschaft. Wahrscheinlich übernahmen die Inder Astrologie und Astronomie von den Griechen. Doch die Inder verleibten die aristotelische Astronomie ihrer Kultur ein und entwickelten sie weiter. Im 5. Jahrhundert wusste der indische Astronom Aryabhatta, dass das Mondlicht von der Sonne herrührt und die Erde sich um ihre eigene Achse dreht.

Das erste Observatorium von Jai Singh II. in Delhi

Die Instrumente

Jai Singh II. nannte sein Observatorium Jantar Mantar, von »Yantra« (Instrument) und »Mantra« (Formel). Die riesigen Instrumente wiesen fein unterteilte Skalen auf und erlaubten präzises Messen. Als einziges seiner Observatorien funktionieren die Instrumente Jantar Mantars heute noch. Möglicherweise wirkte Jai Singh an der Konstruktion aller Yantras mit. Am bemerkenswertesten ist die gigantische Sonnenuhr ➛ *Samrat Yantra*. Mit ihr konnten u.a. die Tageszeit angegeben und Prognosen für die Ernte gestellt werden. Das Gerät besteht aus einem rechtwinkligen Dreieck mit genau abgestimmten Viertelkreisen auf jeder Seite.

Jantar Mantar

Kantivrita Yantra

Von den fünf Observatorien, die Sawai Jai Singh II. errichten ließ, ist das in Jaipur das am besten erhaltene. Es gilt als das größte steinerne Observatorium der Erde. Der Maharadscha beschäftigte sich intensiv mit Astronomie und Astrologie. Unzufrieden mit den kleinformatigen Messinstrumenten aus Messing ließ er sie in zum Teil hundertfacher Vergrößerung in Stein ausführen. Auf diese Weise wollte er Messfehler und Ungenauigkeiten eliminieren. Mit seinen 18 Instrumenten erinnert das Observatorium an einen riesigen Skulpturengarten. Jantar Mantar stellt ein unschätzbares Zeugnis der indischen Kultur der ersten Hälfte des 18. Jahrhunderts dar.

Narivalaya Yantra
Die um 27° geneigten Sonnenuhren stellen die beiden Erdhalbkugeln dar und geben die Zeit nach dem Sonnenstand an.

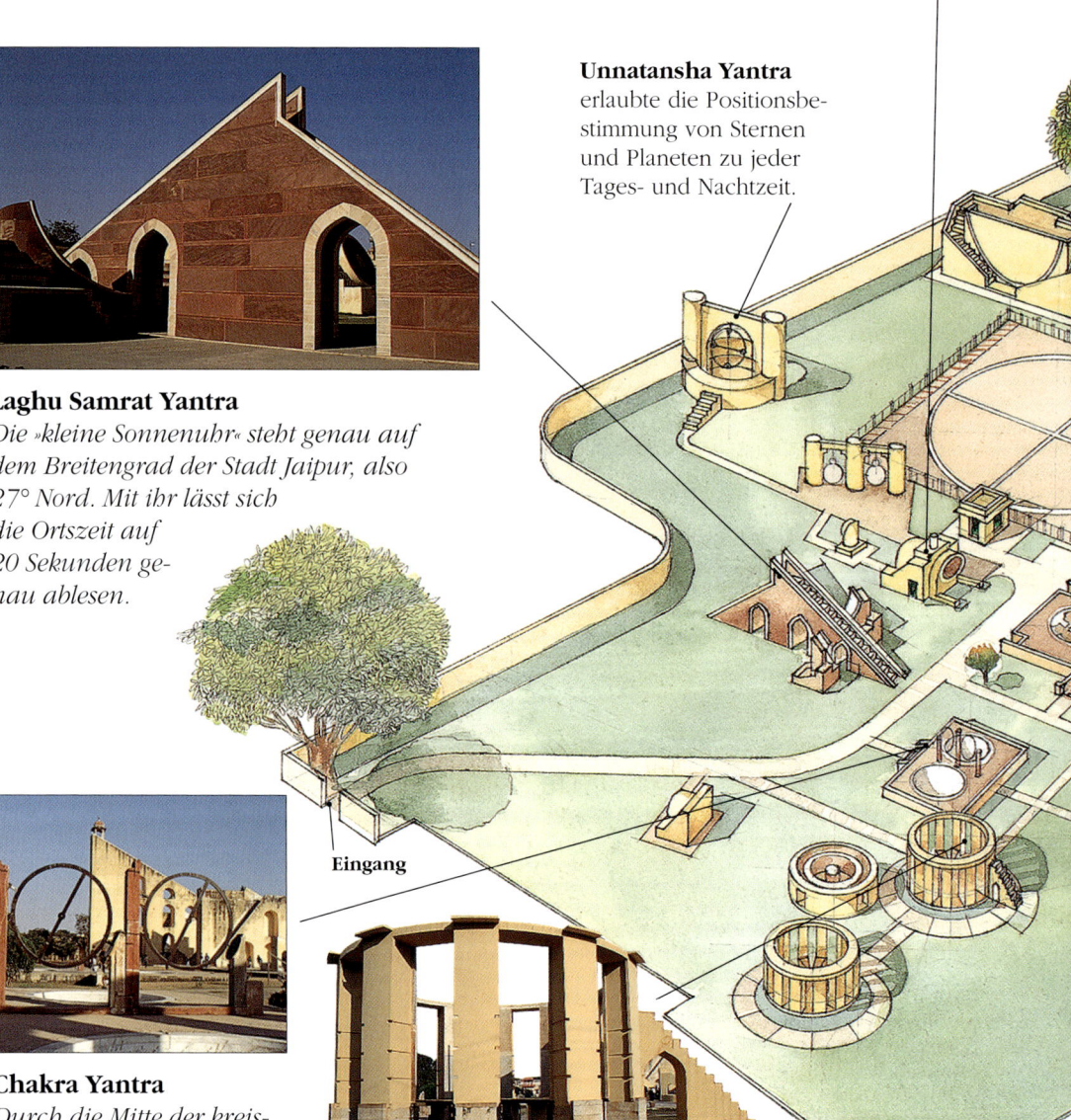

Laghu Samrat Yantra
Die »kleine Sonnenuhr« steht genau auf dem Breitengrad der Stadt Jaipur, also 27° Nord. Mit ihr lässt sich die Ortszeit auf 20 Sekunden genau ablesen.

Unnatansha Yantra
erlaubte die Positionsbestimmung von Sternen und Planeten zu jeder Tages- und Nachtzeit.

Chakra Yantra
Durch die Mitte der kreisförmigen Metallinstrumente verläuft ein Messingrohr. Mit seiner Hilfe war der Winkel von Sternen und Planeten zum Äquator ablesbar.

★ Ram Yantra
In den zwei identischen Teilen dieses Steininstruments ruhen waagrechte Platten auf derselben Anzahl senkrechter Säulen. Das Instrument misst den Himmelsbogen vom Horizont zum Zenit sowie die Höhe der Sonne.

Blick über Jantar Mantar
Maharadscha Madho Singh II. (♔ 1881–1922) ließ die Instrumente aus Stein und Metall mithilfe von Marmorverstärkungen reparieren.

Jai Singhs Horoskop

Jai Singhs Leben stimmte mit seinem Horoskop weitgehend überein. Es besagte, er werde sehr früh Thronfolger, von der Astronomie fasziniert sein, Städte, Paläste und Gärten bauen. So geschah es.

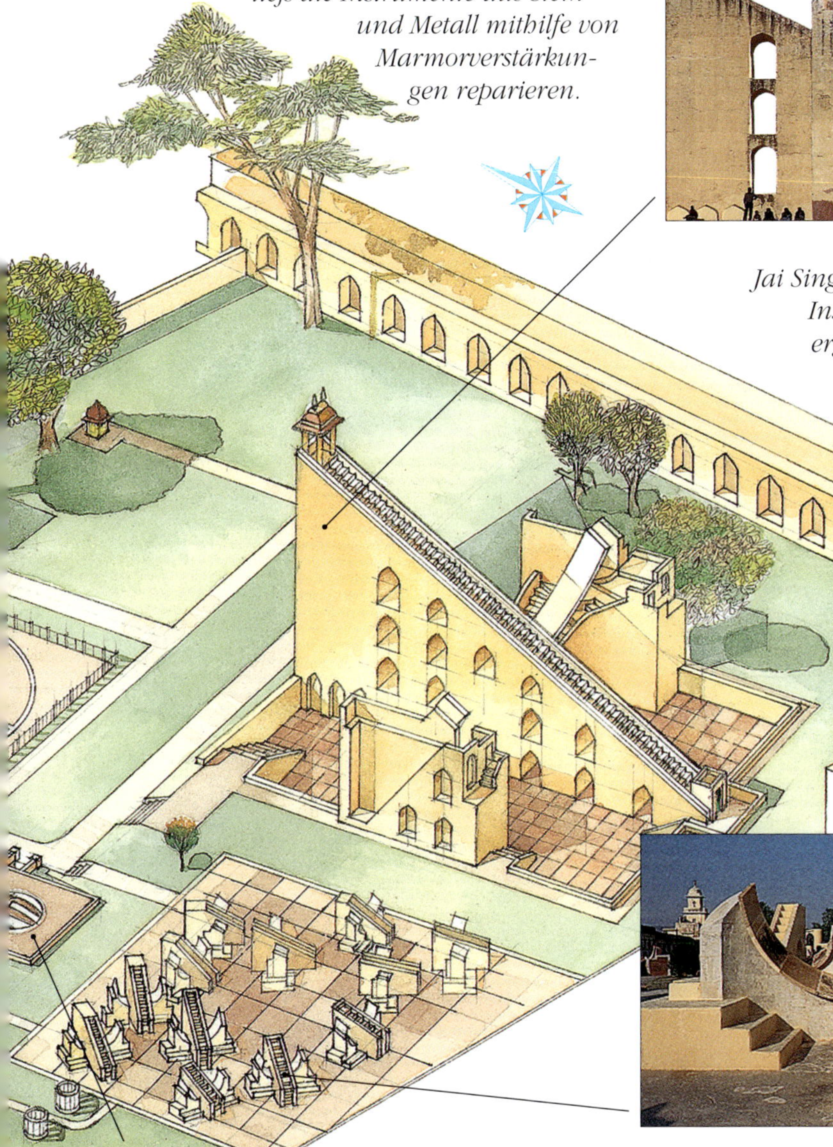

★ Samrat Yantra
Jai Singh nahm an, dass größere Instrumente genauere Messergebnisse bringen würden. Diese Sonnenuhr ist 27 Meter hoch und 44 Meter lang.

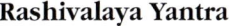

Rashivalaya Yantra
Dieses Yantra ist das einzige seiner Art. Es besteht aus zwölf Teilen, die je einem Tierkreiszeichen entsprechen und auf das jeweilige Sternbild gerichtet sind. Astrologen erstellten damit Horoskope.

★ Jai Prakash Yantra
Diese beiden in den Boden eingelassenen Halbkugeln stellen Himmelskarten dar. Einige Historiker glauben, Jai Singh habe das Instrument zur Kontrolle der anderen im Observatorium selbst erfunden.

Höhepunkte

- ★ Ram Yantra
- ★ Samrat Yantra
- ★ Jai Prakash Yantra

Jantar Mantar

Daten und Fakten

1724 Bau von Jai Singhs erstem Observatorium in Delhi

1728–34 Bau von Singhs größtem Observatorium Jantar Mantar in Jaipur

1901 Restaurierung von Jantar Mantar

1948 Erklärung von Jantar Mantar zum Nationaldenkmal

Sawai Jai Singh II.

Maharadscha Jai Singh II. (♔ 1699–1744) bestieg den Thron der Hauptstadt Amber, als er kaum zwölf Jahre alt war. Beeindruckt von ihm, zeichnete ihn Mogul Aurangseb mit dem Titel »Sawai« aus, was so viel wie »eineinviertel Mal besser als alle Zeitgenossen« bedeutet. Jai Singh erwies sich als fähiger Herrscher und als ehrgeiziger Bauherr. Mithilfe des bengalischen Ingenieurs Vidyadhar Bhattacharya baute er südlich von Amber eine neue planmäßig angelegte Hauptstadt und nannte sie nach sich Jaipur. Jai Singh interessierte sich sehr für die Wissenschaften, besonders für die Astronomie. Er sandte einen Botschafter nach Zentralasien, um Details über die Arbeit des Astronomen Ulug Beg (➔ *S. 302f.*) zu erfahren. Jai Singh befasste sich mit dem Observatorium des persischen Astronomen Nasir ad-Din at-Tusi (1201–74) sowie mit europäischen Texten und Geräten. Seine Observatorien – neben Jaipur in Delhi, Varanasi, Ujjain und Mathura – sind ein wesentlicher Bestandteil von Indiens wissenschaftlichem Erbe.

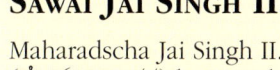

Rao Jodha

Als 15. Oberhaupt der kriegerischen Rathor-Dynastie wählte Rao Jodha, der von 1438 bis 1488 herrschte, diese Stätte neun Kilometer südlich der alten Hauptstadt Mandor aus – wegen ihrer Lage an den Handelsstraßen. Er baute das Mehrangarh-Fort auf einer felsigen Erhebung und gründete unterhalb seiner Wälle Jodhpur als neue Hauptstadt. Unter Rao Jodha erlebte das Wüsten-Königreich Marwar (»Land des Todes«) eine Zeit der Stabilität, in der der Handel blühte. Seine Nachkommen erweiterten die Stadt, fügten Paläste, Pavillons und Gärten hinzu. So begann Jodhpurs Aufstieg zur nach Jaipur zweitgrößten Stadt von Rajasthan.

Maharadscha-Wiege mit Schaukelmechanik im Jhanki Mahal

Der Blumenpalast

Erbaut von Maharadscha Abhai Singh (♔ 1724–49) ist der ➛ *Blumenpalast* (Phool Mahal) ein erlesenes Beispiel für die Verschmelzung der Mogularchitektur (➛ *S. 326*) mit der der Kaste der Rajputen. Der prachtvolle Saal diente einst öffentlichen Audienzen und Feierlichkeiten. Von seinem Thron aus, den ein zeremonieller Schirm überspannt, sah der König den Tänzerinnen und Musikern zu. Die mit Goldfiligran geschmückte Decke ist mit Porträts früherer Könige bemalt. Weitere dekorative Elemente sind Buntglasfenster, durchbrochene Abtrennungen und eine Sammlung mit 36 Raga-Mala-Gemälden, die die Stimmungen von Stücken der klassischen indischen Musik darstellen.

Die Festung Mehrangarh

Handabdrücke verbrannter Witwen

Die Festung Mehrangarh ragt senkrecht von einem 125 Meter hohen Felsen auf und ist wohl die majestätischste Burganlage Indiens. Der britische Schriftsteller Rudyard Kipling beschrieb sie als »erbaut von Titanen«. Ihre trutzigen Wehrmauern bilden einen Kontrast zu den üppig dekorierten Palästen der Anlage. Die Nachfolger des Gründers Rao Jodha bauten die Sandsteinanlage aus dem 15. Jahrhundert immer weiter aus, vor allem zwischen dem 17. und dem 19. Jahrhundert. Teile der Festung sind ein Museum.

Bastionen
Die Anlagen wurden teilweise direkt aus dem Felsen gehauen und sind an manchen Stellen 24 Meter dick und 40 Meter hoch. Auf der Mauerkrone stehen alte Kanonen.

★ Blumenpalast
Der reich vergoldete und bemalte Prunkraum der Festung war der Schauplatz höfischer Feierlichkeiten.

Krönungshof
In diesem Hof steht der marmorne Krönungsthron der Herren von Jodhpur. Alle Herrscher nach Rao Jodha wurden darauf gekrönt.

Der Chamunda-Tempel ist der Göttin Durga geweiht.

Das Sonnentor bildet den Eingang zum Museum.

Krönungshof

Teile der Bastionen mit geschmückten Balkonen

Höhepunkte

★ **Blumenpalast**

★ **Perlenpalast**

Die blau getünchten Häuser des Altstadtviertels Brahmpuri drängen sich am Fuß der Festung Mehrangarh.

Das Marwar-Fest

Jedes Jahr findet im September/Oktober ein zweitägiges Fest in und um Jodhpur statt. Es feiert das kulturelle Erbe des früheren Königreichs. Zu seinen Höhepunkten gehören Polospiele auf Kamelen.

Der Chokelao-Palast war früher ein Lustschloss, das um einen tief liegenden Garten gebaut war.

★ Perlenpalast

Der großartige Raum (1581–95), in dem sich die Damen des Hofes versammelten, wurde mit Gips verputzt, in den Muschelsplitter gemischt waren, um den Wänden Glanz zu verleihen. Die Decke ist mit Spiegelglas und Blattgold verziert.

Takhat Vilas

Maharadscha Takhat Singh (♔ 1843–73), der 30 Frauen und zahllose Konkubinen hatte, hielt sich am liebsten in diesem herrlich bemalten Raum mit Holzdecke auf.

Der »Palast der verstohlenen Blicke« ist eine lange Galerie mit schönen Steingittern.

Blumenpalast

Die Rüstkammer birgt eine Waffensammlung, u.a. mit Moguldolchen aus Damaszenerstahl, juwelenbesetzten Schilden und Panzern für Kriegselefanten.

Jai Pol

Maharadscha Man Singh baute das Siegestor 1809 zur Erinnerung an eine gewonnene Schlacht. Es ist eines von sieben Burgtoren.

Daten und Fakten

1459 Baubeginn der Festung und der Stadt Jodhpur unter Rao Jodha

1808 Vorübergehende Einnahme der Festung durch Jagat Singh aus Jaipur

1974 Gründung des Festungsmuseums durch Maharadscha Gaj Singh II.

Das Festungsmuseum

Ein Teil des Palastes innerhalb der Festung, einem im Laufe der Jahrhunderte entstandenen Baukomplex, beherbergt ein Museum. Zu seiner reichhaltigen und vielfältigen Sammlung in den schön restaurierten Sälen gehören ein goldener Thron, Miniaturgemälde, königliche Gewänder und Turbane. Nahe dem Eingang finden sich eine reich verzierte, vergoldete Sänfte (18. Jh.) sowie die Galerie mit den zeremoniellen Elefantensätteln (»Howdahs«), die bei Festumzügen benutzt wurden. Die ➤ *Rüstkammer* enthält u.a. Schwerter, Dolche und Keulen. Miniaturgemälde vor allem aus der Jodhpur-Schule stellen im Miniaturensaal das Hofleben dar. Andere Malereien, besonders Wandgemälde, können im ➤ *Takhat Vilas* besichtigt werden. Daneben befindet sich der ➤ *»Palast der verstohlenen Blicke«* (Jhanki Mahal) – so genannt wegen seiner Steingitter. Durch sie schauten die Frauen des Harems (»Zenna«) auf den Innenhof hinunter. Auch eine Ausstellung von Auto- und Eisenbahnmodellen aus Elfenbein ist im Museum zu sehen.

Buddha

Der historische Buddha wurde um 560 v. Chr. als Fürstensohn Siddharta Gautama in die Familie der Shakya im Lumbini-Hain bei Kapilavastu geboren. Er verließ mit 29 Jahren den Palast, um Antworten auf die Fragen des Daseins zu suchen. Buddha verbrachte sieben Jahre bei Eremiten und übte sich in Askese, fand jedoch keine Erleuchtung. Danach wandte er sich innerer Meditation zu und wurde unter einem Feigenbaum in Uruvela bei Bodh Gaya erleuchtet. In seiner ersten Predigt nannte Buddha die vier Weisheiten des Lebens: das Leiden, der Ursprung des Leidens, das Beseitigen seiner Ursachen sowie die acht Wege, die zu diesem Ziel – der Erlösung – führen. Er gründete einen Bettelorden und verbreitete bis zu seinem Ende um 480 v. Chr., dem Eingehen in das Nirwana, seine Lehre in weiten Teilen Nordindiens.

Der Stupa

Dieses buddhistische Grab- oder Erinnerungsmal für den historischen Buddha oder einen buddhistischen Heiligen ist ein massiver, halbkugeliger Steinbau. Zunächst ein kleiner Erdhügel, wurde der Stupa im Laufe der Zeit zu einer riesigen Steinkuppel mit zylindrischer Sockelzone, bekrönt von einem quadratischen Steinkasten und einem meist dreifachen Steinschirm. Ein reliefverzierter Steinzaun mit meist vier Toren umgibt ihn.

Das Osttor des Großen Stupa mit Figurenschmuck

Der Große Stupa

Tierfiguren am Torbau

Er thront auf einem Hügel bei Sanchi: der Große Stupa von Kaiser Ashoka (3. Jh. v. Chr.), das älteste buddhistische Heiligtum Indiens und eine der bedeutsamsten Pilgerstätten des Landes. Bei Wissenschaftlern gilt er als der Idealtyp des buddhistischen Stupa. Die im 1. Jahrhundert v. Chr. angefügten Tore sind der schönste Teil des Bauwerks. Ihr Reliefschmuck, der Holz- und Elfenbeinschnitzereien imitiert, erzählt wie ein steinernes Bilderbuch aus dem altindischen Sagenschatz.

Westtor
Diese lebendig gestaltete Szene aus den Jataka-Erzählungen zeigt Affen, die über eine Brücke vor Soldaten flüchten.

Umwandlungsweg
In die Steinzäune sind Medaillons von Blumen, Vögeln und anderen Tieren sowie die Namen ihrer Stifter gehauen.

Südtor
Das Rad (»Chakra«) symbolisiert das Rad der Lehre und wird hier von Gläubigen angebetet.

Die Tore zeigen Szenen aus dem Leben Buddhas und aus den buddhistischen Jataka-Erzählungen. In der Frühzeit des Buddhismus wird er nicht in Menschengestalt, sondern durch Symbole (Feigenbaum, Fußabdruck, Rad) dargestellt.

Detail des Querbalkens
Für die feinen Steinarbeiten auf den Querbalken wurden Holz- und Elfenbeinschnitzer verpflichtet.

★ **Nordtor**
Sujata, die Tochter des Dorfvorstehers, bietet Buddha (symbolisiert durch den Feigenbaum) Reispudding an, während der Dämon Mara die Verführerin zu ihm schickt.

Jataka-Erzählungen

Die früheren Leben des Buddha als Mensch, Dämon oder Tier werden in den über 500 Erzählungen geschildert. Seine Tugend der Hingabe und der Opferbereitschaft wird als vorbildlich dargestellt.

Der Große Stupa mit Westtor
Auf dem Großen Stupa, der den kleineren Ziegelstupa von Kaiser Ashoka (3. Jh. v.Chr.) überwölbt, steht ein dreifacher Steinschirm.

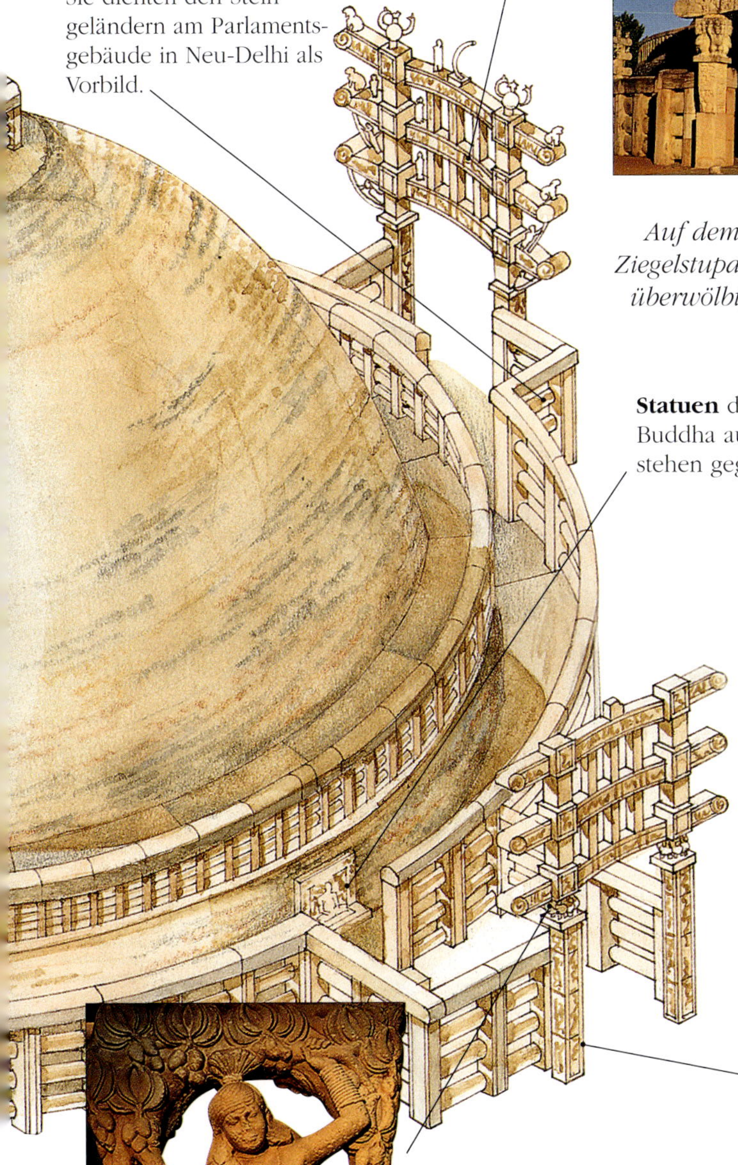

Die Steinzäune sind Imitationen einer typischen Form von Holzgeländern. Sie dienten den Steingeländern am Parlamentsgebäude in Neu-Delhi als Vorbild.

Statuen des meditierenden Buddha aus dem 5. Jahrhundert stehen gegenüber jedem Tor.

Osttor
Diese Szene zeigt den Hofstaat im Palast von Kapilavastu, wo Buddha lebte, bevor er sein Leben als Fürstensohn hinter sich ließ.

★ **Salabhanjika**
Diese Baumnymphe bietet unter einem Mangobaum ihre üppigen Reize dar und dient als Stütze für den untersten Querbalken des Osttors.

Höhepunkte

★ **Nordtor**

★ **Salabhanjika**

Daten und Fakten

3. Jahrhundert v.Chr. Gründung des Großen Stupa durch Kaiser Ashoka

2. Jahrhundert v.Chr. Vergrößerung des Stupa

13. Jahrhundert Verwüstung der Anlage

1818 Wiederentdeckung durch den britischen General Taylor

1912–19 Ausgrabung und Restaurierung durch den Briten Sir John Marshall

1989 Aufnahme in das Weltkulturerbe der UNESCO

Kaiser Ashoka

Ashoka (♔ 273/265–238/232 v.Chr.), ein Enkel des Herrschers Chandragupta, gründete das erste indische Großreich. Nach Ashokas blutiger Eroberung von Kalinga (heute Orissa) 260 v.Chr. wandte er sich um 250 v.Chr. dem Buddhismus zu. Mit der Gründung von Klöstern in seinem Reich Gandhara förderte er ihn nach Kräften. Ashoka ließ viele Stupen wie den in Sanchi bauen. Er wurde ein humaner Herrscher, dessen Verordnungen auf Felsen und Sandsteinsäulen im Reich seine ethischen Prinzipien verkündeten: Rechtschaffenheit und Gewaltlosigkeit. Sein Dekret von Dhauli (Ort der Schlacht um Kalinga) erklärt: »Alle Menschen sind meine Kinder.« Er verlangte von seinen Beamten, unparteiisch, gerecht und mitfühlend zu sein. Ashoka forderte zur Respektierung anderer Religionen und zu Wohltätigkeit auf. Tiere sollten nicht getötet werden.

Hindu-Gottheiten

Unter den vielen Gottheiten der Hindus gibt es sowohl Menschengestalten als auch Mensch-Tier-Wesen. Brahma, der Schöpfer, Vishnu, der Bewahrer, und Shiva, der Zerstörer, bilden die heilige Dreifaltigkeit. Ihre jeweiligen Gefährtinnen sind Saraswati, die Göttin des Lernens, Lakshmi, die Göttin des Wohlstands, und Parvati, deren viele Verkörperungen als Devi (Göttin) u.a. Durga (Schlächterin des Büffel-Dämons) und Kali (Zerstörerin des Übels) sind. Shivas Söhne sind Ganesha, der geliebte elefantenköpfige Gott, der Hindernisse aus dem Weg räumt, und Karttikeya, der Kriegsgott. Andere populäre Götter sind Rama und Krishna, beides Inkarnationen von Vishnu.

Skulptur von Shiva und Parvati in den Tempeln von Ellora

Indische Epen

Zwei große Heldenepen übten nachhaltigen Einfluss auf die indische Kultur und Philosophie aus. Das »Mahabharata« (400 v.Chr.– 300 n.Chr.) beschreibt einen blutigen Bruderkrieg zwischen den Nachkommen des Bharata, den Kaurava- und den Pandavaprinzen, um die Macht. Letztere siegen durch die Hilfe Krishnas. Im »Ramayana« (4./3. Jh. v.Chr.–2. Jh. n.Chr.) über das Leben Ramas wird der Held mit seiner Frau Sita und seinem Bruder Lakshman ins Exil geschickt. Sita wird von dem Dämonenfürsten Ravana entführt. Mithilfe des Affenkönigs Hanuman rettet Rama Sita und schlägt Ravana. Das Lichtfest Diwali feiert Ramas triumphale Rückkehr nach Ayodhya.

Der Kailasha-Höhlentempel

Detail vom Dach des Eingangstors

Als irdisches Symbol für den mythologischen Himalaja-Gipfel Kailasha, Wohnsitz des hinduistischen Gottes Shiva, hauten Steinmetze im 8. Jahrhundert den gewaltigen Tempel aus der steilen Felswand. Auftraggeber dieses größten Werkes der indischen Felsarchitektur war König Krishna I. aus der Rashtrakuta-Dynastie. Verteilt über einen zwei Kilometer langen Steilabbruch entstanden im Laufe von fünf Jahrhunderten 33 weitere Felsheiligtümer und Kulthöhlen. Sie zeugen von der Toleranz, die das Nebeneinander von Kultstätten des Buddhismus, Hinduismus und Jainismus zuließ.

★ Dach
Das Dach des Versammlungssaals ziert ein aus konzentrischen Ringen aufgebautes Lotosrelief mit Löwen.

Hof
Auf jeder Seite steht eine lebensgroße Elefantenfigur.

Der-Nandi-Pavillon

Obelisken
Die monolithischen Säulen zu beiden Seiten des Nandi-Pavillons sind 17 Meter hoch und mit Lotosfriesen und Girlanden verziert.

★ Lakshmi mit Elefanten
Die prächtige Gajalakshmi-Gruppe gegenüber dem Eingang des Nandi-Pavillons zeigt Lakshmi in einem Lotosteich. Elefanten schütten mit den Rüsseln Gefäße mit Badewasser aus.

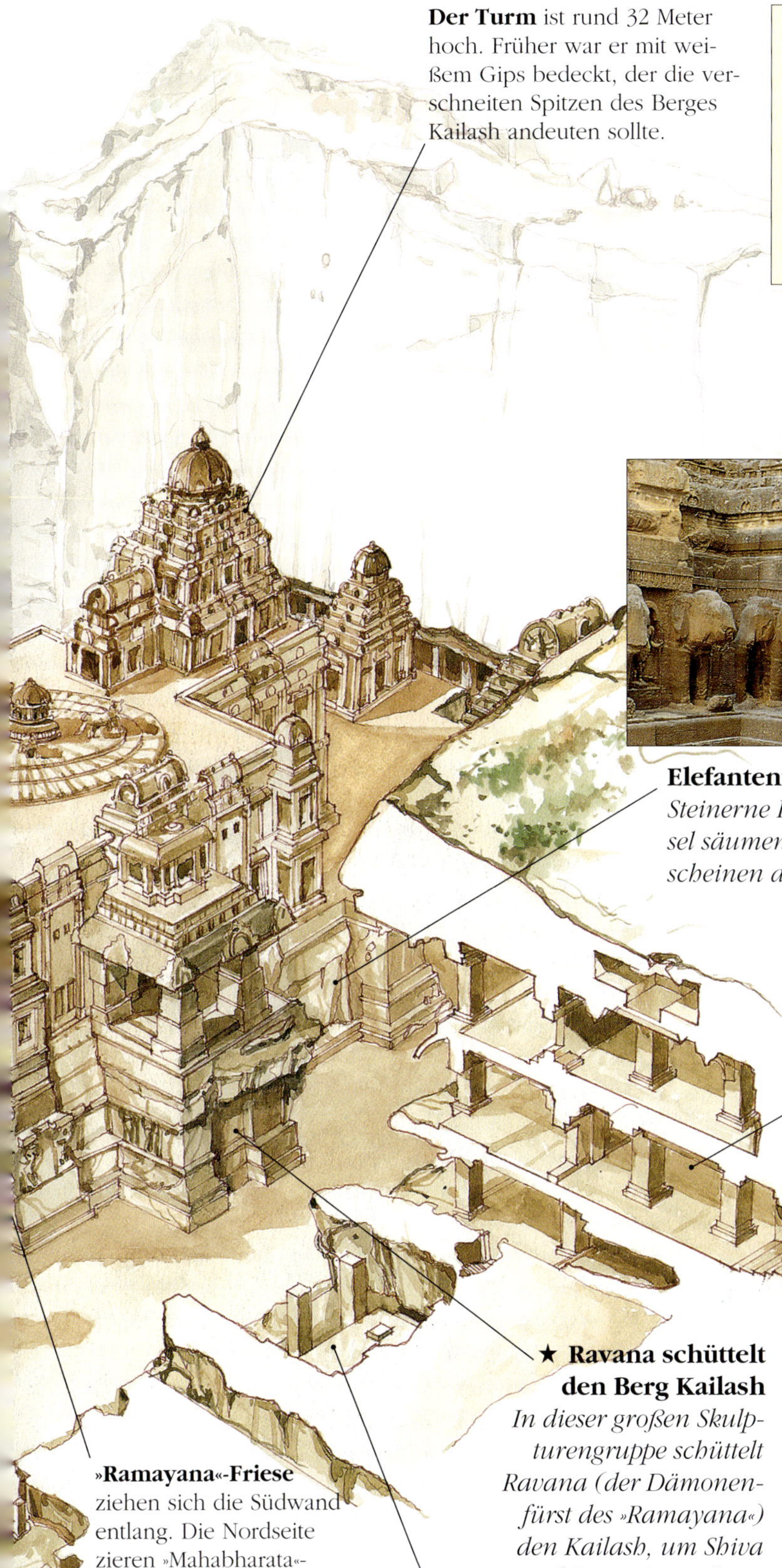

Der Turm ist rund 32 Meter hoch. Früher war er mit weißem Gips bedeckt, der die verschneiten Spitzen des Berges Kailash andeuten sollte.

Vishnus Avatara

Vishnu steigt regelmäßig zur Erde hinab, um das Gleichgewicht zwischen Gut und Böse wieder herzustellen. Er soll zehn Haupt-Verkörperungen (Avatara) haben. Neun sind bereits erschienen. Die zehnte soll noch kommen.

Elefantenträger
Steinerne Elefanten mit Lotos im Rüssel säumen das Erdgeschoss und scheinen das Bauwerk zu tragen.

0 Meter 10 Meter

Aus dem Felsen gehauene Klöster

★ Ravana schüttelt den Berg Kailash
In dieser großen Skulpturengruppe schüttelt Ravana (der Dämonenfürst des »Ramayana«) den Kailash, um Shiva und Parvati zu stören.

»Ramayana«-Friese ziehen sich die Südwand entlang. Die Nordseite zieren »Mahabharata«- und Krishna-Legenden.

Höhepunkte

★ **Dach**

★ **Lakshmi mit Elefanten**

★ **Ravana schüttelt den Berg Kailash**

Drei Göttinnen
Die Opferhalle enthält lebensgroße Statuen von Durga, Chamunda und Kali sowie von Ganesha, Parvati und den sieben Muttergöttinnen.

Der Kailasha-Höhlentempel

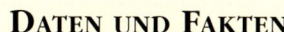

Daten und Fakten

757–772 Baubeginn des Tempels unter König Krishna I.

bis 968 Abschluss des Baus unter König Krishna III.

1983 Aufnahme der Höhlentempel von Ellora in das Weltkulturerbe der UNESCO

Die Felsheiligtümer

Die an einer wichtigen Handelsroute gelegenen Höhlen von Ellora wurden in einem Zeitraum von 500 Jahren von drei verschiedenen religiösen Gemeinschaften gegraben und genutzt – von Buddhisten, Hindus und Jainisten. Die Grabung der zwölf buddhistischen Höhlen fiel wahrscheinlich ins 6. bis 10. Jahrhundert. Die ersten neun Höhlen sind wie Klöster gebaut und enthalten Buddha-Figuren und Bodhisattvas. Am prächtigsten ist die Kulthalle von Höhle 10, Visvakarma genannt, die einen reich verzierten Schrein und mächtige Säulen mit Rankenmotiven aufweist. Dem Niedergang des Buddhismus folgte eine Renaissance des Hinduismus unter den Dynastien Chalukya und Rashtrakuta (7.–9. Jh.). Die 17 Hindu-Höhlen aus dieser Zeit stellen den Höhepunkt der Entwicklung von Ellora dar. Höhle 14 zeigt Skulpturen, z.B. Durga als Büffeltöterin und Vishnu als eberköpfigen Varaha. Die fünf jainistischen Höhlen aus dem 9. und 10. Jahrhundert sind einfacher als die hinduistischen. Höhle 32 zeigt einen schönen Schrein mit Skulpturen von Gottheiten und einen großen Elefanten.

Der Palast von Padmanabhapuram

Das schönste Beispiel der für Kerala typischen Holzarchitektur liegt inmitten von Flüssen und üppigen Reisfeldern. Der aus mehreren Gebäudekomplexen bestehende Palast war seit 1550 Sitz der königlichen Familie von Travancore, Padmanabhapuram die Hauptstadt des Königreichs. Erst Mitte des 18. Jahrhunderts erhielt das 55 Kilometer nordwestlich gelegene Thiruvananthapuram diesen Rang, das noch heute die Hauptstadt des Bundesstaates Kerala ist. Die detailreich geschnitzten Holzdecken, Säulen und Fenster sowie die pagodenartigen Ziegeldächer sind Merkmale des klassischen Baustils Keralas. Schöne Wandmalereien des 17./18. Jahrhunderts zieren den Gebetssaal.

Geschnitzte Rosenholztür (Detail)

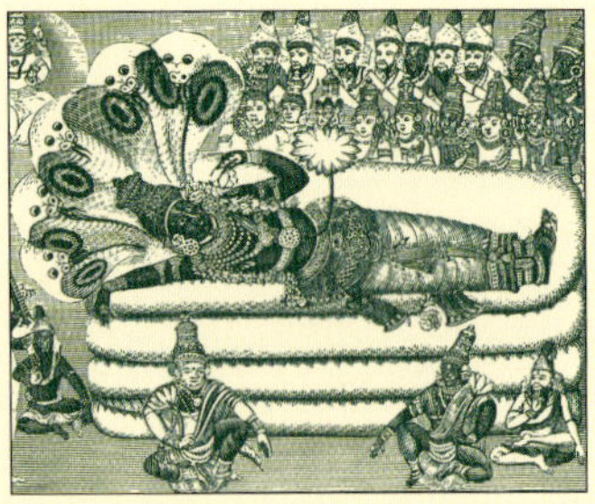

Padmanabha, die regionale Gottheit von Travancore

Die königliche Familie von Travancore

Keralas südlichstes Königreich Travancore entstand gegen Ende des 10. Jahrhunderts. Sein bedeutendster Herrscher war Marthanda Varma (♔ 1729–58), der sein Reich der Schutzgottheit Padmanabha weihte und die Hauptstadt nach ihm umbenannte. Marthanda Varma und sein Nachfolger Rama Varma entwickelten das Bewässerungssystem weiter und sorgten so für bessere landwirtschaftliche Bedingungen und Wohlstand. Unter Swathi Tirunal Rama Varma, einem Herrscher des 19. Jahrhunderts, wurde Travancore ein Zentrum der Kunst und Kultur. Die Herrscher pflegten die Verbindung zur britischen Ostindischen Kompanie, aber zugleich auch ihre Unabhängigkeit. 1956 wurde Travancore ein Teil des Bundesstaats Kerala.

Indische Baukunst

Der Palast von Padmanabhapuram ist nach der jahrtausendealten indischen Baukunst Vaastu Shastra erbaut. Sie vereint architektonische und mathematische Prinzipien mit Astronomie, sozialen und religiösen Bräuchen. Das uralte Traktat (»shastra«) über Architektur (»vaastu« oder Wohnung) basiert auf einem Diagramm, das den Kosmos in Form eines mit dem Kopf nach Nordosten liegenden Mannes darstellt. Befolgt man seine Regeln, harmonieren die fünf Elemente Luft, Erde, Wasser, Feuer und Wind.

★ Gebetssaal
Der Gebetssaal im dritten Stock des Fürstenpalastes ist mit herrlichen Wandmalereien verziert. Das Himmelbett wurde aus vielen verschiedenen Holzsorten geschnitzt.

Eingangshalle
Die mit Schnitzwerk (darunter 90 Blumen) geschmückte Holzdecke überdacht eine Bettstatt aus poliertem Granit und einen chinesischen Thron.

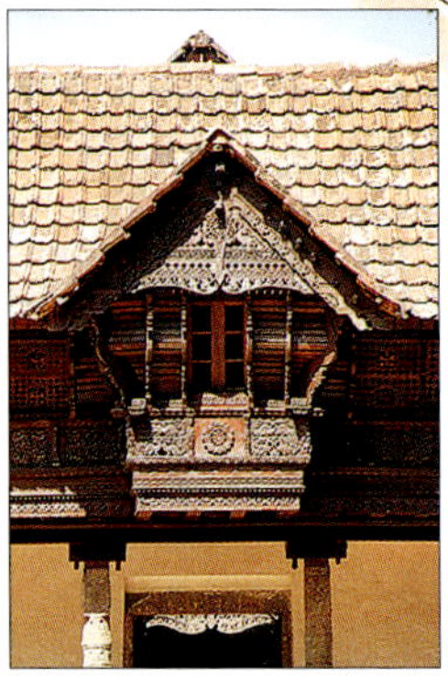

Haupttor
Den Haupteingang des Palastes erreicht man durch Überqueren eines großen Hofes. Das Tor krönt ein verziertes Giebeldach.

Im Damenzimmer stehen zwei große Schaukeln, zwei riesige belgische Spiegel und ein Prunkbett.

Der Uhrturm ließ seine Glocken über drei Kilometer weit ertönen.

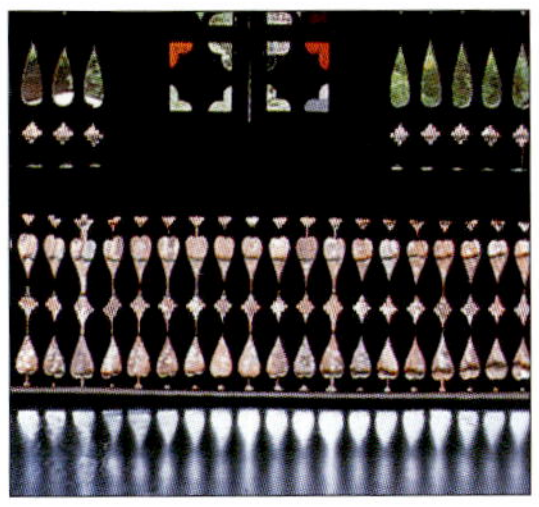

Geschnitzte Erkerfenster, um Prozessionen zu sehen

Das Badehaus ist ein luftiger Raum, in dem die Männer der Herrscherfamilie massiert wurden, bevor sie die überdachten Stufen zum privaten Schwimmbecken hinabstiegen.

PADMANABHA

In einem Schöpfungsmythos ruht Vishnu auf der Schlange Anantha, die ihn vor dem aufgepeitschten Ozean schützt. In dieser Gestalt ist Vishnu als Padmanabha bekannt.

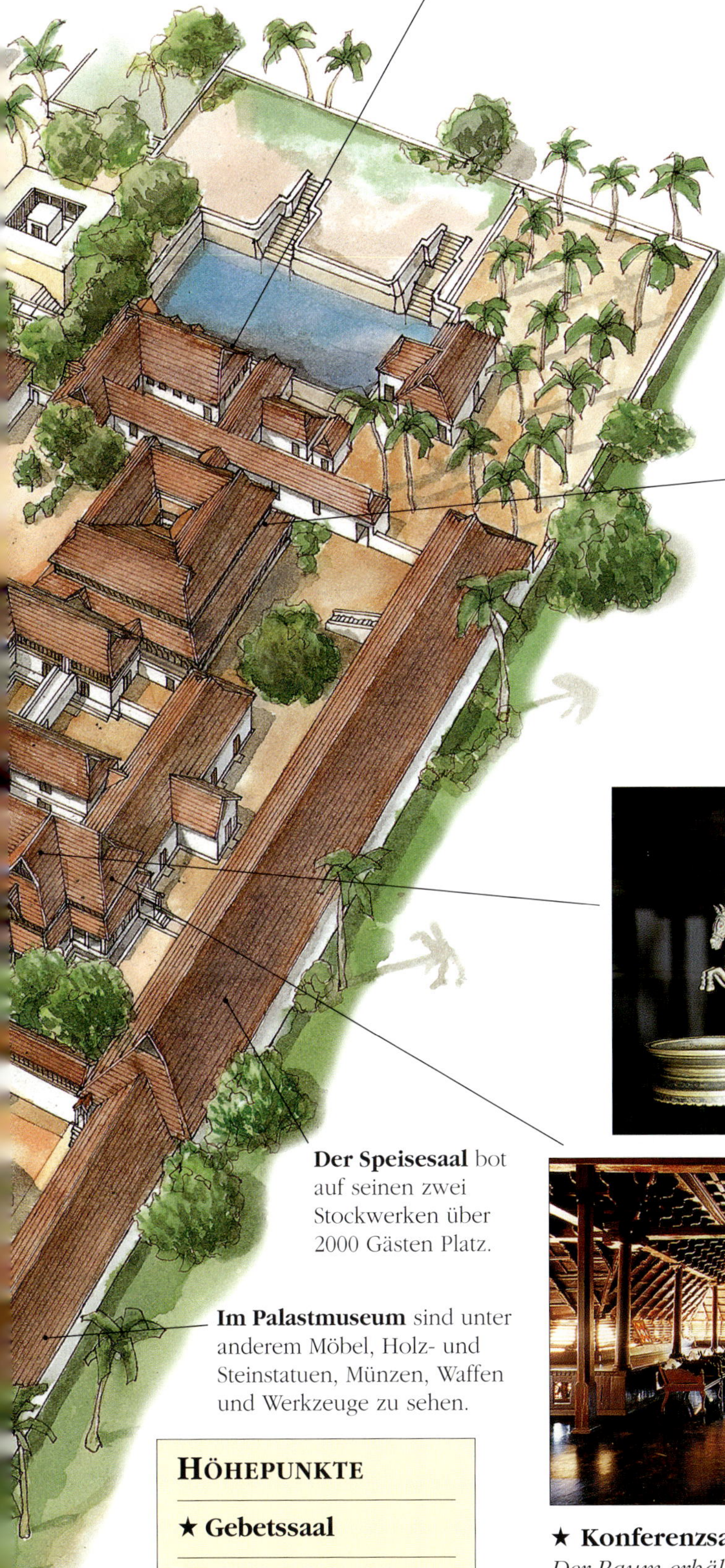

★ **Mutterpalast**
Das älteste Gebäude der Anlage tragen fein geschnitzte Säulen aus Jackbaumholz. Der Fußboden erhielt seinen roten Glanz durch das Polieren mit Hibiskusblüten.

Lampe
Eine Pferdelampe (mit dem Pferd als Symbol der Stärke) in der Eingangshalle hängt an einer Spezialkette, dank der die Lampe immer perfekt ausbalanciert ist.

Der Speisesaal bot auf seinen zwei Stockwerken über 2000 Gästen Platz.

Im Palastmuseum sind unter anderem Möbel, Holz- und Steinstatuen, Münzen, Waffen und Werkzeuge zu sehen.

★ **Konferenzsaal**
Der Raum erhält durch hölzerne Dachtürmchen Licht und Luft. Der Boden wurde mit einer Mischung aus Kalk, Sand, Eiweiß, verbrannter Kokosnuss u. a. poliert.

HÖHEPUNKTE

- ★ Gebetssaal
- ★ Mutterpalast
- ★ Konferenzsaal

DATEN UND FAKTEN

1550 Baubeginn des Mutterpalastes und Erhebung des Ortes zur Hauptstadt und Residenz der königlichen Familie von Travancore

1744 Umbenennung der Hauptstadt durch Marthanda Varma nach der Gottheit Padmanabha

1750 Verlegung der Hauptstadt nach Thiruvananthapuram

HOLZBAU IN KERALA

Die Bedeutung der Holzbauweise in Kerala geht aus Legenden hervor, die den Zimmermannsmeister Perunthachan rühmen. Paläste, Tempel, Moscheen und Wohnhäuser, die in der für diese Region typischen Holzbauweise errichtet wurden, besitzen abfallende Ziegeldächer, die den Regen während des Monsuns ableiten. Im Allgemeinen handelt es sich um Walmdächer, deren Giebel häufig verziert sind. Um Höhe zu gewinnen, wurden die Dächer mehrgeschossig errichtet, was ihnen ein pagodenartiges Aussehen gibt. Verbindungen wurden mit Holzzapfen anstatt mit Nägeln hergestellt. Andere typische Merkmale sind die verzierten hölzernen Pfeiler, die nicht nur das Dach stützen sollen, sondern auch dekorativ wirken. Konsolen sind oft in Form von löwenartigen Fabelwesen, Göttern oder Göttinnen geschnitzt. Die verzierten Decken sind in Paneele eingeteilt, die geschnitzte Lotosmuster zeigen oder hinduistische Götter wie etwa Brahma.

Khmer-Architektur

Die Tempelkomplexe (Prasat) aus Stein im Nordosten Thailands wurden vom Volk der Khmer erbaut. Sie beherrschten das heutige Kambodscha und den Nordosten Thailands vom 9. bis zum 13. Jahrhundert. Die Tempel der Khmer sind stark vom Hinduismus beeinflusst. Ein Prasat symbolisiert die irdische Herrschaft und den Kosmos. Die Tempelanlagen weisen meist Treppen oder ➛ *Naga-Brücken* (siebenköpfige Schlangen, die als Hüter der Lebenskraft galten) auf, die zum ➛ *Haupttheiligtum* führen. Es ist mit Steinreliefs zu hinduistischen Mythen dekoriert und wird von einem Turm (Prang) überragt, den man auch in thailändischen Tempelanlagen findet. Er symbolisiert den Berg Meru, den Wohnsitz der Götter. Stürze oder Giebelfelder (➛ *Giebel über dem Mandapa-Portal*) über den Eingängen des Heiligtums zeigen hinduistische und buddhistische Gottheiten. Hauptobjekt der Anbetung war der in der inneren Kammer des Prang gehütete Lingam – ein Phallus, der die schöpferische Kraft des Hindu-Gottes Shiva darstellt. Wassergräben rings um die Tempel symbolisieren den Ozean, der Himmel und Erde trennt. Die Mauern stellen die Berge dar. Gegen Ende des 12. Jahrhunderts wandten sich die Khmer dem Buddhismus zu. Viele Lingams wurden durch Buddha-Bildnisse ersetzt.

Naga-Stirnziegel am Turm des Haupttheiligtums

Prasat Phanom Rung

Elefanten-skulptur

Hoch oben auf der Kuppe des erloschenen Vulkans Khao Phanom Rung erhebt sich einer der besterhaltenen Tempel der Khmer-Epoche in Thailand. Der mit Reliefs reich verzierte Hindu-Tempel wurde zu Ehren der Gottheit Shiva errichtet. Mit dem Bau der Tempelanlage, die am Weg in die Khmer-Hauptstadt Angkor (➛ *S. 348f.*) im heutigen Kambodscha lag, begann man im frühen 10. Jahrhundert. Die Bauten sind so angeordnet, dass die aufgehende Sonne beim Songkran-Fest durch alle 15 Tore des westlichen Torvorbaus zu sehen ist. Die drei Naga-Brücken sind die letzten in Thailand.

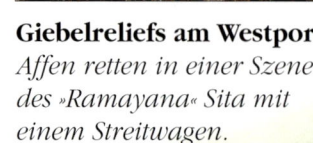

Giebelreliefs am Westportal
Affen retten in einer Szene des »Ramayana« Sita mit einem Streitwagen.

★ Haupttheiligtum
Der pyramidenförmige Turm des Haupttheiligtums ist der kosmologische Gipfel am Ende des Prozessionsweges.

Ziegel-Sanktuarium
Das Bauwerk (13. Jh.) liegt unmittelbar südöstlich vom Haupttheiligtum und wurde erst spät als Bibliothek in die Anlage eingefügt.

Höhepunkte

- ★ Haupttheiligtum
- ★ Naga-Brücke
- ★ Zierteiche
- ★ Prozessionsweg

★ Naga-Brücke
Diese Naga-Brücke innerhalb des heiligen Bezirks verbindet den östlichen Torvorbau mit dem Haupttheiligtum. Der Schlangenkörper bildet das Brückengeländer.

Giebel über dem Mandapa-Portal
Das Giebelrelief stellt den tanzenden Shiva Nataraja dar. Seine im Tanz ausgebreiteten zehn Arme symbolisieren Tod und Zerstörung.

Stier Nandi
Diese Skulptur des mythischen Reittiers des Gottes Shiva befindet sich im ersten, östlichen Saal des Hauptheiligtums.

★ Zierteiche
Vor dem Eingang zum heiligen Bezirk liegen vier Teiche, vermutlich Symbole der vier heiligen Flüsse des indischen Subkontinents. Eine Naga-Brücke, im Bild hinten, führt in den Komplex.

★ Prozessionsweg
Der Prozessionsweg symbolisiert die spirituelle Reise des Hindus aus der irdischen Welt in den Himmel.

Die Treppe ist Teil des Prozessionsweges in den heiligen Tempelbezirk.

Das Songkran-Fest

Songkran (Mitte April) markiert das buddhistische Neujahrsfest der Thais. Aus dem religiösen Anlass, die Buddha-Bildnisse mit Wasser zu reinigen, entwickelte es sich zu einem Fest, bei dem sich die Menschen gegenseitig mit Wasser überschütten.

Daten und Fakten

10.–13. Jahrhundert Bau der Tempelanlage

1989 Abschluss der Restaurierung und Rückgabe eines Vishnu-Reliefs durch die USA, das in den 1960er-Jahren entwendet und später dem Art Institute of Chicago geschenkt wurde

Der Reliefschmuck

Das Hauptmerkmal dieses Khmer-Tempels sind seine kunstvollen Reliefs, die fast jede Fläche schmücken – das ➛ *Hauptheiligtum* mit seinem Turm, Fenster, Türen und Simse. Zumeist stellen sie hinduistische Gottheiten dar. Eins der interessantesten Reliefs zeigt den auf einer 100-köpfigen Schlange ruhenden Vishnu. Auch Brahma, der Gott der Schöpfung, und Shiva Nataraja, der kosmische Tänzer, sind zu sehen. Szenen aus hinduistischen Mythen und dem indischen Heldenepos »Ramayana« (➛ *Giebelreliefs am Westportal*, ➛ *S. 336*) sind ebenfalls abgebildet. Hauptfiguren sind Rama (Verkörperung von Vishnu), seine Frau Sita und Lakshman, sein jüngerer Bruder. Motive sind auch heilige Wesen wie der ➛ *Stier Nandi* und Schlangen zu beiden Seiten der ➛ *Naga-Brücke*. Inschriften und Flachreliefs von Kampfszenen lassen vielerorts geschichtliche Ereignisse lebendig werden. Nachdem der Buddhismus den Hinduismus als Staatsreligion abgelöst hatte, wurden buddhistische Gottheiten dem Pantheon der Götter beigesellt.

Buddha-Bildnis in Meditationshaltung

Die Gesten Buddhas

Bei thailändischen Buddha-Statuen gibt es vier grundsätzliche Haltungen: sitzend, stehend, gehend, liegend. In der Kombination mit Hand- und Fußpositionen drücken die Haltungen eine Vielzahl von Bedeutungen aus, die für Kernthemen des Buddhismus stehen. Zu den wichtigsten gehört der Gestus der Furchtlosigkeit oder Schutzgewährung: Die rechte Hand ist erhoben, ihre Innenfläche nach vorn gewandt. Beim Gestus der Meditation liegen die Hände im Schoß, die Handflächen der sitzenden Figur zeigen nach oben. Beim Augenblick der Erleuchtung berühren die Finger der rechten Hand, Handrücken nach vorn, über die gekreuzten Beine hinweg die Erde. Beim Gestus der Verkündigung der Lehre bilden die Zeigefinger mit den Daumen Kreise. Sie symbolisieren das Rad der Lehre.

Das Ruinengelände

Die Ruinen von Tempeln und Klöstern der alten Residenzstadt auf einem Areal von 70 Quadratkilometern erinnern an das Sukhothai-Königreich des 13. Jahrhunderts. Hinter den alten Stadtmauern sind die Überreste von 16 buddhistischen Tempeln, vier Hindu-Schreinen, Zierteichen, Festungswällen und Gräben zu sehen. Die Buddha-Figuren der Sukhothai-Zeit sind mehrfach mit lächelndem Gesicht sowie in schreitender Pose dargestellt. Der Wat Mahathat war das größte der Heiligtümer während dieser Zeit.

Wat Mahathat

Der Wat Mahathat war als spiritueller Mittelpunkt des Sukhothai-Reiches der größte und prächtigste Tempel des Landes. Die Anlage, im 13. Jahrhundert unter dem ersten Thai-König erbaut, umfasste neben dem Heiligtum etwa 20 kleinere Gebäude. Das Zentrum des Komplexes bildet ein Chedi von monumentalen Ausmaßen. Zwei Kolossalstatuen stehender Buddhas sorgen für wirkungsvolle Seitenabschlüsse. Die einstige Pracht dieses Tempels mit ursprünglich 185 Chedis kann man nur erahnen.

Bogen am zentralen Chedi

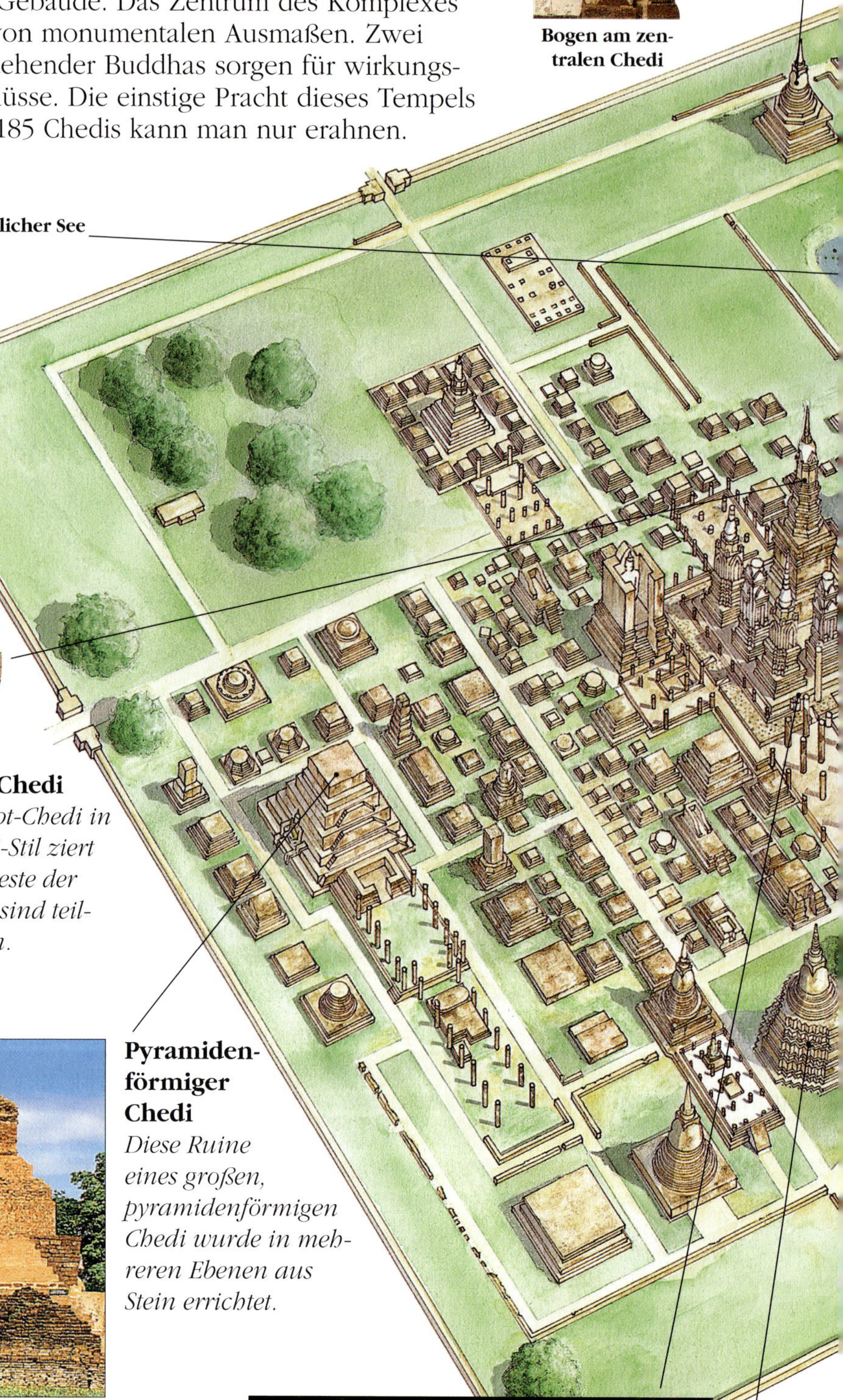

★ Lotosförmiger Chedi
Die Spitze des Haupt-Chedi in reinstem Sukhothai-Stil ziert eine Lotosknospe. Reste der Stuckdekorationen sind teilweise noch erhalten.

Pyramidenförmiger Chedi
Diese Ruine eines großen, pyramidenförmigen Chedi wurde in mehreren Ebenen aus Stein errichtet.

★ Fries der schreitenden Mönche
Ein Steinfries verläuft entlang dem quadratischen Sockel der zentralen Chedi-Gruppe. Er zeigt Mönche bei einer religiösen Prozession um das Heiligtum.

Bot-Ruine
Nördlich des Haupt-Chedi liegt die Ruine eines Bot mit einem großen sitzenden Buddha, der thailändischem Brauch entsprechend nach Osten blickt.

Loy Krathong

Dieses Fest huldigt der Göttin der Flüsse und Wasserwege und wird im November bei Vollmond in ganz Thailand gefeiert, in Sukhothai am ausgiebigsten. Es markiert das Ende der Regenzeit und der Reis-Haupternte. Bei Dunkelheit werden kleine Schalen mit einer brennenden Kerze auf das Wasser gesetzt.

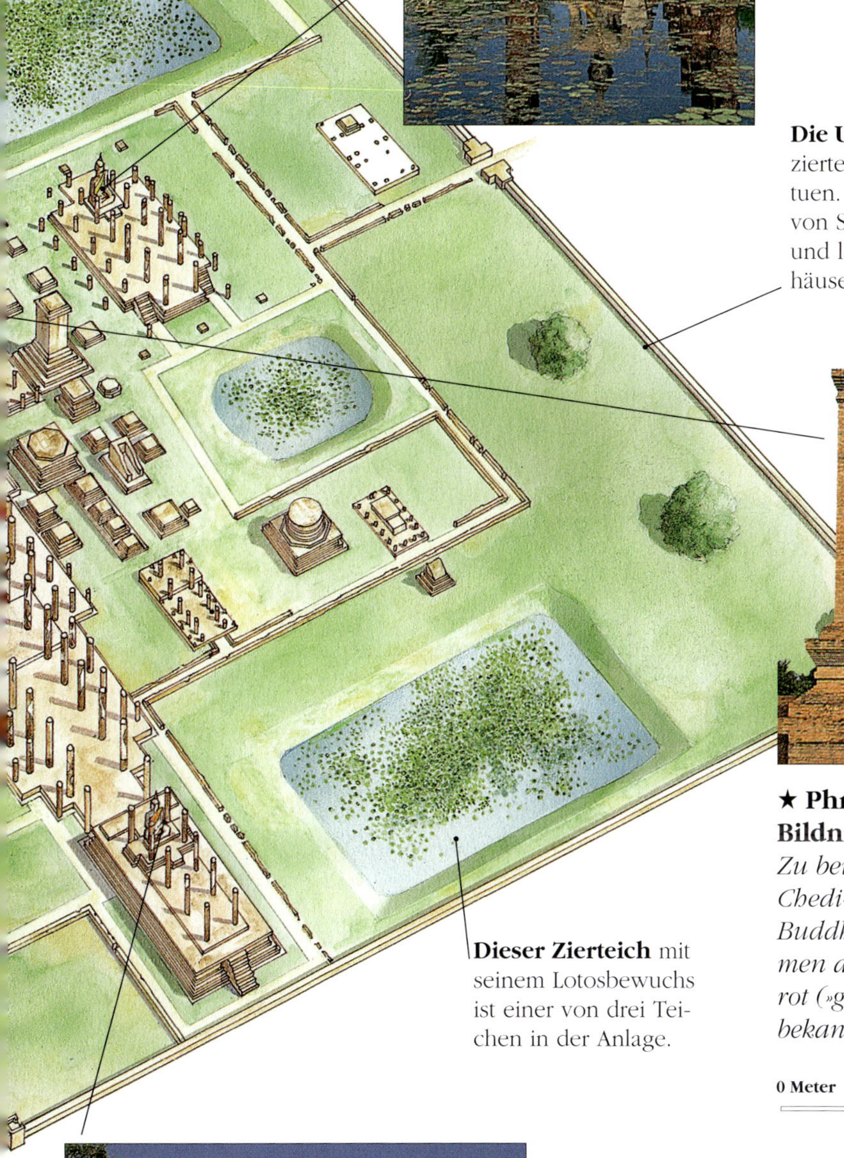

Die Umfassungsmauer zierten einst Buddha-Statuen. Deren Köpfe wurden von Souvenirjägern geraubt und liegen heute in Privathäusern und Museen.

★ Phra-Attharot-Buddha-Bildnisse
Zu beiden Seiten der zentralen Chedi-Gruppe ragen stehende Buddha-Statuen in engen Räumen auf, beide als Phra Attharot (»großer stehender Buddha«) bekannt.

Dieser Zierteich mit seinem Lotosbewuchs ist einer von drei Teichen in der Anlage.

0 Meter 25 Meter

Haupt-Viharn
Dieses Bauwerk war entlang einer Ost-West-Achse zur zentralen Chedi-Gruppe ausgerichtet. Heute sind davon nur noch Säulen und ein sitzender Buddha erhalten.

Höhepunkte

- ★ **Fries der schreitenden Mönche**
- ★ **Lotosförmiger Chedi**
- ★ **Phra-Attharot-Buddha-Bildnisse**

Daten und Fakten

1238 Gründung des Reiches von Sukhothai

um 1240–70 Wahrscheinliche Errichtung des Wat Mahathat unter König Indraditya

1344 Umbau der Tempelanlage unter König Lo Thai

1824–51 Renovierung der Tempelanlage unter König Rama III.

1956 Ausgrabung des Wat-Mahathat-Komplexes durch das thailändische Kultusministerium

1991 Aufnahme der Ruinen von Sukhothai mit dem Wat Mahathat in das Weltkulturerbe der UNESCO

Thailändischer Wat

Wat ist der thailändische Begriff für einen Tempel. Er besteht aus einer Ansammlung von Gebäuden: Kloster, Tempel und Wirtschaftsräumen. Der wichtigste Bestandteil ist der Bot, das heiligste Gebäude, der das Hauptbildnis des Buddha enthält (➛ *Bot-Ruine*). Typisch sind Glockenturm, Viharn (Andachtsstätte für Laien, ➛ *Haupt-Viharn*), offene Hallen als Ruhestätten, eine Bibliothek für die heiligen Schriften und Kultgegenstände und der Kambarien, in dem die Mönche die Predigt halten. Der Chedi ist das höchste Bauwerk eines Wat, ein rundes Gebäude in Glockenform mit einer Lotosknospe als Spitze (➛ *Lotosförmiger Chedi*), das Reliquien Buddhas enthält. Weitere Merkmale: ➛ *Zierteiche* und der heilige Bodhi-Baum, unter dem Buddha (➛ *S. 334*) erleuchtet wurde.

Wat Phra Kaeo im Großen Palast

Detail, Bibliothek Phra Mondop

Der Bau dieses schönsten und interessantesten Tempels in Thailand begann 1782, als Bangkok Hauptstadt wurde, unter Rama I. In seinem Inneren wird der Smaragd-Buddha, die meistverehrte Buddha-Statue des Landes, gehütet. Der mit Wandmalereien, Mosaiken und Figuren verzierte Wat Phra Kaeo ist ein abgeschlossener Bereich innerhalb des Großen Palastes. Seine heiligen Hallen waren allein dem König für buddhistische Zeremonien vorbehalten.

Blick auf die Anlage des Wat Phra Kaeo

Der Smaragd-Buddha

1434 traf ein Blitz einen Tempel in Chiang Rai und enthüllte eine Stuckstatue, die wiederum eine Jade-Statue umgab, den ➤ *Smaragd-Buddha*. Der König von Chiang Mai sandte einen Trupp mit Elefanten aus, um die Statue holen zu lassen. Doch der Elefant, der die Statue trug, weigerte sich, die Straße nach Chiang Mai zu nehmen. So kam der Buddha nach Lampang. 1552 kam er nach Laos, 1778 dank Rama I. zurück nach Thailand. Er blieb im Wat Arun (➤ *S. 346f.*), bis man ihn 1785 an den heutigen Ort brachte.

Ramakien-Figur am Chedi Phra Si Rattana

Das »Ramakien«

Das »Ramakien« ist die thailändische Fassung des indischen Nationalepos »Ramayana« (➤ *S. 336*), das den Triumph des Guten über das Böse schildert. Der Inhalt des »Ramayana« wurde dabei auf das Königreich Ayutthaya übertragen. Dem Rama, der das Gute verkörpert, entspricht im »Ramakien« Phra Ram. Seine Frau Sita (Reinheit und Treue) ist hier Nang Sida Nonglak. Thot Sakan ist der böse Dämonenkönig, der Nang Sida Nonglak entführt. Hanuman, der Affenkönig, hilft Phra Ram. Das Epos inspirierte auch die thailändische Kunst, wie die Szenen des quadratischen ➤ *Ramakien-Wandelgangs* zeigen. Er umschließt die gesamte Tempelanlage.

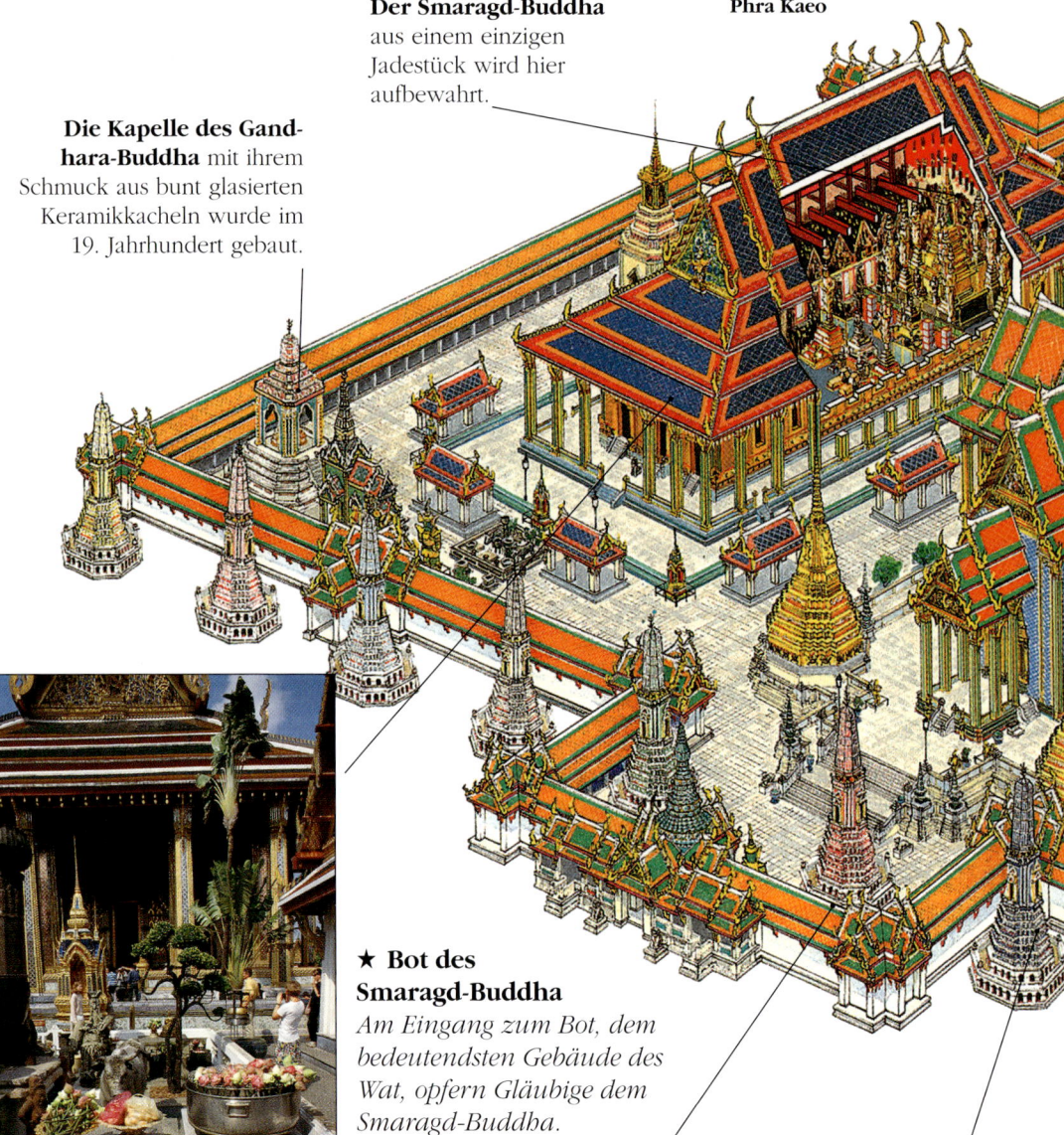

Der Smaragd-Buddha aus einem einzigen Jadestück wird hier aufbewahrt.

Die Kapelle des Gandhara-Buddha mit ihrem Schmuck aus bunt glasierten Keramikkacheln wurde im 19. Jahrhundert gebaut.

★ Bot des Smaragd-Buddha
Am Eingang zum Bot, dem bedeutendsten Gebäude des Wat, opfern Gläubige dem Smaragd-Buddha.

Acht dieser Türme säumen die Ostflanke des Wat.

★ Ramakien-Wandelgang
178 Bilder stellen die komplette Geschichte des Ramakien dar.

Höhepunkte

- ★ Bot des Smaragd-Buddha
- ★ Ramakien-Wandelgang

Vergoldete Schmuckfiguren *112 Garuda, mythologische Mischwesen aus Mensch und Vogel, umsäumen den Sockel des Bot. Sie halten Schlangen in den Klauen und sind nur ein Detail des märchenhaften Tempeldekors.*

Buddhas Gewand

Dreimal im Jahr wechselt der König das Gewand der Statue. In der Regenzeit trägt sie eine goldene Mönchsrobe, in der kühlen Zeit ein goldenes Gewand, in der heißen eins mit Diamanten und Edelsteinen.

Kinnari *Kinnaris – mythologische Wesen, die halb Frau, halb Vogel sind – zählen zur fantastischen Schar der vergoldeten Figuren auf der oberen Terrasse des Wat Phra Kaeo.*

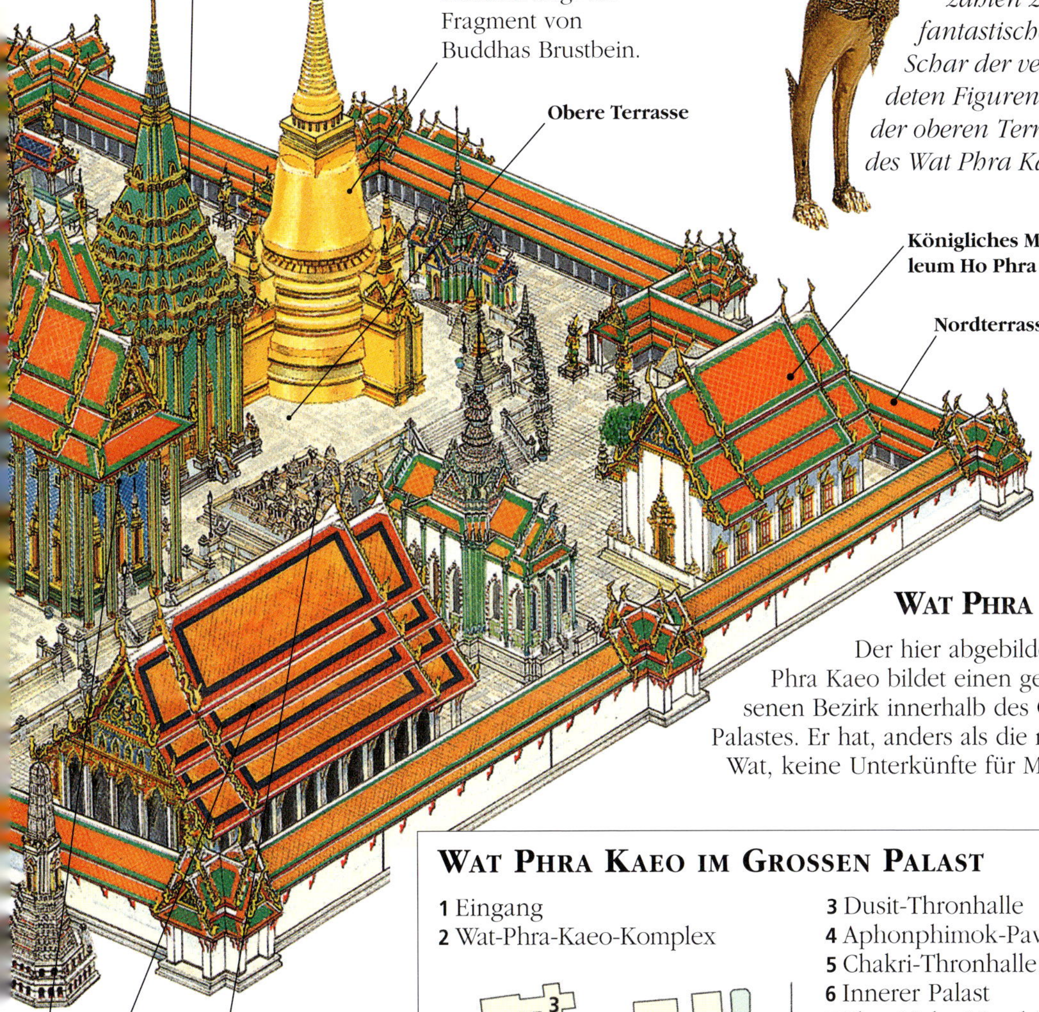

Phra Mondop (Bibliothek)

Der Chedi Phra Si Rattana birgt ein Fragment von Buddhas Brustbein.

Obere Terrasse

Königliches Mausoleum Ho Phra Nak

Nordterrasse

Modell von Angkor Wat

Der Ho Phra Monthien Tham beherbergt die Zweitbibliothek.

Das Königliche Pantheon Prasat Phra Thep ließ Rama IV. für den Smaragd-Buddha errichten. Es wurde dann aber für zu klein befunden.

Wat Phra Kaeo

Der hier abgebildete Wat Phra Kaeo bildet einen geschlossenen Bezirk innerhalb des Großen Palastes. Er hat, anders als die meisten Wat, keine Unterkünfte für Mönche.

Wat Phra Kaeo im Grossen Palast

1 Eingang
2 Wat-Phra-Kaeo-Komplex
3 Dusit-Thronhalle
4 Aphonphimok-Pavillon
5 Chakri-Thronhalle
6 Innerer Palast
7 Phra-Maha-Monthien-Komplex
8 Siwalai-Garten
9 Kapelle Ramas IV.
10 Boromphiman-Villa
11 Audienzsaal

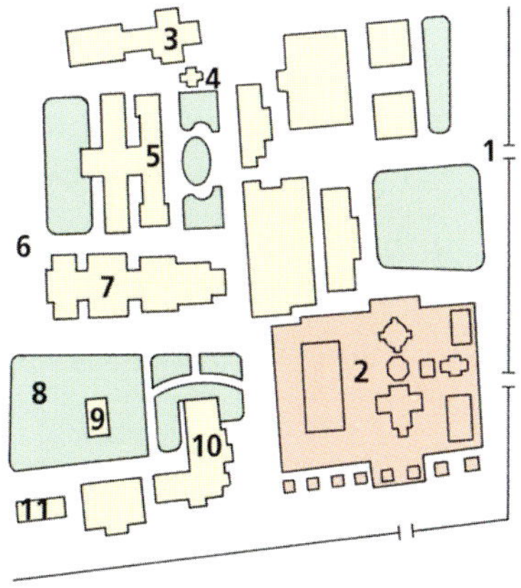

Legende

- Wat-Phra-Kaeo-Komplex
- Gebäude
- Garten

Daten und Fakten

1782–84 Bau des Bot für den Smaragd-Buddha, des Phra Mondop und des Ramakien-Wandelgangs unter Rama I.

1804–68 Bau des Königlichen Pantheons, des Chedi Phra Si Rattana, der Kapelle des Gandhara-Buddha und des Modells von Angkor Wat unter Rama IV.

1832 Verzierung des Bot mit Glasmosaiken und Basreliefs

1982 Restaurierung des Wat Phra Kaeo

Die Tempelanlage

Vor allem Rama I. und Rama IV. ließen die prachtvollen Gebäude des Wat Phra Kaeo errichten. Der ➛ *Bot des Smaragd-Buddha* birgt die nur rund 70 Zentimeter große Statue aus grüner Jade, die auf einem mehrstufigen Schrein thront. Zu den beeindruckenden Bauwerken auf der großen Marmorplattform gehört der ➛ *Chedi Phra Si Rattana*, der zur Aufnahme von Buddha-Reliquien errichtet wurde. Der angrenzende Phra Mondop beherbergt die heiligen Schriften des Buddhismus. Außen weist er an den vier Ecken javanische Buddha-Bildnisse auf. Im ➛ *Königlichen Pantheon Prasat Phra Thep* daneben sind lebensgroße Statuen von Königen der Chakri-Dynastie zu bewundern. Nördlich davon befindet sich ein verkleinertes Steinmodell von Angkor Wat (➛ *S. 348f.*), das Rama IV. lehenspflichtig war. Auf der Nordterrasse enthält das Königliche Mausoleum Ho Phra Nak die Asche von Adligen.

Die Chakri-Dynastie

Das Herrscherhaus Thailands geht auf Chao Phraya Chakri (später König Rama I.) zurück. Es regiert seit 1782 in einer absoluten, seit 1932 in einer konstitutionellen Monarchie. Unter den Königen Rama I. bis III. herrschte Ruhe im Land. Rama IV. (♔1851 bis 1868) modernisierte Siam (Thailand). Er öffnete die Grenzen für den Handel und ausländische Einflüsse. Sein Sohn Chulalongkorn oder Rama V. (♔1868–1910) war wohl der bedeutendste Chakri-König. Er setzte die Modernisierung des Landes in allen Bereichen fort und schaffte die Sklaverei ab. Seit 1946 regiert König Rama IX. (Bhumibol Adulyadej).

Buddhistische Rituale

Sich verdient zu machen, ist ein Teil des buddhistischen Lebens. Man glaubt, dass sich gute Taten auszahlen – in diesem Leben oder in einer nächsten, besseren Existenz. Mönch zu sein oder die Weihe eines Mönches zu unterstützen, gilt als Verdienst. Bei der Almosensammlung der Mönche bei Tagesanbruch spenden die Gläubigen Nahrungsmittel und häufen so Verdienste an. Zu den Ritualen beim zumindest wöchentlichen Besuch des Tempels gehört das Opfern von Lotosblüten, das Aufbringen von Blattgold auf Buddha-Bildnissen und das Anzünden von Kerzen und Räucherstäbchen.

Blattgoldopfer zu Ehren des Buddha

Wat Arun

Keramikblüte am Hauptturm

Namenspatron dieses Tempels ist Aruna, der indische Gott der Morgenröte. Angeblich sah König Taksin, als er 1767 aus der zerstörten Hauptstadt Ayutthaya hier eintraf, über dem damals winzigen Tempel die Sonne aufgehen. Mit seinen fünf markanten Türmen gilt der Wat Arun als Wahrzeichen Bangkoks. Der im 19. Jahrhundert erhöhte Hauptturm ist mit fast 100 Metern der höchste Thailands. Die Mosaikverkleidung aus bunten Porzellanscherben – sie zeigt Dämonen, Elefanten, Blumen und Blüten – wurde unter dem Chakri-König Rama IV. im späten 19. Jahrhundert angebracht. Der Tempel ist von der Khmer-Architektur (➛ *S. 340*) geprägt.

Bunte Dekorbänder
An der Porzellanverkleidung des Hauptturms sind u.a. Bänder von Dämonen zu sehen.

★ Flussansicht des Wat
Die großartige Silhouette des Wat Arun vom gegenüberliegenden Ufer des Chao Phraya ziert u.a. die 10-Baht-Münze.

Anlage des Wat Arun

Die Anlage symbolisiert das hinduistisch-buddhistische Weltbild: Als mythischer Berg Meru, Mittelpunkt des Universums, ragt der zentrale Turm (Prang) auf. Die vier äußeren Türme stellen die Weltmeere dar, die vier Pavillons die vier Winde.

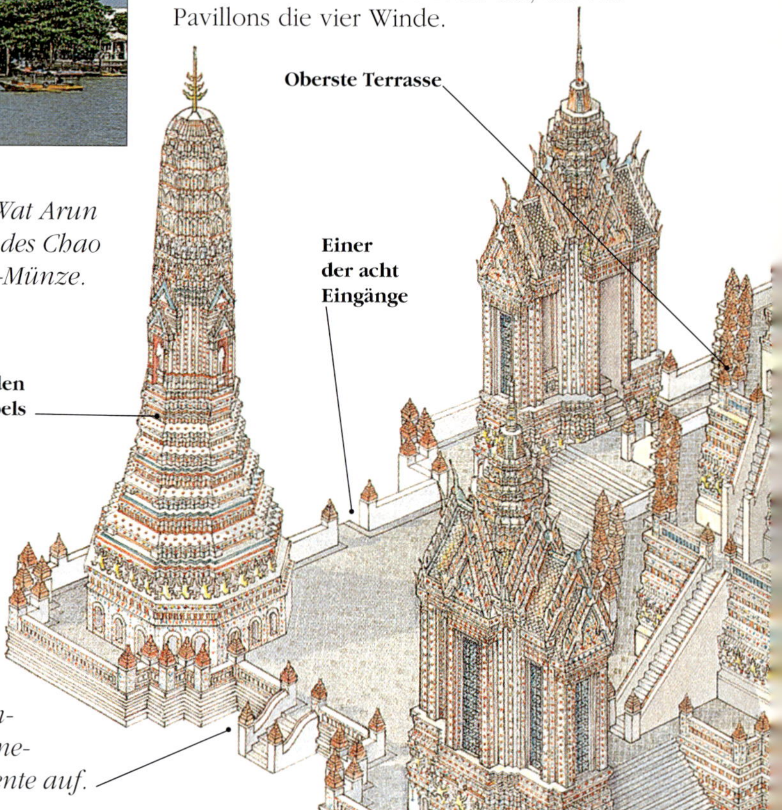

Chinesische Wächter
Die Wächterfiguren am Terrassenaufgang weisen, wie die Porzellanverkleidung, chinesische Stilelemente auf.

Bot-Wandelgang
Der Bot ist das heiligste Gebäude in der Anlage eines thailändischen Tempels. In seinem Wandelgang sind häufig Buddha-Statuen aufgestellt.

Höhepunkte

★ Keramikverkleidung

★ Flussansicht des Wat

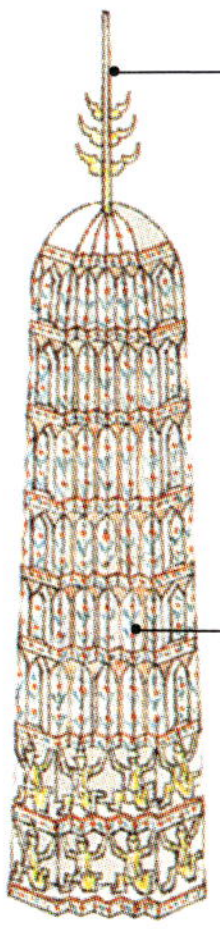

Indras Waffe, der Donnerkeil, als Turmkrone

Symbolische Etagen

Das Devaphum (oben) symbolisiert den vier kleinere Berge überragenden Meru mit den sechs Himmeln in den sieben Sphären der Glückseligkeit.

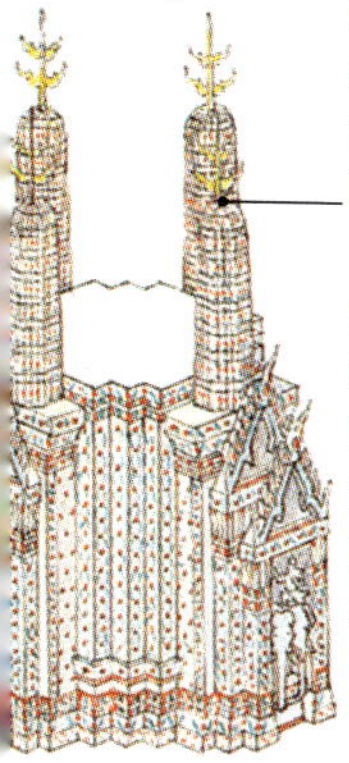

Den Tavatimsa-Himmel (Mitte), die Region der Begierdelosigkeit, bewacht in den vier Himmelsrichtungen der Hindu-Gott Indra.

Das Traiphum (Sockel) steht für 31 Daseinswelten dreier hierarchischer Regionen – Sinneslust, Formen und Nichtformen – des buddhistischen Kosmos.

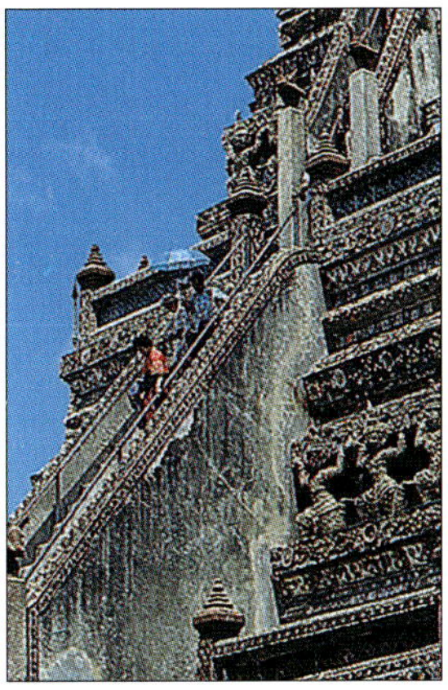

Stufen des Hauptturms
Die steile Treppe versinnbildlicht den Aufstieg in höhere Existenzen.

Bootsprozession

Alle fünf oder zehn Jahre fährt der König von Thailand mit seinem Galaboot über den Fluss Chao Praya und bringt Kutten und Geschenke zu den Mönchen von Wat Arun.

Kleine Nische
In den vielen kleinen Nischen auf der zweiten Ebene des Hauptturms stehen Kinnari genannte Fabelwesen, halb Frau, halb Vogel.

Dekor der vier Nebentürme
In den Nischen der vier kleineren Türme zeigen Statuen den Windgott Naju auf seinem Ross.

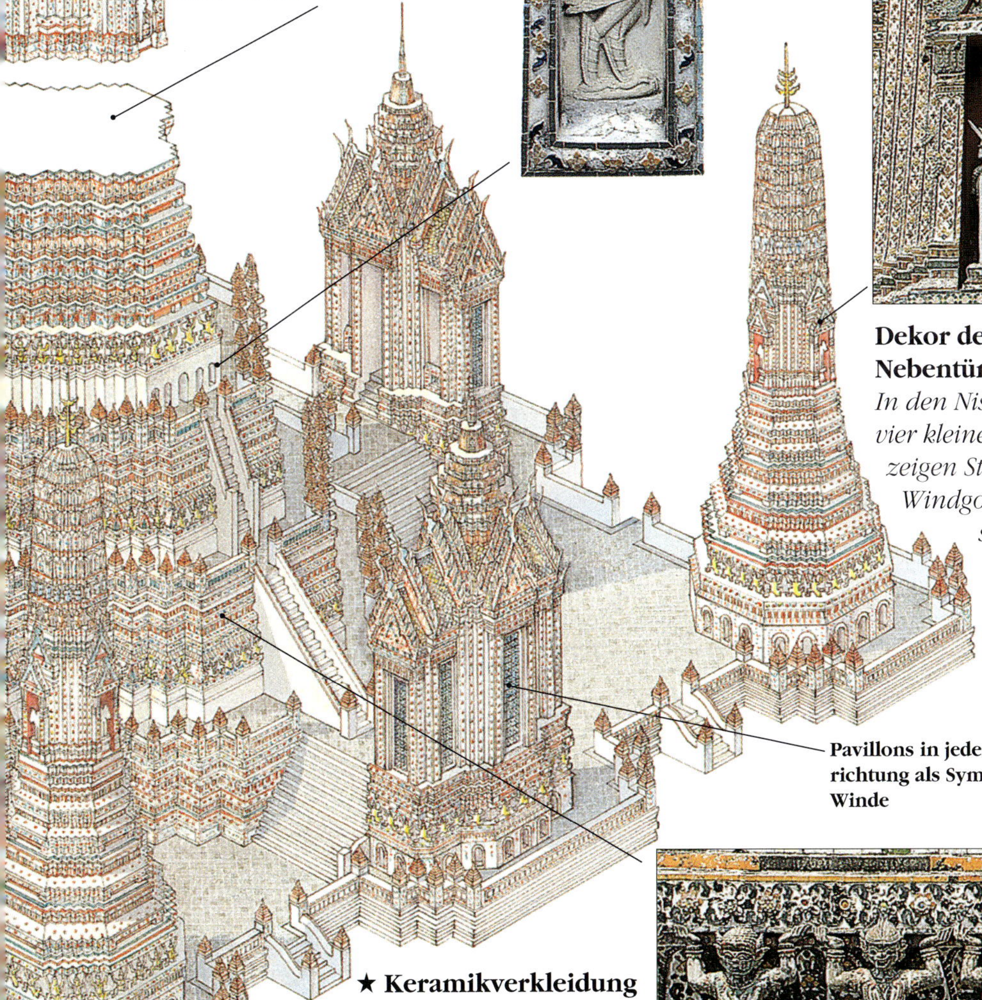

Pavillons in jeder Himmelsrichtung als Symbol der vier Winde

★ Keramikverkleidung
Ein buntes Mosaik aus (großteils von Einheimischen gespendetem) Porzellan überzieht die Türme. Blumen symbolisieren die Vegetation des Berges Meru, der Heimstatt der Götter.

Daten und Fakten

1767–82 Umbau des Wat Arun durch König Taksin

1809–24 Restaurierung des Tempels und Erhöhung des Hauptturms unter König Rama II.

1824–51 Fertigstellung des Hauptturms unter König Rama III.

Die Götter Aruna, Indra und Naju

Schon in früher wedischer Zeit (ab 1200 v. Chr.) wurden in Indien die hinduistischen Gottheiten Aruna, Indra und Naju verehrt. Sie personifizieren die Natur und die Elemente. Aruna, der schöne Gott der Morgenröte, ist der Wagenlenker von Surya, dem Sonnengott. Rothäutig steht er vor der Sonne auf dem Wagen, um die Welt vor ihren versengenden Strahlen zu schützen. Indra, Gott des Himmels, lenkt einen goldenen Pferdewagen. Er ist mit einem Donnerkeil bewaffnet. Indra schickt den Regen und bestimmt das Wetter. Er wird oft auf dem vierrüsseligen weißen Elefanten Airavatta dargestellt, der eine Regenwolke symbolisiert. Naju (oder Vaju) ist der Gott der Winde und Götterbote. Er herrscht über das nordwestliche Viertel des Himmels und wird auf einer Antilope abgebildet. Weitere Namen sind Pavana (Reiniger), Gandha-vaha (Duftträger) und Satata-ga (der Bewegliche). Illustrationen aus dem »Ramayana« (➔ *S. 336*) zeigen, wie er seinen Sohn Hanuman, den Affenkönig, trägt.

Die Flachreliefs

Angkor Wat schmücken eine Vielzahl fein ausgearbeiteter Relieffriese. Die Themen sind u.a. Kriege und Geschichten aus den Hindu-Epen »Ramayana« und »Mahabharata« (➛ *S. 336*). Die westliche ➛ *Galerie der Flachreliefs* zeigt die Schlachten von Kurukshetra und von Sri Lanka, die Ostgalerie das durch Dämonen und Götter aufgewühlte Milchmeer, die Südgalerie Schlachten aus der Angkor-Periode sowie die Qualen der 32 Höllen und die Freuden der 37 Himmel. Eine besondere Zierde sind die mehr als 1600 steinernen ➛ *Apsaras*. Diese Göttinnen sind nackt und tragen kunstvollen Hals- und Kopfschmuck. Ihr rätselhafter Gesichtsausdruck wurde als das »Khmer-Lächeln« bekannt.

Schlacht von Kurukshetra aus dem Hindu-Epos »Mahabharata«

Angkors Niedergang

Der letzte große Herrscher von Angkor war Jayavarman VII. (♔ 1181–1219). Er baute u.a. Angkor Thom. Sein ehrgeiziges Bauprogramm erschöpfte wahrscheinlich die Finanzreserven des Königreichs, ebenso wie die Kriege mit Siam (Thailand) und Champa (Vietnam). Seine Nachfolger errichteten keine Tempelanlagen von Bedeutung mehr. 1431 plünderten die Siamesen Angkor. Der letzte König von Angkor, Ponhea Yat, wurde nach Phnom Penh, der heutigen Hauptstadt Kambodschas, vertrieben. Angkor Wat blieb zwar eine heilige Stätte, aber das Reich verfiel in der Folge. Die meisten Tempel wurden aufgegeben und vom Urwald überwuchert.

Angkor Wat

Diese Tempelanlage aus dem 12. Jahrhundert ist die größte und schönste der Khmer-Kultur. Strenge Symmetrie bestimmt den Komplex von Angkor Wat, dessen fünf Türme die fünf Spitzen des Weltenberges Meru symbolisieren, die sagenhafte Heimstatt der Götter. Die Außenwände stellen den Rand der Welt, der Wassergraben den kosmischen Ozean dar. Die Wände sind über und über mit kunstvollen Flachreliefs bedeckt. Angkor Wat ist Teil eines riesigen Tempelkomplexes, der sich über 400 Quadratkilometer erstreckt. Er entstand vom 9. bis 14. Jahrhundert, als halb Südostasien zum Khmer-Reich gehörte. Angkor Wat war möglicherweise ein Grabmonument, da das Hauptportal nach Westen, zur untergehenden Sonne, ausgerichtet ist.

Buddhistischer Mönch
Angkor war zunächst ein Vishnu geweihter Hindutempel und wurde später buddhistisch. Heute leben Mönche in einer Pagode beim Tempel.

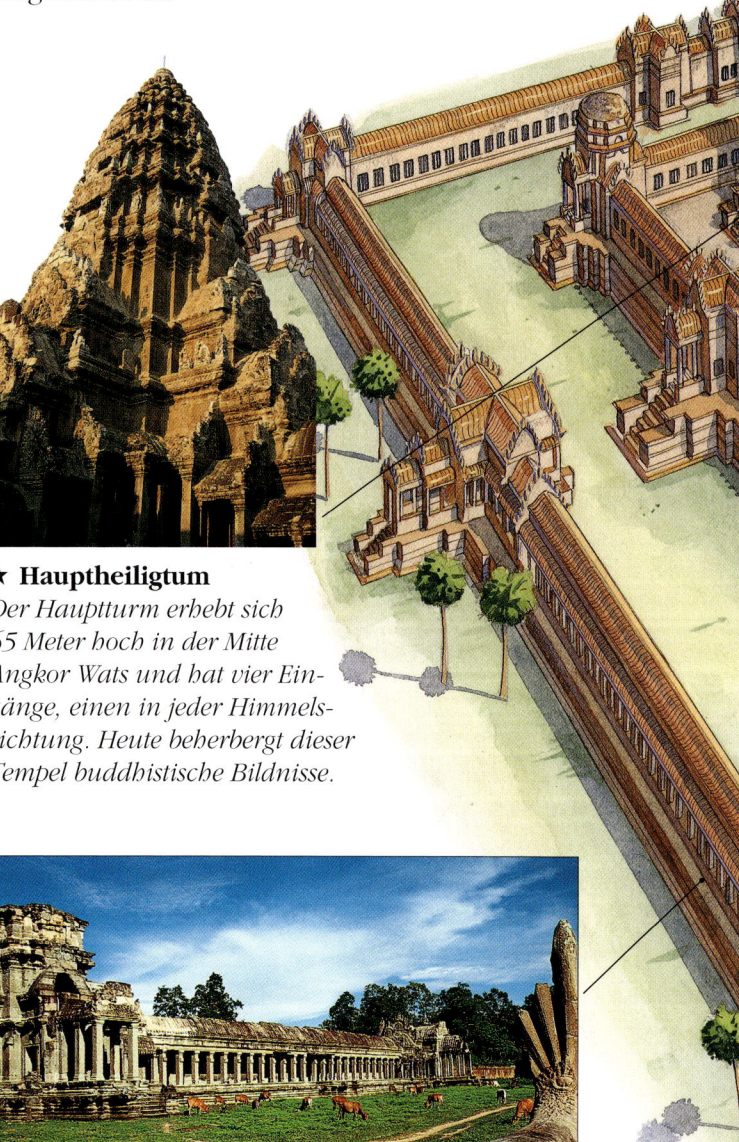

★ Hauptheiligtum
Der Hauptturm erhebt sich 65 Meter hoch in der Mitte Angkor Wats und hat vier Eingänge, einen in jeder Himmelsrichtung. Heute beherbergt dieser Tempel buddhistische Bildnisse.

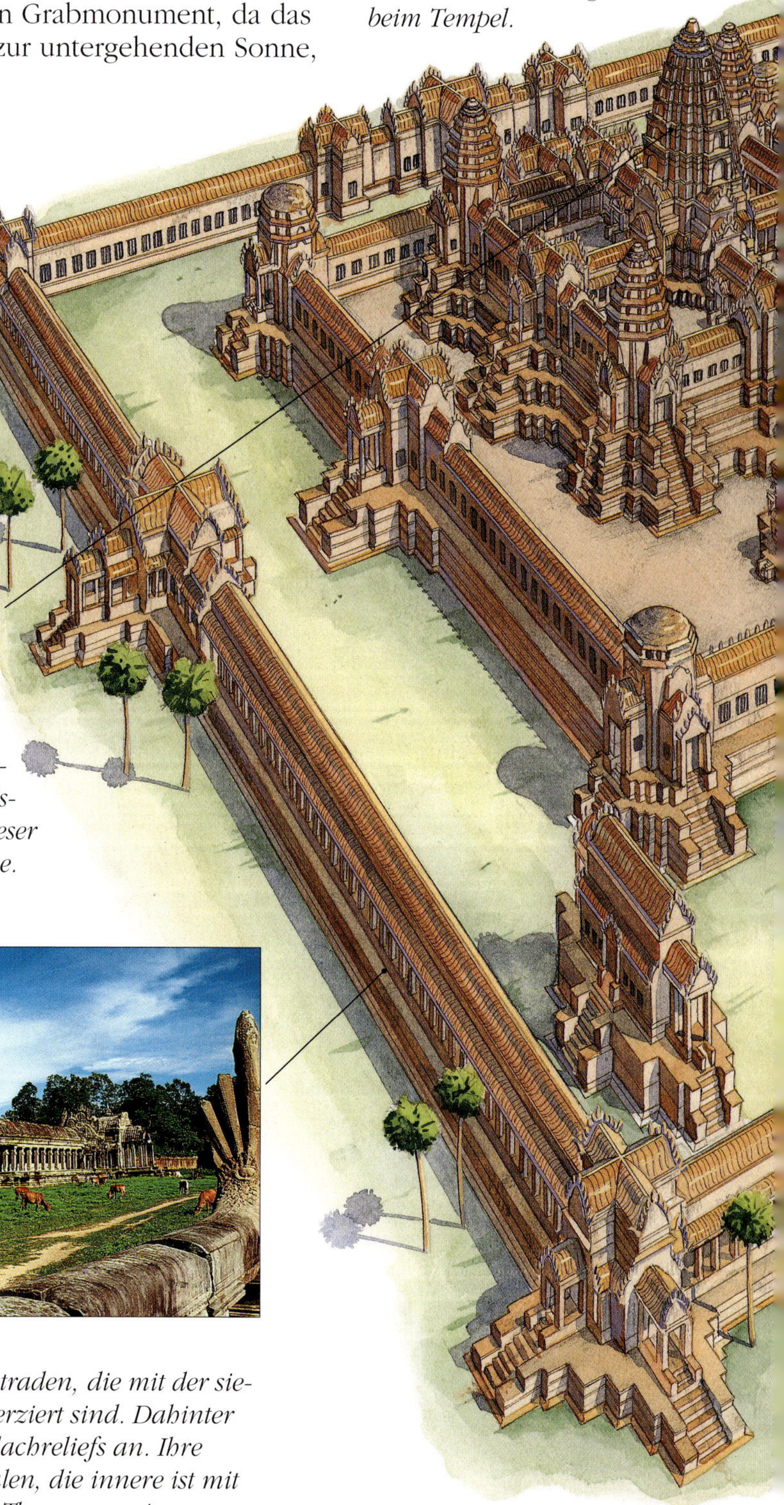

★ Galerie der Flachreliefs
Den Gehweg begrenzen Balustraden, die mit der siebenköpfigen Schlange Naga verziert sind. Dahinter schließt sich die Galerie der Flachreliefs an. Ihre Außenseite besteht aus 60 Säulen, die innere ist mit Flachreliefs zu verschiedenen Themen verziert.

Blick auf die Türme
Die gut erhaltene Anlage von Angkor Wat ist von Säulengängen umgeben und von einem Wassergraben eingefasst. Die Spiegelung der Türme im Wasser sorgt für einen wunderbaren Anblick.

Astronomie

Khmer-Architekten richteten Angkor Wat nach Sonne und Mond aus. Zum Frühlingsanfang fallen kurz nach Sonnenaufgang über dem ➛ *Hauptheiligtum* die Sonnenstrahlen exakt entlang des Dammes.

★ Apsaras
Jede der Tänzerinnen auf den Reliefs zeigt eine etwas andere Gestik und Mimik. Erstaunlich ist die Vielfalt der Kopfbedeckungen und Frisuren.

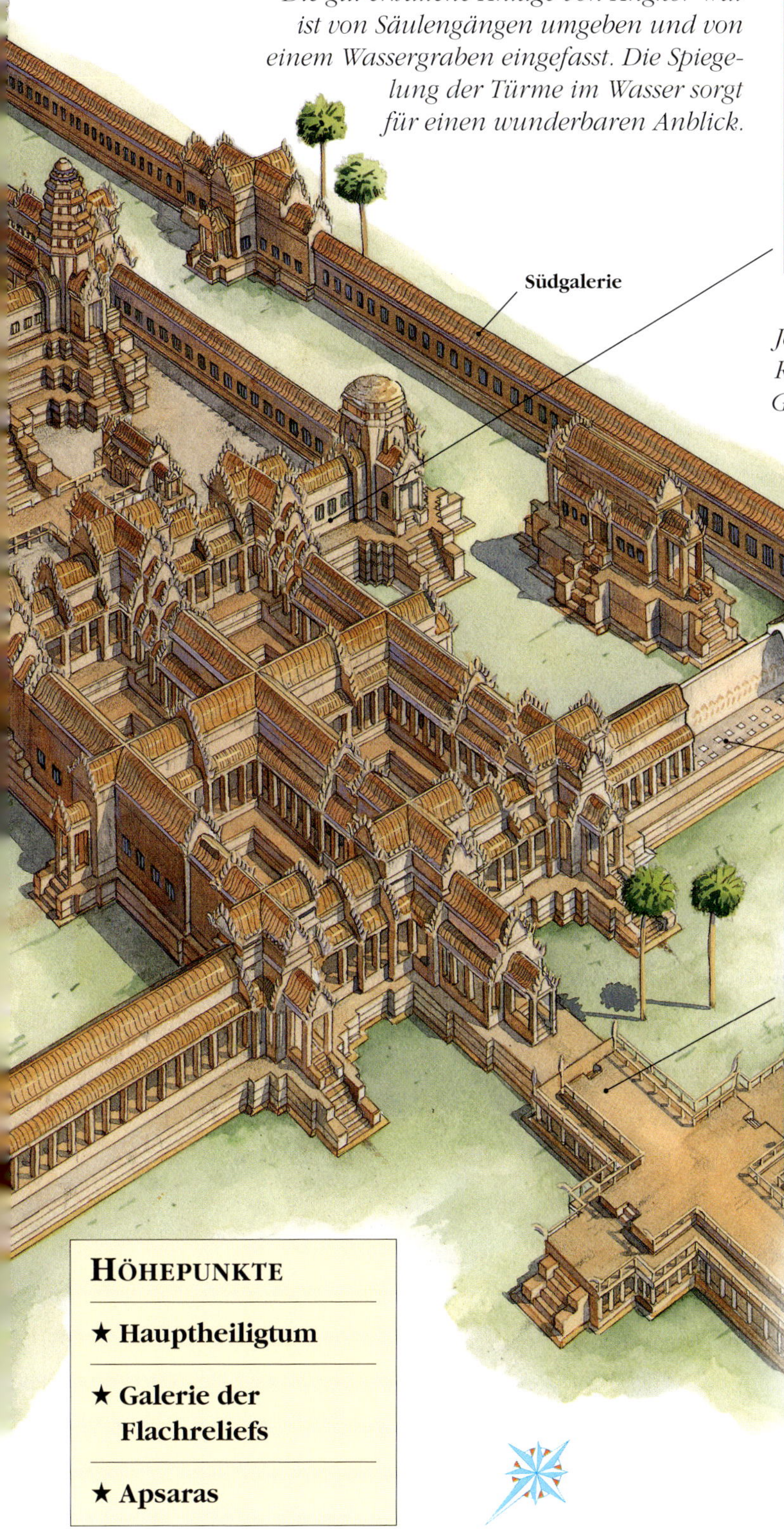

Die Westgalerie zeigt Flachreliefs u.a. mit Szenen aus dem Epos »Mahabharata«.

Steindamm
Ein Steindamm, der einen 200 Meter breiten Wassergraben überspannt, führt zum Haupteingang des Tempels auf der Westseite. Das Hauptportal ist 250 Meter breit und mehrfach unterteilt.

Höhepunkte

- ★ **Hauptheiligtum**
- ★ **Galerie der Flachreliefs**
- ★ **Apsaras**

Daten und Fakten

1113–50 Bau von Angkor Wat unter Gottkönig Suryavarman II.

1181–1219 Umwandlung zum buddhistischen Tempel unter König Jayavarman VII.

1431 Königlicher Hof verlässt Angkor

1860 Wiederentdeckung durch Henri Mouhot

ab 1907/08 Freilegung der Stätte durch französische Wissenschaftler

1970–78 Starke Zerstörungen im Bürgerkrieg

1992 Aufnahme in das Weltkulturerbe der UNESCO und zugleich in die Liste des gefährdeten Welterbes

Die Entdeckung von Angkor

Obwohl bereits andere Ausländer die Ruinen von Angkor Wat wahrgenommen hatten, wurde dem Franzosen Henri Mouhot, der unter dem Patronat der Königlichen Geographischen Gesellschaft Großbritanniens reiste, die Wiederentdeckung der Tempelanlage zugeschrieben. Der Botaniker verbrachte drei Wochen zwischen den Ruinen, zeichnete und vermaß sie. Dazu verfasste er eine detaillierte Beschreibung. Veröffentlicht wurde sie ein Jahr später – zu diesem Zeitpunkt war Henri Mouhot bereits gestorben. Seine Beschreibungen führten zahlreiche Reisende nach Angkor, u.a. auch den schottischen Fotografen John Thomson, der 1866 erste Bilder von Angkor Wat machte.

Die Bildreliefs

Insgesamt 1460 Bildreliefs ziehen sich um die Terrassenwälle des Borobudur, die eine Gesamtlänge von sechs Kilometern haben. Der untere Sockel zeigt Szenen des täglichen Lebens, die irdischen Freuden, die Höllenstrafen, das Gesetz von Ursache und Wirkung, »Karma«. Diese lebendigen Darstellungen blieben ursprünglich durch eine Mauer dem Blick der Gläubigen verborgen. Die Reliefs der eckigen Terrassen stellen vor allem den historischen Buddha (➛ *S. 334*) dar: seine Menschwerdung, sein Leben als Prinz und als Bettelmönch bis hin zur ersten Lehrpredigt. Daneben sind Götter, Buddha-Figuren und Himmelswesen abgebildet. Je höher man am Tempel aufsteigt, desto abstrakter werden die Reliefs. Die Bilder weichen Sutratexten über den Weg zur Erleuchtung.

Juwelengeschmückt halten König und Königin Hof.

Sailendra-Dynastie

Zwischen der Mitte des 8. und dem Ende des 9. Jahrhunderts herrschte die Sailendra-Dynastie über den Großteil der Insel Java. Ihr Name kommt aus dem Sanskrit (»Herren des Berges«). Durch den Seehandel stand sie stark unter dem Einfluss der indischen Kultur. Java gehörte damals zu den fortschrittlichsten Zivilisationen. Man lebte vom Handel, vor allem mit Reis. Die Sailendras schufen die bedeutendsten Baudenkmäler Asiens jener Zeit, so auch die Tempelanlage Borobudur. Ende des 9. Jahrhunderts änderten sich die Machtverhältnisse und die Sailendras mussten Java verlassen.

Die Tempelanlage Borobudur

Der grösste Stupa der Welt (➛ *S. 334*) stülpt sich wie eine Glocke über einen Bergkegel und versinnbildlicht die drei Sphären des buddhistischen Weltbilds. Terrassen laden die Gläubigen zu einer Meditations-Wanderung im Uhrzeigersinn ein, bei der die verschiedenen Bewusstseinsstufen der Existenz symbolisch erfahrbar werden sollen. Exzellente Bildreliefs erzählen vom Alltagsleben wie auch vom Leben des historischen Buddha. Sie stellen weltweit das größte Ensemble buddhistischer Reliefarbeiten dar. Nur gut 100 Jahre währte die Blüte des Heiligtums, das die Sailendra-Dynastie im 9. Jahrhundert aus 56649 Kubikmeter Vulkangestein errichten ließ.

★ Rupadhatu-Reliefs
Sie stellen vor allem das Leben des historischen Buddha dar.

Blick auf Borobudur
Der Borobudur ist ein Weltenberg göttlicher Ordnung, ein Platz der Meditation, Stupa und Mandala zugleich. Andesit-Gestein und Tuffstein wurden hier verbaut.

Tempeldach
72 glockenförmige Stupas stehen auf der obersten kreisrunden Terrasse des Borobudur.

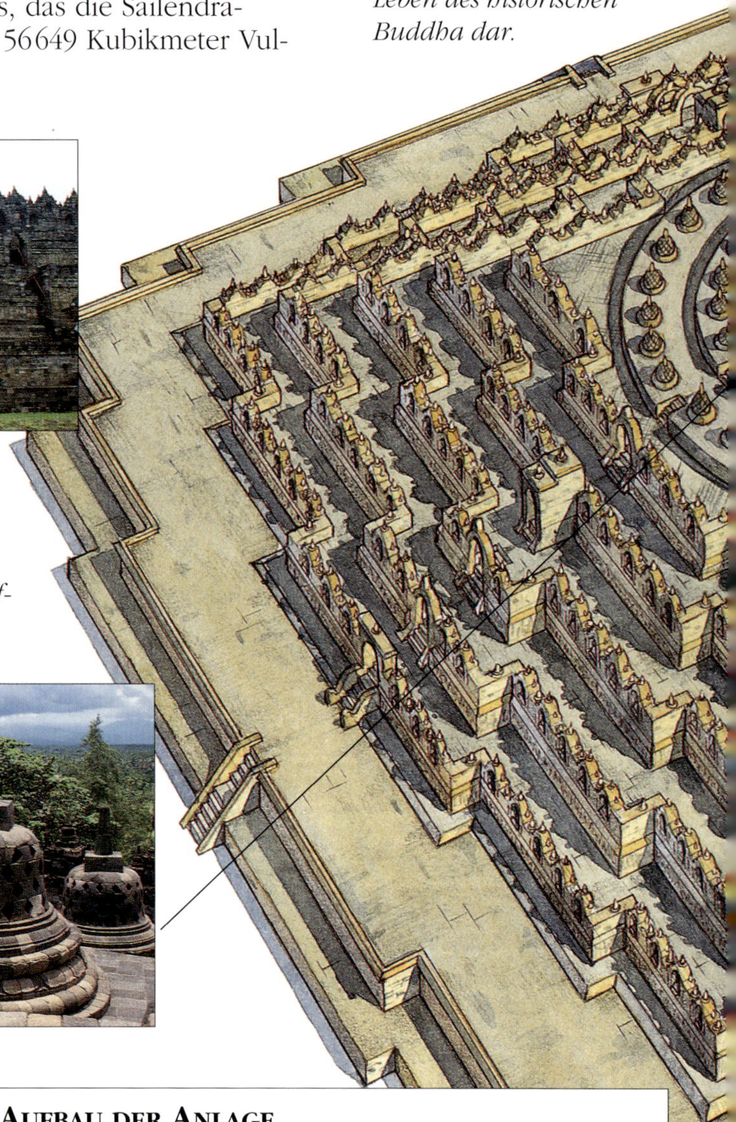

Höhepunkte

- ★ **Rupadhatu-Reliefs**
- ★ **Meditierende Buddhas**
- ★ **Kamadhatu-Flachreliefs**

Aufbau der Anlage

Der Borobudur erhebt sich auf einem quadratischen Grundriss, ist 33,5 Meter hoch und hat am Sockel Seitenlängen von je 123 Metern. Er ist in drei Sphären aufgeteilt. Auf den Unterbau wurden fünf eckige, nach oben kleiner werdende Terrassen aufgesetzt. Auf der obersten wurden drei kreisförmige Terrassen errichtet und mit einem Stupa bekrönt. In seiner Grundstruktur ist Borobudur eine Terrassenpyramide. Die geometrische Präzision der Anlage wirkt noch heute faszinierend.

★ Meditierende Buddhas
Einige der Buddhastatuen sitzen nicht in einem Einzelstupa, sondern im Freien. Sie sind in Meditationshaltung dargestellt.

Die Restaurierung

Zwischen 1973 und 1982 wurden die Terrassen freigelegt, gesäubert, auf einem Betonfundament neu aufgebaut und Entwässerungsanlagen gelegt. Die Restaurierung verschlang 21 Millionen Dollar.

Reliefiertes Tor
Die Schutzgottheit Kala, ein mythisches Wesen, das sich selbst verschluckt, bewacht den Torbogen, der zum Dach führt.

Daten und Fakten

um 800 Hauptperiode des Baus

um 930 Machtverlagerung nach Ostjava; Aufgabe des Tempels und später Verschüttung mit Asche durch starke Vulkaneruptionen

1814 Wiederentdeckung durch Sir Thomas Stamford Raffles

1885 Entdeckung der Reliefs an der Sockelzone

1907–11 Restaurierung und Rekonstruktion durch Theodor van Erp

1991 Aufnahme in das Weltkulturerbe der UNESCO

Die Symbolik

Der Tempel stellt den Weltenberg Meru dar, wo nach hinduistischer und buddhistischer Kosmologie die Götter wohnen. In seiner Anlage ist er eine Art Mandala, ein buddhistisches Meditationsbild. Der Aufstieg ist als symbolischer Aufstieg der Seele zu verstehen. Die Terrassen bilden die drei Sphären menschlicher Existenz. Der untere Sockel symbolisiert die Sphäre der Wünsche und Begierden (➛ *Kamadhatu-Flachreliefs*). Die eckigen Terrassen (➛ *Rupadhatu-Reliefs*), die Sphäre der Form, stellen den fortgeschrittenen Grad des Bewusstseins dar. Die drei runden Terrassen mit den sitzenden ➛ *Meditierenden Buddhas* sind ein Symbol für die Sphäre der Bild- und Gestaltlosigkeit, Arupadhatu. Der abschließende Stupa ist Sinnbild für das Nirwana, in dem sich der buddhistische Erlösungsgedanke erfüllt.

Buddha-Figuren
Die Figuren an den Außenwänden weisen in jeder Himmelsrichtung eine andere Handhaltung auf.

★ Kamadhatu-Flachreliefs
Die Reliefdarstellungen der javanischen Gesellschaft in der ersten Sphäre bestechen durch ihren Detailreichtum. Dieses Relief zeigt eine Gruppe von Musikern.

Der Glaube auf Bali

Das Leben auf Bali wird durch Animismus, Ahnenkult und Sinn für Übernatürliches bestimmt. Der Begriff »sekala niskala« (sichtbar-unsichtbar) steht für die Idee, dass die physische Welt mit einer spirituellen durchsetzt ist. Götter und Dämonen hausen z. B. in Steinen oder Bäumen. Ihnen werden Schreine gebaut, Blumen und andere Dinge geopfert. Die unsichtbare Welt manifestiert sich in vielen auffälligen Symbolen. Die Ahnen werden in komplizierten Ritualen verehrt. Sehr wichtig ist das spirituelle Gleichgewicht. Dafür sollen etwa der als drachenartiges Wesen dargestellte Barong und sein dämonisches Gegenstück Rangda sorgen.

Den Göttern werden Opfergaben (Blumen, Früchte u. a.) gebracht.

Die Gamelan-Musik

Auf Bali wird die traditionelle Musik vom Gamelan genannten Orchester gespielt. Es kann aus wenigen, aber auch aus 30 bis 40 Musikern bestehen. Bei rituellen und kulturellen Feiern, bei Tanz, Drama und Schattenspiel kommt es zum Einsatz. Zu den Melodie-Instrumenten gehören Bambusflöten, zweisaitige Geigen, Bronzegongs verschiedener Größen, bronzene Metallophone und Xylophone. Unterschiedliche Trommeln geben den Rhythmus an. Auch eine Art Zither gehört zu den Instrumenten, die von Hand hergestellt werden. Einige gelten als heilig und werden nur bei religiösen Festen gespielt. Balinesische Tempel haben einen Pavillon zur Aufbewahrung dieser Instrumente, der ➛ *Bale Gong* heißt.

Pura Ulun Danu Batur

Steinskulptur

Dieser Tempel ist der Göttin der Seen und Flüsse geweiht und einer der wichtigsten auf Bali. Ihr Schrein, ein elfstufiger Meru, blieb als einziger beim Ausbruch des Vulkans Gunung Batur im Jahr 1926 erhalten und wurde in die 1927 wieder aufgebaute Tempelanlage an der heutigen Stelle integriert. Dämonen schützen die Anlage aus schwarzem Lavagestein im Eingangsbereich vor bösen Geistern.

Tempelflaggen
Götter und mythische Ungeheuer werden oft auf bunten Tempelflaggen und als Skulpturen dargestellt.

Innerer Hof
Dieser ist der heiligste Hof. Drei Tore führen von einem Hof zum nächsten.

Garuda
Die Figur des Garuda, eines Vogels der Hindu-Mythologie, ist in diesem Steinrelief auf der Hofmauer dargestellt.

★ Zentralhof
Dieses große Viereck, hier mit einem festlichen Aufbau aus Bambus und Stroh versehen, gibt gelegentlich den Rahmen für rituelle Tänze ab.

Opfer aus Früchten und Blumen

Opfer für die Seegöttin

Gläubige aus ganz Bali bringen erlesene Opfergaben zu diesem der Göttin des Batur-Sees, Ida Batari Dewi Ulun Danu, geweihten Tempel. Die Verehrung der Göttin wird verstärkt durch wundersame Ereignisse in der Tempelgeschichte. An seinem früheren Ort, näher am See, wurde er wunderbarerweise vor dem Vulkanausbruch 1917 verschont, als der Lavafluss kurz vor seinen Mauern stoppte. Ein weiterer Ausbruch 1926 veranlasste die Dorfbewohner, den Tempel an seinen jetzigen Ort zu verlegen.

Tempelfeste

Odalan sind Tempelfeste, bei denen Gottheiten durch Opfer, Gebete und Feierlichkeiten geehrt werden. Bei diesen zumeist dreitägigen Veranstaltungen herrscht eine Art Karnevalsatmosphäre.

Daten und Fakten

1917 Wundersame Verschonung des Tempels bei einem Vulkanausbruch

1926 Fast völlige Verschüttung des Tempels bei weiterem Vulkanausbruch

1927 Wiederaufbau an heutiger Stelle

Tempel-Architektur

Ein balinesischer Pura (öffentlicher Tempel) ist eine heilige Anlage. Hier werden hinduistische Gottheiten regelmäßig eingeladen, in die Bildnisse niederzufahren, die sich in Schreinen befinden. Die Tempel sind nach einem gleich bleibenden Muster angelegt. Sie orientieren sich an einer Achse, die vom Gebirge zum Meer verläuft. Unterschiedliche Heiligkeitsgrade spiegeln sich in der Nähe zum Gebirge wider. Ein Tempel hat drei Höfe, in die gespaltene und oben geschlossene Tore führen. Der äußere und der ➛ *Zentralhof* weisen verschiedene weniger bedeutende Schreine und Pavillons auf. Dazu gehört auch ein Wachturm, in dem sich die Trommel befindet, die beim Niederfahren der Gottheiten oder bei Gefahr geschlagen wird. Der ➛ *innere Hof* enthält die Schreine der wichtigsten Gottheiten des Tempels sowie häufig der Berg-, See- und Meeresgötter. Der Lotosthron-Schrein steht an der heiligsten Stelle. Sein Sitz bleibt für den höchsten Gott frei. Der Meru-Schrein mit drei, fünf, sieben, neun oder elf Etagen symbolisiert den Wohnsitz der Hindu-Götter, den Berg Meru.

★ Goldbemalte Türen
Die großen Holztüren des Haupttempeltors sind der Benutzung durch die Priester bei wichtigen Gelegenheiten vorbehalten.

Seitentor
Dieses hohe, schlanke Tor mit Backsteinmauern und Ornamenten aus anderem Stein führt zu einem benachbarten Tempel.

Eingang

Der Bale Gong ist ein Pavillon mit den Gamelan-Instrumenten des Tempels – auch des großen Gongs, der magischer Herkunft sein soll.

Höhepunkte

★ **Zentralhof**

★ **Goldbemalte Türen**

Der Muttertempel

Pura Besakih ist der heiligste und mächtigste der vielen Tempel auf Bali. Als Zentrum der religiösen Verehrung auf der Insel verdient er seinen Ehrennamen »Muttertempel« aller balinesischen Tempel zu Recht. Jede balinesische Familie, jede Sippe hat hier ihren eigenen Schrein. Kasten, Fürstenhäuser und Berufsgilden haben hier ihren Tempel. Die Pilger besuchen Besakih auch, um heiliges Wasser zu holen. Sie verwenden es bei Zeremonien in ihren Dörfern, etwa zum Abschluss der Begräbnisriten. Seine Lage an den Hängen des Vulkans Gunung Agung verleiht Besakih besondere Heiligkeit: Der Berg soll das Zentrum göttlicher Kraft sein.

Der Vulkan Gunung Agung (3142 m), der höchste Berg Balis

Die Tempelanlage

Die Besakih-Anlage umfasst fast 30 Einzelkomplexe mit rund 300 Bauwerken. Die drei wichtigsten ehren die hinduistische Dreifaltigkeit: Der Pura Panataran Agung ist Shiva, der Pura Batu Madeg ist Vishnu und der Pura Kiduling Kreteg ist Brahma geweiht. Die Tempel sind mit den Farben der Gottheiten geschmückt: Weiß steht für Shiva, Schwarz für Vishnu, Rot für Brahma. Jeder der Tempel besteht aus mehreren Türmen, Hallen und Opferplätzen. An den Hängen des Gunung Agung befindet sich unten der Dalem Puri. Er ist Batari Durga, der Todesgöttin, geweiht. Ein Tempel ist Basuki gewidmet, dem Wächter-Drachen, der auf dem Vulkan wohnen soll, ein anderer dem Hindupriester Rsi Markandya.

Der Besakih-Tempelkomplex

Wandrelief aus Stein

Pura Besakih ist das größte hinduistische Heiligtum Balis und gilt als »Muttertempel« aller balinesischen Tempel. Er liegt in 1000 Meter Höhe an den Hängen des aktiven Vulkans Gunung Agung, wo nach dem Glauben der Balinesen die Geister ihrer Ahnen leben. Um das 8. Jahrhundert gegründet, kam er später unter die Oberaufsicht der Klungkung-Dynastie. Der große Komplex besteht aus fast 30 Tempeln. Alle Schreine bis auf zwei wurden 1917 bei einem Erdbeben zerstört. Beim Ausbruch des Gunung Agung 1963 entging der wieder aufgebaute Tempelkomplex der Zerstörung.

Terrasseneingang
Die Terrassen am Eingang zum Pura Panataran Agung erinnern an die Stufenpyramiden aus der indonesischen Vorgeschichte.

★ Elfstöckiger Meru
Die hohen Meru (Stufenpagoden) sind Symbol für den Berg Meru, Sitz der hinduistischen Gottheiten.

★ Zweite Terrasse
Hier steht der wichtigste Schrein des gesamten Besakih-Komplexes, der dreisitzige Lotosthron für Shiva, Vishnu und Brahma.

Stufen
Nur Gläubige dürfen den Treppeneingang benutzen.

Fußwege verbinden die Tempel des Komplexes.

Pura Ratu Pande
Die Dächer eines Tempels neben Pura Panataran Agung wurden mit schwarzen Palmenfasern und goldenen Dachkappen renoviert.

Eka-Dasa-Rudra-Fest

Dieses Fest findet alle 100 Jahre jeweils zu Beginn eines neuen Jahrhunderts im Saka-Kalender statt. Das letzte Mal war dies der 29. März 1979. Es ist das größte aller Opferrituale auf Bali und dient der symbolischen Reinigung des gesamten Universums.

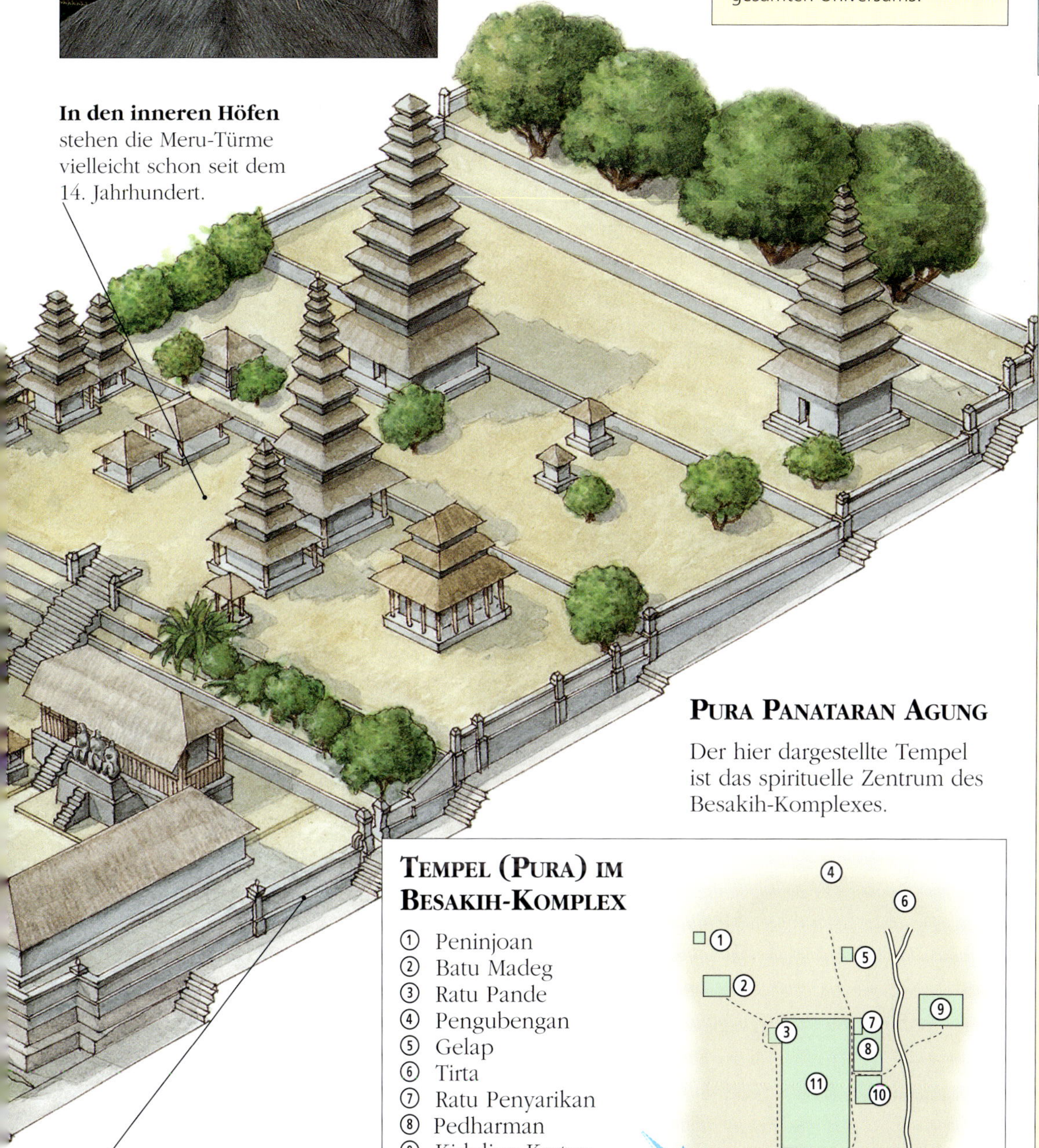

In den inneren Höfen stehen die Meru-Türme vielleicht schon seit dem 14. Jahrhundert.

Niedrige Mauern umgeben den Tempelkomplex.

Pura Panataran Agung

Der hier dargestellte Tempel ist das spirituelle Zentrum des Besakih-Komplexes.

Tempel (Pura) im Besakih-Komplex

1. Peninjoan
2. Batu Madeg
3. Ratu Pande
4. Pengubengan
5. Gelap
6. Tirta
7. Ratu Penyarikan
8. Pedharman
9. Kiduling Kreteg
10. Ratu Pasek
11. Panataran Agung
12. Dukuh Segening
13. Basukian
14. Merajan Kanginan
15. Goa
16. Bangun Sakti
17. Ulun Kulkul
18. Manik Mas
19. Pesimpangan
20. Dalem Puri
21. Merajan Selonding
22. Jenggala

Legende

--- Fußweg

Höhepunkte

★ **Elfstöckiger Meru**

★ **Zweite Terrasse**

Daten und Fakten

um 8. Jahrhundert Gründung des ersten Schreins

14. Jahrhundert Besakih gilt als Staatstempel

1917 Zerstörung durch Erdbeben

1962 Letztmalige Vergrößerung des Haupttempels

1963 Ausbruch des Gunung Agung während des Tempelfestes Eka Dasa Rudra

1979 Nachholen des Tempelfestes Eka Dasa Rudra

Klungkung-Dynastie

Mitte des 17. Jahrhunderts brach das Gelgel-Reich auseinander. In den folgenden 250 Jahren rivalisierten rund ein Dutzend eigenständige Fürstentümer miteinander. Die Gelgel- oder Klungkung-Dynastie (1710 hatte man den Regierungssitz von Gelgel nach Klungkung verlegt) blieb jedoch die ranghöchste Fürsten-Dynastie. Ihre Führer trugen den Titel »Dewa Agung«, »Großer Herr«. Grund für ihr Ansehen war die Tatsache, dass auf ihrem Hoheitsgebiet der wichtige Besakih-Tempelkomplex lag. Um 1900 erlangten die Holländer die Oberhoheit über Indonesien. Ein Fürstentum nach dem anderen fiel – nur Klungkung blieb unabhängig. 1908 starben der Dewa Agung und 200 Angehörige seines Hofes durch rituellen Massenselbstmord, um der niederländischen Kolonialherrschaft zu entgehen. Bali wurde Niederländisch-Ostindien angegliedert. Überreste des königlichen Palastes sind in dem Ort Klungkung zu sehen.

Das Opernhaus von Sydney

Werbeplakat

DAS AUF EINER LANDZUNGE am Hafen erbaute Opernhaus gilt als architektonisches Meisterwerk und ist das Wahrzeichen von Sydney. Nach den Plänen des dänischen Architekten Jørn Utzon 1959 begonnen, verdankt es seinen heutigen Ruhm vor allem der anfangs sehr umstrittenen Dachkonstruktion mit den zehn weißen, wie aufgeblähte Segel wirkenden Dächermuscheln. Der von der Londoner Times zum »Bauwerk des Jahrhunderts« erkorene Gebäudekomplex beherbergt neben einer Opernbühne mehrere Theater und Säle, in denen jährlich fast 3000 Veranstaltungen stattfinden.

ENTWURF UND KONSTRUKTION

1957 gewann der Däne Jørn Utzon den internationalen Architektenwettbewerb um den Entwurf der Oper von Sydney. Er stellte sich eine lebendige Skulptur vor, die aus jedem Winkel, vom Land, vom Meer und von der Luft aus, auffällt. Der verwegene Plan wurde angenommen, führte jedoch zu architektonischen und technischen Problemen, die Utzon nicht berücksichtigt hatte. 1959, bei Baubeginn, musste der komplizierte Entwurf stark überarbeitet werden. Das Projekt blieb derart umstritten, dass Utzon 1966 zurücktrat, Peter Hall die Bauleitung übernahm und australische Designer den Innenausbau abschlossen. Als Berater blieb Utzon dem Gebäude verbunden: Er entwickelte Prinzipien für etwaige zukünftige Umgestaltungen.

AUFGABE UND BEDEUTUNG

Das grandiose Opernhaus von Sydney ist weltweit bekannt. Eine Treuhandgesellschaft ist verantwortlich für die Erhaltung seines hohen Niveaus als Australiens kulturelles Wahrzeichen und Zentrum der darstellenden Künste. Das Gebäude gilt als eines der architektonischen Wunderwerke dieser Welt und wurde mit zahlreichen Auszeichnungen bedacht. So kam es 1999 auf die Liste der zehn besten Bauwerke des 20. Jahrhunderts. Das Opernhaus ist eine der meistgenutzten Kulturstätten der Welt. Nach Schätzungen besuchen es 4,4 Millionen Menschen pro Jahr. 75 Prozent davon sind nur an seiner Architektur interessiert.

Luftaufnahme vom Opernhaus

★ Opernhaus
Das für Ballett und Oper genutzte Theater mit 1547 Plätzen zeigt hier Verdis »Aida«.

Detail aus »Die träumende Beutelratte«
Das Wandgemälde (1987) im Foyer der Oper schuf Michael Tjakamarra Nelson, ein Künstler aus der Zentralwüste.

Im Opernhaus sind Decke und Wände schwarz, um die Aufmerksamkeit auf die Bühne zu lenken.

Spaziergang um die Oper
Ein Spaziergang um das Gebäude bietet interessante Ausblicke aus unterschiedlichen Perspektiven.

HÖHEPUNKTE

- ★ Dächer
- ★ Konzertsaal
- ★ Opernhaus

Nördliche Foyers
Die Eingangshalle und die weitläufigen nördlichen Foyers des Opernhauses und des Konzertsaals gestatten einen großartigen Blick über den Hafen.

★ Konzertsaal
Der größte Saal mit 2690 Sitzplätzen wird für Symphonie-, Chor-, Pop-, Folk- und Jazzkonzerte, Kammermusik, Oper und Tanz genutzt.

Die Baukosten

Für den Bau wurden sechs Jahre und eine Summe von 10 Millionen Dollar veranschlagt. Die Arbeiten zogen sich jedoch 14 Jahre hin, was zu einer Explosion der Baukosten führte: Insgesamt verschlang das Projekt 102 Millionen Dollar. Finanziert wurde der Mehraufwand durch eine Opernhauslotterie.

Die Monumentaltreppen und der Vorplatz werden für Freiluftkino und kostenlose Veranstaltungen genutzt.

Bennelong Restaurant
Dies ist eines der feinsten Restaurants von Sydney.

Das Schauspielhaus mit 400 Plätzen ist ideal für kleinere Aufführungen, bietet aber auch Platz für größere Ensembles.

★ Dächer
Jørn Utzon soll beim Orangenschälen auf die Idee gekommen sein, die Dächer schalenförmig zu konstruieren. Der höchste Punkt liegt 67 Meter über dem Meeresspiegel.

Mondvorhang
Der von John Coburn entworfene Vorhang (1972) und sein Pendant, der »Sonnenvorhang«, wurden im Schauspielhaus und in der Oper benutzt, mittlerweile aber aus Konservierungsgründen abgenommen.

Daten und Fakten

1957 Gewinn des Architektenwettbewerbs durch Jørn Utzon

1959–73 Bau des Opernhauses

1966 Übernahme der Bauleitung durch Peter Hall

1973 Eröffnung durch Königin Elizabeth II. und erste öffentliche Aufführung: Prokofjews »Krieg und Frieden«

bis 2006 Renovierungsarbeiten mithilfe Utzons

Das Theater und die Säle

Unter den zehn ➛ *Dächern*, die wie aufgeblähte Segel aussehen, befinden sich mehr als 1000 Räume aller Größen und Formen für unterschiedliche Anlässe. Der ➛ *Konzertsaal* ist mit einheimischer weißer Birke und mit Hartholz für Parkettböden ausgekleidet. Eine große, von Ronald Sharp gebaute Orgel (1969–79) ist der Mittelpunkt des Saals. Die Bühne des ➛ *Schauspielhauses* ist quadratisch (15 x 15 m). Gekühlte Aluminiumpaneele an der Decke sorgen für angenehme Temperaturen. Im Foyer des Schauspielhauses hängt australische Kunst, u.a. Sidney Nolans »Kleiner Hai« (1973) und ein Fresko von Salvatore Zofrea (1992 bis 1993). Das ➛ *Opernhaus* ist der zweitgrößte Raum des Gebäudes. Hier ist das Musiktheater zu Hause. Die Öffnung der Vorbühne ist zwölf Meter breit. Die Bühne erstreckt sich 25 Meter nach hinten. Der Orchestergraben bietet 70 bis 80 Musikern Platz.

Die Strafgefangenen-Transporte

Vom Ende des 18. bis zur Mitte des 19. Jahrhunderts wurden viele britische Strafgefangene ins Ausland geschafft – nach Australien etwa, wo sie Zwangsarbeit für britische Siedlungen leisten mussten. Dies sah man als humane Alternative zur Todesstrafe an, die damals noch verhängt wurde. Ferner entlastete es die überfüllten Gefängnisse in England. Nach 1838 wurde eine Justizreform eingeleitet und um 1850 wurde der Sträflingstransport nach Australien langsam eingestellt. Entlassene Strafgefangene zogen oft ein Leben in den Kolonien der Rückkehr ins viktorianische England des 19. Jahrhunderts vor.

Die Kirche von Port Arthur wurde von Sträflingen gebaut.

Das Port-Arthur-Museum

In der ➛ *Irrenanstalt*, 1864 begonnen, befindet sich das faszinierende Museum von Port Arthur mit seinen originalen Exponaten. Dazu gehören Fußeisen und Handschellen der Sträflinge, die hier einsaßen. Das Museum zeigt das Modell einer britischen Gerichtsszene, in der sogar die Stimme des Richters bei der Urteilsverkündung zu hören ist. Treppen im Inneren des Museums führen hinunter zum Nachbau eines Schiffes in Originalgröße, wie es für den Transport in die australischen Kolonien verwendet wurde. Außerdem enthält das Museum ein Modell der Gebäude, Gärten und Anlagen von Port Arthur aus der Zeit um 1870.

Port Arthur

Handschellen aus dem Museum

Wegen der abgeschiedenen Lage auf einer Halbinsel in Tasmanien ließ Gouverneur Arthur 1833 auf dem Gelände einer Holzfällerstation diese Strafkolonie für Schwerkriminelle und britische Strafgefangene errichten. Als »Hölle auf Erden« bekannt geworden, waren hier bis 1877 rund 12500 Gefangene eingekerkert. Während das Leben im normalen Gefängnis erträglich war, kamen Wiederholungstäter und auffällig gewordene Sträflinge im Modellgefängnis in Isolationshaft. Nicht wenige Gefangene verfielen dem Wahnsinn und kamen danach in die dortige Irrenanstalt. Heute ist die 40 Hektar große ehemalige Siedlung ein Symbol der australischen Kolonialgeschichte.

Kommandantenhaus
Das Haus in Port Arthur aus dem Jahr 1848 wurde restauriert und im Stil des frühen 19. Jahrhunderts möbliert.

Der Semaphor diente der Übermittlung von Nachrichten über die ganze Insel und nach Hobart. Aus der Anordnung seiner Planken nach einem System konnten Informationen herausgelesen werden.

Der Wachturm wurde 1835 errichtet, um Fluchtversuche aus dem Gefängnis und Diebstahl aus dem Lagerhaus zu vereiteln.

★ Gefängnis
Das Gebäude war zur Zeit seiner Errichtung 1842 als das größte Australiens geplant. Zunächst war es eine Mühle, 1857 wurde es zum Gefängnis umgebaut. Die Schlafsäle und Zellen nahmen bis zu 484 Gefangene auf.

Höhepunkte

- ★ Krankenhaus
- ★ Gefängnis

★ Krankenhaus
Das Sandsteingebäude (fertig gestellt 1842) hatte vier Stationen mit jeweils 18 Betten. Im Keller befanden sich eine Küche mit eigenem Ofen und ein Leichenschauhaus, »Totenraum« genannt.

Der Speisesaal für alte und kranke ehemalige Gefangene lag in diesem Bau.

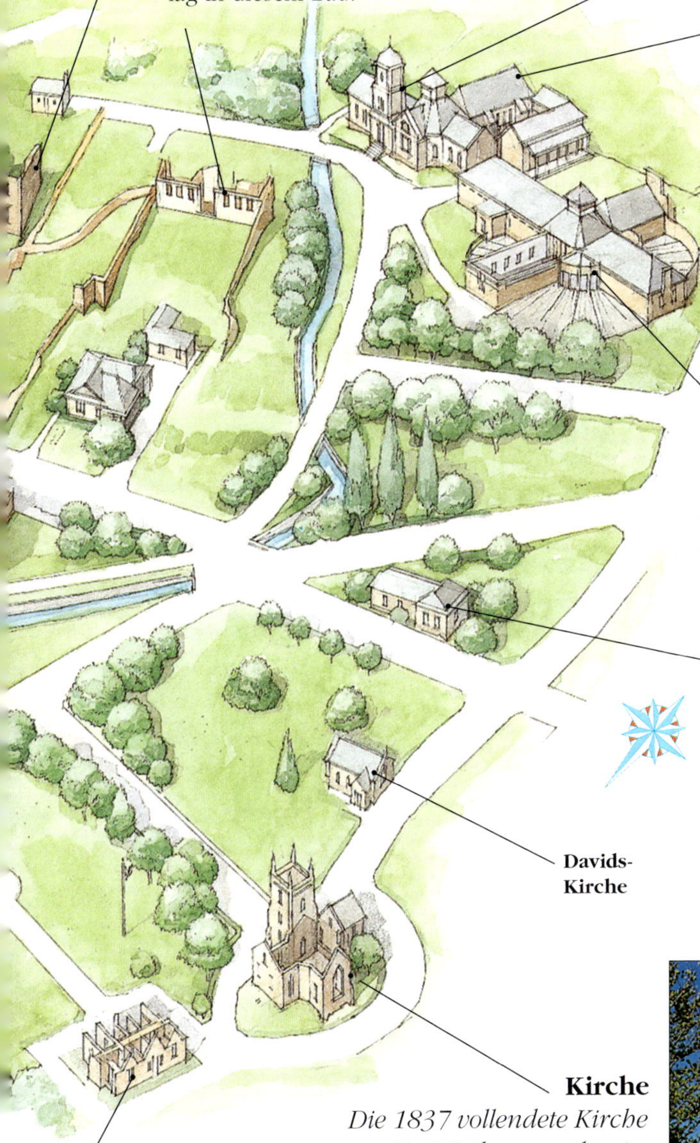

George »Billy« Hunt

Am 13. März 1832 floh der Gefangene über den Eaglehawk Neck – als Känguru verkleidet. Drei Tage später wurde er wieder eingefangen, aber seine Flucht machte ihn berühmt.

Irrenanstalt
1872 waren über 100 psychisch kranke oder demente Gefangene in Port Arthurs Anstalt untergebracht. Zwischenzeitlich diente sie als Rathaus, heute ist sie ein Museum.

Im Modellgefängnis (in Benutzung ab 1849) sollten Wiederholungstäter und Schwerkriminelle »moralisch reformiert« werden. Die Gefangenen lebten in 50 Einzelzellen und durften mit niemandem sprechen. Beim Hofrundgang mussten sie eine dunkle Haube über dem Kopf tragen.

Trentham Cottage gehörte der Familie Trentham, die in Port Arthur lebte, nachdem das Gefängnis aufgegeben wurde. Das Innere wurde mit Möbeln aus dem frühen 19. Jahrhundert rekonstruiert.

Kirche
Die 1837 vollendete Kirche von Port Arthur wurde niemals geweiht, weil sie von allen Konfessionen genutzt wurde. 1884 brannte sie aus, doch die Fassade blieb vollständig erhalten.

Das Government Cottage, 1853 gebaut, beherbergte Würdenträger und Regierungsvertreter auf Besuch.

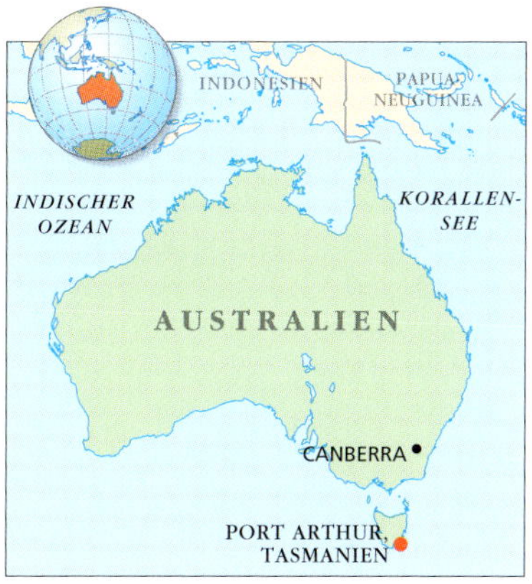

Daten und Fakten

1830 Einrichtung einer Holzfällerstation

1833 Gründung der Strafkolonie

1853 Einstellung der Transporte britischer Strafgefangener

1877 Aufgabe der Strafkolonie

1895/1897 Zerstörung vieler Gebäude durch Buschfeuer

1979–86 Restaurierung der Stätte

Die Gebäude

Außer den Gefängniseinrichtungen weist Port Arthur auch restaurierte Gebäude für Zivilisten auf. Dazu gehören das Haus des Medizinalbeamten und das des leitenden Buchhalters, in dem sich jetzt eine Forschungsstätte für die Geschichte des Sträflingswesens befindet. Ein Großteil der Nahrungsmittel für die Siedlung wurde in Plantagen und Gemüsegärten erzeugt, die das ➛ *Trentham Cottage* umgaben. Der anglikanische Pfarrer lebte im Pfarrhaus, das später in die Poststelle umgewandelt wurde. In der Militärzone rings um den ➛ *Wachturm* lebten die Soldaten. Hier trieben sie Sport und hielten ihre Paraden ab. Der Kommandant war der ranghöchste Beamte von Port Arthur. Vor dem ➛ *Kommandantenhaus* mussten die Sträflinge antreten, um sich über die Regeln der Siedlung belehren zu lassen. Dieses Haus entwickelte sich zu einem Komplex mit vielen Räumen, der sich den Hügel hinaufzog.

Dunedins Eisenbahnzeitalter

Kurz nach 1860 wurde in Dunedin Gold entdeckt. Goldschürfer aus allen Teilen des Landes strömten in die Region. Dunedin wurde wohlhabend und bald das Handelszentrum Neuseelands. Um den aufkommenden Personentransport zu bewältigen, stellte man Eisenbahnverbindungen her. Die erste Überlandfahrt mit dem neuen »Josephine«-Zug fand am 24. Oktober 1872 von Port Chalmers nach Dunedin statt. 1875 wurde in Dunedin ein zweiter Bahnhof gebaut. Ein dritter folgte vier Jahre später. Als die Zahl der Passagiere noch weiter anstieg, wurde der heutige Bahnhof in Auftrag gegeben.

Vorderansicht des Bahnhofs von Dunedin

Architektonische Herausforderungen

Der Bau des Bahnhofs war eine Herausforderung für die Ingenieure. Mit in den Boden gerammten Stämmen von Eukalyptusbäumen musste die Baustelle im weichen, feuchten Boden des alten Hafens vor Überflutung gesichert werden. Für den Bau beauftragte George Troup Arbeiter, die er in der Kunst der Steinmetzarbeit ausgebildet hatte. Die Maschinen, einschließlich der Kräne, hatte er sich von der neuseeländischen Bahngesellschaft ausgeliehen. Man nimmt an, dass beim Bau des Bahnhofs die erste elektrische Betonmischmaschine Neuseelands benutzt wurde. Der Bahnhof kostete 120 500 Pfund. Er ist siebenmal größer als sein 1879 errichteter Vorgänger.

Der Bahnhof von Dunedin

Fries mit Cherub und Laubwerk

Der Bahnhof von Dunedin gilt als bestes Beispiel für Bahnhofsarchitektur auf der südlichen Erdhalbkugel. Obwohl der Bau nicht besonders groß ist, vermitteln seine Proportionen den Eindruck von Erhabenheit. Das 1906 eröffnete Gebäude im flämischen Renaissancestil (➛ *S. 211*) wurde vom neuseeländischen Architekten George Troup entworfen und brachte ihm wegen der an Pfefferkuchen erinnernden Fassade den Spitznamen »Gingerbread George« ein.

★ Steinfassade
Der helle Kalkstein aus Oamaru bildet einen auffälligen Kontrast zum dunkelbläulichen Stein aus Zentral-Otago und den Säulen aus poliertem Aberdeen-Granit.

Der Spitzturm bildet den optischen Ausgleich zum großen Uhrturm.

Das Dach ist mit Marseiller Ziegeln gedeckt.

Mansardenfenster, die aus dem Giebeldach herausragen, sind typisch für flämische Architektur.

Ein Fries mit Engeln und Laubwerk, hergestellt von der Manufaktur Royal Doulton in England, umgibt die Verkaufshalle unterhalb der Balkone.

Haupteingang

Ehrenhalle des neuseeländischen Sports
Die fantasievolle Ausstellung dokumentiert Siege und Rekorde berühmter neuseeländischer Athleten.

Höhepunkte

- ★ **Steinfassade**
- ★ **Buntglasfenster**
- ★ **Mosaikboden**

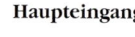

Verkaufsschalter
Die Schalterhalle ist mit weißen Kacheln verkleidet. Über den Schaltern trägt ein First das neuseeländische Eisenbahnzeichen.

★ Buntglasfenster
Zwei schöne Fenster mit Glasmalerei im Halbgeschoss an den Seiten der Schalterhalle stellen ankommende Dampflokomotiven mit aufleuchtenden Lichtern dar.

Bodenrestaurierung

1965 hatte sich der Fußboden stark abgesenkt. Ein neues Betonfundament mit den genauen Nachbildungen der Mosaiken löste das Problem.

Treppenhaus
Von der Schalterhalle zum darüber liegenden Balkon führt eine Treppe mit schmiedeeisernem Geländer und mosaikverzierten Stufen.

Daten und Fakten

1904 Grundsteinlegung des Bahnhofs

1906 Eröffnung des Bahnhofs ein Jahr vor seiner Fertigstellung

1965 Restaurierung des Uhrturms, der Mansardenfenster und des Fußbodens

1982 Reduzierung des Bahnverkehrs auf zwei Züge

1994 Verkauf des Bahnhofs an die Stadt Dunedin für einen symbolischen Betrag

1996–98 Säuberung und Reparatur der Außenmauern

George Troup

1884 wanderte George Troup (1863–1941) nach Neuseeland aus, nachdem er in Schottland seine Ausbildung zum Architekten abgeschlossen hatte. Er sicherte sich schnell eine Stelle bei der neuseeländischen Eisenbahn, für die er Brücken und Bahnhöfe im ganzen Land entwarf. Als Chef der Bauabteilung plante er auch den Bahnhof von Dunedin. Beim Bau wurden keine Kosten gescheut. Das ➛ *Dach* wurde mit roten Ziegeln aus Marseille gedeckt, während die ➛ *Steinfassade* aufwendig verziert wurde – man spricht hier vom »Pfefferkuchen-Stil«. Den Fußboden gestaltete Troup mit Mosaiksteinen (➛ *Mosaikboden*) aus Royal-Doulton-Porzellan. Einige sind mit Eisenbahnemblemen verziert: Lokomotiven, Räder, Signale und Waggons. 1937 wurde Troup für seine Verdienste vom englischen König George VI. zum Ritter geschlagen.

Löwen aus Sandstein bewachen die Kuppel an jeder Ecke des Uhrturms.

Der Uhrturm ist 37 Meter hoch.

Der Bahnsteig hinter dem Bahnhofsgebäude dient immer noch als Ankunfts- und Abfahrtsplatz für Reisende.

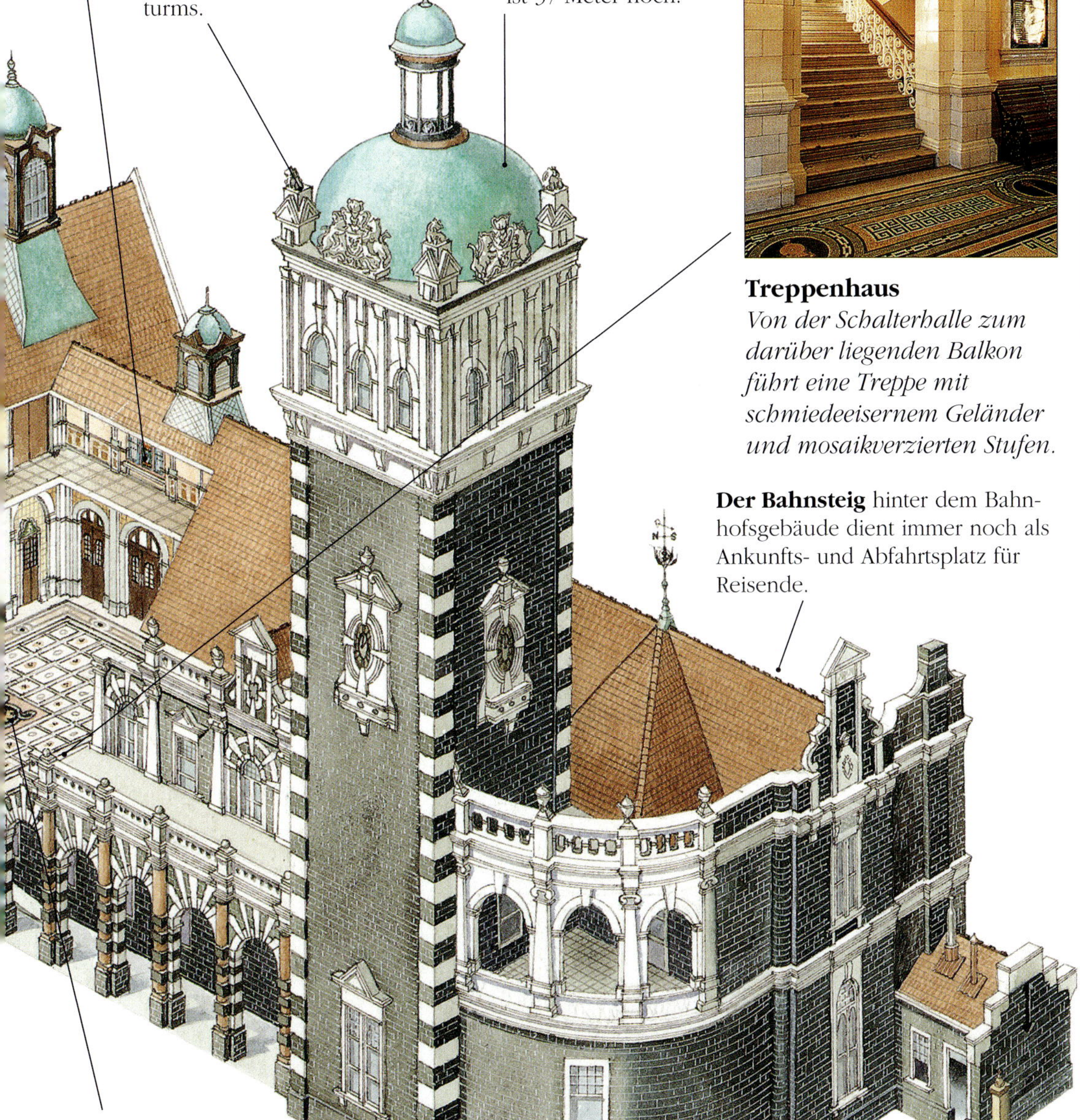

★ Mosaikboden
Über 725 000 Porzellankacheln der Firma Royal Doulton stellen Lokomotiven, Waggons und das Emblem der neuseeländischen Eisenbahn dar.

Von Pilgern gestiftete Sakralgegenstände des Museums

Das Museum

Die Kunstwerke im Kirchenmuseum lassen die Hingabe der frühen Pilger an die heilige Anna erahnen. Andere Exponate sind dem frankokanadischen Erbe gewidmet: Wachsfiguren, Gemälde und auch Gegenstände, die das Leben der heiligen Anna illustrieren. Zu den wichtigsten Stücken gehört das ➤ *Seemannsgemälde* aus dem 18. Jahrhundert. Das Votivbild berichtet von der Rettung Schiffbrüchiger.

Die heilige Stätte

Im Untergeschoss befinden sich zwei Kapellen, die Kapelle der Unbefleckten Empfängnis und die Sakramentskapelle, sowie eine Kopie von Michelangelos ➤ *Pietà* und das Grab des ehrwürdigen Vaters Alfred Pampalon (1867–96), des Schutzheiligen der Alkoholiker und Drogensüchtigen. Die Hauptkirche im Obergeschoss dokumentiert mit vielen Krücken, Stützapparaten und künstlichen Gliedern manch wundersame Heilung. Pilger folgen dem Kreuzweg, der mit lebensgroßen Figuren aus Metall den Leidensweg Christi darstellt, den Talhang hinauf und erklimmen auf dem Weg die Heiligen Stufen – wie Christus, als er vor Pontius Pilatus trat. Neben den Heiligen Stufen steht ein Modell der dritten hier errichteten Kirche, die die Pilger zwischen 1676 und 1876 willkommen hieß. Am Ende des Kreuzweges steht die Kreuzkapelle, die 1878 errichtet wurde. Ihr Glockenturm entstand bereits 1678.

Sainte-Anne-de-Beaupré

Die älteste Pilgerstätte Nordamerikas, die Basilika für die Mutter der Jungfrau Maria, wurde von einer Gruppe dankbarer Seemänner erbaut, die einen Schiffbruch überlebt hatten. 1658 errichtete man hier die erste Kirche. Die heutige Basilika, 1976 geweiht, ist das fünfte Gotteshaus an dieser Stelle. Jährlich besuchen über 1,5 Millionen Pilger die Wallfahrtsstätte, vor allem am Namenstag der heiligen Anna, am 26. Juli. Die gewölbte Decke der Kirche ist mit Goldmosaiken geschmückt, die das Leben der Heiligen darstellen. Eine große vergoldete Statue im Querschiff zeigt, wie sie Maria in den Armen wiegt.

★ Fensterrosette
Dieses wunderbare Buntglasfenster gestaltete der französische Künstler Auguste Labouret im Jahr 1950.

Grundriss der Stätte

1 Basilika
2 Kloster
3 Laden
4 Museum
5 Segnungsamt

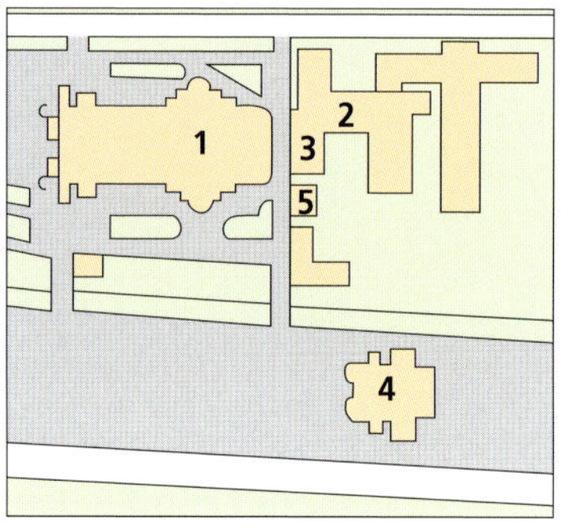

Basilika

1876 wurde die heilige Anna Schutzpatronin Québecs, 1877 wurde der Kirche der Status einer Basilika verliehen. 1878 übernahm der Orden der Redemptoristen die Verantwortung für die Stätte.

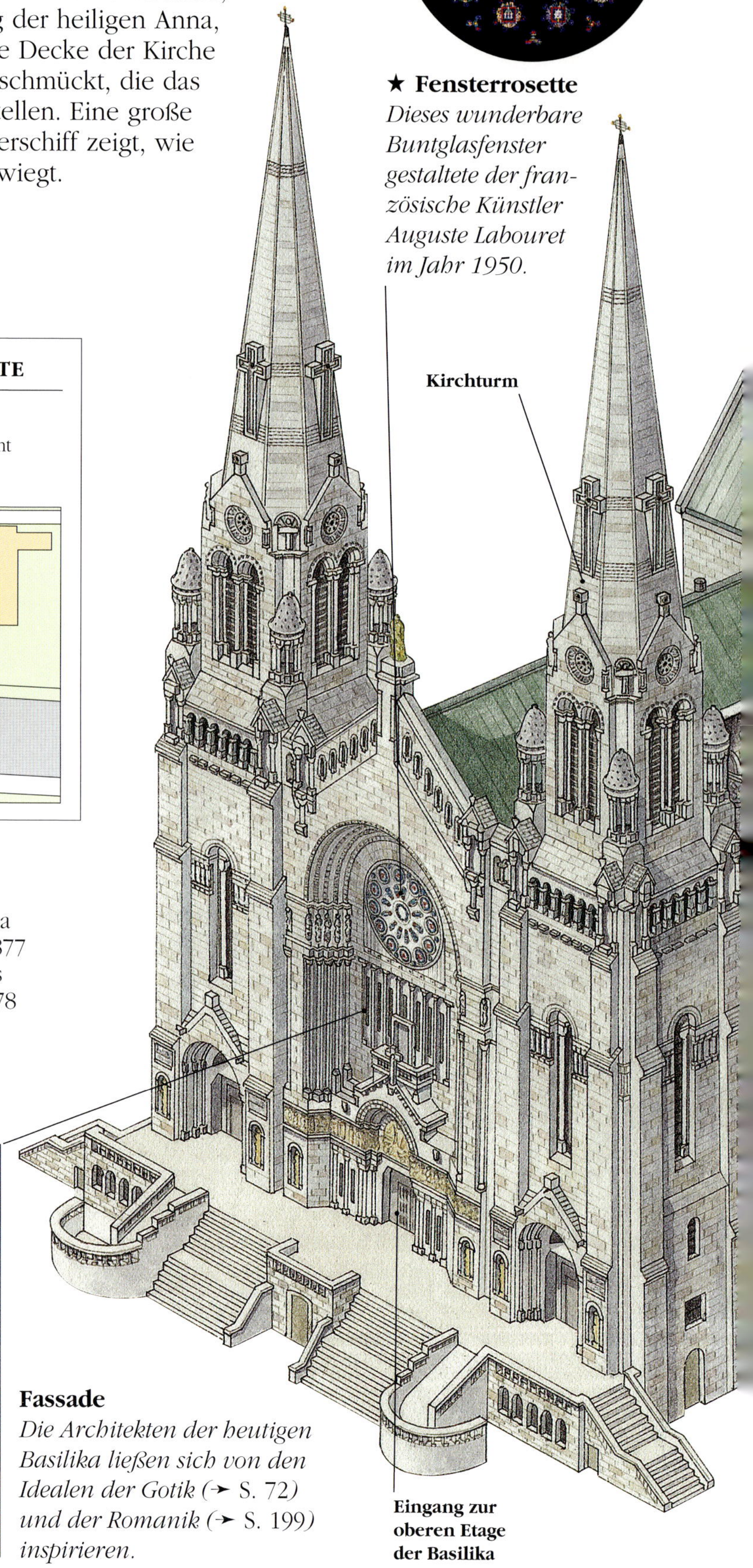

Kirchturm

Fassade
Die Architekten der heutigen Basilika ließen sich von den Idealen der Gotik (➤ S. 72) und der Romanik (➤ S. 199) inspirieren.

Eingang zur oberen Etage der Basilika

Innenraum der Basilika
Das Sonnenlicht fällt durch die Buntglasfenster und erhellt das reich geschmückte Innere der Basilika.

Das Cyclorama

In einem Gebäude am Ortseingang befindet sich das größte Panorama der Welt, das Paul Philippoteaux 1878–82 schuf. Es zeigt auf einem 14 Meter hohen Rundgemälde, das einen Umfang von 110 Metern hat, Jerusalem. Der Betrachter überblickt dabei die Stadt und deren Umgebung.

★ Pietà
Die Kopie von Michelangelos Original im Petersdom in Rom (➛ S. 218f.) *zeigt Maria mit dem toten Christus.*

Die Statue der heiligen Anna, 1960 ein Geschenk von Papst Johannes XXIII., steht reich verziert vor der Reliquie in der Mitte der oberen Etage.

Kapelle der Unbefleckten Empfängnis

Helle Mosaikbodenfliesen wiederholen die Deckenmuster.

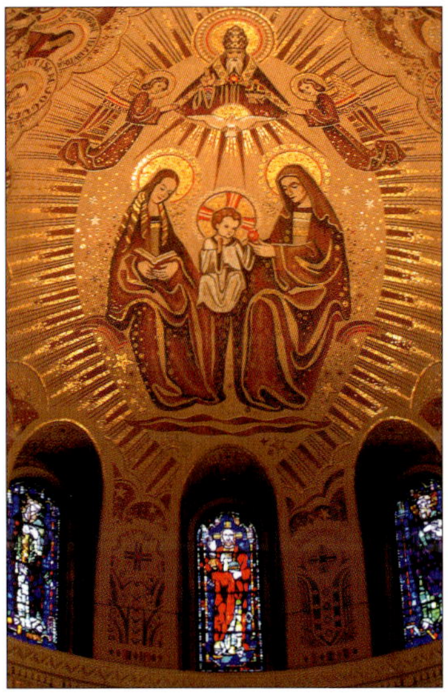

Mosaik im Altarraum
Das prächtige Mosaik schufen Auguste Labouret und Jean Gaudin (1940/41). Gott wacht über das Jesuskind, das von Maria und Anna flankiert wird.

Seemannsgemälde
Das Votivbild der drei schiffbrüchigen Seeleute aus Lévis (Öl auf Holz, 1754) ist im Museum von Sainte-Anne-de-Beaupré zu sehen.

Höhepunkte

- ★ **Fensterrosette**
- ★ **Pietà**

Daten und Fakten

1658 Errichtung einer ersten Kirche für die heilige Anna

1876 Baubeginn der ersten Basilika an der Stelle dreier Vorgängerkirchen

1922 Zerstörung der ersten Basilika durch ein Feuer

1923 Baubeginn der heutigen Basilika

1976 Weihe der Basilika durch Kardinal Maurice Roy

Die heilige Anna

Obwohl die Bibel die Mutter der Jungfrau Maria nicht erwähnt, interessierten sich schon die ersten Christen für die Familie von Jesus, insbesondere für seine Mutter und Großmutter. Das führte zu einer umfangreichen Legendenbildung. In einer apokryphen griechischen Schrift aus dem 3. Jahrhundert wird die Geschichte der Großeltern Jesu, Anna (von Hannah) und Joachim, erzählt. Danach waren Anna von Bethlehem und der Schäfer Joachim von Nazareth in ihrer 20-jährigen Ehe kinderlos geblieben. Jeder von ihnen flehte Gott an und gelobte, sie würden einen eventuellen Nachkommen in den Dienst Gottes stellen. Ein Engel kam daraufhin zu Joachim und Anna herab und teilte ihnen mit, sie würden eine Tochter namens Maria bekommen, die später die Mutter Christi werden sollte. In Kanada ist Anna die Schutzheilige von Québec. Auch als Patronin der Seeleute wird sie hier verehrt (➛ *Statue der heiligen Anna*). Ihr Namenstag wird am 26. Juli gefeiert.

Die Festungsanlage

Die Festung wurde nach den allgemeinen Prinzipien der Festungsarchitektur des 17. und 18. Jahrhunderts gebaut, wie sie Sébastien le Prestre de Vauban, der Festungsbaumeister Ludwigs XIV., perfektionierte. Acht Meter hohe Mauern umgaben mit sieben Bastionen (Vorsprüngen von der Hauptmauer mit zwei Stirnseiten und zwei Flanken) die Stadt vollständig. Diese Anlage erlaubte ein konzentriertes Feuern und den gegenseitigen Schutz der Bastionen. Für die Verteidigung des Hafens waren je zwei Geschützbatterien in der Stadt und am Hafeneingang platziert. Maßnahmen zur Erhaltung der Hauptmauer mussten aus finanziellen Gründen unterbleiben.

Medaille zur Erinnerung an die Schlacht auf der Abrahamsebene

Lebendes Museum

Ein Museum nahe der ➛ *Königsbastion* zeigt das Modell der Anlage sowie Ausgrabungsfunde. Im Sommer erwacht die Festung zum Leben, wenn Laiendarsteller den Alltag von 1744 in Kostümen inszenieren. In der ➛ *Königlichen Bäckerei*, der ➛ *Schmiede* und anderen Handwerksbetrieben gehen sie der Arbeit nach. Ausstellungen sind der Geschichte und der Kultur des 18. Jahrhunderts gewidmet: Das Carrerot-Haus zeigt die damaligen Bautechniken. Die Gemälde in der Kommandeursresidenz porträtieren das Louisbourg von 1744. Im DuHaget-Haus wird ein Video über das Leben der Soldaten gezeigt.

Die Festung Louisbourg

Kostümierter Führer

Die weitläufige Festung Louisbourg, 1719 begonnen, war Frankreichs wichtigster Militärposten in der Neuen Welt. Heute ist sie die größte rekonstruierte Militäranlage Nordamerikas. Hier fühlt man sich ins Jahr 1744 zurückversetzt, als gerade der Krieg zwischen Frankreich und England ausgebrochen war: Kostümierte Führer vermitteln den Besuchern die Atmosphäre einer französischen Kolonialstadt des 18. Jahrhunderts. Bäcker, Soldaten, Fischhändler und Schmiede gehen auf den Straßen und in den Handwerksbetrieben ihren Geschäften nach. Von der kleinsten Fischerkate bis zum stilvollen Haus des Chefingenieurs der Armee wurde bei der Rekonstruktion ab 1961 auf jedes Detail geachtet.

Überblick über die Festung
Die Festung beherbergte 1758 eine Stadt mit etwa 4500 Einwohnern. Sie war ein Anlaufhafen für Fischer, aber auch für französische Freibeuter, die vor Neuengland Jagd auf britische Schiffe machten.

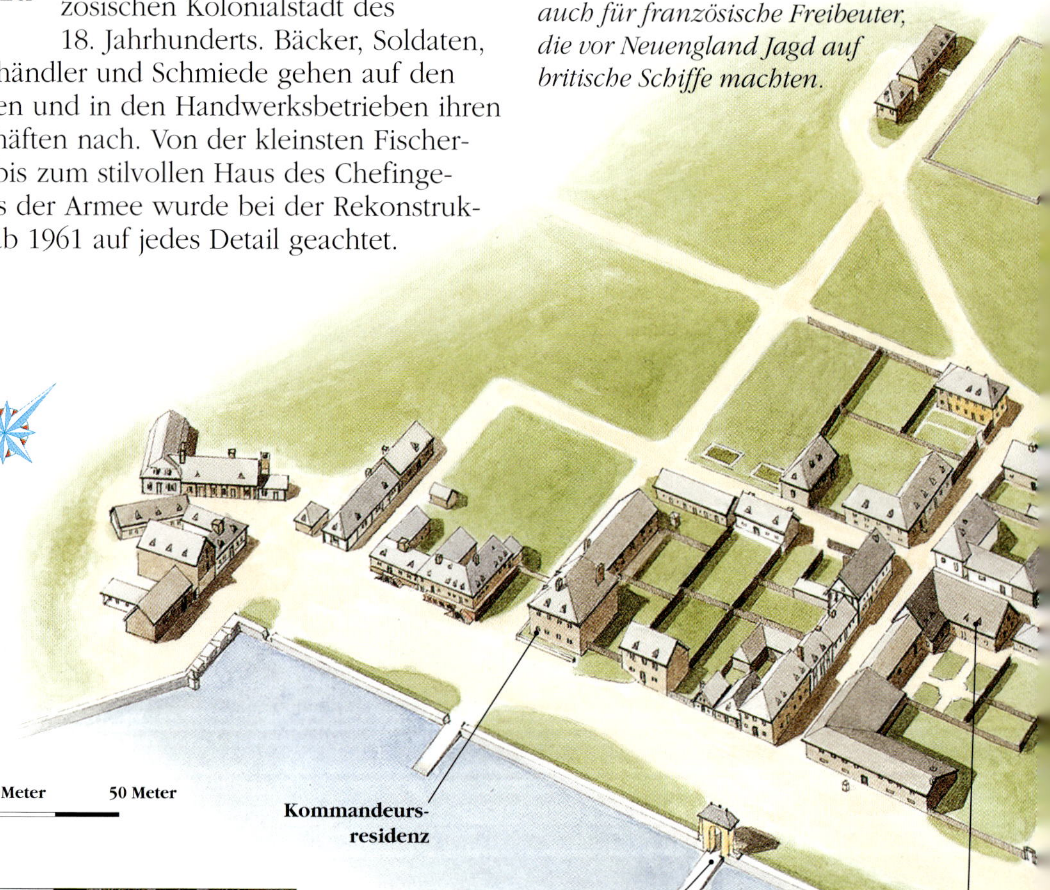

Kai und Frederic-Tor
Durch das gelbe Tor gelangt man zum Kai, der früher Zentrum kaufmännischer Aktivitäten war.

Höhepunkte

- ★ **Königsbastion**
- ★ **Ingenieursresidenz**

★ Ingenieursresidenz
Der für alle Bauprojekte in der Festung verantwortliche Ingenieur zählte zu den wichtigsten und mächtigsten Männern der Siedlung.

Das Ludwigsfest

Ende August wird hier der heilige Ludwig, einst Schutzheiliger Frankreichs, im Stil des 18. Jahrhunderts gefeiert – mit Kanonen- und Musketenschüssen, Tänzen, Spielen, Musik sowie einem Freudenfeuer.

★ Königsbastion
Das größte Gebäude der Zitadelle, die Kaserne in der Königsbastion, beherbergte 500 Soldaten.

Im Eishaus lagerten frische Nahrungsmittel für den Gouverneur.

Offiziersräume

Königliche Bäckerei
In der ehemaligen Armeebäckerei kann man die Tagesration Brot für einen Soldaten kaufen.

Die Schmiede
Sägen, Hämmer, Meißel, Nägel und anderes Werkzeug für Ausbau und Wartung der Festung wurden hier angefertigt.

Das Wachhaus war ein wichtiger Teil der Verteidigungsfront. Hier waren wachhabende Soldaten postiert.

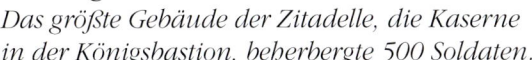

Dauphin-Tor
Soldaten in historischen Uniformen halten Wache am Haupteingang der Festung. Die künstlerischen Details des Tors beruhen auf Überresten des Originaltors, die man nach 1960 ausgrub.

Daten und Fakten

1719 Baubeginn der Festung

1745 Einnahme der Festung durch die Briten

1749 Festung wird nach Aachener Frieden 1748 an Franzosen zurückgegeben

1758 Erneute Einnahme der Festung durch die Briten

1760 Zerstörung der Festung durch die Briten

1961 Beginn der Rekonstruktion

Der Kampf um die Neue Welt

Seit dem 17. Jahrhundert stritten Frankreich und England um die Kontrolle des Handels mit Pelzen und Fischen in Nordamerika. Der Spanische Erbfolgekrieg (1701–14) führte zur fast völligen Eroberung Kanadas durch die Engländer, doch der Vertrag von Utrecht (1713) gestand Frankreich Cape Breton und die Prince-Edward-Inseln zu. Um den Fischfang und die Mündung des Sankt-Lorenz-Stroms zu schützen, bauten die Franzosen die Festung Louisbourg. 1744 bekriegten sich die Rivalen erneut. Neuengländer nahmen Louisbourg 1745 ein. 1749 ging sie wieder an Frankreich, 1758 nahmen die Briten sie erneut ein: General Wolfe segelte den Sankt-Lorenz-Strom hoch und startete einen Überraschungsangriff. Der französische General Montcalm wurde auf der Abrahamsebene geschlagen. Québec fiel an die Briten. Im Vertrag von Paris wurde den Briten 1763 das gesamte frankokanadische Territorium zugestanden.

Der CN Tower

DER 553 METER HOHE CN Tower ist das höchste frei stehende Bauwerk der Welt und das dominierende Element in der Silhouette Torontos. In den 1970er-Jahren beschloss die Canadian Broadcasting Company (CBC), zusammen mit der Bahngesellschaft Canadian National (CN) einen neuen Funkturm zu bauen. Der CN Tower, der ursprünglich nicht als der höchste Turm der Welt geplant war, fand so großen Anklang, dass er schon bald zu einer der beliebtesten Sehenswürdigkeiten Kanadas wurde. Er beherbergt das weltweit größte rotierende Restaurant mit einer Umlaufzeit von 72 Minuten.

Blick auf den CN Tower vom Inselgarten aus

SCHÖNE AUSSICHT

Von der ➛ *Aussichtsplattform*, die mit mehreren Geschossen überbaut ist und auch ein ➛ *Drehrestaurant* besitzt, kann man bei gutem Wetter 120 Kilometer weit sehen. Hier kann sich der Besucher in einer Höhe von 113 Stockwerken den Wind um die Ohren blasen lassen. Schwindelfreie haben durch den ➛ *Glasboden* einen spektakulären Blick nach unten. 33 Stockwerke oberhalb dieser Aussichtsplattform befindet sich das ➛ *Aussichtsdeck*. Von hier aus sieht man nicht nur den Ontariosee, sondern an klaren Tagen auch die Niagarafälle.

FASZINIERENDE FAKTEN

Der Bau des CN Tower begann 1973. Er dauerte etwa 40 Monate und kostete rund 63 Millionen Dollar. Die Erweiterung um einen 6968 Quadratmeter großen Publikumsbereich und die Renovierung waren 1998 abgeschlossen; sie hatten weitere 26 Millionen Dollar gekostet. Der Turm verfügt über sechs Lifte, die bei einem Tempo von 22 Stundenkilometern die 346 Meter hohe ➛ *Aussichtsplattform* in 58 Sekunden erreichen. Ein weiterer Lift bringt Besucher 101 Meter höher zum ➛ *Aussichtsdeck*. Der Turm schwankt oben bei einer Windstärke von 195 Stundenkilometern um einen halben Meter in jede Richtung.

★ Aussichtsdeck
Diese Kanzel erreicht man mit einem gesonderten Aufzug. Sie ist mit 447 Metern der höchste zugängliche Punkt des Turms.

★ Aussichtsplattform
Die Terrasse ist mit stählernen Sicherungsgittern versehen. Die Lufttemperatur auf dieser Außenplattform kann wegen der Höhe bis zu 10 Grad kälter sein als auf der Straße.

Blick vom Ontariosee auf den CN Tower
Der Turm bietet eine fantastische Sicht in alle Richtungen. An klaren Tagen reicht der Blick bis zu den Niagarafällen.

Der Turm hat 17 Meter tiefe Fundamente, für deren Bau 56000 Tonnen Erdreich ausgehoben werden mussten.

Die Innentreppe ist mit 1760 Stufen die längste der Welt. Hier hochzusteigen ist eine beliebte »Sportart« bei Wohltätigkeitsveranstaltungen, um Geld zu sammeln.

Gläserne Außenaufzüge bringen die Besucher mit atemberaubender Geschwindigkeit zu den oberen Etagen. Man erreicht die Turmspitze in weniger als einer Minute.

CN Tower bei Nacht
Majestätisch hebt sich der Turm von der nächtlichen Skyline von Toronto ab. Die Stadt hat etwa 2000 Hochhäuser, die aber alle um mindestens 250 Meter niedriger sind als der CN Tower.

Am höchsten hinauf

Die zehn weltweit höchsten mit Halteseilen stabilisierten Konstruktionen sind Fernseh- und/oder Radiomasten, die sich alle in den USA befinden. Am höchsten ist mit 629 Metern der Fernsehmast von Fargo (Nord-Dakota). Der etwas höhere polnische Radiomast in Gabin (647 m) brach 1991 zusammen.

Daten und Fakten

1973 Baubeginn
1976 Öffnung fürs Publikum
1979 Erster Treppenlauf zu Wohltätigkeitszwecken
1995 Aufnahme in das Verzeichnis der »Wunder der modernen Welt« durch die amerikanische Gesellschaft der Bauingenieure

Drehrestaurant
In dem rotierenden Restaurant genießt man eine atemberaubende Aussicht – und das bei ausgezeichnetem Essen.

Bar und Diskothek sind auf demselben Stock wie das Restaurant.

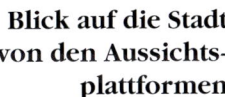

Blick auf die Stadt von den Aussichtsplattformen
In 346 Meter Höhe bieten Außen- und Innenplattform einen unvergesslichen Panoramablick über Toronto und sein Umland.

★ Glasboden
Diese dicke Glasschicht befindet sich 342 Meter über der Erde. Selbst sehr Mutigen wird es beim Blick nach unten etwas mulmig.

Rekordhöhen

Der Anspruch des CN Tower, mit 553 Metern das »höchste Gebäude« der Welt zu sein, ist umstritten. Um diese Behauptung aufstellen zu können, müssen drei Kategorien unterschieden werden: a) höchste unterstützte Konstruktion (etwa Radiomasten), b) höchste frei stehende Konstruktion und c) höchstes bewohnbares Gebäude. Nach dieser Definition ist der CN Tower eindeutig die höchste frei stehende Konstruktion, der 2004 fertig gestellte Taipeh 101 (509 m) in Taipeh das höchste bewohnbare Gebäude. Weitere Gebäude mit Rekordhöhen: der Funk- und Fernsehturm in Moskau-Ostankino (537 m), das Welt-Finanzzentrum in Shanghai (460 m), die Petronas Towers in Kuala Lumpur (452 m), der Sears Tower in Chicago (442 m), der Menara Kuala Lumpur Tower (421 m). Der Oriental Pearl Tower in Shanghai (468 m) gibt seinen fünften Platz als höchstes bewohnbares Gebäude 2007 ab an den Union Square Phase 7 in Hongkong (474 m). Das neue World Trade Center in New York soll einen Turm von 541 Meter Höhe (inklusive Antenne) bekommen.

Höhepunkte

★ **Aussichtsdeck**

★ **Aussichtsplattform**

★ **Glasboden**

Keimzelle der Unabhängigkeit

Turm des Old State House

Das 1713 errichtete Old State House, das als Sitz der Kolonialregierung diente, war auch Zentrum der politischen Aktivitäten Bostons, die zur Unabhängigkeitserklärung führten. Von einer heute nicht mehr existierenden Galerie (1766) im ersten Stock des Hauses aus konnten Bostons Bürger den Debatten ihrer gewählten Vertreter folgen. Die Westseite beherbergte das Bezirks- und Kolonialgericht. Der Kaufmann John Hancock, der Räume im Haus gemietet hatte, war einer der schärfsten Kritiker der britischen Politik gegenüber den Kolonien. Er gehörte zu den 56 Unterzeichnern der Unabhängigkeitserklärung und wurde hier 1780 als erster Gouverneur des Staates Massachusetts in sein Amt eingeführt.

Die Ausstellungen

Die Bostonian Society unterhält das Old State House, das Museum darin und eine Bibliothek auf der anderen Straßenseite. Wechsel- und Dauerausstellungen widmen sich der Geschichte der Stadt von der Besiedlung über den amerikanischen Unabhängigkeitskrieg bis in die Gegenwart. Eine Multimediashow über das Massaker von Boston im Jahr 1770 befasst sich ebenso wie die Ausstellung »Von der Kolonie zum Commonwealth« mit der Rolle von Boston während des Unabhängigkeitskrieges. Schätze aus der Sammlung der Bostonian Society mit Exponaten aus dem 18. Jahrhundert finden sich im ➛ *Ratszimmer*. Eine Ausstellung zur Erhaltung des Old State House stellt seine Veränderung in der Zeit von 1881 bis 1981 dar.

Old State House

Heute fast erdrückt von den Wolkenkratzern des Geschäftsviertels, ist das Old State House aus dem Jahr 1713 das älteste öffentliche Gebäude Bostons. In der amerikanischen Geschichte spielte es eine bedeutende Rolle. Hier amtierte die koloniale Verwaltung mit dem britischen Gouverneur an der Spitze. Hier wurde 1776 aber auch die amerikanische Unabhängigkeitserklärung verlesen. Der schlichte Ziegelbau, einst Rathaus, Gerichtshof und Handelsbörse, beherbergt heute ein Museum, das sich mit Bostons Entwicklung in den letzten drei Jahrhunderten befasst.

Das Old State House vor den Wolkenkratzern des Stadtzentrums

Eine Goldskulptur des Wappenadlers der USA ist an der Westfassade zu sehen.

Westfassade
Eine lateinische Inschrift über die erste Kolonie in der Bucht von Massachusetts umschließt das Wappen. In der Mitte ist ein Indianer aus der Region abgebildet.

Eingang

Keayne Hall
Robert Keayne schenkte der Stadt 1658 das Geld für den Bau des Rathauses, den Vorläufer des Old State House. Eine Ausstellung in diesem Raum zeigt Ereignisse des Unabhängigkeitskrieges.

★ Haupttreppenhaus
Die Wendeltreppe mit ihren beiden fein gearbeiteten Handläufen aus Holz ist ein schönes Beispiel für die Handwerkskunst des 18. Jahrhunderts.

Der Ort des Boston-Massakers

Kopfsteinpflaster am Ort des Massakers

Ein Kreis aus Pflastersteinen unterhalb des Balkons an der Ostfassade des Old State House markiert den Ort des Boston-Massakers. Neben der »Boston Tea Party«, bei der Bürger von Boston gegen die Teesteuer durch die britische Krone protestierten, war dies eines der dramatischsten Ereignisse auf dem Weg zur Unabhängigkeit. Am 5. März 1770 provozierte eine aufgebrachte Menge die britischen Wachsoldaten mit Beschimpfungen, Stein- und Schneeballwürfen. Die Soldaten eröffneten das Feuer und töteten fünf Kolonisten. Einige Exponate zum Boston-Massaker sind im Old State House zu sehen.

Der Freiheitspfad

Dieser markierte Stadtrundgang verbindet 16 geschichtsträchtige Punkte in Boston, Stätten der Revolution, miteinander. Auch das Old State House gehört dazu.

Der Turm ist ein klassisches Beispiel für den Kolonialstil. In Gemälden und Stichen aus dem 18. Jahrhundert ist der Turm deutlich in der Stadtsilhouette zu sehen.

Britisches Einhorn
Das ursprüngliche königliche Emblem (Einhorn und Löwe) in Skulpturenform wurde 1776 nach der Unabhängigkeitserklärung zerstört.

★ Ostfassade
Diese Fassade wurde oft verändert. 1956 wurde an der Stelle, wo sich heute die Uhr befindet, eine Sonnenuhr angebracht.

Ratszimmer
Der Raum diente ursprünglich als Büro der königlichen Gouverneure und ab 1780 dem ersten Gouverneur von Massachusetts, John Hancock. Hier hielten Bostoner Kolonisten manche historische Reden.

Die Unabhängigkeitserklärung wurde 1776 von diesem Balkon aus verlesen. Nach 1830, als der Bau Sitz der Stadtverwaltung war, verbreiterte man den Balkon.

Höhepunkte

- ★ Ostfassade
- ★ Haupttreppenhaus

Daten und Fakten

1657/58 Bau des ersten Rathauses aus Holz

1711 Zerstörung des Gebäudes durch Feuer

1713 Bau des heutigen Gebäudes

1780–98 Nutzung als Sitz der Regierung von Massachusetts

1830–40 Sitz der Stadtverwaltung

1841–80 Verfall des Baus während seiner kommerziellen Nutzung

1881 Vollständige Restaurierung durch die Stadt Boston

1992 Nach erneuter Restaurierung Eröffnung mit neuen Ausstellungen

Boston während der Kolonialzeit

Das 1630 zuerst von Puritanern besiedelte Boston wurde zu einer führenden Kolonialstadt in Nordamerika. Trotz politischer und ideologischer Widersprüche – einer demokratischen Verwaltung, andererseits der religiösen Intoleranz der Puritaner – entwickelte sich der Ort rasch. 1692 wurde Boston Hauptstadt der englischen Kolonie Massachusetts. Ihr Wohlstand rührte vom bedeutenden Überseehandel her. 1720 war sie mit mehr als 16000 Einwohnern die größte Stadt der nordamerikanischen Kolonien. Die Stadtversammlungen führten zu Unabhängigkeitsbestrebungen von der britischen Herrschaft und machten Boston zu einem Zentrum des Widerstands im Vorfeld des Unabhängigkeitskrieges (ab 1775).

Die »Museums-Spirale« am Abend

Guggenheim und Wright

Mit dem Familienunternehmen aus dem Kohle- und Stahlbereich erwarb Guggenheim (1861–1949) Wohlstand. 1943 bat er ➛ *Frank Lloyd Wright,* in New York eine Heimstatt für seine Kunstsammlung zu entwerfen. Wright war mit dieser Stadt für das Projekt nicht einverstanden. Seiner Meinung nach war sie verbaut, überbevölkert, architektonisch schwach. Er ließ sich jedoch überreden und entwarf einen Bau, der das Rechteckschema von Manhattan aufbrechen sollte. Wright baute über kreisförmigem Grundriss eine Spirale, die sich in den Himmel von Manhattan schraubt.

Die Guggenheim-Museen

Die Guggenheim-Stiftung betreibt noch vier weitere Museen. Das von Frank O. Gehry geschaffene Gebäude in Bilbao (➛ *S. 180f.*), ähnlich kühn wie Wrights Entwurf zu seiner Zeit, beherbergt eine Sammlung moderner und zeitgenössischer Kunst. Solomons Nichte Peggy Guggenheim sammelte europäische und amerikanische Kunst der ersten Hälfte des 20. Jahrhunderts, die seit 1951 in ihrer Villa am Canale Grande in Venedig zu besichtigen ist. Das Museum in Las Vegas, das wechselnde Ausstellungen zeigt, entwarf der Architekt Rem Koolhaas. Hochkarätige Ausstellungen veranstaltet seit 1997 auch das Deutsche Guggenheim Berlin an der Straße Unter den Linden.

Das Solomon-R.-Guggenheim-Museum

Das Stammhaus der Guggenheim-Museen in New York besitzt nicht nur eine der weltbesten Sammlungen moderner Kunst, vielmehr ist das Gebäude selbst das eigentliche Glanzstück des Museums. Der Entwurf des Architekten Frank Lloyd Wright ähnelt einem großen Schneckenhaus. Man folgt der spiralförmigen Rampe von der Kuppel aus nach unten, vorbei an bedeutenden Werken des 19. und vor allem des 20. Jahrhunderts. Durch die organische Form der Rotunde kann der Betrachter die Bilder aus unterschiedlichen Blickwinkeln sehen, aber auch Bilder auf verschiedenen Ebenen betrachten.

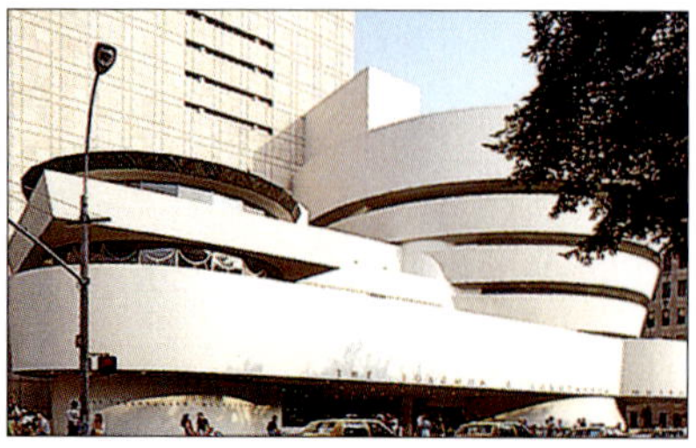

Fassade zur Fifth Avenue

»Paris durch das Fenster gesehen«
Mit seinen lebhaften Farben evoziert Marc Chagalls Meisterwerk von 1913 Vorstellungen einer magischen und mysteriösen Stadt.

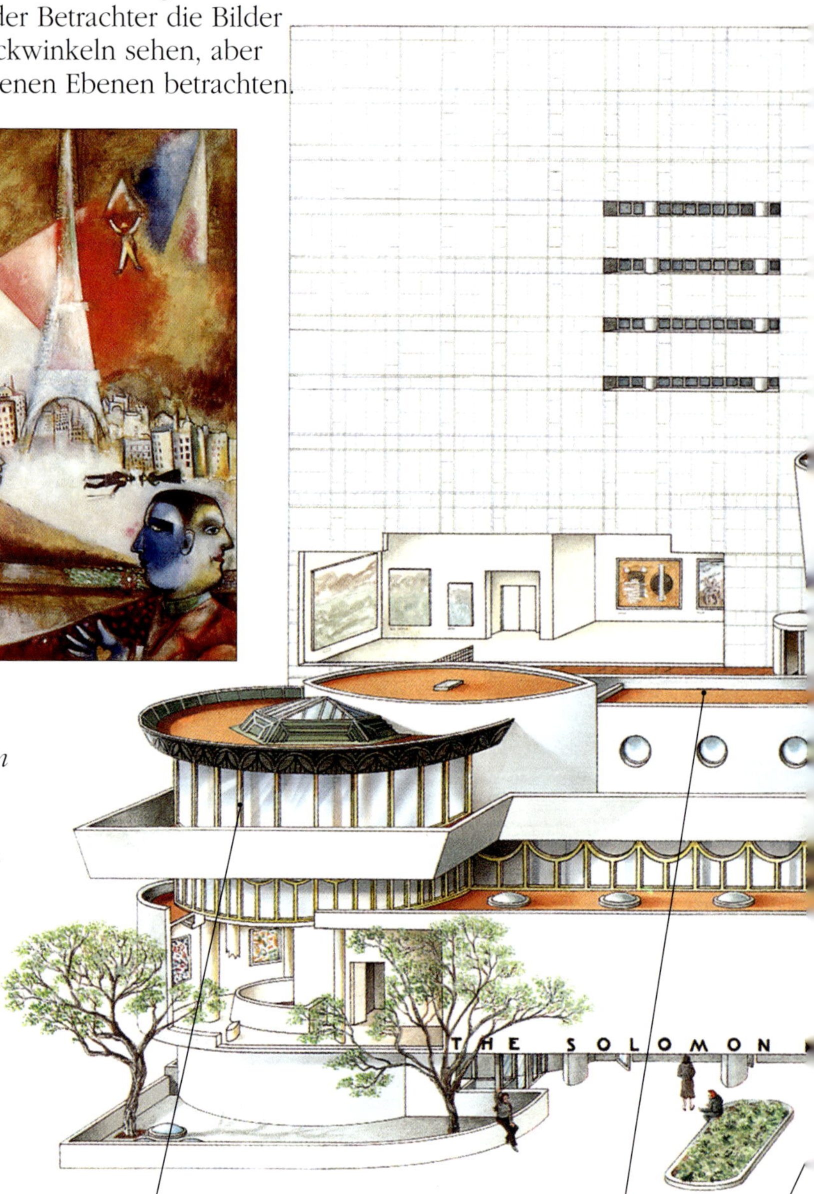

Kleine Rotunde

Skulpturenterrasse

Haupteingang

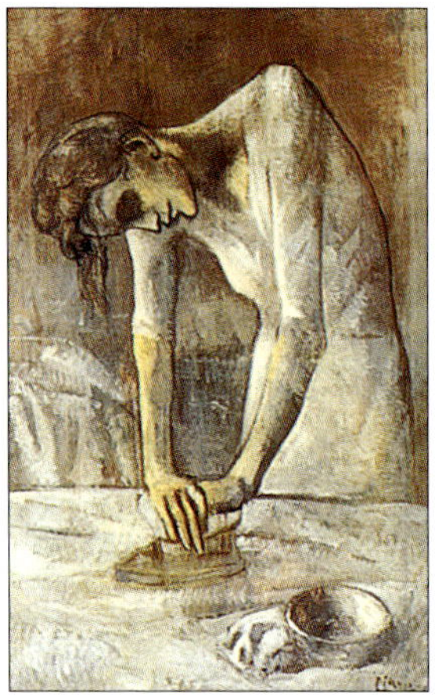

»Die Büglerin«
Picasso hat mit diesem Werk von 1904 aus seiner blauen Periode die Mühsal der Arbeit vollendet dargestellt.

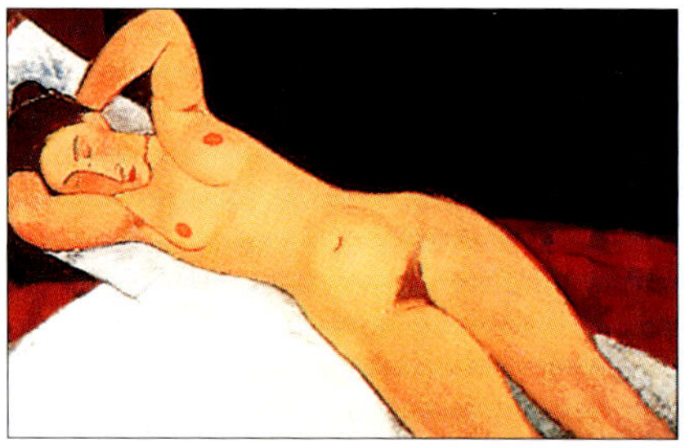

Akt
Die Schlafende von 1917 ist charakteristisch für Amedeo Modiglianis Werk.

»Vor dem Spiegel«
Um die soziale Atmosphäre seiner Zeit einzufangen, verwendete Edouard Manet oft, wie hier (1876), das Motiv der Kurtisane.

Guggenheim online

Die Glanzlichter der weltweiten Guggenheim-Sammlungen sind im Internet unter www.guggenheimcollection.org zu finden. Die Website enthält Wissenswertes zu den Bildern, ihren Künstlern und verschiedensten Kunststilen.

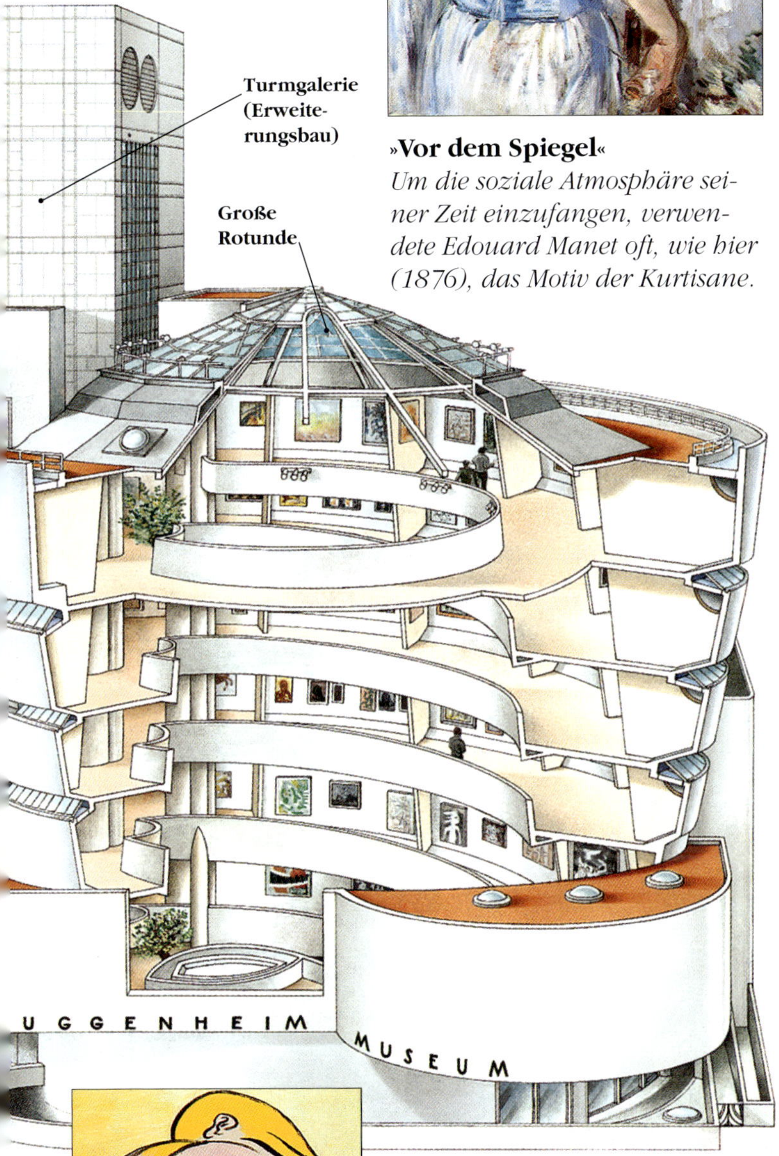

»Frau mit Vase«
Fernand Léger hat in dieses Bild von 1927 kubistische Elemente eingearbeitet.

»Schwarze Linien«
Eines der frühesten Beispiele (1913) für Wassily Kandinskys abstrakte Kunst.

»Frau mit gelbem Haar«
Picassos Geliebte Marie-Thérèse Walter tritt in vielen Bildern auf, so auch hier (1931).

Frank Lloyd Wright

Wright (1869–1959) war der bedeutendste amerikanische Architekt in der ersten Hälfte des 20. Jahrhunderts. Mit modernsten technischen Mitteln strebte er in mehr als 300 privaten und öffentlichen Bauten die Umsetzung organischer Formen an. Für jeden Haustyp und jede Umgebung suchte er nach charakteristischen Lösungen.

Innenansicht der Rotunde des Museums

Daten und Fakten

1943 Beauftragung des Architekten Frank Lloyd Wright

1956 Baubeginn

1959 Eröffnung auf der Fifth Avenue

1988–92 Bau des Erweiterungsbaus und Restaurierung des Wright-Gebäudes

Die Sammlung

Nachdem Solomon R. Guggenheim seine Leidenschaft für abstrakte Kunst entdeckt hatte, wuchs seine Sammlung in wenigen Jahren rapide. 1937 gründete er die Guggenheim-Stiftung, in die er seine Sammlung einbrachte. Seit 1959 sind diese Werke im Solomon-R.-Guggenheim-Museum ausgestellt. Dabei handelt es sich um mehr als 4000 Bilder, Skulpturen und Objekte aus dem 19. und 20. Jahrhundert. Etliche Kunstwerke kamen hinzu. Den Kuratoren der Guggenheim-Stiftung gelang es nach Guggenheims Tod, durch die Zusammenführung mehrerer privater Sammlungen mit unterschiedlichen Schwerpunkten die ganze Bandbreite der künstlerischen Moderne zu erschließen. Neben einer der größten Kandinsky-Sammlungen befinden sich im Museum u.a. Werke von Klee, Chagall, Miró und Mondrian. Eine entscheidende Erweiterung erlebte die Sammlung 1963 durch die exquisite Thannhäuser-Stiftung mit Werken aus dem Impressionismus und Post-Impressionismus: Manet, Degas, Renoir, van Gogh, Gauguin, Cézanne und Picasso.

Das Empire State Building

Empire State Building

DAS EMPIRE STATE BUILDING war über 40 Jahre lang das höchste Gebäude der Welt. Heute ist es wieder New Yorks höchster Wolkenkratzer und ein berühmtes Wahrzeichen der Stadt. Als das Gebäude 1931 eröffnet wurde, waren die Räume wegen der Weltwirtschaftskrise nur schwer zu vermieten. Heute wohnen hier rund 10000 und arbeiten 20000 bis 25000 Menschen. 2,5 Millionen Besucher genießen jährlich die Aussicht von oben.

Der Hang zur Höhe

Die Vollendung des Eiffelturms 1889 (➛ *S. 76f.*) forderte amerikanische Architekten heraus, den Turm an Höhe zu übertrumpfen. Anfang des 20. Jahrhunderts begann das Wolkenkratzer-Rennen. 1930 war das Gebäude der Manhattan Bank in New York mit 283 Metern der höchste Wolkenkratzer. Der Automagnat Walter Chrysler wollte diese Höhe übertreffen. John Jakob Raskob, sein Konkurrent von General Motors, investierte mit Pierre S. du Pont und anderen ins Empire-State-Projekt. Da Chrysler die beabsichtigte Höhe seines Gebäudes geheim hielt, musste Raskob flexibel sein. Er hatte 85 Stockwerke geplant, ließ aber weiterbauen, bis 102 Stockwerke erreicht waren. Er übertraf das 319 Meter hohe Chrysler-Gebäude so um 62 Meter.

Die Architekten

Die Firma Shreve, Lamb & Harmon hat bereits einige bekannte Wolkenkratzer in Manhattan entworfen. Als sie mit dem Empire State Building begann, hatte sie kurz zuvor das Gebäude der Manhattan Bank in der Wall Street Nr. 40 (heute Trump Building) gebaut, das 70 Stockwerke aufwies. Dank eines Teams erstklassiger Bauingenieure und Bauunternehmen, die in Spitzenzeiten bis zu 3000 Arbeiter beschäftigten, wurde das Empire State Building in nur neun Monaten fertig gestellt – und billiger als erwartet.

Al Smith, Ex-Gouverneur von New York, mit einem Modell

Symbole der Moderne *Sie sind auf diesen bronzenen Art-déco-Medaillons in der Eingangslobby dargestellt.*

Konstruktion *Viele Teile wurden bereits vorgefertigt vor Ort verarbeitet. Pro Woche wuchs das Gebäude im Schnitt um viereinhalb Stockwerke.*

Außenplattform im 102. Stockwerk

Der Wolkenkratzer sollte 85 Etagen hoch sein, aber dann fügte man noch einen Anlegemast für Luftschiffe hinzu. Über den heutigen 62 Meter hohen Turmaufsatz werden Fernsehprogramme übertragen.

Farbiges Flutlicht an den oberen 30 Stockwerken zeigt besondere und saisonale Ereignisse an.

Hochgeschwindigkeitsaufzüge legen über 400 Meter pro Minute zurück.

Etwa 10 Minuten brauchen durchtrainierte Läufer für die 1576 Stufen von der Lobby zum 86. Stockwerk während des jährlichen Treppenlaufs.

Das Gerüst wurde aus 60000 Tonnen Stahl errichtet.

Verkleidungen aus Aluminium statt aus Stein wurden zwischen den 6500 Fenstern eingesetzt. Die Stahlverzierung verbirgt unregelmäßige Ecken an der Verkleidung.

Zehn Millionen Backsteine wurden für das Gebäude verwendet.

In den Hohlräumen zwischen den Stockwerken befinden sich Drähte, Rohre und Kabel.

Stahl- und Betonpfeiler tragen das 365000 Tonnen schwere Gebäude.

Höhepunkte

- ★ Blick von den Aussichtsplattformen
- ★ Eingangslobby

★ **Blick von den Aussichtsplattformen**
Von der Aussichtsplattform im 86. Stock bietet sich ein fantastischer Blick auf Manhattan. Vom 381 Meter hoch gelegenen 102. Stock sieht man bei klarem Wetter bis zu 120 Kilometer weit.

Rekordzahlen

Das Hochhaus auf einer Fläche von 129 x 57 Metern und mit einem rund 17 Meter tiefen Fundament besitzt 73 Aufzüge in Schächten von 11 Kilometer Länge, 5600 Kilometer Telefonkabel, 96 Kilometer Wasserleitungen und 7450 Tonnen Kühlgeräte.

»Sky Boy«
Der Fotograf Lewis Hine dokumentierte die Gefahren des Bauens in den 1930er-Jahren. Hier bringt ein Bauarbeiter ein Kabel hoch. Der breite Hudson im Hintergrund erscheint fast wie ein Bach.

Blitzschlag
Das Empire State ist ein künstlicher Blitzableiter und wird bis zu hundertmal im Jahr getroffen. Die Außenplattform ist bei Gewitter geschlossen, innen kann jedoch nichts passieren.

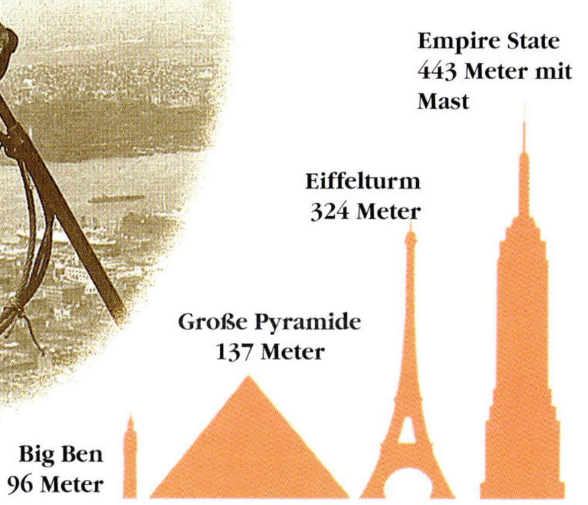

Rangordnung
Die New Yorker sind zu Recht stolz auf das Symbol ihrer Stadt, das die Wahrzeichen anderer Kulturen übertrumpft.

Daten und Fakten

1930 Baubeginn

1931 Fertigstellung des damals höchsten Gebäudes der Welt

1973 Abgabe des Status als höchstes Gebäude an das World Trade Center

1986 Erklärung zum Nationaldenkmal

Der Bau von Wolkenkratzern

Der moderne Wolkenkratzer wäre ohne verschiedene Entwicklungen im Bauwesen nicht möglich gewesen. Aufzüge etwa waren zwar schon einige Zeit in Betrieb, aber erst die von Elisha Otis 1854 erfundene Aufzugbremse brachte auch die erforderliche Sicherheit. Die zweite notwendige Neuerung war die Stahlskelett-Konstruktion, wie sie in den ersten Wolkenkratzern der Welt 1885 eingezogen wurde. Bei dieser Konstruktion dienten die Wände nur als Umhüllung, hatten also keine tragende Funktion mehr. Die Gebäude konnten dadurch immer höher werden. Das Bauen auf der schmalen Insel Manhattan barg ein besonderes Problem: Größere Mengen verschiedener Baumaterialien konnten nicht auf den Straßen bereit gehalten werden. Um dieses Problem zu lösen, wurden Aluminium-Elemente vorgefertigt und nur der Dreitagesbedarf an Baustahl wurde vor Ort gelagert. Wenn das Empire State Building auch nicht mehr das höchste Gebäude der Welt ist, so ist es doch unter den Wolkenkratzern der berühmteste.

★ **Eingangslobby**
Ein Reliefbild des Wolkenkratzers befindet sich in der marmorverkleideten Lobby, ein Meisterwerk im Art-déco-Stil.

Begegnungen am Himmel

Das Empire State Building war in vielen Filmen zu sehen. Seinen berühmtesten Auftritt hat es ohne Zweifel am Schluss des Klassikers »King Kong« von 1933, als der Riesenaffe auf der Spitze des Gebäudes steht und gegen Armeeflugzeuge kämpft. Am 28. Juli 1945 flog ein Flugzeug im Nebel zu tief über Manhattan und rammte den Bau auf der Höhe des 79. Stocks. Trotz eines Sachschadens von einer Million Dollar blieb die Statik intakt.

Die Konstruktion

In seiner Pariser Werkstatt schuf der Bildhauer Bartholdi zunächst ein Tonmodell. Dieses wurde in mehreren Schritten vergrößert, bis er über Gipsmuster der rund 350 Einzelteile in Originalgröße verfügte. Von jedem dieser Gipsabschnitte wurde eine Form aus Holz hergestellt. In dieses Holz wurden von Hand etwa 2,4 Millimeter dicke Kupferfolien hineingehämmert. Die rund 350 Folienstücke wurden mit Eisenlaschen verbunden. Diese Laschen funktionierten wie Federn. So war die Oberfläche beweglich genug, um starken Winden und Temperaturschwankungen zu trotzen. Die Folienstücke wurden dann mit Kupfernieten an dem von Eiffel konstruierten Gerüst befestigt.

Werkstatt für die Statue, um 1882

Der Spendenaufruf

Obwohl Frankreich für die Kosten der Statue aufkam, wurde schon frühzeitig entschieden, dass der Sockelaufbau von den Amerikanern bezahlt werden sollte. Während der französische Anteil über Gebühren, Benefizveranstaltungen und Lotterien finanziert wurde, reichte das vom amerikanischen Komitee gesammelte Geld nicht aus. Um die fehlenden 100 000 Dollar aufzutreiben, rief der Medienzar Joseph Pulitzer in seiner Zeitung »The World« die Bürger New Yorks zu einer Spende auf, bezichtigte die Reichen des Geizes und die Mittelklasse, sich auf die Reichen zu verlassen. Bis 1885 kam die fehlende Summe zusammen – zumeist durch Einzelspenden unter einem Dollar.

Die Freiheitsstatue

Die größte Metallstatue der Welt war ein Geschenk der Franzosen an das amerikanische Volk. Sie ist ein Entwurf des Bildhauers Frédéric Auguste Bartholdi und gilt weltweit als Symbol der Freiheit. Ein am Sockel der 1886 enthüllten »Lady Liberty« eingraviertes Gedicht der spanischen Jüdin Emma Lazarus von 1883 besagt: »Bringt zu mir die Müden, Armen, die Bedrängten, die nach freier Luft sich sehnen … Schickt diese Heimatlosen, Sturmgebeugten zu mir.« Die Statue auf der Manhattan vorgelagerten Insel, die in Einzelteilen von Frankreich nach Amerika verschifft wurde, stellte für Millionen von Einwanderern das Ziel ihrer Träume dar.

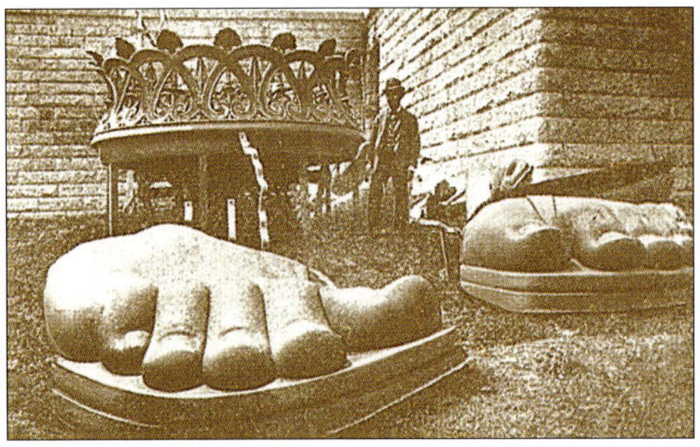

Vom Fuß bis zur Fackel
Die Statue besteht aus rund 350 gegossenen, genieteten Stücken Kupferfolie.

★ Museum
Unter anderen Dingen findet man hier Poster der Statue.

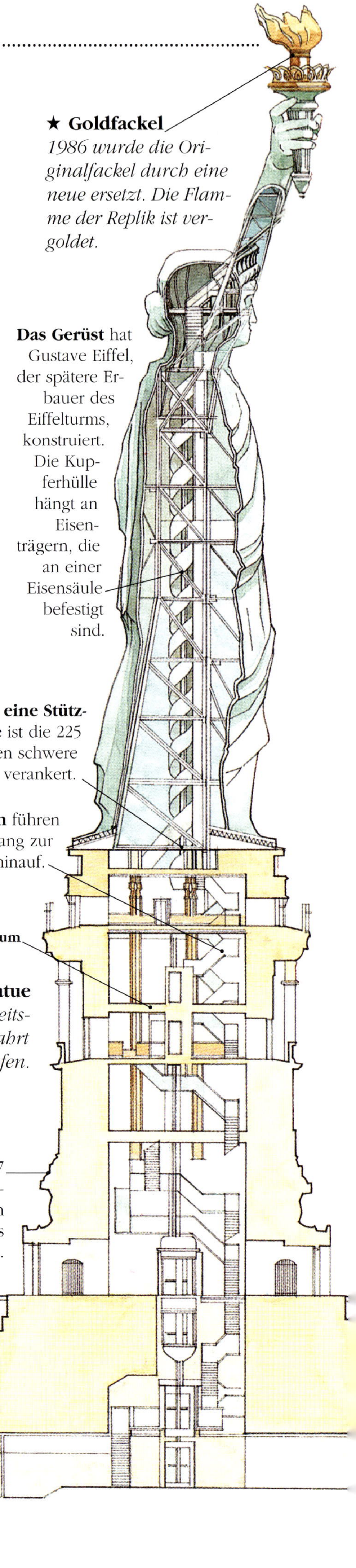

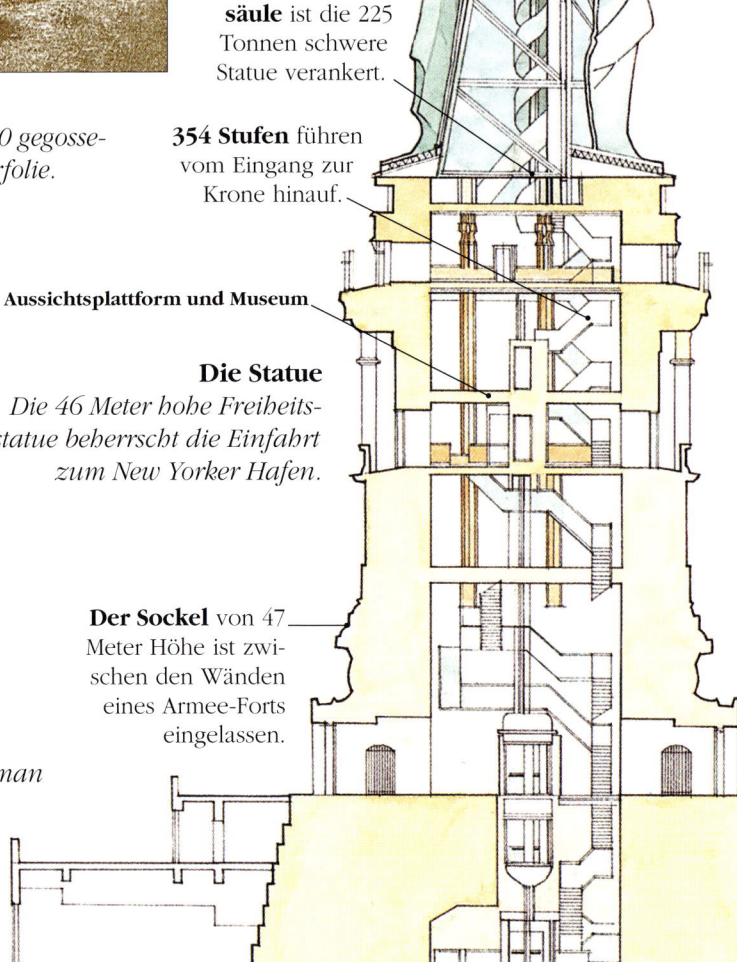

★ Goldfackel
1986 wurde die Originalfackel durch eine neue ersetzt. Die Flamme der Replik ist vergoldet.

Das Gerüst hat Gustave Eiffel, der spätere Erbauer des Eiffelturms, konstruiert. Die Kupferhülle hängt an Eisenträgern, die an einer Eisensäule befestigt sind.

Durch eine Stützsäule ist die 225 Tonnen schwere Statue verankert.

354 Stufen führen vom Eingang zur Krone hinauf.

Aussichtsplattform und Museum

Die Statue
Die 46 Meter hohe Freiheitsstatue beherrscht die Einfahrt zum New Yorker Hafen.

Der Sockel von 47 Meter Höhe ist zwischen den Wänden eines Armee-Forts eingelassen.

Die Originalfackel steht heute in der großen Eingangshalle.

Fähre
Fähren verbinden Manhattan mit Liberty Island, von wo aus sich eindrucksvolle Blicke auf die Stadt bieten.

Konstruktionsgenie

Der französische Ingenieur Gustave Eiffel (➛ *S. 77*) sollte die Probleme lösen, die sich aus dem Bau des großen Hohlkörpers ergaben: Die Statue sollte schließlich Wind und Wetter standhalten. Sein Rahmen aus Spanten und Streben, befestigt mit Stahlpfosten, galt damals als konstruktive Neuerung.

★ Porträt der Freiheit
Die sieben Strahlen ihrer Krone stehen für die sieben Meere und die sieben Kontinente.

Der Guss der Hand
Vor dem Guss wurde die Hand wie alle anderen Teile zuerst aus Gips und Holz geformt.

Daten und Fakten

1871–84 Arbeit an der Statue

1885 Eintreffen in New York

1886 Enthüllung der Statue

1924 Erklärung zum Nationaldenkmal

1956 Umbenennung von Bedloe's Island in Liberty Island

1972 Eröffnung des Museums im Sockel der Statue

1984 Aufnahme in das Weltkulturerbe der UNESCO

1986 Wiedereröffnung zum 100. Geburtstag der Statue nach Restaurierung

Das Museum

Die Fackel-Ausstellung in der Empfangshalle des ➛ *Museums* zeigt die vielfach veränderte Flamme und die ➛ *Originalfackel* von 1886. Ferner ist die Geschichte von Fackel und Flamme dargestellt. Die Ausstellung im zweiten Geschoss des Sockels widmet sich der Biografie von »Miss Liberty« und den Idealen, für die sie steht. Historische Exponate, Drucke, Fotografien, Video- und Tonbandaufnahmen von Zeitzeugen befassen sich mit ihrer Geschichte. Ein anderer Bereich behandelt die vielfältige Symbolik der Statue u.a. als »Mutter der Exilierten« und »Statue in der populären Kultur«. Ausgestellt sind außerdem verschiedene ➛ *Modelle*, unter anderem der linke Fuß der Statue in Originalgröße. Neben der ausführlichen Dokumentation des Baus der Freiheitsstatue wird in Wechselausstellungen über die Geschichte der Einwanderung berichtet.

Modelle
Mithilfe von immer wieder vergrößerten Modellen konnte Bartholdi die gigantische Metallstatue bauen.

Frédéric Auguste Bartholdi

Der französische Bildhauer (1834–1904) wollte der Freiheit ein Denkmal setzen. Die Anregung zu dem ehrgeizigen Projekt, dessen Fertigstellung ursprünglich für das hundertjährige Jubiläum der amerikanischen Unabhängigkeit im Jahr 1876 geplant war, stammte von Bartholdis Freund, dem Juristen Edouard René Lefebvre. Bartholdis Begeisterung für die demokratischen Ideale Amerikas brachte auch andere Werke in den USA hervor, u.a. den Bartholdi-Brunnen in Washington.

Feierlichkeiten
Am 4. Juli 1986 wurde die für 87 Millionen Dollar restaurierte Statue im Zuge spektakulärer Feierlichkeiten enthüllt.

Höhepunkte

- ★ Goldfackel
- ★ Museum
- ★ Porträt der Freiheit

Ellis Island

Einwanderer warten auf ihre Überführung nach Ellis Island.

Die Passagiere des Zwischendecks

Gegen Ende des 19. Jahrhunderts dauerte die Atlantiküberquerung noch zwei Wochen. Die ärmsten Passagiere reisten im Zwischendeck. Während die Reisenden der 1. und 2. Klasse saubere Kabinen hatten, waren die hygienischen Bedingungen im Zwischendeck angesichts der Enge miserabel. Viele wurden seekrank. Das Essen war sehr einfach. Es bestand bestenfalls aus Kartoffeln, Suppe, Eiern und ungekühltem Proviant, den die Passagiere mitführten. Die Ankunft in New York verbesserte die Lebensumstände nicht sofort. Manchmal mussten Passagiere tagelang warten, bevor es mit der Fähre von Bord nach Ellis Island ging.

Das Abfertigungsverfahren

Passagiere der 1. und 2. Klasse mussten sich nur dann einer Untersuchung auf Ellis Island unterziehen, wenn sie krank waren oder Probleme mit dem Gesetz hatten. Alle anderen warteten in der ➛ *Großen Halle* Schlange stehend bis zu fünf Stunden auf ihre Pflichtuntersuchung. Cholera, Tuberkulose und andere ansteckende Krankheiten sowie Geisteskrankheit mussten ausgeschlossen werden. Kranke Einwanderer wurden ins Hospital der Insel überwiesen. Waren sie unheilbar, wurden sie in ihre Heimat zurückgeschickt. Im Registrierungsraum wurde geprüft, ob die Einwanderer finanziell in der Lage waren, in Amerika für sich selbst zu sorgen.

Ellis Island

Kein anderer Ort vermittelt einen so lebendigen Eindruck von dem »Schmelztiegel«-Charakter der Stadt New York und der Vereinigten Staaten von Amerika wie Ellis Island. Fast jeder zweite Amerikaner kann seine Wurzeln auf diese Insel vor der Südspitze Manhattans zurückverfolgen, die zwischen 1892 und 1954 als »Schleuse« in die USA diente. Hier wurden alle einwanderungswilligen Zwischendeckpassagiere auf ihren Gesundheitszustand und ihre politische Haltung überprüft. Rund 12 Millionen Menschen schritten in diesem Zeitraum durch seine Tore und verteilten sich in den letzten sechs Jahrzehnten der größten Immigrationswelle der Weltgeschichte über das ganze Land. Heute ist dieser Schauplatz ein nationales Museum.

Hauptgebäude

Bahnticket *Ein Sonderpreis für Immigranten zog viele nach Kalifornien.*

Das Eisenbahnbüro verkaufte Tickets zum endgültigen Bestimmungsort.

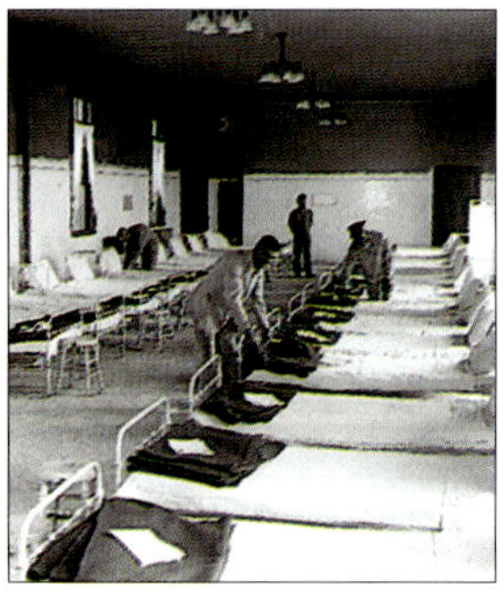

★ **Schlafsaal** *Männliche und weibliche Einwanderer schliefen in getrennten Quartieren.*

Das Fährbüro verkaufte Tickets nach New Jersey.

★ **Gepäckraum** *Die Immigranten mussten ihr Gepäck vor der Untersuchung abgeben.*

Restaurierung

Ellis Island war eine Ruine, bis 1984 ein sechsjähriges Renovierungsprogramm anlief: Die Kupferkuppeln wurden ersetzt, die Mosaikkacheln gereinigt und die Innenräume sorgfältig restauriert.

★ **Große Halle** *Die Einwandererfamilien mussten im Registrationsraum auf ihre Abfertigung warten. Heute enthält er die rekonstruierte Einrichtung von 1918 bis 1924.*

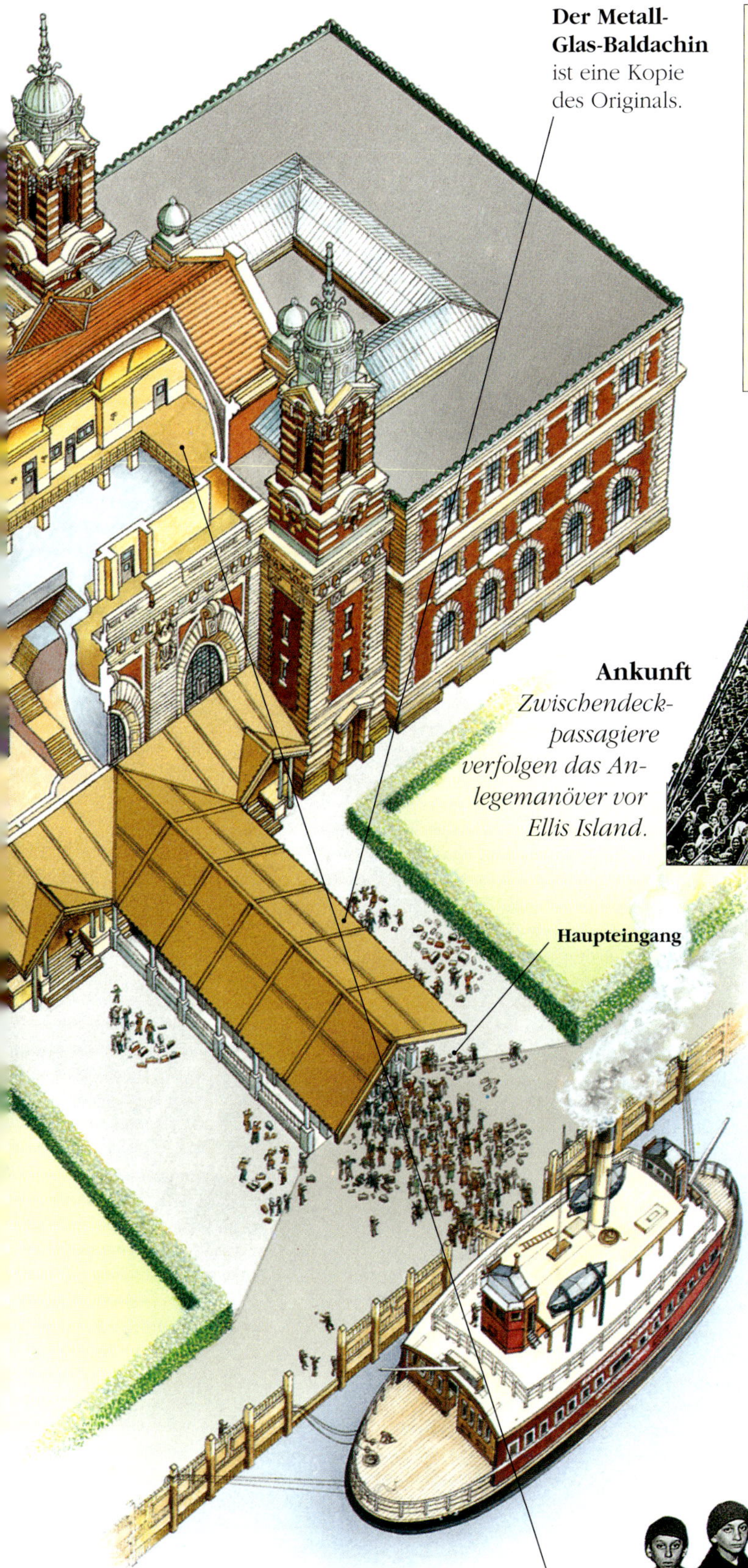

Der Metall-Glas-Baldachin ist eine Kopie des Originals.

Ankunft *Zwischendeckpassagiere verfolgen das Anlegemanöver vor Ellis Island.*

Untersuchungsräume *Einwanderer mit Infektionskrankheiten konnten nach Europa zurückgeschickt werden.*

Einwanderung in die USA bis 1890

Die Einwanderung wurde früher von den Bundesstaaten reguliert. Von 1855 bis 1890 passierten etwa acht Millionen Immigranten New Yorks Station Castle Garden an der Spitze Manhattans. 1890 übernahm die Bundesregierung die Abfertigung und baute die Anlage auf Ellis Island, um des Zustroms Herr zu werden.

Einwandererfamilie *Diese italienische Mutter mit Kindern kam 1905 an.*

Höhepunkte

★ **Große Halle**

★ **Schlafsaal**

★ **Gepäckraum**

Daten und Fakten

1890–92 Bau der ersten Einwanderungsstation

1897 Vernichtung der Einwanderungsstation durch Feuer

1900 Eröffnung des neuen Steinbaus

1900–15 Erweiterung durch Krankenstationen, Schlafsäle und Küchen

1954 Aufgabe von Ellis Island als Einwanderungsstation und Internierungslager

1965 Erklärung zum Nationaldenkmal

1990 Wiedereröffnung als Einwanderungsmuseum

Das Museum

Das dreistöckige Einwanderungsmuseum von Ellis Island informiert auf einmalige Weise über die Geschichte der Einwanderung von 1892 bis 1954. Zu den Exponaten gehören Gepäckstücke, Kleidung, Pässe, Dampfer- und Zugkarten sowie Schiffsdokumente. Tonaufnahmen sind ein wesentliches Element der drei Abteilungen, die »Das Tor Amerikas«, »Die Jahre mit den meisten Einwanderungen« und »Gepäck- und Registrierräume« heißen. Vorhanden sind mehr als 200 Stunden mündlich überlieferter Geschichte: Interviews mit Einwanderern und ihren Nachkommen. Ebenso wie die Immigranten kommen auch die Besucher mit der Fähre an und werden durch den ➛ *Gepäckraum* geschleust, um dann den Weg der Einwanderer zur ➛ *Großen Halle* zu nehmen.

Der Krieg von 1812

Während der napoleonischen Kriege verschlechterten sich die Beziehungen zwischen den USA und Großbritannien. Die Briten respektierten während der Kontinentalblockade nicht die Neutralität amerikanischer Schiffe und unterstützten aufständische Indianer. Gleichzeitig beabsichtigten die USA die Eroberung Kanadas. Im Juni 1812 erklärten die USA England den Krieg. Im August 1814 erreichten britische Truppen Washington und legten Feuer u.a. am Kapitol und Weißen Haus. Starke Regenfälle verhinderten die Zerstörung der Stadt. Aus Unkenntnis über den Friedensschluss in Gent im Dezember 1814 fand noch im Januar 1815 eine Schlacht bei New Orleans statt.

Das Oval Office

1902 wurde der Westflügel des Weißen Hauses vom Architektenbüro McKim, Mead und White für 65 196 Dollar errichtet. Dieser Flügel beherbergt u.a. den Kabinettssaal, in dem der Präsident mit Regierungsmitgliedern und hohen Beamten der Verwaltung tagt, und das Oval Office, in dem der Präsident Staatsbesucher empfängt und auch Ansprachen hält. William Howard Taft nutzte es als erster Präsident ab 1909, sein Vorgänger Theodore Roosevelt hatte noch in einem rechteckigen Büro residiert. Die Position von Tafts Amtszimmer in der Mitte des Westflügels unterstrich seinen Anspruch, das Zentrum seines Kabinetts zu bilden. Eine weitere symbolische Dimension geht noch auf George Washington zurück, der Empfänge in ovalen Räumen abhielt, wo jeder gleich nah beim Präsidenten stehen konnte. So war man unter gleichberechtigten Bürgern. Viele Nachfolger haben dem Raum eine persönliche Note gegeben. Bill Clinton etwa benutzte einen Tisch, den Königin Viktoria 1880 dem Präsidenten Rutherford B. Hayes geschenkt hatte.

Das Weiße Haus

Das Weisse Haus ist seit über 200 Jahren offizieller Amts- und Wohnsitz des US-Präsidenten und damit das älteste Staatsgebäude Washingtons. Aus Nachrichtensendungen weltweit bekannt ist die Rückfront des im Stil des Klassizismus (➛ *S. 79*) errichteten Hauses der Exekutive, dem erst Präsident Theodore Roosevelt 1901 seinen heutigen Namen gab. Das an US-amerikanische Landhäuser erinnernde Gebäude ist mit 132 Zimmern – von denen das berühmteste das Oval Office ist – und 35 Badezimmern ausgestattet. Viele Präsidenten drückten dem Haus ihren Stempel auf, indem sie verschiedene Räume nach ihrem Geschmack dekorieren ließen.

Nordfassade
Diese Seite der im klassizistischen Stil gehaltenen Fassade, die Eingangsfront, ist weniger bekannt.

★ Speisesaal
Der 1902 vergrößerte Raum bietet heute bis zu 140 Gästen Platz. Ein Porträt des Präsidenten Abraham Lincoln von George P.A. Healy hängt über dem Kaminsims.

Die Westterrasse führt zum Westflügel, der u.a. das Oval Office beherbergt, das offizielle Büro des Präsidenten.

Das Mauerwerk wurde immer wieder übermalt, um die weiße Fassade zu erhalten.

★ Rotes Zimmer
Dieser Empfangsraum ist im Empire-Stil des beginnenden 19. Jahrhunderts eingerichtet. Die Stoffe wurden in den USA nach französischen Mustern gefertigt.

Höhepunkte

- ★ Speisesaal
- ★ Rotes Zimmer
- ★ Vermeil-Zimmer

Lincolns Schlafzimmer
Präsident Lincoln nutzte den Raum als Kabinettssaal. Präsident Truman ließ hier ein Bett aus dem Besitz Lincolns hineinstellen, daher der Name.

Präsidentenrekorde

James Polk (♔ 1845–49) war der erste Präsident, der von sich ein Foto machen ließ. Theodore Roosevelt war der erste Präsident (♔ 1901 bis 1909), der in einem Auto fuhr und einen Staatsbesuch im Ausland (Panama) machte. Präsident Franklin Roosevelt (♔ 1933–45) war der erste, der in einem Flugzeug reiste.

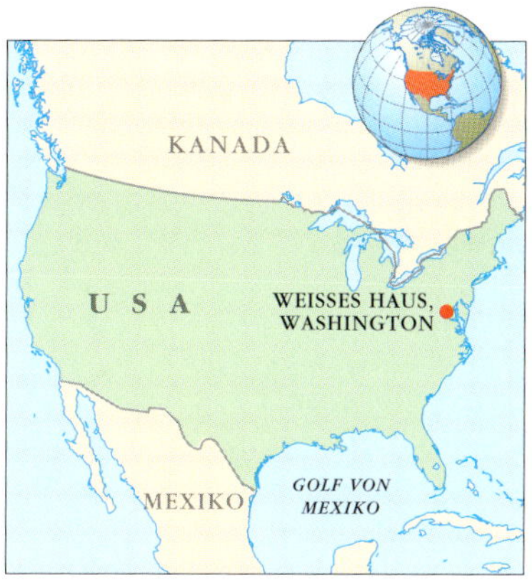

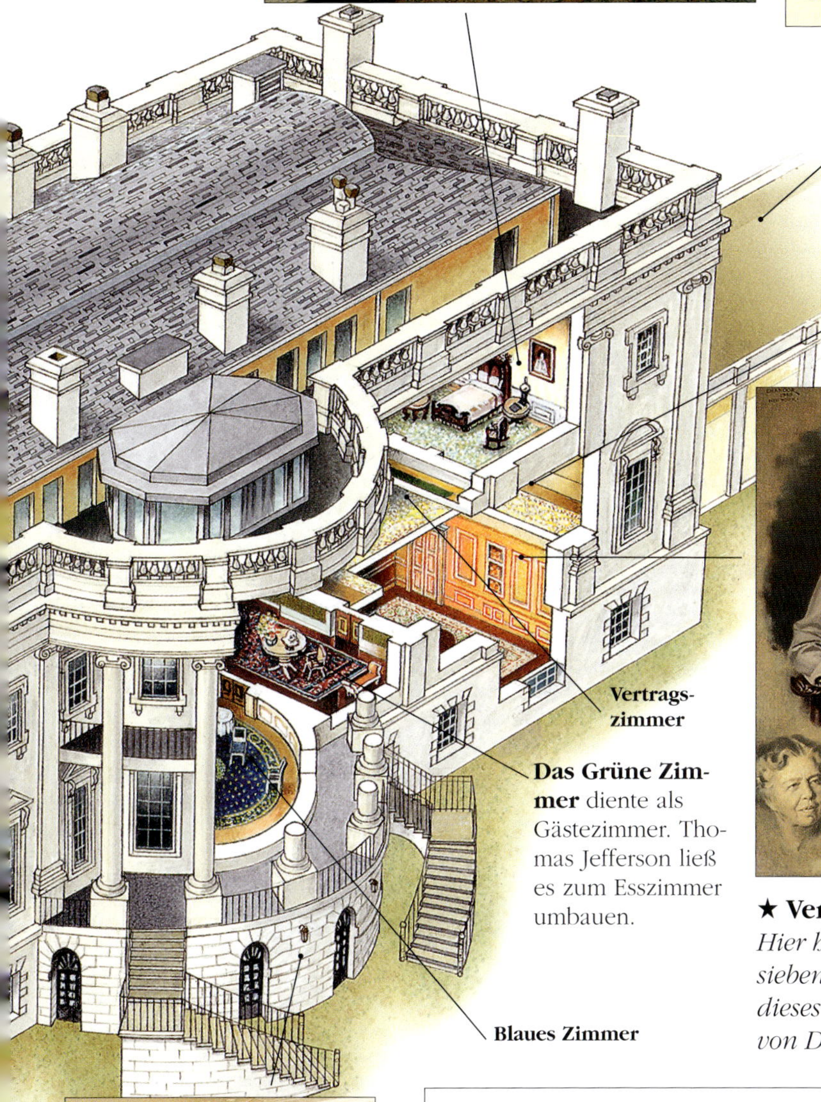

Die Ostterrasse führt zum Ostflügel.

Im Ostzimmer finden u.a. größere Bälle oder Konzerte statt.

Vertragszimmer

Das Grüne Zimmer diente als Gästezimmer. Thomas Jefferson ließ es zum Esszimmer umbauen.

Blaues Zimmer

★ Vermeil-Zimmer
Hier hängen die Porträts von sieben First Ladies, darunter dieses Bildnis Eleanor Roosevelts von Douglas Chandor.

Empfangszimmer
In diesem Raum werden Diplomaten und Freunde empfangen. Er ist elegant in den Farben Gold und Weiß eingerichtet.

Architekten des Weissen Hauses

Nachdem George Washington den Standort für das Weiße Haus bestimmt hatte, ließ er einen Architektenwettbewerb ausschreiben. 1792 wurde der Entwurf von James Hoban (1762–1831), einem aus Irland stammenden Architekten, für das Weiße Haus ausgewählt. Im Laufe der Zeit wurde das Gebäude immer wieder verändert, doch orientierte man sich an Hobans Konzept. 1902 beauftragte Präsident Theodore Roosevelt das New Yorker Architektenbüro McKim, Mead und White mit einer Statikprüfung und notwendigen Renovierungen. Unter den Präsidenten Truman und Kennedy wurde das Weiße Haus weiter umgestaltet.

Der Architekt James Hoban

Daten und Fakten

1792 Baubeginn des Regierungssitzes

1800 Erstbezug durch Präsident John Adams

1814 Brandstiftung durch britische Truppen während des Krieges 1812–14 und anschließender Wiederaufbau des stark beschädigten Baus

1902 Errichtung des Westflügels mit Oval Office

1942 Fertigstellung des Ostflügels als letztem Gebäudeteil auf Anweisung Franklin D. Roosevelts

Die Ausstattung

Die Räume des Weißen Hauses sind im jeweiligen Zeitstil eingerichtet und mit wertvollem Mobiliar, Porzellan und Tafelsilber ausgestattet. An den Wänden hängen historische Gemälde sowie Porträts zahlreicher Präsidenten und First Ladies. Das Vertragszimmer, das ab 1865 für zehn Amtszeiten als Kabinettssaal diente, wurde 1961 restauriert. Seither enthält es viktorianische Kunstwerke, die Präsident Ulysses S. Grant (♔ 1869–77) erstand. Das Blaue Zimmer, das als eines von vier Empfangsräumen dient, wurde 1817 von Präsident Monroe (♔ 1817–25) ganz im französischen Empire-Stil ausgeschmückt. Die Ausstattung in Blau kam 1837 hinzu. Des Empire-Stils bediente sich auch die Präsidentengattin Jacqueline Kennedy 1962 bei der Neugestaltung des ➛ *Roten Zimmers*. Das China-Zimmer wurde 1917 für die stetig wachsende Porzellansammlung eingerichtet.

Die Kuppel

Mitte des 19. Jahrhunderts war die 1824 fertig gestellte Kuppel von Charles Bulfinch zu klein für das vergrößerte Kapitol geworden. Sie war zudem undicht und galt als feuergefährdet. 1855 beschloss der Kongress die Errichtung von Thomas Ustick Walters neuer ➛ *Kuppel* aus Gusseisen. Die zweischalige Hülle erinnert in ihrer Form an das Panthéon in Paris. Thomas Crawford entwarf und fertigte eine 6 Meter hohe Skulptur, die der 87,5 Meter hohen Kuppel 1863 aufgesetzt wurde. Diese Freiheitsstatue – eine klassizistische Frauenfigur – steht auf einem Erdball mit dem nationalen Motto »E Pluribus Unum« (»Aus vielem wird eines«). Die Statue wurde 1993 restauriert.

Blick von den umgebenden Parkanlagen auf das Kapitol

Der Rotundenfries

Thomas Ustick Walters Zeichnungen von 1859 für die neue Kuppel sahen in der ➛ *Rotunde* ein Flachrelief vor. 1877 wurde von Brumidi jedoch ein Fresko von 2,5 Meter Höhe und 91 Meter Umfang begonnen, das auf 19 Tafeln die amerikanische Geschichte thematisiert. Die erste zeigt die personifizierte America, eine indianische Schönheit, die personifizierte Geschichte und den amerikanischen Adler. Die zweite Tafel stellt die Landung des Kolumbus dar. Die nächsten acht Tafeln beschäftigen sich mit der Kolonisation Nord- und Südamerikas. Es folgen Szenen aus der Geschichte der USA. Die letzte Tafel, erst 1953 gemalt, ist dem ersten Motorflug der Gebrüder Wright von 1903 gewidmet.

Das Kapitol

Das Kapitol, eines der berühmtesten Symbole der Demokratie, thront weithin sichtbar auf dem rund 30 Meter hohen Capitol Hill in Washington. Es ist der Sitz von Repräsentantenhaus und Senat. Seine klassizistische Architektur (➛ *S. 79*) nimmt Bezug auf die demokratischen Traditionen im Griechenland der Antike. 1793 legte Präsident George Washington den Grundstein. Bereits 1800 wurde das Kapitol, obgleich noch unvollendet, genutzt. Nach dem Krieg von 1812 (➛ *S. 378*) baute man es wieder auf und fügte die Seitenflügel und die Kuppel hinzu.

Die Kuppel
Sie wurde von Thomas Ustick Walter entworfen. Ihre Vorläuferin war aus Holz und Kupfer.

★ Rotunde
Die Kuppel der 55 Meter hohen Rotunde bemalte Constantino Brumidi 1865 mit dem Fresko »Die Apotheose von Washington«.

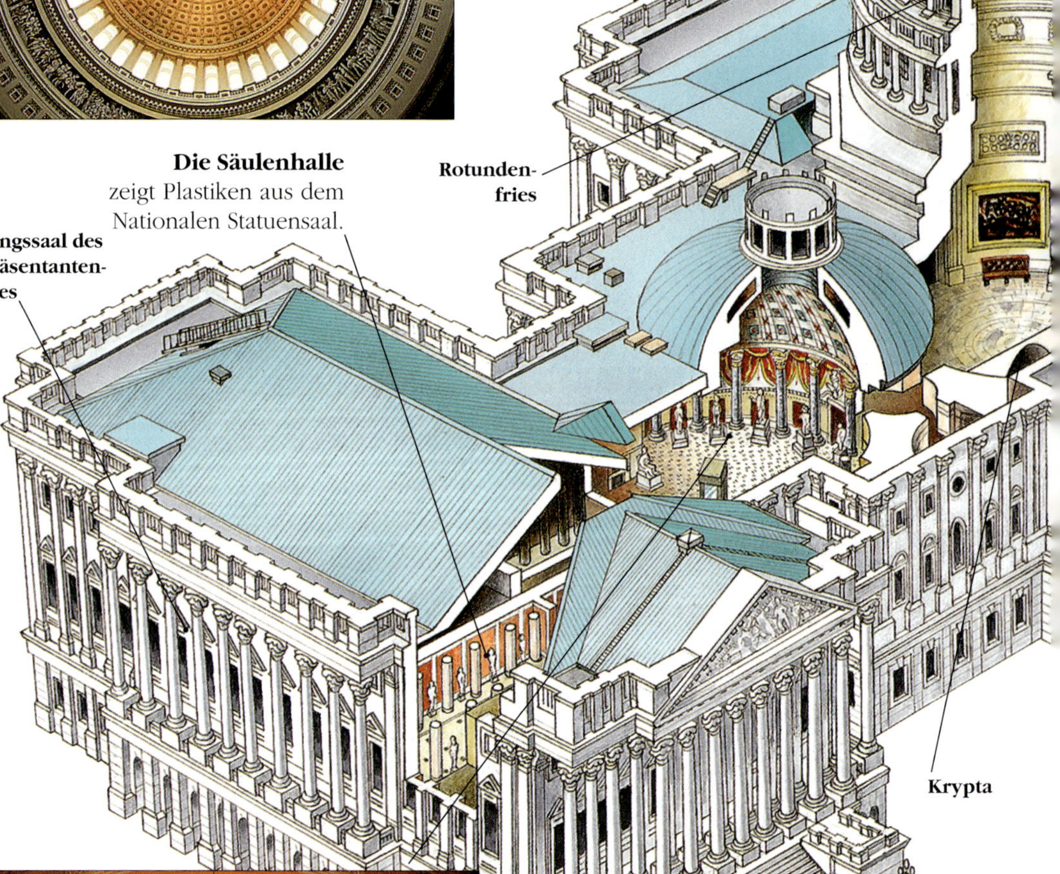

★ Nationaler Statuensaal
Der viel besuchte Raum enthält nicht nur Statuen wichtiger Bürger, sondern wird auch für feierliche Zeremonien genutzt.

★ Alter Senatssaal
Von 1810 bis 1859 tagte hier der Senat, bevor der Saal 1860–1935 Sitz des Obersten Gerichtshofs war. Heute wird er als Museum genutzt.

Die Krypta

40 dorische Säulen der Krypta tragen die Rotunde und die Eisenkuppel. Der Stern in der 1827 unter Architekt Charles Bulfinch fertig gestellten Krypta ist Ausgangspunkt für die Nummerierung des Washingtoner Straßennetzes.

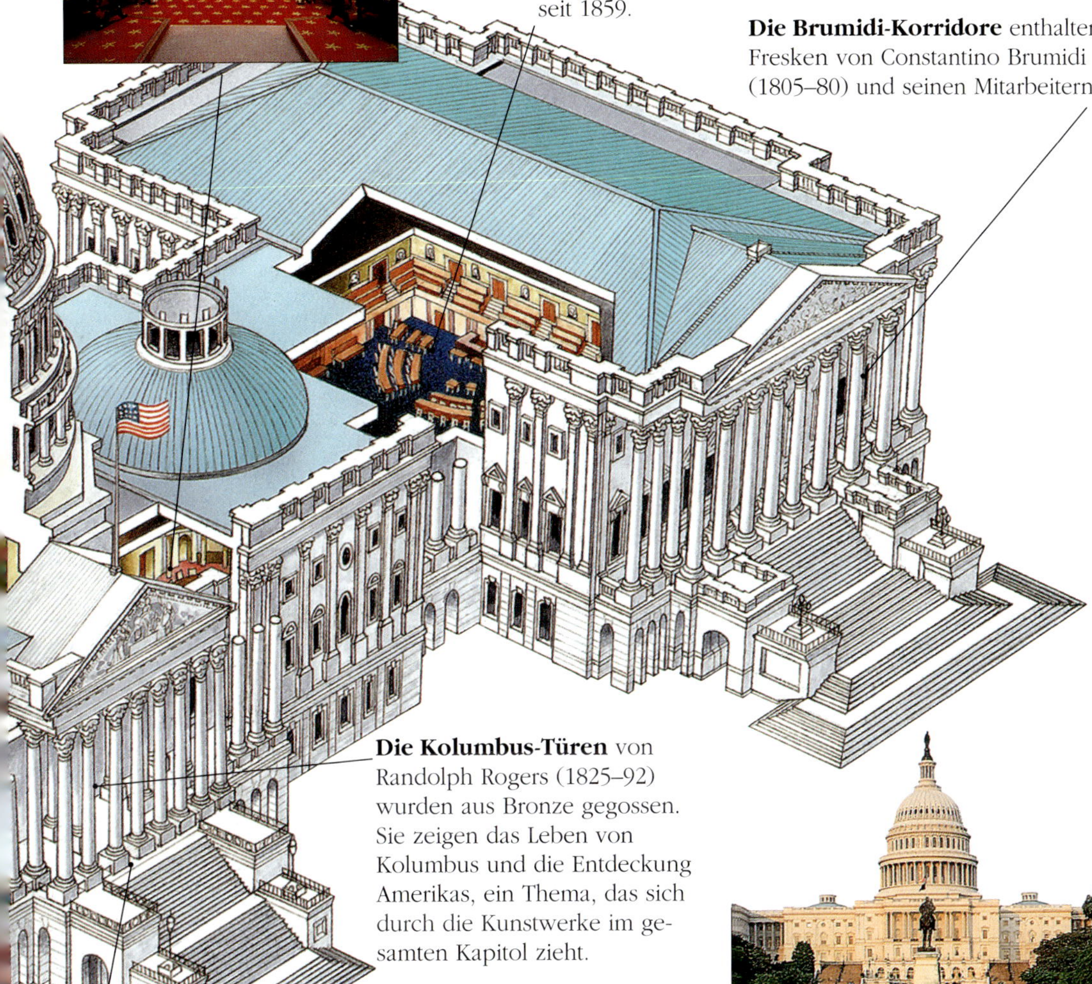

Der Senatssaal dient dem US-Senat seit 1859.

Die Brumidi-Korridore enthalten Fresken von Constantino Brumidi (1805–80) und seinen Mitarbeitern.

Die Kolumbus-Türen von Randolph Rogers (1825–92) wurden aus Bronze gegossen. Sie zeigen das Leben von Kolumbus und die Entdeckung Amerikas, ein Thema, das sich durch die Kunstwerke im gesamten Kapitol zieht.

Daten und Fakten

1793 Baubeginn durch William Thornton

1803–11 Bau des Südflügels

1814 Brandstiftung durch britische Truppen während des Krieges 1812–14

1815–29 Fertigstellung des Mittelbaus

1851–65 Bau der Seitenflügel und der Kuppel

1958–62 Erweiterung der Hauptfront

1983–93 Restaurierung von Westfront und Westterrasse

Bedeutende Bürger

Seit 1864 darf jeder Bundesstaat mit zwei Statuen bedeutender Bürger einen Beitrag zum ➛ *Nationalen Statuensaal* leisten, der bis 1857 Tagungsraum des Repräsentantenhauses war. Bald wurde die Kollektion zu groß. Viele Statuen stehen seit einem Beschluss im Jahr 1933 auch in der Säulenhalle und in den Gängen des Kapitols. Statuen der Präsidenten Washington, Jefferson, Jackson, Garfield und Grant befinden sich in der ➛ *Rotunde.* Im Statuensaal selbst sind 38 Skulpturen untergebracht, u.a. der Südstaatengeneral Robert E. Lee, König Kamehameha I., der Hawaii einte, Robert Fulton, der Konstrukteur des ersten kommerziell erfolgreichen Dampfschiffes, Huey P. Long, ein einflussreicher Gouverneur von Louisiana zur Zeit der Wirtschaftskrise, Sam Houston, Präsident der Republik Texas, und Sequoyah, der Erfinder des Alphabets der Cherokee-Indianer.

Das Kapitol
Das Gebäude steht nicht nur im Mittelpunkt der amerikanischen Politik, sondern bildet auch den geographischen Mittelpunkt der Stadt.

Osteingang
Das Giebeldreieck zeigt klassizistische Frauenfiguren: in der Mitte steht die allegorische Figur America, umgeben von »Gerechtigkeit« (links) und »Hoffnung«.

Höhepunkte

- ★ **Nationaler Statuensaal**
- ★ **Alter Senatssaal**
- ★ **Rotunde**

Die Hängebrücke

Die Golden Gate Bridge ist eine klassische Hängebrücke, wie sie seit Mitte des 19. Jahrhunderts gebaut wird. Ihre Hauptelemente sind Verankerungen, Türme, Stahlseile und Fahrbahn. Die Stahlseile sind in riesigen Betonblöcken zu beiden Seiten der Brücke verankert. Der Stahl für die Türme wurde in Pennsylvania gefertigt und gelangte durch den Panamakanal nach San Francisco. Die Stahlseile wurden an Ort und Stelle gedreht, weil sie damals kein Kran hätte heben können. So fuhren die Seilereimaschinen sechs Monate lang hin und her. Der architektonische Berater von Strauss, Irving F. Morrow, entschied sich für »International Orange« als Brückenfarbe. Er fand, dass das zum Licht der Bucht besser passe als etwa Schwarz.

Die Einweihung

Die Golden Gate Bridge wurde am 27. Mai 1937 für den Fußgängerverkehr freigegeben. Sie war pünktlich fertig geworden und preiswerter als erwartet. Mehr als 18000 Menschen spazierten über die einschließlich Auffahrten 2737 Meter lange Brücke. Einen Tag später wurde sie auch für den Verkehr freigegeben. Zugleich drückte Präsident Franklin D. Roosevelt auf einen Telegrafenknopf im Weißen Haus und sendete damit die Nachricht von der Fertigstellung der Brücke in alle Welt. Sie wurde mehrfach von Architektenverbänden als eines der schönsten Bauwerke des 20. Jahrhunderts ausgezeichnet.

Die Golden Gate Bridge in der Farbe »International Orange«

Golden Gate Bridge

Brückenarbeiter mit Schutzmaske

Die Brücke, die San Francisco mit dem Bezirk Marin verbindet, ist ein technisches Meisterwerk. Zum Zeitpunkt ihrer Fertigstellung 1937 war sie die längste Hängebrücke der Welt. Sie erhielt ihren Namen nach dem »Goldenen Tor«, der Einfahrt in die Bucht von San Francisco. Die Bauarbeiten, die Joseph Baermann Strauss leitete, kosteten 35 Millionen US-Dollar. Die 2737 Meter lange Brücke mit sechs Fahrspuren und einem Fußweg hat eine Spannweite von 1280 Metern.

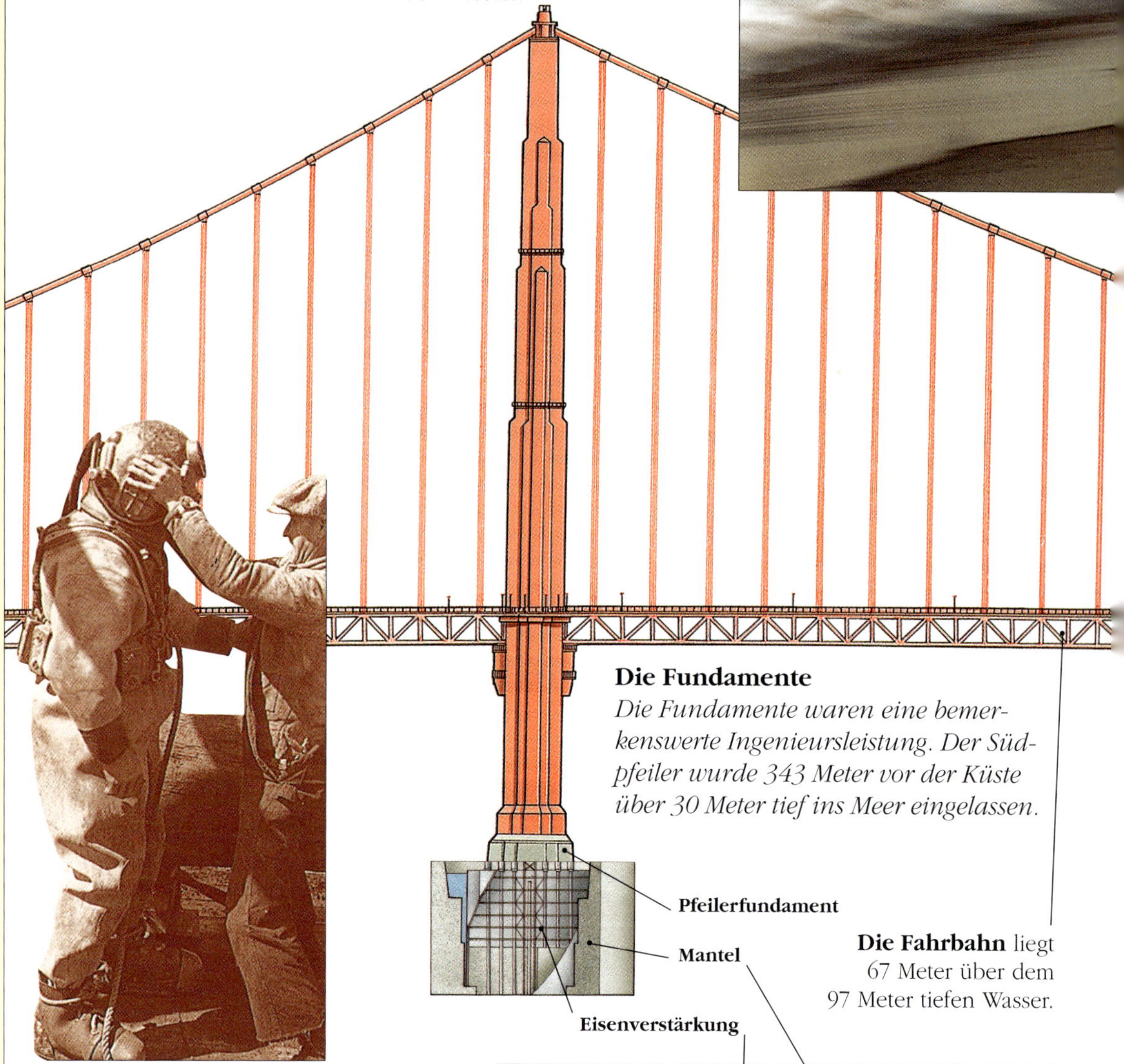

Die Fundamente
Die Fundamente waren eine bemerkenswerte Ingenieursleistung. Der Südpfeiler wurde 343 Meter vor der Küste über 30 Meter tief ins Meer eingelassen.

Die Fahrbahn liegt 67 Meter über dem 97 Meter tiefen Wasser.

Taucher
Sie platzierten die Dynamitladungen, um das Fundament in den felsigen Meeresboden zu sprengen.

Der Betonmantel
Während der Bauarbeiten schützte ein Betonmantel die Basis des Südpfeilers vor den Gezeiten. Das Wasser wurde abgepumpt, um einen riesigen wasserdichten Hohlraum zu schaffen.

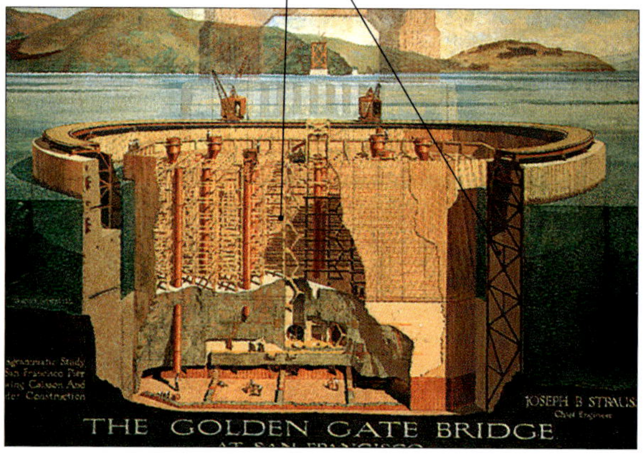

Die Fahrbahn
Die stahlverstärkte Betonfahrbahn wurde gleichzeitig von beiden Pfeilern aus gebaut, damit der Zug auf die Stahlseile gleichmäßig verteilt war.

Wieder da: Fähren

Ursprünglich gebaut, um den Fährenverkehr in der Bucht von San Francisco zu entlasten, ist die Brücke inzwischen so stark befahren, dass Tausende von Pendlern jetzt wieder den Wasserweg benutzen. Auf den heutigen Fähren kann man Fahrräder mitnehmen.

Bau der Türme
Die Zwillingstürme sind hohl und ragen 227 Meter aus dem Wasser.

Ehrgeiziger Planer
Der Ingenieur Joseph B. Strauss (1870–1938) hatte vor der Golden Gate Bridge schon rund 400 Brücken gebaut. Neben seinen Teilhabern Charles A. Ellis und Clifford E. Paine unterstützten ihn vor allem Irving F. und Gertrude C. Morrow als architektonische Berater.

Die Brücke in Zahlen

- Über 40 Millionen Autos passieren alljährlich die Brücke, etwa 110000 täglich.
- Der ursprüngliche Anstrich musste in 27 Jahren nur ausgebessert werden. Nach 1965 jedoch wurde die alte Farbe entfernt und durch einen haltbareren Anstrich ersetzt.
- Die beiden großen, je 2332 Meter langen Tragseile sind fast einen Meter dick und bestehen aus 129000 Kilometer Stahldraht – genug, um den Äquator dreimal zu umspannen.
- Jedes der beiden Tragseile ist aus 61 einzelnen Strängen gearbeitet.
- Das Gesamtgewicht der Brücke samt Zufahrten und Verankerungen betrug bei Fertigstellung über 894500 Tonnen.
- Nachdem der erste Sockel (der des Südturms) gebaut war, mussten 35,6 Millionen Liter Wasser aus ihm herausgepumpt werden.
- Die Brücke hält Windgeschwindigkeiten von bis zu 160 Stundenkilometer aus.

Blick Richtung Marin Peninsula

Daten und Fakten

1872 Erste Diskussion über den Bau einer Brücke

1923 Verabschiedung eines kalifornischen Gesetzes, das die Finanzierung des Brückenbaus ermöglicht

1933–37 Bau der Brücke

1985 Überquerung der Brücke durch das milliardste Fahrzeug

Die Konstrukteure

1872 hatte der Eisenbahnmagnat Charles Crocker die Idee, eine Brücke über die Meerenge zwischen der Halbinsel von San Franciso und der Marin Peninsula zu bauen. Man glaubte jedoch nicht an die Realisierung dieses Projekts. 1921 legte der Architekt Joseph Baermann Strauss einen Entwurf vor. Jahre bürokratischen Gerangels vergingen, bevor Strauss 1929 als leitender Ingenieur benannt wurde. Als stilprägend für das zeitlose Design der Brücke gelten heute jedoch seine architektonischen Berater Irving F. und Gertrude C. Morrow. Irving Morrow machte sich sogar Gedanken über das richtige Maß an Beleuchtung, das die Brücke nachts optimal zur Geltung bringen sollte. So werden etwa die Turmspitzen weniger hell beleuchtet als die Fahrbahn, was den Eindruck erweckt, sie würden im Nachthimmel verschwinden. Neu in der Geschichte des Brückenbaus waren Sicherheitsmaßnahmen wie Schutzhelme für die Arbeiter von Edward W. Bullard und ein Fangnetz unter der Brücke, das 19 Bauarbeiter rettete.

Fluchtversuche von Alcatraz

Mehr als 14 Ausbruchsversuche wurden unternommen. Einige der 34 Männer benutzten Feilen und Eisensägen, um die Gitterstäbe durchzusägen. Die meisten nahmen Gefängniswärter als Geiseln. Soweit bekannt, glückte kein Versuch. Sieben Männer wurden erschossen, zwei ertranken, fünf blieben vermisst (wahrscheinlich ertranken sie) und die anderen wurden wieder zurückgebracht. Zwei wurden wegen der Morde an Wärtern bei der Flucht später hingerichtet (➛ *Berühmte Insassen*). Alcatraz ist nur drei Kilometer vom Festland entfernt, doch die starke Strömung und das kalte Wasser machen den Tod durch Ertrinken dennoch wahrscheinlich.

Die Besetzung durch Indianer

Im November 1969 besetzte eine Gruppe amerikanischer Ureinwohner unter Führung des Mohawk Richard Oakes im Namen aller eingeborenen Stämme Alcatraz. Sie setzte eine Verwaltung ein und wies allen etwa 100 Besetzern eine Arbeitsstelle zu. In Verhandlungen mit der Bundesregierung verlangte sie eine Beurkundung ihres Besitzes, eine eigene Universität und ein kulturelles Zentrum. Die halbherzigen Verhandlungen verliefen jedoch bald im Sande. Zuletzt wurde die Stromzufuhr gekappt. Am 10. Juni 1971 entfernte die Bundespolizei die letzten 15 der Besetzer.

Amerikanische Ureinwohner besetzen Alcatraz.

Alcatraz

Die auch »The Rock« genannte felsige, steil abfallende Insel in der San Francisco Bay kam 1934 zu internationalem Ruhm, als die dortigen ehemaligen Militärgebäude zu einem Hochsicherheitsgefängis ausgebaut wurden. Zu ihrer Zeit war die Strafanstalt Alcatraz die wohl bekannteste und berüchtigtste ihrer Art. Prominente Gefangene waren u.a. der Mafia-Boss Al Capone und George »Machine Gun« Kelly. In den drei Jahrzehnten bis zu ihrer Schließung saßen mehr als 1500 streng bewachte Häftlinge in der Strafanstalt ein, nie jedoch mehr als 250 zur gleichen Zeit.

Symbol am Eingang des Zellentrakts

★ Zellenhaus
Vier Zellenblocks gibt es im Gefängnistrakt. Keine Zelle hat eine Außenwand oder Decke. Das verliesartige Fundament des Hauses stammt aus der Zeit des alten Militärforts.

Alcatraz von der Fähre aus
Auf den ursprünglich nackten Felsen wurde von Angel Island Erde für die Gärten der Aufseher herübergebracht.

Die Unterkünfte leitender Gefängniswärter standen hier.

Exerzierplatz der Soldaten

Das Haus des Direktors wurde während der indianischen Besatzung durch Feuer beschädigt.

Kasernengebäude

0 Meter 75 Meter

Mole
Die Gefangenen gingen hier an Land. Einen anderen Anleger gab es nicht. Heute kommen hier die Besucher an.

Höhepunkte

★ **Zellenhaus**

★ **Gefängnishof**

★ Gefängnishof
Die Mahlzeiten und ein Spaziergang auf dem Hof, der auch Schauplatz vieler Filme war, bildeten die Höhepunkte im Gefängnisalltag.

Alcatraz im Film

Alcatraz war seit 1937 immer wieder ein Filmthema. Zu den bekannteren Filmen gehören: »Flucht von Alcatraz« (1979) mit Clint Eastwood, »Der Gefangene von Alcatraz« (1962) mit Burt Lancaster sowie »The Rock – Fels der Entscheidung« (1996) mit Sean Connery.

Das Besucherzentrum ist in einer alten Kaserne untergebracht.

Die Militärkapelle wurde später in Wohnungen für unverheiratete Wärter umgebaut.

Dieses Gebäude beherbergte in den Zeiten, als Alcatraz noch militärisch genutzt wurde, den Offiziersklub.

Daten und Fakten

1861 Militärfort auf der Insel wird während des Bürgerkriegs zum Militärgefängnis

1912 Fertigstellung des Zellenhauses, damals der größte Stahlbetonbau der Welt

1934 Ausbau zum Hochsicherheitsgefängnis

1963 Schließung des Gefängnisses

1969 Besetzung der Insel durch Indianer

1973 Öffnung der Insel für das Publikum

Der Gefängnisalltag

Den Verhaltensregeln für die Häftlinge von 1956 zufolge sah ein typischer Tag so aus: Nachdem die Insassen in ihren fensterlosen Zellen (➛ *Zellenhaus*) um 6.30 Uhr geweckt worden waren, hatten sie 25 Minuten Zeit bis zum Zählappell. Das Frühstück dauerte 20 Minuten – und wieder wurde durchgezählt. Dann ging es in die Gefängniswerkstätten. Nach dem achtstündigen Arbeitstag gab es um 16 Uhr Abendessen. Um 16.40 Uhr wurden die Insassen erneut gezählt und über Nacht eingeschlossen. Einige Häftlinge mussten jedoch in ihrer Zelle bleiben – zur Strafe oder zur Sicherheitsverwahrung. Häftlinge, die schwerwiegende Straftaten begangen hatten, konnten in Einzelzellen eingewiesen werden. Diese hatten ein kleines Fenster in der Tür, ein Loch im Boden als Toilette und kein Bett. Längere Einzelhaft führte oft zu schweren psychischen Störungen.

Berühmte Insassen

Al Capone
»Scarface« Capone wurde 1932 wegen Steuerhinterziehung in Atlanta inhaftiert.

Weil er im Gefängnis seinen Einfluss ausspielte, wurde er zur Isolierung nach Alcatraz gebracht. 1939 wurde er vorzeitig entlassen.

Robert Stroud
Stroud, das Vorbild für die Titelfigur im Film

»Der Gefangene von Alcatraz«, verbüßte von seinen 17 Jahren sechs in Einzelhaft.

Carnes, Thompson und Shockley
Im Mai 1946 überwältigten sechs Gefangene, darunter Clarence Carnes, Miran Thompson und Sam Shockley, die Wachen und entwaffneten sie. Der Ausbruchsversuch schlug fehl, doch wurden bei dieser »Schlacht von Alcatraz« drei Insassen und zwei Wärter getötet. Carnes erhielt zusätzlich lebenslänglich, Shockley und Thompson wurden für ihre Beteiligung an dem Aufstand in San Quentin hingerichtet.

Die Gebrüder Anglin
John und Clarence Anglin sowie Frank Morris brachen ein Loch durch die Wände ihrer Zellen, verbargen es mit Wellpappe und bauten ein Floß für die Überfahrt. Sie wurden nie gefasst. Wahrscheinlich ertranken sie auf dem Weg zum Festland.

Mission Santa Barbara

Die spanischen Missionen

Entlang der kalifornischen Pazifikküste befinden sich 21 spanische Missionsstationen, die zwischen 1769 und 1823 erbaut wurden. Sie liegen jeweils einen Tagesmarsch voneinander entfernt entlang des »Camino Real«, des »Königsweges«. Die erste Mission gründete 1769 der aus Mallorca stammende Franziskanerpater Junípero Serra (1713 bis 1784) in San Diego. Bis zu seinem Lebensende nahm er acht weitere Gründungen vor, darunter 1776 die Mission San Francisco de Asis – das heutige San Francisco. Bereits 1782 hatte Pater Serra geplant, die Mission Santa Barbara einzurichten. Doch erst 1786 gelang dies seinem Nachfolger Pater Fermin Francisco de Lasuen (1736 bis 1803), der der Kette der Missionen ebenfalls noch acht weitere hinzufügte und sie zu einem blühenden und wirtschaftlich erfolgreichen Kolonialsystem machte.

Das Missionsmuseum

Die ➛ *Kirche* und die ehemals bewohnten Teile der Mission sind inzwischen in ein kleines Museum umgewandelt worden. Es birgt Exponate früherer Bewohner sowie mexikanische Kunst aus dem 18. und 19. Jahrhundert. In der Sakristei steht der – soweit bekannt – einzige erhaltene Altar, der von Chumash-Indianern gefertigt wurde. Der Musikraum enthält viele Instrumente der Franziskaner und der Chumash. Ab dem 16. Jahrhundert segelten spanische Galeonen von den Philippinen nach Kalifornien und brachten Seide, Porzellan und Gewürze mit. Ein philippinisches Kruzifix und chinesische Seidengewänder im Kapellenraum des Museums spiegeln die asiatischen Kultureinflüsse wider. In der ➛ *Küche* sind chinesisches und europäisches Porzellan, Majoliken aus Mexiko und Korbwaren kalifornischer Indianer ausgestellt.

Mission Santa Barbara

Franziskanermönch

Die Mission in Santa Barbara, nordwestlich von Los Angeles gelegen, gilt als die »Königin der Missionen«. Sie ist die einzige kalifornische Mission, die seit ihrer Gründung ununterbrochen unter der Leitung von Franziskanermönchen in Gebrauch ist. Zugleich ist sie die architektonisch aufwendigste – als einzige besitzt sie eine Doppelturmfassade – und am besten im Originalzustand erhaltene Mission. Die klassische Mischung aus spanischen und maurischen Architekturformen nennt man heute Missionsstil. Der Grundstein für diese zehnte von den Spaniern erbaute Mission wurde am 4. Dezember 1786, dem Tag der heiligen Barbara, gelegt. Dies gab der Mission, aus der sich die Stadt entwickelte, ihren Namen. Nach zwei Erdbeben wurde 1953 eine erdbebensichere Renovierung der Kirchenfront auf der Basis des ursprünglichen Entwurfs vorgenommen.

Zentraler Brunnen
Palmen überragen den Brunnen in der Mitte des heiligen Gartens.

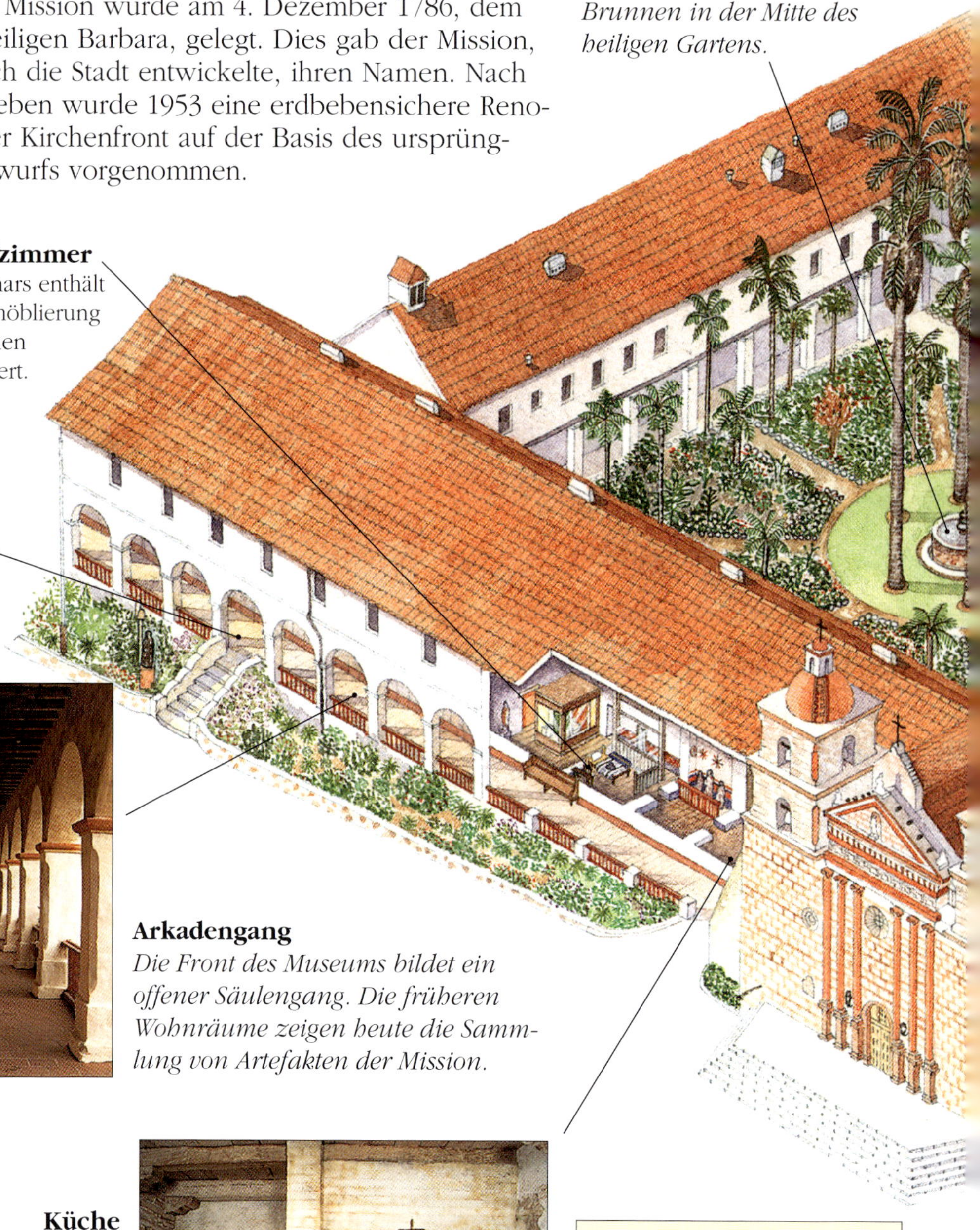

Das Schlafzimmer eines Missionars enthält die Originalmöblierung aus dem frühen 18. Jahrhundert.

Eingang

Arkadengang
Die Front des Museums bildet ein offener Säulengang. Die früheren Wohnräume zeigen heute die Sammlung von Artefakten der Mission.

Küche
Die Küche zeigt eine typische Einrichtung des frühen 19. Jahrhunderts. Die Mission lebte von eigenen Feldern und eigener Viehwirtschaft.

Höhepunkte

- ★ Kirche
- ★ Hauptfassade
- ★ Heiliger Garten

★ Heiliger Garten
In dem schön gestalteten Garten erlernten einst die Indianer europäisches Handwerk. In den umliegenden Gebäuden befanden sich Werkstätten und Unterkünfte von Missionaren.

Erbschaft

Zu den ersten Siedlern in Santa Barbara gehörten Indianer aus Mexiko, Juden, Afrikaner und Spanier. Sie und die einheimischen Chumash heirateten untereinander. So liegt auf dem Missionsfriedhof ein buntes Völkergemisch begraben.

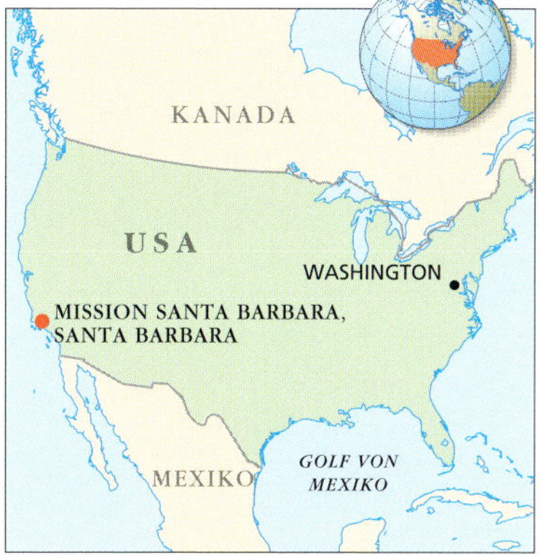

★ Kirche
Auf Wand und Türen im Innenraum der schmalen Kirche sind Marmorsäulen aufgemalt. Der Altaraufsatz besteht aus bemalter Leinwand und Holzstatuen.

Die Kapelle seitlich vom Altar ist dem heiligen Sakrament geweiht.

Die Breite des Schiffs ergab sich durch die Höhe der Bäume, die als Querbalken dienten.

Im Friedhofsgarten liegen etwa 4000 Indianer und Mönche begraben.

★ Hauptfassade
Die Kirchenfassade entwarf Pater Antonio Ripoll, der ein Bewunderer des römischen Architekten Vitruv (um 84 bis nach 27 v. Chr.) war und sich beim Bau der Kirche an dessen Ideen orientierte.

Daten und Fakten

1786 Gründung der Mission
1812 Zerstörung einer der drei Kirchen durch Erdbeben
1820 Fertigstellung der heutigen Kirche
1834 Säkularisation
1865 Rückgabe der Mission an die katholische Kirche durch Abraham Lincoln
1870 Vollendung des Klosters
1925–27 Wiederherstellung von Kirche und Kloster nach einem Erdbeben
1953 Verstärkung der Front

Die Chumash

Das heutige Kalifornien wurde ab 1769 von San Diego aus durch Franziskaner erschlossen. Das Gebiet zwischen Malibu und San Luis Obispo bewohnten die Chumash-Indianer in autonomen Siedlungen. Sie waren Jäger, Kanubauer und Korbflechter, lebten aber auch von Handel und Fischfang. Als eine Reihe ihrer Häuptlinge zum Christentum übertrat, folgten ihnen viele Chumash. Die Franziskaner machten sie mit Ackerbau und Viehzucht vertraut und stellten sie als Handwerker und Arbeiter ein. Die Chumash legten einen Stausee an, der noch immer von der Stadt Santa Barbara genutzt wird, und bauten die Mission nach 1812 wieder auf. Viele der Indianer starben jedoch auch an den aus Europa eingeschleppten Krankheiten. Heute gibt es keine reinen Chumash mehr, doch noch viele Abkömmlinge leben in Santa Barbara. Auch ihre Sprache ist ausgestorben.

Historischer Nationalpark Chaco

Pfeilspitze, Chaco Museum

Der Chaco Canyon im Nordwesten New Mexicos beheimatet eine der imposantesten Hinterlassenschaften der faszinierenden Anasazi-Kultur. Die archäologische Ausgrabungsstätte wird zu den beeindruckendsten der Vereinigten Staaten gerechnet. Im 15 Kilometer langen und 2 bis 3 Kilometer breiten Canyon befinden sich sechs Großhäuser – Pueblos mit Hunderten von Räumen – und viele kleinere Anlagen. Man schloss daraus, dass hier im 11. Jahrhundert das politische, religiöse und kulturelle Zentrum der Anasazi lag. Den großen Komplex bewohnten jedoch wahrscheinlich weniger als 3000 Menschen ständig, da das Land für die Ernährung einer größeren Bevölkerung nichts hergab. Das am besten erforschte Großhaus, das Pueblo Bonito, erstreckt sich über eine Fläche von 12000 Quadratmetern.

Steinerner Türsturz
Den Baumeistern im Chaco standen für ihre fein gearbeiteten Mauern nur Steinwerkzeuge zur Verfügung.

Die Kivas

Die ➛ *Kivas* entwickelten sich aus in den Boden versenkten Grubenhäusern, in denen die Anasazi bis Mitte des 8. Jahrhunderts lebten. Gewöhnlich hatte ein Pueblo eine Reihe nebeneinander befindlicher Kivas und ein großes Kiva. Frühe kleine Kivas scheinen Wohnungen gewesen zu sein. Forschungen zeigten, dass die großen Kivas rituellen Zwecken dienten. Noch heute benutzen Pueblo-Indianer Kivas für Zeremonien. Die ersten Kivas im Chaco Canyon wurden um 700 angelegt. Die meisten waren rund. Durch ein Loch in der Decke gelangte man hinein. Das Feuer befand sich etwa in der Mitte. Eine Mulde im Boden sollte die Verbindung zur Unterwelt symbolisieren.

Kunstvolle Felsenwohnungen in den Wänden der Mesa Verde

Anasazi-Stätten

Der Mesa Verde Nationalpark im Südwesten Colorados hat die größte Ansammlung von Wohnungen der Anasazi, die um 1200 in den Canyonwänden errichtet wurden. Das Aztec Ruins National Monument in New Mexico, dessen Gebäude um 1100 entstanden, gehört zu den am besten erhaltenen Anasazi-Stätten. Hier wurden ein großes Kiva und ein Pueblo aus 450 miteinander verbundenen Räumen aus Stein und Erde teilweise rekonstruiert. Das Navajo National Monument in Arizona wurde bis zum späten 13. Jahrhundert von Anasazi-Indianern bewohnt. Die sehr gut erhaltenen Behausungen, u.a. die Klippenresidenz Keel Seel, bestehen aus mehrstöckigen verschachtelten kubischen Räumen.

Kivas sind runde Räume, die in den Boden gegraben und mit Balken und Erde bedeckt wurden.

Pueblo Bonito

Herzstück der Chaco-Kultur ist das riesige, D-förmige »schöne Dorf«, ab 850 etappenweise über einen Zeitraum von 300 Jahren errichtet. Diese Rekonstruktion zeigt, wie es möglicherweise aussah. Der Komplex umfasste etwa 800 Räume.

Chetro Ketl
Vom Pueblo Bonito führt ein Weg zum Chetro Ketl. Dieser Ruinenplatz ist mit zwei Hektar Fläche und 500 Räumen fast so riesig wie Pueblo Bonito. Die Maurerarbeiten an den jüngeren Abschnitten des Baus zählen zu den besten, die je in Stätten der Anasazi-Kultur gefunden wurden.

Casa Rinconada
Dieses Kiva ist die größte Kultkammer in Chaco mit einem Durchmesser von 19 Metern. Es wurde für religiöse Versammlungen benutzt.

Pueblo Alto
Am Kreuzungspunkt einiger Straßen wurde Pueblo Alto auf der Kuppe einer Mesa errichtet. Um 1877 entdeckte W. H. Jackson eine in die Felswand der Mesa gehauene Treppe.

Chaco-Steinzeug

Ab etwa 600 begannen die Bewohner des Chaco Canyons, neben kunstvoll geflochtenen Körben zunehmend Töpferwaren zu produzieren. Zahlreiche Funde zeigen geometrische Muster und farbige Bemalungen. Typisch für die klassische Zeit war die Schwarz-auf-Weiß-Ware.

Dieses Haus hatte vier Stockwerke.

Die Hunderte von Räumen im Pueblo Bonito dienten vielleicht als Vorratskammern oder für Gäste, die diese Großsiedlung zu wichtigen Zeremonien besuchten.

Frühe Astronomen am Fajada Butte
Zur Bestimmung von Pflanz- und Erntezeiten beobachtete man die Sonne und die Sterne. Der Lichteinfall auf einer prähistorischen spiraligen Zeichnung am Fajada Butte zeigt noch heute zuverlässig die Sommersonnenwende an.

Überblick: Chaco

Im Gebiet des Chaco Canyon findet sich eine Vielzahl faszinierend schöner Anasazi-Ruinen. Neben den hier beschriebenen Stätten zählen dazu Una Vida mit schönen Felszeichnungen sowie Wijiji, Pueblo del Arroyo und das zweistöckige Pueblo Kin Kletso.

Legende

- Fernstraße
- Piste
- Wanderroute
- Campingplatz
- Picknickplatz
- Information

Daten und Fakten

um 700–900 Bau von Kivas zum Wohnen und für Zeremonien im Chaco Canyon

um 850–1250 Zentrum von Religion, Handel und Verwaltung im Chaco Canyon

seit 1250 Pilgerstätte

1896–1900 Ausgrabung des Pueblo Bonito durch den Archäologen George H. Pepper

1920 Ausgrabung des Chetro Ketl durch Edgar L. Hewitt

1987 Aufnahme in das Weltkulturerbe der UNESCO

Die Anasazi

Die Kultur der Anasazi geht bis ins erste vorchristliche Jahrhundert zurück und breitete sich im Vierländereck Utah, Colorado, New Mexico und Arizona aus. Der Name »Anasazi« stammt aus der Navajosprache und bedeutet »die Alten» bzw. »die einmal Dagewesenen«. Die Blütezeit dieser Indianerkultur zwischen 1100 und 1300 n. Chr. führte zum Bau von Großsiedlungen mit mehrstöckigen, Hunderte von Räumen umfassenden Gemeinschaftsbauten. Ein sternförmiges Wegesystem verband die zahlreichen Siedlungen in einem Umkreis des Chaco Canyons von etwa 100 Kilometern miteinander. Die Landwirtschaft blühte auf durch den Bau von Dämmen und Bewässerungssystemen. Ende des 13. Jahrhunderts verließen die Anasazi ihre Ansiedlungen und wanderten nach Osten und Süden ab. Die Gründe hierfür sind den Wissenschaftlern bis heute ein Rätsel.

Das Kennedy Space Center

Highlights im Besucherzentrum

Trägerraketen verschiedener Generationen sind im ➛ *Raketenpark* ausgestellt und vermitteln einen Eindruck vom Leben der Astronauten an Bord. Auf der Space Shuttle Plaza kann eine Kopie des Raumfahrzeugs »Explorer« in Originalgröße bestiegen werden. Der Ausstellungsbereich Suchroboter zeigt neueste Robotersonden. Der Astronautentreff bietet die Chance, einem tatsächlichen Astronauten zu begegnen. Die 13 Meter hohe, 1991 eingeweihte Astronauten-Gedenkstätte aus Granit erinnert an die Opfer der amerikanischen Weltraummissionen (vor allem 1967, 1986, 2003).

Das Apollo-/Saturn-V-Zentrum

Nördlich des Besucherzentrums bietet das ➛ *Apollo-/Saturn-V-Zentrum* Informationen zum Programm der Mondflüge. Dort lassen drei Bildschirme den Start von Apollo 8 beim ersten bemannten Flug zum Mond (1968) wieder lebendig werden. Der Saal ist eine authentische Nachbildung des Kontrollraums von damals mit der ursprünglichen Ausstattung. Ein anderer Raum zeigt Filmmaterial der ersten Mondlandung. Eine eigene Galerie ist den Visionen der NASA für die Zukunft gewidmet. Auf der Saturn V Rocket Plaza ist die 111 Meter hohe, originale Saturn-V-Rakete zu besichtigen.

Start einer Raumfähre vom Kennedy Space Center aus

Das Kennedy Space Center

NASA-Zeichen

Der Weltraumbahnhof auf Merritt Island in der Nähe von Orlando im US-Bundesstaat Florida ist der einzige Ort auf der Westhalbkugel, von dem Menschen ins All geschossen werden. Mit dem Start von Apollo 11 im Juli 1969 begann Präsident John F. Kennedys Traum von der Landung auf dem Mond wahr zu werden. Heute starten auf der Anlage, die seinen Namen trägt, regelmäßig die bemannten Raumfähren der Raumfahrtbehörde NASA von einer der Rampen. Für die meisten ist das Herzstück der Anlage das hier dargestellte Besucherzentrum. Wohl an keinem anderen Ort der Welt kann man die Erforschung des Weltraums so spannend miterleben.

★ Apollo-/Saturn-V-Zentrum
Die Saturn-V-Rakete, die von 1968 bis 1972 zu insgesamt neun Mondreisen startete, ist die Hauptattraktion. Sie hatte ein Startgewicht von 3000 Tonnen und war 40 000 Stundenkilometer schnell.

Astronauten
Als Astronauten verkleidetes Personal demonstriert die verschiedenen Raumanzüge, die die NASA entwickelt hat.

★ Raketenpark
Unter den hoch aufragenden Raketen befindet sich auch eine vom Typ Mercury Atlas, mit dem John Glenn 1962 zur ersten amerikanischen Erdumkreisung startete.

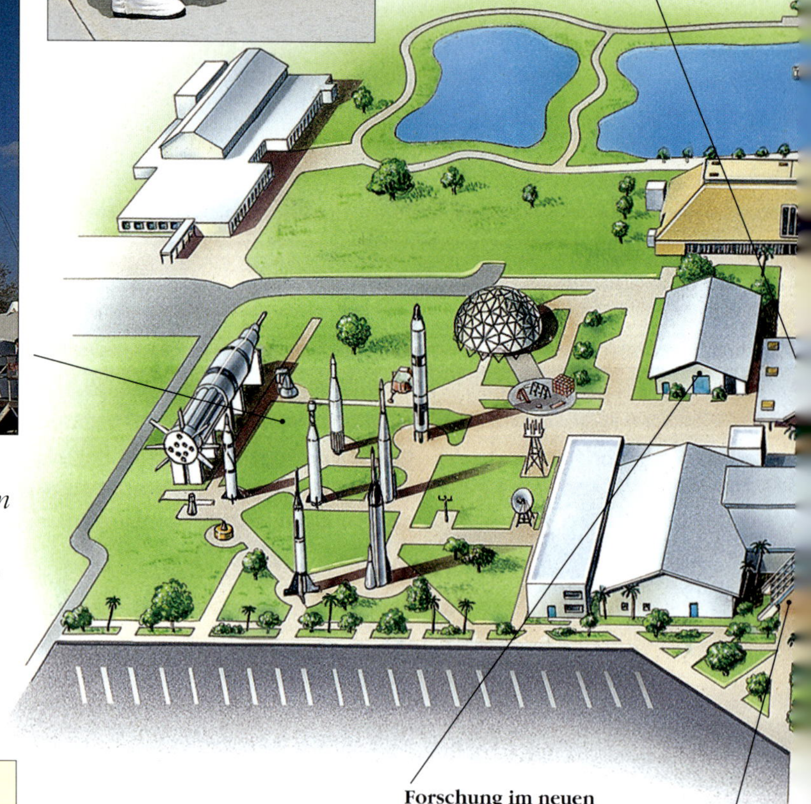

Höhepunkte

- ★ Apollo-/Saturn-V-Zentrum
- ★ Raketenpark
- ★ Bustour
- ★ IMAX®-Filme

Besucherzentrum

Das Besucherzentrum wurde 1966 eröffnet. Es veranstaltete ursprünglich nur Bustouren über das Gelände des Kennedy Space Center. Heute befindet sich hier ein weitläufiges Museum, das mit vielen Filmen, Ausstellungen und Vortragsveranstaltungen umfassend über die Geschichte der amerikanischen Raumfahrt informiert.

★ Bustour
Die Bustour fährt die Abschussrampen des Zentrums an, vorbei an der Montagehalle und der Kriechspur, auf der der Shuttle zum Start langsam in Position gebracht wird.

Die Ruhmeshalle der Astronauten

Unweit des Kennedy Space Center beschäftigt sich die Ruhmeshalle vor allem mit den Mercury-, Gemini- und Apollo-Astronauten, also den Raumfahrern der ersten Generation. Hier sind auch die originalen Mercury-, Gemini- und Apollo-Kapseln zu sehen.

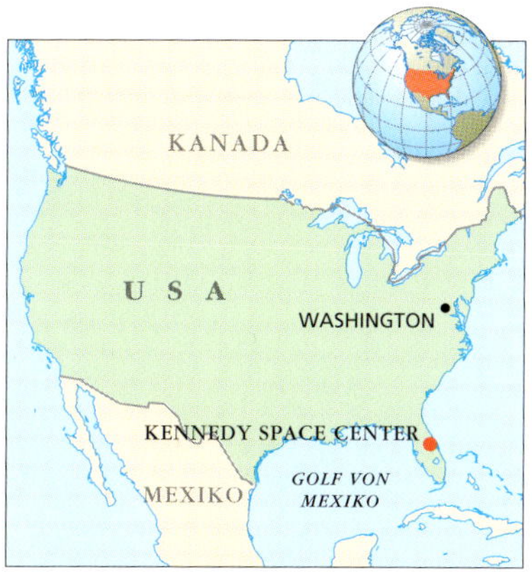

★ IMAX®-Filme
Das Galaxy Center zeigt in riesigen IMAX®-Kinos Filme über den Weltraumflug und die Arbeit der Astronauten an der Internationalen Raumstation ISS.

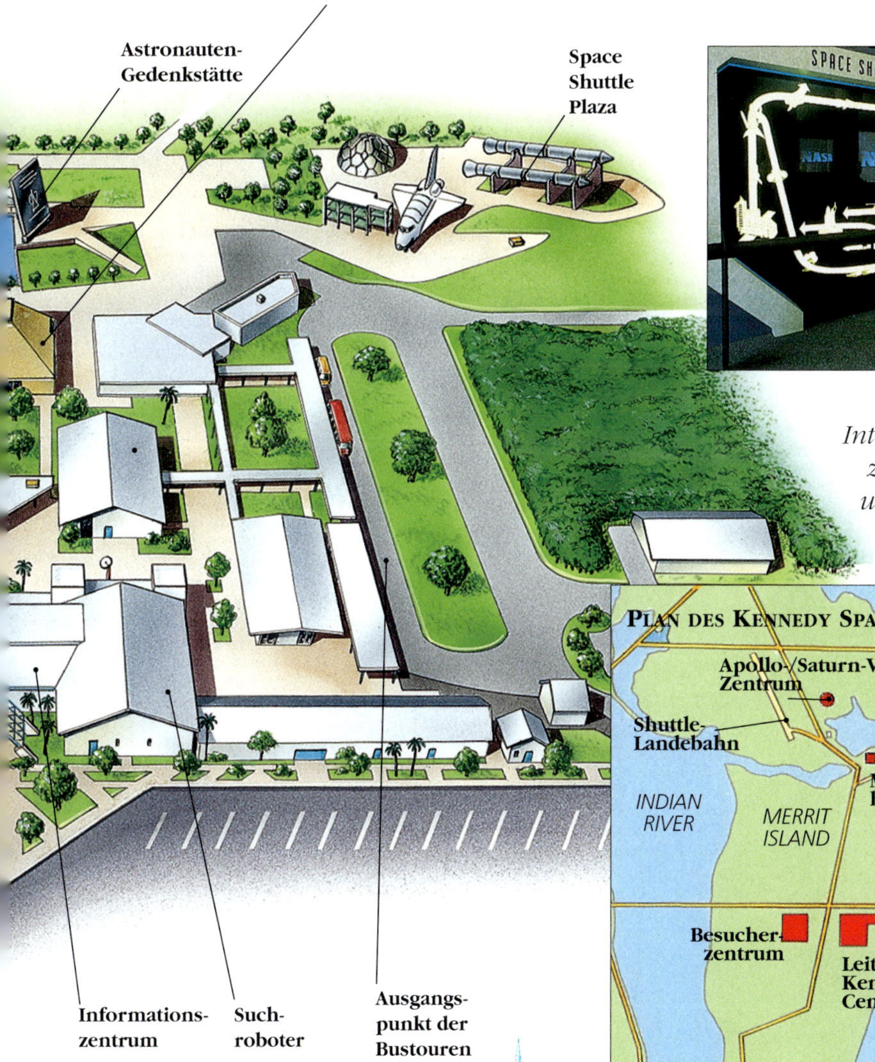

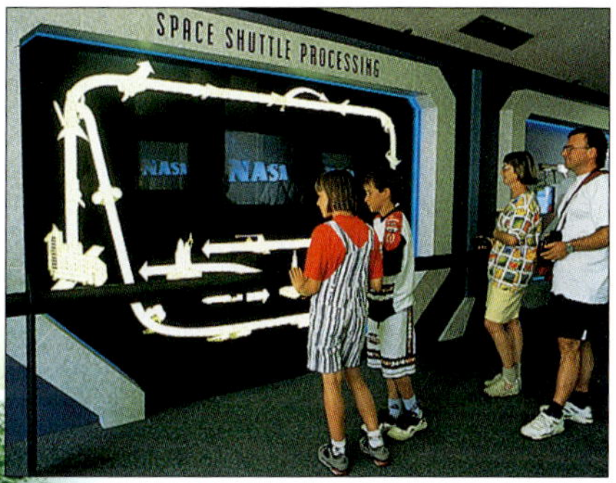

Startbeobachtung
Interaktive Ausstellungen zeigen die Prozesse vor und während des Starts sowie beim Flug.

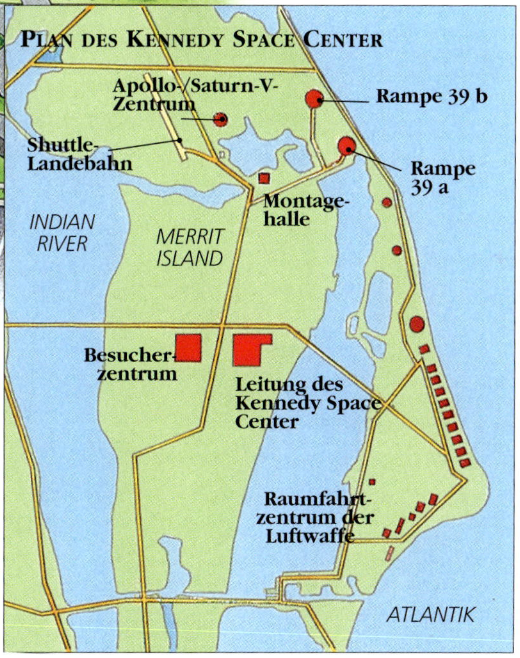

Daten und Fakten

1949 Einrichtung des Raketenversuchsgeländes

1958 Gründung der NASA

1961 Alan B. Shepards Start von hier zur ersten bemannten Weltraumexpedition

1966 Fertigstellung der Montagehalle

1969 Erste Landung eines Menschen auf dem Mond

1984 Erste Landung eines Space Shuttles auf der Shuttle-Landebahn

Das Space-Shuttle-Programm

Um 1980 waren die Kosten für die Entsendung von Menschen ins All derart hoch geworden, dass die NASA wieder verwendbare Raumfahrzeuge entwickelte. Mit ihnen konnte eine Raumstation zur weiteren Erforschung des Sonnensystems gebaut und versorgt werden. Die Raumfähre »Columbia« hob 1981 ab. Es folgten »Challenger«, »Discovery«, »Atlantis« und »Endeavour«. Dank dieser Fähren konnten der Start und in der Folge die Reparatur des Hubble-Weltraumteleskops und die aktuelle Konstruktion der Internationalen Raumstation ISS bewerkstelligt werden. 1998 trug die »Discovery« ein weiteres Mal John Glenn über die Stratosphäre hinaus, der einst als erster Amerikaner die Erde umrundet hatte. Auch Katastrophen passierten: 1986 explodierte die »Challenger« kurz nach dem Start, 2003 wurde die »Columbia« beim Wiedereintritt in die Atmosphäre zerstört.

Maya-Gottheiten

Die Maya beteten viele Götter und Göttinnen an. Einige von ihnen hatten eine Verbindung zu Himmelskörpern wie den Sternen, der Sonne und dem Mond. Manche waren von kalendarischer Bedeutung, während andere Geburt, Tod und Aspekte des Alltags kontrollierten. Die Götter wurden gefürchtet und verehrt. Es war wichtig, sie zu beschwichtigen, z.B. durch Menschenopfer. Kukulcán, die gefiederte Schlange, war eine wichtige Gottheit. Chac, der Gott des Regens und des Blitzes, wurde verehrt, weil Regenfälle entscheidend für die Landwirtschaft waren. Angebetet wurde auch Kinich Ahau, die »große Sonne« oder der »sonnenäugige« Gott. Er stand in Beziehung zum Jaguar, dessen Stärke man mit der der Sonne verglich.

El-Castillo-Pyramide

Die um 1000 bis 1200 gebaute Pyramide ➛ *El Castillo* ist perfekt nach astronomischen Gesichtspunkten entworfen. Die vier Treppen entsprechen den Himmelsrichtungen, andere Teile des Baus haben mit dem Kalender der Maya zu tun. Zweimal im Jahr während der Tagundnachtgleichen kann ein faszinierendes Schauspiel beobachtet werden: Die Terrassen werfen einen Schatten in Form einer Zickzacklinie auf die Brüstung an der Nordwestseite der Pyramide, die in einem Schlangenkopf – dem Symbol des Kukulcán – endet. So entsteht bei sinkendem Sonnenstand der Eindruck, es krieche eine Schlange zur Erde herab.

El Castillo: Ein Schlangenkopf stellt den Gott Kukulcán dar.

Chichén Itzá

Skulptur am Tempel der Krieger

In einer der bedeutendsten präkolumbischen Ruinenstätte ganz Mexikos treffen zwei Hochkulturen aufeinander: die Maya und die Tolteken. Um 600 bauten die Maya auf der Halbinsel Yucatán die ersten monumentalen Bauwerke und sollen dann fast 700 Jahre lang Chichén Itzá als heilige Stätte genutzt haben. Die meisten Gebäude entstanden jedoch in einer zweiten Bauphase ab 900. Diese Bauten weisen einen deutlichen Einfluss der Tolteken auf, die um das Jahr 1000 aus dem Hochland Mexikos hierher gekommen sein sollen. Die Funktion der einzelnen Gebäudekomplexe gibt den Archäologen bis heute Rätsel auf.

★ Ballspielplatz
Mit 145 Meter Länge ist dies der größte Ballspielplatz Mittelamerikas. Man sieht noch die beiden Ringe, durch die man den Ball schlagen musste (➛ S. 395).

★ Observatorium
Das wegen seiner Wendeltreppe auch »Caracol« (Schnecke) genannte Bauwerk war eine Sternwarte. Zweimal im Jahr dringt durch die Fensterschlitze Licht in die Mitte des Baus, was den Astronomen die genaue Zeitrechnung ermöglichte.

Nonnenkloster
Der große, in drei Phasen errichtete Bau verdankt seinen Namen der Tatsache, dass die kleinen Räume die Spanier an Nonnenzellen erinnerten. Er war vermutlich ein Palast. Die Fassade des Ostbaus ist mit schönen Steindekorationen verziert.

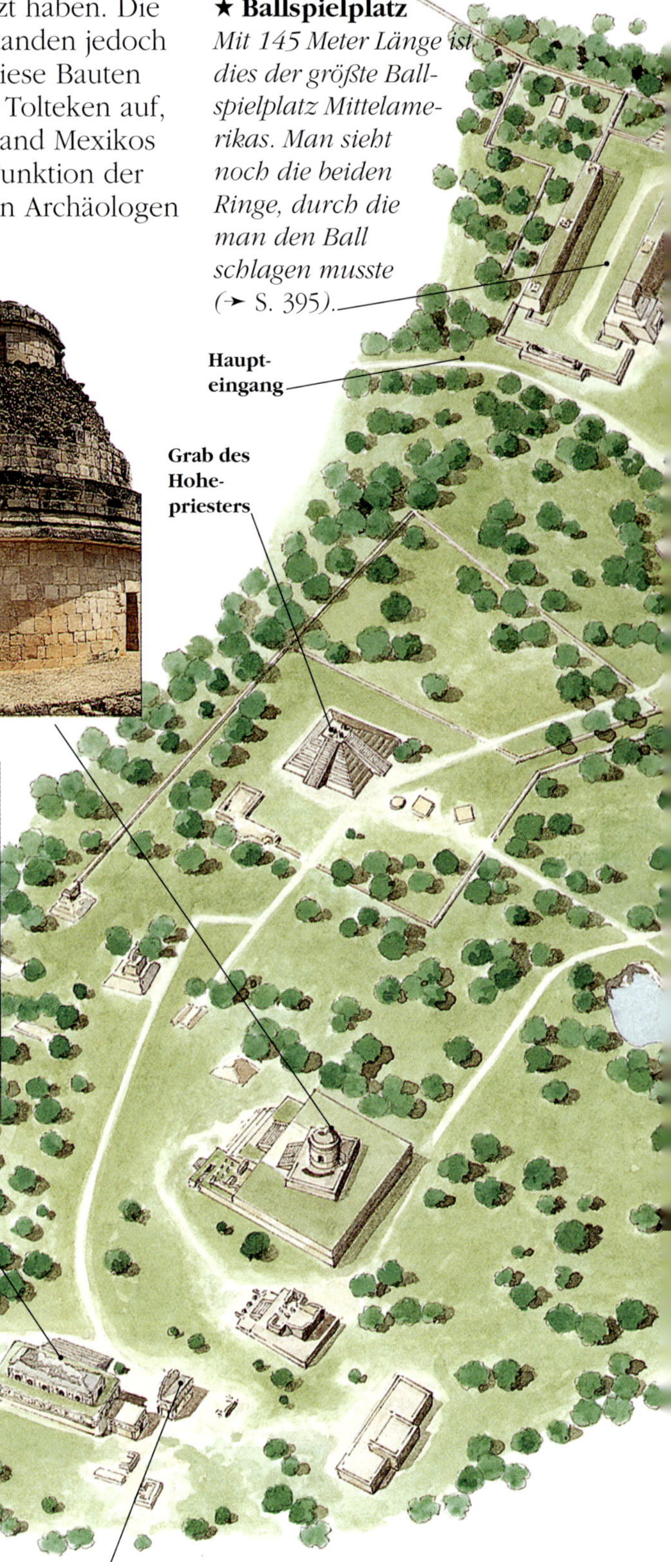

Die so genannte »Kirche« ist mit einem Gitter, Masken des Regengottes Chac und vier mythologischen Tieren geschmückt, die den Himmel trugen.

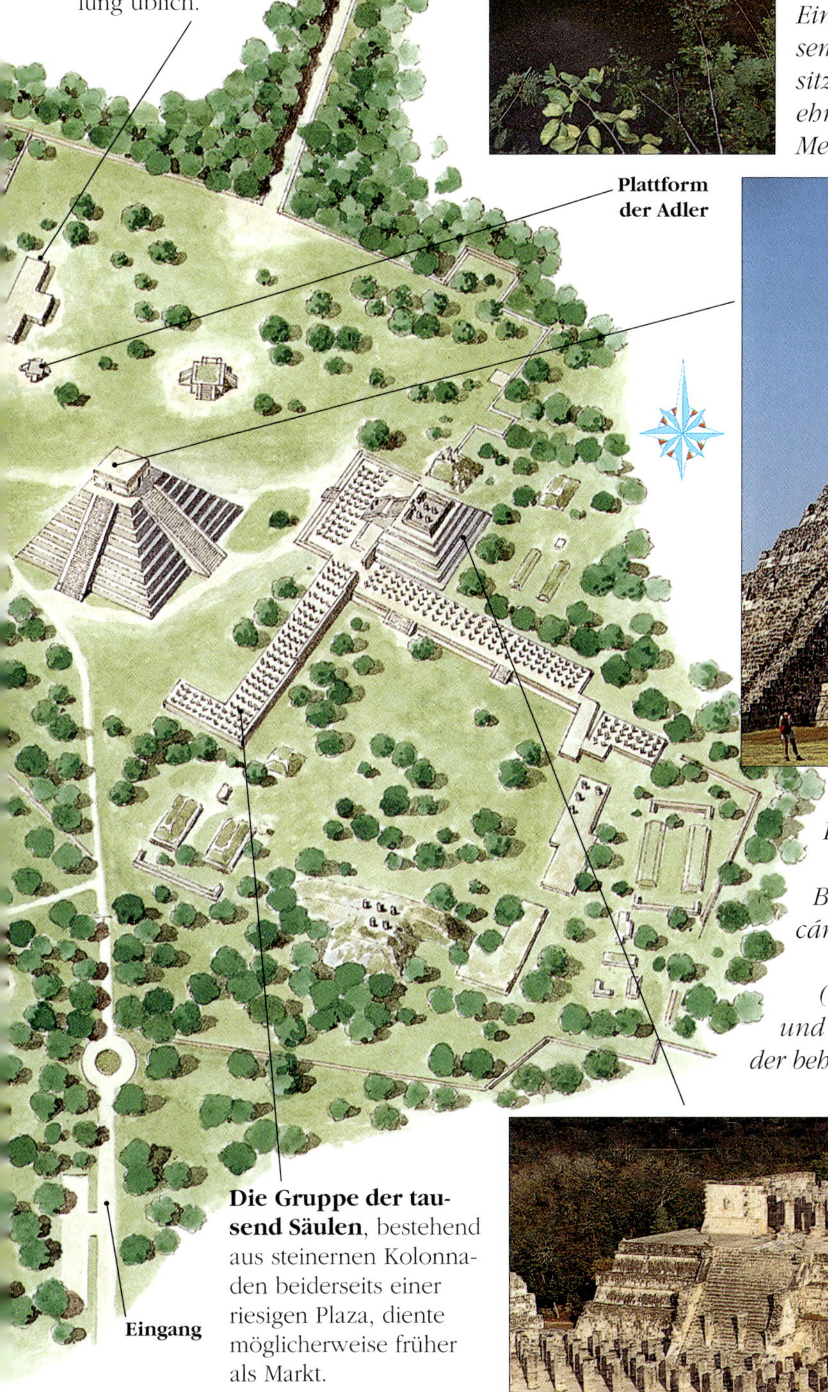

Der Tzompantli ist eine niedrige, mit grinsenden Steinschädeln verzierte Plattform. Wahrscheinlich wurden hier die Köpfe von Geopferten ausgestellt. Menschenopfer waren in der Spätzeit der Siedlung üblich.

Die Gruppe der tausend Säulen, bestehend aus steinernen Kolonnaden beiderseits einer riesigen Plaza, diente möglicherweise früher als Markt.

Der heilige Cenote
Eine Maya-Straße führt zu diesem Brunnen, der als Wohnsitz des Regengottes Chac verehrt wurde und auch für Menschenopfer diente.

Der Opferbrunnen

Um die Gunst des Regengottes zu erlangen, wurden in Trockenzeiten in den ➛ *heiligen Cenote* neben Ziergeräten auch Menschen als Opfer geworfen. 1961 barg man 42 Skelette, 21 von Kindern.

★ El Castillo
Die 30 Meter hohe Pyramide wurde über einem älteren Bau errichtet. Sie war Kukulcán geweiht, der Maya-Version des Gottes Quetzalcoátl (➛ S. 394). Durch ihre Höhe und geometrische Struktur ist sie der beherrschende Bau der Anlage.

Tempel der Krieger
Der auf einer Pyramide erbaute Tempel ist mit Darstellungen des Regengottes Chac und der gefiederten Schlange Kukulcán geschmückt. Eine zurückgelehnte Steinfigur und zwei Schlangensäulen bewachen den Eingang.

Höhepunkte

- ★ **Ballspielplatz**
- ★ **Observatorium**
- ★ **El Castillo**

Daten und Fakten

um 450 Gründung einer Siedlung durch das Maya-Volk der Itzá

600–900 Erste große Bauphase: Errichtung des Observatoriums und des Nonnenklosters

900–1200 Zweite Bauphase: Errichtung des Castillo, des Ballspielplatzes und des Kriegertempels

um 1250 Verfall nach Verlassen der Stadt

1961 Sorgfältige Erforschung des heiligen Cenote

1988 Aufnahme in das Weltkulturerbe der UNESCO

Die vorkolumbische Maya-Kultur

Woher die Maya kamen und von wem sie abstammten, konnte bisher nicht eindeutig geklärt werden. Erste Zeugnisse ihrer hoch entwickelten Kultur deuten darauf hin, dass sie bereits lange vor unserer Zeitrechnung existierten. Ihre Blütezeit, die um 300 begann und ab 900 plötzlich abnahm, endete endgültig mit der spanischen Eroberung im 16. Jahrhundert. Charakteristisch für die Maya-Kultur ist die dezentrale Streuung Hunderter von Zeremonialzentren über das gesamte Kulturgebiet. Bauten und Kunstgegenstände zeugen von großer handwerklicher Kunstfertigkeit. Die hoch entwickelte Schrift und die erstaunlichen Kenntnisse auf dem Gebiet der Mathematik und Astronomie fanden in der Architektur und in einer exakten Zeitmessung (➛ *Observatorium*) ihren Niederschlag.

Quetzalcoátl, das Mischwesen aus Vogel und Schlange

Die Menschen von El Tajín

In El Tajín bildeten möglicherweise die Menschen vom Indianerstamm der Totonaken eine der ersten mesoamerikanischen Kulturen. Sie besaßen eine eigene Sprache, die noch heute von etwa 200 000 Menschen gesprochen wird. Einfluss auf die Kultur der Totonaken hatten vor allem die Olmeken, die Teotihuacán-Kultur und die Tolteken, die El Tajín vermutlich eroberten. Insgesamt ist die Geschichte der Totonaken nur sehr wenig erforscht. Da man sich der Zuordnung El Tajíns zu den Totonaken nicht ganz sicher ist – die Stadt könnte auch von den mit den Maya entfernt verwandten Huasteken stammen –, wird die in dieser Region entstandene Kultur auch El-Tajín-Kultur genannt.

Quetzalcoátl

Quetzalcoátl, Gott des präkolumbischen Mesoamerika, heißt auch Grünfederschlange. Sein Körper ist der einer Klapperschlange, die sich mit den langen Schwanzfedern des grünen Quetzalvogels schmückt. Quetzalcoátl gilt als Schöpfergott und Held: Aus Asche und Blut erschuf er die Menschen. Zusammen mit seinem Bruder Tezcatlipoca besiegte er ein schreckliches Erdmonster, aus dem dann Himmel und Erde entstanden. Der Überlieferung der Tolteken zufolge war Quetzalcoátl einst ihr Herrscher. Ihm ist vermutlich der ➤ *Gran Xicalcoliuhqui* geweiht.

El Tajín

Die Ruinen von El Tajín an der Golfküste gehören zu den wichtigsten Ausgrabungsstätten Mexikos. Die zwischen 800 und 1200 erbaute Stadt war ein politisch-religiöser Mittelpunkt der Totonaken oder Huasteken aus präkolumbischer Zeit und ein Zentrum des kultischen Ballspiels. Die mit Relieftafeln und Skulpturen verzierten Tempel und Gebäude waren mit kräftigen Farben bemalt. Der freigelegte Kern der antiken Stadt bedeckt etwa einen Quadratkilometer. Ihre tatsächliche Ausdehnung betrug jedoch mehr als das Zehnfache.

★ Nischenpyramide
Die Pyramide besitzt den Tagen des Jahres entsprechend 365 Nischen, die ursprünglich farbig ausgemalt waren.

★ Südlicher Ballspielplatz
Sechs Reliefs an den Seitenwänden des Ballspielplatzes zeigen Rituale des Spiels, so auch die Opferung von Spielern.

★ Statue des Dios Tajín
Die Figur stellt vermutlich Tajín dar, den Gott des Wirbelsturms und des Blitzes, der von den Bewohnern der Stadt besonders verehrt wurde.

Plaza del Arroyo
Die vier den Platz umgebenden Pyramiden markieren die Himmelsrichtungen. Sie zählen zu den ältesten Bauten der Stadt.

Die Voladores
Bei diesem alten Ritual kreisen vier Voladores (Vogelmenschen) um die Spitze des Mastes. Die 13 Umkreisungen der vier Voladores entsprechen dem 52 Jahre umfassenden Zyklus des mesoamerikanischen Kalenders.

Hoch entwickelt

Die Totonaken gehören neben den Zapoteken (Monte Albán, ➛ *S. 400f.*) und den Maya (Palenque, Copán) zu den am weitesten entwickelten mesoamerikanischen Kulturen der klassischen Zeit (200–900).

Gran Xicalcoliuhqui
Von oben gesehen wirkt dieses nördlich gelegene Bauwerk wie ein Gitter. Es war vermutlich der Gottheit Quetzalcoátl geweiht.

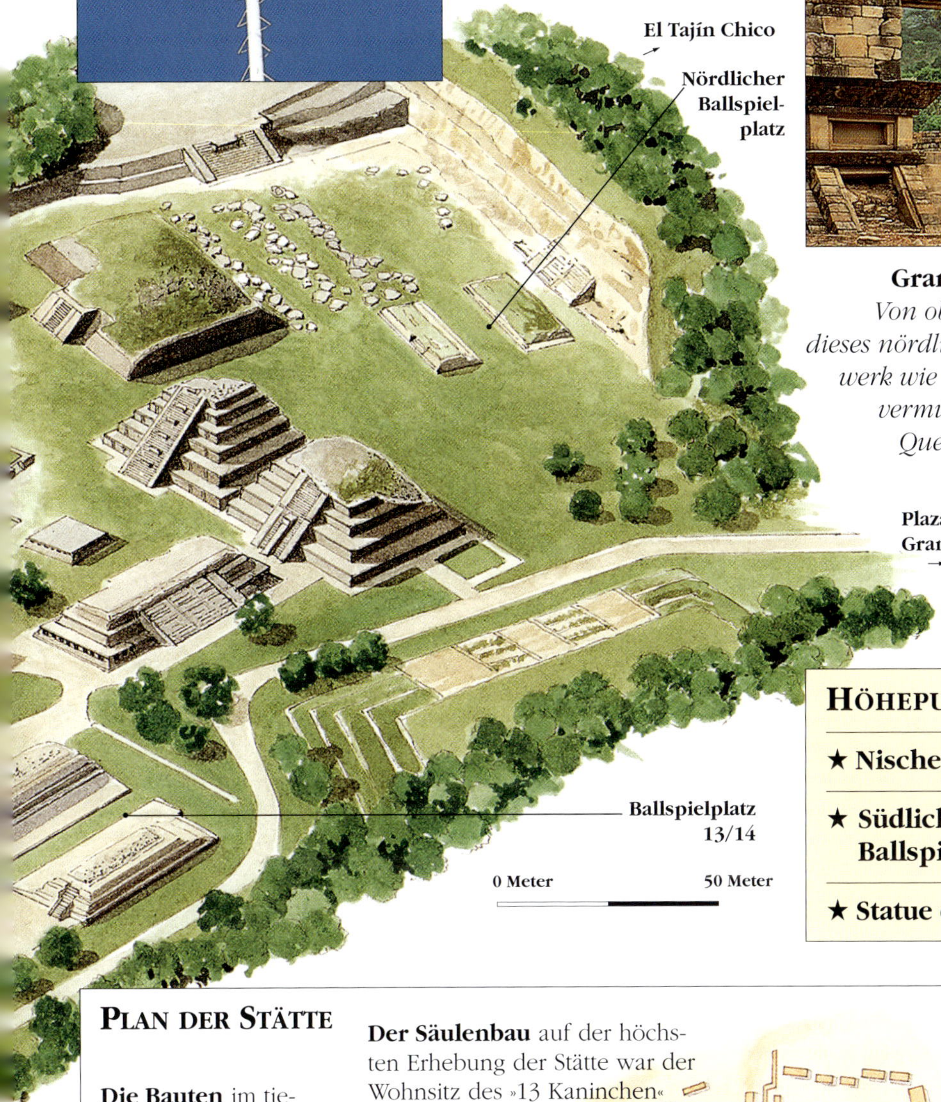

Höhepunkte

- ★ **Nischenpyramide**
- ★ **Südlicher Ballspielplatz**
- ★ **Statue des Dios Tajín**

Plan der Stätte

Die Bauten im tiefer liegenden Teil der Anlage dienten zeremoniellen oder religiösen Zwecken.

Der Säulenbau auf der höchsten Erhebung der Stätte war der Wohnsitz des »13 Kaninchen« genannten Herrschers.

El Tajín Chico, die mittlere Ebene der Anlage, war das Wohnviertel der Oberschicht.

Eingang, Museum und Voladores

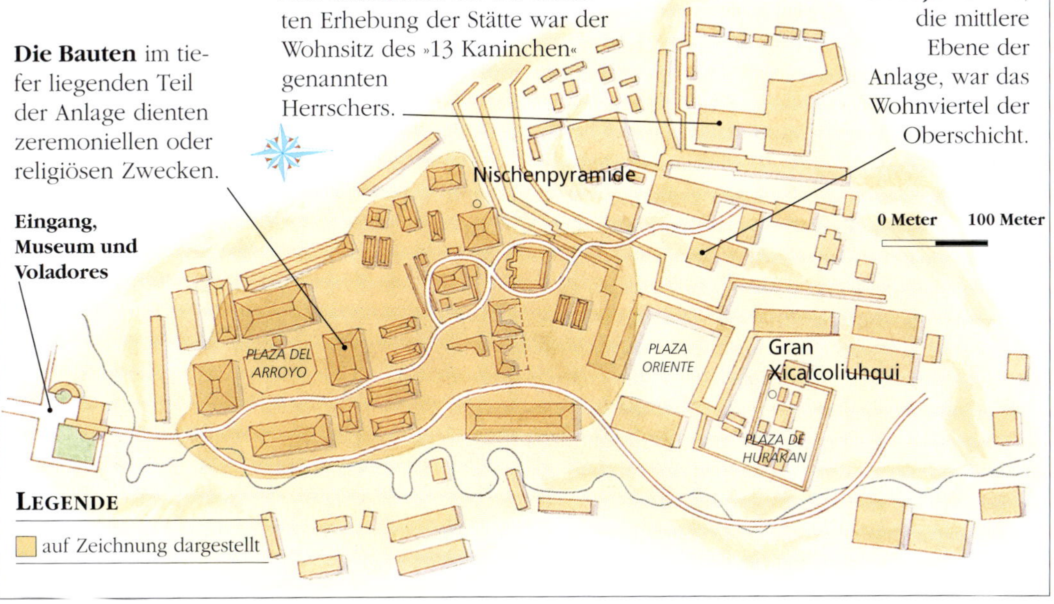

Legende
auf Zeichnung dargestellt

Daten und Fakten

800–1200 Erbauung der Stadtanlage

um 1200 Aufgabe der Stadt

1785 Zufällige Wiederentdeckung der Tempel durch den Spanier Diego Ruiz

1810 Besuch der Stadt durch Alexander von Humboldt

ab 1934 Systematische Ausgrabungen

1981 Aufnahme in das Weltkulturerbe der UNESCO

Kultisches Ballspiel

Ballspiele waren in ganz Mesoamerika verbreitet. Sie dienten weniger dem Vergnügen, sondern hatten eher kultischen Charakter: Ballspielplätze wurden als Portale zur Unterwelt angesehen, die durch das Ballspiel geöffnet wurden. Jeder kultische Ort und fast jede größere Stadt besaßen einen solchen Ballspielplatz. In der Unterstadt von El Tajín entdeckte man sogar 17 Plätze. Gespielt wurde mit einem Ball aus Kautschuk auf einem I-förmigen, T-förmigen oder rechteckigen Spielfeld, das meist durch hohe Seitenwände begrenzt war. Der die Sonne symbolisierende Ball musste mit Knien, Hüften oder Gesäß durch einen Steinring gestoßen werden und durfte nicht zu Boden fallen. Die Benutzung der Hände war dabei verboten. Nach dem Pelota-Spiel wurden Spieler geopfert, wie Reliefs am ➛ *südlichen Ballspielplatz* zeigen. Dies galt als Ehre. Allerdings ist man sich nicht sicher, ob Verlierer oder Sieger geopfert wurden.

Die Sonnenpyramide, eine der größten Pyramiden der Welt

Das Kultzentrum Teotihuacáns

Teotihuacáns zeremonielles Zentrum mit Tempeln, Palästen und Pyramiden wird von der ➤ *Mondpyramide* und der größeren Sonnenpyramide dominiert. Letztere enthält Kammern und einen Tunnel. Die Mauern aus Lehmziegeln und Erde waren von Kies und Steinen bedeckt und wohl mit bemaltem Stuck überzogen. Weiter südlich an der Straße der Toten, die die Anlage durchquert, befindet sich der Tempel des Quetzalcoátl. Dieser ist verziert mit Masken des gefiederten Schlangengottes (➤ *S. 394*) und wurde später mit einer Pyramide überbaut.

Der Mythos vom Schmetterlingsvogel

Der Begriff »Quetzalpapálotl« stammt von »Quetzal« für Vogel und »Papálotl« für Schmetterling. Der Mythos vom Schmetterlingsvogel entsprang dem Glauben, dass Schmetterlinge und Kolibris dasselbe Tier seien. Man dachte, dass zu Beginn des Winters die Kolibris ihren Schnabel in einen Ast trieben und ihr Körper dann leblos herunterhinge. Ihre Federn fielen ab und zurück bliebe ein Beutel, aus dem im Frühjahr ein neuer Schmetterlingsvogel schlüpfe. Bei den Beuteln handelte es sich in Wirklichkeit um Larvenpuppen. Man glaubte auch, dass die Schmetterlingsvögel sich gelegentlich in Götter verwandelten.

Der Palast des Quetzalpapálotl

Dieser Palast gilt als das prachtvollste Bauwerk der größten archäologischen Stätte Mexikos, der Ruinenstadt Teotihuacán. Obwohl sie einst die mächtigste Metropole Mittelamerikas war, weiß man so gut wie nichts über die Menschen, die hier lebten. Die über Jahrhunderte entstandene Palast- und Tempelanlage, deren Blütezeit vom 4. bis 7. Jahrhundert dauerte, erlebte Mitte des 8. Jahrhunderts ihren plötzlichen Niedergang.

Der Palast des Quetzalpapálotl
Er hat seinen Namen von den Wesen, die in die Säulen des Hofes gehauen sind: Schmetterlingsvögel mit Obsidianaugen, begleitet von Wasser- und Feuersymbolen.

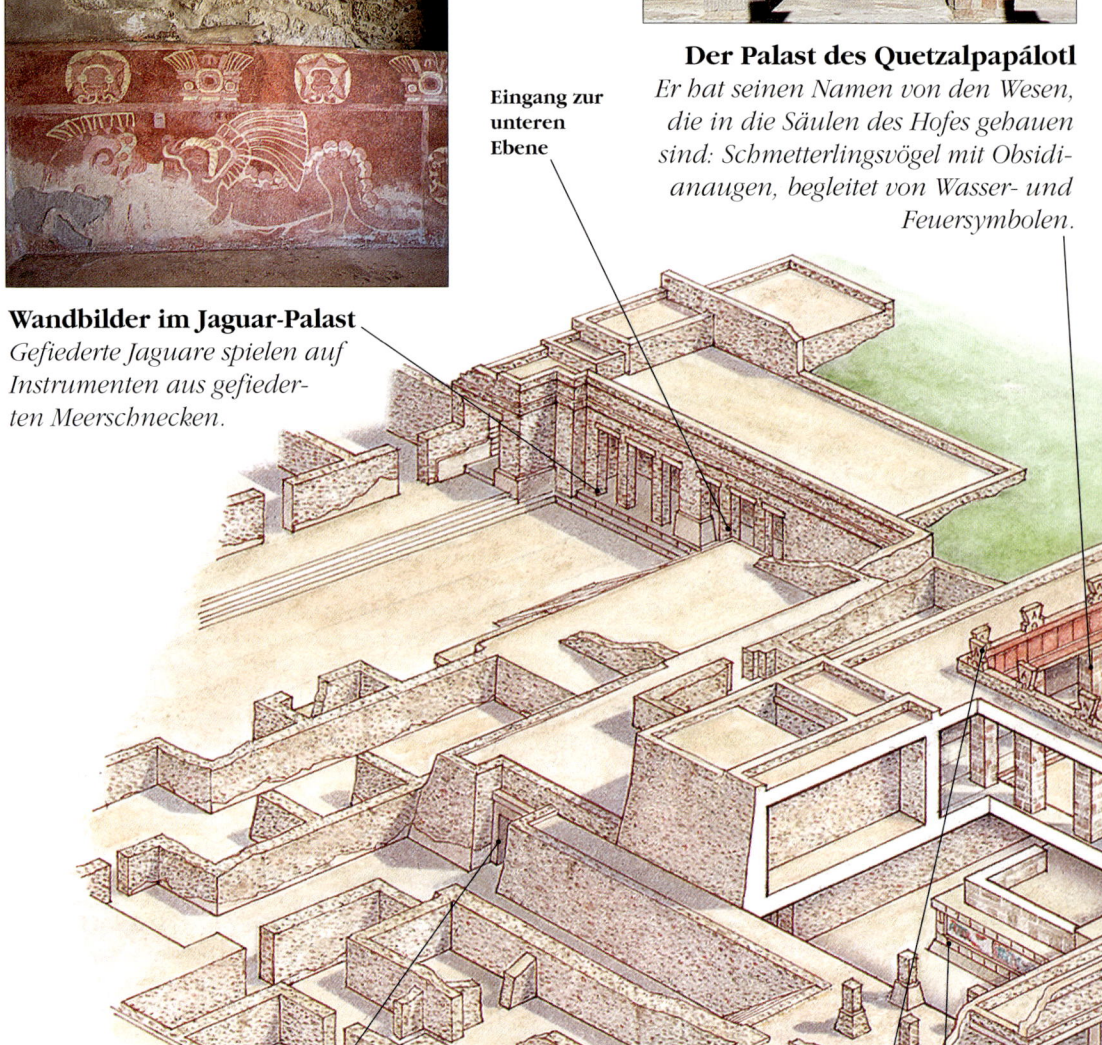

Wandbilder im Jaguar-Palast
Gefiederte Jaguare spielen auf Instrumenten aus gefiederten Meerschnecken.

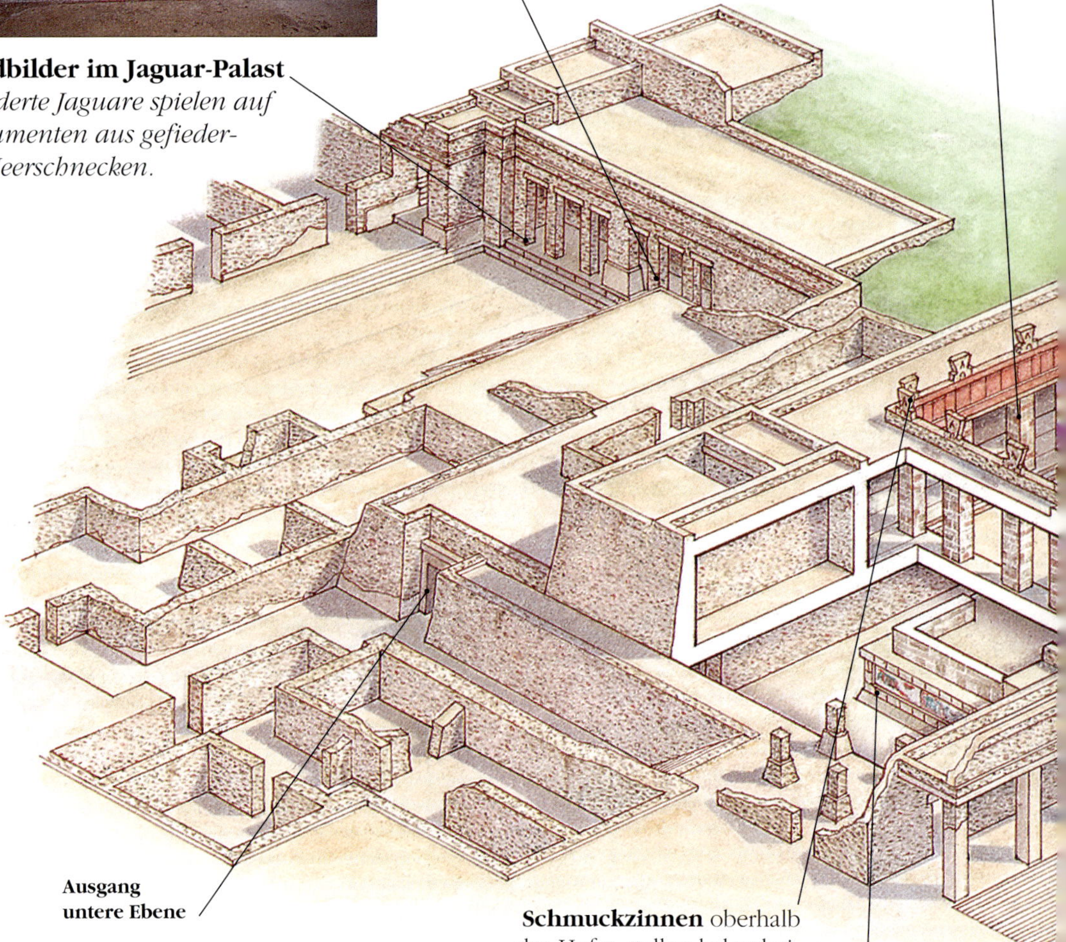

Eingang zur unteren Ebene

Ausgang untere Ebene

Schmuckzinnen oberhalb des Hofes stellen kalendarische Symbole dar.

Der Tempel der gefiederten Meerschnecke
Diesen älteren Bau entdeckte man unter dem Palast des Quetzalpapálotl. Als Basis dient ihm eine Plattform, die mit farbigen Wandbildern wie diesem verziert ist. Es stellt grüne, Wasser speiende Papageien dar. Die Fassade des Tempels ist mit Reliefs geschmückt, die gefiederte Schnecken und vierblättrige Blüten zeigen.

Mondpyramide
Weil sie auf höher gelegenem Grund errichtet wurde, reicht die kleinere Pyramide in dieselbe Höhe wie die große Sonnenpyramide.

Der Untergang

Die Gründe für den Untergang Teotihuacáns sind unbekannt. Man nimmt an, dass die Bevölkerungsdichte im Verbund mit Abholzung, Bodenerosion, Wassermangel und unkluger Politik zu einer Öko-Katastrophe geführt hat.

Steinerner Schlangenkopf
Diese riesige Skulptur ragt am oberen Ende einer steilen Treppe aus der Wand. Sie bewacht den Säulengang, der ins Innere des Quetzalpapálotl-Palastes führt.

Relief von Quetzalcoátl
In ganz Teotihuacán ziert die gefiederte Schlange Quetzalcoátl, eine Mischung aus einem Quetzalvogel und einer Klapperschlange, die Tempelwände.

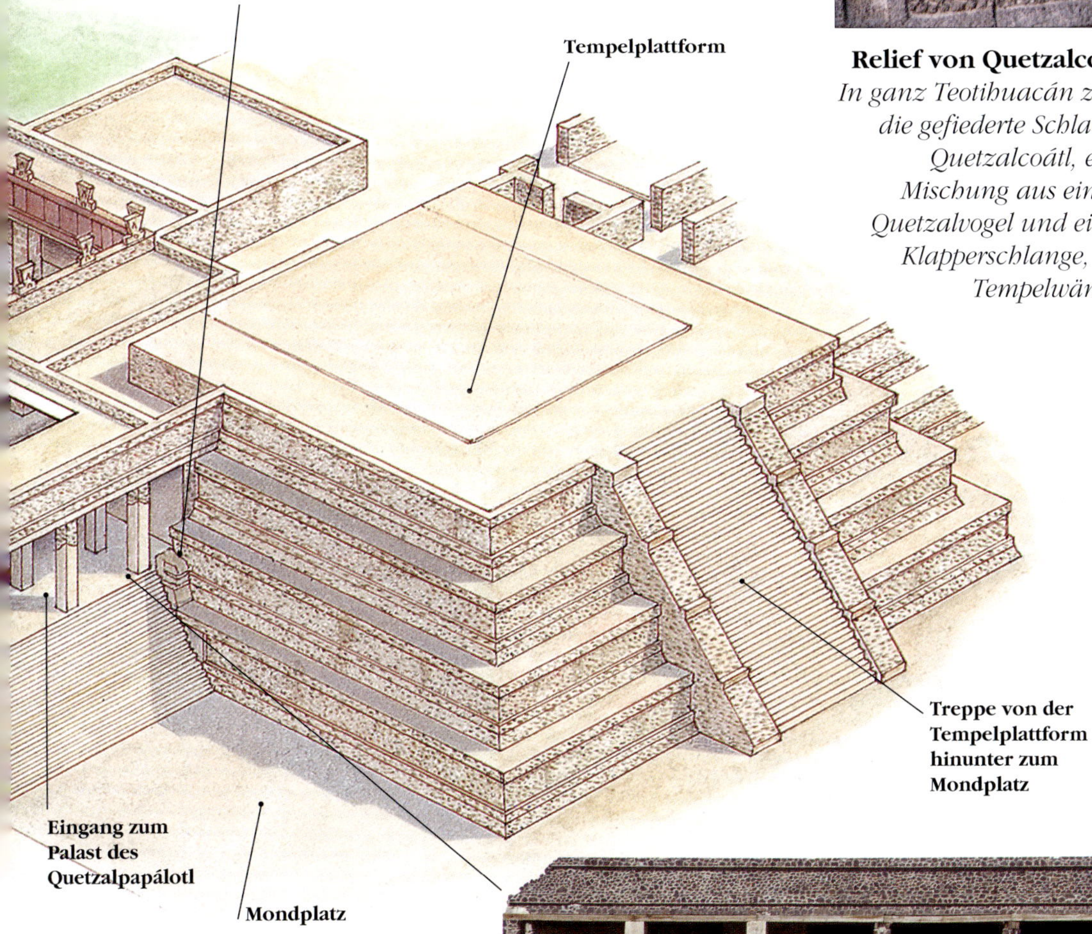

Priesterresidenz
Die eckigen Pfeiler deuten darauf hin, dass hier die Priesterelite von Teotihuacán lebte, der die Bewachung des Mondtempels oblag.

Daten und Fakten

seit 200 v. Chr. Entstehung eines stadtähnlichen Gemeinwesens

bis 350 n. Chr. Fertigstellung der Sonnen- und Mondpyramide und Errichtung des Quetzalcoátl-Tempels

350–650 Blütezeit der Stadt; Errichtung des Quetzalpapálotl-Palastes

um 750 Zerstörung des Quetzalpapálotl-Palasts und anderer größerer Tempel und Paläste durch Feuer

um 850 Endgültiger Niedergang

1865/1884 Erste Ausgrabungen

1962 Systematische Ausgrabung des Quetzalpapálotl-Palasts und Beginn seiner Rekonstruktion

1987 Aufnahme des präkolumbischen Teotihuacán mit dem Quetzalpapálotl-Palast in das Weltkulturerbe der UNESCO

Der Jaguar und die gefiederte Muschel

Lange bevor Teotihuacán gegründet wurde, gab es bereits Jaguarkulte. Nach damaliger Ansicht stellte die Großkatze die Erde dar. Als eines von drei Tieren verkörperte sie den Gott Quetzalcoátl. Wie ein Jaguar mit menschlichen Merkmalen eine mit Federn versehene Muscheltrompete bläst, zeigen ➛ *Wandbilder im Jaguar-Palast*. Meerschnecken galten als wertvoll. Ihre Verknüpfung mit der Leben spendenden Kraft des Wassers könnte der Grund für ihre kultische Bedeutung sein.

Kirchenschätze

Die besondere Kostbarkeit im Inneren der Kathedrale ist der prunkvoll vergoldete, hölzerne ➛ *Königsaltar*. Er wurde 1728–37 von Jerónimo de Balbas im Churriguerastil geschaffen. Dieser barocke Bau- und Dekorationsstil geht auf den spanischen Architekten José Benito Churriguera (1665–1725) zurück. Er steigerte die barocken Elemente durch überreiche Dekoration. Eine Christusfigur, der »Señor del Cacao«, der aus dem 16. Jahrhundert stammen dürfte, ist in der ➛ *Josephskapelle* zu finden. Der Beiname rührt wohl von den Kakaobohnen her, die von den Einheimischen für den Bau der Kathedrale gestiftet wurden – vor der Kolonialisierung ein verbreitetes Zahlungsmittel.

Die Südfassade der Catedral Metropolitana

Die Christianisierung der Azteken

Die spanischen Eroberer, die 1492 in der Neuen Welt ankamen, waren nicht nur auf Eroberung und Gold aus. Sie sahen sich auch als Missionare und versuchten, die Einheimischen vom Christentum zu überzeugen. Franziskaner- und Dominikanermönche bekehrten und tauften sie. Trotz der vollständigen Eroberung der Neuen Welt überlebten Elemente der einheimischen Kulturen und vermischten sich mit dem aufblühenden Christentum. Die Catedral Metropolitana galt den spanischen Eroberern jedoch als Zeichen ihres Sieges und als Bollwerk des christlichen Glaubens.

Catedral Metropolitana

Ausgestelltes altes Liederbuch

Die Kathedrale von Mexiko-Stadt ist die größte Kirche Lateinamerikas und zugleich das Herz der größten katholischen Diözese der Welt. Als Zeichen des Triumphs der spanischen Eroberer ließ Philipp II. Ende des 16. Jahrhunderts diese imposante Kathedrale errichten. Die über 250 Jahre lange Bauzeit spiegelt sich in den unterschiedlichen Baustilen wider. So weist die überwiegend barocke Fassade (➛ *S. 111*) auch klassizistische Elemente (➛ *S. 79*) auf. Im Inneren beeindrucken prunkvolle Altäre und die reich ausgestatteten Seitenkapellen.

Sakristei
Man findet hier Gemälde aus dem 17. Jahrhundert und Schnitzwerk wie dieses reich verzierte Schränkchen.

Könige und Königinnen
Die Skulpturen am reich geschnitzten Königsaltar zeigen heilig gesprochene Herrscher.

Philippskapelle

Der Hochaltar aus weißem Marmor ist mit Heiligenfiguren verziert.

Seiteneingang

★ Königsaltar
Die beiden Ölgemälde von Juan Rodríguez Juárez über dem barocken Altaraufsatz stellen die Anbetung der Könige und Mariä Himmelfahrt dar.

Josephskapelle
Die Seitenkapelle ist mit Statuen und Ölgemälden ausgeschmückt, die verschiedenen Heiligen und der Mutter Gottes geweiht sind.

Höhepunkte

★ Königsaltar

★ Chor

Die sinkende Kathedrale
Das aufwendige Stahlgerüst im Inneren der Kathedrale wurde zur Abstützung notwendig, weil der Untergrund unter der Kirche immer weiter absinkt.

Die Philippskapelle

In der nördlichsten Kapelle des linken Seitenschiffs befindet sich die Urne von Kaiser Agustín de Iturbide (1783–1824), der sich für die mexikanische Unabhängigkeit engagierte.

Sakramentshaus
Die Kirche neben der Kathedrale, ein Mitte des 18. Jahrhunderts entstandener Bau, hat eine prächtige, mit Heiligenfiguren geschmückte hochbarocke Fassade.

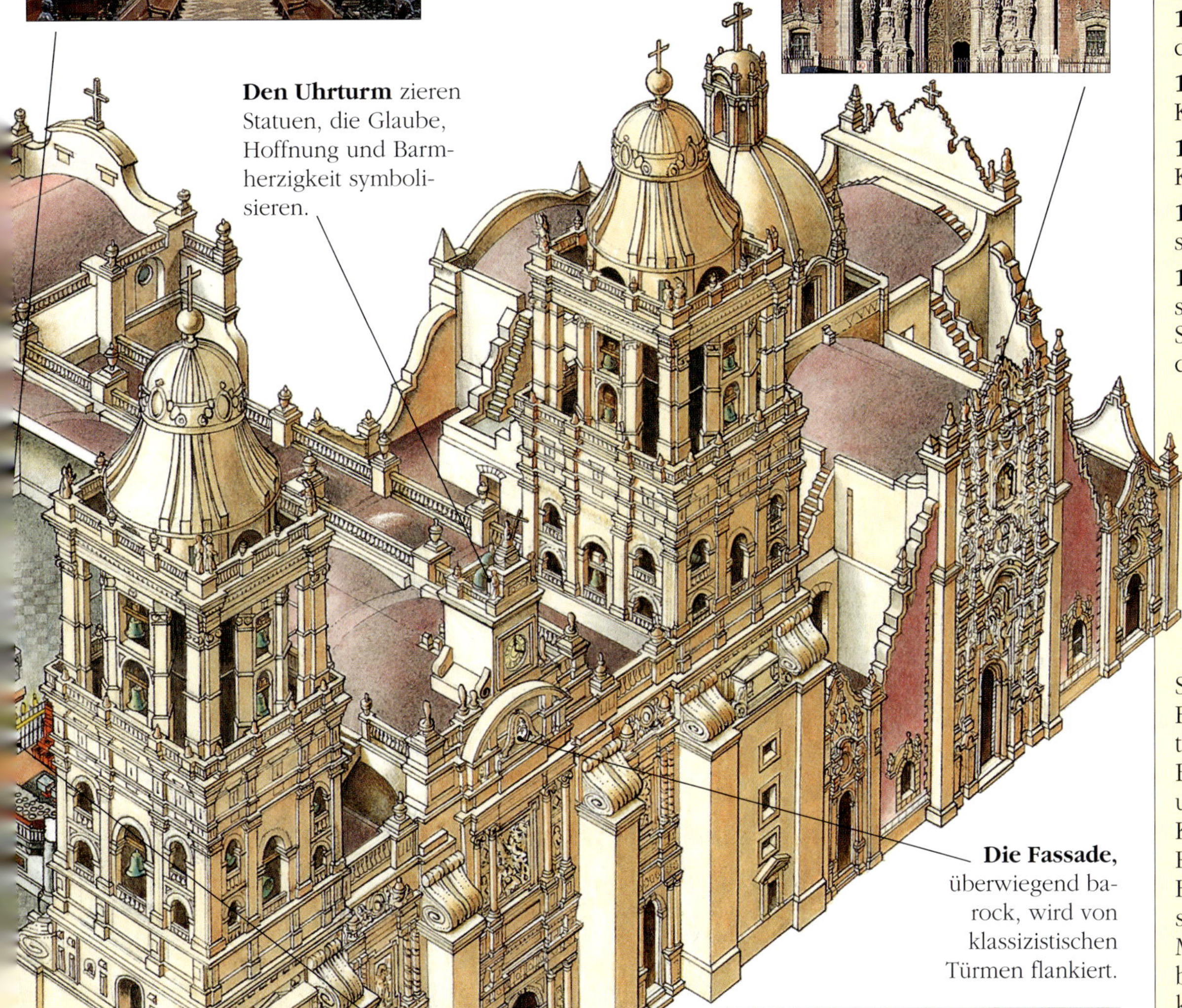

Den Uhrturm zieren Statuen, die Glaube, Hoffnung und Barmherzigkeit symbolisieren.

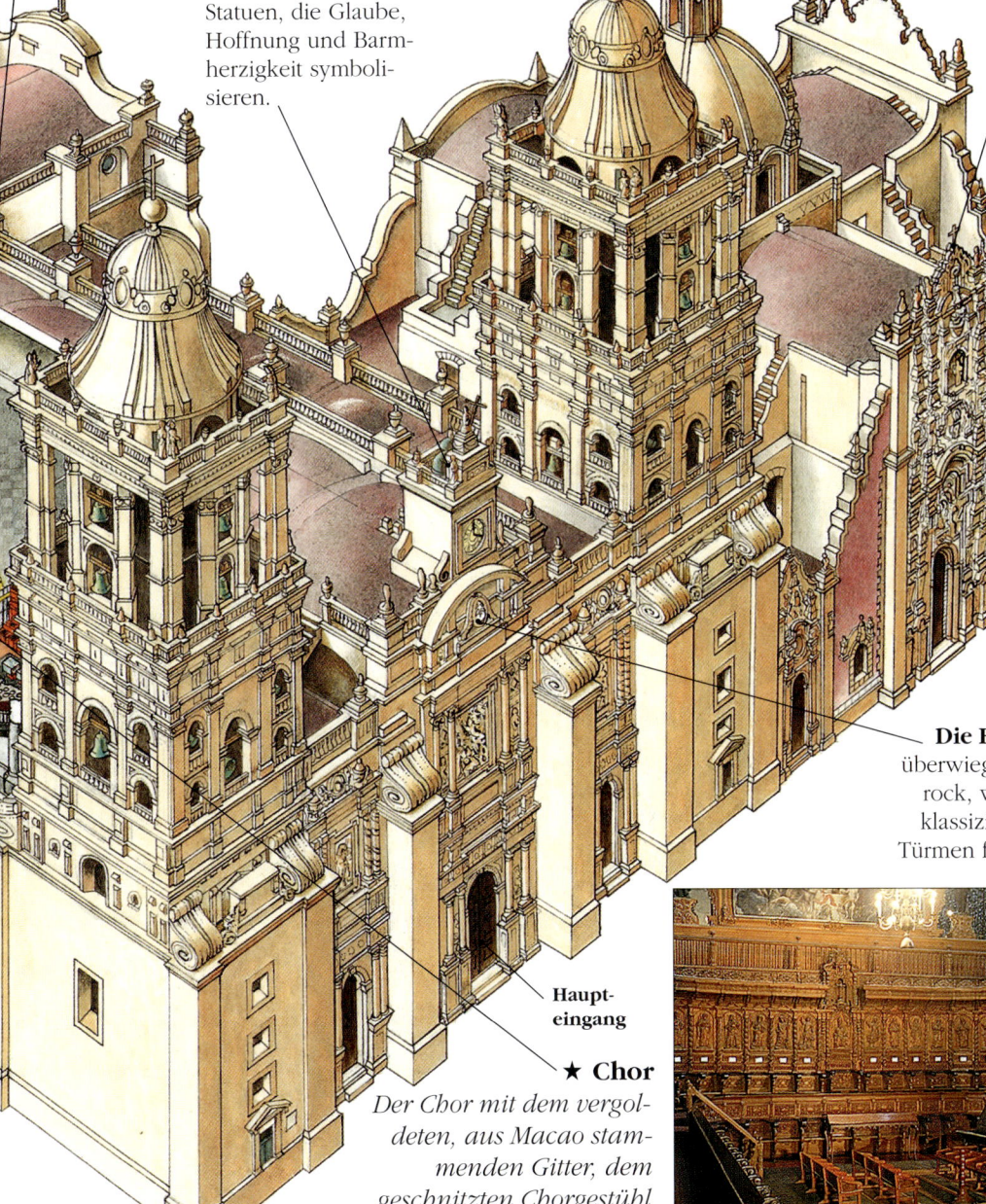

Die Fassade, überwiegend barock, wird von klassizistischen Türmen flankiert.

Haupteingang

★ Chor
Der Chor mit dem vergoldeten, aus Macao stammenden Gitter, dem geschnitzten Chorgestühl und zwei Orgeln ist besonders sehenswert.

Daten und Fakten

1572 Baubeginn der Kathedrale an der Stelle eines Vorgängerbaus unter Philipp II.

1656 Einweihung der Kathedrale zu Mariä Himmelfahrt

1813 Fertigstellung der Kathedrale

1967 Beschädigung der Kathedrale durch Feuer

1985 Schäden durch ein schweres Erdbeben

1987 Aufnahme des historischen Zentrums von Mexiko-Stadt mit der Kathedrale in das Weltkulturerbe der UNESCO

Die sinkende Stadt

Als der Konquistador Hernán Cortés mit seiner Armee 1521 in die aztekische Hauptstadt Tenochtitlán einzog, lag diese auf einer Insel im Texcoco-See. Die Spanier machten sie dem Erdboden gleich, verwendeten die Steine für eigene Bauten und schütteten nach und nach den See zu. Die Kathedrale wurde auf den Ruinen des aztekischen Haupttempels errichtet, dessen Steine zum Bau ihrer Mauern dienten. Viele Gebäude in Mexiko-Stadt sinken allmählich in den weichen Lehmuntergrund ab. Bei der Kathedrale ist mit bloßem Auge zu sehen, wie weit sie – und das fast von Baubeginn an – abgesackt ist. Maßnahmen zur Stabilisierung des Ganzen (➛ *Die sinkende Kathedrale*) wurden unternommen. Mitschuld trägt auch die Grundwasserentnahme aus der Erde unterhalb der Stadt.

Schätze aus Grab 7

Das 1932 entdeckte Grab 7 hat eine für Mesoamerika einmalige Fülle von Schätzen freigegeben. Zum Inhalt gehören wunderschön gearbeitete Schmuckstücke aus verschiedenen Materialien: Kupfer, Jade, Bergkristall, Obsidian, türkisfarbene Mosaiksteine, Bernstein und Korallen. Die Funde belegen, dass geschickte Handwerker Knochen und Zähne des symbolträchtigen Jaguars nutzten, um daraus zarte Objekte zu schnitzen und Ketten aus Backenzähnen mit feinen Ritzungen herzustellen. Als Beigaben für den bestatteten Würdenträger wurden außerdem Armreifen aus Silber, Pinzetten, Plaketten, Ringe und Schellen gefunden. Der Tote und die Beigaben stammen aus der mixtekischen Periode (1200–Ende 15. Jh.). Die Grabkammer aus der Periode I (700–200 v. Chr.) wurde immer wieder benutzt.

Mesoamerikanische Stufenpyramiden

Ebenso wie die Zapoteken schufen auch andere mesoamerikanische Kulturen riesige stufenförmige Pyramiden. Sie dienten als Tempelplattformen – etwa bei den Azteken, die hier Menschenopfer darbrachten – oder wie bei den Maya als Grabmonumente. Meist wurden sie über einem rechteckigen oder quadratischen Grundriss errichtet. Innen bestanden die Stufenpyramiden aus Lehm und Steinen, außen waren sie mit Steinblöcken und Mörtelputz verkleidet. Oft wurden bereits bestehende Pyramiden durch eine neue, höhere überbaut. Die Stufen der Pyramiden stellten die Ebenen der Unterwelt dar.

Keramikurne aus dem Oaxaca-Tal

Monte Albán

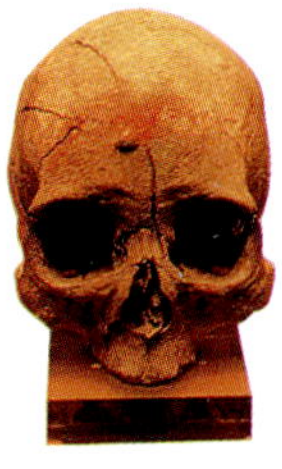

Schädel aus Monte Albán

Die vielleicht eindrucksvollste historische Stätte Mittelamerikas liegt 400 Meter über dem subtropischen Tal von Oaxaca. Monte Albán (»weißer Berg«) mit seinen Tempeln, Palästen und Gräbern entstand über viele Jahrhunderte hinweg auf einer künstlich angelegten Plattform. Bereits im 7. Jahrhundert v. Chr. sollen die Olmeken hier erste Tempel errichtet haben. Unter den Zapoteken erlebte Monte Albán seine Blüte; die wichtigsten Bauwerke entstanden. Ab 800 verlor die Siedlung an Bedeutung und diente den Zapoteken, später auch den Mixteken, primär als Grabstätte. 1932 wurde das Grab 7 mit dem berühmten Schatz der Mixteken entdeckt.

★ Reliefs Los Danzantes
Diese Reliefplatte zeigt seltsam verrenkte Menschen, die man früher als Tänzer interpretierte. Heute sieht man darin getötete Krieger.

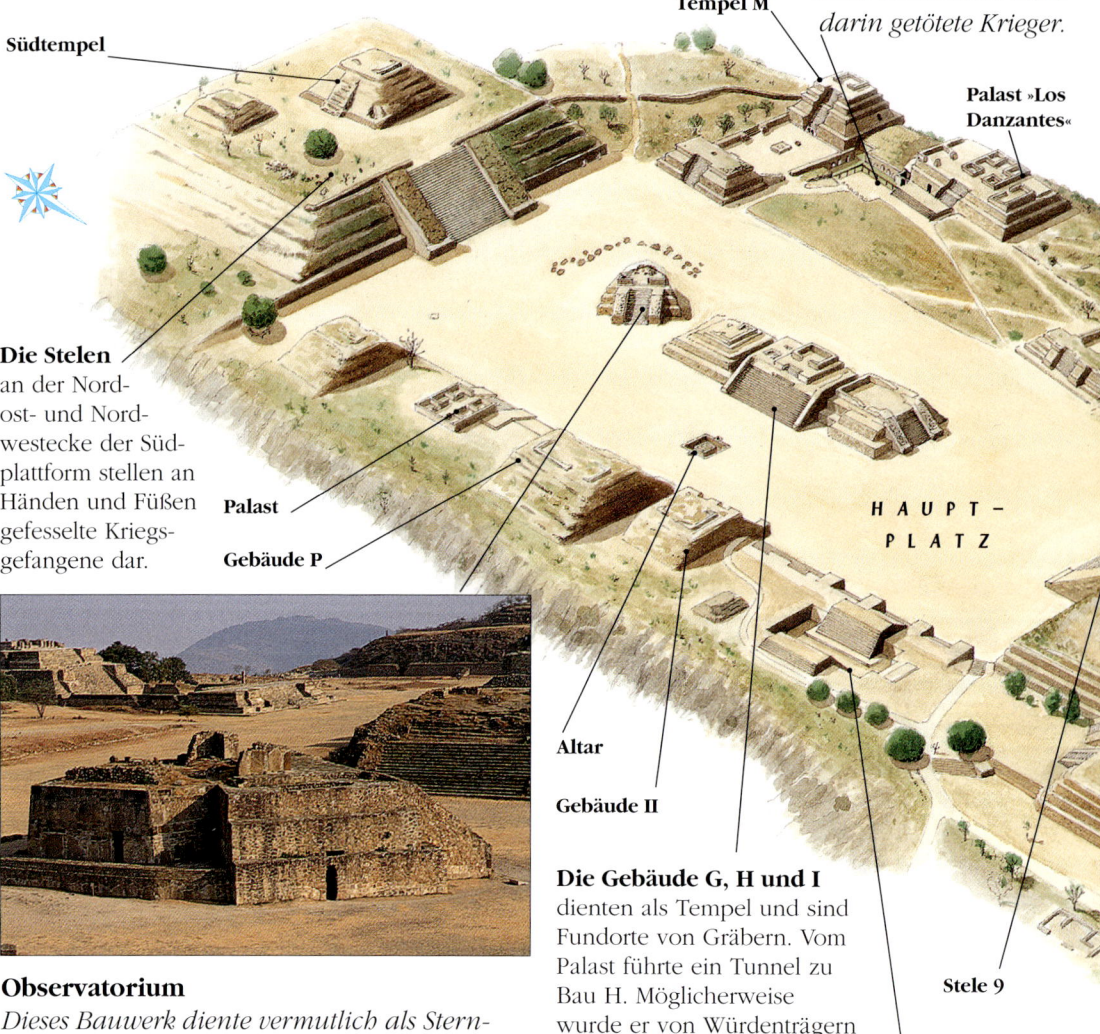

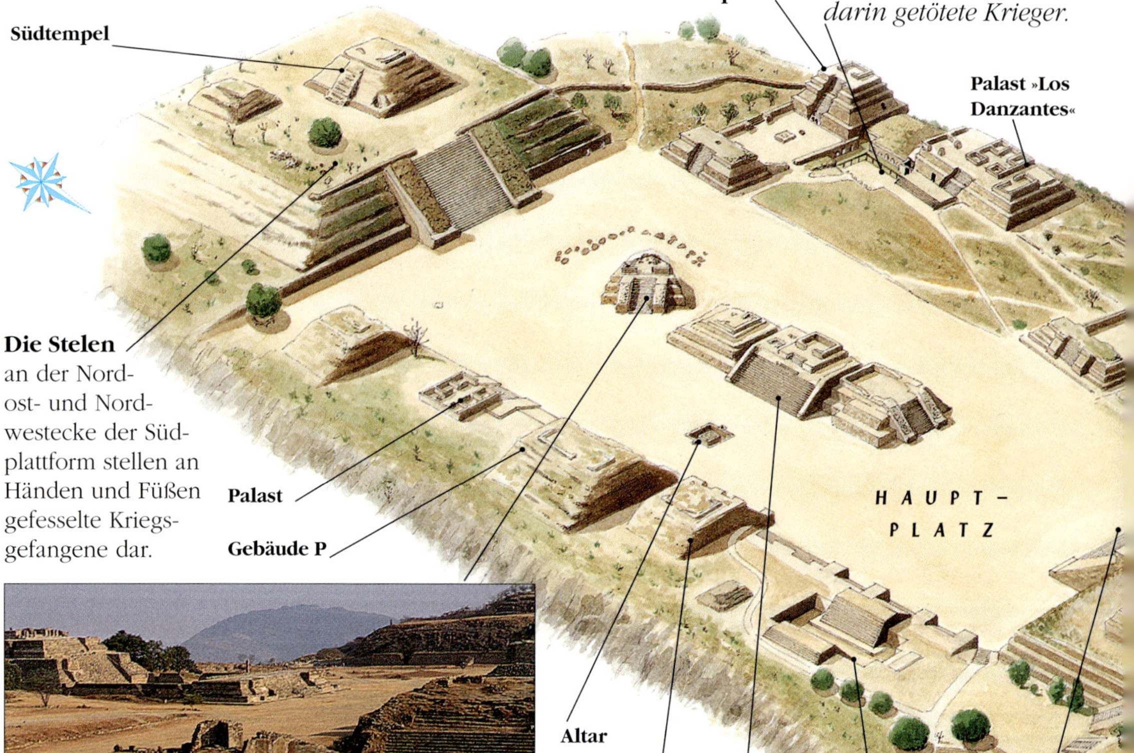

Die Stelen an der Nordost- und Nordwestecke der Südplattform stellen an Händen und Füßen gefesselte Kriegsgefangene dar.

Die Gebäude G, H und I dienten als Tempel und sind Fundorte von Gräbern. Vom Palast führte ein Tunnel zu Bau H. Möglicherweise wurde er von Würdenträgern benutzt, um in H wie durch Magie zu erscheinen.

Observatorium
Dieses Bauwerk diente vermutlich als Sternwarte oder Siegesmonument. Die Schriftzeichen an den Wänden sind möglicherweise die Namen besiegter Stämme.

Ballspielplatz
Die T-förmige Anlage wurde für das kultische Ballspiel benutzt. An den beiden Schrägwänden befand sich ursprünglich ein Steinring, der wohl als »Tor« fungierte.

Der riesige, in Nord-Süd-Richtung verlaufende Hauptplatz

Frühe Kalender

Die Zapoteken schrieben die ersten Kalender Mesoamerikas auf. Zwei stammen vom Monte Albán. Der eine befasst sich mit dem Landwirtschaftszyklus, der andere mit dem Sonnenjahr. Tage und Monate waren benannt.

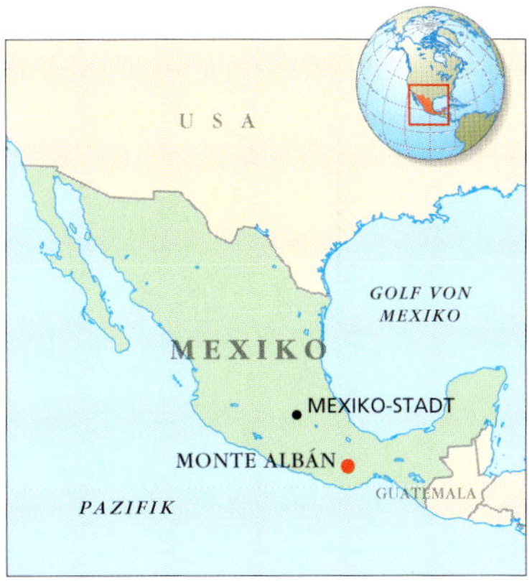

Tempel IV sieht Tempel M sehr ähnlich. Beide sind gut erhaltene Pyramiden, die von einräumigen hölzernen Tempeln bekrönt waren.

Im tiefer liegenden Patio steht ein Altar.

Gebäude B

★ Grab 104

Über dem Eingang zu Grab 104 befindet sich diese Tonurne in Form einer auf einem Jaguar thronenden Figur. Im Zentrum des Kopfschmucks prangt der zapotekische Regengott Cocijo. Als das Grab 1937 geöffnet wurde, entdeckte man ein einzelnes, von Urnen, Salbengefäßen und Grabbeigaben umgebenes Skelett.

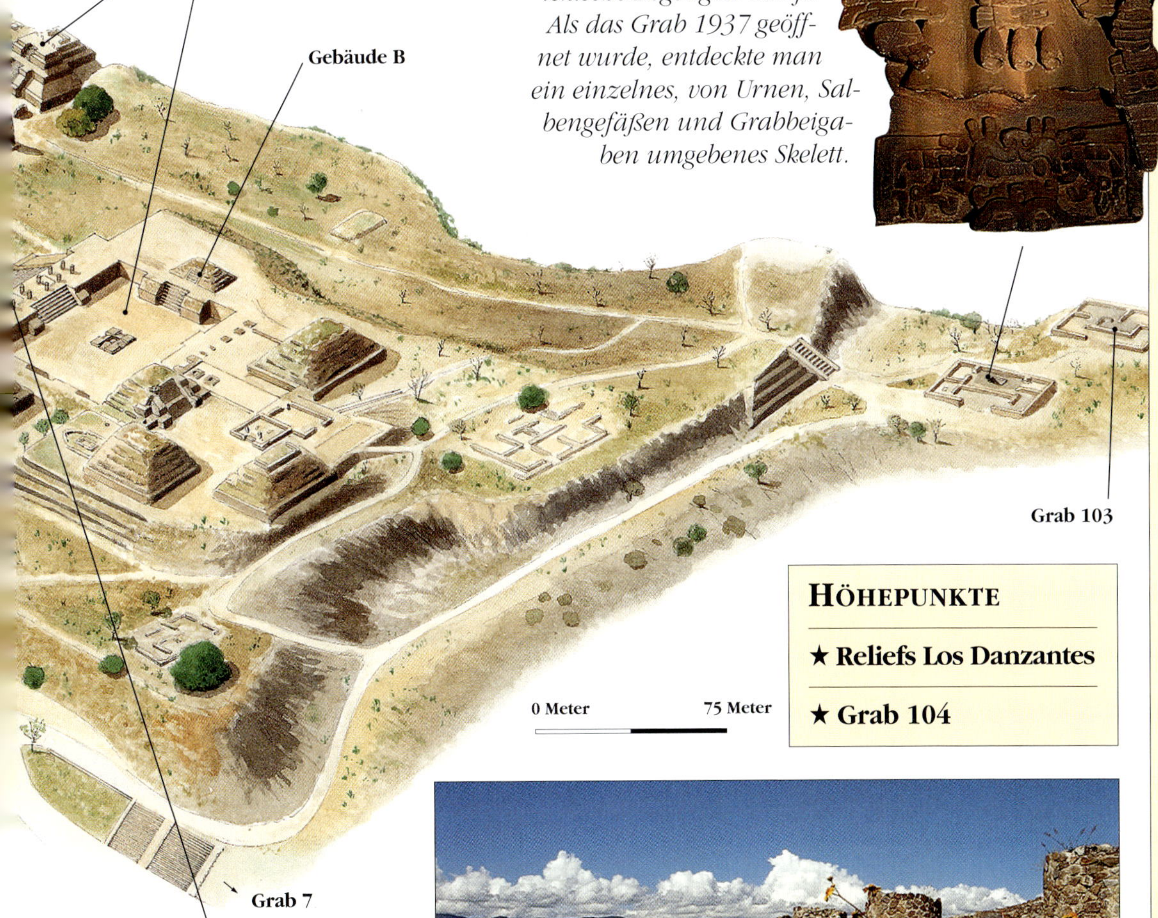

Grab 103

Grab 7

Nordplattform

Eine breite Treppe führt zur Nordplattform, dem größten Bauwerk von Monte Albán. Man findet darauf die Überreste zweier Säulenreihen, auf denen einmal ein flaches Dach ruhte.

Höhepunkte

★ Reliefs Los Danzantes

★ Grab 104

Daten und Fakten

um 700 v. Chr. Einfache Bebauung von Monte Albán durch Olmeken

um 200 v. Chr. Entstehung der ersten monumentalen Bauten unter Beeinflussung der Maya-Kultur

um 100 v. Chr. Beginn der Besiedelung durch Zapoteken und Errichtung der bedeutendsten Bauten

um 800 Niedergang der Siedlung; Nutzung als Grabstätte durch Zapoteken

ab 1200 Besiedelung durch Mixteken; Nutzung als Grabstätte

1931 Ausgrabungsbeginn durch den mexikanischen Archäologen Alfonso Caso

1987 Aufnahme in das Weltkulturerbe der UNESCO

Frühe Kulturen

Die Olmeken tauchten um 700 v. Chr. auf und besiedelten die Gegend um den Monte Albán. Ihre Kultur gilt vielen als »Mutterkultur« Mittelamerikas wegen ihres Einflusses auf spätere Gesellschaften und auf ganz Mesoamerika. Sie errichteten zeremonielle Zentren. Mit Städtebau befassten sie sich weniger, dafür trieben sie eifrig Handel. Um 100 v. Chr. begann ihr Niedergang. Zu dieser Zeit siedelten sich die Zapoteken im Tal von Oaxaca an, unter denen Monte Albán aufblühte. Sie errichteten die meisten der schräg- und steilwandigen Bauten der Anlage. In dieser Hochphase entstanden u. a. der ➛ *Ballspielplatz*, das ➛ *Observatorium* und das Grab 7.

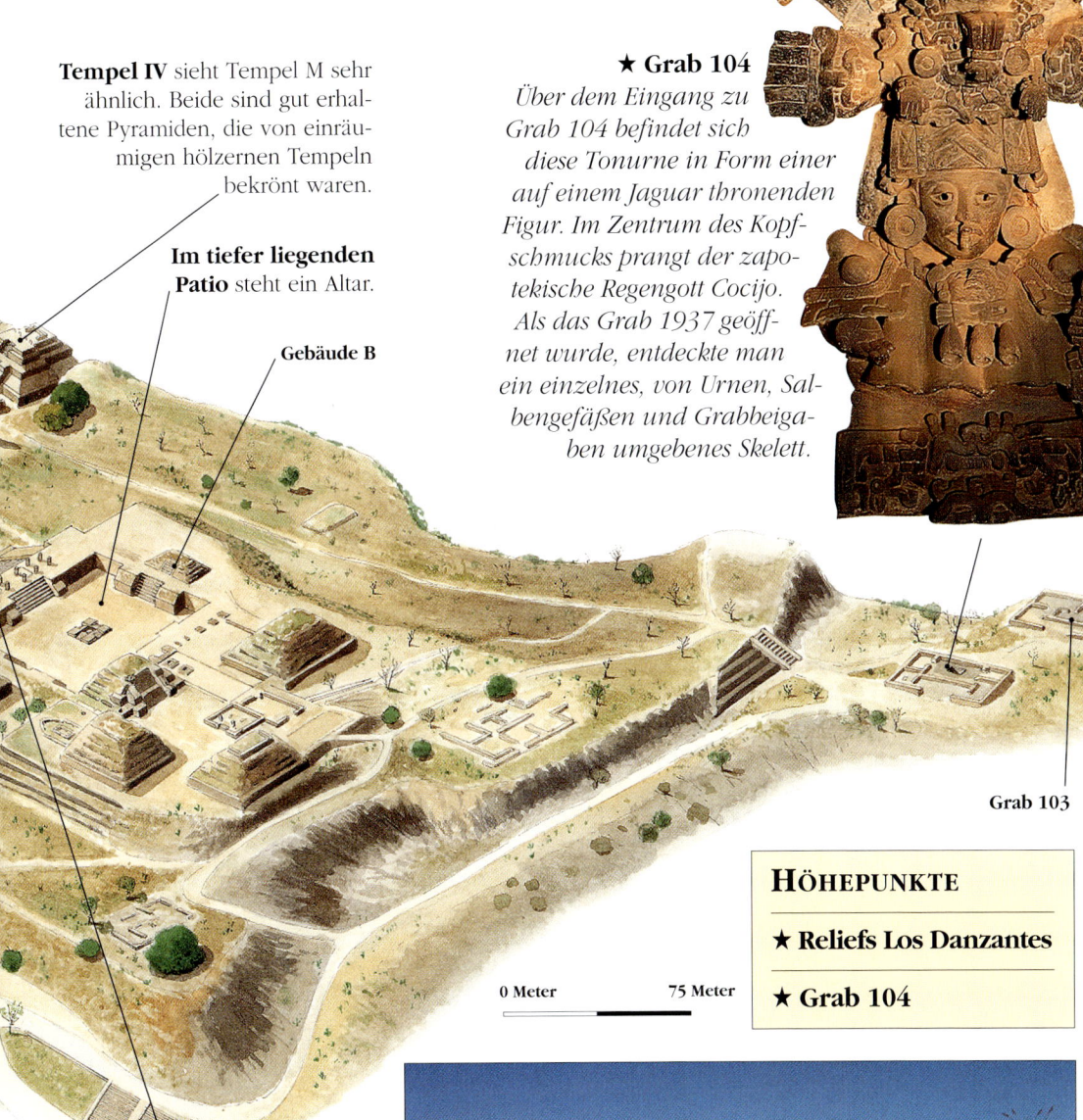

Koloniale Wohnkultur

Der repräsentative Gouverneurspalast ist eine architektonische Perle des Spätbarock (➛ S. 111), ein Baustil, der im späten 18. Jahrhundert von Europa herüberkam. Die Konstruktion wurde dem tropischen Klima angepasst – wichtig waren Schatten und Lüftung. Typische Elemente sind der Patio, der meist begrünte Innenhof mit Brunnen. Er ist im Parterre und in den Stockwerken darüber meist von Säulengalerien (➛ *Galerie*) umgeben. Die meisten Kolonialgebäude besitzen an der Fassade zur Straße ➛ *Arkaden*, von Säulen getragene Bogengänge, unter denen man vor der Sonne geschützt war. Meist hatten die Häuser zwei Stockwerke, große Räume und sanft ansteigende Treppen. Vom Prunk der Kolonialzeit zeugen die porzellan- und goldgeschmückten Salons des Gouverneurspalastes, etwa der ➛ *Spiegelsaal* und der ➛ *weiße Salon*. Die muschelartigen Wannen des Badezimmers fertigte man aus Carrara-Marmor.

Die Plaza de Armas

Dieser älteste Platz von Havanna wurde vor rund 500 Jahren vom ersten spanischen Gouverneur angelegt und diente zunächst als Exerzier- und Paradeplatz. Gesäumt wird er vom ehemaligen Stadtratsgebäude, einem klassizistischen Tempelbau, und von herrlichen Barockpalästen: im Westen vom mächtigen Gouverneurspalast, im Norden vom Palacio del Segunde Cabo (1776), ehemals Sitz des spanischen Militärgouverneurs, und im Osten von der Casa del Conde de Santovenía (1784) mit ihren Bogenarkaden.

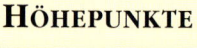

Der reich dekorierte Eingang

Der Gouverneurspalast von Havanna

Marmorbadewanne aus dem frühen 19. Jh.

Der prunkvolle Palast, der als Paradebeispiel des kubanischen Barock gilt, wurde für den spanischen Gouverneur ab 1776 an der Stelle einer zerstörten Kirche errichtet. Mehr als 100 Jahre lang diente der Prachtbau am ältesten Stadtplatz Havannas den spanischen Statthaltern als Residenz. Insgesamt wohnten hier 65. Während der wechselvollen Geschichte des Palastes – nach den Spaniern hatten Vertreter der US-Regierung, danach die ersten Präsidenten der Republik Kuba und Ratsherren hier ihren Sitz – wurde die Struktur des Gebäudes niemals verändert. Der Baukomplex bietet deshalb noch immer einen interessanten Einblick in die Wohnkultur Kubas während der Kolonialzeit. Seit 1967 hat das Stadtmuseum hier eine würdige Bleibe.

Kubanischer Ruhmessaal
Hier wird u.a. die Fahne des Freiheitskämpfers Carlos Manuel de Cespedes gezeigt.

Die Amtsstäbe des Cabildo
Diese Amtsstäbe von Juan Díaz (1631) sind die ältesten Beispiele kubanischer Goldschmiedekunst. Ausgestellt sind sie in der Sala del Cabildo, dem einstigen Versammlungsraum des Stadtrats.

★ Grabmal aus der Hauptpfarrkirche
1557 wurde dieses älteste koloniale Denkmal Kubas in der alten Hauptpfarrkirche, die damals an der Stelle des Gouverneurspalastes stand, errichtet. Das Grabmal ist einer jungen Frau gewidmet, die bei einem Unfall während des Gebets getötet wurde.

★ »La Giraldilla«
Am Fuß des Treppenaufgangs zum Zwischengeschoss steht die älteste Bronzefigur Kubas. Sie wurde von Gouverneur Juan Bitrián de Viamonte für den Turm des Castillo de la Real Fuerza in Auftrag gegeben.

Höhepunkte

- ★ Spiegelsaal
- ★ »La Giraldilla«
- ★ Grabmal aus der Hauptpfarrkirche

Galerie
Die elegante Galerie, die den Blick auf den grünen Innenhof freigibt, bildet einen herrlichen Rahmen für die hier ausgestellten Büsten berühmter Persönlichkeiten des Bildhauers Luigi Pietrasanta aus dem frühen 20. Jahrhundert.

Störendes Pflaster

Einer der Gouverneure ließ im 19. Jahrhundert das Pflaster vor dem Gouverneurspalast durch Holzbohlen ersetzen, weil ihn das Hufgeklapper und das Rattern der Wagenräder zu sehr störte.

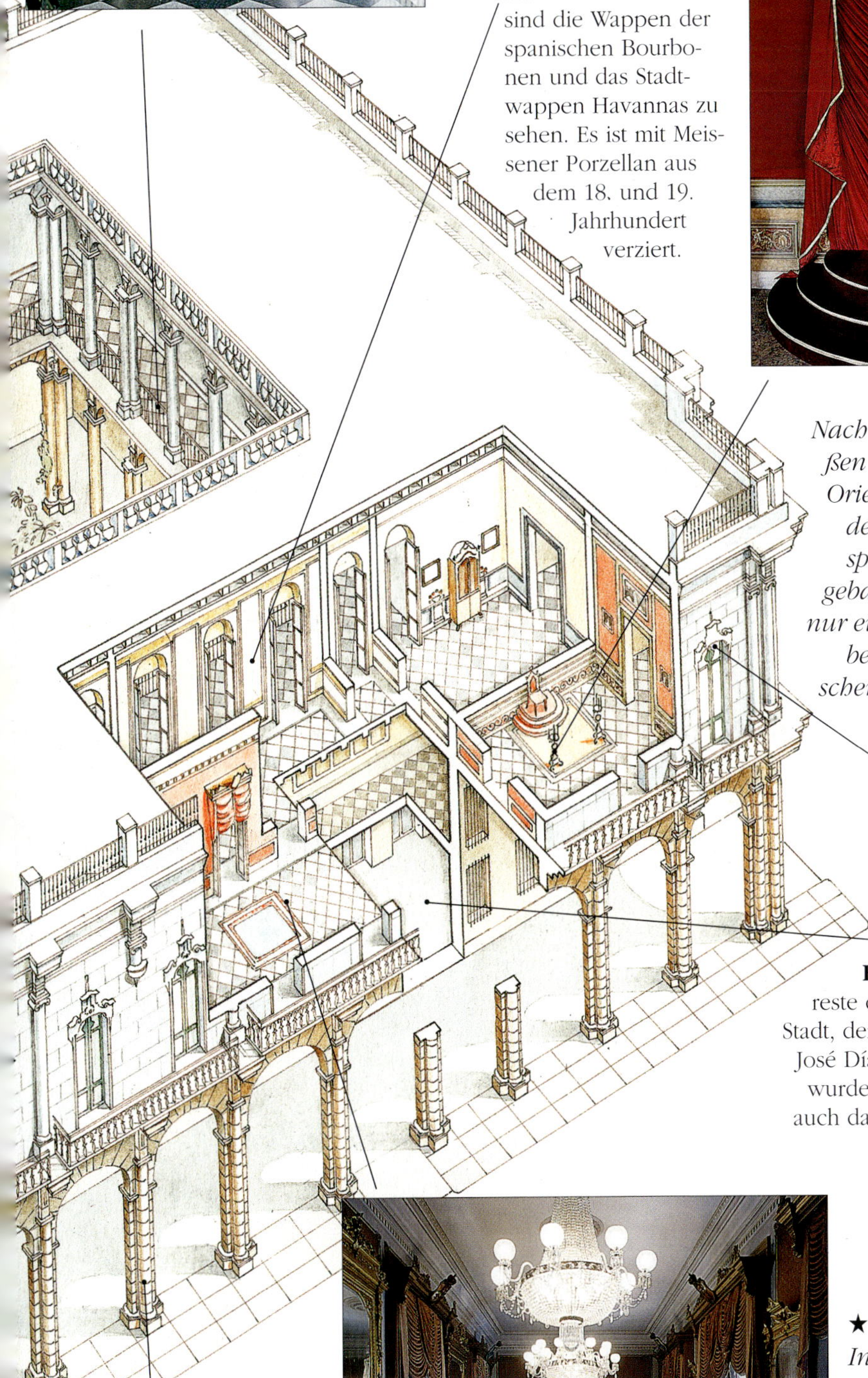

Im weißen Salon sind die Wappen der spanischen Bourbonen und das Stadtwappen Havannas zu sehen. Es ist mit Meissener Porzellan aus dem 18. und 19. Jahrhundert verziert.

Thronsaal
Nach dem Vorbild des großen Salons im Palacio de Oriente in Madrid wurde der Saal einst für einen spanischen Monarchen gebaut. Benutzt wurde er nur ein einziges Mal: 1997 beim Besuch des spanischen Königs Juan Carlos.

Die Buntglasfenster erhellen das Grau der »Piedra marina«, einer Kalksteinfigur mit Korallenfossilien.

Der Saal des Espada-Friedhofs enthält Überreste des ersten Friedhofs der Stadt, der 1806 von Bischof Juan José Díaz de Espada gegründet wurde. Darunter befindet sich auch das Grabmal des französischen Malers Vermay.

★ Spiegelsaal
In dem lichtdurchfluteten Saal mit venezianischen Spiegeln und ausladenden Kristalllüstern wurde das Ende der spanischen Herrschaft verkündet.

Arkaden sind ein charakteristisches Architekturdetail kubanischer Bauten.

Daten und Fakten

1776–92 Bau des Gouverneurspalastes

1835 Vollständige Fertigstellung des Palastes

1898–1902 Sitz der Vertreter der US-Regierung

1902–20 Nach Ausrufung der Republik vom Palast aus Nutzung des Gebäudes für die ersten Präsidenten Kubas

1920–67 Nutzung als Rathaus

1967 Eröffnung des Stadtmuseums im Palast nach dessen Renovierung

1982 Aufnahme der Altstadt von Havanna mit dem Gouverneurspalast in das Weltkulturerbe der UNESCO

Das Stadtmuseum

Die Innenräume des Gouverneurspalastes an der Plaza de Armas wurden originalgetreu restauriert und beherbergen heute das Stadtmuseum. Im Erdgeschoss ist ➛ *»La Giraldilla«* zu bewundern. Sie ist der Gattin des Gouverneurs Hernando de Soto (16. Jh.) nachempfunden, die vergeblich auf ihren Mann wartete, der von seinen Abenteuern in Florida nicht zurückkehrte. Hier sind außerdem Droschken, eine Feuerwehrkutsche und das Modell einer alten Zuckerfabrik zu sehen. Im oberen Stockwerk geben Salons eine Vorstellung vom Leben in der Kolonialzeit. Andere Räume sind der militärischen Geschichte und den Unabhängigkeitskriegen gewidmet (➛ *Kubanischer Ruhmessaal*), zeigen Waffen und Gemälde.

Das Kastell San Pedro della Roca

Der britische Freibeuter Sir Henry Morgan (1635–88)

Die Schutzburg gegen Piraten

Im 16. Jahrhundert wurden im Zuge des Kampfes um die Reichtümer Südamerikas mit Schätzen beladene spanische Schiffe und spanische Häfen in der Karibik oft von Piraten überfallen. Insgesamt wurde Santiago de Cuba ab 1538 24 Jahre in Folge von Piraten heimgesucht. Um die Stadt zu schützen, befahl bereits der spanische König Philipp II. 1590 den Bau einer Festung. Im 17. Jahrhundert sandten die Franzosen, dann auch die Holländer und Briten Schiffe aus, um das feindliche Spanien anzugreifen und die eigenen Kolonien zu schützen. Ab 1638 wurde der Entwurf des italienischen Militärarchitekten Juan Bautista Antonelli in die Tat umgesetzt und auf einem Felsen an der Hafeneinfahrt von Santiago de Cuba eine neue Festung errichtet. Er hatte bereits für Havanna Festungen entworfen und dort eine schwimmende Kette zwischen dem Castillo de San Salvador de la Punta und dem Castillo de los Tres Reyes installiert, um feindlichen Schiffen den Weg in die Bucht von Havanna zu versperren. Berühmt-berüchtigte englische Freibeuter wie Christopher Myngs (1625–66), der Santiago 1662 einnahm, und Henry Morgan attackierten Kuba im Auftrag der britischen Regierung.

Das Kastell San Pedro della Roca

An der Einfahrt zur Bucht von Santiago de Cuba, zehn Kilometer südwestlich des Stadtzentrums, steht diese imposante Festung. Sie gilt als herausragendes Beispiel spanischer Militärarchitektur. Das Kastell San Pedro della Roca, volkstümlich Castillo del Morro genannt, wurde von dem Italiener Juan Bautista Antonelli entworfen und zwischen 1638 und 1642 errichtet. Es bot 400 Soldaten Platz und sollte Santiago de Cuba vor den zahlreichen Piratenüberfällen und Plünderungen schützen. Ende des 18./Anfang des 19. Jahrhunderts diente das Kastell der Stadt, die Drehscheibe des Sklavenhandels war, als Zwischenstation für die Schwarzen, in den Befreiungskriegen (1868–98) als Gefängnis.

Die Kanone ist Teil einer alten Batterie zur Verteidigung der Bucht.

★ Blick über die Bucht
Von den Brüstungen und Aussichtsplattformen im oberen Bereich der Festung konnten die Wachposten die ganze Bucht überblicken.

In den Kasematten illustrieren Lithographien die Geschichte der Festungen Santiagos.

Artilleriebereich

Unterirdische Gänge verbinden die Teile der Festung. Dieser führt zum Artilleriebereich.

Die Steintreppe auf der dem Meer zugewandten Seite der Festung ist Teil eines unüberdachten Treppensystems zu den oberen Bereichen der Burg.

Plattform auf Felsvorsprung

Höhepunkte

- ★ Hauptplatz
- ★ Blick über die Bucht

Dreieckige Lünette
Dieses Türmchen gehörte ursprünglich zu einem Vorgängerbau, der zwischen 1590 und 1610 errichtet wurde. Es wurde in die Bauten des 18. Jahrhunderts mit einbezogen.

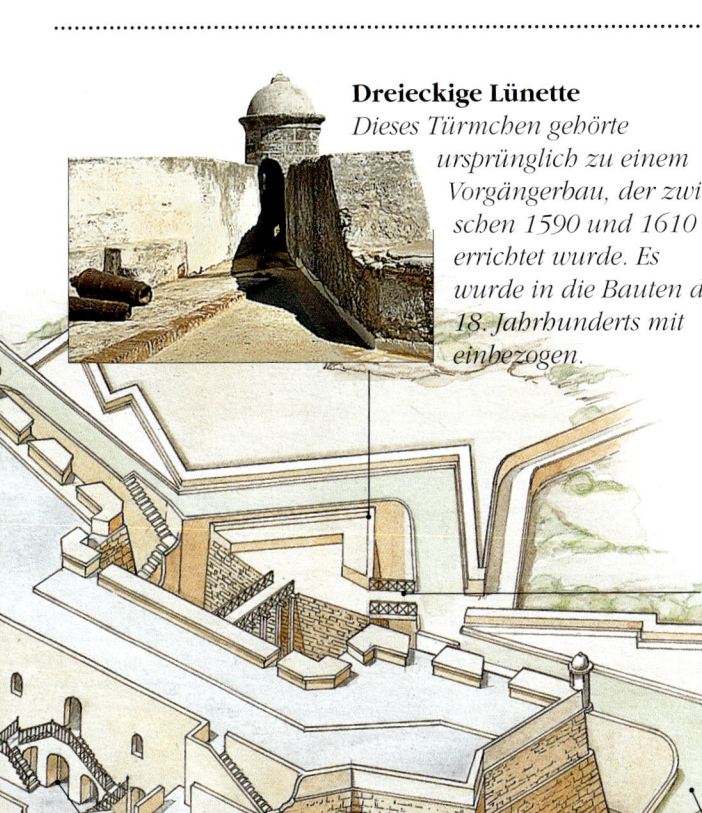

Piraten-Museum

Im Kastell befindet sich auch das Piraten-Museum, das der Geschichte der Piraterie in der Karibik und Lateinamerika gewidmet ist. Ausgestellt sind Karten, Schiffsmodelle, Enterhaken und Waffen.

Zugbrücke
Diese Brücke führt über einen trockenen Burggraben, der auf der Innenseite der Festung entlang verläuft. Sie ist gut erhalten. Sogar die Originalwinde, mit der die Brücke bewegt wurde, ist noch vorhanden.

Burggraben

★ Hauptplatz
Dieser Platz ist das Herz der Festung. Hier wurde der Tagesablauf organisiert. Von ihm aus gelangt man direkt zur Kapelle, den Kasernen, der Garnison und den unterirdischen Gängen.

Drei Befestigungsmauern auf fünf Ebenen bilden das Skelett der Festung. Diese ungewöhnliche Konstruktion war wegen des unebenen Geländes notwendig.

Der Gründer von Santiago

Santiago de Cuba war 1514 eine von sieben Stadtgründungen auf Kuba. Sie gehen zurück auf eine kleine Gruppe von Spaniern unter Diego Velázquez, dem ersten spanischen Statthalter. Er benannte den Hafen Santiago nach dem spanischen Schutzpatron Jakobus. Zwischen 1523 und 1556 war Santiago die Hauptstadt von Kuba. Das Wohnhaus von Velázquez im Stadtzentrum, ein schönes Beispiel des arabisch anmutenden Mudéjar-Stils (➛ *S. 194*), gilt als das älteste Privathaus auf Kuba, wenn nicht sogar in ganz Lateinamerika, und wurde unter Denkmalschutz gestellt.

Innenhof in einem Flügel des Hauses von Diego Velázquez

Daten und Fakten

1590–1610 Errichtung einer Festung unter Philipp II.

1638–42 Bau des Kastells

1662 Einnahme der unbewachten Festung durch die Briten unter dem Kommando von Christopher Myngs

1663–69 Ausbau

1778 Wiederaufbau

um 1960 Beginn der Restaurierung

1997 Aufnahme in das Weltkulturerbe der UNESCO

Zucker und Sklaven

Vor dem Sklavenaufstand auf der Nachbarinsel Haiti flohen ab 1791 die Plantagenbesitzer mit ihren Sklaven zu Zehntausenden nach Kuba. Sie siedelten sich in und um Santiago an, legten den Grundstock für die Kaffeeplantagen und sorgten für einen Boom der Zuckerproduktion. Über den Hafen von Santiago lief ein Großteil des nun sprunghaft angestiegenen Handels mit Sklaven. Rund eine Million Männer und Frauen wurden aus Afrika nach Kuba verschleppt. Viele von ihnen brachte man vorübergehend in den Zellen des Kastells unter, bevor sie auf den Plantagen der reichen Zuckerbarone ausgebeutet wurden. Um die Jahrhundertwende arbeiteten rund 400 000 Schwarze in Zuckermühlen und auf Plantagen. 1830 machten Schwarze die Hälfte der Bevölkerung des Landes aus. Die Insel Kuba wurde der weltweit größte Zuckererzeuger. Im Jahr 1886 schaffte man die Sklaverei endgültig ab.

Terrassen und Kanäle verhinderten die Erosion des Erdreichs.

Die Stadtanlage

Die Ruinenstätte besteht im Wesentlichen aus zwei Bereichen: dem landwirtschaftlichen mit den Terrassenfeldern und dem städtischen mit Gebäuden unterschiedlicher Größe, Kanälen und Treppen. Die Anlage von Machu Picchu zeigt das ästhetische Gespür der Erbauer, denn die massiven Mauern, kleinteiligen Terrassen und steilen Rampen wirken gerade so, als wären sie direkt aus dem Felsen gemeißelt worden. Das technische Geschick der Baumeister des Inkareiches erstaunt noch heute. Obwohl manche der Steinblöcke über 50 Tonnen wiegen, wurden sie ohne Mörtel so eng zusammengefügt, dass nicht einmal die dünnste Messerklinge dazwischen passt.

Die Entdeckung

Die Entdeckung der vom Dschungel überwucherten Anlage war eine der bedeutendsten archäologischen Sensationen des 20. Jahrhunderts. Der amerikanische Forscher Bingham (1875–1956) war auf der Suche nach Vilcabamba, dem legendären letzten Zufluchtsort des besiegten Inkaherrschers, fand aber stattdessen Machu Picchu. Er und sein Expeditionsteam brauchten mehrere Jahre, um die Ruinen vom Dschungel zu befreien, der sie im Lauf der Jahrhunderte überwuchert hatte. Ihre Entdeckung war deshalb so Aufsehen erregend, weil weder die Spanier noch die Nachfahren der Inka noch spätere Schatzjäger die Anlage jemals entdeckt hatten.

Machu Picchu

Inmitten der grandiosen Hochgebirgslandschaft der Anden thront in über 2400 Meter Höhe Machu Picchu. Die Mitte des 15. Jahrhunderts erbaute Inkastadt ist eine der schönsten und berühmtesten Ruinenstädte Südamerikas. Ihre gut erhaltenen Tempel und Wohnhäuser, Werkstätten und Terrassenfelder geben ein eindrucksvolles Zeugnis von der Kunstfertigkeit der Inka. Warum die geheimnisvolle Stadt schon nach 100 Jahren wieder verlassen wurde, bleibt bis heute ein Rätsel. Erst Anfang des 20. Jahrhunderts entdeckte Hiram Bingham Machu Picchu wieder. Zuvor war der versteckt gelegene Ort sogar von den spanischen Eroberern »übersehen« worden.

★ Intihuatana
Dieser Sonnenuhrzeiger in der Größe eines Konzertflügels war einer der wichtigsten heiligen Orte in der ganzen Anlage. Hier fanden Wintersonnenwendfeiern statt.

★ Heiliger Platz
Der Tempel der drei Fenster mit seinen riesigen Mauerdurchbrüchen schließt sich ebenso wie der Haupttempel mit den fast fugenlosen Mauern an den Heiligen Platz an.

Höhepunkte

- **★ Intihuatana**
- **★ Heiliger Platz**
- **★ Sonnentempel**

0 Meter 25 Meter

Gesamtansicht
Die etwa 200 Gebäude umfassende Anlage wurde um große zentrale Plätze angeordnet und durch über 100 Treppen miteinander verbunden.

Der heilige Felsen

Inmitten des ➛ *Sonnentempels* befindet sich über einer Grabhöhle der so genannte heilige Fels. In das Gestein wurden kleine Opfertische eingemeißelt, die darauf schließen lassen, dass hier Opferrituale abgehalten wurden.

Erhaltenes Mauerwerk
Die Steinkonstruktionen der Inka werden noch heute bewundert. Keiner weiß, wie es ihnen gelang, die Steine so eng zusammenzufügen.

★ Sonnentempel
Das einzige kreisrunde Gebäude der Anlage hat zwei Fenster, durch die an den Tagen der Wintersonnenwende die Strahlen der aufgehenden Sonne hindurchscheinen.

Der Inkapfad

Blick auf Machu Picchu am Ende des Inkapfades

Dieser Wanderweg beginnt bei Huayllabamba an der Bahnstrecke Cusco–Machu Picchu. Er führt durch mehrere steile Täler und über bis zu 4198 Meter hohe Bergpässe nach Machu Picchu. Über alte, von den Inka gepflasterte Wege vorbei an schneebedeckten Gipfeln, dichten Bergwäldern und Tunnel aus der Inkazeit erreicht man nach einem etwa viertägigen Marsch das Sonnentor von Machu Picchu.

Daten und Fakten

um 1200 Aufstieg des Inkareichs

um 1450 Bau von Machu Picchu durch die Inka

um 1550 Aufgabe der festungsartig ausgebauten Inkastadt Machu Picchu

1911 Entdeckung der Anlage durch Hiram Bingham

1983 Aufnahme in das Weltkulturerbe der UNESCO

Die Inka

Die Blütezeit des Inkareichs dauerte nur ein Jahrhundert, doch in dieser Zeit reichte es von Mittel-Chile bis Süd-Kolumbien und hatte 12 Millionen Bewohner. Die hoch organisierte Gesellschaft verfügte über ein komplexes Wirtschafts- und Gesellschaftssystem. Ein fast 32 200 Kilometer langes Straßennetz sorgte für den Zusammenhalt des Reiches. Obwohl die Inkaherrscher sich auf militärische Härte und eine strenge soziale Hierarchie stützten, lernten sie auch von den Völkern, die sie unterwarfen. In der Inkareligion, die Naturgottheiten verehrte, wurde die Sonne als Spender allen Lebens und der Inkaherrscher als ihr direkter Abkömmling gesehen. Die Berggipfel, auf denen Menschenopfer stattfanden, galten als Heimstatt von Geistern. Die Astronomie diente sowohl der Saat- und Ernteplanung als auch der Festlegung von Terminen für religiöse Zeremonien. Machu Picchu ist ein Zeugnis dieser komplexen Kultur und zeigt, wie hoch entwickelt Amerika vor seiner Kolonisierung war.

Der Stadtgrundriss

Der einzigartige ➤ *Flugzeug-Grundriss* der Stadt entsprang dem Städteplaner Lúcio Costa zufolge seinem Wunsch, eine Form zu finden, die sich den Gegebenheiten des vorgefundenen Geländes anpasst. Diese Form sollte einer zentralisierten, geometrisch angelegten Idealstadt zugrunde liegen, die den Weg in eine ebenso ideale Gesellschaft weisen sollte. Entlang der ➤ *Monumentalachse* und der Wohnachse sollen sechs breite großzügige Straßen für Hauptstadtflair sorgen. Oberster Gerichtshof, ➤ *Kongresspalast* und Präsidentenpalais (Alvorada-Palast) symbolisieren die drei politischen Gewalten. Im Wohnbereich sind riesige sechsstöckige Blocks zu Wohnvierteln angeordnet.

Die vier Evangelisten von Alfredo Ceschiatti vor der Kathedrale

Der Wettbewerb

1957 gewannen Lúcio Costa und Oscar Niemeyer – beides Schüler des Modernisten Le Corbusier mit seinem Faible für funktional durchgeplante »Wohnmaschinen« und Idealstädte – den nur für Brasilianer ausgeschriebenen Architektenwettbewerb. Costa entwarf den Stadtgrundriss, Niemeyer die wichtigsten Gebäude. Costas Entwurf einer Stadt für 500 000 Einwohner, der öffentliche Verkehrsmittel nicht einplante, hat heute seine Schwächen längst deutlich offenbart, denn viele der zwei Millionen Einwohner leben außerhalb in Slums. Niemeyers Gebäude haben sein Ziel, eine harmonische, offen wirkende urbane Umgebung zu schaffen, aber durchaus erreicht.

Brasília

Die Erbauung der brasilianischen Hauptstadt war das ehrgeizigste städtebauliche Projekt des 20. Jahrhunderts. Der Beschluss von Staatspräsident Juscelino Kubitschek de Oliveira (♔1956–61), den Regierungssitz in das bis dahin kaum besiedelte Landesinnere zu verlegen, rief viele Skeptiker auf den Plan. Zehntausende von Arbeitern schafften das schier Unglaubliche: Die von Lúcio Costa und Oscar Niemeyer am Reißbrett entworfene Stadt wurde in nur drei Jahren erbaut. Dies gab wichtige Impulse für die Erschließung des brasilianischen Binnenlandes, demonstrierte die wirtschaftliche Stärke Brasiliens und zeigte durch die spektakulären Bauten, dass es technisch auf der Höhe der Zeit war.

Kubitschek-Denkmal
Das 1981 eingeweihte Monument erinnert an den Stadtgründer, Präsident Juscelino Kubitschek, der auch hier bestattet ist.

Monumentalachse
Jedes der rechteckigen Gebäude links und rechts der Esplanade ist der Sitz eines Ministeriums. Am Ende der Achse ist in der Ferne der Kongresspalast zu erkennen.

Die Taufkapelle mit ihrer eigenartigen ovalen Form soll eine Hostie repräsentieren. Sie ist mit der Kathedrale durch einen Tunnel verbunden.

Der Innenraum der Kathedrale
Durch die Buntglasfenster von Antonia Marianne Peretti fällt das Tageslicht auf Hunderte von Gläubigen. Von der Decke hängen drei schwebende Engelsfiguren des brasilianischen Bildhauers Alfredo Ceschiatti.

Die Kathedrale

Die auf einem schlichten Grundprinzip beruhende, aber dennoch spektakulär wirkende Form der Kathedrale ist wie der Kongresspalast ein Wahrzeichen Brasílias. Der runde Innenraum wirkt größer, weil der Boden tiefer liegt als der Eingang.

Visionäre Planung

1883 sah der italienische Priester Don Bosco in einer Vision den zukünftigen Ort von Brasiliens Hauptstadt. Jeden letzten Sonntag im August erinnert eine Prozession in Brasília daran.

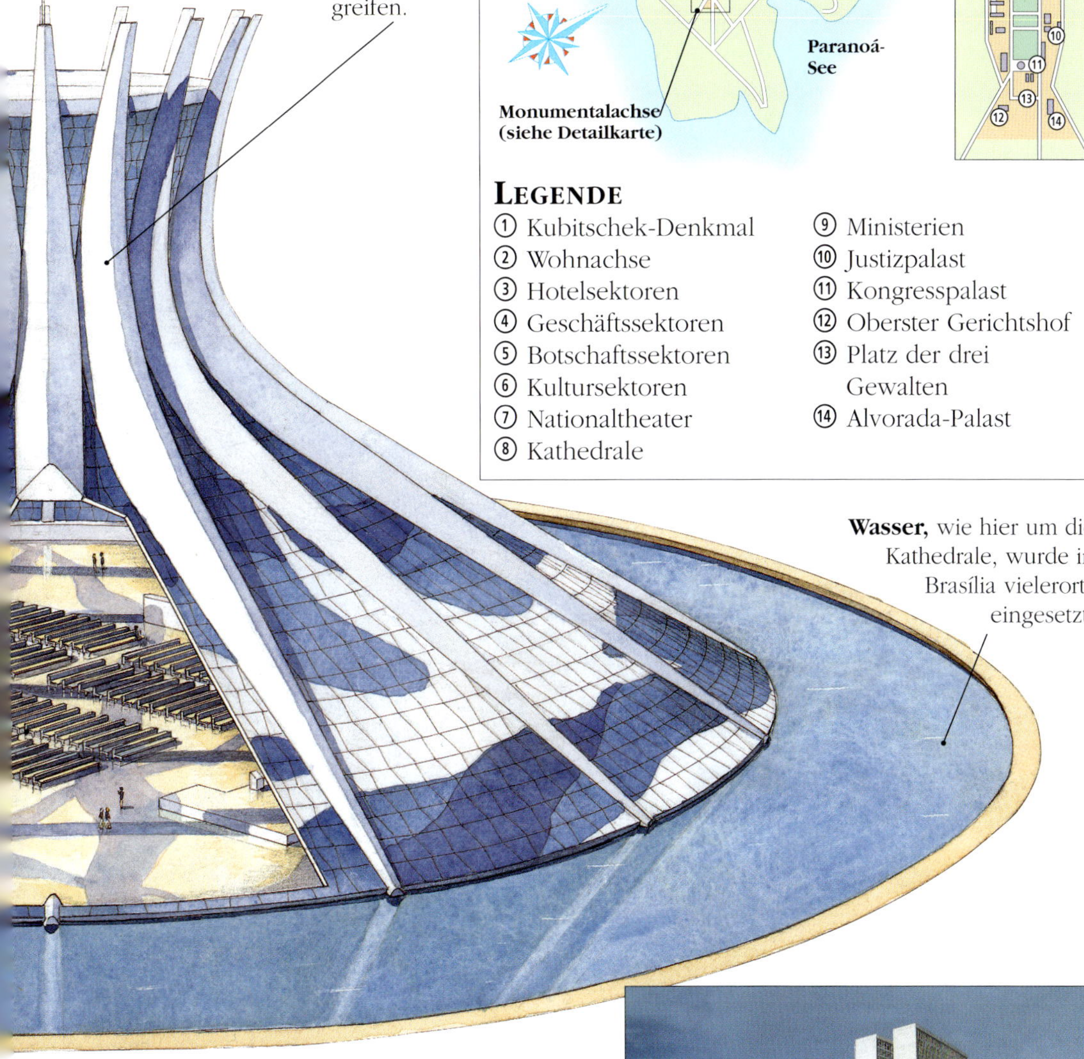

Der Grundriss von Oscar Niemeyers Bau symbolisiert die Dornenkrone. Die Betonsäulen scheinen wie Arme nach dem Himmel zu greifen.

Wasser, wie hier um die Kathedrale, wurde in Brasília vielerorts eingesetzt.

Der Flugzeug-Grundriss

Die Monumentalachse bildet den Rumpf, die Wohnachse die Flügel. Zwei Hauptverkehrsadern teilen die Stadt. Sämtliche Infrastruktureinrichtungen sind in Sektoren gegliedert. Gelegentlich wird der Grundriss auch als Kreuz gedeutet.

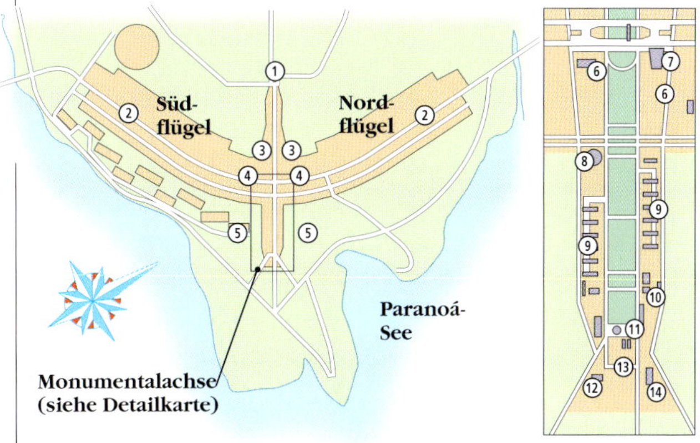

Legende

① Kubitschek-Denkmal
② Wohnachse
③ Hotelsektoren
④ Geschäftssektoren
⑤ Botschaftssektoren
⑥ Kultursektoren
⑦ Nationaltheater
⑧ Kathedrale
⑨ Ministerien
⑩ Justizpalast
⑪ Kongresspalast
⑫ Oberster Gerichtshof
⑬ Platz der drei Gewalten
⑭ Alvorada-Palast

Daten und Fakten

1956 Ausschreibung eines Architektenwettbewerbs nach Amtsantritt Kubitscheks

1957 Baubeginn der Stadt auf der Basis des Flugzeug-Grundrisses

1959 Baubeginn der Kathedrale

1960 Einweihung Brasílias am 21. April und Erhebung zur Hauptstadt Brasiliens

1987 Aufnahme in das Weltkulturerbe der UNESCO

Oscar Niemeyer

Die ultramodernen Bauten des brasilianischen Architekten Oscar Niemeyer (geboren 1907) sind zu Wahrzeichen Brasílias und des modernen Brasilien geworden. Niemeyer schloss 1934 sein Studium an der Akademie der Künste in Rio de Janeiro ab und arbeitete zusammen mit dem französisch-schweizerischen Architekten Le Corbusier am Neubau des Ministeriums für Bildung und Gesundheit (1936–43) in Rio de Janeiro. 1939 entwarf er den brasilianischen Messepavillon für die Weltausstellung in New York. In der Folgezeit ermöglichte ihm der Einsatz von Stahlbeton eine noch kühnere Verwendung der modernen architektonischen Formensprache. Seine international bekanntesten Arbeiten sind die großen öffentlichen Bauten in Brasília: der ➛ *Kongresspalast*, der ➛ *Justizpalast* und die ➛ *Kathedrale*. Niemeyers vielfach ausgezeichnetes Werk besticht u.a. durch die großzügige Handhabung konkaver und konvexer Formen.

Justizpalast
Zwischen den feinen Bögen des niedrigen, dezenten Gebäudes sind Wasserkaskaden installiert. Vor dem Bau ist eine Steinskulptur von Präsident Kubitschek zu sehen.

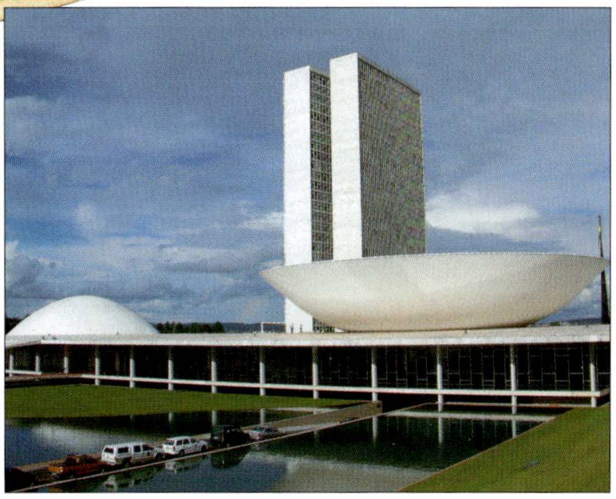

Kongresspalast
Das vom Kontrast seiner »Schüsseln« und Türme geprägte Parlament ist ein Wahrzeichen der Stadt.

Estancia de Alta Gracia, eine der fünf Jesuitenbesitzungen

Die Jesuiten in Südamerika

Die Stadt Córdoba war das Zentrum der Jesuitenbewegung in Nord- und Westargentinien, Paraguay, Südbrasilien und Uruguay. Mit Genehmigung der spanischen Krone gründeten die Jesuiten im 17. und 18. Jahrhundert Missionen, in denen das Gleichheitsprinzip galt. Sie förderten die Autonomie der Indios, christianisierten und befriedeten sie. Mit Unterstützung der Jesuiten entwickelten die Indios ein fortschrittliches Sozialsystem. Als die Jesuiten in Misskredit gerieten, wurden sie nach 150 Jahren durch Karl III. von Spanien 1767 aus der Region vertrieben, ihr Besitz wurde verkauft.

Landwirtschaft und Bildungswesen

Santa Catalina wie auch die anderen Estancias erfüllten eine doppelte Rolle: Sie waren nicht nur Farmen, sondern auch Zentren der Erziehung und Bekehrung. Auf den Weiden wurden Rinder, Schafe und Pferde gehalten. Man baute Weizen und Mais an und zog in den Gärten Gemüse. Die Farmen besaßen ihre eigenen Wasserreservoirs und ausgeklügelte Bewässerungssysteme, Schreinerwerkstätten, in denen erlesenes Mobiliar hergestellt wurde, und große Getreidemühlen. Auch das geistige Leben blühte hier. Die Jesuiten unterrichteten die Kinder und brachten den Begabtesten das Rechnen, Lesen und Schreiben bei. In zentralen Ausbildungsstätten wurden Lehrer und Handwerksmeister ausgebildet.

Estancia Santa Catalina

Im Umkreis der Stadt Córdoba liegen fünf große Estancias, die einst im Besitz des Jesuitenordens waren. Die Bauten dieser großen Farmen zählen zu den wichtigsten Beispielen der südamerikanischen Kolonialarchitektur. Santa Catalina war die größte dieser Estancias, die im 17. Jahrhundert erbaut worden waren. Hier sollte die Missionsarbeit der Jesuiten in der Region vorangetrieben werden. Das Modell der Estancias, in denen Indios von den Missionaren Unterricht erhielten und handwerklich ausgebildet wurden, führte zu einer ungewöhnlichen Mischform einheimischer und europäischer Bau- und Kunststile. Auch in sozialer Hinsicht war die Organisation der Gutshöfe, die die Indios integrierte, anstatt sie zu unterdrücken, neu und erfolgreich.

★ Zentralhof
Die Architekten von Santa Catalina sind unbekannt, doch unterscheiden sich die Einzelbauten im Stil. Der Zentralhof war unvollendet, als man die Jesuiten vertrieb.

Hof
In diesem Hof mit seinen schlichten Gebäuden befanden sich Schreinereien und Schmieden.

Vorhof
Durch diesen Hof betritt man das Anwesen. Als reiner Durchgangsbereich enthielt er keine wichtigen Bauten.

Höhepunkte

- ★ **Zentralhof**
- ★ **Altar**
- ★ **Kirchenfassade**

★ Altar
Der vergoldete Altar aus Holz ist mit Holzskulpturen verziert. Die heilige Katharina, die dem Gutshof seinen Namen gab, sieht man auf dem zentralen Gemälde und der Schnitzerei oben auf dem Altar. Weitere religiöse Skulpturen schmücken die einschiffige Kirche.

Die Viehzucht

Der Bau von Bewässerungsgräben durch die Jesuiten ließ die Estancia Santa Catalina zu einem Zentrum der Vieh-, vor allem der Schafzucht werden. Die Schafwolle wurde auf Webmaschinen in eigenen Werkstätten verarbeitet.

Der Turmhof mit Obst- und Gemüsegarten

Auf dem Friedhof wurden wohl die Jesuiten bestattet.

Kreuzgänge sind charakteristisch für die jesuitischen Estancias. Der besonders schöne Kreuzgang des Zentralhofs lehnt sich an italienische Vorbilder an.

★ Kirchenfassade
Die hohen, überkuppelten Türme links und rechts des Tors sowie der geschwungene Giebel sind typische Elemente des kolonialen Barockstils (➤ S. 111), in dem die Kirche erbaut ist.

Daten und Fakten

1616 Baubeginn der jesuitischen Farmen

1622 Gründung der Estancia Santa Catalina

1767 Dekret des spanischen Königs Karl III., das die Vertreibung des Jesuitenordens aus dem spanischen Lateinamerika veranlasste

2000 Aufnahme der Jesuiten-Baudenkmäler in und um Córdoba mit der Estancia Santa Catalina in das Weltkulturerbe der UNESCO

Estancias im Umkreis von Córdoba

Neben der Estancia Santa Catalina gab es im Umkreis von Córdoba vier weitere Jesuitenbesitzungen. Die um einen großen Innenhof und einen Kreuzgang angelegte Estancia Caroya wurde bereits 1616 gegründet. Von 1814 bis 1816 wurden hier Waffen für den Unabhängigkeitskrieg hergestellt. Die Mönche der Estancia Jesús María (1618) kultivierten den fruchtbaren Boden und bauten hier einen qualitativ hochwertigen Wein an. Im zweigeschossigen Kreuzgang ist heute ein Jesuitenmuseum untergebracht. Die gut erhaltene Estancia de Alta Gracia (1643) ist heute die lebendigste der Jesuitenbesitzungen. Ihre Kirche im Stil des italienischen Spätbarock, heute als Gemeindekirche genutzt, ist das einzige Gotteshaus in Argentinien ohne Türme. Inmitten der Berge liegt die Estancia La Candelaria (1683), das beste Beispiel einer bäuerlichen Einrichtung.

Register

Seitenzahlen in **Fettdruck** verweisen auf ausführliche Erklärungen der Baustile.

A

Abbas I. 301
Abd al-Malik 295
Abd al-Mumin 265
Abu Inan 257
Abu Simbel 280f.
Akbar 328
Akershus, Festung und Schloss, Oslo 12f.
Akropolis, Athen 230f.
Al Capone 385
Alcatraz, San Francisco 384f.
Alcázar, Sevilla 194f.
Alchi, Kloster 320f.
Alcobaça, Kloster 170f.
Alfons I. 170
Alhambra, Granada 196f.
Almohaden 194
Altneusynagoge, Prag 144f.
Amadour, Heiliger 92
Amiens, Kathedrale 68f.
Amun-Tempel, Karnak 278f.
Anasazi 387, 388
Angkor Wat 348f.
Anna, Heilige 363
Anne-Frank-Haus, Amsterdam 64f.
Aphrodisias, Geyre 254f.
Aphrodite-Kult 254
Arc de Triomphe, Paris 78f.
Archäologisches Museum, Olympia 234
Archäologisches Nationalmuseum, Heraklion/Kreta 241
Archäologisches Nationalmuseum, Lissabon 175
Arruda, Francisco de 177
Aruna 347
Ashoka 335
Assisi, Franz von 214, 215
Atriden 233
Augustinus, Heiliger 55
Augustus 94
Avignon, Papstpalast 96f.
Avranches, Aubert von 70
Azteken 398

B

Baalbek, Ruinen 290f.
Baal-Kult 290
Backsteingotik 63
Barock 20f., 44f., 80f., 110, **111**, 118f., 124f., 130f., 142f., 156f., 178f., 398f., 402f., 411
Bartholdi, Frédéric Auguste 375
Basilika des heiligen Franziskus, Assisi 214f.
Basilius, Heiliger 164
Basiliuskathedrale, Moskau 164f.
Batalha, Kloster 168f.
Becket, Thomas 54
Beckett, Samuel 24
Benedikt XII. 96f.
Berliner Dom 102f.
Bernhardt, Sarah 95
Bernini, Gian Lorenzo 219
Bernsteinzimmer, Zarskoje Selo 159
Bernward 106
Besakih-Tempelkomplex, Bali 354f.
Big Ben, London 40
Bildergalerie, Potsdam 105
Blaue Moschee, Istanbul 248f.
Blumenpalast, Jodhpur 332
Bolschoi-Theater, Moskau 162f.
Book of Kells 24
Borgund, Stabkirche 14f.
Borobudur, Tempelanlage 350f.
Boston-Massaker 369
Bou-Inanija-Medrese, Fès 256f.
Brabanter Gotik 59
Brasília 408f.
Braun, Matthias Bernhard 148
Bremer Rathaus 100f.
Brokoff, Ferdinand Maximilian 148
Brüsseler Rathaus 60f.
Buckingham Palace, London 38f.
Budapest, Parlamentsgebäude 152f.
Buddha 334, 342
Buddhismus in Japan 319
Buddhistische Rituale 346
Burgos, Kathedrale 182f.
Byzantinische Kunst 247

C

Canterbury, Dom 54f.
Capistrano, Johannes 127
Cashel-Museum, Cashel 28
Catedral Metropolitana, Mexiko-Stadt 398f.
Cellini, Benvenuto 208
Chakri-Dynastie 346
Chartres, Kathedrale 82f.
Chaucer, Geoffrey 54
Cheops 273
Cheops-Pyramide, Giseh 272f.
Chichén Itzá 392f.
Chinesische Mauer 308f.
Christian IV. 12
Christodoulos 236
Chumash 387
Cid, El 183
Clairvaux, Bernhard von 89
Clerk, Simon 36
CN Tower, Toronto 366f.
Cormont, Thomas de 69
Cromwell, Oliver 37
Curzon, Lord 329

D

Dalai-Lama 305
Decorated Style 34
Demmler, Georg Adolph 98
Derinkuyu 251
Deutscher Orden 138
Dietmayr, Berthold 132
Diokletian 227
Diokletianpalast, Split 226f.
Djenné, Große Moschee 282f.
Dogenpalast, Venedig 202f.
Dom-Museum, Hildesheim 104
Douglas-Hyde-Galerie, Dublin 25
Dreifaltigkeits-Sergius-Kloster, Sergijew Possad 166f.
Druiden 53
Dublin, Schloss 26f.
Dunedin, Bahnhof 360f.

E

Edinburgh Castle 32f.
Eiffel, Gustave 77, 374, 375
Eiffelturm, Paris 76f.
Eka-Dasa-Rudra-Fest 355
El Tajín 394f.
Elgin-Fries 231
Ellis Island, New York 376f.
Ely, Reginald 36
Emanuel I. 174
Emanuelstil 169
Emmet, Robert 27
Empire State Building, New York 372f.
Ephesos, Selçuk 252f.
Eremitage, Sankt Petersburg 156
Eschwege, Baron Wilhelm Freiherr von 172
Escorial, San Lorenzo de El Escorial 188f.
Estancia Santa Catalina 410f.
Euphrasius-Basilika, Poreč 224f.

F

Fatehpur Sikri, Palast 328f.
Fehr, William 286
Felsendom, Jerusalem 294f.
Ferdinand (Dom Fernando II.) 173
Ferdinand III. 190
Firminus, Heiliger 69
Florenz, Dombezirk 206f.
Fontenay, Abtei 88f.
Frank, Anne 64
Franz I. 85
Freiheitsstatue, New York 374f.
Freilichtmuseum Göreme 250f.
Friderizianisches Rokoko 104
Friedrich II., der Große 104
Friedrich August I. 110

G

Galerie der Königin, London 39
Gallus, Heiliger 125
Gama, Vasco da 174
Gamelan-Musik 352
Gaudí, Antoni 184
Gehry, Frank Owen 180
Gemäldegalerie Alte Meister, Dresden 110
Generalife, Granada 196
Georg, Heiliger 250
Giotto di Bondone 215
Gladiatoren 217
Glockenbecher-Kultur 52
Godehard 106, 107
Godunow, Boris 166
Golden Gate Bridge, San Francisco 382f.
Goldener Tempel, Amritsar 322f.
Golgatha 292
Gondar, Palastbezirk 284f.
Gondar-Stil 285
Gotik 36f., 40f., 54f., 58f.,

62f., 68f., 70, **72**, 73, 82f., 90f., 96, 108f., 112f., 120f., 126f., 136f., 144f., 146f., 168f., 182f., 190f., 202f., 212f., 215
Grabeskirche, Jerusalem 292f.
Gregor XI. 96
Gregorius 268
Großer Katharinenpalast, Zarskoje Selo 158f.
Großer Stupa, Sanchi 334f.
Guanyin 306
Gudula, Heilige 59
Guggenheim, Solomon R. 370
Guggenheim-Museen 370
Guggenheim-Museum Bilbao 180f.
Gustav III. 21

H

Hagia Sophia, Istanbul 246f.
Håkon V. Magnusson 12
Hampton Court Palace 50f.
Hassan II. 262
Havanna, Gouverneurspalast 402f.
Heidelberger Romantik 120
Heidelberger Schloss 120f.
Heinrich I. 58
Heinrich VII. 42
Heinrich der Seefahrer 168
Herodes I., der Große 297
Hezilo 106, 107
Hieronymuskloster, Lissabon 174f.
Hildesheimer Dom 106f.
Himeji, Burg 316f.
Himmelstempel, Peking 312f.
Hindu-Gottheiten 336
Historischer National-park Chaco 388f.
Hoban, James 379
Hofburg, Wien 128f.
Hohensalzburg, Festung 134f.
Holzbau in Kerala 339
Hosenbandorden 49
Houses of Parliament, London 40f.
Hypostylenhalle, Karnak 279

I

Ikonenmalerei 165
Indische Baukunst 338
Indische Epen 336
Indra 347
Inês de Castro 171
Inka 407
Innozenz VI. 96
Irving, Washington 197
Isaakskathedrale, Sankt Petersburg 154f.
Islamische Riten 263
Iwan III., der Große 160

J

Jakata-Erzählungen 335
Jakobswege 178
Jakobus der Ältere 178
Jantar Mantar, Jaipur 330f.
Jean de France 90
Jesuiten in Südamerika 410
Johann I. 168
Johannes XXII. 96
Johanneskathedrale, Warschau 140f.
Johannes-Kloster, Patmos 236f.
Johannes Nepomuk, Heiliger 149
Johanniter 238
Justinian I. 246

K

Kailasha-Höhlentempel, Ellora 336f.
Kairouan, Große Moschee 266f.
Kalligraphie 256
Kangxi 306
Kapitol, Washington 380f.
Karlsbrücke, Prag 148f.
Kastell der Guten Hoffnung, Kapstadt 286f.
Kastell San Pedro della Roca, Santiago de Cuba 404f.
Katharina II. 157
Katharina von Alexandria, Heilige 275
Katharinenkloster 274f.
Kennedy Space Center 390f.
Keramik aus İznik 248
Khmer-Architektur 340
King's College, Cambridge 36f.
Kivas 388
Klassizismus 78, **79**, 158f., 162f., 378f., 380f., 398f.
Klemens VI. 96f.
Klungkung-Dynastie 355
Knobelsdorff, Georg Wenzeslaus von 105
Knossos, Palast 240f.
Kölner Dom 112f.
Koloniale Wohnkultur 402
Kolosseum, Rom 216f.
Königliche Sammlung, Windsor 48
Königsmoschee, Isfahan 300f.
Koutoubia-Moschee, Marrakesch 264f.
Krak des Chevaliers 288f.
Krieg von 1812 378
Kronjuwelen, London 46
Kultisches Ballspiel 395
Kunst des Zellij 260

L

Lehmbaustil 282
Leptis Magna 270f.
Louisbourg, Festung 364f.
Louvre, Paris 74f.
Louvres, Jean de 96
Loy Krathong 343
Ludwig der Fromme 107
Luther, Martin 114
Luzarches, Robert de 69
Lysimachos 253

M

Machu Picchu 406f.
Mainzer Dom 116f.
Maria Theresia 130
Mariä-Entschlafens-Kathedrale, Moskau 160f.
Marienburg, Malbork 138f.
Marienkirche, Danzig 136f.
Markuskirche, Venedig 200f.
Martin von Tours 116
Martini, Simone 97
Masada 296f.
Matthias I. Corvinus 151
Matthiaskirche, Budapest 150f.
Maurische Baukunst 197
Maurus, Heiliger 224
Mausoleum des Mulai Ismail, Meknès 260f.
Maya-Gottheiten 392
Maya-Kultur 393
Medici 208
Meditations-Buddhas 321
Mehmed Ağa 249
Mehmed II. 244
Mehrangarh, Festung 332f.
Mesoamerikanische Stufenpyramiden 400
Meteora 228f.
Mezquita, Córdoba 192f.
Michelangelo 218
Military Tattoo 33
Minotaurus 241
Mission Santa Barbara, Santa Barbara 386f.
Modernisme 184
Mogularchitektur 326ff.
Monreale, Dom 222f.
Monte Albán 400f.
Montefeltro, Federico da 210
Montferrand, Auguste Ricard de 154
Mont-Saint-Michel 70f.
Morrow, Irving F. und Gertrude C. 383
Moschee Hassan II., Casablanca 262f.
Mosesberg 274
Mudéjar-Stil 194
Mulai Ismail 260
Museum für sakrale Kunst, Rocamadour 93
Mykene 232f.

N

Nabatäer 299
Naju 347
Napoleon 79
Nasriden 196
Naumburger Dom 108f.
Naumburger Meister 109
Neue Welt 365
Neumann, Balthasar 119
Newgrange 22f.
Niemeyer, Oscar 409
Nobelpreis 16
Norwegisches Widerstandsmuseum, Akershus 13
Notre-Dame, Paris 72f.

O

Okba Ibn Nafi 266
Olaf der Heilige 15
Old State House, Boston 368f.
Olympia 234f.
Olympische Spiele 235
Omaijaden 192
Omizu-Tori-Fest 319
Orange, Römisches Theater 94f.
Osmanische Kunst 242
Östberg, Ragnar 17
Oude Kerk, Amsterdam 62f.
Oval Office, Washington 378

P

Padmanabhapuram, Palast 338f.

Palais Het Loo, Apeldoorn 66f.
Palast des Quetzalpapálotl 396f.
Päpste von Avignon 96
Parler, Peter 146
Patrick, Heiliger 29
Patricksorden 27
Peking, Kaiserpalast 310f.
Pena-Palast, Sintra 172f.
Perikles 231
Persische Kacheln 300
Peterskirche, Rom 218f.
Petra, Ruinen 298f.
Petrus, Heiliger 219
Pilgram, Anton 127
Piraten-Museum, Santiago de Cuba 405
Pisa, Domplatz 204f.
Pisano, Nicola und Giovanni 204
Platereskenstil 182
Plaza de Armas, Havanna 402
Poblet, Kloster 186f.
Poisson, Pierre 96
Pompeji 220f.
Ponte Vecchio, Florenz 208f.
Port Arthur, Tasmanien 358f.
Potala-Palast, Lhasa 304f.
Prandtauer, Jakob 132
Prasat Phanom Rung 340f.
Pura Ulun Danu Batur, Bali 352f.
Puyi 311
Pyramiden 273

Q

Quetzalcoátl 394
Qutb-Minar-Komplex, Neu-Delhi 324f.
Qutb-ud-Din Aibak 325
Quwwat-ul-Islam-Moschee, Neu-Delhi 324

R

Rabbi Löw 144
Ramakien 344
Ramón Berenguer IV. 186
Ramses II. 278
Ranjit Singh 322
Rao Jodha 332
Rastrelli, Bartolomeo 156
Registanplatz, Samarkand 302f.
Renaissance 12f., 30, 56f., 84f., 100f., 120f., 210, **211**, 360f.
Rhodos, Großmeisterpalast 238f.
Riebeeck, Jan van 286
Rinchen Zangpo 320
Rocamadour 92f.
Rock of Cashel 28f.
Rokoko 104f., **118**, 125, 130f.
Romanik 28, 70f., 82, 88f., 106f., 114f., 178f., 198, **199**
Rubens, Peter Paul 56
Rubenshaus, Brüssel 56f.
Rudolf IV., der Stifter 126
Ruprecht III. 120

S

Sagrada Família, Barcelona 184f.
Sailendra-Dynastie 350
Saint Paul's Cathedral, London 44f.
Sainte-Anne-de-Beaupré 362f.
Saint-Étienne, Kathedrale 90f.
San Zeno Maggiore, Verona 198f.
Sankt Gallen, Klosterkirche 124f.
Sankt-Michaels-Kathedrale, Brüssel 58f.
Santiago de Compostela, Kathedrale 178f.
Sawai Jai Singh II. 331
Sbeïtla, Ruinenstätte 268f.
Schiefer Turm, Pisa 205
Schintoismus 314
Schliemann, Heinrich 232
Schloss Chambord 84f., 98
Schloss Chenonceau, Chenonceaux 86f.
Schloss Drottningholm, Insel Lovön 20f.
Schloss Neuschwanstein, 122f.
Schloss Sanssouci, Potsdam 104f.
Schloss Schönbrunn, Wien 130f.
Schönborn, Friedrich Karl von 119
Schönborn, Johann Philipp Franz von 119
Schönborn, Lothar Franz von 119
Schulek, Frigyes 150
Schweriner Schloss 98f.
Selimiye-Moschee, Edirne 242f.
Septimius Severus 270
Sergius, Heiliger 167
Shomyo 318
Siena, Dom 212f.
Sikhismus 323
Sinan 242
Solomon-R.-Guggenheim-Museum, New York 370f.
Songkran-Fest 341
Space-Shuttle-Programm 391
Spanische Missionen 386
Sphinx 272
Stabkirchen 14f.
Stanislaus II. August Poniatowski 143
Steindl, Imre von 152
Stephansdom, Wien 126f.
Stift Melk 132f.
Stirling Castle 30f.
Stockholm, Stadthaus 16f.
Stone of Scone 32
Stonehenge 52f.
Strauss, Joseph Baermann 383
Stuart, Maria 31
Stupa 334
Sydney, Opernhaus 356f.

T

Taj Mahal, Agra 326f.
Tankred 289
Tansen 329
Tara, Könige 22
Tempel der Hatschepsut, Theben-West 276f.
Tempel der Hathor 281
Tempel des Universalen Friedens, Chengde 306f.
Tempel-Architektur 353
Thailändischer Wat 343
Tiepolo, Giovanni Battista 118
Todai-ji-Tempel, Nara 318f.
Tokugawa Ieyasu 315
Toledo, Kathedrale 190f.
Topkapı-Palast, Istanbul 244f.
Tosho-gu-Schrein, Nikko 314f.
Tower of London 46f.
Travancore, Königliche Familie 338
Trinity College, Dublin 24f.
Troup, George 361
Turm von Belém, Lissabon 176f.

U

Ulug-Beg-Medrese, Samarkand 302
Urban V. 96
Urbino, Herzogspalast 210f.
Utzon, Jørn 356

V

Vasari, Giorgio 209
Veitsdom, Prag 146f.
Versailles, Schloss 80f.
Vespasian 216
Villaret, Foulques de 239
Viollet-le-Duc, Eugène Emmanuel 68, 69, 73
Vishnu Avatara 337
Volubilis 258f.

W

Warschauer Königsschloss 142f.
Wartburg, Eisenach 114f.
Wasa-Museum, Stockholm 18f.
Wastell, John 36
Wat Arun, Bangkok 346f.
Wat Mahathat, Sukhothai 342f.
Wat Phra Kaeo im Großen Palast, Bangkok 344f.
Weißes Haus, Washington 378f.
Wenzel, Heiliger 147
Weserrenaissance 100
Westminster Abbey, London 42f.
Wilhelm II. 223
Wilhelmina 67
Windsor Castle 48f.
Winterpalast, Sankt Petersburg 156f.
Wolkenkratzer 373
Wolrich, John 36
Wolsey, Thomas 51
Wren, Christopher 44
Wright, Frank Lloyd 371
Würzburg, Residenz 118f.
Wyszyński, Stefan 140

Y

York, Münster 34f.

Z

Zeloten 296
Zeno, Heiliger 198
Zick, Johann 119
Zisterzienser 89, 171
Zwinger, Dresden 110f.

IMPRESSUM

Dieses Buch entstand in Zusammenarbeit zwischen der ADAC Verlag GmbH, München, und der Dorling Kindersley Verlag GmbH, Starnberg

ADAC Verlag

Projektleitung: Dr. Hans Joachim Völse
Redaktion: Cornelia Schubert (Leitung), Cathrin Feith, Christine Gruber-Scheuermann
Herstellung: John C. Bergener

Dorling Kindersley Verlag

Programmleitung: Monika Schlitzer
Lektorat: Gerald Fiebig
Herstellungsleitung: Dorothee Whittaker
Herstellung: Petra Schneider

Übersetzung: Jörg Savelsberg
Zusätzliche Übersetzungsbeiträge: Dr. Dagmar Ahrens-Thiele, Pia Arras-Pretzler, Martina Bauer, Klaus Benz, Annette Bewermeyer, Siegfried Birle, Tanja Burger, Bettina Chegini, Dr. Eva Dempewolf, Petra Dubilski, Anja Eisele, Karina Erhard, Cornell Erhardt, Angelika Feilhauer, Susanne Fütterer, Werner Geischberger, Anne Görblich-Baier, Dr. Sylvia Höfer, Ulrike Hollmann, Gabriele Krause, Peter Kreibich, Werner Kügler, Viola Löbig, Claudia Magiera, Brigitte Maier, Carla Meyer, Brigitte Nenzel, Pesch & Partner, Christian Quatmann, Stefan Röhrig, Kristiana Ruhl, Bettina Rühm, Barbara Rusch, Sidhi Schade, Sonja Schäfers, Jochen Scheid, Alwine Heidi Schuler, Dr. Benjamin Schwarz, Nicola Schwenkert, Barbara Sobeck, Ina Stengel-Hauptvogel, Andreas Stieber, Gisela Sturm, Erna Tom, Theresia Übelhör, Verlagsbüro Simon & Magiera, Barbara Vollath, Marion Welp, Linde Wiesner, Harald von Wieckowski.
Textbeiträge: Elisabeth Reigl
Fachredaktion: SWB Communications – Verlagsbüro Dr. Sabine Werner-Birkenbach, Mainz
Register: Helmut Lotz, edition diá, Berlin
Titelgestaltung: kraxenberger konzept & design, München-Unterföhring
Gesamtherstellung: Firmengruppe Appl, Wemding

Printed in Germany

ISBN 3-89905-203-X

Dorling Kindersley
London, New York, Melbourne, München, Delhi

Lektoratsleitung: Douglas Amrine
Cheflektorat: Kate Poole
Redaktionskoordination: Anna Streiffert
Bildredaktion: Marisa Renzullo
Projektbetreuung: Lucinda Cooke
Gestaltung: Tessa Bindloss, Maite Lantaron
DTP-Design: Jason Little, Conrad Van Dyk
Kartographie: Casper Morris
Redaktion: Sherry Collins, Stephanie Driver, Jane Hutchings, Jacky Jackson, Vandana Mohindra, Marianne Petrou, Mani Ramaswamy, Mary Sutherland, Karen Villabona, Fiona Wild
Herstellung: Joanna Bull, Sarah Dodd
Bildrecherche: Taiyaba Khatoon, Ellen Root

Zusätzliche Beiträge: Jane Egginton, Frances Linzee Gordon, Denise Heywood, Andrew Humphries, Roger Williams
Illustrationen: Alamzan Ricardo, Richard Almazan, Studios Arcana, Modi Artistici, Robert Ashby, William Band, Gilles Beauchemin, Dipankar Bhattacarga, Anuar Bin Abdul Rahim, Richard Bonson, François Brosse, Michal Burkiewicz, Cabezas/Acanto Arquitectura y Urbanismo S.L., Jo Cameron, Joanna Cameron, Danny Cherian, Yeapkok Chien, ChrisOrr.com, Stephen Conlin, Garry Cross, Bruno de Robillard, Brian Delf, Donati Giudici Associati srl, Richard Draper, Dean Entwhistle, Steven Felmore, Marta Fincato, Eugene Fleury, Chris Forsey, Martin Gagnon, Vincent Gagnon, Nick Gibbard, Isidoro González-Adalid, Kevin Goold, Paul Guest, Stephen Gyapay, Toni Hargreaves, Trevor Hill, Chang Huai-Yan, Roger Hutchins, Kamalahasan R, Kevin Jones Assocs., John Lawrence, Wai Leong Koon, Yoke Ling Lee, Nick Lipscombe, Ian Lusted, Andrew MacDonald, Maltings Partnership, Lena Maminajszwili, Kumar Mantoo Stuart, Pawel Marczak, Lee Ming Poo, Pawel Mistewicz, John Mullaney, Jill Munford, Gillie Newman, Luc Normandin, Arun P, Lee Peters, Otakar Pok, Robbie Polley, David Pulvermacher, Avinash Ramscurrun, Kevin Robinson, Peter Ross, Simon Roulstone, Suman Saha, Fook San Choong, Ajay Sethi, Derrick Slone, Jaroslav Stanêk, Thomas Sui, Ashok Sukumaran, Peggy Tan, Pat Thorne, Gautam Trivedi, Frank Urban, Mark Warner, Paul Weston, Andrzej Wielgosz, Ann Winterbotham, Martin Woodward, Bohdan Wróblewski, Hong Yew Tan, Kah Yune Denis Chai, Magdalena Zmadzinska, Piotr Zubrzycki
Korrektorat und Recherche: Stewart J. Wild

Besondere Unterstützung:
www.santacatalina.info; Maire ni Bhain at Trinity College, Dublin; Chartres Cathedral; Chateau du Chambord; San Zeno Maggiore, Verona; Procurate di San Marco (Basilica San Marco); Campo Dei Miracoli, Pisa; Hayley Smith und Romaine Werblow (DK-Bildarchiv) Duomo, Siena; Mrs. Marjorie Weeke von St. Peter's; Le Soprintendenze Archeologiche di Agrigento di Pompei; Topkapi Palace, Istanbul; M. Oulhaj (Moschee Hassan II.); The Castle of Good Hope; Port Arthur Historic Site.

Aufnahmegenehmigung
Dorling Kindersley dankt der Verwaltung aller Kirchen, Tempel, Moscheen, Burgen, Museen und anderer Sehenswürdigkeiten, die hier nicht alle einzeln aufgeführt werden können, für die Erlaubnis, die jeweiligen Gebäude zu fotografieren, und für die Unterstützung bei der Durchführung der Fotoaufnahmen.

BILDNACHWEIS

Zusätzliche Fotos
Shaen Adey, Max Alexander, Fredrik & Laurence Arvidsson, Gábor Barka, Philip Blenkinsop, Maciej Bronarski, Demetrio Carrasco, Tina Chambers, Joe Cornish, Andy Crawford, Ian Cumming, Tim Daly, Geoff Dann, Robert O'Dea, Barbara Deer, Vladimír Dobrovodský, Jiří Doležal, Alistair Duncan, Heidi Grassley, Paul Harris, Adam Hajder, John Heseltine, Nigel Hicks, Ed Ironside, Stuart Isett, Dorota & Mariusz Jarymowicz, Alan Keohane, Dinesh Khanna, Dave King, Paul Kenward, Andrew McKinney, Jiří Kopřiva, Neil Lukas, Paweł Marczac, Eric Meacher, Wojciech Mędrzak, Michael Moran, Roger Moss, Tomasz Myśluk, Stephen Oliver, Vincent Oliver, Lloyd Park, John Parker, Amit Pasricha, Aditya Patankar, Artur Pawłowski, František Přeučil, Ram Rahman, Bharath Ramamrutham, Rob Reichenfeld, Magnes Rew, Lucio Rossi, Jean-Michel Ruiz, Kim Sayer, Jürgen Scheunemann, Colin Sinclair, Toby Sinclair, Frits Solvang, Tony Souter, Jon Spaull, Eric Svensson, Cécile Tréal, Lübbe Verlag, BPS Walia, Mathew Ward, Richard Watson, Linda Whitwam, Jeppe Wikström, Alan Williams, Peter Wilson, Paweł Wójcik, Stephen Wooster, Francesca Yorke.

Bildnachweis
o = oben
u = unten
m = Mitte
r = rechts
l = links
a = Ausschnitt

Der Verlag hat sich bemüht, alle Inhaber von Bildrechten ausfindig zu machen, und entschuldigt sich im Voraus für versehentliche Auslassungen. Dem Verlag zur Kenntnis gebrachte Rechtenachweise werden wir gerne in eventuellen Nachauflagen des Buches ergänzen.

Dorling Kindersley dankt folgenden Einrichtungen für ihre Hilfe: Høymagasinet 12ol; Instituto du Biblioteca Nacional E Do Livro Lisboa 169um; Instituto Portugues do Patrimonio Arquetectonico e Arqueologico (IPPAR), Lissabon 168–9 alle außer 169ur; © Provost and Scholars of Kings College, Cambridge/English Heritage 36–7 alle außer 36ur; Archäologisches Nationalmuseum, Neapel: 221umr; © Patrimonio Nacional 188–9; Privatsammlung 34ul, 50ml, 56mlu, 68ol, 72ol, 80ml, 84ul, 88ol, 144ml, 198ml, 210ml, 214ol, 218ol, 264ol, 286ul, 290ul, 316ol, 334ul, 336ml, 338ol; Österreich Werbung 128um, 128ur; Royal Green Jackets Museum 364m; Stadtmuseum Toledo 190–1; University Museum of Archaeology and Anthropology, Cambridge 400ul; Etablissement public du musée et du domaine nationale de Versailles 80ol/80or/80u/81o/81mro/81mlo/81u.

Der Abdruck von Kunstwerken erfolgte mit Genehmigung folgender Rechteinhaber: »Paris durch das Fenster gesehen« (1913), Marc Chagall © ADAGP, Paris, 2003 370m; Mosaiken im Goldenen Saal des Stockholmer Rathauses, Einer Forseth © BUS 2004 16or; »Schwarze Linien« (1913) Wassily Kandinsky © ADAGP, Paris, 2003 371mru; »Frau mit Vase« (1927), Fernand Léger © ADAGP, Paris, 2003 371mro; »Die Büglerin« (1904) Pablo Picasso © Succession Picasso/DACS 2004 370mlu; »Frau mit gelbem Haar« (1931) Pablo Picasso © Succession Picasso/DACS 2004 371ul; »Schlange«, Richard Serra © ARS, New York und DACS London 2004 180ur.

Der Verlag dankt folgenden Personen, Unternehmen und Bildarchiven für die Genehmigung zum Abdruck ihres Bildmaterials:
A1 Pix: Mati 302mu
Accademia Italiana: Sue Bond 221m
Agenzia Fotografica Maria Pia Stradella: 210mlu
Idris Ahmed: 324um
Archivo Iconografico S.A. (AISA) : 174um, 245ul
AKG: 144m, 145mru, 277ul, 289o, 292mlo
Alamy Images: Goodshoot Royalty Free 7u; Robert Harding World Imagery 303m
Ancient Art & Architecture Collection: 272ur
Arcaid: Paul Rafferty 180uml
Archivio dell'Arte: Luciano Pedicini 220ml, 222mu
Fabrizio Ardito: 298or
The Art Archive: 223um, 281mro; Devizes Musem/Eileen Tweedy 53m
Art Directors: Eric Smith 303o
Fredrik & Laurence Arvidsson: 321ol
Australian Picture Library: R. Eastwood 358or; J.P. & E.S. Baker 359mo
Austrian Tourist Board: 131um
Avery Architectural & Fine Art Library, Columbia Univeristy: 373ml
Axiom: Heidi Grassley 281uml; Jim Holmes 159ul; James Morris 281om
Tahsin Aydogmus: 246or, 248or
M. Balan: 338or, 338mlo, 339ol
Jaume Balanya: 186ur
© C.H. Bastin & J. Evrard: 59ur, 59o, 60mr, 60u
Benoy Behl: 320or, 320om, 320mo, 320m, 320u, 321mo, 321m, 321um, 336or, 336um, 337mro, 337mru
Berliner Dom: 102ur
Subhash Bhargava: 330mlu
Blackstar: 377mo
Osvaldo Böhm: 201om
Bolschoi-Theater: 162or, 162um, 163om, 163mro
Bord Failte/Irish Tourist Office: 22om, 22or
Gerard Boullay: 73ul; 73mro
Brazil Stock Photos: Fabio Pili 408or
Bridgeman Art Library, London/New York: 159m; British Library *Historia Anglorum* 48om(a); Guildhall Art Library Clytemnestra, John Collier 233mr; Privatsammlung 54um; Royal Holloway & Bedford New College, »Die Prinzen Eduard und Richard im Tower«, Sir John Everett Millais 47um; Basilica San Francesco, Assisi 215ur; Smith Art Gallery and Museum, Stirling 30um; Stapleton Collection 272mu, 280or
Camera Press: 39ul; P. Abbey 41mru; Cecil Beaton 42mlu
Demetrio Carrasco: 154um, 157mro, 157um
Cephas Picture Library: Hervé Champollion 90ol
Chinapix: Zhang Chaoyin 304m, 304u
Photos Editions Combier, Macon: 69om
Corbis: Paul Almasy 290m, 291om; Archivo Iconografico, S.A. 160mo, 161ol, 344u; Yann Arthus-Bertrand 408mr; Bettmann Archive 30ml, 227o, 372ul, 374m, 376m, 377mru, 377um, 384ul; Dave Bartruff 101m, 253om; Marilyn Bridges 52m; Chromo Sohm Inc./Joseph Sohm 308u; Elio Ciol 4or, 289mro; Dean Conger 310mr; Bernard und Catherine Desjeux 269um; Eye Ubiquitous/Thelma Sanders 283u; Todd Gipstein 375o; Lowell Georgia 310mr; John and Dallas Heaton 9u, 9o; Angelo Hornak 35ol, 54or; Wolfgang Kaehler 133m, 282ol, 303ul; Kelly-Mooney Photography 313o; Danny Lehman 8u; Charles Lenars 308ml; Charles & Josette Lenars 4ol, 58or; Massimo Listri 132or; Craig Lovell 4u, 305ur; Gail Mooney 94ml; Diego Lezama Orezzdi 300or, 301ol; Michael Nicholson 27o, 290om, 300m; Abu'l Qasim 300u; Carmen Redondo 9m; David Samuel Robbins 305ol; Galen Rowell 6; Sakamoto Photo Research Lab 319mo; Kevin Schafer 53u; Paul A Souders 5m; Ruggero Vanni 227u; Sandro Vannini

228mo, 283m; Vanni Archive 236ol; Nik Wheeler 282m; Roger Wood 290ur, 290or
Corbis Sygma: Thierry Prat 92m
Joe Cornish: 182or
Crescent Press Agency: David Henley 345mo
Gerald Cubitt: 345ol
Culver Pictures Inc.: 373mr, 374mu, 375mro, 375mru, 376mru
Photo Daspet, Avignon: 96um
Deutsches Apothekenmuseum: 120or
DIAF (Agence d'Illustration Photographique): Camille Moirenc 94ml
Diatotale: Château de Chenonceau 86or
Ashok Dilwali: 328om
Thomas Dix: 336om, 336mo, 336ur, 337um
Dombauverwaltung des Metropolitankapitels Köln: Birgit Lambert 112om, 112m, 112um, 113ol, 113mro, 113mu, 113um, 113ul
Dommuseum (Hildesheim): 106mlo, 106ol
Jurjen Drenth: 64or
dtv: 114ul
D.N. Dube: 326mo, 327mr, 328or, 329ol
Dublin Castle: Mit freundlicher Genehmigung des Garda Museum 26ml
Eisenach-Wartburg (Fotos von Ulrich Kneise): 114mo, 114ur, 114mu, 115mo
Ekdotike Athenon S.A.: 236um, 239u
Mary Evans Picture Library: 27mru, 40mlu, 41um, 52ul, 55mo, 58ul, 76mr, 77mru, 78ur, 173um, 216um
Robert Everts: 194mo
Eye Ubiquitous: Hugh Rooney 58om; Julia Waterlow 408u
Fáilte Ireland/Irish Tourist Board: Brian Lynch 22om, 22or
Festung Hohensalzburg: 135mro
Fortidsminneforeningen: Kjersheim/Lindstad, NIKU 15u
Das Fotoarchiv: Henning Christoph 282or
John Freeman: 160m
Michael Freeman: 380um, 381ol
Christina Gambaro: 293um
Courtesy Gehry Partners LLP: 180ol
Eva Gerum: 118m, 119ol, 119mro, 119m, 119mu, 122or, 122mlo, 122mlu, 122um
Getty Images: Anne Frank Fonds-Basel/Anne-Frank-Haus 64m, 64um, 65m, 65um; Hulton-Deutsch 24um, 311u; Image Bank/Peter Adams 5u, /Peter Hendrie 344or, /A. Setterwhite 375um; Photographer's Choice/John Warden 309o; Stone/Jerry Alexander 407mu; Taxi/Chris Rawlings 10–1
Eduardo Gil: 410ol, 411o
Giraudon, Paris: 89umr
Eva Gleason: 398or, 398om, 398um, 398ur, 399um
La Goélette: »Die drei Grazien«, Charles-André Van Loo, Foto J.J. Derennes 86ur
Golden Gate Bridge, Highway & Transportation District (GGBHTD): 382om, 382–383om, 382ur, 383mlu, 383mro, 382ml
Golden Gate National Recreational Area: 385ul, 385m
Frances Linzee Gordon: 284ol, 284mo, 284mu, 284u, 285o
Guggenheim Bilbao Museoa: 180or, 180or, 181om, 181um
Photothèque Hachette Livre: Bibliothèque Nationale, Paris 260ul
Sonia Halliday: Laura Lushington 83mo
Robert Harding Public Library: 93mr, 219um, R.Francis 72mlu; R. Frerck 407u; Sylvain Grandadam 408ml; Michael Jenner 245um; Eitan Simmnor 289um; James Strachan 302mo; A Wolf 75ol, 75u; Explorer/P. Tetrel 81mru
Denise Heywood: 348ml, 348mr, 348u, 348o, 349ol, 349or, 349u, 350ol, 350mor, 350ml, 350mur, 351or, 351ul, 351ur
Juliet Highet: 351ol
Historic Royal Palaces (Crown Copyright): 50om, 50or, 50m, 50um, 51um, 51ol, 51mo, 51mu
Historic Scotland (Crown Copyright): 31mro, 32or, 32m, 33ul
Michael Holford: 277um
Angelo Hornak Library: 34olm, 34um
Dave G. Houser: 401um
Ideal Photo SA.: C. Vergas 232um
Images of Africa: Shaen Adey 286mu; Hein von Horsten 286mo; Lanz von Horsten 287ol
Image State: Pictor International 155o
Imaginechina: 306ml, 311mr, 313m
Impact Photos: Y. Goldstein 302ol
Insight Guides: APA/Jim Holmes 157ol
Hanan Isachar: 253um, 292mlu, 293mro, 296or
Israel Museum: 297m
Paul Jackson: 299ur
Jarrold Colour Publications: 24ur
Michael Jenner Photography: 288mo
Wubbe de Jong: 65ol
Katz:Mansell Collection 96om
Kea Publishing Services Ltd.: Francesco Venturi 156mlo, 156om, 156ur
Kostos Kontos: 234or, 236mlo
KSC Vsitor Center, Cape Canaveral: 390or, 391mo, 391mr
Kulturgeschichtliches Museum der Universität Oslo: 15o
Kungliga Husgerådskammaren: Alexis Daflos 20mlo, 20um, 21om, 21um; Håkan Lind 21mr
Kunsthistorisches Museum, Wien: *Italienische Berglandschaft mit Hirt und Herde* (GG 7465), Joseph Rosa 131mro
Bernd Lasdin: 100mlo, 100m, 101mro
Håkon Li: 14m, 14um, 15m
Jürgen Liepe: 272om
Eaden Lilley Photographers: 36ur
Romilly Lockyer: 38um, 40u
Lübbe Verlag: 130ol
Agencia Lusa: Tiago Petinga 176or, 177mo, 177ur
Magnum: Topkapı Palace Museum/Ara Guler 245ol
Mander & Mitchensen Collection: 163um
Fred Mawer: 390mu
Mehrangarh Fort trust: 332um, 333um
Foto Moderna: Mozzati 211mro
Mondadori Centro di Documentazione: 227mro
Narodni Galerie V Praze: 146ur
NASA: Kennedy Space Center 390u
National Park Service (Chaco Culture National Historical Park): Dave Six 388om
National Park Service (Ellis Island Immigration Museum): 376ol, 376mo, 376ur
National Park Service (Statue of Liberty National Monument): 374ml, 375mlu
© The Nobel Foundation: 16ml
Jürgen Nogai: 100or, 101um
Norwegian Tourist Board: Per Eide 14ol
Richard Nowitz: 292um, 293om, 293mr, 295mr, 296ur, 297ul, 297um, 299ul
© The Office of Public Works, Irland: 22m, 23ol, 23m
Marco Oliva, Mailand: 404m
Orleta Agency: Jerzy Bronarski 142mo, 142mu, 143m, 143ul, 143ur
Archivo Fotografico Oronoz: 171um, 192m, 195ul
Güngör Özsoy: 243ol, 243mr
Paleis Het Loo: 66or, 66mo, 66mu, 66um, 67ol
Panos Pictures: Christien Jaspars 283o
Photos 12: Panorama Stock 308mr
Photobank: Peter Baker 252m, 252um
Andrea Pistolesi: 380m
Stadtarchiv Prag (Archiv Hlavniko Mesta Praha): 148mr
Privatsammlung: 228om, 229om, 229um
Natasha Razina: 158ur, 159ol
RIHA-FWTG GmbH: 127ol
Reunion des Musees Nationaux (RMN): 75ul
Rex Features Ltd: 48m, 49um
Rocamadour: 93mo
Rowohlt Verlag: 104ol
The Royal Collection © 2004, Her Majesty Queen Elizabeth II: 38or, 38mo, 39ol, 39mro, 39umr, 46ur, 46um, 47ol, 48or, 49olm, 49or, 49ul, 50ur; Foto A.C. Cooper Ltd. »Rom: Das Pantheon«, Canaletto 38uml
Royal Geographical Society Picture Library: Chris Caldicott 282u, 406ol; Eric Lawrie 5o, 407o; Sassoom 406mu
Russisches Museum, St. Petersburg: 156ul
Salvatore Spagnuolo: 291mro
San Francisco Public Library: 385mlu
Fotografie Gregor M. Schmid: 161mr
Shalini Saran: 334or, 334mlo, 334mlu, 335ol, 335mru, 335ul
Scala Group SpA: 198m, 204um, 205om, 206mlo, 210or, 210ur, 211ol, 211u, 214mo, 214mu, 215ul, 217u, 218ur, 219ol, 222or
Schloss Schönbrunn: 130or, 130mo, 130m, 130um, 131om
Ajay Sethi: 339mro
Shrine of Sainte-Anne-de Beaupré: 362ol, 362or, 363mu, 363mo, 363u
Skyscan: 53o
Solomon R. Guggenheim Museum: Fotos D. Heald 370m, 370uml, 370um, 371om, 371mo, 371mru, 371ul
South American Pictures: Tony Morrison 397mr, 401ol, 409ur; Chris Sharp 395ol, 397u;
Staatliches Museum Schwerin: 98or, 98ur, 99ol
Staatliche Kunstsammlungen Dresden: 110or, 110mu, 111mu, 111um
Stift Melk: 132mo, 132um, 133ol, 132ur, 133ul, 133um
Stiftung Preussische Schlösser und Gärten Berlin: 104m, 104ur, 105om, 105m, 105ul, 105um
Stockholms Stadhus: 16or; Jan Asplund 16or, 16ur
Superstock Ltd.: 346mo
Sydney Opera House Trust: 356or, 356mo, 357um, 357ul, 357om
Suzie Thomas Publicity: 356um
TIPS Images: Guido Alberto Rossi 404or, 405m
Tourism Tasmania: 358ml
Travel Ink: Allan Hatley 347om; Pauline Thorton 346mu
Trizechahn Tower Limited Partnership: 366m, 367ul, 367ol
Trinity College, Dublin: 25mr
Turner Entertainment Co.: 373um
O. Vaering: »Festung Akershus im Jahr 1699«, Jacob Croning 13ol
Vasamuseet: Hans Hammarskiöld 18or, 18mlo, 18mlu, 18ur, 19om, 19mro, 19mru, 19um
Mireille Vautier: 406mo, 407mo, 409ml
Verkehrsverein Hildesheim e.V: 106mlu
Roger Viollet: 76um(o), 79ol, 95u
Visions of the Land: Garo Nalbandian 298um, 298mlo; Basilio Rodella 292or, 296ml, 296um, 297ol, 297mro
B.P.S. Walia: 322om, 322or, 322mlo, 322mro, 322ur, 323ol, 323mo, 323mlu
Emmy Werner: 410or, 410m, 410u, 411u
Dean & Chapter, Westminster – Abdruck mit freundlicher Genehmigung: 43ul
White House Historical Association: 378mlo, 378um, 379ol, 379m, 379ul, 379um
Peter Wilson: 228m, 230mo, 249ol
Woodmansterne: Jeremy Marks 44or, 45mo
World Pictures: 285m, 301or, 301u, 303ur
Dean and Chapter of York – Abdruck mit freundlicher Genehmigung: Alan Curtis 35or; Jim Korshaw 34or; Newbury Smith Photography 34m
ZEFA: 359ol
Alle anderen Bilder © Dorling Kindersley.
UMSCHLAG: CD-Archiv kraxenberger konzept & design, München, Unterföhring

EINBANDMOTIVE: Vorderseite: Fotos: Schloss Neuschwanstein (l), Sphinx, Giseh (2.l), Taj Mahal, Agra (m), Basiliuskathedrale, Moskau (2.r), Akropolis, Athen (r); Zeichnungen: Oper, Sydney (l), Kathedrale, Chartres (m), Todaiji-Tempel, Nara (r). Rückseite: Schweriner Schloss
INNENTITELMOTIVE: vgl. Einbandfotos Vorderseite
DOPPELSEITENMOTIV: S. 10f. Oper, Sydney

Die Sehenswürdigkeiten der Welt

Grönland
(zu Dänemark)
Baffin Island
USA
(ALASKA)
ISLAND
Siehe Europakart
IRLAND
GROSS-
BRITANNIEN
PORTUGAL
SPANIEN
K A N A D A
Vancouver
Winnipeg
Seattle
Sainte-Anne-de-Beaupré
Sainte-Anne-de-Beaupré
Montréal
Ottawa
Louisbourg
Festung Louisbourg
CN Tower
Toronto
Boston
Old State House
U S A
Chicago
New York
Solomon-R.-Guggenheim-Museum
Empire State Building
Freiheitsstatue
Ellis Island
Washington
Weißes Haus
Kapitol
Golden Gate Bridge
San
Francisco
Alcatraz
Mission Santa Barbara
Santa
Barbara
Los Angeles
Denver
Historischer
Nationalpark
Chaco
Atlanta
Bermuda
(zu Großbritannien)
Houston
Kennedy Space Center
Guadelupe
(zu Mexiko)
Monterrey
Miami
BAHAMAS
MEXIKO
Gouverneurspalast von Havanna
KUBA
Chichén Itzá
Palast des Quetzalpapálotl
El Tajín
Mexiko-Stadt
Monte Albán
Santiago
de Cuba
Kastell San Pedro
della Roca
JAMAIKA
HAITI
DOM. REP.
HONDURAS
Catedral Metropolitana
Tegucigalpa
Westindische
Inseln
GUATEMALA
EL SALVADOR
NICARAGUA
COSTA RICA
PANAMA
Panama-
Stadt
Caracas
VENEZUELA
Hawaii-Inseln
(zu USA)
ATLANTIK
N O R D P A Z I F I K
Bogotá
GUYANA
SURINAM
FRANZÖSISCH-
GUAYANA
KOLUMBIEN
Galápagosinseln
(zu Ecuador)
Quito
ECUADOR
PERU
BRASILIEN
Lima
Machu Picchu
La Paz
BOLIVIEN
Brasília
Rio de Janeiro
São Paulo
PARAGUAY
Asunción
Französisch-Polynesien
(zu Frankreich)
Pitcairn
(zu Großbritannien)
Isla San Félix
(zu Chile)
Osterinsel
(zu Chile)
Sala y Gomez
(zu Chile)
CHILE
Estancia
Santa
Catalina
URUGUAY
Santiago
de Chile
Juan-Fernández-Inseln
(zu Chile)
Buenos Aires
Montevideo
ARGENTINIEN
ATLANTIK
S Ü D P A Z I F I K
Falklandinseln
(zu Großbritannien)
South Georgia &
South Sandwich Islands
(zu Großbritannien)
Ascension
(zu Großbritannien)
St. Helena
(zu Großbritannien)
Tristan da Cunha
(zu Großbritannien)
Bou-Inanija-Medrese
Mausoleum des Mulai Ismail
Volubilis
Algier
Rabat
Ruine
Fes
Casablanca
Meknès
Moschee Hassan II.
Marrakesch
Koutoubia-Moschee
MAROKKO
ALGE
WEST-
SAHARA
MAURETANIEN
MALI
SENEGAL
Dakar
Große M
Bamako
GAMBIA
BURKINA
FASO
GUINEA-BISSAU
GUINEA
SIERRA LEONE
ELFEN-
BEIN-
KÜSTE
Monrovia
LIBERIA
GHANA
TOGO
ÄQUATO
GU
LEGENDE
Afrika siehe S. 256–287
Asien siehe S. 288–355
Australien/Ozeanien
siehe S. 356–361
Amerika siehe S. 362–411
Sehenswürdigkeit
0 Kilometer
2500 Kilometer